DIREITO dos SEGUROS
COMENTÁRIOS AO CÓDIGO CIVIL

O GEN | Grupo Editorial Nacional – maior plataforma editorial brasileira no segmento científico, técnico e profissional – publica conteúdos nas áreas de concursos, ciências jurídicas, humanas, exatas, da saúde e sociais aplicadas, além de prover serviços direcionados à educação continuada.

As editoras que integram o GEN, das mais respeitadas no mercado editorial, construíram catálogos inigualáveis, com obras decisivas para a formação acadêmica e o aperfeiçoamento de várias gerações de profissionais e estudantes, tendo se tornado sinônimo de qualidade e seriedade.

A missão do GEN e dos núcleos de conteúdo que o compõem é prover a melhor informação científica e distribuí-la de maneira flexível e conveniente, a preços justos, gerando benefícios e servindo a autores, docentes, livreiros, funcionários, colaboradores e acionistas.

Nosso comportamento ético incondicional e nossa responsabilidade social e ambiental são reforçados pela natureza educacional de nossa atividade e dão sustentabilidade ao crescimento contínuo e à rentabilidade do grupo.

DIREITO dos SEGUROS
COMENTÁRIOS AO CÓDIGO CIVIL

Ilan Goldberg
Thiago Junqueira

Coordenadores

Ministro Ricardo Villas Bôas Cueva

Prefaciador

■ Os autores deste livro e a editora empenharam seus melhores esforços para assegurar que as informações e os procedimentos apresentados no texto estejam em acordo com os padrões aceitos à época da publicação, e todos os dados foram atualizados pelos autores até a data de fechamento do livro. Entretanto, tendo em conta a evolução das ciências, as atualizações legislativas, as mudanças regulamentares governamentais e o constante fluxo de novas informações sobre os temas que constam do livro, recomendamos enfaticamente que os leitores consultem sempre outras fontes fidedignas, de modo a se certificarem de que as informações contidas no texto estão corretas e de que não houve alterações nas recomendações ou na legislação regulamentadora.

■ Fechamento desta edição: *03.04.2023*

■ Os autores e a editora se empenharam para citar adequadamente e dar o devido crédito a todos os detentores de direitos autorais de qualquer material utilizado neste livro, dispondo-se a possíveis acertos posteriores caso, inadvertida e involuntariamente, a identificação de algum deles tenha sido omitida.

■ Atendimento ao cliente: (11) 5080-0751 | faleconosco@grupogen.com.br

■ Direitos exclusivos para a língua portuguesa
Copyright © 2023 *by*
Editora Forense Ltda.
Uma editora integrante do GEN | Grupo Editorial Nacional
Travessa do Ouvidor, 11 – Térreo e 6º andar
Rio de Janeiro – RJ – 20040-040
www.grupogen.com.br

■ Reservados todos os direitos. É proibida a duplicação ou reprodução deste volume, no todo ou em parte, em quaisquer formas ou por quaisquer meios (eletrônico, mecânico, gravação, fotocópia, distribuição pela Internet ou outros), sem permissão, por escrito, da Editora Forense Ltda.

■ Capa: Daniel Kanai

■ CIP – BRASIL. CATALOGAÇÃO NA FONTE.
SINDICATO NACIONAL DOS EDITORES DE LIVROS, RJ.

D635

Direito dos seguros: comentários ao Código Civil / organizadores Ilan Goldberg, Thiago Junqueira; autores Aline Valverde Terra ... [et al.]. – 1. ed. – [2. Reimp.] – Rio de Janeiro: Forense, 2023.

ISBN 978-65-5964-839-9

1. Seguros - Legislação - Brasil. I. Goldberg, Ilan. II. Junqueira, Thiago. III. Terra, Aline Valverde.

23-83255   CDU: 347.764(81)

Meri Gleice Rodrigues de Souza – Bibliotecária – CRB-7/6439

Organizadores

Ilan Goldberg
Thiago Junqueira

Autores

Aline Valverde Terra
Angélica Carlini
Bernardo Salgado
Bruna Vilanova Machado
Bruno Miragem
Camila Affonso Prado
Carlos Edison do Rêgo Monteiro Filho
Carlos Nelson Konder
Eduardo Nunes de Souza
Fernanda Paes Leme P. Rito
Giovana Benetti
Guilherme Bernardes
Gustavo Duarte
Gustavo Tepedino
Ilan Goldberg
Janaina Andreazi
José Roberto de Castro Neves
Judith Martins-Costa
Luca Giannotti
Luiza Petersen
Marcos Ehrhardt Jr.
Nelson Rosenvald
Paula Greco Bandeira
Pedro Marcos Nunes Barbosa
Priscila Fichtner
Renato Chalfin
Rodrigo de Almeida Távora
Thiago Junqueira
Walter A. Polido

SOBRE OS AUTORES

Aline Valverde Terra

Professora da Faculdade de Direito da Universidade do Estado do Rio de Janeiro (Uerj) e da Pontifícia Universidade Católica do Rio de Janeiro (PUC-Rio). Mestre e Doutora em Direito Civil pela Uerj. Coordenadora Editorial da *Revista Brasileira de Direito Civil – RBDCivil*. Editora da *Revista IBRADIM de Direito Imobiliário*. Fundadora e curadora do AGIRE | Direito Privado em Ação. Sócia-fundadora do Escritório Aline de Miranda Valverde Terra Consultoria Jurídica.

Angélica Carlini

Pós-Doutorado em Direito Constitucional. Doutora em Direito Político e Econômico. Doutora em Educação. Mestre em Direito Civil. Mestre em História Contemporânea. Pós-graduada em Direito Digital. Pós-graduanda em Análise Econômica de Direito pela Faculdade de Direito da Universidade de Lisboa. Graduada em Direito. Advogada, Parecerista e Consultora. Docente da Universidade Paulista (Unip) e da Universidade Metropolitana de Santos (Unimes).

Bernardo Salgado

Professor Convidado da Pós-graduação da PUC-Rio. Mestre em Direito Civil pela Uerj. Membro do Conselho Assessor da *Revista Brasileira de Direito Civil – RBDCivil*. Advogado no Terra Tavares Ferrari Elias Rosa Advogados.

Bruna Vilanova Machado

Mestranda em Direito Civil na Uerj. Advogada.

Bruno Miragem

Professor da Faculdade de Direito da Universidade Federal do Rio Grande do Sul (UFRGS). Professor Permanente do Programa de Pós-graduação em Direito da UFRGS (PPGD/UFRGS). Doutor e Mestre em Direito. Advogado e Parecerista.

Camila Affonso Prado

Doutora e Mestre em Direito Civil pela Universidade de São Paulo (USP). Especialista em Direito Civil pela Universidade Presbiteriana Mackenzie. Associada titular do Instituto

Brasileiro de Estudos em Responsabilidade Civil (Iberc). Membro efetivo da Comissão de Direito do Seguro e Resseguro da OAB-SP. Advogada e Sócia da área de seguros e resseguros do escritório Demarest Advogados.

Carlos Edison do Rêgo Monteiro Filho

Professor Titular de Direito Civil da Uerj. Professor Permanente e Coordenador da Linha de Direito Civil do Programa de Pós-graduação *Stricto Sensu* (Mestrado e Doutorado) da Uerj. Procurador do Estado do Rio de Janeiro. Vice-presidente do Iberc. Membro do Instituto Brasileiro de Direito Civil (IBDCivil). Advogado, Consultor e Parecerista em temas de direito privado.

Carlos Nelson Konder

Professor do Departamento de Direito Civil da Uerj e do Departamento de Direito da PUC-Rio. Doutor e Mestre em Direito Civil pela Uerj. Especialista em Direito Civil pela Universidade de Camerino (Itália). Advogado.

Eduardo Nunes de Souza

Doutor e Mestre em Direito Civil pela Uerj. Professor Adjunto de Direito Civil da Faculdade de Direito da Uerj e Professor Permanente dos cursos de Mestrado e Doutorado em Direito Civil do Programa de Pós-graduação em Direito da Uerj.

Fernanda Paes Leme P. Rito

Doutora e Mestra em Direito Civil pela Uerj. Coordenadora da graduação em Direito do Ibmec RJ. Professora Titular de Direito Civil do Ibmec RJ. Professora convidada da Escola de Negócios e Seguros. Presidente da Diretoria Regional do Instituto Brasileiro de Direito Contratual (IBDCont/RJ). Membro do Conselho Científico do Núcleo de Pesquisas Avançadas Jurídico-Sociológicas de Direito Privado da Academia Brasileira de Direito Civil (ABDC). Parecerista, Advogada e Sócia do escritório Paes Leme Ramos Advogados.

Giovana Benetti

Doutora em Direito pela USP. Professora no Departamento de Direito Privado da Faculdade de Direito da UFRGS.

Guilherme Bernardes

Mestre em Direito e Ciência Jurídica – Direito Civil pela Faculdade de Direito da Universidade de Lisboa. Professor da Escola de Negócios e Seguros e da Pós-graduação do Centro de Estudos e Pesquisas no Ensino do Direito da Universidade do Estado do Rio de Janeiro (Ceped/Uerj). Advogado e Sócio no escritório Chalfin, Goldberg & Vainboim Advogados.

Gustavo Duarte

Pós-graduado em Direito Civil Constitucional pela Uerj. MBA em Direito Securitário pela Escola Nacional de Seguros (ENS-Funenseg). Pós-graduado em Gestão Jurídica pelo Ibmec. Advogado e Sócio-gestor do escritório Chalfin, Goldberg & Vainboim Advogados.

Gustavo Tepedino

Professor Titular de Direito Civil e ex-Diretor da Faculdade de Direito da Uerj. Sócio do escritório Gustavo Tepedino Advogados.

Ilan Goldberg

Doutor em Direito Civil pela Uerj. Mestre em Regulação e Concorrência pela Universidade Candido Mendes (Ucam). Pós-graduado em Direito Empresarial LLM pelo Ibmec. Leciona na FGV Direito Rio, FGV Conhecimento, Escola de Magistratura do Estado do Rio de Janeiro (Emerj) e ENS-Funenseg. Membro dos Conselhos Editoriais da *Revista de Direito Civil Contemporâneo – RDCC* e da *Revista Jurídica da CNseg*. Advogado, Parecerista e Sócio-fundador de Chalfin, Goldberg & Vainboim Advogados.

Janaina Andreazi

Mestranda do Núcleo de Pesquisa em Filosofia do Direito da PUC-SP. Pós-graduada em Processo de Conhecimento e em Direito Constitucional pela PUC-SP. Advogada Especialista em Seguro e Resseguros. Gestora da Área de Seguros em SP do escritório Chalfin, Goldberg e Vainboim Advogados.

José Roberto de Castro Neves

Doutor em Direito Civil pela Uerj. Mestre em Direito pela Universidade de Cambridge, Inglaterra. Professor de Direito Civil da PUC-Rio e da Fundação Getulio Vargas do Rio de Janeiro (FGV Rio). Advogado.

Judith Martins-Costa

Doutora e Livre-docente em Direito pela USP. Foi Professora no Departamento de Direito Privado da Faculdade de Direito da UFRGS.

Luca Giannotti

Doutorando em Direito pela USP. Bacharel em Direito pela USP. Advogado.

Luiza Petersen

Doutora e Mestre em Direito pela UFRGS. Foi Pesquisadora Bolsista do Max-Planck-Institut für ausländisches und internationales Privatrecht (Hamburgo, Alemanha). Advogada e Professora.

Marcos Ehrhardt Jr.

Doutor em Direito pela Universidade Federal de Pernambuco (UFPE). Professor de Direito Civil da Universidade Federal de Alagoas (Ufal) e do Centro Universitário Cesmac. Editor da *Revista Fórum de Direito Civil – RFDC*. Vice-presidente do IBDCivil. Diretor do Conselho Consultivo do Instituto Brasileiro de Direito de Família (IBDFAM). Membro Fundador do Instituto Brasileiro de Direito Contratual (IBDCont) e Iberc. Advogado.

Nelson Rosenvald

Pós-doutor em Direito Civil na Università Roma Tre e em Direito Societário na Universidade de Coimbra. *Visiting Academic* na Oxford University. Professor Visitante na Universidade Carlos III. Doutor e Mestre em Direito Civil pela PUC-SP. Presidente do Instituto Brasileiro de Estudos de Responsabilidade Civil (Iberc). *Fellow of the* European Law Institute (ELI). *Member of The* Society of Legal Scholars (UK). Professor Permanente do PPGD (Doutorado e Mestrado) do IDP/DF. Procurador de Justiça do Ministério Público de Minas Gerais.

Paula Greco Bandeira

Professora Adjunta da Faculdade de Direito da Uerj. Sócia do escritório Gustavo Tepedino Advogados.

Pedro Marcos Nunes Barbosa

Professor do Departamento de Direito da PUC-Rio. Doutor em Direito Comercial com Estágio Pós-doutoral em Direito Civil pela USP. Mestre em Direito Civil pela Uerj. Especialista em Propriedade Intelectual pela PUC-Rio. Sócio de Denis Borges Barbosa Advogados (pedromarcos@dbba.com.br).

Priscila Fichtner

Doutora em Direito Civil pela Uerj. Mestre pela USP. Sócia no escritório Chalfin, Goldberg & Vainboim Advogados.

Renato Chalfin

Mestrando em Direito Civil pela Universidade de Lisboa. Sócio do Chalfin, Goldberg e Vainboim Advogados.

Rodrigo de Almeida Távora

Doutorando em Direito Civil e Mestre em Direito Público pela Uerj. Procurador do Estado do Rio de Janeiro. Advogado.

Thiago Junqueira

Doutor em Direito Civil pela Uerj. Mestre em Ciências Jurídico-Civilísticas pela Universidade de Coimbra. Professor da FGV Direito Rio, da FGV Conhecimento e da Escola de Negócios e Seguros. Diretor de Relações Internacionais da Academia Brasileira de Direito Civil. Cocoordenador da coluna "Seguros Contemporâneos" da *Conjur*. Parecerista. Advogado e Sócio do escritório Chalfin, Goldberg & Vainboim Advogados.

Walter A. Polido

Mestre em Direitos Difusos e Coletivos pela PUC-SP. Técnico-especialista em Seguros e Resseguros. Consultor, Árbitro, Membro do Iberc. Membro Fundador do Instituto

Brasileiro de Direito do Seguro (IBDS). Membro da Comissão de Direito Securitário da OAB-SP e Coordenador do Grupo de Seguros de Responsabilidade Civil. Membro do Comitê de Regulação de Seguros e Previdência da Faculdade de Direito da FGV Direito Rio. Sócio e Professor da Conhecer Seguros. Coordenador Acadêmico da Especialização em Direito do Seguro e Resseguro do Instituto Brasil-Portugal de Direito (IBPD). Professor universitário. Autor de livros. Parecerista.

PREFÁCIO

Foi com alegria que recebi o convite para prefaciar esta importante obra coletiva sobre Direito dos Seguros, coordenada com maestria por Ilan Goldberg e Thiago Junqueira, conhecidos por sua ampla vivência acadêmica e profissional na área. O livro reúne notáveis juristas, todos profundos conhecedores do tema, tratado de forma inovadora, porque o objeto de estudo é esmiuçado considerando não apenas o disposto no Código Civil (CC) mas também o quanto se encontra disciplinado em leis esparsas, na jurisprudência e nos recentes atos normativos do Conselho Nacional de Seguros Privados (CNSP) e da Superintendência de Seguros Privados (Susep), tudo a formar um vasto mosaico que permite perceber, em detalhes, a complexidade desse setor cerradamente regulado, bem como avaliar algumas das profundas transformações que vem experimentando.

Os comentários são estruturados de modo que se analise a origem do dispositivo, seu sentido e alcance, levando em conta as principais controvérsias hermenêuticas, além de outras normas relacionadas ao artigo do Código Civil em comento. Com isso, abre-se um amplo painel já a partir do tratamento atribuído aos seguros no Código Comercial (CCom) de 1850 e no Código Civil de 1916, espelhado na experiência estrangeira, seguindo-se uma análise da função do dispositivo à luz da doutrina e da jurisprudência e, não menos importante, de sua situação no ordenamento visto em sua integralidade.

Interessante notar que a obra tem abrangência sistemática, pois se detém, com precisão e profundidade, em dispositivos de caráter geral do Código Civil, não apenas naqueles especificamente relacionados com os contratos de seguro. Por exemplo, os requisitos de validade e os critérios de interpretação do negócio jurídico (arts. 104 e 113) são minudentemente associados aos contratos de seguro.

No que tange à prescrição, bem se aponta (arts. 189 e 206) a oportunidade perdida pelo legislador de claramente distinguir a violação do direito, o surgimento da pretensão e o termo inicial do prazo prescricional, que podem ocorrer em momentos cronológicos diversos, o que teria contribuído para reduzir a incerteza quanto à aplicação de velhas teorias e a oscilação jurisprudencial quanto à incidência sobre as espécies examinadas da teoria subjetiva ou objetiva, em proveito da segurança jurídica.

No comentário ao art. 421, que cuida da função social do contrato, além de se mapear a incidência dessa cláusula geral sobre os contratos de seguro, contrasta-se criticamente a redação original do Código Reale com as alterações promovidas pela Lei da Liberdade Econômica. Na glosa ao art. 422, que cuida da boa-fé, indica-se a transformação ocorrida em nosso ordenamento com a introdução da cláusula geral de boa-fé objetiva, que impõe deveres de conduta ao longo de toda a relação contratual, com específica aplicação ao contrato de seguro, notadamente no tocante ao dever de informar e à extensão do padrão de boa-fé exigível no direito securitário (art. 765).

Nas considerações ao art. 424, que torna nulas, nos contratos de adesão, as cláusulas de renúncia antecipada do aderente a direito resultante da natureza do negócio, assinala-se, com propriedade, a relação "simbiótica entre o Direito a Nova Economia Institucional", visto que o tráfego jurídico se caracteriza pela racionalidade limitada, pela assimetria informacional e pela possibilidade de condutas oportunistas. Essa aproximação metodológica enriquece a análise, que deixa de ser meramente dogmática e passa a contar com exemplos de óbvio alcance prático para o aplicador do direito.

No que diz respeito aos elementos constitutivos do contrato de seguro, apontam-se, nos comentários ao art. 757, as importantes inovações trazidas no Código de 2002 em razão do substitutivo preparado por Fábio Konder Comparato, entre elas a obrigação de garantia que aparece em substituição à obrigação indenitária. Esta, obviamente, subsiste, mas é "funcionalizada pela obrigação de garantia", isto é:

> (...) para fazer frente ao pagamento, seja da indenização (seguro de danos), seja do capital ou soma segurada (seguros de pessoas), a seguradora deve organizar-se empresarialmente, dotando-se de capacidade para gerir o fundo mutual composto pelos prêmios recolhidos de uma coletividade de segurados, o que remete ao princípio do mutualismo, essencial à sustentação mais do que de um contrato de seguro individualmente considerado, da chamada indústria de seguros como um todo.

Vê-se, desde logo, que também a predeterminação de riscos e a empresarialidade foram inovações relevantes introduzidas pelo novo diploma. Esta última, veiculada no parágrafo único do dispositivo, que exige seja a seguradora legalmente autorizada para exercício de sua atividade, remetendo, portanto, à regulação cerrada que caracteriza o setor de seguros, não repele, por si só, como bem lembrado, a inovação tecnológica vem transformando outros setores regulados, tanto que, ainda conforme os comentários desta obra ao art. 757, "o *sandbox* regulatório organizado pela Susep implicou menores exigências de capital, auditoria e *compliance*, o que atraiu, ao todo, aproximadamente 30 novos seguradoras, com benefícios formidáveis ao mercado como um todo".

A exigência de proposta escrita prévia à apólice (art. 759) não constava do Código Civil de 1916 e veio a "consolidar a importância e compreensão da fase pré-contratual". É na proposta que são fornecidas as informações indispensáveis à verificação da legitimidade do interesse e à avaliação do risco e da garantia contratada. O processamento das informações solicitadas ao segurado deve obedecer aos princípios da finalidade, da adequação e da necessidade, como previsto na Lei Geral de Proteção de Dados (art. 7º, I), que, de igual modo, obriga a seguradora a obter autorização para tratamento e armazenamento de dados pessoais, sendo proibida a utilização desses dados assim que alcançada a finalidade para a qual foram coletados, hipótese que caracteriza o término de seu tratamento e impõe sua eliminação (arts. 15 e 16).

Destacam-se, ainda, outras inovações do novo Código Civil, como aquela contida no art. 787, que, diferentemente do Código Beviláqua, voltado apenas aos seguros de danos e de pessoas (ou de coisas e de vida, no texto anterior), passou a incluir o seguro de responsabilidade civil, em reconhecimento de que vivemos numa sociedade de riscos, cuja previsibilidade e calculabilidade têm levado à criação de novos instrumentos destinados à cobertura de riscos crescentemente complexos de deveres de indenização que desafiam a jurisprudência e a regulação.

Entre as inúmeras inovações do novo Código, vale a pena também lembrar que o art. 798 remonta ao já aludido substitutivo de autoria do Professor Comparato, que, inspirado em legislação estrangeira, teve por objetivo excluir:

> (...) em qualquer hipótese o direito ao capital estipulado se o segurado se suicida nos primeiros dois anos de vigência inicial do contrato ou da sua recondução depois de suspenso, e proibindo em contrapartida a estipulação de não pagamento para o caso de suicídio ocorrer após esse lapso de tempo. O único fato a ser levado em consideração é, pois, o tempo decorrido desde a contratação ou renovação do seguro, atendendo-se a que ninguém, em são juízo, contrata o seguro exclusivamente com o objetivo de se matar dois anos depois.[1]

Com isso, nas palavras do renomado professor, procurava-se evitar as "sutis distinções entre premeditação e simples voluntariedade" do suicídio, presentes na antiga legislação. Não obstante a clareza solar da nova lei e de sua justificação, o STJ, por muitos anos, manteve sua própria orientação jurisprudencial, bem como aquela anteriormente consagrada pelo STF, como se a legislação não tivesse sido alterada. O reconhecimento pleno da nova regra legal pela Segunda Seção do STJ só se efetuou em 2015, no julgamento do REsp 1.334.005/GO, de relatoria para o acórdão da Ministra Maria Isabel Gallotti.

Esses são apenas alguns poucos exemplos do cuidado com que foram urdidos os comentários que compõem este livro. Muitos outros podem ser colhidos nesta obra de referência, que, certamente, será de consulta obrigatória para todos os aplicadores do Direito que se interessam pelo tema.

Ricardo Villas Bôas Cueva
Ministro do Superior Tribunal de Justiça

---

[1] COMPARATO, Fábio Konder. Substituto ao capítulo referente ao contrato de seguro no anteprojeto de Código Civil. *Revista de Direito Mercantil, Industrial, Econômico e Financeiro*. São Paulo, n. 5, ano XI (nova série), 1972. p. 151.

APRESENTAÇÃO

Ao mesmo tempo que saudávamos mais de duas décadas do atual Código Civil brasileiro,[1] sentíamos uma significativa carência de um livro que abordasse de forma detalhada e atualizada os seus dispositivos que tratam dos contratos de seguro, conectando-os com os atos normativos recentes do Conselho Nacional de Seguros Privados (CNSP) e da Superintendência de Seguros Privados (Susep), além de outros diplomas legais e jurisprudência, e que considerasse, ainda, os avanços tecnológicos que prometem revolucionar o setor de seguros em um futuro próximo.

Essencialmente por esses motivos, idealizamos a presente obra coletiva, na qual convidamos alguns entre os mais ilustres civilistas brasileiros, que se dispuseram a examinar os quarenta e seis artigos existentes no capítulo do Código Civil que abrange os contratos de seguro (arts. 757 a 802), e outros nove dispositivos legais que possuem grande importância na matéria, como os que regem a validade e a interpretação dos negócios jurídicos (arts. 104 e 113), a prescrição (arts. 189 e 206, § 1º, II, e § 3º, IX), os princípios da boa-fé objetiva e da função social do contrato (arts. 421, 421-A e 422) e os contratos feitos por adesão (arts. 423 e 424).

Para que houvesse uma coerência sistemática na obra, requisitamos aos coautores que observassem algumas coordenadas, como a extensão mínima e máxima dos comentários e a presença de referências bibliográficas ao final. Aos autores, foi incumbida também a tarefa de enfrentar, em cada artigo, as seguintes seções: (i) *Origem da disposição e regime anterior*; (ii) *Sentido da disposição e principais controvérsias na sua interpretação*; e (iii) *Disposições relacionadas*.[2]

Explicando mais e melhor cada uma das seções, na primeira, deveria ser mencionado como o assunto era tratado no Código Civil de 1916 (e no Código Comercial de 1850) e

---

[1] Embora tenha sido promulgado no início do século XXI, por meio da Lei 10.406, de 10 de janeiro de 2002, remonta a 1975 o encaminhamento para a Câmara dos Deputados do designado "segundo anteprojeto" do Código Civil. Conforme disposto em sua exposição de motivos, de autoria de Miguel Reale, supervisor da comissão revisora e elaboradora do Código Civil, teve grande relevo para a versão final da norma o seguinte estudo: COMPARATO, Fábio Konder. Substitutivo ao Capítulo referente ao Contrato de Seguro no Anteprojeto de Código Civil. *Revista de Direito Mercantil, Industrial, Econômico e Financeiro*, n. 5, ano XI, p. 144-151, 1972. Para uma incursão histórica acerca do Código Comercial de 1850, ainda em vigor no que se refere aos seguros marítimos, da aprovação do CC/2002 e da sua ligação com o Código Civil de 1916, por sua vez influenciado no capítulo dos seguros pelo Código de Direito Privado do Cantão de Zurique (*Privatrechtliches Gesetzbuch für den Kanton Zürich*), consulte-se MIRAGEM, Bruno; PETERSEN, Luiza. *Direito dos Seguros*. Rio de Janeiro: Forense, 2022. p. 18 e ss.

[2] Conforme, por exemplo, MARTINEZ, Pedro Romano *et al*. *Lei do Contrato de Seguro: Anotada*. 4. ed. Coimbra: Almedina, 2020.

se ele possuía origem e desenvolvimento na experiência estrangeira. Na segunda e mais importante seção, deveria ser examinada a função do dispositivo legal, peculiaridades e principais pontos controvertidos à luz da doutrina e da jurisprudência. Por fim, na terceira, deveria ser abordada a conexão do dispositivo legal com outros artigos (*v.g.*, Código Civil, Código de Defesa do Consumidor, Lei Geral de Proteção de Dados, Constituição da República), bem como normas do CNSP e da Susep.

Os coautores, de maneira extremamente generosa, não apenas atenderam aos nossos pedidos, mas superaram todas as nossas – já elevadas – expectativas. O resultado, conforme o leitor notará, está um primor.

As páginas que seguem muito nos orgulham e envaidecem. Sem embargo, fica o disclaimer de que não necessariamente concordamos com todas as afirmativas feitas – o que é próprio de qualquer produção científica com diversos autores, comprometida com a pluralidade de ideias e a seriedade acadêmica – e que a obra se encontra atualizada, especialmente no que toca aos atos normativos, até o momento de sua publicação.

Esperamos, assim, seguir colaborando para o crescimento de um chamado "Direito dos Seguros" no Brasil, caracterizado pelo rigor científico e pela utilidade prática.

Por fim, agradecemos, em nome do caríssimo editor Henderson Fürst, a acolhida do projeto pela prestigiosa editora Forense.

Ilan Goldberg e **Thiago Junqueira**

SUMÁRIO

PARTE I
DO NEGÓCIO JURÍDICO

I.I. VALIDADE E INTERPRETAÇÃO DOS CONTRATOS DE SEGURO 3

1. Comentários ao art. 104 do Código Civil – *Por Bruno Miragem e Luiza Petersen* .. 3
2. Comentários ao art. 113 do Código Civil – *Por Carlos Nelson Konder* 16

I.II. PRESCRIÇÃO NAS RELAÇÕES SECURITÁRIAS 32

3. Comentários ao art. 189 do Código Civil – *Por Eduardo Nunes de Souza* 32
4. Comentários ao art. 206, § 1º, II, e § 3º, IX, do Código Civil – *Por Eduardo Nunes de Souza* 47

PARTE II
DOS CONTRATOS EM GERAL

II.I. REPERCUSSÕES DOS PRINCÍPIOS DA BOA-FÉ OBJETIVA E DA FUNÇÃO SOCIAL DO CONTRATO NAS RELAÇÕES SECURITÁRIAS 67

5. Comentários ao art. 421 do Código Civil – *Por Judith Martins-Costa, Giovana Benetti e Luca Giannotti* 67
6. Comentários ao art. 421-A do Código Civil – *Por Judith Martins-Costa, Giovana Benetti e Luca Giannotti* 81
7. Comentários ao art. 422 do Código Civil – *Por Judith Martins-Costa, Giovana Benetti e Luca Giannotti* 96

II.II. CONTRATOS DE SEGUROS FEITOS POR ADESÃO 109

8. Comentários ao art. 423 do Código Civil – *Por Pedro Marcos Nunes Barbosa* 109
9. Comentários ao art. 424 do Código Civil – *Por Pedro Marcos Nunes Barbosa* 119

PARTE III
DO SEGURO – DISPOSIÇÕES GERAIS

10. Comentários ao art. 757 do Código Civil – *Por Ilan Goldberg* 129

11. Comentários ao art. 758 do Código Civil – *Por Priscila Fichtner e Guilherme Bernardes* 140

12. Comentários ao art. 759 do Código Civil – *Por Priscila Fichtner e Guilherme Bernardes* 149

13. Comentários ao art. 760 do Código Civil – *Por Ilan Goldberg* 159

14. Comentários ao art. 761 do Código Civil – *Por Priscila Fichtner e Guilherme Bernardes* 172

15. Comentários ao art. 762 do Código Civil – *Por Aline de Miranda Valverde Terra e Bernardo Salgado* 185

16. Comentários ao art. 763 do Código Civil – *Por Aline de Miranda Valverde Terra e Bernardo Salgado* 196

17. Comentários ao art. 764 do Código Civil – *Por Aline de Miranda Valverde Terra e Bernardo Salgado* 207

18. Comentários ao art. 765 do Código Civil – *Por Thiago Junqueira* 214

19. Comentários ao art. 766 do Código Civil – *Por Thiago Junqueira* 235

20. Comentários ao art. 767 do Código Civil – *Por Thiago Junqueira* 268

21. Comentários ao art. 768 do Código Civil – *Por Carlos Edison do Rêgo Monteiro Filho e Rodrigo de Almeida Távora* 277

22. Comentários ao artigo 769 do Código Civil – *Por Carlos Edison do Rêgo Monteiro Filho e Rodrigo de Almeida Távora* 287

23. Comentários ao art. 770 do Código Civil – *Por Carlos Edison do Rêgo Monteiro Filho e Rodrigo de Almeida Távora* 294

24. Comentários ao art. 771 do Código Civil – *Por José Roberto de Castro Neves* 298

25. Comentários ao art. 772 do Código Civil – *Por José Roberto de Castro Neves* 309

26. Comentários ao art. 773 do Código Civil – *Por José Roberto de Castro Neves* 317

27. Comentários ao art. 774 do Código Civil – *Por Walter A. Polido* 327

28. Comentários ao art. 775 do Código Civil – *Por Walter A. Polido* 339

29. Comentários ao art. 776 do Código Civil – *Por Walter A. Polido* 348

30. Comentários ao art. 777 do Código Civil – *Por Walter A. Polido* 359

PARTE IV
DO SEGURO DE DANO

31. Comentários ao art. 778 do Código Civil – *Por Gustavo Tepedino, Paula Greco Bandeira e Bruna Vilanova Machado* 365

32. Comentários ao art. 779 do Código Civil – *Por Gustavo Tepedino, Paula Greco Bandeira e Bruna Vilanova Machado* 375

33.	Comentários ao art. 780 do Código Civil – *Por Gustavo Tepedino, Paula Greco Bandeira e Bruna Vilanova Machado*..	380
34.	Comentários ao art. 781 do Código Civil – *Por Gustavo Tepedino, Paula Greco Bandeira e Bruna Vilanova Machado*..	385
35.	Comentários ao art. 782 do Código Civil – *Por Marcos Ehrhardt Jr.*..........................	390
36.	Comentários ao art. 783 do Código Civil – *Por Marcos Ehrhardt Jr.*..........................	395
37.	Comentários ao art. 784 do Código Civil – *Por Marcos Ehrhardt Jr.*..........................	400
38.	Comentários ao art. 785 do Código Civil – *Por Angélica Carlini*................................	405
39.	Comentários ao art. 786 do Código Civil – *Por Angélica Carlini*................................	419
40.	Comentários ao art. 787 do Código Civil – *Por Ilan Goldberg*....................................	431
41.	Comentários ao art. 788 do Código Civil – *Por Ilan Goldberg*....................................	441

PARTE V
DO SEGURO DE PESSOA

42.	Comentários ao art. 789 do Código Civil – *Por Bruno Miragem e Luiza Petersen*......	449
43.	Comentários ao art. 790 do Código Civil – *Por Bruno Miragem e Luiza Petersen*......	461
44.	Comentários ao art. 791 do Código Civil – *Por Camila Affonso Prado e Nelson Rosenvald*...	468
45.	Comentários ao art. 792 do Código Civil – *Por Camila Affonso Prado e Nelson Rosenvald*...	474
46.	Comentários ao art. 793 do Código Civil – *Por Camila Affonso Prado e Nelson Rosenvald*...	485
47.	Comentários ao art. 794 do Código Civil – *Por Fernanda Paes Leme P. Rito*............	490
48.	Comentários ao art. 795 do Código Civil – *Por Fernanda Paes Leme P. Rito*............	499
49.	Comentários ao art. 796 do Código Civil – *Por Fernanda Paes Leme P. Rito*............	506
50.	Comentários ao art. 797 do Código Civil – *Por Thiago Junqueira*..............................	512
51.	Comentários ao art. 798 do Código Civil – *Por Thiago Junqueira*..............................	523
52.	Comentários ao art. 799 do Código Civil – *Por Janaina Andreazi e Gustavo Duarte*..	536
53.	Comentários ao art. 800 do Código Civil – *Por Renato Chalfin*..................................	550
54.	Comentários ao art. 801 do Código Civil – *Por Renato Chalfin*..................................	561
55.	Comentários ao art. 802 do Código Civil – *Por Janaina Andreazi e Gustavo Duarte*..	568

PARTE I
DO NEGÓCIO JURÍDICO

I.I. Validade e interpretação dos contratos de seguro

1
COMENTÁRIOS AO ART. 104 DO CÓDIGO CIVIL

Bruno Miragem
Luiza Petersen

> **Art. 104.** A validade do negócio jurídico requer:
> I – agente capaz;
> II – objeto lícito, possível, determinado ou determinável;
> III – forma prescrita ou não defesa em lei.

1. ORIGEM DA DISPOSIÇÃO E REGIME ANTERIOR

O art. 104 do CC trata dos requisitos de validade do negócio jurídico. Negócio jurídico é ato jurídico caracterizado pelo propósito, de quem o celebra, de regular, ao menos em parte, o conteúdo e os efeitos jurídicos a serem produzidos, de modo não contrário ao Direito, visando à satisfação de seus próprios interesses. Segundo autorizada lição doutrinária, "o negócio jurídico cria, em relação aos interesses regulados, poderes e vínculos que originalmente não existiam".[1] Resultará, nesses termos, de expressão da autonomia privada, que se traduz como uma "permissão genérica de atuação jurígena",[2] vale dizer, o exercício da liberdade reconhecida e delimitada pelo ordenamento jurídico para que o indivíduo promova a realização de determinada finalidade. O negócio jurídico compreende uma manifestação de vontade dirigida ao fim de obtenção de um efeito jurídico de direito privado.[3] A manifestação de vontade será elemento do suporte fático, destinada à produção de efeitos jurídicos.[4] Nesse sentido, pode ser tan-

---

[1] BETTI, Emilio. *Teoria generale del negozio giuridico*. Napoli: Edizione Scientifiche Italiane, 2002. p. 75.
[2] MENEZES CORDEIRO, António. *Tratado de direito civil*. 4. ed. Coimbra: Almedina. Editora, 2017. t. II. p. 40.
[3] WOLF, Manfred; NEUNER, Jorg. *Allgemeiner Teil, des Bürgerlichen Rechts*, 10 Auf., München: C.H.Beck, 2012. p. 311.
[4] PONTES DE MIRANDA, Francisco Cavalcanti *Tratado de direito privado*. São Paulo: Ed. RT. t. III. p. 56.

to uma declaração quanto um comportamento que exprima a vontade de realizar o negócio.[5]

A espécie mais relevante de negócio jurídico é o contrato. Nesse caso, as declarações de vontade emitidas pelas partes formam o consentimento. A existência do negócio jurídico pressupõe a manifestação da vontade, a finalidade negocial e a idoneidade do objeto. Sua validade requer o que prevê o art. 104 do CC: "I – agente capaz; II – objeto lícito, possível, determinado ou determinável; III – forma prescrita ou não defesa em lei". Os efeitos do negócio jurídico, por sua vez, ou se produzem desde logo, ou serão subordinados à ocorrência de certos eventos.

O art. 104 do CC/2002 encontra correspondência parcial no art. 82 do CC/1916, o qual dispunha: "A validade do ato jurídico requer agente capaz (art. 145, n.º I), objeto lícito e forma prescrita ou não defesa em lei (arts. 129, 130 e 145)". Na passagem do antigo para o novo, houve a substituição da figura do ato jurídico pela do negócio jurídico. A opção legislativa, sob influência da doutrina germânica, apoiou-se na distinção entre o ato jurídico *stricto sensu* e o negócio jurídico. Conforme exposição de Moreira Alves:

> (...) o Projeto de Código Civil brasileiro, no Livro III de sua Parte Geral, substituiu a expressão genérica ato jurídico, que se encontra no Código em vigor, pela designação específica negócio jurídico, pois é a este, e não necessariamente àquele, que se aplicam todos os preceitos ali constantes.[6]

Nesses termos, distinguem-se o ato jurídico *stricto sensu* e o negócio jurídico, ambos espécies de ato jurídico, no qual há atuação humana, que se revela pela manifestação de vontade ou de conhecimento. No ato jurídico *stricto sensu*, a manifestação de vontade preenche o suporte fático da norma, mas não tem qualquer influência na produção dos seus efeitos. Nesse caso, o exercício da autonomia privada cinge-se a reconhecer à pessoa a possibilidade de realização do ato, mas sem qualquer influência sobre sua eficácia, toda ela predeterminada por lei. Do ponto de vista do seu conteúdo, caracterizam uma: (i) reclamação; (ii) comunicação de vontade; (iii) comunicação de um fato; (iv) uma determinação (ordem). Já o negócio jurídico é espécie de fato jurídico realizado mediante exercício da autonomia privada, de modo que a manifestação da vontade opere tanto na realização do ato quanto na determinação de seu conteúdo e eficácia, nos limites definidos pelo ordenamento jurídico. Em outros termos, a manifestação de vontade é que dá origem ao negócio jurídico, integrando o suporte fático da norma que incide sobre ele. Seus efeitos também serão preenchidos, em parte, pela manifestação da vontade e, em parte, decorrem da incidência da norma. Tome-se como exemplo o contrato. Os contratantes, ao celebrarem o contrato, igualmente decidem sobre elementos que formam seu conteúdo e vinculam determinado comportamento (suas cláusulas e disposições, o conteúdo das respectivas prestações e contraprestações das partes, por exemplo). Há, nesse caso, o reconhecimento

---

[5] PONTES DE MIRANDA, Francisco Cavalcanti. *Tratado de direito privado*. São Paulo: Ed. RT. t. III. p. 57; BETTI, Emilio. *Teoria generale del negozio giuridico*. Napoli: Edizione Scientifiche Italiane, 2002. p. 55.

[6] Ademais, complementa: "e, no tocante aos atos jurídicos lícitos que não negócios jurídicos, abriu-lhes um título, com artigo único, em que se determina que se lhes apliquem, no que couber, as disposições disciplinadoras do negócio jurídico" (ALVES, José Carlos Moreira. *A parte geral do Projeto de Código Civil brasileiro*. 2. ed. São Paulo: Saraiva, 2003. t. III. p. 102-103).

da manifestação da vontade para definir parte da eficácia do negócio. Entretanto, há outros efeitos, que decorrem da norma. Nascida a obrigação do contrato, a pretensão de cumprimento ou de resolução, para além do que possa ser definido pelas partes no exercício da autonomia privada, decorre da norma (*e.g.*, art. 475 do CC).

Os requisitos de validade previstos no art. 104 do CC brasileiro também constam de previsão legal no direito estrangeiro, o que se dá a propósito do contrato ou do negócio jurídico. O Código Civil francês prevê os requisitos de validade do contrato no art. 1.128 ("São necessários para a validade de um contrato: 1º – o consentimento das partes; 2º – sua capacidade de contratar; 3º – um conteúdo lícito e certo"). O Código Civil português, por sua vez, estabelece os requisitos do objeto negocial no art. 280 ("1. É nulo o negócio jurídico cujo objecto seja física ou legalmente impossível, contrário à lei ou indeterminável. 2. É nulo o negócio contrário à ordem pública, ou ofensivo dos bons costumes").

2. SENTIDO DA DISPOSIÇÃO E PRINCIPAIS CONTROVÉRSIAS NA SUA INTERPRETAÇÃO

De acordo com o art. 104 do CC, são requisitos de validade do negócio jurídico: a capacidade do agente; a licitude, a possibilidade e a determinação do objeto; e a forma prescrita ou não defesa em lei.

2.1. Capacidade do agente

A validade do negócio jurídico pressupõe a capacidade do agente. Significa, nesse caso, a capacidade de exercício de direitos (ou capacidade de fato) de quem venha a emitir declaração de vontade negocial. Diz-se, nesse caso, que tem capacidade negocial. São capazes para exercer os atos da vida civil os maiores de 18 anos, ou os maiores de 16 que tenham adquirido capacidade por emancipação ou por outra causa prevista em lei (art. 5º do CC). Trata-se de requisito que visa proteger a higidez da vontade declarada e dirigida à celebração do negócio, aptidão reconhecida às pessoas naturais às quais a lei pressuponha a existência de discernimento e às pessoas jurídicas, cuja atuação deve se dar nos termos previstos em seus respectivos atos constitutivos.

Nas situações de incapacidade do agente, em razão das causas previstas em lei (arts. 3º e 4º do CC), sua atuação negocial se dá pelos institutos da representação e da assistência. No caso da representação, o representante é quem emite declaração de vontade no lugar do incapaz representado, atua em nome deste, a quem também se dirigem os efeitos do negócio jurídico celebrado. A representação se dá por efeito da lei, que confere os poderes de representação a determinadas pessoas, para que atuem em nome de outras (*e.g.*, os pais em relação aos filhos menores), ou por convenção, hipótese em que o representado nomeia seu representante outra pessoa (e, para tanto, celebra negócio jurídico de mandato), para que realize, em seu nome, determinados atos, ou todos os necessários a determinado fim. A representação dos incapazes se dá por força de lei, caso em que define os pais como representantes dos filhos (art. 1.634, VII, do CC), os tutores dos tutelados (art. 1.747, I, do CC), e os curadores dos curatelados (art. 1.781 do CC). Negócios jurídicos celebrados diretamente por absolutamente incapazes, sem representação, são nulos (art. 166, I, do CC).

Os relativamente incapazes, por sua vez, emitem declaração de vontade que, todavia, para ser reconhecida pelo direito, se submete à assistência. Serão assistidos por quem a lei determine – de regra, pelos seus representantes legais, cuja declaração é exigida para completar a declaração de vontade do incapaz (suprir-lhe o consentimento, no caso dos pais, art. 1.634, VII, do CC). Os negócios jurídicos celebrados por relativamente incapazes, sem que sejam assistidos nos termos da lei, serão anuláveis (art. 171, I, do CC). Isso significa que poderão ser confirmados pelas partes, ressalvado o direito de terceiro, de modo que a manifestação posterior do assistente concordante com a declaração de vontade do relativamente incapaz convalida o ato. Registre-se, contudo, a regra do art. 105 do CC, que limita a possibilidade de invocação da incapacidade relativa de uma das partes por outras que com ela tenham celebrado o negócio jurídico. Dispõe a norma: "A incapacidade relativa de uma das partes não pode ser invocada pela outra em benefício próprio, nem aproveita aos cointeressados capazes, salvo se, neste caso, for indivisível o objeto do direito ou da obrigação comum".

No caso das pessoas jurídicas, que são realidades criadas pelo direito, sua capacidade negocial é exercida por intermédio daqueles a quem se confira, nos termos dos seus atos constitutivos, poderes de representação. Nesse caso, há variação das formas de representação, podendo, inclusive, prever-se, no ato constitutivo – conforme a relevância do negócio a ser celebrado, sua repercussão econômica ou de outra ordem para os fins da pessoa jurídica –, diferentes modos de exercício (*e.g.*, negócios que possam ser celebrados apenas por uma única pessoa que a represente, outros que exijam a intervenção de duas ou mais pessoas com mesmos poderes). Da mesma forma, pode variar a qualidade da representação, prevendo--se, no ato constitutivo, pessoas diferentes para celebrá-los, conforme seja o seu conteúdo (*e.g.*, para disposição sobre certos bens da pessoa jurídica, serão certos representantes; para celebração de outros contratos, confere-se poder a distintos representantes; em tudo, há, no entanto, poder de representação).

Não se confunde a capacidade para a constituição de negócio jurídico com a legitimação. Esta diz respeito a requisitos específicos que a lei define para a prática de certos atos, ou celebração de determinados negócios, em vista de específica posição jurídica do sujeito. Em outros termos, a pessoa pode ser capaz para o exercício pessoal dos atos da vida civil, tendo, por isso, capacidade para celebrar negócios jurídicos (capacidade negocial) – é qualidade pessoal sua. No entanto, para certos atos, se lhe reclama que ostente determinada qualidade ou atenda a certo requisito que indique o poder de disposição sobre o objeto do negócio jurídico a ser celebrado (*e.g.*, poder para alienar)[7] – ocupa certa posição jurídica.[8] A legitimação traduz ausência de impedimentos ou restrições para celebração do negócio.[9] É o que ocorre, no contrato de seguro, em relação à posição jurídica do segurador.

De acordo com o parágrafo único do art. 757 do CC, "somente pode ser parte, no contrato de seguro, como segurador, entidade para tal fim legalmente autorizada". O exercício da atividade de segurador, nesses termos, pressupõe o atendimento de estritas exigências

---

[7] WOLF, Manfred; NEUNER, Jorg. *Allgemeiner Teil, des Bürgerlichen Rechts*, 10 Auf., München: C.H.Beck, 2012. p. 662.

[8] BETTI. *Teoria generale del negozio giuridico*. Camerino: Edizione Scientifiche Italiane, 2002. p. 221.

[9] AMARAL, Francisco. *Direito civil*: introdução. 8 ed. Rio de Janeiro: Renovar. 2014. p. 501; Caio Mário da Silva Pereira utiliza-se da expressão impedimentos ou incapacidades especiais para distinguir da incapacidade geral do regime das incapacidades (PEREIRA, Caio Mário da Silva. *Instituições de direito civil*. 28. ed. Rio de Janeiro: Forense, 2015. v. I. p. 407). Também se menciona como o poder de exercer o direito corretamente (GOMES, Orlando. *Introdução ao direito civil*. 19. ed. Rio de Janeiro: Forense, 2007, p. 331). Não parecem, todavia, as melhores expressões, do ponto de vista didático.

legais e, inclusive, autorização do Estado. Apenas seguradores autorizados podem celebrar contratos de seguro. Ademais, só podem operar os ramos de seguro para os quais tenham autorização (art. 78 do Decreto-lei 73/1966). A inobservância do requisito legal resulta na invalidade do contrato de seguro.

A exigência de autorização para a contratação de seguros na condição de segurador não constitui mero requisito formal. Ao contrário, apoia-se em complexo regulatório destinado a assegurar a higidez econômico-financeira do segurador, mediante a imposição de normas de gestão financeira e atuarial (*e.g.*, formação de reservas técnicas), atuando como medida de proteção não apenas do sistema de seguros mas também dos segurados. Dessa forma, a exigência legal converte-se em proteção para o segurado, inclusive no tocante à solvabilidade do segurador, a justificar a repressão estatal ao exercício não autorizado da atividade. Sustenta-se, mesmo, que a exigência de autorização legal expressa o acolhimento do caráter empresarial da atividade.[10] Esse entendimento segue o argumento já suscitado por Cesare Vivante, para quem a organização empresarial do segurador caracteriza o tipo.[11]

2.2. Licitude, possibilidade e determinação do objeto

O objeto do negócio jurídico deve ser lícito, possível, determinado ou determinável, conforme dispõe o art. 104, II, do CC. Não atendendo a esses requisitos, é nulo (art. 166, II, do CC). Por objeto do negócio jurídico entenda-se o seu conteúdo determinado pela declaração de vontade das partes, de que resultam seus efeitos. Assim, por exemplo, o objeto do negócio jurídico de que resulte uma obrigação será a prestação, consistente em comportamentos que se comprometem as partes a realizar nos termos da declaração. Esses comportamentos podem ser o de transmitir a propriedade sobre um bem ou o de fazer ou não fazer algo. Os requisitos que a lei impõe ao reconhecimento da validade do negócio jurídico relacionam-se com tais comportamentos, que, uma vez resultantes do exercício da autonomia privada, são delimitados pelo próprio ordenamento jurídico. Nesse sentido, há conteúdo do negócio jurídico que resultará exclusivamente da declaração de vontade dos sujeitos que o integram, no espaço de liberdade de conformação definido pelo próprio ordenamento jurídico, sem prejuízo dos efeitos decorrentes da lei.

No contrato de seguro, o comportamento exigido do segurador consiste em "garantir interesse legítimo do segurado, relativo a pessoa ou a coisa, contra riscos predeterminados" (este é o objeto do contrato), o que se dá em troca do pagamento do prêmio, conforme dispõe o art. 757 do CC. A delimitação do objeto do contrato de seguro, nesses termos, passa pela compreensão do que seja obrigação de garantia, assim como pelas noções de interesse legítimo e de riscos predeterminados. Por obrigação de garantia compreende-se a obrigação de segurança, de "suportação do risco".[12] Na lição de Comparato, a obrigação

---

[10] TZIRULNIK, Ernesto; CAVALCANTI, Flavio Queiroz Bezerra; PIMENTEL, Ayrton. *O contrato de seguro de acordo com Código Civil brasileiro*. 3. ed. São Paulo: Roncarati, 2016. p. 61-62.

[11] Vivante sustenta que a organização empresarial do segurador é elemento que auxilia a compreensão da operação de seguro e, consequentemente, do contrato que lhe dá existência jurídica (VIVANTE, Cesare. *Del contratto di assicurazione*. Torino: UTET, 1936. p. 8).

[12] BRUCK, Ernst. *Das Privatversicherungsrecht*. Manheim: J. Bensheimer, 1930. p. 364 e ss.; ALMEIDA, J. C. Moitinho. *O contrato de seguro no direito português e comparado*. Lisboa: Sá da Costa, 1971. p. 18 e 24-29.

de garantia visa "eliminar um risco" que pesa sobre o patrimônio do credor. No caso do seguro, visa eliminar um risco que pesa sobre o patrimônio do segurado.[13]

O objeto da garantia do seguro, por outro lado, delimita-se a partir das noções de interesse legítimo e de riscos predeterminados. Por interesse legítimo compreende-se a relação, orientada pela preservação, que se estabelece entre o segurado e um bem, seja uma coisa, seja uma pessoa (neste caso, sobre a vida ou integridade física dessa pessoa). Essa relação é econômica, pois, se o sinistro ocorrer, o segurado sofrerá uma perda patrimonial (ou, pelo menos, preponderantemente patrimonial). Da mesma forma, é uma relação jurídica, reconhecida e tutelada pelo direito. A noção de risco, por sua vez, compreende a possibilidade de sinistro, ou seja, de ocorrência de um evento desfavorável ao interesse legítimo do segurado previsto no contrato.[14] Nesses termos, a garantia prestada pelo segurador é proteção que recai sobre determinada posição jurídica do segurado reconhecida pelo direito (interesse legítimo) que, por seu turno, se encontre ameaçada pela contingência de um evento desfavorável previsto no contrato (risco predeterminado).

Em relação ao objeto do negócio jurídico (e, portanto, ao objeto do contrato de seguro), exige-se, como requisito para sua validade, inicialmente, que seja lícito. A noção de licitude, aqui, se toma de modo amplo. Para ser lícito, não pode ser contrário à lei. Exemplo de seguro cujo objeto seja contrário à lei é aquele que se destina à garantia de risco proveniente de ato doloso do segurado, o que é vedado pelo art. 762 do CC; da mesma forma, o seguro de dano cujo valor da garantia ultrapasse o valor do interesse segurado no momento da conclusão do contrato, o que é vedado pelo art. 778 do CC. O alcance do sentido que se atribui à licitude, contudo, não se estende apenas ao que a lei proíbe ou restringe, senão também a uma conformidade ao direito em sentido mais amplo, de juridicidade do objeto. Nessa perspectiva, a licitude do objeto abrange, igualmente, sua não contrariedade aos bons costumes e à moral social –, embora, em ambos os casos, o preenchimento do significado desses conceitos represente um desafio interpretativo, para o qual se deve adotar critérios objetivos, em conformidade com a própria ordem jurídica, sob o risco de cerceamento da liberdade de atuação negocial e da isonomia.[15]

---

[13] COMPARATO, Fábio Konder. *Ensaios e pareceres de direito empresarial*. Rio de Janeiro: Forense, 1978. p. 537.

[14] Para mais detalhes sobre os conceitos de garantia, risco e interesse legítimo, veja-se: MIRAGEM, Bruno; PETERSEN, Luiza. Direito dos seguros. Rio de Janeiro: Forense, 2022. p. 117 e ss.; p. 131 e ss.; p. 148 e ss. Também: JUNQUEIRA, Thiago. O risco no domínio dos seguros. In: GOLDBERG; JUNQUEIRA (org.). *Temas Atuais de Direitos dos Seguros*. São Paulo: Ed. RT, 2020. t. 1. p. 42 e ss.

[15] A doutrina aponta como exemplos de contrariedade à moral tanto negócios que se encaminham a um resultado imoral quanto aqueles que estimulem conduta imoral, como é o caso de consentimento para um homicídio, a renúncia ao dever de fidelidade conjugal ou ao direito de educar os filhos, ou a promessa de matrimônio por pessoa casada (SCHMIEDEL, Raquel Campani. *Negócio jurídico*: nulidades e medidas sanatórias. 2. ed. São Paulo: Saraiva, 1985. p. 28). A contrariedade a bons costumes, igualmente, expressa antijuridicidade que torna ilícito (em sentido amplo) o objeto do negócio jurídico. No direito brasileiro, o limite dos bons costumes é previsto expressamente no Código Civil em situações que podem ser reconduzidas ao objeto do negócio jurídico, para atos de disposição sobre o próprio corpo (art. 13), estipulação de condições (art. 122), bem como para o exercício de direitos subjetivos em geral (art. 187). A concreção do conceito de bons costumes não encerra critérios absolutos, devendo-se identificar sua violação, contudo, diante da ofensa de valor ético-social dominante e, concretamente, quando presente violação direta ou indireta a direitos fundamentais, ainda que sem previsão legal específica.

Observa-se que a própria noção de interesse legítimo, enquanto posição jurídica reconhecida e tutelada pelo direito (e, assim, não contrária à ordem jurídica), reconduz à de juridicidade do objeto do contrato de seguro. Não por acaso se afirma ser o interesse legítimo o elemento moralizador do contrato de seguro,[16] que concretiza os valores da ordem jurídica no sistema interno do tipo, vedando a contratação para finalidades consideradas ilegítimas ou imorais – e, nesse particular, que desvirtuem a função econômica e social do contrato de seguro.[17] Nesse sentido, revela-se contrário à ordem jurídica o seguro para o transporte de bens ou substâncias em relação às quais haja proibição legal (inclusive tipificação penal) ou para garantir o risco de perda (inclusive para o Fisco) de bens importados ilegalmente.[18] Da mesma forma, será antijurídico o seguro de automóvel que tenha como objeto a garantia da prática de racha com o veículo segurado, ou, ainda, o seguro de pessoas que tenha como objeto a garantia de atos de automutilação do segurado.

O objeto do negócio jurídico, ainda, deve ser possível. Trata-se de possibilidade fática (ou física) e jurídica. Considerando que o negócio jurídico é constituído para produzir efeitos jurídicos, a impossibilidade do seu objeto frustra-o *ab initio*, daí ser rejeitada pelo direito. A possibilidade do objeto como requisito de validade do negócio jurídico é aquela que se avalia no momento de sua constituição, como regra (com exceção da regra do art. 106 do CC). Não se confunde com as situações em que haja impossibilidade de cumprimento da

---

[16] MENEZES CORDEIRO, António. *Direito dos seguros*. 2. ed. Coimbra: Almedina, 2016. p. 505.

[17] Vê-se, no direito dos seguros, nos variados sistemas jurídicos, um sentido principal atribuído ao interesse, que se revela na preservação de dada posição/situação jurídica em relação à repercussão patrimonial de certo evento. Ao mesmo tempo, exige-se que dada posição/situação jurídica não seja contrária a direito. Nesse particular, reside uma primeira associação à noção que, no direito brasileiro, se refere a interesse legítimo. Legitimidade é expressão que, em direito, se pode tomar em dois sentidos, subjetivo e objetivo. Em sentido subjetivo, trata-se da conformidade da posição jurídica e dos efeitos daí decorrentes com a ordem jurídica. No seguro, a legitimidade do interesse confere-se pela posição jurídica do titular. A posição jurídica do proprietário sempre lhe confere legitimidade para titularizar interesse sobre a coisa, assim como o credor e o devedor o terão em relação à garantia de adimplemento da obrigação. A legitimidade subjetiva demonstra-se, assim, pela posição da pessoa em relação ao interesse a ser garantido pelo contrato. Para tanto, não é necessário que seja parte do contrato, mas, sim, que tenha relação relevante com o interesse (ex.: o credor no seguro garantia celebrado pelo devedor). Em sentido objetivo, a legitimidade associa-se à função reconhecida ao seguro para efeito de promover um resultado útil ao segurado ou beneficiário – aí sua função econômica e social. Assim, por exemplo, quando se toma em conta um seguro contratado para cobertura financeira a que certo beneficiário conclua certo estágio de estudos, não se está necessariamente diante de uma situação patrimonial desvantajosa, tampouco uma referência genérica sobre necessidade de sustento, perante a morte do provedor – caso do seguro de vida. Isoladamente, há um interesse preservado em relação a certos riscos, que podem ser a morte, a perda do emprego remunerado ou outra situação análoga. A legitimidade do interesse, nesse caso, resulta de certa utilidade abrangida pela função reconhecida ao seguro. Há previsão futura, sujeita a certos riscos predeterminados, útil ao segurado ou ao beneficiário, conforme o caso. O evento futuro representado pelo risco não caracteriza em si um dano, mas implica cobertura financeira para alcançar-se certo fim. Esse é o sentido do interesse legítimo que, naturalmente, não pode ser contrário à ordem jurídica (porque daí, ilícito ou ilegítimo), mas que se relaciona com a própria função econômica e social do seguro, tanto em relação ao segurado, em dimensão individual (função estimulante, aliviando os riscos), quanto em dimensão coletiva, permitindo a precisa limitação e garantia de riscos, promovendo o desenvolvimento e as atividades econômicas em geral.

[18] BRUCK, Ernst. *Das Privatversicherungsrecht*. Manheim: J. Bensheimer, 1930. p. 485.

prestação, que é posterior a celebração do negócio jurídico e se examina no tocante a sua eficácia jurídica – *e.g.*, tornou-se impossível por causa atribuível ou não a uma das partes, com a consequente imputação de responsabilidade.

A possibilidade fática diz respeito às condições de o objeto do negócio jurídico realizar-se em termos lógicos e naturais. No seguro, não se pode acordar a garantia de risco ou de interesse que não exista. Há impossibilidade física e lógica nesse objeto. Inexiste risco quando a ocorrência do sinistro é certa ou impossível, tal como quando a proposta de seguro de automóvel tenha sido encaminhada ao segurador após o furto do veículo, conforme já reconheceu a jurisprudência.[19] Inexiste interesse legítimo quando o segurado não estabelece, com o bem sobre o qual recai o seguro, relação econômica e jurídica, orientada pelo escopo de preservação. Para ilustrar: quando o segurado contrata seguro sobre coisa ou vida alheia, em relação a qual não tenha nenhum interesse de preservação, com a finalidade exclusiva de especulação. No seguro, deve-se considerar, ainda, as hipóteses em que se admite a garantia do risco putativo, ou seja, do risco que existe na mente do contratante, como um estado de crença ou de conhecimento, mas que não existe no plano dos fatos, não correspondendo à realidade, ao risco objetivo ou real.[20] É o que ocorre no seguro marítimo, em que a inexistência do risco no momento da celebração do contrato, verificada pela circunstância do sinistro ser fato passado ou presente, não conduz à nulidade desde que as circunstâncias fáticas reais sejam desconhecidas pelas partes (art. 677, 9, do CCom).[21]

A possibilidade jurídica, por outro lado, relaciona-se à inexistência de obstáculos determinados pelo direito para que o objeto do negócio jurídico se realize. Nesse particular, é importante o registro de que a noção de possibilidade jurídica é vizinha da licitude do objeto – outro dos seus requisitos expressos –, mas com ela não se confunde. Afinal, o exercício da autonomia privada se faz no âmbito delimitado pelo ordenamento jurídico, que, ademais, não circunscreve todo o espaço de atuação jurídica expressamente. Pode ser que a lei prescreva comportamentos ou os proíba. A proibição ou restrição legal é o âmbito próprio da ilicitude, que, ademais, se amplia, como foi mencionado, para a noção de antijuridicidade. Desse modo, é juridicamente impossível fazer o que a lei expressamente proíbe, mas não apenas isso, uma vez que, mesmo na ausência de norma expressa que proíba ou impeça determinado comportamento, se retira das características ou qualidades que o direito define para seus institutos, por intermédio de prescrições ou definições, a impossibilidade que possa servir a outras finalidades que não a que delas se presume e também, por consequência, que possa ser objeto de negócio jurídico.

É juridicamente impossível o objeto do negócio jurídico que envolva a disposição sobre herança de pessoa viva. Observe-se, contudo, que essa impossibilidade jurídica não

---

[19] STJ, REsp 1.273.204/SP, rel. Min. Ricardo Villas Bôas Cueva, 3ª T., j. 07.10.2014, *DJe* 28.10.2014.
[20] DONATI, Antigono. *Trattato del Diritto delle Assicurazioni Private*. Milano: Dott. A. Giuffrè, 1952. v. 2. p. 179.
[21] Art. 677, 9, do CCom: "O contrato do seguro é nulo sobre objetos que na data do contrato se achavam já perdidos ou salvos, havendo presunção fundada de que o segurado ou segurador podia ter notícia do evento ao tempo em que se efetuou o seguro. Existe esta presunção, provando-se por alguma forma que a notícia tinha chegado ao lugar em que se fez o seguro, ou àquele donde se expediu a ordem para ele se efetuar ao tempo da data da apólice ou da expedição dá mesma ordem, e que o segurado ou o segurador a sabia. Se, porém, a apólice contiver a cláusula – perdido ou não perdido – ou sobre boa ou má nova – cessa a presunção; salvo provando-se fraude".

se liga apenas ao fato de que o art. 426 do CC expressamente o proíbe. A impossibilidade jurídica resulta também do fato de que, estando viva a pessoa, não se cogita da herança, que é todo unitário compreendendo o patrimônio da pessoa apenas quando aberta a sucessão, ou seja, com a morte daquele a quem se refira. Igualmente, caracteriza impossibilidade jurídica do objeto o seguro de dano cuja garantia tenha como objeto o ressarcimento dos danos decorrentes do sinistro em valor fixo ajustado no momento da contratação. Nesse caso, a impossibilidade jurídica do objeto não apenas relaciona-se com o disposto no art. 781 do CC mas também resulta do próprio conceito de ressarcimento, o qual pressupõe a recomposição do estado anterior ao dano com o equivalente em dinheiro, o que se dá à medida do prejuízo verificado.

Observa-se, ainda, que o art. 106 do CC dispõe: "A impossibilidade inicial do objeto não invalida o negócio jurídico se for relativa, ou se cessar antes de realizada a condição a que ele estiver subordinado". Trata a regra da impossibilidade fática (ou física), quando ao tempo da constituição do negócio jurídico haja declaração de vontade consistente em dar, fazer ou não fazer algo que ainda não existe, mas que pode vir a existir; algo que ainda não é possível, mas que pode vir a ser. Da mesma forma, é o caso do objeto que ainda não existe, mas que poderá existir até que o efeito do negócio jurídico relativo a ele, e que esteja subordinado a evento futuro e incerto (condição suspensiva), venha a se realizar. Em relação à impossibilidade jurídica, a incidência do art. 106 do CC exige que se distingam duas situações: (i) no caso em que resulte de previsão da lei (que proíbe ou restringe), será definitiva, verificada no momento da constituição do negócio jurídico, dando causa à invalidade; e, (ii) decorrendo de situação jurídica que pode se alterar ao longo do tempo, antes de implementada a condição ou termo a que se subordina seu efeito, não invalida, desde logo, o negócio.

É imprescindível distinguir, nesse sentido, as situações de inexistência de risco – em que a ocorrência do sinistro é certa ou impossível –, que implicam a nulidade do contrato de seguro por impossibilidade do objeto (art. 166, II, do CC e art. 667, 4, do CCom),[22] daquelas situações em que o risco é futuro ou superveniente, ou seja, nas quais, embora ausente a possibilidade de sinistro quando da celebração do contrato, a situação de risco deva se consolidar ao longo da relação contratual. Nestes casos, a ausência inicial do risco não é motivo para a nulidade do contrato, conforme prevê o art. 106 do CC. No mesmo sentido, dispõe o art. 685 do CCom (no tocante aos seguros marítimos): "toda e qualquer coisa, todo e qualquer interesse apreciável a dinheiro, que tenha sido posto ou deva pôr-se a risco de mar, pode ser objeto de seguro marítimo, não havendo proibição em contrário". O mesmo se diga em relação ao interesse legítimo, o qual, embora não esteja aperfeiçoado no momento da celebração do contrato de seguro, venha a se constituir em momento seguinte (ex.: seguro de riscos operacionais de um empreendimento que ainda não opere; seguro de um bem que se encontre em vias de aquisição, mas ainda não tenha sido transferido ao patrimônio do segurado).

Em relação ao segurador "que, ao tempo do contrato, sabe estar passado o risco de que o segurado se pretende cobrir, e, não obstante, expede a apólice, pagará em dobro o prêmio estipulado" (art. 773 do CC). A obrigação que daí resulta é sanção. De fato, é repetição em dobro, dada a cobrança sem causa. Por outro lado, em relação ao segurado, "o fato de se

---

[22] Art. 677, 4, do CCom: "O contrato do seguro é nulo quando o objeto do seguro não chega a pôr-se efetivamente em risco".

não ter verificado o risco, em previsão do qual se faz o seguro", não o exime do pagamento do prêmio, salvo disposição em sentido contrário (art. 764 do CC). No tocante ao seguro marítimo, há regra especial no Código Comercial: "Em todos os casos em que o seguro se anular por fato que não resulte diretamente de força maior, o segurador adquire o prêmio por inteiro, se o objeto do seguro se tiver posto em risco; e se não se tiver posto em risco, retém 0,5% (meio por cento) do valor segurado" (art. 684).

Por fim, refira-se que objeto do negócio jurídico deve ser determinado ou determinável. Aqui também há requisito que se dirige ao próprio atendimento da finalidade reconhecida ao negócio jurídico, que é a produção dos efeitos jurídicos queridos pela declaração de vontade das partes, com vista ao atendimento de seus respectivos interesses. A determinação do objeto (ou sua aptidão para determinar-se) serve a essa finalidade, tanto para que seus efeitos repercutam sobre o interesse concreto das partes quanto para permitir o exame de sua conformidade com as exigências da lei. Diz-se determinado quando o objeto consta perfeitamente identificado no momento da constituição do negócio jurídico; e determinável quando passível de precisão no momento em que deva ser realizado (*e.g.*, execução da prestação do contrato, caso da venda de coisa incerta, art. 243 do CC).

A predeterminação do objeto da garantia é da natureza do contrato de seguro (conforme dispõe o art. 757 do CC: "pelo contrato de seguro, o segurador se obriga, mediante o pagamento do prêmio, a garantir interesse legítimo do segurado, relativo a pessoa ou a coisa, contra riscos predeterminados"). Dela, resulta a delimitação dos riscos cobertos, assim como a identificação do interesse garantido, o que se dá, pelo menos, em dois instrumentos contratuais: na apólice e nas Condições Gerais. A apólice contém as informações básicas da garantia, com a indicação, por exemplo, dos tipos de coberturas contratadas, do período de vigência e da importância segurada. As Condições Gerais, por sua vez, contêm cláusulas contratuais gerais, aplicáveis a uma generalidade de contratos de seguro, que especificam, de forma detalhada, os termos da garantia, ou seja, como que se opera a garantia indicada na apólice. A predeterminação da garantia opera de forma complexa: além de resultar de cláusulas presentes em mais de um instrumento contratual e do emprego de diferentes técnicas de redação, envolve modelos e graus de especificação distintos. Tudo isso exige do intérprete sofisticada interpretação contratual.[23]

2.3. Forma prescrita ou não defesa em lei

É requisito de validade do negócio jurídico a forma prescrita ou não defesa em lei (art. 104, III, do CC). A importância da forma do negócio jurídico resulta da atenção ao propósito de assegurar a certeza sobre o conteúdo das declarações de vontade dos sujeitos que o constituem, no seu próprio interesse e no interesse de terceiros. Por outro lado, o dinamismo do exercício da autonomia privada incide também na escolha sobre a forma de realização do negócio jurídico, a fim de promover a liberdade de sua formação, em benefício da agilidade e do atendimento aos interesses a ele relacionados. No direito brasileiro, o art. 107 do CC reconhece, como regra, o princípio da liberdade de forma dos negócios jurídicos: "A validade da declaração de vontade não dependerá de forma especial, senão quando a lei expressamente a exigir".

---

[23] Para maior detalhamento, veja-se: MIRAGEM, Bruno; PETERSEN, Luiza. *Direito dos seguros*. Rio de Janeiro: Forense, 2022. p. 138-142.

A liberdade de forma do negócio jurídico permite que sua constituição, quando a lei não determinar, expressamente, forma para a declaração de vontade, possa se dar por qualquer modo de exteriorização. Forma comum é a escrita, pela qual os sujeitos do negócio jurídico traduzem, na linguagem escrita, no idioma, o conteúdo da declaração de vontade, seguida, ao final, de aposição da assinatura pessoal.[24] No entanto, há negócios que são celebrados apenas verbalmente, por comportamentos socialmente típicos (*e.g.*, o consumidor que entra em um supermercado, apreende certos produtos expostos à venda, leva-os ao caixa onde paga o preço e os adquire), por gestual (*e.g.*, o erguimento de mão ou placa em certos leilões presenciais, anunciando o propósito de dar lance para compra) ou, com o advento da internet, também por comandos em *softwares* e aplicações de internet.

Por outro lado, maiores exigências quanto à forma, ao prestar mais segurança à declaração de vontade e à sua prova no caso de dúvida ou litígio sobre o conteúdo, podem se dar em prejuízo da agilidade na celebração e execução dos negócios jurídicos. Daí o equilíbrio que os diversos sistemas jurídicos observam entre a exigência de solenidades para declaração de vontade para certos negócios jurídicos em relação a outros, opondo os negócios jurídicos formais ou solenes – para os quais a validade do negócio exigirá a atenção a certo procedimento ou forma para sua celebração – aos negócios jurídicos consensuais, que independem dessas exigências, bastando que a vontade seja manifestada de qualquer modo.

No direito moderno, a prescrição de forma específica para a constituição de negócio jurídico vai se referir a apenas algumas espécies, visando atender à finalidade de preservação da certeza da declaração e da possibilidade de sua demonstração. Trata-se de uma *função de advertência*, com o objetivo de que o declarante não precipite a declaração sem refletir sobre suas consequências; e uma *função de evidência*, permitindo a mais plena exteriorização da declaração de vontade. Recebe da tradição a distinção entre *forma ad substantiam* e *forma ad probationem*. Forma *ad substantiam* é aquela cujo atendimento compõe-se com a própria declaração de vontade como requisito para a constituição do negócio jurídico (sem a forma determinada como da substância, não há negócio). Forma *ad probationem*, por sua vez, é aquela que se exige para provar a existência do negócio jurídico.

O art. 108 do CC prevê: "Não dispondo a lei em contrário, a escritura pública é essencial à validade dos negócios jurídicos que visem à constituição, transferência, modificação ou renúncia de direitos reais sobre imóveis de valor superior a trinta vezes o maior salário mínimo vigente no País".[25] Igualmente, o reconhecimento dos filhos tem forma própria

---

[24] A assinatura pessoal identifica o declarante e o vincula ao conteúdo da declaração, conforme ensina HOLZHAUER, Heinz. *Die eigenhändige Unterschrift*. Geschichte und Dogmatik des Schriftformerfordernisses im deutschen Recht. Frankfurt am Main: Athenäum, 1973. p. 115 e ss. Não precisa ser legível, mas encerra o texto e individualiza o declarante. BROX, Hans; WALKER, Wolf-Dietrich. *Allgemeiner Teil des BGB*, 37. Auf., München: Verlag Franz Vahlen, 2014. p. 141-143.

[25] O art. 108 do Código Civil refere à possibilidade de a lei dispor em contrário, admitindo a celebração do negócio jurídico por instrumento particular, como ocorre, por exemplo: no caso da compra e venda de terrenos em loteamentos para pagamento em prestações (arts. 11 e 22 do Decreto-lei 58/1937); na compra e venda, promessa de venda, cessão ou promessa de unidades autônomas em incorporações imobiliárias (art. 32, § 2º, da Lei 4.591/1964); nos contratos que envolvam alienação fiduciária de imóveis (art. 38 da Lei 9.514/1997); ou no caso de compromisso de compra e venda, cessões ou promessa de cessão de contratos relativos a lotes urbanos (art. 26 da Lei 6.766/1979).

prevista em lei (art. 1.609 do CC). São hipóteses de forma *ad substantiam*, que são, portanto, da substância do ato. Sem ser observada essa forma da declaração de vontade, o ato ou negócio jurídico celebrado é considerado nulo, nos termos do art. 166, IV, do CC. Por outro lado, podem as próprias partes convencionar, como requisito de validade do negócio jurídico, que ele deverá ser celebrado por instrumento público, hipótese que tal exigência passa a integrar a substância do ato (art. 109 do CC).

O contrato de seguro é um contrato consensual, em que basta o consentimento das partes para que seja regularmente constituído. Não exige, pois, forma específica (*ad substantiam*); não se confundindo, esta, com a emissão da apólice, que é documento que serve como prova do contrato (art. 758 do CC), mas não é propriamente requisito da sua celebração.[26] Emitir a apólice é obrigação do segurador após a celebração do contrato (art. 759 do CC).[27] Nesse sentido, a celebração, a alteração ou a renovação do contrato de seguro ocorre, como regra, com a aceitação, pelo segurador, de proposta de seguro, preenchida e assinada pelo proponente, seu representante legal ou pelo corretor de seguros, com exceção da hipótese em que a contratação ocorrer por meio de bilhete. A emissão da apólice considera-se substitutiva da manifestação expressa de aceitação pelo segurador. Da mesma forma, para além das hipóteses disciplinadas em regulamento, situações nas quais o segurador admite expressamente o pagamento do prêmio (quando para esse fim tenha corroborado, indicando meios para que o tomador/segurado o faça), pode caracterizar, conforme as circunstâncias, comportamento do qual se permita inferir a aceitação (tácita).

Observe-se, contudo, que, no caso de o prazo previsto nas condições gerais contratuais para aceitação ou recusa da proposta do seguro pelo segurador ser superior a 15 (quinze dias), a cobrança do prêmio não poderá ser feita antes da confirmação de manutenção de interesse e autorização expressa do proponente (art. 6º da Circular Susep 642/2021). Da mesma forma, norma regulatória refere que a cobrança total ou parcial de prêmio antes da aceitação da proposta somente é admitida em caso de oferecimento de cobertura provisória ao proponente, para sinistros ocorridos no período de análise da proposta, e desde que expressamente prevista nas condições contratuais e solicitada pelo proponente na proposta (art. 7º da Circular Susep 642/2021). Ainda, o segurador deve atender às exigências regulatórias da operação de seguros, entre as quais a de fornecedor ao proponente protocolo de recepção da proposta, com indicação de data e hora (art. 3º, § 1º, da Circular Susep 642/2021), e o prazo máximo para manifestação, após o que se considera aceito o risco – aceitação tácita (art. 111 do CC). De outro lado, a recusa da proposta deve ser comunicada formalmente.

3. DISPOSIÇÕES RELACIONADAS

Arts. 3º, 4º, 5º, 105, 106, 107, 108, 109, 111, 166, 171, I, 757, *caput* e parágrafo único, 758, 759, 762, 764, 773, 778, do CC. Arts. 677, 4 e 9, 684, 685, do CCom. Art. 78 do Decreto-lei 73/1966. Circular Susep 642/2021.

---

[26] Art. 758 do Código Civil. "O contrato de seguro prova-se com a exibição da apólice ou do bilhete do seguro, e, na falta deles, por documento comprobatório do pagamento do respectivo prêmio".

[27] Art. 759 do Código Civil. "A emissão da apólice deverá ser precedida de proposta escrita com a declaração dos elementos essenciais do interesse a ser garantido e do risco".

REFERÊNCIAS BIBLIOGRÁFICAS

ALMEIDA, J. C. Moitinho. *O contrato de seguro no direito português e comparado*. Lisboa: Sá da Costa, 1971.

ALVES, José Carlos Moreira. *A parte geral do Projeto de Código Civil brasileiro*. 2. ed. São Paulo: Saraiva, 2003.

AMARAL, Francisco. *Direito civil*: introdução. 8 ed. Rio de Janeiro: Renovar. 2014.

BETTI, Emilio. *Teoria generale del negozio giuridico*. Camerino: Edizione Scientifiche Italiane, 2002.

BROX, Hans; WALKER, Wolf-Dietrich. *Allgemeiner Teil des BGB*, 37. Auf., München: Verlag Franz Vahlen, 2014.

BRUCK, Ernst. *Das Privatversicherungsrecht*. Manheim: J. Bensheimer, 1930.

COMPARATO, Fábio Konder. *Ensaios e pareceres de direito empresarial*. Rio de Janeiro: Forense, 1978.

DONATI, Antigono. *Trattato del Diritto delle Assicurazioni Private*. Milano: Dott. A. Giuffrè, 1952. v. 2.

GOMES, Orlando. *Introdução ao direito civil*. 19. ed. Rio de Janeiro: Forense, 2007.

HOLZHAUER, Heinz. *Die eigenhändige Unterschrift*. Geschichte und Dogmatik des Schriftformerfordernisses im deutschen Recht. Frankfurt am Main: Athenäum, 1973.

JUNQUEIRA, Thiago. O risco no domínio dos seguros. In: GOLDBERG; JUNQUEIRA (org.). *Temas Atuais de Direitos dos Seguros*. São Paulo: Ed. RT, 2020. t. 1.

MENEZES CORDEIRO, António. *Direito dos Seguros*. 2. ed. Coimbra: Almedina, 2016.

MENEZES CORDEIRO, António. *Tratado de direito civil*. 4. ed. Coimbra: Almedina. Editora, 2017. t. II.

MIRAGEM, Bruno. *Teoria geral do direito civil*. Forense: Rio de Janeiro, 2021.

MIRAGEM, Bruno; PETERSEN, Luiza. *Direito dos seguros*. Rio de Janeiro: Forense, 2022.

PEREIRA, Caio Mário da Silva. *Instituições de direito civil*. 28. ed. Rio de Janeiro: Forense, 2015. v. I.

PETERSEN, Luiza. *O risco no contrato de seguro*. São Paulo: Roncarati, 2018.

PONTES DE MIRANDA, Francisco Cavalcanti *Tratado de direito privado*. Atual. Bruno Miragem. São Paulo: Revista dos Tribunais, 2012. t. XLV.

PONTES DE MIRANDA, Francisco Cavalcanti *Tratado de direito privado*. Atual. Marcos Bernardes de Mello e Marcos Ehrhardt Júnior. São Paulo: Ed. RT, 2012. t. III.

SCHMIEDEL, Raquel Campani. *Negócio jurídico*: nulidades e medidas sanatórias. 2. ed. São Paulo: Saraiva, 1985.

TZIRULNIK, Ernesto; CAVALCANTI, Flavio Queiroz Bezerra; PIMENTEL, Ayrton. *O contrato de seguro de acordo com Código Civil brasileiro*. 3. ed. São Paulo: Roncarati, 2016.

VIVANTE, Cesare. *Del contratto di assicurazione*. Torino: UTET, 1936.

WOLF, Manfred; NEUNER, Jorg. *Allgemeiner Teil, des Bürgerlichen Rechts*, 10 Auf., München: C.H.Beck, 2012.

2
COMENTÁRIOS AO ART. 113 DO CÓDIGO CIVIL

Carlos Nelson Konder

Art. 113. Os negócios jurídicos devem ser interpretados conforme a boa-fé e os usos do lugar de sua celebração.

§ 1º A interpretação do negócio jurídico deve lhe atribuir o sentido que:

I – for confirmado pelo comportamento das partes posterior à celebração do negócio;

II – corresponder aos usos, costumes e práticas do mercado relativas ao tipo de negócio;

III – corresponder à boa-fé;

IV – for mais benéfico à parte que não redigiu o dispositivo, se identificável; e

V – corresponder a qual seria a razoável negociação das partes sobre a questão discutida, inferida das demais disposições do negócio e da racionalidade econômica das partes, consideradas as informações disponíveis no momento de sua celebração.

§ 2º As partes poderão livremente pactuar regras de interpretação, de preenchimento de lacunas e de integração dos negócios jurídicos diversas daquelas previstas em lei.

1. ORIGEM DA DISPOSIÇÃO E REGIME ANTERIOR

No ordenamento brasileiro, o art. 130 do CCom/1850 determinava que "As palavras dos contratos e convenções mercantis devem inteiramente entender-se segundo o costume e uso recebido no comércio"[1] e o seu art. 131 trazia a previsão de outros critérios interpretativos, entre os quais se destacava a referência expressa à "inteligência simples e adequada,

---

[1] CCom/1850, art. 130. "As palavras dos contratos e convenções mercantis devem inteiramente entender-se segundo o costume e uso recebido no comércio, e pelo mesmo modo e sentido por que os negociantes se costumam explicar, posto que entendidas de outra sorte possam significar coisa diversa".

que for mais conforme à boa-fé".[2] O Código Civil de 1916, conhecido pela "sobriedade normativa, em matéria de interpretação do negócio jurídico"[3], não trazia referência a qualquer dos dois parâmetros.

Apesar da previsão no Código Comercial, a aplicação da boa-fé como critério interpretativo não foi propriamente desenvolvida à época, de modo que a positivação legislativa que lhe deu difusão foi o Código de Defesa do Consumidor, cujos arts. 4º, III, e 51, IV, preveem a boa-fé como princípio geral das relações de consumo e parâmetro de aferição da abusividade de cláusulas contratuais, respectivamente.[4] Em doutrina, todavia, já se afirmava a importância do princípio da boa-fé como critério hermenêutico mesmo fora das relações de consumo.[5]

A principal influência para a positivação da boa-fé no Código Civil brasileiro de 2002 foi o Código Civil alemão, que estabeleceu a previsão no § 242 da boa-fé em sentido objetivo (*Treu und Glauben*), de forma autônoma à boa-fé subjetiva (*guter Glaube*).[6] O pioneiro dispositivo foi amplamente desenvolvido pela doutrina alemã como fonte de deveres éticos de não frustrar a confiança legitimamente despertada.[7] A difusão da figura no Brasil deve-se, especialmente, à doutrina portuguesa, forte no diálogo com a bibliografia alemã.[8] No direito positivo português, a figura foi incorporada pelo Código Civil de 1966, não somente como critério para a caracterização do abuso do direito (art. 334.º do CCp,) e

---

[2] CCom/1850, art. 131. "Sendo necessário interpretar as cláusulas do contrato, a interpretação, além das regras sobreditas, será regulada sobre as seguintes bases: 1 – a inteligência simples e adequada, que for mais conforme à boa fé, e ao verdadeiro espírito e natureza do contrato, deverá sempre prevalecer à rigorosa e restrita significação das palavras; 2 – as cláusulas duvidosas serão entendidas pelas que o não forem, e que as partes tiverem admitido; e as antecedentes e subsequentes, que estiverem em harmonia, explicarão as ambíguas; 3 – o fato dos contraentes posterior ao contrato, que tiver relação com o objeto principal, será a melhor explicação da vontade que as partes tiverem no ato da celebração do mesmo contrato; 4 – o uso e prática geralmente observada no comércio nos casos da mesma natureza, e especialmente o costume do lugar onde o contrato deva ter execução, prevalecerá a qualquer inteligência em contrário que se pretenda dar às palavras; 5 – nos casos duvidosos, que não possam resolver-se segundo as bases estabelecidas, decidir-se-á em favor do devedor".

[3] PEREIRA, Caio Mário da Silva. *Instituições de direito civil*. 27. ed. Rio de Janeiro: Forense, 2014 v I. p. 420.

[4] AGUIAR JÚNIOR, Ruy Rosado de. A boa-fé na relação de consumo. *Revista de direito do consumidor*, São Paulo, v. 14, abr.-jun. 1995. p. 20-21.

[5] SILVA, Clóvis do Couto e. *A obrigação como processo*. Rio de Janeiro: FGV, 2007. p. 33; MARTINS-COSTA, Judith. *A boa-fé no direito privado*: sistema e tópica no processo obrigacional. São Paulo: Ed. RT, 1999; NEGREIROS, Teresa. *Fundamentos para uma interpretação constitucional do princípio da boa-fé*. Rio de Janeiro: Renovar, 1998.

[6] BGB, § 242: "Der Schuldner ist verpflichtet, die Leistung so zu bewirken, wie Treu und Glauben mit Rücksicht auf die Verkehrssitte es erfordern". Na tradução de Menezes Cordeiro, "o devedor está adstrito a realizar a prestação tal como o exija a boa-fé, com consideração pelos costumes do tráfego" (CORDEIRO, António Manuel da Rocha e Menezes. *Da boa-fé no direito civil*. Coimbra: Almedina, 2001. p. 325-326).

[7] LARENZ, Karl. *Derecho civil*: parte general. Madrid: *Revista de Derecho Privado*, 1978. p. 59.

[8] CORDEIRO, António Manuel da Rocha e Menezes. *Da boa-fé no direito civil*. Coimbra: Almedina, 2001. p. 26.

como princípio geral para o cumprimento das obrigações (art. 762.º do CCp,) mas também como critério de integração dos negócios jurídicos (art. 239.º do CCp,).[9]

Destaca-se, ainda, a influência da doutrina italiana entre nós.[10] Com efeito, o art. 1366 do Código Civil italiano de 1942 prevê, expressamente, que "o contrato deve ser interpretado segundo a boa-fé".[11] A doutrina italiana, por sua vez, aponta a amplitude da aplicação da boa-fé, em conexão com outros dispositivos que a preveem no tocante à formação e à execução do contrato.[12] Já o Código Civil espanhol de 1889 não contém um dispositivo que imponha a boa-fé em matéria de interpretação, mas, em doutrina, se afirma não haver dúvida tratar-se de um critério hermenêutico decisivo.[13] Quanto ao Código Civil francês de 1804, somente passou a conter uma disposição prevendo que os contratos devem ser negociados, formados e executados de boa-fé com a reforma legislativa promovida em 2016.[14]

2. SENTIDO DA DISPOSIÇÃO E PRINCIPAIS CONTROVÉRSIAS NA SUA INTERPRETAÇÃO

2.1. Interpretação conforme a boa-fé

O cerne do dispositivo é a interpretação conforme a boa-fé. Ao lado da boa-fé subjetiva, estado do agente que ignora a existência de vícios em sua conduta, tradicionalmente referido por alguns dispositivos como pressuposto para a aplicação, a boa-fé em conotação objetiva atua como princípio com força normativa, consistente em mandamento de conduta que impõe comportamento leal e honesto entre os contratantes.[15] A incorporação desse parâmetro ético-jurídico na normativa contratual trouxe significativo impacto sobre as relações obrigacionais, sendo associada a sua *complexificação, dinamização* e *funcionalização*, ao impor condutas, além daquelas previstas pela autonomia

---

[9] Código Civil português, artigo 239.º: "(Integração) Na falta de disposição especial, a declaração negocial deve ser integrada de harmonia com a vontade que as partes teriam tido se houvessem previsto o ponto omisso, ou de acordo com os ditames da boa fé, quando outra seja a solução por eles imposta".

[10] SILVA, Clóvis do Couto e. O princípio da boa-fé no direito brasileiro e português. In: CAETANO, Marcelo et al. (coord.). *Estudos de direito civil brasileiro e português*. São Paulo: Ed. RT, 1980. p. 43.

[11] CC italiano, art. 1366. "Interpretazione di buona fede. Il contratto deve essere interpretato secondo buona fede".

[12] ROPPO, Vincenzo. *Il contratto*. Milano: Giuffrè, 2001. p. 476.

[13] DÍEZ-PICAZO, Luis. *Fundamentos del derecho civil patrimonial*. 6. ed. Pamplona: Thomson-Civitas, 2007. t. I. p. 500.

[14] CC francês, art. 1.104: "Les contrats doivent être négociés, formés et exécutés de bonne foi. Cette disposition est d'ordre public" (Modifié par Ordonnance nº 2016-131 du 10 février 2016 – art. 2).

[15] Sobre o tema, entre tantos, v. CORDEIRO, António Manuel da Rocha e Menezes. *Da boa-fé no direito civil*. Coimbra: Almedina, 2001; FRADA, Manuel A. Carneiro da. *Contrato e deveres de proteção*. Coimbra: Coimbra Editora, 1994. p. 37-38.; LARENZ, Karl. *Derecho civil*: parte general. Madrid: Revista de Derecho Privado, 1978. p. 37-41; e, entre nós, SILVA, Clóvis do Couto e. O princípio da boa-fé no direito brasileiro e português. In: CAETANO, Marcelo et al. (coord.). *Estudos de direito civil brasileiro e português*. São Paulo: Ed. RT, 1980. p. 43-72, MARTINS-COSTA, Judith. *A boa-fé no direito privado*: critérios para a sua aplicação. 2. ed. São Paulo: Saraiva, 2018; NEGREIROS, Teresa. O princípio da boa-fé contratual. In: BODIN DE MORAES, Maria Celina (coord.). *Princípios do direito civil contemporâneo*. Rio de Janeiro: Renovar, 2006. 221-253.

das partes, de cooperação para a persecução do fim comum que os une, consistente no adimplemento.[16] A transformação não é puramente conceitual, pois implica a própria determinação do adimplemento – e do inadimplemento –, já que a conduta exigível dos sujeitos envolvidos passa a incluir também colaboração e lealdade recíprocas, à luz do interesse em que se funda a relação.[17]

A popularização jurisprudencial que a boa-fé ganhou a partir de sua positivação no Código de Defesa do Consumidor, associada indevidamente à proteção da parte mais fraca, levou a doutrina a alertar quanto a sua banalização e invocação atécnica, destacando a necessidade de maior cuidado na sua utilização.[18] No sentido de dar conteúdo mais preciso a essa exigência geral de correção nas relações contratuais, difundiu-se uma tripartição funcional da boa-fé: função hermenêutico-integrativa, função de limite à conduta e ao conteúdo contratual e função de criação de deveres.[19] A divisão, contudo, tem finalidade essencialmente didática e sistemática, uma vez que as funções em concreto podem se confundir e sobrepor. Já foi destacado, por um lado, que a limitação ao exercício de um direito pode ser também compreendida como a imposição de um dever de abstenção daquela conduta.[20] Além disso, considerada a interpretação do contrato como a atribuição de seu significado normativo, nela acaba por recair a definição dos direitos e deveres que produz, a síntese dos seus efeitos essenciais.[21]

O Código Civil de 2002, aparentemente, acompanhou a tripartição, pois previu a boa-fé objetiva em três dispositivos: no art. 113, ao tratar da interpretação dos negócios; no art. 187, ao abordar o abuso do direito; e no art. 422, ao referir-se aos princípios gerais

---

[16] Para uma síntese sistemática, seja consentido remeter a KONDER, Carlos Nelson. Boa-fé objetiva, violação positiva do contrato e prescrição: repercussões práticas da contratualização dos deveres anexos no julgamento do REsp 1.276.311. *Revista Trimestral de Direito Civil*, Rio de Janeiro, v. 50, p. 217-236, 2012.

[17] SCHREIBER, Anderson. A tríplice transformação do adimplemento: adimplemento substancial, inadimplemento antecipado e outras figuras. *Revista Trimestral de Direito Civil*, Rio de Janeiro, n. 32, p. 3-27, out.-dez. 2007; TERRA, Aline Miranda Valverde. *Inadimplemento anterior ao termo*. Rio de Janeiro: Renovar, 2009. p. 51 e ss.; EHRHARDT JR., Marcos. *Responsabilidade civil pelo inadimplemento da boa-fé*. Belo Horizonte: Fórum, 2014. p. 139 e ss.

[18] SCHREIBER, Anderson. *A proibição de comportamento contraditório*. 4. ed. São Paulo: Atlas, 2016. p. 79. Em estudo quantitativo, foi identificado que, em um total de 786 decisões que se referiam à boa-fé objetiva, somente 60% delas tinham aplicação autônoma e fundamentada do princípio, enquanto, nas demais, a referência era puramente retórica e o princípio era apenas mencionado no julgado sem explicar as razões de sua incidência ao caso, por vezes aparecendo apenas na ementa (TERRA, Aline de Miranda Valverde; KONDER, Carlos Nelson; GUEDES, Gisela Sampaio da Cruz. Boa-fé, função social e equilíbrio contratual: reflexões a partir de alguns dados empíricos. *Princípios contratuais aplicados*: boa-fé, função social e equilíbrio contratual à luz da jurisprudência. Indaiatuba, SP: Foco, 2019. p. 8-9).

[19] MARTINS-COSTA, Judith. *A boa-fé no direito privado*: critérios para a sua aplicação. 2. ed. São Paulo: Saraiva, 2018. p. 484; AZEVEDO, Antonio Junqueira de. Insuficiências, deficiências e desatualização do projeto de Código Civil na questão da boa-fé objetiva nos contratos. *Revista Trimestral de Direito Civil*, Rio de Janeiro, v. 1, n. 1. jan.-mar. 2000. p. 3-12.

[20] TEPEDINO, Gustavo; SCHREIBER, Anderson. O princípio da boa-fé objetiva no Código Civil e no Código de Defesa do Consumidor. In: TEPEDINO, Gustavo (org.). *Obrigações*: estudos na perspectiva civil-constitucional. Rio de Janeiro: Renovar, 2005. p. 39.

[21] KONDER, Carlos Nelson. Qualificação e coligação contratual. *Revista Forense*, Rio de Janeiro, v. 406, nov.-dez. 2009. p. 63-64.

dos contratos. Assim, no âmbito do art. 113, a boa-fé serviria a determinar o conteúdo e o alcance das cláusulas contratuais, atribuindo-lhes o significado mais condizente com as legítimas expectativas despertadas. A boa-fé atuaria, desse modo, em todos os aspectos do processo hermenêutico, como interpretação, integração e qualificação.[22]

Na jurisprudência securitária, todavia, a invocação da boa-fé não costuma ater-se à referida tripartição. Exemplificativamente, a boa-fé foi invocada para responsabilizar a transportadora segurada pelo roubo de carga à mão armada por reputar que que ela não adotou as cautelas que razoavelmente dela se poderia esperar para evitar ou reduzir os prejuízos patrimoniais, citando-se os três dispositivos do Código Civil conjuntamente.[23]

Por vezes, é possível observar julgados em que mesmo a distinção entre boa-fé subjetiva e objetiva não resta tão clara, como na invocação do art. 113 do CC em caso de seguro de vida no qual restou comprovada a omissão do segurado a respeito de doença preexistente, reputada igualmente prova de sua má-fé.[24] Na mesma linha, em caso em que o segurado deixou de participar imediatamente à seguradora o roubo do veículo por temor de represálias, decidiu-se afastar a perda do direito à indenização invocando-se o art. 113 e preconizando que a sanção deveria aplicar-se a casos de fraude ou má-fé.[25]

2.2. Alterações trazidas pela Lei de Liberdade Econômica

O dispositivo sofreu significativa reforma pela Lei de Liberdade Econômica (Lei 13.874/2019), oriunda da Medida Provisória 881, de 30 de abril de 2019, que estabelece a "declaração de direitos da liberdade econômica". A precipitada iniciativa foi duramente criticada em doutrina pela sua atecnia e inutilidade.[26] No tocante à reforma do dispositivo

---

[22] KONDER, Carlos Nelson. Interpretação dos contratos, interpretação da lei e qualificação: superando fronteiras. *Scientia Iuris*, Londrina, v. 19, 2015. p. 47. Mesmo no âmbito da doutrina que aparta essas figuras, reconhece-se que a boa-fé, além de atuar na interpretação integrativa, seria relevante na integração negocial propriamente dita (MARINO, Francisco Paulo De Crescenzo. *Interpretação do negócio jurídico*. São Paulo: Saraiva, 2011. p. 268). A controversa separação entre interpretação e integração é abordada por NITSCHKE, Guilherme Carneiro Monteiro. *Lacunas contratuais e interpretação*. São Paulo: Quartier Latin, 2019. p. 333 e ss.

[23] STJ, 3ª T., REsp 1.676.764/RS, rel. Min. Nancy Andrighi, rel. para acórdão Min. Paulo de Tarso Sanseverino, j. 23.10.2018.

[24] STJ, 3ª T., AgInt no REsp 1.591.212/PR, rel. Min. Ricardo Villas Bôas Cueva, j. 22.09.2016. Em linha similar, STJ, 3ª T., AgRg no REsp 1.100.699/SP, rel. Min. Ricardo Villas Bôas Cueva, j. 19 nov. 2013; STJ, 3ª T., AgRg no REsp 1.286.741/SP, rel. Min. Ricardo Villas Bôas Cueva, j. 15.08.2013.

[25] STJ, 3ª T., REsp 1.546.178/SP, rel. Min. Ricardo Villas Bôas Cueva, j. 13.09.2016.

[26] Ilustrativamente, afirmou-se "a inconveniência da modificação precipitada dos institutos de direito privado" (LEONARDO, Rodrigo Xavier. Como tomar decisões empresariais com a MP da "liberdade econômica". *Consultor Jurídico*, 10.06.2019. Disponível em: <https://www.conjur.com.br/2019-jun-10/direito-civil-atual-tomar-decisoes-empresariais-mp-liberdade-economica>. Acesso em: 27.08.2022), julgando que ela realiza "alterações pontuais e, em sua maior parte, mal redigidas" (SCHREIBER, Anderson. Alterações da MP 881 ao Código Civil – parte I. *Carta Forense*. Disponível em: <http://cartaforense.com.br/conteudo/colunas/alteracoes-da-mp-881-ao-codigo-civil---parte-ii/18344>. Acesso em: 27.08.2022), afirmando que "apresenta sérios problemas técnicos no trato das categorias civis" (TARTUCE, Flávio. A MP 881/19 (liberdade econômica) e as alterações do Código Civil. Primeira parte. *Migalhas*. Disponível em: <https://m.migalhas.com.br/depeso/301612/a-mp-88119-liberdade-economica-e-as-alteracoes-do-codigo-civil>. Acesso em: 27.08.2022.), reputando-a, em síntese, "atécnica, confusa e ociosa" (TEPEDINO, Gustavo. A MP da liberdade econômica e o direito

em comento, o *caput* já previa a referência à boa-fé, bem como aos usos e aos costumes, mas foram acrescentados dois parágrafos ao dispositivo, o primeiro trazendo diversos incisos com critérios para atribuição de sentido aos negócios jurídicos e o segundo prevendo a possibilidade de as partes estipularem negocialmente regras de interpretação. Também nesse dispositivo, salta aos olhos a inépcia da reforma: a atecnia se destaca pela repetição nos incisos (segundo e terceiro) de parâmetros que foram mantidos no próprio *caput* (boa-fé e usos e costumes), enquanto a inutilidade decorre do acréscimo de parâmetros que já eram inferidos do conceito amplo de boa-fé, redigidos de forma que parecem ter mais obscurecido do que aclarado sua aplicação.[27]

2.3. Interpretação conforme os usos, os costumes e as práticas do mercado relativas ao tipo de negócio

O dispositivo original já abrangia a previsão de interpretação conforme os usos e os costumes, agora repetida no inciso terceiro com o acréscimo da referência às práticas do mercado relativas ao tipo de negócio. A inclusão acentuou o desafio que já existia em diferenciar os "usos" dos "costumes", considerando que, mesmo especificamente quanto aos usos, por vezes o legislador delimita-se a usos locais ("do lugar...") e a doutrina busca apartar usos particulares, referentes a condutas que aqueles dois contratantes vinham adotando no seu relacionamento até então, e usos comerciais.[28]

A distinção entre usos e costumes é, normalmente, calcada na consciência de obrigatoriedade dos segundos, que, entendidos como indispensáveis, assumiriam também relevante papel de elemento esclarecedor ou substitutivo de regra prevista no direito positivo.[29] O termo "prática", por sua vez, já fora usado de forma símile a uso para se referir aos usos particulares ou individuais.[30] Por outro lado, a referência a "mercado" pode servir a indicar que, enquanto os usos e os costumes são, habitualmente, associados a certa localidade geográfica, as práticas de mercado, especialmente a partir da complexificação de relações sociais, seriam oriundas de certo setor da atividade empresarial. Ao final, constata-se que, a despeito das distinções estabelecidas pela doutrina mais cuidadosa, as expressões "usos",

---

civil. *Revista Brasileira de Direito Civil*, v. 20, n. 2, 2019. Disponível em: <https://rbdcivil.ibdcivil.org.br/rbdc/article/view/421>. Acesso em: 27.08.2022.) e, de forma mais radical, inconstitucional do ponto de vista formal e material (LÔBO, Paulo. Inconstitucionalidades da MP da "liberdade econômica" e o Direito Civil. *Consultor Jurídico*. Disponível em: <https://www.conjur.com.br/2019-jun-06/paulo-lobo-inconstitucionalidades-mp881-direito-civil>. Acesso em: 27.08.2022).

[27] KONDER, Carlos Nelson; OLIVEIRA, Williana Nayara Carvalho de. A interpretação dos negócios jurídicos a partir da Lei de Liberdade Econômica. *Revista Fórum de Direito Civil*, v. 25, 2020. p. 13-35.

[28] COMIRAN, Giovana Cunha. *Os usos comerciais*: da formação do tipo à interpretação e integração dos contratos. São Paulo: Quartier Latin, 2019. p. 238-241.

[29] GEDIEL, José Antônio Peres; CÔRREA, Adriana Espíndola; e KROETZ, Maria Cândida do Amaral. Interpretações – art. 113 do Código Civil. In: MARQUES NETO, Floriano Peixoto; RODRIGUES JR., Otávio Luiz; LEONARDO, Rodrigo Xavier (coord.). *Comentários à Lei de Liberdade Econômica*: Lei 13.874/2019. São Paulo: Ed. RT, 2019.

[30] NITSCHKE, Guilherme Carneiro Monteiro. *Lacunas contratuais e interpretação*. São Paulo: Quartier Latin, 2019. p. 490. Esse entendimento prevaleceu também no Enunciado 409 das Jornadas de Direito Civil (CEJ/CJF): "Os negócios jurídicos devem ser interpretados não só conforme a boa-fé e os usos do lugar de sua celebração, mas também de acordo com as práticas habitualmente adotadas entre as partes".

"costumes" e "práticas" parecem ter sido utilizadas nesse dispositivo para abarcar todas essas condutas reiteradas que desempenham papel interpretativo.

De modo geral, trata-se de comportamentos repetidos e, consequentemente, esperados, a fim de criar expectativas. Reputada a confiança como um valor social agregador e necessário ao adequado funcionamento dos negócios, esses comportamentos generalizados criam uma expectativa comum, em vista da confiança de que certos hábitos serão mantidos: daí a conexão entre esse parâmetro interpretativo e a boa-fé. Essas condutas reiteradas desempenham relevante papel hermenêutico como elemento necessário para a efetiva compreensão do significado normativo dos negócios, em oposição à atenção exclusiva ao elemento voluntarístico em abstrato, não devidamente situado. Fornecem, assim, à compreensão da vontade, elemento contextual, mais especificamente situacional ou local.[31] Vinculam-se, ainda, à referência às circunstâncias do caso.[32]

Na jurisprudência securitária, os usos foram invocados em conexão com a boa-fé e em referência também ao art. 111 do CC para reputar válido e eficaz contrato de seguro em que o sinistro ocorreu após o acordo entre o segurado e a corretora sem que a seguradora tenha recusado em tempo hábil.[33] Pode ser aduzido ainda julgado que indicou ser praxe, no contrato de seguro para viagem, o envio da documentação até a sua véspera,[34] bem como decisão que entendeu caracterizado induzimento a erro em contratação de seguro em arrendamento que não cobria furto ou roubo, já que o ordinário é haver essa cobertura.[35]

2.4. Interpretação conforme o comportamento das partes posterior à celebração do negócio

A incidência do princípio da boa-fé tem o condão de dinamizar as relações contratuais, ao impor às partes comportamento colaborativo no sentido de alcançar o adimplemento das obrigações.[36] A partir desse dinamismo da relação obrigacional, o conteúdo do contrato pode decorrer também da conduta das partes na sua execução, criando deveres e impedindo o exercício de direitos em atendimento à confiança que se estabelece até o alcance de sua finalidade.[37] Dessa forma, o comportamento posterior das partes, como elemento indicativo de suas legítimas expectativas, pode funcionar como fonte normativa e interpretativa dos seus efeitos obrigacionais.

De fato, é tradicionalmente indicado que a interpretação mais fidedigna do negócio é aquela praticada pelos próprios contratantes na sua execução, o que já se referiu em doutrina como "comportamento interpretativo".[38] À luz do princípio da boa-fé, configura

---

[31] LUDWIG, Marcos de Campos. *Usos e costumes no processo obrigacional*. São Paulo: Ed. RT, 2005. p. 110.
[32] HAICAL, Gustavo. Os usos do tráfico como modelo jurídico e hermenêutico no Código Civil de 2002. *Revista de Direito Privado*, São Paulo, v. 50, 2012. p. 35.
[33] STJ, 4ª T., REsp 1.306.367/SP, rel. Min. Luis Felipe Salomão, j. 20.03.2014.
[34] TJSP, 11ª Câmara de Direito Privado, Apelação Cível 1017855-66.2018.8.26.0576, rel. Des. Renato Rangel Desinano, j. 04.03.2020.
[35] TJSP, Apelação com Revisão 9062179-17.2000.8.26.0000, rel. Des. Soares Levada; j. 12.05.2004.
[36] SILVA, Clóvis do Couto e. *A obrigação como processo*. Rio de Janeiro: FGV, 2007. p. 20.
[37] MARTINS-COSTA, Judith. *A boa-fé no direito privado*: critérios para a sua aplicação. 2. ed. São Paulo: Saraiva, 2018. p. 232.
[38] DÍEZ-PICAZO, Luis. *Fundamentos del derecho civil patrimonial*. 6. ed. Pamplona: Thomson-Civitas, 2007. t. I. p. 504.

comportamento contrário à legítima tutela da confiança pretender impor ao contrato interpretação contraditória com aquela que até então vinha sendo referendada pelas partes, o que poderia ser reputado verdadeiro *venire contra factum proprium*, isto é, comportamento contraditório com a confiança criada por sua conduta anterior e que, ante a perspectiva de causar dano, deve sempre ser reputado como inadmissível.[39]

A referência expressa ao comportamento posterior à celebração do contrato não deve ser interpretada de forma excludente: embora o texto tenha se restringido a essa hipótese, naturalmente o comportamento das partes anterior à celebração do contrato também será um pertinente parâmetro interpretativo, em vista da relevância das negociações preliminares para a definição das expectativas legítimas das partes. Nesse sentido, aplica-se, igualmente, aqui, o entendimento consolidado quanto à interpretação do art. 422 do CC, em que o legislador também se referiu somente à conclusão e à execução do contrato, mas que a doutrina reputou abarcar, inclusive, os períodos pós e pré-contratual.[40]

Na jurisprudência securitária, pode-se exemplificar com caso em que foi afastada a pretensão da segurada à indenização por perda total decorrente de incêndio quando a própria requerente declarou que houve a perda parcial no momento da realização do acordo sobre o valor das mercadorias perdidas.[41] Outro julgado ilustrativo reputou que não poderia a seguradora invocar o art. 787, § 2º, do CC, para não se submeter aos efeitos do acordo feito pelo segurado e pela vítima quando preposto seu participou da audiência em que esse acordo foi celebrado.[42]

2.5. Interpretação em favor da parte que não redigiu o dispositivo, se identificável

Trata-se de parâmetro inspirado no aforismo arcaico da *interpretatio contra proferentem* ou *contra stipulatorem*, previsto como uma das clássicas regras de interpretação de Pothier,[43] que deitaria raízes em inferência dos glosadores a partir de passagem de Ulpiano.[44] O fundamento desse critério pode ser localizado em coibir eventual conduta do

---

[39] Como explica António Menezes Cordeiro: "A locução *venire contra factum proprium* traduz o exercício de uma posição jurídica em contradição com o comportamento assumido anteriormente pelo exercente. Esse exercício é tido, sem contestação por parte da doutrina que o conhece, como inadmissível" (CORDEIRO, António Manuel da Rocha e Menezes. *Da boa-fé no direito civil*. Coimbra: Almedina, 2001. p. 742). Os requisitos para a caracterização do *venire contra factum proprium* são desenvolvidos por SCHREIBER, Anderson. *A proibição de comportamento contraditório*. 4. ed. São Paulo: Atlas, 2016. p. 88 e ss.

[40] AZEVEDO, Antonio Junqueira de. Insuficiências, deficiências e desatualização do projeto de Código Civil na questão da boa-fé objetiva nos contratos. *Revista Trimestral de Direito Civil*, Rio de Janeiro, v. 1, n. 1. jan.-mar. 2000. p. 3-12.

[41] STJ, 4ª T., REsp 1.245.645/RS, rel. Min. Luis Felipe Salomão, j. 24.05.2016.

[42] STJ, 4ª T., REsp 1.116.108/RO, rel. Min. Antonio Carlos Ferreira, rel. para acórdão Min. Marco Buzzi, j. 02.12.2014.

[43] "Dans le doute, une clause doit s'interpréter contre celui qui a stipulé quelque chose, et à la décharge de celui qui a contracté l'obligation" (POTHIER, R. J. *Traité des obligations*. Bruxelles: Jonker, 1829. p. 27).

[44] GEDIEL, José Antônio Peres; CÔRREA, Adriana Espíndola; e KROETZ, Maria Cândida do Amaral. Interpretações – art. 113 do Código Civil. In: MARQUES NETO, Floriano Peixoto; RODRIGUES JR., Otávio Luiz; LEONARDO, Rodrigo Xavier (coord.). *Comentários à Lei de Liberdade Econômica*: Lei 13.874/2019. São Paulo: Ed. RT, 2019. p. 348-349.

estipulante, que teria redigido o dispositivo com a intenção de se beneficiar,[45] ou apenas de forma negligente, devendo arcar com os prejuízos decorrentes de sua culpa. À luz do princípio da boa-fé, trata-se de efeito do descumprimento do dever de agir de forma clara e colaborativa na redação do instrumento, bem como mecanismo para coibir-se o *venire contra factum proprium* decorrente de o contratante pretender beneficiar-se da obscuridade que ele próprio ensejou.

O alcance do dispositivo é bastante restrito, visto que aos contratos de adesão já seria aplicável o disposto no art. 423 do CC, que preconiza a interpretação favorável ao aderente, e, em se tratando de relação de consumo, já seria aplicável a interpretação favorável ao consumidor, prevista no art. 47 do CDC. Restam ao inciso IV do § 1º do art. 113 do CC, portanto, apenas os contratos paritários, mas, ainda assim, somente quando possível a identificação de quem redigiu a cláusula. A dificuldade é acentuada porque, fora dos modelos padronizados, as negociações empresariais envolvem a constante troca de minutas e sugestões, com a redação de instrumentos negociais a diversas mãos, e, muitas das vezes, a redação final de determinada cláusula não é elaborada pela parte que efetivamente a concebeu.[46] Além disso, alerta-se quanto ao risco de um possível jogo de "empurra" entre os contratantes, temendo sofrer o ônus da interpretação desfavorável por ser considerado o redator final da cláusula.[47]

Na jurisprudência, todavia, os dispositivos voltados a distintos tipos de relações contratuais costumam ser citados juntos, perpassando a lógica geral de interpretação favorável a quem não interferiu na redação da cláusula obscura. Tome-se como exemplo o julgado em que se entendeu que o preenchimento equivocado de questionário de risco decorreu de dubiedade da própria cláusula limitativa, razão pela qual a interpretação deveria ser favorável ao segurado.[48]

2.6. Interpretação conforme a razoável negociação das partes sobre a questão discutida, inferida das demais disposições do negócio e da racionalidade econômica das partes, consideradas as informações disponíveis no momento de sua celebração

O quinto inciso do § 1º do art. 113 traz referência à "razoável negociação das partes (...) consideradas as informações disponíveis no momento de sua celebração", aludindo a dois critérios para lhe atribuir conteúdo, que são as "demais disposições do negócio" e a "racionalidade econômica das partes".

A "razoável negociação das partes" não deve ser entendida como um retorno ao paradigma clássico do "homem médio" ou do "bom pai de família", padrões abstratos

---

[45] VENOSA, Sílvio de Salvo; RUAS, Luiza Wander. Interpretação dos negócios jurídicos e a liberdade econômica. *Migalhas*, 2019. Disponível em: <https://www.migalhas.com.br/depeso/314101/interpretacao-dos-negocios-juridicos-e-a-liberdade-economica>. Acesso em: 26.05.2022.

[46] TEPEDINO, Gustavo. Direitos de liberdade econômica e o Direito Civil. *OABRJ*, 2019. Disponível em: <https://www.oabrj.org.br/colunistas/gustavo-tepedino/direitos-liberdade-economica-direito-civil?fbclid=IwAR06XLw3XaKX6yY_seLxLi0aWjPSiwno7pukCUwW-d_c_ajlqAkrvujZ_sc>. Acesso em: 07.06.2022.

[47] SCHREIBER, Anderson. PLV da Liberdade Econômica: vetos seriam bem-vindos. *Carta Forense*. Disponível em: <http://cartaforense.com.br/conteudo/colunas/plv-da-liberdade-economica-vetos-seriam-bem-vindos/18346>. Acesso em: 07.06.2022.

[48] STJ, 4ª T., REsp 1.210.205/RS, rel. Min. Luis Felipe Salomão, j. 01.09.2011.

e generalistas, mas, sim, como uma exigência de atenção ao intérprete aos *standards* de conduta exigíveis de cada contratante na relação concreta em que se encontra inserido, no que já foi referido como um "*standard* da *probidade específica*".[49] Como corolário do princípio da boa-fé, para a avaliação de qual negociação seria razoável, deve-se avaliar o grau de diligência e cooperação exigível de cada contratante no processo negocial, levando em conta disparidades econômicas, capacidade de barganha e assimetrias informacionais. Nesse sentido, a referência final às informações disponíveis no momento de sua celebração remete à necessidade de ponderação, diante das circunstâncias concretas, entre o dever de informar e o ônus de se informar.[50]

No tocante ao primeiro critério, trata-se do tradicional critério da *interpretação sistemática* no âmbito interno do contrato, referente a interpretar o ato negocial de modo geral, atribuindo significado às cláusulas controversas em conformidade com as demais disposições do negócio.[51] Ilustrativamente, a jurisprudência securitária já utilizou a interpretação sistemática para afastar a pretensão à exclusão de cobertura do seguro por vícios de construção prevista em cláusula do contrato quando o anexo do próprio contrato indicava que afastava-se "a obrigação de indenizar tão somente na circunstância do próprio mutuário contratar ou executar a construção".[52] Em linha similar, entendeu-se que determinadas "condições de cobertura de remissão por morte" não se aplicavam somente às apólices em grupo, visto que figuravam em instrumento de apólice individual e a "referência à apólice de vida em grupo é apenas para excluir a incidência da cláusula 41.ª na hipótese de o titular possuir apólice de vida em grupo".[53]

A despeito da referência a "negócio" no singular, a interpretação sistemática expande-se nas operações plurinegociais, como contratos coligados e redes contratuais, para se interpretar cada cláusula não somente com base nas demais cláusulas do mesmo negócio mas também com base nos outros negócios que a ela se interligam em vista de um fim comum: "Os contratos coligados devem ser interpretados a partir do exame do conjunto das cláusulas contratuais, de forma a privilegiar a finalidade negocial que lhes é comum".[54]

O segundo critério, referente à "racionalidade econômica das partes", decorrente da influência dos diálogos entre direito e economia, pode trazer maiores dificuldades. A inclusão da referência como critério geral de interpretação dos negócios jurídicos sofre, de plano, com a crítica geral à unilateralidade das vertentes mais tradicionais da chamada

---

[49] MARTINS-COSTA, Judith. *A boa-fé no direito privado*: critérios para a sua aplicação. 2. ed. São Paulo: Saraiva, 2018. p. 309.

[50] KONDER, Cíntia Muniz de Souza. A adequação da informação na concessão de crédito. *Revista de Direito do Consumidor*, São Paulo, v. 136, 2021. p. 105.

[51] MAXIMILIANO, Carlos. *Hermenêutica e aplicação do direito*. 19. ed. Rio de Janeiro: Forense, 2001. p. 283.

[52] TJSP, 5ª Câmara de Direito Privado, Apelação Cível 0002015-84.2008.8.26.0058, rel. James Siano, j. 24.03.2022.

[53] TJRJ, 20ª C.C., Ag. Instr. 0019404-86.2010.8.19.0000, rel. Des. Leticia de Faria Sardas, j. 08.09.2010.

[54] Enunciado 621 da VIII Jornada de Direito Civil (CEJ/CJF). Sobre o tema, entre nós, v. MARINO, Francisco Paulo De Crescenzo. *Contratos coligados no direito brasileiro*. São Paulo: Saraiva, 2009. p. 146; NANNI, Giovanni Ettore. Contratos coligados. In: LOTUFO, Renan; NANNI, Giovanni Ettore (coord.). *Teoria geral dos contratos*. São Paulo: Atlas, 2011. p. 267; e seja consentido remeter a KONDER, Carlos Nelson. *Contratos conexos*: grupos de contratos, redes contratuais e contratos coligados. Rio de Janeiro: Renovar, 2006. p. 193.

análise econômica do direito, que toma a proteção da pessoa humana exclusivamente sob o paradigma abstrato do agente movido por escolhas racionais e não levando em conta valores não econômicos que motivam as escolhas normativas.[55] Mais do que isso, deve-se levar em conta que a categoria dos negócios jurídicos abrange todos aqueles de natureza não patrimonial, aos quais é claramente inaplicável a "racionalidade econômica" como critério interpretativo.[56]

Diante disso, a referência à "racionalidade econômica" vem sendo interpretada como "causa"[57], "finalidade econômica"[58] ou "fim objetivo"[59] do contrato, isto é, como um elemento para a *interpretação teleológica* do contrato. Trata-se do reconhecimento de que todo ato negocial é meio para a persecução de um fim, para a obtenção de um proveito prático, devendo ser compreendido e considerado, portanto, à luz desse objetivo.[60] À racionalidade econômica, assim, deve ser atribuída uma interpretação finalística, a qual, no âmbito de relações empresariais paritárias, deve incluir – mas não se limitar – a precificação das posições jurídicas negocialmente estabelecidas.[61]

Deve-se ter atenção à necessidade de fundamentação argumentativa relativa ao caso concreto quando do emprego da interpretação teleológica, tendo em vista a frequente utilização de referências genéricas. Exemplificativamente, alude-se ao voto vencedor em julgado no sentido de que o seguro obrigatório cobre também o acidente ocorrido com o veículo parado (explosão do caminhão enquanto estacionado em posto de gasolina), ao argumento de que "determina uma cobertura ampla e imediata ao beneficiário, calcada na responsabilidade objetiva, exigindo-se, tão-somente, a prova do fato (acidente) e a consequência (dano)".[62] Também pode ser aduzida decisão que afastou a incidência de

---

[55] PERLINGIERI, Pietro. *O direito civil na legalidade constitucional*. Rio de Janeiro: Renovar, 2008. p. 106.
[56] KONDER, Carlos Nelson; OLIVEIRA, Williana Nayara Carvalho de. A interpretação dos negócios jurídicos a partir da Lei de Liberdade Econômica. *Revista Fórum de Direito Civil*, v. 25, 2020. p. 26.
[57] SOUZA, Eduardo Nunes de. Lei da Liberdade Econômica e seu desprestígio à autonomia privada no direito contratual brasileiro. Disponível em: <https://www.migalhas.com.br/coluna/migalhas-patrimoniais/324733/lei-da-liberdade-economica-e-seu-desprestigio-a-autonomia-privada-no-direito-contratual-brasileiro>. Acesso em: 26.05.2022.
[58] MOTA, Marcel Moraes. Os contratos civis e empresariais e a Lei de Liberdade Econômica. *Revista Diálogo Jurídico*, v. 18, n. 2, jul.-dez. 2019. p. 79.
[59] FORGIONI, Paula. A interpretação dos negócios jurídicos II – alteração do art. 113 do Código Civil: art. 7º. In: MARQUES NETO, Floriano Peixoto; RODRIGUES JR., Otávio Luiz; LEONARDO, Rodrigo Xavier (coord.). *Comentários à Lei de Liberdade Econômica*: Lei 13.874/2019. São Paulo: Ed. RT, 2019. p. 382.
[60] MAXIMILIANO, Carlos. *Hermenêutica e aplicação do direito*. 19. ed. Rio de Janeiro: Forense, 2001. p. 277-278.
[61] Esclarecem Tepedino e Cavalcanti: "O campo interempresarial não é apenas paritário, no sentido de que não há flagrante desequilíbrio entre as partes a ser corrigido pela atividade jurisdicional, mas se caracteriza, ainda, pela presença de pessoas jurídicas, que, em situação de equilíbrio econômico e jurídico, negociam direitos e obrigações, de forma puramente patrimonial e até matemática. Desse modo, à aquisição de cada direito corresponde o custo que, de uma forma ou de outra, acaba incorporado ao preço da operação" (TEPEDINO, Gustavo; CAVALCANTI, Laís. Notas sobre as alterações promovidas pela Lei n.º 13.874/2019 nos artigos 50, 113 e 421 do Código Civil. In: SALOMÃO, Luís Felipe; CUEVA, Ricardo Villas Bôas; FRAZÃO, Ana (coord.). *Lei de Liberdade Econômica e seus impactos no direito brasileiro*. São Paulo: Ed. RT, 2020. p. 489).
[62] STJ, 3ª T., REsp 646.784/RS, rel. Min. Nancy Andrighi, rel. p/ acórdão Min. Castro Filho, j. 23.11.2005.

cláusula restritiva que previa perda de direito do segurado que não fizesse a imediata comunicação do sinistro em caso em que o segurado levou seis dias para fazer a comunicação e a fez indicando data errada do sinistro, ao argumento de que "a finalidade da norma (...) é evitar que eventual conduta do segurado possa descaracterizar os riscos contratados".[63] Cite-se, ainda, decisão que reputou que "microtraumas crônicos sobre o disco intervertebral enquadram-se no conceito de acidente pessoal" coberto pelo seguro, pois se encontram "dentro do espírito que norteou a sua contratação em favor do trabalhador".[64]

2.7. Regras de interpretação pactuadas pelas partes

O § 2º acrescido ao art. 113 preconiza a liberdade de as partes pactuarem regras de interpretação, de preenchimento de lacunas e de integração dos negócios jurídicos diversas daquelas previstas em lei. A distinção entre interpretação (por vezes entendida como restrita à atribuição de significado ao que foi expressamente previsto), integração (frequentemente vinculada ao que não foi claramente regulado) e preenchimento de lacunas (referente à efetiva criação de normas para hipóteses não tratadas), objeto de alguma controvérsia na doutrina, não é relevante para os efeitos do dispositivo, que abrange todos indistintamente – aliás, na linha da hermenêutica contemporânea, que reconhece a circularidade entre fato e norma no processo interpretativo (a "espiral hermenêutica"), incompatível com a ideia de etapas estanques e sucessivas.[65]

Dessa forma, o dispositivo preconiza que a liberdade contratual abarca a estipulação de regras para o processo hermenêutico do próprio negócio, preconizando, *prima facie*, a validade de cláusulas nessa perspectiva, o que não parecia ser objeto de controvérsia até então.[66] Em sentido amplo, a disposição abrangeria não só as recorrentes cláusulas que, ao final do contrato, estipulam efetivas diretrizes hermenêuticas como também o hábito, oriundo do *Common Law*, de estabelecer um "glossário" inicial em que se define o significado a ser atribuído para certas expressões e termos utilizados no negócio.

O ponto controverso nessa seara – para o qual o enunciado normativo não contribui – é a identificação de quais regras legais de interpretação são efetivamente dispositivas (podendo, portanto, ser objeto das disposições *diversas* preconizadas no artigo) e quais são, na realidade, cogentes, invalidando disposições em sentido contrário. A dificuldade se acentua pela ampliação do papel, nas últimas décadas, das normas heterônomas no âmbito dos contratos, isto é, a criação de deveres e a limitação de direitos no âmbito do contrato,

---

[63] TJSP, 29ª Câmara do Quinto Grupo (Ext. 2º TAC), Ap. Cível 0096890-31.2005.8.26.0000; rel. Des. Luís Eduardo Scarabelli, j. 19.07.2007.

[64] TJSP, 2ª Câmara do Primeiro Grupo (Extinto 2º TAC), Ap. Cível 9110782-24.2000.8.26.0000, rel. Des. Andreatta Rizzo, j. 04.11.2002.

[65] KONDER, Carlos Nelson. Interpretação dos contratos, interpretação da lei e qualificação: superando fronteiras. *Scientia Iuris*, Londrina, v. 19, 2015. p. 55. Sobre o debate, v., entre nós, especialmente, NITSCHKE, Guilherme Carneiro Monteiro. *Lacunas contratuais e interpretação*. São Paulo: Quartier Latin, 2019; e MARINO, Francisco Paulo De Crescenzo. *Interpretação do negócio jurídico*. São Paulo: Saraiva, 2011.

[66] GEDIEL, José Antônio Peres; CÔRREA, Adriana Espíndola; e KROETZ, Maria Cândida do Amaral. Interpretações – art. 113 do Código Civil. In: MARQUES NETO, Floriano Peixoto; RODRIGUES JR., Otávio Luiz; LEONARDO, Rodrigo Xavier (coord.). *Comentários à Lei de Liberdade Econômica*: Lei 13.874/2019. São Paulo: Ed. RT, 2019. p. 358.

mas não decorrentes do exercício da autonomia negocial, que interferem de forma relevante na hermenêutica do negócio e que podem ter caráter de ordem pública.[67]

3. DISPOSIÇÕES RELACIONADAS

O disposto no art. 113 conjuga-se diretamente com os arts. 187 e 422 do CC, em razão da já exposta tripartição funcional da boa-fé, inclusive com o art. 765 desse mesmo diploma, que determina a obrigação de observar a boa-fé, especificamente, nos contratos de seguro. Vincula-se, ainda, ao disposto nos já citados arts. 4º, III, e 51, IV, que preveem a boa-fé como princípio geral das relações de consumo e parâmetro de aferição da abusividade de cláusulas contratuais, respectivamente. Nessa seara, deve-se evitar, todavia, a confusão entre a atuação da boa-fé e a interpretação em favor da parte mais fraca,[68] prevista o art. 47 do CDC: a boa-fé é princípio cuja incidência não se limita às relações desequilibradas e que, mesmo nestas, pode atuar em desfavor do vulnerável, já que protege legítimas expectativas de ambos os contratantes.

REFERÊNCIAS BIBLIOGRÁFICAS

AGUIAR JÚNIOR, Ruy Rosado de. A boa-fé na relação de consumo. *Revista de direito do consumidor*, São Paulo, v. 14, abr.-jun. 1995.

AZEVEDO, Antonio Junqueira de. Insuficiências, deficiências e desatualização do projeto de Código Civil na questão da boa-fé objetiva nos contratos. *Revista Trimestral de Direito Civil*, Rio de Janeiro, v. 1, n. 1. jan.-mar. 2000.

COMIRAN, Giovana Cunha. *Os usos comerciais*: da formação do tipo à interpretação e integração dos contratos. São Paulo: Quartier Latin, 2019.

CORDEIRO, António Manuel da Rocha e Menezes. *Da boa-fé no direito civil*. Coimbra: Almedina, 2001.

DÍEZ-PICAZO, Luis. *Fundamentos del derecho civil patrimonial*. 6. ed. Pamplona: Thomson-Civitas, 2007. t. I.

EHRHARDT JR., Marcos. *Responsabilidade civil pelo inadimplemento da boa-fé*. Belo Horizonte: Fórum, 2014.

FORGIONI, Paula. A interpretação dos negócios jurídicos II – alteração do art. 113 do Código Civil: art. 7º. In: MARQUES NETO, Floriano Peixoto; RODRIGUES JR., Otávio Luiz; LEONARDO, Rodrigo Xavier (coord.). *Comentários à Lei de Liberdade Econômica*: Lei 13.874/2019. São Paulo: Ed. RT, 2019.

FRADA, Manuel A. Carneiro da. *Contrato e deveres de proteção*. Coimbra: Coimbra Editora, 1994.

GEDIEL, José Antônio Peres; CÔRREA, Adriana Espíndola; e KROETZ, Maria Cândida do Amaral. Interpretações – art. 113 do Código Civil. In: MARQUES NETO, Floriano Peixoto; RODRI-

---

[67] Sobre o tema, de forma pioneira, RODOTÀ, Stefano. *Le fonti di integrazione del contratto*. Milano: Giuffrè, 1970. passim.

[68] TEPEDINO, Gustavo; SCHREIBER, Anderson. O princípio da boa-fé objetiva no Código Civil e no Código de Defesa do Consumidor. In: TEPEDINO, Gustavo (org.). *Obrigações*: estudos na perspectiva civil-constitucional. Rio de Janeiro: Renovar, 2005. p. 34.

GUES JR., Otávio Luiz; LEONARDO, Rodrigo Xavier (coord.). *Comentários à Lei de Liberdade Econômica*: Lei 13.874/2019. São Paulo: Ed. RT, 2019.

HAICAL, Gustavo. Os usos do tráfico como modelo jurídico e hermenêutico no Código Civil de 2002. *Revista de Direito Privado*, São Paulo, v. 50, 2012.

KONDER, Carlos Nelson. *Contratos conexos*: grupos de contratos, redes contratuais e contratos coligados. Rio de Janeiro: Renovar, 2006.

KONDER, Carlos Nelson. Qualificação e coligação contratual. *Revista Forense*, Rio de Janeiro, v. 406, nov.-dez. 2009.

KONDER, Carlos Nelson. Boa-fé objetiva, violação positiva do contrato e prescrição: repercussões práticas da contratualização dos deveres anexos no julgamento do REsp 1.276.311. *Revista Trimestral de Direito Civil*, Rio de Janeiro, v. 50, p. 217-236, 2012.

KONDER, Carlos Nelson. Interpretação dos contratos, interpretação da lei e qualificação: superando fronteiras. *Scientia Iuris*, Londrina, v. 19, 2015.

KONDER, Carlos Nelson; OLIVEIRA, Williana Nayara Carvalho de. A interpretação dos negócios jurídicos a partir da Lei de Liberdade Econômica. *Revista Fórum de Direito Civil*, v. 25, 2020.

KONDER, Cíntia Muniz de Souza. A adequação da informação na concessão de crédito. *Revista de Direito do Consumidor*, São Paulo, v. 136, 2021.

LARENZ, Karl. *Derecho civil*: parte general. Madrid: *Revista de Derecho Privado*, 1978.

LEONARDO, Rodrigo Xavier. Como tomar decisões empresariais com a MP da "liberdade econômica". *Consultor Jurídico*, 10.06.2019. Disponível em: <https://www.conjur.com.br/2019-jun-10/direito-civil-atual-tomar-decisoes-empresariais-mp-liberdade-economica>. Acesso em: 27.08.2022.

LÔBO, Paulo. Inconstitucionalidades da MP da "liberdade econômica" e o Direito Civil. *Consultor Jurídico*. Disponível em: <https://www.conjur.com.br/2019-jun-06/paulo-lobo-inconstitucionalidades-mp881-direito-civil>. Acesso em: 27.08.2022.

LUDWIG, Marcos de Campos. *Usos e costumes no processo obrigacional*. São Paulo: Ed. RT, 2005.

MARINO, Francisco Paulo De Crescenzo. *Contratos coligados no direito brasileiro*. São Paulo: Saraiva, 2009.

MARINO, Francisco Paulo De Crescenzo. *Interpretação do negócio jurídico*. São Paulo: Saraiva, 2011.

MARTINS-COSTA, Judith. *A boa-fé no direito privado*: sistema e tópica no processo obrigacional. São Paulo: Ed. RT, 1999.

MARTINS-COSTA, Judith. *A boa-fé no direito privado*: critérios para a sua aplicação. 2. ed. São Paulo: Saraiva, 2018.

MAXIMILIANO, Carlos. *Hermenêutica e aplicação do direito*. 19. ed. Rio de Janeiro: Forense, 2001.

MOTA, Marcel Moraes. Os contratos civis e empresariais e a Lei de Liberdade Econômica. *Revista Diálogo Jurídico*, v. 18, n. 2, p. 69-93, jul.-dez. 2019.

NANNI, Giovanni Ettore. Contratos coligados. In: LOTUFO, Renan; NANNI, Giovanni Ettore (coord.). *Teoria geral dos contratos*. São Paulo: Atlas, 2011.

NEGREIROS, Teresa. *Fundamentos para uma interpretação constitucional do princípio da boa-fé*. Rio de Janeiro: Renovar, 1998.

NEGREIROS, Teresa. O princípio da boa-fé contratual. In: BODIN DE MORAES, Maria Celina (coord.). *Princípios do direito civil contemporâneo*. Rio de Janeiro: Renovar, 2006. p. 221-253.

NITSCHKE, Guilherme Carneiro Monteiro. *Lacunas contratuais e interpretação*. São Paulo: Quartier Latin, 2019.

PEREIRA, Caio Mário da Silva. *Instituições de direito civil*. 27. ed. Rio de janeiro: Forense, 2014. v. I.

PERLINGIERI, Pietro. *O direito civil na legalidade constitucional*. Rio de Janeiro: Renovar, 2008.

POTHIER, R. J. *Traité des obligations*. Bruxelles: Jonker, 1829.

RODOTÀ, Stefano. *Le fonti di integrazione del contratto*. Milano: Giuffrè, 1970.

ROPPO, Vincenzo. *Il contratto*. Milano: Giuffrè, 2001.

SCHREIBER, Anderson. A tríplice transformação do adimplemento: adimplemento substancial, inadimplemento antecipado e outras figuras. *Revista Trimestral de Direito Civil*, Rio de Janeiro, n. 32, p. 3-27, out.-dez. 2007.

SCHREIBER, Anderson. *A proibição de comportamento contraditório*. 4. ed. São Paulo: Atlas, 2016.

SCHREIBER, Anderson. Alterações da MP 881 ao Código Civil – parte I. *Carta Forense*. Disponível em: <http://cartaforense.com.br/conteudo/colunas/alteracoes-da-mp-881-ao-codigo-civil----parte-ii/18344>. Acesso em: 27.08.2022.

SCHREIBER, Anderson. PLV da Liberdade Econômica: vetos seriam bem-vindos. *Carta Forense*. Disponível em: <http://cartaforense.com.br/conteudo/colunas/plv-da-liberdade-economica--vetos-seriam-bem-vindos/18346>. Acesso em: 07.06.2022.

SILVA, Clóvis do Couto e. O princípio da boa-fé no direito brasileiro e português. In: CAETANO, Marcelo et al. (coord.). *Estudos de direito civil brasileiro e português*. São Paulo: Ed. RT, 1980. p. 43-72.

SILVA, Clóvis do Couto e. *A obrigação como processo*. Rio de Janeiro: FGV, 2007.

SOUZA, Eduardo Nunes de. Lei da Liberdade Econômica e seu desprestígio à autonomia privada no direito contratual brasileiro. Disponível em: <https://www.migalhas.com.br/coluna/migalhas--patrimoniais/324733/lei-da-liberdade-economica-e-seu-desprestigio-a-autonomia-privada--no-direito-contratual-brasileiro>. Acesso em: 26.05.2022.

TARTUCE, Flávio. A MP 881/19 (liberdade econômica) e as alterações do Código Civil. Primeira parte. *Migalhas*. Disponível em: <https://m.migalhas.com.br/depeso/301612/a-mp-88119--liberdade-economica-e-as-alteracoes-do-codigo-civil>. Acesso em: 27.08.2022.

TEPEDINO, Gustavo. Direitos de liberdade econômica e o Direito Civil. *OABRJ*, 2019. Disponível em: <https://www.oabrj.org.br/colunistas/gustavo-tepedino/direitos-liberdade-economica--direito-civil?fbclid=IwAR06XLw3XaKX6yY_seLxLi0aWjPSiwno7pukCUwW-d_c_ajlqAkr-vujZ_sc>. Acesso em: 07.06.2022.

TEPEDINO, Gustavo. A MP da liberdade econômica e o direito civil. *Revista Brasileira de Direito Civil*, v. 20, n. 2, 2019. Disponível em: <https://rbdcivil.ibdcivil.org.br/rbdc/article/view/421>. Acesso em: 27.08.2022.

TEPEDINO, Gustavo; CAVALCANTI, Laís. Notas sobre as alterações promovidas pela Lei n.º 13.874/2019 nos artigos 50, 113 e 421 do Código Civil. In: SALOMÃO, Luís Felipe; CUEVA, Ricardo Villas Bôas; FRAZÃO, Ana (coord.). *Lei de Liberdade Econômica e seus impactos no direito brasileiro*. São Paulo: Ed. RT, 2020.

TEPEDINO, Gustavo; SCHREIBER, Anderson. O princípio da boa-fé objetiva no Código Civil e no Código de Defesa do Consumidor. In: TEPEDINO, Gustavo (org.). *Obrigações*: estudos na perspectiva civil-constitucional. Rio de Janeiro: Renovar, 2005.

TERRA, Aline de Miranda Valverde; KONDER, Carlos Nelson; GUEDES, Gisela Sampaio da Cruz. Boa-fé, função social e equilíbrio contratual: reflexões a partir de alguns dados empíricos. *Princípios contratuais aplicados*: boa-fé, função social e equilíbrio contratual à luz da jurisprudência. Indaiatuba, SP: Foco, 2019.

TERRA, Aline Miranda Valverde. *Inadimplemento anterior ao termo*. Rio de Janeiro: Renovar, 2009.

VENOSA, Sílvio de Salvo; RUAS, Luiza Wander. Interpretação dos negócios jurídicos e a liberdade econômica. *Migalhas*, 2019. Disponível em: <https://www.migalhas.com.br/depeso/314101/interpretacao-dos-negocios-juridicos-e-a-liberdade-economica>. Acesso em: 26.05.2022.

I.II. Prescrição nas relações securitárias

3
COMENTÁRIOS AO ART. 189 DO CÓDIGO CIVIL

Eduardo Nunes de Souza

> **Art. 189.** Violado o direito, nasce para o titular a pretensão, a qual se extingue, pela prescrição, nos prazos a que aludem os arts. 205 e 206.

1. ORIGEM DA DISPOSIÇÃO E REGIME ANTERIOR

Diversamente do atual, o Código Civil brasileiro de 1916 não definiu a figura da prescrição extintiva nem especificou seus efeitos. Ao contrário, o dispositivo normativo (art. 161) que inaugurava o título destinado ao tema (Título III do Livro III da Parte Geral) já tratava imediatamente da renúncia à prescrição, sem quaisquer considerações preliminares mais amplas a respeito do instituto. Abordagem análoga fora adotada previamente também pelo Código Comercial de 1850, cujo art. 441, o primeiro constante do Título XVIII ("Da Prescrição"), ora revogado, previa a natureza "fatal e improrrogável" dos prazos estipulados naquela lei. Não parece coincidência, aliás, que, antes da entrada em vigor do Código Civil de 2002, o tema da prescrição fosse célebre justamente pelas dúvidas conceituais que suscitava, particularmente no que diz respeito à sua distinção em face da decadência e à natureza prescricional e decadencial de diversos prazos previstos em lei para o exercício de situações jurídicas subjetivas.[1]

O Código Civil atual, assim, inovou em mais de um sentido ao prever, no seu art. 189, que, "violado o direito, nasce para o titular a pretensão", sobre a qual fez incidir a força extintiva da prescrição. Não apenas propôs um conceito normativo para a prescrição (o que seu predecessor se abstivera de fazer) como também estabeleceu que o objeto desta

---

[1] Essa foi, inclusive, uma das preocupações centrais do codificador de 2002, como registra ALVES, José Carlos Moreira. *A parte geral do Projeto de Código Civil brasileiro*. São Paulo: Saraiva, 1986. p. 82. A separação entre prazos prescricionais na parte geral e prazos decadenciais dispersos por todo o Código já constava do projeto de Clóvis Bevilácqua para o Código Civil de 1916, mas acabou alterada pela comissão revisora, que optou por reunir os prazos de ambas as naturezas sob um mesmo tratamento (cfr. AMORIM FILHO, Agnelo. Critério científico para distinguir a prescrição da decadência e para identificar as ações imprescritíveis. *Revista da Faculdade de Direito do Ceará*, Fortaleza, v. 14, 1960. p. 303).

não era o direito subjetivo em si, mas, sim, a *pretensão*. Trata-se, como se sabe, de noção desenvolvida no direito alemão e consagrada pelo BGB,[2] cuja definição costuma ser atribuída à obra de Bernhard Windscheid.[3] Na definição do autor, o *Anspruch* consiste no poder de exigir conferido ao titular do direito.[4] Considera-se, em geral, que a intenção do célebre jurista tedesco ao propor a figura foi a de romper com a antiquíssima tradição romanista da *actio*,[5] consagrada por Savigny e, até então, predominante no direito civil, segundo a qual, para todo direito, haveria uma ação correspectiva que o assegurasse.[6] A pretensão, assim, objetivou extirpar da teoria do direito civil as ações de direito material (uma das acepções de "ação" reconhecidas por Savigny),[7] de modo que o termo "ação" (*Klage*) fosse reservado apenas à seara processual civil, na qual se associou a preocupações em torno do procedimento e da jurisdição.[8]

Embora pareça seguir fielmente o exemplo germânico, a previsão do art. 189 do CC/2002, a rigor, apenas a acompanhou parcialmente.[9] Por um lado, sem dúvida, supri-

---

[2] Dispõe o § 194 do BGB: "(...) O direito de exigir de outrem um fazer ou não fazer (pretensão) sujeita-se à prescrição" (tradução livre).

[3] WINDSCHEID, Bernard. *Diritto delle Pandette*. Trad. Carlo Fadda e Paolo Emilio Bensa. Torino: UTET, 1925. v. I. §§ 43-44.

[4] Segundo Windscheid, o termo indica "não apenas o exigir como fato, mas como relevância jurídica [na tradução de Fadda e Bensa, *pertinenza giuridica*], logo como direito de exigir, direito de requerer alguma coisa de outrem" (WINDSCHEID, Bernard. *Diritto delle Pandette*. Trad. Carlo Fadda e Paolo Emilio Bensa. Torino: UTET, 1925. v. I. p. 121-122, tradução livre).

[5] Segundo o autor, a *actio* dos romanos era polissêmica, podendo referir-se a ato, controvérsia, controvérsia judicial, persecução ou ação judicial e até mesmo à noção de exigibilidade jurídica que ele denominava pretensão (WINDSCHEID, Bernard. *Diritto delle Pandette*. Trad. Carlo Fadda e Paolo Emilio Bensa. Torino: UTET, 1925. v. I. p. 123).

[6] Mais especificamente, SAVIGNY considerava que o chamado direito de ação nada mais era do que a transformação que o direito sofria após a sua violação, convertendo-se em uma potencial obrigação de reparação específica de acordo com o próprio direito violado (SAVIGNY, Friedrich Karl von. *Traité de droit romain*. Paris: Firmin Didot Frères, 1858. t. 5. p. 3).

[7] Ao tratar da noção de *actio* no direito romano, Savigny entrevia, nela, dois sentidos: na primeira acepção, a relação resultante da violação do direito, isto é, um novo direito surgido para o titular após a lesão, cujo conteúdo seria, em geral, "a reparação da violação"; e, na segunda acepção, "o próprio exercício do direito", de modo que o termo pode designar "o ato escrito que deflagra o debate judicial". Para o autor, esse segundo sentido pertencia ao campo procedimental, motivo pelo qual se dedicou apenas ao primeiro (SAVIGNY, Friedrich Karl von. *Traité de droit romain*. Paris: Firmin Didot Frères, 1858. t. 5. p. 5, tradução livre).

[8] Sobre a apropriação do termo "ação" pelo processo civil, cfr. RAATZ, Igor; ANCHIETA, Natascha. Breve inventário acerca do estudo da ação: ou como a processualística subtraiu a ação de direito material dos civilistas para depois sepultá-la. *Revista de Direito Civil Contemporâneo*, São Paulo, v. 26, jan.-mar. 2021. passim.

[9] Segundo Barbosa Moreira, o art. 189 do Código Civil brasileiro teria como fonte inspiradora o § 194 do BGB: "O elemento comum a ambas as normas reside em identificar a pretensão como o objeto da prescrição. Ao contrário do legislador brasileiro, porém, o alemão animou-se a oferecer uma definição da pretensão (*Anspruch*), cujo núcleo consiste num 'direito de exigir'", a suscitar diversas controvérsias (BARBOSA MOREIRA, José Carlos. Notas sobre pretensão e prescrição no sistema do novo Código Civil brasileiro. *Revista da Academia Brasileira de Letras Jurídicas*, Rio de Janeiro, v. 19, n. 22, jul.-dez. 2002. p. 150). Para o autor, a pretensão não consiste em mera exigência do conteúdo do direito, mas em exigência fundada, "poder de exigir" surgido, ordinariamente, após a violação (BARBOSA MOREIRA, José Carlos. Notas sobre pretensão e prescrição no sistema do

miu a previsão do art. 75 do CC/1916, que, ao dispor que "a todo direito corresponde uma ação, que o assegura", remetia à referida herança quiritária consagrada na obra de Savigny. Abandonou o codificador, assim, a noção de ação de direito material – que, no direito brasileiro, era defendida, particularmente, por Pontes de Miranda[10] –, ao mesmo tempo que nosso direito processual civil, influenciado pela doutrina italiana, consagrou a ação como direito abstrato e desvinculado da situação jurídica subjetiva material, embora com algumas mitigações.[11]

Por outro lado, porém, a norma do art. 189 do CC atual desviou-se do modelo alemão ao prever que a pretensão apenas nasceria com a violação do direito.[12] Para Windscheid, muito ao revés, a pretensão preexiste à lesão e, portanto, ao recurso do titular do direito lesado ao Poder Judiciário, de modo que a exigibilidade em juízo, cabível nos casos em que o titular da situação jurídica passiva não cumpre a prestação espontaneamente, traduz apenas um aspecto do "exigir" contido na pretensão.[13] O problema ostenta repercussões teóricas relevantes em tema de prescrição, sendo célebre, entre os países da família

---

novo Código Civil brasileiro. *Revista da Academia Brasileira de Letras Jurídicas*, Rio de Janeiro, v. 19, n. 22, jul.-dez. 2002. p. 149-150).

[10] PONTES DE MIRANDA, Francisco Cavalcanti. *Tratado de direito privado*. São Paulo: Ed. RT, 2012. t. 5. § 622. Vale destacar que o autor registrava um sentido *sui generis* da própria pretensão, que, para ele, correspondia à posição subjetiva de poder exigir, judicial ou extrajudicialmente, de outrem alguma prestação, independentemente da titularidade de um direito ou de uma ação (PONTES DE MIRANDA, Francisco Cavalcanti. *Tratado de direito privado*. São Paulo: Ed. RT, 2012. t. 5. § 615). A ação de direito material corresponderia à acionabilidade, geralmente (mas nem sempre) por meio de um remédio jurídico processual (que o autor denomina "ação", entre aspas).

[11] Essa transição foi duramente criticada, na doutrina recente, por Igor Raatz e Natascha Anchieta, que elencam as muitas objeções já levantadas contra o excesso de abstração do direito de ação (atribuído à influência da processualística italiana). Entre elas, destacam a teoria híbrida de Enrico Tullio Liebman, que, ao subordinar a existência da ação às chamadas "condições da ação", teria voltado a unir as esferas material e processual, bem como alegam que ainda hoje subsistem "'ações substancializadas' que povoam o universo do direito material – como é o caso da ação reivindicatória, da ação de despejo, da ação de divórcio etc." (RAATZ, Igor; ANCHIETA, Natascha. Breve inventário acerca do estudo da ação: ou como a processualística subtraiu a ação de direito material dos civilistas para depois sepultá-la. *Revista de Direito Civil Contemporâneo*, São Paulo, v. 26, jan.-mar. 2021. p. 628).

[12] Ao comentar o Anteprojeto do Código Civil atual, Moreira Alves afirmava que o conceito de pretensão "não é bem definido na doutrina" e que, em verdade, "Windscheid, ao conceber a pretensão (*Anspruch*), nada mais fez do que dar a denominação de pretensão ao que Savigny chamada *ação em sentido material*". Por isso, explicava o autor, "o Projeto considera como pretensão o que Savigny denominava *ação em sentido substancial ou material*, em contraposição à *ação em sentido formal ou processual*" (ALVES, José Carlos Moreira. *A parte geral do Projeto de Código Civil brasileiro*. São Paulo: Saraiva, 1986. p. 151, grifos do original). Como observam, porém, Fadda e Bensa na tradução à obra de Windscheid, a noção de que a *actio* corresponderia a um novo direito surgido com a violação (nos termos que viriam a ser adotados pelo Código Civil brasileiro ao tratar da pretensão) foi difundida por Savigny no volume V de seu *Sistema*, §§ 204-205, ao passo que Windscheid refutava expressamente que a pretensão surgisse da lesão (WINDSCHEID, Bernard. *Diritto delle Pandette*. Trad. Carlo Fadda e Paolo Emilio Bensa. Torino: UTET, 1925. v. I. p. 125).

[13] "Para nosso conceito, a possibilidade de fazer valer uma ação em juízo não é mais do que uma consequência de ser ela reconhecida pelo direito; este é um lado da pretensão, não é o que constitui"; o autor considerava "ainda pior" o entendimento de que um novo direito seria gerado em decorrência da violação (WINDSCHEID, Bernard. *Diritto delle Pandette*. Trad. Carlo Fadda e Paolo Emilio Bensa. Torino: UTET, 1925. v. I. p. 123, tradução livre).

romano-germânica, a controvérsia em torno do objeto de incidência da eficácia extintiva prescricional – se o próprio direito, a ação ou a pretensão. Trata-se de longeva discussão, em grande parte voltada a justificar a irrepetibilidade do pagamento da dívida prescrita.[14]

Na prática, porém, a questão não oferece grandes desafios, diante da disciplina minudente que as codificações costumam dispensar à prescrição e à obrigação natural, acrescida dos ajustes e das correções da doutrina. No sistema francês, por exemplo, que indica tanto o direito quanto a ação como objetos da prescrição,[15] a doutrina adere a esta última previsão, mais compatível com a regra da irrepetibilidade.[16] Por sua vez, no sistema italiano, que prevê a extinção do próprio direito,[17] a expressa redação legal não impede que autorizada doutrina defenda que, na verdade, se extingue a *acionabilidade do direito* (possibilidade de deduzir a pretensão em juízo).[18] Quanto ao caso brasileiro, que faz depender a pretensão da violação pelo sujeito passivo, parece igualmente razoável considerar que a prescrição incide sobre a acionabilidade do direito, já que a exigibilidade deste é, a rigor, mais ampla do que a possibilidade de postular em juízo.[19]

Controvérsias conceituais à parte, os verdadeiros dilemas em tema de prescrição costumam ser encontrados na demarcação do termo inicial da prescrição – e, portanto, nas suas causas obstativas. As regras para essa demarcação variam entre os diversos sistemas, mas, em geral, todos eles demonstram algum nível de preocupação com circunstâncias concretas que podem influenciar o exercício da pretensão. Alguns países adotam parâmetros subjetivos para determinar o começo da fluência do prazo (como o momento em que o titular

---

[14] Na doutrina italiana, aduz-se que, se a prescrição operasse no sentido de extinguir o direito, não mais se compreenderia a regra que veda a repetição do que se pagou espontaneamente por um débito prescrito (GAZZONI, Francesco. *Manuale di diritto privato*. Napoli: ESI, 2015. p. 110, tradução livre). No direito português, chega-se a afirmar que seria mais adequado "qualificar a prescrição como uma hipótese de transformação da obrigação civil em obrigação natural" (LEITÃO, Luís Manuel Teles de Menezes. *Direito das obrigações*. Coimbra: Almedina, 2010. v. II. p. 119).

[15] Embora o *Code civil* preveja, em tradução livre, no atual art. 2.219, que "a prescrição extintiva é um modo de extinção de um direito resultante da inação de seu titular durante certo lapso de tempo", os arts. 2.224 e ss. afirmam expressamente que "as *ações* se prescrevem".

[16] Cfr., ilustrativamente, a lição de Philippe Malaurie et al.: "A prescrição liberatória extingue a ação judicial do credor. Ela deve ser distinguida de outros prazos que afetam a existência de um direito" (MALAURIE, Philippe; AYNÈS, Laurent; STOFFEL-MUNCK, Philippe. *Droit des obligations*. Paris: LGDJ, 2016. p. 705, tradução livre).

[17] Dispõe o *Codice civile*: "Art. 2.934. 'Extinção dos direitos'. Todo direito se extingue por prescrição, quando o titular não o exerce pelo tempo determinado em lei. (...)" (tradução livre).

[18] Cfr., por exemplo, a lição de Pier Giuseppe Monateri: "a tese da extinção do direito por intervenção da prescrição, embora tendo em sua vantagem a letra da lei, vai de encontro ao próprio regime codicístico (...). A pretensão, portanto, não é algo autônomo ao direito, mas a concretização do conteúdo do direito, que o titular endereça àquele que põe em prática um estado de fato contrário ao próprio direito. A pretensão, assim, pode ou não ser deduzida em ação, e tanto é assim que não raro ela é endereçada primeiramente fora de uma relação processual". Conclui o autor que a prescrição não extingue a pretensão ou o direito, mas sim "a possibilidade de que essa pretensão seja deduzida na ação: a sua acionabilidade" (MONATERI, Pier Giuseppe. *La prescrizione*. In: SACCO, Rodolfo (diretto da). *Trattato di diritto civile*. La Parte Generale del Diritto Civile. Torino: UTET, 2009. v. V. p. 3-7, tradução livre).

[19] Conforme se sustentou em SOUZA, Eduardo Nunes de. Problemas atuais de prescrição extintiva no direito civil: das vicissitudes do prazo ao merecimento de tutela. *Civilistica.com*, Rio de Janeiro, n. 3, ano 10, 2021.

do direito tem ciência, ou poderia tê-la, do fato que originou a pretensão ou da pessoa que violou seu direito),[20] ao passo que outros abandonam a consideração cognitiva e adotam critérios mais objetivos (como a inexistência de óbice fático ou jurídico ao exercício).[21] Embora cada ordenamento siga um critério distinto, quase nenhum parece conformar-se com

---

[20] Dispõe o § 199 do BGB: "(...) O prazo prescricional regular começa, desde que nenhum outro prazo prescricional seja definido, com o fim do ano em que: 1. a pretensão surge e 2. o credor toma conhecimento ou deveria tomar conhecimento, sem negligência grave, das circunstâncias motivadoras da pretensão e da pessoa do devedor" (tradução livre). Assim também o art. 2.224 do *Code* francês: "As ações pessoais ou mobiliárias prescrevem em cinco anos a contar do dia em que o titular de um direito conheceu ou deveria conhecer os fatos que lhe permitiram exercê-lo" (tradução livre). Particularmente quanto ao sistema francês, afirma-se que, após uma progressiva valorização, pela jurisprudência, da ignorância do direito como causa obstativa (quando decorrente de causa razoável), a tese foi apoiada também legislativamente, embora se leve em conta mais "uma impossibilidade objetiva de conhecer do que a ignorância pessoal do credor" (CARBONNIER, Jean. *Droit civil*. Paris: PUF, 2004. v. II. p. 2.522, tradução livre). A redação atual do art. 2.224 decorre da reforma legislativa de 2008, que uniformizou a tendência normativa anterior ao estipular um *"point de départ 'glissant'"*, como afirma a doutrina: "Ao dizer *'aurait dû connaître'*, a lei recua ainda mais o ponto de partida, a fim de moralizar a prescrição em face da brevidade do novo prazo de prescrição extintiva do direito comum, mas tendo por inconveniente um risco de discussão interminável perante os tribunais" (MALAURIE, Philippe; AYNÈS, Laurent; STOFFEL-MUNCK, Philippe. *Droit des obligations*. Paris: LGDJ, 2016. p. 711, tradução livre).

[21] Dispõe o art. 306.º do Código Civil português: "1. O prazo da prescrição começa a correr quando o direito puder ser exercido; se, porém, o beneficiário da prescrição só estiver obrigado a cumprir decorrido certo tempo sobre a interpelação, só findo esse tempo se inicia o prazo da prescrição (...)". O art. 251 do Código Civil grego também exige a possibilidade de exigir o cumprimento em juízo. No caso de ordenamentos como o chileno, o espanhol e o suíço, ao lado de regras especiais, a lei estipula como princípio geral que o termo inicial é o momento em que o direito "se torna exigível" ou "pode ser exercido" (art. 2.514 do Código Civil chileno, arts. 1.694 – reformado em 2015 – e 1.699 do Código Civil espanhol e art. 130 do Código das Obrigações suíço). O *Codice* italiano prevê, em seu art. 2.935: "A prescrição começa a correr a partir do dia em que o direito pode ser feito valer" (tradução livre). Particularmente quanto ao direito italiano, afirma-se que "a possibilidade jurídica de exercício do direito determina a decorrência da prescrição, ao passo que não releva a simples impossibilidade de fato (por exemplo, a ignorância inculpável do próprio crédito, ou então o fato de que os pressupostos do direito sejam objeto de contestação judicial (...)). Esta pode apenas suspender o decurso do termo nos casos taxativamente previstos pelos arts. 2.941 e 2.942, ou por leis especiais" (ROSELLI, Frederico. In: LIPARI, Nicolò; RESCIGNO, Pietro. *Diritto civile*. Milano: Giuffrè, 2009. v. IV. t. II. p. 494, tradução livre). Registre-se, no ponto, que a previsão da suspensão da prescrição contra menores e interditos no referido art. 2.942 do *Codice* de 1942 representou um avanço em relação ao anterior Código de 1865 (art. 2.145), o qual somente assegurava o direito de regresso (em crítica à previsão anterior, cfr. PUGLIESE, Giuseppe. *La prescrizione nel diritto civile*. Parte Seconda: la prescrizione estintiva. Torino: UTET, 1924. p. 134-138). Embora boa parte da doutrina italiana afaste a relevância das impossibilidades de fato para o exercício, ressalvam-se certos casos que se tornam juridicamente relevantes, como a coação perpetrada contra o titular (GAZZONI, Francesco. *Manuale di diritto privato*. Napoli: ESI, 2015. p. 114). Muitos autores criticam essa restrição às impossibilidades de fato (TESCARO, Mauro. *Decorrenza della prescrizione e autoresponsabilità*: la rilevanza civilistica del principio *contra non valentem agere non currit praescriptio*. Padova: CEDAM, 2006. p. 11), enquanto outros equiparam à impossibilidade a "extrema dificuldade" de exercício (PERLINGIERI, Pietro. *Manuale di diritto civile*. Napoli: ESI, 2014. p. 429). Por sua vez, o Código Civil e Comercial argentino de 2014, na esteira do art. 3.980 do Código Civil anterior, prevê a regra da "dispensa da prescrição" em seu art. 2.550: "O juiz pode dispensar da prescrição já verificada o titular da ação, se dificuldades de fato ou manobras dolosas obstacularizaram temporalmente o exercício

a mera lesão ao direito como critério bastante e suficiente para a deflagração do prazo. O art. 189 do CC brasileiro rompeu com essa tendência ao referir-se única e exclusivamente à lesão do direito. Abriu margem, com isso, à crença de que o termo inicial da prescrição coincidiria sempre com o surgimento da pretensão.[22] Essa é, provavelmente, a principal dificuldade interpretativa suscitada pelo dispositivo.

2. SENTIDO DA DISPOSIÇÃO E PRINCIPAIS CONTROVÉRSIAS NA SUA INTERPRETAÇÃO

Embora a escolha do codificador insculpida no dispositivo em comento pareça simplificar o caminho, na verdade apenas fomentou maior confusão. Isso porque, como eventualmente se concluiu, a violação do direito, o surgimento da pretensão e o termo inicial do prazo prescricional podem corresponder a momentos cronológicos distintos, e, a rigor, apenas o último é capaz de operar uma tutela efetiva dos interesses das partes em matéria de prescrição.[23] Assim, mesmo após duas décadas de vigência do dispositivo e da aparentemente objetiva regra de demarcação do termo inicial da prescrição, são frequentes as referências a antigos recursos interpretativos que buscam, à semelhança dos sistemas estrangeiros, modular o início do curso do prazo prescricional. Sem, porém, a ordenação ideal que apenas pode ser promovida pela norma positiva, muito incertas são as concepções extraídas dessas construções.

A mais conhecida delas é, provavelmente, a teoria da *actio nata*, expressão oriunda do adágio *actioni nondum natae non praescribitur* ("as ações ainda não nascidas não prescrevem"). Trata-se de teoria atribuída a Savigny, que a desenvolveu associando-a à própria lesão do direito. Para que haja prescrição, afirmava Savigny, é preciso "um direito sério, atual e suscetível de ser reclamado na justiça"; é preciso, ainda, "uma violação do direito, que determina uma ação do titular".[24] O fato de o autor ter-se dedicado ao "sistema" do direito romano justifica a supervalorização da existência de uma ação – uma tendência seguida, por exemplo, pelo direito francês até os dias atuais.[25] Não cogitou ele, obviamente, da categoria germânica da pretensão, cuja formulação foi precedida por sua obra. A definição que o autor destinava à *actio nata*, contudo, destoa radicalmente dos empregos conferidos

---

da ação e o titular faz valer seus direitos dentro dos seis meses seguintes da cessação dos obstáculos (...)" (tradução livre).

[22] Esse, aliás, foi o objetivo deliberado do Projeto do Código Civil ao tratar da pretensão, tendo-se rejeitado as emendas em contrário, como registra ALVES, José Carlos Moreira. *A parte geral do Projeto de Código Civil brasileiro*. São Paulo: Saraiva, 1986. p. 151-152.

[23] Nesse sentido: "O elemento fundamental (...) para o cômputo do prazo prescricional deve ser a possibilidade de que o direito seja exercido, e não a sua violação pura e simples" (GUEDES, Gisela Sampaio da Cruz; LGOW, Carla Wainer Chalréo. Prescrição extintiva: questões controversas. *Revista do Instituto do Direito Brasileiro*, n. 3, ano 3, 2014. p. 1.855).

[24] SAVIGNY, Friedrich Karl von. *Traité de droit romain*. Paris: Firmin Didot Frères, 1858. t. 5. p. 288.

[25] Ainda hoje se entende na doutrina francesa: "É tradicionalmente admitido que não é o próprio crédito que é extinto [pela prescrição], mas a ação na justiça do qual ele era munido" (CARBONNIER, Jean. *Droit civil*. Paris: PUF, 2004. v. II. p. 2.516, tradução livre). Afirma-se, por vezes, que "todos os direitos e todas as ações são em princípio prescritíveis" (TERRÉ, François; SIMLER, Philippe; LEQUETTE, Yves. *Droit civil*: les obligations. Paris: Dalloz, 2013. p. 1.511), sem qualquer referência à pretensão.

à expressão por autores brasileiros, que costumam aludir à teoria para indicar que apenas começaria a correr a prescrição com a ciência do lesado a respeito do fato lesivo,[26] ou, ainda, com a possibilidade de ajuizamento da ação pelo titular do direito.[27]

Curiosamente, a ciência acerca da lesão ao direito e a possibilidade de exercício da pretensão pelo titular correspondem a dois modelos distintos de adequação concreta do termo inicial dos prazos prescricionais, frequentemente designados, respectivamente, como sistemas subjetivo e objetivo.[28] O sistema subjetivo (que valoriza a ciência efetiva da lesão pelo lesado ou a possibilidade de conhecê-la) costuma ser adotado em um contexto de redução dos prazos prescricionais, como aquela que ocorreu por ocasião da reforma do BGB ocorrida em 2001.[29] O sistema objetivo (que valoriza a possibilidade fática e/ou

---

[26] Assim, por exemplo, De Plácido e Silva: "A teoria da *actio nata* tem por conteúdo o entendimento de que o prazo prescricional ou decadencial somente se inicia com a ciência da lesão pelo interessado" (SILVA, Oscar Joseph de Plácido e. *Vocabulário jurídico*. Atual. Nagib Slaibi e Priscila Pereira Vasques Gomes. Rio de Janeiro: Forense, 2008. p. 57). Ironicamente, SAVIGNY definia a noção de *actio nata* como violação ao direito de todo independente da ciência pelo titular: "pouco importa que o titular do direito dela tenha ou não conhecimento" (SAVIGNY, Friedrich Karl von. *Traité de droit romain*. Paris: Firmin Didot Frères, 1858. t. 5. p. 289, tradução livre).

[27] Por todos, confira-se a lição de Orlando Gomes, que sustenta a aplicabilidade da *actio nata* no direito brasileiro: "A prescrição é o modo pelo qual um direito se extingue em virtude da inércia, durante certo lapso de tempo, do seu titular, que, em consequência, fica sem ação para assegurá-lo. São seus pressupostos: a) a existência de um direito atual, suscetível de ser pleiteado em juízo; b) a violação desse direito; a *actio nata*, em síntese" (GOMES, Orlando. *Introdução ao direito civil*. Rio de Janeiro: Forense, 2008. p. 444). Em outra passagem, confere o autor sentido diverso à teoria: "A regra intuitiva é de que seu início [do prazo prescricional] coincide com o instante em que a pretensão pode ser exercida (*actioni nondum natae non praescribitur*). A dificuldade reside, porém, na fixação desse momento" (GOMES, Orlando. *Introdução ao direito civil*. Rio de Janeiro: Forense, 2008. p. 447). Este último sentido se difundiu na doutrina francesa contemporânea, na qual se afirma que, mesmo antes da reforma legislativa de 2008, a jurisprudência já reconhecia que "a prescrição tinha como ponto de partida o dia em que o credor podia agir, o que se dizia por vezes em latim: '*actioni non natae non currit praescriptio*'" (MALAURIE, Philippe; AYNÈS, Laurent; STOFFEL-MUNCK, Philippe. *Droit des obligations*. Paris: LGDJ, 2016. p. 711). No mesmo sentido, TERRÉ, François; SIMLER, Philippe; LEQUETTE, Yves. *Droit civil*: les obligations. Paris: Dalloz, 2013. p. 1.526.

[28] "Pelo sistema objetivo, o prazo começa a correr assim que o direito possa ser exercido e independentemente do conhecimento que, disso, tenha ou possa ter o respectivo credor. Pelo subjetivo, tal início só se dá quando o credor tenha conhecimento dos elementos essenciais relativos ao seu direito. O sistema objetivo é tradicional, sendo compatível com prazos longos; o subjetivo joga com prazos curtos (...)" (MENEZES CORDEIRO, António. *Tratado de direito civil*. Coimbra: Almedina, 2015. v. V. p. 202). A designação não é isenta de críticas: de fato, no sistema dito subjetivo, é comum que o critério da ciência efetiva da lesão do direito seja substituído pela possibilidade de ciência (em formulação mais moderna e, em certa acepção, objetiva); da mesma forma, o sistema dito objetivo não deixa de levar em conta circunstâncias pessoais dos sujeitos na relação jurídica.

[29] Aduz Menezes Cordeiro: "pela reforma [do BGB], a prescrição inicia-se com o surgimento da obrigação em jogo e pelo conhecimento, por parte do credor, das circunstâncias originadoras da obrigação visada, salvo desconhecimento grave negligente (...). Abandonou-se o sistema anterior, objetivo, a favor de um sistema subjetivo. Em suma: houve uma alteração efetiva na Filosofia da prescrição, mostrando que é possível um Direito civil personalizado, mesmo quando haja que enfrentar problemas postos pela massificação atual" (MENEZES CORDEIRO, António. *Tratado de direito civil*. Coimbra: Almedina, 2015. v. V. p. 182).

jurídica de exercício do direito), por sua vez, reputa-se mais adequado em um contexto de longos prazos prescricionais, sendo adotado, por exemplo, pelo direito português.[30]

O Código Civil brasileiro, surpreendentemente, contentou-se em não adotar qualquer sistema, desperdiçando uma valiosa oportunidade de avançar na disciplina do termo inicial da prescrição[31] (como, aliás, o próprio CDC já fizera, mais de uma década antes, ao adotar o sistema subjetivo para a prescrição da pretensão indenizatória).[32] Diante da omissão, a doutrina segue invocando a teoria da *actio nata*, já muito modificada e constantemente reinventada em formulações que buscam suprir, na medida do possível, a lacuna legal, ante a necessidade hermenêutica de se valorizarem as circunstâncias concretas na demarcação do termo inicial.

Costuma-se aludir, ainda, ao brocardo *contra non valentem agere non currit praescriptio* ("contra quem não pode agir não corre a prescrição").[33] Com origens tão imprecisas quanto a teoria da *actio nata*, o adágio já podia ser encontrado na obra de Pothier, que o associava à não fluência da prescrição enquanto pendente de verificação a condição suspensiva ou o termo inicial do direito.[34] No entanto, também o sentido do princípio *contra non valentem* foi sendo modificado com o tempo. Muitos autores passaram a compreender que se trataria de motivos de força maior que impediriam o ajuizamento da ação pelo titular do

---

[30] A propósito, aduz Menezes Leitão: "Em relação ao início do prazo de prescrição, a lei determina que este só se verifica a partir do momento em que o direito puder ser exercido (art. 306ª, nº 1 [do Código Civil português], ou seja, a partir do momento em que o credor tem a possibilidade de exigir do devedor que realize a prestação devida" (LEITÃO, Luís Manuel Teles de Menezes. *Direito das obrigações*. Coimbra: Almedina, 2010. v. II. p. 116-117).

[31] Veja-se a crítica precisa de Rodrigo Xavier Leonardo: "(...) o Código Civil perdeu a oportunidade de estabelecer causas de impedimento ao curso prescricional em moldes mais abertos para determinadas situações de grave vulnerabilidade, e de difícil verificação do surgimento da pretensão e do polo passivo contra a qual ela se dirige. A disciplina dos impedimentos ao curso da contagem do tempo na prescrição praticamente repetiu o Código Civil de 1916 (...). Numa sociedade marcada por relações tão impessoais, os resquícios do discurso sobre o direito romano na chamada teoria da *actio nata* precisariam encontrar válvulas de alteração conforme as situações dos envolvidos" (LEONARDO, Rodrigo Xavier. A prescrição no Código Civil brasileiro (ou o jogo dos sete erros). *Revista da Faculdade de Direito da UFPR*, Curitiba, n. 51, 2010. p. 116).

[32] Com efeito, o art. 27 do CDC adota o critério da ciência da lesão quando dispõe que prescreve em cinco anos a pretensão à reparação pelos danos causados por fato do produto ou do serviço, "iniciando-se a contagem do prazo a partir do conhecimento do dano e de sua autoria".

[33] Como relata Mauro Tescaro, a autoria do brocardo costuma ser atribuída a Bartolo de Sassoferrato, o qual, diversamente dos demais juristas medievais, tratou da matéria não apenas aludindo a impedimentos particulares do exercício dos direitos, mas em termos mais gerais; destaca-se, ainda, a relevância da doutrina canonística na elaboração do princípio, pois se considerava, então, "imoral" que o sujeito pudesse ser prejudicado pelo mero lapso temporal (*odiosa praescriptio*), e "inadmissível" que essa perda se produzisse sem que o titular tivesse tido a possibilidade, não apenas jurídica mas também de fato, de fazer valer a pretensão (*item non currit praescriptio ubi ius non reddictur propter defectum iuris vel rei*)" (TESCARO, Mauro. *Decorrenza della prescrizione e autoresponsabilità*: la rilevanza civilistica del principio *contra non valentem agere non currit praescriptio*. Padova: CEDAM, 2006. p. 28-29).

[34] Segundo Pothier, "o prazo da prescrição não pode começar a correr enquanto o credor não puder intentar sua demanda, porque não se pode dizer que ele tardou em intentá-la enquanto não lhe foi possível fazê-lo. Daí provém esta máxima: *Contra non valentem agere, nulla currit praescriptio*" (POTHIER, Robert Joseph. *Tratado das obrigações*. Campinas: Servanda, 2002. p. 608-609).

direito; outros cogitam de certas imposições legais que obstam o exercício da pretensão por determinado período de tempo; alguns ainda admitem que tanto certos impedimentos de fato quanto alguns óbices de direito, a teor do brocardo, justificariam a não fluência da prescrição.[35] A reforma do Código Civil francês de 2008 adotou o princípio em acepção ampla, positivando tendência jurisprudencial desenvolvida mesmo à míngua de previsão legal.[36] E a doutrina pátria também afirma ser necessário adicionar a cláusula *contra non valentem* ao rol de causas obstativas.[37]

O tratamento da ciência da lesão e da possibilidade de exercício pelo codificador de 2002 teria sido de grande valia para a criação de um sistema flexível e adequado de fixação do termo inicial da prescrição. Consideradas, porém, as preocupantes intervenções recentes do legislador superveniente nessa e em outras matérias codificadas, talvez seja

---

[35] Leciona Serpa Lopes sobre o princípio *contra non valentem*: "As objeções feitas a esse apotegma fundam-se em não ter sido ele contemplado no elenco das causas suspensivas ou impeditivas da prescrição. Quando há disposição expressa de direito positivo, a regra 'contra non valentem' não oferece dificuldades. (...). Nos países obedientes à norma [original] do Código Civil francês, diverge a doutrina, no tocante à aplicação da regra 'contra non valentem'. Destacam-se, então, três correntes: 1ª) a dos negativistas, isto é, os que acham motivos ponderosos para não aplicá-la por analogia; 2ª) os que a aceitam, tanto quanto se caracterize a força maior; 3ª) os que consagram a regra, se o impedimento versar sobre matéria de direito, repelindo-a, se consistir em matéria de fato" (LOPES, Miguel Maria de Serpa. *Curso de direito civil*. Rio de Janeiro: Freitas Bastos, 1996. v. I. p. 581-582).

[36] À luz da redação original do *Code*, já lecionavam Aubry e Rau que o antigo artigo 2.251 não impedia a aplicação da máxima *Agere non valenti, non currit praescriptio* para suspender a prescrição diante de obstáculos jurídicos ao exercício; o dispositivo significaria tão somente que "a condição pessoal de um indivíduo e as circunstâncias particulares de fato em que ele se encontra não podem jamais autorizar a admitir uma suspensão de prescrição que não tenha sido estabelecida por lei"; mesmo assim, os autores reconheciam ao juiz o poder de relevar os efeitos da prescrição consumada durante um obstáculo de fato (tal como uma inundação, uma invasão ou um cerco militar) se, após sua cessação, o titular tenha exercido imediatamente o direito (AUBRY, Charles; RAU, Charles-Frédéric. *Cours de droit civil français d'après la méthode de Zachariae*. Paris: ILGJ, 1897. t. 2. p. 499-500). No mesmo sentido, afirma-se que, "inspirada no adágio '*Contra non valentem agere non currit praescriptio*' e no princípio da equidade, a jurisprudência se permitira dar a essa ideia um alcance mais geral, a despeito da disposição do artigo 2.251 (antigo) do Código Civil, que parecia reservar à lei a edição de causas de suspensão (...). A lei de 17 de junho de 2008 fez do adágio uma regra de direito positivo" (TERRÉ, François; SIMLER, Philippe; LEQUETTE, Yves. *Droit civil*: les obligations. Paris: Dalloz, 2013. p. 1.529, tradução livre). De fato, após a reforma, passou a dispor o Código Civil francês: "Artigo 2.234. A prescrição não corre ou é suspensa contra aquele que está na impossibilidade de agir por força de um impedimento resultante da lei, da convenção ou da força maior" (tradução livre). Analisando o dispositivo, afirmam Malaurie et al. que "as causas de suspensão têm uma história cíclica", e que, embora o *Code* tenha buscado, originalmente, restringir os poderes do juiz, a jurisprudência, "quase desde o alvorecer do Código, tinha restituído ao juiz um poder moderador ressuscitando a velha regra *Contra non valentem agere non currit praescriptio* (...), que o novo artigo 2.234 retoma quase literalmente" (MALAURIE, Philippe; AYNÈS, Laurent; STOFFEL-MUNCK, Philippe. *Droit des obligations*. Paris: LGDJ, 2016. p. 714, tradução livre).

[37] Leciona Caio Mário da Silva Pereira: "Deve-se acrescentar uma outra regra que preside a suspensão da prescrição, dizendo-se que não corre na pendência de um acontecimento que impossibilite alguém de agir, seja como consequência de uma determinação legal, seja por um motivo de força maior, seja por uma convenção, regra que a jurisprudência francesa tem adotado, e que o velho adágio já traduzia: '*contra non valentem agere non currit praescriptio*'" (PEREIRA, Caio Mário da Silva. *Instituições de direito civil*. Rio de Janeiro: Forense, 2016. v. I. p. 584).

melhor, diante da omissão originária do Código, que o desenvolvimento inicial do tema se dê pela via hermenêutica, até que se forme um consenso mínimo que mereça positivação. Até mesmo na experiência estrangeira, como visto, a elaboração hermenêutica tem sido essencial para o aperfeiçoamento do sistema legal, individuando a normativa aplicável a cada caso concreto – o que apenas evidencia o potencial do termo inicial para a promoção de valores e interesses, somente possível no momento dinâmico. Entre erros e acertos, portanto, é preciso avançar, convertendo-se a análise do termo inicial e das causas obstativas em um juízo valorativo amplo, guiado pelas diretrizes que já pertencem ao sistema positivo, ainda que sem a ordenação ideal. Quer se opte pelo sistema subjetivo ou pelo objetivo, quer, nesse caso, se considerem impedimentos de fato ou de direito (ou ambos), o que não se pode é restringir a análise ao controle exclusivamente estrutural do termo inicial previsto pelo art. 189 do CC.

Interessante notar que critério muito mais específico para a demarcação do termo inicial do prazo prescricional foi previsto pelo próprio codificador de 2002 no que diz respeito às pretensões do segurado, do beneficiário e do terceiro prejudicado em matéria securitária, nos termos do art. 206, § 1º, II e § 3º, IX, a cujos comentários se faz remissão. Esse caminho também já tem sido trilhado pela jurisprudência brasileira no que diz respeito a pretensões que, embora indiretamente associadas a relações securitárias, não se encontram propriamente contempladas nos referidos dispositivos. Assim, por exemplo, já se decidiu, com base na teoria da *actio nata* (vale dizer, com base no sentido que costuma ser conferido a essa expressão pela doutrina brasileira atual), que, em caso de pagamento parcial de indenização securitária, o início do prazo prescricional incidente sobre a pretensão à complementação do valor se dá com a "plena ciência da lesão e de toda a sua extensão" pelo segurado, verificada com o recebimento de carta enviada pela seguradora com a informação sobre o pagamento parcial.[38]

Ainda com alusão à expressão *actio nata*, afirma a jurisprudência do STJ que, nos contratos de seguro de dano, sub-rogando-se a seguradora nos direitos do segurado em face do causador do dano ao pagar o valor da indenização securitária, pode ela ressarcir-se pelo valor despendido no mesmo prazo e nas mesmas condições que seriam aplicáveis ao segurado, mas a contagem do prazo prescricional apenas se inicia na data do pagamento da indenização ao segurado, ao argumento de que a sub-rogação apenas se concretiza (e, consequentemente, a seguradora apenas adquire o direito em face do causador do dano) quando o pagamento é realizado integralmente.[39] Trata-se de aplicação interessante da teoria, que mitiga o rigor decorrente da aplicação estrita do regime jurídico da sub-rogação, impedindo que a seguradora sofra os efeitos da prescrição enquanto se encontra juridicamente impedida de exercer a pretensão creditícia, muito embora, formalmente, não se trate de relação jurídica nova (isto é, de aquisição originária do direito), mas apenas de modificação subjetiva de relação preexistente – diversamente do que ocorreria, por exemplo, caso se cuidasse de pretensão regressiva.[40]

---

[38] STJ, AgInt no AREsp 1.805.328, 3ª T., rel. Min. Marco Aurélio Bellizze, j. 09.08.2021.
[39] STJ, REsp 1.297.362, 4ª T., rel. Min. Ricardo Villas Bôas Cueva, j. 10.11.2016.
[40] A distinção entre sub-rogação nos direitos do segurado e direito de regresso nem sempre é tratada com o devido cuidado técnico. O Enunciado 188 da Súmula do Supremo Tribunal Federal, por exemplo, datado de 1963, previa que "O segurador tem *ação regressiva* contra o causador do dano, pelo que efetivamente pagou, até ao limite previsto no contrato de seguro", mas o Enunciado 151, do mesmo ano, afirmava: "Prescreve em um ano a ação do segurador *sub-rogado* para haver indenização por

3. DISPOSIÇÕES RELACIONADAS

Amplamente aceitas doutrinariamente,[41] construções como a teoria da *actio nata* e o princípio *contra non valentem* costumam suscitar dúvida no que diz respeito ao seu fundamento normativo. Com efeito, a disposição do art. 189 do CC, se é relativamente autossuficiente em seu propósito de conceituar o objeto da prescrição extintiva, não parece ser capaz, por outro lado, de proporcionar por si só uma demarcação dinâmica do termo inicial da prescrição. A rigor, a lógica subjacente a tais figuras parece residir, com maior precisão, no próprio perfil funcional das causas impeditivas e suspensivas do prazo prescricional (previstas nos arts. 197 a 202 do CC), como já se reconhece em outros países.[42] Nessa perspectiva, faz-se possível admitir a modulação do termo inicial da prescrição mesmo diante de hipóteses não previstas expressamente, por aplicação analógica das normas que regem essas causas,[43] mediante minuciosa fundamentação à luz de cada caso concreto.

A muito defendida taxatividade do rol de causas obstativas da prescrição, nesse particular, não aparenta servir de obstáculo à aplicação da *actio nata*, do princípio *contra non valentem* ou, em linhas gerais, de critérios de modulação do termo inicial,[44] visto que

---

extravio ou perda de carga transportada por navio" (grifo nosso). Andou bem o Código Civil atual ao esclarecer que a hipótese é de sub-rogação, e não de regresso propriamente dito, não apenas por coerência sistemática em face das regras gerais do pagamento com sub-rogação (art. 346, III, do CC) mas também tendo em vista o entendimento, então já consolidado na jurisprudência (e no próprio Enunciado 151), de que o prazo prescricional aplicável à seguradora sub-rogada deve ser o mesmo prazo aplicável ao segurado que sofreu o dano, e não o prazo destinado às pretensões decorrentes do enriquecimento sem causa (no regime atual, o prazo trienal do art. 206, § 3º, IV, do CC). Não se pode ignorar, porém, que uma natureza regressiva do direito da seguradora, por outro lado, permitiria justificar com maior facilidade por que não se considera operada nesses casos um *accessio temporis* em relação ao lapso que já havia transcorrido contra o segurado, nos termos do art. 196 do CC, como parece entender a jurisprudência brasileira atual. Sobre o ponto, cfr. comentários ao art. 206, § 1º.

[41] Nesse sentido: PEREIRA, Caio Mário da Silva. *Instituições de direito civil*. Rio de Janeiro: Forense, 2016. v. I. p. 584; LOPES, Miguel Maria de Serpa. *Curso de direito civil*. Rio de Janeiro: Freitas Bastos, 1996. v. I. p. 584; e, na doutrina mais recente, GUEDES, Gisela Sampaio da Cruz; LGOW, Carla Wainer Chalréo. Prescrição extintiva: questões controversas. *Revista do Instituto do Direito Brasileiro*, n. 3, ano 3, 2014. p. 1.855.

[42] A doutrina estrangeira, de fato, com frequência, vincula o princípio *contra non valentem* às tradicionais causas obstativas. Em perspectiva comparatista europeia, por exemplo, leciona Reinhard Zimmermann que a regra "'*agere non valenti non currit praescriptio*' também requer que a prescrição não corra contra um credor que esteja sujeito a uma incapacidade" e que essa lógica se aplica, "*mutatis mutandis*, a pessoas que carecem da capacidade de ingressarem em relações jurídicas porque são enfermas da mente" (ZIMMERMANN, Reinhard. *Comparative Foundations of a European Law of Set-Off and Prescription*. Cambridge: Cambridge University Press, 2004. p. 134, tradução livre).

[43] Em perspectiva civil-constitucional, "a interpretação é sempre analógica, vez que, a rigor, não se procede por identidade entre norma e fato, mas por semelhança entre as *fattispecie* abstratas previstas nas normas e o fato concreto" (PERLINGIERI, Pietro. *Manuale di diritto civile*. Napoli: ESI, 2014. p. 114, tradução livre).

[44] Para Serpa Lopes, "a regra *contra non valentem agere* inspira-se numa ideia humana, um princípio de equidade, e não pode deixar de ser reconhecida pelo juiz. Cabe, portanto, a aplicação analógica. Mesmo entendida como uma exceção à regra geral, esta não é de molde a encerrar num *numerus clausus* os casos de suspensão da prescrição, sobretudo quando se impõe interpretá-la com o espírito de equidade" (LOPES, Miguel Maria de Serpa. *Curso de direito civil*. Rio de Janeiro: Freitas Bastos, 1996. v. I. p. 584). Na doutrina italiana, pondera Massimo Bianca não haver óbice à aplicação analógica

esse rol, uma vez apreciado em viés funcional, abrange, necessariamente, por imperativo lógico, além das hipóteses expressas, os próprios princípios justificadores dessas hipóteses.[45] Vale dizer: ainda que se considere insuperável a regra do *numerus clausus* das causas suspensivas e impeditivas do prazo prescricional, isso não impede que se reconheça que, no interior do rol normativo, reside um princípio geral que impede que os efeitos da prescrição se operem contra o titular que, por mais diligente que fosse, objetivamente não poderia exercer seu direito – princípio do qual as causas obstativas previstas em lei são as mais corriqueiras aplicações.[46]

Assim, se, de fato, for possível afirmar a taxatividade das causas impeditivas e suspensivas, seria mais razoável fazê-lo sustentando que novas hipóteses de impedimento ou suspensão não poderiam ser criadas com fundamentos diversos daqueles que justificam as causas já elencadas no rol normativo; não resulta lícito, por outro lado, permitir que pereça a pretensão do titular do direito que se encontre impedido de exercê-lo por causas análogas, isto é, que apresentem clara identidade de *ratio* com as hipóteses expressamente previstas. Entendimento contrário apenas seria admissível em dois cenários: (i) caso se sustentasse que as causas suspensivas e impeditivas seriam objeto de política legislativa puramente arbitrária e não motivada por qualquer juízo valorativo que possa ser reconduzido à lógica do sistema, o que não se coaduna com a perspectiva civil-constitucional, ora adotada; ou (ii) caso se pudesse identificar alguma razão específica para que o legislador, ao exercer seu juízo de merecimento de tutela sobre os possíveis óbices ao exercício do direito pelo titular (ausência de ciência da violação, impedimentos fáticos ou jurídicos), tenha optado por deliberadamente permitir o curso da prescrição em certos casos, e não em outros – o que não parece ser o caso.

Para além dos dispositivos normativos que preveem causas obstativas do curso do prazo prescricional, também se relaciona com a norma do art. 189 do CC a disposição do recente art. 206-A desse código, a saber: "A prescrição intercorrente observará o mesmo prazo de prescrição da pretensão, observadas as causas de impedimento, de suspensão e de interrupção da prescrição previstas neste Código e observado o disposto no art. 921 da Lei nº 13.105, de 16 de março de 2015". Como se sabe, o CPC de 2015, em grande parte reproduzindo as disposições do art. 40 da Lei de Execuções Fiscais, inovou ao inaugurar um regime geral de prescrição intercorrente no processo civil. Assim, o art. 921, § 4º, do CPC (cuja redação original também foi modificada pela Lei 14.195/2021) prevê que, durante o processo de execução, na hipótese de não serem localizados bens penhoráveis ou o próprio devedor, tão logo o exequente tome conhecimento da primeira tentativa frustrada de

---

das causas suspensivas, pois a tese contrária poderia ocasionar um "problema de constitucionalidade da norma" quando esta não abranger "casos nos quais a suspensão da prescrição parece igualmente justificada" (BIANCA, Massimo. *Diritto civile*. Milano: Giuffrè, 2012. v. VII. p. 580).

[45] Cite-se, ainda uma vez, a lição de Serpa Lopes: "Sendo a matéria omissa em nossa lei, deve o juiz buscá-la através das legislações dos povos cultos e, a nosso ver, o Código Civil alemão, bem como o recente Código Civil grego, trazem princípios justos (...). Com isto, evita-se o exagero do passado, com a aplicação abusiva da regra *contra non valentem agere*, e o exagero do extremo oposto presente, negando-a de um modo absoluto, ou recusando-a aos motivos de fato, que são tão imperativos e justos como os obstáculos de ordem jurídica" (LOPES, Miguel Maria de Serpa. *Curso de direito civil*. Rio de Janeiro: Freitas Bastos, 1996. v. I. p. 584).

[46] Conforme se sustentou em SOUZA, Eduardo Nunes de. Problemas atuais de prescrição extintiva no direito civil: das vicissitudes do prazo ao merecimento de tutela. *Civilistica.com*, Rio de Janeiro, n. 3, ano 10, 2021. passim.

localizá-los, começa a correr a pretensão intercorrente. A norma, ao restringir a prescrição intercorrente ao processo de execução, automaticamente a associou ao que se convencionou denominar *pretensão executiva*, mantendo coerência com o Código Civil, que restringe a incidência da prescrição às pretensões de direito material; também coerentemente, não cogitou o CPC da prescrição intercorrente durante o processo de conhecimento, no qual se apura a existência do próprio direito material.

A despeito da inserção de uma nova regra sobre o tema na codificação civil, o mais razoável parece ser concluir que a norma do mencionado art. 206-A do CC apenas pretendeu referir-se à bastante difundida distinção entre a pretensão de direito material e a chamada pretensão executiva,[47] pressupondo que somente esta última pode ser fulminada pela prescrição intercorrente – a qual, portanto, continua limitada ao processo de execução. Sem dúvida, melhor teria sido que a referência à prescrição intercorrente permanecesse restrita ao diploma processual civil e, em especial, ao processo de execução – sobretudo em um ambiente no qual ressurgem tantas interpretações formalistas e excessivamente apegadas à topografia das normas. Diante da escolha legislativa, porém, incumbe esclarecer que o art. 206-A do CC deve ser interpretado no sentido de que a *pretensão executória* é extinta pela prescrição intercorrente no mesmo prazo previsto para a prescrição da pretensão de direito material.[48]

Por consistir a prescrição em matéria típica da teoria geral do direito civil, a normativa setorial das relações securitárias pouco costuma interferir no regime jurídico do instituto. Por exemplo, a Instrução Susep 93/2018 determina que, em matéria de liquidação extrajudicial das seguradoras, a prescrição é uma das causas de "extinção das obrigações da supervisionada" (art. 120), reproduzindo a terminologia usual em matéria falimentar (*vide*, por exemplo, o art. 160 da Lei 11.101/2005). O mesmo dispositivo esclarece que, com a decretação da liquidação, os prazos prescricionais são interrompidos e apenas voltam a contar após o término desta (regra já instituída pelo § 1º do art. 98 do Decreto-lei 73/1966 e pelo § 2º do art. 76 da Resolução CNSP 395/2020), aqui divergindo do paradigma falimentar (art. 6º da Lei 11.101/2005, que prevê a suspensão – e não a interrupção – da prescrição).[49]

A normativa da Susep indica a prescrição como justificativa possível para negativa de cobertura no âmbito das informações básicas exigidas para registro das operações

---

[47] Na lição de Dinamarco, a fase de execução é aquela "em que se veicula a pretensão à tutela executiva" (DINAMARCO, Cândido Rangel. *Instituições de direito processual civil*. São Paulo: Malheiros Editores, 2009. v. I. p. 172), na qual não ocorre "qualquer julgamento sobre a existência ou a inexistência do direito" (DINAMARCO, Cândido Rangel. *Instituições de direito processual civil*. São Paulo: Malheiros Editores, 2009. v. I. p. 109), por oposição ao processo de conhecimento, que se volta ao julgamento do *meritum causae*, isto é, da pretensão material (*Anspruch*) (DINAMARCO, Cândido Rangel. *Capítulos de sentença*. São Paulo: Malheiros Editores, 2006. p. 51).

[48] Assim se sustentou, com indicação de bibliografia mais abrangente, em SOUZA, Eduardo Nunes de. Problemas atuais de prescrição extintiva no direito civil: das vicissitudes do prazo ao merecimento de tutela. *Civilistica.com*, Rio de Janeiro, n. 3, ano 10, 2021. Item 6.

[49] A norma equivalente aplicável à liquidação extrajudicial de instituições financeiras (art. 18, *e*, da Lei 6.024/1974) também institui a interrupção do prazo prescricional. Sobre o ponto, afirma-se que, "dentro da perspectiva de uma execução coletiva, é razoável impor efeitos que tornem desnecessárias novas ações contra a liquidanda. Por isso, é prevista a interrupção, não a suspensão, como na falência, da prescrição das ações, de modo que ao final da liquidação, os prazos prescricionais se reiniciem do zero" (TOMAZETTE, Marlon. *Curso de direito empresarial*: falência e recuperação de empresas. São Paulo: Atlas, 2017. v. 3).

de seguro-garantia (Circular Susep 601/2020, Anexo, art. 1º, IX) e de previdência complementar com cobertura de risco (Circular Susep 655/2022, Anexo I, art. 1º, X) e para o registro obrigatório das operações de seguros de danos e de pessoas estruturados em regime financeiro de repartição simples (Circular Susep 624/2021, Anexo I, art. 1º, VIII). Além disso, a Circular Susep 605/2020 alude às causas obstativas da prescrição para, no art. 3º, § 3º, modular o prazo imposto às seguradoras para guarda de documentos relativos às suas operações.

REFERÊNCIAS BIBLIOGRÁFICAS

ALVES, José Carlos Moreira. *A parte geral do Projeto de Código Civil brasileiro*. São Paulo: Saraiva, 1986.

AMORIM FILHO, Agnelo. Critério científico para distinguir a prescrição da decadência e para identificar as ações imprescritíveis. *Revista da Faculdade de Direito do Ceará*, Fortaleza, v. 14, 1960.

AUBRY, Charles; RAU, Charles-Frédéric. *Cours de droit civil français d'après la méthode de Zachariae*. Paris: ILGJ, 1897. t. 2.

BARBOSA MOREIRA, José Carlos. Notas sobre pretensão e prescrição no sistema do novo Código Civil brasileiro. *Revista da Academia Brasileira de Letras Jurídicas*, Rio de Janeiro, v. 19, n. 22, p. 147-158, jul.-dez. 2002.

BIANCA, Massimo. *Diritto civile*. Milano: Giuffrè, 2012. v. VII.

CARBONNIER, Jean. *Droit civil*. Paris: PUF, 2004. v. II.

DINAMARCO, Cândido Rangel. *Capítulos de sentença*. São Paulo: Malheiros Editores, 2006.

DINAMARCO, Cândido Rangel. *Instituições de direito processual civil*. São Paulo: Malheiros Editores, 2009. v. I.

GAZZONI, Francesco. *Manuale di diritto privato*. Napoli: ESI, 2015.

GOMES, Orlando. *Introdução ao direito civil*. Rio de Janeiro: Forense, 2008.

GUEDES, Gisela Sampaio da Cruz; LGOW, Carla Wainer Chalréo. Prescrição extintiva: questões controversas. *Revista do Instituto do Direito Brasileiro*, n. 3, ano 3, 2014.

LEITÃO, Luís Manuel Teles de Menezes. *Direito das obrigações*. Coimbra: Almedina, 2010. v. II.

LEONARDO, Rodrigo Xavier. A prescrição no Código Civil brasileiro (ou o jogo dos sete erros). *Revista da Faculdade de Direito da UFPR*, Curitiba, n. 51, 2010.

LOPES, Miguel Maria de Serpa. *Curso de direito civil*. Rio de Janeiro: Freitas Bastos, 1996. v. I.

MALAURIE, Philippe; AYNÈS, Laurent; STOFFEL-MUNCK, Philippe. *Droit des obligations*. Paris: LGDJ, 2016.

MENEZES CORDEIRO, António. *Tratado de direito civil*. Coimbra: Almedina, 2015. v. V.

MONATERI, Pier Giuseppe. La prescrizione. In: SACCO, Rodolfo (diretto da). *Trattato di diritto civile*. La Parte Generale del Diritto Civile. Torino: UTET, 2009. v. V.

PEREIRA, Caio Mário da Silva. *Instituições de direito civil*. Rio de Janeiro: Forense, 2016. v. I.

PERLINGIERI, Pietro. *Manuale di diritto civile*. Napoli: ESI, 2014.

PONTES DE MIRANDA, Francisco Cavalcanti. *Tratado de direito privado*. São Paulo: Ed. RT, 2012. t. 5.

POTHIER, Robert Joseph. *Tratado das obrigações*. Campinas: Servanda, 2002.

PUGLIESE, Giuseppe. *La prescrizione nel diritto civile*. Parte Seconda: la prescrizione estintiva. Torino: UTET, 1924.

RAATZ, Igor; ANCHIETA, Natascha. Breve inventário acerca do estudo da ação: ou como a processualística subtraiu a ação de direito material dos civilistas para depois sepultá-la. *Revista de Direito Civil Contemporâneo*, São Paulo, v. 26, jan.-mar. 2021.

ROSELLI, Frederico. In: LIPARI, Nicolò; RESCIGNO, Pietro. *Diritto civile*. Milano: Giuffrè, 2009. v. IV. t. II.

SAVIGNY, Friedrich Karl von. *Traité de droit romain*. Paris: Firmin Didot Frères, 1858. t. 5.

SILVA, Oscar Joseph de Plácido e. *Vocabulário jurídico*. Atual. Nagib Slaibi e Priscila Pereira Vasques Gomes. Rio de Janeiro: Forense, 2008.

SOUZA, Eduardo Nunes de. Problemas atuais de prescrição extintiva no direito civil: das vicissitudes do prazo ao merecimento de tutela. *Civilistica.com*, Rio de Janeiro, n. 3, ano 10, 2021.

TERRÉ, François; SIMLER, Philippe; LEQUETTE, Yves. *Droit civil*: les obligations. Paris: Dalloz, 2013.

TESCARO, Mauro. *Decorrenza della prescrizione e autoresponsabilità*: la rilevanza civilistica del principio *contra non valentem agere non currit praescriptio*. Padova: CEDAM, 2006.

TOMAZETTE, Marlon. *Curso de direito empresarial*: falência e recuperação de empresas. São Paulo: Atlas, 2017. v. 3.

WINDSCHEID, Bernard. *Diritto delle Pandette*. Trad. Carlo Fadda e Paolo Emilio Bensa. Torino: UTET, 1925. v. I.

ZIMMERMANN, Reinhard. *Comparative Foundations of a European Law of Set-Off and Prescription*. Cambridge: Cambridge University Press, 2004.

4

COMENTÁRIOS AO ART. 206, § 1º, II, E § 3º, IX, DO CÓDIGO CIVIL

Eduardo Nunes de Souza

> **Art. 206.** Prescreve:
>
> § 1º Em um ano: (...)
>
> II – a pretensão do segurado contra o segurador, ou a deste contra aquele, contado o prazo:
>
> a) para o segurado, no caso de seguro de responsabilidade civil, da data em que é citado para responder à ação de indenização proposta pelo terceiro prejudicado, ou da data que a este indeniza, com a anuência do segurador;
>
> b) quanto aos demais seguros, da ciência do fato gerador da pretensão; (...)
>
> § 3º Em três anos: (...)
>
> IX – a pretensão do beneficiário contra o segurador, e a do terceiro prejudicado, no caso de seguro de responsabilidade civil obrigatório.
>
> (...)

1. ORIGEM DA DISPOSIÇÃO E REGIME ANTERIOR

O regime prescricional incidente sobre a relação jurídica entre segurado e segurador já era objeto de disposições normativas específicas sob a vigência do Código Civil de 1916. A codificação revogada, porém, adotava um critério próprio para a estipulação do prazo prescricional, a saber, ter o fato que justificasse a pretensão em questão ocorrido no exterior ou em território nacional. A distinção se justificava à luz da realidade social do início do século XX: efetivamente, a própria ciência acerca do fato gerador do direito (sobretudo o próprio direito à indenização securitária) poderia levar um período significativo de tempo caso tal fato houvesse ocorrido no estrangeiro.[1] Assim, o Código revogado determinava prescrever em um ano a "ação" (terminologia usada pelo diploma, que não cogitou da figura da pretensão) do segurado em face do segurador e vice-versa, caso o fato que a

---

[1] Cfr. BARBOZA, Heloisa Helena et al. *Código Civil interpretado conforme a Constituição da República*. Rio de Janeiro: Renovar, 2014. v. I. p. 400.

autorizasse tivesse sido verificado no País (art. 178, § 6º, II), e em dois anos, caso o fato houvesse ocorrido no exterior (art. 178, § 7º, V).

A codificação anterior, cujo critério do local do fato veio a ser suprimido pela atual, já demonstrava maior preocupação com a demarcação do início de contagem do prazo prescricional em matéria securitária do que na teoria geral da prescrição. Ambos os dispositivos mencionados, nesse sentido, registravam que a prescrição somente começava a correr a partir da data em que o interessado teve conhecimento do fato. A rigor, a regra, que veio a ser mantida pelo Código Civil atual, já parecia suficiente para suprir as dificuldades oriundas da demora para o conhecimento de fatos ocorridos no exterior. Essa constatação, aliada ao evidente avanço nas telecomunicações ao longo de quase um século, demonstram ter andado bem o codificador de 2002 em aludir somente à ciência do fato, deixando de lado a distinção quanto ao local. De resto, foi mantido o lapso temporal de um ano pelo Código – promovendo-se, na maioria dos casos, uma importante redução dos prazos prescricionais;[2] no setor securitário, compreendeu-se que o prazo ânuo da lei anterior ainda remanescia adequado e suficiente aos tempos atuais.

Desde a vigência do Código Civil de 1916, entende-se que a regra do atual art. 206, § 1º, II, se aplica a "qualquer ação decorrente do contrato de seguro, quer em favor do segurado contra o segurador, quer em favor deste contra aquele", o que abrange, entre outros, além da pretensão do segurado à indenização securitária, a pretensão da seguradora ao pagamento do prêmio e a pretensão do segurado a ser ressarcido pelos prejuízos oriundos do sinistro, tais como estragos sofridos pela coisa ao se tentar evitá-lo, minorar o dano ou salvar a coisa (hipótese prevista no atual art. 779).[3] A jurisprudência recente tem esclarecido que o prazo ânuo do inciso II se aplica também à cobrança, pelo segurado ou pelo segurador, do cumprimento de deveres secundários ou anexos do contrato, não se restringindo às obrigações principais.[4]

Sob a égide do Código anterior, Câmara Leal acrescentava ao rol de hipóteses de aplicação também a ação "de extinção do seguro, que compete ao segurador", nos casos de agravamento intencional do risco, não comunicação do agravamento ou não comunicação do sinistro pelo segurado.[5] Bem estabelecidos, porém, no direito civil contemporâneo, os limites entre prescrição e decadência, constata-se que o direito do segurador, nesses casos, tem natureza potestativa e se sujeita, assim, a prazo decadencial, e não prescricional.[6] Pelo

---

[2] A maior redução, registra Caio Mário da Silva Pereira, deu-se quanto ao prazo geral: "levou o Código em consideração que as facilidades de transporte e dos meios de comunicação não mais se compadecem com a extensão dos prazos anteriormente consagrados" (PEREIRA, Caio Mário da Silva. *Instituições de direito civil*. Rio de Janeiro: Forense, 2020. v. I. p. 584.

[3] Os exemplos são listados por LEAL, Antônio Luís da Câmara. *Da prescrição e da decadência*. Rio de Janeiro: Forense, 1959. p. 259-260.

[4] Este o conteúdo da tese firmada no IAC 2/STJ: "É ânuo o prazo prescricional para exercício de qualquer pretensão do segurado em face do segurador – e vice-versa – baseada em suposto inadimplemento de deveres (principais, secundários ou anexos) derivados do contrato de seguro, 'ex vi' do disposto no artigo 206, § 1º, II, 'b', do Código Civil de 2002 (artigo 178, § 6º, II, do Código Civil de 1916)" (STJ, REsp 1.303.374/ES, 2ª Seção, rel. Min. Luis Felipe Salomão, j. 30.11.2021).

[5] LEAL, Antônio Luís da Câmara. *Da prescrição e da decadência*. Rio de Janeiro: Forense, 1959. p. 259.

[6] Sobre o ponto, permita-se remeter às considerações desenvolvidas em SOUZA, Eduardo Nunes de. A perda do direito à garantia securitária prevista pelo art. 766 do Código Civil à luz da teoria geral das invalidades do negócio jurídico. *Revista Eletrônica Direito e Sociedade*, v. 10, n. 1, 2022.

mesmo motivo, não parece assistir razão ao posicionamento já manifestado pelo STJ no sentido de que o prazo ânuo seria aplicável ao pedido de "declaração de abusividade" de cláusula estipulada em contrato de seguro cumulado com o pedido de repetição de valores pagos daí decorrente. A rigor, nesse exemplo, o que está em discussão é a prerrogativa do segurado de pedir a declaração de nulidade da cláusula, prerrogativa essa que não apenas consiste em direito potestativo como também – mais ainda – não se sujeita a nenhum prazo decadencial, por expressa opção do art. 169 do CC.[7] O eventual pedido de restituição de valores pagos a maior, por seu turno, decorre de fato jurídico diverso do contrato de seguro em si (a saber, a própria declaração de nulidade da cláusula) e se justifica diante do princípio geral de vedação ao enriquecimento sem causa,[8] motivo pelo qual o prazo mais adequado para a pretensão parece ser o trienal (art. 206, § 3º, IV, do CC).

Ainda no que tange ao âmbito de aplicação do prazo ânuo previsto pelo inciso II do § 1º do art. 206, a jurisprudência do STJ já pacificou o entendimento de que a norma não se aplica à pretensão do segurado de obter o reembolso, por parte de operadoras de seguro-saúde ou de plano de saúde, dos valores desembolsados com despesas médicas.[9] Entende-se que os contratos de assistência à saúde não ostentam características típicas dos contratos de seguro (a Lei 9.656/1998 veda, por exemplo, a estipulação de limites de tempo ou valor de cobertura), além de apresentarem um tipo de aleatoriedade diverso daquele ordinariamente observado no seguro (eis que, ao menos quanto a exames e consultas de rotina, a indeterminação desaparece quase por completo, sendo raros os beneficiários que não utilizam pelo menos algum tipo de cobertura periodicamente), motivo pelo qual se afasta, nessas relações contratuais, a aplicação dos prazos prescricionais específicos das relações securitárias.[10]

Avançando mais um passo na interpretação da delimitação do termo inicial do prazo prescricional em matéria securitária, o Código Civil atual ainda inovou em relação ao anterior, ao criar duas regras específicas para os seguros de responsabilidade civil. Em primeiro lugar, estabeleceu que, nestes, a prescrição da pretensão do segurado em face da seguradora somente começa a correr a partir do momento em que ele vem a ser citado na ação indenizatória proposta pelo terceiro prejudicado. A citação foi eleita como marco

---

[7] A respeito da natureza de direito potestativo da prerrogativa de declaração da nulidade, pouco admitida expressamente em doutrina, bem como da interpretação contemporânea da regra da "imprescritibilidade", permita-se remeter a SOUZA, Eduardo Nunes de. *Teoria geral das invalidades do negócio jurídico*: nulidade e anulabilidade no direito civil contemporâneo. São Paulo: Almedina, 2017. p. 205 e ss.

[8] Sobre o ponto, cfr. SILVA, Rodrigo da Guia. *Enriquecimento sem causa*: as obrigações restitutórias no direito civil. 2. ed. São Paulo: Ed. RT, 2022. p. 265 e ss.

[9] "Plano de saúde. Reembolso de despesas médicas. Seguro-saúde. (...) 2. A Lei 9.656/1998, com a redação da Medida Provisória 2.177-44/2001, não mais faz distinção de disciplina jurídica entre 'seguro-saúde' e 'plano de saúde'. 3. Aplica-se o mesmo prazo prescricional de três anos à pretensão de reembolso, pela operadora do plano ou seguro de saúde, das despesas médicas que o usuário teve de fazer como decorrência da injusta recusa de cobertura, por não se tratar de contrato típico de seguro" (STJ, REsp 1.608.809, 4ª T., rel. Min. Maria Isabel Gallotti, j. 16.11.2017). No mesmo sentido: STJ, AgInt no REsp 1.769.697, 3ª T., rel. Min. Ricardo Villas Bôas Cueva, j. 11.11.2019; STJ, AgInt nos EDcl no Ag em REsp 1.474.268, 3ª T., rel. Min. Marco Aurélio Bellizze, j. 12.05.2020.

[10] O entendimento foi firmado em julgamento paradigmático da 2ª Seção (STJ, REsp 1.360.969, 2ª S., rel. Min. Marco Buzzi, j. 10.08.2016).

temporal (e não a data do ajuizamento) por se compreender que, na prática, a ação proposta pelo terceiro prejudicado pode tramitar por longo lapso temporal sem o conhecimento efetivo do segurado.[11] Não cogitou a lei do cenário em que a ação indenizatória promovida pelo terceiro prejudicado venha a ser julgada improcedente, o que fulminaria a pretensão que o segurado viu-se instado a exercer dentro de um ano após citação; parte da doutrina, por isso, interpreta que o prazo ânuo, nesse caso, seria em verdade destinado a viabilizar que o segurado promova a denunciação da lide.[12]

Em segundo lugar, determinou o Código Civil que, no caso em que a vítima do dano vem a ser ressarcida pelo segurado sem a necessidade de judicialização da questão, a prescrição da pretensão do segurado em face da seguradora começa a correr na data em que pagar efetivamente a indenização securitária ao terceiro prejudicado. Nesse caso, em que a vítima do dano é indenizada sem chegar a propor a competente ação judicial, apenas se considera deflagrado o prazo prescricional caso a indenização tenha sido paga pelo segurado com a anuência da seguradora. O requisito, aqui, não decorre propriamente da disciplina da prescrição, mas se justifica por coerência sistemática com a norma prevista pelo art. 787, § 2º, do CC: sem a mencionada anuência, o reconhecimento espontâneo da própria responsabilidade pelo segurado ou o pagamento direto da indenização ao terceiro prejudicado torna-se inoponível à seguradora, de modo que, tecnicamente, o segurado não terá, então, pretensão contra esta.[13]

A regra específica acerca do termo inicial do prazo prescricional nos seguros de responsabilidade civil parece ter atendido ao entendimento jurisprudencial surgido ainda sob a vigência do Código Civil de 1916, no sentido de que, embora a lei não houvesse cogitado de critério particular para essa modalidade de seguro, não era razoável permitir o curso da prescrição a partir da simples ciência do sinistro pelo segurado, eis que isso implicaria pressupor que o segurado estaria disposto, desde logo, a reconhecer a existência do dano e sua responsabilidade pelo respectivo ressarcimento.[14] A jurisprudência mais recente, contudo, tem sofisticado ainda mais o sistema normativo, estipulando critérios mais específicos para a deflagração da prescrição nos seguros de responsabilidade civil, como se verá mais adiante.

---

[11] Assim relata ALVES, José Carlos Moreira. *A parte geral do Projeto de Código Civil brasileiro*. São Paulo: Saraiva, 1986. p. 150.

[12] RIZZARDO, Arnaldo; RIZZARDO FILHO, Arnaldo; RIZZARDO, Carine Ardissone. *Prescrição e decadência*. Rio de Janeiro: Forense, 2015. p. 127.

[13] Vale destacar, no ponto, que existe controvérsia sobre a verdadeira consequência prevista pelo art. 787, § 2º, do CC para a hipótese de reconhecimento da responsabilidade pelo segurado sem anuência da seguradora. Registre-se, ilustrativamente, o entendimento consignado no Enunciado 373 da IV Jornada de Direito Civil promovida pelo CEJ-CJF em 2006: "Embora sejam defesos pelo § 2º do art. 787 do Código Civil, o reconhecimento da responsabilidade, a confissão da ação ou a transação não retiram do segurado o direito à garantia, sendo apenas ineficazes perante a seguradora".

[14] A jurisprudência do STJ, por exemplo, já reconhecia que: "o prazo de prescrição, tratando-se de seguro de responsabilidade civil, não começa a fluir enquanto não estabelecida a responsabilidade do segurado para com o terceiro" (STJ, REsp 135.372, 3ª T., rel. Min. Eduardo Ribeiro, j. 05.12.1997). Do inteiro teor do mencionado acórdão extrai-se que: "admitir-se que o prazo fluiria do sinistro, importaria ter-se como certo que o segurado haveria de reconhecer de logo sua culpa e efetuar o pagamento, pleiteando o reembolso da seguradora, ou demandar dessa que o fizesse diretamente. Ora, isso não é exigível e a própria seguradora não haveria, em regra, de considerar aceitável tal procedimento. A responsabilidade, mais das vezes, expõe-se a dúvidas, podendo ser questionada".

Ao estipular os prazos prescricionais aplicáveis às relações securitárias, o Código Civil de 1916 não fazia qualquer referência à figura do terceiro beneficiário; limitava-se a aludir à "ação do segurado contra o segurador e vice-versa". Tampouco mencionava o terceiro prejudicado no seguro de responsabilidade civil. Autorizada doutrina, porém, costumava interpretar que os prazos previstos pelos §§ 6º, II, e 7º, V, do art. 178 da codificação revogada eram aplicáveis a absolutamente todas as situações direta ou indiretamente oriundas do contrato de seguro, a fim de abranger também o terceiro beneficiário e o terceiro prejudicado[15] – muito embora estes, a rigor, não figurem como partes no contrato de seguro. Tornou-se célebre, por outro lado, a crítica de Carvalho Santos a esse entendimento, sustentando a necessidade de se conferir interpretação restritiva às disposições normativas em matéria de prescrição.[16] Nessa esteira posicionou-se também a jurisprudência, afirmando que às pessoas que não chegaram a integrar o contrato deveria ser aplicado o prazo geral vintenário.[17]

Em prol desta última posição, colocava-se, igualmente, o argumento de que o beneficiário e o terceiro prejudicado, não tendo integrado a relação contratual com a seguradora, poderiam talvez desconhecer suas próprias posições jurídicas e, assim, precisariam de lapso temporal superior ao prazo ânuo para exercerem suas respectivas pretensões. A questão chegou a ser objeto de enunciado sumular do extinto Tribunal Federal de Recursos, que, em 1982, fez constar do Verbete 124: "Prescreve em vinte anos a ação do beneficiário, ou do terceiro sub-rogado nos direitos deste, fundada no seguro obrigatório de responsabilidade civil". O Código Civil atual, atento a essa orientação, estabeleceu, no inciso IX do § 3º do art. 206, prazo superior ao de um ano para o exercício da pretensão "do beneficiário contra o segurador, e a do terceiro prejudicado, no caso de seguro de responsabilidade civil obrigatório". Para ambos os casos, contudo, em lugar de simplesmente permitir a incidência do prazo geral de prescrição (como sustentara a jurisprudência até então), estipulou prazo específico, de duração trienal.

A redação conferida à norma, a rigor, não foi a mais cuidadosa. De um lado, porque, em princípio, não há "terceiro beneficiário" no seguro de responsabilidade civil, que consiste em modalidade securitária pensada em proteger o próprio segurado que venha a ser instado a pagar indenizações a terceiros, e não estes últimos (embora não se ignore, sem dúvida, a grande mudança que essa perspectiva sofreu, sobretudo em matéria de seguros obrigatórios como mecanismos de socialização de danos associados ao regime de responsabilidade civil objetiva).[18] Assim, o "beneficiário" nesses seguros, na estrita técnica jurídica, seria o próprio

---

[15] Nessa direção, lecionava Serpa Lopes: "tem-se por assente que o lapso temporal [de um ano previsto pelo art. 178, § 6º, II do Código Civil de 1916] se aplica genericamente a todas as ações resultantes do contrato de seguro. Ao estabelecer o art. 178, § 6º, II [do Código Civil de 1916] o prazo de um ano para a prescrição da ação do segurado contra o segurador e vice-versa, deve-se entender o termo segurado como empregado em sentido amplo, compreensivo não só diretamente do que contratou como ainda extensivo à pessoa do beneficiário" (LOPES, Miguel Maria de Serpa. *Curso de direito civil*. Rio de Janeiro: Freitas Bastos, 1996. v. I. p. 604).

[16] Segundo o autor, "sendo princípio trivial de Direito que os textos sobre prescrição devem ser interpretados restritivamente, não seria possível ampliá-lo para abranger prazo não previsto em lei" (SANTOS, J. M. de Carvalho. *Código Civil brasileiro interpretado*. Rio de Janeiro: Freitas Bastos, 1986. v. III. p. 478).

[17] Assim decidia, reiteradamente, o STJ: "O prazo de um ano refere-se à ação do segurado, não à do beneficiário que não contratou o seguro" (STJ, REsp 157.366, 3ª T., rel. Min. Moura Ribeiro, j. 23.08.1999). No mesmo sentido: STJ, REsp 151.766, 4ª T., rel. Min. Sálvio de Figueiredo Teixeira, j. 10.02.1998; STJ, REsp 247.347, 4ª T., rel. Min. Barros Monteiro, j. 05.06.2001.

[18] Cfr. THEODORO JÚNIOR, Humberto. O seguro de responsabilidade civil: disciplina material e processual. *Revista de Direito Privado*, São Paulo, v. 46, abr. 2011. p. 301 e ss.; BARBOSA, Fernanda

segurado, o que colocaria a norma em frontal antinomia com o prazo ânuo do art. 206, § 1º, II.[19] Por outro lado, ao tratar da pretensão do beneficiário em face do segurador, mas não remeter a este último quando trata do terceiro prejudicado, a redação do inciso IX poderia sugerir que qualquer pretensão do terceiro prejudicado nos seguros de responsabilidade civil, inclusive em face do causador do dano, estaria ali contemplada. Muito ao contrário, a pretensão do terceiro prejudicado contra o causador do dano efetivamente se sujeita a prazo trienal, mas por força do inciso V do mesmo parágrafo,[20] de modo que o inciso IX apenas pode referir-se à pretensão do terceiro contra a seguradora.

A interpretação lógica que se poderia extrair da norma do inciso IX, para se evitarem tais inconvenientes, seria a de que ele contemplaria as pretensões de beneficiários em face das seguradoras em qualquer modalidade de seguro (por exemplo, nos seguros de vida) e as pretensões dos terceiros prejudicados em face das seguradoras, especificamente, nos seguros obrigatórios de responsabilidade civil. *A contrario sensu*, seria de se concluir que, no que diz respeito aos terceiros em contratos de seguro, o prazo geral (hoje decenal, nos termos do art. 205 do CC) só seria aplicável ao terceiro prejudicado nos seguros de responsabilidade civil de natureza facultativa, que não teriam sido expressamente contemplados pelo inciso IX. Essa interpretação, porém, não parece ter encontrado nenhum eco na doutrina ou na jurisprudência,[21] que entendem, como se verá a seguir, de forma relativamente pacífica, que o inciso IX trata única e exclusivamente de seguros obrigatórios de responsabilidade civil (o que equivale a concluir pela aparente inutilidade da referência ao "beneficiário" por essa disposição normativa).[22]

2. SENTIDO DA DISPOSIÇÃO E PRINCIPAIS CONTROVÉRSIAS NA SUA INTERPRETAÇÃO

A despeito da aparente clareza dos critérios adotados pelos dispositivos normativos em comento, inúmeras controvérsias têm sido apresentadas ao Poder Judiciário quanto à

Nunes. O seguro de responsabilidade civil do profissional liberal. In: BODIN DE MORAES, Maria Celina; GUEDES, Gisela Sampaio da Cruz. *Responsabilidade civil dos profissionais liberais*. Rio de Janeiro: Forense, 2018. p. 360 e ss.

[19] A questão foi, em parte, objeto de emenda parlamentar durante a tramitação do Projeto de Código Civil pela Câmara Federal (Emenda 278, do Deputado Marcelo Gato), cuja justificativa indicava que o beneficiário no seguro de responsabilidade civil poderia ser o próprio segurado, e, por isso, a redação do inciso confundia a ação do segurado com a ação de terceiros (PASSOS, Edilenice; LIMA, João Alberto de Oliveira. *Memória Legislativa do Código Civil*. Brasília: Senado Federal, 2012. v. II. p. 198).

[20] Sobre a aplicabilidade do prazo trienal às hipóteses de responsabilidade civil tanto contratual quanto extracontratual, permita-se remeter a SOUZA, Eduardo Nunes de. Problemas atuais de prescrição extintiva no direito civil: das vicissitudes do prazo ao merecimento de tutela. *Civilistica.com*, Rio de Janeiro, n. 3, ano 10, 2021. p. 19 e ss.

[21] Em rara exceção, essa parece ser a posição registrada, embora não expressamente, em: BARBOZA, Heloisa Helena et al. *Código Civil interpretado conforme a Constituição da República*. Rio de Janeiro: Renovar, 2014. v. I. p. 416.

[22] Ilustrativamente, na doutrina, cfr. CAHALI, Yussef Said. *Prescrição e decadência*. São Paulo: Ed. RT, 2008. p. 170, para quem "o inciso IX cuida especificamente do seguro obrigatório de responsabilidade civil, (...) representando modalidade especial de seguro, não compreendida no seguro de pessoa, ou seguro facultativo (...)".

sua interpretação. Tornou-se célebre, por exemplo, a divergência acerca do prazo aplicável às indenizações cobradas pela vítima no âmbito do seguro DPVAT. Com efeito, perdurou por alguns anos a controvérsia acerca da própria natureza desse seguro para fins de estipulação do prazo prescricional aplicável à pretensão do terceiro prejudicado, em grande parte diante da drástica diminuição de prazo prescricional ocorrida na transição do Código Civil anterior para o atual (de 20 para 3 anos). Em diversos casos nos quais a vítima, não atendendo aos requisitos do art. 2.028 do CC, não era beneficiada pela aplicação do prazo geral do Código Civil de 1916, buscou-se argumentar que o seguro DPVAT, embora obrigatório, não configuraria seguro de responsabilidade civil,[23] e que, portanto, mesmo sob a vigência do Código atual, a pretensão do terceiro vitimado pelo acidente deveria submeter-se ao prazo geral de prescrição.

O STJ, finalmente, pacificou a controvérsia com o Enunciado 405 de sua Súmula, ao estabelecer que "a ação de cobrança do seguro obrigatório (DPVAT) prescreve em três anos", com base na regra prevista pelo inciso IX do § 3º do art. 206 do CC, por entender que o caso era, efetivamente, de seguro obrigatório de responsabilidade civil.[24]

Outro exemplo frequente que tem levado o STJ a examinar os limites de incidência do prazo do inciso IX do § 3º do art. 206 do CC é, sem dúvida, o da pretensão do terceiro beneficiário em face da seguradora nos seguros de vida em grupo, hipótese em que a Corte tem, reiteradamente, afastado o lapso trienal e sustentado a incidência do prazo geral de prescrição.[25] Em geral, adota-se como fundamento o já mencionado entendimento do STJ, anterior à vigência do Código Civil de 2002, de que seria aplicável o prazo geral (então vintenário) para as pretensões de beneficiários e terceiros prejudicados porque não havia prazo específico previsto na lei.

Como o Código atual expressamente alude ao terceiro beneficiário no inciso IX do § 3º do art. 206, a interpretação que se tem adotado para justificar que se continue a aplicar o

---

[23] Aludiu-se, por exemplo, à reforma do art. 20 do Decreto-lei 73/1966 pela Lei 6.194/1974, que renomeou o DPVAT, antes seguro de "responsabilidade civil dos proprietários de veículos automotores", para seguro de "danos pessoais causados por veículos automotores".

[24] Cfr. um dos julgamentos que resultou no enunciado sumular: "DPVAT exibe a qualidade de seguro obrigatório de responsabilidade civil e, portanto, prescreve em 3 anos a ação de cobrança intentada pelo beneficiário" (STJ, REsp 1.071.861, rel. Min. Luis Felipe Salomão, rel. p/ Ac. Min. Fernando Gonçalves, j. 10.06.2009).

[25] Ilustrativamente: "(...) Prazo prescricional para exercício da pretensão deduzida em face da seguradora por pessoa designada como beneficiária do seguro de vida (terceiro beneficiário), a qual não se confunde com a figura do segurado. Lapso vintenário (artigo 177 do Código Civil de 1916) ou decenal (artigo 205 do Código Civil de 2002), não se enquadrando na hipótese do artigo 206, § 1º, inciso II, do mesmo Codex (prescrição ânua para cobrança de segurado contra segurador). Inaplicabilidade, outrossim, do prazo trienal previsto para o exercício da pretensão do beneficiário contra o segurador em caso de seguro de responsabilidade civil obrigatório (artigo 206, § 3º, inciso IX, do Código Civil)" (STJ, AgRg no AREsp 545.318, 4ª T., rel. Min. Marco Buzzi, j. 20.11.2014). Com idêntico entendimento: "(...) Seguro de vida. Ação de cobrança. Terceiro beneficiário. (...) A jurisprudência do Superior Tribunal de Justiça possui entendimento no sentido de que, no caso de terceiro beneficiário de contrato de seguro de vida em grupo, o qual não se confunde com a figura do segurado, o prazo para propositura da ação indenizatória é decenal, em consonância com o artigo 205 do Código Civil de 2002" (STJ, AgRg no AREsp 615.675, 4ª T., rel. Min. Maria Isabel Gallotti, j. 18.12.2014). No mesmo sentido: STJ, AgInt no REsp 1.384.942, 4ª T., rel. Min. Antônio Carlos Ferreira, j. 15.06.2021).

prazo geral de prescrição é a de que o inciso IX diria respeito apenas a seguros obrigatórios (na prática, quase exclusivamente ao DPVAT), e não aos facultativos.[26] Conforme se criticou anteriormente, porém, a intenção do codificador de 2002 parece ter sido justamente a oposta, isto é, a de estabelecer prazo específico para a maior parte das pretensões de terceiros em matéria securitária no inciso IX do § 3º. Sem dúvida, no que tange ao terceiro prejudicado (expressão que costuma ser utilizada apenas nos seguros de responsabilidade civil),[27] somente o fez para os seguros obrigatórios; mas, em relação aos beneficiários não segurados (expressão pouco usual nos seguros de responsabilidade civil), não aparenta ter distinguido entre seguros obrigatórios e facultativos.

Em se tratando de pretensão deduzida pelo segurado propriamente dito (que figurou como parte do contrato) nos seguros em grupo, aliás, aplica-se ainda hoje o Enunciado Sumular 101 do STJ, editado em 1994, que determina a incidência da prescrição ânua (nesse caso, em plena consonância com a norma codificada). Salta aos olhos a disparidade entre o prazo de um ano para os segurados propriamente ditos e de dez anos para os terceiros em seguros facultativos – discrímen que aparenta ser desproporcional mesmo em face da eventual disparidade informacional que possa existir entre eles sobre a própria existência de sua pretensão. Não se pode ignorar, por outro lado, que o inciso IX do § 3º não condiciona o início do fluxo do prazo prescricional à ciência pelo interessado, diversamente do que faz o inciso II do § 1º, o que talvez evidencie a conveniência, na ordem jurídica atual, da interpretação prevalente, que aplica o prazo decenal à pretensão dos terceiros, à exceção dos seguros obrigatórios de responsabilidade civil.

Para além do lapso de duração dos prazos, também no que diz respeito à modulação da fluência destes, tem a jurisprudência atuado para especificar o sistema codificado. Como já referido, desde a vigência do Código Civil de 1916, a regra sobre as pretensões do segurado e do segurador consistia em uma das raras hipóteses nas quais se preocupou o legislador em desenvolver parâmetros um pouco mais sofisticados para a estipulação do termo inicial do prazo prescricional. Ainda no sistema hodierno, merece elogio o critério normativo da ciência do fato gerador da pretensão pelo titular do direito nas relações securitárias, que não foi incorporado como regra geral da prescrição civil pelo art. 189 do CC (a cujos comentários se faz remissão). Em diversos casos, porém, coloca-se em dúvida qual "fato" deve ser considerado propriamente o gerador da pretensão – sobretudo da pretensão do segurado ao pagamento da indenização securitária, eis que esta nem sempre se reputa surgida com a verificação do sinistro.

Em linhas gerais, desde a vigência do Código Civil de 1916, desenvolveu a jurisprudência do STJ uma causa suspensiva própria para a prescrição da pretensão do segurado sobre a indenização securitária, firmando o entendimento de que nenhum prazo poderia

---

[26] Ilustrativamente: "(...) Seguro de vida em grupo. Ação de cobrança. Terceiro beneficiário. Prescrição de direito pessoal. 1. O prazo prescricional para a propositura da ação pelo beneficiário é de dez anos, na forma do art. 205 do Código Civil, e não o de três anos, previsto no art. 206, § 3º, IX, do mesmo diploma legal, que se aplica à pretensão ao recebimento de seguro de vida obrigatório, o que não é a hipótese dos autos (...)" (STJ, AgRg no REsp 1.311.406, 3ª T., rel. Min. Sidnei Beneti, j. 15.05.2012). Em outros casos, afirma-se que o inciso IX diria respeito apenas a seguros de responsabilidade civil (ex.: STJ, REsp 1.694.257, 3ª T., rel. Min. Nancy Andrighi, j. 28.08.2018).

[27] Assim se afirma, por exemplo, no Capítulo XXI do Anexo II da Resolução CNSP 355/2017, que foi revogada pela Resolução CNSP 442/2022. Ademais, a expressão é utilizada nos arts. 787 e 788 do CC, que tratam, especificamente, do seguro de responsabilidade civil.

correr entre o momento do requerimento à seguradora pelo segurado e o momento em que este viesse a ser cientificado da negativa daquela de realizar o pagamento. Editou-se, com isso, o Enunciado 229 da Súmula do STJ, em 1999, com a seguinte redação: "O pedido do pagamento de indenização à seguradora suspende o prazo de prescrição até que o segurado tenha ciência da decisão". A jurisprudência da Corte evoluiu, porém, nos anos seguintes para a concepção segundo a qual o prazo prescricional permaneceria de todo impedido até o momento da recusa da seguradora ao requerimento administrativo do segurado, sendo a ciência deste acerca da recusa o efetivo termo inicial da prescrição. Embora o verbete sumular não tenha sido formalmente cancelado,[28] é este último entendimento que parece predominar na atualidade.[29]

Realmente, contraria a própria lógica do instituto da prescrição que o titular do direito à indenização securitária seja prejudicado pelo decurso do tempo enquanto aguarda a resposta da seguradora, sobre a qual não tem nenhuma ingerência, e não pode exercer sua pretensão. Assim, a doutrina, embora tenha propendido, quando do advento do Código Civil de 2002, por interpretar o "fato gerador" como o próprio sinistro, acabou por, posteriormente, aderir à interpretação jurisprudencial.[30] Por outro lado, não se pode ignorar que fixar o termo inicial da prescrição tão somente no momento da ciência, pelo interessado, da recusa da seguradora equivaleria a colocar nas mãos do titular do direito o poder de obstar indefinidamente o início do prazo prescricional (eis que, enquanto não viesse a deflagrar

---

[28] Nesse tema, cfr. a crítica de TZIRULNIK, Ernesto. Em respeito ao Código Civil e ao segurado, STJ deve cancelar Súmula 229. *Consultor Jurídico*, 20.11.2019. Para o autor, antes da regulação do sinistro, "nem o segurador pode prestar, nem o segurado tem o que exigir-lhe, senão a prestação desses serviços para a revelação da existência e da grandeza do crédito que surge com o sinistro e é fundado no contrato de seguro (...)".

[29] A respeito da evolução do entendimento da Corte na matéria, já se esclareceu que: "Com relação aos seguros em geral, na vigência do CC/16, a Segunda Seção assentou a tese de que não poderia transcorrer prazo prescricional algum enquanto a seguradora não decidisse o pleito indenizatório endereçado a ela pelo segurado. Editou-se, assim, o enunciado da Súmula 229. Todavia, ainda na vigência desse diploma civilista, passou a jurisprudência do STJ a perfilhar a tese segundo a qual o termo inicial do prazo prescricional seria o momento da recusa de cobertura pela seguradora, ao fundamento de que só então nasceria a pretensão do segurado em face da seguradora. (...) antes da regulação do sinistro e da recusa de cobertura nada pode exigir o segurado do segurador, motivo pelo qual não se pode considerar iniciado o transcurso do prazo prescricional tão somente com a ciência do sinistro. Por essa razão, é, em regra, a ciência do segurado acerca da recusa da cobertura securitária pelo segurador que representa o 'fato gerador da pretensão'" (STJ, REsp 1.970.111, 3ª T., rel. Min. Nancy Andrighi, j. 15.03.2022).

[30] Ilustrativamente: "Também nós, na primeira hora de vigência do Código de 2002, nos deixamos impressionar por aquela antiga, reiterada e firme jurisprudência do STJ, e interpretamos o art. 206, § 1.º, II, *b*, do novo Código como instituidor de um prazo prescricional que continuaria a ter origem na ciência do sinistro, e que permaneceria sendo apenas suspenso a partir de quando o segurado providenciasse a comunicação ao segurador. Mas, em seguida, nosso entendimento evoluiu, para considerar que na sistemática do novo Código (art. 189) a pretensão do segurado somente poderia nascer depois da recusa de pagamento manifestada pelo segurador posteriormente à comunicação do sinistro prevista no art. 771" (THEODORO JÚNIOR, Humberto. Contrato de seguro. Ação do segurado contra o segurador. Prescrição. *Revista dos Tribunais*, São Paulo, v. 101, n. 924. out. 2012. p. 94). Cfr., ainda, TZIRULNIK, Ernesto. *Ornitorrinco securitário*: a prescrição da pretensão indenizatória. 2004. Disponível em: <https://www.ibds.com.br/wp-content/uploads/2022/09/Ornitorrinco-Securita%CC%81rio-A-Prescric%CC%A7a%CC%83o-Da-Pretensa%CC%83o--Indenizato%CC%81ria.pdf>.

o procedimento administrativo de requerimento da indenização securitária, jamais daria à seguradora a oportunidade de regular o sinistro, recusar-se a pagar e, assim, dar início à contagem do prazo). Essa era a *ratio* do Verbete 229 do STJ e o motivo pelo qual se tratava de causa suspensiva (e não impeditiva) da prescrição nesses casos.

Para equacionar a questão, nos casos em que reconhece a ciência da recusa da seguradora como hipótese de impedimento da prescrição, a jurisprudência tem associado esse entendimento à norma do art. 771 do CC,[31] que prevê a perda do direito à indenização quando o segurado deixa de comunicar imediatamente o sinistro à seguradora. Cria-se, desse modo, um sistema que, se, por um lado, não prejudica o segurado com os efeitos da prescrição antes da ciência da recusa, por outro, compele-o, em tese, a agir imediatamente após o sinistro.[32] A norma do art. 771, contudo, sempre foi associada pela doutrina aos casos em que há interesse da seguradora em ter ciência imediata do sinistro (para orientar o segurado quanto à mitigação dos danos, tomar providências para apurar as causas, adotar medidas de preservação dos salvados etc.).[33] Por isso, mesmo quando não há interesse premente da seguradora a ser protegido, ou até mesmo quando se tratar de fato notório, parte da doutrina sustenta ser inaplicável o dispositivo.[34] A norma, como se vê, oferece solução frágil para equilibrar o problema da prescrição da pretensão do segurado, pois não se pode afirmar que este estaria sempre compelido a agir imediatamente após o sinistro.

Nesse cenário, ainda na atualidade encontram-se julgados do STJ que, deixando de lado as discussões associadas ao Verbete 229,[35] seguem aplicando o critério que mais lite-

---

[31] Ilustrativamente: "Não se argumente, ademais, que atribuir à recusa de cobertura o efeito de promover o nascimento da pretensão significaria eternizar o prazo prescricional naquelas hipóteses em que o segurado não comunica o fato ao segurador, deixando de dar início à regulação do sinistro. Isso porque o art. 771 do CC/2002" impõe a "obrigação ao segurado de comunicar a ocorrência do sinistro ao segurador, sob pena de perder o direito à indenização" (STJ, REsp 1.970.111, 3ª T., rel. Min. Nancy Andrighi, j. 15.03.2022. Trecho do voto da relatora).

[32] Segundo Ernesto TZIRULNIK, "O legislador corretamente, embora sem a clareza que toda mudança de paradigmas sempre exige, fixa nessa norma [art. 771] um prazo curtíssimo de decadência do direito à indenização (...) e na regra prescricional fixa o prazo ânuo que fluirá a partir da violação do direito que se constituirá com a negativa (art. 189)" (TZIRULNIK, Ernesto. *Ornitorrinco securitário*: a prescrição da pretensão indenizatória. 2004. Disponível em: <https://www.ibds.com.br/wp-content/uploads/2022/09/Ornitorrinco-Securita%CC%81rio-A-Prescric%CC%A7a%CC%83o--Da-Pretensa%CC%83o-Indenizato%CC%81ria.pdf>). Conclui que "o defeito do raciocínio nosso e de tantos outros, está associado à falta de compreensão a respeito do significado da regra do *caput* do artigo 771 do novo Código Civil". No mesmo sentido, THEODORO JÚNIOR, Humberto. Contrato de seguro. Ação do segurado contra o segurador. Prescrição. *Revista dos Tribunais*, São Paulo, v. 101, n. 924. out. 2012. p. 103.

[33] Assim, por exemplo, Clóvis BEVILÁQUA afirmava que a lógica da norma equivalente do Código Civil de 1916 era a de permitir que o segurador "acautele seus interesses", de modo que a perda do direito à garantia apenas ocorreria se o segurador pudesse "provar que, oportunamente avisado, evitaria ou pelo menos atenuaria as consequências do sinistro" (BEVILÁQUA, Clóvis. *Código Civil dos Estados Unidos do Brasil*. Rio de Janeiro: Editora Rio, 1976. v. II. p. 585).

[34] Por todos, cfr. SANTOS, J. M. de Carvalho. *Código Civil brasileiro interpretado*. Rio de Janeiro: Freitas Bastos, 1958. v. XIX. p. 351.

[35] Ao sustentar que a ciência pelo segurado da recusa pela seguradora consistiria em causa impeditiva da prescrição, já afirmou o STJ que: "Não se ignora, é verdade, que esta Corte Superior, em hipóteses excepcionais, fixou o entendimento de que o termo inicial do prazo prescricional seria a data da ciência do sinistro pelo segurado. (...) No entanto, tais hipóteses específicas, não possuem o condão

ralmente parece decorrer da norma codificada, fixando o termo inicial da prescrição no momento da ciência do próprio sinistro. No caso de seguro de pessoa em que o sinistro submeteu a vítima a transplante de órgão, por exemplo, entendeu a Corte que o termo inicial da prescrição era a cirurgia, "pois o transplante de órgãos somente é realizado com o consentimento expresso do paciente".[36] No que tange a sinistros traduzidos na invalidez da vítima, exige-se dela o conhecimento inequívoco da incapacidade para que comece a fluir o prazo prescricional. Nesse sentido, o STJ fez registrar, no Enunciado 278 de sua Súmula, datado de 2003, que "O termo inicial do prazo prescricional, na ação de indenização, é a data em que o segurado teve ciência inequívoca da incapacidade laboral". E, em matéria de DPVAT, o Verbete 573 da Súmula do STJ, de 2016, estabelece que, "a ciência inequívoca do caráter permanente da invalidez, para fins de contagem do prazo prescricional, depende de laudo médico, exceto nos casos de invalidez permanente notória ou naqueles em que o conhecimento anterior resulte comprovado na fase de instrução".

Havendo dúvida, caberá ao julgador estimar "a data em que o autor tomou conhecimento do mal que o aflige, fixando, assim, o termo inicial da prescrição".[37] A questão, como sói ocorrer, parece depender da adequada compreensão de que o termo inicial da prescrição traduz importante mecanismo de controle do merecimento de tutela do exercício concretamente desenvolvido pelas partes de suas posições jurídicas,[38] a demandar soluções que se pautem mais pela função e pelos valores subjacentes às causas legais obstativas do prazo do que a sua estrutura literal.

Em matéria de seguro de responsabilidade civil, alguns critérios específicos para o início do curso da prescrição são, por vezes, criados pela jurisprudência. Assim, por exemplo, aludindo à teoria da *actio nata*, já decidiu o STJ que o termo inicial da prescrição da pretensão, em face da seguradora, por parte do segurado causador do dano que veio a responder à ação indenizatória proposta pelo terceiro prejudicado, seria a data do trânsito em julgado da sentença condenatória.[39] O julgado não parece sequer cogitar do critério normativo da citação. Curiosamente, em hipótese na qual a pretensão indenizatória do terceiro prejudicado foi extinta por transação judicial firmada entre ele e o segurado causador do dano, a Corte já se posicionou no sentido de que a prescrição sobre a pretensão do segurado em face da seguradora começaria a fluir a partir de um terceiro marco temporal: a data do

---

de afastar o entendimento acima delineado, máxime porque estão fundamentadas em circunstâncias fáticas próprias e, no caso do seguro DPVAT, também em dispositivo legal próprio" (STJ, REsp 1.970.111, 3ª T., rel. Min. Nancy Andrighi, j. 15.03.2022. Trecho do voto da relatora).

[36] STJ, AgInt no REsp 1.802.343, 3ª T., rel. Min. Paulo de Tarso Sanseverino, j. 23.08.2021.

[37] STJ, REsp 162.564, 4ª T., rel. Min. Barros Monteiro, j. 07.05.1998.

[38] Como sustentado em SOUZA, Eduardo Nunes de. Problemas atuais de prescrição extintiva no direito civil: das vicissitudes do prazo ao merecimento de tutela. *Civilistica.com*, Rio de Janeiro, n. 3, ano 10, 2021. Item 2.

[39] STJ, AgInt no AREsp 752.819, 4ª T., rel. Min. Raul Araújo, j. 31.08.2021. Vale registrar que, no caso, o direito do segurado foi qualificado como "regresso", muito embora se trate, a rigor, de direito oriundo do próprio contrato, e não de restituição de enriquecimento sem causa. A fundamentação do julgado parece ter utilizado precedentes que tratavam de regresso propriamente dito (como o regresso do estipulante de seguro de vida demandado pela família da vítima ou até casos de regresso fora de relação securitária). Sobre a distinção entre o contrato e o enriquecimento sem causa como fontes obrigacionais, cfr., na doutrina atual, SILVA, Rodrigo da Guia. *Enriquecimento sem causa*: as obrigações restitutórias no direito civil. 2. ed. São Paulo: Ed. RT, 2022. p. 60 e ss.

pagamento da última parcela do acordo.[40] Majoritariamente, contudo, a jurisprudência do STJ tem aplicado de forma estrita o critério legal da citação do segurado.[41]

No caso do seguro de responsabilidade civil do transportador de cargas, identificou o STJ que as apólices de seguro costumam ser abertas, uma vez que o transportador não conhece de antemão a data dos transportes e o valor dos bens transportados. Assim, afirmou existirem três modalidades distintas de prêmio, a saber: (i) o prêmio inicial, previsto desde o momento da emissão da apólice; (ii) o prêmio de averbação ou embarque, que é calculado, por exemplo, com base no valor dos bens declarado no conhecimento ou manifesto de carga; (iii) o prêmio residual, decorrente de aditivos, renovações ou endossos. Nesse cenário, a pretensão da seguradora de exigir do segurado o pagamento de eventuais prêmios inadimplidos estará sujeita a termos iniciais de prescrição distintos, de acordo com a modalidade do prêmio: "o esgotamento da data-limite para o pagamento originado da emissão da apólice (prêmio inicial), da emissão da fatura ou conta mensal (prêmio de averbação) ou da emissão do aditivo ou endosso (prêmio residual)".[42]

3. DISPOSIÇÕES RELACIONADAS

A disposição normativa que maior conexão apresenta com as normas em comento consiste, não por acaso, na previsão de outro prazo prescricional: nomeadamente, o prazo trienal para as pretensões de restituição de enriquecimento sem causa previsto pelo art. 206, § 3º, IV, do CC. A norma se relaciona com a viva controvérsia existente em torno da prescrição incidente sobre a pretensão da seguradora que se sub-rogou nos direitos do segurado em face do causador do dano – hipótese que é admitida pelo Código Civil nos seguros de dano (art. 786), embora seja vedada nos seguros de pessoa (art. 800), e é

---

[40] STJ, AgRg nos EDREsp 1.413.595, 4ª T., rel. Min. Ricardo Villas Bôas Cueva, j. 20.05.2016. A fundamentação do julgado parece ter levado em conta um precedente no qual se aplicava o Código Civil de 1916 (que não previa termo inicial específico para seguros de responsabilidade civil) e outro que tratava de direito de regresso propriamente dito.

[41] Ilustrativamente: STJ, AgInt no REsp 1.906.974, 4ª T., rel. Min. Raul Araújo, j. 17.05.2021; STJ, AgInt no AREsp 1.274.536, 3ª T., rel. Min. Ricardo Villas Bôas Cueva, j. 09.09.2019; STJ, AgInt no REsp 1.246.263, 4ª T., rel. Min. Marco Buzzi, j. 26.11.2019; STJ, AgInt no AREsp 938.098, 4ª T., rel. Min. Maria Isabel Gallotti, j. 18.10.2018; e o muito citado julgamento do AgRg no Ag 666.658, 4ª T., rel. Min Aldir Passarinho Júnior, j. 23.08.2005. Reconhece-se, por outro lado, que, se o terceiro prejudicado exigir o pagamento da indenização extrajudicialmente, o termo inicial da prescrição será o da recusa da seguradora a ressarcir o segurado pelo que dispendeu com o pagamento da indenização: "Em se tratando de seguro de responsabilidade civil, (...) é preciso distinguir quatro cenários, a saber: a) aquele em que o terceiro prejudicado ajuíza ação contra o segurado, hipótese em que o termo inicial do prazo prescricional da pretensão do segurado em face da seguradora será a data da citação; b) aquele em que o segurado paga a indenização ao lesado, com anuência do segurador, hipótese em que o termo *a quo* do prazo prescricional será a data do pagamento; c) aquele em que o terceiro exerce sua pretensão extrajudicialmente, exigindo fora do juízo o pagamento da indenização, hipótese em que o termo inicial do prazo prescricional da pretensão do segurado em face do segurador será a data da recusa de cobertura (...); e d) aquele em que o lesado nada exige do segurado, em juízo ou fora dele, hipótese em que o prazo prescricional da pretensão do segurado em face do segurador sequer terá início" (STJ, REsp 1.922.146, 3ª T., rel. Min. Nancy Andrighi, j. 22.06.2021).

[42] STJ, REsp 1.947.702, 3ª T., rel. Min. Ricardo Villas Bôas Cueva, j. 07.12.2021.

qualificada expressamente pelo codificador como caso de sub-rogação pessoal. Referida qualificação, aliás, parece ser mesmo a mais coerente com as normas da teoria geral das obrigações, visto que o caso é de pagamento por terceiro interessado (com sub-rogação legal), previsto pelo art. 346, III, do CC, e não de pagamento por terceiro não interessado, que acarretaria, quando muito, o direito de regresso sem sub-rogação (art. 305 do CC).

Os esclarecimentos são necessários porque, por muito tempo, perdurou o entendimento de que a seguradora titularizaria um suposto direito de regresso em face do causador do dano após pagar a indenização securitária à vítima. O Enunciado 188 da Súmula do Supremo Tribunal Federal, por exemplo, datado de 1963, previa que "O segurador tem *ação regressiva* contra o causador do dano, pelo que efetivamente pagou, até ao limite previsto no contrato de seguro". Como direito autônomo surgido do fato do pagamento, o regresso conta com prazo prescricional próprio para seu exercício – que, por derivar do princípio de vedação ao enriquecimento sem causa,[43] é o prazo trienal do art. 206, § 3º, IV, do CC. E, de fato, ainda hoje é prevalente na doutrina o entendimento de que, ultimado o pagamento da indenização ao segurado, contaria a seguradora com três anos para exercer sua cobrança em face do causador do dano.[44]

A jurisprudência, contudo, de forma mais compatível com a noção de sub-rogação (registre-se: uma modificação subjetiva da relação jurídica original existente entre segurado e causador do dano, de todo distinta de uma hipotética aquisição originária de direito pela seguradora), tem afirmado que o prazo para o exercício da pretensão da seguradora em face do causador do dano é o mesmo de que dispunha o segurado para exercer sua pretensão em face dele, ainda quando tal prazo fosse determinado por característica pessoal do segurado não compartilhada pela seguradora (por exemplo, a sua condição de consumidor).[45] As repercussões podem ser drásticas, pois, em diversas hipóteses, o prazo

---

[43] Sobre o direito de regresso como hipótese de restituição do enriquecimento sem causa e sua distinção em face da sub-rogação, cite-se, ainda uma vez, o estudo de SILVA, Rodrigo da Guia. *Enriquecimento sem causa*: as obrigações restitutórias no direito civil. 2. ed. São Paulo: Ed. RT, 2022. p. 235, que registra: "o regresso traduz autêntica pretensão restitutória, ao passo que a sub-rogação traduz hipótese de modificação subjetiva da relação obrigacional – a qual, de resto, mantém seus caracteres originais".

[44] Muitas vezes, porém, a doutrina entende que o prazo seria trienal porque o regresso teria natureza de reparação civil (sendo aplicável, portanto, o prazo previsto pelo art. 206, § 3º, V). Nesse sentido, cfr., entre outros, CAHALI, Yussef Said. *Prescrição e decadência*. São Paulo: Ed. RT, 2008. p. 170; RIZZARDO, Arnaldo; RIZZARDO FILHO, Arnaldo; RIZZARDO, Carine Ardissone. *Prescrição e decadência*. Rio de Janeiro: Forense, 2015. p. 135. A questão já foi também objeto do Enunciado 580 da V Jornada de Direito Civil do CEJ/CJF (2011), que, embora afirme a natureza de sub-rogação, afirma: "É de três anos, pelo art. 206, § 3º, V, do CC, o prazo prescricional para a pretensão indenizatória da seguradora contra o causador de dano ao segurado, pois a seguradora sub-roga-se em seus direitos".

[45] Nesse sentido já decidiu o STJ: "(...) Esta Corte já firmou entendimento de que, ao efetuar o pagamento da indenização ao segurado em decorrência de danos causados por terceiro, a seguradora sub-roga-se nos direitos daquele, podendo, dentro do prazo prescricional aplicável à relação jurídica originária, buscar o ressarcimento do que despendeu, nos mesmos termos e limites que assistiam ao segurado. (...) No caso de não se averiguar a relação de consumo no contrato de transporte firmado, já decidiu esta Corte Superior que é de 1 (um) ano o prazo prescricional para propositura de ação de segurador sub-rogado requerer da transportadora o ressarcimento pela perda da carga (...)" (STJ, AgRg no REsp 1.169.418, 3ª T., rel. Min. Ricardo Villas Bôas Cueva, j. 06.02.2014).

da pretensão indenizatória do segurado em face do causador do dano é substancialmente mais amplo do que o lapso de um ano aplicável à pretensão desse mesmo segurado em face do segurador. Um dos exemplos mais claros ocorre quando o segurado sofre o dano no âmbito de relação de consumo e aciona o segurador em seguida. Refutada, ao menos no campo jurisprudencial, a longeva corrente hermenêutica que propunha a aplicação do prazo prescricional quinquenal do art. 27 do CDC à pretensão do segurado em face do segurador nesses casos, encontra-se consolidado o entendimento de que essa pretensão deve se sujeitar ao prazo ânuo do Código Civil.[46] Ocorrida, porém, a sub-rogação do segurador nos direitos do segurado, o prazo para o exercício da pretensão do segurador em face do autor do dano é o mesmo prazo quinquenal de que dispunha o consumidor para cobrar a indenização diretamente em face do causador do prejuízo.

Pense-se, ainda, no impressionante prazo com que contará a seguradora sub-rogada caso o dano sofrido pelo segurado decorra de ilícito contratual. Na hipótese, a jurisprudência do STJ tem aplicado o entendimento, bastante criticável,[47] de que a pretensão indenizatória da vítima do dano em face do contratante inadimplente estaria sujeita ao prazo prescricional geral de dez anos. O segurado que sofreu o dano apenas contará com um ano para exercer sua pretensão contratual em face da seguradora, não havendo divergência quanto a esse ponto; uma vez paga a indenização securitária e operada a sub-rogação em favor da seguradora, contudo, sujeita-se ela ao prazo prescricional da relação originária para exercer sua pretensão em face do causador do dano – a prevalecer o entendimento do STJ, o décuplo do tempo de que dispôs o segurado para acioná-la.

Um contraste drástico de prazos pode ocorrer, ainda, ao exemplo em que o segurado é a Administração Pública, hipótese em que ressurge a dúvida sobre ser aplicável à pretensão deste em face da seguradora o prazo ânuo do Código Civil ou um prazo de lei especial (desta vez, o prazo quinquenal do art. 1º do Decreto 20.910/1932).[48] A prevalência do

---

[46] Cfr. o posicionamento atual do STJ: "Incidente de assunção de competência. Recurso especial. Seguro de vida. Pretensões que envolvam segurado e segurador e que derivem da relação jurídica securitária. Prazo prescricional ânuo. (...) Inaplicabilidade do prazo prescricional quinquenal previsto no artigo 27 do CDC, que se circunscreve às pretensões de ressarcimento de dano causado por fato do produto ou do serviço (o chamado 'acidente de consumo'), que decorre da violação de um 'dever de qualidade-segurança' imputado ao fornecedor como reflexo do princípio da proteção da confiança do consumidor (artigo 12)" (STJ, REsp 1.303.374, 2ª S., rel. Min. Luis Felipe Salomão, j. 30.11.2021).

[47] Para uma crítica a esse posicionamento, permita-se remeter, ainda uma vez, a SOUZA, Eduardo Nunes de. Problemas atuais de prescrição extintiva no direito civil: das vicissitudes do prazo ao merecimento de tutela. *Civilistica.com*, Rio de Janeiro, n. 3, ano 10, 2021. Item 3.

[48] Dispõe o art. 1º do Decreto 20.910/1932: "As dívidas passivas da União, dos Estados e dos Municípios, bem assim todo e qualquer direito ou ação contra a Fazenda federal, estadual ou municipal, seja qual for a sua natureza, prescrevem em cinco anos contados da data do ato ou fato do qual se originarem". A despeito da literalidade do dispositivo, a jurisprudência do STJ tem se posicionado, reiteradamente, no sentido de se aplicar o mencionado prazo também às pretensões indenizatórias que sejam titularizadas pela Fazenda Pública: "(...) o prazo prescricional é quinquenal tanto nas ações indenizatórias movidas contra a Fazenda Pública quanto nas ações em que a Fazenda Pública figura como autora, em respeito ao princípio da isonomia, de modo que, à luz do entendimento deste egrégio Tribunal Superior, o prazo prescricional estabelecido no Decreto 20.910/1932 prevalece em detrimento do prazo de três anos previsto no art. 206, § 3º, inciso V, do Código Civil" (STJ, AgInt no REsp 1.891.285, 2ª T., rel. Min. Herman Benjamin, j. 08.03.2021). O entendimento, apesar de pacificado pela Corte Superior, não é totalmente isento de críticas, tais

prazo ânuo, aqui, resulta menos evidente do que nos exemplos anteriores. De fato, o prazo quinquenal consumerista e o suposto prazo decenal da responsabilidade contratual são determinados pela natureza indenizatória da pretensão, que tem fonte legal (e, portanto, difere da pretensão do segurado em face da seguradora, com fonte contratual, a justificar a incidência do prazo ânuo do Código Civil). No caso da Fazenda Pública, ao revés, o prazo quinquenal aplica-se a pretensões de qualquer natureza, sendo aparentemente definido mais por um critério *ratione personae* do que pela natureza e fonte da pretensão;[49] a norma, assim, seria mais específica e afastaria o prazo da lei civil. Por outro lado, o seguro contratado pelo ente público parece ser legitimamente qualificável como matéria de *ius gestionis*, o que deveria, em princípio, afastar eventuais prerrogativas fazendárias e atrair a norma codificada.[50] Nesse cenário, já existem posicionamentos jurisprudenciais no sentido de que a pretensão fazendária em face da seguradora estaria sujeita ao prazo ânuo.[51] Em prevalecendo este último entendimento, como nos exemplos anteriores, será drástica a

---

como: (i) em matéria de prescrição se impõe, ordinariamente, a interpretação restritiva do texto legal; (ii) o argumento da isonomia, embora sustentado também em doutrina (cfr., por exemplo, JUSTEN FILHO, Marçal. *Curso de direito administrativo*. São Paulo: Ed. RT, 2016. Capítulo 18), parece naturalizar em demasia a aplicação de uma igualdade meramente formal a sujeitos tão substancialmente distintos quanto a Administração Pública e o particular; (iii) o mencionado posicionamento do STJ quanto à prescrição das pretensões indenizatórias titularizadas pela Fazenda Pública parece ter se firmado em torno da discussão acerca de pretensões específicas de entidades de Previdência Social que o art. 120 da Lei 8.213/1991 qualifica como "ações regressivas", e não como pretensões indenizatórias.

[49] Vale lembrar, nesse ponto, a lição de Celso Antônio Bandeira de Mello, que, em edições iniciais de sua obra, defendia a aplicação dos prazos da lei civil às pretensões judiciais da Administração Pública em face dos administrados, mas, posteriormente, passou a destacar que o "prazo de cinco anos é uma constante nas disposições gerais estatuídas nas regras de Direito Público, quer quando reportadas ao prazo para o administrado agir, quer quando reportadas ao prazo para a Administração Pública fulminar seus próprios atos", de modo que "o correto não é a analogia com o Direito Civil" (MELLO, Celso Antônio Bandeira de. *Curso de direito administrativo*. São Paulo: Malheiros Editores, 2015. p. 1091-1092). Caso venha a se consolidar, no direito brasileiro, essa tendência unificadora em torno do prazo quinquenal para a prescrição das pretensões da Fazenda Pública, ter-se-á um argumento eloquente em prol da derrogação do prazo ânuo do Código Civil nesses casos.

[50] Note-se que o art. 62, § 3º, I da Lei 8.666/1993 incluía os contratos de seguro celebrados pela Administração Pública entre aqueles "cujo conteúdo [é] regido, predominantemente, por norma de direito privado". A doutrina administrativista ressalta a impropriedade técnica da redação do dispositivo, não ecoado na Lei 14.133/2021, que, tomado em sua literalidade, ao prever a aplicação de regras de direito público a tais contratos, levaria a "reconhecer que o legislador praticamente acabou com os contratos privados da Administração"; propõe-se, por isso, que os princípios de direito público só sejam aplicados aos contratos ali mencionados "quando expressos no instrumento contratual", preservando-se sua natureza eminentemente privada (CARVALHO FILHO, José dos Santos. *Manual de direito administrativo*. São Paulo: Atlas, 2017). As manifestações jurisprudenciais que afastam a aplicação do prazo ânuo do Código Civil aos seguros contratados pela Administração Pública, nesse cenário, afastam justamente a natureza privada desses contratos – por exemplo, no caso de seguro-garantia contratado como obrigação assumida no âmbito de licitação e contratação administrativa (ilustrativamente, cfr. TJSP, Ap. Cív. 1011451-55.2014.8.26.0053, 5ª C. D. Priv., rel. Des. Francisco Bianco, j. 11.11.2019).

[51] Ilustrativamente: "(...) Contrato de prestação de serviços. Seguro garantia. Distrito Federal. (...) Art. 206, § 1º, II, 'a', do Código Civil. Prescrição ânua reconhecida. Decreto n. 20.910/32. Inaplicabilidade" (TJDFT, Ap. Cív. 0710241-05.2019.8.07.0018, 1ª. T. Cív., rel. Des. Carlos Rodrigues, j. 19.08.2020).

diferença entre o prazo para o exercício da pretensão do ente público segurado em face da seguradora e o prazo para o exercício da pretensão desta sub-rogada nos direitos daquele.

Curiosamente, por outro lado, costuma-se afirmar que o prazo prescricional incidente sobre a pretensão da seguradora sub-rogada, embora tenha a mesma duração daquele que incidia sobre a pretensão do segurado em face do causador do dano, recomeça a sua contagem desde o início a partir do momento do efetivo pagamento da indenização.[52] Em outros termos, não se reconhece aqui a *accessio temporis*, prevista pelo art. 196 do CC para todas as hipóteses de sucessão na posição jurídica de titular do direito.[53] Dessa forma, o pagamento da indenização ao segurado acaba por ser convertido em uma hipótese interruptiva do prazo prescricional, prazo esse que não apenas passa a correr contra um novo titular do direito (a seguradora sub-rogada) como também, embora preserve sua duração total, torna a ser contado desde o início. Mais uma vez, o argumento da *actio nata* costuma ser invocado como razão justificadora,[54] em uma aparente subversão do próprio conceito de sub-rogação que, se fosse generalizada para outras hipóteses de modificação subjetiva das situações jurídicas, acabaria por transformar em letra morta a regra do art. 196 do CC.

Talvez fosse mais adequado, nesse particular, caso se pretendesse conferir à hipótese a necessária regulagem à luz do caso concreto que normalmente se traduz na invocação jurisprudencial da expressão *actio nata*, considerar que, entre o requerimento formulado pelo segurado à seguradora e o pagamento efetivo da indenização, ficaria suspenso (mas não interrompido) o prazo prescricional incidente sobre a pretensão em face do causador do dano, voltando a correr no instante da sub-rogação da seguradora na posição jurídica do segurado. Seria possível amenizar, com isso, o aparentemente inevitável agravamento que a sub-rogação da seguradora provoca sobre a posição jurídica do causador do dano,

---

[52] Ilustrativamente: "Ação regressiva. Sub-rogação de seguro. (...) Prescrição da ação ânua contada do pagamento da indenização securitária. (...) É firme a jurisprudência do Superior Tribunal de Justiça no sentido de que o termo inicial do prazo prescricional do direito de a seguradora pleitear a indenização do dano causado por terceiro ao segurado é a data em que foi efetuado o pagamento da indenização securitária" (STJ, AgInt no REsp 1.959.955, 4ª T., rel. Min. Marco Aurélio Bellizze, j. 21.02.2022).

[53] Trata-se de regra clássica sobre a prescrição, já constante da lição de Windscheid, que afirmava que a prescrição "continua a decorrer inalterada" mesmo que, por sucessão jurídica, um novo titular ou devedor ingresse na relação (WINDSCHEID, Bernard. *Diritto delle Pandette*. Trad. Carlo Fadda e Paolo Emilio Bensa. Torino: UTET, 1925. v. I. p. 381). Sobre o ponto, veja-se a lição de Câmara Leal, ainda sob a égide do Código Civil de 1916: "A prescrição tem uma continuidade indivisível: os seus efeitos ativos ou passivos não sofrem solução de continuidade pela substituição de prescribentes ou titulares, em virtude da sucessão universal ou singular", o que abrange também casos como "o legatário, o cessionário, o donatário, o adquirente em geral" (LEAL, Antônio Luís da Câmara. *Da prescrição e da decadência*. Rio de Janeiro: Forense, 1959. p. 48).

[54] É ver-se: "(...) efetuado o pagamento da indenização ao segurado em decorrência de danos causados por terceiro, pode a seguradora, por força da sub-rogação operada, buscar o ressarcimento do que despendeu, dentro do prazo prescricional aplicável à relação originária e nos mesmos limites que assistiam ao segurado. (...) Isso não implica, contudo, que esteja a seguradora sujeita ao prazo prescricional já deflagrado em face do segurado. Com efeito, em observância ao princípio da *actio nata*, o prazo prescricional para o exercício da pretensão de regresso somente pode ser iniciado quando surja para a seguradora pretensão exercitável, o que apenas ocorre na data em que efetuado o pagamento da indenização ao segurado" (STJ, REsp 1.842.120, 3ª T., rel. Min. Nancy Andrighi, j. 20.11.2020).

preocupação central no regime jurídico da sub-rogação pessoal (que, segundo o entendimento majoritário, preserva contra o titular sub-rogado do direito as exceções de que o devedor dispunha contra o titular original).[55]

REFERÊNCIAS BIBLIOGRÁFICAS

ALVES, José Carlos Moreira. *A parte geral do Projeto de Código Civil brasileiro*. São Paulo: Saraiva, 1986.

BARBOSA, Fernanda Nunes. O seguro de responsabilidade civil do profissional liberal. In: BODIN DE MORAES, Maria Celina; GUEDES, Gisela Sampaio da Cruz. *Responsabilidade civil dos profissionais liberais*. Rio de Janeiro: Forense, 2018.

BARBOZA, Heloisa Helena et al. *Código Civil interpretado conforme a Constituição da República*. Rio de Janeiro: Renovar, 2014. v. I.

BEVILÁQUA, Clóvis. *Código Civil dos Estados Unidos do Brasil*. Rio de Janeiro: Editora Rio, 1976. v. II.

CAHALI, Yussef Said. *Prescrição e decadência*. São Paulo: Ed. RT, 2008.

CARVALHO FILHO, José dos Santos. *Manual de direito administrativo*. São Paulo: Atlas, 2017.

JUSTEN FILHO, Marçal. *Curso de direito administrativo*. São Paulo: Ed. RT, 2016.

LEAL, Antônio Luís da Câmara. *Da prescrição e da decadência*. Rio de Janeiro: Forense, 1959.

LOPES, Miguel Maria de Serpa. *Curso de direito civil*. Rio de Janeiro: Freitas Bastos, 1996. v. I.

MELLO, Celso Antônio Bandeira de. *Curso de direito administrativo*. São Paulo: Malheiros Editores, 2015.

MENEZES CORDEIRO, António. *Tratado de direito civil português*. Coimbra: Almedina, 2010. v. II. t. IV.

PASSOS, Edilenice; LIMA, João Alberto de Oliveira. *Memória Legislativa do Código Civil*. Brasília: Senado Federal, 2012. v. II.

PEREIRA, Caio Mário da Silva. *Instituições de direito civil*. Rio de Janeiro: Forense, 2020. v. I e II.

RIZZARDO, Arnaldo; RIZZARDO FILHO, Arnaldo; RIZZARDO, Carine Ardissone. *Prescrição e decadência*. Rio de Janeiro: Forense, 2015.

SANTOS, J. M. de Carvalho. *Código Civil brasileiro interpretado*. Rio de Janeiro: Freitas Bastos, 1958. v. XIX.

SANTOS, J. M. de Carvalho. *Código Civil brasileiro interpretado*. Rio de Janeiro: Freitas Bastos, 1986. v. III.

SILVA, Rodrigo da Guia. *Enriquecimento sem causa*: as obrigações restitutórias no direito civil. 2. ed. São Paulo: Ed. RT, 2022.

---

[55] Afirma-se, em geral, que, na sub-rogação, o direito se transfere ao novo titular "com todas as suas qualidades e defeitos", pois o devedor não pode ser despojado de seus meios de defesa em decorrência de uma transmissão para a qual não concorreu com sua vontade (MENEZES CORDEIRO, António. *Tratado de direito civil português*. Coimbra: Almedina, 2010. v. II. t. IV. p. 230). Na doutrina brasileira, no mesmo sentido, cfr. PEREIRA, Caio Mário da Silva. *Instituições de direito civil*. Rio de Janeiro: Forense, 2020. v. II, segundo o qual "adquire o sub-rogatário o próprio crédito, tal qual é", e, "portanto, suporta as exceções que o sub-rogante teria de enfrentar".

SOUZA, Eduardo Nunes de. *Teoria geral das invalidades do negócio jurídico*: nulidade e anulabilidade no direito civil contemporâneo. São Paulo: Almedina, 2017.

SOUZA, Eduardo Nunes de. Problemas atuais de prescrição extintiva no direito civil: das vicissitudes do prazo ao merecimento de tutela. *Civilistica.com*, Rio de Janeiro, n. 3, ano 10, 2021.

SOUZA, Eduardo Nunes de. A perda do direito à garantia securitária prevista pelo art. 766 do Código Civil à luz da teoria geral das invalidades do negócio jurídico. *Revista Eletrônica Direito e Sociedade*, v. 10, n. 1, 2022.

THEODORO JÚNIOR, Humberto. O seguro de responsabilidade civil: disciplina material e processual. *Revista de Direito Privado*, São Paulo, v. 46, abr. 2011.

THEODORO JÚNIOR, Humberto. Contrato de seguro. Ação do segurado contra o segurador. Prescrição. *Revista dos Tribunais*, São Paulo, v. 101, n. 924. out. 2012.

TZIRULNIK, Ernesto. *Ornitorrinco securitário*: a prescrição da pretensão indenizatória. 2004. Disponível em: <https://www.ibds.com.br/wp-content/uploads/2022/09/Ornitorrinco-Securita%CC%81rio-A-Prescric%CC%A7a%CC%83o-Da-Pretensa%CC%83o--Indenizato%CC%81ria.pdf>.

TZIRULNIK, Ernesto. Em respeito ao Código Civil e ao segurado, STJ deve cancelar Súmula 229. *Consultor Jurídico*, 20.11.2019.

WINDSCHEID, Bernard. *Diritto delle Pandette*. Trad. Carlo Fadda e Paolo Emilio Bensa. Torino: UTET, 1925. v. I.

Parte II
DOS CONTRATOS EM GERAL

II.I. Repercussões dos princípios da boa-fé objetiva
e da função social do contrato nas relações securitárias

5
COMENTÁRIOS AO ART. 421 DO CÓDIGO CIVIL

Judith Martins-Costa
Giovana Benetti
Luca Giannotti

Art. 421. A liberdade contratual será exercida nos limites da função social do contrato. Parágrafo único. Nas relações contratuais privadas, prevalecerão o princípio da intervenção mínima e a excepcionalidade da revisão contratual.

1. ORIGEM DA DISPOSIÇÃO E REGIME ANTERIOR

Sem correspondência no Código Civil de 1916, o art. 421, em sua versão original, previa: "A *liberdade de contratar* será exercida *em razão* e nos limites da função social do contrato" (grifo nosso). Essa regra foi considerada por Miguel Reale, o coordenador da Comissão Elaboradora como "um dos pontos altos do novo Código Civil"[1], por concretizar no Direito dos Contratos, a *diretriz da solidariedade*, um dos três eixos ideológicos do Código e por explicitar ser a função social inerente ao exercício da autonomia privada dos contratantes. Não por acaso, na redação original, o princípio da função social dos contratos vinha colado ao princípio da liberdade de contratar. Por essa razão, escreveu-se que a liberdade contratual era qualificável como a *liberdade eticamente situada*[2], por ser exercida no ambiente da vida comunitária, dos interesses interindividuais, e, assim, marcada pelos valores que a sociedade, a cada momento histórico, assume como particularmente relevantes.

Com as alterações promovidas pela Lei da Liberdade Econômica, modificou-se a redação do art. 421 para nele constar "liberdade contratual" e para excluir a expressão "em razão" que a ligava à função social. Trata-se de uma concepção absolutista e abstrata da liberdade contratual, mitigada, no entanto, pela previsão de o exercício da liberdade con-

---
[1] REALE, Miguel. Função social do contrato. *História do novo Código Civil*. São Paulo: Ed. RT, 2005. p. 266.
[2] Escreveu-se a respeito da função social dos contratos em MARTINS-COSTA, Judith. Novas reflexões sobre o princípio da função social dos contratos. *Revista Estudos de Direito do Consumidor*, Coimbra, n. 7, 2005. p. 52.

tratual operar "nos limites da função social do contrato". Subjaz a concepção da liberdade contratual, como um direito sempre expansivo apenas "limitado" – externamente – pela função social. Esta é aparentemente tomada como imperativo de solidarismo contratual *naïf*. O intuito do legislador dirigiu-se a, na medida do possível, "manter o contrato incólume de valoração que não aquela conferida pelas próprias partes"[3].

Alinhado a esse intento, está o acréscimo do parágrafo único, estabelecendo o "princípio da intervenção mínima" e o "caráter excepcional" da revisão contratual. A despeito dessas modificações, todavia, é duvidoso se, de fato, a nova redação do artigo em comento poderia produzir a "blindagem" do contrato imaginada pelo legislador de 2019, a fim de atender tão somente os interesses individuais, como oportunamente se anotará.

Por ora, cabe referir, brevemente, (i) as transformações operadas pelo Código Civil de 2002 por via da diretriz da socialidade e da redação original do art. 421 e (ii) o histórico das alterações promovidas pela Lei da Liberdade Econômica a esse texto legal.

1.1. O art. 421 do Código Civil de 2002: a versão original

Os três princípios basilares do Código Civil de 2002, seus eixos ideológicos fundamentais, foram sintetizados pelo Presidente da Comissão Elaboradora numa tríade: eticidade, socialidade e operabilidade[4]. Por meio dessas verdadeiras pedras fundantes da codificação, alterou-se a base ideológica do Código então vigente, o "Código de Beviláqua"[5], elaborado em uma sociedade predominantemente rural e marcado, ideologicamente, pelo individualismo e pelo protagonismo do homem, o "sujeito proprietário", pai de família, contratante e testador[6].

A inserção do princípio da função social no pórtico da disciplina contratual tem, portanto, um valor simbólico, a demarcar um ponto de virada na concepção do contrato, como ato que, por definição, diz respeito à organização de relações econômicas que necessariamente se estendem para além de um indivíduo (pois o contrato é negócio jurídico bilateral) e, por vezes, até mesmo para além das partes contratantes (como nas hipóteses de projeção da eficácia para terceiros, e nas cadeias, nas coligações ou nos grupos contratuais).

Como apontado na doutrina, ao pioneirismo em disciplinar a função social no pórtico do Título relativo aos contratos em geral soma-se a adoção, pelo Código Civil de 2002,

---

[3] TEPEDINO, Gustavo; CAVALCANTI, Laís. Notas sobre as alterações promovidas pela Lei nº 13.874/2019 nos artigos 50, 113 e 421 do Código Civil. In: SALOMÃO, Luís Felipe; CUEVA, Ricardo Villas Bôas; FRAZÃO, Ana (coord.). *Lei de Liberdade Econômica e seus impactos no Direito brasileiro*. São Paulo: Ed. RT, 2020. p. 501.

[4] REALE, Miguel. Estrutura e espírito do novo Código Civil brasileiro. *História do novo Código Civil*. São Paulo: Ed. RT, 2005. p. 37.

[5] Para uma síntese sobre o transcurso dos 20 anos de vigência do Código Civil, *vide* MARTINS-COSTA, Judith. Conferência inaugural: os 20 anos do Código Civil. *IX Jornada de Direito Civil*: comemoração dos 20 anos da Lei n. 10.406/2002 e da instituição da Jornada de Direito Civil. 2022. Disponível em: <https://estudosculturalistas.org/wp-content/uploads/2022/08/PALESTRA-JMC-JORNADA.pdf>. Acesso em: 22.08.2022.

[6] REALE, Miguel. *História do novo Código Civil*. São Paulo: Ed. RT, 2005.

do método da cláusula geral[7]. Em vez de seguir a técnica da casuística[8], estabelecendo um conjunto de regras minuciosamente desenvolvidas, com a previsão o mais possível exauriente da hipótese legal e das respectivas consequências, o enunciado adotou a técnica das cláusulas gerais. Essa espécie normativa se caracteriza por uma estrutura semanticamente "vaga", "aberta" ou "incompleta", marcada por uma dupla indeterminação: no enunciado, que utiliza termos semanticamente vagos, e na consequência vinculada ao enunciado, a fim de permitir àquele que é o destinatário da cláusula geral especificá-la ou minudenciá-la no caso concreto[9]. A expressão "função social" é carecida de determinação ("conceitos vagos"), mas com conteúdo programático, determinando-se o sentido a partir de valorações tipicizantes, os chamados *standards*.

Além de adotar uma hipótese de incidência valorativamente aberta, as consequências jurídicas são igualmente indefinidas, havendo amplo espaço para se fixar, diante das circunstâncias concretas, e em vista das soluções previstas no sistema, quais serão as eficácias do descumprimento da função social do contrato[10]. Haverá apenas consequências indenizatórias, como ocorre na chamada tutela externa do crédito? O negócio será invalidado por contrariar a ordem pública, a exemplo do que indicaria a leitura conjunta dos arts. 2.035 e 166, II, do CC? A eficácia do contrato será modificada, tal qual na frustração do fim do contrato? Haverá ineficácia (total ou parcial) ou mesmo a paralisação do exercício jurídico, como se verifica na *suppressio*, figura ligada à cláusula geral da boa-fé objetiva? Na concreção da cláusula geral da função social do contrato, a determinação dos efeitos decorrentes da conduta contratual será realizada pelo aplicador, sempre à vista do caso concreto[11]. Assim, igualmente relevante é a função social do contrato como um *instituto*, em sua dimensão como âncora a organizar uma vasta casuística desenvolvida pela jurisprudência.

---

[7] BRANCO, Gerson. A função social do contrato no Código Civil: 18 anos de vigência e a interpretação jurisprudencial do STJ. In: BARBOSA, Henrique; FERREIRA DA SILVA, Jorge Cesa (coord.). *A evolução do direito empresarial e obrigacional*: os 18 anos do Código Civil – obrigações e contratos. São Paulo: Quartier Latin, 2021. v. 2. p. 281.

[8] Na conhecida proposição de Engish, o método da casuística há de ser compreendido como aquele que emprega "a configuração da hipótese legal (enquanto somatório dos pressupostos que condicionam a estatuição) que circunscreve particulares grupos de casos na sua especificidade própria" (ENGISCH, Karl. *Introdução ao pensamento jurídico*. Lisboa. Fundação Calouste Gulbenkian, 1966. p. 188). Desse modo, a casuística "não significa outra coisa senão a determinação por meio de uma concreção especificativa, isto é a regulação de uma matéria mediante a delimitação e determinação jurídica em seu caráter específico de um número amplo de casos bem descritos, evitando generalizações amplas como as que significam as cláusulas gerais" (ENGISCH, Karl. *La Idea de Concreción en el Derecho y em la Ciencia Jurídica Actuales*. Trad. espanhola de Juan José Gil Cremades. Pamplona: Ed. Universidad de Navarra, 1988. p. 180, tradução livre).

[9] Acerca dessas técnicas legislativas, seja consentido reenviar a: MARTINS-COSTA, Judith. *A boa-fé no direito privado*. 2. ed. São Paulo: Saraiva, 2018. p. 142-146 e 174-195.

[10] Sobre a estrutura e a função das cláusulas gerais, permite-se referir a MARTINS-COSTA, Judith. *A boa-fé no direito privado*. 2. ed. São Paulo: Saraiva, 2018. p. 142-208.

[11] Essa é a razão pela qual Miguel Reale, Presidente da Comissão Elaboradora do Anteprojeto de Código Civil, acentuou que "em todos os casos em que ilicitamente se extrapola do normal objetivo das avenças é dado ao juiz ir além da mera apreciação dos alegados direitos dos contratantes, para verificar se não está em jogo algum valor social que deva ser preservado" (REALE, Miguel. Função social do contrato. *História do novo Código Civil*. São Paulo: Ed. RT, 2005. p. 267-268).

Com a modificação do texto legal operada pela Lei da Liberdade Econômica, resta saber *se* e *em que medida* as alterações introduzidas são aptas a produzir modificação substancial na forma como a função social dos contratos veio sendo elaborada como modelo jurídico pelas diversas fontes normativas nestes 20 anos de vigência do Código Civil, pois a supressão da expressão "em razão da função social", aparentemente, afasta a importante dimensão interna do instituto.

1.2. A Lei de Liberdade Econômica e as alterações do art. 421

O texto da Medida Provisória 881/2019 já continha, em seu art. 7º, modificações ao art. 421 do CC. Previa-se, originalmente, a conservação do *caput* do art. 421 original, acrescentando a necessidade de se observar "o disposto na Declaração de Direitos de Liberdade Econômica", e adicionava um parágrafo único, prevendo que: "Nas relações contratuais privadas, prevalecerá o princípio da intervenção mínima do Estado, por qualquer dos seus poderes, e a revisão contratual determinada de forma externa às partes será excepcional".

Posteriormente, o texto foi modificado nos Projetos de Lei de Conversão 17/2019 e 21/2019, já se adotando a redação atual para o *caput* e o parágrafo único: "Art. 421. A liberdade contratual será exercida nos limites da função social do contrato. Parágrafo único. Nas relações contratuais privadas, prevalecerão o princípio da intervenção mínima e a excepcionalidade da revisão contratual".

2. SENTIDO DA DISPOSIÇÃO E PRINCIPAIS CONTROVÉRSIAS NA SUA INTERPRETAÇÃO

Para bem compreender os diversos papéis a que se atribui à função social do contrato no Direito brasileiro e as consequências das alterações trazidas pela Lei da Liberdade Econômica, as considerações a seguir endereçam, primeiramente, o conteúdo do *caput* do art. 421 (2.1), enfocando, em seguida, a importância da função social do contrato como elemento constitutivo da liberdade contratual nas relações securitárias, passando-se, finalmente, a abordar o parágrafo único da regra em comento (2.2).

2.1. O *caput* do art. 421

Como toda função é uma competência dirigida a uma finalidade, o olhar atento para o contrato demonstra que, ao ser considerado instrumentalmente, a sua finalidade precípua é a circulação de riquezas. A função social também é – fundamentalmente – a função econômica, por se tratar de função ligada à utilidade concreta que a operação econômica instrumentalizada pelo contrato está vocacionada a ensejar.

Vigendo a redação original do art. 421, afirmava-se que, quando a função econômica recebe uma "veste jurídica",[12] transmuta-se em um dos elementos do suporte fático do art. 421, pois os preceitos resultantes das declarações negociais devem guardar congruência com os interesses econômico-sociais para os quais o contrato foi concebido.[13] Ou seja,

---

[12] ROPPO, Enzo. *O contrato*. Trad. Ana Coimbra. Coimbra: Almedina, 1988. p. 7 e ss.
[13] BRANCO, Gerson. *Função social dos contratos:* Interpretação à luz do Código Civil. São Paulo: Saraiva, 2009.

mais do que uma oposição entre função social e liberdade contratual, a fim de permitir que deveres negativos sejam impostos aos contratantes, para além daqueles expressamente cominados na lei, a função social integra o modo de exercício da liberdade contratual e serve como seu fundamento.[14]

Assim considerada, a função social não é simplesmente um limite externo à liberdade contratual, sendo esta última dotada de potencial "absolutividade" a encontrar restrição diante de seu uso excessivo. Tratar da função social dos contratos implica compreender que esta se traduz como elemento constitutivo da liberdade de contratar, além de ser um de seus limites.

Com a extirpação da expressão "em razão da função social" do art. 421, subsiste a questão de saber se a modificação é suficiente para alterar a funcionalidade da norma e conduzir à desconsideração de valores sociais[15]. A resposta de boa doutrina é negativa: como aponta Gerson Branco, "a funcionalidade da norma continua sendo múltipla", tendo sido mantida, justamente por se reconhecer a "funcionalidade do contrato como fenômeno intrínseco da própria liberdade contratual como fato social reconhecido ao longo da história"[16].

Outros comentaristas do art. 421 em sua nova versão também concluem pelos reduzidos impactos da Lei da Liberdade Econômica ao excluir a expressão "em razão da função social", mas alcançam tal entendimento por diferentes caminhos. Para alguns, é falha a "tentativa de expurgar o controle interno da função social do contrato" por meio de tal medida, pois "o princípio realiza fundamentos e objetivos da República e, por isso, consiste em instrumento inderrogável (...)"[17]. Para outros, a manutenção do *caput* "conser-

---

[14] Registra Luís Gustavo Haddad: "Uma vez que a função social do contrato deve conviver com a autonomia privada, é necessário pôr em destaque a advertência de Ferri, segundo a qual o termo *social* traz consigo, em verdade, o sentido de algo apenas geral, isto é, que se dirige à sociedade, enquanto composta por uma pluralidade de indivíduos, '*un significato dunque pluralistico e tuttativa non antindividualistico*'" (HADDAD, Luís Gustavo. *Função social do contrato*. São Paulo: Saraiva, 2013. p. 99). Em certa medida, a discussão brasileira sobre a função social do contrato e sua relação com a autonomia privada espelha o debate no direito italiano sobre o papel de causa no direito dos contratos. Embora tenha se estabelecido, sob a sombra de Emilio Betti, a necessidade de o autorregramento de interesse promovido pelas partes conformar-se a um interesse socialmente relevante para que admita a vinculabilidade do contrato (requer-se, assim, uma função econômico-social no contrato), é fato que, em um regime constitucional que acolhe de forma tão ampla a autonomia privada, não há submissão necessária do interesse individual das partes a um interesse coletivo, reconhecendo-se a autodeterminação das partes como fundamento legítimo para as regras criadas pela autonomia privada (é suficiente, portanto, uma função econômico-individual no contrato), em grande parte pelos trabalhos de G. B. Ferri. *Vide*, por todos, LIPARI, Nicolò. *Le Categorie del Diritto Civile*. Milano: Giuffrè, 2013. p. 168-173.

[15] Concluir de modo diverso seria atentar contra a ideia de que "o contrato não é um mundo fixo e fechado hermeticamente, mas, ao contrário, é um componente do comércio jurídico, no qual se desenvolvem interações subjetivas inevitáveis, que devem ser consideradas e pesquisadas em suas consequências" (THEODORO JÚNIOR, Humberto. *Efeitos externos do contrato*: direitos e obrigações na relação entre contratantes e terceiros. Rio de Janeiro: Forense, 2007. p. 67).

[16] BRANCO, Gerson. Comentário ao artigo 421 do Código Civil: a função social do contrato na Lei da Liberdade Econômica. In: MARTINS-COSTA, Judith; NITSCHKE, Guilherme Carneiro Monteiro. *Direito privado na Lei da Liberdade Econômica*. São Paulo: Almedina, 2022. p. 481.

[17] TEPEDINO, Gustavo; CAVALCANTI, Laís. Notas sobre as alterações promovidas pela Lei nº 13.874/2019 nos artigos 50, 113 e 421 do Código Civil. In: SALOMÃO, Luís Felipe; CUEVA, Ricardo

vou a doutrina fundante do Código de 2002, de abertura às intervenções do juiz, devendo os contratantes observar os limites da função social, seguido, portanto, a funcionalização do direito"[18]. Por fim, também se defende que "a função social segue onde sempre esteve, com a mesma força, importância e, lamentavelmente, com igual dificuldade prática, em muitos casos, de sua identificação no caso concreto"[19].

Parece-nos que, de fato, as modificações levadas a cabo pela Lei da Liberdade Econômica no *caput* do art. 421 não têm o condão de ignorar o papel desempenhado pela função social do contrato como elemento constitutivo do modo de exercício da liberdade de contratar, passando a ser considerada tão somente como um de seus limites. A reforçar tal conclusão, é importante recordar o art. 2.035 do CC, o qual *não* foi alterado pela Lei de Liberdade Econômica e prevê, em seu parágrafo único, ser a função social dos contratos "preceito de ordem pública", não podendo qualquer convenção prevalecer "se vier a contrariar preceitos de ordem pública"[20].

Assentada a relativamente escassa relevância da modificação introduzida pela Lei da Liberdade Econômica no art. 421, voltemos à *fattispecie* ali prevista.

Desde a positivação da função social do contrato, doutrina e jurisprudência, embora nem sempre atentas aos riscos do emprego do instituto deslocado de critérios dogmáticos, esforçaram-se para elaborar distinções, figuras parcelares e conjuntos típicos de casos.

A função social do contrato divide-se em duas dimensões: a eficácia intrassubjetiva, ou faceta interna, e a eficácia intersubjetiva, ou faceta externa, da função social do contrato[21].

No primeiro caso, trata-se dos efeitos da função social *entre as partes do contrato*. Dado que o contrato é instrumento para atingir determinada finalidade econômica estabelecida pelas partes, a relevância, a amplitude e a subsistência dessa finalidade definem o exercício da liberdade contratual, isto é, a liberdade de celebrar o contrato, de escolher com quem contratar e de definir o conteúdo do contrato, e o comportamento posterior das partes na execução do pacto. Essas dimensões do fim concreto buscado pelas partes fundamentam uma série de institutos: a obrigação de contratar, em casos de bens essenciais a uma parte[22];

Villas Bôas; FRAZÃO, Ana (coord.). *Lei de Liberdade Econômica e seus impactos no Direito brasileiro*. São Paulo: Ed. RT, 2020. p. 505.

[18] FRADERA, Véra Jacob. Art. 7º: liberdade contratual e função social do contrato – art. 421 do Código Civil. In: MARQUES NETO, Floriano Peixoto; RODRIGUES JR., Otavio Luiz; LEONARDO, Rodrigo Xavier. *Comentários à Lei de Liberdade Econômica*: Lei 13.874/2019. São Paulo: Ed. RT, 2019. p. 304.

[19] CASTRO NEVES, José Roberto de. Comentário ao art. 421 do Código Civil: a função social do contrato. In: MARTINS-COSTA, Judith; NITSCHKE, Guilherme Carneiro Monteiro. *Direito Privado na Lei da Liberdade Econômica*. São Paulo: Almedina, 2022. p. 507.

[20] "Art. 2.035. A validade dos negócios e demais atos jurídicos, constituídos antes da entrada em vigor deste Código, obedece ao disposto nas leis anteriores, referidas no art. 2.045, mas os seus efeitos, produzidos após a vigência deste Código, aos preceitos dele se subordinam, salvo se houver sido prevista pelas partes determinada forma de execução.

Parágrafo único. Nenhuma convenção prevalecerá se contrariar preceitos de ordem pública, tais como os estabelecidos por este Código para assegurar a função social da propriedade e dos contratos."

[21] ZANETTI, Cristiano de Sousa. Comentários ao art. 421. In: NANNI, Giovanni (coord.). *Comentários ao Código Civil*: direito privado contemporâneo. São Paulo: Saraiva, 2019. p. 696-699.

[22] GODOY, Claudio Luiz Bueno de. *Função Social do Contrato*. 3. ed. São Paulo: Saraiva, 2009. p. 160.

o reconhecimento e os efeitos da coligação contratual, a partir do fim prático visado pelas partes na totalidade da operação econômica[23]; a imposição de deveres e limites ao exercício de direito das partes necessários à consecução da finalidade contratual[24]; a interpretação e a integração do conteúdo do contrato a partir do fim comum compartilhado[25]; a frustração do fim do contrato, sancionando com ineficácia o negócio cuja finalidade venha a se tornar inatingível[26].

Na faceta externa, examina-se os efeitos da função social *entre as partes do contrato e terceiros*. Considera-se o contrato não apenas um negócio jurídico mas igualmente um fato social, um instrumento de organização social e econômica[27], capaz de atingir a esfera jurídica de outros sujeitos para além das partes contratantes. Por conseguinte, mitiga-se a relatividade dos efeitos do contrato, impondo a terceiros a obrigação de respeitar o conteúdo do negócio e às partes a obrigação de indenizar terceiros lesados pelo inadimplemento[28], e se fulminam contratos que afetem sensivelmente direitos institucionais externos às partes,[29] tal como os contratos que prejudiquem a ordem pública econômica ou o meio ambiente.

Concretizando a cláusula geral do art. 421, a jurisprudência do Superior Tribunal de Justiça discerne "grupos de casos". Em aprofundado exame doutrinário, Gerson Branco localizou cinco concretizações específicas[30], como segue:

Em *primeiro lugar*, a função social do contrato é pauta aplicativa do exercício inadmissível de posições jurídicas em relações contratuais (art. 187), sancionando com ineficácia o exercício de qualquer direito subjetivo em desconformidade com a finalidade econômica e social do negócio. Essa finalidade econômica é, em grande parte, estabelecida pelo fim prático compartilhado pelas partes ao celebrarem o contrato. Um exemplo desses *topos* da função social do contrato é o exercício do direito de resolver um contrato tomando como base inadimplemento objetivamente irrelevante do deve-

---

[23] HADDAD, Luís Gustavo. *Função social do contrato*. São Paulo: Saraiva, 2013. p. 99.
[24] ASSIS, Araken de. Comentários ao arts. 421 a 480. In: ALVIM, Arruda; ARRUDA ALVIM WAMBIER, Teresa (coord.). *Comentários ao Código Civil brasileiro*. Rio de Janeiro: Forense, 2007. v. V. p. 85-86.
[25] BRANCO, Gerson. *Função social dos contratos*: interpretação à luz do Código Civil. São Paulo: Saraiva, 2009. p. 306.
[26] COGO, Rodrigo. *Frustração do fim do contrato*. São Paulo: Almedina, 2021. p. 254. Escreveu-se sobre o tema em MARTINS-COSTA, Judith; COSTA E SILVA, Paula. *Crise e perturbações no cumprimento da prestação*: estudo de direito comparado luso-brasileiro. São Paulo: Quartier Latin, 2020.
[27] SALOMÃO FILHO, Calixto. Função social do contrato: primeiras anotações. *Revista dos Tribunais*, v. 93, n. 823, maio 2004. p. 10.
[28] NEGREIROS, Teresa. *Teoria do contrato*: novos paradigmas. 2. ed. Rio de Janeiro: Renovar, 2006. p. 23 e ss.
[29] SALOMÃO FILHO, Calixto. Função social do contrato: primeiras anotações. *Revista dos Tribunais*, v. 93, n. 823, maio 2004. p. 10-11.
[30] Para o que segue, BRANCO, Gerson. Comentário ao art. 421 do Código Civil: a função social do contrato na Lei da Liberdade Econômica. In: MARTINS-COSTA, Judith; NITSCHKE, Guilherme Carneiro Monteiro. *Direito privado na Lei da Liberdade Econômica*. São Paulo: Almedina, 2022. p. 459-497. Aproxima-se sensivelmente a essa revisão jurisprudencial a tipologia de casos feita em 2014 por Eduardo Tomasevicius Filho em TOMASEVICIUS FILHO, Eduardo. Uma década de aplicação da função social do contrato. *Revista dos Tribunais*, v. 103, n. 940, p. 49-85, fev. 2014.

dor ("adimplemento substancial")[31], como o seria o inadimplemento de parte ínfima do prêmio do seguro de vida antes do falecimento do segurado, ou para inviabilizar uma série de contratos coligados, muitas vezes envolvendo terceiros, como ocorre no caso de substituição do incorporador imobiliário visando à finalização do empreendimento. Veda-se a resolução para que a incorporação possa terminar, uma vez que a falta de capital arruinaria a obra.

Em *segundo lugar*, a função social do contrato é utilizada como baliza da interpretação e da integração dos contratos, voltada ao máximo atingimento do fim buscado pelas partes. O caso paradigmático envolve o DPVAT, seguro obrigatório que cobre morte, invalidez permanente e despesas médicas de acidentes relacionados a veículos automotores. Decidiu-se que a definição de "incapacidade permanente", feita por um rol de hipóteses, era de tal maneira restritiva que a lista apresentada, em atenção à finalidade do negócio, deveria ser tomada como interpretativa.

Em *terceiro lugar*, emprega-se a função social do contrato para flexibilizar o princípio da relatividade dos efeitos dos contratos. O caso-paradigma é o do seguro de responsabilidade civil e a chamada "ação direta" da vítima contra a seguradora.[32] Reconhecendo-se que o seguro de responsabilidade civil é vocacionado tanto à proteção do interesse do segurado, que busca se ver livre de obrigações de indenizar, como à do lesado, cuja integridade é protegida reflexamente pela garantia fornecida pela seguradora, o Superior Tribunal de Justiça reconheceu que a vítima é também titular de posições derivadas do contrato de seguro em face da companhia, embora não seja parte do contrato,[33] ressalvando-se, todavia, nos termos do enunciado da Súmula do STJ 529, não caber, a princípio, o ajuizamento de demanda "direta e exclusivamente" contra a seguradora, figurando, de modo necessário, a seguradora no polo passivo.[34]

A *quarta concretização* da função social do contrato encontrada na jurisprudência do Superior Tribunal Justiça reside no seu papel de implementar certas políticas públicas. Usa-se a função social do contrato, por exemplo, para analisar o agravamento do risco em seguros automobilísticos. Aliando o seguro às normas penais e administrativas, a política pública de combate ao álcool fundamentaria, ao arrepio do art. 768 do CC, uma "presunção" de agravamento do risco em acidentes de trânsito em que o condutor comprovadamente estivesse alcoolizado.

---

[31] Sobre a figura, que certa jurisprudência aproxima da boa-fé, escreveu-se em MARTINS-COSTA, Judith. *A boa-fé no direito privado*. 2. ed. São Paulo: Saraiva, 2018. p. 758-762. É certo, no entanto, que o raciocínio desenvolvido pelo conjunto de decisões é diverso: enquanto, ao referir-se à boa-fé, se ata a resolução a um comportamento desconforme às expectativas do devedor, especialmente ao padrão de lealdade contratual, o emprego da função social do contrato nos casos de adimplemento substancial volta-se à utilidade da operação econômica e ao sacrifício desmedido criado pela extinção do vínculo contratual.

[32] Sobre o tema, *vide* MELO, Gustavo de Medeiros. *Ação direta da vítima no seguro de responsabilidade civil*. São Paulo: Contracorrente, 2016.

[33] Essa linha foi desenvolvida em uma série de outras decisões relevantes, como as que afastaram cláusulas de exclusão de garantia (STJ, 3ª T., REsp 1.754.768, rel. Min. Ricardo Villas Bôas Cueva, j. 15.03.2022) e a incidência do agravamento do risco praticado pelo segurado (STJ, 3ª T., REsp 1.684.228, rel. p/ acórdão Min. Ricardo Villas Bôas Cueva, j. 27.08.2019) em detrimento da vítima.

[34] *In litteris*: "No seguro de responsabilidade civil facultativo, não cabe o ajuizamento de ação pelo terceiro prejudicado direta e exclusivamente em face da seguradora do apontado causador do dano".

Por fim, *em quinto lugar*, a função social do contrato foi chamada a desenvolver a função de instrumento de revisão contratual em vista de alcançar o equilíbrio econômico do contrato. Essa dimensão da função social aparenta ser a causa não revelada da alteração legislativa do art. 421. No entanto, embora decisões relevantes tenham sido proferidas em tribunais estaduais nesse sentido, a jurisprudência do Superior Tribunal de Justiça jamais admitiu função solidarista no contrato, consignando ser econômica a sua função e, portanto, não lhe cabendo desempenhar função beneficente. A função social seria, assim, limite à "liberdade dos contratantes em promover a circulação de riquezas"[35].

O exame dos casos demonstra a relevância do contrato de seguro na construção da função social do contrato[36]. Esse tipo contratual transparece como um *locus* privilegiado para pensar a função social do contrato por ao menos duas razões: a dimensão necessariamente coletiva do contrato seguro, que depende da empresa seguradora para viabilizar condições técnicas que sustentam a comunidade de risco; e a relevância social da proteção de certos interesses pela técnica securitária.

O seguro é "contrato comunitário"[37], ou coletivo, por agregar, por definição, uma comunidade de interesses. Essa característica impede a desconsideração dos interesses da comunidade de segurados envolvidos na operação de seguro. Conquanto, do ponto de vista do segurado, o contrato de seguro possa parecer uma operação isolada, individual, na verdade, não o é[38]. Para que a seguradora se disponha a assumir determinado risco, ela organiza um grupo de riscos relativamente homogêneos e aloca os prêmios pagos em um fundo comum, do qual serão retirados os recursos para pagamento de indenizações diante de sinistros que porventura venham a ocorrer. Desse modo, há a diluição dos riscos garantidos pela seguradora, sendo os dispêndios incorridos em caso de sinistro compensados com a contribuição dos segurados não afetados.

É essa dimensão coletiva do contrato que fundamenta, por exemplo, todas as regras específicas sobre a alteração das circunstâncias no seguro: sanciona-se severamente o agravamento de risco, dentro dos limites traçados pelo Código Civil nos arts. 768 e 769, justamente para que a massa de segurados não seja prejudicada pelo desequilíbrio entre o prêmio cobrado do segurado e a garantia prestada[39].

Além disso, a proteção concedida pelo seguro é vista como um bem de extrema valia social[40], especialmente quando se trata de interesses particularmente sensíveis, tais como

---

[35] STJ, 3ª T., REsp 803.481, rel. Min. Nancy Andrighi, j. 28.06.2007.
[36] No mesmo sentido, TOMASEVICIUS FILHO, Eduardo. Uma década de aplicação da função social do contrato. *Revista dos Tribunais*, v. 103, n. 940, fev. 2014. p. 74.
[37] BAPTISTA DA SILVA, Ovídio A. O seguro como operação jurídica comunitária. *Seguros*: uma questão atual. São Paulo: IBDS: Max Limonad, 2001. p. 46 e ss.
[38] Conforme Ilan Goldberg, "É difícil, talvez impossível, pensar na atividade empresarial securitária de maneira individual. O coletivo acaba por suportar o individual, fruto do recolhimento de prêmios por uma multiplicidade de pessoas que nem mesmo se conhecem" (GOLDBERG, Ilan. Reflexões a propósito da função social no domínio dos contratos de seguro, da estipulação em favor de terceiro e do seguro à conta de outrem. In: TZIRULNIK, Ernesto et al. (coord.). *Direito do seguro contemporâneo*: edição comemorativa dos 20 anos do IBDS. São Paulo: Roncarati: Contracorrente, 2021. p. 124).
[39] MARTINS, Maria Inês Viana de Oliveira. *Contrato de seguro e conduta dos sujeitos ligados ao risco*. Coimbra: Almedina, 2018. p. 359 e ss.
[40] Sobre as funções do seguro, registra Amadeu Ribeiro: "a atividade seguradora cumpre três relevantes funções em relação à massa de segurados: proteção patrimonial, expansão da capacidade econômico-

os que são objeto dos seguros obrigatórios[41]. Dessa forma, a tutela do fim buscado com o seguro – a garantia do interesse – é particularmente sensível.

2.2. O parágrafo único do art. 421

O parágrafo único do art. 421, ao prever que "Nas relações contratuais privadas, prevalecerão o princípio da intervenção mínima e a excepcionalidade da revisão contratual", tem sido objeto de fortes e justificadas críticas.

Conforme Véra Fradera, o texto "causa estranheza", pois a Constituição Federal "autoriza o juiz a intervir durante a vida do contrato", tendo o legislador, em sua visão, "ignor[ado] o direito constitucionalmente reconhecido às partes de recorrer ao Judiciário, previsto no art. 5º, inciso XXXV (...), não se menciona[ndo] ser excepcional esse direito"[42].

Também Gustavo Tepedino e Laís Cavalcanti criticam essa regra, pois, a seu ver, não existe, na ordem jurídica, um "princípio de intervenção mínima", havendo, ao contrário, "um conjunto de pressupostos e requisitos autorizados pela Constituição da República e incorporados ao Código Civil para a intervenção judicial". Ainda segundo os autores, a revisão e a resolução contratual devem seguir os parâmetros constantes dos arts. 317 e 478 do CC, o que as tornam, "pelo rigor dos requisitos ali previstos, limitada[s] e excepciona[is]"[43].

Duas são as observações a registrar quanto ao "princípio da intervenção mínima" e à regra da excepcionalidade da intervenção judicial nos contratos. A primeira diz respeito à sua redundância. No tocante aos contratos regidos pelo Código Civil, a regra já era, efetivamente, a da "intervenção mínima", e toda revisão contratual é, nas relações de Direito contratual privado, efetivamente excepcional. Em rigor, o enunciado legislativo, para além de proclamar o óbvio, tem função meramente retórica, a sublinhar o caráter marcadamente ideológico e pleonástico da Lei[44].

A segunda observação diz respeito à inexistência, no Direito contratual brasileiro, de um princípio geral de equilíbrio contratual[45]. Na aplicação dos remédios revisivos ou resolutórios hoje constantes do Código Civil, o intérprete e decisor deve atentar para os estreitos limites legais atribuídos a esses remédios, os quais decorrem das regras dos arts. 317 e 478.

Além disso, em se tratando de um contrato de seguro, não se pode esquecer das especificidades quanto às alterações do pactuado em razão de alterações supervenientes

---

-financeira e redistribuição" (RIBEIRO, Amadeu. *Direito dos seguros*. São Paulo: Atlas, 2006. p. 57).

[41] Decreto-Lei 73/1966, art. 20.

[42] FRADERA, Véra Jacob. Art. 7º: liberdade contratual e função social do contrato – art. 421 do Código Civil. In: MARQUES NETO, Floriano Peixoto; RODRIGUES JR., Otavio Luiz; LEONARDO, Rodrigo Xavier. *Comentários à Lei de Liberdade Econômica*: Lei 13.874/2019. São Paulo: Ed. RT, 2019. p. 302.

[43] TEPEDINO, Gustavo; CAVALCANTI, Laís. Notas sobre as alterações promovidas pela Lei nº 13.874/2019 nos artigos 50, 113 e 421 do Código Civil. In: SALOMÃO, Luís Felipe; CUEVA, Ricardo Villas Bôas; FRAZÃO, Ana (coord.). *Lei de Liberdade Econômica e seus impactos no Direito brasileiro*. São Paulo: Ed. RT, 2020. p. 505.

[44] Assim apontou-se em MARTINS-COSTA, Judith; NITSCHKE, Guilherme Carneiro Monteiro (coord.). Origem e eficácia da Lei de Liberdade Econômica. *Direito privado na Lei da Liberdade Econômica*: comentários. São Paulo: Almedina, 2022. p. 36.

[45] Por todos, *vide* MARINO, Francisco. *Revisão contratual*. São Paulo: Almedina, 2020. p. 38.

e quanto às causas de resolução. Em razão do caráter comunitário do seguro, os arts. 766, 768, 769 e 770 preveem um regime específico de revisão e extinção do contrato de seguro, voltado a preservar o equilíbrio entre garantia prestada e prêmio pago.

Assim, seja em relação aos contratos em geral, seja em relação ao contrato de seguro, os remédios revisivos ou resolutórios são passíveis de invocação quando os seus pressupostos estão preenchidos, não se tratando, propriamente, de uma situação excepcional, mas do preenchimento ou não do suporte fático para a incidência dessas regras[46].

3. DISPOSIÇÕES RELACIONADAS

A cláusula geral do art. 421, a rigor, como é próprio das cláusulas gerais, incide em escalas variadas de intensidade sobre vários aspectos da relação securitária. De modo específico, podem ser lembradas as disposições a seguir.

Primeiro, a Constituição Federal, que positiva e traça as características fundamentais da função social da propriedade no direito fundamental à propriedade privada (art. 5º, XII-XXIII), nos princípios gerais da ordem econômica (art. 170, III), na política urbana (art. 182, § 2º) e agrícola (arts. 184-186), e menciona a função social da empresa pública (art. 173, § 1º, I). Apesar de se tratar de institutos diferentes, a técnica e os parâmetros de funcionalização da propriedade e da empresa muito influenciam a aplicação da cláusula geral prevista no art. 421 do CC.

Depois, no Código Civil, especialmente sobre o seguro de responsabilidade civil, o art. 788 disciplina a chamada "ação direta" da vítima contra a companhia de seguro em caso dos seguros legalmente obrigatórios. A jurisprudência tomou a disposição como concretização da função social do contrato no seguro de responsabilidade civil, inferindo, a partir do regramento específico, a permissão genérica de o lesado reclamar diretamente à seguradora a indenização de seus prejuízos.

Embora esteja relacionada ao fenômeno da adesividade, a função social do contrato é relevante parâmetro de aplicação do art. 424. Partindo de considerações sobre a função precípua do contrato de seguro – garantir interesses legítimos – e de sua utilidade social, combate-se o chamado "esvaziamento de cobertura", isto é, um seguro que viola o aspecto interno da função social do contrato, por promover uma operação econômica de pouca ou nenhuma utilidade ao segurado.

Por fim, e em sentido semelhante ao empregado no art. 424, as cláusulas abusivas previstas no art. 51 do CDC, particularmente a relacionada ao desequilíbrio contratual (art. 51, § 1º, II e III), adquirem uma tonalidade específica no contrato de seguro, à luz da operação econômica. Ainda sobre o CDC, merece nota o art. 101, II, que retardou o desenvolvimento do seguro de responsabilidade civil por vedar que o lesado

---

[46] Como reforçou Gerson Branco, "Até o advento da Lei da Liberdade Econômica a revisão dos contratos no Direito brasileiro não era admitida para situações excepcionais: a revisão somente é admitida quando houver previsão legal para sua ocorrência! A revisão dos contratos no Direito brasileiro após o advento do Código Civil vigente tem ocorrência naquelas condições especiais que a lei expressamente prevê, que estão vinculadas a situações fáticas que são realmente excepcionais" (BRANCO, Gerson. Comentário ao artigo 421 do Código Civil: a função social do contrato na Lei da Liberdade Econômica. In: MARTINS-COSTA, Judith; NITSCHKE, Guilherme Carneiro Monteiro. *Direito privado na Lei da Liberdade Econômica*. São Paulo: Almedina, 2022. p. 478).

envolvesse diretamente a seguradora na demanda. Atualmente, todavia, a disposição caiu em desuso.

Quanto ao parágrafo único do art. 421, despontam os arts. 766, 768, 769 e 770, que estabelecem um regime específico de revisão do contrato de seguro em face da alteração das circunstâncias, guardando relação de especialidade diante do regime geral da onerosidade excessiva (arts. 478 a 480) no que tange à modificação superveniente do risco objeto do seguro.

REFERÊNCIAS BIBLIOGRÁFICAS

ASCARELLI, Túlio. O conceito unitário de contrato de seguro. *Problemas das sociedades anônimas*. São Paulo: Saraiva, 1945.

ASSIS, Araken de. Comentários ao arts. 421 a 480. In: ALVIM, Arruda; ARRUDA ALVIM WAMBIER, Teresa (coord.). *Comentários ao Código Civil brasileiro*. Rio de Janeiro: Forense, 2007. v. V.

BAPTISTA DA SILVA, Ovídio A. Natureza jurídica do "Monte de Previdência". In: FÓRUM DE DIREITO DO SEGURO JOSÉ SOLLERO FILHO, 2., 2001, Porto Alegre. *Anais* (...). Porto Alegre, 2001.

BAPTISTA DA SILVA, Ovídio A. O seguro como operação jurídica comunitária. *Seguros*: uma questão atual. São Paulo: IBDS: Max Limonad, 2001.

BRANCO, Gerson. *Função social dos contratos*: interpretação à luz do Código Civil. São Paulo: Saraiva, 2009.

BRANCO, Gerson. A função social do contrato no Código Civil: 18 anos de vigência e a interpretação jurisprudencial do STJ. In: BARBOSA, Henrique; FERREIRA DA SILVA, Jorge Cesa (coord.). *A evolução do direito empresarial e obrigacional*: os 18 anos do Código Civil – obrigações e contratos. São Paulo: Quartier Latin, 2021. v. 2. p. 281-306.

BRANCO, Gerson. Comentário ao art. 421 do Código Civil: a função social do contrato na Lei da Liberdade Econômica. In: MARTINS-COSTA, Judith; NITSCHKE, Guilherme Carneiro Monteiro. *Direito privado na Lei da Liberdade Econômica*. São Paulo: Almedina, 2022.

CASTRO NEVES, José Roberto de. Comentário ao art. 421 do Código Civil: a função social do contrato. In: MARTINS-COSTA, Judith; NITSCHKE, Guilherme Carneiro Monteiro. *Direito Privado na Lei da Liberdade Econômica*. São Paulo: Almedina, 2022.

COGO, Rodrigo. *Frustração do fim do contrato*. São Paulo: Almedina, 2021.

ENGISCH, Karl. *La Idea de Concreción en el Derecho y em la Ciencia Juridica Actuales*. Trad. espanhola de Juan José Gil Cremades. Pamplona: Ed. Universidad de Navarra, 1988.

ENGISCH, Karl. *Introdução ao pensamento jurídico*. Lisboa. Fundação Calouste Gulbenkian, 1966.

FRADERA, Véra Jacob. Art. 7º: liberdade contratual e função social do contrato – art. 421 do Código Civil. In: MARQUES NETO, Floriano Peixoto; RODRIGUES JR., Otavio Luiz; LEONARDO, Rodrigo Xavier. *Comentários à Lei de Liberdade Econômica*: Lei 13.874/2019. São Paulo: Ed. RT, 2019. p. 293-308.

GODOY, Claudio Luiz Bueno de. *Função social do contrato*. 3. ed. São Paulo: Saraiva, 2009.

GODOY, Claudio Luiz Bueno. *Função social do contrato*. 4. ed. São Paulo: Saraiva, 2012.

GOLDBERG, Ilan. Reflexões a propósito da função social no domínio dos contratos de seguro, da estipulação em favor de terceiro e do seguro à conta de outrem. In: TZIRULNIK, Ernesto et al. (coord.). *Direito do seguro contemporâneo*: edição comemorativa dos 20 anos do IBDS. São Paulo: Roncarati: Contracorrente, 2021. p. 107-134.

HADDAD, Luís Gustavo. *Função social do contrato*. São Paulo: Saraiva, 2013.

JUNQUEIRA, Thiago. O princípio da função social do contrato e seus possíveis efeitos no seguro. In: CARLINI, Angélica; SARAIVA NETO, Pery (org.). *Aspectos jurídicos dos contratos de seguro*: ano VI. Porto Alegre: Livraria do Advogado, 2019. p. 337-361.

LIPARI, Nicolò. *Le Categorie del Diritto Civile*. Milano: Giuffrè, 2013.

MARINO, Francisco. *Revisão contratual*. São Paulo: Almedina, 2020.

MARTINS, Maria Inês Viana de Oliveira. *Contrato de seguro e conduta dos sujeitos ligados ao risco*. Coimbra: Almedina, 2018.

MARTINS-COSTA, Judith. Novas reflexões sobre o princípio da função social dos contratos. *Revista Estudos de Direito do Consumidor*, Coimbra, n. 7, p. 49-109, 2005.

MARTINS-COSTA, Judith. *A boa-fé no direito privado*. 2. ed. São Paulo: Saraiva, 2018.

MARTINS-COSTA, Judith. Conferência inaugural: os 20 anos do Código Civil. *IX Jornada de Direito Civil*: comemoração dos 20 anos da Lei n. 10.406/2002 e da instituição da Jornada de Direito Civil. 2022. Disponível em: <https://estudosculturalistas.org/wp-content/uploads/2022/08/PALESTRA-JMC-JORNADA.pdf>. Acesso em: 22.08.2022.

MARTINS-COSTA, Judith; COSTA E SILVA, Paula. *Crise e perturbações no cumprimento da prestação*: estudo de direito comparado luso-brasileiro. São Paulo: Quartier Latin, 2020.

MARTINS-COSTA, Judith; NITSCHKE, Guilherme Carneiro Monteiro. Apresentação. *Direito privado na Lei da Liberdade Econômica*: comentários. São Paulo: Almedina, 2022.

MARTINS-COSTA, Judith; NITSCHKE, Guilherme Carneiro Monteiro (coord.). Origem e eficácia da Lei de Liberdade Econômica. *Direito privado na Lei da Liberdade Econômica*: comentários. São Paulo: Almedina, 2022.

MELO, Gustavo de Medeiros. *Ação direta da vítima no seguro de responsabilidade civil*. São Paulo: Contracorrente, 2016.

MENEZES CORDEIRO, António. *Direito dos seguros*. 2. ed. Coimbra: Almedina, 2016.

MONTI, Alberto. *Buona Fede e Assicurazione*. Milão: Giuffrè Editore, 2002.

NEGREIROS, Teresa. *Teoria do contrato*: novos paradigmas. 2. ed. Rio de Janeiro: Renovar, 2006.

REALE, Miguel. *História do novo Código Civil*. São Paulo: Ed. RT, 2005.

RIBEIRO, Amadeu. *Direito dos seguros*. São Paulo: Atlas, 2006.

ROPPO, Enzo. *O contrato*. Trad. Ana Coimbra. Coimbra: Almedina, 1988.

SALOMÃO FILHO, Calixto. Função social do contrato: primeiras anotações. *Revista dos Tribunais*, v. 93, n. 823, maio 2004.

TEPEDINO, Gustavo; CAVALCANTI, Laís. Notas sobre as alterações promovidas pela Lei nº 13.874/2019 nos artigos 50, 113 e 421 do Código Civil. In: SALOMÃO, Luís Felipe; CUEVA, Ricardo Villas Bôas; FRAZÃO, Ana (coord.). *Lei de Liberdade Econômica e seus impactos no Direito brasileiro*. São Paulo: Ed. RT, 2020. p. 487-513.

THEODORO JÚNIOR, Humberto. *Efeitos externos do contrato*: direitos e obrigações na relação entre contratantes e terceiros. Rio de Janeiro: Forense, 2007.

TOMASEVICIUS FILHO, Eduardo. Uma década de aplicação da função social do contrato. *Revista dos Tribunais*, v. 103, n. 940, p. 49-85, fev. 2014.

TZIRULNIK, Ernesto. *Seguro de riscos de engenharia*: instrumento do desenvolvimento. São Paulo: Editora Roncarati, 2015.

TZIRULNIK, Ernesto; CAVALCANTI, Flávio de Queiroz; PIMENTEL, Ayrton. *O contrato de seguro de acordo com o novo Código Civil*. 3. ed. São Paulo: Editora Roncarati, 2016.

ZANETTI, Cristiano de Sousa. Comentários ao art. 421. In: NANNI, Giovanni (coord.). *Comentários ao Código Civil*: direito privado contemporâneo. São Paulo: Saraiva, 2019.

6

COMENTÁRIOS AO ART. 421-A DO CÓDIGO CIVIL

Judith Martins-Costa
Giovana Benetti
Luca Giannotti

> **Art. 421-A.** Os contratos civis e empresariais presumem-se paritários e simétricos até a presença de elementos concretos que justifiquem o afastamento dessa presunção, ressalvados os regimes jurídicos previstos em leis especiais, garantido também que:
>
> I – as partes negociantes poderão estabelecer parâmetros objetivos para a interpretação das cláusulas negociais e de seus pressupostos de revisão ou de resolução;
>
> II – a alocação de riscos definida pelas partes deve ser respeitada e observada; e
>
> III – a revisão contratual somente ocorrerá de maneira excepcional e limitada.

1. ORIGEM DA DISPOSIÇÃO E REGIME ANTERIOR

O art. 421-A remonta à Medida Provisória 881/2019, em que estava parcialmente previsto nos arts. 480-A[1] e 480-B.[2] Àquela Medida Provisória foram apresentadas emendas e questionada a presunção de paridade e simetria, contida no *caput* do atual art. 421-A, além de debatida a pertinência ou não da diferenciação entre contratos empresariais e demais classes de contratos.[3] O intenso debate que seguiu a açodada edição da Medida Provisória,

---

[1] *In verbis*: "Nas relações interempresariais, é lícito às partes contratantes estabelecer parâmetros objetivos para a interpretação de requisitos de revisão ou de resolução do pacto contratual".

[2] *In verbis*: "Nas relações interempresariais, deve-se presumir a simetria dos contratantes e observar a alocação de riscos por eles definida".

[3] MARINO, Francisco Paulo De Crescenzo. Comentários ao art. 421-A do Código Civil: presunção de paridade e simetria em contratos civis e empresariais. In: MARTINS-COSTA, Judith; NITSCHKE, Guilherme Carneiro Monteiro. *Direito privado na Lei de Liberdade Econômica*: comentários. São Paulo: Almedina, 2022. p. 511-512.

eivada por defeitos técnicos[4], não impediu a inserção dessas regras no Código Civil por meio da Lei da Liberdade Econômica.[5]

Os incisos I e II do art. 421-A têm origem no art. 7º da Medida Provisória 881/2019, mas a redação atual do inciso I deriva de emenda aglutinativa de Plenário, servindo esta última, igualmente, como fonte imediata do inciso III.[6] Ao analisar o inciso III, percebe-se a semelhança com o parágrafo único do art. 421[7], em que se destacou a imediata origem no art. 7º da Medida Provisória 881/2019.

A melhor doutrina não tem poupado críticas ao art. 421-A. Assertivamente, assegura Véra Fradera: "o texto deste artigo (...) poderia servir como exemplo de como não se deve legislar, pois todo o seu teor expressa algo que já está dito e redito no Código Civil, na lei em geral, na própria Lei 13.874".[8] Também Francisco Marino atenta para problemas interpretativos e sistemáticos decorrentes do art. 421-A, sublinhando não primar o seu regramento pela clareza ou pela coesão[9].

Levando em conta essas falhas, cabe, reconhecendo que o texto é direito posto, investigar os possíveis sentidos das regras ali contidas.

2. SENTIDO DA DISPOSIÇÃO E PRINCIPAIS CONTROVÉRSIAS NA SUA INTERPRETAÇÃO

O art. 421-A desdobra-se em três aspectos principais: a distinção entre "contratos civis e contratos empresariais"; a presunção de simetria e paridade referida em seu *caput*; e os incisos do art. 421-A e seu controverso espírito antirrevisionista.

---

[4] Ensaiou-se uma análise ao processo que, iniciado com a edição da MP, resultou na alteração do Código Civil, em MARTINS-COSTA, Judith; NITSCHKE, Guilherme Carneiro Monteiro (coord.). Origem e eficácia da Lei de Liberdade Econômica. *Direito privado na Lei da Liberdade Econômica*: comentários. São Paulo: Almedina, 2022. p. 27-33.

[5] *Vide* observações de: MARINO, Francisco Paulo De Crescenzo. Comentários ao art. 421-A do Código Civil: presunção de paridade e simetria em contratos civis e empresariais. In: MARTINS-COSTA, Judith; NITSCHKE, Guilherme Carneiro Monteiro. *Direito privado na Lei de Liberdade Econômica*: comentários. São Paulo: Almedina, 2022. p. 512.

[6] MARINO, Francisco Paulo De Crescenzo. Comentários ao art. 421-A do Código Civil: presunção de paridade e simetria em contratos civis e empresariais. In: MARTINS-COSTA, Judith; NITSCHKE, Guilherme Carneiro Monteiro. *Direito privado na Lei de Liberdade Econômica*: comentários. São Paulo: Almedina, 2022. p. 513.

[7] *Vide* comentários ao art. 421.

[8] FRADERA, Véra. Art. 7º: liberdade contratual e função social do contrato – art. 421 do Código Civil. In: MARQUES NETO, Floriano; RODRIGUES JR., Otavio; LEONARDO, Rodrigo Xavier (org.). *Comentários à Lei da Liberdade Econômica – Lei 13.874/2019*. São Paulo: Ed. RT, 2019. p. 305.

[9] MARINO, Francisco Paulo De Crescenzo. Comentários ao art. 421-A do Código Civil: presunção de paridade e simetria em contratos civis e empresariais. In: MARTINS-COSTA, Judith; NITSCHKE, Guilherme Carneiro Monteiro. *Direito privado na Lei de Liberdade Econômica*: comentários. São Paulo: Almedina, 2022. p. 518. *Vide*, ainda, críticas pontuais tecidas por RODRIGUES JR., Otavio Luiz; LEONARDO, Rodrigo Xavier; PRADO, Augusto Cézar Lukascheck. A liberdade contratual e a função social do contrato – alteração do art. 421-A do Código Civil: art. 7º. In: MARQUES NETO, Floriano; RODRIGUES JR., Otavio; LEONARDO, Rodrigo Xavier (org.). *Comentários à Lei da Liberdade Econômica – Lei 13.874/2019*. São Paulo: Ed. RT, 2019. p. 309-325. Para uma crítica mais ampla à Lei da Liberdade Econômica, *vide* BERCOVICI, Gilberto. As inconstitucionalidades da "Lei da Liberdade Econômica" (Lei nº 13.874, de 20 de setembro de 2019). In: SALOMÃO, Luis Felipe; CUEVA, Ricardo Villas Bôas; FRAZÃO, Ana. *Lei de Liberdade Econômica*: e seus impactos no Direito brasileiro. São Paulo: Ed. RT, 2020. p. 123-152.

2.1. Da distinção entre "contratos civis e contratos empresariais"

O *caput* do art. 421-A foi alvo de críticas por referir a distinção entre contratos civis e contratos empresariais, mas, por parte de críticos à unificação da atividade negocial levada a efeito pelo Código Civil de 2002, também foi objeto de comemorações, a ponto de ser aclamado como "um verdadeiro marco na história do direito brasileiro".[10]

Os críticos à modificação advinda da Lei da Liberdade Econômica sublinham o caráter supérfluo[11] e a verdadeira superfetação do legislador de 2019 ao acolher uma distinção que já fora superada há 20 anos. De fato, ao promover a unificação da atividade negocial, o Código Civil de 2002 abandonou o emprego da expressão *contratos mercantis*, com o que se mostrou apto "a regular as relações civis e empresariais, em contraposição ao regime do CDC".[12]

Passadas duas décadas de vigência do Código Civil de 2002, espanta perceber que muitos ainda confundem a unificação da *atividade negocial*[13] com a unificação entre *Direito Civil e Direito Comercial*. Esta, evidentemente, não existe[14], muito embora o regime jurídico da empresa esteja, em grande parte, no Código Civil, como apontado por Bulhões Pedreira[15], um dos autores da Lei das Sociedades Anônimas, tendo, ainda, o Código de 2002 unificado o regime jurídico das obrigações civis e comerciais[16].

---

[10] COELHO, Fábio Ulhoa. Princípios constitucionais na interpretação das normas de direito comercial. In: SALOMÃO, Luis Felipe; CUEVA, Ricardo Villas Bôas; FRAZÃO, Ana. *Lei de Liberdade Econômica*: e seus impactos no Direito brasileiro. São Paulo: Ed. RT, 2020. p. 440.

[11] MARINO, Francisco Paulo De Crescenzo. Comentários ao art. 421-A do Código Civil: presunção de paridade e simetria em contratos civis e empresariais. In: MARTINS-COSTA, Judith; NITSCHKE, Guilherme Carneiro Monteiro. *Direito privado na Lei de Liberdade Econômica*: comentários. São Paulo: Almedina, 2022. p. 518.

[12] MARINO, Francisco Paulo De Crescenzo. Comentários ao art. 421-A do Código Civil: presunção de paridade e simetria em contratos civis e empresariais. In: MARTINS-COSTA, Judith; NITSCHKE, Guilherme Carneiro Monteiro. *Direito privado na Lei de Liberdade Econômica*: comentários. São Paulo: Almedina, 2022. p. 518.

[13] Acerca da disciplina no Código Civil da atividade negocial, vide MARCONDES, Sylvio. *Problemas de direito mercantil*. São Paulo: Max Limonad, 1970; LEÃES, Luiz Gastão Paes de Barros. A disciplina da empresa no novo Código Civil brasileiro. *Revista de Direito Mercantil*, v. 128, ano XLI (nova série), p. 11-12, out.-dez. 2002.

[14] Com razão Menezes Cordeiro ao assinalar a que "boa parte do Direito Comercial é fragmentária, tornando-se operacional apenas graças à presença permanente das regras civis" (MENEZES CORDEIRO, António Manuel. *Manual de Direito Comercial*. Coimbra: Almedina, 2003. v. I. p. 20).

[15] Em uma das obras mais celebradas do direito societário brasileiro, afirma o autor: "O Código Civil contém disposições gerais sobre diversos institutos que se aplicam à companhia e integram, portanto, o sistema jurídico da companhia concreta. Entre essas normas cabe destacar as sobre as pessoas jurídicas de direito privado, negócios jurídicos, atos ilícitos, prescrição e decadência, direito das obrigações e contratos em geral, títulos de crédito, responsabilidade civil, sociedades personificadas, propriedade de coisa móvel, usufruto e direitos reais de garantia". A grande maioria, portanto, consistindo em categorias da parte geral. (BULHÕES PEDREIRA, José Luiz. Sistema jurídico da companhia. In: LAMY FILHO, Alfredo; BULHÕES PEDREIRA, José Luiz (coord.). *Direito das companhias*. Rio de Janeiro: Forense, 2009. v. I. § 45. p. 173).

[16] Assim escreveu-se em MARTINS-COSTA, Judith. *A boa-fé no direito privado*: critérios para a sua aplicação. 3. ed. § 28, no prelo.

Não são afastadas pelas regras do Código Civil, no entanto, as peculiaridades das *relações obrigacionais mercantis*. E assim deve ser, pois "todo real é relacional"[17]. Ao contrário das relações obrigacionais civis, consumeristas e trabalhistas, as relações obrigacionais do campo empresarial estabelecem-se, comumente, entre sujeitos empresários (empresários individuais e sociedades empresárias), isto é, entre centros de organização polarizados pela noção de *atividade negocial empresária*[18], que requer a conjugação entre o dinamismo (ínsito às noções de mercado e de atividade) e a previsibilidade e segurança que o Direito deve proporcionar para essa atividade. Nesse campo, há forte impacto da práxis[19], da informalidade dos instrumentos negociais; da atipicidade, incluindo o trânsito muito dinâmico de modelos provindos do ambiente internacional, e do maior espaço para a autonomia privada, uma vez que, no Direito Empresarial, ela incide "com maior força do que em outros setores do Direito Privado, em face da necessidade de prevalência dos princípios da livre-iniciativa, da livre concorrência e da função social da empresa".[20]

Ademais, o princípio da boa-fé adquire no campo das relações obrigacionais mercantis tons e cores modulados por uma paleta de significações advindas do viés *confiança* em seus matizes: a confiança como *confiabilidade ou credibilidade* (valorizando-se a posição do agente, isto é, o investimento de confiança daquele que recebe determinada ação ou declaração, bem como, por exemplo, a posição de autoridade do emissor da declaração), e a confiança como *previsibilidade* necessária para o cálculo do investidor, sócio, ou empresário para poder mensurar o risco[21], apresentando-se, especialmente, então, como elemento da *segurança jurídica*[22].

Esses elementos, sendo ínsitos à atividade empresarial, são pressupostos e, de modo algum, afastados pela referência genérica a "contratos". Pensamos, assim, que a Lei da Liberdade Econômica, a par de não ter traçado um regime especial para os contratos empresariais (o que demandaria estrutura normativa de maior densidade)[23], incorreu em superfluidade ao traçar a referência a contratos civis e empresariais no *caput* do art. 421-A.

---

[17] "Le réel est relationnel" (BOURDIEU, Pierre. *Raisons Pratiques*. Sur la théorie de l'action. Paris: Seuil, 1994. p. 17). A metáfora do "campo", ora utilizada, ressonância bourdieusiana, remetendo à ideia de um espaço social estruturado, dinâmico e não fechado, concomitantemente "campo de forças" e "campo de lutas", tendente (conforme posicionadas as forças em seu interior) à conservação ou à transformação. Entre os vários trabalhos em que Bourdieu tratou, nem sempre com idêntica inflexão, da noção de campo, consultar: BOURDIEU, Pierre. *Raisons Pratiques*. Sur la théorie de l'action. Paris: Seuil, 1994. p. 53 e ss.).

[18] Acerca dos elementos do conceito de empresa, *vide*: FRANÇA, Erasmo Valladão e Novaes. Empresa, empresário e estabelecimento. A nova disciplina das sociedades. *Temas de direito societário, falimentar e teoria da empresa*. São Paulo: Malheiros Editores, 2009. p. 510-530. Para a centralidade dessa noção no Código Civil, conferir a Exposição de Motivos do Anteprojeto de Código Civil (REALE, Miguel. *História do novo Código Civil*. São Paulo: Ed. RT, 2005. p. 99).

[19] *Vide*, a respeito, COMIRAN, Giovana Cunha. *Os usos comerciais*: da formação dos tipos a interpretação e integração dos contratos. São Paulo: Quartier Latin, 2019.

[20] STJ, 3ª T., REsp 1.409.849/PR, rel. Min. Paulo de Tarso Sanseverino, j. 26.04.2016.

[21] FORGIONI, Paula. A interpretação dos negócios empresariais no novo Código Civil brasileiro. *Revista de Direito Mercantil, Industrial, Econômico e Financeiro*, São Paulo, n. 130, ano XLII (nova série), abr.-jun. 2003. p. 27.

[22] Assim escreveu-se em MARTINS-COSTA, Judith. *A boa-fé no direito privado*: critérios para a sua aplicação. 3. ed. § 28, no prelo.

[23] MARINO, Francisco Paulo De Crescenzo. Comentários ao art. 421-A do Código Civil: presunção de paridade e simetria em contratos civis e empresariais. In: MARTINS-COSTA, Judith; NITSCHKE,

2.2. Da presunção de simetria e paridade

A expressão "simetria" remete, pelo oposto, à assimetria. É, portanto, a situação de ausência de assimetria, termo polissêmico, pois, ainda que restritamente conotada ao termo contrato, a assimetria pode provir de diferentes posições jurídicas e de diferentes causas: há assimetria de poderes contratuais; de informação sobre o objeto do contrato; de conhecimento técnico; de poder econômico etc.

Os mais comuns casos de assimetria contratual são os verificados no âmbito das relações de consumo, regidas pelo CDC, e de emprego, regidas pela CLT. Não são, contudo, os únicos. Mesmo no âmbito das relações civis e comerciais, pode haver – e frequentemente há – diferentes graus de assimetria, bastando recordar a hipótese dos contratos que tenham por objeto valores mobiliários[24]. Também nas relações contratuais nas quais uma das partes é entidade da Administração Pública Direta ou Indireta, há assimetria, como o comprovam, nos contratos regidos pela Lei 8.666/1993 e, mais recentemente, pela Lei 14.133/2021, as chamadas "cláusulas exorbitantes de direito comum".

É bem verdade que alguns autores reservam a expressão "assimetria" às hipóteses de relação de consumo e à predisposição do conteúdo contratual. Nesse caso, haveria a sinonímia entre assimetria e paridade, como sustenta Francisco Marino, que, ao buscar elucidar a conexão do *caput* do art. 421-A com os seus incisos, alcança a seguinte conclusão: as balizas constantes dos incisos do art. 421-A poderão ser consideradas quando se estiver diante de "contratos paritários e simétricos do Código Civil", os quais são pautados "pela observância das cláusulas que alocam riscos entre as partes e que particularizam regras interpretativas, revisionais e resolutórias" e são sujeitos "à revisão nas limitadas hipóteses expressamente previstas em lei". A esses contratos contrapõem-se os "contratos desiguais ou assimétricos", como os contratos de adesão e os de consumo, que demandariam a adoção de balizas diversas[25]. Por essa concepção estrita dos termos "simetria e paridade", os contratos regidos pelo Código Civil seriam simétricos e paritários[26].

Em nosso modo de ver, tal como prevê o art. 421-A, as relações contratuais sob a regência do Código Civil são *tendencialmente* simétricas e paritárias. Entretanto, pode haver fatores que estabeleçam assimetrias em relações civis e empresariais, razão pela qual as leis ou preveem topicamente "contrapesos" (como, paradigmaticamente, o fez a Lei Ferrari –

Guilherme Carneiro Monteiro. *Direito privado na Lei de Liberdade Econômica*: comentários. São Paulo: Almedina, 2022. p. 519.

[24] *Vide*, a propósito, a recente tese de FERREIRA, Mariana Martins-Costa. *Responsabilidade civil pela falha informacional no mercado de valores mobiliários*: pressupostos e análise crítica. 2022. 481 f. Tese (Doutorado em Direito) – Faculdade de Direito, Universidade de São Paulo, São Paulo, 2022.

[25] Os trechos entre aspas estão em MARINO, Francisco Paulo De Crescenzo. Comentários ao art. 421-A do Código Civil: presunção de paridade e simetria em contratos civis e empresariais. In: MARTINS-COSTA, Judith; NITSCHKE, Guilherme Carneiro Monteiro. *Direito privado na Lei de Liberdade Econômica*: comentários. São Paulo: Almedina, 2022. p. 524.

[26] MARINO, Francisco Paulo De Crescenzo. Comentários ao art. 421-A do Código Civil: presunção de paridade e simetria em contratos civis e empresariais. In: MARTINS-COSTA, Judith; NITSCHKE, Guilherme Carneiro Monteiro. *Direito privado na Lei de Liberdade Econômica*: comentários. São Paulo: Almedina, 2022. p. 524. Ainda segundo o autor, a "noção de dependência econômica, desprovida de base legal e caracterizada por contornos imprecisos, torna extremamente incerto o seu manejo pelos agentes jurídicos".

Lei 6.729/1979 – que dispõe sobre a concessão comercial de produtores e distribuidores de veículos automotores de via terrestre), ou em regras de caráter geral que intentam minimizar o desequilíbrio, como o fazem, *e.g.*, os arts. 423 e 424 do CC.

A assimetria contratual é, frequentemente, um dado de fato, mas pode ser também um dado normativo. Pode haver assimetria *de posições contratuais*, como a existente entre o empregador e o empregado e entre o consumidor e o fornecedor; entre *prestações contratuais*, como ocorre nos contratos aleatórios; pode se apresentar como assimetria de *poderes para influir no conteúdo do contrato*, tal qual nos contatos formados por adesão.[27] Por isso, a assimetria, no mundo dos contratos, conecta-se ao fenômeno do poder e se desdobra em *poder jurídico* (por exemplo, o decorrente da prevalência do interesse público, nos contratos administrativos; o poder de órgãos públicos para ditar cláusulas em contratos de seguro); e *poder puramente fático* (por exemplo, a impossibilidade real a uma das partes para conformar o conteúdo do contrato, porque, para obter o bem desejado, deve aderir a "condições gerais dos negócios" massivamente predeterminadas, como os contratos de fornecimento de luz; ou o poder econômico que se revela, *e.g.*, na formação de monopólios de fato).

Especificamente na assimetria puramente fática, característica do campo empresarial, há desequilíbrio quando presente a *diferença estrutural de forças* ou *relevante disparidade de poderes de fato* entre os contraentes[28], afetando o equilíbrio informativo do contrato, de poder negocial e de capacidade de imposição de conteúdo do negócio[29].

Não sendo o campo das relações entre empresas rigorosamente homogêneo, tem sido reconhecido que, também no âmbito empresarial, pode haver, em certos casos, assimetria entre poderes para influir na formação e na execução contratual. Em face dessa circunstância, a doutrina italiana propôs categoria nomeada *il terzo contratto*[30]. A denominação evoca o binômio, há muito assentado, entre relações civis e comerciais, e, mais tarde, entre relações contratuais de direito comum e de direito do consumidor, a evidenciar que, num exame mais refinado, há contratos que não se ajustam a esses rígidos esquemas binários. No hiato entre os extremos[31], entende-se que, para além de relações de direito civil comum, há a possibilidade de uma terceira categoria compreensiva, por exemplo, dos contratos de agência, representação comercial e franquia, quando presente a assimetria entre poderes.

Caracteriza-se o *terzo contratto* como o ajuste estruturado sobre posições de poder contratual assimétricas. É inconfundível com os contratos de consumo ou o contrato de trabalho, porque é, em regra, contrato entre pessoas empresárias ("contratos empresariais"),

---

[27] A esse respeito, permite-se remeter a MARTINS-COSTA, Judith. *A boa-fé no direito privado*: critérios para a sua aplicação. 3. ed. § 31, no prelo.

[28] MARTINS-COSTA, Judith. *A boa-fé no direito privado*: critérios para a sua aplicação. 3. ed. § 28, no prelo.

[29] ALPA, Guido. *Le Stagioni del Contratto*. Bologna: Mulino, 2012. p. 143.

[30] GRITTI, Gregorio; VILLA, Gianroberto (org.). Il terzo contratto. Bologna: Il Mulino, 2008. p. 13 e 15; ROPPO, Vincenzo. Contratto di diritto comune, contratto del consumatore, contratto con asimmetria di potere contrattuale: genesi e sviluppi. Rivista di Diritto Privato, n. 1, 2001. p. 53 e ss.; ROPPO, Vincenzo. Contratto del Duemila. 4. ed. Milano: Giappichelli Editore, 2020. p. 95-130; PARDOLESI, Roberto. Una postilla sul Terzo Contratto. § 7. Disponível em: <http://www.law-economics.net/workingpapers/L&E-LAB-FIN-07-2008.pdf>. Acesso em: 02.08.2022.

[31] DI CIOMMO, Francesco. Contratti tra imprenditori, equilibrio delle prestazioni ed efficiente gestione del rischio: tra "terzo contratto", "contratti addimmetrici" e Codice Civile. In: RUSCELLO, Francesco (org.). Contratti tra imprese e tutela dell'imprenditore debole. Roma: Aracne, 2012. p. 320.

no qual, porém, uma das partes tem reduzido poder para influir no seu conteúdo porque o desempenho de sua atividade depende fortemente da atividade do cocontratante. Trata-se de um dado de fato que se projeta sobre o Direito aplicável, quer pela existência de regulamentação legal ou administrativa concorrentemente à disciplina do Código Civil, quer pelas regras de interpretação contratual e de vedação ao abuso. O que importa é a assimetria de poderes, a qual se desenvolve, nos dizeres de Roppo[32], ou a partir de fatores patológicos – ínsitos às partes, como a capacidade –, ou de fatores fisiológicos – quanto a aspectos objetivos, como a posição que um sujeito ocupa perante o outro em um mercado[33].

Fixadas e discernidas essas categorias, a qual delas se integra o contrato de seguro?

O seguro é, em regra, contrato assimétrico e assim o é estruturalmente, em face da "operação seguro" situada na raiz da empresa seguradora moderna. De modo muito sintético: as seguradoras aferem, quantificam e categorizam os riscos de uma massa de segurados com auxílio de técnicas estatísticas e atuariais, permitindo sua gestão coletiva em uma chamada comunidade de risco, suportada pelo prêmio cobrado de cada segurado[34]. Apreendidos os riscos, define-se o prêmio que deve ser cobrado individualmente de cada segurado para que a comunidade de risco se sustente.

Esse procedimento baseia-se na lei dos grandes números[35], segundo a qual, em termos gerais, a precisão de uma previsão estatística da ocorrência de um evento torna-se cada vez melhor quanto maior a amostragem[36]. No seguro, quanto maior for o número de segurados, melhor será a previsão sobre a frequência e a intensidade dos sinistros contra os quais os segurados pretendem se proteger. Contudo, para que essa lei matemática funcione, uma premissa é fundamental: os riscos devem ser homogêneos. A estatística deve referir-se a um mesmo tipo de risco, cujo cálculo determina o valor cobrado de cada segurado para sustentar a comunidade de risco[37]. "Não se deve misturar as cenouras com as ervilhas", resume um famoso tratado francês[38].

---

[32] ROPPO, Vincenzo. Ancora su contratto asimmetrico e terzo contratto. Le coordinate del dibattito, con qualche elemento di novità. In: ALPA, Guido; ROPPO, Vincenzo (org.). *La vocazione civile del giurista*. 6. ed. Roma: Laterza, 2018. p. 193-195.

[33] Por exemplo, o Regulamento Roma I sobre a lei aplicável às obrigações contratuais refere expressamente, dentre as políticas centrais do conjunto de regras, a proteção da parte frágil nas relações assimétricas. ROPPO, Vincenzo. Ancora su contratto asimmetrico e terzo contratto. Le coordinate del dibattito, con qualche elemento di novità. In: ALPA, Guido; ROPPO, Vincenzo (org.). La vocazione civile del giurista. 6. ed. Roma: Laterza, 2018. p. 180, também referido por PARDOLESI, Roberto. Una postilla sul Terzo Contratto. § 7. Disponível em: <http://www.law-economics.net/workingpapers/L&E-LAB-FIN-07-2008.pdf>. Acesso em: 02.08.2022.

[34] Para as linhas gerais da operação de seguro e sua evolução, cfr. LA TORRE, Antonio. *L'assicurazione nella storia delle idee*. 2. ed. Milano: Giuffrè, 2000. p. 124-125 e 168-169.

[35] Para o que segue, BIGOT, Jean (org.). *Traité de Droit des Assurances*. 2. ed. Paris: LGDJ, 2014. p. 8 ss.

[36] Basta pensar em um dado: quanto mais jogadas ocorrem, mais fácil é retirar dos resultados concretos a frequência estatística de um resultado específico (quanto mais se jogar o dado, mais fácil é inferir dos resultados que a chance de qualquer lado ficar à mostra é de 1/6, o número de lados do cubo).

[37] Maria Inês de Oliveira Martins, a propósito da atividade das seguradoras modernas, observa: "Assistimos, pois, a uma inversão do ciclo de produção: *o preço do serviço é estabelecido antes de o segurador conhecer o correspondente custo, que só conhecerá efectivamente depois de regularizar todos os sinistros ocorridos durante o exercício*" (MARTINS, Maria Inês Viana de Oliveira. Da incerteza ao risco: as técnicas seguradoras e o seu referente, num diálogo com Knight. *Boletim de Ciências Económicas*, v. 2, ano 57, 2014. p. 2).

[38] BIGOT, Jean (org.). *Traité de Droit des Assurances*. 2. ed. Paris: LGDJ, 2014. p. 9.

A garantia de homogeneidade dos riscos está, precisamente, na padronização do contrato distribuído pela seguradora, pois, mesmo sendo cada segurado único, a companhia de seguro, idealmente, obriga-se a garantir *o mesmo risco* de todos os segurados de um ramo específico[39] – daí a rica definição de seguro como um *produto jurídico*[40], viabilizado pela operação de seguro[41].

Complementa essa noção o fato de o seguro, diferentemente de uma *commodity* qualquer, ser um produto voltado a satisfazer as necessidades do segurado *em termos jurídicos*, é dizer: o seguro é um produto fabricado pelo Direito, que, por meio do Direito das Obrigações, protege a esfera jurídica dos segurados e dos beneficiários. Enquanto os demais contratos regulam operações econômicas, o seguro só se torna uma operação econômica por meio do contrato de seguro. Justamente por isso, a técnica está intimamente ligada à conformação normativa desse contrato e à estrutura comunitária que o caracteriza.

A estrutura fixa desse tipo de contrato decorre de uma necessidade econômica. A operação de seguro, condição indispensável para o desenvolvimento responsável da moderna atividade seguradora[42], milita contra a possibilidade de ampla liberdade negocial no contrato de seguro. Como regra, há poder fático das seguradoras, que, salvo em raríssimas hipóteses, nas quais há maior grau de simetria *de fato*, predispõem as cláusulas na apólice, apenas cabendo ao segurado a escolha entre aderir ou não ao contrato.

Desses dados da realidade, podemos extrair duas conclusões.

Em *primeiro lugar*, na maioria massiva dos casos, o segurado simplesmente adere ao seguro oferecido, cabendo-lhe, em regra, preencher e subscrever o formulário que já expressa as condições pretendidas e descreve os riscos a serem segurados[43]. E, mesmo quando existente certa possibilidade de negociação por parte do segurado, tal como na escolha de diversas coberturas básicas e adicionais de um seguro mais complexo, esta, em regra, se dá em grau mínimo, insuficiente para afastar a qualificação como contrato

---

[39] É bem verdade que essa pura gestão estatística do seguro é, em algum grau, relativizada, quer por limitações jurídicas, quer por questões comerciais, quer por restrições mesmo técnicas, impedindo seja a companhia de seguro considerada apenas administradora de uma comunidade de risco entre os segurados. A seguradora é, com efeito, uma empresária do risco, que usa de métodos estatísticos e outras técnicas complementares para garantir, de forma sólida e adequada, uma massa de segurados pelo menor prêmio possível (*vide* PRÖLSS, Jürgen. Der Versicherer als „Treuhänder der Gefahrengemeinschaft" – Zur Wahrnehmung kollektiver Belange der Versicherungsnehmer durch den Privatversicherer. In: CANARIS, Claus-Wilhelm; DIEDERICHSEN, Uwe (org.). *Festschrift für Karl Larenz zum 80. Geburtstag*. München: C. H. Beck, 1983. p. 487-535).

[40] Para o conceito de seguro como "produto jurídico", sustentado pela operação de seguro, *vide* DREHER, Meinrad. *Die Versicherung als Rechtsprodukt*: Die Privatversicherung und ihre rechtliche Gestaltung. Tübingen: Mohr Siebeck, 1991.

[41] Essa uniformização, aliás, não se limita ao seguro: o resseguro, contrato funcionalmente ligado ao seguro e voltado à dispersão do risco entre diversas partes, também exige a homogeneidade dos riscos para que as resseguradoras possam gerir suas carteiras de seguradoras. *Vide* GÜRSES, Özlem. *Reinsuring Clauses*. London: Informa, 2014. p. 7-9.

[42] Essa operação permite o desenvolvimento seguro da empresa seguradora, afastando o seguro definitivamente da aposta e da experiência do comerciante, como aponta ROSSETTI, Marco. *Il Diritto delle Assicurazioni*. Padova: CEDAM, 2011. v. 1. p. 50 ss.

[43] POÇAS, Luís. *O dever de declaração inicial do risco no contrato de seguro*. Coimbra: Almedina, 2013. p. 47.

formado por adesão, pois apenas se agregam elementos contratuais previamente formulados pelas seguradoras.[44] Em hipóteses excepcionalíssimas, com caráter verdadeiramente residual, ao que se verifica ordinariamente, podem ocorrer situações em que o segurado tenha efetivamente o poder de dar conteúdo ao contrato que pretende celebrar, como na hipótese de a seguradora integrar o grupo econômico do segurado, exercendo esse poder de fato sobre os negócios da companhia.

Consequentemente, cabe concluir que haverá, assim, assimetria de *poderes para influir no conteúdo do contrato* ainda nas hipóteses em que o negócio não atraia a incidência do regime do Código de Defesa do Consumidor.

Não se pode, portanto, em vista da compreensão desses elementos fáticos e normativos, ignorar os traços peculiares do contrato de seguro e presumi-lo um contrato dotado de simetria e paridade, como pretende a Resolução 407/2021 do Conselho Nacional de Seguros Privados em seu art. 4º.[45] Deve-se aferir, na situação concreta, o grau de assimetria entre as partes, uma vez que este pode obedecer a diversas escalas de grandeza.

Em *segundo lugar*, uma vez que a assimetria é fática, em tese não haveria, desde a entrada em vigor da mesma Resolução CNSP 407/2021[46], óbice jurídico à ampla negociação das cláusulas em certos seguros. Todavia, mesmo nos excepcionalíssimos casos em que o segurado poderia influenciar o conteúdo do contrato de seguro de forma não meramente residual (figure-se uma grande resseguradora negociando um seguro D&O em favor de seus executivos), a viabilidade econômica da operação restringiria substancialmente a liberdade de estipulação das partes, recorrendo os contratantes sempre aos modelos já empregados pelo mercado segurador.

Conclusivamente: há presunção simples, derivada da experiência, de que o contrato de seguro é formado por adesão a contrato predisposto, sendo concluído entre partes assimétricas do ponto de vista negocial e informacional. O ônus de prova, assim, é da seguradora, a quem compete demonstrar que, ao contrário do que normalmente acontece, aquele contrato específico foi substancialmente negociado, entre partes com poder econômico e conhecimento sobre o conteúdo da apólice de seguro semelhantes.

---

[44] Essa estrutura "composta" do seguro se estabeleceu no Brasil, em parte, por ordem regulamentar. Segundo a Circular Susep 657/2022, as seguradoras devem registrar, na Superintendência de Seguros Privados, as cláusulas de todos os seguros que pretendem comercializar. Ou seja, caso o seguro não se enquadre no conceito de "grandes riscos" (Resolução CNSP 407/2021), não há qualquer margem de adaptação senão em cláusulas particulares, que não podem formalmente alterar *substancialmente* o seu conteúdo, em razão do disposto em norma regulamentar e, bem assim, de exigências de racionalidade econômica própria à operação "seguro". Isso não significa que não existam, na prática, seguros completamente reformulados pelas condições particulares, especialmente as negociadas com o painel de resseguradoras daquele seguro em específico.

[45] *In verbis*: "Art. 4º Os contratos de seguro de danos para cobertura de grandes riscos serão regidos por condições contratuais livremente pactuadas entre segurados e tomadores, ou seus representantes legais, e a sociedade seguradora, devendo observar, no mínimo, os seguintes princípios e valores básicos: I – liberdade negocial ampla; (...) IV – tratamento paritário entre as partes contratantes".

[46] *In verbis*: "Art. 7º As condições contratuais e as notas técnicas atuariais relativas aos contratos de seguros de danos para cobertura de grandes riscos não estão sujeitas ao registro eletrônico de produtos junto à Susep previamente a sua comercialização, devendo, nos termos da regulamentação específica, ser mantidas sob guarda da sociedade seguradora".

Por fim, cabe breve menção aos incisos do art. 421-A, contextualizando as suas regras à luz das especificidades do contrato de seguro.

2.3. Os incisos do art. 421-A

O inciso I contém regra redundante ao prever que "as partes negociantes poderão estabelecer parâmetros objetivos para a interpretação das cláusulas negociais e de seus pressupostos de revisão ou de resolução". As partes – presumivelmente dotadas, nos contratos paritários, de similar poder contratual – podem, perfeitamente, bem ajustar parâmetros à interpretação contratual, assim como pactuar a renegociação em contrato, prevendo hipóteses, critérios e procedimento. É o que também dispõe o § 2º do art. 113, adicionado pela Lei da Liberdade Econômica, ao prever poderem as partes "livremente pactuar regras de interpretação, de preenchimento de lacunas e de integração dos negócios jurídicos diversas daquelas previstas em lei"[47].

Diverso é o panorama do contrato de seguro, pois é preciso ler o inciso I do art. 421-A à luz dos traços peculiares desse tipo de contrato antes referidos. Verificada a assimetria de *poderes para influir no conteúdo do contrato*, a sua interpretação demanda atenção para a circunstância de sua formação ter se dado, em geral, por adesão.

Como consequência de as apólices, na maioria massiva dos casos, serem unilateralmente redigidas, a elas o estipulante aderindo, seus termos eventualmente ambíguos ou confusos são interpretados favoravelmente ao estipulante, ou contra a seguradora[48]. Tem o ônus de falar claro (*clare loqui*) aquele que está na posição de predispor as cláusulas contratuais[49]. Integra a proteção ao aderente a regra segundo a qual as palavras empregadas no instrumento contratual ao qual houve a adesão devem ter o seu sentido apurado *segundo o seu sentido comum*, resguardando-se a sua acepção habitual, assim sendo atendidas as "expectativas razoáveis" do aderente, pois a surpresa é fator de insegurança jurídica. Como predisponente, há, à seguradora, o ônus de falar claro. Assim, se pretender emprestar a determinada palavra um significado específico, fora dos usos, deve minudenciá-lo, comunicando adequadamente o segurado a respeito do sentido particular empregado.

Quem emite uma declaração de vontade não claramente inteligível corre o risco de se submeter a uma interpretação não conforme ao significado que se voltava a exprimir. Quando se refere ao contrato formado por adesão, o ônus adquire uma precisa consequência negativa: a interpretação contra o seu autor[50].

É bem verdade que agora, ao muito claro enunciado do art. 423, destinado a incidir sobre os contratos formados por adesão, ajunta-se o confuso texto[51] do art. 113, § 1º, IV,

---

[47] NITSCHKE, Guilherme Carneiro Monteiro. Comentário ao art. 113, §§ 1º e 2º, do Código Civil. Interpretação contratual a partir da Lei da Liberdade Econômica. In: MARTINS-COSTA, Judith; NITSCHKE, Guilherme Carneiro Monteiro. *Direito Privado na Lei de Liberdade Econômica*. São Paulo: Almedina, 2022. p. 416-428.

[48] A esse respeito, *vide* MARTINS-COSTA, Judith; BRANCO, Rafael. A cláusula de *ensuing loss* nos seguros *all risks*. In: TZIRULNIK, Ernesto et al. (Coord.). *Direito do seguro contemporâneo*: edição comemorativa dos 20 anos do IBDS. São Paulo: Roncarati: Contracorrente, 2021. p. 19-27.

[49] Assim referiu-se em MARTINS-COSTA, Judith. *A boa-fé no direito privado*: critérios para a sua aplicação. 2. ed. São Paulo: Saraiva, 2018. § 55. p. 527.

[50] BIANCA, Massimo. *Diritto Civile*. 2. ed. Milano: Giuffrè, 2000. v. III. p. 440.

[51] O texto é confuso por um somatório de razões: expande a tradicionalíssima regra *contra proferentem* aos contratos paritários, postulando apenas um requisito expresso, qual seja, a necessidade de se

com abrangência geral, inclusive sobre contratos simétricos e efetivamente paritários, podendo, portanto, ser extensamente negociados na fase das tratativas. Ali se lê: "a interpretação do negócio jurídico deve lhe atribuir o sentido que: (...) for mais benéfico à parte que não redigiu o dispositivo, se identificável". Os autores da Medida Provisória que veio desaguar na alteração legislativa expressaram a justificativa segundo a qual "quem redige uma cláusula não deve auferir benefício de tê-la feito de maneira dúbia"[52].

Dando por descontado o que, no mundo real ocorre por ocasião das tratativas de contrato realmente (e não ficcionalmente) paritário – o que impossibilitará, por vezes, descobrir "quem" redigiu a última versão da cláusula a ser interpretada –, o sentido da regra pode ser assim sintetizado: "parte-se do pressuposto de que a dubiedade da declaração de vontade indica que o emitente não se desincumbiu do seu ônus de se fazer entender de forma clara"[53].

Seja como for, formando-se o seguro pela adesão ou não, a interpretação do contrato de seguro deve levar em conta as balizas constantes dos arts. 423 e 113, § 1º, IV.

Já o inciso II do art. 421-A é "norma dispensável"[54], pois prevê o óbvio: "a alocação de riscos definida pelas partes deve ser respeitada e observada". Contratos constituem uma "ponte lançada para o futuro"[55], sendo sua função precípua ajustar no presente o que deverá ser cumprido no futuro; para tanto, serve o instrumento contratual à alocação de risco entre as partes.

Em cada contrato, fatores tais como o tipo, legal ou social, restrições extraídas do acordo de vontades, qualidade das partes, características do setor econômico no qual inserido o ajuste, entre outros, indicam até onde vai a margem de vicissitudes, que, apesar de intensas ou duradouras, os contraentes deverão considerar como próprias da normalidade

---

poder identificar a parte que redigiu o dispositivo para, então, haver oportunidade da interpretação contra tal estipulador. Como já bem registrado em doutrina, esse requisito "é problemático sob inúmeras lentes"; porém, "em se tratando de contrato paritário, a proposição de minutas e específicos dispositivos se insere em um todo negocial complexo, com concessões e intransigências de parte a parte, cujo produto é a elaboração de cláusulas neste ou naquele sentido". Também "porque a exigência de se detectar o estipulador pode ocasionar reticências no processo negocial quanto à elaboração de minutas, uma vez que, provado o redator, a futura consequência poderá vir a ser uma interpretação que favoreça a parte adversa". E ainda "porque o dispositivo inaugura a necessidade de uma reconstituição frenética de tudo que foi trocado entre as partes na fase das tratativas" a fim de "não se perder nada que possa constituir possível prova, tudo para que se consiga, num ou noutro indício, encontrar quando necessário o autor da cláusula em agonia" (os trechos entre aspas estão em: NITSCHKE, Guilherme Carneiro Monteiro. Comentário ao art. 113, §§ 1º e 2º, do Código Civil. Interpretação contratual a partir da Lei da Liberdade Econômica. In: MARTINS-COSTA, Judith; NITSCHKE, Guilherme Carneiro Monteiro. *Direito privado na Lei de Liberdade Econômica*: comentários. São Paulo: Almedina, 2022. p. 394-400.

[52] Exposição de Motivos da Medida Provisória 881, datada de 11 de abril de 2019 (EMI 00083/2019 ME AGU MJSP).

[53] FORGIONI, Paula. A interpretação dos negócios jurídicos: alteração do art. 113 do Código Civil. In: MARQUES NETO, Floriano Peixoto; RODRIGUES JR., Otavio Luiz; LEONARDO, Rodrigo Xavier (org.). *Comentários à Lei da Liberdade Econômica – Lei 13.874/2019*. São Paulo: Ed. RT, 2019. p. 381.

[54] FRADERA, Véra. Art. 7º: liberdade contratual e função social do contrato – art. 421 do Código Civil. In: MARQUES NETO, Floriano; RODRIGUES JR., Otavio; LEONARDO, Rodrigo Xavier (org.). *Comentários à Lei da Liberdade Econômica – Lei 13.874/2019*. São Paulo: Ed. RT, 2019. p. 306.

[55] A metáfora é de CARBONNIER, Jean. *Flexible Droit*. 2. ed. Paris: LGDJ, 1971. p. 120.

daquela relação[56]. Uma vez alocados os riscos relacionados ao negócio, o acordo das partes há de ser observado.

A alocação de riscos, obviamente, também deve ser respeitada nos contratos de seguro, especialmente porque, para que possa ser objeto do contrato, o "risco deve ser efetivo e predeterminado nas condições contratuais, como forma de delimitar as obrigações do segurador e o correspondente direito à cobertura contratada"[57].

Nesse sentido, é eloquente a distinção entre "predeterminação do risco" e "exclusão de risco" no direito do seguro. É fato que a seguradora, visando garantir a higidez técnica do seguro, tem a prerrogativa de escolher os interesses e os riscos que pretende assegurar. Ampliar indevidamente a garantia, estendendo-a por analogia ou ignorando exclusões expressas, prejudica o equilíbrio entre o prêmio cobrado e a garantia prestada.

Logo, considerando a regra do art. 421-A, II, conjuntamente com as regras hermenêuticas antes referidas (nomeadamente: arts. 424 e 113, § 1º, IV), um prudente equilíbrio se impõe: ao se interpretar as cláusulas predispostas pela seguradora, como as que excluem certos riscos, a delimitação do risco deve ser respeitada, sob pena de falsear o seguro, mas, *nos limites prefixados*, vale a interpretação *contra proferentem*. Deve-se, pois, naqueles limites, adotar a interpretação mais favorável ao aderente, privilegiando o sentido que, na medida do possível *ex contractu*, aponte estarem os interesses e os riscos cobertos.[58]

Finalmente, a regra do inciso III deixou explícito o espírito antirrevisionista da alteração trazida pela Lei da Liberdade Econômica. Dada a similitude de redação entre o inciso III e o parágrafo único do art. 421, remete-se o leitor para os comentários tecidos pelos autores nas páginas que a estas antecedem.

3. DISPOSIÇÕES RELACIONADAS

Remete-se ao item "disposições relacionadas" dos comentários ao art. 421.

REFERÊNCIAS BIBLIOGRÁFICAS

ALPA, Guido. *Le Stagioni del Contratto*. Bologna: Mulino, 2012.

BERCOVICI, Gilberto. As inconstitucionalidades da "Lei da Liberdade Econômica" (Lei nº 13.874, de 20 de setembro de 2019). In: SALOMÃO, Luis Felipe; CUEVA, Ricardo Villas Bôas; FRAZÃO, Ana. *Lei de Liberdade Econômica*: e seus impactos no Direito brasileiro. São Paulo: Ed. RT, 2020. p. 123-152.

BIANCA, Massimo. *Diritto Civile*. 2. ed. Milano: Giuffrè, 2000. v. III.

BIGOT, Jean (org.). *Traité de Droit des Assurances*. 2. ed. Paris: LGDJ, 2014.

---

[56] PIRES, Catarina Monteiro; SANTOS, Diogo Tapada dos. "Contratos prolongados": entre dogmas carecidos de revisão e problemas carecidos de sinalização. In: MOREIRA, Ana Luiza; BERGER, Renato. *Arbitragem e outros temas de direito privado*: estudos jurídicos em homenagem a José Emílio Nunes Pinto. São Paulo: Quartier Latin, 2021. p. 591.

[57] GRAVINA, Maurício. *Direito dos seguros*. São Paulo: Almedina, 2020. p. 354.

[58] STIGLITZ, Rubén. *Derecho de seguros*. 3. ed. Buenos Aires: Abeledo Perrot, 1999. v. 1. p. 607-616. *Vide*, sobre o tema, STJ, 2ª Seção, REsp 1.804.965-SP, rel. Min. Nancy Andrighi, j. 27.05.2020.

BOURDIEU, Pierre. *Raisons Pratiques*. Sur la théorie de l'action. Paris: Seuil, 1994.

BULHÕES PEDREIRA, José Luiz. Sistema jurídico da companhia. In: LAMY FILHO, Alfredo; BULHÕES PEDREIRA, José Luiz (coord.). *Direito das companhias*. Rio de Janeiro: Forense, 2009. v. I.

CARBONNIER, Jean. *Flexible Droit*. 2. ed. Paris: LGDJ, 1971.

COELHO, Fábio Ulhoa. Princípios constitucionais na interpretação das normas de direito comercial. In: SALOMÃO, Luis Felipe; CUEVA, Ricardo Villas Bôas; FRAZÃO, Ana. *Lei de Liberdade Econômica*: e seus impactos no Direito brasileiro. São Paulo: Ed. RT, 2020.

COMIRAN, Giovana Cunha. *Os usos comerciais*: da formação dos tipos a interpretação e integração dos contratos. São Paulo: Quartier Latin, 2019.

DI CIOMMO, Francesco. Contratti tra imprenditori, equilibrio delle prestazioni ed efficiente gestione del rischio: tra "terzo contratto", "contratti addimmetrici" e Codice Civile. In: RUSCELLO, Francesco (org.). *Contratti tra imprese e tutela dell'imprenditore debole*. Roma: Aracne, 2012.

DREHER, Meinrad. *Die Versicherung als Rechtsprodukt*: Die Privatversicherung und ihre rechtliche Gestaltung. Tübingen: Mohr Siebeck, 1991.

FORGIONI, Paula. A interpretação dos negócios empresariais no novo Código Civil brasileiro. *Revista de Direito Mercantil, Industrial, Econômico e Financeiro*, São Paulo, n. 130, ano XLII (nova série), abr.-jun. 2003.

FORGIONI, Paula. A interpretação dos negócios jurídicos: alteração do art. 113 do Código Civil. In: MARQUES NETO, Floriano Peixoto; RODRIGUES JR., Otavio Luiz; LEONARDO, Rodrigo Xavier (org.). *Comentários à Lei da Liberdade Econômica – Lei 13.874/2019*. São Paulo: Ed. RT, 2019.

FRADERA, Véra. Art. 7º: liberdade contratual e função social do contrato – art. 421 do Código Civil. In: MARQUES NETO, Floriano; RODRIGUES JR., Otavio; LEONARDO, Rodrigo Xavier (org.). *Comentários à Lei da Liberdade Econômica – Lei 13.874/2019*. São Paulo: Ed. RT, 2019.

FRANÇA, Erasmo Valladão e Novaes. Empresa, empresário e estabelecimento. A nova disciplina das sociedades. *Temas de direito societário, falimentar e teoria da empresa*. São Paulo: Malheiros Editores, 2009. p. 510-530.

GRAVINA, Maurício. *Direito dos seguros*. São Paulo: Almedina, 2020.

GRITTI, Gregorio; VILLA, Gianroberto (org.). *Il terzo contratto*. Bologna: Il Mulino, 2008.

GÜRSES, Özlem. *Reinsuring Clauses*. London: Informa, 2014.

HAICAL, Gustavo. *O contrato de agência*: seus elementos tipificadores e efeitos jurídicos. São Paulo: Ed. RT, 2012.

LA TORRE, Antonio. *L'assicurazione nella storia delle idee*. 2. ed. Milano: Giuffrè, 2000.

LEÃES, Luiz Gastão Paes de Barros. A disciplina da empresa no novo Código Civil brasileiro. *Revista de Direito Mercantil*, v. 128, ano XLI (nova série), p. 11-12, out.-dez. 2002.

LEONARDO, Rodrigo Xavier; RODRIGUES JR., Otávio Luiz. A liberdade contratual e a função social do contrato – alteração do art. 421-A do Código Civil: art. 7º. Comentários. In: MARQUES NETO, Floriano; RODRIGUES JR., Otavio; LEONARDO, Rodrigo Xavier (org.). *Comentários à Lei da Liberdade Econômica – Lei 13.874/2019*. São Paulo: Ed. RT, 2019.

MARCONDES, Sylvio. *Problemas de direito mercantil*. São Paulo: Max Limonad, 1970.

MARINO, Francisco Paulo De Crescenzo. Comentários ao art. 421-A do Código Civil: presunção de paridade e simetria em contratos civis e empresariais. In: MARTINS-COSTA, Judith;

NITSCHKE, Guilherme Carneiro Monteiro. *Direito privado na Lei de Liberdade Econômica*: comentários. São Paulo: Almedina, 2022.

MARTINS, Maria Inês Viana de Oliveira. Da incerteza ao risco: as técnicas seguradoras e o seu referente, num diálogo com Knight. *Boletim de Ciências Económicas*, v. 2, ano 57, p. 2.143-2.210, 2014.

MARTINS-COSTA, Judith. *A boa-fé no direito privado*: critérios para a sua aplicação. 2. ed. São Paulo: Saraiva, 2018.

MARTINS-COSTA, Judith. *A boa-fé no direito privado*: critérios para a sua aplicação. 3. ed., no prelo.

MARTINS-COSTA, Judith; BRANCO, Rafael. A cláusula de *ensuing loss* nos seguros *all risks*. In: TZIRULNIK, Ernesto et al. (Coord.). *Direito do seguro contemporâneo*: edição comemorativa dos 20 anos do IBDS. São Paulo: Roncarati: Contracorrente, 2021.

MARTINS-COSTA, Judith; NITSCHKE, Guilherme Carneiro Monteiro (coord.). Origem e eficácia da Lei de Liberdade Econômica. *Direito privado na Lei da Liberdade Econômica*: comentários. São Paulo: Almedina, 2022.

MENEZES CORDEIRO, António Manuel. *Manual de Direito Comercial*. Coimbra: Almedina, 2003. v. I.

NITSCHKE, Guilherme Carneiro Monteiro. Comentário ao art. 113, §§ 1º e 2º, do Código Civil. Interpretação contratual a partir da Lei da Liberdade Econômica. In: MARTINS-COSTA, Judith; NITSCHKE, Guilherme Carneiro Monteiro. *Direito Privado na Lei de Liberdade Econômica*. São Paulo: Almedina, 2022.

PARDOLESI, Roberto. *Una postilla sul Terzo Contratto*. § 7. Disponível em: <http://www.law-economics.net/workingpapers/L&E-LAB-FIN-07-2008.pdf>. Acesso em: 02.08.2022.

PIRES, Catarina Monteiro; SANTOS, Diogo Tapada dos. "Contratos prolongados": entre dogmas carecidos de revisão e problemas carecidos de sinalização. In: MOREIRA, Ana Luiza; BERGER, Renato. *Arbitragem e outros temas de direito privado*: estudos jurídicos em homenagem a José Emílio Nunes Pinto. São Paulo: Quartier Latin, 2021.

POÇAS, Luís. *O dever de declaração inicial do risco no contrato de seguro*. Coimbra: Almedina, 2013.

PRÖLSS, Jürgen. Der Versicherer als „Treuhänder der Gefahrengemeinschaft" – Zur Wahrnehmung kollektiver Belange der Versicherungsnehmer durch den Privatversicherer. In: CANARIS, Claus-Wilhelm; DIEDERICHSEN, Uwe (org.). *Festschrift für Karl Larenz zum 80. Geburtstag*. München: C. H. Beck, 1983. p. 487-535.

REALE, Miguel. *História do novo Código Civil*. São Paulo: Ed. RT, 2005.

REQUIÃO, Rubens. Agente comercial. *Enciclopédia Saraiva do Direito*. São Paulo: Saraiva, 1977. v. 5.

RODRIGUES JR., Otavio Luiz; LEONARDO, Rodrigo Xavier; PRADO, Augusto Cézar Lukascheck. A liberdade contratual e a função social do contrato – alteração do art. 421-A do Código Civil: art. 7º. In: MARQUES NETO, Floriano; RODRIGUES JR., Otavio; LEONARDO, Rodrigo Xavier (org.). *Comentários à Lei da Liberdade Econômica – Lei 13.874/2019*. São Paulo: Ed. RT, 2019. p. 309-325.

ROPPO, Vincenzo. Contratto di diritto comune, contratto del consumatore, contratto con asimmetria di potere contrattuale: genesi e sviluppi. *Rivista di Diritto Privato*, n. 1, 2001.

ROPPO, Vincenzo. Ancora su contratto asimmetrico e terzo contratto. Le coordinate del dibattito, con qualche elemento di novità. In: ALPA, Guido; ROPPO, Vincenzo (org.). *La vocazione civile del giurista*. 6. ed. Roma: Laterza, 2018.

ROPPO, Vincenzo. *Contratto del Duemila*. 4. ed. Milano: Giappichelli Editore, 2020.

ROSSETTI, Marco. *Il Diritto delle Assicurazioni*. Padova: CEDAM, 2011. v. 1.

STIGLITZ, Rubén. *Derecho de seguros*. 3. ed. Buenos Aires: Abeledo Perrot, 1999. v. 1.

TEIXEIRA DE FREITAS, Augusto. *Regras de Dirêito*. Rio de Janeiro: B. L. Garnier, 1882.

7
COMENTÁRIOS AO ART. 422 DO CÓDIGO CIVIL

Judith Martins-Costa
Giovana Benetti
Luca Giannotti

Art. 422. Os contratantes são obrigados a guardar, assim na conclusão do contrato, como em sua execução, os princípios de probidade e boa-fé.

1. ORIGEM DA DISPOSIÇÃO E REGIME ANTERIOR

A noção de boa-fé no Direito provém do mundo romano[1], traduzindo conceito valorativo (*fidei bonae nomen*), cláusula formular de tutela da atividade negocial (*oportere ex fide bona*[2] e os homônimos *iudicia bonae fidei*) e, ainda, princípio de integração dos deveres contratuais (*bonae fidei interpretatio*, e *bonum et aequum*)[3]. O núcleo conceitual residia na lealdade à palavra dada e na correção do agir negocial de quem merece *fides* – confiança, muito embo-

---

[1] Os historiadores indicam a sua ainda maior ancianidade, por estar a ideia expressa na palavra *fides* ligada à própria fundação de Roma: FREZZA, Paolo. *Fides Bona*: Studi sulla Buona Fede. Milano: Giuffrè, 1975. p. 3. O autor assinala que a palavra *fraus* exprime o valor polarmente oposto ao de *fides*, o qual constitui o núcleo normativo da instituição da clientela, permitindo indicar que a norma ainda pode ser recuada, no tempo, a período anterior ao da fundação da cidade como Ordenamento unitário e centralizado. Para as origens, entre outros: STOLFI, Emanuele. *Bonae Fidei Interpretatio*: Richerche sull'interpretazione di buona fede fra esperienza romana e tradizione romanística. Nápoles: Jovene, 2004; GAROFALO, Luigi. (org). *Il ruolo dela buona fede oggetiva nell'esperienza giuridica storica e contemporanea*. Pádua: CEDAM, 2003; VILLARREAL, Matha Lucia Neme. *La buena fe en el derecho romano*. Bogotá: Universidade Esternado, 2010; CARDILLI, Riccardo. *Bona Fides tra Storia e Sistema*. Turim: Giappichelli, 2004. Ainda: CORDOBA, Marcos; GARRIDO, Lidia; KLUGER, Viviana. *Tratado de la buena fe em el Derecho*. Buenos Aires: La Ley, 2005. Na doutrina portuguesa: MENEZES CORDEIRO, António. *Da boa-fé no direito civil*. 4. reimpr. Coimbra: Almedina, 2011. p. 17-24. Tratou-se do tema em: MARTINS-COSTA, Judith. *A boa-fé no direito privado*: critérios para a sua aplicação. 2. ed. São Paulo: Saraiva, 2018. p. 53 e ss.

[2] CARDILLI, Riccardo. *Bona Fides tra Storia e Sistema*. Turim: Giappichelli, 2004. p. 43.

[3] Por conta dessa diversidade de significados, será, para Stolfi, um "elemento multiforme e controverso" (STOLFI, Emanuele. *Bonae Fidei Interpretatio*: Richerche sull'interpretazione di buona fede fra esperienza romana e tradizione romanística. Nápoles: Jovene, 2004. p. 18).

ra, mais tardiamente, essa conotação objetivada tenha se modificado. Em grande parte por influência do cristianismo, que se afirmava, passa a prevalecer o aspecto subjetivo, é dizer: o foco resta centrado no sujeito – sua intenção ou o estado de ignorância quanto a um fato – diluindo-se os significados, ademais, pela mescla com a equidade, a justiça e a benevolência[4].

Esse viés adquirirá, no direito canônico, uma dimensão moral, posteriormente laicizada no direito natural. O significado subjetivo prevalece na codificação francesa, mais por obra de seus intérpretes do que pelo texto legislativo, tributário das mais diversas fontes[5].

Por influência francesa, foi com a feição subjetivada que a boa-fé ingressou nas fontes legais do Direito Civil brasileiro[6], notadamente em matéria de Direitos Reais, assim a prevendo o Código de 1916 ao regrar, por exemplo, a usucapião, a posse de boa-fé, a aquisição dos frutos e a indenização ao possuidor de boa-fé[7]. Para esse significado, o que releva é o *estado de fato*: o agente ignora a realidade e crê estar determinada situação revestida por legitimidade e licitude à luz do Direito. Esse estado (o "estar de boa-fé") atua como elemento do suporte fático de regra jurídica, sendo "suscetível de valoração e de prova"[8]. O estado de fato expressado pela boa-fé subjetiva é constatado à luz da situação concreta ou, em determinadas hipóteses, presumido pela lei[9].

De modo semelhante, segundo a interpretação doutrinária então dominante[10], as referências específicas à boa-fé no contrato de seguro reportavam-se, no Código Civil de 1916, à sua feição subjetivada. A má-fé do segurado era punida pela perda da garantia, sendo esse o sentido conferido aos arts. 1.443[11] e 1.444[12] do Código de Beviláqua. A má-

---

[4] MARTINS-COSTA, Judith. *A boa-fé no direito privado*: critérios para a sua aplicação. 2. ed. São Paulo: Saraiva, 2018. p. 89-121.

[5] A exemplo, o art. 1.134 da redação original do *Code Civil* dispunha que as convenções devem ser executadas de boa-fé. A doutrina clássica francesa trata esse dispositivo de forma restrita, como um reforço à obrigatoriedade dos pactos ou um mero auxílio interpretativo da vontade livre das partes contratantes.

[6] Uma síntese encontra-se em: MARTINS-COSTA, Judith; BENETTI, Giovana. Comentário ao artigo 2º, inciso II: o princípio da "boa-fé do particular perante o poder público". In: MARTINS-COSTA, Judith; NITSCHKE, Guilherme Carneiro Monteiro. *Direito privado na Lei da Liberdade Econômica*. São Paulo: Almedina, 2022. p. 73-80.

[7] Código Civil de 1916, arts. 619, 491, 513 e 516, respectivamente.

[8] SILVEIRA, Alípio. *A boa-fé no Código Civil*: doutrina e jurisprudência. Rio de Janeiro: Forense, 1972. v. I. p. 7. Há referência a uma primeira edição, prefaciada por Clóvis Beviláqua, de 1941.

[9] *Vide*, exemplificativamente, arts. 164 e 1.201 do Código Civil.

[10] CARVALHO SANTOS, J. M. *Código Civil brasileiro interpretado*. 10. ed. Rio de Janeiro: Freitas Bastos, 1981. v. XIX. p. 292: "Mais do que qualquer outro contrato, o de seguro é fundamentalmente *bonae fidei*, principalmente porque, assumindo o segurador a responsabilidade pelos riscos, claro que precisa ter elementos exatos para o cálculo do prêmio a cobrar do segurado, enquanto que, da parte do segurado, é preciso que ele confie nas promessas do segurador, contando com a boa-fé com que este assume os riscos. A má-fé do segurado produz consequências muito mais graves do que a do segurador, razão pela qual ela é tratada com mais rigor pelo Código (...)".

[11] Art. 1.443 do Código Civil de 1916: "O segurado e o segurador são obrigados a guardar no contrato a mais estrita boa-fé e veracidade, assim a respeito do objeto, como das circunstâncias e declarações a ele concernentes".

[12] Art. 1.444 do Código Civil de 1916: "Se o segurado não fizer declarações verdadeiras e completas, omitindo circunstâncias que possam influir na aceitação da proposta ou na taxa do prêmio, perderá o direito ao valor do seguro, e pagará o prêmio vencido".

-fé do segurador implicava, por sua vez, punição consistente no pagamento em dobro do prêmio estipulado, na forma do art. 1.446[13].

Essas regras encontram sua razão de ser no fato de, desde as origens do contrato de seguro e mesmo quando da fixação de seu regime nos Códigos Civis, viger uma sociedade em tudo diversa da nossa em termos de possibilidades informativas e tecnológicas.

Como se assumia que o equilíbrio informativo pendia apenas em desfavor da seguradora, a qual dependia – e ainda depende – das informações fornecidas pelo segurado no que tange às circunstâncias relevantes à apreciação do risco, a carga dos deveres informativos recaía, em muito larga medida, no estipulante do seguro, e esses deveres estavam, precipuamente, conotados à boa-fé no sentido subjetivo.[14] Contudo, esse panorama altera-se com a massificação social, o aparecimento de grandes companhias de seguro, com grande poder negocial e conhecimento técnico sobre o risco, e a existência de novas fontes de risco[15], o que, como se verá, também repercutirá em transformações no panorama normativo estampado no Código Civil de 2002.

Diversamente da boa-fé com feição subjetiva, que remete a uma situação de fato, a *boa-fé objetiva* é normativa: expressa-se em normas jurídicas, assumindo diferentes funções, a saber:

> (i) um instituto ou modelo jurídico (estrutura normativa alcançada pela agregação de duas ou mais normas); (ii) um *standard*[16] ou modelo comportamental pelo qual os participantes do tráfico obrigacional devem ajustar o seu mútuo comportamento (*standard* direcionador de condutas, a ser seguido pelos que pactuam atos jurídicos, em especial

---

[13] Art. 1.446 do Código Civil de 1916: "O segurador, que, ao tempo do contrato, sabe estar passado o risco, de que o segurado se pretende cobrir, e, não obstante, excede a apólice, pagará em dobro o prêmio estipulado".

[14] Tratou-se do tema em: MARTINS-COSTA, Judith. *A boa-fé no direito privado*: critérios para a sua aplicação. 2. ed. São Paulo: Saraiva, 2018. p. 373 e ss.

[15] "(...) 3. Ao longo do século XX, torna-se visível uma crescente restrição às faculdades do segurador de limitar, através da previsão de deveres de conduta, o risco transferido para a sua esfera. Podemos, através da leitura da doutrina produzida ao longo deste século, identificar duas linhas de justificação para este fenómeno. (...) Por outro lado, a tendência referida é fruto do reconhecimento da necessidade de protecção do segurado, como parte contratual mais débil. É um desnível que se afirma não só em termos de força negocial, mas também enquanto assimetria informativa. Dá-se o devido relevo ao facto de o segurador se servir sistematicamente – até por uma questão de homogeneização dos riscos aceites – de clausulados previamente elaborados, e elaborados para uma multiplicidade de contrapartes potenciais – clausulados estes que a contraparte do segurador não logra influenciar ou compreender por inteiro. Compreende-se ainda que a assimetria informativa nem sempre favorece o segurado, já que a competência especializada para a avaliação do risco e das consequências do sinistro é tipicamente detida pelo segurador" (MARTINS, Maria Inês Viana de Oliveira. *A imposição contratual de condutas de controlo do risco*: a experiência europeia em diálogo com o ordenamento brasileiro, vigente e prospectivo. São Paulo: Roncarati, 2019. p. 28-31).

[16] *Standards* são "'pautas normais de comportamento social correcto, aceites na realidade social'". Como bem observou Larenz, os *standards* não são "regras configuradas conceptualmente, às quais se possa efectuar simplesmente a subsunção por via do procedimento silogístico, mas pautas 'móveis', que têm que ser inferidas da conduta reconhecida como 'típica' e que têm que ser permanentemente concretizadas, ao aplicá-las ao caso a julgar" (LARENZ, Karl. *Metodologia da Ciência do Direito*. Trad. José Lamego. 3. ed. Lisboa: Fundação Calouste Gulbenkian, 1997. p. 660-661).

os contratantes); e (iii) um princípio jurídico (norma de dever ser que aponta, imediatamente, a um 'estado ideal de coisas')[17].

Com acepção objetiva, a boa-fé foi positivada em texto de lei com o Código de Defesa do Consumidor (Lei 8.078/1990)[18], que lhe concedeu um significado protetivo da parte vulnerável, pertinente a esse campo, mas não a outros. Na doutrina brasileira anterior ao CDC, encontrava-se uma acepção subjetiva da boa-fé (estado de fato). Com nuances em relação à acepção subjetiva da boa-fé até então desenvolvida na doutrina, o Código Comercial de 1850 a tomara como cânone hermenêutico[19]. Tratava-se ainda de uma acepção subjetiva da boa-fé, porém "objetivável", visto que o "estado de crença legítima" se desprende da mera subjetividade (como está a boa-fé, por exemplo, no casamento putativo), devendo ser averiguado segundo parâmetros objetivos, *v.g.*, em conformidade com o que ocorre habitualmente em determinado setor do mercado.

Embora inscrita como cânone hermenêutico em texto de lei desde a metade do século XIX, não se verificou o seu desenvolvimento jurisprudencial e doutrinário[20], ainda que Teixeira de Freitas tivesse contemplado em seu *Esboço*, em 1864, uma versão *objetiva* da boa-fé ao tratar dos efeitos dos contratos, já, então, como mandamento de lealdade entre as partes, tendo, consequentemente, força prescritiva[21]. No entanto, como se sabe, o Esboço não chegou a viger como lei e, ao menos nesse passo, o entendimento do seu autor não teve prosseguimento relevante entre os juristas que o sucederam. Assim, apenas com a vigência do Código Civil de 2002, o princípio da boa-fé objetiva foi apreendido em enunciados com abrangência geral[22] no Direito Civil, mantidas, em regras específicas, as referências à boa-fé subjetiva (estado de fato).

---

[17] MARTINS-COSTA, Judith. *A boa-fé no direito privado*: critérios para a sua aplicação. 2. ed. São Paulo: Saraiva, 2018. p. 281-282.

[18] A inovação se deu no domínio das relações consumeristas, elevando a boa-fé como princípio fundante da Política Nacional das Relações de Consumo (art. 4.º, III, do CDC) e como critério de aferição da validade das cláusulas contratuais (art. 51, IV, do CDC). É bem verdade que, pelo menos desde a última década do século XX, são registradas decisões judiciais com fundamento na boa-fé objetiva. Como à época observou Clóvis do Couto e Silva, quando "num código não se abre espaço para um princípio fundamental [como o da boa-fé] (...) ocorre ainda assim a sua aplicação por ser o resultado de necessidades éticas essenciais, que se impõem ainda quando falte disposição legislativa expressa" (COUTO E SILVA. Clóvis V. do. O princípio da boa-fé no direito brasileiro e português. In: JORNADA LUSO-BRASILEIRA DE DIREITO CIVIL, 1., 1980, São Paulo. *Estudos de Direito Civil brasileiro e português*. São Paulo: Ed. RT, 1980. p. 61-62).

[19] Vide o art. 131, 1, do Código Comercial de 1850, no qual a boa-fé era invocada como regra de hermenêutica dos contratos comerciais: "Sendo necessário interpretar as cláusulas do contrato, a interpretação, além das regras sobreditas, será regulada sobre as seguintes bases: 1 – a inteligência simples e adequada, que for mais conforme à boa fé, e ao verdadeiro espírito e natureza do contrato, deverá sempre prevalecer à rigorosa e restrita significação das palavras".

[20] MOREIRA ALVES, José Carlos. A boa-fé objetiva no sistema contratual brasileiro. *Rivista Roma e America*, Modena, n. 7, 1999. p. 170-171.

[21] TEIXEIRA DE FREITAS, A. *Código Civil*: esbôço. Rio de Janeiro: Ministério da Justiça e Negócios Interiores – Serviço de Documentação, 1952. v. III. Art. 1.954. *In verbis*: "Os contratos devem ser cumpridos de *boa-fé*, pena de responsabilidade pelas *faltas* (arts. 844 a 847) segundo as regras do art. 881. Êles obrigam não só ao que expressamente se tiver convencionado, como a tudo que, segundo a natureza do contrato, fôr de lei, eqüidade, ou costume".

[22] Nomeadamente, arts. 113, *caput* ("Os negócios jurídicos devem ser interpretados conforme a boa-fé e os usos do lugar de sua celebração"), 187 ("Também comete ato ilícito o titular de um direito que,

O Código Civil vigente conferiu à boa-fé objetiva, de modo expresso, três funcionalidades: o de cânone hermenêutico dos negócios jurídicos (art. 113); critério para a aferição da ilicitude do exercício jurídico (art. 187); e princípio do Direito Contratual, vindo, então, enformado em cláusula geral (art. 422)[23].

No concernente ao contrato de seguro, a boa-fé, como princípio normativo, vem bem traduzida no Projeto de Lei 29, de 2017[24], que a menciona, por exemplo, no art. 6º, parágrafo único, o qual determina a conduta segundo a boa-fé em todas as fases da relação securitária[25]. No Código Civil, a disciplina hoje vigorante, porque insuficiente, deve ser acrescida por outras disposições expressas ou deduzidas do princípio da boa-fé objetiva, tendo como cerne o art. 422, que é norma geral.

2. SENTIDO DA DISPOSIÇÃO E PRINCIPAIS CONTROVÉRSIAS NA SUA INTERPRETAÇÃO

No Código Civil, a boa-fé atua, funcionalmente, como pauta de interpretação, fonte normativa e critério para a correção de condutas contratuais. Como o foco destes Comentários recai sobre o art. 422, enfocaremos o seu papel como (i) cláusula geral, servindo à criação de deveres de conduta no curso da relação contratual, para, em seguida, abordar (ii) a sua aplicação de modo específico na ambiência do contrato de seguro.

---

ao exercê-lo, excede manifestamente os limites impostos pelo seu fim econômico ou social, pela boa-fé ou pelos bons costumes") e 422 ("Os contratantes são obrigados a guardar, assim na conclusão do contrato, como em sua execução, os princípios de probidade e boa-fé"). Segundo Miguel Reale, Presidente da Comissão Revisora e Elaboradora do Código Civil, o "constante valor dado à boa-fé constitui uma das mais relevantes diferenças entre o Código Civil de 1916 e o Código Civil de 2002 (...)". A boa-fé objetiva agora vem expressamente disciplinada como baliza para a aferição da licitude no exercício de direitos derivados de negócios jurídicos; como cânone de interpretação dos negócios; e como cláusula geral dos contratos. Nessas hipóteses, a figura tem caráter geral, mas é certo que a sua eficácia abrange outros institutos, sendo prevista, de modo específico, v.g., ao impor especiais deveres de conduta para as partes no âmbito do contrato de seguro e ao traçar limites ao exercício do direito de denúncia em contratos duradouros e de execução continuada (REALE, Miguel. *História do novo Código Civil*. São Paulo: Ed. RT, 2005. p. 247). Para o exame específico das funções da boa-fé objetiva no direito privado brasileiro, permitimo-nos reenviar à MARTINS-COSTA, Judith. *A boa-fé no direito privado*: critérios para a sua aplicação. 2. ed. São Paulo: Saraiva, 2018.

[23] *Vide* comentários ao art. 421, em que se diferenciam as técnicas da casuística e de cláusula geral. Com maior desenvolvimento em: MARTINS-COSTA, Judith. *A boa-fé no direito privado*: critérios para a sua aplicação. 2. ed. São Paulo: Saraiva, 2018.

[24] O Projeto, dito "Projeto de Lei Geral do Seguro", de autoria do Deputado José Eduardo Martins Cardozo, foi inicialmente rubricado PL 3.555, de 2004. Atualmente, ele tramita no Congresso Nacional sob o número 29/2017.

[25] *In verbis*: "Art. 6.º Pelo contrato de seguro, a seguradora se obriga, mediante o pagamento do prêmio equivalente, a garantir interesse legítimo do segurado ou do beneficiário contra riscos predeterminados. Parágrafo único. As partes, os beneficiários e os intervenientes devem conduzir-se segundo os princípios de probidade e boa-fé, desde os atos pré-contratuais até a fase pós-contratual".

2.1. A função integrativa: criação de deveres

O Código Civil, no art. 422, expressa, concomitantemente, um princípio, um *standard* comportamental e uma cláusula geral[26]: trata-se de um princípio porque, ao direcionar os contratantes a um comportamento leal e probo (segundo o *standard* comportamental da probidade), promove-se um tráfico jurídico adequado, fundado na seriedade das declarações negociais, na confiança na mútua conduta e na consideração às legítimas expectativas dos contraentes (dimensão finalística do princípio).

Já, como cláusula geral, a boa-fé objetiva funciona como *ponto de referência* das soluções normativas voltadas a direcionar o tráfego negocial à cooperação, à lealdade e à probidade dos contratantes em sua conduta voltada ao adimplemento do contrato. Nessa função, é fonte de deveres que, embora não tendo fonte na vontade, compõem, substancial e concretamente, o contrato: *cooperar* com a contraparte, em vista de alcançar o adimplemento, fim justificador do contrato; *atuar com a lealdade* exigível a uma pessoa proba; *informar* com a completude necessária para viabilizar um consentimento informado à proposição negocial ou a modificações que alterem, no *iter* contratual, as condições pactuadas; *proteger* os legítimos interesses da contraparte, de modo que o contrato não seja um fator produtor de danos injustos à pessoa do outro contratante ou ao seu patrimônio. Esses deveres passam a integrar a relação contratual, ainda que não expressamente previstos no instrumento, complementando o seu conteúdo e pautando a conduta contratual correta.

Ao intérprete, porém, não é autorizado refazer o conteúdo do contrato. A dificuldade está, precisamente, em mensurar até que ponto pode se impor às partes deveres anexos (ou instrumentais), voltados aos interesses de prestação, e deveres laterais (ou de proteção)[27], que visam resguardar os interesses de proteção, com base no art. 422 do CC.

Ao invocar a boa-fé como cláusula geral, o decisor precisará atentar para o fato de os deveres decorrentes da boa-fé objetiva não se manifestarem sempre os mesmos e restarem ordenados em graus de intensidade conforme a categoria dos atos jurídicos a que se ligam. Consequentemente, deve invocar os critérios do campo normativo e o da materialidade da situação jurídica subjacente, isto é, deve identificar se o "campo jurídico" envolvido pertence às relações de consumo, ao direito civil "comum" ou às relações empresariais e, ainda, examinar o contrato em vista de suas circunstâncias jurídicas, econômicas, sociais e estratégicas[28]. Daí a atividade integrativa ser tanto *menor* naqueles campos em que a autonomia privada *mais pode ser* expandida, sendo mais diminuto o campo da heteronomia. Inversamente, será maior nos contratos formados por adesão – como, na maioria dos casos, se pode verificar em contratos de seguro[29] –, nas relações contratuais entre desiguais e, entre estas, as relações de consumo, em que maior é o número de regras cogentes.

---

[26] Assim já se concluiu em MARTINS-COSTA, Judith. *A boa-fé no direito privado*: critérios para a sua aplicação. 2. ed. São Paulo: Saraiva, 2018. p. 167.

[27] Para essa distinção, permite-se remeter a MARTINS-COSTA, Judith. *A boa-fé no direito privado*: critérios para a sua aplicação. 2. ed. São Paulo: Saraiva, 2018. p. 568.

[28] MARTINS-COSTA, Judith. *A boa-fé no direito privado*: critérios para a sua aplicação. 2. ed. São Paulo: Saraiva, 2018. p. 568.

[29] MARTINS-COSTA, Judith. *A boa-fé no direito privado*: critérios para a sua aplicação. 2. ed. São Paulo: Saraiva, 2018. p. 568.

2.2. A função normativa e o contrato de seguro

No contrato de seguro, é intensa e múltipla a funcionalidade da boa-fé, que atua em suas duas facetas, a subjetiva e a objetiva. Para além da assimetria contratual entre segurador e segurado, o próprio equilíbrio de interesses no contrato de seguro fomenta a incidência mais intensa da boa-fé objetiva: tradicionalmente, diz-se que o contrato de seguro é de máxima boa-fé (*uberrimae fidei*)[30], por envolver a máxima fidúcia e lealdade entre as partes[31]. As espécies contratuais marcadas pela fidúcia são caracterizadas, latíssimo senso, por uma posição de poder conferida por uma das partes sobre o interesse de outrem, bem como pela confiança depositada sobre o fiduciário que atuará em benefício do fiduciante, é dizer, em vista do *interesse alheio* (*tua res agitur*)[32]. Essa adstrição a agir em proveito alheio é, no contrato de seguro, apreensível pela sua própria finalidade, refletida na prestação principal da seguradora: garantir o interesse alheio[33].

Como consequência do reconhecimento do interesse típico a essa espécie contratual, amparado na máxima *tua res agitur*, a boa-fé objetiva incidirá com maior grau de intensidade para a criação de deveres de correção, colaboração, informação e lealdade, em conformidade com a cláusula geral do art. 422 e com o disposto no art. 765[34] do CC[35]. Impõe aos sujeitos da relação securitária deveres jurídicos na fase de conclusão do contrato, bem como direciona a conduta dos partícipes do vínculo em todas as fases, inclusive, havendo sinistro, na fase de regulação[36]. Em sentido semelhante, aponta o art. 40 do Projeto de Lei 29, de 2017[37], reforçando e aprimorando a regra contida no art. 765.

Como regra de lealdade, o papel cometido à boa-fé objetiva impacta, sobretudo, a disciplina informativa do contrato de seguro. Ambas as acepções – a objetiva e a subjetiva –

---

[30] PONTES DE MIRANDA, Francisco Cavalcanti. *Tratado de Direito Privado*. Atual. Bruno Miragem. São Paulo: Ed. RT, 2012. t. XLV. § 4.923, 3. p. 479.

[31] POÇAS, Luís. *O dever de declaração inicial do risco no contrato de seguro*. Coimbra: Almedina, 2013. p. 36. Conforme Maria Inês Viana de Oliveira Martins, "(...) a *fides* é, no caso do seguro, um elemento inerente ao tipo contratual, por força da regulação do regime típico; e, para além desta, resulta de ponderações gerais do ordenamento, ancoradas no princípio da boa-fé (...)" (MARTINS, Maria Inês Viana de Oliveira. *Contrato de seguro e conduta dos sujeitos ligados ao risco*. Coimbra: Almedina, 2018. p. 184).

[32] Remete-se a MARTINS-COSTA, Judith. *A boa-fé no direito privado*: critérios para a sua aplicação. 2. ed. São Paulo: Saraiva, 2018. § 37. p. 351.

[33] COMPARATO, Fábio Konder. Obrigações de meios, de resultado e de garantia. *Doutrinas Essenciais de Direito Empresarial*, v. 4, p. 63-78, dez. 2010. Item 11.

[34] Art. 765 do Código Civil: "O segurado e o segurador são obrigados a guardar na conclusão e na execução do contrato, a mais estrita boa-fé e veracidade, tanto a respeito do objeto como das circunstâncias e declarações a ele concernentes".

[35] LIMA REGO, Margarida. A boa-fé na contratação de seguros: deveres das partes nas fases de celebração e execução do contrato. In: TZIRULNIK, Ernesto et al. *Direito dos seguros contemporâneo*. Edição comemorativa dos 20 anos do IBDS. São Paulo: Roncarati: Contracorrente, 2021. v. 1. p. 495; GOLDBERG, Ilan. Reflexões a respeito do contrato de seguro. In: CARVALHOSA, Modesto. *Tratado de direito empresarial*. São Paulo: Ed. RT, 2016. v. 4. Capítulo VII. Ponto 4. Acesso ProView.

[36] THEODORO JÚNIOR, Humberto. *O contrato de seguro e a regulação do sinistro*. Revista dos Tribunais, v. 832, p. 67-82, fev. 2005.

[37] Art. 40 do Projeto de Lei 29, de 2017: "Os intervenientes são obrigados a agir com lealdade e boa-fé e prestar informações completas e verídicas sobre todas as questões envolvendo a formação e execução do contrato".

têm aí lugar, embora, em termos de linha de desenvolvimento históricos, avulte a crescente relevância da boa-fé objetiva, reservando à boa-fé subjetiva a função de dosar a gravidade da sanção (*v.g.*, a omissão de certa informação à seguradora na formação do contrato só conduzirá à perda automática da garantia se a inexatidão ou omissão nas declarações resultar de má-fé do segurado, nos termos do art. 766 do CC).

Na fase formativa, a boa-fé impõe deveres anexos de informação e deveres de proteção para com o segurado, "designadamente impondo ao segurador uma análise cuidadosa da informação sobre os riscos a cobrir, com vista à adequação do seguro a propor às necessidades e exigências do segurado".[38] A seguradora, na condição de "profissional do risco", tem o dever de informação acerca do objeto do contrato, das limitações e dos riscos não abrangidos pela cobertura etc. Também lhe é imputado o dever de diligência em observar os ônus da autoinformação ("dever de se informar"), pois, muitas vezes, especialmente nos "grandes riscos", a seguradora terá maior possibilidade de buscar a informação necessária ao adequado cálculo do risco.

À seguradora é igualmente imputado o dever de auxiliar o segurado a transmitir as informações relevantes para a subscrição do risco. Nesse sentido, é importante sublinhar a experiência nacional e internacional do uso de questionários para a coleta de informações do segurado. Além de dever ser elaborado de forma clara e objetiva[39] (a obscuridade vindo em desfavor da seguradora), o questionário indica ao segurado os elementos de risco objetivamente levados em consideração pela seguradora (*e.g.*, em um seguro de vida, doenças relevantes já diagnosticadas).[40]

Consequentemente, se o segurado deixar de transmitir uma informação que não fora objeto de indagação pelo questionário, somente se poderá cogitar da sanção por omissão de informações se a informação omitida disser respeito a fato ou circunstância relevante e conhecida pelo estipulante.[41] Obviamente, essa regra não se aplica caso o desconhecimento do estipulante seja inescusável, como, exemplificativamente, no caso daquele que

---

[38] LIMA REGO, Margarida. A boa-fé na contratação de seguros: deveres das partes nas fases de celebração e execução do contrato. In: TZIRULNIK, Ernesto et al. *Direito dos seguros contemporâneo*. Edição comemorativa dos 20 anos do IBDS. São Paulo: Roncarati: Contracorrente, 2021. v. 1. p. 496.

[39] Art. 13 da Circular Susep 621/2021: "As sociedades seguradoras que utilizarem critérios baseados em questionário de avaliação de risco no cálculo dos prêmios deverão fornecer, de forma objetiva, todos os esclarecimentos necessários para o seu correto preenchimento, bem como especificar todas as implicações, no caso de informações inverídicas devidamente comprovadas".

[40] Nos termos do enunciado da Súmula do STJ 609: "A recusa de cobertura securitária, sob a alegação de doença preexistente, é ilícita se não houve a exigência de exames médicos prévios à contratação ou a demonstração de má-fé do segurado". *Vide*, também: STJ, 3ª T., REsp 596.090, rel. Min. Castro Filho, j. 03.05.2005, em que se definiu: "Consoante tem-se entendido, a seguradora que não exigiu exames médicos previamente à contratação não pode eximir-se do pagamento da indenização, sob a alegação de que houve omissão de informações pelo segurado".

[41] Em termos comparados, é interessante notar que a tendência é cada vez mais privilegiar as informações presentes no questionário. No direito alemão, após a promulgação da nova lei do contrato de seguro, a posição é radical. Segundo um dos principais comentários, "deveres informativos pré-contratuais surgem somente *se e na medida em que* a seguradora questionar" (MATUSCHE-BECKMANN, Annemarie et al. (org.). *Versicherungsrechtshandbuch*. 2. ed. München: C.H.Beck, 2009. p. 713). Isso porque o questionário deve indicar todas as circunstâncias relevantes à descrição do risco. Se lá não está, não é relevante.

voluntariamente deixa de saber para não ter de informar a contraparte. A hipótese, aliás, é secularmente repudiada: desde o direito canônico, a boa-fé subjetiva adquire uma dimensão *ética*, aproximada à ausência de pecado.[42]

O conjunto de informações tomadas no questionário também se projeta na execução do contrato de seguro. Exemplificativamente: as informações transmitidas pelo questionário são as mais relevantes para a verificação do agravamento de risco efetivo, quando a alteração substancial e duradoura de risco atingir um dos elementos de risco considerados pela seguradora no momento da subscrição, porque (i) a própria seguradora declarou que foram esses os fatos que tomou em conta no momento de determinar o prêmio e (ii) os remédios contra o agravamento de risco tutelam, como já mencionado, o equilíbrio entre o prêmio pago e a garantia prestada[43].

Para o segurado, há dever de veracidade[44] sobre as condições de sua pessoa e do patrimônio segurado, fornecendo dados acerca da situação da coisa a ser segurada[45]. Obviamente, não se exige que informe o que não saiba, o que não poderia saber e o que não poderia razoavelmente cogitar como relevante à seguradora, utilizando-se, para tanto, o *standard* da "pessoa razoável" colocada nas mesmas circunstâncias do segurado. Também não são exigíveis aos segurados deveres autoinformativos tão estritos e rigorosos quanto os imputados à seguradora, pois o segurado não é o "profissional" da relação e pode não saber, por exemplo, que está a sofrer de diabetes, ou que seu colesterol alto indica "doença preexistente". Tendo o estipulante grau mais elevado de *expertise*, naturalmente o ônus de se informar será diverso daquele exigível de um consumidor.

O dever de informação – assim como o dever de colaboração com o parceiro contratual – acompanha todo o desenvolvimento do contrato, isto é, a fase da execução contratual e mesmo a fase pós-contratual.

Durante a fase de execução contratual cabem, por exemplo, *deveres de gestão do risco* que, em sentido amplo, traduzem deveres de conduta a cargo do segurado, ao qual, diante da proximidade que mantém com a pessoa ou os bens assegurados, é imputada a observância de certas exigências de cuidado e de informação[46]. Podem estar previstos pela Lei, diretamente, ou por via de normas regulamentares (já que este é um contrato imantado por forte dirigismo estatal)[47]; ou por concreção do princípio da boa-fé; e podem estar inscritos também no contrato.

---

[42] MENEZES CORDEIRO, António. *Da boa-fé no direito civil*. 4. reimpr. Coimbra: Almedina, 2011. p. 148.

[43] *Vide* Comentários ao art. 421.

[44] BENETTI, Giovana. *Dolo no direito civil*: uma análise da omissão de informações. São Paulo: Quartier Latin, 2019. p. 328-329; BENETTI, Giovana. Omissão dolosa no contrato de seguro. In: BENETTI, Giovana et al. (Coord.). *Direito, cultura, método*: leituras da obra de Judith Martins-Costa. Rio de Janeiro: GZ, 2019. p. 804 e ss.

[45] Segundo Alberto Monti, a "disciplina delle dichiarazioni inesatte o reticenti in ordine al rischio" é "speso considerata come il prodotto più relevante del connubio tra buona fede e assicurazione" (MONTI, Alberto. *Buona Fede e Assicurazione*. Milão: Giuffrè Editore, 2002. p. 4).

[46] MARTINS, Maria Inês Viana de Oliveira. *A imposição contratual de condutas de controlo do risco*: a experiência europeia em diálogo com o ordenamento brasileiro, vigente e prospectivo. São Paulo: Roncarati, 2019. p. 18.

[47] Como anotou Clóvis do Couto e Silva, são poucos os setores, no Direito brasileiro, "em que a regulação estatal é tão intensa ou tão ampla como no Direito dos Seguros" (COUTO E SILVA. Clóvis

Para a correta gestão do risco, o segurado deve comunicar alterações relevantes no estado de risco originalmente subscrito pela seguradora, sendo comum, no mercado, a inserção de cláusulas na apólice prevendo fatos sobre os quais a seguradora deve ser informada. O Código Civil, por exemplo, imputa ao segurado diretamente a obrigação de informar a ambas as seguradoras se pretender contratar novo seguro sobre o mesmo interesse junto a outro segurador.[48]

Todavia, a extensão do dever de informar do segurado não vai a ponto de informar "qualquer fato que julgar relevante", como por vezes se observa na prática. Obrigar a tudo informar é o mesmo de não determinar que tipo de informação relevante e útil deve ser transmitida.[49]

A execução do contrato de seguro compreende a regulação do sinistro[50], na qual a boa-fé atua com especialíssima intensidade. Quanto à fase do contrato de seguro deflagrada pelo "aviso de sinistro" (art. 771 do CC), a regulação de sinistro tem como escopo apurar as causas e as consequências do evento avisado como a realização do tipo de risco predeterminado no contrato de seguro (sinistro). Além disso, a regulação serve para delimitar e quantificar os prejuízos indenizáveis, servindo, em suma, para averiguar o *an* e o *quantum debeatur* da seguradora[51].

A regulação de sinistro constitui, para além de uma fase específica no processo obrigacional do contrato de seguro, um dever secundário da seguradora. Seu objeto é a informação sobre a existência e a extensão de crédito indenizatório do segurado. Trata-se também de uma prestação a que se vincula um profissional específico – o regulador de sinistro –, especialista a quem cabe conduzir as apurações necessárias ao cumprimento da obrigação de regular o sinistro e auxiliar a seguradora a avaliar a incidência do seguro ao evento avisado como sinistro.

A regulação interessa tanto ao segurado como à seguradora. Para a companhia de seguro, a regulação de sinistro existe a fim de preservar a comunidade de segurados, assegurando-se que desembolsará apenas os prejuízos comprovadamente sofridos pelo segurado e nos estritos termos da apólice de seguro. Assim, os demais segurados não terão de pagar mais pela garantia que recebem. Para o segurado individual, interessa a apuração para que se descubra efetivamente a extensão de seu eventual crédito e para que receba o mais rapidamente possível a indenização.

V. do. O seguro no Brasil e a situação das Seguradoras. *Revista Ajuris*, Porto Alegre, n. 33, 1985. p. 195).

[48] Art. 782. O segurado que, na vigência do contrato, pretender obter novo seguro sobre o mesmo interesse, e contra o mesmo risco junto a outro segurador, deve previamente comunicar sua intenção por escrito ao primeiro, indicando a soma por que pretende segurar-se, a fim de se comprovar a obediência ao disposto no art. 778.

[49] Em cláusulas que assim preveem, é frequente a sanção de perda automática da garantia. Todavia, para que a garantia do segurado seja prejudicada pela variação do risco, deve-se seguir o regime do agravamento do risco, especificação da base do negócio jurídico disciplinada nos arts. 768 e 769 do CC, bem como no Decreto-Lei 73/1966: "Art 13. As apólices não poderão conter cláusula que permita rescisão unilateral dos contratos de seguro ou por qualquer modo subtraia sua eficácia e validade além das situações previstas em Lei".

[50] Tratou-se do tema em MARTINS-COSTA, Judith. *A boa-fé no direito privado*: critérios para a sua aplicação. 2. ed. São Paulo: Saraiva, 2018. p. 377.

[51] Tratou-se do tema em TZIRULNIK, Ernesto; GIANNOTTI, Luca. *A regulação do sinistro como fase, dever e prestação no seguro*. No prelo. p. 8.

O regulador desempenha o papel de elo de ligação entre os figurantes, sendo-lhe atribuída, pela boa-fé, uma gama de *deveres específicos*, quais sejam: (i) dever de isenção, ou imparcialidade, no sentido de o regulador apresentar isenção técnica em seu mister, que se destina ao interesse comum coenvolto no procedimento; (ii) dever de veracidade, alcançando, com correção e de modo fundamentado, as suas conclusões; e (iii) específicos deveres informativos, devendo o segurado colaborar com o envio de dados, enquanto à seguradora e ao regulador cabe contribuir com informações e esclarecimentos ao segurado sobre o objeto da investigação, os critérios utilizados e as conclusões alcançadas.

3. DISPOSIÇÕES RELACIONADAS

O art. 765 reitera a incidência do dever de boa-fé em relações securitárias, abrangendo a conclusão e a execução do contrato de seguro.

O art. 766 do CC estabelece um regime particular para os deveres informativos pré-contratuais do segurado, atribuindo sanções próprias à sua violação. Em vez de existirem apenas sanções indenizatórias, prevê-se também a caducidade do direito à garantia do segurado.

REFERÊNCIAS BIBLIOGRÁFICAS

ÁVILA, Humberto. *Teoria dos princípios*: da definição à aplicação dos princípios jurídicos. 19. ed. São Paulo: Malheiros Editores, 2019.

BENETTI, Giovana. *Dolo no direito civil*: uma análise da omissão de informações. São Paulo: Quartier Latin, 2019.

BENETTI, Giovana. Omissão dolosa no contrato de seguro. In: BENETTI, Giovana et al. (Coord.). *Direito, cultura, método*: leituras da obra de Judith Martins-Costa. Rio de Janeiro: GZ, 2019. p. 788-811.

CARDILLI, Riccardo. *Bona Fides tra Storia e Sistema*. Turim: Giappichelli, 2004.

CARVALHO SANTOS, J. M. de. *Código Civil brasileiro interpretado*: principalmente no ponto de vista prático. Rio de Janeiro: Freitas Bastos, 1937. (Direito das Obrigações, v. XIX).

CARVALHO SANTOS, J. M. *Código Civil brasileiro interpretado*. 10. ed. Rio de Janeiro: Freitas Bastos, 1981. v. XIX.

COMPARATO, Fábio Konder. Obrigações de meios, de resultado e de garantia. *Doutrinas Essenciais de Direito Empresarial*, v. 4, p. 63-78, dez. 2010.

CORDOBA, Marcos; GARRIDO, Lidia; KLUGER, Viviana. *Tratado de la buena fe em el Derecho*. Buenos Aires: La Ley, 2005.

COUTO E SILVA. Clóvis V. do. O princípio da boa-fé no direito brasileiro e português. In: JORNADA LUSO-BRASILEIRA DE DIREITO CIVIL, 1., 1980, São Paulo. *Estudos de Direito Civil brasileiro e português*. São Paulo: Ed. RT, 1980.

COUTO E SILVA. Clóvis V. do. O seguro no Brasil e a situação das Seguradoras. *Revista Ajuris*, Porto Alegre, n. 33, 1985.

DELGADO, José Augusto. *Comentários ao novo Código Civil*. Rio de Janeiro: Forense, 2004. v. XI. t. I.

FREZZA, Paolo. *Fides Bona*: Studi sulla Buona Fede. Milano: Giuffrè, 1975.

GAROFALO, Luigi. (org). *Il ruolo dela buona fede oggetiva nell'esperienza giuridica storica e contemporanea*. Pádua: CEDAM, 2003.

GOLDBERG, Ilan. Reflexões a respeito do contrato de seguro. In: CARVALHOSA, Modesto. *Tratado de direito empresarial*. São Paulo: Ed. RT, 2016. v. 4.

GOLDBERG, Ilan; JUNQUEIRA, Thiago. Direito dos seguros: luzes e sombras dos enunciados da IX Jornada de Direito Civil. *Conjur*, 2022. Disponível em: <https://www.conjur.com.br/2022--mai-26/seguros-contemporaneos-direito-seguros-luzes-sombras-enunciados-ix-jornada--direito-civil>.

LARENZ, Karl. *Metodologia da Ciência do Direito*. Trad. José Lamego. 3. ed. Lisboa: Fundação Calouste Gulbenkian, 1997.

LIMA REGO, Margarida. A boa-fé na contratação de seguros: deveres das partes nas fases de celebração e execução do contrato. In: TZIRULNIK, Ernesto et al. *Direito dos seguros contemporâneo*. Edição comemorativa dos 20 anos do IBDS. São Paulo: Roncarati: Contracorrente, 2021. v. 1.

MATUSCHE-BECKMANN, Annemarie et al. (org.). *Versicherungsrechtshandbuch*. 2. ed. München: C.H.Beck, 2009.

MARTINS, Maria Inês Viana de Oliveira. *Contrato de seguro e conduta dos sujeitos ligados ao risco*. Coimbra: Almedina, 2018.

MARTINS, Maria Inês Viana de Oliveira. *A imposição contratual de condutas de controlo do risco*: a experiência europeia em diálogo com o ordenamento brasileiro, vigente e prospectivo. São Paulo: Roncarati, 2019.

MARTINS-COSTA, Judith. *A boa-fé no direito privado*: critérios para a sua aplicação. 2. ed. São Paulo: Saraiva, 2018.

MARTINS-COSTA, Judith; BENETTI, Giovana. Comentário ao artigo 2º, inciso II: o princípio da "boa-fé do particular perante o poder público". In: MARTINS-COSTA, Judith; NITSCHKE, Guilherme Carneiro Monteiro. *Direito privado na Lei da Liberdade Econômica*. São Paulo: Almedina, 2022. p. 73-94.

MENEZES CORDEIRO, António. *Da boa-fé no direito civil*. 4. reimpr. Coimbra: Almedina, 2011.

MONTI, Alberto. *Buona Fede e Assicurazione*. Milão: Giuffrè Editore, 2002.

MONTI, Alberto. A boa-fé no Projeto de Lei n. 3.555/04. In: INSTITUTO BRASILEIRO DE DIREITO DO SEGURO (IBDS). *IV Fórum de Direito do Seguro José Sollero Filho*. São Paulo: IBDS, 2006.

MOREIRA ALVES, José Carlos. A boa-fé objetiva no sistema contratual brasileiro. *Rivista Roma e America*, Modena, n. 7, 1999.

POÇAS, Luís. *O dever de declaração inicial do risco no contrato de seguro*. Coimbra: Almedina, 2013.

PONTES DE MIRANDA, Francisco Cavalcanti. *Tratado de Direito Privado*. Atual. Bruno Miragem. São Paulo: Ed. RT, 2012. t. XLV. § 4.923.

REALE, Miguel. *História do novo Código Civil*. São Paulo: Ed. RT, 2005.

LOPES, Miguel Maria de Serpa. 3. ed. Rio de Janeiro: Freitas Bastos, 1962. (Fontes das obrigações: contratos, v. IV).

SILVEIRA, Alípio. *A boa-fé no Código Civil*: doutrina e jurisprudência. Rio de Janeiro: Forense, 1972. v. I.

STOLFI, Emanuele. *Bonae Fidei Interpretatio*: Richerche sull'interpretazione di buona fede fra esperienza romana e tradizione romanística. Nápoles: Jovene, 2004.

TEIXEIRA DE FREITAS, A. *Código Civil*: esbôço. Rio de Janeiro: Ministério da Justiça e Negócios Ínteriores – Serviço de Documentação, 1952. v. III.

THEODORO JÚNIOR, Humberto. O contrato de seguro e a regulação do sinistro. *Revista dos Tribunais*, v. 832, p. 67-82, fev. 2005.

TZIRULNIK, Ernesto; GIANNOTTI, Luca. A regulação do sinistro como fase, dever e prestação no seguro. No prelo.

VIVANTE, Cesare. *Il contratto di assicurazione*. Milão: Ulrico Hoepli Editore-Libraio, 1885. v. I.

VILLARREAL, Matha Lucia Neme. *La buena fe en el derecho romano*. Bogotá: Universidade Esternado, 2010.

II.II. Contratos de seguros feitos por adesão

8

COMENTÁRIOS AO ART. 423 DO CÓDIGO CIVIL

Pedro Marcos Nunes Barbosa

Art. 423. Quando houver no contrato de adesão cláusulas ambíguas ou contraditórias, dever-se-á adotar a interpretação mais favorável ao aderente.

1. ORIGEM DA DISPOSIÇÃO E REGIME ANTERIOR

Os contratos de adesão são corriqueiros em uma sociedade massificada, denotando uma *pasteurização*[1] do liame obrigacional-econômico apto a atender a determinado padrão de qualidade jurídica. Cuidam, destarte, da lógica contratual do *atacado* em oposição ao artesanato negocial do *varejo*.

Caracterizados pela unilateralidade[2] de sua redação, confecção e propositura e pela rigidez[3] (segundo parte da doutrina, sequer se trataria – propriamente – de uma proposta, mas de uma predisposição), trazem para o proponente as benesses: (i) da redução do custo transacional envolto na negociação, descrição e revisão do texto a cada advento de um novo contratante; (ii) da unicidade da moldura hermenêutica posta e da isonomia no teor proposto; (iii) no controle sobre a extensão e abrangência de vícios, caso haja o controle jurisdicional (arbitral e/ou judicial), já que sua higidez ou invalidade se espraiará para todos os outros negócios idênticos com partes símiles (*rectius,* repercussão negocial transubjetiva).

De outra monta, também são perceptíveis como vantagens aos destinatários, de tal modelo negocial em que há a concentração da autonomia privada no exercício redacional dos alicerces contratuais em um dos polos: (iv) a padronização de fontes normativas contratuais que formam direitos individuais homogêneos, além de maximizarem a

---

[1] O que segue a uma forte tendência de todo o direito empresarial: BULGARELLI, Waldirio. *Tratado de direito empresarial.* 4. ed. São Paulo: Atlas, 2000. p. 47.
[2] ROPPO, Vicenzo. *O contrato.* Coimbra: Almedina, 2009. p. 312.
[3] ROSENVALD, Nelson. *Comentários ao artigo 423 do Código Civil.* In: PELUSO, Cezar et al. (coord.). *Código Civil comentado.* 12. ed. São Paulo: Manole, 2018. p. 446.

origem informacional aos possíveis destinatários interessados, já que podem consultar a outro contratante-oblato quais os termos do negócio jurídico; (v) como corolário de (iv), a possibilidade de impugnação coletiva dos termos negociais; e (vi) a atração de regras hermenêuticas já consagradas no Direito brasileiro como técnicas de solução de conflitos.

Com relação aos contextos em que tal modelo contratual é frequentemente constatado no País, destacam-se (i) os liames trabalhistas[4]; (ii) os contratos administrativos; (iii) os pactos consumeristas; e (iv) os negócios jurídicos interempresariais. Diferentemente das situações jurídicas de (i) a (iii), em que significativa assimetria de poder econômico, jurídico, técnico e, quiçá, simbólico é costumeira, é no nicho de (iv) em que há a tendência à paridade das partes contratuais. Em outras palavras, por mais que a origem redacional tenha se concentrado em um dos sujeitos contratuais, em (iv), a linearidade/isonomia das partes é menos suscetível à lógica da *rebus sic standibus*, sendo prestigiosa à *pacta sunt servanda*[5]. Logo, se paternalismo jurídico não é bem-vindo em qualquer contexto de um Estado Democrático de Direito, ele se torna inadmissível[6] mesmo sob as *vestes* da boa-fé objetiva nos liames empresariais[7].

Seria equivocado raciocínio apto a compreender que inexistiria espaço à customização de cláusulas contratuais, no corpo dos negócios de adesão. *Verbi gratia*, ainda que se seguisse o estereótipo para conteúdos como a cláusula de foro, cláusula penal, obrigações de sigilo, deveres de informação, prazos para o exercício de restituição ou de prestações pelo equivalente, previsão de sub-rogação, é provável que haja cláusulas *de alfaiataria*, aptas a revelar o sinalagma pertinente em termos de riscos de inadimplemento, garantias, extensão e objetos de cobertura, prêmios e preço. Ou seja, um contrato de adesão cuida do predomínio de alicerce unilateral[8] na redação diante da *universalidade* de cláusulas que forma o vínculo, mas não significa que toda e qualquer cláusula seja padronizada e uniforme.

Verbi gratia, o Pretório Excelso[9] compreendeu que leis estaduais que determinavam a mandatoriedade de prestadores de serviços estenderem promoções destinadas a novos clientes, aos antigos consumidores, como inconstitucionais. Logo, a depender do caso, haveria a liberdade de iniciativa para o tratamento não isonômico dos destinatários de um serviço, como o seguro. Uma razão legítima para tanto seria a existência de economias de escala ou de escopo[10] que diferiria a demanda de um cliente-segurado de outros tantos.

---

[4] DANTAS, Francisco Clementino de San Tiago. *Programa de Direito Civil (Parte Geral)*. Aulas Proferidas na Faculdade Nacional de Direito (1942-1945). Rio de Janeiro: Editora Rio, 1979. p. 289.

[5] FERRAZ JR., Tercio Sampaio. *Introdução ao estudo do direito*: técnica, decisão, dominação. 6. ed. São Paulo: Atlas, 2012. p. 82.

[6] VERÇOSA, Haroldo Malheiros Duclerc. *Contratos mercantis e a teoria geral dos contratos*. O Código Civil de 2002 e a crise do contrato. São Paulo: Quartier Latin, 2010. p. 176.

[7] FRANCO, Vera Helena de Mello. *Direito empresarial*: o empresário e seus auxiliares, o estabelecimento empresarial, as sociedades. 4. ed. São Paulo: Ed. RT, 2012. p. 49.

[8] AZEVEDO, Antônio Junqueira de. *Negócio jurídico*: existência, validade e eficácia. 4. ed. São Paulo: Saraiva, 2002. p. 134.

[9] STF, Plenário, ADI 5.399, ADI 6.191 e ADI 6.333, Min. Roberto Barroso, por maioria, j. 09.06.2022.

[10] "As economias de escala estão relacionadas às economias de escopo, e os dois termos são às vezes utilizados de forma intercambiada. As economias de escala existem se a empresa conseguir fazer economias em termos de custo unitário à medida que aumenta a produção de um determinado bem

Por derradeiro, sob a ótica dos dois polos relacionais, contratantes de boa-fé sujeitos aos pactos de adesão podem se beneficiar em relações de longo termo erigidas sob tal modelo negocial, visto que experiências do proponente com demais oblatos em situação símile permitem a construção de *aditamentos padronizados* e *sinalagmáticos* em todos os negócios de adesão. Ou seja, a reiteração da heurística – bem-sucedida e malsucedida – para o proponente contendo *modelos* clausulados idênticos permite realizar aperfeiçoamentos, espécies de "benfeitorias" clausuladas a fim de maximizar o espírito cooperativo, ainda que dentro de um contexto mais típico à lógica da permuta do que dos contratos de escopo.

Com relação à sua origem histórica, o direito posto já reconhecia sua existência no Brasil desde o século XIX, com o Código Comercial de 1850, ainda que sua *nomenclatura* só tenha sido consagrada com o Código Civil contemporâneo. Tratando, genericamente, dos pactos por escrito, a Lei 556, de 25 de junho de 1850, previa, em seu art. 127,[11] a vinculação do policitante ao oblato, desde que o último houvesse expedido resposta formativa. Embora a emissão epistolar da *proposta* – negócio jurídico unilateral[12] – não fosse adstrita aos negócios de adesão, tampouco a redação do Código à época do Brasil monárquico lhe era infensa, o mesmo texto, pelo contrário, permitia ao oblato originário se tornar policitante na contraproposta, que, tal como o negócio jurídico primígeno, poderia ser uma *oferta*[13] redigida como pacto de adesão.

Fonte normativa interessante consta no art. 130[14] do referido CCom, tangenciando a hipótese de *ambiguidades* de significantes[15] clausulados permitirem significados díspares. Nesse contexto de um negócio por adesão no ambiente empresarial, as fontes materiais dos usos e costumes mercantis serviriam a minimizar a moldura hermenêutica e a reduzir a norma pactuada àquilo que era um hábito setorial. Tal premissa não tem nada de trivial, já que aquilo que é praxe no ramo securitário das embarcações marítimas não encontra ressonância no ambiente dos seguros residenciais, automobilísticos ou pessoais[16]. Em ver-

---

ou serviço. As economias de escopo existem se a empresa conseguir fazer economias à medida que aumenta a variedade de bens produzidos ou serviços prestados" (BESANKO, David et al. *A economia da estratégia*. Trad. Christiane Brito. 5. ed. Porto Alegre: Bookman, 2012. p. 68).

[11] Código Comercial de 1850: "Art. 127. Os contratos tratados por correspondência epistolar reputam-se concluídos e obrigatórios desde que o que receber a proposição expede carta de resposta, aceitando o contrato proposto sem condição nem reserva; até este ponto é livre retratar a proposta; salvo se o que a fez se houver comprometido a esperar resposta, e a não dispor do objeto do contrato senão depois de rejeitada a sua proposição, ou até que decorra o prazo determinado. Se a aceitação for condicional, tornar-se-á obrigatória desde que o primeiro proponente avisar que se conforma com a condição".

[12] MELLO, Marcos Bernardes de. *Teoria do fato jurídico*: plano da existência. 18. ed. São Paulo: Saraiva, 2012. p. 214.

[13] RUGGIERO, Roberto de. *Instituições de direito civil*. 6. ed. São Paulo: Saraiva, 1973. v. III. p. 207.

[14] Código Comercial de 1850: "Art. 130. As palavras dos contractos e convenções mercantis devem inteiramente entender-se segundo o costume e uso recebido no commercio, e pelo mesmo modo e sentido por que os negociantes se costumão explicar, posto que entendidas de outra sorte possão significar cousa diversa".

[15] Sobre a diferença entre significantes e significados, *vide* BARTHES, Roland. *Elementos da semiologia*. Trad. Izidoro Blikstein. 15. ed. São Paulo: Editora Pensamento-Cultrix, 1964. p. 47.

[16] Sobre usos e costumes como fontes do direito comercial, *vide* FORGIONI, Paula Andrea. *A evolução do direito comercial brasileiro*: da mercancia ao mercado. 2. ed. São Paulo: Ed. RT, 2012. p. 190.

dade, é possível ventilar que cada setor de seguros cuida de mercados distintos, aptos a merecerem considerações individualizadas[17].

A penúltima regra formativa do regime jurídico anterior cuida do preceito do art. 133[18] do CCom, apto a regular as situações de *silêncio*[19] negocial. Especialmente em um momento histórico de menor dirigismo regulatório comparado ao presente (ANS, ANTT, Anatel, Antaq etc.), o exercício da autonomia privada era visto como próprio à autonomia da *vontade*. Logo, sem o *animus* de pactuar algo de modo expresso, a presunção adotada pela legislação inaugural cuidava de remeter às fontes materiais do nicho, do tempo e do local pertinentes.

Por fim, o último preceito normativo do Código Comercial útil à compreensão da origem da conformação dos negócios jurídicos – inclusive os por adesão – é o interessante rol do art. 131[20]. O preâmbulo do tipo parte da compreensão da interpretação como algo imperativo em uma situação de desinteligência, mas não em situação de cooperação apta a deflagrar espécie de *solidariedade orgânica* das partes. Tal forma de análise jurídica não é mais seguida na contemporaneidade, já que a interpretação e a aplicação[21] do direito são *atos* de íntima ligação, mesmo em situações *pacíficas* entre os contratantes.

Em seguida, cinco passos hermenêuticos serviriam de *etapas* para o intérprete diante do dissenso, traduzindo boas regras de interpretação que são absorvidas até hoje pelo sistema jurídico. São eles: (i) a influência iluminista,[22] na busca da redução das prolixidades normativas, e a análise da causa negocial; (ii) o comando para que um excerto obscuro possa ser sanado pelo restante do teor contratual, ou seja, pela harmonização endógena do pacto diante das ambiguidades; (iii) no divórcio entre *texto* e *conduta* contratual, a última

---

[17] Sobre a incorreção em se verificar um único mercado, *vide* IRTI, Natalino. *L'Ordine Giuridico del Mercato*. Bari: Editori Laterza, 1998. p. 12.

[18] Código Comercial de 1850: "Art. 133. Omittindo-se na redacção do contracto clausulas necessarias á sua execução, deverá presumir-se que as partes se sujeitárão ao que he de uso e pratica em taes casos entre os commerciantes, no lugar da execução do contracto".

[19] "Quem cala consente é um ditado popular e não uma regra de direito. Pelo direito, é o silêncio tido e havido, em regra, como fato ambíguo que, isolado, ou desprovido de elementos outros, não autoriza qualquer conclusão: *qui tacet nequet negat, neque utique fatetur*. Na realidade, o silêncio só produz efeitos jurídicos quando, devido às circunstâncias ou condições de fato" (RÁO, Vicente Francisco de Paula. *Ato jurídico*. 2. tir. São Paulo: Max Limonad, 1961. p. 142).

[20] Código Comercial de 1850: Art. 131. "Sendo necessario interpretar as clausulas do contracto, a interpretação, além das regras sobreditas, será regulada sobre as seguintes bases: 1. A intelligencia simples e adequada, que for mais conforme á boa-fé, e ao verdadeiro espirito e natureza do contracto, deverá sempre prevalecer á rigorosa e restricta significação das palavras; 2. As cláausulas duvidosas serão entendidas pelas que o não forem, e que as partes tiverem admittido; e as antecedentes e subseqüentes, que estiverem em harmonia, explicarão as ambiguas; 3. O facto dos contrahentes posterior ao contracto, que tiver relação com o objecto principal, será a melhor explicação da vontade que as partes tiverão no acto da celebração do mesmo contracto; 4. O uso e pratica geralmente observada no commercio nos casos da mesma natureza, e especialmente o costume do lugar onde o contracto deva ter execução, prevalecerá a qualquer intelligencia em contrario que se pretenda dar ás palavras; 5. Nos casos duvidosos, que não possam resolver-se segundo as bases estabelecidas, decidir-se-ha em favor do devedor".

[21] PERLINGIERI, Pietro. *Perfis do direito civil*. Introdução ao direito civil constitucional. Rio de Janeiro: Renovar, 2007. p. 3.

[22] GROSSI, Paolo. *Mitologias jurídicas da modernidade*. Florianópolis: Fundação Boiteux, 2007. p. 63.

servirá como melhor baliza hermenêutica da causa inaugural do pacto; (iv) diante de uma hipótese de abrasão entre a *vontade* (que habilitou o texto negocial) e as práxis setoriais em que o negócio encontra seu centro gravitacional, os hábitos terão primazia para dirimir uma contenda. Portanto, cuida-se de ótica em que a juridicidade é superior ao conceito de vontade[23]. Tal é importante não é só para evitar a difícil busca das pré-compreensões das partes mas igualmente para afastar a correta decisão do caso ao entendimento personalístico[24] do juízo ou da câmara arbitral[25]; e (v) tomando-se como base que os negócios jurídicos são propostos pelos credores (da remuneração pelo serviço), diante de uma *zona gris* após o intérprete tentar sanar a controvérsia com base nos critérios anteriores (i) a (iv), deverá o feito ser decidido em favor do devedor[26].

Percebe-se, portanto, que a cultura jurídica vigente à época da gênese dos contratos de adesão no Brasil continua a influenciar, conformar e moldar a hermenêutica jungida no século XXI.

2. SENTIDO DA DISPOSIÇÃO E PRINCIPAIS CONTROVÉRSIAS NA SUA INTERPRETAÇÃO

O preceito normativo do art. 423, do CC/2002 nutre três núcleos importantes ao regular os contratos de adesão. São eles: (i) a ambiguidade das cláusulas; (ii) a contradição clausulada; e (iii) o funtor decisório diante das hipóteses (i) ou (ii).

No tocante (i) à ambiguidade, não cuida o legislador da ínsita ambiguidade ou imprecisão linguística[27]. Em um exemplo lúdico, do significante "cravo" é possível extrair significados dos mais diversos, a exemplo de (i.1) tempero; (i.2) instrumento musical barroco; (i.3) verbo; (i.4) espécie de flor; e (i.5) sujeira da derme. Em geral, o contexto auxiliará o intérprete a identificar, na análise da *referência*,[28] quais são os corretos – ou, no mínimo, os razoáveis – *significados* daquele *significante*, ou seja, no ambiente do contrato de seguro entabulado por adesão, se, de fato, a ambiguidade clausulada permanece mesmo após o ato do intérprete que: (i) cotejou as demais cláusulas do mesmo negócio; (ii) analisou a conduta pretérita das partes, antes do momento gerador de lide – ou, quiçá, o que foi praticado entre o policitante e terceiros que estejam em situações símiles ao aderente no contrato sob análise; e (iii) escrutinou quais são as práxis setoriais levando em considerações a conduta de sujeitos estranhos ao contrato, mas partícipes de um mesmo mercado relevante – de uma mesma cultura[29].

Logo, não é a ambiguidade de uma primeira leitura, a aparente imprecisão de significante ao terceiro imparcial que resultará na atração do fundamento normativo do tipo

---

[23] PRATA, Ana. *A tutela constitucional da autonomia privada*. Coimbra: Edições Almeida, 2017. p. 24.
[24] ÁVILA, Humberto Bergmann. *Constituição, liberdade e interpretação*. São Paulo: Malheiros Editores, 2019. p. 24.
[25] BECKER, Alfredo Augusto. *Carnaval tributário*. 2. ed. São Paulo: LEJUS, 1999. p. 86.
[26] GRAU, Eros Roberto; FORGIONI, Paula. *O Estado, a empresa e o contrato*. São Paulo: Malheiros Editores, 2005. p. 294.
[27] STRECK, Lenio Luiz. *Hermenêutica jurídica e(m) crise*: uma exploração hermenêutica da construção do direito. 10. ed. Porto Alegre: Livraria do Advogado, 2011. 2011, p. 216.
[28] SEARLE, John R. *Mente, linguagem e sociedade*: filosofia no mundo real. Trad. F. Rangel. Rio de Janeiro: Rocco, 2000. p. 130.
[29] SOLON, Ari Marcelo. *Hermenêutica jurídica radical*. São Paulo: Marcial Pons, 2017. p. 30.

do Código Civil. Nesse sentido, no remédio processual voluntário afetado ao rito dos recursos repetitivos[30] ao dirimir contenda sobre planos de saúde e cobertura disponibilizada para o planejamento familiar, o Superior Tribunal de Justiça decidiu questão afeta à (i) inseminação artificial com (ii) a fertilização *in vitro*. Em síntese, havia fonte normativa de agência reguladora[31] equivalendo os contextos tecnológicos de (i) e (ii), no que parte dos Órgãos Julgadores compreendeu em vilipêndio de competência regulatória por parte da autarquia, ao contrastar com o disposto na Lei sobre Planos de Saúde[32]. Contudo, a maioria dos integrantes da Seção de Direito Privado do Tribunal da Cidadania compreendeu não haver empecilho à exclusão de cobertura da fertilização *in vitro* do referido plano de saúde, pela mera omissão do fato gerador no contrato.

Por sua vez, a segunda *fattispecie* do tipo do Código Civil relevante (ii) cuida da contradição. Tal característica do discurso contratual cuida de vício mais grave do que (i) o caso da ambiguidade, já que, em um olhar maniqueísta, é possível tratar da própria cláusula que prevê a cobertura do sinistro, ou de sua exclusão. Em outras palavras, a contradição narrada não pode cuidar do *elemento* que legitima a cláusula do contrato, pois do contrário se teria um negócio jurídico que infirma a si mesmo (um seguro sem hipóteses de cobertura, de pagamentos, ou de deveres anexos de informação), em hipótese *soft* de uma simulação. Ressalte-se que as regras de hermenêutica que cuidam das hipóteses de antinomia são particularmente úteis a sanar casos de contradição no exercício da autonomia privada. Especificamente, a melhor doutrina[33] narra que há hipóteses de contradição entre preceitos (i) que *obrigam* uma conduta e outro que *proíba* tal conduta; (ii) que *comandem* determinado fato e outro que *autorize* o não exercício daquele fato; ou (iii) que *proíba* determinado ato e outro que *autorize* a comissão do mesmo fato.

Dito isso, a contradição de que trata o enunciado normativo é aquela que não desnatura o negócio jurídico, mas que poderá delimitar ou estender o campo da eficácia do contrato. *Exempli gratia*, se um contrato de seguro descrever que haverá fato gerador dos direitos compensatórios à circunstância de danos sofridos por geada, mas, em outra cláusula, dispor que danos havidos por geadas não são cobertos pelo pacto, valerá o excerto afirmativo.

---

[30] STJ, 2ª Seção, REsp 1.822.420/SP, Min. Marco Buzzi, por maioria, *DJ* 27.10.2021.

[31] Resolução Normativa 387/2015 da ANS: "Art. 20. A cobertura assistencial de que trata o plano-referência compreende todos os procedimentos clínicos, cirúrgicos, obstétricos e os atendimentos de urgência e emergência, na forma estabelecida no artigo 10 da Lei nº 9.656, de 1998. § 1º São permitidas as seguintes exclusões assistenciais: I – tratamento clínico ou cirúrgico experimental, isto é, aquele que: (...) III – inseminação artificial, entendida como técnica de reprodução assistida que inclui a manipulação de oócitos e esperma para alcançar a fertilização, por meio de injeções de esperma intracitoplasmáticas, transferência intrafalopiana de gameta, doação de oócitos, indução da ovulação, concepção póstuma, recuperação espermática ou transferência intratubária do zigoto, entre outras técnicas". Convém ressalvar que a referida Resolução foi revogada pela Resolução 428/2017, que, por sua vez, foi revogada pela Resolução 465/2021.

[32] Lei 9.656/1998: "Art. 10. É instituído o plano-referência de assistência à saúde, com cobertura assistencial médico-ambulatorial e hospitalar, compreendendo partos e tratamentos, realizados exclusivamente no Brasil, com padrão de enfermaria, centro de terapia intensiva, ou similar, quando necessária a internação hospitalar, das doenças listadas na Classificação Estatística Internacional de Doenças e Problemas Relacionados com a Saúde, da Organização Mundial de Saúde, respeitadas as exigências mínimas estabelecidas no art. 12 desta Lei, exceto: (...) III – inseminação artificial".

[33] BOBBIO, Norberto. *Teoria do ordenamento jurídico*. Trad. Maria Celeste C. J. Santos. 10. ed. Brasília: UNB, 1999. p. 85.

No tocante à existência de cláusulas securitárias contraditórias entre si, o Superior Tribunal de Justiça teve a oportunidade de sanar contenda havida sobre *datas* diferentes quanto ao início do termo de incidência do contrato de seguro[34]. Cuidava-se de seguro de vida em grupo, acionado pelos consumidores que eram mãe e irmão do falecido. Reconhecido o vínculo consumerista e a contradição entre as duas datas prescritas no liame contratual entabulado por adesão, o STJ bem aplicou a fonte normativa do art. 423 do CC/2002 e interpretou tal vício de texto em favor do aderente.

Com relação ao núcleo (iii) do tipo, a fonte normativa já indica qual o Norte deverá ser seguido pelo terceiro imparcial diante das circunstâncias (i) da ambiguidade, ou (ii) da contradição. Em verdade, o *funtor* (c) favorável ao aderente cuida de uma alocação de *risco* àquele que tem o beneplácito de redigir o contrato de adesão. Sabendo das áleas hermenêuticas que correm diante da imprecisão linguística ou redacional, o agente econômico tenderá a agir com enorme cautela no momento de edificação dos alicerces da proposta. Portanto, cuida de regra de atribuição de *cuidado*[35], já que plexos de adesão tendem a ser reproduzido para milhares – quiçá milhões – de outros oblatos. Tais riscos são suficientes para alertar o mais incauto dos policitantes.

Quanto a esse dever de *cuidado* ao policitante, apto a entabular o ônus de informar com qualidade o aderente, o Superior Tribunal de Justiça dirimiu relevante precedente sobre seguro prestamista[36]. Fato relevante a seguros de tal sorte foi o advento da Resolução CNSP 365/2018, seguida pela Resolução CNSP 439/2022. Tais fontes normativas, porém, foram editadas após o início da lide ulteriormente dirimida pelo STJ e, em virtude disso, foram desconsideradas. O núcleo da contenda se deu por vício da descrição do seguro quanto ao destino da diferença entre o "limite do capital segurado" e o montante adimplido junto ao primeiro beneficiário e ao estipulante. Em tal *zona gris*, o STJ, corretamente, aplicou a lógica da hermenêutica favorável ao aderente – no caso, os sucessores do finado.

3. DISPOSIÇÕES RELACIONADAS

A III Jornada de Direito Civil realizada pelo Conselho da Justiça Federal[37] – em 2005 – trouxe enunciado relevante que resultou em enunciado normativo no sentido de que: (i) há contratos de adesão que não são relacionados a pactos consumeristas; e (ii) há contratos consumeristas que não cuidam de liames por adesão[38]. Apesar de tal fonte material do direito ser de espécie *soft law*, em verdade o texto consolidado pelo CJF apenas corrobora realidades consagradas que denotam a incidência de tal espécie de pacto em qualquer relação jurídica possível de índole patrimonial, além de não afastar hipóteses em que, mesmo em pactos consumeristas, seja possível cogitar em um *contrato* minutado artesanalmente. Tal seria possível diante de bens conspícuos de alto valor, por exemplo – ainda que menos frequente no setor de seguros consumeristas.

---

[34] STJ, 3ª T., REsp 1.726.225/RJ, Min. Moura Ribeiro, decisão unânime, *DJ* 24.09.2018.
[35] BETTI, Emilio. *Interpretação da lei e dos atos jurídicos*: teoria geral e dogmática. Trad. Karina Jannini. São Paulo: Martins Fontes, 2007. p. 390.
[36] STJ, 3ª T., REsp 1.876.762/MS, Min. Nancy Andrighi, por maioria, *DJ* 30.06.2021.
[37] Trata-se de órgão vinculado ao Superior Tribunal de Justiça com a competência que lhe outorga a Lei 11.798/2008.
[38] Enunciado 171 da III Jornada de Direito Civil do CJF: "O contrato de adesão, mencionado nos arts. 423 e 424 do novo Código Civil, não se confunde com o contrato de consumo".

Por sua vez, na IV Jornada de Direito Civil do CJF, editou-se enunciado fundamental na conexão entre os temas dos contratos de seguro e dos plexos de adesão. Trata-se do Enunciado 370,[39] que entabula correlação entre a análise dos riscos e outros dispositivos do Código Civil e da própria Constituição da República. Em outras palavras, o enunciado visa precatar que as seguradoras hipertrofiem o sentido de *predeterminação dos riscos* como causa excludente de qualquer cobertura. Em verdade, trata-se de forma de melhor emoldurar as hipóteses de incidência diante de róis taxativos ou enumerativos da cobertura securitária, tendo em vista o fato de que a vida na sociedade global é mesmo uma vida do risco[40].

Já, na V Jornada de Direito Civil do CJF, editou-se enunciado[41] apto a regular as situações sobre o direito à compensação que exceda à cláusula penal – que goza de índole acessória, ainda que o texto negocial assim não o preveja. Em outros termos, se houver demonstração do *prejuízo* que sobrepuje o limite da cláusula penal compensatória, desde que o contrato de seguro não o vede expressamente, poderá o segurado perquirir montante superior ao pactuado. Na prática, ao contrário dos dois enunciados do CJF antes descritos, é difícil imaginar que contratos de seguro editados após 2012 (ano de realização de tal Jornada) não vedem montantes de cláusula penal que sobrepujem o teto fixado, independentemente da extensão do prejuízo. Aliás, o contrário seria prestigiar a ruptura da álea fixada pelos padrões de mercado e pelos cálculos atuariais.

Entretanto, as disposições (de *hard law*) correlacionadas – mais relevantes ao texto do Código Civil de 2002 – cuidam dos enunciados pertinentes e presentes no Código de Defesa do Consumidor. Os dois artigos que cuidam da matéria versam sobre (i) a redução dos prazos de insurgência diante da responsabilidade civil[42] e (ii) a própria conceituação do que seja um contrato de adesão, o originador de tais cláusulas, o cabimento de cláusulas de extinção do contrato por inadimplemento, e a necessidade de evitar o juridiquês que impeça a compreensão real sobre o pactuado[43].

---

[39] Enunciado 370 da IV Jornada de Direito Civil do CJF: "Nos contratos de seguro por adesão, os riscos predeterminados indicados no art. 757, parte final, devem ser interpretados de acordo com os arts. 421, 422, 424, 759 e 799 do Código Civil e 1º, inc. III, da Constituição Federal".

[40] BECK, Ulrich. *Sociedade de risco*: rumo a uma outra modernidade. Trad. Sebastião Nascimento. São Paulo: Editora 34, 2010. p. 25.

[41] Enunciado 430 da V Jornada de Direito Civil do CJF: "No contrato de adesão, o prejuízo comprovado do aderente que exceder ao previsto na cláusula penal compensatória poderá ser exigido pelo credor independentemente de convenção".

[42] Lei 8.078/1990: "Art. 18. Os fornecedores de produtos de consumo duráveis ou não duráveis respondem solidariamente pelos vícios de qualidade ou quantidade que os tornem impróprios ou inadequados ao consumo a que se destinam ou lhes diminuam o valor, assim como por aqueles decorrentes da disparidade, com a indicações constantes do recipiente, da embalagem, rotulagem ou mensagem publicitária, respeitadas as variações decorrentes de sua natureza, podendo o consumidor exigir a substituição das partes viciadas. (...) § 2º Poderão as partes convencionar a redução ou ampliação do prazo previsto no parágrafo anterior, não podendo ser inferior a sete nem superior a cento e oitenta dias. Nos contratos de adesão, a cláusula de prazo deverá ser convencionada em separado, por meio de manifestação expressa do consumidor".

[43] Lei 8.078/1990: "Art. 54. Contrato de adesão é aquele cujas cláusulas tenham sido aprovadas pela autoridade competente ou estabelecidas unilateralmente pelo fornecedor de produtos ou serviços, sem que o consumidor possa discutir ou modificar substancialmente seu conteúdo. § 1º A inserção de cláusula no formulário não desfigura a natureza de adesão do contrato. § 2º Nos contratos de adesão admite-se cláusula resolutória, desde que a alternativa, cabendo a escolha ao consumidor,

Não obstante o fato de a regulação do Código de Defesa do Consumidor em matéria de contratos de adesão mais criar preceitos enunciativos do que regras de direito material, é útil destacar que sua incidência é pertinente aos contratos de seguro no contexto dos plexos relacionais consumeristas, dentro de uma ótica finalista[44] da relação. Ainda que haja muitos autores que defendam a necessidade de um diálogo de fontes, o *leitmotif* das regras da Lei 8.078/1990 não pode ser invocado para dirimir contendas de contratos de adesão securitários em relações civis ou interempresariais.

REFERÊNCIAS BIBLIOGRÁFICAS

ÁVILA, Humberto Bergmann. *Constituição, liberdade e interpretação*. São Paulo: Malheiros Editores, 2019.

AZEVEDO, Antônio Junqueira de. *Negócio jurídico*: existência, validade e eficácia. 4. ed. São Paulo: Saraiva, 2002.

BARTHES, Roland. *Elementos da semiologia*. Trad. Izidoro Blikstein. 15. ed. São Paulo: Editora Pensamento-Cultrix, 1964.

BECK, Ulrich. *Sociedade de risco*: rumo a uma outra modernidade. Trad. Sebastião Nascimento. São Paulo: Editora 34, 2010.

BECKER, Alfredo Augusto. *Carnaval tributário*. 2. ed. São Paulo: LEJUS, 1999.

BESANKO, David et al. *A economia da estratégia*. Trad. Christiane Brito. 5. ed. Porto Alegre: Bookman, 2012.

BETTI, Emilio. *Interpretação da lei e dos atos jurídicos*: teoria geral e dogmática. Trad. Karina Jannini. São Paulo: Martins Fontes, 2007.

BOBBIO, Norberto. *Teoria do ordenamento jurídico*. Trad. Maria Celeste C. J. Santos. 10. ed. Brasília: UNB, 1999.

BULGARELLI, Waldirio. *Tratado de direito empresarial*. 4. ed. São Paulo: Atlas, 2000.

DANTAS, Francisco Clementino de San Tiago. *Programa de Direito Civil (Parte Geral)*. Aulas Proferidas na Faculdade Nacional de Direito (1942-1945). Rio de Janeiro: Editora Rio, 1979.

FERRAZ JR., Tercio Sampaio. *Introdução ao estudo do direito*: técnica, decisão, dominação. 6. ed. São Paulo: Atlas, 2012.

FORGIONI, Paula Andrea. *A evolução do direito comercial brasileiro*: da mercancia ao mercado. 2. ed. São Paulo: Ed. RT, 2012.

FRANCO, Vera Helena de Mello. *Direito empresarial*: o empresário e seus auxiliares, o estabelecimento empresarial, as sociedades. 4. ed. São Paulo: Ed. RT, 2012.

GRAU, Eros Roberto; FORGIONI, Paula. *O Estado, a empresa e o contrato*. São Paulo: Malheiros Editores, 2005.

GROSSI, Paolo. *Mitologias jurídicas da modernidade*. Florianópolis: Fundação Boiteux, 2007.

---

ressalvando-se o disposto no § 2º do artigo anterior. § 3º Os contratos de adesão escritos serão redigidos em termos claros e com caracteres ostensivos e legíveis, cujo tamanho da fonte não será inferior ao corpo doze, de modo a facilitar sua compreensão pelo consumidor".

[44] MARQUES, Claudia Lima. *A nova crise do contrato*: estudos sobre a nova teoria contratual. São Paulo: Ed. RT, 2007. p. 81.

IRTI, Natalino. *L'Ordine Giuridico del Mercato*. Bari: Editori Laterza, 1998.

MARQUES, Claudia Lima. *A nova crise do contrato*: estudos sobre a nova teoria contratual. São Paulo: Ed. RT, 2007.

MELLO, Marcos Bernardes de. *Teoria do fato jurídico*: plano da existência. 18. ed. São Paulo: Saraiva, 2012.

PERLINGIERI, Pietro. *Perfis do direito civil*. Introdução ao direito civil constitucional. Rio de Janeiro: Renovar, 2007.

PRATA, Ana. *A tutela constitucional da autonomia privada*. Coimbra: Edições Almeida, 2017.

RÁO, Vicente Francisco de Paula. *Ato jurídico*. 2. tir. São Paulo: Max Limonad, 1961.

ROPPO, Vicenzo. *O contrato*. Coimbra: Almedina, 2009.

ROSENVALD, Nelson. *Comentários ao artigo 423 do Código Civil*. In: PELUSO, Cezar et al. (coord.). *Código Civil comentado*. 12. ed. São Paulo: Manole, 2018.

RUGGIERO, Roberto de. *Instituições de direito civil*. 6. ed. São Paulo: Saraiva, 1973. v. III.

SEARLE, John R. *Mente, linguagem e sociedade*: filosofia no mundo real. Trad. F. Rangel. Rio de Janeiro: Rocco, 2000.

SOLON, Ari Marcelo. *Hermenêutica jurídica radical*. São Paulo: Marcial Pons, 2017.

STRECK, Lenio Luiz. *Hermenêutica jurídica e(m) crise*: uma exploração hermenêutica da construção do direito. 10. ed. Porto Alegre: Livraria do Advogado, 2011.

VERÇOSA, Haroldo Malheiros Duclerc. *Contratos mercantis e a teoria geral dos contratos*. O Código Civil de 2002 e a crise do contrato. São Paulo: Quartier Latin, 2010.

9
COMENTÁRIOS AO ART. 424
DO CÓDIGO CIVIL

Pedro Marcos Nunes Barbosa

> **Art. 424.** Nos contratos de adesão, são nulas as cláusulas que estipulem a renúncia antecipada do aderente a direito resultante da natureza do negócio.

1. ORIGEM DA DISPOSIÇÃO E REGIME ANTERIOR

Conforme descrito nos comentários ao art. 423 do CC, o que distingue o contrato de adesão da moldura negocial pautada na recíproca autonomia privada na confecção das cláusulas contratuais é: (i) a unilateralidade; (ii) a rigidez; e (ii) a concentração redacional dada ao proponente, a despeito do oblato. A liberdade do destinatário da oferta se circunscreveria a *se* ou *quando* aceitar a proposta, mas não a criar – conjuntamente ao ofertante – os termos do vínculo jurídico. Tais características são aptas a concentrar o *bônus* de tais prerrogativas aos *ônus* hermenêuticos bem distribuídos pelo sistema também ao policitante. Na prática, o redator do texto acaba tendo de se portar como em uma relação *fiduciária* em que se exerce um poder jurídico não para si, mas visando o outro. Logo, o sistema nacional regula tais modelos contratuais visando a um mínimo de *alteridade*.

Com relação ao direito positivo que antecedeu o advento do Código Civil, não é inédita a lógica de (I) gerar ônus econômicos às hipóteses de renúncia antecipada de uma obrigação mercantil[1] – costumeiramente objeto de contrato de seguro; (ii) até proibir o ato de disponibilidade/alienação[2] por ostensiva conduta do titular de um direito cuja eficácia plena defende de condição[3]; ou (iii) laborar com presunções de que cláusulas contratuais que previssem renúncia do direito da parte menos forte da relação sejam, *per se*, abusivas ou ilegais[4].

---

[1] Código Comercial, Lei 556/1850: "Art. 594. Renunciando o afretador ao contrato antes de começarem a correr os dias suplementares da carga, será obrigado a pagar metade do frete e primagem".

[2] Código Civil de 1916, Lei 3.071/1916: "Art. 1.182. Não se pode renunciar antecipadamente o direito de revogar a liberalidade por ingratidão do donatário".

[3] VELOSO, Zeno. *Condição, termo e encargo*. São Paulo: Malheiros Editores, 1997. p. 20.

[4] Código de Defesa do Consumidor, Lei 8.078/1990: "Art. 51. São nulas de pleno direito, entre outras, as cláusulas contratuais relativas ao fornecimento de produtos e serviços que: I – impossibilitem,

Ou seja, tanto em termos de negócios jurídicos quanto no que é pertinente aos atos jurídicos em sentido estrito, não é inédita, na Ordenação Pátria, a previsão normativa de contrair o grau de autonomia privada de alguém que teria plena faculdade jurídica de renúncia – sem sanções – em outros contextos.

O ato de renúncia é tido pela doutrina como ato formativo, ato abdicativo[5] unilateral[6], de modo que faz sentido a existência de cautelas aptas a assegurar a higidez de tal excepcional ato jurídico em sentido estrito. Quando se constata ser corriqueiro o fato de que nem todas as cláusulas contratuais formuladas em um contexto de negócio jurídico adesivo são *necessárias* ao advento do pacto, ou, particularmente, úteis aos interesses jurídicos do aderente, é compatível com o sistema jurídico nacional particular cautela sobre, de um lado, o exercício da autonomia privada de quem adere e, de outro, a imposição da autonomia privada de quem formula as cláusulas.

2. SENTIDO DA DISPOSIÇÃO E PRINCIPAIS CONTROVÉRSIAS NA SUA INTERPRETAÇÃO

A boa doutrina[7] destaca que não é qualquer renúncia antecipada que é proscrita pelo sistema brasileiro, mas apenas aquela que, no contexto de negócio jurídico adesivo, se deflagra em situação de assimetria de poderes entre os pactuantes[8]. Em verdade, com a popularização dos negócios jurídicos processuais, verifica-se que – além de os direitos subjetivos *stricto sensu* poderem ser objeto de abdicação, desistência e renúncia – a própria *pretensão*[9] pode ser extinta por ato de seu titular ou legitimado extraordinário.

É nesse contexto em que a renúncia é tida como ato legal e legítimo em um âmbito negocial/procedimental que a Ordenação nacional albergou medidas como: (i) o acordo

---

exonerem ou atenuem a responsabilidade do fornecedor por vícios de qualquer natureza dos produtos e serviços ou impliquem renúncia ou disposição de direitos. Nas relações de consumo entre o fornecedor e o consumidor pessoa jurídica, a indenização poderá ser limitada, em situações justificáveis (...) XVI – possibilitem a renúncia do direito de indenização por benfeitorias necessárias". Ainda, "Art. 54-C. É vedado, expressa ou implicitamente, na oferta de crédito ao consumidor, publicitária ou não: V – condicionar o atendimento de pretensões do consumidor ou o início de tratativas à renúncia ou à desistência de demandas judiciais, ao pagamento de honorários advocatícios ou a depósitos judiciais".

[5] PEREIRA, Caio Mário da Silva. *Instituições de direito civil*. 30. ed. Rev. e atual. Guilherme Calmon Nogueira da Gama. Rio de Janeiro: Forense, 2018. (Teoria geral das obrigações, v. 2). p. 265.

[6] RÁO, Vicente Francisco de Paula. *Ato jurídico*. 2. tir. São Paulo: Max Limonad, 1961. p. 66. Ainda: LOPES, Miguel Maria de Serpa. *Curso de Direito Civil*. 3. ed. Rio de Janeiro: Freitas Bastos, 1961. v. 2. p. 400.

[7] "A renúncia prévia à compensação será lícita se o fizerem credor e devedor, em contrato paritário, no exercício efetivo da autonomia privada" (LÔBO, Paulo Luiz Netto. *Teoria geral das obrigações*. São Paulo: Saraiva, 2005. p. 247).

[8] TARTUCE, Flávio. *Direito civil: direito das obrigações e responsabilidade civil*. 14. ed. Rio de Janeiro: Forense, 2019. v. 2. P. 196.

[9] "Constitui o conteúdo da pretensão, por excelência, a exigibilidade, não obstante seja ele assaz abrangente, por conter as faculdades de renúncia, de transmissão e até o seu próprio exercício, como se deduz analogamente do direito subjetivo" (FONTES, André Ricardo Cruz. *A pretensão como situação jurídica subjetiva*. Belo Horizonte: Del Rey, 2002. p. 135).

de não persecução penal[10]; (ii) o termo de cessação de conduta junto ao Cade[11]; ou (iii) o acordo de não persecução penal[12]. Todavia, em nenhuma de tais circunstâncias a renúncia ou a *suspensão* da pretensão se dá *ex ante*, ou unilateralmente, sendo produto de *negociação* bilateral e *ex facto post*. A cronologia imposta em lei para que o plano da validade tenha como requisito – o fator pretérito o ato e a sucessiva abdicação dos direitos imanentes a tal fato – acaba por precatar condutas *oportunistas* de quem favorece o fato abdicativo.

Destarte, a inteligência jurídica da regra de que trata o art. 424 do CC enverga o prestígio às renúncias que sejam da genuína autonomia privada das partes em relações *simétricas* ou *amplamente negociadas*, não sendo lícito que uma delas *sugira* ou *imponha* a outra tal ato personalíssimo e excepcional. Nada obsta, ainda, a correta hermenêutica da plena licitude de renúncia aos *atos pretéritos*, como corolário do tráfego jurídico que pode ser ínsito a uma relação jurídica contratual de longo prazo – a exemplo do que ocorre com a compensação civil total ou parcial (art. 378 do CC)[13]. Logo, se contratantes de determinado seguro consolidam a dívida de uma das partes no momento de renegociação do vínculo, é possível a renúncia de tal montante como técnica negocial lídima de manutenção da clientela. Tendo-se ciência da extensão e concretude do que se renuncia, o ato unilateral não é munido de características especulativas e servirá de ativo objeto de discernimento ao interessado. Repita-se: o que não é possível seria a renúncia *antecipada* em desfavor do aderente, mas não há nada que circunscreva tal exercício de direito formativo pelo policitante, sucessiva ou contemporaneamente ao fato gerador.

Veja-se que dispositivo símile é previsto no Código Civil português, que, em dispositivo que regula a possibilidade de abdicação da *prescrição*, delimita o ato de disposição de uma *exceção* por perda da pretensão a sua pretérita e efetiva ocorrência[14]. Mesmo assim, para que tal possa ser objeto de negócio jurídico, a legislação peninsular europeia impõe que não haja externalidades negativas[15]. Por sinal, em dispositivo ainda mais símile ao teor

---

[10] Pacote Anticrime, Lei 13.964/2019: "Art. 3º-B. O juiz das garantias é responsável pelo controle da legalidade da investigação criminal e pela salvaguarda dos direitos individuais cuja franquia tenha sido reservada à autorização prévia do Poder Judiciário, competindo-lhe especialmente: (...) XVII – decidir sobre a homologação de acordo de não persecução penal ou os de colaboração premiada, quando formalizados durante a investigação".

[11] Lei de Antitruste, Lei 12.529/2011: "Art. 85. Nos procedimentos administrativos mencionados nos incisos I, II e III do art. 48 desta Lei, o Cade poderá tomar do representado compromisso de cessação da prática sob investigação ou dos seus efeitos lesivos, sempre que, em juízo de conveniência e oportunidade, devidamente fundamentado, entender que atende aos interesses protegidos por lei".

[12] Lei de Improbidade Administrativa, Lei 14.230/2021: "Art. 17-B. O Ministério Público poderá, conforme as circunstâncias do caso concreto, celebrar acordo de não persecução civil, desde que dele advenham, ao menos, os seguintes resultados: I – o integral ressarcimento do dano; II – a reversão à pessoa jurídica lesada da vantagem indevida obtida, ainda que oriunda de agentes privados".

[13] Código Civil de 2002, Lei 10.406/2002: "Art. 368. Se duas pessoas forem ao mesmo tempo credor e devedor uma da outra, as duas obrigações extinguem-se, até onde se compensarem".

[14] Código Civil português – Decreto-lei 47.344, de 25 de novembro de 1966, atualizado até a Lei 59/1999, de 30.06: "Artigo 302º (Renúncia da prescrição) 1. A renúncia da prescrição só é admitida depois de haver decorrido o prazo prescricional".

[15] Código Civil Português – Decreto-lei 47.344, de 25 de novembro de 1966, atualizado até a Lei 59/1999, de 30.06: "Artigo 305º (Oponibilidade da prescrição por terceiros) 1. A prescrição é invocável pelos credores e por terceiros com legítimo interesse na sua declaração, ainda que o devedor a ela tenha renunciado".

do art. 424 do CC brasileiro, renúncias antecipadas em geral – ainda que não pertinentes a negócios jurídicos por adesão – são, *a priori*, vedadas no direito lusitano[16].

Assim, nota-se que o cuidado que o sistema normativo nacional tem com relação a abdicações antecipadas não nutre respeito apenas ao titular da situação jurídica subjetiva patrimonial mas igualmente a terceiros. O segurado, *por sinal*, pode ter credores, herdeiros e legatários – genuína plêiade de interessados legítimos – que poderiam vir a serem prejudicados por ato de disposição *antecipada* e *desfavorável* em um contexto negocial típico ao *take it or leave it*.

Por sinal, os autores que fazem uma correlação simbiótica entre o Direito e a Nova Economia Institucional tendem a fixar como *elementos* dos vínculos relacionais três importantes características; quais sejam: (i) a tendência ao oportunismo[17]; (ii) a assimetria informacional[18]; e (iii) a racionalidade limitada. Em um contexto negocial de um contrato de seguro, por exemplo, o segurado poderia fraudar as hipóteses de incidência da cobertura securitária em conluio com um comparsa, ou maximizar a álea natural do contrato ao "esquecer" seu veículo automotor na rua destrancado e com a chave na ignição (em busca do "furto" aprazível ao seu plano de percepção do montante do seguro); ou a hipótese contrária, que seria igualmente lesiva: o segurador poderia agir a fim de protrair o adimplemento de suas obrigações, frustrando as legítimas expectativas do segurado no contrato.

Exemplo pertinente à situação (i), por parte do prestador do serviço de plano de saúde, foi relatado em julgado do Tribunal da Cidadania[19]. Em síntese, uma consumidora (dependente) moveu demanda de inexistência de débito em desfavor de plano de saúde, diante da cobrança sendo exercida pela prestadora de serviços de supostos débitos do cônjuge falecido que era titular do plano. Apesar de a Lei de Planos de Saúde prever direito próprio da sobrevivente à continuidade do plano, havia cláusula e conduta deste em vincular a renovação do plano da supérstite ao adimplemento do débito do finado. Em decisão unânime, entretanto, o STJ reafirmou a força do preceito de que trata o art. 424 do CC e impediu conduta economicamente oportunista do plano. Fato é que avançada idade da consumidora (85 anos) era situação de elevado risco para a prestadora do serviço, que, possivelmente, preferiria a não renovação contratual.

Com relação à hipótese (ii), é indene de dúvidas de que a seguradora costuma ter um domínio informacional bem mais amplo do que o segurado no tocante à cobertura e aos riscos securitários. Entretanto, isso não desincumbe o segurado de prestar todas as informações relevantes *ex ante*, de modo que a calculabilidade e a própria viabilidade negocial possam ser objeto de dados cognoscíveis à seguradora. Obrigação símile se dá quanto à imperatividade de se atualizarem dados relevantes ao cálculo de risco, diante da vicissitude contextual (ex.: alteração de endereço, maximizando as chances de furto do

---

[16] Código Civil Português – Decreto-lei 47.344, de 25 de novembro de 1966, atualizado até a Lei 59/1999, de 30.06: "Artigo 809º (Renúncia do credor aos seus direitos) É nula a cláusula pela qual o credor renuncia antecipadamente a qualquer dos direitos que lhe são facultados nas divisões anteriores nos casos de não cumprimento ou mora do devedor, salvo o disposto no nº 2 do artigo 800º".

[17] WILLIAMSON, Oliver E. *The economic institutions of capitalism*: firms, markets, relational contracting. New York: The Free Press, 1985. p. 31.

[18] AKERLOF, George A. The market for "lemons": quality uncertainty and the market mechanism. *The Quarterly Journal of Economics*, v 84, n. 3, p. 488-500, 1970. p. 489.

[19] STJ, 3ª T., REsp, 1.899.674/SP, Min. Nancy Andrighi, decisão unânime, *DJ* 22.03.2021.

veículo automotor protegido pelo seguro, em um bairro com maior frequência de crimes patrimoniais). De outra monta, naquilo que é imperativo a formação e execução do próprio seguro, deve ao fornecedor do serviço imbuir o segurado dos dados necessários à razoável execução do contrato.

Em julgado do Superior Tribunal de Justiça[20] versando sobre a higidez das (ii) informações prestadas aos segurados que aderiram a contrato de seguro habitacional, tomou-se como legítima a negativa de cobertura quanto a fato gerador que estava fora do rol previsto na apólice. Em síntese, não havendo dúvidas do que era e do que não era coberto pelo seguro pertinente ao Sistema Financeiro de Habitação, o Tribunal da Cidadania acabou por rechaçar o pleito de interpretação extensiva do que geraria a obrigação de pagar da seguradora.

Ademais, em relação a (iii), mesmo o *homo economicus* poderá fazer parte de relações contratuais baseado em sentimentos *irracionais*, devendo a parte mais forte da relação evitar se portar como (i) ou (ii) para desfrutar das limitações jurígenas da contraparte.

Por sua vez, com relação ao sufixo do tipo do art. 424 do CC (*direito resultante da natureza do negócio*), deve-se interpretar que o *significante* direito albergue qualquer tipo de situação jurídica subjetiva (direito potestativo, direito subjetivo *stricto sensu*, pretensão, legítimas expectativas, faculdades, poderes jurídicos, exceções etc.), não estando adstrito às noções de crédito, débito ou obrigação. Se alguma dessas situações jurídicas subjetivas do aderente for objeto de abdicação no curso textual do negócio jurídico de adesão, tal cláusula será ilícita.

O oposto, todavia, não é verdadeiro. Se, em um contrato, a seguradora que laborou o texto negocial firmar abdicação *ex ante* de alguma de suas próprias situações jurídicas subjetivas (ex.: *cláusula resolutiva em hipótese de mora, cláusula que abdica direito de sub-rogação contra terceiros afiliados ao segurado*) na relação, nenhuma invalidade poderá ser ulteriormente arguida. Tal lógica é derivada do *controle* disposto por quem tem a faculdade de redigir os termos negociais, estando mais bem informado sobre a conveniência e os riscos de tais estipulações.

Por fim, o último elemento do tipo traduz a conformação do tipo de situação jurídica de circunscrição ao ato de renúncia pelo aderente. Em um contrato de seguro, qualquer elemento pertinente à cobertura securitária, eventual ato de mitigação dos danos sofridos pela disponibilização do equivalente enquanto a compensação não é realizada (ex.: disponibilização de veículo automotor equiparável àquele objeto do seguro, enquanto o bem do segurado se encontra em fase de reparos dos danos sofridos) e os direitos conexos correlacionados à informação e à análise dos dados ínsitos ao sinistro são exemplos do que é da *essência causal*.

De outro lado, nada impede que, em um contexto contratual, se deflagrem diversos negócios jurídicos distintos do vínculo securitário, em hipótese típica a contratos conexos. *Verbi gratia*, em um instrumento contratual de alienação fiduciária, não é improvável cotejar que o alienante/credor entabule cláusula embrenhada no texto de proteção securitária com outra sociedade empresária. Nesse ambiente, se o pacto não for de adesão, com relação às situações jurídicas subjetivas que destoem do seguro em si, será possível ventilar que as vedações de que trata o art. 424 do CC não incidem. Portanto, se alguma prerrogativa negocial estiver presente como alguma forma de *bônus* alheio à causa contratual por si, não

---

[20] STJ, 3ª T., AgInt no REsp 1.645.493/SP, Min. Moura Ribeiro, decisão unânime, *DJ* 19.12.2018.

haverá empecilho para afastar a incidência do sufixo do tipo, caso tal seja da autonomia privada do favorecido.

3. DISPOSIÇÕES RELACIONADAS

Além das disposições do direito posto anterior e sucessivo antes mencionadas, é pertinente destacar que, no seio do Conselho da Justiça Federal, foram aprovados três enunciados pertinentes ao direcionamento normativo do art. 424 do CC. São eles: (i) o Enunciado 172, que, consagrando entendimento despido de polêmica – e, portanto, que gera certa perplexidade sobre a utilidade do próprio texto –, proclama que a abusividade de cláusulas negociais independe do contexto de sua formulação, em termos de ramo do Direito – o que é particularmente útil nas relações profissionais e paritárias[21] típicas aos seguros interempresariais[22]; (ii) o Enunciado 364, que consagra o benefício de ordem como forma de não equivaler a solidariedade às situações de subsidiariedade nas relações de fiança[23]; e (iii) o Enunciado 433,[24] que consagra o direito de posse como forma coercitiva de cobrança de crédito, bem como afasta a abdicação antecipada no ambiente de negócios locatícios com instrumentos de adesão.

Especialmente nas hipóteses (ii) e (iii), há pertinentes mercados de seguros residenciais, locatícios, e até mesmo em favor do fiador que faz parte de negócio jurídico gratuito em relação ao locatário. Tais enunciados do CJF apenas exemplificam hipóteses de incidência convergentes com o texto do art. 424 do CC, servindo-lhes de auxílio hermenêutico sem, propriamente, inovar no Direito pátrio.

REFERÊNCIAS BIBLIOGRÁFICAS

AKERLOF, George A. The market for "lemons": quality uncertainty and the market mechanism. *The Quarterly Journal of Economics*, v 84, n. 3, p. 488-500, 1970.

BITTAR, Carlos Alberto. *Contratos comerciais*. 6. ed. Rio de Janeiro: forense, 2010.

FONTES, André Ricardo Cruz. *A pretensão como situação jurídica subjetiva*. Belo Horizonte: Del Rey, 2002.

LÔBO, Paulo Luiz Netto. *Teoria geral das obrigações*. São Paulo: Saraiva, 2005.

LOPES, Miguel Maria de Serpa. *Curso de Direito Civil*. 3. ed. Rio de Janeiro: Freitas Bastos, 1961. v. 2.

PEREIRA, Caio Mário da Silva. *Instituições de direito civil*. 30. ed. Rev. e atual. Guilherme Calmon Nogueira da Gama. Rio de Janeiro: Forense, 2018. (Teoria geral das obrigações, v. 2).

---

[21] BITTAR, Carlos Alberto. *Contratos comerciais*. 6. ed. Rio de Janeiro: forense, 2010. p. 129.

[22] III Jornada de Direito Civil do CJF: "As cláusulas abusivas não ocorrem exclusivamente nas relações jurídicas de consumo. Dessa forma, é possível a identificação de cláusulas abusivas em contratos civis comuns, como, por exemplo, aquela estampada no art. 424 do Código Civil de 2002".

[23] IV Jornada de Direito Civil do CJF: "No contrato de fiança é nula a cláusula de renúncia antecipada ao benefício de ordem quando inserida em contrato de adesão".

[24] V Jornada de Direito Civil do CJF: "A cláusula de renúncia antecipada ao direito de indenização e retenção por benfeitorias necessárias é nula em contrato de locação de imóvel urbano feito nos moldes do contrato de adesão".

RÁO, Vicente Francisco de Paula. *Ato jurídico*. 2. tir. São Paulo: Max Limonad, 1961.

TARTUCE, Flávio. *Direito civil: direito das obrigações e responsabilidade civil*. 14. ed. Rio de Janeiro: Forense, 2019. v. 2.

VELOSO, Zeno. *Condição, termo e encargo*. São Paulo: Malheiros Editores, 1997.

WILLIAMSON, Oliver E. *The economic institutions of capitalism*: firms, markets, relational contracting. New York: The Free Press, 1985.

PARTE III
DO SEGURO
– DISPOSIÇÕES GERAIS

10
COMENTÁRIOS AO ART. 757 DO CÓDIGO CIVIL

Ilan Goldberg

> **Art. 757.** Pelo contrato de seguro, o segurador se obriga, mediante o pagamento do prêmio, a garantir interesse legítimo do segurado, relativo a pessoa ou a coisa, contra riscos predeterminados.
>
> Parágrafo único. Somente pode ser parte, no contrato de seguro, como segurador, entidade para tal fim legalmente autorizada.

1. ORIGEM DA DISPOSIÇÃO E REGIME ANTERIOR

O enunciado normativo trazido pelo *caput* art. 757 principia, no capítulo XV do Código Civil, o tratamento empregado à generalidade dos contratos de seguros. Traz dois institutos caríssimos à sua compreensão, quais sejam: (i) o sinalagma qualificante dessa relação jurídica, quando contrapõe o pagamento do prêmio à obrigação de garantia do interesse legítimo do segurado, relativo à pessoa ou à coisa; e (ii) a predeterminação dos riscos cobertos.

O parágrafo único, por sua vez, emprega a chamada nota de empresarialidade a esses contratos, o que, no Brasil, foi magistralmente observado por Tulio Ascarelli, em seu clássico *O conceito unitário do contrato de seguro*[1], remetendo à lição de C. Vivante. A considerar

---

[1] A nota de empresarialidade, a que Cesare Vivante se referiu, explica e distingue o contrato de seguros de outros contratos chamados de garantia justamente a partir do solidarismo que o caracteriza. É por meio da cotização de prêmios pagos por uma multiplicidade de segurados que a seguradora poderá fazer frente aos sinistros ocorridos: "Foi exatamente o intento de chegar a uma teoria unitária do seguro que levou Vivante – embora reconhecendo a distinção acima lembrada entre seguro, por um lado e jogo ou aposta, por outro – a formular a sua teoria da empresa, a qual exerceu indubitavelmente uma influência profunda na doutrina e uma influência decisiva sobre o desenvolvimento legislativo mais recente. A unidade do seguro se encontra, segundo Vivante, no elemento, que este mesmo autor diz técnica, da empresa; na circunstância de que em todos os ramos de seguros este se exercita pelo segurador sistematicamente, com fundamento no cálculo de probabilidade, tanto que, encarando a massa dos contratos, se substitui o caráter aleatório, próprio do contrato singelo isoladamente considerado, a possibilidade de uma previsão da entidade dos sinistros segundo os princípios do cálculo de probabilidade. (...) é somente através da massa dos contratos, que o segurador, eliminando

que no cotidiano as seguradoras são responsáveis pelo conjunto de prêmios recolhidos por uma coletividade de segurados, o que, em termos regulatórios, seria equivalente à poupança popular, faz todo sentido o tipo societário anônimo escolhido pelo legislador. É que, em termos comparativos, às anônimas os níveis de governança são consideravelmente mais elevados do que às limitadas, a gerar maior higidez e segurança.

A fim de organizar os comentários que virão a seguir, iniciaremos pelos dois institutos referidos no *caput*, continuando pela análise da norma prevista no parágrafo único.

1.1. O sinalagma qualificante dos contratos de seguros: prêmio e obrigação de garantia. O interesse legítimo

Comparativamente ao art. 1.432 do CC/1916, que contrapunha o pagamento do prêmio pelo segurado a uma obrigação de indenização a cargo da seguradora, o diploma de 2002 inovou ao, em substituição à referida obrigação indenitária, introduzir a obrigação de garantia.

A correspectividade qualificante dos contratos de seguros deixou de estar vinculada à prestação indenizatória, verdadeiramente aleatória, tendo sido substituída por uma obrigação permanente por parte da seguradora, geradora de efeitos jurídicos durante toda a vigência do contrato.

Na perspectiva do Código Civil de 2002, a prestação indenitária continuou a existir, mas, funcionalizada pela obrigação de garantia, que, como visto, produz efeitos independentemente da ocorrência do sinistro.[2] Noutras palavras, para fazer frente ao pagamento, seja da indenização (seguros de danos), seja do capital ou soma segurada (seguros de pessoas), a seguradora deve organizar-se empresarialmente, dotando-se da capacidade para gerir o fundo mutual composto dos prêmios recolhidos de uma coletividade de segurados, o que remete ao princípio do mutualismo, essencial à sustentação mais do que de um contrato de seguro individualmente considerado, da chamada indústria dos seguros.

A designada funcionalização da prestação indenitária pela obrigação de garantia também foi ao encontro, de maneira mais abrangente, da contraprestação assumida pela seguradora com consequência do sinalagma próprio dessa relação. Se a indenização bem caracteriza os seguros de danos, quando se reflete a propósito de sua finalidade reparadora, *i.e.*, repor o patrimônio do segurado ao *status quo* anterior à ocorrência do sinistro, o mesmo não pode ser dito nos domínios dos seguros de pessoas.

Ao pagar determinada soma segurada a um beneficiário em contrato de seguro de vida com garantia para morte do segurado, a seguradora não está a indenizar, tecnicamente, o beneficiário. Não está, como se verifica nos seguros de danos, a repor o patrimônio do

---

o caráter aleatório de cada contrato considerado singularmente, pode fazer frente efetivamente ao risco". A obra da qual se colheu essa transcrição é de ASCARELLI, Tullio. *O conceito unitário do contrato de seguro*. Trad. Ernesto Leme e Aristides Lobo. p. 396-397. Disponível em: <http://www.revistas.usp.br/rfdusp/article/viewFile/65945/68556>. Acesso em: 29.06.2022. A propósito da teoria da empresa, criada por Cesare Vivante, remete-se a VIVANTE, Cesare. *Il contrato dell'Assicurazione*. Milano, 1877.

[2] Prova disso é a impossibilidade de repetição de prêmio ao segurado como consequência da não ocorrência de sinistro. Art. 764 do CC: "Salvo disposição especial, o fato de se não ter verificado o risco, em previsão do qual se faz o seguro, não exime o segurado de pagar o prêmio".

segurado, eventualmente afetado por um sinistro; embora, de forma atécnica, seja muito comum observar o emprego do termo indenização nos seguros de vida (pessoas), não há que confundir o pagamento de indenização, limitado pela importância econômica que caracteriza o interesse legítimo do segurado, com o pagamento de determinada soma segurada, à qual não se aplica o princípio indenitário.[3]

O dispositivo legal também foi preciso ao introduzir o instituto do interesse legítimo, fundamental à compreensão do objeto desse contrato. Tomando como exemplo o seguro de automóvel e uma hipótese na qual o segurado tenha sofrido a perda do total de seu veículo, é preciso ter em mente que a seguradora, ao indenizá-lo, tem como norte a importância econômica atribuída a esse interesse legítimo. O automóvel, destruído totalmente, não retornará às mãos do segurado; o contrato de seguro, pois, preserva o interesse legítimo do segurado sobre determinado bem da vida, seja material, seja imaterial.

A representação, *e.g.*, do veículo ou de determinada vida, pelo interesse legítimo, o que também correspondeu a uma inovação trazida pelo diploma de 2002, ampliou formidavelmente as possibilidades de que fossem entabulados contratos de seguros para muito além da relação primitiva havida entre proprietário do bem e seguradora.

Desenvolvendo esse aspecto, na vigência do Código Civil de 1916, o proprietário do automóvel seria aquele que, subjetivamente, poderia celebrar o contrato de seguros respectivo, e isso porque o seguro teria como objeto o veículo, de sua propriedade. A partir do momento em que se assegura um interesse legítimo, este, com efeito, não se encontra apenas vinculado à relação de propriedade do veículo; um locatário ou arrendatário, por exemplo, também possuirão interesse legítimo sobre o referido automóvel, a justificar, assim, a contratação do seguro.

Nesse sentido, a incorporação do interesse legítimo foi fundamental para viabilizar o desenvolvimento dos chamados seguros por conta de outrem, previstos no art. 767 do CC, o que, com efeito, também correspondeu a uma ótima inovação trazida pelo novel diploma.[4]

Os seguros-garantia, qualificados pela relação tripartite – tomador, segurado e seguradora –, valem-se justamente do interesse legítimo para que o tomador contrate a apólice nomeando outra parte como segurado. Vale dizer que ambos – tomador e segurado – têm interesse legítimo na instrumentalização da apólice, ou seja, como se comentou anteriormente, o rol de possível celebrantes dos contratos de seguros aumentou consideravelmente.

Sistemática similar observa-se também nas apólices D&O, nas quais, usualmente, é a sociedade que funciona como tomadora do contrato à conta de seus administradores (diretores, conselheiros etc.). Note-se que os interesses legítimos da sociedade convivem com os dos administradores, a ratificar a importância da introdução desse instituto no seio do sinalagma qualificante desses contratos.

---

[3] Art. 789 do CC: "Nos seguros de pessoas, o capital segurado é livremente estipulado pelo proponente, que pode contratar mais de um seguro sobre o mesmo interesse, com o mesmo ou diversos seguradores".

[4] Art. 767 do CC: "No seguro à conta de outrem, o segurador pode opor ao segurado quaisquer defesas que tenha contra o estipulante, por descumprimento das normas de conclusão do contrato, ou de pagamento do prêmio". O Código Civil de 1916 tratou do seguro à conta de outrem apenas no tocante aos seguros de vida. (art. 1.472). O novo diploma foi além e viabilizou a utilização desse instituto para quaisquer tipos securitários, considerando a sua apresentação na parte geral do capítulo XV.

1.2. A predeterminação dos riscos

Não foi sem razão que o legislador – *in casu*, o substitutivo elaborado por Fábio Konder Comparato[5] –, topograficamente, cuidou da "predeterminação dos riscos" logo no *caput* da primeira norma a tratar dos contratos de seguros. Tomando como base aquele que é considerado pela doutrina como o paradigma dos contratos sinalagmáticos, qual seja, o de compra e venda, acredita-se que seria difícil contestar uma assertiva no sentido de que, mediante o pagamento de um preço *determinado* (leia-se, *prestação*), o comprador terá direito a uma *contraprestação* também *determinada* por parte do vendedor.

Como duas faces da mesma moeda, prestação e contraprestação se encontram, compensam-se e equilibram-se, o que permite que os efeitos do contrato se protraiam no tempo sem prejuízos de parte a parte. Se o comprador, tendo pago o equivalente a X moedas, desejar receber o equivalente a 2X em mercadorias, naturalmente o vendedor discordará, justamente porque não recebeu o suficiente para fazer frente ao cumprimento de sua contraprestação. E, *a contrario sensu*, se o comprador pagar o equivalente a X moedas, o vendedor não poderá lhe entregar menos do que X em mercadorias, sob pena de prejudicar o equilíbrio ou, noutras palavras, a economia desse contrato.

Em alguma medida, o paradigma dos contratos sinalagmáticos também pode ser observado nos contratos de seguros. Quando o segurado paga o prêmio, ele está a "comprar" seguro; e, quando a seguradora lhe disponibiliza a obrigação de garantia, está a "vender determinada mercadoria". O problema, conforme tivemos a oportunidade de comentar em outra sede, passa pela intangibilidade que qualifica os contratos de seguros, porque, a bem da verdade, o segurado não está a tocar, sentir ou experimentar a obrigação de garantia própria à venda realizada pela companhia de seguros.[6] No mais, acredita-se que o espelhamento elaborado com os contratos de compra e venda tenha ótima pertinência.

Dito isso, é preciso ter em vista, com importância acentuada, que, mediante o pagamento do prêmio X, o segurado terá direito às coberturas, *e.g.*, A, B e C. Não é juridicamente viável entender que, por ter direito a A, B e C, terá, automaticamente, direito a D. Conforme a lição de Comparato, a noção em torno da predeterminação dos riscos cobertos compõe o chamado princípio de sua tipicidade, isto é, não há que se fazer interpretação analógica ou ampliativa a propósito dos riscos cobertos, aqueles que tenham sido efetivamente contratados pelo segurado.[7]

Passando agora a observar os chamados riscos excluídos, a mesma mecânica deverá ser empregada. Determinada apólice de seguro que exclua os riscos D, E e F não poderá

---

[5] COMPARATO, Fábio Konder. Notas explicativas ao substitutivo ao capítulo referente ao contrato de seguro no anteprojeto do Código Civil. *Revista de Direito Mercantil, Industrial, Econômico e Financeiro*, São Paulo, n. 5, ano XI (nova série), 1972. p. 143-152.

[6] GOLDBERG, Ilan. Reflexões a respeito do contrato de seguro. In: CARVALHOSA, Modesto; Kuyven, Fernando (coord.). *Tratado de direito empresarial*. 3. ed. São Paulo: Ed. RT, 2022. v. IV. p. 196 e ss.

[7] "Antes de vermos mais em detalhe estas três hipóteses de sinistro, convém advertir que a enumeração é taxativa, não só em virtude do pacífico entendimento doutrinário, como também por força de expresso mandamento legal. Com efeito, conforme dispõe o Código Civil (art. 1.460), editando princípio aplicável a todos os ramos de seguro, 'quando a apólice limitar ou particularizar os riscos do seguro, não responderá por outros o segurador'. Em matéria de seguro vigora pois o princípio da tipicidade na definição do risco" (COMPARATO, Fábio Konder. *O seguro de crédito*. São Paulo: Ed. RT, 1968. p. 56). No mesmo sentido: PONTES DE MIRANDA, Francisco Cavalcanti. *Tratado de direito privado*. 2. ed. Rio de Janeiro: Borsoi, 1966. t. 46. p. 69; DONATI, Antigono. *Trattato del diritto delle assicurazioni private*. Milano: Giuffrè, 1952. t. III. p. 301).

ser interpretada no sentido de, por analogia, também excluir o risco G, sob pena de gerar, além de perdas imprevistas ao segurado, profunda insegurança jurídica.

Verifica-se, assim, que a predeterminação dos riscos deverá funcionar tanto sob a perspectiva dos riscos cobertos quanto dos riscos excluídos. O tema em questão remete a duas das principais formas de contratação dos seguros, quais sejam: (i) os riscos nomeados ou (ii) *all risks* – no vernáculo, todos os riscos.

Em tempos de uma regulação normativa exercida pela Susep (Superintendência de Seguros Privados) e pelo CNSP (Conselho Nacional de Seguros Privados) de maneira cada vez menos intrusiva e detalhista, substituída por atos normativos de conteúdo mais principiológico, as referidas formas de contratação tendem a ganhar importância, potencializando a autonomia privada dos contratantes.[8]

Na modalidade de contratação por meio de riscos nomeados, o olhar das partes deverá estar vertido aos riscos cobertos. Embora a generalidade dos contratos de seguros apresente os seus clausulados mediante seções distintas, contemplando glossário, objeto (riscos cobertos) e riscos excluídos, nessa modalidade de cobertura o norte, como se disse, deverá estar apontado para os riscos cobertos. Exemplificativamente, se houver cobertura para os riscos A, B e C, o fato de a seção dos riscos excluídos não prever, expressamente, D, E e F não significa dizer que esses mesmos riscos estariam automaticamente cobertos.

A propósito da problemática alusiva à contratação à base dos riscos nomeados, vale conferir a ementa a seguir, proveniente do Tribunal de Justiça do Estado do Paraná: "Seguro de dano. Evento não coberto. (Nevasca). Ausência de outra causa dos danos coberta pelo seguro. Sentença de improcedência da demanda mantida. Apelação não provida".[9]

A discussão central mantida pelas partes, um segurado (pessoa jurídica, sociedade empresária de grande porte) e uma seguradora, referiu-se a uma cláusula particular constante de contrato de seguro empresarial (riscos nomeados), que previa cobertura para perdas decorrentes da ocorrência de determinados eventos climáticos, quais sejam, vendaval, furacão, granizo e tornado. No caso concreto, a parte autora alegou ter sofrido severos danos decorrentes de uma nevasca (evento climático neve) que motivou acúmulo de neve em seu telhado e consequente destruição, com perdas milionárias do conteúdo estabelecido no interior de sua loja.

A cláusula em questão, na seção dos riscos excluídos, não previa, expressamente, o evento neve. A parte autora, assim, a interpretou no sentido ampliativo, propondo que, ao lado dos quatro outros eventos climáticos, a neve deveria ser contemplada.

À unanimidade de votos, a 10ª Câmara Cível do TJ/PR entendeu pela legalidade da referida cláusula particular. Ratificou a impossibilidade de que se proceda à interpretação ampliativa dos riscos nominalmente cobertos, sob pena de gerar desequilíbrio do contrato e, mais do que isso, enriquecimento sem causa do segurado, que não terá pagado prêmio

---

[8] Importante referir-se à ADI nº 7.074/DF, de relatoria do ministro Gilmar Mendes, proposta pelo Partido dos Trabalhadores, que pretende seja declarada a inconstitucionalidade da Resolução CNSP 407, de 29 de março de 2021 (norma que, justamente, regulou os chamados seguros de danos para grandes riscos no País). Para comentários específicos, remete-se a GOLDBERG, Ilan; JUNQUEIRA, Thiago. *Seguros de grandes riscos no Brasil*: que mercado queremos? *Consultor Jurídico*, 14 e 15.06.2022. Disponível em: <https://www.conjur.com.br/2022-jun-15/seguros-contemporaneos--seguros-grandes-riscos-parte2>. Acesso em: 29.06.2022.

[9] TJ/PR, Apelação Cível 0009214-13.2014.8.16.0031, rel. Des. Albino Jacomel Guerios, v.u., j. 19.11.2020.

com vistas à cobertura inicialmente não assinalada. Convém examinar o seguinte excerto do voto do e. relator:

> E parece justo dizer que aquele determinado prêmio fixado pela seguradora e aceito pelo segurado corresponde à qualidade e à quantidade dos riscos assumidos contratualmente; eventual dissociação, ou seja: um prêmio maior que a qualidade e a quantidade dos riscos assumidos deverá ser objeto para que se possa chegar à conclusão de que existem excessos ou de que os excessos existentes são meramente aparentes e serviriam para compensar uma possível extensão dos riscos (o que não ocorre no caso; tem-se um prêmio e os riscos elencados, sem uma alegação semelhante, ou início de prova).[10]

A segunda modalidade de contratação que se deseja ressaltar é conhecida no mercado de seguros pelo nome *all risks* (todos os riscos). Aqui, à diferença da modalidade "riscos nomeados", é como se as partes delimitassem os riscos cobertos às avessas, isto é, justamente por intermédio da seção dedicada aos riscos excluídos.

Em outros termos, a modalidade *all risks* propõe que tudo que não estiver expressamente excluído estará automaticamente incluído. A leitura da seção "riscos excluídos", portanto, deverá ocorrer em primeiro lugar. Se o risco em questão lá não estiver expressamente descrito, é porque restará coberto.

Na prática, a leitura das apólices permitirá aferir, logo no início, se se trata de contratação da modalidade riscos nomeados ou *all risks*. Aos subscritores de riscos, convém fazê-lo expressamente, evitando dúvidas a respeito da modalidade escolhida. Vale ressaltar que eventuais dúvidas (leia-se ambiguidades, obscuridades etc.) serão interpretadas contra a seguradora, o que decorre da conhecida regra de interpretação chamada *contra proferentem*,[11] positivada pelo art. 423 do CC – designadamente em relações paritárias – ou, de maneira ainda mais ampla, pelo art. 47 do CDC – relações de consumo, propondo que "as cláusulas contratuais serão interpretadas de maneira mais favorável ao consumidor".

1.3. A nota de empresarialidade

A exigência prevista no parágrafo único do art. 757 do CC, a determinar que somente poderão ser seguradoras entidades legalmente autorizadas para tal fim, tem a sua origem

---

[10] Na demanda referida, foi acostado parecer da lavra do saudoso Ruy Rosado de Aguiar Jr. No que diretamente interessa à delimitação dos riscos cobertos, o e. jurista afirmou: "A primeira providência dos contratantes é delimitar o risco. É o momento da individualização, que pode ser de natureza causal, temporal, local e objetiva. É a operação mais importante na relação securitária, não apenas para a celebração, mas também para a execução do contrato. (...) O segurador não está obrigado a incluir na garantia da apólice todos os riscos da mesma espécie. Essa estipulação deve ser interpretada restritivamente" (AGUIAR JR. Ruy Rosado de. Parecer apresentado nos autos de ação 0009214-13.2014.8.16.0031, em trâmite perante o juízo da 3ª Vara Cível da Comarca de Guarapuava, Estado do Paraná, em 09.05.2016. fls. 19-21).

[11] Para uma análise crítica a propósito da aplicabilidade do *contra proferentem* e sua relação com o princípio das expectativas razoáveis do segurado, remete-se a ABRAHAM, Kenneth S. Judge-made Law and Judge-made Insurance: Honoring the Reasonable Expectations of the Insured. *Virginia Law Review*, v. 67, n. 6, p. 1.151-1.199, 1981. Afirma o autor: "This article attempts part of that task by exploring a widely recognized but dimly understood phenomenon in insurance law: courts consistently favor policyholders in disputes with insurers. The casual observer often can find little doctrinal support for such decisions other than the maxim that an instrument is to be construed against its drafter" (ABRAHAM, Kenneth S. Judge-made Law and Judge-made Insurance: Honoring the Reasonable Expectations of the Insured. *Virginia Law Review*, v. 67, n. 6, 1981. p. 1.151).

no antigo Decreto-lei 73, de 21.11.1966, arts. 72 e ss. O exame desses dispositivos revela que o exercício da atividade securitária estaria subordinado ao rigoroso escrutínio dos órgãos reguladores, a revelar uma carga regulatória verdadeiramente densa.

Essa exigência justifica-se de forma plena considerando que, em última instância, a atividade securitária encontra-se bastante próxima das atividades financeiras, o que remete ao tratamento empregado pelo próprio Banco Central do Brasil à poupança popular.

Na exata medida em que as seguradoras recolhem prêmios de uma coletividade de segurados, com eles contratam os seguros respectivos e, oportunamente, terão que pagar indenizações/somas seguradas à hipótese de que os sinistros se materializem. Os bancos, por sua vez, entre outros afazeres, recolhem pecúnia de seus correntistas e, *pari passu*, terão obrigações de restituição dos aportes confiados. Ainda a propósito da proximidade da atividade securitária da financeira, basta verificar que, constitucionalmente, ambas integram o sistema financeiro nacional, previsto no art. 192 da CF.[12]

No tocante à forma societária exigida das seguradoras – sociedades anônimas – isso se justifica considerando que às anônimas os níveis de controle/governança são consideravelmente mais elevados do que às limitadas, por exemplo. Organizar-se como sociedade anônima requer, obrigatoriamente, a presença de conselho de administração e diretoria, além de, facultativamente, conselho fiscal, comitês de auditoria interna e externa, ou seja, trata-se de um aparato que, à primeira vista, gera uma maior percepção de segurança.[13]

Em conformidade com o disposto no art. 24 do referido Decreto-lei 73, há algumas hipóteses nas quais a atividade securitária poderá ser exercida por cooperativas – agrícola, saúde a acidente do trabalho –, o que decorre, historicamente, da maneira empregada há tempos por essas mesmas empresas à disponibilização de seus contratos de seguros.[14]

As elevadas exigências regulatórias em termos de capital, solvência, cumprimento de normas, auditoria etc. são inerentes à atividade de seguros tanto no Brasil quanto no exterior. Mercados de seguros, globalmente, são mesmo conhecidos por consideráveis barreiras de entrada.

Nesse particular, vale dizer que a necessidade de inovação e a revolução tecnológica que também vêm afetando os mercados de seguros implicaram, no Brasil, a criação do primeiro *sandbox* regulatório entre os mercados regulados no País em 2020, experiência que se repetiu em 2021, por ocasião da publicação do segundo edital. Em síntese, o *sandbox* regulatório organizado pela Susep implicou menores exigências de capital, auditoria e *compliance*, o que atraiu, ao todo, aproximadamente, 30 novas seguradoras, com benefícios formidáveis ao mercado.[15]

---

[12] Constituição da República de 05.10.1988: "Art. 192. O sistema financeiro nacional, estruturado de forma a promover o desenvolvimento equilibrado do País e a servir aos interesses da coletividade, em todas as partes que o compõem, abrangendo as cooperativas de crédito, será regulado por leis complementares que disporão, inclusive, sobre a participação do capital estrangeiro nas instituições que o integram".

[13] Lei 6.404/1976, arts. 138 e ss.

[14] Dec.-lei 73/1966: "Art. 24. Poderão operar em seguros privados apenas Sociedades Anônimas ou Cooperativas, devidamente autorizadas. Parágrafo único. As Sociedades Cooperativas operarão unicamente em seguros agrícolas, de saúde e de acidentes do trabalho".

[15] Para uma análise detalhada a respeito do *sandbox* regulatório e das *InsurTechs*, *vide* o nosso: GOLDBERG, Ilan. The InsurTechs in Brazil: a legal and regulatory analysis. *Revista de Direito Administrativo*, [S. l.], v. 280, n. 3, p. 149-182, 2021. Disponível em: <https://bibliotecadigital.fgv.br/ojs/index.php/rda/article/view/85151>. Acesso em: 30.06.2022.

2. SENTIDO DA DISPOSIÇÃO E PRINCIPAIS CONTROVÉRSIAS NA SUA INTERPRETAÇÃO

Ao introduzir a referida obrigação de garantia, o art. 757 do CC provocou uma acalorada discussão na comunidade acadêmica a propósito de uma possível modificação na qualificação jurídica desse contrato. A considerar que a obrigação de indenizar (art. 1.432 do CC/1916,) foi substituída pela obrigação de garantia, uma parte da doutrina passou a defender que, em vez de aleatório, o contrato de seguro seria comutativo.

Nada obstante a observação de álea em sua composição, a organização empresarial das seguradoras e, além disso, a obrigação de garantia como contraprestação ao pagamento de prêmio seriam indicativos claros de que o contrato seria comutativo, e não mais aleatório. Veja-se, assim, a lição de Judith Martins-Costa[16]:

> A garantia, enfim, porque constitui o seu precípuo objeto, a prestação principal, ora dispondo o Novo Código – art. 757: "Pelo contrato de seguro, o segurador se obriga, mediante o pagamento do prêmio, a garantir interesse legítimo do segurado, relativo a pessoa ou a coisa, contra riscos predeterminados" –, sepultando, assim, as antigas concepções que classificavam o seguro entre os contratos aleatórios. Pelo contrário, o seguro instaura relação comutativa, pela qual uma das partes (segurado) presta o prêmio e a outra (segurador) presta a garantia contra os riscos.

Outra corrente doutrinária segue defendendo o atributo aleatório na qualificação desse contrato, como, *e.g.*, Caio Mário da Silva Pereira,[17] Sílvio de Salvo Venosa,[18] Silvio Rodrigues,[19] Pablo Stolze Gagliano[20] e H. Groutel.[21]

A nosso sentir, não se deve confundir um exame por assim dizer mais amplo, macro, com aquele que se realiza de modo individual. Se, coletivamente, as seguradoras dispõem de bases estatísticas e atuariais para, empresarialmente, arcar com suas obrigações (o que afastaria a aleatoriedade, segundo a primeira corrente doutrinária), fato é que, individualmente, o contrato de seguro continua a ser aleatório.

---

[16] MARTINS-COSTA, Judith. *A boa-fé e o seguro no novo Código Civil brasileiro*: virtualidades da boa-fé como regra e como cláusula geral. In: INSTITUTO BRASILEIRO DE DIREITO DO SEGURO (IBDS). *III Fórum de Direito do Seguro José Sollero Filho*. São Paulo: IBDS: EMTS, 2003. p. 57. Também nesse sentido TZIRULNIK, Ernesto et al. *O contrato de seguro de acordo com o novo Código Civil brasileiro*. 2. ed. São Paulo: Ed. RT, 2003. p. 72; POLIDO, Walter. Contrato de seguro: a efetividade do seguro ambiental na composição de danos que afetam direitos difusos. *Revista de Direito Ambiental*, São Paulo, n. 45, jan.-mar. 2007; BRUCK e RIVAROLA apud HALPERIN, Isaac. *Seguros*. Actualización de J. Carlos Félix Morandi. Buenos Aires: Depalma, 1983. t. I. p. 32-33. VIVANTE chegou a se inclinar por esse posicionamento, mas, posteriormente, voltou a defender a aleatoriedade.

[17] PEREIRA, Caio Mário da Silva. *Instituições de direito civil*. 11. ed. rev. e atual. por Regis Fichtner. Rio de Janeiro: Forense, 2003. v. 3. p. 68.

[18] VENOSA, Sílvio de Salvo. *Direito civil: teoria geral das obrigações e teoria geral dos contratos*. 3. ed. São Paulo: Atlas, 2003. v. 3. p. 403.

[19] RODRIGUES, Silvio. *Direito civil*: dos contratos e das declarações unilaterais de vontade. 30. ed. São Paulo: Saraiva, 2007. v. 3. p. 33.

[20] GAGLIANO, Pablo Stolze; PAMPLONA FILHO, Rodolfo. *Novo Curso de Direito Civil*. 4. ed. São Paulo: Saraiva, 2008. (Contratos, v. IV). (Teoria geral, t. 1).

[21] GROUTEL, H. apud MAYAUX, Luc. Le rôle d'aléa dans le contrat d'assurance. *Les grandes questions do droit des assurances*. Paris: LGDJ, 2011. p. 28.

À exceção da morte no seguro de vida, não se sabe, na generalidade dos demais contratos de seguros, quando e se o sinistro ocorrerá. O mecanismo adotado empresarialmente não deve, juridicamente, prejudicar a correta análise por parte do intérprete, no sentido de seguir qualificando o contrato de seguro como aleatório.

3. DISPOSIÇÕES RELACIONADAS

A regra extraída do enunciado normativo ora comentado é relevantíssima e apresenta efeitos sobre a generalidade dos contratos de seguros. É difícil, portanto, pinçar, no ordenamento jurídico posto, quais seriam as normas, especificamente, a ela relacionadas, visto que, em síntese, é possível afirmar que não há como estruturar um contrato de seguro sem que, em sua espinha dorsal, os riscos não tenham sido predeterminados.

Deseja-se finalizar o presente comentário inicial referindo a um importante julgamento ocorrido no Superior Tribunal de Justiça a propósito dos seguros e planos de saúde no Brasil. Embora o arquétipo regulatório próprio do setor de saúde suplementar seja distinto dos seguros privados em geral, vale dizer que a principiologia aplicável àqueles contratos é similar à ora referida.

A discussão de fundo travada naquele Tribunal Superior referiu-se ao rol de procedimentos previsto na regulação elaborada pela Agência Nacional de Saúde Suplementar (ANS), isto é, se seria meramente exemplificativo, ou, ao contrário, se seria taxativo.

Se o STJ entendesse pelo rol meramente exemplificativo, as coberturas para os procedimentos A, B e C, por exemplo, poderiam, mediante interpretação, alargar-se para D e E. Se o entendimento fosse pela taxatividade, não seria possível ampliar o rol composto de A, B e C.

Apesar de o STJ, por maioria de votos, ter entendido pela taxatividade do rol[22], em 22.09.2022 foi publicada a Lei 14.454 a alterar a Lei 9.656/1998, que derrubou o rol taxativo[23]. A essa altura, vale trazer à tona um ensinamento que se popularizou mundo afora e partiu da pena do economista Milton Friedman: "*there is no such thing as a free lunch*", ou, em bom português, não há almoço grátis.

---

[22] STJ, 4ª T., AgInt no REsp 1.938.222/DF, rel. Min. Antonio Carlos Ferreira, j. 12.12.2022, *DJe* 15.12.2022.

[23] O art. 1º da Lei 14.454/2022 alterou a redação do § 4º e incluiu os §§ 12 e 13 do art. 10 da Lei 9.656/1998: "(...) § 4º A amplitude das coberturas no âmbito da saúde suplementar, inclusive de transplantes e de procedimentos de alta complexidade, será estabelecida em norma editada pela ANS, que publicará rol de procedimentos e eventos em saúde suplementar, atualizado a cada incorporação (...) § 12. O rol de procedimentos e eventos em saúde suplementar, atualizado pela ANS a cada nova incorporação, *constitui a referência básica* para os planos privados de assistência à saúde contratados a partir de 1º de janeiro de 1999 e para os contratos adaptados a esta Lei e fixa as diretrizes de atenção à saúde. § 13. Em caso de tratamento ou procedimento prescrito por médico ou odontólogo assistente que não estejam previstos no rol referido no § 12 deste artigo, *a cobertura deverá ser autorizada pela operadora de planos de assistência à saúde, desde que*: I – exista comprovação da eficácia, à luz das ciências da saúde, baseada em evidências científicas e plano terapêutico; ou II – existam recomendações pela Comissão Nacional de Incorporação de Tecnologias no Sistema Único de Saúde (Conitec), ou exista recomendação de, no mínimo, 1 (um) órgão de avaliação de tecnologias em saúde que tenha renome internacional, desde que sejam aprovadas também para seus nacionais" (grifos nossos). O tema deverá ser apreciado novamente no futuro próximo pelo STJ e pelo STF.

Por mais que se deva proteger o consumidor, por mais nobres que sejam os seus direitos, é preciso sempre pensar que todo direito carece de uma fonte de custeio, e que a diferença entre a cura e o veneno é o tamanho da dose. Contratos de seguros sem riscos predeterminados não se sustentam.

REFERÊNCIAS BIBLIOGRÁFICAS

ABRAHAM, Kenneth S. Judge-made Law and Judge-made Insurance: Honoring the Reasonable Expectations of the Insured. *Virginia Law Review*, v. 67, n. 6, p. 1.151-1.199, 1981.

AGUIAR JR. Ruy Rosado de. Parecer apresentado nos autos de ação 0009214-13.2014.8.16.0031, em trâmite perante o juízo da 3ª Vara Cível da Comarca de Guarapuava, Estado do Paraná, em 09.05.2016.

ASCARELLI, Tullio. *O conceito unitário do contrato de seguro*. Trad. Ernesto Leme e Aristides Lobo. Disponível em: <http://www.revistas.usp.br/rfdusp/article/viewFile/65945/68556>. Acesso em: 29.06.2022.

COMPARATO, Fábio Konder. *O seguro de crédito*. São Paulo: Ed. RT, 1968.

COMPARATO, Fábio Konder. Notas explicativas ao substitutivo ao capítulo referente ao contrato de seguro no anteprojeto do Código Civil. *Revista de Direito Mercantil, Industrial, Econômico e Financeiro*, São Paulo, n. 5, ano XI (nova série), 1972.

DONATI, Antigono. *Trattato del diritto delle assicurazioni private*. Milano: Giuffrè, 1952. t. III.

GAGLIANO, Pablo Stolze; PAMPLONA FILHO, Rodolfo. *Novo Curso de Direito Civil*. 4. ed. São Paulo: Saraiva, 2008. (Contratos, v. IV). (Teoria geral, t. 1).

GOLDBERG, Ilan. Reflexões a respeito do contrato de seguro. In: CARVALHOSA, Modesto; Kuyven, Fernando (coord.). *Tratado de direito empresarial*. 3. ed. São Paulo: Ed. RT, 2022. v. IV.

GOLDBERG, Ilan. The InsurTechs in Brazil: a legal and regulatory analysis. *Revista de Direito Administrativo*, [S. l.], v. 280, n. 3, p. 149-182, 2021. Disponível em: <https://bibliotecadigital.fgv.br/ojs/index.php/rda/article/view/85151>. Acesso em: 30.06.2022.

GOLDBERG, Ilan; JUNQUEIRA, Thiago. *Seguros de grandes riscos no Brasil*: que mercado queremos? *Consultor Jurídico*, 14 e 15.06.2022. Disponível em: <https://www.conjur.com.br/2022-jun-15/seguros-contemporaneos-seguros-grandes-riscos-parte2>. Acesso em: 29.06.2022.

HALPERIN, Isaac. *Seguros*. Actualización de J. Carlos Félix Morandi. Buenos Aires: Depalma, 1983. t. I.

MAYAUX, Luc. Le rôle d'aléa dans le contrat d'assurance. *Les grandes questions du droit des assurances*. Paris: LGDJ, 2011.

MARTINS-COSTA, Judith. *A boa-fé e o seguro no novo Código Civil brasileiro*: virtualidades da boa-fé como regra e como cláusula geral. In: INSTITUTO BRASILEIRO DE DIREITO DO SEGURO (IBDS). *III Fórum de Direito do Seguro José Sollero Filho*. São Paulo: IBDS: EMTS, 2003.

PEREIRA, Caio Mário da Silva. *Instituições de direito civil*. 11. ed. rev. e atual. por Regis Fichtner. Rio de Janeiro: Forense, 2003. v. 3.

POLIDO, Walter. Contrato de seguro: a efetividade do seguro ambiental na composição de danos que afetam direitos difusos. *Revista de Direito Ambiental*, São Paulo, n. 45, jan.-mar. 2007.

PONTES DE MIRANDA, Francisco Cavalcanti. *Tratado de direito privado*. 2. ed. Rio de Janeiro: Borsoi, 1966. t. 46.

RODRIGUES, Silvio. *Direito civil*: dos contratos e das declarações unilaterais de vontade. 30. ed. São Paulo: Saraiva, 2007. v. 3.

TZIRULNIK, Ernesto et al. *O contrato de seguro de acordo com o novo Código Civil brasileiro*. 2. ed. São Paulo: Ed. RT, 2003.

VENOSA, Sílvio de Salvo. *Direito civil: teoria geral das obrigações e teoria geral dos contratos*. 3. ed. São Paulo: Atlas, 2003. v. 3.

VIVANTE, Cesare. *Il contratto di assicurazione*. Milano: Ulrico Hoepli, 1877.

11
COMENTÁRIOS AO ART. 758 DO CÓDIGO CIVIL

Priscila Fichtner
Guilherme Bernardes

> **Art. 758.** O contrato de seguro prova-se com a exibição da apólice ou do bilhete do seguro, e, na falta deles, por documento comprobatório do pagamento do respectivo prêmio.

1. ORIGEM DA DISPOSIÇÃO E REGIME ANTERIOR

O art. 758 do CC/2002 resgata, em parte, previsão normativa acerca da prova da existência do contrato de seguro, contida no art. 666 do CCom/1850, segundo o qual o contrato de seguro marítimo "só pode provar-se por escrito, a cujo instrumento se chama apólice; contudo julga-se subsistente para obrigar reciprocamente ao segurador e ao segurado desde o momento em que as partes se convierem". Tal regra, entretanto, não foi espelhada no Código Civil de 1916, que, no art. 1.433, se limitou a dispor sobre a necessidade de reduzir o contrato a termo para a produção de efeitos jurídicos[1].

2. SENTIDO DA DISPOSIÇÃO E PRINCIPAIS CONTROVÉRSIAS NA SUA INTERPRETAÇÃO

2.1. Natureza consensual do contrato de seguro e possibilidade de formação verbal

O art. 758 superou qualquer dúvida atinente ao caráter consensual do contrato de seguro, que ainda poderia ser suscitada durante o Código de 1916[2], bastando o mero encontro de vontades para que o contrato seja aperfeiçoado[3]. A forma escrita não constitui

---

[1] Código Civil de 1916: "Art. 1.433. Este contrato não obriga antes de reduzido a escrito, e considera-se perfeito desde que o segurador remete a apólice ao segurado, ou faz nos livros o lançamento usual de operação".
[2] TEPEDINO; Gustavo; KONDER, Carlos Nelson; BANDEIRA, Paula Greco. *Fundamentos do direito civil*. 3. ed. Rio de Janeiro: Forense, 2022. v. 3. p. 466.
[3] PEREIRA, Caio Mário da Silva. *Instituições de direito civil*. 22. ed. atual. por Caitlin Mulholland. Rio de Janeiro: Forense, 2018. v. 3. p. 427.

fator de eficácia do contrato, importando perquirir apenas se houve ou não o encontro das manifestações de vontade. Caso a resposta seja afirmativa, o contrato será considerado aperfeiçoado.

Vale aqui lembrar que os negócios não solenes (ou consensuais) podem ser celebrados por quaisquer meios declarativos, diante da inexistência de predeterminação de um modo específico de revestimento da declaração de vontade[4]. Em regra, o direito brasileiro adota o princípio da liberdade de forma, autorizando a celebração da maioria dos negócios sem necessidade de forma especial (art. 107 do CC)[5].

Questão não pacificada na doutrina refere-se à possibilidade de celebração verbal do contrato de seguro. Para José Augusto Delgado, o art. 758 "afasta terminantemente a possibilidade do contrato de seguro ser constituído de forma verbal ou ser provado por meios que não os mencionados"[6]. Em sentido oposto, argumenta Ernesto Tzirulnik que "a falta da proposta na forma prevista na lei, pela sua manifestação verbal, eletrônica ou assemelhada, não afeta o contrato de seguro"[7], entendimento esse que mais se adequa ao caráter consensual desse tipo contratual.

Vale aqui lembrar, por oportuno, que o Código de Processo Civil, no seu art. 444[8], admite a prova testemunhal quando há começo de prova por escrito em certos negócios jurídicos de forma *ad probationem*, facilitando posterior tutela jurisdicional para garantir os direitos e deveres contratados. Portanto, funcionalmente, os elementos de prova elencados no art. 758 servem para provar a existência e, especialmente, o conteúdo das obrigações decorrentes do contrato de seguro, e o rol ali encartado possui caráter meramente exemplificativo, admitindo outros meios de prova[9].

Há de se destacar, inclusive, a relação inversamente proporcional entre a exigência de requisitos de forma e a livre circulação jurídica[10], tão importante para o desenvolvimento

---

[4] MOTA PINTO, Carlos Alberto. *Teoria geral do direito civil*. 4. ed. Coimbra: Coimbra Editora, 2005. p. 392.

[5] Código Civil de 2002: "Art. 107. A validade da declaração de vontade não dependerá de forma especial, senão quando a lei expressamente a exigir".

[6] DELGADO, José Augusto. *Comentários ao novo Código Civil*. Rio de Janeiro: Forense, 2004. v. XI. t. I. p. 100.

[7] TZIRULNIK, Ernesto et al. *O contrato de seguro de acordo com o Código Civil brasileiro*. São Paulo: Roncarati, 2016. p. 80.

[8] Código de Processo Civil: "Art. 444. Nos casos em que a lei exigir prova escrita da obrigação, é admissível a prova testemunhal quando houver começo de prova por escrito, emanado da parte contra a qual se pretende produzir a prova".

[9] PEREIRA, Caio Mário da Silva. *Instituições de direito civil*. 22. ed. atual. por Caitlin Mulholland. Rio de Janeiro: Forense, 2018. v. 3. p. 427.

[10] Não se deve perder de vista que todo requisito de forma, em alguma medida, implica obstáculo à circulação jurídica. Explica Von Thur que "en ciertas circunstancias puede parecer molesto y llevar al efecto práctico de que un negocio voluntaria y seriamente querido por las partes, deba considerarse ineficaz por vicio de forma. Teniendo en cuenta estas ventajas e inconvenientes, el legislador, por una parte, ha dado carácter formal sólo a los negocios más importantes y, por otra, ha configurado las formas de suerte que su observancia no da lugar a dificultades excesivas. Sobre todo, la forma escrita, que es muy frecuente en nuestro medio aun en los casos en que la ley no la prescribe, constituye un modo de declaración formal, bastante sencillo, que satisface suficientemente a las finalidades legislativas de la forma" (VON THUR, Andreas. *Derecho Civil*: teoria general del derecho civil Aleman. Buenos Aires: Depalma, 1947. v. II.2. p. 177-178).

do seguro, até mesmo como método de pulverização de riscos. Por essa razão, a evolução do direito cria solenidades novas e dispensa algumas antigas[11]. Essa mudança de paradigma reflete-se na disciplina positiva do contrato de seguro[12], tornando-o de conclusão e prova mais simplificada, favorecendo o giro e a globalização do comércio.

Nesse contexto, vale destacar que os *smart insurances* apresentam consensualidade restrita à oferta e à aceitação. Isso porque, nesse tipo contratual, cuja celebração e execução ocorrem, em regra, por meio digital, de modo automatizado, há simplificação do processo de contratação e respectiva prova, garantindo-se, por um lado maior facilidade e agilidade na aquisição do seguro, mas limitando o poder de transacionar das partes, que adquire produto "de prateleira", com obrigações já predefinidas[13].

2.2. Hipóteses de aceitação e recusa tácita do contrato de seguro

Considerando a natureza consensual do contrato de seguro, é plenamente possível a sua celebração por mera aceitação tácita. Tal situação é correntemente aplicável aos contratos de seguro em geral, com maior incidência recentemente aos seguros digitais, que envolvem coleta prévia e tratamento automatizado de dados pessoais do segurado. E, caso a proposta não seja expressamente recusada no prazo pactuado entre as partes e o prêmio pago, o contrato terá sido formado de modo válido.

O silêncio qualificado, na prática, sempre funcionou como elemento indicativo de consentimento tácito por parte da seguradora, apto a formar o contrato[14]. Aqui vale destacar que o § 6º do art. 2º da Circular Susep 251, de 15.04.2004, estabelecia prazo de 15 (quinze) dias para a seguradora manifestar expressamente a sua recusa à proposta encaminhada, sob pena de o seu silêncio configurar aceitação tácita do contrato.[15]

Recentemente, entretanto, o art. 4º, §§ 2º e 3º, da Circular Susep 642, de 20.09.2021, trouxe novidades em relação ao prazo, que poderá ser de livre pactuação e certo retrocesso ao prever, como regra geral, que o silêncio da seguradora implicará recusa da proposta[16],

---

[11] DANTAS, San Tiago. *Programa de Direito Civil*. Rio de Janeiro: Editora Rio, 1977. v. I. p. 266.

[12] "Fato semelhante [redução das formalidades solenes em favor de medidas igualmente seguras, mas não tão dificultosas] está acontecendo com o contrato de seguro. Suas formalidades, ainda consignadas pela codificação mais antiga, são desnecessárias para o seguro moderno que dispõe de outros meios eficientes e rápidos para sua comprovação. As operações podem ser concluídas até mesmo pelo telefone, desde que seguidas de um documento escrito" (ALVIM, Pedro. *O contrato de seguro*. 3. ed. Rio de Janeiro: Forense, 2001. p. 129).

[13] Segundo Bruno Miragem e Luiza Peterson: "Essa nova técnica de contratação já tem lugar em uma série de seguros massificados cujos atos de contratação e execução – desde o pagamento do prêmio até o aviso e a regulação do sinistro e o pagamento da indenização securitária – operam digitalmente, de modo automatizado, mediante a previsão de ordens autoexecutáveis e registro no *Blockchain*" (MIRAGEM, Bruno; PETERSEN, Luiza. *Direito dos seguros*. Rio de Janeiro: Forense, 2022. p. 267).

[14] DELGADO, José Augusto. *Comentários ao novo Código Civil*. Rio de Janeiro: Forense, 2004. v. XI. t. I. p. 112.

[15] Circular Susep 251, de 15 de abril de 2004: "Art. 2º A sociedade seguradora terá o prazo de 15 (quinze) dias para manifestar-se sobre a proposta, contados a partir da data de seu recebimento, seja para seguros novos ou renovações, bem como para alterações que impliquem modificação do risco. (...) § 6º A ausência de manifestação, por escrito, da sociedade seguradora, nos prazos previstos neste artigo, caracterizará a aceitação tácita da proposta".

[16] Circular Susep 642, de 20 de setembro de 2021: "Art. 4º A proposta e as condições contratuais deverão prever, de forma clara, objetiva e em destaque, o prazo máximo para aceitação ou recusa da proposta,

caso as partes não tenham pactuado em sentido contrário[17]. A previsão normativa, além de significar uma quebra do princípio da boa-fé e continuidade dos contratos, iniciado com as tratativas, encerra certa contradição no seu texto. Isso porque aplica efeitos de recusa tácita ao silêncio da seguradora e, concomitantemente, exige, no seu § 4º, comunicação formal e justificada dessa recusa por parte da sociedade seguradora, donde, ao final, se conclui que a recusa inicialmente tácita deve ser aperfeiçoada por declaração expressa em instrumento posterior. A pretexto de regular, a Susep parece ter extrapolado suas funções, a fim de interferir no processo de formação do contrato.

Destaca-se que o sistema anterior de aceitação tácita vai ao encontro do princípio da boa-fé, inclusive da proteção contratual do consumidor segurado,[18] consolidado no art. 35[19] do CDC, que autoriza o consumidor a exigir o cumprimento forçado da obrigação em caso de recusa da oferta, apresentação ou publicidade pelo vendedor.

O STJ, sensível à função desse tipo contratual, se posicionou no julgamento do REsp 1.306.367/SP, relatado pelo Min. Luis Felipe Salomão, que:

> O seguro é contrato consensual e aperfeiçoa-se tão logo haja manifestação de vontade, independentemente de emissão da apólice – ato unilateral da seguradora –, de sorte que a existência da avença não pode ficar à mercê exclusivamente da vontade de um dos contratantes, sob pena de ter-se uma conduta puramente potestativa, o que é, às expressas, vedado pelo art. 122 do Código Civil[20].

Contudo, pela vinculação direta e indissociável do seguro com a boa-fé, não é possível falar-se de aceitação tácita, quando o segurado envia proposta após ocorrido sinistro, ante a falta de manifestação de vontade consensual anterior[21].

---

bem como as eventuais hipóteses de suspensão do referido prazo, devendo a sociedade seguradora se manifestar expressamente sobre o resultado da análise. (...) § 4º Em qualquer hipótese, a sociedade seguradora deverá comunicar formalmente ao proponente, ao seu representante legal ou corretor de seguros, a decisão de não aceitação da proposta, com a devida justificativa da recusa".

[17] Circular Susep 642, de 20 de setembro de 2021: "Art. 4º § 2º A proposta e as condições contratuais poderão prever que a ausência de manifestação da sociedade seguradora no prazo previsto no *caput* caracterizará a aceitação tácita da proposta. § 3º Caso as condições contratuais não estipulem a aceitação tácita ao término do prazo estabelecido no *caput*, a ausência de manifestação expressa sobre o resultado da análise sujeitará a sociedade seguradora às penalidades administrativas cabíveis, bem como caracterizará a recusa da proposta".

[18] Lei 8.078, de 11 de setembro de 1990: "Art. 3º Fornecedor é toda pessoa física ou jurídica, pública ou privada, nacional ou estrangeira, bem como os entes despersonalizados, que desenvolvem atividade de produção, montagem, criação, construção, transformação, importação, exportação, distribuição ou comercialização de produtos ou prestação de serviços. (...) § 2º Serviço é qualquer atividade fornecida no mercado de consumo, mediante remuneração, inclusive as de natureza bancária, financeira, de crédito e securitária, salvo as decorrentes das relações de caráter trabalhista".

[19] Lei 8.078, de 11 de setembro de 1990: "Art. 35. Se o fornecedor de produtos ou serviços recusar cumprimento à oferta, apresentação ou publicidade, o consumidor poderá, alternativamente e à sua livre escolha: I – exigir o cumprimento forçado da obrigação, nos termos da oferta, apresentação ou publicidade; II – aceitar outro produto ou prestação de serviço equivalente; III – rescindir o contrato, com direito à restituição de quantia eventualmente antecipada, monetariamente atualizada, e a perdas e danos".

[20] STJ, 4ª T., REsp 1.306.367/SP, rel. Min. Luis Felipe Salomão, j. 20.03.2014.

[21] STJ, 3ª T., REsp 1.273.204/SP, rel. Min. Ricardo Villas Bôas Cueva, j. 07.10.2014. Destaque-se no julgado: "(...) 7. Não há contrato de seguro se o particular envia a proposta após ocorrido o sinistro

2.3. A prova do contrato de seguro

Há previsão legal de três modalidades distintas de prova do contrato de seguro: (i) exibição da apólice de seguro; (ii) apresentação do bilhete de seguro; (iii) comprovante do pagamento do respectivo prêmio, caso inexista a apólice ou o bilhete de seguro[22]. Esse rol, como já adiantado, é exemplificativo e deve ser interpretado em consonância com o desenvolvimento das práticas comerciais, as mudanças sociais e as inovações tecnológicas.

Portanto, é plenamente possível realizar a prova do contrato por outras formas[23], inclusive por meio digital e remoto, com o uso das novas tecnologias e plataformas para fins de oferta e prova das obrigações[24]. É o caso, por exemplo, da adoção de sistema de confirmação digital, com utilização de *login*/senha, por exemplo,[25] prova que não se faz, a princípio, com a utilização de *e-mail* ou telefone.[26]

Tanto a apólice quanto o bilhete de seguro são documentos que corporificam o contrato de seguro[27]. Ambos contêm dados essenciais da relação jurídica securitária, como a identificação dos sujeitos contratuais, a delimitação dos riscos assumidos, a vigência do contrato, o *quantum* assegurado, o prêmio devido, as condições gerais, entre outros aspectos[28].

(a exemplo de furto de veículo), visto que não há a manifestação da vontade em firmar a avença em tempo hábil, tampouco existe a concordância, ainda que tácita, da seguradora. Além disso, nessa hipótese, quando o proponente decidiu ultimar a avença, já não havia mais o objeto do contrato (interesse segurável ou risco futuro)".

[22] DELGADO, José Augusto. *Comentários ao novo Código Civil.* Rio de Janeiro: Forense, 2004. v. XI. t. I. p. 100.

[23] Destaque-se trecho esclarecedor no julgamento do REsp 1.130.704/MG: "(...) embora o art. 758 do Código Civil faça alusão à apólice, bilhete ou pagamento do prêmio como meios de prova do contrato de seguro, é certo também que não exclui outras formas aptas à comprovação da relação securitária" (STJ, 4ª T., REsp 1.130.704/MG, rel. Min. Luis Felipe Salomão, j. 19.03.2013.

[24] Nos termos da Resolução CNSP 348, de 25 de setembro de 2017: "Art. 5º. (...) I – apólice: documento emitido pela sociedade seguradora por qualquer meio que se possa comprovar, físico ou por meios remotos, nos termos da regulamentação específica, formalizando a aceitação da cobertura solicitada pelo proponente, nos planos individuais, ou pelo estipulante, nos planos coletivos; (...)". O art. 5º da Resolução CNSP 408, de 30 de junho de 2021, também autoriza expressamente o preenchimento, a formalização e a aceitação do seguro por meio remoto: "Art. 5º As propostas de seguro e de previdência complementar aberta poderão ser preenchidas e formalizadas por meio remoto seguro aceito pelas partes como válido, necessariamente de forma autenticada e passível de comprovação da autoria e integridade".

[25] A esse respeito, o Conselho de Recursos do Sistema Nacional de Seguros Privados de Previdência Privada Aberta e de Capitalização (CRSNSP), no Recurso 7.203, relativo ao Processo Susep 15414.200030/2013-52, entendeu que o recebimento de proposta assinada pelo segurado e pela corretora, por sistema de "*login*/senha", eximiria a seguradora de verificar a autenticidade das assinaturas, considerando o volume de negócios diário (CRSNSP, 235ª Sessão, Recurso 7.203, Processo Susep 15414.200030/2013-52, rel. Marcelo Augusto Camacho Rocha, j. 03.10.2016.

[26] A esse respeito, o CRSNSP, no Recurso ao CRSNSP 7.057, relativo ao Processo Susep 15414.005459/2012-57, entendeu que a contratação por telefone, ou seja, sem o preenchimento de proposta de adesão, seria indevida e não comprovaria a adesão ao contrato coletivo. Ademais, o pagamento por mais de dois anos não seria hábil a comprovar a intenção do segurado aderente (CRSNSP, 235ª Sessão, Recurso 7.057, Processo Susep 15414.005459/2012-57, rel. André Leal Faoro, j. 03.10.2016.

[27] TEPEDINO; Gustavo; KONDER, Carlos Nelson; BANDEIRA, Paula Greco. *Fundamentos do direito civil.* 3. ed. Rio de Janeiro: Forense, 2022. v. 3. p. 466.

[28] TEPEDINO, Gustavo; BARBOZA, Heloisa Helena; BODIN DE MORAES, Maria Celina. *Código Civil interpretado conforme a Constituição da República.* 2. ed. Rio de Janeiro: Renovar, 2012. v. II. p. 567.

Tais documentos, contudo, não se confundem com o contrato de seguro em si. Para além da apólice e do bilhete de seguro, há outros documentos contratuais. É o caso, por exemplo, da apólice de averbação, do certificado individual e do endosso, instrumentos definidos pela Circular Susep 642, de 20.09.2021[29], que também são idôneos à comprovação da existência do contrato de seguro e das obrigações e coberturas pactuadas, além de outros que possam servir para o mesmo fim[30].

A jurisprudência, há muito, vem mitigando a necessidade de apresentação da apólice como requisito de comprovação da relação securitária. E, muito embora a sua existência não possa ser provada exclusivamente por testemunhas, admite-se a sua comprovação por documentos contratuais diversos que indiquem o consenso das partes, o que pode ser feito com auxílio de outros meios de prova idôneos. Assim, tanto a confissão (art. 213 do CC)[31] quanto a prova testemunhal (art. 227, parágrafo único, do CC[32]) complementar à escrita também poderão ser utilizados para esse desiderato.

Nesse sentido, é possível tecer críticas em relação à técnica legislativa[33] por trazer rol exemplificativo que ignora outros documentos típicos das operações de seguro.

2.4. Dever de emitir documentos

As relações securitárias, na sua significativa maioria, são de consumo e marcadas pelo caráter de adesão do segurado às condições do segurador. Assim, a normativa expressa acerca da utilidade probatória da apólice e do bilhete do seguro justifica a criação de um

---

[29] *Vide* art. 2º, II, III e VI, da Circular Susep 642, de 20 de setembro de 2021: "Art. 2º Para fins desta Circular, define-se: (...) II – apólice de averbação ou aberta: aquela em que o segurado comunica à sociedade seguradora as movimentações relativas a seu negócio, vinculadas às coberturas contratadas e ocorridas ao longo de sua vigência, em datas incertas, imprevisíveis ou previamente acordadas, com importâncias seguradas variáveis limitadas ao valor do limite máximo de garantia contratado; III – certificado individual: documento emitido para cada segurado no caso de contratação por meio de apólice coletiva, quando da aceitação do proponente ou da renovação do seguro; (...) VI – endosso: documento, emitido pela sociedade seguradora, por meio do qual são formalizadas alterações do seguro contratado, de comum acordo entre as partes envolvidas". Esses instrumentos, em geral, formalizam alterações ocorridas na vigência do contrato, seja em relação a riscos ligados ao negócio em si capaz de alterar o risco segurado (apólice de averbação), seja para inclusão de novos segurados em apólice coletiva (certificado individual), seja para formalizar alterações e adequações de cobertura do seguro contratado (endosso).

[30] No julgamento do REsp 110.030/PE, entendeu o Ministro Castro Meira que "a apólice, como prova do contrato de seguro na inicial, é irrelevante, se outros elementos constantes nos autos o comprovam". No caso, constavam nos autos o aviso de sinistro que relata o acidente com o número da apólice do seguro (STJ, 2ª T., REsp 110.030/PE, rel. Min. Caio Meira, j. 28.09.2004.

[31] Código Civil de 2002: "Art. 213. Não tem eficácia a confissão se provém de quem não é capaz de dispor do direito a que se referem os fatos confessados".

[32] Parágrafo único do art. 227 do Código Civil de 2002: "Qualquer que seja o valor do negócio jurídico, a prova testemunhal é admissível como subsidiária ou complementar da prova por escrito".

[33] "O dispositivo comentado merece severa crítica. Em primeiro lugar, sendo o rol meramente exemplificativo, trata-se de norma desnecessária e que serve única e tão somente para interpretações ultrapassadas que passam pelo resgate de institutos há muito degenerescentes em nosso Direito, como o da prova, legal, e pela afronta à liberdade de meios probatórios garantida pela Constituição Federal" (TZIRULNIK, Ernesto et al. *O contrato de seguro de acordo com o Código Civil brasileiro*. São Paulo: Roncarati, 2016. p. 72).

dever jurídico de os emitir, como forma de documentar as obrigações assumidas e viabilizar a defesa das posições jurídicas do segurado em juízo. Tanto assim que o § 1º do art. 4º da Resolução CNSP 408, de 30.06.2021,[34] impõe a obrigação de que o seguro formalizado por meio remoto garanta a impressão ou o *download* dos documentos contratuais pelo segurado.

3. DISPOSIÇÕES RELACIONADAS

No Código Civil, é possível encontrar outras normas relacionadas à disciplina da forma e prova dos negócios jurídicos. Especialmente, os arts. 111, 113, 212, 213 e 227 do Código. O art. 444 do CPC, ao dispor acerca da prova de negócios jurídicos de forma *ad probationem* também está intimamente vinculado ao conteúdo normativo do art. 758.[35]

Para além da disciplina do Código Civil, há outras normativas legais que estão relacionadas ao art. 758. Em primeiro, menciona-se o Decreto-lei 73, de 21 de novembro de 1966, que dispõe sobre o Sistema Nacional de Seguros Privados, regula as operações de seguros e resseguros e dá outras providências. Em segundo, há o Decreto 60.459, de 1967, que regulamenta o Decreto-lei 73, de 21 de novembro de 1966. Da mesma forma, o Código de Defesa do Consumidor é amplamente aplicável, com destaque para o art. 6º, VIII, que versa sobre facilitação do ônus da prova,[36] e o já mencionado art. 35, que disciplina a recusa ao cumprimento da oferta pelo fornecedor.

No plano infralegal, aponta-se a Resolução CNSP 241, de 1º de dezembro de 2011, sobre transferências de riscos, em operações de resseguro e de retrocessão, que já aplicava a criticada mecânica de (não) aceitação de riscos com base na ausência de manifestação, mas desta vez relacionada aos resseguradores,[37] bem como a já analisada Resolução CNSP 408, de 30 de junho de 2021, que versa sobre a utilização de meios remotos nas operações

---

[34] Resolução CNSP 408, de 30 de junho de 2021: "Art. 4º É permitido o uso de meios remotos para emissão, envio e disponibilização, conforme o caso, de documentos relativos à contratação do produto, tais como propostas, documentos contratuais, documentos de cobrança, notificações, extratos, condições contratuais, regulamentos, materiais informativos e comunicados. § 1º A utilização de meios remotos na emissão de documentos contratuais deverá garantir a possibilidade de impressão ou *download* do documento pelo cliente. § 2º Os documentos contratuais emitidos por meios remotos devem conter informação de data e hora de sua emissão".

[35] Lei 13.105, de 16 de março de 2015: "Art. 444. Nos casos em que a lei exigir prova escrita da obrigação, é admissível a prova testemunhal quando houver começo de prova por escrito, emanado da parte contra a qual se pretende produzir a prova".

[36] Lei 8.078, de 11 de setembro de 1990: "Art. 6º São direitos básicos do consumidor: (...) VIII – a facilitação da defesa de seus direitos, inclusive com a inversão do ônus da prova, a seu favor, no processo civil, quando, a critério do juiz, for verossímil a alegação ou quando for ele hipossuficiente, segundo as regras ordinárias de experiências".

[37] Resolução CNSP 241, de 01 de dezembro de 2011 "Art. 5º A comprovação da situação de insuficiência de oferta de capacidade dos resseguradores locais, admitidos e eventuais, a que preços e condições forem, dar-se-á pela negativa para a cobertura do risco, obtida mediante consulta formal efetuada a todos os resseguradores locais, admitidos e eventuais que operem no ramo ao qual pertence o risco a ser cedido. (...) § 2º Os resseguradores disporão de prazo de 5 (cinco) dias úteis, no caso dos contratos facultativos, e de 10 (dez) dias úteis, no caso dos contratos automáticos, para formalizar a aceitação total ou parcial do risco. § 3º A ausência de manifestação dos resseguradores, no prazo a que se refere o parágrafo anterior, será considerada como recusa". A referida resolução foi revogada pela Resolução CNSP 451/2022. Sobre o ponto, remete-se o leitor aos comentários ao art. 761.

de seguro, previdência complementar aberta e capitalização. Igualmente, a Resolução CNSP 413, de 30 de junho de 2021, dispõe sobre a contratação de seguros por meio de bilhete. Ademais, aponta-se a Circular Susep 642, de 20 de setembro de 2021, acerca da aceitação e da vigência do seguro e sobre a emissão e os elementos mínimos dos documentos contratuais.

Disposições funcionalmente semelhantes também podem ser identificadas no Direito Comparado.

No direito italiano, há disposição em sentido análogo. Trata-se do art. 1888 do *Codice Civile*, o qual dispõe que:

> O contrato de seguro deve ser comprovado por escrito. A seguradora é obrigada a entregar ao tomador do seguro a apólice de seguro ou outro documento por ele assinado. A seguradora também é obrigada a emitir duplicatas ou cópias da apólice mediante solicitação e por conta do tomador da apólice; mas neste caso poderá exigir a apresentação ou devolução do original[38].

Por sua vez, em Portugal, a norma vigente é o DL 72/2008. Na exposição de motivos, é esclarecido que:

> (...) quanto à eficácia e à oponibilidade do contrato e do seu conteúdo, estatui-se que o segurador tem a obrigação jurídica de reduzir o contrato a escrito na apólice e de entregá-la ao tomador. Como sanção, o segurador não pode prevalecer-se do que foi acordado no contrato sem que cumpra esta obrigação, podendo o tomador resolver o contrato por falta de entrega da apólice.

Esse preceito é densificado no texto normativo. Dispõe o art. 32.º que:

> 1 – A validade do contrato de seguro não depende da observância de forma especial. 2 – O segurador é obrigado a formalizar o contrato num instrumento escrito, que se designa por apólice de seguro, e a entregá-lo ao tomador do seguro. 3 – A apólice deve ser datada e assinada pelo segurador.

Ademais, o art. 56.º, 2, dispõe que "O recibo de prémio pago por cheque ou por débito em conta, bem como a declaração ou o certificado relativo à prova da existência do contrato de seguro comprovam o efectivo pagamento do prémio, se a quantia for percebida pelo segurador".

No mesmo sentido, o art. 5º da *Ley de Contrato de Seguro* espanhola:

> O contrato de seguro e suas modificações ou acréscimos devem ser formalizados por escrito. A seguradora é obrigada a dar ao segurado a apólice ou, pelo menos, o documento de cobertura provisória. Nos tipos de seguros em que disposições especiais não exigem a emissão da apólice, a seguradora é obrigada a entregar o documento nelas estabelecido.[39]

---

[38] No original, Itália, *Codice Civile*: "Art. 1888. Prova del contratto. Il contratto di assicurazione deve essere provato per iscritto. L'assicuratore è obbligato a rilasciare al contraente la polizza di assicurazione o altro documento da lui sottoscritto. L'assicuratore è anche tenuto a rilasciare, a richiesta e a spese del contraente, duplicati o copie della polizza; ma in tal caso può esigere la presentazione o la restituzione dell'originale".

[39] Lei 50, de 8 de outubro de 1980. "Artículo quinto. El contrato de seguro y sus modificaciones o adiciones deberán ser formalizadas por escrito. El asegurador está obligado a entregar al tomador del

REFERÊNCIAS BIBLIOGRÁFICAS

ALVIM, Pedro. *O contrato de seguro*. 3. ed. Rio de Janeiro: Forense, 2001.

DANTAS, San Tiago. *Programa de Direito Civil*. Rio de Janeiro: Editora Rio, 1977. v. I.

DELGADO, José Augusto. *Comentários ao novo Código Civil*. Rio de Janeiro: Forense, 2004. v. XI. t. I.

MIRAGEM, Bruno; PETERSEN, Luiza. *Direito dos seguros*. Rio de Janeiro: Forense, 2022.

MOTA PINTO, Carlos Alberto. *Teoria geral do direito civil*. 4. ed. Coimbra: Coimbra Editora, 2005.

PEREIRA, Caio Mário da Silva. *Instituições de direito civil*. 22. ed. atual. por Caitlin Mulholland. Rio de Janeiro: Forense, 2018. v. 3.

TEPEDINO, Gustavo; BARBOZA, Heloisa Helena; BODIN DE MORAES, Maria Celina. *Código Civil interpretado conforme a Constituição da República*. 2. ed. Rio de Janeiro: Renovar, 2012. v. II.

TEPEDINO; Gustavo; KONDER, Carlos Nelson; BANDEIRA, Paula Greco. *Fundamentos do direito civil*. 3. ed. Rio de Janeiro: Forense, 2022. v. 3.

TZIRULNIK, Ernesto et al. *O contrato de seguro de acordo com o Código Civil brasileiro*. São Paulo: Roncarati, 2016.

VON THUR, Andreas. *Derecho Civil*: teoria general del derecho civil Aleman. Buenos Aires: Depalma, 1947. v. II.2.

---

seguro la póliza o, al menos, el documento de cobertura provisional. En las modalidades de seguro en que por disposiciones especiales no se exija la emisión de la póliza el asegurador estará obligado a entregar el documento que en ellas se establezca".

COMENTÁRIOS AO ART. 759 DO CÓDIGO CIVIL

Priscila Fichtner
Guilherme Bernardes

Art. 759. A emissão da apólice deverá ser precedida de proposta escrita com a declaração dos elementos essenciais do interesse a ser garantido e do risco.

1. ORIGEM DA DISPOSIÇÃO E REGIME ANTERIOR

O Código Civil de 1916 não consignou regra no sentido de a emissão da apólice depender da apresentação de proposta escrita pelo segurado[1], limitando-se a citar a necessidade de reduzir o contrato de seguro a termo (art. 1.433)[2]. É compreensível a inserção de disciplina acerca do *iter* formativo do contrato de seguro para consolidar a importância e a compreensão da fase pré-contratual, quando contrastado o Código de 1916 com o Código de 2002.

No contrato de seguro, as informações iniciais prestadas na proposta possuem relevo especial, pois contêm declaração dos elementos essenciais desse tipo contratual e estabelecem as bases contratuais sobre as quais será construído e equilibrado o contrato. A apresentação de proposta escrita se justifica por diversos motivos: (i) para a verificação da legitimidade do interesse; (ii) como prova dos parâmetros adotados nas tratativas, no dimensionamento do risco e garantia contratada e, ainda, (iii) como parâmetro inicial do equilíbrio do contrato.

---

[1] DELGADO, José Augusto. *Comentários ao novo Código Civil*. Rio de Janeiro: Forense, 2004. v. XI, t. I. p. 104.
[2] Código Civil de 1916: "Art. 1.433 Este contrato não obriga antes de reduzido a escrito, e considera-se perfeito desde que o segurador remete a apólice ao segurado, ou faz nos livros o lançamento usual de operação".

2. SENTIDO DA DISPOSIÇÃO E PRINCIPAIS CONTROVÉRSIAS NA SUA INTERPRETAÇÃO

2.1. *Iter* formativo do contrato de seguro

Diante do reconhecimento da obrigação como processo[3], é necessário vislumbrar a articulação de uma série de atos destinados primeiramente à contratação[4], que encerram verdadeiros deveres jurídicos que são preexistentes à formação do contrato.

Por mais que o Código Civil contenha regras gerais sobre a formação dos contratos a partir do art. 427[5], importa observar a existência de peculiaridades significativas quando se trata de contrato de seguro, cuja proposta contém elementos essenciais à sua formação, ainda que o formulário seja feito pelo segurador[6].

O objetivo do art. 759 no clássico contrato de seguro é propiciar ao segurado a oportunidade de apresentar ao segurador o seu risco e o seu interesse a ser garantido. Com a utilização de formulários-padrão, a proposta também servirá para impedir que o segurado seja levado a firmar o contrato de seguro com cláusulas contrárias às suas pretensões[7], colocando o envio da proposta como elemento informativo, permitindo que o segurado faça as devidas reflexões acerca da utilidade e pertinência da conclusão do contrato, especialmente considerando-se o seguro um contrato de adesão.

Em síntese, o *iter* formativo do contrato de seguro é constituído por dois momentos distintos: a proposta e a aceitação. Na linha do entendimento do STJ, ao julgar o REsp 1.273.204/SP, relatado pelo Min. Ricardo Villas Bôas Cueva, o contrato de seguro:

> (...) para ser concluído, necessita passar, comumente, por duas fases: i) a da proposta, em que o segurado fornece as informações necessárias para o exame e a mensuração do risco, indispensável para a garantia do interesse segurável, e ii) a da recusa ou aceitação (expressa ou tácita) do negócio pela seguradora, ocasião em que emitirá, nessa última hipótese, a apólice[8].

2.2. Elementos da proposta

A proposta exerce importante função na formação dos contratos de seguro. Além de documentar a vontade do proponente, informar à seguradora os elementos essenciais do interesse legítimo a ser protegido e conter declarações necessárias à avaliação do ris-

---

[3] COUTO E SILVA, Clóvis do. *A obrigação como processo*. Rio de Janeiro: Editora FGV, 2007. p. 17.

[4] AZEVEDO, Antônio Junqueira de. Responsabilidade pré-contratual no Código de Defesa do Consumidor: estudo comparativo com a responsabilidade pré-contratual no direito comum. *Revista de Direito do Consumidor*, v. 18, p. 23-31, abr.-jun. 1996. p. 3.

[5] Código Civil de 2002: "Art. 427 A proposta de contrato obriga o proponente, se o contrário não resultar dos termos dela, da natureza do negócio, ou das circunstâncias do caso".

[6] TEPEDINO, Gustavo; BARBOZA, Heloisa Helena; BODIN DE MORAES, Maria Celina. *Código Civil interpretado conforme a Constituição da República*. 2. ed. Rio de Janeiro: Renovar, 2012. v. II. p. 566-567.

[7] DELGADO, José Augusto. *Comentários ao novo Código Civil*. Rio de Janeiro: Forense, 2004. v. XI, t. I. p. 104.

[8] STJ, 3ª T., REsp 1.273.204/SP, rel. Min. Ricardo Villas Bôas Cueva, j. 07.10.2014.

co, será elemento de interpretação do contrato[9], bem como fonte de deveres jurídicos, buscando resguardar os interesses de prestação e de proteção das partes ao firmarem contrato de seguro.

O art. 759 do CC prevê que a proposta deve conter todos os "elementos essenciais do interesse a ser garantido e do risco". Por "elemento" do negócio jurídico, entende-se tudo aquilo que compõe a sua existência no campo do direito[10]. No suporte fático de um negócio jurídico, há diversos elementos que precisam estar preenchidos[11]. Entretanto, nem todos esses elementos são indispensáveis à formação do negócio. Nesse sentido, criou-se a diferença entre os elementos essenciais (*essentialia negotii*), os elementos naturais (*naturalia negotii*) e os elementos acidentais (*accidentalia negotii*).

Somente os *essentialia negotii* são os elementos indispensáveis para a caracterização da essência de um negócio jurídico, não podendo ser derrogados pela vontade das partes[12], pois são os elementos fundamentais para que determinado fato social ingresse no mundo jurídico conforme o ordenamento[13]. A falta de um dos elementos essenciais conduz à inexistência do negócio jurídico[14].

No contrato de seguro, para além dos elementos gerais à configuração de todo e qualquer negócio jurídico (partes, objeto, forma e consentimento), há dois elementos adicionais, expressamente previstos no *caput* do art. 757 e referidos novamente no art. 759: (i) o interesse legítimo; e (ii) o risco. Ausente qualquer um desses elementos, não há contrato de seguro. A proposta deve, portanto, delimitar esses elementos e, ainda, trazer informações outras que sejam essenciais e importantes para a avaliação correta do risco, a conclusão e a execução do contrato, criando a sua equação de equilíbrio inicial que deverá acompanhar o contrato em todas as suas etapas.

A proposta constitui declaração unilateral de vontade. Contudo, não é suficiente para a formação do contrato de seguro e deverá ser aceita (expressa ou tacitamente) pela seguradora[15] ou, ainda, recusada.

O espectro de informações exigíveis aos segurados na proposta poderá ser, entretanto, reduzido. Isso porque os avanços tecnológicos e a crescente disponibilização de informações precisas a dados do segurado pelo segurador reduzem a assimetria informacional, especialmente nos contratos massificados. Nesse contexto, deveres advindos da boa-fé relacionados à cooperação, à diligência e à correção na investigação e no tratamento da informação são reforçados e impostos ao segurador.

---

[9] TZIRULNIK, Ernesto et al. *O contrato de seguro de acordo com o Código Civil brasileiro*. São Paulo: Roncarati, 2016. p. 75.

[10] AZEVEDO, Antônio Junqueira de. *Negócio jurídico*: existência, validade e eficácia. 4. ed. São Paulo: Saraiva, 2002. p. 31.

[11] PONTES DE MIRANDA, Francisco Cavalcanti. *Tratado de direito privado*. Atual por Marcos Bernardes de Mello; Marcos Ehrhardt Jr. São Paulo: Ed. RT, 2012. t. III. p. 123.

[12] AZEVEDO, Antônio Junqueira de. *Negócio jurídico*: existência, validade e eficácia. 4. ed. São Paulo: Saraiva, 2002. p. 37.

[13] TEPEDINO, Gustavo; OLIVA, Milena Donato. *Fundamentos do direito civil*: teoria geral do direito civil. 3. ed. Rio de Janeiro: Forense, 2022. p. 260.

[14] GRAU, Eros Roberto. Negócio jurídico inexistente. Alienação fiduciária em garantia; existência, validade e eficácia do negócio jurídico. *Doutrinas Essenciais de Direito Civil*, v. 4. p. 237-250, out. 2010.

[15] STJ, 3ª T., REsp 1.273.204/SP, rel. Min. Ricardo Villas Bôas Cueva, j. 07.10.2014.

Bruno Miragem e Luiza Petersen defendem, inclusive, que a declaração do segurado passa a desempenhar novo papel, "servindo mais como instrumento de controle de qualidade e da conformidade dos dados processados pelo segurador"[16]. A assinatura da proposta é, em regra, dispensada em seguros obrigatórios ou mais simples, a exemplo dos seguros *pay per use*, a fim de garantir agilidade e facilidade ínsitas aos seguros digitais. A falta de assinatura não é novidade e, na prática, ocorre em algumas modalidades de seguros adquiridos via meios de pagamento, tais como seguros de vida, seguro-viagem ou mesmo seguro contra perda e roubo do próprio cartão de crédito.

2.3. A elaboração da proposta e a proteção aos dados pessoais

A Lei Geral de Proteção de Dados (LGPD – Lei 13.709, de 2018) impôs deveres e cuidados necessários em relação ao tratamento de dados integrantes da proposta. Inicialmente, deve-se cuidar para que as informações solicitadas em formulários obedeçam aos princípios da finalidade, da adequação e da necessidade[17], de modo que a proteção à esfera privada seja compatibilizada com outros valores jurídicos merecedores de tutela[18].

Digno de nota é a necessidade e obtenção de autorização para tratamento e armazenamento de dados sensíveis dos segurados (art. 7º, I, da LGPD)[19]. Assim, ainda na proposta, o segurador deve obter a autorização do segurado para realização do tratamento dos seus dados pessoais[20], sendo vedada a utilização futura dos dados disponibilizados (art. 15 da LGPD)[21],

---

[16] MIRAGEM, Bruno; PETERSEN, Luiza. *Direito dos seguros*. Rio de Janeiro: Forense, 2022. p. 275.

[17] O art. 6º da Lei 13.709/2018 dispõe que as atividades de tratamento de dados pessoais deverão observar a boa-fé e os princípios da finalidade, adequação, necessidade, livre acesso, qualidade dos dados, transparência, segurança, prevenção, não discriminação, responsabilização e prestação de contas.

[18] FALEIROS JÚNIOR, José Luiz de Moura. A tutela jurídica dos dados pessoais sensíveis à luz da Lei Geral de Proteção de Dados. In: LONGHI, João Victor Rozatti. *Estudos essenciais de direito digital*. Uberlândia: LAECC, 2018. p. 212.

[19] Lei 13.709, de 14 de agosto de 2018: "Art. 7º O tratamento de dados pessoais somente poderá ser realizado nas seguintes hipóteses: I – mediante o fornecimento de consentimento pelo titular".

[20] "São três as situações previstas na LGPD que podem ser examinadas de modo a permitir tratamento de dados no seguro, independentemente do consentimento do segurado. Em primeiro lugar, as situações em que o tratamento é necessário para o cumprimento de obrigação legal ou regulatória pelo segurador (art. 7º, inciso II). Este poderá ser o caso: a) daqueles dados relevantes para a análise do risco, que possam influir na aceitação da proposta ou no valor do prêmio, cujo tratamento se apoia na disciplina da declaração inicial do risco (art. 766, CC (LGL\2002\400)); b) dos dados relevantes para a revisão do prêmio, cujo tratamento se apoia nas normas relativas ao agravamento e diminuição do risco (arts. 769 e 770, CC (LGL\2002\400)); c) dos dados necessários à regulação e liquidação do sinistro, cujo tratamento se apoia na obrigação de regulação e liquidação, prevista no contrato e em norma regulamentar, e de pagamento da indenização securitária (art. 776, CC (LGL\2002\400))" (MIRAGEM, Bruno; PETERSEN, Luiza. O contrato de seguro e a Lei Geral de Proteção de Dados. *Revista dos Tribunais*, São Paulo, v. 1018, ago. 2020. p. 9).

[21] Lei 13.709, de 14 de agosto de 2018: "Art. 15 O término do tratamento de dados pessoais ocorrerá nas seguintes hipóteses: I – verificação de que a finalidade foi alcançada ou de que os dados deixaram de ser necessários ou pertinentes ao alcance da finalidade específica almejada; II – fim do período de tratamento; III – comunicação do titular, inclusive no exercício de seu direito de revogação do consentimento conforme disposto no § 5º do art. 8º desta Lei, resguardado o interesse público; ou IV – determinação da autoridade nacional, quando houver violação ao disposto nesta Lei".

os quais devem ser eliminados após o encerramento do prazo para a sua utilização (art. 16 da LGPD)[22].

Ademais, os impactos das novas tecnologias, do desenvolvimento do metaverso, e do *big data* já iniciaram transformações significativas no mercado de seguros[23], que tendem a ser ampliadas, necessitando de um sistema de freios e contrapesos para coibir abusos e garantir a utilização de acordo com a função social do seguro.

Em relação à proposta em si, a utilização de tratamento automatizado de dados pelas seguradoras, tendência irreversível no mercado securitário, traz preocupações relacionadas ao princípio da não discriminação, que caminham desde a possibilidade de exclusão digital, criando uma massa para quem os formulários digitais sequer alcançam, até a discriminação algorítmica[24].

A utilização de dados pessoais tratados para definição de perfis e a possibilidade de não aceitação da proposta pelo segurador geram forte risco de utilização abusiva da tecnologia, que impõe fiscalização e cautela. O tratamento automatizado de dados potencializa o risco de abuso, pois, além de inexistir um controle prévio acerca da programação e do desenvolvimento do algoritmo, poderá ocorrer direcionamento ou alterações não previsíveis que conduzam, ainda que indiretamente, o processo decisório para excluir determinada categoria de segurado. E, muito embora o art. 20 da LGPD[25] garanta ao titular dos dados o direito de solicitar a revisão de decisões tomadas unicamente com base em tratamento automatizado de dados pessoais, deverá também a Autoridade Nacional de Proteção de Dados fiscalizar a correta utilização e tratamento dos dados pelo segurador, coibindo-se práticas discriminatórias ilícitas ou abusivas.

Na verdade, a LGPD apresenta impacto direto na disciplina do contrato de seguro, havendo outros pontos de diálogo para além dos dados fornecidos na proposta e no curso da avaliação dos riscos a serem assegurados. Portanto, imprescindível a realização de uma análise conjunta de ambos os diplomas, a fim de averiguar os pressupostos, o modo e os limites da utilização de dados pessoais dos segurados pelas seguradoras.

---

[22] Lei 13.709: "Art. 16. Os dados pessoais serão eliminados após o término de seu tratamento, no âmbito e nos limites técnicos das atividades, autorizada a conservação para as seguintes finalidades: I – cumprimento de obrigação legal ou regulatória pelo controlador; II – estudo por órgão de pesquisa, garantida, sempre que possível, a anonimização dos dados pessoais; III – transferência a terceiro, desde que respeitados os requisitos de tratamento de dados dispostos nesta Lei; ou IV – uso exclusivo do controlador, vedado seu acesso por terceiro, e desde que anonimizados os dados".

[23] HELFAND, Robert D. Big Data and Insurance: what lawyers need to know and understand. *Journal of Internet Law*, v. 21, n. 3, set. 2017. p. 8.

[24] Sobre o tema, recomenda-se a leitura da obra JUNQUEIRA, Thiago. *Tratamento de dados pessoais e discriminação algorítmica nos seguros*. São Paulo: Ed. RT, 2020.

[25] Lei 13.709, de 14 de agosto de 2018: "Art. 20. O titular dos dados tem direito a solicitar a revisão de decisões tomadas unicamente com base em tratamento automatizado de dados pessoais que afetem seus interesses, incluídas as decisões destinadas a definir o seu perfil pessoal, profissional, de consumo e de crédito ou os aspectos de sua personalidade. § 1º O controlador deverá fornecer, sempre que solicitadas, informações claras e adequadas a respeito dos critérios e dos procedimentos utilizados para a decisão automatizada, observados os segredos comercial e industrial.§ 2º Em caso de não oferecimento de informações de que trata o § 1º deste artigo baseado na observância de segredo comercial e industrial, a autoridade nacional poderá realizar auditoria para verificação de aspectos discriminatórios em tratamento automatizado de dados pessoais".

2.4. A assinatura da proposta

O Decreto-lei 73/1966, em seus arts. 9º e 10, exige assinatura da proposta "pelo segurado, seu representante legal ou por corretor habilitado", salvo contratação por emissão de bilhete de seguro, que pode ser realizada por mera solicitação verbal do interessado. Recentemente, esse requisito foi estendido para a celebração, a alteração ou a renovação não automática do contrato de seguro, conforme se infere do art. 3º[26] da Circular Susep 642/2021.

Cabe aqui destacar que a assinatura poderá ser física ou eletrônica, a depender da forma de contratação estabelecida, o que já foi objeto de regulação pela Resolução CNSP 408, de 30 de junho de 2021.

A assinatura da proposta tem razão de ser, pois documenta a declaração inicial que conformará a relação securitária durante toda a sua duração, seja ela prestada ou preenchida pelo segurado. Mas não é só. Antes mesmo da assinatura da proposta, importante, ainda, é garantir a ciência prévia das condições contratuais ao segurado[27].

A fase pré-contratual no seguro costuma contar, ainda, com a atuação de outros intervenientes, tais como os estipulantes e corretores de seguro.[28]

O estipulante constitui pessoa natural ou jurídica que contrata apólice coletiva de seguros, ficando investido de poderes de representação dos segurados perante as sociedades seguradoras[29]. Será responsável pelas tratativas e pela negociação da apólice coletiva, denominada de apólice mestra, que receberá adesões individuais, daí a sua importância na fase pré-contratual. Nos contratos de seguro em grupo, a assinatura da proposta passa a ser obrigação do estipulante, enquanto representante do grupo segurado, e, se houver, pelo

---

[26] Circular Susep 642, de 20 de setembro de 2021: "Art. 3º A celebração, a alteração ou a renovação não automática do contrato de seguro somente poderão ser feitas mediante proposta preenchida e assinada pelo proponente, seu representante legal ou corretor de seguros, exceto quando a contratação se der por meio de bilhete".

[27] Circular Susep 621, de 12 de fevereiro de 2021: "Art. 7º As condições contratuais do seguro deverão estar à disposição do proponente previamente à emissão do bilhete ou à assinatura da respectiva proposta, devendo, neste último caso, o proponente, seu representante legal ou corretor de seguros assinar declaração, que poderá constar da própria proposta, de que tomou ciência das referidas condições contratuais".

[28] Deve ser registrada, ainda, a existência de mais uma figura intermediária, o representante de seguros, chamado no direito comparado de agente. A função de cada um deles se faz a partir de sua proximidade com as seguradoras/segurados: o estipulante é intermediário mais próximo ao segurado e seu representante no seguro contratado de forma coletiva; o corretor, por sua vez, ainda atuando em nome do segurado, mas sem representá-lo, deve ser independente das seguradoras de cujos produtos é intermediário. Por fim, o representante atua vendendo seguros em nome de uma ou mais seguradoras, diretamente representando-as. A classificação foi estabelecida pela Susep repetindo o entendimento da Associação Internacional de Supervisores de Seguros (Iais, em inglês) e foi disposta na "Exposição de Motivos" para a criação do normativo que tutelou a figura do representante, atual Resolução CNSP 431, de 12 de novembro de 2021 (disponível em: <http://www.susep.gov.br/setores--susep/seger/sei-susep-1145292-exposicao-de-motivos.pdf>. Acesso em: 15.10.2022).

[29] O estipulante está definido no art. 2º da Resolução CNSP 434, de 17 de dezembro 2021: "Art. 2º O estipulante é a pessoa natural ou jurídica que contrata apólice coletiva de seguros, ficando investido de poderes de representação dos segurados perante as sociedades seguradoras, nos termos desta Resolução. § 1º A atuação do estipulante como representante do grupo segurado deve estar pautada pela preservação prioritária dos interesses do grupo. § 2º A relação contratual entre a sociedade seguradora e o estipulante não pode constituir conflito de interesse em relação à representação que este possui do grupo segurado".

subestipulante, tal como previsto no art. 6º da Resolução CNSP 434, de 17.12.2021[30]. Essa mesma normativa admite que a adesão à apólice coletiva seja assinada pelo proponente, seu representante legal ou corretor de seguros.

Já os corretores, disciplinados pela Susep, por meio da Resolução CNSP 249/2012 e da Circular Susep 510/2015, devem auxiliar o segurado na escolha da opção de seguro ofertada pelo mercado que melhor se adeque à sua necessidade, auxiliando-o, inclusive, na exata compreensão dos termos da oferta e no preenchimento da proposta. Atividade semelhante vem sendo desenvolvida pelas plataformas digitais em relação à oferta de produtos. A atividade técnica de aconselhamento, com conhecimento profundo dos produtos comercializados, é, entretanto, restrita ao corretor de seguros[31].

Os corretores devem, para bem desempenhar, o seu mister, atuar com autonomia. Assim a sua assinatura na proposta, em regra, documenta a intermediação realizada, sendo comum em apólice coletiva, conjuntamente com o estipulante e o segurador, previsão que não foi renovada pela Resolução CNSP 434, de 17/12/2021, que dispõe sobre estipulação de seguros e prevê a assinatura do corretor apenas em relação à proposta de adesão e no lugar do segurado,[32] quedando silente sobre a sua assinatura na apólice coletiva.

Acrescente-se que a interpretação sistêmica dessa normativa com o art. 13 da Lei 4.594/1964[33] e o art. 19 da Circular Susep 510/2015[34] conduzem à conclusão de que o dever de o corretor assinar a apólice persiste, haja vista que a assinatura constitui prova da sua atuação, inclusive para fins de pagamento da comissão devida. Caso contrário, a resolução extrapolaria os limites do poder de regulação do CNSP por contrariar norma legal.

2.5. Formação tácita do contrato de seguro

O artigo em comento contém regra sobre apresentação da proposta, momento da emissão da apólice e oferta do seguro ao segurado, sem regulamentar a necessidade de aceitação da seguradora.

---

[30] Resolução CNSP 434, de 17 de dezembro de 2021: "Art. 6º A contratação de seguros por meio de apólice coletiva deve ser realizada mediante proposta de contratação assinada pelo estipulante e, se houver, pelo subestipulante. Parágrafo único. A adesão à apólice coletiva deverá ser realizada mediante preenchimento e assinatura de proposta de adesão pelo proponente, seu representante legal ou corretor de seguros".

[31] O corretor de seguros é profissional maior de 18 anos, que possui formação técnica, com aprovação em exame de habilitação do Corretores de Seguros da Escola Nacional de Seguros e certificação junto à Susep.

[32] O entendimento deriva de manifestação da Susep no "Quadro Comparativo consolidado" da Resolução CNSP 434, ao avaliar o art. 6º, *caput* e parágrafo único do normativo. "O art. 9º do Decreto Lei nº 73, de 1966, admite que o corretor assine a proposta no lugar do segurado, o que no caso de contratação coletiva seria em relação à proposta de adesão. Será adaptada a redação do parágrafo único deste artigo da minuta para prever a possibilidade de assinatura pelo corretor" (disponível em: <http://www.susep.gov.br/setores-susep/seger/quadro-consolidado-cpestipulantes-19.11-sei-1.pdf>. Acesso em: 15.10.2022.

[33] Lei 4.594, de 29 de dezembro de 1964: "Art. 13. Somente ao corretor de seguros devidamente habilitado nos termos desta lei e que houver assinado a proposta deverão ser pagas as corretagens pactuadas para cada modalidade de seguro, inclusive em caso de ajustamento de prêmios".

[34] Circular Susep 510, de 22 de janeiro de 2015: "Art. 19. As comissões de corretagem só podem ser pagas ao corretor de seguros devidamente habilitado e registrado que houver assinado a proposta, não podendo haver distinção entre corretor de seguros pessoa física ou pessoa jurídica para efeito de pagamento de comissão".

Considerando a consensualidade do contrato de seguro e o princípio da liberdade das formas, estabelecido no art. 107 do CC,[35] a proposta pode ser aceita pela seguradora sem forma especial, donde se conclui pela possibilidade de aceitação tácita. Tanto assim que a Susep, utilizando-se do seu poder de regulação, estabelecia, na Circular Susep 251/2004, prazo de 15 (quinze) dias para manifestação de recusa expressa por parte da seguradora. Caso permanecesse silente, o contrato era aperfeiçoado pela aceitação tácita por parte do segurador.[36] Trata-se da aplicação do princípio da liberdade das formas ao seguro, enquanto contrato consensual.

O art. 4º, §§ 2º e 3º, da Circular Susep 642, de 20.09.2021, que revogou a Circular Susep 251, entretanto, contém previsão normativa de que o silêncio da seguradora implicará recusa da proposta[37], caso as partes não tenham pactuado em sentido contrário[38]. Como já destacado nos comentários tecidos ao art. 758, a Susep parece ter extrapolado suas funções, contrariando os costumes vigentes e o sistema normativo que disciplina os contratos em geral, na forma dos arts. 111 e 432 do CC[39], que aplicam efeitos de anuência ao silêncio, especialmente se o uso (no caso do seguro, a prática comercial) o autorizar.

3. DISPOSIÇÕES RELACIONADAS

No Código Civil, é possível encontrar outras normas relacionadas à disciplina da forma e prova dos negócios jurídicos. Especialmente, os arts. 427 e ss., acerca da formação do contrato. Ademais, o art. 107 do CC, ao disciplinar a liberdade de manifestação de vontade das partes, apresenta relevância como forma de interpretação da proposta e da aceitação. Já os arts. 111 e 432 do mesmo diploma civil atribuem ao silêncio efeitos de aceitação tácita, sobretudo se tal for a prática dos usos e costumes. Igualmente, a Lei Geral

---

[35] Código Civil: "Art. 107. A validade da declaração de vontade não dependerá de forma especial, senão quando a lei expressamente a exigir".

[36] Circular Susep 251, de 15 de abril de 2004: "Art. 2º A sociedade seguradora terá o prazo de 15 (quinze) dias para manifestar-se sobre a proposta, contados a partir da data de seu recebimento, seja para seguros novos ou renovações, bem como para alterações que impliquem modificação do risco. (...) § 6º A ausência de manifestação, por escrito, da sociedade seguradora, nos prazos previstos neste artigo, caracterizará a aceitação tácita da proposta".

[37] Circular Susep 642, de 20 de setembro de 2021: "Art. 4º A proposta e as condições contratuais deverão prever, de forma clara, objetiva e em destaque, o prazo máximo para aceitação ou recusa da proposta, bem como as eventuais hipóteses de suspensão do referido prazo, devendo a sociedade seguradora se manifestar expressamente sobre o resultado da análise. § 4º Em qualquer hipótese, a sociedade seguradora deverá comunicar formalmente ao proponente, ao seu representante legal ou corretor de seguros, a decisão de não aceitação da proposta, com a devida justificativa da recusa".

[38] Circular Susep 642, de 20 de setembro de 2021: "Art. 4º (...) § 2º A proposta e as condições contratuais poderão prever que a ausência de manifestação da sociedade seguradora no prazo previsto no *caput* caracterizará a aceitação tácita da proposta. § 3º Caso as condições contratuais não estipulem a aceitação tácita ao término do prazo estabelecido no *caput*, a ausência de manifestação expressa sobre o resultado da análise sujeitará a sociedade seguradora às penalidades administrativas cabíveis, bem como caracterizará a recusa da proposta".

[39] Código Civil: "Art. 111. O silêncio importa anuência, quando as circunstâncias ou os usos o autorizarem, e não for necessária a declaração de vontade expressa. (...) Art. 432. Se o negócio for daqueles em que não seja costume a aceitação expressa, ou o proponente a tiver dispensado, reputar-se-á concluído o contrato, não chegando a tempo a recusa".

de Proteção de Dados acarreta impactos consideráveis na disciplina jurídica do contrato de seguro, inclusive em questões atinentes à formulação da proposta.

Para além da disciplina do Código Civil, há outras normativas legais que estão relacionadas ao art. 759. Em primeiro, menciona-se o Decreto-lei 73/1966, que dispõe sobre o Sistema Nacional de Seguros Privados, regula as operações de seguros e resseguros e dá outras providências. Em segundo, há o Decreto 60.459/1967, que regulamenta o Decreto-lei 73/1966.

Em relação à atuação dos intermediários no contrato de seguro, deve ser consultada a Lei 4.594/1964, a Resolução CNSP 434/2021, que dispõe sobre estipulação de seguros e responsabilidades e obrigações de estipulantes e sociedades seguradoras em contratações de seguros por meio de apólices coletivas, e a Circular Susep 510/2015, que dispõe sobre o registro de corretor de seguros, de capitalização e de previdência, pessoa física e pessoa jurídica, e sobre a atividade de corretagem de seguros, de capitalização e de previdência.

Ainda no plano infralegal e em relação à possibilidade de ser assinada remotamente a proposta, aponta-se a Resolução CNSP 408/2021, que dispõe sobre a utilização de meios remotos nas operações de seguro, previdência complementar aberta e capitalização, e a Circular Susep 642/2021, acerca da aceitação e da vigência do seguro e sobre a emissão e os elementos mínimos dos documentos contratuais.

REFERÊNCIAS BIBLIOGRÁFICAS

AZEVEDO, Antônio Junqueira de. Responsabilidade pré-contratual no Código de Defesa do Consumidor: estudo comparativo com a responsabilidade pré-contratual no direito comum. *Revista de Direito do Consumidor*, v. 18, p. 23-31, abr.-jun. 1996.

AZEVEDO, Antônio Junqueira de. *Negócio jurídico*: existência, validade e eficácia. 4. ed. São Paulo: Saraiva, 2002.

COUTO E SILVA, Clóvis do. *A obrigação como processo*. Rio de Janeiro: Editora FGV, 2007.

DELGADO, José Augusto. *Comentários ao novo Código Civil*. Rio de Janeiro: Forense, 2004. v. XI, t. I.

FALEIROS JÚNIOR, José Luiz de Moura. A tutela jurídica dos dados pessoais sensíveis à luz da Lei Geral de Proteção de Dados. In: LONGHI, João Victor Rozatti. *Estudos essenciais de direito digital*. Uberlândia: LAECC, 2018.

GRAU, Eros Roberto. Negócio jurídico inexistente. Alienação fiduciária em garantia; existência, validade e eficácia do negócio jurídico. *Doutrinas Essenciais de Direito Civil*, v. 4. p. 237-250, out. 2010.

HELFAND, Robert D. Big Data and Insurance: what lawyers need to know and understand. *Journal of Internet Law*, v. 21, n. 3, p. 3-35, set. 2017.

JUNQUEIRA, Thiago. *Tratamento de dados pessoais e discriminação algorítmica nos seguros*. São Paulo: Ed. RT, 2020.

MIRAGEM, Bruno; PETERSEN, Luiza. O contrato de seguro e a Lei Geral de Proteção de Dados. *Revista dos Tribunais*, São Paulo, v. 1018, ago. 2020.

MIRAGEM, Bruno; PETERSEN, Luiza. *Direito dos seguros*. Rio de Janeiro: Forense, 2022.

PONTES DE MIRANDA, Francisco Cavalcanti. *Tratado de direito privado*. Atual por Marcos Bernardes de Mello; Marcos Ehrhardt Jr. São Paulo: Ed. RT, 2012. t. III.

TEPEDINO, Gustavo; BARBOZA, Heloisa Helena; BODIN DE MORAES, Maria Celina. *Código Civil interpretado conforme a Constituição da República*. 2. ed. Rio de Janeiro: Renovar, 2012. v. II.

TEPEDINO, Gustavo; OLIVA, Milena Donato. *Fundamentos do direito civil*: teoria geral do direito civil. 3. ed. Rio de Janeiro: Forense, 2022.

TZIRULNIK, Ernesto et al. *O contrato de seguro de acordo com o Código Civil brasileiro*. São Paulo: Roncarati, 2016.

13
COMENTÁRIOS AO ART. 760 DO CÓDIGO CIVIL

Ilan Goldberg

Art. 760. A apólice ou o bilhete de seguro serão nominativos, à ordem ou ao portador, e mencionarão os riscos assumidos, o início e o fim de sua validade, o limite da garantia e o prêmio devido, e, quando for o caso, o nome do segurado e o do beneficiário.

Parágrafo único. No seguro de pessoas, a apólice ou o bilhete não podem ser ao portador.

1. ORIGEM DA DISPOSIÇÃO E REGIME ANTERIOR

No Código Civil de 1916, o dispositivo que originou o art. 760 no diploma atual foi o 1.434, cujos termos diziam: "A apólice consignará os riscos assumidos, o valor do abjeto seguro, o prêmio devido ou pago pelo segurado e quaisquer outras estipulações, que no contrato se firmarem."

A comparação entre os dois enunciados normativos revela que o Código Civil de 2002 foi mais completo em sua proposição, cuidando, para além de aspectos formais relacionados à subscrição de riscos – riscos assumidos, início e fim de vigência, limite de garantia, prêmio, nome do segurado e beneficiário –, de aspectos relacionados aos destinatários das apólices, isto é, se nominativos, à ordem ou ao portador. Essas questões foram trazidas no *caput*.

O parágrafo único, por sua vez, restringe o estabelecimento dos seguros ao portador nos tipos contratuais dos seguros de pessoas, o que se justifica, com efeito, quando se identifica a necessidade de demonstrar o interesse legítimo na contratação de um seguro desse tipo sobre a vida de outrem, tema que será objeto de comentários específicos a propósito do art. 790.[1] Esse caráter de pessoalidade empregado aos seguros de vida e acidentes pessoais, *e.g.*, justifica-se com a finalidade precípua de se evitar, por meio de contratos dessa natureza, que se desenvolvam práticas especulativas e fraude, em prejuízo dos segurados e

---

[1] Código Civil de 2002: "Art. 790. No seguro sobre a vida de outros, o proponente é obrigado a declarar, sob pena de falsidade, o seu interesse pela preservação da vida do segurado. Parágrafo único. Até prova em contrário, presume-se o interesse, quando o segurado é cônjuge, ascendente ou descendente do proponente".

do próprio contrato de seguro, que, como se viu nos comentários ao art. 757 do CC, requer a presença de interesse legítimo à sua válida consecução.

2. SENTIDO DA DISPOSIÇÃO E PRINCIPAIS CONTROVÉRSIAS NA SUA INTERPRETAÇÃO

Antes de se avançar, algumas noções basilares são dignas de nota. Se estamos a tratar do contrato de seguro, indeclinável discorrer a respeito do instrumento que o formaliza: a apólice consubstancia e representa a aceitação do segurador para assegurar o interesse legítimo do segurado.

Nos termos do art. 2º, I, da Circular Susep 642/2021 (que dispõe sobre a aceitação e a vigência do seguro e sobre a emissão e os elementos mínimos dos documentos contratuais), a apólice é o "documento emitido pela sociedade seguradora que formaliza a aceitação das coberturas solicitadas pelo proponente, nos planos individuais (apólice individual), ou pelo estipulante, nos planos coletivos (apólice coletiva)".

É, em regra, contrato por adesão, cuja estrutura compreende elementos bastante característicos e sedimentados pelo mercado, muito em razão da ainda forte regulação da Susep.[2] Em termos de forma, ela é composta de um frontispício a apresentar a síntese essencial da contratação (*e.g.*, número da apólice, grupo e ramo do produto, descrição do segurador, segurado, tomador e estipulante, se houver, corretor, tipo de contratação, valores de franquia(s), limite máximo de garantia, eventuais sublimites etc.).

Em seguida, são anexadas as chamadas Condições Contratuais (o "clausulado"), compostas, no mais das vezes, de Condições Gerais[3] e Condições Especiais (cláusulas adicionais e particulares de extensão de cobertura ou exclusão de riscos). Assim, a contratação, embora de adesão, pode se amoldar às necessidades do segurado: mediante pagamento de prêmio específico, ao lado das Condições Gerais, a garantia poderá ser estendida por meio de cláusulas especiais e/ou particulares.

Vale dizer que o clausulado tem existência própria, independentemente da apólice, e com ela não se confunde, mas a integra. Às Condições Contratuais são atribuídos "números de produto" pela Susep – elas podem ser consultadas na internet, na página de Consulta Pública de Produtos daquela autarquia.[4]

Há variações nos documentos contratuais presentes em contratações individuais e coletivas. Nestas, por exemplo, existe a figura do certificado individual, a informar ao se-

---

[2] Os arts. 17 a 23 da Circular Susep 642/2021 estabelecem elementos mínimos de apólices de seguro. Devem ser observados, ainda, outros diplomas específicos, como os arts. 14 a 58 da Circular Susep 621/2021, em relação aos seguros de danos, e os 13 a 66 da Circular Susep 667/2022, em relação aos seguros de pessoa.

[3] As Condições Gerais apresentam as condições fundamentais do produto, como o objeto do seguro, a aceitação da proposta, o pagamento de prêmio, o âmbito geográfico, a vigência, as obrigações do segurado, ao riscos cobertos, ao riscos excluídos, a perda de direito, a regulação e a liquidação de sinistros, a sub-rogação de direitos, a alteração, a renovação e o cancelamento do contrato de seguro, a concorrência de apólices, o foro e a lei aplicável, entre outros aspectos. Para que a interpretação seja facilitada, o clausulado contém sempre um glossário a definir as palavras que menciona.

[4] Cfr.: SUSEP. *Consulta Pública de Produtos – Susep*. 2023. Disponível em: <https://www2.susep.gov.br/safe/menumercado/REP2/Produto.aspx/Consultar>. Acesso em: 24.11.2022.

gurado os detalhes de sua adesão individual. Na contratação individual, esse documento não faria sentido, já que realizada "diretamente" pelo segurado (por meio de um corretor de seguros, frequentemente), e não por um estipulante.

Embora a contratação do seguro resulte na emissão de apólice, em alguns casos, a emissão de um bilhete de seguro será suficiente (cfr. os arts. 9º e 10 do Decreto-lei 73/1966).[5] Nos moldes do art. 2º da Resolução CNSP 413/2021 (que dispõe sobre a contratação de seguros por meio de bilhete), define-se como bilhete de seguro "o documento emitido pela sociedade seguradora que formaliza a contratação da(s) cobertura(s) solicitada(s) pelo segurado, substitui a apólice individual e dispensa o preenchimento de proposta, nos termos da legislação específica".

Em geral, os instrumentos contratuais são alteráveis por meio de termo aditivo. No caso das apólices, os termos aditivos ganham outro nome: endosso – que, nesse âmbito,[6] nada mais é do que o instrumento que altera as disposições originalmente estabelecidas na apólice, como o prazo de vigência, coberturas e/ou exclusões, o LMG ou o valor de franquia.

Ademais, convém registrar a possibilidade de utilização de meios remotos nas operações de seguro. Nesse sentido, de acordo com o art. 4º, § 1º, da Resolução CNSP 408/2021, caso sejam utilizados meios remotos, deve-se garantir ao cliente a impressão ou o *download* dos documentos contratuais.[7]

À exceção dos seguros de pessoas, os demais contratos de seguros poderão ser concebidos nominalmente, à ordem ou ao portador. Comentando essas possibilidades, tenha-se em mente que a contratação nominal é a comumente observada. Usualmente, aquele que detém um interesse legítimo acabará por contratar o seguro em seu próprio nome. Mesmo que se contrate o seguro à conta de outrem, dificilmente essa conduta será feita de maneira

---

[5] Conforme: "Art. 9º Os seguros serão contratados mediante propostas assinadas pelo segurado, seu representante legal ou por corretor habilitado, com emissão das respectivas apólices, ressalvado o disposto no artigo seguinte"; "Art. 10. É autorizada a contratação de seguros por simples emissão de bilhete de seguro, mediante solicitação verbal do interessado". Consulte-se, ainda, o art. 2º do Decreto 61.589/1967, que regulamenta o Decreto-lei 73/1966: "A contratação de qualquer seguro só poderá ser feita mediante proposta assinada pelo interessado, seu representante legal ou por corretor registrado, exceto quando o seguro fôr contratado por emissão de bilhete de seguro". Sobre a discussão acerca da necessidade de assinatura na proposta de seguro, seja consentido remeter a GOLDBERG, Ilan; BERNARDES, Guilherme. É necessária a assinatura da proposta nos contratos de seguro? Conjur, 2022. Disponível em: <https://www.conjur.com.br/2022-mar-03/seguros-contemporaneos--necessaria-assinatura-proposta-contratos-seguro>. Acesso em: 06.12.2022.

[6] A palavra "endosso" é polissêmica e representa mais de um instituto jurídico. Em sede cambiária, possui significado diverso, referente à característica da circulação dos títulos de crédito. Em sede securitária, é sinônimo de termo aditivo. Segundo o art. 2º, IV, da Circular Susep 642/2021, o endosso pode ser conceituado como o "documento, emitido pela sociedade seguradora, por meio do qual são formalizadas alterações do seguro contratado, de comum acordo entre as partes envolvidas".

[7] Art. 4º da Resolução CNSP 408/2021. "É permitido o uso de meios remotos para emissão, envio e disponibilização, conforme o caso, de documentos relativos à contratação do produto, tais como propostas, documentos contratuais, documentos de cobrança, notificações, extratos, condições contratuais, regulamentos, materiais informativos e comunicados. § 1º A utilização de meios remotos na emissão de documentos contratuais deverá garantir a possibilidade de impressão ou *download* do documento pelo cliente. § 2º Os documentos contratuais emitidos por meios remotos devem conter informação de data e hora de sua emissão".

despersonalizada com relação ao segurado escolhido. No cotidiano, portanto, as apólices serão nominais.

Ao dispor que "A apólice ou o bilhete de seguro serão nominativos, à ordem ou ao portador", a parte inicial do *caput* do art. 760 do CC/2002 reproduz, em alguma medida, a redação do art. 1.447 do diploma de 1916. Por isso mesmo, as contribuições de Pedro Alvim[8] quando analisou o tema, sob a égide do Código de Beviláqua, permanecem lúcidas.

Para o mencionado autor, a qualificação das apólices como nominativas, à ordem ou ao portador impactará a forma pela qual poderão circular no mercado: respectivamente, por meio de cessão, endosso e simples tradição.[9]

Quanto à cessão de crédito, está disciplinada entre os arts. 286 e 298 do CC. Anota-se que, para Carvalho de Mendonça, "a cessão da apólice pode sempre ser efetuada após o sinistro, a quem quer que seja, porque então tem toda a força de um documento de dívida comum."[10]

Contudo, quanto às apólices à ordem naquilo que diz respeito à circulação por endosso, instituto tipicamente cambiário, vale comentar que, embora apólices de seguro não sejam títulos de crédito, a menção àquela forma de circulação atrai o sistema jurídico do Capítulo III do Título VIII da Parte Especial do Código Civil, que trata dos títulos de crédito. Aqui, cabe esclarecer que existe outro tipo de "endosso" – sinônimo de termo aditivo –, que pode ser emitido no âmbito de apólices nominativas para cessão de direitos, retificação de erros, retificação dos termos contratuais, entre outros exemplos.

A regra do parágrafo único do art. 760, pela qual "No seguro de pessoas, a apólice ou o bilhete não podem ser ao portador", também já estava presente no código revogado: apenas foi ampliada a restrição do "seguro de vida" para o "seguro de pessoas". A proibição foi imposta por motivo bastante simples: proteger o segurado. Caso fosse permitida apólice ao portador, com circulação por simples tradição, isso poderia gerar situações atentatórias à vida do próprio segurado. Nada obstante, trata-se de "letra morta", pois, como já anotava Pedro Alvim, no Brasil a generalidade das apólices é nominativa.[11]

Concluídos os comentários relacionados à primeira parte do dispositivo, que cobre os contratos nominais, à ordem ou ao portador, passa-se à segunda parte que, por sua vez, explicita algumas informações imprescindíveis ao dimensionamento do contrato sob as perspectivas causal, temporal e subjetiva.

A menção aos riscos cobertos, como determinado pelo dispositivo, confunde-se com os comentários já formulados ao art. 757 do CC. Pede-se vênia, assim, para remeter o leitor a eles.

A perspectiva nominal não requer maiores aprofundamentos, considerando que caberá ao segurado contratar a apólice em seu próprio nome ou em nome de terceiros, contanto que, conforme já referido, demonstre o respectivo interesse legítimo. Nos comentários ao art. 757, fora assinalado que as apólices D&O são comumente contratadas pelas sociedades (pessoas jurídicas, os tomadores) à conta de seus administradores, diretores e conselhei-

---

[8] ALVIM, Pedro. *O contrato de seguro*. 3. ed. Rio de Janeiro: Forense, 2001.
[9] ALVIM, Pedro. *O contrato de seguro*. 3. ed. Rio de Janeiro: Forense, 2001. p. 151.
[10] MENDONÇA, M. I. Carvalho de. *Contratos no direito civil brasileiro*. Rio de Janeiro: Imprenta, 1955. t. II. p. 693.
[11] ALVIM, Pedro. *O contrato de seguro*. 3. ed. Rio de Janeiro: Forense, 2001. p. 153.

ros, ou seja, elas detêm interesse legítimo para oferecer garantia a seus executivos; eles, por outro lado, também têm interesse na contratação, considerando, sobretudo, as suas próprias reputações.

Deseja-se aqui sublinhar a importância da perspectiva temporal, designadamente nos seguros classificados como de linhas financeiras – *e.g.*, *D&O*, *E&O*, *cyber* – nos quais, majoritariamente, as contratações são realizadas à base de reclamação com notificação. Antes, porém, de aprofundar os comentários relativos a essa modalidade de contratação, entende-se importante dar um passo atrás para, justamente, explicar a contratação à base de ocorrência.

Ao menos antes de 1986, a contratação dos seguros sempre se dava conforme as ocorrências havidas, o que se encontrava em harmonia com as suscetibilidades próprias dos seguros de danos e de pessoas. Nos contratos de seguros destinados às embarcações, por exemplo, a contratação pelo período de vigência de um ano e o naufrágio ocorrido no decorrer desse período não permitiam qualquer dúvida quanto à caracterização do sinistro durante o período de vigência. O acidente com o automóvel, o incêndio na indústria e o falecimento do segurado, entre outros, permitiam uma análise e subscrição do risco de maneira objetiva, clara, independentemente do exame de outras circunstâncias. O que interessava, portanto, para fins de caracterização do sinistro durante o prazo de vigência da apólice era a sua ocorrência.[12]

Situação distinta se observava nos contratos de seguro de responsabilidade civil uma vez que a ocorrência do sinistro poderia não suscitar, instantaneamente, nem mesmo a violação do direito, tampouco a reclamação do terceiro prejudicado.

Um fato histórico comprova a assertiva. Na Europa, durante a década de 1970, ganhou notoriedade o escândalo relacionado ao uso da talidomida. Surgido como medicamento eficaz para o tratamento dos enjoos principalmente durante os primeiros meses de gestação e após ser testado em roedores sem quaisquer efeitos colaterais, o remédio foi rapidamente prescrito para milhares de mulheres ao redor do mundo.[13]

Tempos depois, começaram a nascer as primeiras crianças com malformação congênita, porém, até então, não era possível identificar o nexo causal entre a tal deformidade e o uso da talidomida.

Mais tarde ainda, finalmente, comprovou-se, cientificamente, que o uso da substância por mulheres grávidas motivou o nascimento de diversos bebês com sérias deformidades congênitas.

Analisando esse histórico sob a perspectiva do seguro de responsabilidade civil, nota-se o quão complexa era a caracterização dos sinistros com base na data de sua ocorrência. Ora, a ingestão do medicamento havia sido realizada em dado momento no tempo; a gestação evoluía até que a criança nascesse com malformação congênita. Diante dessa cronologia, em que momento, efetivamente, poderia ser caracterizado o sinistro? Seria: (i) na ingestão do medicamento, (ii) durante a gestação ou (iii) com o nascimento da criança? Ainda, o

---

[12] SKINNER, William P. *Allocation between claims-made and occurrence policies*. Presented at the ALI--ABA Course of Study. Insurance Coverage in the New Millennium, 2001. p. 4-5.

[13] Para informações detalhadas a respeito do uso da talidomida e das respectivas consequências à formação dos fetos, recomenda-se seja acessado o sítio do sistema de informação sobre agentes teratogênicos, da Universidade Federal da Bahia. Disponível em: <http://www.siat.ufba.br/talidomida>. Acesso em: 11.05.2018.

momento da formalização da reclamação também deveria ser considerado para fins de identificação do sinistro?

A questão ora apresentada revela, portanto, uma exposição que, efetivamente, pode ser longa demais, o que geraria enormes dificuldades para análise e precificação do risco em referência.[14] Desenhava-se, assim, o cenário que, mais tarde, culminaria com a adoção, pelo mercado segurador, do conhecido método de identificação dos riscos a partir de sua reclamação, e não mais de sua ocorrência.[15]

Diante de tamanha exposição, as seguradoras norte-americanas elaboraram uma forma diferente de subscrever os riscos dos segurados. Em vez de ater-se à ocorrência dos sinistros, o fato gerador passaria a ser a reclamação apresentada pelo terceiro. Assim, ocorreu o surgimento da contratação das apólices à base de reclamações (*claims made basis*). O tema que, originalmente, motivou essa forma de contratação decorreu das enormes perdas provocadas pelo uso do asbesto (amianto) nos Estados Unidos da América.[16]

Foi sob a influência desses fatos que o mercado de seguros norte-americano criou a forma de contratação à base de reclamações, substituindo, gradualmente, a contratação à base de ocorrências.[17]

---

[14] A questão relativa aos riscos de latência prolongada é sensível para as seguradoras, que, obrigatoriamente, devem constituir suas reservas técnicas para fazer frente aos pagamentos devidos. Uma vez que não se tem conhecimento a respeito dos sinistros ocorridos e/ou das reclamações realizadas, a constituição das reservas torna-se difícil. A exposição prolongada associada aos sinistros ocorridos, mas não reclamados, é conhecida no jargão securitário pelos *incurred but not reported risks*, da sigla em inglês IBNR, cujo conceito é o seguinte: "An estimate of the liability for claim-generating events that have taken place but have not yet been reported to the insurer or self-insurer. The sum of IBNR losses plus incurred losses provides an estimate of the total eventual liabilities for losses during a given period." (disponível em: <http://www.irmi.com/online/insurance-glossary/terms/i/incurred--but-not-reported-ibnr-losses.aspx>. Acesso em: 11.09.2022).

[15] Para uma análise precisa a respeito da mencionada mudança do sistema de identificação dos sinistros a partir de ocorrências para o sistema à base de reclamações, remete-se a SKINNER, William P. *Allocation between claims-made and occurrence policies*. Presented at the ALI-ABA Course of Study. Insurance Coverage in the New Millennium, 2001. P. 3-4. "The year 1985 is significant for another reason. After 1985, many large corporations were no longer able to purchase any significant amounts of liability insurance on 'occurrence' forms. Instead, they were forced to obtain coverage on a 'claims--made' basis. Indeed, so many policyholders were forced to switch to claims-made policies in the mid-1980s that there were charges that the insurance industry had engaged in a massive conspiracy in violation of the antitrust laws."

[16] Ao lado da talidomida, o uso do amianto também exerceu protagonismo para que a sistemática de contratação à base de reclamação se desenvolvesse. Para uma análise detalhada, remetemos ao nosso GOLDBERG, Ilan. *O contrato de seguro D&O*. 2. ed. São Paulo: Ed. RT, 2022. p. 377 e ss.

[17] Eis o comentário de Walter Polido: "A apólice de ocorrências deve ser utilizada apenas para aquelas situações de riscos nas quais o aparecimento ou a constatação dos danos e das perdas garantidas pelo seguro se deem de forma imediata, pronta, perceptível a olho nu e sem quaisquer dificuldades aparentes. Exemplos: (a) riscos industriais operacionais, sem qualquer tipo de cobertura atribuída a danos ambientais. O incêndio propagado a terceiro vizinho, cujos danos são perceptíveis desde logo; (b) guarda de veículos de terceiros; (c) eventos artísticos; (d) instalação e montagem de equipamentos; (e) construção de imóveis; (f) condomínios, escolas, hotéis e clubes. O modelo de ocorrências praticamente imperou absoluto até os anos 80 no mundo todo. A partir da crise ocorrida nos EUA e em razão de reclamações emblemáticas ocorridas naquele país, notadamente na área de produtos químicos e farmacêuticos, além dos sinistros de poluição ambiental de origem gradual, o mercado norte-americano não pôde prosseguir subscrevendo esses riscos nas mesmas bases que havia acei-

No Brasil, a utilização dessa modalidade de contratação surgiu em 1988 por intermédio do IRB Brasil Resseguros S.A., com o propósito de atender a uma demanda específica do seguro de responsabilidade civil para produtos no exterior. Os importadores estrangeiros, principalmente dos Estados Unidos da América, pressionavam para que os seguros contratados no Brasil também o fossem segundo a forma de reclamação, alinhando-se à contratação praticada no exterior.

À medida que os anos se passaram, várias seguradoras passaram a utilizar a contratação à base de reclamações em diversas espécies do seguro de responsabilidade civil, sempre que houvesse dificuldade de identificar no tempo a concreta ocorrência do sinistro.

Sob o ponto de vista legal, a introdução da contratação à base de reclamação no Brasil sofreu alguns reveses até que, apenas em 2003, a Circular Susep 235, de 21.10.2003, posteriormente substituída pela Circular Susep 252, de 26.04.2004, a viabilizou.[18]

Por mais que se compreenda o raciocínio que motivou a contratação à base de reclamações em seguros cuja exposição seja prolongada, a sua operação, em termos práticos, pode gerar situações de inexistência de cobertura, fragilizando sobremaneira essa forma de contratação.

Para que, concretamente, se entendam as suas implicações, haverá hipóteses nas quais determinadas condutas lesivas do segurado, que causem danos a terceiros e que tenham ocorrido durante o prazo de vigência da apólice, ficarão desguarnecidas da cobertura securitária ante o esgotamento do prazo contratado para a exteriorização da reclamação.

A situação ora retratada foi duramente criticada em diversos países por ocasião da implementação da contratação à base de reclamações em seus ordenamentos jurídicos com argumentos bastante sensíveis. Ora, admitindo-se a equivalência entre as obrigações correspectivas do tomador-segurado e da seguradora, aquele deveria encontrar a contrapartida na obrigação de garantir as perdas e os danos devidos aos terceiros, ocorridos durante a vigência do contrato. Na Espanha, em princípio, a adoção dessas cláusulas foi duramente criticada pela doutrina, como revela Fernándo Sánchez Calero:

> El hecho causante del daño que origina la responsabilidad civil del asegurado ha de producirse, según he indicado anteriormente, dentro del período de la duración material de la relación jurídica que deriva del contrato de seguro. De forma que, en principio, quedan

---

tado nas décadas anteriores e cujos reflexos se mostraram catastróticos em termos de volume de indenizações pagas. Nasceu da necessidade de mudança o novo modelo: *claims made basis*. Criado pelo ISO nos primeiros anos da década de 80, o novo modelo se espalhou rapidamente pelo resto do mundo, chegando também ao Brasil em 1988" (POLIDO, Walter A. *Seguros de responsabilidade civil: manual prático e teórico*. Curitiba: Juruá, 2013. p. 429-430).

[18] Precisamente em 2001, a Secretaria de Direito Econômico, por meio da Portaria 03, ampliou o rol de cláusulas consideradas abusivas previstas no Código de Defesa do Consumidor, acrescentando o item 11, com os seguintes dizeres: "11- (considera-se abusiva cláusula que) limita temporalmente, nos contratos de seguro de Responsabilidade Civil, a cobertura apenas às reclamações realizadas durante a vigência do contrato, e não ao evento ou sinistro ocorrido durante a vigência". A partir de então, o mercado de seguros voltou-se para a Susep que, em 2003, publicou a Circular 235, permitindo a sua contratação. Após divergências e embates entre a Secretaria de Direito Econômico e a Superintendência de Seguros Privados, aquela acabou revogando a Portaria 03. Para uma análise detalhada do histórico a respeito da implementação da contratação à base de reclamações, recomenda-se a leitura de NAKIRI, Osvaldo Haruo. *Claims made: breve histórico e regulamentação no Brasil. Revista do IRB*, n. 299, abr. 2005. Vale mencionar, ainda, a Circular Susep 336, que revogou a 252 e, por último, a 637.

excluidos aquellos hechos dañosos que hacen nacer una deuda de responsabilidad con anterioridad al comienzo de la duración material y también los hechos producidos con posterioridad a su terminación. (...) Se trata de cláusulas que al delimitar temporalmente el riesgo cubierto favorecen generalmente al asegurador, al tiempo que resultan gravosas para el asegurado, ya que al quedar viva la responsabilidad civil no asegurada será el proprio asegurado, en cuanto causante del daño al tercero perjudicado, quien deberá hacerse cargo de las consecuencias de esa responsabilidad. Al propio tiempo, al haberse reconocido en nuestro ordenamiento, el derecho del tercero perjudicado a reclamar directamente al asegurador, tal derecho al delimitarse el riesgo de la forma indicada se extingue en cuanto que la responsabilidad del asegurado ha quedado al margen de la cobertura del seguro.[19]

A fim de contornar a situação retratada, reveladora da possível inexistência de cobertura para o tomador-segurado, criaram-se prazos adicionais, isto é, que vão além do prazo original de vigência da apólice,[20] tanto para trás – período retroativo – quanto para frente – períodos complementar e suplementar. A adição desses prazos complementar e suplementar requer cautela por parte do tomador-segurado a considerar que, mesmo mediante a sua adição ao período de vigência regular, reclamações apresentadas após o término do prazo suplementar não estarão cobertas.[21]

---

[19] SÁNCHEZ CALERO, Fernándo. *Ley de Contrato de Seguro*. 4. ed. Dir. F. Sánchez Calero. Navarra: Aranzadi, 2010. p. 1.643-1.644. Em tradução nossa: "O fato causador do dano que origina a responsabilidade civil do segurado deve ser produzido, conforme indiquei anteriormente, dentro do período de duração material da relação jurídica que deriva do contrato de seguro. De forma que, em princípio, estarão excluídos aqueles fatos danosos que geram uma dívida de responsabilidade com anterioridade ao início da duração material e também os fatos produzidos com posterioridade ao seu término. (...) Trata-se de cláusulas que, ao delimitarem temporalmente o risco coberto, favorecem, geralmente, a seguradora, ao mesmo tempo que resultam gravosas para o segurado, e, ao restar viva a responsabilidade civil não assegurada, será o próprio segurado, como causante do dano ao terceiro prejudicado, que deverá suportar as consequências dessa responsabilidade. Ao próprio tempo, ao haver-se reconhecido no nosso ordenamento o direito de o terceiro prejudicado reclamar diretamente contra a seguradora, tal direito, ao delimitar-se o risco segundo a forma indicada, extingue-se, enquanto a responsabilidade do segurado ficará à margem da cobertura do seguro".

[20] No Brasil, por meio da Circular Susep 336, de 22.01.2007, o órgão regulador disciplinou a contratação dos seguros à base de reclamações, definindo a data retroativa de cobertura, o prazo complementar e o prazo suplementar. A diferença entre o prazo complementar e o suplementar é que, neste, as seguradoras cobram prêmio adicional para implementá-lo, ao passo que, naquele, não.

[21] Observando novamente a realidade na Espanha, esta foi mais uma razão para, em princípio, haver forte oposição à adoção das cláusulas *claims made basis*. "Ciertamente, el empleo general del criterio de la reclamación para delimitar la cobertura temporal del seguro D&O en un ordenamiento como el nuestro, en el que el siniestro se considera el hecho dañoso, es inviable de todo punto. Baste pensar que si el seguro cubre las reclamaciones por responsabilidad civil ejercitadas durante la vigencia del contrato, podría cubrir tantos hechos dañosos acaecidos con anterioridad (en contra el art. 4 LCS, que establece la nulidad del seguro, si en el momento de la conclusión, había ocurrido el siniestro); como no cubrir siniestros (hechos del administrador que causen daños) producidos estando el seguro en vigor, al no dirigirse el perjudicado contra él en ese periodo de tiempo, en contra del proprio espíritu del contrato. Para armonizar estos dos sistemas habría que establecer numerosísimas excepciones y reglas particulares" (MORAL DOMÍNGUEZ, José Fernández Del. *El seguro de responsabilidad civil de administradores y altos directivos de la sociedad anónima (póliza D & O)*. Granada: Comares, 1998. p. 198-199).

A cobertura retroativa, obviamente, não se presta para assegurar riscos pretéritos, isto é, já ocorridos por ocasião da conclusão do contrato de seguro. Com efeito, pode haver fatos pretéritos à conclusão do contrato cujas reclamações não tenham chegado ao conhecimento do tomador-segurado. Assim é que, para esses fatos pretéritos, frise-se, não conhecidos pelo tomador-segurado, será aplicável a cobertura retroativa.

Os referidos prazos complementar e suplementar adicionam-se ao período regular de vigência do contrato, no sentido de que as reclamações formuladas por terceiros durante essas extensões temporais estarão cobertas. Para fins de cobertura das reclamações, há de se entender que, à vigência normal do contrato, serão somados os prazos complementar e suplementar.[22]

Ainda quanto à contratação dos seguros à base de reclamação, vale dizer que a definição apontada pela Susep e, consequentemente, pela generalidade dos contratos de seguro de responsabilidade civil em todas as suas modalidades no Brasil, contém um equívoco primário. Para observá-lo, convém examinar o disposto na Circular Susep 336, de 22.01.2007, em seu Anexo I, art. 3º:

> Art. 3º Considera-se, para fins desta norma:
>
> (...) II – apólice à base de reclamações ("claims made basis"): forma alternativa de contratação de seguro de responsabilidade civil, em que se define, como objeto do seguro, o pagamento e/ou o reembolso das quantias, respectivamente, devidas ou pagas a terceiros, pelo segurado, a título de reparação de danos, estipuladas por tribunal civil ou por acordo aprovado pela sociedade seguradora, desde que:
>
> a) os danos tenham ocorrido durante o período de vigência da apólice ou durante o período de retroatividade; e
>
> b) o terceiro apresente a reclamação ao segurado: 1. durante a vigência da apólice; ou 2. durante o prazo complementar, quando aplicável; ou 3. durante o prazo suplementar, quando aplicável;
>
> (...).[23]

---

[22] A Circular Susep 637, de 27.07.2021, estabeleceu que, em substituição aos prazos complementar e suplementar, fosse adotado o chamado prazo adicional. Enquanto os prazos complementar e suplementar caracterizavam-se por obrigatoriedade e facultatividade, respectivamente, além de, para o primeiro, não haver cobrança de prêmio, cobrando-se para o segundo, o objetivo do órgão regulador com o prazo adicional é conferir liberdade às partes, para que definam os contornos dos referidos prazos da maneira que melhor lhes aprouver. Isso significa dizer, portanto, que a sistemática anterior, própria dos prazos complementar e suplementar, poderá continuar a ser empregada, seja adotando a mesma nomenclatura, seja empregando uma nova. A Susep demonstra, assim, não ter mais interesse em prescrever os termos que deverão ser utilizados pelas partes.

[23] Vale dizer que a mesma redação foi inserida no art. 3º da Circular Susep 553, de 23.05.2017, relacionada ao seguro *D&O*. "Art. 3º Para fins desta norma, são adotadas as seguintes definições: (...) II – apólice à base de reclamações ('claims made basis'): forma alternativa de contratação de seguro de responsabilidade civil, em que se define, como objeto do seguro, o pagamento e/ou o reembolso das quantias, respectivamente, devidas ou pagas a terceiros, pelo segurado, a título de reparação de danos, estipuladas por tribunal judicial civil, decisão arbitral ou decisão administrativa, ou por acordo aprovado pela sociedade seguradora, desde que: a) os danos tenham ocorrido durante o período de vigência da apólice ou durante o período de retroatividade; e b) o terceiro apresente a reclamação ao segurado: 1. durante a vigência da apólice; ou 2. durante o prazo complementar,

Por tudo que se explicou nas linhas anteriores, no sentido de que essa modalidade de contratação decorreu da necessidade de se atentar à reclamação formulada por terceiros prejudicados contra os segurados, e não mais à ocorrência dos danos, a inclusão da alínea *a*, *supra*, é paradoxal.

Contratando-se a apólice à base de reclamação, o raciocínio a ser empregado deve considerar a reclamação. O raciocínio centrado na ocorrência do dano é pertinente à outra modalidade de contratação, à base de ocorrência. A doutrina é pacífica nesse sentido.[24]

A motivação à inclusão da notificação na apólice à base de reclamação é louvável: permitir ao segurado e até mesmo viabilizar uma gestão mais proativa diante de seus possíveis problemas e, quanto à seguradora, gerar uma percepção mais acurada do risco que subscreveu, antevendo os possíveis sinistros futuros.

No entanto, vale observar, a partir da experiência havida em países cujos mercados de seguros são mais desenvolvidos que o brasileiro, que a boa motivação se transformou, na realidade, numa utilização equivocada do instituto. Ao se aproximar o prazo de vencimento da apólice e antevendo possível não renovação, os segurados começavam a comunicar centenas de supostos avisos de expectativas às seguradoras, a fim de registrá-los e, assim, preservar direitos, originando a chamada *laundry list* ("roupa suja").[25]

---

quando aplicável; ou 3. durante o prazo suplementar, quando aplicável;" Como dito anteriormente, a Circular SUSEP nº. 637, de 27.7.2021, revogou diversas Circulares que, especificamente, cuidavam de diversos seguros de responsabilidade civil. No que toca à presente temática, a nova Circular revogou as Circulares nºs. 336 e 553, mas, com relação ao equívoco mencionado no texto, a nova norma o manteve. Confira-se, assim, o art. 2º., inc. II, letras a) e b): 'Art. 2º *Para fins desta Circular, são adotadas as seguintes definições: (...) II – seguro de responsabilidade civil à base de reclamações* (claims made basis): *tipo de contratação em que a indenização a terceiros, pelo segurado, obedece aos seguintes requisitos: a) os danos ou o fato gerador tenham ocorrido durante o período de vigência da apólice, ou durante o período de retroatividade; e b) o terceiro apresente a reclamação ao segurado durante a vigência da apólice, ou durante o prazo adicional, conforme estabelecido no contrato de seguro.*'"

[24] "D&O policies are 'claims made' policies, meaning they cover all claims made against the insured during the period the policy is effective, regardless of whether the acts that led to liability occurred during the policy period" (ACKERMAN, Joshua Phares. *A Common Law Approach to D&O Insurance "In Fact" Exclusion Disputes*. University of Chicago Law Review, n. 79, p. 1.429, 2012. p. 1.433). Também: "Most D&O policies operate on a 'claims made' basis, meaning that regardless of the date of the original occurrence giving rise to the lawsuit against the insured, only claims filed with the insurer during the policy period will be covered" (CARACCIO, L. William. *Void Ab Initio: Application Fraud as Grounds for Avoiding Directors' and Officers' Liability Insurance Coverage*. California Law Review, v. 74, n. 929, 1986. p. 951. Na Espanha, observa-se o mesmo entendimento: "Por ejemplo, el Tribunal Supremo ha considerado como cláusula lesiva aquella que condiciona la cobertura de la responsabilidad civil a que tanto el hecho dañoso, como la reclamación del tercero perjudicado, como la puesta en conocimiento de ambas circunstancias a la compañía aseguradora, tengan lugar dentro del período de vigencia de la póliza" (SHAIK, Darío A. Sandoval. *Las condiciones generales del contrato de seguro y su control interno e internacional*. 2012. 430 f. Tese (Doctorado en Derecho) – Facultad de Derecho, Universidad Complutense de Madrid, Madrid, 2012. p. 320). A decisão mencionada pelo autor é a SSTS de 20 de marzo de 1991 (Ar. 2267) e de 23 de abril de 1992 (Ar. 3323).

[25] "Some companies, when informed of their D&O insurer's intent to cancel coverage, have resorted to an innovative, if somewhat desperate, measure to squeeze as much D&O coverage as possible out of their existing policy. Almost every D&O policy contains a provision stating that if an insured reports

Sucede que grande parte das expectativas não se convertia em sinistros, gerando, com isso, uma percepção ruim do risco em questão e, por consequência, sérias dificuldades para obter cotações em outras seguradoras.

Demais disso, observa-se que a apólice contratada à base de reclamações acabava convertendo-se numa apólice à base de ocorrências, invertendo, completamente, a lógica para a qual foi concebida.

Diante de circunstâncias que, efetivamente, possam converter-se em sinistros futuros, o segurado terá a faculdade de notificá-las à seguradora, registrando-se a apólice em vigor para a alocação dos futuros sinistros.

Para finalizar o presente comentário, um aspecto não pode ser desprezado, qual seja, as hipóteses que deflagram o início da contagem do prazo complementar (ou adicional, segundo a Circular Susep 637/2021), previstas em seu art. 19:

> Art. 19. As condições contratuais devem conter cláusula de prazo adicional, à qual se aplicará, no mínimo, nas seguintes hipóteses:
>
> I – se o seguro não for renovado;
>
> II – se o seguro à base de reclamações for transferido para outra sociedade seguradora que não admita, integralmente, o período de retroatividade da apólice precedente;
>
> III – se o seguro, ao final de sua vigência, for transformado em um seguro à base de ocorrência na mesma sociedade seguradora ou em outra; ou
>
> IV – se o seguro for extinto, desde que a extinção não tenha ocorrido por determinação legal, por falta de pagamento do prêmio ou por esgotamento do limite máximo de garantia do contrato com o pagamento das indenizações.
>
> § 1º As condições contratuais podem prever a extensão do prazo adicional de que trata o *caput*.

---

to its insurer, prior to the policy expiration date, any occurrence which indicates the potential for a claim, the insurer will provide coverage even if an actual claim has not been asserted against the insured before the policy expires. Capitalizing on this provision, nimble companies have fashioned what is now referred to within the insurance industry as a 'laundry list'- an expansive list making reference to every conceivable act, error, or omission known to the insured which could give rise to a claim in the future. Presented to the insurer just prior to the expiration of the policy, the laundry list is intended to preserve forever coverage of any actual claims arising from listed occurrences. (...) the laundry list may be used by a subsequent D&O carrier as a basis for substantial exclusions from coverage. Moreover, if the old carrier successfully denies coverage of laundry list recitals on the ground that they are too vague or general to constitute reported claims, the insured will be left with sizable gaps in protection" (CARACCIO, L. William. *Void Ab Initio: Application Fraud as Grounds for Avoiding Directors' and Officers' Liability Insurance Coverage*. California Law Review, v. 74, n. 929, 1986. p. 458. Na Espanha, Miguel Iribarren Blanco fez o mesmo comentário: "fueron, en algunas ocasiones, utilizadas abusivamente por los asegurados, que notificaban al asegurador, poco antes del fin del plazo, una lista de todos los acuerdos tomados por el órgano de administración durante el período de seguro (denominadas *laundry lists*), convirtiendo los seguros *claims made* en *loss ocurrence*. Por esta razón, actualmente, están redactadas de modo más restrictivo, exigiéndose no sólo la notificación del acto lesivo, sino también la concreción de los daños que pueden haber sido causados y la explicación de las circunstancias" (BLANCO, Miguel Iribarren. *El seguro de responsabilidad civil de los administradores y altos directivos de sociedades de capital (D&O)*. Cizur Menor, Navarra: Thomson Civitas, 2005. p. 211).

§ 2º Deve ainda estar claramente expresso nas condições contratuais:

I – que o prazo adicional não se aplica àquelas coberturas cujo pagamento de indenizações tenha esgotado o respectivo limite agregado ou limite máximo de garantia do contrato de seguro;

II – que o prazo adicional também se aplica às coberturas previamente contratadas e que não foram incluídas na renovação do seguro, desde que estas não tenham sido extintas por determinação legal ou por falta de pagamento do prêmio;

III – o prazo adicional pactuado;

IV – a data limite fixada para o segurado exercer o direito de extensão de prazo adicional e a data limite para efetuar, na hipótese de cobrança de prêmio adicional, o respectivo pagamento;

V – os prêmios adicionais correspondentes, quando cobrados; e

VI – a informação de que a contratação do prazo adicional não acarreta, em hipótese alguma, a ampliação do período de vigência do contrato de seguro.

3. DISPOSIÇÕES RELACIONADAS

Conforme referido anteriormente, os dados essenciais que deverão constar nas apólices – início e final de vigência, limites máximos de indenização, segurados e/ou beneficiários, prazos adicionais (complementares e suplementares), retroatividade, entre outros – estão diretamente relacionados com os riscos cobertos.

Recomenda-se, assim, que os dispositivos de referência – 757 e 760 – sejam examinados conjuntamente, bem como os artigos dos atos normativos da Susep e do CNSP mencionados anteriormente.

REFERÊNCIAS BIBLIOGRÁFICAS

ACKERMAN, Joshua Phares. *A Common Law Approach to D&O Insurance "In Fact" Exclusion Disputes*. University of Chicago Law Review, n. 79, p. 1.429, 2012.

ALVIM, Pedro. *O contrato de seguro*. 3. ed. Rio de Janeiro: Forense, 2001.

BLANCO, Miguel Iribarren. *El seguro de responsabilidad civil de los administradores y altos directivos de sociedades de capital (D&O)*. Cizur Menor, Navarra: Thomson Civitas, 2005.

CARACCIO, L. William. *Void Ab Initio: Application Fraud as Grounds for Avoiding Directors' and Officers' Liability Insurance Coverage*. California Law Review, v. 74, n. 929, 1986.

GOLDBERG, Ilan. *O contrato de seguro D&O*. 2. ed. São Paulo: Ed. RT, 2022.

GOLDBERG, Ilan; BERNARDES, Guilherme. É necessária a assinatura da proposta nos contratos de seguro? Conjur, 2022. Disponível em: <https://www.conjur.com.br/2022-mar-03/seguros-contemporaneos-necessaria-assinatura-proposta-contratos-seguro>. Acesso em: 06.12.2022.

MALLEN, Ronaldo E.; EVANS, David W. *Surviving the directors' and officers' liability crisis: insurance and the alternatives*. Delaware Journal of Corporate Law, v. 2, n. 2, 1987.

MENDONÇA, M. I. Carvalho de. *Contratos no direito civil brasileiro*. Rio de Janeiro: Imprenta, 1955. t. II.

MORAL DOMÍNGUEZ, José Fernández Del. *El seguro de responsabilidad civil de administradores y altos directivos de la sociedad anónima (póliza D & O)*. Granada: Comares, 1998.

NAKIRI, Osvaldo Haruo. *Claims made: breve histórico e regulamentação no Brasil*. Revista do IRB, n. 299, abr. 2005.

POLIDO, Walter A. *Seguros de responsabilidade civil: manual prático e teórico*. Curitiba: Juruá, 2013.

SÁNCHEZ CALERO, Fernándo. *Ley de Contrato de Seguro*. 4. ed. Dir. F. Sánchez Calero. Navarra: Aranzadi, 2010.

SHAIK, Darío A. Sandoval. *Las condiciones generales del contrato de seguro y su control interno e internacional*. 2012. 430 f. Tese (Doctorado en Derecho) – Facultad de Derecho, Universidad Complutense de Madrid, Madrid, 2012.

SKINNER, William P. *Allocation between claims-made and occurrence policies*. Presented at the ALI-ABA Course of Study. Insurance Coverage in the New Millennium, 2001.

14
COMENTÁRIOS AO ART. 761 DO CÓDIGO CIVIL

Priscila Fichtner
Guilherme Bernardes

> **Art. 761.** Quando o risco for assumido em cosseguro, a apólice indicará o segurador que administrará o contrato e representará os demais, para todos os seus efeitos.

1. ORIGEM DA DISPOSIÇÃO E REGIME ANTERIOR

O seguro é, em definição, um mecanismo de repartição de riscos, em que o segurado, mediante o pagamento de um prêmio, tem seu interesse legítimo garantido por uma seguradora, contra os eventos previstos no contrato de seguro. Essa operação é marcada pela utilização de mecanismos de previsibilidade e estatística, em que a relação prêmio *vs.* garantia/indenização/capital segurado é umbilicalmente ligada.

Ocorre que certos interesses, a serem garantidos, são de tão elevada monta que alguns mecanismos de maior pulverização dos riscos são necessários para possibilitar que as seguradoras possam garantir interesses sem expor indevidamente sua saúde financeira, ao mesmo tempo que passam acomodar outros riscos, aumentando sua carteira e "não colocando todos os ovos na mesma cesta".[1]

Dois dos mais fundamentais mecanismos de pulverização são o cosseguro e o resseguro, que não se confundem. Enquanto, no primeiro, o segurado contrata a garantia de um interesse com diversos seguradores ao mesmo tempo, cada um responsável por sua cota-parte, o segundo se caracteriza pela contratação com um só segurador, que transfere a um ressegurador o excedente do que pode reter de risco.

O cosseguro é, por definição contida no art. 2º, II, da Lei Complementar 126, de 15.01.2007, a "operação de seguro em que 2 (duas) ou mais sociedades seguradoras, com

---

[1] A esse respeito, Pedro Alvin destaca que "[c]onvém mais ter em carteira cem seguros de dez mil reais que um de um milhão de reais, embora dê este menos trabalho administrativo. A estabilidade aumenta com o número dos seguros e não com seu valor. O ideal é que todos tenham o mesmo valor. Que haja nivelamento da carteira. É por efeito de aplicação do princípio da pulverização que os seguradores suportam bem os grandes sinistros" (ALVIM, Pedro. *O seguro e o novo Código Civil*. Rio de Janeiro: Forense, 2007. p. 27).

anuência do segurado, distribuem entre si, percentualmente, os riscos de determinada apólice, sem solidariedade entre elas".

Antes dessa definição, o cosseguro era parcamente tratado nas leis brasileiras, não sendo previsto no Código Civil de 1916,[2] mas recebendo alguma atenção no Código Comercial de 1850, que previu, em seu art. 668, espécie de cosseguro específico para os seguros marítimos.[3]

Com base na definição legal anterior, alguns elementos podem ser extraídos para a compreensão do que é o cosseguro: (i) a existência de duas ou mais seguradoras, (ii) a anuência do segurado, (iii) a distribuição dos riscos em percentuais dentro de uma só apólice e, principalmente, (iv) a ausência de solidariedade entre as cosseguradoras. Antes de investigar esses itens e o conceito de cosseguro, convém compreender o caminho traçado até a sua positivação.

A história do cosseguro no Brasil passa a ter maior relevância no final da década de 1930 e no início da década de 1940, a partir da criação do Instituto dos Resseguradores do Brasil (IRB), cujo ato de criação, o Decreto-lei 1.186/1939, menciona, no art. 26, o cosseguro;[4] e da estruturação do cosseguro no ramo incêndio, a partir da edição do Decreto-lei 3.172/1941, que forçou a participação dos seguradores nacionais nos grandes seguros, antes distribuídos entre as companhias estrangeiras, sobretudo as ligadas ao capital multinacional.[5]

Com a edição do Decreto-lei 73/1966, "consolidando a legislação sobre seguros, com os seguradores nacionais já fortalecidos, não mais se justificavam as medidas res-

---

[2] Pedro Alvim, todavia, defende que o cosseguro teria sido tratado no art. 1.439 do Código Civil de 1916, denominado de "segundo seguro", na modalidade em que o segurado contrata o mesmo seguro com cinco seguradores, no que se chamaria um cosseguro sucessivo ou plural, conhecido pelos franceses como seguro cumulativo. O inteiro teor do dispositivo referido é: "Art. 1.439. Salvo o disposto no art. 1.437, o segundo seguro da coisa já segura pelo mesmo risco e no seu valor integral, pode ser anulado por qualquer das partes. O segundo segurador que ignorava o primeiro contato, pode, sem restituir o prêmio recebido, recusar o pagamento do objeto seguro, ou recobrar o que por ele pagou, na parte excedente ao seu valor real, ainda que não tenha reclamado contrato o contrato antes do sinistro" (ALVIM, Pedro. *O seguro e o novo Código Civil*. Rio de Janeiro: Forense, 2007. p. 28). Essa modalidade não se confunde, todavia, com o cosseguro que seja feito, ainda que de maneira atípica, em diferentes apólices, com fracionamento de cobertura em partes percentuais para diferentes seguradores. Nesse sentido, MIRAGEM, Bruno; PETERSEN, Luiza. *Direito dos seguros*. Rio de Janeiro: Forense, 2022. p. 218, citando o acórdão do STJ, 4ª T., REsp 442.751/RJ, rel. Min. Aldir Passarinho Junior, j. 11.12.2007.

[3] Confira-se o inteiro teor do art. 668 do Código Comercial de 1850: "Art. 668 – Sendo diversos os seguradores, cada um deve declarar a quantia por que se obriga, e esta declaração será datada e assinada. Na falta de declaração, a assinatura importa em responsabilidade solidária por todo o valor segurado. Se um dos seguradores se obrigar por certa e determinada quantia, os seguradores que depois dele assinarem sem declaração da quantia por que se obrigam, ficarão responsáveis cada um por outra igual soma". Como se nota do texto do dispositivo, a contratação por meio de uma só apólice é, em alguma medida, facultativa, podendo o cosseguro ser contratado em apólices diferentes, todas com o mesmo objeto e contemplando os mesmos riscos. Essa não é, todavia, a realidade do mercado nacional, cuja contratação do cosseguro se dá em uma só apólice, com a indicação de todas as cosseguradoras e seus percentuais.

[4] Decreto-lei 1.186/1939. Art. 26. "Nos casos de cosseguro, cujo total ultrapasse o limite de retenção de qualquer das sociedades interessadas, deverá ser feito no Instituto o resseguro mínimo de 20% (vinte por cento) da responsabilidade segurada em cada uma das sociedades que houverem tomado parte na operação".

[5] ALVIM, Pedro. *O contrato de seguro*. Rio de Janeiro: Forense, 1999. p. 351-352.

tritivas sobre a participação de seguradores estrangeiros nos negócios distribuídos no mercado".[6] Com isso, passou a ser de competência privativa do Conselho Nacional de Seguros Privados (CNSP) decidir a respeito dessas restrições e disciplinar as operações do cosseguro, na forma do inciso VIII do art. 32, de acordo com a redação da Lei Complementar 126/2007.[7]

Antes dela, o Decreto 60.459/1967, que regulamenta o Decreto-lei 73/1966, prevê que a contratação do cosseguro deve ser feita em uma só apólice, contendo o nome de todas as cosseguradoras, as assinaturas dos representantes dessas sociedades e os "valôres da respectiva responsabilidade assumida",[8] o que significa a atribuição do percentual entre o todo de responsabilidade da sociedade. Este é, inclusive, o ponto (iii) da definição contida na Lei Complementar 126, de 2007, que vem a ser última disposição legal relevante a respeito do cosseguro. Vejamos os outros três pontos:

A respeito do ponto (i), muito não há que se falar, já que o cosseguro pressupõe a existência de mais de uma seguradora garantindo o mesmo risco. Nesse sentido, a Resolução CNSP 451, de 19.12.2022, norma editada pelo CNSP para regular, entre outros assuntos, as operações de cosseguro, prevê, em seu art. 25, parágrafo único, a impossibilidade de operação de cosseguro em que alguma seguradora não assuma responsabilidade por parte da garantia.[9]

Por sua vez, o item (ii) aborda a necessidade de anuência do segurado para que os riscos sejam garantidos em cosseguro, o que reflete exatamente a dinâmica da modalidade no mercado nacional, já que não raro os segurados não sabem quem são as demais cosseguradoras, não as escolhendo, propriamente, com alguns sequer sendo informados adequadamente sobre a existência do cosseguro. Este último ponto será abordado mais adiante.

Assim, a relação do segurado se dará diretamente com a seguradora a que buscou para a garantia do risco e recebeu a proposta de que ele fosse feito em cosseguro, chamada *seguradora-líder*, que, na forma do art. 761, representará as demais, "para todos os seus efeitos", estando incumbida da administração e operação da apólice. Embora o cosseguro não apresente grandes controvérsias, é neste trecho que algumas delas surgem, como a seguir.

Para exercer a função de líder, leia-se receber prêmios, realizar regulação dos sinistros, relacionar-se com o segurado, realizar pagamento de indenização, por exemplo, a seguradora-líder deve ser nomeada em contrato e pode ser remunerada, por meio de uma comissão de cosseguro, a ser paga pelas demais cosseguradoras (art. 2º, III, da Resolução CNSP 451, de 2022[10]).

---

[6] ALVIM, Pedro. *O contrato de seguro*. Rio de Janeiro: Forense, 1999. p. 352.

[7] Decreto-lei 73, de 1966: "Art. 32. É criado o Conselho Nacional de Seguros Privados – CNSP, ao qual compete privativamente: (...) VIII – disciplinar as operações de cosseguro".

[8] Ao contrário do que está disposto no art. 761, o art. 5º do Decreto 60.459 diz tratar-se de uma faculdade a contratação em uma só apólice: "Art. 5º Nos casos de cosseguro é permitida a emissão de uma só apólice, cujas condições valerão integralmente para tôdas as cosseguradoras. Parágrafo único. Além das demais declarações necessárias, a apólice conterá os nomes de tôdas as cosseguradoras, por extenso, os valôres da respectiva responsabilidade assumida devendo ser assinada pelos representantes legais de cada Sociedade cosseguradora".

[9] Resolução CNSP 451, de 2022. "Art. 25. (...) Parágrafo único. Não é permitida operação de cosseguro com participação de sociedade seguradora sem assunção de responsabilidade".

[10] Resolução CNSP 451, de 2022: "Art. 2º Para fins das operações de que trata esta Resolução, consideram-se: (...) III – comissão de cosseguro: é a comissão que pode ser paga à seguradora-líder, nos

A Resolução CNSP 451, de 2022, inovou e ampliou a norma contida no art. 2º, § 1º, II, da Lei Complementar 126/2007, dispondo que anuência do segurado para a realização de cosseguro pode ser concedida também por seu representante legal ou por seu intermediário, na forma do art. 25 do normativo.[11]

A respeito do item (iv), também capaz de suscitar algum debate, a justificativa é simples: como já visto, a garantia/indenização securitária/capital do segurado é diretamente proporcional ao prêmio recebido pela seguradora, de modo que não se admite, com base no princípio indenitário, que alguma seguradora receba prêmio a maior que a garantia – ou a cota, nesse caso – pela qual se responsabilizou, lesando outra cosseguradora, que receberia prêmio a menor pela parte sob sua responsabilidade.

Em síntese das normas esparsas, o cosseguro se dá quando duas ou mais seguradoras, por meio de uma apólice, recebem um prêmio global[12] para garantir, em repartição horizontal de responsabilidades[13], o mesmo interesse, risco e pelo mesmo tempo[14], cada uma responsável por uma cota da garantia e sem solidariedade entre si, sendo uma delas constituída como seguradora-líder, responsável pela relação com o segurado e pelas demais, para todos os efeitos.

Olhando para a legislação estrangeira, com especial destaque para a portuguesa, além de bastante difusas, as normas brasileiras deixam de tocar diversos pontos que poderiam melhor disciplinar o instituto do cosseguro no Brasil.

---

contratos com cosseguro, pelas demais sociedades seguradoras, pela administração e operação da apólice; (...)".

[11] Resolução CNSP 451, de 2022: "Art. 25. As operações de cosseguro serão livremente pactuadas por duas ou mais sociedades seguradoras, com anuência do segurado, *seu representante legal ou intermediário*, não existindo responsabilidade solidária entre as sociedades seguradoras" (grifo nosso). A disposição reproduz o disposto no art. 9º do Decreto-lei 73, de 1966, e também foi utilizada pelo CNSP na elaboração do art. 6º da Resolução CNSP 434, de 2021, que disciplina o estipulante. Nesse sentido, entende-se que a assinatura pelo intermediário pode dispensar a assinatura do segurado, embora seja recomendável a assinatura conjunta, como atendimento ao dever de informação da cosseguradora-líder. Para melhor compreensão, seja consentido remeter a GOLDBERG, Ilan; BERNARDES, Guilherme. É necessária a assinatura da proposta nos contratos de seguro? *Consultor Jurídico*, 03.03.2022. Disponível em: <https://www.conjur.com.br/2022-mar-03/seguros-contemporaneos-necessaria-assinatura-proposta-contratos-seguro>. Acesso em: 05.03.2022.

[12] Art. 62 do Decreto-lei 62, de 16.04.2008, a Lei de Seguros portuguesa. "No co-seguro verifica-se a cobertura conjunta de um risco por vários seguradores, denominados co-seguradores, de entre os quais um é o líder, sem solidariedade entre eles, através de um contrato de seguro único, com as mesmas garantias e idêntico período de duração e com um prémio global".

[13] MENESES CORDEIRO, António. *Direito dos seguros*. 2. ed. Lisboa: Almedina, 2016. p. 777.

[14] Artigo 33 da Ley 50, de 08.10.1980, *La Ley de Contrato de Seguro española*: "Cuando mediante uno o varios contratos de seguros, referentes al mismo interés, riesgo y tiempo, se produce un reparto de cuotas determinadas entre varios aseguradores, previo acuerdo entre ellos y el tomador, cada asegurador está obligado, salvo pacto en contrario, al pago de la indemnización solamente en proporción a la cuota respectiva. No obstante lo previsto en el párrafo anterior, si en el pacto de coaseguro existe un encargo a favor de uno o varios aseguradores para suscribir los documentos contractuales o para pedir el cumplimiento del contrato o contratos al asegurado en nombre del resto de los aseguradores, se entenderá que durante toda la vigencia de la relación aseguradora los aseguradores delegados están legitimados para ejercitar todos los derechos y para recibir cuantas declaraciones y reclamaciones correspondan al asegurado. El asegurador que ha pagado una cantidad superior a la que le corresponda podrá repetir contra el resto de los aseguradores".

Tratado nos arts. 62 a 69 do Decreto-lei 72, de 16.04.2008, o cosseguro em Portugal possui normas que, se reproduzidas aqui, solucionariam boa parte das questões relacionadas ao tema. Fala-se, por exemplo, da disciplina das funções da seguradora-líder (art. 65);[15] da necessidade de um acordo regulamentando as relações entre as cosseguradoras, tratando da remuneração, da transmissão de informações e da liquidação dos sinistros (art. 66);[16] da responsabilidade civil do líder (art. 67);[17] a forma de liquidação do sinistro (art. 68);[18] e da proposição de ações judiciais que envolvem um contrato de cosseguro (art. 69).[19]

2. SENTIDO DA DISPOSIÇÃO E PRINCIPAIS CONTROVÉRSIAS NA SUA INTERPRETAÇÃO

No cosseguro, duas são as principais controvérsias: a primeira decorre do texto de lei e diz respeito à responsabilidade da cosseguradora-líder. Por seu turno, a segunda diz respeito à indicação dos percentuais de responsabilidade no contrato de seguro e às consequências da não previsão.

Diz o dispositivo de lei que a apólice indicará quem é a seguradora responsável pelo contato com o segurado e com as demais cosseguradoras e que ela as representará, para

---

[15] "Funções do co-segurador líder – 1 – Cabe ao líder do co-seguro exercer, em seu próprio nome e em nome dos restantes co-seguradores, as seguintes funções em relação à globalidade do contrato: a) Receber do tomador do seguro a declaração do risco a segurar, bem como as declarações posteriores de agravamento ou de diminuição desse mesmo risco; b) Fazer a análise do risco e estabelecer as condições do seguro e a respectiva tarifação; c) Emitir a apólice, sem prejuízo de esta dever ser assinada por todos os co-seguradores; d) Proceder à cobrança dos prémios, emitindo os respectivos recibos; e) Desenvolver, se for caso disso, as acções previstas nas disposições legais aplicáveis em caso de falta de pagamento de um prémio ou de uma fracção de prémio; f) Receber as participações de sinistros e proceder à sua regularização; g) Aceitar e propor a cessação do contrato. 2 – Podem ainda, mediante acordo entre os co-seguradores, ser atribuídas ao líder outras funções para além das referidas no número anterior. 3 – Estando previsto que o líder deve proceder, em seu próprio nome e em nome dos restantes co-seguradores, à liquidação global do sinistro, em derrogação do disposto na alínea c) do n.º 1, a apólice pode ser assinada apenas pelo co-segurador líder, em nome de todos os co-seguradores, mediante acordo escrito entre todos, que deve ser mencionado na apólice."

[16] "Acordo entre os co-seguradores – Relativamente a cada contrato de co-seguro deve ser estabelecido entre os respectivos co-seguradores um acordo expresso relativo às relações entre todos e entre cada um e o líder, do qual devem, sem prejuízo do disposto no n.º 1 do artigo anterior, constar, pelo menos, os seguintes aspectos: a) Valor da taxa de gestão, no caso de as funções exercidas pelo líder serem remuneradas; b) Forma de transmissão de informações e de prestação de contas pelo líder a cada um dos co-seguradores; c) Sistema de liquidação de sinistros."

[17] "Responsabilidade civil do líder – O líder é civilmente responsável perante os restantes co-seguradores pelos danos decorrentes do não cumprimento das funções que lhe sejam atribuídas."

[18] "Liquidação de sinistros – Os sinistros decorrentes de um contrato de co-seguro podem ser liquidados através de qualquer das seguintes modalidades, a constar expressamente da respectiva apólice: a) O líder procede, em seu próprio nome e em nome dos restantes co-seguradores, à liquidação global do sinistro; b) Cada um dos co-seguradores procede à liquidação da parte do sinistro proporcional à quota-parte do risco que garantiu ou à parte percentual do capital que assumiu."

[19] "Proposição de acções judiciais – 1 – A acção judicial decorrente de um contrato de co-seguro deve ser intentada contra todos os co-seguradores, salvo se o litígio se relacionar com a liquidação de um sinistro e tiver sido adoptada, na apólice respectiva, a modalidade referida na alínea b) do artigo anterior. 2 – O contrato de co-seguro pode estipular que a acção judicial seja intentada contra o líder em substituição processual dos restantes co-seguradores."

todos os seus efeitos. A dúvida que se põe é que efeitos seriam esses e qual seria o limite dessa representação.

Não se duvida que a cosseguradora-líder será a responsável administrativa por receber o prêmio, analisar as reclamações recebidas do segurado, comunicar-se com as demais seguradoras em cosseguro, realizar os pagamentos de indenização e outros, a exemplo das funções delimitadas no art. 65 da lei portuguesa de seguros. Afinal, é para isso que está indicada.

Mesmo nesse terreno, alguma controvérsia pode surgir a respeito da atuação da seguradora-líder na regulação e na liquidação dos sinistros recebidos quanto aos acessórios da indenização, em caso de mora, ou danos causados por ela.

Em se tratando de mora por parte da seguradora-líder, digamos, na regulação do sinistro, aplica-se o princípio da gravitação jurídica, segundo o qual os acessórios de uma dívida seguem a sorte do principal (*acessorium sequitur principale*)[20], na linha dos arts. 92, 184, 233 e 364 do CC.[21] Assim, cada cosseguradora será responsável por adimplir sua cota-parte, mais o percentual da mora decorrente do pagamento em atraso.

Quanto aos danos causados pela seguradora-líder, digamos, novamente, na regulação de um sinistro, convém diferenciá-los se provenientes de conduta culposa ou dolosa. Segundo a definição contida no art. 2º, XVII, da Resolução CNSP 451, de 2022, a seguradora-líder é a administradora e fica incumbida da operação da apólice.[22]

Tomando emprestados os deveres exigidos para a administração de uma empresa e sua cobertura pelo seguro relativo aos atos dos seus administradores, o seguro *D&O*, a consequência para os atos de ambos, o administrador da empresa e da apólice em cosseguro, se dá pela mesma via.

Essa diferença entre as condutas culposas e dolosas do administrador e a cobertura do seguro *D&O* é muito bem explorada por Ilan Goldberg, ao destacar que elas estão diretamente ligadas aos conceitos de dever de diligência e lealdade, previstos nos arts. 153 e 157 da Lei 6.404, de 1976, a Lei das Sociedades Anônimas,[23] e que a violação a cada um deles conduz a uma consequência.

---

[20] TEPEDINO, Gustavo; SCHREIBER, Anderson. *Fundamentos do direito civil*: obrigações. 2. ed. Rio de Janeiro: Forense, 2021. p. 236.

[21] GONÇALVES. Carlos Roberto. *Direito civil brasileiro*. 16. ed. São Paulo: Saraiva Educação, 2019. v. 2. p. 216.

[22] Resolução CNSP 451, de 2022: "Art. 2º Para fins das operações de que trata esta Resolução, consideram-se: (...) XVII – seguradora-líder: é a sociedade seguradora que administra a operação de cosseguro perante o segurado".

[23] "Com relação ao plano de incentivos para o descumprimento do dever de lealdade, é preciso notar que o administrador desleal se aproveita de uma oportunidade dirigida à sociedade e, como consequência disto, efetivamente obtém um proveito próprio. Seja pela contratação em condições mais vantajosas, pelo desenvolvimento de uma atividade empresarial valendo-se da infraestrutura da companhia, ou ainda por que, utilizando-se do conhecimento de informação privilegiada, compra ou venda ações (*insider trading*), não há dúvida de que a deslealdade espelha uma conduta cujo fim é obter proveito particular. A violação ao dever de diligência não apresenta esse conteúdo. Por ser negligente, o administrador não extrai qualquer espécie de proveito. Muito ao contrário, pode sofrer consequências ruins como, por exemplo, a destituição pela assembleia-geral, abalos à sua reputação de difícil mensuração financeira, a perda de bônus, ou seja, a comparação da violação aos dois deveres – lealdade e diligência – desde a perspectiva do plano dos incentivos, é claramente antagônica" (GOLDBERG, Ilan. *Contrato de seguro D&O*. 2. ed. São Paulo: Ed. RT, 2022. p. 309-310).

Na violação ao dever de diligência, o administrador, atuando no interesse da sociedade, age de maneira culposa – por meio de uma conduta negligente, imprudente ou imperita –, não atraindo para si (pessoa física) qualquer tipo de proveito e, portanto, devendo atrair a cobertura securitária para os seus atos. Por outro lado, a violação ao dever de lealdade significa atuar em proveito próprio, em detrimento do interesse da sociedade que representa, não estando o ato de gestão coberto pelo seguro.

Com base nesses conceitos, verifica-se que o cossegurador-líder que atue em conduta culposa age no interesse dos cosseguradores que representa e, portanto, os prejuízos por si causados devem ser repartidos entre os cosseguradores, na exata medida da cota-parte pela qual se responsabilizaram, já que elegeram o cossegurador-líder para exercer essa função. Nessa seara, há quem entenda, embora sem motivo, não pela repartição de acordo com os percentuais assumidos, mas pela existência de solidariedade entre as seguradoras.[24]

Já quanto à conduta dolosa, assim como na administração das companhias, o administrador da apólice age em proveito próprio, em detrimento da relação com as demais cosseguradoras, atraindo para si responsabilidade autônoma e integral pelo dano causado, exceto se a conduta beneficiar alguma das cosseguradoras, que responderão na medida de seu benefício.[25]

Superada a fase administrativa, a ausência de previsão legal, como regulou o art. 69.º da lei portuguesa de seguros, faz surgir outra recorrente controvérsia, se há representação legal pela cosseguradora-líder em relação às demais na fase judicial. A resposta direta é que sim, mas ela não nos livra de alguns debates, como a possibilidade de chamamento ao processo e ação de regresso, já enfrentada pela parca jurisprudência de relevo sobre o tema.

Tratando inicialmente do chamamento ao processo das demais cosseguradoras pela cosseguradora-líder, em denunciação à lide, a jurisprudência não é pacífica, tendo sido encontrados julgados pela possibilidade[26] e pela não possibilidade – nesse segundo caso, por conta da ausência do direito de regresso entre elas, já que cada uma responde até o

---

[24] Ernesto Tzirulnik esclarece que, no primeiro caso, as seguradoras terão responsabilidade solidária pelo dano decorrente de conduta culposa, ainda que possa ter direito de regresso. Já, no caso de conduta dolosa, em que a representação não é feita no interesse dos representados (cosseguradoras), gera para a seguradora-líder responsabilidade autônoma e exclusiva. A esse entendimento, baseado no princípio da *follow the fortune* existente no contrato de resseguro, filiamo-nos à parte que, acertadamente, analisa a conduta dolosa, eis que a má-fé é propriamente uma exceção ao princípio, dissentindo na parte da conduta culposa. Isso porque nos parece que, se o ressegurador, segundo esse princípio, segue a sorte – ou o azar – do segurador no resseguro, na exata medida em que se obrigou, a melhor solução é a não existência de solidariedade e a imposição de responsabilidade de acordo com a cota-parte assumida por cada um dos cosseguradores (TZIRULNIK, Ernesto; CAVALCANTI, Flávio de Queiroz; PIMENTEL, Ayrton. *O contrato de seguro de acordo com o Código Civil brasileiro*. 3. ed. São Paulo: Roncarati, 2016. p. 90-91). A respeito da exceção ao princípio do *follow the fortune*, remetemos à POLIDO, Walter Antonio. *Resseguro*: cláusulas contratuais e particularidades sobre responsabilidade civil. 2. ed. Rio de Janeiro: Funenseg, 2011. p. 47, que destaca ser a "má-fé da cedente" uma das exceções.

[25] TZIRULNIK, Ernesto; CAVALCANTI, Flávio de Queiroz; PIMENTEL, Ayrton. *O contrato de seguro de acordo com o Código Civil brasileiro*. 3. ed. São Paulo: Roncarati, 2016. p. 91.

[26] TJMG, Ap. Cív. 1.0024.08.148834-8/001, rel. Des. Marcos Lincoln, j. 25.09.2014.

limite de sua responsabilidade,[27] ou por se tratar de relação consumerista[28] ou ainda para evitar o retardamento do processo.[29]

A respeito do direito de regresso, ademais, deve se destacar que a questão se confunde com a existência de solidariedade entre as cosseguradoras, matéria que, embora bastante sedimentada pela inexistência de solidariedade, no Brasil[30] e nos ordenamentos pares,[31] encontra aqui alguma divergência a defender a existência de solidariedade, principalmente por conta da proteção conferida aos consumidores, questão que será mais profundamente analisada a seguir.

Nesse sentido, a principal controvérsia a respeito da existência de solidariedade decorre da disposição contida no art. 668 do CCom, que previa a necessidade de indicação do percentual pelo qual cada cosseguradora se responsabilizava e, "[n]a falta de declaração, a assinatura importa em responsabilidade solidária por todo o valor segurado", cujo teor é aproximadamente reproduzido no parágrafo único do art. 5º do Decreto 60.459.[32]

A esse respeito, Gustavo Tepedino assevera que, mesmo com a disposição do Código Comercial, o art. 265 do CC/2002 passou a exigir que a solidariedade seja decorrente expressamente de lei ou da vontade das partes,[33] não se podendo falar em responsabilidade solidária por todo o valor do contrato na ausência da declaração contratual de solidariedade.[34]

---

[27] TJRJ, Ag. Inst. 0029086-21.2017.8.19.0000, rel. Des. Marcelo Lima Buhatem, j. em 29 ago. 2017.

[28] TJRJ, Ag. Inst. 0016439-57.2018.8.19.0000, rel. Des. Reinaldo Pinto Alberto Filho, j. 30.05.2018. Nessa seara, convém destacar o § 2º do art. 3º do CDC: "Art. 3º (...) § 2º "Serviço é qualquer atividade fornecida no mercado de consumo, mediante remuneração, *inclusive as de natureza bancária, financeira, de crédito e securitária*, salvo as decorrentes das relações de caráter trabalhista" (grifo nosso).

[29] TJMG, Ag. Inst. 1.0183.07.134190-7/002, rel. Des. Elpídio Donizetti, j. 09.06.2009.

[30] Seja por disposição legal (art. 2º, § 1º, II, da Lei Complementar 126, de 2007), por disposição regulatória (art. 2º, VI, da Resolução CNSP 451, de 2022) ou por entendimento doutrinário (por todos, MIRAGEM, Bruno; PETERSEN, Luiza. *Direito dos seguros*. Rio de Janeiro: Forense, 2022. p. 217), o entendimento majoritário no Brasil é, acertadamente, pela ausência de solidariedade entre as cosseguradoras.

[31] Em análise ao art. 62 da lei de seguros portuguesa, que expressamente prevê a ausência de solidariedade entre as seguradoras, Eduarda Ribeiro assim sintetiza: "A lei belga e a lei luxemburguesa dedicavam-lhe, à data, apenas dois artigos, com redação idêntica nas duas leis, estabelecendo a ausência de solidariedade como regra supletiva no cosseguro e definindo as funções do líder (*apériteur*), regime que se mantém atualmente. A lei espanhola referia-se ao cosseguro num único artigo, introduzindo o conceito, baseado também num regime de ausência de solidariedade supletiva e regulando as funções do(s) líder(es) (asseguradores delegados). Existiam várias referências no *Code des Assurances francês* à matéria de cosseguro, mas sem incidência em matéria contratual. Não existia regulamentação específica do cosseguro interno, tendo as empresas de seguros aprovado regras deontológicas para a colocação de riscos e regularização de sinistros e criado gabinetes centrais que efetuam a compensação de prémios e das indemnizações de sinistros. Em Itália o *Codice delle assicurazioni private* apenas prevê a aplicação subsidiária do *Codice Civile* ao cosseguro, estabelecendo este o caráter não solidário das obrigações inerentes ao cosseguro" (RIBEIRO, Eduarda. Comentários ao art. 62. In: MARTINEZ, Pedro Romano et al. *Lei do Contrato de Seguro anotada*. 3. ed. Coimbra: Almedina, 2016. p. 275).

[32] Decreto 60.459, de 13.03.1967: "Art. 5º (...). Parágrafo único. Além das demais declarações necessárias, a apólice conterá os nomes de tôdas as cosseguradoras, por extenso, os valôres da respectiva responsabilidade assumida devendo ser assinada pelos representantes legais de cada Sociedade cosseguradora".

[33] Código Civil: "Art. 265. A solidariedade não se presume; resulta da lei ou da vontade das partes".

[34] "Ao contrário do que previa o CCom, art. 668, na ausência de tal declaração, não se pode falar em responsabilidade solidária por todo o valor do contrato, salvo se houver cláusula expressa do contrato

3. DISPOSIÇÕES RELACIONADAS

Não obstante o art. 2º da Lei Complementar 126/2007 e o art. 2º, VIII, da Resolução CNSP 451/2022[35] definirem o cosseguro como uma operação de seguro em que duas ou mais seguradoras distribuem entre si os riscos de uma apólice, sem solidariedade entre elas, em harmonia com o disposto no art. 265 do CC, uma parcela da doutrina e da jurisprudência entende pela existência de solidariedade nos casos em que a relação é consumerista, o que regularmente se verifica nos seguros massificados e coletivos.

Flávio Tartuce[36], por exemplo, defende que, em relação ao segurado-consumidor, poderá ele demandar qualquer uma das cosseguradoras, diante da solidariedade consagrada no art. 7º, parágrafo único, do CDC, ressalvando que a mesma conclusão não vale para os contratos civis e empresariais, já que, nestes, a solidariedade não se presume. Ainda nesse sentido, defende-se que a solidariedade decorreria também do art. 25, § 1º, desse diploma.[37]

A solidariedade, entretanto, é mais palpável quando a informação prestada ao consumidor é insuficiente e a relação não é transparente – Judith Martins-Costa entende se tratar de um *desvirtuamento do cosseguro*, nomeando-o como cosseguro anômalo ou oculto –,[38] a ocorrer quando o segurado demonstrar não ter sido informado a respeito da repartição de responsabilidades derivada do cosseguro, o que impediria sua demanda em

---

que assim disponha, eis que a solidariedade não se presume (v. art. 265), sendo o CC omisso a tal respeito. Não prevista a solidariedade, submete-se a questão à sistemática das obrigações divisíveis (v. art. 257), de modo que, em face da pluralidade de devedores em obrigação divisível, esta se presume dividida em tantas obrigações, iguais e distintas, quantos os devedores, temperada, contudo, pelo poder de representação das demais conferido à seguradora-líder" (TEPEDINO, Gustavo; BARBOZA, Heloisa Helena; BODIN DE MORAES, Maria Celina. *Código Civil interpretado conforme a Constituição da República*. 2. ed. Rio de Janeiro: Renovar, 2012. v. II. p. 571).

[35] Resolução CNSP 451, de 2022: "Art. 2º Para fins das operações de que trata esta Resolução, consideram-se: (...) VIII – cosseguro: é a operação de seguro em que duas ou mais sociedades seguradoras, com anuência do segurado ou de seu representante legal, distribuem entre si, percentualmente, os riscos de determinada apólice, *sem solidariedade entre elas*; (...)" (grifo nosso).

[36] TARTUCE, Flávio. Comentários ao art. 761. In: SCHREIBER, Anderson et al. *Código Civil comentado*: doutrina e jurisprudência. 2. ed. Rio de Janeiro: Forense, 2020. p. 492. A respeito, confira-se o inteiro teor do dispositivo: "Art. 7º (...). Parágrafo único. Tendo mais de um autor a ofensa, todos responderão solidariamente pela reparação dos danos previstos nas normas de consumo".

[37] Código de Defesa do Consumidor: "Art. 25. (...) § 1º Havendo mais de um responsável pela causação do dano, todos responderão solidariamente pela reparação prevista nesta e nas seções anteriores". A posição é defendida por TZIRULNIK, Ernesto; CAVALCANTI, Flávio de Queiroz; PIMENTEL, Ayrton. *O contrato de seguro de acordo com o Código Civil brasileiro*. 3. ed. São Paulo: Roncarati, 2016. p. 94.

[38] MARTINS-COSTA, Judith. O cosseguro à brasileira. In: GOLDBERG, Ilan; JUNQUEIRA, Thiago. *Temas atuais de direito dos seguros*. São Paulo: Ed. RT, 2020. t. II. p. 817-818. A autora relata que, nesses casos, não há um verdadeiro cosseguro, mas, sim, um *pool* de seguradoras, pois ausente o pacto único relativo a um mesmo risco entre o segurado e seguradoras. Informa que essa modalidade consiste em uma "terceirização do risco" contratado pelo segurado, que, apesar de, em um primeiro momento, ter sido integralmente assumido pela seguradora, é, posteriormente, repartido, por decisão desta e sem anuência do segurado, para liberar sua capacidade de retenção de risco. A respeito da transparência não observada pela cosseguradora-líder, em quem o segurado confia seu risco para ser garantido, a autora destaca a infração ao art. 4º do CDC, a exigir a "transparência e a harmonia nas relações de consumo".

face de qualquer uma das cosseguradoras, enquadrando a conduta como um defeito na prestação do serviço, na forma do art. 14 desse diploma.[39] Nesse sentido, veja-se o julgado do Tribunal de Justiça do Mato Grosso:

> Recursos de apelação cível – Ação de cobrança de indenização securitária – (...) Existência de cosseguro – Condenação solidária das seguradoras mantida – Prevalência das normas que regem a relação consumerista – Cláusula limitativa de responsabilidade não informada no contrato – Insurgência em relação ao *quantum* indenizatório – (...) Para que se possa afastar a responsabilidade solidária das seguradoras perante o consumidor, sob o argumento de que o contrato prevê limites percentuais decorrentes do cosseguro é necessário demonstrar que o autor havia sido previamente informado a respeito da cláusula restritiva. Como no caso em comento isso não restou demonstrado, há que ser mantida a condenação solidária das seguradoras, ressalvado o direito de regresso em face das coobrigadas. (TJMT, Ap. Cív. 0004103-85.2016.8.11.0041, rel. Des. Guiomar Teodoro Borges, j. 15.06.2021)[40]

Desse modo, a jurisprudência fixa entendimento de que não há solidariedade entre cosseguradoras pela partilha do risco em si, podendo surgir a solidariedade decorrente de falha na prestação de serviço, vinculado à falta de informação prestada ao segurado consumidor, decorrente da aplicação de diploma consumerista, quando for o caso.

Outro ponto a ser destacado, a cosseguradora-líder, por estar em representação legal das demais, na forma do art. 18 do CPC,[41] poderá ser demandada diretamente pela integralidade do valor, sendo facultado a ela denunciar à lide as outras cosseguradoras, para a cobrança das demais cotas-partes assumidas por elas, sem existência de solidariedade, como se vê do acórdão do Tribunal de Justiça de Minas Gerais:

> Ação de cobrança – Seguro de vida em grupo – Prescrição – Termo inicial – Irrelevância para o caso dos autos – Invalidez permanente caracterizada – Cobertura securitária devida – Contrato de cosseguro – Seguradora-líder – Responsabilidade pelo pagamento da integralidade do capital segurado ao beneficiário – Denunciação da lide às demais cosseguradoras – Possibilidade. (...) Pelo contrato de cosseguro, várias seguradoras assumem cotas da garantia de um mesmo risco. Não há, contudo, solidariedade entre as seguradoras participantes de um cosseguro. Cada uma delas responderá perante o segurado, em regra,

---

[39] Código de Defesa do Consumidor: "Art. 14. O fornecedor de serviços responde, independentemente da existência de culpa, pela reparação dos danos causados aos consumidores por defeitos relativos à prestação dos serviços, bem como por informações insuficientes ou inadequadas sobre sua fruição e riscos".

[40] No mesmo sentido: TJRS, Emb. de Decl. 70076605344, rel. Des. Ney Wiedemann Neto, j. 29.03.2018.

[41] A substituição processual está prevista no art. 18 do CPC, cujo inteiro teor se transcreve: "Ninguém poderá pleitear direito alheio em nome próprio, salvo quando autorizado pelo ordenamento jurídico". Nesse sentido, veja-se julgado do TJSP: "Ação regressiva de ressarcimento de danos movida por seguradora sub-rogada contra ré, transportadora e depositária de carga, julgada improcedente Apelação da seguradora-autora firme nas teses de que (1) foram comprovados tanto o contrato de seguro como os prejuízos indenizados no valor de R$ 2.143. (...) (4) em razão de contrato de cosseguro, na qualidade de seguradora-líder e como substituta processual, tinha legitimidade para representar os demais cossegurados e pleitear o reembolso da integralidade dos prejuízos; (...)" (TJSP, Ap. Cív. 0009577-87.2008.8.26.0562, rel. Des. Moura Ribeiro, j. 02.05.2013).

na exata proporção correspondente à fração do risco assumido. Não obstante, nos termos do art. 761 do CC/02, à seguradora-líder competirá representar as demais seguradoras em todos os atos relativos ao contrato, inclusive o pagamento da indenização securitária. Em sendo assim, a seguradora-líder pode ser demandada pela integralidade do capital segurado, sendo possível a denunciação à lide das demais cosseguradoras, como forma de ver reconhecida, desde já, a obrigação das denunciadas com relação ao pagamento das respectivas cotas parte. (TJMG, Ap. Cív. 1.0194.03.030572-7/001, rel. Des. Elpídio Donizetti, j. 08.04.2008)[42]

Por fim, no que tange ao cosseguro, há que se abordar a prescrição, em duas diferentes situações: (i) para a demanda do segurado em face das cosseguradoras e (ii) para a demanda da cosseguradora-líder em relação às demais, quando demandada individualmente.

Em relação à primeira, tem-se que que o prazo prescricional é ânuo, na forma do art. 206, § 1º, II, do CC,[43] e que o prazo para demandar cada uma das cosseguradoras é independente, segundo o art. 204 do mesmo diploma.[44] Nesse sentido, veja-se acórdão do Tribunal de Justiça de São Paulo:

> Seguro. Ação de cobrança. Seguradora que endossa a apólice e retém responsabilidade por parte do pagamento do capital segurado. Hipótese típica de cosseguro. Prescrição. Em se tratando de cosseguro, não há solidariedade entre as cosseguradoras, visto que cada qual fica responsável apenas pela sua quota (divisível e predeterminada) assumida no negócio. Em corolário, as pretensões autônomas dirigidas em face das cosseguradoras possuem prazo prescricional ânuo (artigo 206, § 1º, II, do Código Civil), que correm autonomamente para cada uma das obrigadas (segundo a inteligência do artigo 204 do mesmo diploma). (...) Endosso de apólice que é expresso em atribuir responsabilidade à cosseguradora por parte do capital segurado. Possibilidade de a segurada ajuizar ação contra as cosseguradoras, sem implicar em violação à regra do artigo 761 do Código Civil, máxime porque a apólice não aponta expressamente qual delas seria a administradora. (...) Recurso parcialmente conhecido e, na parte conhecida, provido. (TJSP, Ap. Cív. 0421847-47.2010.8.26.0000, rel. Des. Júlio Vidal, j. 29.04.2013)

Em relação ao prazo prescricional para que uma das cosseguradoras demande a outra, poder-se-ia argumentar pela mesma aplicação do prazo relativo ao resseguro, decidido

---

[42] No mesmo sentido: "Embargos à execução. Seguro de vida em grupo. Invalidez total e permanente por doença. Prova. Cosseguro. Na vigência do contrato de seguro de vida em grupo, provada a invalidez total e permanente por doença, a cobertura contratada deve ser liquidada. As cosseguradoras não se subordinam ao vínculo de solidariedade, por isso não cabe falar em direito de regresso. A seguradora-líder comparece como substituta processual das demais participantes, razão pela qual é responsável pelo total da apólice e tem direito ao recebimento dos capitais segurados pelas demais corresponsáveis" (TJMG, Ap. Cív. 1.0479.00.013069-6/001, rel. Des. Saldanha da Fonseca, j. 28.07.2010).

[43] Código Civil. "Art. 206. Prescreve: § 1º Em um ano: (...) II – a pretensão do segurado contra o segurador, ou a deste contra aquele, contado o prazo: a) para o segurado, no caso de seguro de responsabilidade civil, da data em que é citado para responder à ação de indenização proposta pelo terceiro prejudicado, ou da data que a este indeniza, com a anuência do segurador; b) quanto aos demais seguros, da ciência do fato gerador da pretensão".

[44] Código Civil: "Art. 204. A interrupção da prescrição por um credor não aproveita aos outros; semelhantemente, a interrupção operada contra o codevedor, ou seu herdeiro, não prejudica aos demais coobrigados".

pelo Superior Tribunal de Justiça como sendo ânuo[45] – o STJ entendeu que, no resseguro, a seguradora se coloca em posição de segurado, sendo este o "seguro da seguradora", a atrair a disciplina do art. 206, § 1º, II, do CC –, já que tanto o resseguro quanto o cosseguro, para esse caso específico, consistem em relações entre seguradoras.

Entretanto, considerando a diferença entre os institutos, já que, no cosseguro, uma cosseguradora não se coloca como segurado da outra, estaria afastado o prazo de um ano, sendo mais adequado considerar-se o prazo residual de dez anos, previsto no art. 205 do CC[46] e como decidiu recentemente o Tribunal de Justiça de São Paulo:

> Seguro. Contrato de cosseguro. Demanda entre as cosseguradoras, com busca de ressarcimento de valores pela líder em face da obrigada em menor proporção, após liquidação de sinistros junto aos segurados. Sentença que extinguiu o feito com base na prescrição, contada da data dos fatos, mediante aplicação do prazo extintivo ânuo e a partir da consideração de que sub-rogada a autora nos direitos dos segurados relativamente à parte devida pela ré das indenizações. Inconformismo da autora. Pertinência. Negócio de cosseguro que determina o surgimento, paralelo às obrigações securitárias perante o(s) segurado(s), de vínculo entre as próprias cosseguradoras, com direitos e obrigações recíprocas no tocante aos encargos resultantes da apólice. Pretensão da autora em face da ré que toma por base essa relação contratual, e não o exercício da posição jurídica dos segurados. Objeto da demanda que, de resto, nem mesmo se limita à observância da proporção de responsabilidades quanto às indenizações, em si, mas também à transferência de custos proporcionais no tocante às despesas de regulação dos sinistros (gastos com advogados, perícias etc.). Prazo prescricional aplicável que é o decenal, em se tratando de responsabilidade civil contratual. Art. 205 do Código Civil. Decreto extintivo afastado. Necessidade de instrução da causa. Sentença reformada, com retorno do feito à origem, para sequência do processamento. Apelação da autora provida. (TJSP; Ap. Cív. 1028751-13.2019.8.26.0002, rel. Des. Fabio Tabosa, j. 27.04.2022)

A esse respeito, e sem desconsiderar o entendimento do STJ pelo prazo de dez anos para que o beneficiário, quando não ocupa a posição de segurado, possa demandar uma seguradora,[47] pela mesma razão anterior, alguma parcimônia deve ser adotada na aplicação do prazo prescricional de dez anos, a aguardar a avaliação de tribunais superiores. Isso porque, além de haver a possibilidade de adoção do prazo trienal relacionado à reparação civil,[48] deve ser levada em conta a atividade securitária de formação de reservas e tomada de riscos, a ser (negativamente) influenciada com a possibilidade de demanda por prazo tão extenso.[49]

---

[45] STJ, 3ª T., REsp 1.170.057/MG, rel. Min. Ricardo Villas Bôas Cueva, j. 17.12.2013.
[46] Código Civil: "Art. 205. A prescrição ocorre em dez anos, quando a lei não lhe haja fixado prazo menor".
[47] "1. A jurisprudência desta Corte possui entendimento no sentido de que o prazo prescricional para a propositura da ação pelo beneficiário em desfavor da seguradora é de 10 (dez) anos" (STJ, 3ª T., AgInt no REsp 1.959.286/SP, rel. Min. Marco Aurélio Bellizze, j. 21.02.2022).
[48] Código Civil: "Art. 206. Prescreve: (...) § 3º Em três anos: (...) V – a pretensão de reparação civil".
[49] Nesse sentido, é precisa a lição de Pedro Alvim: "O prazo prescricional do seguro varia de acordo com as diferentes legislações, mas é geralmente curto, de um a dois anos. (...) Constitui uma necessidade imperiosa, pondera J. C. Moitinho de Almeida, para a gestão do seguro, a existência de

REFERÊNCIAS BIBLIOGRÁFICAS

ALVIM, Pedro. *O contrato de seguro*. Rio de Janeiro: Forense, 1999.

ALVIM, Pedro. *O seguro e o novo Código Civil*. Rio de Janeiro: Forense, 2007.

GOLDBERG, Ilan. *Contrato de seguro D&O*. 2. ed. São Paulo: Ed. RT, 2022.

GOLDBERG, Ilan; BERNARDES, Guilherme. É necessária a assinatura da proposta nos contratos de seguro? *Consultor Jurídico*, 03.03.2022. Disponível em: <https://www.conjur.com.br/2022-mar-03/seguros-contemporaneos-necessaria-assinatura-proposta-contratos-seguro>. Acesso em: 05.03.2022.

GONÇALVES. Carlos Roberto. *Direito civil brasileiro*. 16. ed. São Paulo: Saraiva Educação, 2019. v. 2.

MARTINS-COSTA, Judith. O cosseguro à brasileira. In: GOLDBERG, Ilan; JUNQUEIRA, Thiago. *Temas atuais de direito dos seguros*. São Paulo: Ed. RT, 2020. t. II.

MENESES CORDEIRO, António. *Direito dos seguros*. 2. ed. Lisboa: Almedina, 2016.

MIRAGEM, Bruno; PETERSEN, Luiza. *Direito dos seguros*. Rio de Janeiro: Forense, 2022.

POLIDO, Walter Antonio. *Resseguro*: cláusulas contratuais e particularidades sobre responsabilidade civil. 2. ed. Rio de Janeiro: Funenseg, 2011.

RIBEIRO, Eduarda. Comentários ao art. 62. In: MARTINEZ, Pedro Romano et al. *Lei do Contrato de Seguro anotada*. 3. ed. Coimbra: Almedina, 2016.

TARTUCE, Flávio. Comentários ao art. 761. In: SCHREIBER, Anderson et al. *Código Civil comentado*: doutrina e jurisprudência. 2. ed. Rio de Janeiro: Forense, 2020.

TEPEDINO, Gustavo; BARBOZA, Heloisa Helena; BODIN DE MORAES, Maria Celina. *Código Civil interpretado conforme a Constituição da República*. 2. ed. Rio de Janeiro: Renovar, 2012. v. II.

TEPEDINO, Gustavo; SCHREIBER, Anderson. *Fundamentos do direito civil*: obrigações. 2. ed. Rio de Janeiro: Forense, 2021.

TZIRULNIK, Ernesto; CAVALCANTI, Flávio de Queiroz; PIMENTEL, Ayrton. *O contrato de seguro de acordo com o Código Civil brasileiro*. 3. ed. São Paulo: Roncarati, 2016.

---

pequenos prazos para o exercício, pelo segurado, dos direitos derivados do contrato. Na sua falta, por um lado, desaparecem os vestígios dos sinistros, o que dá origem a simulações ou dificuldades de defesa dos seguradores, por outro, aumentam os custos do seguro, na medida em que se torna necessário conservar abertos processos antigos, assim como para eles manter as respectivas reservas" (ALVIM, Pedro. *O contrato de seguro*. Rio de Janeiro: Forense, 1999. p. 507-508).

15

COMENTÁRIOS AO ART. 762 DO CÓDIGO CIVIL

Aline de Miranda Valverde Terra
Bernardo Salgado

Art. 762. Nulo será o contrato para garantia de risco proveniente de ato doloso do segurado, do beneficiário, ou de representante de um ou de outro.

1. ORIGEM DA DISPOSIÇÃO E REGIME ANTERIOR

Situado na seção das disposições gerais dos contratos de seguro, o art. 762 do CC[1] prevê a nulidade do contrato celebrado para garantir risco proveniente de ato doloso do segurado, do beneficiário ou de seus respectivos representantes. Como se sabe, de acordo com o art. 104 do Código, a validade de qualquer negócio jurídico depende da capacidade dos agentes, da adoção da forma prescrita ou não proscrita pela lei, além de objeto lícito, possível, determinado ou determinável. Em linha com tais requisitos de validade, o art. 166, ao tratar das causas de nulidade dos negócios jurídicos, reputa nulo o negócio quando "II – for ilícito, impossível ou indeterminável o seu objeto". Tem-se, no art. 762, concretização dessa orientação geral aplicável a todos os negócios: fulmina-se de nulidade o seguro que garante risco oriundo de ato doloso do segurado, porque, dadas as razões detalhadas adiante, entende-se que, nessa hipótese, o objeto da contratação é ilícito.

O dispositivo atual encerra relevante alteração redacional, quando comparado ao seu correspondente no Código Civil de 1916. Enquanto o art. 762 prevê a nulidade do contrato "para garantia de risco proveniente *de ato doloso* do segurado" (grifo nosso), o art. 1.436 do Código anterior previa a nulidade do contrato quando o risco se filiasse "a *atos ilícitos* do segurado, do beneficiado pelo seguro, ou dos representantes e propostos, quer de um, quer do outro" (grifo nosso).[2] A referência a *ilícitos*, de forma abrangente, conduzia parte da doutrina à compreensão de que o legislador tivera por propósito coibir a contratação

---

[1] No texto, quando a referência numérica a dispositivo legal não estiver acompanhada da menção ao diploma, falar-se-á de dispositivo do Código Civil de 2002.
[2] "Art. 1.436. Nulo será este contrato, quando o risco, de que se ocupa, se filiar a atos ilícitos do segurado, do beneficiado pelo seguro, ou dos representantes e propostos, quer de um, quer do outro."

de seguros não apenas para os atos dolosos mas também para os culposos, porquanto igualmente contrários ao direito.

Clóvis Beviláqua era um dos integrantes de tal corrente interpretativa. Afirmava "não [lhe] parece[r] que, em face do art. 1.436, seja possível o seguro da culpa em nosso direito. A culpa, segundo o artigo 159 do Código, constitui elemento conceitual do ato ilícito; (...) não é juridicamente possível segurar a culpa, seja leve ou grave".[3] Em virtude dessa maneira de interpretar a regra, frequentemente o art. 1.436 do Código de 1916 era elencado por parte da doutrina como razão impeditiva à admissibilidade do seguro de responsabilidade civil no direito brasileiro.[4] Embora, em tempos atuais, essa perspectiva possa soar anacrônica, ela radicava na própria origem das relações securitárias, tradicionalmente concebidas para garantir eventos de natureza fortuita. Predominava a concepção de que não seria ético obter garantia para a própria culpa, porque o seguro acabaria por promover condutas negligentes.[5]

Contudo, mesmo sob a égide do Código de 1916, outra parcela da doutrina caminhava em sentido oposto ao de Clóvis Beviláqua. Luiz Roldão de Freitas Gomes, *e.g.*, advertia que a vedação do art. 1.436 do Código de 1916 assentava numa espécie de preceito universal segundo o qual a cobertura a *atos dolosos* contrariaria a moralidade e a ordem pública, de tal sorte que a interpretação dos *ilícitos* mencionados no dispositivo haveria de os restringir aos ilícitos *dolosos*, em prestígio à razão histórica subjacente à norma.[6] José de Aguiar Dias também perfilhava a mesma noção. Para o autor, "a correta interpretação do art. 1.436 do Código Civil é no sentido de que o seguro de responsabilidade civil só não é possível se tem

---

[3] BEVILÁQUA, Clóvis. *Código Civil dos Estados Unidos do Brasil comentado*. Ed. histórica. Rio de Janeiro: Editora Rio, 1979. v. 2. p. 567. O art. 159 do Código de 1916, citado na passagem transcrita, dispunha: "Art. 159. Aquele que, por ação ou omissão voluntária, negligência, ou imprudência, violar direito, ou causar prejuízo a outrem, fica obrigado a reparar o dano. A verificação da culpa e a avaliação da responsabilidade regulam-se pelo disposto neste Código, arts. 1.518 a 1.532 e 1.537 a 1.553".

[4] CARVALHO SANTOS, J. M. de. *Código Civil brasileiro interpretado*. 7. ed. Rio de Janeiro: Freitas Bastos, 1958. v. 19. p. 268. Conforme noticia Ricardo Bechara Santos, tal compreensão não prevaleceu: "O seguro de responsabilidade civil tem exatamente por escopo garantir ao segurado aquilo que ele for obrigado a pagar a terceiro uma vez caracterizada a sua responsabilidade civil segundo os princípios aqui lembrados, dentre outros. O próprio nascimento desta modalidade de seguro encontrou, na ocasião, os seus opositores, que arguiam a sua inviabilidade jurídica em face do art. 1.436 do Código Civil, segundo o qual nulo é o contrato de seguro se filiar a atos ilícitos do segurado ou de seus beneficiários. Realmente, a própria responsabilidade civil tem assento no ato ilícito, por isso que, à primeira vista, esbarraria a criação do seguro de RC naquele dispositivo do Código, mas que acabou admitido sob o argumento de que aquela ilicitude, como obstáculo do seguro em tela, teria que ser de natureza grave, como o dolo e a culpa grave, ou um ato previsto como crime no Código Penal. O ato ilícito, pois, timbrado pela culpa *strictu sensu*, em que preside a involuntariedade do agente, foi possível como risco segurável" (SANTOS, Ricardo Bechara. *Direito do seguro no cotidiano*. Rio de Janeiro: Forense, 1999. p. 99).

[5] Era essa a opinião, *v.g.*, de Clóvis Beviláqua (BEVILÁQUA, Clóvis. *Código Civil dos Estados Unidos do Brasil comentado*. Ed. histórica. Rio de Janeiro: Editora Rio, 1979. v. 2. p. 567). Ainda, em relato da concepção dominante à época, confira-se: NORONHA, Fernando. *Direito das obrigações*. São Paulo: Saraiva, 2003. v. 1. p. 546: "Ao tempo em que prevalecia a ideia de que toda responsabilidade deveria ser fundada na culpa, era considerada imoral a possibilidade de o lesante transferir para uma companhia seguradora a obrigação de indenizar".

[6] GOMES, Luiz Roldão de Freitas. Aspectos e efeitos do seguro de responsabilidade civil. *Revista de Direito da Procuradoria-Geral de Justiça*, Rio de Janeiro, n. 5, jan.-jun. 1977. p. 105.

por objeto o dolo do segurado. Neste sentido estrito é que deve ser entendida a expressão *atos ilícitos*, ali empregada".[7]

Conforme se vê, a dúvida foi dissipada com a alteração promovida pelo Código de 2002, que substituiu a alusão aos ilícitos em geral pela referência expressa a atos dolosos, caracterizados pela vontade conscientemente dirigida à produção de resultado lesivo,[8] ou, noutras palavras, pela infração voluntária a dever legal ou contratual, com a consciência, portanto, de não cumprir. Afastam-se da proibição, inequivocamente, os atos culposos, que, em verdade, ocupam boa parte dos objetos de contratos de seguro da contemporaneidade, como se verifica nos seguros de responsabilidade civil.

2. SENTIDO DA DISPOSIÇÃO E PRINCIPAIS CONTROVÉRSIAS NA SUA INTERPRETAÇÃO

O dispositivo em análise cuida da etapa de formação contratual. Celebração e execução do contrato são etapas distintas, e o art. 762 tem sua aplicação direcionada à primeira delas: a proibição diz respeito à celebração do contrato e determina que, no contrato de seguro, a cobertura da conduta dolosa exprime *objeto ilícito*, a provocar a nulidade do negócio jurídico.

Não é nesse dispositivo legal que o Código trata do *agravamento do risco* provocado por atitude dolosa do segurado, questão que, como se verá no tópico seguinte, concerne ao plano da eficácia. A vedação constante do art. 762 é direcionada aos elementos constitutivos do contrato, notadamente à sua *causa*, em cujo núcleo se encontra a garantia de interesse legítimo do segurado contra riscos predeterminados (art. 757).[9] A vedação à garantia referente a ato doloso acompanha o contrato de seguro desde a sua origem e encontra previsão expressa também em outros sistemas jurídicos.[10]

---

[7] AGUIAR DIAS, José de. *Da responsabilidade civil*. Rio de Janeiro: Forense, 1960. p. 909. No mesmo sentido: LOPES, Miguel Maria de Serpa. *Curso de Direito Civil*. Rio de Janeiro: Livraria Freitas Bastos S/A, 1958. v. 4. p. 367-368.

[8] CAVALIERI FILHO, Sergio. *Programa de responsabilidade civil*. 14. ed. São Paulo: Atlas, 2020. p. 41.

[9] Sobre a causa do contrato de seguro, confira-se GOLDBERG, Ilan. *O contrato de seguro D&O*. São Paulo: Ed. RT, 2019. p. 65 e ss.

[10] ALMEIDA, J. C. Moitinho. *O contrato de seguro no direito português e comparado*. Lisboa: Livraria Sá da Costa, 1971. p. 106. O autor pondera que "a proibição de cobertura de eventos dolosos prende-se antes a considerações de ordem pública e moralidade" (ALMEIDA, J. C. Moitinho. *O contrato de seguro no direito português e comparado*. Lisboa: Livraria Sá da Costa, 1971. p. 101). O art. 1.900 do Código Civil italiano prevê: "L'assicuratore non è obbligato per i sinistri cagionati da dolo o da colpa grave del contraente, dell'assicurato o del beneficiario, salvo patto contrario per i casi di colpa grave. L'assicuratore è obbligato per il sinistro cagionato da dolo o da colpa grave delle persone del fatto delle quali l'assicurato deve rispondere (2047 e seguenti). Egli è obbligato altresì, nonostante patto contrario, per i sinistri conseguenti ad atti del contraente, dell'assicurato o del beneficiario, compiuti per dovere di solidarietà umana o nella tutela degli interessi comuni all'assicuratore". Afinal, quanto aos seguros em geral, estabelece-se que a seguradora não é obrigada a indenizar sinistros causados por dolo ou culpa grave, mas se admite a convenção em sentido contrário relativamente à culpa grave – não ao dolo. Especificamente nos seguros de responsabilidade civil, o art. 1.917 do Código Civil italiano prevê que se excluem apenas os atos dolosos, pelo que a regra, nessa modalidade, passa a ser a cobertura de danos decorrentes de atos praticados com culpa grave. Na doutrina, sintetiza-se: "Mentre nell'assicurazione della responsabilità civile

No direito brasileiro, como se apontou, o art. 757 do CC estabelece que "[p]elo contrato de seguro, o segurador se obriga, mediante o pagamento do prêmio, a garantir interesse legítimo do segurado, relativo a pessoa ou a coisa, contra riscos predeterminados".

O risco, elemento da relação securitária, precisa reunir determinadas características para que possa ser objeto de cobertura, em meio às quais se destaca a incerteza. O risco deve ser sempre aleatório, não intencional, pelo que não pode ser deliberadamente acionado pelo segurado.[11] É própria do contrato de seguro a aleatoriedade na verificação do risco, que não pode se condicionar ao puro arbítrio do segurado. Admitir o dolo como evento causador do sinistro significaria negar o próprio o conceito de risco, tendo em vista que eliminaria a incerteza que o define.[12]

Nessa perspectiva, não se admite a cobertura de ato doloso do próprio segurado porque o dolo eliminaria a álea que deve integrar a causa de qualquer contrato de seguro.[13] O evento provocador do sinistro deixaria de estar sujeito ao acaso, para se governar pela vontade do contratante. No lugar de se precaver contra o risco, como é típico da relação securitária, o segurado poderia desejar o sinistro, em dinâmica que não se acomodaria ao tipo contratual em análise.[14] Além do obstáculo nos arts. 757 e 762, a garantia a ato doloso também colidiria com o art. 122 do CC,[15] que considera ilícitas as condições puramente potestativas, já que o implemento da condição que suspende a aquisição do direito à indenização ficaria ao puro arbítrio da parte a quem a condição beneficia.

Como reminiscência do art. 1.436 do Código de 1916, encontram-se, ainda, na doutrina e na jurisprudência, manifestações no sentido de adotar o art. 762 como fonte legal proibi-

---

la colpa grave à automaticamente inclusa nella copertura assicurativa (art. 1.917, co. 1, c.c.), ai sensi dell'art. 1900, co. 1, c.c., la colpa grave può essere assicurata solo in virtù di una espressa pattuizione" (ZOPPINI, Andrea. In: LIPARI, Nicolò; RESCIGNO, Pietro (org.). *Diritto civile*: obbligazioni. Milano: Giuffrè, 2009. v. 3. t. 1. p. 976).

[11] JUNQUEIRA, Thiago. O risco no domínio dos seguros. In: JUNQUEIRA, Thiago; GOLDBERG, Ilan (coord.). *Temas atuais de direito dos seguros*. São Paulo: Ed. RT, 2020. p. 53. Na síntese do autor, "o risco se apresenta como uma potencialidade danosa, lícita e aleatória que preexiste à contratação e ameaça um interesse segurado" (JUNQUEIRA, Thiago. O risco no domínio dos seguros. In: JUNQUEIRA, Thiago; GOLDBERG, Ilan (coord.). *Temas atuais de direito dos seguros*. São Paulo: Ed. RT, 2020. p. 70).

[12] HALPERIN, Isaac. *El contrato de seguro*: seguros terrestres. Buenos Aires: Tipografica, 1946. p. 265.

[13] "La idea del riesgo impone la consecuencia de que el acontecimiento depende del azar, por lo menos parcialmente. El seguro puede cubrir las consecuencias de las culpas, pero no los hechos realizados voluntariamente para hacer jugar el contrato" (RIPERT, Georges; BOULANGER, Jean. *Tratado de derecho civil*: segun el tratado de Planiol. Buenos Aires: La Ley, 1965. t. VIII. p. 558).

[14] Como explica Ilan Goldberg, "para que o risco seja passível de subscrição no contrato de seguro, é fundamental compreender que este não poderá emanar de conduta dolosa do tomador-segurado, dolo aqui entendido como a conduta deliberada, intencional, na qual se observa a malícia, a má-fé, que é contrária à boa-fé objetiva (...). [A] conduta dolosa não é segurável porque, em seu nascedouro, se observa um elemento que se choca com a gênese do contrato de seguro. O tomador-segurador, nessa espécie contratual, não quer o risco. Ele lhe repele ou o admite cercado de cautelas; contrata o seguro para, financeiramente, proteger-se" (GOLDBERG, Ilan. *O contrato de seguro D&O*. São Paulo: Ed. RT, 2019. p. 70-71).

[15] "Art. 122. São lícitas, em geral, todas as condições não contrárias à lei, à ordem pública ou aos bons costumes; entre as condições defesas se incluem as que privarem de todo efeito o negócio jurídico, ou o sujeitarem ao puro arbítrio de uma das partes."

tiva do seguro de atividades ilícitas.[16] O dispositivo, todavia, não ostenta referida aptidão. A regra tem em mira a proibição de seguros para atos dolosos, sejam eles ordinariamente lícitos ou ilícitos, e, diferentemente do regime anterior, não serve de suporte normativo para fulminar de nulidade contratações de seguro para atos ilícitos em geral. Um seguro celebrado, *v.g.*, para cobrir risco inerentes a tráfico de entorpecentes é nulo de pleno de direito em razão da ilicitude do seu objeto mediato. O fundamento normativo para a declaração de nulidade não residirá no art. 762, mas no art. 104, II, c/c o art. 166, II, do CC, atinentes aos requisitos de validade dos negócios jurídicos em geral. Teleologicamente, o art. 762 se reveste do objetivo de preservar a aleatoriedade dos interesses seguráveis e, por isso, tem sua aplicação direcionada às contratações de garantia a risco proveniente de ato doloso do segurado, do beneficiário ou do representante de um ou de outro.

A doutrina controverte quanto à inclusão da culpa grave na regra do art. 762. A dúvida consiste em definir se é possível contratar a garantia de riscos provenientes de atos que, embora não sejam dolosos, são fruto de culpa grave do segurado ou do beneficiário, assim entendida a falta grosseira de cuidado, em que "o agente não é capaz de perceber o que a imensa maioria das pessoas perceberia".[17] Cuida-se, em síntese, de gritante descaso.

A despeito das abalizadas opiniões em sentido contrário, a nulidade alcança apenas o seguro relativo a ato doloso, não já o culposo, qualquer que seja o grau de culpa incorrido.[18] Embora a distinção entre dolo e culpa esteja superada para fins de configuração da responsabilidade civil, aqui, a diferença importa. De fato, a regra do art. 762 é precisa ao definir que não se pode celebrar seguro para cobrir risco proveniente *de ato doloso* do segurado, figura que com a culpa grave não se confunde. O dolo requer a "consciência do agente quanto à efetiva possibilidade de produção do resultado",[19] ao passo que a culpa independe da consciência quanto ao resultado produzido, cuidando de mero desvio do padrão de cuidado.

Nessa ordem de ideias, a culpa grave não interfere na aleatoriedade ou incerteza que deve caracterizar o risco no contrato de seguro.[20] A falha, por mais grave que se revele, distingue-se do dolo justamente pela ausência de consciência quanto ao resultado produzido, e é essa consciência que justifica a proibição estampada no art. 762. Em verdade, quando se

---

[16] É comum, por exemplo, em comentários ao art. 762 do Código Civil de 2002, encontrarem-se ainda menções como: "[N]ão se abriga no seguro o risco de contrabando, de câmbio negro, de jogo e da aposta" (OLIVEIRA, James Eduardo. *Código Civil anotado e comentado*. 2. ed. Rio de Janeiro: Forense, 2010. p. 702)

[17] TEPEDINO, Gustavo; TERRA, Aline de Miranda Valverde; GUEDES, Gisela Sampaio da Cruz. *Fundamentos do direito civil*: responsabilidade civil. 3. ed. Rio de Janeiro: Forense, 2022. p. 126.

[18] TEPEDINO, Gustavo; BARBOZA, Heloisa Helena; BODIN DE MORAES, Maria Celina (coord.). *Código Civil interpretado conforme a Constituição da República*. 2. ed. Rio de Janeiro: Renovar, 2012. v. 2. p. 571. Em sentido contrário: TARTUCE, Flávio. Comentários ao art. 762. In: SCHREIBER, Anderson et al. (coord.). *Código Civil comentado*: doutrina e jurisprudência. 3. ed. Rio de Janeiro: Forense, 2021. p. 549.

[19] TEPEDINO, Gustavo; TERRA, Aline de Miranda Valverde; GUEDES, Gisela Sampaio da Cruz. *Fundamentos do direito civil*: responsabilidade civil. 3. ed. Rio de Janeiro: Forense, 2022. p. 125.

[20] Caio Mário da Silva Pereira também restringe a aplicabilidade do art. 762 aos atos intencionais: "Não se escusa o segurador ao pagamento sob a alegação de que o sinistro não foi devido ao acaso, a não ser que prove a falta intencional ou dolosa do segurado (Código Civil, art. 762)" (PEREIRA, Caio Mário da Silva. *Instituições de direito civil*. 25. ed. Rio de Janeiro: Forense, 2022, v. 3. p. 428).

levam em conta a redação e as discussões travadas no regime anterior, fica evidente que a alteração de redação não fora despropositada; desejasse o legislador reprimir a contratação de seguros para atos praticados em culpa grave, tê-lo-ia feito.[21-22]

Perceba-se, contudo, que, não obstante a culpa grave não ser equiparável ao dolo para fins de aplicação do art. 762, é possível, em regra,[23] que se pactue, na concreta relação negocial, a exclusão de garantia para riscos oriundos de culpa grave.[24] Nesse caso, trata-se de exercício legítimo da autonomia privada, não já de proibição legal.

A discussão sobre a garantia de atos dolosos e culposos tem se mostrado frequente no seguro de responsabilidade civil *D&O*,[25] modalidade que, na síntese de Ilan Goldberg, "serve ao interesse legítimo de um administrador e/ou tomador para tutelar um ato de gestão".[26]

---

[21] Também em favor da diferenciação entre culpa grave e dolo nas relações securitárias, confira-se: "Como se percebe, há tendência de aplicação generalizada, no campo securitário, do adágio latino *culpa lata dolo aequiparatur*. Todavia, como já se ressaltou, a equiparação absoluta entre culpa grave e dolo é equivocada, por descurar da diversa natureza entre as duas noções. Tratar dolo e culpa grave indistintamente, notadamente no âmbito do contrato de seguro, desconsidera as particularidades inerentes a cada espécie de interesse segurado, bem como a circunstância de o interesse segurado poder legitimidade consubstanciar ato gravemente culposo, sem que tal desnature a própria álea do contrato de seguro" (OLIVA, Milena Donato; COSTA, André Brandão Nery. A excludente de cobertura de "culpa grave equiparável ao dolo" no seguro de responsabilidade civil profissional. In: JUNQUEIRA, Thiago; GOLDBERG, Ilan (coord.). *Temas atuais de direito dos seguros*. São Paulo: Ed. RT, 2020. t. 1. p. 646).

[22] Logo após a edição do Código Civil de 2002, foi lavrado pela Superintendência de Seguros Privados o Parecer Normativo 5/2003. A Susep fez a seguinte análise quanto à mudança implementada pelo art. 762 no regime até então vigente: "Com o advento do novo Código a nulidade do contrato de seguro ficou restrita aos atos dolosos, ficando, assim, excluídos aqueles praticados por culpa. Por outro lado, nosso direito positivo não gradua a culpa (grave, leve e levíssima), daí decorrendo, portanto, que somente os atos dolosos configuram risco excluído. (...) Dessarte, concluímos que os atos praticados por culpa grave do segurado encontram-se albergados pela cobertura securitária, uma vez que, se o contrário fosse o desiderato do legislador, este o teria feito expressamente, na redação do art. 762, do novo Código".

[23] Em relações assimétricas, especialmente as estabelecidas no mercado de consumo, há de se averiguar o cumprimento do dever de informação pelo fornecedor, além de se aferir se o direito à cobertura, pelas particularidades da hipótese concretamente analisada, deve ou não ser considerado essencial ao contrato celebrado.

[24] Em abono à viabilidade de se prever contratualmente a exclusão de cobertura para a culpa grave, o art. 9º da Resolução 436/2022 do Conselho Nacional de Seguros Privados (CNSP) dispõe: "Art. 9º A relação de riscos excluídos constantes na apólice individual ou no bilhete do seguro de garantia estendida deverá apresentar, conforme o caso: I – no máximo, a mesma relação de riscos excluídos da garantia do fornecedor do bem segurado, salvo no caso da cobertura de extensão de garantia reduzida; e II – a informação de que os danos causados por atos ilícitos dolosos *ou por culpa grave equiparável ao dolo*, praticados pelo segurado, pelo beneficiário ou representante legal de um ou de outro, também estarão excluídos" (grifo nosso).

[25] O seguro D&O é definido no art. 11 da Circular Susep 637/2021 da seguinte forma: "No seguro de RC D&O, a sociedade seguradora deve garantir o interesse do segurado que for responsabilizado por danos causados a terceiros, em consequência de atos ilícitos culposos praticados no exercício das funções para as quais tenha sido nomeado, eleito ou contratado, e obrigado a indenizá-los, por decisão judicial ou decisão em juízo arbitral, ou por acordo com os terceiros prejudicados, mediante a anuência da sociedade seguradora, desde que atendidas as disposições do contrato".

[26] GOLDBERG, Ilan. Os tributos, os encargos trabalhistas e as contribuições previdenciárias vistos sob a ótica do contrato de seguro D&O. In: JUNQUEIRA, Thiago; GOLDBERG, Ilan (coord.). *Temas atuais de direito dos seguros*. São Paulo: Ed. RT, 2020. t. 2. p. 330.

Em processo no qual examinava se é devida a indenização securitária no caso de *insider trading*, a 3ª Turma do Superior Tribunal de Justiça ponderou que, "para não haver forte redução do grau de diligência ou a assunção de riscos excessivos pelo gestor, o que comprometeria tanto a atividade de *compliance* da empresa quanto as boas práticas de governança corporativa, a apólice do seguro de RC D&O não pode cobrir atos dolosos", fazendo referência aos arts. 757 e 762 do Código Civil.[27]

De fato, uma vez que o art. 762 consubstancia regra aplicável a todos os contratos de seguro, não há dúvidas sobre a incidência da vedação também sobre os seguros de responsabilidade cujo objetivo é garantir o risco de prejuízos causados por atos de gestão de diretores, administradores e conselheiros. Os riscos seguráveis não podem decorrer de atos dolosos.[28]

A proscrição à cobertura de ato doloso é a regra, mas comporta pontuais exceções, tais como nos seguros de natalidade e de casamento, em que o sinistro tende a consistir em fato almejado pelo segurado. Duas notas se fazem presentes nessas hipóteses, a afastá-las da proibição geral. Em primeiro lugar, tais situações se distanciam do art. 762 por não violarem qualquer preceito moral ou ético.[29] São seguros socialmente aceitos. Em segundo lugar, o sinistro, nessas espécies de seguro, não é exclusivamente intencional. Ainda que dependa, em grande parte, da vontade do segurado, também se condiciona a causas externas, fenômeno que o aproxima das condições *simplesmente* potestativas, assim consideradas as condições que dependem da vontade do sujeito, mas não exclusivamente do seu arbítrio. Tais condições, ao contrário das *puramente potestativas*, são admitidas pelo ordenamento.[30]

Indaga-se se o contratante tem direito à restituição de quantias eventualmente pagas pelo seguro, uma vez declarada a nulidade por aplicação do art. 762. Encontra-se, na doutrina, a opinião de que a declaração de nulidade não enseja o direito à devolução, pois "[o] dolo

---

[27] "De fato, a garantia securitária do risco não pode induzir a irresponsabilidade. Nesse aspecto, a seguradora somente pode garantir interesses legítimos (art. 757 do CC). É por isso que é nulo 'o contrato para garantia de risco proveniente de ato doloso do segurado, do beneficiário, ou de representante de um ou de outro' (art. 762 do CC). Trata-se de '(...) espécie contratual com o objetivo de proteger o patrimônio do administrador e, por outro lado, de garantir a indenização do terceiro prejudicado. Não se trata, portanto, de uma espécie securitária para se encobrir atos criminosos. Nesse sentido também defende Ernesto Tzirulnik: 'É uma cobertura para a proteção das partes lesadas por um erro de gestão, não um seguro para acobertar crimes'." (AMARO, Anderson de Souza. O Seguro de Responsabilidade Civil dos Administradores. In: *Revista de Direito Empresarial*, vol. 2, n. 2, mar./abr. 2014, pág. 115 – grifou-se) Extrai-se, desse modo, que a apólice do seguro de RC D&O jamais poderá abranger casos de dolo ou fraude" (STJ, 3ª T., REsp 1.601.555/SP, rel. Min. Ricardo Villas Bôas Cueva, j. 14.02.2017).

[28] "Qualquer conduta intencional do segurado não será passível de cobertura. A regra geral de exclusão de atos dolosos está disposta no art. 762 do Código Civil, que considera nulo 'o contrato para a garantia de risco proveniente de ato doloso do segurado, do beneficiário, ou do representante de um ou de outro'. Por força da função social dos negócios, o contrato que servir de incentivo à fraude e à intenção deliberada de prejudicar terceiros não deverá prevalecer" (MAIA, Roberta Mauro Medina; BURMAN, Leonardo Joseph. Apontamentos sobre o seguro de responsabilidade civil para atos de gestão de administradores ou diretores de empresas (D&O). *Revista Trimestral de Direito Civil*, v. 30, abr.-jun. 2007. p. 148).

[29] MIRAGEM, Bruno; PETERSEN, Luiza. *Direito dos seguros*. Rio de Janeiro: Forense, 2022. p. 151.

[30] MEIRELES, Rose Melo Vencelau. O negócio jurídico e suas modalidades. In: TEPEDINO, Gustavo (coord.). *A parte geral do novo Código Civil*: estudos na perspectiva civil-constitucional. Rio de Janeiro: Renovar, 2002. p. 205.

não se compraz com a boa-fé e, portanto, não há como justificar que o contratante receba, de volta, os prêmios pagos quanto tentou fraudar o contrato e obter vantagens ilícitas".[31]

Entretanto, acredita-se que a chave da questão não está na análise da boa ou da má-fé do segurado. Certo é que a nulidade produz, em regra, efeitos *ex tunc* e remete as partes ao *status quo ante*,[32] pelo que tudo o que foi prestado deve ser restituído à contraparte. Não parece haver razão para, no silêncio da lei, atribuir ao art. 762 solução distinta das adotadas pela teoria geral das nulidades.[33] Declarada a nulidade absoluta com base no art. 762 do CC, retornam as partes à posição em que se encontravam antes da celebração do negócio, com a restituição, ao segurado, do prêmio que porventura já tenha pagado para a contratação do seguro.

3. DISPOSIÇÕES RELACIONADAS

Uma das principais disposições relacionadas ao art. 762 é o art. 768 do CC, segundo o qual "[o] segurado perderá o direito à garantia se agravar intencionalmente o risco objeto do contrato". É comum que tais casos de perda de direito à garantia, a exemplo da embriaguez ao volante, sejam resolvidos com base no art. 768, mas sob a referência concomitante ao art.

---

[31] "O dispositivo é omisso sobre o eventual direito de restituição das quantias pagas pela nulidade do contrato, o que é perfeitamente assimilável. O dolo não se compraz com a boa-fé e, portanto, não há como justificar que o contratante receba, de volta, os prêmios pagos quanto tentou fraudar o contrato e obter vantagens ilícitas. A regra foi escrita para as hipóteses de nulidade absoluta e não de ineficácia parcial ou de perda de objeto por fatos supervenientes, e sequer se cogita de cumplicidade ou atuação criminosa de corretores, pelo que não cabe excepcionar e permitir devolução de valores pagos em prejuízo do fundo ou capital constituído, até porque o 'segurado de má-fé que provoca ele próprio o sinistro com o objetivo de receber a indenização contratada, prejudica não apenas a seguradora, mas também os demais segurados vitimados pelo mesmo sinistro, cujo atendimento pode se inviabilizar'" (ZULIANI, Ênio Santarelli. Comentário ao art. 762. In: NANNI, Giovanni Ettore (coord.). *Comentários ao Código Civil*: direito privado contemporâneo. 2. ed. São Paulo: Saraiva Educação, 2021. p. 712).

[32] PEREIRA, Caio Mário da Silva. *Instituições de direito civil*. 34. ed. Rio de Janeiro: Forense, 2022. v. 1. p. 549. Para análise crítica acerca da afirmação, em abstrato, da retroatividade dos efeitos da nulidade, confira-se SOUZA, Eduardo Nunes de. *Teoria geral das invalidades do negócio jurídico*: nulidade e anulabilidade no direito civil contemporâneo. São Paulo: Almedina, 2017. p. 156-170.

[33] Ademais, pode-se ponderar que o dolo referido no art. 762 é o dolo genérico, concernente ao elemento volitivo da conduta, que pode ou não ser praticada em má-fé. O suporte fático da norma não abarca, necessariamente, a má-fé, o dolo específico, em que se manifesta o ânimo de causar dano a outrem (*animus nocendi*). Em outros termos, a circunstância de o segurado ou o beneficiário atuar com vistas à obtenção de determinado resultado não significa, por si mesma, que a atuação seja governada pela má-fé. Ainda, a boa-fé do segurado na contratação se presume, e a seguradora que entabula a contratação também concorreria, sob esse raciocínio, para a violação ao art. 762. Ainda, cabe ter em vista que "a qualificação da nulidade como uma sanção tem assumido com frequência um sentido punitivo, o que desvirtua a própria função do instituto, que não parece visar propriamente à imputação de um castigo ao agente (nem pressupõe qualquer critério de imputabilidade para a eventual incidência de uma punição), mas sim ao controle de legitimidade dos efeitos produzidos pela autonomia privada" (SOUZA, Eduardo Nunes de. *Teoria geral das invalidades do negócio jurídico*: nulidade e anulabilidade no direito civil contemporâneo. São Paulo: Almedina, 2017. p. 199). Tais razões ratificam que o exame da boa-fé subjetiva não determina a devolução, ou não, do prêmio pago pelo segurado.

762, justificando-se a negativa de cobertura também no fato de serem nulas as contratações para cobrir risco associado a atos dolosos do seguro ou do beneficiário da contratação.[34]

Ocorre, todavia, que tais dispositivos objetivam dirimir questões diferentes. O art. 768 abrange a atuação do segurado *durante a execução do contrato* capaz de agravar o risco, e a consequência que produz é a perda do direito à garantia. Já o art. 762 se aplica à etapa de formação contratual, e a sua consequência é a nulidade do negócio jurídico, por ilicitude do objeto.

A prática jurisprudencial talvez se explique na circunstância de o Código Civil não ter dispositivo que aborde, especificamente, o dolo na fase de execução contratual.[35] Embora, teleologicamente, faça sentido pensar que, se ordenamento jurídico inibe a contratação de seguro para atos dolosos, também não autoriza o recebimento da indenização prevista na apólice quando o sinistro tenha se verificado por atuação dolosa do segurado ou do beneficiário, fato é que, dogmaticamente, cuida-se de situações distintas, com efeitos jurídicos igualmente diversos: no primeiro caso, o contrato padece de nulidade, cujo reconhecimento produz efeitos *ex tunc*, a impor ao segurador a devolução ao segurado de tudo o que eventualmente ele haja prestado; no segundo, ao revés, tudo se passa no plano da eficácia, razão pela qual o segurador não será obrigado a devolver ao segurado os valores que dele haja recebido, não obstante ficar liberado de lhe pagar a indenização ajustada.

Também o art. 798[36] se correlaciona com o art. 762, por excepcionar a regra geral. Embora a regra consista na vedação à cobertura de riscos decorrentes de atos dolosos, o beneficiário do seguro de vida tem direito ao capital estipulado nas hipóteses em que o segurado se suicida após dois anos da vigência inicial do contrato. A despeito da edição de enunciado sumular pelo Superior Tribunal de Justiça,[37] o tema comporta, ainda hoje, candentes discussões, em doutrina e jurisprudência. De toda sorte, pela particularidade da situação, que envolve até mesmo a dúvida sobre a genuína voluntariedade do suicídio, o Código Civil prevê o pagamento da indenização em favor do beneficiário, quando praticado o suicídio após a carência contratual de dois anos.

---

[34] "[A] conduta do segurado, que empreendeu fuga a pé, após colidir o veículo que conduzia, quando abordado pela polícia claramente contribuiu para agravar o risco objeto do contrato. (...) Outrossim, destaco que a conduta ilícita do segurado configura ofensa ao artigo 762 do Código Civil, que prevê que 'Nulo será o contrato para garantia de risco proveniente de ato doloso do segurado, do beneficiário, ou de representante de um ou outro'" (TJRS, 5ª Câmara Cível, Ap. Cív. 70085137818/RS, rel. Des. Lusmary Fatima Turelly da Silva, j. 29.09.2021)

[35] Noutros países, a exemplo de Portugal, vigoram regras específicas para o dolo na fase de execução do contrato de seguro. O art. 46.º do Decreto-lei 72/2008 prevê: "Artigo 46.º Actos dolosos. 1 – Salvo disposição legal ou regulamentar em sentido diverso, assim como convenção em contrário não ofensiva da ordem pública quando a natureza da cobertura o permita, o segurador não é obrigado a efectuar a prestação convencionada em caso de sinistro causado dolosamente pelo tomador do seguro ou pelo segurado. 2 – O beneficiário que tenha causado dolosamente o dano não tem direito à prestação".

[36] "Art. 798. O beneficiário não tem direito ao capital estipulado quando o segurado se suicida nos primeiros dois anos de vigência inicial do contrato, ou da sua recondução depois de suspenso, observado o disposto no parágrafo único do artigo antecedente.

Parágrafo único. Ressalvada a hipótese prevista neste artigo, é nula a cláusula contratual que exclui o pagamento do capital por suicídio do segurado."

[37] Súmula 610 do STJ: "O suicídio não é coberto nos dois primeiros anos de vigência do contrato de seguro de vida, ressalvado o direito do beneficiário à devolução do montante da reserva técnica formada".

Particularmente quanto aos seguros de responsabilidade, em julho de 2021, a Susep editou a Circular 637 para, nos termos de seu art. 1º, "[d]ispor sobre os seguros do grupo responsabilidades". Em nítida conexão com o art. 762 do CC, o art. 6º da Circular prevê:

> Art. 6º No seguro de responsabilidade civil, não podem ser excluídos da garantia os danos atribuídos ao segurado causados por:
>
> I – atos ilícitos culposos ou dolosos praticados por seus empregados ou pessoas a estes assemelhados;
>
> II – atos ilícitos culposos praticados pelo segurado, pelo beneficiário ou pelo representante legal de um ou de outro, se o segurado for pessoa física; ou
>
> III – atos ilícitos culposos praticados pelos sócios controladores, dirigentes, administradores legais, beneficiários, subcontratados e respectivos representantes legais, se o segurado for pessoa jurídica.

Na comparação entre, de um lado, o inciso I e, de outro lado, os incisos II e III, destaca-se a previsão segundo a qual, no seguro de responsabilidade civil, não podem ser excluídos da garantia os danos atribuídos ao segurado quando causados por "atos ilícitos culposos *ou dolosos* praticados por seus empregados ou pessoas a estes assemelhados" (grifo nosso). A referência a atos dolosos não consta dos incisos II e III, que repetem, com especificações adicionais, a regra do art. 762. A menção aos atos praticados com dolo consta, porém, do inciso I: a Susep estabelece a imperatividade de se oferecer cobertura, nessa modalidade securitária, aos danos causados por ilícitos dolosos dos empregados ou pessoas a ele assemelhadas, frisando, assim, a diferenciação entre as figuras dos *representantes*, referidos no art. 762, e *empregados*, cujos atos intencionalmente dirigidos à produção de determinado resultado não elidem o direito à garantia.[38]

REFERÊNCIAS BIBLIOGRÁFICAS

AGUIAR DIAS, José de. *Da responsabilidade civil*. Rio de Janeiro: Forense, 1960.

ALMEIDA, J. C. Moitinho. *O contrato de seguro no direito português e comparado*. Lisboa: Livraria Sá da Costa, 1971.

BEVILÁQUA, Clóvis. *Código Civil dos Estados Unidos do Brasil comentado*. Ed. histórica. Rio de Janeiro: Editora Rio, 1979. v. 2.

CARVALHO SANTOS, J. M. de. *Código Civil brasileiro interpretado*. 7. ed. Rio de Janeiro: Freitas Bastos, 1958. v. 19.

CAVALIERI FILHO, Sergio. *Programa de responsabilidade civil*. 14. ed. São Paulo: Atlas, 2020.

GOLDBERG, Ilan. *O contrato de seguro D&O*. São Paulo: Ed. RT, 2019.

---

[38] Em verdade, parece ter sido propósito deliberado do legislador de 2002 excluir os prepostos da regra atinente à nulidade dos contratos que cubram atos dolosos. O art. 1.436 do Código de 1916 fazia referência a prepostos ("Art. 1.436. Nulo será este contrato, quando o resto, de que se ocupa, se filiar a atos ilícitos do segurado, do beneficiado pelo seguro, ou dos representantes *e propostos*, quer de um, quer do outro"), enquanto o art. 762 faz alusão apenas a representantes.

GOLDBERG, Ilan. Os tributos, os encargos trabalhistas e as contribuições previdenciárias vistos sob a ótica do contrato de seguro D&O. In: JUNQUEIRA, Thiago; GOLDBERG, Ilan (coord.). *Temas atuais de direito dos seguros*. São Paulo: Ed. RT, 2020. t. 2.

GOMES, Luiz Roldão de Freitas. Aspectos e efeitos do seguro de responsabilidade civil. *Revista de Direito da Procuradoria-Geral de Justiça*, Rio de Janeiro, n. 5, jan.-jun. 1977.

HALPERIN, Isaac. *El contrato de seguro*: seguros terrestres. Buenos Aires: Tipografica, 1946.

JUNQUEIRA, Thiago. O risco no domínio dos seguros. In: JUNQUEIRA, Thiago; GOLDBERG, Ilan (coord.). *Temas atuais de direito dos seguros*. São Paulo: Ed. RT, 2020.

LOPES, Miguel Maria de Serpa. *Curso de Direito Civil*. Rio de Janeiro: Livraria Freitas Bastos S/A, 1958. v. 4.

MAIA, Roberta Mauro Medina; BURMAN, Leonardo Joseph. Apontamentos sobre o seguro de responsabilidade civil para atos de gestão de administradores ou diretores de empresas (D&O). *Revista Trimestral de Direito Civil*, v. 30, abr.-jun. 2007.

MEIRELES, Rose Melo Vencelau. O negócio jurídico e suas modalidades. In: TEPEDINO, Gustavo (coord.). *A parte geral do novo Código Civil*: estudos na perspectiva civil-constitucional. Rio de Janeiro: Renovar, 2002.

MIRAGEM, Bruno; PETERSEN, Luiza. *Direito dos seguros*. Rio de Janeiro: Forense, 2022.

NORONHA, Fernando. *Direito das obrigações*. São Paulo: Saraiva, 2003. v. 1.

OLIVA, Milena Donato; COSTA, André Brandão Nery. A excludente de cobertura de "culpa grave equiparável ao dolo" no seguro de responsabilidade civil profissional. In: JUNQUEIRA, Thiago; GOLDBERG, Ilan (coord.). *Temas atuais de direito dos seguros*. São Paulo: Ed. RT, 2020. t. 1.

OLIVEIRA, James Eduardo. *Código Civil anotado e comentado*. 2. ed. Rio de Janeiro: Forense, 2010.

PEREIRA, Caio Mário da Silva. *Instituições de direito civil*. 34. ed. Rio de Janeiro: Forense, 2022. v. 1.

PEREIRA, Caio Mário da Silva. *Instituições de direito civil*. 25. ed. Rio de Janeiro: Forense, 2022, v. 3.

RIPERT, Georges; BOULANGER, Jean. *Tratado de derecho civil*: segun el tratado de Planiol. Buenos Aires: La Ley, 1965. t. VIII.

SANTOS, Ricardo Bechara. *Direito do seguro no cotidiano*. Rio de Janeiro: Forense, 1999.

SOUZA, Eduardo Nunes de. *Teoria geral das invalidades do negócio jurídico*: nulidade e anulabilidade no direito civil contemporâneo. São Paulo: Almedina, 2017.

TARTUCE, Flávio. Comentários ao art. 762. In: SCHREIBER, Anderson et al. (coord.). *Código Civil comentado*: doutrina e jurisprudência. 3. ed. Rio de Janeiro: Forense, 2021.

TEPEDINO, Gustavo; BARBOZA, Heloisa Helena; BODIN DE MORAES, Maria Celina (coord.). *Código Civil interpretado conforme a Constituição da República*. 2. ed. Rio de Janeiro: Renovar, 2012. v. 2.

TEPEDINO, Gustavo; TERRA, Aline de Miranda Valverde; GUEDES, Gisela Sampaio da Cruz. *Fundamentos do direito civil*: responsabilidade civil. 3. ed. Rio de Janeiro: Forense, 2022.

ZOPPINI, Andrea. In: LIPARI, Nicolò; RESCIGNO, Pietro (org.). *Diritto civile*: obbligazioni. Milano: Giuffrè, 2009. v. 3. t. 1.

ZULIANI, Ênio Santarelli. Comentário ao art. 762. In: NANNI, Giovanni Ettore (coord.). *Comentários ao Código Civil*: direito privado contemporâneo. 2. ed. São Paulo: Saraiva Educação, 2021.

16
COMENTÁRIOS AO ART. 763 DO CÓDIGO CIVIL

Aline de Miranda Valverde Terra
Bernardo Salgado

> **Art. 763.** Não terá direito a indenização o segurado que estiver em mora no pagamento do prêmio, se ocorrer o sinistro antes de sua purgação.

1. ORIGEM DA DISPOSIÇÃO E REGIME ANTERIOR

O pagamento do prêmio constitui a principal obrigação do segurado, que dela não pode se furtar sob alegação de não verificação do sinistro (art. 764)[1] ou a pretexto de o risco ter se reduzido após a celebração do contrato, ressalvada sua excepcional redução (art. 770). O art. 763 cuida, então, da principal consequência da mora do segurado em honrar essa obrigação: se o risco se efetivar durante a mora, perderá o direito a receber a indenização. O dispositivo não encontra idêntica disposição no Código Civil de 1916, embora a *ratio* do art. 763 também se manifestasse nos arts. 1.449[2] e 1.451[3] do Código anterior.

Outros ordenamentos contêm disposições funcionalmente semelhantes à do Código Civil de 2002. No Direito português, o art. 57.º do Decreto-lei 72/2008 prevê que "a falta de pagamento do prêmio na data do vencimento constitui o tomador do seguro em mora",[4]

---

[1] No texto, quando a referência numérica a dispositivo legal não estiver acompanhada da menção ao diploma, falar-se-á de dispositivo do Código Civil de 2002.

[2] "Art. 1.449. Salvo convenção em contrário, no ato de receber a apólice pagará o segurado o prêmio, que estipulou."

[3] "Art. 1.451. Se o segurado vier a falir, ou for declarado interdito, estando em atraso nos prêmios, ou se atrasar após a interdição, ou a falência, ficará o segurador isento da responsabilidade pelos riscos, se a massa, ou o representante do interdito, não pagar antes do sinistro os prêmios atrasados."

[4] "Artigo 57.º: 1 – A falta de pagamento do prémio na data do vencimento constitui o tomador do seguro em mora. 2 – Sem prejuízo das regras gerais, os efeitos da falta de pagamento do prémio são: a) Para a generalidade dos seguros, os que decorrem do disposto nos artigos 59.º e 61.º; b) Para os seguros indicados no artigo 58.º, os que sejam estipulados nas condições contratuais. 3 – A cessação do contrato de seguro por efeito do não pagamento do prémio, ou de parte ou fracção deste, não exonera o tomador do seguro da obrigação de pagamento do prémio correspondente ao período em que o contrato haja vigorado, acrescido dos juros de mora devidos. 4 – Em caso de mora do

enquanto o art. 59.º dispõe que "a cobertura dos riscos depende do prévio pagamento do prémio".[5]

No Direito espanhol vigora norma análoga. Nos termos do art. 15 da Lei 50/1980, se "o prêmio não tiver sido pago antes da ocorrência do sinistro, a seguradora será liberada de sua obrigação". A legislação espanhola ainda apresenta a particularidade de estabelecer a suspensão do contrato por um mês, em caso de atraso no pagamento do prêmio. A relação volta a produzir efeitos, contudo, 24 horas após o dia em que o segurado purgar a sua mora.[6]

O ordenamento francês também determina a suspensão da cobertura securitária em caso de atraso no pagamento da remuneração do segurador, embora lá se exija a prévia notificação do segurado, com prazo de 30 dias para a purga da mora (art. L113-3 do *Code des Assurances*).[7]

A identificação de normas semelhantes nesses ordenamentos revela a essencialidade do pagamento do prêmio pelo segurado, que se traduz, a um só tempo, em contraprestação devida no âmbito do contrato sinalagmático[8] e em contribuição do segurado ao fundo que a seguradora gere e do qual retira o valor necessário para honrar a garantia, em caso de sinistro.[9]

Como efeito essencial, os contratos de seguro operam a transferência das repercussões econômicas do risco para a esfera jurídica do segurador, agente que, pela técnica atuarial e pelo gerenciamento de diversas apólices semelhantes, consegue garantir que os prêmios amealhados serão suficientes para cobrir prejuízos eventualmente experimentados, em razão da materialização do sinistro em alguns dos contratos integrantes da carteira admi-

---

segurador relativamente à percepção do prémio, considera-se o pagamento efectuado na data em que foi disponibilizado o meio para a sua realização."

[5] "Artigo 59.º: A cobertura dos riscos depende do prévio pagamento do prêmio."

[6] "Artículo quince. Si por culpa del tomador la primera prima no ha sido pagada, o la prima única no lo ha sido a su vencimiento, el asegurador tiene derecho a resolver el contrato o a exigir el pago de la prima debida en vía ejecutiva con base en la póliza. Salvo pacto en contrario, si la prima no ha sido pagada antes de que se produzca el siniestro, el asegurador quedará liberado de su obligación.
En caso de falta de pago de una de las primas siguientes, la cobertura del asegurador queda suspendida un mes después del día de su vencimiento. Si el asegurador no reclama el pago dentro de los seis meses siguientes al vencimiento de la prima se entenderá que el contrato queda extinguido. En cualquier caso, el asegurador, cuando el contrato esté en suspenso, sólo podrá exigir el pago de la prima del período en curso.
Si el contrato no hubiere sido resuelto o extinguido conforme a los párrafos anteriores, la cobertura vuelve a tener efecto a las veinticuatro horas del días en que el tomador pagó su prima" (disponível em: <https://www.boe.es/buscar/act.php?id=BOE-A-1980-22501>. Acesso em: 14.06.2022).

[7] "Article L113-3 A défaut de paiement d'une prime, ou d'une fraction de prime, dans les dix jours de son échéance, et indépendamment du droit pour l'assureur de poursuivre l'exécution du contrat en justice, la garantie ne peut être suspendue que trente jours après la mise en demeure de l'assuré. Au cas où la prime annuelle a été fractionnée, la suspension de la garantie, intervenue en cas de non-paiement d'une des fractions de prime, produit ses effets jusqu'à l'expiration de la période annuelle considérée. La prime ou fraction de prime est portable dans tous les cas, après la mise en demeure de l'assuré" (disponível em: <https://www.legifrance.gouv.fr/codes/texte_lc/LEGITEXT000006073984/2022-06-14/>. Acesso em: 14.06.2022)

[8] PEREIRA, Caio Mário da Silva. *Instituições de direito civil*. Rio de Janeiro: Forense, 2022. v. 3. p. 423.

[9] GODOY, Claudio Luiz Bueno de. Comentários aos arts. 563 a 853. In: PELUSO, Cezar (coord.). *Código Civil comentado*: doutrina e jurisprudência. São Paulo: Manole, 2022. p. 748.

nistrada.[10] As contribuições dos segurados se somam em um fundo mutual, compondo as reservas técnicas, e assim se opera "a coletivização dos riscos, em que cada indivíduo segurado financia os riscos em prol da coletividade de segurados, em vez de financiar sozinho o seu próprio risco".[11]

Nesse contexto, a falta de pagamento do prêmio representa falta grave, capaz de comprometer não apenas a realização do programa do contrato especificamente descumprido mas também a sustentabilidade econômica da rede. Reside, nessa equação, a justificativa para a norma do art. 763. A vedação a que o segurado receba a indenização se estiver em mora com o pagamento visa estimular o cumprimento tempestivo do contrato, evitando o dano sistêmico que o inadimplemento reiterado acarretaria, da mesma forma que preserva a sinalagmaticidade do contrato de seguro, manifestada entre o pagamento do prêmio e a prestação de garantia desempenhada pelo segurador.

2. SENTIDO DA DISPOSIÇÃO E PRINCIPAIS CONTROVÉRSIAS NA SUA INTERPRETAÇÃO

Como visto, o art. 763 elimina o direito do segurado à indenização quando está em mora com o pagamento do prêmio, caso o sinistro anteceda a purgação da mora. As finalidades precípuas da regra residem tanto em garantir a correspectividade entre as prestações assumidas de parte a parte como em preservar o equilíbrio atuarial, que leva em consideração o recebimento dos prêmios do universo de seguros contratados.

Note-se que o pagamento do prêmio atrasado *posteriormente* à verificação do risco não torna exigível a entrega da indenização pelo segurador. A consequência da ocorrência do sinistro durante a mora do segurado é, precisamente, liberar o segurador do dever de pagar a indenização, sem que possa o segurado, nessa circunstância, purgá-la. Em definitivo, o segurado não tem o direito de sanar o atraso após a concretização do risco para fazer jus à indenização.

No entanto, a aceitação reiterada do pagamento fora do prazo pode afastar a aplicação do art. 763, com base na vedação ao comportamento contraditório, derivada da boa-fé objetiva.[12] Nesse sentido, afirma-se que "o pagamento do prêmio, recebido sem qualquer

---

[10] "A técnica securitária compreende um conjunto de métodos voltados à gestão científica e financeira do risco garantido pelo segurador e, em última análise, do próprio risco operacional da atividade de seguros. No conjunto, conforma um sofisticado sistema de segurança (o sistema de seguros), que reduz ou elimina o risco para aquele que o garante. Nesse sentido, permite que o segurador desenvolva a sua atividade com a certeza de que os prêmios arrecadados farão frente aos valores a serem pagos em caso de sinistro. Desenvolve-se, assim, permitindo o equilíbrio entre despesas e receitas da empresa seguradora, voltado para a eficiência desse modelo de negócio" (MIRAGEM, Bruno; PETERSEN, Luiza. *Direito dos seguros*. Rio de Janeiro: Forense, 2022. p. 65).

[11] TEPEDINO, Gustavo; KONDER, Carlos Nelson; BANDEIRA, Paula Greco. *Fundamentos do direito civil*. Rio de Janeiro: Forense, 2022. v. 3. p. 461.

[12] Em antigo julgado, o STJ entendeu que, como o segurador "sempre recebeu as prestações com atraso", seria "inadmissível que apenas rejeite a prestação quando ocorra o sinistro". Confira-se a ementa: "Seguro. Inadimplemento da segurada. Falta de pagamento da última prestação. Adimplemento substancial. Resolução. A companhia seguradora não pode dar por extinto o contrato de seguro, por falta de pagamento da última prestação do prêmio, por três razões: a) sempre recebeu as prestações com atraso, o que estava, aliás, previsto no contrato, sendo inadmissível que apenas rejeite a prestação quando ocorra o sinistro; b) a seguradora cumpriu substancialmente com a sua obrigação, não

ressalva, não pode ensejar negativa de cobertura do sinistro já ocorrido",[13] e, se o segurador sempre aceitou o pagamento das prestações parceladas pagas em atraso, "não se justificaria a sua recusa em admitir novamente tal purgação de uma seguinte prestação parcelar por conta da superveniência do sinistro".[14]

De fato, é preciso dedicar atenção às condutas do segurado e do segurador durante a vigência contratual, pois a prática reiterada pode efetivamente, a depender das circunstâncias do caso concreto, impedir o exercício de direitos conferidos pela lei ou pelo contrato.[15] Todavia, diante da importância de que se reveste a norma do art. 763, exige-se do intérprete apuração rigorosa quanto ao preenchimento dos requisitos necessários à aplicação da *suppressio*,[16] sob pena de se desvirtuar a função do dispositivo. Não é porque o segurado pôde efetuar o pagamento de uma ou duas prestações em atraso que se justificaria afastar a aplicação do art. 763. A formação de legítima expectativa depende da reiteração inadvertida e *tolerada* dos atrasos.

Excluindo-se essa hipótese excepcional, para que cesse o direito do segurado à indenização basta que esteja em mora. Ainda que o pagamento do prêmio se afigure possível, o segurado perde o direito à indenização caso se manifeste o sinistro.[17] É necessário, porém, constituir-se efetivo atraso. A norma não se aplicará se o risco se efetivar antes da quitação

---

sendo a sua falta suficiente para extinguir o contrato; c) a resolução do contrato deve ser requerida em juízo, quando será possível avaliar a importância do inadimplemento, suficiente para a extinção do negócio. Recurso conhecido e provido" (STJ, 4ª T., REsp 76.362/MT, rel. Min. Ruy Rosado de Aguiar Jr., j. 11.12.1995).

[13] GODOY, Claudio Luiz Bueno de. Comentários aos arts. 563 a 853. In: PELUSO, Cezar (coord.). *Código Civil comentado*: doutrina e jurisprudência. São Paulo: Manole, 2022. p. 748.

[14] FURTADO, Gabriel Rocha. Mora no pagamento do prêmio. In: GOLDBERG, Ilan; JUNQUEIRA, Thiago (coord.). *Temas atuais de direito dos seguros*. São Paulo: Ed. RT, 2020. t. 1. p. 716. No mesmo sentido: "[O] direito de resolução do contrato pelo segurador, na hipótese de inadimplemento total ou parcial do prêmio devido, sofre temperamentos de parte da doutrina e da jurisprudência. Justifica-se pela incidência da boa-fé objetiva e pela vedação ao abuso do direito, para o fim de tutelar o interesse legítimo do segurado na preservação da garantia, assegurando-lhe a oportunidade de purga da mora. Desse modo, será invocada a boa-fé para definir a tolerância do segurador com pagamentos atrasados como causa de alteração tácita do contrato, mediante a proibição de comportamento contraditório (*venire contra factum proprium*)" (MIRAGEM, Bruno; PETERSEN, Luiza. *Direito dos seguros*. Rio de Janeiro: Forense, 2022. p. 188).

[15] Deriva da boa-fé objetiva o dever de "não contradição desleal" (MARTINS-COSTA, Judith. *A boa-fé no direito privado*: critérios para a sua aplicação. São Paulo: Saraiva, 2018. p. 217).

[16] SCHREIBER, Anderson. *A proibição do comportamento contraditório*: tutela da confiança e *venire contra factum proprium*. São Paulo: Atlas, 2016. p. 125. Aplicam-se à *suppressio*, nesse sentido, os requisitos para a proibição do comportamento contraditório, assim sintetizados: "pode-se indicar quatro pressupostos para a aplicação do princípio de proibição do comportamento contraditório: (i) um *factum proprium*, isto é, uma conduta inicial; (ii) a legítima confiança de outrem na conservação do sentido objetivo desta conduta; (iii) um comportamento contraditório com este sentido objetivo (e, por isto mesmo, violador da confiança); e, finalmente, (iv) um dano ou, no mínimo, um potencial de dano a partir da contradição" (SCHREIBER, Anderson. *A proibição do comportamento contraditório*: tutela da confiança e *venire contra factum proprium*. São Paulo: Atlas, 2016. p. 86).

[17] O dispositivo em comento não exige, portanto, o inadimplemento absoluto, isto é, que o segurador tenha perdido o interesse em receber a contraprestação devida pelo segurado. Basta, de fato, a mora, ainda que ela se caracterize pela "possibilidade de cumprimento com proveito para o credor", enquanto o descumprimento definitivo "somente permite a execução pelo equivalente ou a resolução da relação jurídica" (ZANETTI, Cristiano de Sousa. A perda do interesse do credor. In: BENETTI,

integral do prêmio pelo segurado, mas sem que tenha transcorrido o prazo combinado para pagamento.[18] Tampouco se verifica se o segurado em mora não conseguir purgá-la por fato imputável ao segurador. A propósito, o Superior Tribunal de Justiça afastou os efeitos de mora que perdurara 90 dias, pois o segurado havia tentado realizar o pagamento do prêmio após esse período, o que foi rejeitado pelo segurador *antes* de ocorrer o sinistro.[19]

Muito já se discutiu se a mora do segurado, para fins de aplicação do art. 763, é *ex re* ou *ex persona*. Importantes vozes defendem bastar o atraso, independentemente de interpelação pelo segurador, para que a mora se constitua (mora *ex re*).[20] Contemporaneamente, porém, predomina a compreensão de que é indispensável a prévia notificação do segurado (mora *ex persona*), ainda que o contrato estipule prazo determinado para pagamento.[21]

A matéria já foi objeto de análise pelo Superior Tribunal de Justiça, que editou enunciado sumular pacificando a jurisprudência: "A indenização securitária é devida quando ausente a comunicação prévia do segurado acerca do atraso no pagamento do prêmio, por constituir requisito essencial para a suspensão ou resolução do contrato de seguro" (Súmula 616, de 2018).[22] No entanto, em hipótese específica, a Corte já dispensou a prévia notificação do segurado, considerando que o inadimplemento perdurara por sete anos consecutivos até a ocorrência do sinistro, o que encerra "comportamento incompatível com a vontade de dar continuidade ao plano de pecúlio".[23]

Giovana et al. (org.). *Direito, cultura e método*: leituras da obra de Judith Martins-Costa. Rio de Janeiro: GZ Editora, 2019. p. 766).

[18] "É importante pontuar que a suspensão da cobertura não cabe pelo tão só fato de o sinistro ocorrer antes do pagamento integral do prêmio (especialmente quando parcelado), mas por neste momento estar o segurado em mora. Isto é, se o sinistro ocorre antes da integralização do prêmio, mas o segurado está adimplente, não há espaço para aquela suspensão" (FURTADO, Gabriel Rocha. Mora no pagamento do prêmio. In: GOLDBERG, Ilan; JUNQUEIRA, Thiago (coord.). *Temas atuais de direito dos seguros*. São Paulo: Ed. RT, 2020. t. 1. p. 711).

[19] "No caso, embora houvesse mora de 90 (noventa) dias no pagamento da mensalidade do plano, antes da ocorrência do fato gerador (morte do contratante) tentou-se a purgação, ocasião em que os valores em atraso foram pagos pelo *de cujus*, mas a ele devolvidos pela entidade de previdência privada, com fundamento no cancelamento administrativo do contrato ocorrido 6 (seis) dias antes" (STJ, 4ª T., REsp 877.965/SP, rel. Min. Luis Felipe Salomão, j. 22.11.2011).

[20] Nesse sentido, Caio Mário da Silva Pereira: "Ao contrário de outros sistemas, em que a dívida do prêmio é quesível é necessário constituir o segurado em mora, ao menos por carta, em nosso é portável, e a mora *ex re* independe de interpelação ou cobrança" (PEREIRA, Caio Mário da Silva. *Instituições de direito civil*. Rio de Janeiro: Forense, 2022. v. 3. p. 428).

[21] MIRAGEM, Bruno; PETERSEN, Luiza. *Direito dos seguros*. Rio de Janeiro: Forense, 2022. p. 188; TEPEDINO, Gustavo; KONDER, Carlos Nelson; BANDEIRA, Paula Greco. *Fundamentos do direito civil*. Rio de Janeiro: Forense, 2022. v. 3. p. 492.

[22] Igualmente, são inúmeros os julgados que adotam o entendimento constante do Súmula, não somente após a sua edição mas também antes. Apenas a título de exemplo, confiram-se: STJ, 4ª T., AgInt no AREsp 1.685.148/SC, rel. Min. Antonio Carlos Ferreira, j. 16.11.2020; STJ, 4ª T., AgInt no AREsp 805.441/RS, rel. Min. Marco Buzzi, j. 27.02.2018; STJ, 3ª T., AgRg no AREsp 625.973/CE, rel. Min. Ricardo Villas Bôas Cueva, j. 18.06.2015.

[23] Confira-se a ementa: "Processual civil e civil. Recurso especial. Ação de cobrança. Pecúlio por morte. Normas aplicáveis aos contratos de seguro. Encerramento do contrato por inadimplência. Notificação. Ausência. Falta de pagamento das prestações por longo período. Boa-fé contratual. Recurso desprovido. 1. 'A jurisprudência do STJ é no sentido de que o contrato de previdência privada com plano de pecúlio por morte assemelha-se ao seguro de vida, estendendo-se às entidades abertas de previdência

Também se exige a prévia constituição do segurado em mora para que o contrato possa ser resolvido pelo inadimplemento. Nos termos do Enunciado 376 da IV Jornada de Direito Civil promovida pelo Conselho da Justiça Federal, "Para efeito do art. 763 do Código Civil, a resolução do contrato depende de prévia interpelação". O STJ aplica essa tese em inúmeras decisões, reiterando que "o atraso no pagamento de parcela do prêmio do contrato de seguro não acarreta a sua extinção automática, porquanto imprescindível a prévia notificação específica do segurado para a sua constituição em mora".[24]

A par da necessidade de se notificar previamente o segurado, deve-se também avaliar concretamente se o inadimplemento do devedor foi suficiente para eliminar o interesse no sinalagma, impedindo que o contrato atinja a finalidade que justifica sua proteção pelo ordenamento jurídico. É necessário que "o não cumprimento invocado por quem pede a resolução seja razoavelmente sério e grave e prejudique, de modo objetivamente considerável, o seu interesse".[25]

Com efeito, qualificar uma inexecução como mora ou inadimplemento absoluto não é escolha arbitrária do credor; cuida-se de qualificação que decorre seja do fato objetivo de a prestação ter ou não se tornado inútil para ele, ou ter ou não se impossibilitado para o devedor. E mesmo a definição de inutilidade da prestação também é passível de controle, já que não é o credor quem define, arbitrariamente, o que é útil para si; embora o conceito de utilidade tenha certo viés subjetivo, a exigir que seja apreciada em relação ao concreto credor da relação obrigacional, e não em relação a um credor qualquer abstratamente considerado, a essa avaliação subjetiva devem se somar dados objetivamente extraídos da específica relação jurídica.[26]

Busca-se identificar, assim, a utilidade objetivada, identificada a partir da operação econômica em causa, isto é, a partir do que as partes dispuseram no comum regulamento

---

complementar as normas aplicáveis às sociedades seguradoras, nos termos do art. 73 da LC 109/01' (REsp n. 1.713.147/MG, Relatora Ministra Nancy Andrighi, Terceira Turma, julgado em 11/12/2018, *DJe* 13/12/2018). 2. 'O mero atraso no pagamento de prestação do prêmio do seguro não importa em desfazimento automático do contrato, para o que se exige, ao menos, a prévia constituição em mora do contratante pela seguradora, mediante interpelação' (REsp 316.552/SP, Rel. Ministro Aldir Passarinho Junior, Segunda Seção, julgado em 09/10/2002, *DJ* 12/04/2004, p. 184). 3. Na hipótese em que o contratante adotou comportamento incompatível com a vontade de dar continuidade ao plano de pecúlio, ao deixar de adimplir com as parcelas contratadas por longo período – no caso concreto cerca de 7 (sete) anos –, deve ser considerada legítima a recusa da entidade de previdência privada ao pagamento do pecúlio por morte, não obstante a ausência de prévia interpelação para o encerramento do contrato, pois não se trata de 'mero atraso' no pagamento. Além disso, a pretensão de que se considere por não encerrado o contrato, nessas condições, contraria o princípio da boa-fé contratual. 4. Recurso especial a que se nega provimento" (STJ, 4ª T., REsp 1.691.792/RS, rel. Min. Antonio Carlos Ferreira, j. 23.03.2021).

[24] STJ, 4ª T., AgInt no AREsp 1.698.713/SP, rel. Min. Marco Buzzi, j. 24.05.2021. No mesmo sentido: STJ, 4ª T., AgRg no AREsp 543.101/SP, rel. Min. Raul Araújo, j. 04.02.2020; STJ, 4ª T., AgInt no AREsp 1.530.000/SC, rel. Min. Raul Araújo, j. 04.02.2020; STJ, 3ª T., AgRg no AREsp 625.973/CE, rel. Min. Ricardo Villas Bôas Cueva, j. 18.06.2015; STJ, 2ª Seção, REsp 316.552/SP, rel. Min. Aldir Passarinho Junior, j. 09.10.2002.

[25] ROPPO, Enzo. *O contrato*. Coimbra: Almedina, 2009. p. 266.

[26] É também a lição de Ruy Rosado de Aguiar Júnior: "Os dados a considerar, portanto, são de duas ordens: os elementos objetivos, fornecidos pela regulação contratual e extraídos da natureza da prestação, e o elemento subjetivo, que reside na necessidade existente no credor em receber uma prestação que atenda à carência por ele sentida, de acordo com a sua legítima expectativa" (AGUIAR JÚNIOR, Ruy Rosado. *Extinção dos contratos por incumprimento do devedor (resolução)*. Rio de Janeiro: Aide, 1991. p. 133). Na mesma direção, confira-se MARTINS-COSTA, Judith. *Comentários ao novo Código Civil*: do inadimplemento das obrigações. Rio de Janeiro: Forense, 2004. v. 5. t. 2. p. 254.

de interesses. E, na avaliação dos elementos subjetivos e objetivos, alguns critérios devem nortear o intérprete na identificação da noção de utilidade da prestação, a exemplo da boa-fé objetiva[27] e do interesse do sinalagma.[28] Se a qualificação da inexecução como mora ou inadimplemento absoluto não é escolha arbitrária do credor, a utilização dos instrumentos de tutela a eles disponibilizados também não o é. Há, portanto, instrumentos próprios para a mora, a exemplo da execução específica, e remédios próprios para o inadimplemento absoluto, como a execução pelo equivalente e a resolução.[29]

Sob essa compreensão, o STJ já pôde constatar que "a rescisão do contrato de seguro, fundada na inadimplência do segurado, deverá ser precedida de interpelação do segurado para sua constituição em mora, assim como ser observada a extensão da dívida e se esta é significativa diante das peculiaridades do caso"[30], em entendimento que se reflete no Enunciado 371 da IV Jornada de Direito Civil.[31]

Contemporaneamente, tem-se sustentado que a avaliação da gravidade do inadimplemento do segurado também importa para aferir se a perda do direito à indenização, estabelecida pelo art. 763, é proporcional ao atraso concretamente considerado, de forma que se revelaria possível, em tese, excepcionar a regra do art. 763, mantendo-se a obrigação do segurador de pagar a indenização diante do inadimplemento relativo de pouca monta.[32] De acordo com a teoria do adimplemento substancial, se houver excessiva desproporção entre as consequências atribuídas ao devedor em mora e o dano sofrido pelo credor em razão do inadimplemento, caberia ao intérprete afastar as consequências injustificadamente

---

[27] Como aponta Emilio Betti, "Il criterio della buona fede serve a valutare se vi sia stato, o meno, il soddisfacimento dell'interesse della controparte, nei casi in cui si fa questione se la prestazione esiga od offra ancora per il creditore quella utilità che essa è destinata ad apportargli. (...) Qui l'apprezzamento se l'inadempienza abbia scarsa importanza, o se la prestazione tardiva sia ancora nell'interesse dell'altra parte, è sì rimesso alla iniziativa della parte interessata; ma l'apprezzamento non è arbitrario, bensì controllabile. Il giudice potrà controllarlo; e qui, sempre alla stregua della buona fede, sarà da apprezzare se un adempimento tardivo o parziale (...) sia pur sempre tale da apportare una utilità, o non sia più tale da soddisfare l'interesse del creditore" (BETTI, Emilio. *Teoria generale delle obbligazioni*. Milão: Giuffrè, 1953. v. 1. p. 105).

[28] Nesse sentido, afirma Judith Martins-Costa, a inutilidade pode ser mensurada, objetivamente, "à vista de suas repercussões no equilíbrio entre as prestações; na funcionalidade do contrato, implicada no concreto programa negocial, que organiza os riscos e vantagens, os custos e os benefícios de cada parte; na relação de proporcionalidade; na própria licitude, considerada à vista da cláusula geral do art. 187" (MARTINS-COSTA, Judith. *Comentários ao novo Código Civil*: do inadimplemento das obrigações. Rio de Janeiro: Forense, 2004. v. 5. t. 2. p. 256, grifos do original). Na lição de Karl Larenz, configura-se o inadimplemento absoluto quando a prestação resultar, enfim, economicamente distinta (LARENZ, Karl. *Derecho de obligaciones*. Trad. Jaime Santos Briz. Madrid: Editorial *Revista de Derecho Privado*, 1958. t. 1. p. 303).

[29] A propósito, seja consentido remeter a TERRA, Aline de Miranda Valverde. Execução pelo equivalente como alternativa à resolução: repercussões sobre a responsabilidade civil. *Revista Brasileira de Direito Civil – RBDCivil*, Belo Horizonte, v. 18, out.-dez. 2018. p. 52 e ss.

[30] STJ, 3ª T., REsp 1.838.830/RS, rel. Min. Marco Aurélio Bellizze, j. 18.08.2020.

[31] "A mora do segurado, sendo de escassa importância, não autoriza a resolução do contrato, por atentar ao princípio da boa-fé objetiva."

[32] Nesse sentido, manifestam-se MIRAGEM, Bruno; PETERSEN, Luiza. *Direito dos seguros*. Rio de Janeiro: Forense, 2022. p. 126; e TARTUCE, Flávio. In: SCHREIBER, Anderson et al. *Código Civil comentado*: doutrina e jurisprudência. Rio de Janeiro: Forense, 2021. p. 551.

gravosas.[33] Deve-se considerar, ainda, que a análise do adimplemento substancial não leva em consideração apenas aspectos quantitativos do cumprimento. Também é necessário avaliar a importância do inadimplemento em consonância com o seu impacto para o interesse do credor na prestação e para o atingimento da função daquele específico negócio.[34]

Na jurisprudência mais antiga do Superior Tribunal de Justiça, entendia-se que somente se configuraria o adimplemento substancial da apólice caso o atraso se limitasse à última parcela vencida antes de se verificar o sinistro. Se a mora abrangesse outras prestações do prêmio, aplicava-se automaticamente a regra do art. 763.[35] Mais recentemente, porém, o entendimento foi flexibilizado, e se passou a admitir a avaliação do adimplemento a partir de outros parâmetros, como o "longo período de regularidade contratual e a extensão do débito".[36-37]

Vale ressalvar que o seguro-garantia se submete a regime específico[38]: a seguradora não pode alegar inadimplemento do prêmio pelo tomador para deixar de cobrir a indenização ao segurado, ao contrário do que se poderia imaginar pela interpretação do art. 767.[39] Essa espécie securitária apresenta peculiaridades importantes, que a afastam das características gerais dos demais contratos de seguro e impedem a aplicação do art. 763. Em especial, o seguro-garantia é contratado pelo tomador, diante do segurador, em benefício de terceiro, que receberá indenização caso o tomador descumpra obrigações contra ele assumidas. O segurador não pode opor ao segurado as exceções pessoais que digam respeito ao tomador,[40] e, pelo mesmo motivo, o inadimplemento deste não afeta a cobertura securitária.[41-42]

---

[33] "A teoria tornou possível, em suma, avaliar se o sacrifício imposto ao devedor pelo remédio requerido pelo credor é proporcional ao sacrifício causado pelo descumprimento da prestação ao seu interesse. Nessa direção, a teoria do inadimplemento substancial permite, por exemplo, afastar a prorrogação da responsabilidade do devedor pelo fortuito, nos termos do artigo 399 do Código Civil, quando a repercussão da mora sobre o resultado útil perseguido pelo credor for de pouca monta, sob pena de lhe ser imposto sacrifício desproporcional" (TERRA, Aline de Miranda Valverde; GUEDES, Gisela Sampaio da Cruz. Adimplemento substancial e tutela do interesse do credor: análise da decisão proferida no Resp 1.581.505. *Revista Brasileira de Direito Civil*. Belo Horizonte, v. 11, jan.-mar. 2017. p. 104).

[34] Veja-se, *e.g.*, SIQUEIRA, Mariana Ribeiro. *Adimplemento substancial*: parâmetros para a sua configuração. Rio de Janeiro: Lumen Juris, 2019. p. 126-137.

[35] STJ, 3ª T., REsp 415.971/SP, rel. Min. Nancy Andrighi, j. 14.05.2002.

[36] STJ, 3ª T., REsp 1.838.830/RS, rel. Min. Marco Aurélio Bellizze, j. 18.08.2020.

[37] O Tribunal de Justiça do Estado de São Paulo também já analisou a aplicação da tese do adimplemento substancial aos contratos de seguro. Em interessante hipótese, o Tribunal paulista, diante do pagamento, pelo segurado, "das quatro prestações do prêmio devido", entendeu que "a ausência de pagamento do valor superveniente, devido pela substituição do automóvel segurado, não tem força para causar a rescisão do contrato e justificar a recusa da ré ao pagamento da indenização" (TJSP, 26ª Câmara de Direito Privado, Ap. 0198070-76.2008.8.26.0100, rel. Des. Carlos Alberto Garbi, j. 18.01.2011).

[38] Sobre o regime aplicável ao seguro-garantia, seja consentido remeter o leitor a TERRA, Aline de Miranda Valverde; SALGADO, Bernardo. O risco no seguro garantia e o inadimplemento anterior o termo. *Revista Arquivo Jurídico*, v. 7, n. 1, p. 18-39, jan.-jun. 2020. p. 18-39.

[39] "Art. 767. No seguro à conta de outrem, o segurador pode opor ao segurado quaisquer defesas que tenha contra o estipulante, por descumprimento das normas de conclusão do contrato, ou de pagamento do prêmio."

[40] Nesse sentido, BURANELLO, Renato Macedo. *Do contrato de seguro*: o seguro garantia de obrigações contratuais. São Paulo: Quartier Latin, 2006. p. 171-188.

[41] GOLDBERG, Ilan; PINTO, Carolina. Considerações a respeito da aceitação do seguro garantia judicial perante o Poder Judiciário brasileiro. In: GOLDBERG, Ilan. *Direito do seguro e resseguro*. Rio de Janeiro: Elsevier, 2012. p. 99.

3. DISPOSIÇÕES RELACIONADAS

Conforme se destacou na introdução, a importância do pagamento tempestivo do prêmio, que fundamenta a regra positivada no art. 763, também se observa em outros dispositivos do Código Civil, especialmente no art. 757 – cujo texto permite perceber que o sinalagma, nos contratos de seguro, se estabelece entre o pagamento do prêmio e a garantia de interesse legítimo do segurado – e no art. 764 – segundo o qual o pagamento do prêmio é exigível ainda que o risco não se verifique.

Nos termos do art. 12 do Decreto-lei 73/1966: "A obrigação do pagamento do prêmio pelo segurado vigerá a partir do dia previsto na apólice ou bilhete de seguro, ficando suspensa a cobertura do seguro até o pagamento do prêmio e demais encargos" (*caput*); além disso, "Qualquer indenização decorrente do contrato de seguros dependerá de prova de pagamento do prêmio devido, antes da ocorrência do sinistro" (parágrafo único).

A norma está replicada, ainda, no art. 4º do Decreto 61.589/1967[43] e no art. 6º do Decreto 60.459/1967, que regulamentou o Decreto-lei 73/1966.[44] Em seu § 3º, este dispositivo permite o cancelamento da apólice diante do inadimplemento do prêmio. Todavia, conforme visto, a jurisprudência do STJ exige a prévia constituição do segurado em mora.

Por fim, no âmbito da regulação da Susep, convém mencionar os arts. 30 e ss. da Circular 621/2021 (que dispõe sobre os seguros de danos)[45] e os arts. 34 e ss. da Circular 667/2022 (que dispõe sobre os seguros de pessoas).[46]

---

[42] "O 'seguro-garantia', ao contrário da generalidade dos seguros, não está adstrito ao mutualismo e à atuária. Com efeito, tendo em vista a singularidade dessa modalidade de seguro, que muito se aproxima da fiança, o tomador contrata seguro, pelo qual a seguradora garante o interesse do segurado, relativo à obrigação assumida pelo tomador, não podendo, por isso, ser arguida pela seguradora a ausência de pagamento do prêmio" (STJ, 4ª T., REsp 1.224.195/SP, rel. Min. Luis Felipe Salomão, j. 13.09.2011).

[43] "Art. 4º Nenhuma indenização decorrente do contrato de seguro poderá ser exigida sem a produção de provas de pagamento tempestivo do prêmio. § 1º Se o sinistro ocorrer dentro do prazo de pagamento do prêmio sem que êle se ache efetuado, o direito à indenização não ficará prejudicado se o segurado cobrir o débito respectivo ainda naquele prazo. § 2º Caso o prêmio tenha sido fracionado, e ocorrendo perda total, real ou construtiva, as prestações vinculadas serão exigíveis por ocasião do pagamento de indenização."

[44] "Art. 6º A obrigação do pagamento do prêmio pelo segurado vigerá a partir do dia previsto na apólice ou bilhete de seguro, ficando suspensa a cobertura do seguro até o pagamento do prêmio e demais encargos. § 1º O prêmio será pago no prazo fixado na proposta. § 2º A cobrança dos prêmios será feita, obrigatoriamente, através de instituição bancária, de conformidade com as instruções da SUSEP e do Banco Central. § 3º Qualquer indenização decorrente do contrato de seguro dependerá de prova de pagamento do prêmio devido, antes da ocorrência do sinistro. § 4º A falta do pagamento do prazo do prêmio de suspensão da cobertura não prejudicará a indenização, desde que pago prêmio no prazo devido. § 5º A falta do pagamento do prêmio no prazo previsto no parágrafo 1º dêste artigo determinará o cancelamento da apólice."

[45] "Art. 33. As condições contratuais deverão dispor sobre as consequências da falta de pagamento do prêmio e sobre a comunicação prévia ao segurado, pela sociedade seguradora, antes de eventual cancelamento do seguro. Art. 34. Quando o prêmio for periódico, caso o pagamento não seja efetuado no prazo estipulado, a sociedade seguradora poderá cancelar o seguro ou, alternativamente, de forma isolada ou combinada: I – garantir a cobertura dos sinistros ocorridos durante o período de inadimplência, podendo haver a cobrança do prêmio devido ou, quando for o caso, seu abatimento do valor da indenização; ou II – suspender a cobertura durante o período de inadimplência, sendo vedada a cobrança dos prêmios referentes a este período. Parágrafo único. Deverão ser especificados nas condições contratuais o prazo de tolerância e/ou de suspensão de que tratam, respectivamente, os incisos I e II deste artigo."

[46] "Art. 37. As condições contratuais deverão dispor sobre as consequências da falta de pagamento do prêmio e sobre a comunicação prévia ao segurado, pela sociedade seguradora, antes de eventual

REFERÊNCIAS BIBLIOGRÁFICAS

AGUIAR JÚNIOR, Ruy Rosado. *Extinção dos contratos por incumprimento do devedor (resolução)*. Rio de Janeiro: Aide, 1991.

BETTI, Emilio. *Teoria generale delle obbligazioni*. Milão: Giuffrè, 1953. v. 1.

BURANELLO, Renato Macedo. *Do contrato de seguro*: o seguro garantia de obrigações contratuais. São Paulo: Quartier Latin, 2006.

FURTADO, Gabriel Rocha. Mora no pagamento do prêmio. In: GOLDBERG, Ilan; JUNQUEIRA, Thiago (coord.). *Temas atuais de direito dos seguros*. São Paulo: Ed. RT, 2020. t. 1.

GODOY, Claudio Luiz Bueno de. Comentários aos arts. 563 a 853. In: PELUSO, Cezar (coord.). *Código Civil comentado*: doutrina e jurisprudência. São Paulo: Manole, 2022.

GOLDBERG, Ilan; PINTO, Carolina. Considerações a respeito da aceitação do seguro garantia judicial perante o Poder Judiciário brasileiro. In: GOLDBERG, Ilan. *Direito do seguro e resseguro*. Rio de Janeiro: Elsevier, 2012.

LARENZ, Karl. *Derecho de obligaciones*. Trad. Jaime Santos Briz. Madrid: Editorial *Revista de Derecho Privado*, 1958. t. 1.

MARTINS-COSTA, Judith. *Comentários ao novo Código Civil*: do inadimplemento das obrigações. Rio de Janeiro: Forense, 2004. v. 5. t. 2.

MARTINS-COSTA, Judith. *A boa-fé no direito privado*: critérios para a sua aplicação. São Paulo: Saraiva, 2018.

MIRAGEM, Bruno; PETERSEN, Luiza. *Direito dos seguros*. Rio de Janeiro: Forense, 2022.

PEREIRA, Caio Mário da Silva. *Instituições de direito civil*. Rio de Janeiro: Forense, 2022. v. 3.

PONTES DE MIRANDA, Francisco Cavalcanti. *Tratado de direito privado*. Rio de Janeiro: Borsoi, 1964. t. 45.

ROPPO, Enzo. *O contrato*. Coimbra: Almedina, 2009.

SCHREIBER, Anderson. *A proibição do comportamento contraditório*: tutela da confiança e *venire contra factum proprium*. São Paulo: Atlas, 2016.

SCHREIBER, Anderson et al. *Código Civil comentado*: doutrina e jurisprudência. Rio de Janeiro: Forense, 2021.

---

cancelamento do seguro. Art. 38. Quando o prêmio for periódico, caso o pagamento não seja efetuado no prazo estipulado, a sociedade seguradora poderá cancelar o seguro ou, alternativamente, de forma isolada ou combinada: I – garantir a cobertura dos sinistros ocorridos durante o período de inadimplência, podendo haver a cobrança do prêmio devido ou, quando for o caso, seu abatimento do valor da indenização; ou II – suspender a cobertura durante o período de inadimplência, sendo vedada a cobrança dos prêmios referentes a este período. Parágrafo único. Deverão ser especificados nas condições contratuais o prazo de tolerância e/ou de suspensão de que tratam, respectivamente, os incisos I e II deste artigo. (...) Art. 40. Para as coberturas estruturadas no regime financeiro de capitalização, as condições contratuais deverão prever o oferecimento ao segurado de pelo menos uma das opções a seguir quando configurada a falta de pagamento do prêmio, observado o disposto no art. 38: I – cancelamento da cobertura, com a restituição integral do saldo da Provisão Matemática de Benefícios a Conceder (PMBaC); II – redução do valor do capital segurado proporcionalmente ao prêmio pago com manutenção do prazo de vigência (saldamento); ou III – redução do prazo de vigência com manutenção do valor do capital segurado (seguro prolongado). Parágrafo único. No caso de planos conjugados, deverão ser observadas adicionalmente as regras para operacionalização do instituto da comunicabilidade previstas nas condições contratuais/regulamento do plano."

SIQUEIRA, Mariana Ribeiro. *Adimplemento substancial*: parâmetros para a sua configuração. Rio de Janeiro: Lumen Juris, 2019.

TEPEDINO, Gustavo; BARBOZA, Heloisa Helena; BODIN DE MORAES, Maria Celina. *Código Civil interpretado conforme a Constituição da República*. Rio de Janeiro: Forense, 2012. v. 3.

TEPEDINO, Gustavo; KONDER, Carlos Nelson; BANDEIRA, Paula Greco. *Fundamentos do direito civil*. Rio de Janeiro: Forense, 2022. v. 3.

TERRA, Aline de Miranda Valverde. Execução pelo equivalente como alternativa à resolução: repercussões sobre a responsabilidade civil. *Revista Brasileira de Direito Civil – RBDCivil*, Belo Horizonte, v. 18, p. 49-73, out.-dez. 2018.

TERRA, Aline de Miranda Valverde; GUEDES, Gisela Sampaio da Cruz. Adimplemento substancial e tutela do interesse do credor: análise da decisão proferida no Resp 1.581.505. *Revista Brasileira de Direito Civil*. Belo Horizonte, v. 11, p. 95-113, jan.-mar. 2017.

TERRA, Aline de Miranda Valverde; SALGADO, Bernardo. O risco no seguro garantia e o inadimplemento anterior o termo. *Revista Arquivo Jurídico*, v. 7, n. 1, p. 18-39, jan.-jun. 2020.

ZANETTI, Cristiano de Sousa. A perda do interesse do credor. In: BENETTI, Giovana et al. (org.). *Direito, cultura e método*: leituras da obra de Judith Martins-Costa. Rio de Janeiro: GZ Editora, 2019.

17
COMENTÁRIOS AO ART. 764 DO CÓDIGO CIVIL

Aline de Miranda Valverde Terra
Bernardo Salgado

Art. 764. Salvo disposição especial, o fato de se não ter verificado o risco, em previsão do qual se faz o seguro, não exime o segurado de pagar o prêmio.

1. ORIGEM DA DISPOSIÇÃO E REGIME ANTERIOR

O art. 764 do CC[1] evidencia que, no contrato de seguro, o segurado não efetua o pagamento do prêmio para receber indenização, mas para transferir o risco originalmente seu para o segurador. O risco passa a pertencer a certa mutualidade, que proverá recursos para o pagamento das indenizações caso ocorra o sinistro. O segurado paga a sua prestação para transferir as repercussões econômicas do risco ao segurador e integrar a rede segurada. Daí por que, como prevê o dispositivo, se o risco não vier a se converter em sinistro, essa circunstância não interfere no sinalagma formado entre a prestação do segurado – o pagamento do prêmio – e a prestação do segurador – *a garantia* do segurado contra riscos predeterminados.

Conforme explica Pontes de Miranda:

> (...) o contraente do seguro, por isso que vincula o outro à cobertura do risco, presta o que ao segurador parece (ou é) o correspondente ao valor da vinculação. É o que se chama *prêmio*. A álea contínua para os dois: pode ocorrer que o contraente pague o prêmio ou todos os prêmios e não se dê o sinistro ou, em caso de seguro de vida, tarde, muito além do que era de pensar-se, a morte; o segurador pode receber um prêmio, ou poucos prêmios, e advir o sinistro, como pode ser que não se dê.[2]

O pagamento do prêmio não é correspectivo à indenização do sinistro, do qual o segurado quer se garantir. A relação de correspectividade se estabelece entre o prêmio pago pelo segurado e a garantia prestada pelo segurador.

---

[1] No texto, quando a referência numérica a dispositivo legal não estiver acompanhada da menção ao diploma, falar-se-á de dispositivo do Código Civil de 2002.

[2] PONTES DE MIRANDA, Francisco Cavalcanti. *Tratado de direito privado*: parte especial. São Paulo: Ed. RT, 2012. t. 45. p. 463.

Nessa linha, cuidando de aspecto inerente ao tipo contratual, o dispositivo repete, com ligeira alteração de redação, o art. 1.452 do CC/1916, que também estabelecia: "Art. 1.452. O fato de se não ter verificado o risco, em previsão do qual se fez o seguro, não exime o segurado a pagar o prêmio, que se estipulou, observadas as disposições especiais do direito marítimo sobre o estorno".

Pelo regime antecedente, ressalvavam-se, especificamente, regras do direito marítimo. A remissão às disposições especiais do direito marítimo concernia a regras previstas no Código Comercial de 1850, que, embora tenha sido parcialmente revogado, sobretudo pelo Código Civil de 2002,[3] ainda conserva vigentes as normas de sua parte segunda, atinente ao comércio marítimo.[4] Implementou-se, portanto, singela alteração de redação, sem impacto substantivo na regra outrora vigente. Claudio Luiz Bueno de Godoy comenta:

> Em relação ao art. 1.452 do CC/1916, o novo Código tão somente suprimiu a parte final que referia o seguro marítimo, tratado pelo CCom, mediante ressalva que hoje está na parte inicial do dispositivo em discussão. Aliás, pela lei comercial, já se previa a devolução do prêmio por seguro atinente a risco que não se efetivou, porque não iniciada a viagem (art. 692 do CCom [sic]), assim como a devolução parcial (art. 684 do CCom), ou seja, exatamente o mesmo princípio de equidade, anteriormente aludido, que vale para o seguro civil, nos termos expostos.[5]

A bem ver, a norma extraível do art. 764 se origina da causa mesma dos contratos de seguro. Por ela se enfatiza a principal obrigação do segurado, consistente no pagamento do prêmio, ainda que o risco não venha a se concretizar. Além de estar presente no citado art. 1.452, essa mesma ideia se encontrava no art. 1.449 do Código de 1916, que ordenava, salvo estipulação anterior em contrário, o pagamento do prêmio no mesmo ato de se assinar a apólice,[6]

---

[3] O Código Civil de 2002 revogou os arts. 1º a 456 do Código Comercial de 1850 (Lei Federal 556/1850).

[4] São dois os principais dispositivos do Código Comercial de 1850 que regulam a restituição do prêmio, um deles concernente ao *contrato de dinheiro a risco ou câmbio marítimo* (art. 642) e outro ao contrato de seguro em si (art. 684): "Art. 642 – Quando o objeto sobre que se toma dinheiro a risco não chega a pôr-se efetivamente em risco por não se efetuar a viagem, rescinde se o contrato; e o dador neste caso tem direito para haver o capital com os juros da lei desde o dia da entrega do dinheiro ao tomador, sem outro algum prêmio, e goza do privilégio de preferência quanto ao capital somente"; "Art. 684 – Em todos os casos em que o seguro se anular por fato que não resulte diretamente de força maior, o segurador adquire o prêmio por inteiro, se o objeto do seguro se tiver posto em risco; e se não se tiver posto em risco, retém 0,5% (meio por cento) do valor segurado".

[5] GODOY, Claudio Luiz Bueno de. Comentário ao art. 764. In: PELUSO, Antonio Cezar (org.). *Código Civil comentado*: doutrina e jurisprudência. 16. ed. São Paulo: Manole, 2022. p. 749. Acredita-se que a referência feita pelo autor ao art. 692 do Código Comercial diz respeito, em verdade, ao mencionado art. 642. O art. 692 do Código Comercial dispõe: "Art. 692 – O valor do objeto do seguro deve ser declarado na apólice em quantia certa, sempre que o segurado tiver dele conhecimento exato. No seguro de navio, esta declaração é essencialmente necessária, e faltando ela o seguro julga-se improcedente. Nos seguros sobre fazendas, não tendo o segurado conhecimento exato do seu verdadeiro importe, basta que o valor se declare por estimativa".

[6] "Art. 1.449. Salvo convenção em contrário, no ato de receber a apólice pagará o segurado o prêmio, que estipulou."

principalmente para evitar o risco de incumprimento futuro pelo segurado que não viesse a sofrer o sinistro.[7]

Semelhante orientação é encontrada em Portugal, em que igualmente se registra que o segurado tem a obrigação de pagar o prêmio por inteiro, de maneira correspectiva ao período de cobertura que contratou. No ordenamento lusitano, o art. 52.º, 3, do Decreto--lei 72/2008 prevê: "3 – O prémio corresponde ao período de duração do contrato, sendo, salvo disposição em contrário, devido por inteiro".

2. SENTIDO DA DISPOSIÇÃO E PRINCIPAIS CONTROVÉRSIAS NA SUA INTERPRETAÇÃO

Como se sabe, o contrato de seguro tem seu conceito expresso no art. 757 do CC. Por esse tipo contratual, "o segurador se obriga, mediante o pagamento do prêmio, a garantir interesse legítimo do segurado, relativo a pessoa ou a coisa, contra riscos predeterminados". A prestação do segurador se traduz na garantia de interesse legítimo do segurado, mediante retribuição. Cuida-se, pois, de prestação de garantia, existente independentemente do desembolso patrimonial por parte do segurador.[8] Já, no outro polo da relação, cabe ao segurado adimplir a retribuição, consubstanciada no prêmio. É essa a obrigação que assume em troca da garantia proporcionada pelo segurador.

O fundamento do art. 764 também se explica sob perspectiva coletiva. A determinação do valor do prêmio é feita pelo segurador por meio de técnicas atuariais que asseguram a sustentabilidade da rede segurada. A base econômica do seguro assenta precisamente nos cálculos realizados à vista da necessidade de se formarem fundos suficientes para a satisfação de todas as obrigações dos seguradores.[9] Assim, afigura-se legítimo compreender que o prêmio é pago não só no interesse do segurador mas igualmente de todos os demais segurados que integram o mesmo grupo cujos riscos tenham sido reunidos em uma mesma base,[10] a configurar o mutualismo que subjaz à rede securitária.[11] Nessa definição de valor,

---

[7] Regra parecida se encontra no art. 12 do Decreto-lei 73/1966: "Art. 12. A obrigação do pagamento do prêmio pelo segurado vigerá a partir do dia previsto na apólice ou bilhete de seguro, ficando suspensa a cobertura do seguro até o pagamento do prêmio e demais encargos.
Parágrafo único. Qualquer indenização decorrente do contrato de seguros dependerá de prova de pagamento do prêmio devido, antes da ocorrência do sinistro".

[8] TEPEDINO, Gustavo; KONDER, Carlos Nelson; BANDEIRA, Paula Greco. *Fundamentos do direito civil*: contratos. 3. ed. Rio de Janeiro: Forense, 2022. p. 461.

[9] ZULIANI, Ênio Santarelli. Comentário ao art. 762. In: NANNI, Giovanni Ettore (coord.). *Comentários ao Código Civil*: direito privado contemporâneo. 2. ed. São Paulo: Saraiva Educação, 2021. p. 712. Também assim: "o prêmio, a rigor, destina-se à constituição de um fundo da massa de segurados, gerido pelo segurador, servindo como contrapartida da garantia contratada, pelo tempo do ajuste" (GODOY, Claudio Luiz Bueno de. Comentário ao art. 764. In: PELUSO, Antonio Cezar (org.). *Código Civil comentado*: doutrina e jurisprudência. 16. ed. São Paulo: Manole, 2022. p. 749).

[10] MIRAGEM, Bruno; PETERSEN, Luiza. *Direito dos seguros*. Rio de Janeiro: Forense, 2022. p. 215.

[11] Sobre o princípio do mutualismo, afirma Walter A. Polido: "É da essência do contrato de seguro. Sem ele, o fundo de mutualidade, não existe seguro, e qualquer situação semelhante que se pretenda criar certamente estará sendo construída sobre outras bases que não são as do seguro. Através das reservas econômicas e matemáticas, riscos são protegidos coletivamente. (...) O agrupamento de pessoas, cada qual pagando uma quota-parte de seu risco em prol de todos, denominado mutualis-

parâmetro que também importa é o tamanho do risco. Calcula-se o prêmio de acordo com a probabilidade de vir a se verificar o sinistro e suas possíveis repercussões.

Considerando-se que o segurado contrata a garantia contra as repercussões econômicas de possível sinistro, e dado que o prêmio pago por uns é indispensável para custear as indenizações de outros, em esquema cuja racionalidade se explica pelo todo, fica ainda mais simples compreender que o segurado não terá direito à restituição do prêmio quando o risco do qual buscou se precaver não se concretizar.

Tem-se afirmado que as técnicas atuariais, na prática, eliminariam completamente o risco econômico do sinistro para o segurador. Os valores das indenizações pagas pelo segurador seriam ressarcidos pela massa de prêmios adimplidos pelos segurados integrantes de uma mesma rede, de tal forma que o segurador não correria qualquer risco de prejuízo. Nessa linha, afirma-se que, conquanto o contrato de seguro individualmente seja caracterizado pela aleatoriedade, ele se tornaria comutativo quando visto pela perspectiva da rede.[12]

Ao que parece, todavia, a formação do fundo mutual não é capaz de afastar a aleatoriedade essencial aos contratos de seguro. De fato, a celebração de diversos contratos análogos pela seguradora, relativos ao mesmo tipo de risco, e a solidariedade coletiva existente entre todos os segurados revelam apenas a estrutura organizacional da empresa seguradora, e não interferem na qualificação do contrato de seguro, que segue sendo aleatório.[13] Ainda que o segurador alcance a eliminação econômica do risco em razão do mutualismo, é a álea jurídica que qualifica o contrato de seguro como aleatório, assim entendida a incerteza de ambas as partes, no momento da contratação, quanto aos lucros ou aos prejuízos, em termos de atribuição patrimonial, que experimentarão com o negócio.[14]

Com efeito, o art. 764 ratifica que o seguro é contrato aleatório.[15] Pode o segurado efetuar o pagamento do prêmio e daí lhe advir, futuramente, o recebimento de indenização em valor

---

mo, certamente propicia maior segurança ao indivíduo e com barateamento de custos, ao invés de cada um dos participantes gerir o seu próprio risco, financiando-o" (POLIDO, Walter A. *Contrato de seguro*: novos paradigmas. São Paulo: Roncarati, 2010. p. 92-95).

[12] "Analisando a operação de seguro como um todo, importante lembrar que em virtude da técnica securitária baseada na mutualidade, estatísticas e cálculos atuariais, a álea deixa de existir para as companhias seguradoras, o que reforça o caráter comutativo do contrato de seguro" (ZIDAN, Rodrigo Ferreira. Aviso de sinistro: aspectos do descumprimento da obrigação de pronto aviso. In: POLIDO, Walter (coord.). *Em Debate*. Rio de Janeiro: Funenseg, 2014. v. 8. p. 206).

[13] Nesse sentido: TEPEDINO, Gustavo; KONDER, Carlos Nelson; BANDEIRA, Paula Greco. *Fundamentos do direito civil*: contratos. 3. ed. Rio de Janeiro: Forense, 2022. p. 473.

[14] BANDEIRA, Paula Greco. *Contratos aleatórios no direito brasileiro*. Rio de Janeiro: Renovar, 2010. p. 25.

[15] "[T]radicionalmente se vê no preceito em pauta a evidenciação da natureza aleatória do contrato. Isso porque o prêmio será devido pelo tempo do ajuste, independentemente de se verificar ou não o sinistro, ou seja, da conversão em fato do risco coberto, garantido pela contratação, o que significa dizer que o prêmio não se liga ao acontecimento futuro que é incerto, ou de data incerta, dependente da álea, e nunca da vontade exclusiva de qualquer das partes" (GODOY, Claudio Luiz Bueno de. Comentário ao art. 764. In: PELUSO, Antonio Cezar (org.). *Código Civil comentado*: doutrina e jurisprudência. 16. ed. São Paulo: Manole, 2022. p. 749). Igualmente: "Entendo que esse dispositivo corrobora a afirmação anterior no sentido de ser o contrato aleatório e não comutativo, não importando a ocorrência ou não do sinistro, pois o prêmio, em qualquer caso, deve ser pago pelo segurado" (ZULIANI, Ênio Santarelli. Comentário ao art. 762. In: NANNI, Giovanni Ettore (coord.). *Comentários ao Código Civil*: direito privado contemporâneo. 2. ed. São Paulo: Saraiva Educação, 2021. p. 712).

largamente superior ao prêmio pago, como também é possível que pague o prêmio sem que o sinistro se verifique e qualquer indenização seja paga pelo segurador. A álea se manifesta para as duas partes, uma vez que, na concreta relação contratual, o segurador, embora se previna na matemática da rede, também não sabe se receberá o prêmio sem pagar qualquer indenização ou se, de outro lado, advirá o sinistro. Se o sinistro ocorrer, o segurador experimentará perda patrimonial, já que o pagamento da indenização importará transferência de ativos de seu patrimônio para o segurado, que, por seu turno, gozará de vantagem patrimonial.[16]

Em síntese, o fato de não se implementar o sinistro não confere ao segurado direito a deixar de pagar o prêmio ou pedir a sua restituição.[17] Interessa ver que o seguro é contrato aleatório, e a obrigação assumida pelo segurador está em efetuar o pagamento da indenização *se* o risco se materializar. O prêmio pago pelo segurado não se destina à constituição de uma reserva a seu exclusivo favor, mas à formação de fundos que servem de sustentáculo para toda a rede de beneficiários, a serem paulatinamente vertidos aos membros acometidos por eventos de sinistralidade.

3. DISPOSIÇÕES RELACIONADAS

O art. 764 mantém inalterada a obrigação do segurado de pagar o prêmio, mas cuida de hipótese na qual não há redução considerável de risco no curso do contrato. Nos casos

---

[16] ZULIANI, Ênio Santarelli. Comentário ao art. 762. In: NANNI, Giovanni Ettore (coord.). *Comentários ao Código Civil*: direito privado contemporâneo. 2. ed. São Paulo: Saraiva Educação, 2021. p. 712.

[17] Vale a transcrição dos seguintes exemplos de precedentes nos quais o art. 764 do Código Civil foi aplicado na jurisprudência: "[S]e o pedido da autora está centrado na cobrança da indenização que entende ser devida, ela não pode escusar-se ao pagamento do prêmio. Como não há pedido de resolução contratual, o ajuste permanecerá em plena vigência, independentemente do resultado da ação. Em uma perspectiva teleológica, qualquer que seja o resultado da ação, o valor que agora se encontra depositado em caução no juízo de origem reverterá à seguradora: se considerar-se legítima a sua recusa, o prêmio reverterá em seu favor, pois agiu conforme o contrato; se ilegítima, e acaso seja condenada a indenizar a segurada, também reverterá em seu favor, pois não há indenização sem o correspondente prêmio. Além disso, considerando que a obrigação precípua da seguradora não é, propriamente, pagar a indenização, mas assumir o risco, autorizar que a segurada suste o pagamento das parcelas do prêmio do seguro significa dizer, a bem da verdade, que a seguradora não assumiu risco algum em seu favor, em relação a nenhuma das outras cargas que a parte autora transporta e que não sofreram avarias. Assim, ainda que se pudesse considerar a possibilidade de se suspender o pagamento do prêmio do seguro pelo não pagamento de uma dada indenização, não se poderia autorizar suspendê-lo na sua integralidade, pois que outras cargas não foram sinistradas, embora sobre elas a seguradora houvesse assumido o risco, sob pena de contrariar-se o art. 764 do CC" (TJSC, 3ª Câmara de Direito Civil, A.I. 4001122-39.2020.8.24.0000, rel. Des. Saul Steil, j. 19.05.2020); "Apelação cível. Ação de cobrança. Seguro de vida. Restituição de prêmios. Descabido, ainda que não tenha ocorrido nenhum dos riscos contratados, a devolução dos valores dos prêmios pagos no decorrer da contratualidade, uma vez que o segurado gozou da cobertura securitária durante todo o período de contribuição. Inteligência do art. 764 do Código Civil. Apelo não provido" (TJRS, 6ª Câmara Cível, Ap. Cív. 70071419857/RS, rel. Des. Ney Wiedemann Neto, j. 15.12.2016); "Apelação cível. Ação de cobrança. Plano de saúde coletivo. Sentença de procedência dos pedidos. Irresignação da parte ré. (...) "[A] recorrente não logrou êxito em comprovar que o plano de saúde estava suspenso durante os meses cobrados na presente ação. 4. Nos contratos de seguro, o fato do risco coberto não ter ocorrido não exonera o segurado de pagar o prêmio, nos termos do art. 764 do Código Civil" (TJRJ, 25ª Câmara Cível, Ap. Cív. 0061745-76.2014.8.19.0004, rel. Des. Sergio Seabra Varella, j. 30.01.2019).

em que o risco experimenta redução considerável durante a execução contratual, aplica-se a regra do art. 770, segundo a qual, "[s]alvo disposição em contrário, a diminuição do risco no curso do contrato não acarreta a redução do prêmio estipulado; mas, se a redução do risco for considerável, o segurado poderá exigir a revisão do prêmio, ou a resolução do contrato".

O âmbito de incidência de cada norma é notadamente distinto. O art. 764 tem em mira situações de normalidade, enquanto o art. 770 tem sua aplicação projetada para casos em que há alteração anormal de circunstâncias, apta a reduzir, de forma relevante, o risco ao qual o segurado está sujeito. O princípio do mutualismo e o respeito à causa do contrato de seguro orientam a aplicação do art. 764, ao passo que o princípio do equilíbrio fundamenta a aplicação do art. 770.[18]

Também importa ter em conta o art. 30 do Decreto-lei 73/1966, que, a fim de tutelar a massa de beneficiários, proíbe o segurador de conceder aos segurados qualquer espécie de vantagem que importe dispensa ou redução do prêmio.[19] A disposição realça a ideia de que, ao lado do interesse do segurador em receber os prêmios, se posiciona o interesse de todos os segurados a que se mantenha hígido o fundo, garantia final de pagamento das indenizações devidas pelo segurador.

Ainda correlato à matéria é o parágrafo único do art. 26 da Circular Susep 662/2022, que disciplina regras e critérios para elaboração e comercialização de planos de seguro-garantia (art. 1º da Circular):

> Art. 26. O Seguro-Garantia será extinto na ocorrência de um dos seguintes eventos, o que ocorrer primeiro, sem prejuízo da comunicação do sinistro conforme arts. 19 e 20:
>
> I – quando as obrigações garantidas forem definitivamente concluídas e houver manifestação expressa do segurado neste sentido;
>
> II – quando o segurado e a seguradora expressamente acordarem;
>
> III – quando o pagamento da indenização ao segurado ou beneficiário atingir o valor da garantia;
>
> IV – quando o objeto principal for extinto; ou
>
> V – quando do término de vigência da apólice.
>
> Parágrafo único. A extinção do Seguro-Garantia em decorrência das situações previstas nos incisos I e IV do *caput*, poderá ensejar a restituição da parcela do prêmio calculada de acordo com o critério definido nas condições contratuais do seguro, o qual deverá ser compatível com o risco efetivamente coberto pelo seguro até a data da rescisão contratual.

Conforme se vê, o parágrafo único do art. 26 confere ao segurado o direito à restituição de parcela do prêmio nas hipóteses de extinção do seguro-garantia por concordância

---

[18] Sobre a regra do art. 770, vale consultar MIRAGEM, Bruno; PETERSEN, Luiza. Alteração do risco no contrato de seguro e critérios para sua qualificação: agravamento e diminuição relevante do risco. In: JUNQUEIRA, Thiago; GOLDBERG, Ilan (coord.). *Temas atuais de direito dos seguros*. São Paulo: Ed. RT, 2020. t. 1. p. 464-497.

[19] "Art. 30. As Sociedades Seguradoras não poderão conceder aos segurados comissões ou bonificações de qualquer espécie, nem vantagens especiais que importem dispensa ou redução de prêmio."

mútua do segurado e da seguradora (inciso II) ou quando o objeto principal da garantia[20] for extinto. Tais hipóteses não constituem exceções ao art. 764 do CC, porque, nelas, diferentemente do art. 764, o contrato de seguro é extinto *antes* da data prevista. Não é que se encerre a vigência inicialmente combinada sem a verificação do sinistro. Nas hipóteses narradas nos incisos II e IV do art. 26, o contrato chega a termo antecipadamente, a justificar a restituição proporcional do prêmio pago pelo tomador da garantia.

REFERÊNCIAS BIBLIOGRÁFICAS

BANDEIRA, Paula Greco. *Contratos aleatórios no direito brasileiro*. Rio de Janeiro: Renovar, 2010.

GODOY, Claudio Luiz Bueno de. Comentário ao art. 764. In: PELUSO, Antonio Cezar (org.). *Código Civil comentado*: doutrina e jurisprudência. 16. ed. São Paulo: Manole, 2022.

MIRAGEM, Bruno; PETERSEN, Luiza. Alteração do risco no contrato de seguro e critérios para sua qualificação: agravamento e diminuição relevante do risco. In: JUNQUEIRA, Thiago; GOLDBERG, Ilan (coord.). *Temas atuais de direito dos seguros*. São Paulo: Ed. RT, 2020. t. 1. p. 464-497.

MIRAGEM, Bruno; PETERSEN, Luiza. *Direito dos seguros*. Rio de Janeiro: Forense, 2022.

POLIDO, Walter A. *Contrato de seguro*: novos paradigmas. São Paulo: Roncarati, 2010.

PONTES DE MIRANDA, Francisco Cavalcanti. *Tratado de direito privado*: parte especial. São Paulo: Ed. RT, 2012. t. 45.

TEPEDINO, Gustavo; KONDER, Carlos Nelson; BANDEIRA, Paula Greco. *Fundamentos do direito civil*: contratos. 3. ed. Rio de Janeiro: Forense, 2022.

ZIDAN, Rodrigo Ferreira. Aviso de sinistro: aspectos do descumprimento da obrigação de pronto aviso. In: POLIDO, Walter (coord.). *Em Debate*. Rio de Janeiro: Funenseg, 2014. v. 8.

ZULIANI, Ênio Santarelli. Comentário ao art. 762. In: NANNI, Giovanni Ettore (coord.). *Comentários ao Código Civil*: direito privado contemporâneo. 2. ed. São Paulo: Saraiva Educação, 2021.

---

[20] Assim entendida – de acordo com o art. 2º, II, da mesma Circular – a "relação jurídica, contratual, editalícia, processual ou de qualquer outra natureza, geradora de obrigações e direitos entre segurado e tomador, independentemente da denominação utilizada".

18
COMENTÁRIOS AO ART. 765 DO CÓDIGO CIVIL

Thiago Junqueira

> **Art. 765.** O segurado e o segurador são obrigados a guardar na conclusão e na execução do contrato, a mais estrita boa-fé e veracidade, tanto a respeito do objeto como das circunstâncias e declarações a ele concernentes.

1. ORIGEM DA DISPOSIÇÃO E REGIME ANTERIOR

A atuação da boa-fé nos contratos de seguro é tão impactante que costuma ser qualificada: fala-se, no Brasil, da exigibilidade de uma *máxima boa-fé* nos seguros. A indigitada noção possui origem no Direito inglês e, não obstante ter sido ecoada em vários países, vem enfrentando resistência nos últimos tempos. Para além do exame dos efeitos irradiados pela boa-fé, em suas vertentes objetiva e subjetiva na matéria em apreciação, será de grande utilidade enfrentar a (des)necessidade de manutenção de tal elemento qualificador da boa-fé nas relações securitárias contemporâneas.

Naquele que é considerado o primeiro tratado referente aos seguros (escrito em 1552), ao solucionar determinado problema, Pedro Santarém afirmou: "Não por olhar à natureza do contrato, mas aquela boa fé, que muito especialmente os mercadores devem observar".[1] É ainda mais antiga, porém, a menção à necessidade da boa-fé, especialmente nos seguros marítimos.

Com efeito, podem ser citados o *Statuto Dell'Uffizio di Mercanzia di Firenze Sull'assicurazione di navi e merci straniere* (1393), que seria a fonte mais vetusta de que se tem conhecimento com menção à necessidade da boa-fé no contrato de seguro, a Ordenação de Philippe II, da Antuérpia (1570), a Ordenação de Amsterdam (1598) e o *Guidon de la Mer* (1556 e 1584).

> Nesse período de formação do seguro (séculos XIV-XVI), sua característica *bona fides* desenvolve-se gradualmente. A boa-fé é empregada topicamente, em contraposição ao

---

[1] SANTARÉM, Pedro. *Tractatus de Assecurationibus et Sponsionibus*. 3. ed. (trad. port.). Lisboa: Instituto de Seguros de Portugal, 2006. p. 163. Curiosamente, a primeira seguradora que atuou no Brasil, fundada em 24 de fevereiro de 1808, se chamava "Companhia de Seguros Boa Fé".

dolo (delito) e à fraude, tanto a propósito das declarações dos contratantes como da própria legitimidade do pacto.[2]

A noção de máxima boa-fé (*utmost good faith* ou *uberrima fides*)[3] é, usualmente, atribuída ao *leading case* inglês *Carter* vs. *Boehm* (1766). Todavia, a literatura especializada demonstra que Willian Murray (Lord Mansfield, *Chief Justice of the King's Bench* durante o período de 1756 a 1788) não utilizou tal expressão ou outra equivalente (*v.g.*, *purest good faith*) no referido caso. Embora seja alvo de bastante controvérsia, a expressão, aparentemente, teria sido empregada, pela primeira vez, na Inglaterra, em *Wolff* vs. *Horncastle*, em ação julgada por Buller J. em 1798.[4] Ao longo do século XIX, a doutrina da máxima boa-fé ganhou progressivo terreno na jurisprudência desse país e foi legalmente consagrada no *Marine Insurance Act* de 1906 (seção 17). Na sequência, a noção foi transposta do seguro marítimo para o seguro terrestre, replicou-se em inúmeras latitudes e, durante um período, foi detentora de grande prestígio internacional.[5]

A doutrina da máxima boa-fé não teve acolhida legislativa por aqui em um primeiro momento. O Código Comercial brasileiro de 1850, nesse sentido, é exemplar. Embora tenha um artigo relativo à boa-fé como critério interpretativo, foi omisso no ponto ao tratar dos seguros marítimos (arts. 666 a 730).[6] O mesmo se diga do esboço de Teixeira de Freitas (1864), que não dispunha de regramento próprio para os seguros, referenciando-o apenas tangencialmente, como um dos exemplos de contratos aleatórios (art. 2.271).[7]

---

[2] MIRAGEM, Bruno; PETERSEN, Luiza. *Direito dos seguros*. Rio de Janeiro: Forense, 2022. p. 158-159.

[3] Sobre o uso da expressão latina em questão, confira-se a provocação da doutrina: "(…) a rule requiring '*uberrima fides*' from a contracting party is more impressive sounding than one merely requiring the exercise of the 'utmost good faith'" (HASSON, R. A. The doctrine of *uberrima fides* in insurance law – a critical evaluation. *The Modern Law Review*, v. 32, 1969. p. 615).

[4] BENNETT, Howard. The three ages of Utmost Good Faith. In: MITCHELL, Charles; WATTERSON, Stephen (ed.). *The World of Maritime and Commercial Law*: Essays in Honour of Francis Rose. London: Hart Publishing, 2020. p. 66.

[5] Na Inglaterra, a máxima boa-fé continua tendo relevo considerável. McGee, por exemplo, advoga: "It is perhaps the most important single rule of insurance law that insurance is a contract of utmost good faith" (MCGEE, Andrew. *The modern Law of Insurance*. 3. ed. London: LexisNexis Butterworths, 2011. p. 63). Parte da doutrina inglesa, porém, defende que a exigência da *utmost good faith* deve ser interpretada com cuidado no que toca aos contratos de seguros com consumidores, de modo que não impulsione a possibilidade de evitar que as seguradoras cumpram as suas obrigações em virtude de um consumidor haver, inadvertidamente, por exemplo, falhado ao seu dever de declaração do risco (EGGERS, Peter MacDonald; PICKEN Simon; FOSS, Patrick. *Good Faith and Insurance Contract*. London: Lloyd's List, 2010. p. vii, 103-117).

[6] A disposição no sentido de que as cláusulas contratuais devem ser interpretadas de maneira "mais conforme à boa fé, e ao verdadeiro espírito e natureza do contrato", e não de acordo com a "restrita significação das palavras" estava expressa no art. 131 do Código Comercial de 1850. Em sede doutrinária, discute-se se estaria ali albergada a boa-fé objetiva ou subjetiva. Sob as lentes atuais, um artigo nesse estilo seria enquadrado na modalidade objetiva, mas parece exagerado afirmar que ele exerceu, à época, esse papel. Convém ressaltar, ademais, que, não obstante o Código Civil de 2002 ter parcialmente revogado o Código Comercial de 1850, a parte desse diploma que trata dos seguros marítimos continua em vigor.

[7] Em relação à boa-fé, constava no Esboço, entre outros, o seguinte artigo (1954): "Os contratos devem ser cumpridos de boa-fé, pena de responsabilidade por faltas (arts 844 a 847) segundo as regras do art. 881. Eles obrigam não só ao que expressamente se tiver convencionado, como a tudo que, segundo a natureza do contrato, for de lei, eqüidade, ou costume".

Por outro lado, o Código Civil de 1916, apesar de não ter consagrado um princípio da boa-fé nos contratos, fez menção à sua incidência em caráter geral a um único contrato em espécie, justamente o seguro (art. 1.443). Eis os seus termos: "O segurado e o segurador são obrigados a guardar no contrato a mais estrita boa fé e veracidade, assim a respeito do objeto, como das circunstâncias e declarações a ele concernentes".

Em passagem sucinta de seu *Código Civil comentado*, Clóvis Beviláqua afirma que o art. 1.443 do CC/1916 teve como fontes inspiradoras o art. 508 do Código Civil de Zurich (1855), o art. 9º da Lei belga de Seguros (1874) e o art. 933 do projeto Coelho Rodrigues.[8] Ocorre que ambas as leis, na verdade, não faziam menção alguma a uma *máxima* boa-fé. No projeto de Coelho Rodrigues, constava que as partes contratantes de um seguro eram obrigadas a guardar a "mais restricta sinceridade e boa fé",[9] o que já se encontrava em alguma doutrina pátria em relação às causas mercantis em geral.[10]

Na atualidade, afigura-se mais questionável a conveniência de manutenção dessa noção de máxima boa-fé, a exemplo do que ocorreu recentemente com a teoria da "violação positiva do contrato", diante da ampla definição de mora no Direito brasileiro.[11] Independentemente da conclusão que se alcance em tópico próprio (*infra*, 2.1), não se pode negar que, historicamente, a boa-fé qualificada encontrou terreno fértil no campo dos seguros. Para além do Código Civil de 1916, que serviu de trampolim para a expansão do conceito na civilística nacional, a doutrina afirmava:

> Ainda continua válida a lição de antigos autores: o contrato de seguro não é somente um contrato de *bonae fidei*, mas de *uberrimae fidei*. A celeridade da atividade econômica, incrementada pela rede de comunicações introduzidas pelo progresso, não pode ficar na dependência de morosos processos de fiscalização ou pesquisa por parte das seguradoras, às quais são demandadas coberturas imediatas para vultosos e sofisticados riscos industriais ou comerciais. Ou confiam nas declarações do segurado ou tornam difícil e impraticável sua atividade.[12]

---

[8] BEVILÁQUA, Clóvis. *Codigo Civil dos Estados Unidos do Brasil Comentado*. Rio de Janeiro: Francisco Alves, 1926. v. V. p. 205. Após afirmar que todos os contratos devem ser de boa-fé, o autor adverte que, "No seguro, porém, este requisito se exige com maior energia, porque é indispensável que as partes confiem nos dizeres um da outra", arrematando: "a sancção deste artigo é a annullação do contracto, por parte daquelle que fôr induzido em erro".

[9] No projeto Coelho Rodrigues, apresentado em 1893, constava (art. 933): "O segurado e o segurador são obrigados a guardar no respectivo contrato a *mais restricta* sinceridade e boa fé, tanto a respeito do objecto, como das cricumstancias e das declarações pertinentes". O autor, que, ao receber a missão de fazer o projeto de um Código Civil, foi para Zurique, teria sido influenciado pelo seu Código Civil. Para conferir a literalidade dos artigos do CC de Zurich (*rectius*, Código de Direito Privado do Cantão de Zurique) e da Lei belga, consulte-se MIRAGEM, Bruno; PETERSEN, Luiza. *Direito dos seguros*. Rio de Janeiro: Forense, 2022. p. 25.

[10] CAMILO JUNIOR, Ruy Pereira. A recepção dos "Princípios de Direito Mercantil e Leis de Marinha", do Visconde de Cairu, pelos comercialistas brasileiros dos séculos XIX e XX. *Revista da Faculdade de Direito, Universidade de São Paulo*, São Paulo, v. 112, jan.-dez. 2017.

[11] KONDER, Carlos Nelson. Boa-fé objetiva, violação positiva do contrato e prescrição: repercussões práticas da contratualização dos deveres anexos no julgamento do REsp 1.276.311. *RTDC*, v. 50, abr.-jun. 2012. p. 225 e ss.

[12] ALVIM, Pedro. *O contrato de seguro*. 3. ed. Rio de Janeiro: Forense, 2001. p. 132.

A consagração do princípio da boa-fé (objetiva) no capítulo que abarca as disposições gerais dos contratos, mais especificamente no art. 422 do CC/2002,[13] não provocou a exclusão do tratamento específico pelo legislador, conforme o art. 765, *in verbis*: "O segurado e o segurador são obrigados a guardar na conclusão e execução do contrato, a mais estrita boa-fé e veracidade, tanto a respeito do objeto como das circunstâncias e declarações a ele concernentes".

O enunciado transcrito não possui alterações substanciais quando comparado ao anterior (art. 1.443 do CC/1916), exceto em um ponto. Se no art. 1.443 do CC/1916 constava "guardar no contrato", os arts. 422 e 765 foram além, fazendo expressa referência às etapas de "conclusão" e "execução" do contrato. A doutrina mais atenta, porém, antes mesmo da publicação do novo código, já denunciava a incidência da boa-fé também nos períodos pré e pós-contratuais.[14]

No meio do caminho entre os Códigos Civis de 1916 e 2002, outro regulamento foi fundamental para o desabrochar da boa-fé no País. Conforme se disse em outra sede, "na veste de um princípio contratual, a boa-fé – objetiva – foi indubitavelmente reconhecida no ordenamento jurídico brasileiro em 1990, como obra do CDC (art. 4º, inc. III, e art. 51, inc. IV)".[15] Por ter se arvorado no Código de Defesa do Consumidor (Lei 8.078/1990), diferentemente do que ocorreu em outros países, como Alemanha (§ 242 do BGB) e Itália (art. 1375 do *Codice Civile*), o surgimento da moderna concepção da boa-fé objetiva no Brasil acabou por gerar, na prática jurisprudencial, a sua utilização como preceito para proteção do consumidor, e não como "uma sujeição de ambas as partes, e em igual medida, aos padrões objetivos de lealdade e colaboração para fins contratuais".[16]

Essa particularidade histórica traz um colorido especial para o estudo da boa-fé nos contratos de seguro. Na experiência estrangeira, é comum a ressalva de que a mesma boa-fé que serviu para proteger o segurador no direito comercial dos séculos passados estaria sendo remodelada "allo scopo di riequilibrare i rapporti giuridici ed economici instaurati dal contrato di assicurazione".[17] Em termos legislativos e regulatórios, pode-se concordar com tropicalização da afirmativa. Ou seja, quando comparados os artigos do Código Comercial de 1850, do Código Civil de 1916 e do diploma de 2002, bem como

---

[13] Art. 422 do CC. "Os contratantes são obrigados a guardar, assim na conclusão do contrato, como em sua execução, os princípios de probidade e boa-fé".

[14] AZEVEDO, Antônio Junqueira de. Insuficiências, deficiências e desatualização do Projeto de Código Civil na questão da boa-fé objetiva nos contratos. *Revista Trimestral de Direito Civil*, v. 1, n. 1, 2000, ao criticar a literalidade do que veio a ser o art. 422 do CC de 2002. Confira, ademais, os Enunciados 25 da I Jornada de Direito Civil do CJF ("O art. 422 do Código Civil não inviabiliza a aplicação pelo julgador do princípio da boa-fé nas fases pré-contratual e pós-contratual") e 170 da III Jornada de Direito Civil do CJF ("A boa-fé objetiva deve ser observada pelas partes na fase de negociações preliminares e após a execução do contrato, quando tal exigência decorrer da natureza do contrato").

[15] JUNQUEIRA, Thiago. Princípios contratuais no direito civil brasileiro: é tempo de redimensioná-los. *Revista Jurídica de Seguros*, Rio de Janeiro, n. 9. nov. 2018. p. 158.

[16] TEPEDINO, Gustavo; SCHREIBER, Anderson. A boa-fé no Código de Defesa do Consumidor e no novo Código Civil. In: TEPEDINO, Gustavo (coord.). *Obrigações*: estudos na perspectiva civil-constitucional. Rio de Janeiro: Renovar, 2005. p. 33.

[17] MONTI, Alberto. La buona fede nel contratto di assicurazione. In: ALPA, Guido. *Le assicurazioni private*. Torino: UTET Giuridica, 2006. t. I. p. 1111.

considerando a evolução dos atos normativos nacionais, nota-se que alguns dos deveres dos segurados e, quando ausente a má-fé, as consequências jurídicas do seu inadimplemento, foram abrandados, e houve, concomitantemente, um incremento dos deveres por parte dos seguradores, especialmente de transparência e tratamento adequado aos clientes. Em termos jurisprudenciais, porém, é bom que fique claro: tradicionalmente, a aplicação da máxima boa-fé e dos institutos influenciados por ela foram filtrados pelos magistrados nacionais, por vezes, com o devido respeito, de forma exagerada.[18]

Principalmente nas relações de consumo, o pêndulo esteve, durante o início do século XXI, exageradamente pró-consumidor. Ainda quando esses eram faltosos nos seus deveres essenciais para a equivalência entre as prestações das partes, em várias ocasiões, exigia-se, para o afastamento da cobertura do sinistro, que o segurado tivesse descumprido o seu dever com a intenção de prejudicar o segurador. Nos últimos anos, porém, tem-se notado um maior equilíbrio nas decisões judiciais, especialmente dos Tribunais Superiores, o que deve ser saudado. O exemplo do suicídio do segurado no prazo de carência legal de dois anos no âmbito do seguro de vida é emblemático.[19]

A relativa carência de fontes de estudos sobre a boa-fé objetiva na seara contratual foi aos poucos sendo suprida, tanto pela doutrina quanto pela jurisprudência, havendo, nos dias correntes, uma literatura brasileira muito rica. Todavia, isso não impediu certo exagero na dose do remédio – já denunciado por meio da expressão "superutilização da boa-fé objetiva".[20] Judith Martins-Costa, na segunda edição de sua *Magnum opus* enquadra bem a questão:

> A explosão do emprego do instituto jurídico designado como *boa-fé objetiva* tem um lado virtuoso e outro perverso. Virtuoso porque assenta no Direito brasileiro inafastável padrão ético à conduta contratual. Perverso quando o uso excessivo, desmesurado, imperito, deslocado dos *critérios dogmáticos* a que deve estar vinculado serve para desqualificá-lo, esvaziá-lo de um conteúdo próprio, diluindo-o em outros institutos e minorando sua densidade específica.[21]

Na posição privilegiada de um observador contemporâneo, parece correto concluir-se que parte dos aplicadores do Direito brasileiro demorou um tempo para se adaptar ao manuseio técnico – conforme parâmetros fixados mediante ampla reflexão, sem descurar das circunstâncias fáticas – da boa-fé. É notável, com efeito, a preocupação crescente de afastamento do seu uso retórico, pouco rigoroso, e, em alguns casos, como uma "vara de condão".[22]

---

[18] Remeta-se o leitor, nesse ponto, aos comentários ao art. 766 do CC.
[19] Confira, a propósito, os comentários ao art. 798 do CC.
[20] "Com esta expressão, *superutilização da boa-fé objetiva*, propõe-se designar um processo de invocação arbitrária da boa-fé como justificativa ética de uma série de decisões judiciais e arbitrais, que nada dizem tecnicamente com seu conteúdo e com as suas funções" (SCHREIBER, Anderson. *A proibição de comportamento contraditório*: tutela da confiança e *venire contra factum proprium*. Rio de Janeiro: Renovar, 2005. p. 116).
[21] MARTINS-COSTA, Judith. *A boa-fé no direito privado*: critérios para a sua aplicação. 2. ed. São Paulo: Saraiva Educação, 2018. p. 13. Conclui, na mesma página, a autora: "Oferecer critérios é também oferecer limites".
[22] RODRIGUES JR., Otavio Luiz. *Boa-fé não pode ser uma varinha de condão nas lições de Jan Peter Schmidt*. Conjur, 2014. Disponível em: <https://www.conjur.com.br/2014-dez-10/direito-comparado-

Tudo isso a demonstrar a redobrada atenção de que a análise da matéria suscita. Apresentada a origem do art. 765 do CC, o regime anterior, e pinceladas algumas de suas controvérsias, é hora de se aprofundar o exame, conforme tópico subsequente.

2. SENTIDO DA DISPOSIÇÃO E PRINCIPAIS CONTROVÉRSIAS NA SUA INTERPRETAÇÃO

Embora seja inconteste a vinculação à boa-fé – ao menos – por parte do segurado e do segurador, conforme o próprio art. 765 do CC atesta, deve ser reconhecido que os dispositivos legais do referido diploma foram mais descritivos em relação às concretizações da boa-fé objetiva dos segurados, em especial os seus deveres informacionais (*v.g.*, arts. 766, 769 e 771). A carência em questão, a propósito dos *standards* de conduta dos seguradores, é suprida pelos atos normativos da Susep e do CNSP, bem como, muitas vezes, pela aplicação conjunta do CDC, conforme se verá no tópico 3. Registre-se, porém, a mentalidade econômica por trás do legislador de 1916 nesse assunto em particular:

> Não pode haver fraude por parte do segurador, na estipulação do preço de seus serviços, ou na compra dos riscos; quando muito haverá exagero. Mas a concorrência, que entre si fazem as companhias, e a necessidade de não afastarem os que as procuram, são forças suficientes para as manterem nos limites do razoável.[23]

Em relação às partes vinculadas à boa-fé e à veracidade nos contratos de seguro, apesar de o artigo sob exame referir-se ao "segurado e o segurador", esse trecho deve ser lido de forma ampliativa, abarcando também, quando presentes, outros figurantes dessa relação negocial: o estipulante, os representantes do segurado e da seguradora, o beneficiário etc. Tal leitura é referendada, em especial, pelo art. 422 do CC e pelo art. 3º da Resolução CNSP 382, de 4 de março de 2020 (que dispõe sobre princípios a serem observados nas práticas de conduta adotadas pelas sociedades seguradoras, entre outras supervisionadas, e os intermediários).[24]

-boa-fe-objetiva-nao-varinha-condao-licoes-jan-peter-schmidt>. Acesso em: 29.12.2022. O autor desenvolve a sua crítica em: SCHMIDT, Jan Peter. Dez anos do art. 422 do Código Civil: luz e sombra na aplicação do princípio da boa fé objetiva na *praxis* judicial brasileira. In: GOMES, Elena de Carvalho et al. *Estudos de Direito Privado* – Liber amicorum *para João Baptista Villela*. Belo Horizonte: D'Plácido, 2017. p. 119-135. Consulte-se, ainda, TERRA, Aline de Miranda Valverde; ORLEANS, Helen Cristina Leite de Lima. A tutela da autonomia privada e a utilização atécnica dos novos princípios contratuais. In: RUZYK, Carlos Eduardo Pianovski et al. *Direito civil constitucional*: a ressignificação da função dos institutos fundamentais do direito civil contemporâneo e suas consequências. Florianópolis: Conceito Editorial, 2014. p. 123.

[23] BEVILÁQUA, Clóvis. *Direito das obrigações*. Ed. histórica. Rio de Janeiro: Editora Rio, 1977. p. 385. Segundo Carvalho Santos: "A má fé do segurado produz consequencias muito mais graves que a do segurador, razão pela qual é tratada com mais rigor pelo Codigo" (SANTOS, J. M. de Carvalho. *Codigo Civil Brasileiro interpretado*. Rio de Janeiro: Livraria Editora Freitas Bastos, 1937. v. XIX. p. 293).

[24] Art. 3º da Resolução CNSP 382, de 04 de março de 2020: "Os entes supervisionados e os intermediários devem conduzir suas atividades e operações ao longo do ciclo de vida do produto, no âmbito de suas respectivas competências, observando princípios de ética, responsabilidade, transparência, diligência, lealdade, probidade, honestidade, boa-fé objetiva, livre iniciativa e livre concorrência, promovendo o tratamento adequado do cliente e o fortalecimento da confiança no sistema de seguros privados".

Outro ponto digno de nota é que a observância da boa-fé, ao contrário do que possa parecer em uma primeira leitura do artigo, não se restringe "a respeito do objeto como das circunstâncias e declarações a ele concernentes".[25] Na verdade, o campo de incidência da boa-fé é consideravelmente mais amplo,[26] devendo tal trecho ser aplicado apenas ao dever de veracidade, ainda assim *cum grano salis*.

Antes de se avançar sobre o detalhamento da boa-fé nas modalidades subjetiva e objetiva nas relações securitárias, insta tirar o elefante da sala: faz sentido a manutenção de uma noção de máxima boa-fé aplicável aos seguros no cenário atual?

2.1. O ocaso da noção de "máxima" boa-fé nas relações securitárias e a ausência de maiores efeitos dessa constatação

A dependência de informações providas pelo segurado para o contrato ser firmado em termos adequados, a potencialidade de os comportamentos do segurado influenciarem diretamente a ocorrência ou não do sinistro – ou, ao menos, a probabilidade de sua concretização – e o fato de esse vínculo, geralmente, se qualificar como de longa duração colocavam, quando somados, os seguradores em uma posição de vulnerabilidade e, por isso, contribuíram para o florescimento da máxima boa-fé.

Na sua origem, a noção estava muito ligada ao dever pré-contratual de informação dos segurados,[27] tendo poucas consequências práticas para as exigências de comportamentos dos seguradores. Aos poucos os seus contornos foram se alterando, sendo indisputável, no contexto atual, a ambivalência da boa-fé, independentemente de sua qualificação, e os seus influxos ao longo de todo o vínculo contratual, inclusive nas fases anterior e subsequente ao contrato.

O que tem sido mais e mais debatido é se, consolidado o princípio da boa-fé nos países de *civil law*, faria sentido manter esse conceito de máxima boa-fé nas relações securitárias, proveniente do *common law*. Entre inquietantes dúvidas, destaque-se: seria possível a gradação da boa-fé? O seguro demandaria parâmetro de conduta particular, ou seja, uma boa-fé qualificada? Quais seriam os reais impactos de uma qualificação nesse sentido? Considerando a amplitude da boa-fé objetiva presente no direito contratual brasileiro contemporâneo, haveria benefício na manutenção dessa noção?

Não se pretende, nas linhas que seguem, analisar exaustivamente o tema. Buscar-se-á, tão somente, convidar o leitor a refletir sobre a conveniência da repetição dessa noção de

---

[25] Nesse particular, recorde-se o teor do Substitutivo Comparato, que propôs a retirada da parte final do artigo 765: "Art. VII. Os contraentes são obrigados a guardar, assim na conclusão do contrato, como em sua execução, a mais estrita veracidade e boa-fé" (COMPARATO, Fábio Konder. Substituto ao capítulo referente ao contrato de seguro no anteprojeto de Código Civil. *Revista de Direito Mercantil, Industrial, Econômico e Financeiro*. São Paulo, n. 5, ano XI (nova série), 1972. p. 143).

[26] Rios de tintas já foram escritos acerca do conceito de obrigação como processo e seu entrelaçamento com a boa-fé objetiva. Sobre o tema, *vide*, por todos, SILVA, Clóvis V. do Couto. *A obrigação como processo*. São Paulo: Bushatsky, 1976.

[27] "Por mais aperfeiçoado que seja o método de investigação das companhias seguradoras, não há negar a sua dependência a respeito dos elementos de informação que só o segurado possui. Daí a exigência de *uberrima fides* que o Direito desde sempre impôs aos segurados, no que se refere às declarações iniciais de risco" (COMPARATO, Fábio Konder. *O seguro de crédito*: estudo jurídico. São Paulo: Ed. RT, 1968. p. 115).

máxima boa-fé nos seguros, ainda que seja, como tem ocorrido mais recentemente, para justificar padrões de conduta mais diligentes por parte dos seguradores.

Retornando ao contexto do Direito inglês, convém ressaltar que, nesse país, não havia e não há um princípio geral de boa-fé contratual e um dever de informação anterior ao vínculo negocial. Conforme adverte Christian Twigg-Flesner: "With the exception of a small category of contracts *uberrimae fidei*, English contract law does not have a general duty of disclosure in the pre-contractual context, reflecting its adversarial rather than co-operative ethic".[28]

Como poderia o nascedouro da máxima boa-fé nos seguros não agasalhar o princípio geral da boa-fé nas relações contratuais? O paradoxo é apenas aparente. Foram justamente as especificidades dessa relação contratual e a ausência de uma boa-fé em geral que contribuíram para a qualificação dos seguros, entre outros poucos vínculos obrigacionais, como um contrato de *utmost good faith*, sendo afastada a máxima *caveat emptor* ("toma cuidado, comprador"). O conceito ganhou tanta força que acabou sendo recepcionado, ainda que indiretamente e, no contexto histórico, de forma justificável, por vários outros países.

Na doutrina portuguesa, por exemplo, Margarida Lima Rego se opõe expressamente à aplicação do conceito de máxima boa-fé nos seguros. Após fazer alusão à Halperin e Morandi, que "mostram o seu espanto com as explicações que são avançadas por alguma doutrina sobre o significado desta qualificação, 'como se existissem contratos que fosse possível executar com má intenção e subterfúgios (!)'", afirma a professora lusitana:

> Note-se que, até mesmo no seio do *common law*, se duvida actualmente da especialidade que tem este princípio no domínio dos seguros, desenvolvido no contexto muito específico dos primórdios do mercado do Lloyd's de Londres, em que, essencialmente, os proprietários dos navios e respectivas cargas se seguravam uns aos outros, e posteriormente plasmado na s. 17 do Marine Insurance Act de 1906. FRIEDMANN, *Good Faith*, p. 311, observa que o princípio da máxima boa fé surgiu em direito inglês, no domínio do contrato de seguro, por contraposição à máxima *caveat emptor – let the buyer beware* – que reinava à época no restante direito dos contratos. BROWN em BROWN/MENEZES, *Insurance Law*, p. 1-3, afirma que o princípio perdeu algum do seu significado porque, por um lado, os actuais níveis de protecção ao consumidor reduziram, de uma forma geral, a importância do princípio contra o qual fora criado o da máxima boa fé – *let the buyer beware* – e que, por outro lado, a sofisticação da indústria seguradora moderna dispensa a protecção de que os anteriores seguradores careceriam. Por seu lado, BOTES, na monografia que dedica ao tema, *Utmost Good Faith*, salienta que o princípio nunca representou, no *common law*, um *maius* relativamente ao princípio da boa fé presente na tradição dos países de civil law, mas antes algo que poderia aproximadamente qualificar-se como o seu equivalente inglês, que, se nunca chegou a vingar no direito geral dos contratos, teve melhor sorte no domínio mais restrito, primeiro dos seguros marítimos, e mais tarde dos seguros em geral.[29]

---

[28] TWIGG-FLESNER, Christian. *The Europeanisation of contract law*: current controversies in law. 2. ed. New York: Routledge, 2013. p. 146. Em sentido convergente: "Lord Mansfield was at the time attempting to import into English commercial law the civil law notion of good faith, but this ultimately proved unsuccessful and only survived for a very limited class of transactions, including insurance" (LOWRY, John. Whither the duty of good faith in UK insurance contracts. *Connecticut Insurance Law Journal*, v. 16, n. 1, 2009. p. 98).

[29] REGO, Margarida Lima. *Contrato de seguros e terceiros*: estudos de direito civil. Coimbra: Coimbra Editora, 2010. p. 441. Segundo Luís Poças: "A expressão *uberrima fides*, embora permaneça de

Maria Inês de Oliveira Martins, também à luz do Direito dos Seguros português, menciona a necessidade de se reduzir as invocações à *uberrimae fidei* "às suas devidas proporções":

> Com efeito, se no Direito inglês a categoria dos contratos de "*utmost good faith*" demarca o conjunto dos contratos em que a boa fé impõe às partes especiais deveres de cooperação, já à face de ordens jurídicas que subordinam todos os negócios jurídicos ao parâmetro da boa-fé (§ 242 do BGB, artigos 236º e 762º do CC português, 113º e 422º do CC brasileiro), parece deslocado afirmar que um contrato seja "mais de boa fé" do que outros. Numa ordem jurídica como a alemã, onde a fertilidade do princípio foi particularmente patente nos últimos cem anos, tornou-se moeda corrente assinalar o caráter meramente retórico de tal *superlatividade* da boa fé em sede de contrato de seguro. De resto, com a codificação do Direito dos seguros e a positivação destas exigências de conduta, a mobilização de tal parâmetro foi acusada de se ter tornado falha de fundamento prático.[30]

Como última referência, cite-se Kevin Bork e Manfred Wandt, tratando em detalhes sobre o tema no contexto do ordenamento jurídico alemão:

> The meaning of the principle of utmost good faith remained vague through centuries and will neither be clarified by this analysis. Yet, the analysis will answer the question, whether a principle like utmost good faith has any standing in German contract law, with the conclusion that such a principle does not exist in German contract law. (...) German contract law does not entail a principle of utmost good faith in a sense of a duty of increased good faith. However, the nature of the contract is decisive to evaluate the specifications of good faith and all contracts, whatsoever, are strongly influenced by the principle of good faith.[31]

O subscritor deste artigo concorda integralmente com as notas transcritas, seja no que se refere ao desafio de se graduar padrões distintos de boa-fé, seja no que se refere à grande envergadura do princípio geral da boa-fé objetiva, também no seio do Direito brasileiro – o que conduz à dispensabilidade de seu recurso na quadra atual.

---

uso corrente no Direito de matriz anglo-saxónica, tem vindo, nos sistemas jurídicos da Europa continental, a perder a relevância que tradicionalmente lhe era reconhecida". Na sequência, o autor remata: "Do nosso ponto de vista, a máxima boa fé é, não um verdadeiro princípio autonomizável do princípio da boa fé, mas uma noção classificatória, descritiva e caracterizadora do contrato de seguro, sendo obtida por indução a partir das especificidades do regime, designadamente (mas não só) em matéria de declaração do risco. É certo que, com a atenuação das cominações, previstas na LCS, para o incumprimento do dever de declaração do risco, parecerá deslocado falar-se de 'máxima' boa fé. Porém, a perspectiva da ambivalência e bilateralidade da *uberrima fides* encontra actualmente apoio no vasto leque de disposições que tutelam a posição do tomador do seguro. No essencial, as especificidades do contrato de seguro, no que vertem da *especial* relação de confiança inerente ao contrato e da tutela que esta suscita, justificam que o mesmo possa continuar a ser classificado como de máxima boa fé" (POÇAS, Luís. *O dever de declaração inicial do risco no contrato de seguro*. Lisboa: Almedina, 2013. p. 153-154).

[30] MARTINS, Maria Inês de Oliveira. *Contrato de seguro e conduta dos sujeitos ligados ao risco*. Coimbra: Almedina, 2018. p. 168 e 853.

[31] BORK, Kevin; WANDT, Manfred. "Utmost" good faith in German contract law. *ZVersWiss*, 109, 2020. p. 244 e 253.

Some-se, ainda, que, apesar de, em alguns julgados brasileiros, constar, de forma genérica, que a boa-fé assume "maior relevo" no contrato de seguro, e a caraterística de estar disposta a necessidade da "mais estrita boa-fé" no art. 765 do CC/2002, certo é que não é retirada nenhuma consequência específica da boa-fé qualificada na práxis brasileira.

Se, durante um período no qual não havia um princípio geral da boa-fé objetiva nos contratos, justificava-se o apelo à noção de máxima boa-fé nos seguros, de resto consagrada legalmente, no contexto atual esse parece constituir um artifício retórico, desprovido de efetivas consequências. Ou seja, com o perdão do jogo de palavras, apenas para inglês ver.

Dito isso, advirta-se que não se está defendendo que ambas as partes – segurado e segurador – teriam deixado de estar vinculadas a rigorosos deveres de cooperação e a uma grande confiança negocial. Tampouco se considera que, à luz do ordenamento jurídico brasileiro, estaria equivocada tal classificação, ou que, especialmente na ausência de boa--fé subjetiva em sua concepção ética, as sanções punitivas dispostas em lei deveriam ser afastadas. O que se pretendeu registrar é a clara tendência de que o conceito em questão perca importância – o que, na prática, não fará diferença.

2.2. A concretização da boa-fé objetiva nas relações securitárias e a sua ligação com boa-fé subjetiva

O art. 765 do CC encampa a denominada vertente objetiva da boa-fé, que se constitui como princípio norteador da conduta das partes – *standard* objetivo de comportamento – e, ao mesmo tempo, critério normativo de valoração e interpretação.[32] A sua manifestação possui vieses positivo, impondo, por exemplo, deveres anexos (*v.g.*, deveres de informação), e negativo, estabelecendo limites (*v.g.*, a vedação ao comportamento contraditório).[33]

Independentemente de análises subjetivas, por meio da boa-fé objetiva (ou boa-fé como regra de conduta), as partes devem agir de forma honesta, fiel e confiável. Não está em causa, dessa maneira, uma atuação *em* ou *de* boa-fé (o que remeteria à sua modalidade subjetiva), e sim *segundo* a boa-fé (objetiva).[34] Nas palavras de Miguel Reale, "a boa-fé objetiva apresenta-se como uma exigência de lealdade, modelo objetivo de conduta, arquétipo social pelo qual impõe o poder-dever que cada pessoa ajuste a própria conduta a esse arquétipo, obrando como obraria uma pessoa honesta, proba e leal".[35]

---

[32] ALARCÃO, Rui de. *Direito das obrigações* (com colaboração de RIBEIRO, Joaquim de Souza et al.). Coimbra, 1983. p. 90.

[33] MARTINS-COSTA, Judith. A boa-fé e o seguro no novo Código Civil brasileiro (virtualidade da boa-fé como cláusula geral). In: INSTITUTO BRASILEIRO DE DIREITO DO SEGURO (IBDS). *III Fórum de Direito do Seguro José Sollero Filho*. São Paulo: IBDS, 2003. p. 60. Destaque-se, reportando ao dever de informação, que a boa-fé tem não apenas um conteúdo negativo (*e.g.*, abstenção de efeitos de ocultação) mas também um conteúdo positivo, "visando proporcionar uma informação bastante, em quantidade e qualidade, para assegurar transparência das condições e efeitos do contrato" (RIBEIRO, Joaquim de Souza. A boa-fé como norma de validade. *Estudos em Homenagem ao Prof. Doutor António Castanheira Neves*. Coimbra: Coimbra Editora, 2008. (Direito privado, v. II). p. 681).

[34] ALARCÃO, Rui de. *Direito das obrigações* (com colaboração de RIBEIRO, Joaquim de Souza et al.). Coimbra, 1983. p. 90-91.

[35] REALE, Miguel. *A boa-fé no código civil*. Disponível em: <https://www.miguelreale.com.br/artigos/boafe.htm>. Acesso em: 03.11.2022. Segundo julgado do STJ, pode-se definir a boa-fé objetiva como

Antes de se examinar em detalhes a boa-fé objetiva, afigura-se recomendável recordar os contornos da outra modalidade de boa-fé consagrada no estudo da matéria. Como a sua própria designação sugere, a boa-fé *subjetiva* se refere ao estado (subjetivo) do indivíduo, podendo assumir um sentido *psicológico* ou *ético*. No clássico ensinamento de Menezes Cordeiro, naquele "estaria de boa fé quem pura e simplesmente desconhecesse certo facto ou estado de coisas, por muito óbvio que fosse", e neste "só estaria de boa fé quem se encontrasse num desconhecimento não culposo; noutros termos: é considerada de má fé a pessoa que, com culpa, desconheça aquilo que deveria conhecer".[36]

Ainda com espeque nas lições do professor português, com as quais se concorda, deve prevalecer hoje o entendimento que consagra a *concepção ética da boa-fé subjetiva*, ou seja, que "só pode invocar boa-fé quem, sem culpa, desconheça certa ocorrência".[37] Conforme se verá, tal linha de raciocínio tem grande impacto no exame da boa-fé nas relações securitárias.

Principalmente considerando a boa-fé objetiva (art. 765 do CC), mas também a boa-fé subjetiva, em sua concepção ética, que se interligam de forma particular no tema em apreço, tudo indica que a "presunção da boa-fé", no que tange aos deveres das partes contratantes, não favorece o argumento de que é preciso provar a cabal má-fé do cocontratante para a perda de direitos. Pelo contrário, deve prevalecer o entendimento de que é legítimo à contraparte confiar no seu respectivo cumprimento fiel.

Interpretações em sentido oposto, ainda que bem-intencionadas, vão de encontro ao padrão de conduta esperado e exigido pelo ordenamento jurídico ao longo de todo o vínculo negocial. O desestímulo ao comportamento desleal dos contratantes tampouco pode ser aqui desconsiderado, bem como a importância das noções de mutualismo e equilíbrio contratual.[38]

Contudo, no que consiste a boa-fé objetiva, afinal? Sobre o desafio de sua conceituação, adverte Judith Martins-Costa:

> Conquanto impossível – tecnicamente – *definir* a boa-fé objetiva, pode-se, contudo, *indicar*, relacionalmente, as condutas que lhe são conformes (valendo então a expressão como forma metonímica de variados modelos de comportamento exigíveis na relação

---

o dever das partes de "comportar-se de acordo com um padrão ético de confiança e de lealdade, de modo a permitir a concretização das legítimas expectativas que justificaram a celebração do pacto" (STJ, 3ª T., REsp 1.862.508/SP, rel. p/ Acórdão Min. Nancy Andrighi, j. 24.11.2020).

[36] MENEZES CORDEIRO, António. *Tratado de direito civil*: parte geral. 4. ed. Coimbra: Almedina, 2012. t. 1. p. 405.

[37] MENEZES CORDEIRO, António. *Tratado de direito civil*: parte geral. 4. ed. Coimbra: Almedina, 2012. t. 1. p. 407. Igualmente defendendo a aplicação da concepção ética da boa-fé subjetiva no âmbito do Direito dos Seguros, DIAS, Daniel. Sistematização do aviso do sinistro ao segurador (parte 1). *Conjur*, 2022. Disponível em: <https://www.conjur.com.br/2022-set-01/seguros-contemporaneos--sistematizacao-aviso-sinistro-segurador-parte>. Acesso em: 20.12.2022.

[38] "A má-fé ou a fraude são penalizadas severamente no contrato de seguro. Com efeito, a fraude, cujo princípio é contrário à boa-fé, inviabiliza o seguro justamente porque altera a relação de proporcionalidade que deve existir entre o risco e a mutualidade, rompendo, assim, o equilíbrio econômico do contrato, em prejuízo dos demais segurados. (...) 6. Retirar a penalidade de perda da garantia securitária nas fraudes tarifárias (inexatidão ou omissão dolosas em informação que possa influenciar na taxa do prêmio) serviria de estímulo à prática desse comportamento desleal pelo segurado, agravando, de modo sistêmico, ainda mais, o problema em seguros de automóveis, em prejuízo da mutualidade e do grupo de exposição que iria subsidiar esse risco individual por meio do fundo comum" (STJ, 3ª T., REsp 1.419.731/PR, rel. Min. Ricardo Villas Bôas Cueva, j. 07.08.2014).

obrigacional), bem como *discernir funcionalmente* a sua atuação e eficácia como (*i*) fonte geradora de deveres jurídicos de cooperação, informação, proteção e consideração às legítimas expectativas do *alter*, copartícipe da relação obrigacional; (*ii*) baliza de modo de exercício de posições jurídicas, servindo como via de correção do conteúdo contratual, em certos casos, e como correção ao próprio exercício contratual; e (*iii*) como cânone hermenêutico dos negócios jurídicos obrigacionais.[39]

De fato, a doutrina costuma extrair tríplice função para o princípio da boa-fé objetiva: (i) *a função de cânone interpretativo dos negócios jurídicos* (art. 113 do CC); (ii) *a função restritiva do exercício de direitos* (art. 187 do CC); e (iii) *a função criadora de deveres anexos à prestação principal* (art. 422 do CC). Após examinar o disposto em cada um desses artigos do Código Civil, Anderson Schreiber aponta:

> Como se vê, a definição do conteúdo exato da boa-fé objetiva não é tarefa da qual tenha se desincumbido o legislador. Tal tarefa é reservada ao intérprete, mas não deixada ao seu arbítrio. (...) Seu sentido deve ser buscado nos parâmetros de lealdade e confiança mútuas próprios de cada tipo de relação jurídica, guardadas as suas especificidades.[40]

Iniciando a análise pela função (iii), entre os principais deveres anexos oriundos da boa-fé objetiva nas relações securitárias, podem ser mencionados os de transparência, cooperação e lealdade contratual. Dessa função extraem-se, ainda, deveres de informação, por exemplo, por parte do tomador/segurado,[41] do segurador[42] e, no âmbito dos seguros coletivos, do estipulante.[43]

---

[39] MARTINS-COSTA, Judith. *A boa-fé no direito privado*: critérios para a sua aplicação. 2. ed. São Paulo: Saraiva Educação, 2018. p. 43-44.

[40] SCHREIBER, Anderson. *Manual de Direito Civil Contemporâneo*. São Paulo: Saraiva, 2018. p. 406.

[41] "De acordo como o princípio da boa-fé objetiva, deve-se esperar do segurado a prestação de informações que possam influenciar na aceitação do contrato e na fixação do prêmio. Na presente hipótese, o segurado, ao firmar contrato em localidade diversa da circulação habitual do veículo e ali indicar endereço residencial, certamente, omitiu informação relevante" (STJ, 3ª T., REsp 988.044/ES, rel. Min. Nancy Andrighi, j. 17.12.2009). Sobre o tema, consulte-se os comentários ao art. 766 do CC, entre outros, presentes nesta obra.

[42] Não há dúvidas, por exemplo, de que impõem ao segurador fazer o recorte preciso do âmbito da cobertura do risco e os termos dos contratos, destacando as cláusulas de exclusão de sua responsabilidade e de perda de direitos, bem como informar as particularidades do contrato. O modo, a amplitude e as consequências do seu inadimplemento, para além do eventual afastamento de uma eventual exclusão de risco não comunicada, todavia, ainda se encontram em fase de desenvolvimento no País. Na jurisprudência, vale referir: "(...) a cláusula arguida, que exclui, dentre outras, a cobertura securitária de doenças infectocontagiosas de notificação compulsória, tal como a AIDS, sonega ao leigo, decerto, o conhecimento suficiente, a propósito do alcance da exclusão" (STJ, 4ª T., REsp 550.501/SP, rel. Min. Hélio Barbosa, j. 24.04.2007); "(...) a remissão a conceitos e artigos do Código Penal contida na referida cláusula contratual não materializa informação suficientemente clara à compreensão do homem médio, incapaz de distinguir entre o crime de roubo e o delito de extorsão, tal qual é o consumidor" (STJ, 4ª T., REsp 1.106.827/SP, rel. Min. Marco Buzzi, j. 16.10.2012); e "Não havendo deficiência no dever de informação da seguradora, visto que as garantias contratadas estavam especificadas na apólice, com previsão de que a cobertura IPA poderia ser paga em valor inferior ao limite do capital segurado, afora o devido esclarecimento no Manual do Segurado (proporcionalidade entre o montante indenizatório e a incapacidade parcial definitiva), é de se afastar qualquer violação dos arts. 46, 47 e 54 do CDC. 6. As normas consumeristas visam equilibrar a relação contratual e não desequilibrá-la de forma arbitrária ou desmedida apenas para favorecer a qualquer custo a figura do consumidor" (STJ, 3ª T., REsp 1.727.718/MS, rel. Min. Ricardo Villas Bôas Cueva, j. 08.05.2018).

Para além das vontades das partes (art. 112 do CC), a interpretação levada a cabo pelo aplicador do Direito também considerará a *função de cânone interpretativo dos negócios jurídicos*, oriunda da boa-fé objetiva, seja para colmatar eventuais lacunas, seja, por vezes, para afastar a literalidade do contrato e da própria lei, preservando a finalidade econômico-social do pacto.[44-45]

Na prática, essa função da boa-fé objetiva tem estreita ligação com a que se verá a seguir.

O *exercício irregular ou abusivo de posições contratuais* também é combatido pela boa-fé objetiva – função (ii), mencionada anteriormente –, mais precisamente por meio das conhecidas figuras parcelares da boa-fé objetiva – tais quais a vedação ao comportamento contraditório, a *surrectio*, a *suppressio* e o *tu quoque*, "nos quais se individualiza a construção da confiança por meio dos atos próprios, da reiteração de condutas, de imperativos de reciprocidade ou ainda do cumprimento significativo de parte da prestação".[46]

---

[43] "(...) 2. O dever de informação, na fase pré-contratual, é satisfeito durante as tratativas entre seguradora e estipulante, culminando com a celebração da apólice coletiva que estabelece as condições gerais e especiais e cláusulas limitativas e excludentes de riscos. Na fase de execução do contrato, o dever de informação, que deve ser prévio à adesão de cada empregado ou associado, cabe ao estipulante, único sujeito do contrato que tem vínculo anterior com os componentes do grupo segurável. A seguradora, na fase prévia à adesão individual, momento em que devem ser fornecidas as informações ao consumidor, sequer tem conhecimento da identidade dos interessados que irão aderir à apólice coletiva cujos termos já foram negociados entre ela e o estipulante" (STJ, 4ª T., REsp 1.850.961/SC, rel. Min. Maria Isabel Gallotti, j. 15.06.2021). No mesmo sentido, STJ, 4ª T., AgInt no REsp 1.870.610/SC, rel. Min. Luis Felipe Salomão, j. 19.10.2021; e STJ, 4ª T., AgInt no REsp 1.877.051/SC, rel. Min. Luis Felipe Salomão, j. 21.09.2021.

[44] "Não devemos ignorar a importância que tem a inserção da boa-fé no texto legal – e justo na Parte Geral do Código Civil – no campo de função hermenêutico-integrativo. Essa inserção demonstra, ao nosso juízo, a valência própria da boa-fé como critério hermenêutico e integrativo. Numa época em que, na dogmática civilista, foram abandonadas as teorias voluntaristas e, na Teoria do Direito, percebe-se que o Direito é o que *resulta da interpretação*, não se pode confinar a boa-fé ao papel de uma regra meramente subsidiária ao estatuído pela 'vontade das partes'" (MARTINS-COSTA, Judith. Os campos normativos da boa-fé objetiva: as três perspectivas do direito privado brasileiro. In: AZEVEDO, Antônio Junqueira de; TÔRRES, Heleno Taveira; CARBONE, Paolo. *Princípios do novo Código Civil Brasileiro e outros temas*. Homenagem a Tullio Ascarelli. São Paulo: Quartier Latin, 2008. p. 406). A autora, na sequência, examina a ligação entre a boa-fé e os usos do lugar da contratação do negócio, também presente no art. 113 do CC: "Coligados à boa-fé subjetiva (de quem 'acreditou' no *id quod plerunque accidit*) e à boa-fé objetiva (como *standard* de conduta leal) os usos terão, na acepção do art. 113, função integrativa da *fattispecie* contratual, não apenas para a colmatação de lacunas mas, inclusive, com possibilidade de derrogar normas dispositivas, além da função propriamente interpretativa" (MARTINS-COSTA, Judith. Os campos normativos da boa-fé objetiva: as três perspectivas do direito privado brasileiro. In: AZEVEDO, Antônio Junqueira de; TÔRRES, Heleno Taveira; CARBONE, Paolo. *Princípios do novo Código Civil Brasileiro e outros temas*. Homenagem a Tullio Ascarelli. São Paulo: Quartier Latin, 2008. p. 407).

[45] Diversas são as especificidades que influenciarão a interpretação dos contratos de seguro, por exemplo: (i) o ramo (dano/pessoa etc.); (ii) a modalidade (individual/coletiva); (iii) a duração da relação (curta/longa); (iv) a forma de contratação (adesiva ou não); (v) a qualificação do segurado (consumidor/não); (vi) a compulsoriedade ou não do seguro (facultativo/obrigatório); (vii) a possibilidade ou não de contratação da cobertura mais ampla (geralmente com acréscimo no valor do prêmio), cobrindo o pagamento de eventual indenização pleiteada pelo segurado/beneficiário; e (viii) a presença do nexo de causalidade entre o agir do segurado (*v.g.*, o inadimplemento de um dever de conduta) e o fato que motivou o sinistro.

[46] TEPEDINO, Gustavo; KONDER, Carlos Nelson; BANDEIRA, Paula Greco. *Fundamentos do Direito civil*. Rio de Janeiro: Forense, 2020. (Contratos, v. 3). p. 45. Na sequência, os civilistas complemen-

Em variadas ocasiões, conforme se afirmou, o princípio da boa-fé objetiva atua no sentido de temperar o rigor de cláusulas contratuais e até mesmo de dispositivos legais. Cite-se, por exemplo, a hipótese de mora no pagamento do prêmio pelo segurado, endereçada no art. 763 do CC.[47] Além de obrigar a notificação do segurado pelo segurador antes de suspender ou cancelar o contrato em virtude da referida mora, conferindo prazo para a sua purgação, em caso de adimplemento substancial do prêmio, há jurisprudência no sentido de que, em virtude da boa-fé objetiva, o segurador terá que cumprir com o pagamento da indenização.[48]

Outro exemplo que pode ser mencionado é o de o segurado, no âmbito do seguro de responsabilidade civil, transigir com o terceiro prejudicado, ou indenizá-lo diretamente, sem anuência expressa do segurador, em desconformidade com o art. 787, § 2º, do CC.[49] Embora seja comum constar nas Condições Gerais dos seguros a perda do direito à indenização nesse caso, há firme entendimento no sentido de que, em virtude do princípio da boa-fé objetiva, tal cláusula apenas terá efeito se for verificado efetivo prejuízo ao segurador no caso concreto.[50]

A vinculação à mitigação dos seus próprios danos por parte do segurado, presente no art. 771 do CC, também tem íntima ligação com o princípio da boa-fé objetiva.[51] Curioso notar que, por vezes, tal vinculação poderá ir de encontro à necessidade de anuência expressa do segurador para a feitura de acordo com o terceiro lesado. Por isso mesmo, não será sempre que o segurado ficará obstado ao direito à indenização caso não consulte previamente o segurador. Nesse exemplo, ou em qualquer outro, terão que ser analisadas as particularidades da hipótese fática em concreto, sendo de todo recomendável, porém, que o segurado cumpra os termos do contrato.

A depender das partes que estiverem contratando, a boa-fé objetiva poderá ter contornos distintos. Com efeito, na relação entre segurado pessoa física (e consumidor) e seguradora, o *standard* de conduta exigido pela boa-fé será distinto daquele presente nos seguros de grandes riscos, muitas vezes entabulados por empresas e seguradoras em condições paritárias.[52] Raciocínio semelhante se aplica às distintas modalidades securitárias, ao resseguro e à retrocessão.

---

tam: "Essas figuras contribuem para uma atividade interpretativa mais claramente fundamentada e voltada a dar concretude à aplicação do princípio da boa-fé em conjugação com o abuso do direito".

[47] Art. 763 do CC. "Não terá direito a indenização o segurado que estiver em mora no pagamento do prêmio, se ocorrer o sinistro antes de sua purgação".

[48] Confira-se, nesse particular, o Enunciado 371 da IV Jornada de Direito Civil do CJF: "A mora do segurado, sendo de escassa importância, não autoriza a resolução do contrato, por atentar ao princípio da boa-fé objetiva". Para a caracterização do adimplemento substancial, levam-se em conta tanto aspectos quantitativos como qualitativos (Enunciado 586 da VII Jornada de Direito Civil do CJF).

[49] Art. 787 do CC. "No seguro de responsabilidade civil, o segurador garante o pagamento de perdas e danos devidos pelo segurado a terceiro. (...) § 2º É defeso ao segurado reconhecer sua responsabilidade ou confessar a ação, bem como transigir com o terceiro prejudicado, ou indenizá-lo diretamente, sem anuência expressa do segurador".

[50] Por exemplo, STJ, 3ª T., REsp 1.604.048/RS, rel. Min. Nancy Andrighi, j. 22.05.2021. Recorde-se, por oportuno, do Enunciado 546 da IV Jornada de Direito Civil do CJF: "O § 2º do art. 787 do Código Civil deve ser interpretado em consonância com o art. 422 do mesmo diploma legal, não obstando o direito à indenização e ao reembolso".

[51] Nos termos do Enunciado 169 da III Jornada de Direito Civil do CJF: "O princípio da boa-fé objetiva deve levar o credor a evitar o agravamento do próprio prejuízo".

[52] Conforme dispõe o Enunciado 29 da I Jornada de Direito Comercial do CJF: "Aplicam-se aos negócios jurídicos entre empresários a função social do contrato e a boa-fé objetiva (arts. 421 e 422 do Código

A fase contratual também se afigura um elemento relevante a ser considerado na concretização da boa-fé objetiva. Por exemplo, durante a execução do contrato, a regulação do sinistro notabiliza-se por constituir-se terreno fértil para o princípio em tela, devendo ser condenadas atitudes como a vinculação do montante da remuneração do regulador de sinistros ao índice de pagamento de indenizações pelas seguradoras.[53] Por outro lado, não assiste razão à parcela da doutrina que defende a necessidade de compartilhamento de todos os relatórios e laudos técnicos produzidos na regulação do sinistro, desconsiderando que alguns desses documentos têm caráter eminentemente jurídico, nos quais prevalece o sigilo profissional entre advogado e cliente (art. 25 do Código de Ética e Disciplina da OAB), bem como outros argumentos (como a necessidade de envio de carta justificada em caso de negativa pelo segurador, e a sensibilidade do compartilhamento, especialmente nos casos de suspeita de fraude, considerando também a aplicação da Lei Geral de Proteção de Dados Pessoais (LGPD) – Lei 13.709/2018).[54]

Muitos dos exemplos mencionados anteriormente acabam por proteger os segurados. Isso de forma alguma significa que tais contratantes também não estão vinculados a rigorosos padrões de lealdade e transparência junto ao segurador. Ocorre que considerável parcela dos deveres dos segurados – que poderiam ser corolários da boa-fé objetiva – acabou por ganhar vida própria por meio de dispositivos legais específicos, como a declaração inicial do risco (art. 766 do CC), o não agravamento do risco (arts. 768 e 769 do CC),[55] a

---

Civil), em conformidade com as especificidades dos contratos empresariais". Em sede doutrinária: "E se é certo que, em relações de consumo, o direito deve atuar de forma protetiva, em atenção à vulnerabilidade do consumidor, utilizando-se dos mecanismos próprios para reequilibrar a relação entre as partes, há que se reconhecer igualmente que, nas relações paritárias, o direito não vem proteger uma das partes, mas exigir de ambas atuação honesta e leal (eis o que reclama a boa-fé objetiva), sempre em conformidade com os valores consagrados pelo ordenamento civil-constitucional" (TEPEDINO, Gustavo; KONDER, Carlos Nelson; BANDEIRA, Paula Greco. *Fundamentos do Direito civil*. Rio de Janeiro: Forense, 2020. (Contratos, v. 3). p. 48).

[53] GOLDBERG, Ilan; JUNQUEIRA, Thiago. Regulação do sinistro no século XXI. In: ROQUE, Andre Vasconcelos; OLIVA Milena Donato. *Direito na era digital*: aspectos negociais, processuais e registrais. Salvador: Juspodivm, 2022. p. 257 e ss. Merece elogio o Enunciado 657 da IX Jornada de Direito Civil do CJF: "Diante do princípio da boa-fé objetiva, o regulador do sinistro tem o dever de probidade, imparcialidade e celeridade, o que significa que deve atuar com correção no cumprimento de suas atividades".

[54] Para um exame crítico do Enunciado 656 da IX Jornada de Direito Civil do CJF, seja consentido remeter a GOLDBERG, Ilan; JUNQUEIRA, Thiago. Direito dos seguros: luzes e sombras dos enunciados da IX Jornada de Direito Civil. *Conjur*, 2022. Disponível em: <https://www.conjur.com.br/2022-mai-26/seguros-contemporaneos-direito-seguros-luzes-sombras-enunciados-ix-jornada-direito-civil>. Acesso em: 10.12.2022. Na jurisprudência: "Ainda, apresentar todos os documentos obtidos no procedimento de regulação, a toda evidência, representaria extensa exposição ao mercado do modo de apurar da seguradora e de sua parceira reguladora (*know-how* de ambas), arriscando ocasionar dissabores, danos morais a segurados e a terceiros beneficiários de seguro, como também dificultando sobremaneira a eficiência da regulação dos contratos de seguro (facilitação de fraudes), a par de, em muitos casos, gerar riscos pessoais a terceiros que prestaram informações ao regulador e a seus funcionários" (STJ, 4ª T., REsp 1.836.910/SP, rel. Min. Luis Felipe Salomão, j. 27.09.2022).

[55] "Nesse passo, a ausência de habilitação específica do piloto para conduzir aeronave por instrumentos e a condução de copiloto com habilitação vencida, associadas a irregularidades no plano de voo em razão de autorização concedida a piloto diverso – fatores que se encontram na esfera de responsabilidade do comandante e que se revelaram preponderantes ao sinistro – evidenciam situação de agravamento de risco. 5. Isso porque, sob o prisma da boa-fé, quando o segurado pratica conduta desidiosa ou ilícita, por dolo ou culpa, e, em tal contexto, frustra as justas expectativas da execução do contrato de seguro,

mitigação dos próprios prejuízos e o salvamento (art. 771 do CC). Ressalvados os pontos aludidos, a aplicação desses artigos deve ser feita em toda a sua extensão, respeitando-se a predeterminação do risco e os demais termos do contrato.[56]

3. DISPOSIÇÕES RELACIONADAS

O art. 765 do CC, ora examinado, trata da boa-fé nas relações securitárias. A ele se conectam os arts. 113, 187 e 422 do mesmo diploma legal, bem como os arts. 4º e 51 do CDC, que dispõem sobre a boa-fé nas relações de consumo.[57] É digno de nota, ainda, o *caput* do art. 6º da LGPD, que dá destaque à boa-fé entre os princípios inerentes à atividade de tratamento de dados pessoais.

Ademais, no âmbito regulatório, existem vários dispositivos em atos normativos da Susep e do CNSP que dão guarida à boa-fé e aos seus institutos e particularizam alguns de seus deveres anexos, como a prestação adequada da informação.

De partida, sublinhe-se que a Resolução CNSP 382, de 4 de março de 2020, atesta, expressamente, a necessidade de boa-fé das seguradoras e vários dos seus corolários, tanto no art. 3º[58] quanto no art. 7º.[59]

---

contribui para o agravamento, cuja consequência não é outra senão a exoneração do dever de indenizar pela seguradora – ainda que, porventura, referente a fato de terceiro, conforme a jurisprudência desta Corte" (STJ, 4ª T., REsp 1.466.237/SP, rel. Min. Luis Felipe Salomão, j. 29.10.2019).

[56] O mero cumprimento do contrato também se afigura uma importante faceta da boa-fé objetiva. "Fere a boa-fé objetiva a pretensão do segurado ao recebimento de indenização securitária em caso de sinistro causado por condutor com menos de 25 anos de idade, se, no contrato de seguro, há cláusula expressa de exclusão da cobertura para essa situação" (STJ, 3ª T., REsp 1.284.475/MG, rel. p/ Acórdão Min. João Otávio de Noronha, j. 06.05.2014).

[57] Art. 4º do CDC: "A Política Nacional das Relações de Consumo tem por objetivo o atendimento das necessidades dos consumidores, o respeito à sua dignidade, saúde e segurança, a proteção de seus interesses econômicos, a melhoria da sua qualidade de vida, bem como a transparência e harmonia das relações de consumo, atendidos os seguintes princípios: (...) III – harmonização dos interesses dos participantes das relações de consumo e compatibilização da proteção do consumidor com a necessidade de desenvolvimento econômico e tecnológico, de modo a viabilizar os princípios nos quais se funda a ordem econômica (art. 170, da Constituição Federal), sempre com base na boa-fé e equilíbrio nas relações entre consumidores e fornecedores". Art. 51 do CDC: "São nulas de pleno direito, entre outras, as cláusulas contratuais relativas ao fornecimento de produtos e serviços que: (...) IV – estabeleçam obrigações consideradas iníquas, abusivas, que coloquem o consumidor em desvantagem exagerada, ou sejam incompatíveis com a boa-fé ou a equidade".

[58] "Art. 3º Os entes supervisionados e os intermediários devem conduzir suas atividades e operações ao longo do ciclo de vida do produto, no âmbito de suas respectivas competências, observando princípios de ética, responsabilidade, transparência, diligência, lealdade, probidade, honestidade, boa-fé objetiva, livre-iniciativa e livre concorrência, promovendo o tratamento adequado do cliente e o fortalecimento da confiança no sistema de seguros privados. § 1º A observância do disposto no *caput* requer, no mínimo, as seguintes providências: I – promover cultura organizacional que incentive o tratamento adequado e o relacionamento cooperativo e equilibrado com os clientes; II – tratar os clientes de forma ética e adequada; III – assegurar a conformidade legal e infra legal dos produtos e serviços comercializados, intermediados e distribuídos; IV – levar em consideração os interesses de diferentes tipos de clientes ao longo do ciclo de vida dos produtos, assim como nas portabilidades entre produtos, quando for o caso; V – efetuar a oferta, a promoção e a divulgação de produtos e serviços de forma clara, adequada e adotando práticas que visem minimizar a possibilidade de má compreensão por parte do cliente; VI – prover informações contratuais de forma clara, tempestiva

A recente Circular Susep 667, de 4 de julho de 2022 (que dispõe sobre as regras complementares de funcionamento e os critérios para operação das coberturas de risco de seguros de pessoas), também elenca artigos importantes para o estudo do tema:

> (...)
>
> Art. 4º. As condições contratuais deverão ter ordenamento lógico e ser expressas em linguagem clara, objetiva e de fácil entendimento, bem como deverão apresentar, com destaque, as obrigações e/ou restrições de direito do segurado.
>
> Art. 5º. Não poderão constar das condições contratuais cláusulas coercitivas, desleais, abusivas, incompatíveis com a boa-fé ou que estabeleçam obrigações iníquas, que coloquem o segurado, beneficiário ou assistido em desvantagem, ou que contrariem a regulação em vigor.
>
> (...)
>
> Art. 12. A sociedade seguradora deverá disponibilizar as condições contratuais por meio físico ou remoto, por ocasião da emissão da apólice, bilhete ou certificado individual do seguro.
>
> (...)
>
> Art. 15. As condições contratuais deverão apresentar glossário, em linguagem clara e de fácil entendimento, com a definição dos termos técnicos e estrangeirismos utilizados.
>
> (...)
>
> Art. 18. As condições contratuais deverão dispor de forma clara e objetiva sobre a caracterização dos eventos cobertos, sendo vedado o estabelecimento de requisitos de caracterização que, na prática, não possam ser satisfeitos.
>
> (...)
>
> Art. 24. Os riscos excluídos devem ser estabelecidos de forma precisa, sendo proibidas generalidades que não permitam a identificação de situações concretas.
>
> (...)

---

e apropriada, visando à redução do risco de assimetria de informação; VII – garantir que toda a operação relacionada ao sinistro, incluindo o registro do aviso, a regulação e o pagamento, seja tempestiva, transparente e apropriada; VIII – dar tratamento tempestivo e adequado às eventuais reclamações e solicitações efetuadas pelos clientes e seus representantes, quando atuarem na defesa dos direitos daqueles; e IX – observar, em relação aos seus clientes, as exigências da legislação que trata da proteção de dados pessoais, inclusive no tocante às regras de boas práticas e de governança."

[59] "Art. 7º Os entes supervisionados devem assegurar a consistência de rotinas e de procedimentos operacionais afetos ao relacionamento e ao tratamento dos clientes, bem como sua adequação à política institucional de conduta de que trata o art. 6º desta Resolução, inclusive quanto aos seguintes aspectos, dentre outros: I – concepção de produtos e de serviços, incluindo o desenho, o desenvolvimento e o mercado-alvo; II – oferta, recomendação ou orientação, contratação e distribuição de produtos ou serviços; III – divulgação, promoção e publicidade de produtos e de serviços; IV – execução de portabilidade e concessão de resgate, quando for o caso; V – coleta, tratamento, manutenção de informações dos clientes em bases de dados e proteção dos dados pessoais, nos termos da legislação vigente; VI – gestão do atendimento prestado a clientes, inclusive o registro, o tratamento de demandas e reclamações, e a mediação de conflitos pela ouvidoria; VII – extinção, eventual alteração ou renovação contratual; VIII – processo de regulação do sinistro (...)."

Art. 47. Deverão ser informados os procedimentos para comunicação, regulação e liquidação de sinistros, incluindo a listagem dos documentos básicos previstos a serem apresentados para cada cobertura, facultando-se às sociedades seguradoras, no caso de dúvida fundada e justificável, a solicitação de outros documentos.

(...)

Art. 48. Deverá ser estabelecido prazo para a liquidação dos sinistros, limitado a trinta dias, contados a partir da entrega de todos os documentos básicos previstos no art. 47.

§ 1º Deverá ser estabelecido que, no caso de solicitação de documentação complementar, na forma prevista no art. 47, o prazo de que trata o *caput* será suspenso, voltando a correr a partir do dia útil subsequente àquele em que forem atendidas as exigências.

§ 2º Deverá ser estabelecido que o não pagamento da indenização no prazo previsto no *caput* implicará aplicação de juros de mora a partir daquela data, sem prejuízo de sua atualização, nos termos da legislação específica.

Art. 49. Caso o processo de regulação de sinistros conclua que a indenização não é devida, o segurado ou beneficiário deverá ser comunicado formalmente, com a justificativa para o não pagamento, dentro do prazo previsto no art. 48.

(...)

Art. 57. Deverá constar das condições contratuais cláusula específica prevendo que o segurado perderá o direito à indenização se agravar intencionalmente o risco.

Art. 58. Deverá constar das condições contratuais e da proposta que, se o segurado, por si ou por seu representante, fizer declarações inexatas ou omitir circunstâncias que possam influir na aceitação da proposta ou no valor do prêmio, perderá o direito à indenização, além de estar o segurado obrigado ao pagamento do prêmio vencido.

Todos esses artigos (4º, 5º, 12, 15, 18, 24, 47, 48, 49, 57 e 58) são, em maior ou menor medida, concreções do padrão de conduta exigido do segurador pela boa-fé objetiva. Alguns desses dispositivos também estão presentes na Circular Susep 621, de 12 de fevereiro de 2021 (que dispõe sobre as regras de funcionamento e os critérios para operação das coberturas dos seguros de danos), sendo recomendável a leitura, em especial, dos arts. 11, 14, 15, 16, 22, 33, 40, 41, 43, 46, 49, 50, 52 e 53 desse diploma.

Retornando ao âmbito do Código Civil, também se caracterizam como manifestações da boa-fé do segurador os arts. 772 e 773, que tratam, respectivamente, da mora no pagamento do sinistro e da contratação do seguro na qual o segurador expede a apólice já ciente de que o risco pelo qual o segurado pretende se garantir não mais poderá se concretizar.[60]

Sob a óptica do segurado, os arts. 766, parágrafo único, e 768 do CC têm relevo inegável – expressamente mencionando a ausência (ou não) da má-fé do segurado. A eles, soma-se, à guisa de ilustração, o art. 771 do CC, que trata do "salvamento" e da vinculação do segurado à mitigação dos próprios prejuízos.

---

[60] Art. 772 do CC. "A mora do segurador em pagar o sinistro obriga à atualização monetária da indenização devida segundo índices oficiais regularmente estabelecidos, sem prejuízo dos juros moratórios". Art. 773 do CC. "O segurador que, ao tempo do contrato, sabe estar passado o risco de que o segurado se pretende cobrir, e, não obstante, expede a apólice, pagará em dobro o prêmio estipulado".

Por fim, cabe recordar que há tipificação para o crime de fraude para recebimento de indenização ou valor de seguro, conforme o art. 171, § 2º, V, do CP.[61]

REFERÊNCIAS BIBLIOGRÁFICAS

ALARCÃO, Rui de. *Direito das obrigações* (com colaboração de RIBEIRO, Joaquim de Souza et al.). Coimbra, 1983.

ALVIM, Pedro. *O contrato de seguro*. 3. ed. Rio de Janeiro: Forense, 2001.

AZEVEDO, Antônio Junqueira de. Insuficiências, deficiências e desatualização do Projeto de Código Civil na questão da boa-fé objetiva nos contratos. *Revista Trimestral de Direito Civil*, v. 1, n. 1, 2000.

BENNETT, Howard. The three ages of Utmost Good Faith. In: MITCHELL, Charles; WATTERSON, Stephen (ed.). *The World of Maritime and Commercial Law*: Essays in Honour of Francis Rose. London: Hart Publishing, 2020.

BEVILÁQUA, Clóvis. *Codigo Civil dos Estados Unidos do Brasil Comentado*. Rio de Janeiro: Francisco Alves, 1926. v. V.

BEVILÁQUA, Clóvis. *Direito das obrigações*. Ed. histórica. Rio de Janeiro: Editora Rio, 1977.

BORK, Kevin; WANDT, Manfred. "Utmost" good faith in German contract law. *ZVersWiss*, 109, 2020.

CAMILO JUNIOR, Ruy Pereira. A recepção dos "Princípios de Direito Mercantil e Leis de Marinha", do Visconde de Cairu, pelos comercialistas brasileiros dos séculos XIX e XX. *Revista da Faculdade de Direito, Universidade de São Paulo*, São Paulo, v. 112, jan.-dez. 2017.

COMPARATO, Fábio Konder. *O seguro de crédito*: estudo jurídico. São Paulo: Ed. RT, 1968.

COMPARATO, Fábio Konder. Substituto ao capítulo referente ao contrato de seguro no anteprojeto de Código Civil. *Revista de Direito Mercantil, Industrial, Econômico e Financeiro*. São Paulo, n. 5, ano XI (nova série), 1972.

DIAS, Daniel. Sistematização do aviso do sinistro ao segurador (parte 1). *Conjur*, 2022. Disponível em: <https://www.conjur.com.br/2022-set-01/seguros-contemporaneos-sistematizacao-aviso--sinistro-segurador-parte>. Acesso em: 20.12.2022.

EGGERS, Peter MacDonald; PICKEN Simon; FOSS, Patrick. *Good Faith and Insurance Contract*. London: Lloyd's List, 2010.

GOLDBERG, Ilan; JUNQUEIRA, Thiago. Direito dos seguros: luzes e sombras dos enunciados da IX Jornada de Direito Civil. *Conjur*, 2022. Disponível em: <https://www.conjur.com.br/2022--mai-26/seguros-contemporaneos-direito-seguros-luzes-sombras-enunciados-ix-jornada--direito-civil>. Acesso em: 10.12.2022.

---

[61] "Estelionato. Art. 171 – Obter, para si ou para outrem, vantagem ilícita, em prejuízo alheio, induzindo ou mantendo alguém em erro, mediante artifício, ardil, ou qualquer outro meio fraudulento: Pena – reclusão, de um a cinco anos, e multa, de quinhentos mil réis a dez contos de réis. § 1º – Se o criminoso é primário, e é de pequeno valor o prejuízo, o juiz pode aplicar a pena conforme o disposto no art. 155, § 2º. § 2º – Nas mesmas penas incorre quem: (...) Fraude para recebimento de indenização ou valor de seguro. V – destrói, total ou parcialmente, ou oculta coisa própria, ou lesa o próprio corpo ou a saúde, ou agrava as consequências da lesão ou doença, com o intuito de haver indenização ou valor de seguro."

GOLDBERG, Ilan; JUNQUEIRA, Thiago. Regulação do sinistro no século XXI. In: ROQUE, Andre Vasconcelos; OLIVA Milena Donato. *Direito na era digital*: aspectos negociais, processuais e registrais. Salvador: Juspodivm, 2022.

HASSON, R. A. The doctrine of *uberrima fides* in insurance law – a critical evaluation. *The Modern Law Review*, v. 32, 1969.

JUNQUEIRA, Thiago. Princípios contratuais no direito civil brasileiro: é tempo de redimensioná--los. *Revista Jurídica de Seguros*, Rio de Janeiro, n. 9. nov. 2018.

KONDER, Carlos Nelson. Boa-fé objetiva, violação positiva do contrato e prescrição: repercussões práticas da contratualização dos deveres anexos no julgamento do REsp 1.276.311. *RTDC*, v. 50, abr.-jun. 2012.

LOWRY, John. Whither the duty of good faith in UK insurance contracts. *Connecticut Insurance Law Journal*, v. 16, n. 1, 2009.

MARTINS, Maria Inês de Oliveira. *Contrato de seguro e conduta dos sujeitos ligados ao risco*. Coimbra: Almedina, 2018.

MARTINS-COSTA, Judith. A boa-fé e o seguro no novo Código Civil brasileiro (virtualidade da boa-fé como cláusula geral). In: INSTITUTO BRASILEIRO DE DIREITO DO SEGURO (IBDS). *III Fórum de Direito do Seguro José Sollero Filho*. São Paulo: IBDS, 2003.

MARTINS-COSTA, Judith. Os campos normativos da boa-fé objetiva: as três perspectivas do direito privado brasileiro. In: AZEVEDO, Antônio Junqueira de; TÔRRES, Heleno Taveira; CARBONE, Paolo. *Princípios do novo Código Civil Brasileiro e outros temas*. Homenagem a Tullio Ascarelli. São Paulo: Quartier Latin, 2008.

MARTINS-COSTA, Judith. *A boa-fé no direito privado*: critérios para a sua aplicação. 2. ed. São Paulo: Saraiva Educação, 2018.

MCGEE, Andrew. *The modern Law of Insurance*. 3. ed. London: LexisNexis Butterworths, 2011.

MENEZES CORDEIRO, António. *Tratado de direito civil*: parte geral. 4. ed. Coimbra: Almedina, 2012. t. 1.

MIRAGEM, Bruno; PETERSEN, Luiza. *Direito dos seguros*. Rio de Janeiro: Forense, 2022.

MONTI, Alberto. La buona fede nel contratto di assicurazione. In: ALPA, Guido. *Le assicurazioni private*. Torino: UTET Giuridica, 2006. t. I.

POÇAS, Luís. *O dever de declaração inicial do risco no contrato de seguro*. Lisboa: Almedina, 2013.

REALE, Miguel. *A boa-fé no código civil*. Disponível em: <https://www.miguelreale.com.br/artigos/boafe.htm>. Acesso em: 03.11.2022.

REGO, Margarida Lima. *Contrato de seguros e terceiros*: estudos de direito civil. Coimbra: Coimbra Editora, 2010.

RIBEIRO, Joaquim de Souza. A boa-fé como norma de validade. *Estudos em Homenagem ao Prof. Doutor António Castanheira Neves*. Coimbra: Coimbra Editora, 2008. (Direito privado, v. II).

RODRIGUES JR., Otavio Luiz. *Boa-fé não pode ser uma varinha de condão nas lições de Jan Peter Schmidt*. Conjur, 2014. Disponível em: <https://www.conjur.com.br/2014-dez-10/direito--comparado-boa-fe-objetiva-nao-varinha-condao-licoes-jan-peter-schmidt>. Acesso em: 29.12.2022.

SANTARÉM, Pedro. *Tractatus de Assecurationibus et Sponsionibus*. 3. ed. (trad. port.). Lisboa: Instituto de Seguros de Portugal, 2006.

SANTOS, J. M. de Carvalho. *Codigo Civil Brasileiro interpretado*. Rio de Janeiro: Livraria Editora Freitas Bastos, 1937. v. XIX.

SCHMIDT, Jan Peter. Dez anos do art. 422 do Código Civil: luz e sombra na aplicação do princípio da boa-fé objetiva na *praxis* judicial brasileira. In: GOMES, Elena de Carvalho et al. *Estudos de Direito Privado* – Liber amicorum *para João Baptista Villela*. Belo Horizonte: D'Plácido, 2017.

SCHREIBER, Anderson. *A proibição de comportamento contraditório*: tutela da confiança e *venire contra factum proprium*. Rio de Janeiro: Renovar, 2005.

SCHREIBER, Anderson. *Manual de Direito Civil Contemporâneo*. São Paulo: Saraiva, 2018.

SILVA, Clóvis V. do Couto. *A obrigação como processo*. São Paulo: Bushatsky, 1976.

TEPEDINO, Gustavo; KONDER, Carlos Nelson; BANDEIRA, Paula Greco. *Fundamentos do Direito civil*. Rio de Janeiro: Forense, 2020. (Contratos, v. 3).

TEPEDINO, Gustavo; SCHREIBER, Anderson. A boa-fé no Código de Defesa do Consumidor e no novo Código Civil. In: TEPEDINO, Gustavo (coord.). *Obrigações*: estudos na perspectiva civil-constitucional. Rio de Janeiro: Renovar, 2005.

TERRA, Aline de Miranda Valverde; ORLEANS, Helen Cristina Leite de Lima. A tutela da autonomia privada e a utilização atécnica dos novos princípios contratuais. In: RUZYK, Carlos Eduardo Pianovski et al. *Direito civil constitucional*: a ressignificação da função dos institutos fundamentais do direito civil contemporâneo e suas consequências. Florianópolis: Conceito Editorial, 2014.

TWIGG-FLESNER, Christian. *The Europeanisation of contract law*: current controversies in law. 2. ed. New York: Routledge, 2013.

19
COMENTÁRIOS AO ART. 766 DO CÓDIGO CIVIL

Thiago Junqueira

Art. 766. Se o segurado, por si ou por seu representante, fizer declarações inexatas ou omitir circunstâncias que possam influir na aceitação da proposta ou na taxa do prêmio, perderá o direito à garantia, além de ficar obrigado ao prêmio vencido.

Parágrafo único. Se a inexatidão ou omissão nas declarações não resultar de má-fé do segurado, o segurador terá direito a resolver o contrato, ou a cobrar, mesmo após o sinistro, a diferença do prêmio.

1. ORIGEM DA DISPOSIÇÃO E REGIME ANTERIOR

Apesar de se saber que a noção – ao menos os dilemas morais – de um "dever de informar" é antiga,[1] por toda parte se lê que ele possui papel de destaque na sociedade contemporânea. Bem-vistas as coisas, porém, a estreita ligação entre o dever de informar e o contrato de seguro não é um fenômeno recente. Remonta aos primórdios do contrato de seguro, no âmbito marítimo, a necessidade de o candidato a tomador do seguro declarar ao segurador os riscos envoltos no possível contrato a ser celebrado.[2]

---

[1] Conforme o exemplo de Cícero, em sua clássica obra *De officiis*, Livro III, par. 50 (44 a.C.), e as posições divergentes entre os personagens Diógenes e Antípatro: "Por exemplo, suponhamos que um homem de bem transportou uma grande quantidade de trigo, de Alexandria para Rodes, numa altura em que o trigo era muito caro em Rodes (...). Se ele estivesse ciente de que vários mercadores tinham deslargado de Alexandria e se tivesse avistado os navios destes últimos carregados de trigo, navegando em direção a Rodes, deveria ele ter comunicado o sucedido aos rodenses? (...) A nossa questão consiste em determinar a postura ou a atitude de um homem que não esconde a verdade aos habitantes de Rodes: se tal, por um lado, pode ser considerado desonesto, por outro, duvida-se de que seja absolutamente desonesto" (CÍCERO, Marco Túlio. *Dos deveres* (*De officiis*). Trad. Carlos Humberto Gomes. Lisboa: Edições 70, 2000. p. 132-133). A passagem em tela é igualmente mencionada por VASQUES, José. Declaração inicial do risco. *SPAIDA – Boletim Informativo*, n. 1, jan. 2004. Em tempo: enquanto Antípatro era a favor de um "dever de informar" por parte do mercador, Diógenes era contra. Para uma análise mais detalhada do problema, FABRE-MAGNAN, Muriel. *De l'obligation d'information dans les contrats*. Essai d'une théorie. Paris: LGDJ, 1992. p. 26-28.

[2] AGUIRRE, Felipe F. Reticenza, impugnazione e clausole di incontestabilità nel contratto di assicurazione. *Assicurazioni – Rivista di Diritto, Economia e Finanza delle Assicurazioni Private*, n. 2, anno LXXVI,

O ordenamento jurídico nacional regula há muito tempo o dever pré-contratual de declaração do risco inerente ao tomador. A primeira disposição – ainda em vigor, porém restrita ao *seguro marítimo* – trata do art. 678 do Código Comercial de 1850 (CCom/1850). Eis os seus termos:

> Art. 678. O seguro pode também anular-se:
>
> 1 – quando o segurado oculta a verdade ou diz o que não verdade;
>
> 2 – quando faz declaração errônea, calando, falsificando ou alterando fatos ou circunstâncias, ou produzindo fatos ou circunstâncias não existentes, de tal natureza e importância que, a não se terem ocultado, falsificado ou produzido, os seguradores, ou não houveram admitido o seguro, ou o teriam efetuado debaixo de prêmio maior e mais restritas condições.[3]

Em seguida, os arts. 1.443, 1.444 e 1.445 do Código Civil de 1916 (CC/1916) passaram a sediar a matéria relativamente aos seguros em geral.[4] A derradeira alteração, até o momento, coube ao Código Civil de 2002 (CC), especificamente nos seus arts. 765 e 766.

Ambos os dispositivos do CC, possuidores de indubitáveis semelhanças aos equivalentes do revogado *Codex*, não facilitam o tratamento da matéria. Pelo contrário: as redações

---

apr.-giugno 2009. p. 152. Os seguradores, que nem de perto se assemelhavam às grandes instituições contemporâneas, tampouco tinham à sua disposição sofisticadas técnicas de análise e dispersão de riscos, necessitavam, de maneira ímpar, terem acesso às características dos navios e das embarcações, com ênfase na rota da viagem, bem como do capitão, para poderem contratar. Embora tenham nascido de forma consuetudinária, algumas das primeiras regulações dos seguros já endereçavam a matéria. Conforme lição de Luís Poças, em obra de referência no tema, apesar de alguma divergência, a doutrina aponta que a primeira regulação desse dever ocorreu nas Ordenações de Barcelona (de 1435, 1458 e 1484), tendo sido seguido pelo *Guidon de la Mer* (escrito entre 1556-1584), pelas Ordenações de Amsterdã (1598) e pela *Ordonnance de la Marine* (1681) (POÇAS, Luís. *O dever de declaração inicial do risco no contrato de seguro*. Lisboa: Almedina, 2013. p. 29 e ss., com amplos elementos).

[3] Destaquem-se, ainda, os comandos dispostos nos arts. 667 e 679 do CCom 1850: "Art. 677. O contrato do seguro é nulo: (...) 3 – Sempre que se provar fraude ou falsidade por alguma das partes. (...) 5 – Provando-se que o navio saiu antes da época designada na apólice, ou que se demorou além dela, sem ter sido obrigado por força maior. (...) 8 – Sendo o seguro de mercadorias que se conduzirem em cima do convés, não se tendo feito na apólice declaração expressa desta circunstância". "Art. 679. No caso de fraude da parte do segurado, além da nulidade do seguro, será este condenado a pagar ao segurador o prêmio estipulado em dobro. Quando a fraude estiver da parte do segurador, será este condenado a retornar o prêmio recebido, e a pagar ao segurado outra igual quantia. Em um e outro caso pode-se intentar ação criminal contra o fraudulento".

[4] CC de 1916: "Art. 1.443. O segurado e o segurador são obrigados a guardar no contrato a mais estrita boa fé e veracidade, assim a respeito do objeto, como das circunstâncias e declarações a ele concernentes"; "Art. 1.444. Se o segurado não fizer declarações verdadeiras e completas, omitindo circunstâncias que possam influir na aceitação da proposta ou na taxa do prêmio, perderá o direito ao valor do seguro, e pagará o prêmio vencido"; "Art.1.445. Quando o segurado contrata o seguro mediante procurador, também este se faz responsável ao segurador pelas inexatidões, ou lacunas, que possam influir no contrato". Conforme mencionado por Clóvis Beviláqua, o art. 1.444 foi influenciado pelo Projeto Coelho Rodrigues, notadamente o seu art. 934, e pelo art. 509 do Código Civil de Zurich (BEVILÁQUA, Clóvis. *Codigo Civil dos Estados Unidos do Brasil comentado*. Rio de Janeiro: Francisco Alves, 1926. v. V. p. 205). Vale a consulta, portanto, a RODRIGUES, A. Coelho. *Projecto do Codigo Civil Brazileiro*. Rio de Janeiro: Imprensa Nacional, 1893. p. 114.

intrincadas e não exaustivas, na realidade, fazem aflorar mais dúvidas do que respostas. Para agravar o quadro, é digno de nota que, salvo honrosas exceções, a doutrina pátria dedicou menos atenção do que a devida.[5]

Antes de se avançar, cabe ressaltar que a declaração inicial do risco se trata de um tema clássico do Direito dos Seguros,[6] que, ultimamente, porém, vem perdendo um pouco de prestígio nas relações massificadas, especialmente se considerados o avanço tecnológico, o uso da telemetria em algumas modalidades securitárias e a maior capacidade de as seguradoras terem acesso a dados pessoais e a tratá-los de forma automatizada, independentemente do provimento direto pelos (candidatos a) segurados.[7] Além disso, impõe-se fazer uma breve explanação do desenvolvimento do tema na experiência estrangeira.

A pioneira regulação sistemática, nos moldes semelhantes ao dever atual, ocorreu no Código Comercial francês de 1807. O seu famoso art. 348 influenciou diversos outros códigos comerciais oitocentistas, tais quais os portugueses (de 1833 e 1888), os espanhóis (de 1829 e 1885) e os italianos (de 1865 e 1882). A severidade no tratamento do inadimplemento do dever de informação do tomador, marca registrada dos aludidos diplomas, foi de igual sorte espelhada no Código Comercial brasileiro de 1850, mais especificamente em seu art. 678.[8]

Note-se, nessa perspectiva, que anteriormente ao desenvolvimento da *culpa in contrahendo* por Jhering (1861), que, como se sabe, criou os subsídios teóricos para a imposição de diversos deveres pré-contratuais, com destaque ao dever de informação, o universo dos seguros já contava com tal vinculação. O principal fator que desencadeava o dever de declaração inicial do risco para o tomador era a caracterização do seguro, à época, como um contrato de *uberrima fides* (máxima boa-fé).[9]

---

[5] Conforme, inclusive, apontado em uma das poucas monografias sobre a matéria no contexto do Direito brasileiro: HARTEN, Carlos. *El deber de declaración del riesgo en el Contrato de Seguro, exposición y crítica del modelo brasileño y estudio del derecho comparado*. Salamanca: Ratio Legis, 2007. p. 21.

[6] BATALLER GRAU, Juan. *El Deber de Declaración del riesgo*. Madrid: Tecnos, 1997. p. 9.

[7] Sobre o tema e alguns dos desafios relativos à transformação da "era da ciência atuarial" para a "era da ciência dos dados" nos seguros privados, consulte-se JUNQUEIRA, Thiago. *Tratamento de dados pessoais e discriminação algorítmica nos seguros*. São Paulo: Ed. RT, 2020.

[8] Sublinhe-se, aqui, o traço praticamente comum da ocorrência da sanção da nulidade, independentemente de qualquer grau de censurabilidade da conduta e da essencialidade da informação para a análise do risco pelo segurador. O mero descumprimento do dever de informar por parte do tomador potencialmente gerava a total invalidade do contrato – ainda que após o sinistro, e na ausência de nexo de causalidade entre o fato não declarado corretamente e esse –, muitas vezes com o segurador retendo integralmente o prêmio que recebeu (POÇAS, Luís. *O dever de declaração inicial do risco no contrato de seguro*. Lisboa: Almedina, 2013. p. 29 e ss., em especial p. 245). No contexto brasileiro, Numa P. do Valle esclarece a divisão entre "nulidade de pleno direito", quando o segurado atuava de má-fé no seu dever pré-contratual de informação, e "nulidade dependente de rescisão" (ou seja, uma nulidade que poderia ser "ractificada pelas partes, dependendo de prova de prejuízo", e que poderia ser apreciada pelo juiz em ação competente), cf. VALLE, Numa P. do. *Seguro marítimo e contrato de risco*. São Paulo, 1919. p. 286.

[9] Fundamentalmente, POÇAS, Luís. *O dever de declaração inicial do risco no contrato de seguro*. Lisboa: Almedina, 2013. p. 29 e ss., e 899 e ss.; e, ainda, MONTI, Alberto. A boa-fé e seguro: novo Código Civil brasileiro e o direito comparado. In: INSTITUTO BRASILEIRO DE DIREITO DO SEGURO (IBDS). *III Fórum de Direito do Seguro José Sollero Filho*. São Paulo: IBDS, 2003. p. 109 e ss.

Os seguros, portanto, junto com alguns poucos contratos enquadrados como de máxima boa-fé, excepcionavam a reinante mentalidade de inocorrência de deveres pré-contratuais de informação – resultante, por exemplo, do princípio *caveat emptor*.[10] Todavia, a excepcionalidade era seletiva: tal dever estava presente apenas a cargo do segurado. O segurador não possuía um considerável dever de informar o tomador na entabulação do contrato.

Em termos gerais, no alvorecer do século XX, iniciou-se uma mudança ideológica entre os juristas. Equivale a isso dizer que teve partida um crescente afastamento do liberalismo e individualismo excessivo vigente no século XIX,[11] com a aproximação de uma era marcada pelo solidarismo. Especificamente no campo dos contratos, esse fenômeno teve e tem cada vez mais reverberado no dever de cooperação entre as partes, o que diretamente influiu em um maior dever de informar (e direito a ser informado) acerca do objeto que se pretende oferecer (ou adquirir).[12]

No que se refere aos seguros, a busca de um direito com maior justiça social, visando à igualdade material entre as partes, foi sentida, a princípio, no abrandamento do dever de informação inerente ao tomador e, na sequência, no fortalecimento do dever de informação do segurador. Perquiria-se, dessa maneira, o afastamento da *tutela pupillare*,[13] que era oferecida aos seguradores nos regimes mais antigos.

Socorrendo-se, novamente, aos ensinamentos de Luís Poças:

> A nova matriz ideológica constituiu o alicerce da regulação autónoma do contrato de seguro, reflectindo-se em toda uma nova geração de regimes surgidos no início do séc. XX, designadamente com a Lei alemã de 30 de maio de 1908 (resultante de um projecto de 1903); a Lei suíça de 2 de abril de 1908 (decorrente de um projecto de 1904); a Lei francesa de 13 de julho de 1930 (resultante de um projecto de 1904). Ao longo do século XX, outros exemplos da mesma tendência são de assinar, nomeadamente na Grécia (1910), Áustria (1917), Suécia (1927), Dinamarca (1930) e Itália (1942).[14]

Em termos práticos, a evolução ocorrida em boa parte dos ordenamentos europeus no início do século XX traduziu-se em dois principais pontos: (i) a diferenciação entre os efeitos do inadimplemento das declarações inexatas ou reticentes conforme o grau de censurabilidade

---

[10] O princípio *caveat emptor* (traduzido, literalmente, do latim como *toma cuidado, comprador*) refere-se a "A maxim implying that the buyer must be cautious, as the risk is his and not that of the seller (let the buyer beware)" (PARK, Semin. Origin of the duty of disclosure in English insurance contracts. *Anglo-American Law Review*, 1996. p. 221).

[11] Período em que a autonomia da vontade e a igualdade formal das partes imperavam de forma quase absoluta; e, aos poucos, os juristas foram se apercebendo que esses rígidos pilares, na prática, não eram mais do que uma "pura ficción", tendo em vista que as disparidades entre os contratantes não permitiam uma real autonomia privada e igualdade (material). Cf. GÓMEZ CALLE, Esther. *Los deberes precontractuales de información*. Madrid: La Ley, 1994. p. 12 e ss.

[12] SILVA, Eva Moreira. *Da responsabilidade pré-contratual por violação dos deveres de informação*. Coimbra: Almedina, 2003. p. 86.

[13] SOLIMANDO, Angela. Disciplina delle dichiarazioni precontrattuali nel contratto di assicurazione. Evoluzione della giurisprudenza. *Assicurazioni – Rivista di Diritto, Economia e Finanza delle Assicurazioni Private*, n. 1-2, anno LXVIII, 2001. p. 25.

[14] POÇAS, Luís. *O dever de declaração inicial do risco no contrato de seguro*. Lisboa: Almedina, 2013. p. 42.

da conduta do tomador do seguro, com consequente manutenção ou não da garantia; (ii) a implementação, em alguns países, de um regime legal que restrinja a vinculação do tomador a um mero dever de responder de forma exata às perguntas feitas pelo segurador (que, nesse novo contexto, não mais carecia de forma tão acentuada das informações relativas ao risco).[15]

Em comparação a um passado recente, fica ainda mais clara a alteração no tratamento da matéria. Basta um exame atento dos ordenamentos europeus que foram modificados no século XXI para se verificar que a procura tem sido pelo reequilíbrio entre as posições dos contratantes, quais sejam, segurado e segurador. Para além das reformas nas leis portuguesa (2008) e alemã (2007), exemplo sugestivo ocorreu no direito inglês, que era tido como um dos mais rigorosos para os segurados. Com a entrada em vigor do *Consumer Insurance (Representation and Disclosure) Act* do Reino Unido, em 2013, restringiu-se o âmbito de tal dever e algumas das consequências de seu inadimplemento.

Nesse ponto, cabe a indagação: no Brasil, o legislador se atentou a todo esse desvio de rota no tratamento do tema? Pode-se afirmar, breve e conclusivamente, que não. Em primeiro lugar, ao contrário de grande parte dos ordenamentos alienígenas, o contrato de seguro não possui lei autônoma por aqui. Em segundo, a mudança de postura ao longo do tempo, consubstanciada nas reformas, foi muito mais tímida. O tratamento da matéria, antes confinado ao Código Comercial, ganhou também sede no CC de 1916 (arts. 1.443 e 1.444), tendo sido ecoado com algumas distorções no Código Civil posterior (arts. 765 e 766).[16]

O que se lê no art. 766 do CC reflete uma distância longa quando comparado ao processo evolutivo encampado alhures, embora a jurisprudência nacional tenha sempre temperado, por vezes de forma exagerada, o seu rigor. A principal mudança do novo regime foi a clara separação dos efeitos oriundos do inadimplemento conforme a ausência ou não de má-fé. Em 2002, portanto, o legislador brasileiro seguiu uma das apontadas tendências que se consolidava há mais de um século nos ordenamentos estrangeiros. Todavia, ignorou a outra, que se

---

[15] "Com efeito, o dever de informação nasceu para proteger seguradores que eram basicamente comerciantes individuais, quando não associações mutualistas de viúvas e órfãos, podendo questionar-se se a seguradora pode hoje, realisticamente, considerar-se parte fraca na relação. E isto não só porque o enorme desenvolvimento tecnológico, mormente ao nível informático, facilitou sobremaneira o acesso, a circulação e o armazenamento de muita informação, mas também porque a evolução da própria técnica seguradora possibilitou fórmulas muito mais correctas de aferição do risco e cálculo do prémio, que, amiúde, é fixado mais a nível colectivo do que individual" (GOMES, Júlio Manuel Vieira. O dever de informação do (candidato a) tomador do seguro na fase pré-contratual, à luz do decreto-lei n.º 72/2008, de 16 de abril. *Estudos em homenagem ao Professor Doutor Carlos Ferreira de Almeida*. Coimbra: Almedina, 2011. v. II. p. 393).

[16] Código Civil: "Art. 765. O segurado e o segurador são obrigados a guardar *na conclusão e na execução do contrato*, a mais estrita boa-fé e veracidade, tanto a respeito do objeto como das circunstâncias e declarações a ele concernentes"; "Art. 766. Se o segurado, por *si ou por seu representante*, fizer declarações inexatas ou omitir circunstâncias que possam influir na aceitação da proposta ou na taxa do prêmio, perderá o *direito à garantia*, além de ficar obrigado ao prêmio vencido. *Parágrafo único. Se a inexatidão ou omissão nas declarações não resultar de má-fé do segurado, o segurador terá direito a resolver o contrato, ou a cobrar, mesmo após o sinistro, a diferença do prêmio*" (grifamos, *grosso modo*, os pontos que diferenciam os artigos do CC de 1916 para o atual). Em uma palavra, incluiu-se, na redação original do art. 1.443, a necessidade da boa-fé e veracidade também na fase de conclusão do contrato; e bifurcou-se o regime de não cumprimento do dever de informação entre a atuação sem má-fé do segurado (parágrafo único, incluído no art. 766), e, *a contrario sensu*, com má-fé (*caput* do art. 766, que é deveras semelhante ao inteiro teor do art. 1.444 do CC pretérito, que, frisa-se, não fazia qualquer menção ao grau de censurabilidade da conduta do segurado).

refere à restrição do dever de informação conforme questionário aplicado pela seguradora. Nenhuma palavra foi dita, ainda, sobre a exigência ou não do requisito do nexo de causalidade entre o sinistro e a "imperfeita" declaração inicial do risco para perda da garantia, conforme ocorre, por exemplo, na lei de seguros da Alemanha (salvo quando o segurado tenha atuado de forma fraudulenta, consoante § 21, 2, da VVG – *Versicherungsvertragsgesetz*).

2. SENTIDO DA DISPOSIÇÃO E PRINCIPAIS CONTROVÉRSIAS NA SUA INTERPRETAÇÃO

Para fins didáticos, a abordagem da matéria será dividida em quatro subtópicos: 2.1. Aproximação; 2.2. Processo de formação do contrato de seguro e função do questionário de avaliação do risco provido pelo segurador; 2.3. Critérios de aferição do inadimplemento da declaração inicial do risco; e 2.4. O exemplo das doenças preexistentes nos seguros de pessoas.

2.1. Aproximação

O *dever* (e não um *ônus* ou uma *incumbência*) de declaração inicial do risco por parte do tomador do seguro,[17] que possui fonte expressa no CC e em atos normativos brasileiros, é motivado e fortalecido pela exata medida da aleatoriedade entre as prestações, a assimetria informativa,[18] o caráter imaterial dos seguros,[19] a garantia da autonomia privada do segu-

---

[17] Em rigor, pelo candidato a tomador do seguro e, quando se tratar de pessoas distintas, também pelo candidato a segurado e os seus eventuais representantes. Note-se que, na fase das negociações, não se tem configurada a presença da parte denominada "tomador do seguro" (que representa a pessoa que efetivamente celebra o contrato de seguro com o segurador) e, como corolário, da denominada "segurado" (que é a pessoa, nem sempre coincidente com o tomador, que abrange o risco presente no seguro em concreto). Apenas após a contratação com o segurador, a contraparte (pessoa física ou jurídica), geralmente enquadrada como proponente, poderá ser chamada, sem qualquer reserva, pelo vocábulo tomador(a) do seguro, ou, sendo idêntica, também por segurado(a). Feita essa distinção conceitual, cabe aqui uma ressalva: a fim de se evitar a repetição do enunciado "tomador do seguro e, quando díspares, também ao segurado" para referir-se àqueles que estão vinculados a declarar o risco ao segurador, utilizar-se-ão os termos "tomador do seguro" (ou, simplesmente, "tomador") e "segurado" com o mesmo sentido no presente texto. Sendo necessário diferenciar, chamar-se-á, tempestivamente, a atenção para tanto. E mais: nem sempre será feita a ressalva da posição de "mero candidato" a – e não de um efetivo – tomador/segurado, presente na fase pré-contratual do seguro. Sobre a natureza jurídica da vinculação informativa em questão como um *dever*, consulte-se POÇAS, Luís. *O dever de declaração inicial do risco no contrato de seguro*. Lisboa: Almedina, 2013. p. 643 e ss. Remete-se o leitor, nesse ponto, aos comentários feitos ao art. 767 do CC.

[18] No que se refere à assimetria informativa, apesar de não se poder deixar de reconhecer que ela é ambivalente, a carência da informação que o tomador possui – e deve suprir – é mais decisiva à celebração do contrato sob condições equilibradas. Sendo privilegiado conhecedor do risco, o tomador deve declarar, de forma completa e fiel à realidade, as circunstâncias do risco que conhece e que são razoavelmente relevantes à apreciação do segurador. Uma adequada apreciação das particularidades envoltas no caso concreto por parte do segurador, que, para tanto, não poderá perder de vista o designado *risco moral*, possui o intento de evitar o fenômeno da *seleção adversa do risco*. Caso saiba que inexista o risco a ser alvo da garantia e, ainda assim, expeça a apólice, o segurador terá que pagar em dobro o prêmio estipulado (art. 1.446 do CC 1916, replicado de forma praticamente idêntica no art. 773 do CC 2002). Portanto, o legislador entendeu que a mera devolução da prestação do segurado pelo segurador, resultado automático da nulidade do contrato em virtude da falta de objeto, seria insuficiente. Nesse pano de fundo, Clóvis Beviláqua sublinha a necessidade de uma reação "mais forte" do que a devolução do prêmio recebido, tendo a disposição específica um caráter de punição civil (BEVILÁQUA, Clóvis. *Codigo Civil dos Estados Unidos do Brasil comentado*. Rio de Janeiro: Francisco Alves, 1926. v. V. p. 207).

rador e, sobretudo, a legítima confiança e a primazia da materialidade subjacente, que o princípio da boa-fé incentiva e tutela, entre as partes.[20]

A *ratio* de tal dever de informação é de simples entendimento: se, por um lado, o candidato a tomador do seguro, ao ansiar contratar um seguro, espera precaver-se das possíveis sequelas econômicas que determinado risco possa vir a acarretar; por outro, o segurador necessita ter acesso às particularidades desse risco, para então aferir os termos em que é capaz de contratar.

Destarte, estando o tomador em posição de descrever o risco que deseja ter garantido pelo segurador, cabe a ele repassar os aspectos suscetíveis de razoavelmente modificar a sua avaliação.[21] Ciente do perfil do risco, o segurador, com subsídio da técnica atuarial e da Ciência de Dados, poderá aquilatá-lo e, em seguida, considerar o modo ao qual pretende se vincular no caso concreto. À guisa de ilustração: o valor do prêmio que deverá solicitar, o limite da garantia por que se responsabilizará, a carência ou franquia que convencionará, e mesmo a recusa de contratação – expressamente permitida pelo ordenamento jurídico pátrio, desde que justificada e não discriminatória.[22]

Com efeito, no seguro de automóvel, para ficar no exemplo de escola, é usual a necessidade de informação pelo segurado a respeito de diversos pontos, tais quais: quem será o condutor habitual do veículo, qual a costumeira região de sua circulação, o fim comercial ou de mera locomoção na sua utilização, há disponibilidade de garagem ou não na sua residência, entre outros. A imperfeita declaração de um desses quesitos, mormente na ausência de boa-fé pelo segurado, pode acarretar a perda da garantia do risco pelo segurador.[23] Tal fato, *mutatis mutandis*, se aplica, em regra, a qualquer modalidade securitária.[24]

---

[19] "O seguro é uma *realidade imaterial*. Assim sendo, ele fica totalmente dependente de informações que, a seu propósito, as partes venham a trocar. Além disso, ele envolve uma assunção de risco, mediante uma série de cláusulas que prevejam as eventualidades que se pretendam cobrir. Há, pois, que conhecer a situação existente no terreno, quanto a todos os elementos que respeitem à compleição e à dimensão do risco" (MENEZES CORDEIRO, António. *Direito dos seguros*. Coimbra: Almedina, 2013. p. 551, grifo nosso).

[20] Em termos semelhantes, POÇAS, Luís. *O dever de declaração inicial do risco no contrato de seguro*. Lisboa: Almedina, 2013. passim.

[21] STJ, 3ª T., AgRg no REsp 1.484.628/MS, rel. Min. Moura Ribeiro, j. 25.10.2016. "Na linha dos precedentes desta Corte, a omissão do segurado, por ocasião da contratação, a respeito de informações importantes que possam repercutir decisivamente no risco de sinistro e romper o equilíbrio econômico do contrato exclui a obrigação da seguradora de pagar a indenização".

[22] O art. 4º da Circular Susep 642, de 20 de setembro de 2021 (que dispõe sobre a aceitação e a vigência dos seguros), atesta o seguinte: "A proposta e as condições contratuais deverão prever, de forma clara, objetiva e em destaque, o prazo máximo para aceitação ou recusa da proposta, bem como as eventuais hipóteses de suspensão do referido prazo, devendo a sociedade seguradora se manifestar expressamente sobre o resultado da análise. (...) § 4º Em qualquer hipótese, a sociedade seguradora deverá comunicar formalmente ao proponente, ao seu representante legal ou corretor de seguros, a decisão de não aceitação da proposta, *com a devida justificativa da recusa*" (grifo nosso).

[23] Há diversos exemplos jurisprudenciais de perda de cobertura no âmbito do seguro de automóvel em virtude da incorreta declaração do condutor habitual (*v.g.*, STJ, 3ª T., AgInt no AREsp 928.789/SP, rel. Min. Marco Aurélio Bellizze, j. 18.08.2016), bem como da destinação e do uso do automóvel (quando, em vez de ser para lazer/locomoção do proprietário, prestar o veículo, na verdade, para fins comerciais), conforme STJ, 4ª T., AgInt no REsp 1.707.268/PR, rel. Min. Luis Felipe Salomão, j. 10.09.2018. Em sentido convergente, STJ, 3ª T., REsp 1.340.100/GO, rel. Min. Ricardo Villas Bôas

Não significa isso, cabe sublinhar, que o citado dever mereça ser visto com parcimônia, uma vez que representaria uma "spada di Damocle che incombe sull'assicurato".[25] Além de recair um sofisticado dever de informação pré-contratual sob o segurador,[26] insta

---

Cueva, j. 21.08.2014, em que se pode ler: "Ora, estando presentes os pressupostos do art. 766 do CC e cotejando-se os parâmetros de interpretação da cláusula de perfil com os fatos ocorridos, não se evidencia, efetivamente, a boa-fé da segurada, devendo ser aplicada, portanto, a penalidade prevista legalmente de perda do direito à indenização securitária. Isso porque o sinistro (perda total do bem por colisão) ocorreu por um comportamento habitual do condutor do veículo, que o usava para fins comerciais, e as informações falseadas eram relevantes para o enquadramento do risco e do grupo de exposição e para a fixação do prêmio".

[24] Em relação ao seguro de crédito, por exemplo, leciona Fábio Konder Comparato: "As informações prestadas pelo segurado na proposta de contrato dizem respeito ao próprio proponente, à natureza de sua atividade empresarial, à natureza de sua clientela, à repartição geográfica e quantitativa de seus clientes nos negócios a crédito realizados no último ano (nos últimos três anos para o seguro de crédito à exportação), o montante dos créditos incobráveis no último ano (ou nos últimos três anos, para o seguro de crédito à exportação), com a indicação da natureza da operação, o nome do cliente e o prazo de pagamento, e, finalmente, a estimativa das operações a crédito a serem realizadas nos doze meses seguintes à proposta de contrato" (COMPARATO, Fábio Konder. *O seguro de crédito*: estudo jurídico. São Paulo: Ed. RT, 1968. p. 116). Em recente julgado, o STJ reconheceu a perda da indenização no âmbito do seguro de diretores e administradores (conhecido como seguro D&O) em virtude da não declaração de processos administrativos instaurados pelo Banco Central: "O segurado que agir de má-fé ao fazer declarações inexatas ou omitir circunstâncias que possam influir na aceitação da proposta pela seguradora ou na taxa do prêmio está sujeito à perda da garantia securitária, conforme dispõem os arts. 765 e 766 do Código Civil. 3. No caso, as instâncias ordinárias concluíram que a tomadora, na contratação do seguro, omitiu intencionalmente a existência de investigação do Banco Central de irregularidades na administração da sociedade, o que resultou em erro na avaliação do risco segurado, e que o administrador praticou atos de gestão lesivos à companhia e aos investidores em busca de favorecimento pessoal, circunstâncias que dão respaldo à sanção de perda do direito à indenização securitária" (STJ, 4ª T., AgInt no REsp 1.504.344/SP, rel. Min. Raul Araújo, j. 16.08.2022).

[25] Conforme alusão de BIN, Marino. Informazione e contratto di assicurazione. *Rivista Trimestrale di Diritto e Procedura Civile*, n. 3, anno XLVII, set. 1993. p. 735.

[26] Apesar do silêncio eloquente do Código Civil, que se restringe a tratar da declaração inicial do risco do candidato a segurado (art. 766 do CC), o Código de Defesa do Consumidor (CDC) entrona, no seu art. 6º, III, o direito básico do consumidor (*in casu*, do segurado) à informação adequada e clara sobre os serviços, com especificação correta, entre outras, das características, qualidade e preço. Tal vinculação, presente, inclusive, na fase da oferta (art. 31 do CDC), caso não seja cumprida satisfatoriamente, poderá gerar o direito de resolução do contrato ao consumidor (art. 46 do CDC). Ademais, sendo o contrato feito por meio de adesão, o CDC estipula o dever de destaque por parte do fornecedor (segurador), permitindo a simples e direta compreensão das cláusulas que implicarem limitação de direito ao consumidor aderente (art. 54, § 4º). Questão diversa, apesar de com esta intrinsecamente relacionada, é a de que mesmo a relação que não se configure como de consumo será marcada por uma vinculação pré-contratual de informação do segurador. Esta emergirá do princípio da boa-fé objetiva (arts. 422 e 765 do CC), que, como se sabe, cria múltiplos deveres acessórios – sendo o de informar um dos mais festejados. Embora transcenda o escopo do presente estudo, vale dizer que não basta, por ser insuficiente, o cumprimento meramente formal do dever de informação pelo segurador. Para o seu real adimplemento, cabe a ele destacar – de forma transparente, com vocábulos compreensíveis por um intérprete mediano – o dever de declaração inicial do risco a cargo do segurado, sobretudo as consequências de seu eventual descumprimento. Ainda, impõem ao segurador fazer o recorte do âmbito da cobertura do risco e os termos dos contratos, sobrelevando as cláusulas de exclusão ou limitação dos riscos. A propósito, veja-se: KRETZMANN, Renata Pozzi. Boa-fé no contrato de seguro: o dever de informar do segurador. In: GOLDBERG, Ilan;

registrar que a escorreita análise e a segmentação do risco protegem, em última instância, os próprios segurados, visto que permitem ao segurador administrar e, de certa forma, domar os riscos assumidos.

De modo contrário, eventual acréscimo de sinistros acarretados por má avaliação do risco poderia ter reflexos indesejados, tais quais o aumento do prêmio a ser cobrado dos segurados, na renovação ou em nova contratação, e, no limite, até mesmo a insolvência do segurador que, incapacitado de cumprir com a sua prestação, prejudicaria diversas pessoas direta e indiretamente relacionadas aos contratos que fazem parte de sua carteira.[27] Há de ser considerado na solução do problema, ainda, o cariz punitivo do art. 776 do CC, assim como a rede de incentivos e desincentivos que a sua aplicação poderá gerar na sociedade.

A disciplina do dever de informação pré-contratual nos contratos de seguro tem, de fato, nítido viés punitivo a comportamentos contrários à boa-fé. Além de extensa doutrina na matéria, a própria jurisprudência tem atestado, reiteradamente, que o afastamento da penalidade de perda da garantia securitária "serviria de estímulo à prática desse tipo de comportamento desleal pelo segurado ou pelo tomador do seguro".[28] Ora, se o segurado e/ou o tomador do seguro não sofressem essa reprimenda, qual seria o seu incentivo para declarar adequadamente o risco nas tratativas pré-contratuais?

A toda evidência, portanto, a vinculação de um dever pré-contratual de informação ao segurado merece ser compreendida como legítima, tendo por escopo acautelar, em especial, a mutualidade[29] e o equilíbrio entre as prestações das partes.

JUNQUEIRA, Thiago. *Temas atuais de direito dos seguros*. São Paulo: Ed. RT, 2020. t. I. p. 354 e ss.; JUNQUEIRA, Thiago. Dilemas contemporâneos: os seguros privados e a cobertura das pandemias. *Revista Jurídica de Seguros*, Rio de Janeiro, v. 12, maio 2020. p. 82-85; e KHOURI, Paulo Roque. O direito à informação e o contrato de seguro. In: MIRAGEM, Bruno; CARLINI, Angélica (org.). *Direito dos seguros*: fundamentos de direito civil, direito empresarial e direito do consumidor. São Paulo: Ed. RT, 2014. p. 139 e ss.

[27] Nesse sentido, Priscila Fichtner acentua que a prestação de informação correta é imprescindível "pela possibilidade de um erro afetar economias de terceiros que compõem o fundo e na correção dos prêmios cobrados, calculados com base nessas informações". E remata a autora: "Importará, ainda, para os terceiros que contam com a garantia e proteção que o seguro passa a desenvolver tanto para os seus beneficiários diretos quanto para os terceiros que tenham interesse legítimo atingido pela garantia assegurada" (FICHTNER, Priscila. *A boa-fé qualificada nos contratos de seguro*. 2008. Tese (Doutorado em Direito) – Faculdade de Direito, Universidade do Estado do Rio de Janeiro, Rio de Janeiro, 2008. p. 263.).

[28] STJ, 3ª T., REsp 1.601.555/SP, rel. Min. Ricardo Villas Bôas Cueva, j. 14.02.2017; STJ, 3ª T., REsp 1.340.100/GO, rel. Min. Ricardo Villas Bôas Cueva, j. 21.08.2014. Sobre o tema, o Min. João Otávio de Noronha alude à expressão "mau exemplo à sociedade", conforme o seguinte trecho: "A questão ora debatida é simples. Ao ser contratado um seguro, a seguradora indaga sobre os eventuais condutores do veículo, não pergunta especificamente se é filho ou parente com idade inferior a 25 anos. Sendo negativa a resposta, ou seja, de que o veículo não será conduzido por ninguém com idade inferior a 25 anos, o valor a ser pago é menor; do contrário, o risco é calculado por estatística e o preço é definido considerando os dados informados. (...) Entendo que, no caso, daríamos um mau exemplo à sociedade ao permitirmos que as pessoas quebrem regra contratual e queiram se beneficiar de algo pela qual não pagaram. A parte tinha plena consciência do que havia contratado e quer tirar proveito e ser indenizado mesmo tendo contrariado cláusula expressa quanto à impossibilidade de entrega do veículo a pessoa menor de 25 anos" (STJ, 3ª T., REsp 1.284.475/MG, rel. original Min. Nancy Andrighi, rel. acórdão Min. João Otávio de Noronha, j. 06.05.2014.

[29] Qualquer análise relativa aos contratos de seguro não pode alhear-se desse elemento intrínseco da atividade securitária.

Nessa ordem de ideias, diversos são os fatores que municiam a necessidade de um tratamento abrangente e detalhado do dever de informação pré-contratual do segurado, tendo destaque: (i) a sua consagração universal;[30] (ii) o seu protagonismo na economia do contrato;[31] (iii) o fato de ser uma das principais fontes de litígios entre segurado e segurador; e (iv) a característica de constituir um desvio ao regime geral do direito civil.[32]

Em sede de regime substantivo, o dever de declaração inicial do risco abrange tanto o – candidato a – tomador do seguro quanto o – candidato a – segurado, bem como os seus representantes. No seguro feito por intermédio de um *representante*, as circunstâncias que devem ser declaradas não se restringem às do representante, abrangendo também as do representado (tomador/segurado) – inclusive sendo critério válido o grau de culpa/dolo mais grave entre eles, caso ocorra o não cumprimento do referido dever.

No outro polo, o destinatário do dever de declaração inicial do risco é o segurador (e o seu representante com poderes de vinculação) e o seu escopo é permitir a correta apreciação do risco no caso concreto. No que se refere ao âmbito temporal da declaração, ela deverá ser feita entre a fase das tratativas e a celebração do contrato. As principais bases legais para o tratamento de dados pelo segurador, a depender de cada caso, serão o consentimento do proponente, a necessidade de procedimentos preliminares relacionados a contrato do qual seja parte o titular, os interesses legítimos do controlador e o exercício regular de direitos.[33]

Para melhor compreensão da formação da relação contratual securitária, insta examiná-la, conforme tópico subsequente.

---

[30] BESSON, André. La sanction encourue, par l'assuré de bonne foi, en cas d'irrégularité dans la déclaration du risque. *Studi in Onore di Antigono Donati*. Roma: RDA, 1970. t. I. p. 53. Nomeadamente entre os países europeus, os autores do *Project Group Restatement of European Insurance Contract Law* acentuam que "All European insurance laws recognise a duty of the insured to disclose information before the insurance contract is concluded" (BASEDOW, Jürgen et al. *Principles of European Insurance Contract Law*. Munich: Sellier, 2009. p. 80).

[31] SCHIAVO, Carlos. *Contrato de seguro*: reticencia y agravación del riesgo. Buenos Aires: Hammurabi, 2006. p. 62.

[32] POÇAS, Luís. *O dever de declaração inicial do risco no contrato de seguro*. Lisboa: Almedina, 2013. p. 15 e ss.; KULLMAN, Jérôme. La déclaration de risqué. In: BIGOT, Jean (direction). *Traité de Droit des Assurances*. Paris: LGDJ, 2002. (Le contrat d'assurance, t. 3). p. 668; e SOUZA, Eduardo Nunes de. "Perderá o direito à garantia": qualificação jurídica da hipótese prevista pelo art. 766 do Código Civil. In: GOLDBERG, Ilan; JUNQUEIRA, Thiago. *Temas atuais de direito dos seguros*. São Paulo: Ed. RT, 2020. t. I. p. 416 e ss.

[33] Art. 7º da Lei Geral de Proteção de Dados Pessoais (LGPD – Lei 13.709/2018): "O tratamento de dados pessoais somente poderá ser realizado nas seguintes hipóteses: I – mediante o fornecimento de consentimento pelo titular; II – para o cumprimento de obrigação legal ou regulatória pelo controlador; (...) V – quando necessário para a execução de contrato ou de procedimentos preliminares relacionados a contrato do qual seja parte o titular, a pedido do titular dos dados; (...) IX – quando necessário para atender aos interesses legítimos do controlador ou de terceiro, exceto no caso de prevalecerem direitos e liberdades fundamentais do titular que exijam a proteção dos dados pessoais". Art. 11 da LGPD: "O tratamento de dados pessoais sensíveis somente poderá ocorrer nas seguintes hipóteses: I – quando o titular ou seu responsável legal consentir, de forma específica e destacada, para finalidades específicas; II – sem fornecimento de consentimento do titular, nas hipóteses em que for indispensável para: a) cumprimento de obrigação legal ou regulatória pelo controlador; (...) d) exercício regular de direitos, inclusive em contrato e em processo judicial, administrativo e arbitral (...)".

2.2. Processo de formação do contrato de seguro e função do questionário de avaliação do risco provido pelo segurador

Dispõe o art. 759 do CC que a emissão da apólice pelo segurador "deverá ser precedida de proposta escrita com a declaração dos elementos essenciais do interese a ser garantido e do risco". Com efeito, é comum que, na contratação de seguros, haja uma preliminar proposta, que, nos termos do art. 2º, X, da Circular Susep 642, de 20 de setembro de 2021 (que dispõe sobre a aceitação e a vigência do seguro e sobre a emissão e os elementos mínimos dos documentos contratuais), pode ser definida como:

> (...) documento que formaliza o interesse do proponente em contratar, alterar ou renovar o seguro, abrangendo, no caso de contratação ou renovação de apólices coletivas, tanto a proposta de contratação formalizada pelo estipulante, como as propostas de adesão dos segurados individuais.

A normativa da Susep, bem como o Decreto-lei 73/1966, estabelece que a proposta poderá ser assinada pelo proponente (candidato a tomador do seguro/segurado), seu representante legal ou corretor de seguros.[34] É recomendável, porém, que o questionário de avaliação de risco, elemento ordinariamente integrante da proposta, seja preenchido e assinado de "próprio punho", de modo que garanta a segurança jurídica e resguarde o segurador "a respeito dos dados fornecidos pelo segurado, na proposta e no questionário, a motivar vindouras decisões a serem tomadas com base nessas informações, em sede de regulação de sinistro, por exemplo".[35]

---

[34] Conforme o art. 3º da Circular Susep 642, de 20 de setembro de 2021: "A celebração, a alteração ou a renovação não automática do contrato de seguro somente poderão ser feitas mediante proposta preenchida e assinada pelo proponente, seu representante legal ou corretor de seguros, exceto quando a contratação se der por meio de bilhete. § 1º A proposta deverá conter os elementos essenciais ao exame e aceitação do risco". A proposta do seguro poderá ser enviada por meios remotos, conforme os arts. 4º e 5º da Resolução CNSP 408, de 30 de junho de 2021 (que dispõe sobre a utilização de meios remotos nas operações de seguro, previdência complementar aberta e capitalização), devendo necessariamente ser feita de forma autenticada e passível de comprovação da autoria e integridade. Nos termos do art. 2º da indigitada Resolução, meios remotos são "aqueles que permitam a troca de e/ou o acesso a informações e/ou todo tipo de transferência de dados por meio de redes de comunicação envolvendo o uso de tecnologias tais como rede mundial de computadores, telefonia, televisão a cabo ou digital, sistemas de comunicação por satélite, entre outras". Acerca do Decreto-lei 73/1966, vale consulta aos seus arts. 9º e 10, respectivamente: "Os seguros serão contratados mediante propostas assinadas pelo segurado, seu representante legal ou por corretor habilitado, com emissão das respectivas apólices, ressalvado o disposto no artigo seguinte"; e "É autorizada a contratação de seguros por simples emissão de bilhete de seguro, mediante solicitação verbal do interessado".

[35] GOLDBERG, Ilan; BERNARDES, Guilherme. É necessária a assinatura da proposta nos contratos de seguro? *Conjur*, 2022. Disponível em: <https://www.conjur.com.br/2022-mar-03/seguros-contemporaneos-necessaria-assinatura-proposta-contratos-seguro>. Acesso em: 14.01.2023. Não é raro o fato de o corretor preencher o questionário com base nas informações providas pelo proponente – e este, posteriormente, assinar a proposta. Como não poderia ser diferente, também nesse caso o proponente restará vinculado às respostas ao questionário. A mesma linha de raciocínio se aplica quando a proposta é assinada pelo próprio corretor, mas foi feita com base nas informações dadas pelo proponente. Recorde-se, nesse particular, do art. 410 do Código de Processo Civil (Lei 13.105, de 16 de março de 2015, na sequência mencionada como CPC): "Considera-se autor do documento particular: I – aquele que o fez e o assinou; II – aquele por conta de quem ele foi feito, estando assinado;

O uso de questionário de avaliação de risco, que servirá para o cálculo dos prêmios e predeterminação dos riscos cobertos, é expressamente chancelado pela Susep.[36] Quando o segurador optar por fazê-lo, porém, deverá "fornecer, de forma objetiva, todos os esclarecimentos necessários para o seu correto preenchimento, bem como especificar todas as implicações, no caso de informações inverídicas devidamente comprovadas" (art. 13 da Circular Susep 621, de 12 de fevereiro de 2021).[37]

Não resta dúvida de que "proposta de contrato obriga o proponente" (art. 427 do CC), que as declarações constantes nela presumem-se verdadeiras (art. 408 do CPC) e que é vedado ao proponente aceitar apenas "os fatos que lhe são favoráveis e recusar os que são contrários ao seu interesse, salvo se provar que estes não ocorreram" (art. 412, parágrafo único, do CPC). Por outro lado, é questionável se o proponente estaria vinculado a apenas responder às perguntas formuladas pelo segurador ou se o seu dever de declaração inicial do risco as transcenderia.

Há, aqui, uma divisão da maior importância entre os sistemas de declaração inicial do risco (*sistema de dever espontâneo*, por vezes denominado *sistema de questionário aberto*, que se contrapõe ao *sistema de dever de resposta*, também chamado de *sistema de questionário fechado*), com profundos efeitos, que se cumpre elucidar.

De modo lacônico, o *sistema de declaração inicial do risco de dever espontâneo* – que é possuidor de grande tradição histórica e, para além da lei brasileira (que é omissa em relação

---

III – aquele que, mandando compô-lo, não o firmou porque, conforme a experiência comum, não se costuma assinar, como livros empresariais e assentos domésticos". De forma alguma o corretor atua como representante do segurador nessa ou em qualquer etapa da contratação. Na esteira do art. 1º, parágrafo único, V, da Lei 4.594/1964, que regula os corretores de seguro, uma de suas atribuições é justamente dar "assistência ao segurado durante a execução e a vigência do contrato, bem como a ele e ao beneficiário por ocasião da regulação e da liquidação do sinistro".

[36] Nesse sentido, tanto na proposta de seguro quanto nas condições contratuais do plano, deverá constar que "a aceitação da proposta de seguro está sujeita à análise do risco", conforme, por exemplo, o disposto no art. 5º, I, da Circular Susep 621, de 12 de fevereiro de 2021 (que dispõe sobre as regras de funcionamento e os critérios para operação das coberturas dos seguros de danos), e no art. 10, I, da Circular Susep 667, de 4 de julho de 2022 (que dispõe sobre as regras complementares de funcionamento e os critérios para operação das coberturas de risco de seguros de pessoas). Excepcionalmente, nos seguros contratados por bilhete, não é necessário que haja tal ressalva (segundo, respectivamente, art. 5º, § 1º, e art. 10, § 1º, das referidas normas), uma vez que não há exame particularizado do risco prévio à contratação nessa modalidade de contratação. A necessidade de resposta ao questionário de avaliação de risco está presente em outros atos normativos da Susep, conforme, à guisa de ilustração, o art. 15 da Circular Susep 639, de 9 de agosto de 2021 (que dispõe sobre as regras e os critérios para operação de seguros do grupo automóvel): "Além das informações previstas em regulamentação específica, a proposta, a apólice, o bilhete e, quando for o caso, o certificado do seguro de automóvel deverão conter, ainda, as seguintes informações: (...) VIII – respostas ao questionário de avaliação de risco, quando houver".

[37] Além do provimento de informações inverídicas, a ausência de declaração de elementos essenciais para a aferição do risco, máxime se questionados, também poderá acarretar implicações desvantajosas para o segurado. Nesse sentido, é recomendável que a seguradora igualmente especifique isso no referido documento, conforme, ainda, o art. 11 da Circular Susep 667, de 4 de julho de 2022: "As sociedades seguradoras que utilizarem critérios baseados em questionário de avaliação de risco, constante da proposta, no cálculo dos prêmios deverão fornecer, de forma objetiva, todos os esclarecimentos necessários para o seu correto preenchimento, bem como especificar todas as implicações, no caso de *informações inverídicas ou omissões* devidamente comprovadas" (grifo nosso).

a esse ponto), é adotado, entre outros países, em Portugal (art. 24, 2, do Regime Jurídico do Contrato de Seguro – Decreto-lei 72/2008) e na Itália (arts. 1892 e 1893 do *Codice Civile* de 1942) – parte da ideia de que o tomador possui incomparável conhecimento acerca do risco envolto, incumbindo a ele, de boa-fé e de acordo com o que é razoável, transmiti-lo "espontaneamente" (ou seja, independentemente de ser interpelado) ao segurador, para que este proveja o contrato em termos coesos às particularidades do caso. Com efeito, nesse sistema o segurador não é obrigado a oferecer um questionário ao tomador: apesar de poder fazê-lo, caso não o faça o tomador continuará com o dever de declarar as circunstâncias que influenciam a mensuração do risco.[38]

No outro polo, o sistema de declaração inicial do risco de *dever de resposta* consagra tão somente um mero dever de resposta, de maneira fidedigna, às perguntas feitas pelo segurador – por meio de um questionário –, restringindo, assim, o dever do tomador (no mais das vezes, um consumidor), que, apesar de poder conhecer de forma mais próxima os riscos, conhecerá muito menos a influência de suas particularidades no específico contrato de seguro em jogo. É dizer: caso o segurador não forneça um questionário durante a contratação, o tomador não terá nenhum dever de declarar o risco. Com efeito, para poder impugnar as declarações imperfeitas do tomador, o segurador terá de oferecer um questionário ao tomador, e este apenas terá de respondê-lo, não lhe incumbindo nenhum "dever espontâneo" de declarar o que não for referido nessa sede. Esse modelo de resposta, que tem se mostrado como tendência nas legislações mais modernas, encontra guarida, por exemplo, nas legislações da Alemanha (§ 19, 1, da VVG, que entrou em vigor em 2008), da Espanha (art. 10 da *Ley 50/1980, de 8 de octubre, de Contrato de Seguro*), da França (art. L.113-2, 2º, do *Code des Assurance* de 1976) e do Reino Unido (arts. 2º e 3º do *Consumer Insurance (Representation and Disclosure) Act*, que entrou em vigor em 2013).[39]

Diante do exposto, é nítida a diferença entre os sistemas de declaração inicial do risco. No de *dever espontâneo*, o tomador terá de declarar todas as circunstâncias que influam na mensuração do risco pelo segurador (independentemente se perguntadas ou não em um eventual questionário oferecido pelo segurador), e, no *dever de resposta*, ao tomador apenas incumbirá declarar as circunstâncias que sejam objeto de pergunta(s) oriunda(s) do questionário do segurador. Percebe-se, desse modo, que o sistema de resposta delimita muito mais o âmbito do dever do tomador, traz maior segurança jurídica à operação, porém, no caso concreto, poderá prejudicar excessivamente a seguradora.

Não obstante o caminho escolhido pelo CC/2002, que, conforme se disse, foi omisso quanto ao uso do questionário pelo segurador, a doutrina e a jurisprudência brasileira, de forma geral, sequer tocam nessa importante clivagem no tratamento da matéria.[40] Embora

---

[38] Entre diversos, na doutrina alienígena: DONATI, Antigono; PUTZOLU, Giovanna Volpe. *Manuale di diritto delle assicurazioni*. 8. ed. Milano: Giuffrè Editore, 2006. p. 126 e ss.; BEIGNIER, Bernard. *Droit des assurances*. Paris: Montchrestien, Lextenso Éditions, 2011. p. 173 e ss.; e SÁNCHEZ CALERO, Fernando (director). *Ley de Contrato de Seguro*: comentarios a la Ley 50/1980, de 8 de octubre, y a sus modificaciones. 4. ed. Navarra: Aranzadi, 2010. p. 279 e ss. No Brasil, cabe ressaltar: SANTOS, Ricardo Bechara. *Direito de seguro no Novo Código Civil e legislação própria*. Rio de Janeiro: Forense, 2008. p. 71 e ss.

[39] Cf., em sede doutrinária, BASEDOW, Jürgen et al. *Principles of European Insurance Contract Law*. Munich: Sellier, 2009. p. 80-81, e MARTINEZ, Pedro Romano et al. *Lei do Contrato de Seguro anotada*. Coimbra: Almedina, 2011. p. 132-133.

[40] Como uma das exceções e, por isso, digna de nota: "No direito brasileiro, o Código Civil não faz referência ao regime adotado. Diante da ausência de previsão legal expressa, na medida em que o

se concorde com o resultado prático – que, em regra, restringe o dever de informação do segurado a responder precisamente às perguntas formuladas pelo segurador –, é importante que se assinale esse ponto.

Antes de se avançar, cabe tecer algumas palavras sobre o questionário em si. Esse instrumento, registre-se, não é incompatível com o sistema de declaração espontânea, sendo, em verdade, muito comum o seu uso também nessa sede.[41] Isto é, no sistema de declaração de dever espontâneo, apesar de o segurador não estar vinculado à apresentação de um questionário para auxiliar e delimitar a declaração do tomador, ele pode se utilizar de tal expediente.

De fato e na prática, a existência do questionário, ainda nos países em que as leis não vinculam o seu uso, é de certa forma necessária[42] e possui como trunfo o auxílio, para o tomador, das circunstâncias que o segurador avalia como impactantes para a apreciação do risco – servindo, pois, como *guia às declarações daquele*.[43] O questionário, ao estabelecer um quadro de referência, dá guarida a indicadores ou padrões que transcendem as próprias questões formuladas e acarretam a declaração de outros fatos conexos ou, até mesmo, aviva as memórias dos tomadores, incitando-os a pesquisar para responder corretamente.[44] Geralmente, ele é o ponto de partida das declarações e, na maioria das vezes, o destino final.[45]

O questionário deve ser redigido pelo segurador de forma clara, com vocábulos compreensíveis por um intérprete mediano que ocupa a posição do proponente naquela modalidade contratual. A abordagem das circunstâncias há de ser harmonicamente ordenada, permitindo ao tomador responder sem esforços interpretativos elevados. Especialmente nas relações

---

art. 766 contém os vocábulos 'declaração' e 'omissão', e não 'resposta' ou 'questionário', seria possível cogitar a adoção da declaração espontânea. Esse entendimento, contudo, não parece o mais adequado. Além de não observar a praxe do mercado, onde prevalece o questionário, não está em sintonia com as normas protetivas do consumidor, tampouco com a jurisprudência, que tem reconhecido o dever de resposta ao questionário" (PETERSEN, Luiza Moreira. *O risco no contrato de seguro*. São Paulo: Roncarati, 2018. p. 135).

[41] No que respeita à origem do questionário, a doutrina aponta que ele nasceu de forma natural entre os seguradores, em virtude do fenômeno da contratação em massa. Isso porque, muitas vezes, os negócios jurídicos eram realizados por meio dos intermediários ou agentes que utilizavam algumas pautas no requerimento das informações para fixação do preço do seguro, e, em questão de tempo, as pautas foram modificadas para questionários, que facilitavam toda a sistemática, cf. TIRADO SUÁREZ, Francisco Javier. Anotaciones al deber de declaración del riesgo en el contrato de seguro. *Revista Española de Seguros*, n. 61, 1990. p. 130.

[42] ALMEIDA, J. C. Moitinho. *Contrato de seguro no direito português e comparado*. Lisboa: Livraria Sá da Costa, 1971. p. 74. Apontando que, em regra, as declarações, mesmo no âmbito do sistema de declaração espontânea, são feitas por meios de questionários, DONATI, Antigono; PUTZOLU, Giovanna Volpe. *Manuale di diritto delle assicurazioni*. 8. ed. Milano: Giuffrè Editore, 2006. p. 127, e BEIGNIER, Bernard. *Droit des assurances*. Paris: Montchrestien, Lextenso Éditions, 2011. p. 173.

[43] VASQUES, José. *Contrato de Seguro*: notas para uma teoria geral. Coimbra: Coimbra Editora, 1999. p. 220. Não se pode negar a simplificação da tarefa do tomador com a aplicação do questionário pelo segurador (PICARD, Maurice; BESSON, André. *Traité Général des Assurances Terrestres en Droit Français*. Paris, 1938. t. I. p. 287).

[44] POÇAS, Luís. *O dever de declaração inicial do risco no contrato de seguro*. Lisboa: Almedina, 2013. p. 362.

[45] RUBIO VICENTE, Pedro. *El deber precontractual de declaración del riesgo en el contrato de seguro*. Madrid: Editorial Mapfre, 2003. p. 69.

de consumo, o segurador deve evitar perguntar circunstâncias relacionadas a fatos que não cobriria no contrato e deve fazer um esforço para não induzir o tomador a declarar – pelo receio de perder a garantia na eventualidade do sinistro – mais do que o necessário.

De notável relevância, ainda, é o alerta de que o segurador não pode deixar de se ater ao fato de que o exagero de informação (ou de pedido de informação) é ineficiente.[46] E mais: sempre se deve considerar como óbice ao dever excessivo de informar os direitos da personalidade – em especial o direito à privacidade –, sendo necessária a razoabilidade entre a informação, o método de requerimento e o seu resultado para o tomador.

Esclarecidas todas essas questões, enfrentar-se-ão, a seguir, as consequências do inadimplemento do dever pré-contratual de informação inerente ao proponente nos contratos de seguro.

2.3. Critérios de aferição do inadimplemento da declaração inicial do risco

Não basta, para efeitos do ordenamento jurídico brasileiro, a divergência entre o risco real e o declarado no questionário de avaliação do risco,[47] a fim de o segurador poder impugnar o contrato. Para tanto, a declaração imperfeita do tomador terá que causar uma divergência de tal relevo que, caso estivesse o segurador ciente do risco real, teria feito o contrato de forma distinta (leia-se, cobrado um prêmio mais elevado ou disposto as condições contratuais de forma mais restritiva) ou sequer teria aceitado contratar.

De maneira alguma a incidência dos efeitos do art. 766 do CC pressupõe o fato de que o segurador não contrataria com o segurado caso tivesse tido ciência das reais condições do risco, sendo suficiente, repita-se, que a precificação ou os termos do contrato sejam distintos. A propósito, em sede jurisprudencial, colhe-se o seguinte excerto:

> Cumpre assinalar que pelo art. 766 do CC, ausente a boa-fé do segurado, não é qualquer inexatidão ou omissão em informações prestadas que acarretará a perda da garantia, mas apenas a que possa influenciar na aceitação do seguro ou na taxa do prêmio. Há, portanto, duas hipóteses![48]

---

[46] Ressalte-se: um questionário excessivamente detalhado não é eficaz – tampouco eficiente; antes, pode fazer que o tomador se prenda a dados irrelevantes e acabe se confundindo (SÁNCHEZ CALERO, Fernando (director). *Ley de Contrato de Seguro: comentarios a la Ley 50/1980, de 8 de octubre, y a sus modificaciones*. 4. ed. Navarra: Aranzadi, 2010. p. 293).

[47] Denominado, por vezes, como "cláusula perfil", o questionário de avaliação do risco (ou, no âmbito do seguro de vida, a "declaração pessoal de saúde e atividade") tem dois principais objetivos: (i) dar subsídios ao segurador para a precificação do contrato e (ii) delimitar o risco predeterminado (arts. 757 e 760 do CC) que será efetivamente alvo de cobertura ao longo da relação contratual.

[48] STJ, 3ª T., REsp 1.419.731/PR, rel. original Min. Nancy Andrighi, rel. Min. Ricardo Villas Bôas Cueva, j. 07.08.2014. Em voto isolado, a Min. Nancy Andrighi, ao apreciar esse caso, que envolvia declaração incorreta sobre o condutor habitual e a presença de garagem no âmbito de um seguro de automóvel, defendeu as seguintes teses: "(i) as declarações inexatas ou omissões no questionário de risco em contrato de seguro de veículo automotor não autorizam, automaticamente, a perda da indenização securitária. É preciso que haja ato doloso do segurado e a alteração ou omissão de dado que, se fosse do conhecimento da seguradora, agravaria o risco contratado a ponto dela se recusar a celebrar o contrato de seguro; e (ii) a mera constatação de que o segurado agiu de má-fé no fornecimento dos dados que compõem a cláusula perfil autoriza o recálculo do prêmio com base nas informações corretas, deduzindo-se a diferença paga a menor pelo segurado, em dobro, do valor da indenização".

Uma interpretação ampliativa do dispositivo em tela, porém, permitiria ir-se mais longe, vislumbrando-se uma terceira hipótese. Significaria isso dizer que, para além da aceitação da proposta do seguro e da fixação da taxa do prêmio, a influência nos termos contratuais também poderia ensejar a pena disposta no art. 766 do CC. Pense-se, à guisa de ilustração, na eventual estipulação de um prazo de carência ou de uma franquia, de exclusões de risco e do "recurso a co-seguro, à redução das garantias ou do capital seguro".[49]

O rigor do dispositivo em comento – que pode gerar a perda do direito à garantia, além da manutenção da obrigação de quitação do prêmio vencido –, não raro, contraria a visão de acadêmicos brasileiros especializados no direito do consumidor em geral, que, por meio do apelo à necessidade de interpretação mais favorável ao consumidor, procura retirar a sua substância. A estratégia, todavia, não deve prosperar, sob pena de benefício dos consumidores faltosos em detrimento dos consumidores que cumprem com os seus deveres – ainda que, em virtude disso, esses tenham que pagar um prêmio mais elevado. Conforme ressaltado pela jurisprudência, a interpretação mais favorável ao consumidor ou ao aderente revela-se pertinente quando as cláusulas são ambíguas ou contraditórias,[50] bem como quando são abusivas, o que não é o caso.

A matéria sob exame deve ser vista de forma sistemática e atenta às particularidades dos seguros:

> Seria possível se cogitar ser injusto, do ponto de vista de uma relação individualmente considerada, penalizar o segurado, ainda que de má-fé, com a perda drástica da indenização securitária, empregando, no lugar, soluções alternativas como abatimentos do prêmio simples ou em dobro calculado corretamente caso não sobreviesse a fraude com o valor a receber. Entretanto, sob o prisma da mutualidade ou do grupo segurado, essas medidas é que se mostrariam injustas, pois o prêmio é um pequeno valor pago por muitos para que alguns possam ter grandes prejuízos ressarcidos. A prevalecer o raciocínio da justiça proporcional ou individual, o grupo será extremamente prejudicado porque haverá benefício de poucos em detrimento de muitos, porque o risco do outro estará sendo "subsidiado" pelo fundo comum e também porque contrariará o suporte estatístico exigido da seguradora pela autoridade administrativa, consubstanciado em aprovação obrigatória de nota técnica atuarial. (...) É que se a seguradora não cobrar corretamente o prêmio por dolo do segurado, e a prática fraudulenta massificar, acabará por onerar aqueles pelos quais cobrou de modo honesto, porque, a partir do momento em que o fundo de recursos de determinado grupo de exposição é constituído e as contribuições de cada um forem insuficientes, vai ter que majorar, com o tempo, a contribuição básica deles.[51]

Prevaleceu, todavia, o voto do Min. Ricardo Villas Bôas Cueva, em sentido diametralmente oposto, e ambas as teses em questão não voltaram a ser cogitadas pelo STJ.

[49] POÇAS, Luís. *O dever de declaração inicial do risco no contrato de seguro*. Lisboa: Almedina, 2013. p. 528. O autor chega a criticar expressamente a escolha do legislador brasileiro: "a solução descura, porém, as situações em que o segurador teria aplicado condições diversas (exclusão, franquia, etc.), pecando, assim, por excessiva rigidez" (POÇAS, Luís. *O dever de declaração inicial do risco no contrato de seguro*. Lisboa: Almedina, 2013. p. 277).

[50] "A interpretação dos contratos de adesão mais favorável ao consumidor (art. 47 do CDC) ou aderente (art. 423 do CC) revela-se pertinente quando as cláusulas forem ambíguas ou contraditórias, o que não se evidencia na hipótese" (STJ, 3ª T., REsp 1.876.762/MS, rel. original Min. Nancy Andrighi, rel. para acórdão Min. Marco Aurélio Bellizze, j. 01.06.2021).

[51] STJ, 3ª T., REsp 1.419.731/PR, rel. para acórdão. Min. Ricardo Villas Bôas Cueva, j. 07.08.2014.

Portanto, ao contrário do posicionamento de certa parte da doutrina e da jurisprudência, defende-se, nestes comentários, que, tendo em vista o princípio da boa-fé, o segurador pode partir do pressuposto de que o tomador cumpriu integralmente com o seu dever pré-contratual de declaração do risco. A conclusão em sentido contrário prejudicaria, em abono da verdade, os tomadores que atuam de forma correta e leal, uma vez que, considerando o princípio da mutualidade – que é inerente à viabilidade da atividade securitária –, os incrementos dos custos seriam, em última instância, divididos pela coletividade de segurados (consubstanciando-se em aumento dos prêmios nas renovações ou em novas contratações).

Ora, assentar no segurador uma necessidade rigorosa de se autoinformar acerca dos riscos que possa vir a cobrir, como por meio de exames médicos e periciais, vai de encontro à *celeridade*, à grande *dispersão territorial* e à própria *economia* – presentes nas *negociações e contratações em massa dos seguros* na contemporaneidade.[52] Não pode subsistir dúvida de que o segurador repassaria os custos extras aos futuros tomadores, e, ademais, que o descumprimento do dever pelo tomador, mormente de forma dolosa,[53] não é uma atitude axiologicamente neutra. Pelo contrário, é reprovável e merece uma reação do Direito.

Seguindo esse raciocínio, mas sob outro enfoque, é imperiosa a ênfase de que a "reação" do Direito deve observar os usos e costumes e o princípio da razoabilidade.[54] A bem da verdade, o segurador, por vezes, também atua de forma incompatível com a boa-fé. A análise do regime da declaração inicial do risco não pode se alhear do fato de que, eventualmente, o segurador poderá agir, durante a contratação, como se o tomador não precisasse informar nada, ou como se não soubesse que o segurador estava sendo omisso ou inexato, mas aguardando o momento oportuno, se preciso for, para impugnar o contrato e não cumprir com a sua prestação (recebendo o prêmio nesse meio tempo ou no período integral, caso não ocorra o sinistro).

Sensível a esse ponto, e considerando o princípio da boa-fé e o instituto do abuso do direito, existem algumas situações que, em regra, não podem gerar a impugnação do segurador pelo descumprimento do tomador.

Grosso modo, o segurador não poderá, assim, impugnar o contrato em virtude do descumprimento do dever de declaração inicial do risco do tomador, salvo fraude do segurado, quando o não cumprimento resultar de uma omissão,[55] incoerência ou contradição evidentes

---

[52] "El asegurador necesita un *minimum* óptimo aceptable para valorar todos los extremos, todos los datos, sin incurrir en cuantiosas y costosas investigaciones, así como en dilaciones innecesarias de cara a una ágil contratación" (VEIGA COPO, Abel B. *Tratado del Contrato de Seguro*. Navarra: Thomson Reuters, 2009. p. 406).

[53] Sobre a diferença entre a omissão dolosa e o dolo comissivo, este último presente quando há intencionais declarações inexatas pelo segurado, consulte-se BENETTI, Giovana. *Dolo no direito civil*: uma análise da omissão de informações. São Paulo: Quartier Latin, 2019. p. 330 e ss.

[54] Ao se debruçarem sobre o art. 766 do CC, Gustavo Tepedino e Paula Bandeira Greco afirmam: "Tal disciplina, contudo, há de ser aplicada de acordo com a razoabilidade, os usos comerciais e as práticas comerciais" (TEPEDINO, Gustavo; KONDER, Carlos Nelson; BANDEIRA, Paula Greco. *Fundamentos do direito civil*. Rio de Janeiro: Editora Forense, 2020. (Contratos, v. 3). p. 467).

[55] A utilização de um questionário-padrão em nada impede, se fundamental, a feitura de perguntas adicionais, derivadas de uma das respostas do tomador. Assim, e a título de ilustração, se o tomador responder "eu não sei" ou "eu não me recordo" em umas das questões, caberá ao segurador requerer mais informações ou não. Entretanto, se não o fizer, isto é, se não as requerer, não poderá valer-se da

na resposta do questionário, ou de uma resposta imprecisa dada a pergunta formulada em termos demasiadamente genéricos. Outrossim, o segurador não poderá se prevalecer do descumprimento do tomador quando, no momento da celebração do contrato, tiver ele (ou seu representante com poder de vinculação) conhecimento de que o tomador estava sendo omisso ou inexato.[56]

A seguradora, portanto, há de ser diligente ao longo da subscrição. Caso, por exemplo, ela não exija informações sobre a carteira de motorista do segurado no momento da contratação, não poderá depois alegar que, em virtude da ausência de habilitação, não é devida a indenização.[57]

A declaração inicial do risco do segurado tem como balizas as *circunstâncias conhecidas* e *razoáveis*.[58] Esses dois limites, que são cumulativos, possuem como critério geral de aferição a diligência do *bonus pater familias*,[59] de modo que, não obstante se poder advogar

---

imprecisão da resposta a si fornecida anteriormente para escudar-se do pagamento da indenização. Conforme ensina Giesela Rühl: "*Where, for example, the policyholder did not answer all questions in the proposal form, the insurer has to insist on full disclosure or he may not subsequently avoid the contract*" (RÜHL, Giesela. Common law, civil law, and the single European market for insurances. *International and Comparative Law Quarterly*, v. 55, 2006. p. 893).

[56] Todas essas hipóteses, mencionadas no corpo do texto, estão dispostas no art. 24, 3, da Lei de Seguros portuguesa (Decreto-lei 72/2008). Para um exame objetivo das particularidades na aplicação dessas hipóteses, consulte-se MARTINEZ, Pedro Romano et al. *Lei do Contrato de Seguro anotada*. Coimbra: Almedina, 2011. p. 131 e ss.

[57] Situação semelhante a essa foi examinada em STJ, 4ª T., REsp 1.210.205/RS, rel. Min. Luis Felipe Salomão, j. 01.09.2011. Nesse caso, além da ausência de habilitação, discutia-se o fato de que o condutor habitual também seria o neto da segurada, tendo-se concluído que não teria havido o efetivo agravamento do risco, uma vez que o sinistro foi causado pelo roubo do veículo segurado. Confira-se o seguinte trecho da ementa: "No caso concreto, a circunstância de a segurada não possuir carteira de habilitação ou de ter idade avançada – ao contrário do seu neto, o verdadeiro condutor – não poderia mesmo, por si, justificar a negativa da seguradora. É sabido, por exemplo, que o valor do prêmio de seguro de veículo automotor é mais elevado na primeira faixa etária (18 a 24 anos), mas volta a crescer para contratantes de idade avançada. Por outro lado, o roubo do veículo segurado – que, no caso, ocorreu com o neto da segurada no interior do automóvel – não guarda relação lógica com o fato de o condutor ter ou não carteira de habilitação. Ou seja, não ter carteira de habilitação ordinariamente não agrava o risco de roubo de veículo".

[58] Por exemplo, as informações que não influenciem a mensuração negativa do risco não são suscetíveis de acarretar os efeitos do art. 766 do CC. E, conforme alertado pela doutrina, o "dever de informação não abrange também opiniões e valorações subjetivas" (OLIVEIRA, Leonardo David Quintanilha de. O dever de prestar declaração do risco no contrato de seguro e o direito civil sancionatório. *Revista Jurídica de Seguros*, Rio de Janeiro, n. 8, maio 2018. p. 33).

[59] MENEZES CORDEIRO, António. *Direito dos seguros*. Coimbra: Almedina, 2013. p. 577-578. Embora não se ignore a crítica a esse critério do *bonus pater familias*, na falta de outro mais adequado, essa parece ser a melhor solução. Devem ser atentadas, porém, as particularidades de cada modalidade securitária e das partes envolvidas. Por exemplo, no âmbito do seguro D&O, cumpre considerar o disposto no art. 153 da Lei das Sociedades Anônimas (Lei 6.404/1974): "O administrador da companhia deve empregar, no exercício de suas funções, o cuidado e diligência que todo homem ativo e probo costuma empregar na administração dos seus próprios negócios". Nesse particular, a doutrina esclarece que teria sido mais adequado se figurasse, no art. 153 da LSA, a expressão "*todo homem ativo e probo de negócios*. (Grifou-se). E isto porque, de maneira lógica, o nível de qualificação exigido de administradores é bastante elevado, considerando as dificuldades próprias ao exercício de sua função" (cf. GOLDBERG, Ilan. Saber ou dever saber? Eis a questão. *Migalhas*, 25.03.2021.

um apertado dever por parte do tomador em investigar as circunstâncias – de simples acesso – que podem ter considerável impacto no risco que pretende segurar, se deve arredar o entendimento de que cabe a ele perpetrar uma extensa pesquisa para melhor informar o segurador. Afinal, a ignorância, em alguns casos, também é legítima.

A exigência do "conhecimento" da circunstância, todavia, terá uma salutar exceção; reporta-se, aqui, à *premeditada* ignorância do tomador, que deve ser rechaçada, acarretando os normais efeitos do descumprimento do dever, uma vez que, repita-se, o ordenamento jurídico brasileiro não escuda o tomador que, maliciosamente, se alheia dos meios de adquirir as informações para não cumprir o seu dever ao deixar de repassá-las.

Nos seguros empresariais e, particularmente, nos seguros de grandes riscos, o grau de diligência do tomador no cumprimento do seu dever de informação terá que ser maior do que o dos consumidores pessoas físicas, visto que, muitas vezes, as empresas têm equipes específicas de seguros dentro de seus quadros, contratam múltiplos seguros rotineiramente e, para isso, são assessoradas por grandes *brokers* e escritórios de advocacia. Para essas modalidades securitárias, é mesmo aplicável um "dever de saber"[60] e, logo, um dever de declarar aspectos relevantes e razoáveis que poderão impactar a relação entre as partes. Segundo o magistério de Flávio Tartuce:

> Nesse contexto, a empresa segurada deve sempre prestar as informações relevantes que *sabia e aquelas que deveria saber* como influenciadoras do prêmio e do comportamento da seguradora quando da contratação, tendo em vista a sua comum posição privilegiada e de domínio dos dados relativos à sua estrutura a ser segurada.[61] (grifo nosso)

Para além do art. 766 do CC, o aplicador do Direto não poderá desconsiderar a maneira pela qual a matéria é tratada em sede infralegal. Nesse particular, destaca-se o art. 50 da Circular Susep 621/2021 (que dispõe sobre as regras de funcionamento e os critérios para operação das coberturas dos seguros de danos):

> Art. 50. Deverá constar das condições contratuais que, se o segurado, por si ou por seu representante, fizer declarações inexatas ou omitir circunstâncias que possam influir na aceitação da proposta ou no valor do prêmio, perderá o direito à indenização, além de estar o segurado obrigado ao pagamento do prêmio vencido.

Disponível em: <https://www.migalhas.com.br/coluna/migalhas-de-responsabilidade-civil/342338/saber-ou-dever-saber-eis-a-questao>. Acesso em: 15.01.2023).

[60] "Seja do ponto de vista societário ou civil, o ordenamento jurídico brasileiro efetivamente dispõe a respeito de um dever saber e, como se viu, não apenas um saber que, na arena do direito societário, poderia representar uma espécie de salvo-conduto mágico capaz de livrar os administradores de suas responsabilidades ou, o que seria ainda pior, de incentivar a adoção da presumivelmente trágica cegueira deliberada com relação a temas sensíveis, que traduzem essencialmente o que se espera daquele gestor. Afinal, é justamente em casos emblemáticos como os mencionados acima que se espera do administrador que saiba e aja em prol dos interesses dos *stakeholders* que nele confiam" (cf. GOLDBERG, Ilan. Saber ou dever saber? Eis a questão. *Migalhas*, 25.03.2021. Disponível em: <https://www.migalhas.com.br/coluna/migalhas-de-responsabilidade-civil/342338/saber-ou-dever--saber-eis-a-questao>. Acesso em: 15.01.2023).

[61] TARTUCE, Flávio. Do contrato de seguro empresarial e algumas de suas polêmicas: natureza jurídica, boa-fé e agravamento do risco. In: GOLDBERG, Ilan; JUNQUEIRA, Thiago. *Temas atuais de direito dos seguros*. São Paulo: Ed. RT, 2020. t. I. p. 543).

Parágrafo único. Se a inexatidão ou a omissão nas declarações não resultar de má-fé do segurado, a sociedade seguradora deverá:

I – na hipótese de não ocorrência de sinistro:

a) cancelar o seguro, podendo reter do prêmio originalmente pactuado a parcela proporcional ao tempo decorrido; ou

b) mediante acordo entre as partes, permitir a continuidade do seguro, podendo cobrar a diferença de prêmio cabível e/ou restringir termos e condições da cobertura contratada.

II – na hipótese de ocorrência de sinistro sem indenização integral:

a) após o pagamento da indenização, cancelar o seguro, podendo reter do prêmio originalmente pactuado a parcela calculada proporcionalmente ao tempo decorrido, acrescido da diferença cabível; ou

b) permitir a continuidade do seguro, podendo cobrar a diferença de prêmio cabível ou deduzi-la do valor a ser indenizado, e/ou restringir termos e condições da cobertura contratada.

III – na hipótese de ocorrência de sinistro com indenização integral: após o pagamento da indenização, cancelar o seguro, podendo deduzir do valor a ser indenizado a diferença de prêmio cabível.[62] (grifos nossos)

Salta aos olhos que o normativo, embora tenha replicado a essência do art. 766 do CC, dispôs de maneira mais detalhada sobre os efeitos do descumprimento da declaração inicial do risco. Por certo, no caso de atuação do segurado "sem má-fé", há de se examinar se a descoberta pelo segurador foi anterior à ocorrência do sinistro (inc. I), ou, se posterior, se foi na hipótese de ocorrência de sinistro envolvendo o pagamento *integral* ou *parcial* da indenização (ou, no caso do seguro de pessoa, do capital segurado). Antes do exame de tais desdobramentos, deve-se pôr em relevo o fato de que, no inadimplemento *com má-fé*, conforme a própria regulação atesta, se afigura despicienda a referida divisão. Em síntese, o segurado "perderá o direito à indenização, além de estar o segurado obrigado ao pagamento do prêmio vencido" (segundo dicção, ainda, do *caput* do art. 766 do CC).[63]

---

[62] Idêntica disposição (com exceção da correta alternância do termo "indenização" por pagamento do "capital segurado") está presente no art. 58 da Circular Susep 667, de 4 de julho de 2022 (que dispõe sobre as regras complementares de funcionamento e os critérios para operação das coberturas de risco de seguros de pessoas). Acredita-se que ambos os artigos, que tratam da declaração inicial do risco em sede infralegal, devem pautar o exame de todas as modalidades securitárias, salvo disposição legal ou regulatória em contrário ou a presença de algumas particularidades, como ocorre em determinados seguros.

[63] No contexto português, caso haja dolo do tomador do seguro ou do segurado com o propósito de obter uma vantagem, "o prémio é devido até ao termo do contrato". Ao explicar a diferença entre o modelo disposto no RJCS (necessidade de pagamento do prêmio previsto no contrato) e o da anulação do Código Civil Português de 1966, que dispõe sobre a necessidade de ser "restituído tudo [no caso, o prêmio] o que tiver sido prestado" (cf. art. 289, 1, do CC português), a doutrina afirma que essa entorse ao regime geral se revela compreensível por ser uma "forma de sancionar a conduta ético-juridicamente reprovável do tomador do seguro" (MATOS, Filipe Albuquerque. Uma outra abordagem em torno das declarações inexactas e reticentes no âmbito do contrato de seguro. Os arts. 24.º a 26.º do Dec.-Lei n.º 72/2008, de 16 de Abril. *Estudos em homenagem ao Prof. Doutor Jorge de Figueiredo Dias*. Coimbra: Coimbra Editora, 2010. v. IV. p. 631). A perda do prêmio, na parte em que excede os efeitos do regime geral da anulabilidade, deveria, portanto, ser considerada como

Dito isso, avance-se para a análise hipótese por hipótese no caso de *ausência de má--fé* por parte do segurado. Se o inadimplemento do dever pré-contratual de informação do segurado chegar ao conhecimento do segurador antes da ocorrência do sinistro, a esse restará duas opções. A primeira delas é *cancelar* o seguro e "reter do prêmio originalmente pactuado a parcela proporcional ao tempo decorrido"; e a segunda é, por meio de um endosso, acordar a "continuidade do seguro, mediante a cobrança da diferença de prêmio cabível e/ou a restrição de termos e condições da cobertura contratada". A possibilidade de cancelamento do seguro é mesmo vital, seja pela eventual ausência de contratação do segurador caso soubesse das reais condições do risco, seja pela quebra de confiança havida entre as partes. Por outro lado, em deferência ao princípio da conservação dos negócios jurídicos, a continuidade do pacto, mediante a alteração das bases do negócio (prêmio *vis-à-vis* as coberturas contratadas), também poderá ocorrer.

Caso haja a ocorrência do sinistro, e considerando a ausência de má-fé do segurado – que, conforme se verá, deve ser examinada de maneira rigorosa –, a solução normativa considera a ocorrência de sinistro "sem indenização integral" e "com indenização integral". Em ambas as hipóteses, o segurador, em regra, terá que cobrir o sinistro. Havendo o pagamento integral, não restará opção ao segurador senão cancelar o seguro, a toda evidência deduzindo do "valor a ser indenizado a diferença de prêmio cabível" (art. 50, III, da Circular Susep 621/2021). Se houver o pagamento de indenização (ou capital segurado) parcial, o segurador, a seu exclusivo critério poderá cancelar o seguro e "reter do prêmio originalmente pactuado a parcela calculada proporcionalmente ao tempo decorrido, acrescido da diferença cabível"; ou "permitir a continuidade do seguro, podendo cobrar a diferença de prêmio cabível ou deduzi-la do valor a ser indenizado, e/ou restringir termos e condições da cobertura contratada" (art. 50, II, *a* e *b*, da Circular Susep 621/2021).

Todas essas hipóteses enfrentadas solucionam importantes dúvidas na interpretação do parágrafo único do art. 766 do CC. Vale relembrar os seus termos: "Se a inexatidão ou omissão nas declarações não resultar de má-fé do segurado, o segurador terá direito a resolver o contrato, ou a cobrar, mesmo após o sinistro, a diferença do prêmio". Conforme se viu, na ausência de má-fé do segurado, e ocorrido o sinistro, o segurador, em princípio, terá que pagar a indenização, não podendo valer-se da simples resolução do contrato.[64] A toda evidência, a solução será distinta caso o segurador comprove que não teria contratado com o segurado se tivesse havido o adimplemento do seu dever de informação.[65] No caso de

---

uma cominação punitiva, ou melhor, uma sanção ao tomador simultânea a uma compensação ao segurador – pelos custos dispendidos por ele durante toda a duração do contrato (POÇAS, Luís. *O dever de declaração inicial do risco no contrato de seguro*. Lisboa: Almedina, 2013. p. 498). Semelhante linha de raciocínio se aplica ao contexto brasileiro, que, todavia, restringe a necessidade de pagamento ao "prêmio vencido" – mesmo que, convém ressaltar, ainda não quitado.

[64] Essa, aparentemente, é atual solução dada pela regulação da Susep no que se refere aos seguros de danos em geral e aos seguros de pessoa. Ela se afigura particularmente injusta nos casos nos quais o segurador não contrataria com o segurado se a declaração inicial do risco tivesse sido adimplida, sendo de todo defensável, nesses casos, a aplicação literal do parágrafo único do art. 766 do CC, que diz que o segurador poderá resolver o contrato ou (e não "e") cobrar, mesmo após o sinistro, a diferença do prêmio.

[65] "O parágrafo, ao cuidar das omissões e inexatidões culposas, admite duas possibilidades: a) resolução do contrato e b) cobrança de diferença de prêmio, mesmo após o sinistro. Se a declaração defeituosa provocou a aparente formação de um contrato que não seria celebrado caso tivesse sido exata, a hipótese é de não aperfeiçoamento do contrato, vez que impede o consenso porque as partes

pagamento da indenização, porém, o segurador, na sequência, terá a faculdade de cancelar o seguro, podendo, no caso de indenização parcial, "reter do prêmio originalmente pactuado a parcela calculada proporcionalmente ao tempo decorrido, acrescido da diferença cabível", e, no caso de indenização integral, "cobrar a diferença de prêmio cabível ou deduzi-la do valor a ser indenizado, e/ou restringir termos e condições da cobertura contratada".

O leitor atento notará que o art. 766 do CC e a regulação da Susep sobre o tema não mencionam a necessidade do nexo de causalidade – entre o sinistro e a circunstância inexatamente descrita ou omitida – para o segurador poder impugnar o contrato. O tema, que será examinado no próximo tópico, é controvertido.

Por ora, vale transcrever o Enunciado 585 da VII Jornada de Direito Civil do Conselho da Justiça Federal: "Impõe-se o pagamento de indenização do seguro mesmo diante de condutas, omissões ou declarações ambíguas do segurado que não guardem relação com o sinistro".[66] A jurisprudência nacional, seguindo tal linha de raciocínio e, por vezes, invocando a figura do enriquecimento sem causa do segurador, costuma exigir esse requisito.

Sem embargo, considerável parcela da doutrina critica esse entendimento, notadamente na hipótese de incumprimento de má-fé do dever de informação pelo proponente:

> Por esta razão, na reticência de boa-fé (...), apesar da lacuna do Código Civil, o nexo de causalidade ora mencionado deve estar configurado. Cuida-se, afinal, de um requisito típico de responsabilidade civil (embora essa não seja a sanção eleita pelo legislador para a conduta). Quando, porém, a reticência é acompanhada da má-fé, não há falar em atração dos pressupostos da responsabilidade civil, em especial o do liame causal. Pensamento diverso iria contra a finalidade reprovadora da norma.[67]

---

têm visões diferentes sobre o objeto contratual. Se a declaração defeituosa provocou a formação de um contrato que seria celebrado, caso tivesse sido exata, porém em outras bases (outra espécie de garantia ou outro valor de prêmio), a hipótese é de adequação do contrato (adequação do contrato, se possível, ou ajuste do prêmio), vez que não atinge a substância do negócio jurídico. A diversidade de tratamento decorre diretamente da enorme diferença entre as duas situações. Em suma, não haveria contrato. Na outra, o contrato existiria, apenas com outras bases" (TZIRULNIK, Ernesto; CAVALCANTI, Flávio de Queiroz B.; PIMENTEL, Ayrton. *O contrato de seguro de acordo com o Código Civil brasileiro*. 3. ed. São Paulo: Editora Roncarati, 2016. p. 115-116).

[66] Sublinhe-se que o enunciado transcrito não trata de declarações inverídicas, mas apenas de *reticências* e de *declarações ambíguas* do segurado.

[67] OLIVEIRA, Leonardo David Quintanilha de. O dever de prestar declaração do risco no contrato de seguro e o direito civil sancionatório. *Revista Jurídica de Seguros*, Rio de Janeiro, n. 8, maio 2018. p. 50-51. No mesmo estudo, colhe-se, ainda, a seguinte citação: "Por isso, na sanção civil punitiva, em muitas hipóteses, eventual consequência lesiva não se consubstancia dado *sine qua non* para respaldar a reação do sistema. Eventual resultado fático é contingente, embora possa ser relevante para definir a medida da sanção. Por isso, ao contrário do que ocorre na sanção restituitória, não subsiste lógica na sanção punitiva civil em se condicionar a consequência jurídica à configuração de nexo de causalidade entre o ato ilícito e eventual efeito danoso, por ser muitas vezes dispensável a configuração deste. Tampouco a cláusula de vedação ao enriquecimento sem causa (art. 884 do CCB) serve como objeção ao ganho patrimonial advindo da sanção punitiva. Por opção política, eventuais vítimas podem acabar figurando como beneficiárias econômicas. (...) Os benefícios da medida como instrumento de efetividade da tutela de bens jurídicos relevantes superam a repulsa do direito civil ao enriquecimento. De fato, a sanção desse tipo visa à tutela não só do interesse individual, tendo em vista que o comportamento indesejado é socialmente reprovável e, por isso, as consequências

2.4. O exemplo das doenças preexistentes nos seguros de pessoas

Tema de grande relevo no estudo e na prática da dogmática da declaração inicial do risco é o do dever inerente ao proponente de informar eventual doença preexistente. De partida, convém destacar que o questionamento de tal condição é reputado válido pelo ordenamento jurídico brasileiro, devendo o proponente cumprir com o seu dever de forma satisfatória.

Se, em virtude de critérios comerciais ou outros, a seguradora optar por realizar a contratação sem a exigência do questionário de avaliação de risco (designado, nesse caso, como "declaração pessoal de saúde e atividades", ou, simplesmente DPS), não poderá esquivar-se do pagamento do capital segurado.[68] O mesmo raciocínio se aplica caso o segurado tenha declarado a doença e a seguradora tenha aceitado a contratação, independentemente da cobrança de uma tarifa mais elevada.[69]

Diferentemente do que ocorre em alguns países, o ordenamento jurídico brasileiro é omisso quanto à possibilidade,[70] ou até mesmo à necessidade, de realização de exames médicos anteriores à contratação do seguro. Nada obstante, é pacífica a faculdade que o segurador tem, dentro de certos parâmetros razoáveis,[71] de requerer tais exames com o intuito de melhor averiguar o estado de saúde da pessoa que pretende se ver protegida, *v.g.*, por meio de um seguro de vida.

Esses exames possuem um papel *complementar* (e não *condicionante*) ao regime do dever de informação pré-contratual por parte do tomador do seguro. Há de ser afastada, de uma vez por todas, a corrente de pensamento que defende que o segurador, sob pena de cometimento de uma prática abusiva, teria que fazer exames médicos prévios à contratação para poder impugnar a perda de cobertura em virtude de doença preexistente. Conforme decisão paradigmática do STJ, "É lícita a recusa de cobertura securitária, por motivo de doença preexistente à celebração do contrato, se comprovada a má-fé do segurado, *hipótese que não depende da exigência pela seguradora de exames prévios à contratação*"[72] (grifo nosso).

---

jurídicas ultrapassam o interesse neutralizador que, em última análise, apenas interessaria à vítima direta" (OLIVEIRA, Leonardo David Quintanilha de. O dever de prestar declaração do risco no contrato de seguro e o direito civil sancionatório. *Revista Jurídica de Seguros*, Rio de Janeiro, n. 8, maio 2018. p. 38-39).

[68] Art. 27, § 2º, da Circular Susep 667, de 4 de julho de 2022: "É vedada a exclusão de doenças preexistentes quando não for exigido pela sociedade seguradora o preenchimento de declaração pessoal de saúde". Essa discussão encontra-se presente, em especial, nos seguros prestamistas.

[69] Art. 27 da Circular Susep 667, de 4 de julho de 2022: "Deverá constar das condições contratuais do seguro disposições relacionadas a eventual exclusão de doenças preexistentes. § 1º Não poderão ser objeto de exclusão de cobertura do seguro as doenças preexistentes: I – que forem de conhecimento do segurado e tenham sido declaradas na declaração pessoal de saúde que integra a proposta".

[70] *Vide*, por exemplo, como se posiciona a Lei de Seguros portuguesa (Decreto-lei 72/2008), que, em seu art. 177.º, sob a epígrafe "Declaração e exames médicos", assevera: "1 – Sem prejuízo dos deveres de informação a cumprir pelo segurado, a celebração do contrato pode depender de declaração sobre o estado de saúde e de exames médicos a realizar à pessoa segura que tenham em vista a avaliação do risco".

[71] É vedada, à guisa de ilustração, a utilização de testes genéticos.

[72] STJ, 4ª T., AgInt no AREsp 637.787/SP, rel. Des. Convocado Lázaro Guimarães, j. 24.10.2017. No mesmo sentido: "Segundo jurisprudência firmada por esta Corte Superior é lícita a recusa de cobertura securitária, por motivo de doença preexistente à celebração do contrato, se comprovada a

Indo além, a própria Súmula 609 do STJ afirma: "A recusa de cobertura securitária, sob a alegação de doença preexistente, é ilícita se *não houve a exigência de exames médicos prévios à contratação* ou a *demonstração de má-fé do segurado*"[73] (grifos nossos). Portanto, não assiste razão a pequena parcela de julgados que, diante do caráter de adesão da contratação do seguro e por supor ser risco inerente à atividade do segurador, exige a feitura do exame médico prévio à contratação para a perda da cobertura securitária em virtude de doença preexistente.

A boa-fé, tanto na sua concepção subjetiva (ética) quanto na objetiva, atua no sentido de legitimar a confiança do segurador nas informações prestadas pelo segurado, contribuindo, assim, para uma série de vantagens, como a diminuição dos custos de transação, a proteção no nível adequado da privacidade do segurado, o equilíbrio contratual e a melhoria no acesso desse serviço essencial para um maior número de pessoas.

Para a correta compreensão da complexidade do tema, mister se faz atentar para alguns pontos, tais quais: (i) *o custeio dos exames* (que, a princípio, seria do segurador e geraria o repasse a todos os proponentes, dificultando o acesso ao seguro aos consumidores com condições financeiras mais baixas); (ii) *a dificuldade na definição dos exames que seriam feitos para a avaliação do risco*; (iii) *a imperiosidade da colaboração do examinado para que o resultado do exame seja bem-sucedido*;[74] (iv) *o grau adequado de proteção da*

---

má-fé do segurado, hipótese que não depende da exigência pela seguradora de exames prévios à contratação" (STJ, 4ª T., AgInt no AREsp 2.045.459/SP, rel. Min. Luis Felipe Salomão, j. 13.06.2022); e "É lícita a recusa de cobertura securitária, por motivo de doença preexistente à celebração do contrato, se comprovada a má-fé do segurado, hipótese que não depende da exigência pela seguradora de exames prévios à contratação. Precedentes. 3. No caso, o eg. Tribunal de origem concluiu expressamente pela ocorrência de má-fé, *decorrente da omissão deliberada quanto ao real estado de saúde do segurado, quando da contratação do seguro* (...)" (STJ, 4ª T., AgInt no AREsp 1.778.429/DF, rel. Min. Raul Araújo, j. 17.10.2022).

[73] STJ, 2ª Seção, aprovada em 11.04.2018, *DJe* 17.04.2018. Note-se a utilização da conjunção alternativa "ou", e não da conjunção aditiva "e", na parte final da Súmula 609 do STJ. Portanto, de acordo com a súmula em questão, configurada a má-fé do segurado, mesmo que a seguradora não tenha feito o exame médico, será lícita a recusa de cobertura securitária em virtude de doença preexistente não declarada no momento da contratação ou declarada de forma incorreta.

[74] A análise do estado de saúde de uma pessoa depende substancialmente de sua colaboração. Sem grandes dificuldades, a omissão de sintomas, ou até mesmo a sua negação, poderia, num caso concreto, comprometer de forma definitiva o resultado da avaliação médica. Após tirar da sombra os três pilares do diagnóstico clínico, a saber (i) *a anamnese*, (ii) *o exame físico*, (iii) e *a investigação complementar*, Adilson Campoy e Airton Pimentel elucidam: "A anamnese pode ser resumida no ato do paciente em revelar ao médico seu histórico clínico, seus sintomas, seus hábitos, seus antecedentes familiares etc. É daí que se inicia o diagnóstico médico, que segue depois com exame físico do paciente e se encerra com a realização de exames complementares ou laboratoriais". Os autores, com base na literatura médica, advertem em jeito de conclusão: "Tudo para demonstrar que um diagnóstico médico inicia-se exatamente pelas declarações que o paciente faz ao profissional que o examina. É improvável que o médico possa apontar, somente com o exame clínico e exames laboratoriais, ainda que minuciosos e abrangentes, a existência de uma moléstia se o paciente o lhe omite, ou lhe fornece dados inverídicos, a não ser em casos de doença que, por suas características próprias, seja reconhecível só pelo exame físico ou por exames laboratoriais mais simples, como exames de sangue e urina" (PIMENTEL, Ayrton; CAMPOY, Adilson José. O seguro de pessoas e o prévio exame médico. *Revista dos Tribunais*, v. 882, abr. 2009. p. 68 e ss.).

privacidade;[75] (v) *os incentivos (e desincentivos) que serão gerados para os segurados*; e (vi) *o próprio princípio da legalidade* (art. 5º, II, da CF).[76]

É curioso notar que a Circular Susep 667, de 4 de julho de 2022, expressamente passou a permitir "a exclusão de cobertura para doenças preexistentes específicas declaradas na declaração pessoal de saúde que integra a proposta", e, nessa hipótese, a apólice individual, nos casos dos seguros individuais, ou o certificado individual, nos casos do seguro coletivo, "deverão discriminar claramente as doenças preexistentes objetos de exclusão de cobertura" (conforme, respectivamente, os §§ 3º e 4º, do art. 27 do ato normativo).

No Quadro Comparativo da Susep entre a Circular Susep 302/2005 e a minuta posta em consulta pública pela autarquia para alterá-la (nº 42/2021, que veio a gerar a Circular Susep 667/2022 e, consequentemente, a revogar a Circular Susep 302/2005), foi justificada da seguinte forma a mudança presente no art. 27, § 3º: "Parágrafo incluído para viabilizar maior liberdade de negociação entre as partes, viabilizando, por exemplo, que um proponente que teria seu seguro negado em função de uma doença preexistente consiga contratar o seguro, ainda que com cobertura restrita". Em relação ao art. 27, § 4º, a Susep deixou consignado: "Dispositivo necessário considerando a flexibilização promovida pelo § 3º do artigo, tendo em vista a necessidade de extrema transparência da situação, que envolve restrição de direitos do segurado".[77]

Por outro lado, havendo a DPS e deixando o candidato a segurado de declarar doença de que tinha conhecimento (ou inegavelmente deveria ter), ele e o seu beneficiário não terão direito a qualquer cobertura se, em sedes administrativa (regulação de sinistro) ou judicial, a seguradora descobrir esses fatos.[78] Não obstante ser comum a repetição acrítica

---

[75] O direito à privacidade, e a busca de uma solução que o proteja com maior intensidade, também deve guiar o deslinde da controvérsia que ora se problematiza. Se é certo que a revelação de dados pessoais e, consequentemente, alguma mitigação ao direito à privacidade parecem ser incontornáveis para a contratação de seguros no ramo de pessoas, também se mostra razoável inferir que seria mais invasiva ao segurado a vinculação da contratação à realização de diversos exames médicos do que o mero preenchimento, ainda que de forma minuciosa, a uma declaração do seu estado de saúde (cf. RODRIGUES, Keila Christian Zanatta Manangão. *Seguro e boa-fé no Código Civil*: a ambivalência da boa-fé aplicada ao contrato de seguro no Código Civil. 2007. Dissertação (Mestrado em Direito) – Faculdade de Direito, Universidade do Estado do Rio de Janeiro, Rio de Janeiro, 2007. p. 157). A vigência da LGPD fortalece essa posição, uma vez que qualifica os dados de saúde como dados sensíveis e estabelece parâmetros ao seu tratamento, tendo especial relevo o princípio da necessidade, conceituado da seguinte forma: "limitação do tratamento ao mínimo necessário para a realização de suas finalidades, com abrangência dos dados pertinentes, proporcionais e não excessivos em relação às finalidades do tratamento de dados" (art. 6º, III).

[76] Sobre o tema, seja consentido remeter a JUNQUEIRA, Thiago; GOLDBERG, Ilan. Doenças preexistentes e seguro de vida: em torno dos exames médicos prévios e os efeitos de sua ausência. In: ABRÃO, Carlos Henrique et al. *A disrupção do direito empresarial*: Estudos em homenagem à Ministra Nancy Andrighi. São Paulo: Quartier Latin, 2021. p. 327 e ss.

[77] Disponível em: <http://www.susep.gov.br/setores-susep/seger/2quadro-comparativo-circular-seg--pessoas-261021.pdf>. Acesso em: 07.01.2023.

[78] Para ter acesso aos dados de saúde necessários para a escorreita regulação de sinistro ou defesa processual, é comum que o segurador requeira, no âmbito judicial, que o médico do segurado e os hospitais que ele frequentava compartilhem exames, tratamentos e eventuais internações. Embora esses dados sejam considerados sensíveis, à luz da Lei Geral de Proteção de Dados, o seu tratamento é reputado legítimo, por representar um exercício regular de direitos do segurador (art. 11, II, *d*).

de que apenas as doenças conhecidas terão que ser declaradas e produzirão efeitos, deve-se sublinhar que a ignorância inescusável não merece tutela pelo ordenamento jurídico.[79]

Convém ressaltar, ainda, que não necessariamente o estado de saúde do segurado terá que ser grave no momento da contratação para que haja a perda de direitos. Por exemplo, se o segurador questionar na DPS se o segurado sofreu um infarto nos últimos cincos anos e o segurado responder de forma negativa, mesmo que esteja em bom estado de saúde no momento da contratação, ele já vai ter inadimplido um dever contratual que é sancionado pelo ordenamento jurídico.

No geral, o Poder Judiciário exige que a seguradora forneça uma DPS, que o segurado não a responda de forma verídica ou completa e que o sinistro tenha ocorrido ou sido influenciado pela doença.[80] O ordenamento jurídico brasileiro não estipula a necessidade deste último critério (nexo de causalidade) para a perda da garantia, de modo que sua eventual aplicação deve ser feita à luz da teoria do escopo (de proteção) da norma. Concretizando essa afirmativa, o vínculo que une o ato ilícito e o dano não precisa ser direto e imediato, e sequer o mais determinante, podendo ser o ato ilícito uma das causas do dano, diante do escopo punitivo da norma em questão ao comportamento faltoso do segurado, visando proteger o segurador e o fundo mutual. A ausência desse requisito causal no art. 766 do CC faz mesmo que a sua exigência seja abrandada, também nos seguros de pessoa, mas, particularmente, nos seguros de danos. Na jurisprudência do seguro de automóvel, por exemplo, o exame do agravamento do risco em virtude de direção alcoolizada (art. 768 do CC) parte, atualmente, de uma "presunção em favor da seguradora de que, comprovada a embriaguez, restava presente o nexo entre ela e o sinistro".[81]

---

[79] Conforme ensinamentos de Menezes Cordeiro, deve prevalecer hoje o entendimento que consagra a concepção ética da boa-fé subjetiva, ou seja, que "só pode invocar boa-fé quem, sem culpa, desconheça certa ocorrência" (MENEZES CORDEIRO, António. *Tratado de direito civil*: parte geral. 4. ed. Coimbra: Almedina, 2012. t. 1. P. 407). Atua de má-fé, nessa ordem de ideias, a pessoa que evita de maneira deliberada tomar ciência de determinada moléstia que possui, perquirindo afastar-se, assim, de seu dever de declará-la em sede contratual. No exemplo da literatura especializada: "Considere-se o caso de alguém que recebe os resultados de um exame clínico, que suspeita conterem más notícias, mas não toma deliberadamente conhecimento do respectivo conteúdo antes da conclusão de um contrato de seguro de vida, de modo a evitar incumprir o dever de declaração do risco. Será justo considerar-se que a conduta é juridicamente irrelevante e que não houve incumprimento do dever de declaração do risco?" (POÇAS, Luís. *O dever de declaração inicial do risco no contrato de seguro*. Lisboa: Almedina, 2013. p. 340).

[80] De fato, considerável parcela dos julgados considera como requisito necessário para a perda da cobertura securitária o nexo de causalidade entre o incumprimento do dever de declaração inicial do risco e o sinistro, havendo quem defenda que, ao se entender de forma contrária, o segurador incorreria em um enriquecimento ilícito: "Em síntese, ensejaria enriquecimento ilícito, proscrito pela jurisprudência do STJ, permitir que a seguradora celebrasse o contrato sem a cautela de exigir exame médico, recebesse os prêmios mensais e, após a ocorrência de sinistro sem relação direta com o mal preexistente, negasse a cobertura, porque uma das diversas causas indiretas do óbito fora a doença omitida quando da contratação" (STJ, 4ª T., REsp 765.471/RS, rel. Min. Maria Isabel Gallotti, j. 06.12.2012).

[81] Conforme análise detalhada de REINIG, Guilherme Henrique Lima; SOUZA, Viviane Isabel Daniel Speck de. Nexo causal nas relações securitárias: análise da jurisprudência do STJ sobre o agravamento do risco na hipótese de condução de veículo sob a influência de álcool. In: GOLDBERG, Ilan; JUNQUEIRA, Thiago. *Temas atuais de direito dos seguros*. São Paulo: Ed. RT, 2020. t. I. p. 565 e ss. Particularmente sobre a teoria do escopo (de proteção) da norma, REINIG, Guilherme Henrique

Mesmo quando presentes tais requisitos, há alguns julgados que, de forma censurável, relativizam a perda de cobertura do sinistro. Tenha-se em mente exemplo verídico no qual a pergunta foi formulada da seguinte maneira pela seguradora:

> Sofre atualmente, ou sofreu, nestes três últimos anos, alguma moléstia, que o tenha levado a fazer tratamento médico, hospitalizar-se, submeter-se a intervenção cirúrgica, ou afastar-se das atividades normais de trabalho? Em caso afirmativo especifique a moléstia, o tratamento feito, a data e informe se está totalmente recuperado.

Embora o segurado fosse portador de miocardiopatia dilatada, tenha respondido de forma negativa à referida pergunta e falecido apenas três meses após a contratação justamente em virtude dessa doença, entendeu-se que não houve "omissão maliciosa", ou seja, a má-fé do segurado, no descumprimento do seu dever de informação. Para justificar tal linha de raciocínio, afirmou-se:

> É certo que o segurado tinha ciência da doença que o acometia na data da contratação, pois, além do exame realizado em 2010, a sindicância apurou que exames anteriores, desde 2003, já apontavam a existência de cardiopatia. Observe-se, porém, que o quesito não indagava acerca da preexistência de doença, mas sobre doença que tenha levado o segurado "*a fazer tratamento médico*" nos três anos anteriores à contratação. Sob essa ótica, percebe-se, consoante os elementos dos autos, não ser possível afirmar que a resposta negativa do segurado ao aludido quesito tenha desbordado da boa-fé objetiva, pois o resultado do exame (ecocardiograma) não especificou se a doença estivesse em evolução, precisando de tratamento, ou estabilizada (como entendeu o juízo a quo), *precisando apenas de acompanhamento médico*. (...) No caso dos autos, não há falar em má-fé, pois o segurado, apesar de diagnosticado com a doença, levava uma vida normal, tendo vindo a óbito no dia seguinte a uma viagem (fl. 5), de modo que não era previsível que a doença o levaria a óbito no curso do contrato de seguro. Ademais, o seguro contratado foi na modalidade prestamista, cuja finalidade é a garantia de um contrato de mútuo, ao passo que o comum na hipótese de má-fé seria a contratação direta de seguro de vida.[82] (grifos nossos)

Vários aspectos do trecho transcrito merecem ser examinados. Em primeiro lugar, pouco importa se o "segurado, apesar de diagnosticado com a doença, levava uma vida normal". Esse critério subjetivo não é posto pelo Código Civil nem pela regulação infralegal, e muito menos pela doutrina especializada. Existem pessoas acometidas por doenças gravíssimas, que influenciam consideravelmente a sua respectiva expectativa de vida, o cálculo do risco e a precificação do seguro pelo segurador, e levam a sua vida como se nada estivesse acontecendo, enquanto outras, ao menor sinal de uma doença leve, modificam os seus hábitos e os graus de cuidados para evitar complicações. Além disso, configura-se artificial a pretendida diferenciação entre tratamento e acompanhamento médico, valendo-se, aqui, semelhante ressalva acerca da forma como o segurado lida com a doença. Na

---

Lima; SOUZA, Viviane Isabel Daniel Speck de. Nexo causal nas relações securitárias: análise da jurisprudência do STJ sobre o agravamento do risco na hipótese de condução de veículo sob a influência de álcool. In: GOLDBERG, Ilan; JUNQUEIRA, Thiago. *Temas atuais de direito dos seguros*. São Paulo: Ed. RT, 2020. t. I. p. 575 e ss.

[82] STJ, 3ª T., REsp 1.753.222/RS, rel. Min. Paulo de Tarso Sanseverino, j. 23.03.2021.

presente hipótese, o fato de o segurado não fazer qualquer tratamento, na verdade, agrava o seu perfil de risco.

A particularidade de a doença ter sido tratada e curada tampouco afasta a necessidade de o segurado declará-la, caso o segurador questione. Nesse caso, e mais ainda na hipótese de condição de saúde debilitada pelo segurado no momento da contratação, a simples omissão ou negação pelo segurado, levando o segurador a avaliar o risco de forma incorreta, resulta na perda de direito do segurado e do beneficiário[83] na ocorrência de sinistro relacionado à doença preexistente. Dito de outra forma, restará configurada a má-fé do segurado, conforme se extrai do seguinte julgado: "Consoante entendimento jurisprudencial do STJ, é possível o afastamento da cobertura securitária na hipótese de comprovada má-fé do segurado, *configurada pela omissão da informação sobre doença preexistente conhecida no momento da contratação*"[84] (grifo nosso).

Indo além, alguns julgados brasileiros, em casos de seguros de vida mantidos por longa duração, têm, excepcionalmente, relativizado a perda de garantia em virtude de doença preexistente não declarada, devido a estado razoável de saúde do segurado no momento da contratação. Eis um exemplo:

> I – Excepcionalmente, a omissão do segurado não é relevante quando contrata seguro e mantém vida regular por vários anos, demonstrando que possuía, ainda, razoável estado de saúde quando da contratação da apólice. II – Aufere vantagem manifestamente

---

[83] É despiciendo ressaltar que a dimensão do direito do beneficiário é igual à do direito do segurado, ou seja, o beneficiário se vincula aos termos e às limitações do contrato originário. Veja-se, por exemplo, na doutrina: "O importante é não perder de vista que a sorte do direito do terceiro depende da sorte da relação contratual que vincula o estipulante e o promitente; afinal, o direito do terceiro decorre daquele contrato. Significa dizer que o promitente poderá, por exemplo, opor a exceção de contrato não cumprido (v. art. 476), a fim de recusar a entrega da prestação sempre que o estipulante houver deixado de cumprir a contraprestação assumida. (...) Assim, poderá o promitente recusar-se a realizar a prestação em favor de terceiro com fundamento na invalidade do contrato celebrado com o estipulante, por algum defeito daquele negócio jurídico, por exemplo. Também são oponíveis ao terceiro, da parte do promitente, as exceções pessoais deste contra aquele" (TEPEDINO, Gustavo; BARBOZA, Heloísa Helena; BODIN DE MORAES, Maria Celina. *Código Civil interpretado conforme a Constituição da República*. Rio de Janeiro: Renovar, 2006. v. II. p. 54-55).

[84] STJ, 4ª T., AgInt no AREsp 2.079.522/RS, rel. Min. Antonio Carlos Ferreira, j. 12.09.2022. Em termos semelhantes: "Consoante o entendimento jurisprudencial do STJ, é possível o afastamento da cobertura securitária na hipótese de comprovada má-fé do segurado, configurada pela omissão da informação sobre doença preexistente conhecida no momento da contratação" (STJ, 3ª T., AgInt no AREsp 1.470.582/RS, rel. Min. Marco Aurélio Bellizze, j. 26.08.2019); "Não é devido o pagamento de indenização decorrente de contrato de seguro de vida se, consoante o acervo fático soberanamente analisado pelo tribunal local, restar comprovado nos autos que o segurado silenciou a respeito de doença preexistente, sendo clara a má-fé em sua conduta" (STJ, 3ª T., AgInt no AREsp 1.310.293/PB, rel. Min. Ricardo Villas Bôas Cueva, j. 01.10.2018); e STJ, 4ª T., AgInt nos EDcl no AREsp 1.076.853/SP, rel. Des. Convocado Lázaro Guimarães, j. 14.08.2018: "O entendimento deste eg. Sodalício é de que não há índole abusiva na cláusula contratual que limita a cobertura, inclusive quanto às doenças preexistentes, desde que a operadora do plano de saúde exija exames prévios ou demonstre a má-fé do segurado, conforme Súmula 609/STJ. Precedentes. 2. O eg. Tribunal de origem, à luz das peculiaridades do caso concreto e soberano na análise do acervo fático-probatório, afastou a boa-fé, pois entendeu que houve omissão de informações sobre a doença preexistente que o segurado já conhecia".

exagerada, de forma abusiva e em contrariedade à boa-fé objetiva, o segurador que, após mais de duas décadas recebendo os prêmios devidos pelo segurado, nega cobertura, sob a alegação de que se trata de doença preexistente.[85]

Embora se compreenda o argumento, há que se ter redobrada cautela na sua utilização. Primeiro, na qualificação do contrato como de "longa duração" – podendo-se cogitar da analogia ao prazo de dez anos, disposto no art. 15, parágrafo único, da Lei 9.656/1998, que regula a variação tarifária dos planos e seguros de saúde para pessoas com mais de 60 anos de idade – e, segundo, na verificação do que seria um "razoável estado de saúde".

É paradigmático, nesse sentido, o seguinte julgado do STJ:

> O entendimento jurisprudencial de que a má-fé do segurado que omitiu a doença preexistente estaria descaracterizada quando teve razoável sobrevida após a assinatura do contrato de seguro não se aplica na hipótese em que não detinha razoável estado de saúde antes, durante e após a conclusão da avença, a exemplo das diversas ocorrências hospitalares existentes no período, devidamente especificadas em histórico médico. A má-fé na conduta é reflexo da falta deliberada em informar a seguradora acerca da precariedade do estado de saúde, que, como cediço, é capaz de influir nos riscos e termos da contratação.[86]

O parâmetro da acessoriedade do seguro (conforme exemplo citado anteriormente, em que houve a contratação de um seguro prestamista, entabulado de forma acessória a um contrato de mútuo), pode influenciar lateralmente a solução da demanda. É óbvio que, na contratação do seguro de vida, a resposta inverídica ou omissa acerca de uma doença preexistente fará que fique cristalina a má-fé do segurado. No caso da contratação acessória do seguro, porém, o terreno fica mais pantanoso. Ainda assim, defende-se que o peso dado a esse critério de aferição seja bastante módico. Ora, o fato de o contrato ser ou não acessório não influencia decisivamente o exame da má-fé do segurado que, questionado, se omitiu ou, pior, mentiu, acerca da sua condição de portador de uma doença preexistente que impactaria a avaliação do risco.

Convém realçar, por fim, a necessidade de que a má-fé do segurado seja interpretada de forma adequada, isto é, sopesando-se se o segurado, com culpa (normativa), deixou de informar algo que foi questionado pelo segurador. Significa isso dizer ser despiciendo examinar-se a real intenção do segurado, seu estado psicológico, suas crenças internas, ou se desejava prejudicar o segurador e o fundo mutual para o ensejo das consequências dispostas no *caput* do art. 766 do CC, uma vez que, nessa sede, se aplica, em especial, a concepção ética da boa-fé subjetiva.

---

[85] STJ, 3ª T., AgRg no REsp 913.120/SP, rel. Min. Sidnei Beneti, j. 05.08.2010. No mesmo sentido, STJ, 3ª T., REsp 1.080.973/SP, rel. Min. Nancy Andrighi, j. 09.12.2008. Na jurisprudência mais recente: "Consoante cediço no STJ, a suposta má-fé do segurado (decorrente da omissão intencional de doença preexistente) será, excepcionalmente, relevada quando, sem sofrer de efeitos antecipados, mantém vida regular por vários anos, demonstrando que possuía razoável estado de saúde no momento da contratação/renovação da apólice securitária" (STJ, 4ª T., AgInt no AREsp 1.165.895/SC, rel. Min. Marco Buzzi, j. 23.02.2018).

[86] STJ, 3ª T., REsp 1.432.532/SP, rel. p. acórdão Min. Ricardo Villas Bôas Cueva, j. 22.04.2014.

3. DISPOSIÇÕES RELACIONADAS

Além dos artigos do CC (427, 759, 765, 773), do CDC (6º, 31 e 46), do CPC (408, 410 e 412), do CCom/1850 (677, 678 e 679), do Decreto-lei 73/1966 (9º e 10), da LGPD (6º, 7º e 11) e de atos normativos (5º, 13 e 50 da Circular Susep 621/2021; 2º, 3º e 4º da Circular Susep 642/2021; 10, 11, 27 e 58 da Circular Susep 667/2022; 4º e 5º da Resolução CNSP 408/2021; e 15 da Circular Susep 639/2021), mencionados nos tópicos anteriores, existem outros dispositivos legais e regulatórios que se conectam ao art. 766 do CC.

No que concerne aos atos normativos, cabe referir-se aos arts. 2º, VI, e 3º, § 1º, I, II, V, VI e IX, da Resolução CNSP 382, de 4 de março de 2020 (que dispõe sobre princípios a serem observados nas práticas de conduta adotadas pelas sociedades seguradoras, entre outras supervisionadas), que, em síntese, elencam o dever de tratamento adequado aos clientes, a necessidade de observância de "exigências da legislação que trata da proteção de dados pessoais, inclusive no tocante às regras de boas práticas e de governança", bem como alguns deveres inerentes aos seguradores visando à diminuição de assimetrias informativas.

Em relação aos dispositivos legais, recorde-se da boa-fé e do *dever de veracidade* presente na disciplina do contrato de seguro, a respeito tanto do objeto como das circunstâncias e declarações a ele concernentes (art. 765 do CC), além dos arts. 784 e 790 do CC. Segundo o art. 784 do CC, o vício intrínseco à coisa segurada ("defeito próprio da coisa, que se não encontra normalmente em outras da mesma espécie"), caso não declarado, não se "inclui na garantia do sinistro". Por sua vez, o art. 790 do CC afirma: "No seguro sobre a vida de outros, o proponente é obrigado a declarar, sob pena de falsidade, o seu interesse pela preservação da vida do segurado".

REFERÊNCIAS BIBLIOGRÁFICAS

AGUIRRE, Felipe F. Reticenza, impugnazione e clausole di incontestabilitá nel contratto di assicurazione. *Assicurazioni – Rivista di Diritto, Economia e Finanza delle Assicurazioni Private*, n. 2, anno LXXVI, apr.-giugno 2009.

ALMEIDA, J. C. Moitinho. *Contrato de seguro no direito português e comparado*. Lisboa: Livraria Sá da Costa, 1971.

BASEDOW, Jürgen et al. *Principles of European Insurance Contract Law*. Munich: Sellier, 2009.

BATALLER GRAU, Juan. *El Deber de Declaración del riesgo*. Madrid: Tecnos, 1997.

BEIGNIER, Bernard. *Droit des assurances*. Paris: Montchrestien, Lextenso Éditions, 2011.

BENETTI, Giovana. *Dolo no direito civil*: uma análise da omissão de informações. São Paulo: Quartier Latin, 2019.

BESSON, André. La sanction encourue, par l'assuré de bonne foi, en cas d'irrégularité dans la déclaration du risque. *Studi in Onore di Antigono Donati*. Roma: RDA, 1970. t. I.

BEVILÁQUA, Clóvis. *Codigo Civil dos Estados Unidos do Brasil comentado*. Rio de Janeiro: Francisco Alves, 1926. v. V.

BIN, Marino. Informazione e contratto di assicurazione. *Rivista Trimestrale di Diritto e Procedura Civile*, n. 3, anno XLVII, set. 1993.

CÍCERO, Marco Túlio. *Dos deveres (De officiis)*. Trad. Carlos Humberto Gomes. Lisboa: Edições 70, 2000.

COMPARATO, Fábio Konder. *O seguro de crédito*: estudo jurídico. São Paulo: Ed. RT, 1968.

DONATI, Antigono; PUTZOLU, Giovanna Volpe. *Manuale di diritto delle assicurazioni*. 8. ed. Milano: Giuffrè Editore, 2006.

FABRE-MAGNAN, Muriel. *De l'obligation d'information dans les contrats*. Essai d'une théorie. Paris: LGDJ, 1992.

FICHTNER, Priscila. *A boa-fé qualificada nos contratos de seguro*. 2008. Tese (Doutorado em Direito) – Faculdade de Direito, Universidade do Estado do Rio de Janeiro, Rio de Janeiro, 2008.

GOLDBERG, Ilan. Saber ou dever saber? Eis a questão. *Migalhas*, 25.03.2021. Disponível em: <https://www.migalhas.com.br/coluna/migalhas-de-responsabilidade-civil/342338/saber-ou-dever-saber-eis-a-questao>. Acesso em: 15.01.2023.

GOLDBERG, Ilan; BERNARDES, Guilherme. É necessária a assinatura da proposta nos contratos de seguro? *Conjur*, 2022. Disponível em: <https://www.conjur.com.br/2022-mar-03/seguros-contemporaneos-necessaria-assinatura-proposta-contratos-seguro>. Acesso em: 14.01.2023.

GOMES, Júlio Manuel Vieira. O dever de informação do (candidato a) tomador do seguro na fase pré-contratual, à luz do decreto-lei n.º 72/2008, de 16 de abril. *Estudos em homenagem ao Professor Doutor Carlos Ferreira de Almeida*. Coimbra: Almedina, 2011. v. II.

GÓMEZ CALLE, Esther. *Los deberes precontractuales de información*. Madrid: La Ley, 1994.

HARTEN, Carlos. *El deber de declaración del riesgo en el Contrato de Seguro, exposición y crítica del modelo brasileño y estudio del derecho comparado*. Salamanca: Ratio Legis, 2007.

JUNQUEIRA, Thiago. Dilemas contemporâneos: os seguros privados e a cobertura das pandemias. *Revista Jurídica de Seguros*, Rio de Janeiro, v. 12, maio 2020.

JUNQUEIRA, Thiago. *Tratamento de dados pessoais e discriminação algorítmica nos seguros*. São Paulo: Ed. RT, 2020.

JUNQUEIRA, Thiago; GOLDBERG, Ilan. Doenças preexistentes e seguro de vida: em torno dos exames médicos prévios e os efeitos de sua ausência. In: ABRÃO, Carlos Henrique et al. *A disrupção do direito empresarial*: Estudos em homenagem à Ministra Nancy Andrighi. São Paulo: Quartier Latin, 2021.

KHOURI, Paulo Roque. O direito à informação e o contrato de seguro. In: MIRAGEM, Bruno; CARLINI, Angélica (org.). *Direito dos seguros*: fundamentos de direito civil, direito empresarial e direito do consumidor. São Paulo: Ed. RT, 2014.

KRETZMANN, Renata Pozzi. Boa-fé no contrato de seguro: o dever de informar do segurador. In: GOLDBERG, Ilan; JUNQUEIRA, Thiago. *Temas atuais de direito dos seguros*. São Paulo: Ed. RT, 2020. t. I.

KULLMAN, Jérôme. La déclaration de risque. In: BIGOT, Jean (direction). *Traité de Droit des Assurances*. Paris: LGDJ, 2002. (Le contrat d'assurance, t. 3).

MARTINEZ, Pedro Romano et al. *Lei do Contrato de Seguro anotada*. Coimbra: Almedina, 2011.

MATOS, Filipe Albuquerque. Uma outra abordagem em torno das declarações inexactas e reticentes no âmbito do contrato de seguro. Os arts. 24.º a 26.º do Dec.-Lei n.º 72/2008, de 16 de Abril. *Estudos em homenagem ao Prof. Doutor Jorge de Figueiredo Dias*. Coimbra: Coimbra Editora, 2010. v. IV.

MENEZES CORDEIRO, António. *Tratado de direito civil*: parte geral. 4. ed. Coimbra: Almedina, 2012. t. 1.

MENEZES CORDEIRO, António. *Direito dos seguros*. Coimbra: Almedina, 2013.

MONTI, Alberto. A boa-fé e seguro: novo Código Civil brasileiro e o direito comparado. In: INSTITUTO BRASILEIRO DE DIREITO DO SEGURO (IBDS). *III Fórum de Direito do Seguro José Sollero Filho*. São Paulo: IBDS, 2003.

OLIVEIRA, Leonardo David Quintanilha de. O dever de prestar declaração do risco no contrato de seguro e o direito civil sancionatório. *Revista Jurídica de Seguros*, Rio de Janeiro, n. 8, maio 2018.

PARK, Semin. Origin of the duty of disclosure in English insurance contracts. *Anglo-American Law Review*, 1996.

PETERSEN, Luiza Moreira. *O risco no contrato de seguro*. São Paulo: Roncarati, 2018.

PICARD, Maurice; BESSON, André. *Traité Général des Assurances Terrestres en Droit Français*. Paris, 1938. t. I.

PIMENTEL, Ayrton; CAMPOY, Adilson José. O seguro de pessoas e o prévio exame médico. *Revista dos Tribunais*, v. 882, abr. 2009.

POÇAS, Luís. *O dever de declaração inicial do risco no contrato de seguro*. Lisboa: Almedina, 2013.

REINIG, Guilherme Henrique Lima; SOUZA, Viviane Isabel Daniel Speck de. Nexo causal nas relações securitárias: análise da jurisprudência do STJ sobre o agravamento do risco na hipótese de condução de veículo sob a influência de álcool. In: GOLDBERG, Ilan; JUNQUEIRA, Thiago. *Temas atuais de direito dos seguros*. São Paulo: Ed. RT, 2020. t. I.

RODRIGUES, A. Coelho. *Projecto do Codigo Civil Brazileiro*. Rio de Janeiro: Imprensa Nacional, 1893.

RODRIGUES, Keila Christian Zanatta Manangão. *Seguro e boa-fé no Código Civil*: a ambivalência da boa-fé aplicada ao contrato de seguro no Código Civil. 2007. Dissertação (Mestrado em Direito) – Faculdade de Direito, Universidade do Estado do Rio de Janeiro, Rio de Janeiro, 2007.

RUBIO VICENTE, Pedro. *El deber precontractual de declaración del riesgo en el contrato de seguro*. Madrid: Editorial Mapfre, 2003.

RÜHL, Giesela. Common law, civil law, and the single European market for insurances. *International and Comparative Law Quarterly*, v. 55, 2006.

SÁNCHEZ CALERO, Fernando (director). *Ley de Contrato de Seguro*: comentarios a la Ley 50/1980, de 8 de octubre, y a sus modificaciones. 4. ed. Navarra: Aranzadi, 2010.

SANTOS, Ricardo Bechara. *Direito de seguro no Novo Código Civil e legislação própria*. Rio de Janeiro: Forense, 2008.

SCHIAVO, Carlos. *Contrato de seguro*: reticencia y agravación del riesgo. Buenos Aires: Hammurabi, 2006.

SILVA, Eva Moreira. *Da responsabilidade pré-contratual por violação dos deveres de informação*. Coimbra: Almedina, 2003.

SOLIMANDO, Angela. Disciplina delle dichiarazioni precontrattuali nel contratto di assicurazione. Evoluzione della giurisprudenza. *Assicurazioni – Rivista di Diritto, Economia e Finanza delle Assicurazioni Private*, n. 1-2, anno LXVIII, 2001.

SOUZA, Eduardo Nunes de. "Perderá o direito à garantia": qualificação jurídica da hipótese prevista pelo art. 766 do Código Civil. In: GOLDBERG, Ilan; JUNQUEIRA, Thiago. *Temas atuais de direito dos seguros*. São Paulo: Ed. RT, 2020. t. I.

TARTUCE, Flávio. Do contrato de seguro empresarial e algumas de suas polêmicas: natureza jurídica, boa-fé e agravamento do risco. In: GOLDBERG, Ilan; JUNQUEIRA, Thiago. *Temas atuais de direito dos seguros*. São Paulo: Ed. RT, 2020. t. I.

TEPEDINO, Gustavo; BARBOZA, Heloísa Helena; BODIN DE MORAES, Maria Celina. *Código Civil interpretado conforme a Constituição da República*. Rio de Janeiro: Renovar, 2006. v. II.

TEPEDINO, Gustavo; KONDER, Carlos Nelson; BANDEIRA, Paula Greco. *Fundamentos do direito civil*. Rio de Janeiro: Editora Forense, 2020. (Contratos, v. 3).

TIRADO SUÁREZ, Francisco Javier. Anotaciones al deber de declaración del riesgo en el contrato de seguro. *Revista Española de Seguros*, n. 61, 1990.

TZIRULNIK, Ernesto; CAVALCANTI, Flávio de Queiroz B.; PIMENTEL, Ayrton. *O contrato de seguro de acordo com o Código Civil brasileiro*. 3. ed. São Paulo: Editora Roncarati, 2016.

VALLE, Numa P. do. *Seguro marítimo e contrato de risco*. São Paulo, 1919.

VASQUES, José. *Contrato de seguro*: notas para uma teoria geral. Coimbra: Coimbra Editora, 1999.

VASQUES, José. Declaração inicial do risco. *SPAIDA – Boletim Informativo*, n. 1, jan. 2004.

VEIGA COPO, Abel B. *Tratado del Contrato de Seguro*. Navarra: Thomson Reuters, 2009.

20
COMENTÁRIOS AO ART. 767 DO CÓDIGO CIVIL

Thiago Junqueira[1]

Art. 767. No seguro à conta de outrem, o segurador pode opor ao segurado quaisquer defesas que tenha contra o estipulante, por descumprimento das normas de conclusão do contrato, ou de pagamento do prêmio.

1. ORIGEM DA DISPOSIÇÃO E REGIME ANTERIOR

O art. 767 do CC/2002 não representa uma total inovação no contexto nacional, pois replicou parcialmente o disposto no art. 1.464 do CC/1916, que dispunha: "No caso de sinistro, o segurador pode opor ao sucessor ou representante do segurado todos os meios de defesa, que contra este lhe assistiriam".

De pronto, é interessante notar que a redação atual tende, por um lado, a ser mais restritiva quando em comparação com a antiga, já que, enquanto a literalidade do art. 767 limita a oposição de defesas pelo segurador a duas hipóteses, quais sejam, o descumprimento das normas de: (i) *conclusão do contrato*; e (ii) *pagamento do prêmio*, o conteúdo redacional do art. 1.464 do CC/1916 assim não o fazia, de maneira que, em tese, a oposição de defesas poderia exsurgir da falta cometida em variados tipos de relações de fato ou de direito entre segurador e segurado, incluindo a execução contratual. Por outro lado, no sistema anterior, a autorização legal para oposição de defesas se endereçava ao sucessor do segurado e ao seu representante, o que não foi expressamente mencionado pelo legislador em 2002. Conforme se verá, a figura do tomador do seguro distinto do segurado (que particulariza o seguro à conta de outrem) muitas vezes não tem como alicerce uma situação de representação.[2]

---

[1] O autor agradece ao tutor acadêmico de sua matéria na FGV Conhecimento, Igor Násser, pelo auxílio com pesquisas e com a revisão dos originais.

[2] "De maneira mais ampla que o Código anterior, o artigo em pauta [767] trata da hipótese de seguro firmado em favor de quem não o contrata pessoalmente. Abrange, portanto, não apenas casos, referidos no art. 1.464, de sucessão ou de representação, este, a rigor, hoje diretamente subsumido aos artigos precedentes [762 e 766], mas de verdadeira estipulação em favor de terceiro, que no seguro, aliás, é por vezes obrigatória" (GODOY, Claudio Luiz Bueno de. Contratos (em espécie). In: PELUSO, Cezar. *Código Civil comentado*: doutrina e jurisprudência. 8. ed. Barueri: Manole, 2014. p. 744).

Importa investigar, ainda que objetivamente, a *mens legislatoris*[3] da norma. Compulsando a documentação do PL 634/1975 (Mensagem 160/1975), que originou a Lei 10.406/2002, nota-se que entre a versão vestibular e a final, houve 324 Emendas ao Projeto. Apesar disso, o teor do atual art. 767 (então art. 777 na propositiva originária) se manteve praticamente ileso, a não ser por uma singela troca de palavras. Dizia o art. 777 do projeto original: "No seguro *por conta de outrem*, o segurador pode opor ao segurado quaisquer defesas que tenha contra o estipulante, por descumprimento das normas de conclusão do contrato, ou de pagamento do prêmio" (grifo nosso). Como se nota, a expressão "por conta de outrem" veio a ser substituída por "à conta de outrem".

Apesar da derrogação da Parte Primeira do vetusto Código Comercial de 1850 (Lei 556, de 25 de junho), o diploma ainda integra o Ordenamento Jurídico brasileiro, visto que a Parte Segunda, que versa sobre o Comércio Marítimo, subsiste em pleno vigor. Entre as suas disposições, está o regime aplicável ao seguro marítimo. Seu art. 667, 1, dispõe:

> Art. 667 – A apólice de seguro deve ser assinada pelos seguradores, e conter:
>
> 1 – O nome e domicílio do segurador e o do segurado; declarando este *se segura por sua conta ou por conta de terceiro*, cujo nome pode omitir-se; omitindo-se o nome do segurado, o terceiro que faz o seguro em seu nome fica *pessoal e solidariamente responsável*. (grifos nossos)

Como se vê, a ideia de um terceiro poder assegurar interesse em favor de outrem, o fato de esse procedimento atrair a responsabilidade do terceiro e, de certa maneira, a comutação, em benefício do segurador, entre as posições jurídicas ocupadas por ele e o segurado, não é uma novidade, já que remonta pelo menos a meados do século XIX.

Ante de se avançar, convém ressaltar que norma em comento do CC/2002 não se trata de exclusividade brasileira. Em Portugal, por exemplo, o art. 48º, 5, do Decreto-lei 72/2008, que estabelece o Regime Jurídico do Contrato de Seguro, positiva disposição semelhante.[4] No mesmo sentido, confira-se, em especial, o art. 1891 do *Codice Civile* italiano (1942).[5]

---

[3] Diz respeito à intenção histórica do legislador para a criação de determinada norma, que pode ser revelada, por exemplo, a partir dos debates legislativos que deram origem à sua inserção no Ordenamento Jurídico.

[4] Decreto-lei 72/2008: "Artigo 48.º Seguro por conta de outrem (...). 5 – Na falta de disposição legal ou contratual em contrário, são oponíveis ao segurado os meios de defesa derivados do contrato de seguro, mas não aqueles que advenham de outras relações entre o segurador e o tomador do seguro". Sobre o tema, consulte-se: REGO, Margarida Lima. O seguro por conta de outrem em Portugal, Angola e Moçambique. In: MIRANDA, Jorge et al. *Estudos em Homenagem a Miguel Galvão Teles*. Coimbra: Almedina, 2012. v. II.

[5] Art. 1891 do *Codice Civile*: "Assicurazione per conto altrui o per conto di chi spetta. 1. Se l'assicurazione è stipulata per conto altrui o per conto di chi spetta, il contraente deve adempiere gli obblighi derivanti dal contratto, salvi quelli che per loro natura non possono essere adempiuti che dall'assicurato. 2. I diritti derivanti dal contratto spettano all'assicurato, e il contraente, anche se in possesso della polizza, non può farli valere senza espresso consenso dell'assicurato medesimo. 3. All'assicurato sono opponibili le eccezioni che si possono opporre al contraente in dipendenza del contratto. 4. Per il rimborso dei premi pagati all'assicuratore e delle spese del contratto, il contraente ha privilegio sulle somme dovute dall'assicuratore nello stesso grado dei crediti per spese di conservazione".

2. SENTIDO DA DISPOSIÇÃO E PRINCIPAIS CONTROVÉRSIAS NA SUA INTERPRETAÇÃO

Em regra, o seguro é feito *por conta própria*, coincidindo as figuras do tomador do seguro (pessoa que efetivamente celebra o contrato de seguro com o segurador, chamada de "estipulante" no art. 767 do CC) e do segurado, sendo essa mesma pessoa a detentora do interesse objeto da garantia.[6] Como exemplos dessa modalidade de contratação de seguro podem ser citados o seguro de automóvel, o seguro de celular, o seguro residencial, entre outros.

Qualifica-se como seguro *à conta de outrem*, doutro giro, a modalidade de contratação na qual a pessoa do tomador do seguro não coincide com o segurado (que é a pessoa que abrange o risco presente no seguro em concreto). Nessa hipótese, o detentor do interesse objeto da garantia será diverso de quem entabulou o contrato junto ao segurador. Pense-se, por exemplo, no contrato de seguro-saúde coletivo, no seguro-garantia, no seguro educacional e, em grande medida, no seguro D&O.

Na definição de Bruno Miragem e Luiza Petersen:

> O seguro por contra própria é aquele no qual a pessoa que o contrata (tomador do seguro) também é o titular do interesse objeto da garantia (segurado). Em sentido diverso, no seguro à conta de outrem, a pessoa que contrata (tomador) é diferente daquela titular do interesse (segurado), em favor de quem a prestação de garantia será executada. Aproxima-se da figura da estipulação em favor de terceiro (arts. 436 e 438 do CC), inclusive ao se conferirem ao segurado direitos e pretensões relativos ao objeto do contrato.[7]

O art. 767 do CC tem como *ratio* determinar que, salvo algumas exceções, mesmo quando o segurado não tenha contribuído diretamente para o descumprimento de deveres na conclusão e na execução do contrato, ele estará à mercê das defesas que o segurador poderá opor contra o tomador. De outra forma, bastaria que o seguro fosse contratado por tomador diverso para que fosse dada "carta branca", por exemplo, para o inadimplemento da declaração inicial do risco ou o não pagamento do prêmio, o que afastaria por completo o equilíbrio contratual.

Cabe aqui abrir parêntese para recordar que algumas modalidades de seguros geralmente contratadas *à conta de outrem* também podem ser feitas *por conta própria*. Com efeito, embora o seguro D&O seja tradicionalmente contratado por companhias para tu-

---

[6] O seguro feito por procurador não altera a sua qualificação como seguro feito por conta própria, conforme leciona Pedro Alvim: "Quando o contrato de seguro é celebrado entre o segurador e o segurado, prometendo aquele o pagamento de certa quantia a este, se ocorrer o risco previsto, diz-se que o seguro é por contra própria. São dessa natureza todos os seguros, em que o próprio titular do interesse celebre o contrato e seja também o beneficiário da indenização, como, por exemplo, o seguro de incêndio, de furto, de automóvel etc. em que aparece como contratante o proprietário desses bens. O seguro feito por procurador não afeta a sua natureza. Desde que o segurado continue sendo o contratante e beneficiário da indenização, o seguro é ainda por conta própria" (ALVIM, Pedro. *O seguro e o novo Código Civil*. Rio de Janeiro: Forense, 2007. p. 51).

[7] MIRAGEM, Bruno; PETERSEN, Luiza. *Direito dos seguros*. Rio de Janeiro: Forense, 2022. p. 185. Para além da divisão examinada, existe outra que cumpre mencionar: seguro *em favor próprio e em favor de terceiro*, seja em *favor de uma pessoa determinada*, seja *em favor de quem pertencer* (determinável). Sobre o tema, MIRAGEM, Bruno; PETERSEN, Luiza. *Direito dos seguros*. Rio de Janeiro: Forense, 2022. p. 185.

telar interesses de administradores e diretores que compõem o seu quadro, nada impede a contratação por contra própria desse seguro por esses mesmos administradores e diretores (art. 10, I, da Circular Susep 637, de 27 de julho de 2021, que dispõe sobre os seguros do grupo responsabilidades). Existe, ainda, hipótese na qual um só contrato tenha as duas facetas, cabendo exemplificar com o seguro D&O, no qual é contratada a designada Cobertura C, que coloca a companhia igualmente na condição de segurada, respeitados os termos contratuais.[8]

Fechado o parêntese, passa-se, para fins didáticos, a examinar o art. 767 do CC a partir de seus elementos constitutivos: (i) *seguro à conta de outrem*; (ii) *oposição das defesas, contra o segurado, que o segurador tiver contra o "estipulante"*; (iii) *descumprimento das normas de conclusão do contrato*; e (iv) *descumprimento das normas de pagamento do prêmio*.

Seguro à conta de outrem. Consoante ventilado em linhas anteriores, a terminologia está ajustada à utilizada no além-mar, onde Menezes Cordeiro ensina que "o seguro diz-se por conta própria, quando o contrato tutele o interesse do tomador (47.º/1); *a contrario*, o seguro diz-se por conta alheia quando o interesse visado seja o de terceiro".[9] Uma parcela da doutrina defende que, no âmbito do art. 767 do CC, "a denominação poderia, com maior precisão, ser *em favor de outrem*, ao invés de *à conta de outrem*".[10]

Sobre as diferentes nomenclaturas envoltas no tema sob apreciação, Ilan Goldberg pontifica:

> O instituto dos seguros por conta de outrem é bastante antigo e de franca aplicabilidade aos contratos de seguro em geral (...). Diversas teorias se apresentam com o propósito de explicá-lo, tais como a gestão de negócios (...) (o que soa equivocado, já que gestão de negócios não há), mandato ou representação (...), (o que se revela não menos equivocado) e a estipulação a favor de terceiro. O instituto se apresenta de formas bastante diferentes, cada qual com as suas próprias características e regimes jurídicos, tomando como norte a titularidade do interesse legítimo: se própria, se de outrem. Antigono Donati ressalta a importância do instituto e o divide em três categorias distintas, quais sejam: (i) o seguro por conta de outrem – "*assicurazione per conto altrui*" – no qual há uma separação entre a pessoa do tomador e a pessoa do segurado (o interesse legítimo tutelado é o do segurado); (ii) o seguro concluído para uma terceira pessoa – "*assicurazione sulla persona di*

---

[8] Nesse particular: "O contexto da apólice esclarece, de um modo geral, se o seguro é por conta própria ou de outrem, seja expressamente por declaração do contratante, seja tacitamente por suas disposições. Há, todavia, certas coberturas que podem gerar dúvidas, como, por exemplo, o seguro feito por um depositário sobre o bem que lhe é confiado. Pode fazê-lo em nome próprio para garantir sua responsabilidade pela guarda e conservação do bem ou por conta do depositante. Se as condições do contrato não permitirem a elucidação da dúvida, entendem os autores que se deve resolvê-la como seguro por conta própria, de acordo com a presunção do direito comum, segundo a qual cada um contrata por si ou por seus herdeiros" (ALVIM, Pedro. *O contrato de seguro*. 3. ed. Rio de Janeiro: Forense, 2001. p. 196).

[9] MENEZES CORDEIRO, António. *Direito dos seguros*. Coimbra: Almedina, 2013. p. 512. "A expressão 'por conta de outrem' é usada, neste contexto, como significando 'com destino para outrem': o seguro é celebrado 'por conta de outrem' quando é um terceiro o titular da cobertura" (REGO, Margarida Lima. O seguro por conta de outrem em Portugal, Angola e Moçambique. In: MIRANDA, Jorge et al. *Estudos em Homenagem a Miguel Galvão Teles*. Coimbra: Almedina, 2012. v. II. p. 752).

[10] TZIRULNIK, Ernesto; CAVALCANTI, Flávio de Queiroz B.; PIMENTEL, Ayrton. *O contrato de seguro de acordo com o Código Civil brasileiro*. 3. ed. São Paulo: Editora Roncarati, 2016. p. 119.

un terzo" – no qual a separação se dá entre o tomador-segurado, representando a mesma pessoa, e o beneficiário, no outro polo da relação jurídica (aplicabilidade exclusiva aos seguros de pessoas) e (iii) o seguro a favor de um terceiro – *"assicurazione a favore di terzi"* – a separação ocorre entre tomador-segurado e o beneficiário. As espécies (ii) e (iii) são semelhantes: a (ii) aplica-se exclusivamente aos seguros de pessoas; a (iii) aos demais seguros.[11]

Por ser contratado por pessoa distinta do segurado, a doutrina costuma apontar que o seguro à conta de outrem representa uma mitigação ao princípio da relatividade dos efeitos contratuais.[12]

São exemplos de seguro à conta de terceiro, conforme se disse, os seguros educacional, de vida coletivo e garantia. Nesses produtos, o proponente ("estipulante" a que se refere o art. 767) não se confunde, em regra, com o segurado. Neles, existe a figura do tomador, que efetiva a contratação da garantia securitária em proveito do segurado.

Para além desses exemplos de seguros facultativos, insta destacar o art. 21 do Decreto-lei 73/1966, que dispõe que "Nos casos de seguros legalmente obrigatórios, o estipulante equipara-se ao segurado para os efeitos de contratação e manutenção do seguro".

Oposição das defesas, contra o segurado, que o segurador tiver contra o "estipulante". As chamadas "matérias de defesa" são objeto de estudo do direito adjetivo. Em termos processuais, existem ao menos as questões processuais (a exemplo de incompetência absoluta ou relativa do juízo, ilegitimidade *ad causam*, ausência de interesse processual, convenção de arbitragem, conexão, entre outros exemplos) e as questões de mérito (a exemplo de prescrição, novação, quitação e outras).[13] Nesse diapasão, o art. 767 do CC autoriza o segurador a opor em face do segurado as matérias de defesa que tiver contra o estipulante. De acordo com a literalidade do dispositivo, nem todas as exceções poderiam ser opostas, senão aquelas relativas ao descumprimento das normas de conclusão do contrato e de pagamento do prêmio. Nada obstante, a jurisprudência, por vezes, tempera tal limitação.

Nesse sentido, vale transcrever trecho do voto da Desembargadora relatora de acórdão proferido pelo Tribunal de Justiça do Estado de Minas Gerais, que aborda os contornos fáticos do caso em concreto julgado e evidencia a exceção de mérito, da execução contratual, que a seguradora detinha contra o estipulante e que, por autorização do art. 767 do CC, foi oposta ao segurado:

> De conformidade com o art. 767 do Código Civil, "no seguro à conta de outrem, o segurador pode opor ao segurado quaisquer defesas que tenha contra o estipulante, por descumprimento das normas de conclusão do contrato, ou de pagamento do prêmio". Ora, o documento de f. 35/39, colacionado pela Apelada, demonstra que *restou ajustado entre a Apelante e a estipulante que a apólice não incluiria os funcionários afastados*, cláusula

---

[11] GOLDBERG, Ilan. *O contrato de seguro D&O.* 2. ed. São Paulo: Ed. RT, 2022. p. 363-364.

[12] Por todos, TEPEDINO, Gustavo; KONDER, Carlos Nelson; BANDEIRA, Paulo Greco. *Fundamentos do direito civil.* Rio de Janeiro: Forense, 2020. (Contratos, v. 3). p. 107-109; e TARTUCE, Flávio et al. *Código Civil comentado*: doutrina e jurisprudência. 2. ed. Rio de Janeiro: Forense, 2020. p. 503.

[13] A doutrina processualista identifica ainda outras espécies de questões, como preliminares e prejudiciais. Para aprofundamento nessa sede, consulte-se CÂMARA, Alexandre Freitas. *O novo processo civil brasileiro.* 8. ed. São Paulo: Atlas, 2022.

9.2. Depreende-se da leitura dos autos, mormente dos documentos de f. 84 e 301, que a Apelada afastou-se do serviço em 24 de fevereiro de 2000, assim permanecendo até a data da sua aposentadoria, que ocorreu em 01 de abril de 2005. Observa-se, outrossim, que o contrato de seguro firmado entre as partes passou a viger em 31 de agosto de 2003, f. 35, *quando a Apelada já não se encontrava em atividade*. A Apelada não apresentou provas a respeito da vigência anterior da apólice e sequer impugnou tal fato, que foi alegado pela Apelante em sua contestação. Conclui-se, pois, que a estipulante não poderia incluir a Apelada na apólice do seguro, não podendo, por tal motivo, descontar as parcelas referentes ao prêmio correspondente em sua folha de pagamento. *A Apelante não pode, pois, ser onerada por erro da estipulante, podendo, conforme preceitua o dispositivo retro mencionado, opor tal questão contra a Apelada*. Saliente-se que, embora haja relação de consumo entre as partes, sendo aplicável o Código de Defesa do Consumidor, este não é suficiente para afastar a aplicação do dispositivo do Código Civil, que trata, especificamente, sobre contratos de seguro, sendo, portanto, neste aspecto, especial em relação àquele outro Diploma.[14] (grifos nossos)

Segundo Tzirulnik, Cavalcanti e Pimentel, a regra do art. 767 do CC, "dirigindo-se a direitos disponíveis, em face de sua patrimonialidade, comporta alteração pelas partes, por meio de vontade contratual, seja para excluir as exceções, seja para permitir outras, por exemplo, as atinentes à execução do contrato".[15]

Descumprimento das normas de conclusão do contrato. Durante a fase pré-contratual, incidem sobre o tomador do seguro, o segurado e os seus representantes rigorosos deveres de informação.[16] Caso tais deveres sejam descumpridos, o segurado será tolhido a ter acesso à indenização. À guisa de exemplo, suponha o seguinte contexto fático: nas tratativas pré-contratuais, o estipulante deliberadamente fez declarações inexatas sobre circunstâncias que influíram na aceitação da proposta e no valor do prêmio, o que se constitui uma exceção do segurador contra o estipulante, pois, na forma do art. 766 do CC, tal circunstância conduz à perda do direito à garantia, além de obrigar ao pagamento do prêmio vencido. Concretizado o risco e acionada a garantia pelo segurado, a seguradora terá direito a opor contra ele a exceção que tem contra o estipulante, recusando-se a pagar a indenização.

Para além dos *deveres dos tomadores*, no seguro à conta de outrem poderão existir ainda outras *vinculações* por parte dos *segurados* e dos *beneficiários*, geralmente referidas como *ônus* e/ou *encargos*, no Direito português, *carga* (na Espanha), *onere* (na Itália) e *Obliegenheiten* (na Alemanha), para o adequado cumprimento ao programa contratual. Também em relação a essas vinculações, os seguradores poderão opor defesas contra os segurados, afastando o pagamento do sinistro por parte daqueles.[17]

---

[14] TJ-MG, Apelação Cível 1.0701.06.161410-6/001 (1614106-85.2006.8.13.0701), rel. Des. Evangelina Castilho Duarte, 14ª Câmara Cível, *DJe* 27.08.2008.

[15] TZIRULNIK, Ernesto; CAVALCANTI, Flávio de Queiroz B.; PIMENTEL, Ayrton. *O contrato de seguro de acordo com o Código Civil brasileiro*. 3. ed. São Paulo: Editora Roncarati, 2016. p. 120.

[16] Remete-se o leitor, nesse ponto, aos comentários feitos ao art. 766 do CC.

[17] Conforme REGO, Margarida Lima. O seguro por conta de outrem em Portugal, Angola e Moçambique. In: MIRANDA, Jorge et al. *Estudos em Homenagem a Miguel Galvão Teles*. Coimbra: Almedina, 2012. v. II. p. 759-761. Segundo Menezes Cordeiro, o *encargo* se traduziria numa conduta, de uma das partes, prevista no contrato ou em regras aplicáveis, necessária à produção de determinado efeito, e as consequências do seu não cumprimento seriam exterminadas na mera não obtenção, ou na não

Descumprimento das normas de pagamento do prêmio. O prêmio é a principal contraprestação recebida pelo segurador e configura-se essencial para a operabilidade de seu negócio. Conforme destacado pela doutrina, pode-se compreender que "se paga o prêmio no interesse comum do segurador e dos demais segurados que pertencem a um mesmo grupo cujos riscos foram reunidos em uma mesma base".[18]

Em regra, caso o estipulante se encontre em mora no pagamento do prêmio[19] e o segurado sofra o sinistro, a seguradora poderá opor a exceção do art. 763 do CC contra o estipulante, o que, na prática, afastará o direito do segurado à indenização.[20]

Por fim, sublinhe-se que, no âmbito do seguro-garantia, há uma conhecida exceção a esses dois últimos elementos constitutivos do art. 767 do CC, conforme se verá no tópico a seguir.

---

obtenção por inteiro, do efeito que se tutelava. Para diferenciar o encargo do ônus, o autor afirma que: "Cabe ter presente que o 'encargo' não implica (ao contrário do 'ônus'!) um desinteresse, por parte do Direito, quanto ao resultado. O Direito pretende que o encargo seja 'cumprido', mas recorre, para tanto, a uma técnica diferente da do dever" (MENEZES CORDEIRO, António. *Direito dos seguros*. Coimbra: Almedina, 2013. p. 580-581). Ainda em suas palavras, o "encargo corresponde estruturalmente a um dever; segue, no entanto, um regime particular: é um dever de comportamento que funcionando embora também no interesse de outras pessoas, não possa, por estas, ser exigido no seu cumprimento" (MENEZES CORDEIRO, António. *Tratado de direito civil*: parte geral. 4. ed. Coimbra: Almedina, 2012. t. 1. p. 918). O civilista chega mesmo a defender a introdução, em larga escala, no Direito Civil, dessa nova modalidade de "obrigação", a qual nomeia como encargo ou ônus material, de modo que seria afastada a figura do tradicional ônus para o domínio processual (MENEZES CORDEIRO, António. *Tratado de direito civil*: parte geral. 4. ed. Coimbra: Almedina, 2012. t. 1. p. 918-919). Segundo Antunes Varela, o ônus jurídico, que seria equivalente às figuras da incumbência ou do encargo (*Obliegenheiten*) no contexto português, se consubstancia quando a "ordem jurídica limita-se a atribuir certa vantagem à prática do acto, a considerar este como requisito indispensável para a obtenção daquela, mas deixando à inteira discrição do interessado a opção pela conduta que mais lhe convenha" (VARELA, João Antunes de. *Das obrigações em geral*. Coimbra: Almedina, 2004. v. 1. p. 57-58). Já o *dever*, conforme ensina Rui Alarcão, "caracteriza-se como a necessidade de observância de um certo comportamento, a qual é imposta pelo ordenamento jurídico sob a cominação de uma sanção. (...) a ordem jurídica procede assim tendo em vista tutelar um interesse alheio ao do sujeito do dever" (ALARCÃO, Rui de. *Direito das obrigações* (com colaboração de RIBEIRO, Joaquim de Souza et al.). Coimbra, 1983. p. 29). Em termos semelhantes, Mota Pinto enfatiza que "O dever jurídico é, pois, a necessidade de (ou a vinculação a) realizar o comportamento a que tem direito o titular activo da relação jurídica" (PINTO, Carlos Mota. *Teoria geral do direito civil*. 4. ed. actual. por António Pinto Monteiro, e Paulo Mota Pinto. Coimbra: Almedina, 2005. p. 182). Para um exame detalhado das figuras do ônus, do encargo (por vezes traduzido como incumbência) e do dever, consulte-se POÇAS, Luís. *O dever de declaração inicial do risco no contrato de seguro*. Lisboa: Almedina, 2013. p. 644 e ss.

[18] MIRAGEM, Bruno; PETERSEN, Luiza. *Direito dos seguros*. Rio de Janeiro: Forense, 2022. p. 201.

[19] "Salvo estipulação em contrário, é ao tomador que cabe pagar o prémio ao segurador, não respondendo o segurado perante o segurador nem a título subsidiário. A questão de saber quem irá suportar os custos do seguro é deixada em aberto, tudo dependendo do que sobre o tema se dispuser em sede de relação entre o tomador do seguro e o segurado" (REGO, Margarida Lima. O seguro por conta de outrem em Portugal, Angola e Moçambique. In: MIRANDA, Jorge et al. *Estudos em Homenagem a Miguel Galvão Teles*. Coimbra: Almedina, 2012. v. II. p. 752).

[20] Para uma análise dos contornos da mora no pagamento do prêmio e alguns exemplos nos quais o segurado ainda assim manterá o seu direito à indenização, *vide* os comentários aos art. 763 e 765 do CC, presentes nesta obra.

3. DISPOSIÇÕES RELACIONADAS

O art. 767 do CC tem íntima ligação com os arts. 436 a 438 do mesmo diploma legal. Trata-se de regra para a estipulação em favor de terceiro, que deve ser aplicada, *mutatis mutandis*, aos seguros.

Em face da menção ao descumprimento das normas de conclusão do contrato, apresentam relação ao artigo em comento os Capítulos IV e V do Título I do Livro III da Parte Geral do Código Civil (arts. 138 a 184), que tratam dos Defeitos do Negócio Jurídico e da Invalidade do Negócio Jurídico, isto é, normas de conclusão do contrato. Além das disposições da Parte Geral, também são pertinentes as dos arts. 762, 765 e 766, que, de alguma maneira, versam sobre a conclusão do contrato de seguro.

Como já mencionado, a parte final do art. 767 faz referência ao descumprimento das normas de pagamento do prêmio e, por essa razão, trata-se de disposição ligada ao art. 763, a dispor que "Não terá direito a indenização o segurado que estiver em mora no pagamento do prêmio, se ocorrer o sinistro antes de sua purgação", e, em relação ao seguro de vida individual, ao art. 796 do CC:

> Art. 796. O prêmio, no seguro de vida, será conveniado por prazo limitado, ou por toda a vida do segurado.
>
> Parágrafo único. Em qualquer hipótese, no seguro individual, o segurador não terá ação para cobrar o prêmio vencido, cuja falta de pagamento, nos prazos previstos, acarretará, conforme se estipular, a resolução do contrato, com a restituição da reserva já formada, ou a redução do capital garantido proporcionalmente ao prêmio pago.

Em razão de a parte final do art. 763 dispor sobre mora e sua purgação, vem por arrastamento a relação do art. 767 com os arts. 394 a 401 do Código, que tratam desses temas. Ainda em sede de descumprimento das normas de pagamento do prêmio, também se vislumbra relação com os arts. 308 a 312, que versam sobre aqueles a quem se deve pagar (*accipiens*).

O art. 25 da Circular Susep 662, de 11 de abril de 2022 (que dispõe sobre o Seguro-Garantia) excepciona a regra do art. 767 do CC ao dispor que "atos exclusivos do tomador, da seguradora ou de ambos não poderão gerar perdas ou prejuízos ao segurado". No mesmo sentido, estatui o art. 16 da norma:

> Art. 16. O tomador é responsável pelo pagamento do prêmio de seguro.
>
> § 1º A apólice continuará em vigor mesmo quando o tomador não houver pago o prêmio nas datas convencionadas.
>
> § 2º O tomador também será responsável pelo pagamento de eventual prêmio adicional decorrente de alterações na apólice, nos termos do art. 10, ou da atualização dos valores da apólice, nos termos do art. 12.

Em sede de seguro de pessoa, o art. 790 do CC indica que o proponente é obrigado a declarar, sob pena de falsidade, o seu interesse pela preservação da vida do segurado.

Por derradeiro, vale a consulta ainda ao art. 801 do CC[21] e à Resolução CNSP 434, de 17 de dezembro de 2021, que dispõe sobre estipulação de seguros e responsabilidades e

---

[21] Art. 801 do CC de 2002. "O seguro de pessoas pode ser estipulado por pessoa natural ou jurídica em proveito de grupo que a ela, de qualquer modo, se vincule. § 1º O estipulante não representa o segu-

obrigações de estipulantes e sociedades seguradoras em contratações de seguros por meio de apólices coletivas.

REFERÊNCIAS BIBLIOGRÁFICAS

ALARCÃO, Rui de. *Direito das obrigações* (com colaboração de RIBEIRO, Joaquim de Souza et al.). Coimbra, 1983.

ALVIM, Pedro. *O contrato de seguro*. 3. ed. Rio de Janeiro: Forense, 2001.

ALVIM, Pedro. *O seguro e o novo Código Civil*. Rio de Janeiro: Forense, 2007.

CÂMARA, Alexandre Freitas. *O novo processo civil brasileiro*. 8. ed. São Paulo: Atlas, 2022.

GODOY, Claudio Luiz Bueno de. Contratos (em espécie). In: PELUSO, Cezar. *Código Civil comentado*: doutrina e jurisprudência. 8. ed. Barueri: Manole, 2014.

GOLDBERG, Ilan. *O contrato de seguro D&O*. 2. ed. São Paulo: Ed. RT, 2022.

MENEZES CORDEIRO, António. *Tratado de direito civil*: parte geral. 4. ed. Coimbra: Almedina, 2012. t. 1.

MENEZES CORDEIRO, António. *Direito dos seguros*. Coimbra: Almedina, 2013.

MIRAGEM, Bruno; PETERSEN, Luiza. *Direito dos seguros*. Rio de Janeiro: Forense, 2022.

PINTO, Carlos Mota. *Teoria geral do direito civil*. 4. ed. actual. por António Pinto Monteiro, e Paulo Mota Pinto. Coimbra: Almedina, 2005.

POÇAS, Luís. *O dever de declaração inicial do risco no contrato de seguro*. Lisboa: Almedina, 2013.

REGO, Margarida Lima. O seguro por conta de outrem em Portugal, Angola e Moçambique. In: MIRANDA, Jorge et al. *Estudos em Homenagem a Miguel Galvão Teles*. Coimbra: Almedina, 2012. v. II.

TARTUCE, Flávio et al. *Código Civil comentado*: doutrina e jurisprudência. 2. ed. Rio de Janeiro: Forense, 2020.

TEPEDINO, Gustavo; KONDER, Carlos Nelson; BANDEIRA, Paulo Greco. *Fundamentos do direito civil*. Rio de Janeiro: Forense, 2020. (Contratos, v. 3).

TZIRULNIK, Ernesto; CAVALCANTI, Flávio de Queiroz B.; PIMENTEL, Ayrton. *O contrato de seguro de acordo com o Código Civil brasileiro*. 3. ed. São Paulo: Editora Roncarati, 2016.

VARELA, João Antunes de. *Das obrigações em geral*. Coimbra: Almedina, 2004. v. 1.

---

rador perante o grupo segurado, e é o único responsável, para com o segurador, pelo cumprimento de todas as obrigações contratuais. § 2º A modificação da apólice em vigor dependerá da anuência expressa de segurados que representem três quartos do grupo".

COMENTÁRIOS AO ART. 768 DO CÓDIGO CIVIL

Carlos Edison do Rêgo Monteiro Filho
Rodrigo de Almeida Távora

Art. 768. O segurado perderá o direito à garantia se agravar intencionalmente o risco objeto do contrato.

1. ORIGEM DA DISPOSIÇÃO E REGIME ANTERIOR

O artigo em análise confere disciplina específica ao agravamento do risco provocado intencionalmente pelo segurado, prescrevendo, como consequência jurídica dessa conduta, a perda do direito à garantia estabelecida no contrato de seguro. A razão subjacente à regra é a de preservar o equilíbrio das obrigações inicialmente estabelecidas no contrato de seguro, buscando assegurar a manutenção dos pressupostos técnicos e econômicos associados ao risco.

O risco é um dos elementos nucleares do contrato de seguro[1] e o seu agravamento intencional pelo segurado poderá acarretar a modificação substancial da base econômica do contrato. Assim, o legislador, ao prescrever a perda do direito à garantia, busca coibir a conduta do segurado que possa favorecer a ocorrência do sinistro, onerando excessivamente o segurador.

O preceito estabelecido no artigo em análise reforça, de igual forma, que seja observada a boa-fé durante todas as fases contratuais. A boa-fé deve orientar não apenas a formação do contrato de seguro, irradiando-se, com igual intensidade, durante todas as etapas de execução contratual, uma vez que a fidedignidade das informações prestadas pelo segurado e a sua conduta são elementos centrais para a avaliação de risco e fixação do valor

---

[1] Conforme sinalizam Miragem e Petersen, "*é o estudo da noção de risco, que se apresenta como conceito nuclear da operação e explica sua função socioeconômica, assim como dos aspectos técnicos e operacionais da atividade desenvolvida pelo segurador, que revela, em sua completude, a realidade fática objeto do direito dos seguros, em suas dimensões institucional e material*" (MIRAGEM, Bruno; PETERSEN, Luiza. *Direito dos seguros*. Rio de Janeiro: Forense, 2022. p. 41).

do prêmio pelo segurador[2]. Essa é, inclusive, a prescrição estabelecida no art. 765 do CC, que fixa a obrigação tanto do segurado como do segurador de "guardar na conclusão e na execução do contrato, a mais estrita boa-fé e veracidade, tanto a respeito do objeto como das circunstâncias e declarações a ele concernentes".

No momento de formação do contrato, o segurado deve prestar todas as informações necessárias para análise de risco e, uma vez consolidadas, é possível dimensionar o risco concreto associado ao quadro fático-jurídico delineado por esse conjunto de informações. Esse mesmo quadro fático-jurídico deverá ser preservado durante a execução contratual, cabendo ao segurado, por um lado, prestar continuamente quaisquer informações relacionadas à alteração de circunstâncias que possam interferir na análise de risco e, por outro, abster-se de qualquer comportamento que possa agravar o risco[3].

A disciplina específica conferida pelo Código Civil à matéria, vedando expressamente o agravamento intencional do risco pelo segurado, funda-se igualmente na constatação de ser elevada a probabilidade de ocorrência desse tipo de comportamento nocivo no âmbito dos contratos de seguro[4]. Dado que a avença tem por pressuposto a cobertura de riscos predeterminados[5], observa-se a existência do intitulado *risco moral* associado à própria

---

[2] Em sentido similar é o magistério de Pereira: "O segurado e o segurador são obrigados a observar, tanto na fase das tratativas, quando na conclusão e execução do contrato, a mais estrita boa-fé e veracidade. A boa-fé objetiva é elemento essencial deste tipo de contrato, em razão de a fixação do prêmio depender de informações prestadas pelo segurado, e em razão da sua aleatoriedade, tendo em vista sempre haver a possibilidade de agravamento da álea do contrato durante a sua execução, por fato que possa ou não ser imputado ao segurado" (PEREIRA, Caio Mário da Silva. *Instituições de direito civil*. 16. ed. Rio de Janeiro: Forense, 2012. p. 422).

[3] Nesse ponto, Lopes extrai da boa-fé não apenas o dever do segurado de prestar informações verdadeiras como igualmente o dever de não omitir circunstâncias associadas à análise de risco: "Já assinalamos o aspecto moral da principal obrigação do segurado: é o dever de boa-fé nas declarações que prestar, quer no sentido positivo de dizer a verdade, quer no sentido negativo de não calar circunstâncias que, por influírem no risco, tinha o dever de informar" (LOPES, Miguel Maria de Serpa. *Curso de Direito Civil*. 4. ed. Rio de Janeiro: Freitas Bastos, 1993. p. 412). Rosenvald e Farias, por sua vez, enquadram a conduta do segurado no âmbito do chamado princípio do absenteísmo, constituindo o agravamento intencional do risco uma espécie de *venire contra factum proprium*: "Essas situações se consubstanciam no chamado princípio do absenteísmo, que, embora pareça óbvio, indica que quem quer prevenir riscos de danos patrimoniais ou existenciais perante um contrato de seguro, assim se conduz por absoluta ojeriza a um fato danoso previsível que se quer impedir que ocorra e, em sendo impossível, remediar. O agravamento intencional do risco é uma espécie de *venire contra factum proprium* por parte do segurado que manifesta um comportamento sucessivo contraditório, atuando decisivamente para a conflagração do dano que, inicialmente, desejou segurar" (ROSENVALD, N.; FARIAS, C. C. *Curso de Direito Civil*. 11. ed. Salvador: Juspodivm, 2021. (Contratos, v. 4). p. 1369).

[4] Há mesmo quem sustente ser uma das funções da disciplina do agravamento intencional do risco a sanção ao ato doloso do segurado. Nesse sentido, Miragem e Petersen apontam uma dupla função: a preservação da base econômica do contrato de seguro e a sanção ao ato doloso do segurado (MIRAGEM, Bruno; PETERSEN, Luiza. Alteração do risco no contrato de seguro e critérios para sua qualificação: agravamento e diminuição relevante do risco. In: GOLDBERG, Ilan; JUNQUEIRA, Thiago (org.). *Temas atuais de direito dos seguros*. São Paulo: Ed. RT, 2020. t. I. p. 468).

[5] A assunção de riscos pelo segurador só se torna possível a partir da análise técnica de referências de sinistralidade produzidas a partir das informações geradas pelo próprio universo de segurados, permitindo-se, com isso, a precificação do prêmio de forma mais consentânea com a realidade. Nesse

natureza dessa espécie contratual. O segurado, ciente de que a cobertura do risco constitui uma obrigação assumida contratualmente pelo segurador, pode ser levado a reduzir as medidas de precaução que ordinariamente adotaria caso não houvesse formalizado o contrato de seguro, podendo, inclusive, atuar de forma negligente ou mesmo dolosa com o objetivo de receber a indenização resultante da ocorrência do sinistro[6].

Interfere o legislador, assim, a fim de coibir esse tipo de comportamento hostil por parte do segurado com o objetivo de assegurar, no plano singular, a higidez do contrato de seguro e, no plano macro, a preservação do mutualismo[7]. O preceito estabelecido no art. 768 do CC, no entanto, direciona-se apenas às hipóteses de efetivo agravamento intencional do risco, não sendo extensível aos casos em que são observadas novas situações de risco não antevistas no contrato de seguro[8].

No Código Civil de 1916, o agravamento do risco era disciplinado pelos arts. 1.453, 1.454 e 1.455. O preceito veiculado no art. 768 do atual Código Civil encontrava prescrição similar no art. 1.454 do antigo Código, que estabelecia a obrigatoriedade de o segurado abster-se da prática de atos que pudessem aumentar os riscos sob pena de perder o direito ao seguro. A consequência jurídica estabelecida no art. 1.454 do Código de 1916 para a situação de agravamento intencional do risco pelo segurado era exatamente a mesma, a saber, a perda ao direito à garantia estabelecida no contrato de seguro, havendo, na redação do art. 768 do CC atual, apenas o aprimoramento técnico da redação para substituir a anterior referência à perda do *direito ao seguro* pela atual menção à perda do *direito à garantia*[9].

Já os preceitos estabelecidos nos arts. 1.453 e 1.455 do CC/1916, embora associados ao agravamento do risco, não cuidavam, especificamente, da hipótese em que esse agravamento decorresse de ato intencional do segurado. O comando estabelecido no art. 1.453, que previa o direito de o segurador aumentar o prêmio em qualquer hipótese de agravamento

---

ponto, Goldberg assinala que "a precificação da generalidade dos seguros dispõe de base estatística confiável, capaz de proporcionar ótimos níveis de assertividade por parte dos subscritores" (GOLDBERG, Ilan. Reflexões a respeito do seguro garantia e da nova lei de licitações. *Revista Iberc*, Rio de Janeiro, v. 5, n. 2 p. 66, maio-ago. 2022. Disponível em: <https://revistaiberc.responsabilidadecivil.org/iberc>. Acesso em: 05.06.2022).

[6] Esclarecem, nesse ponto, Miragem e Petersen que o conceito de risco moral (*moral hazard*) abrange "tanto a possibilidade de o titular do interesse adotar, ao longo da relação contratual, justamente por estar garantido pelo seguro, uma postura negligente, diminuindo seu grau de vigilância, de modo a facilitar a ocorrência do sinistro (comportamento culposo), como, até mesmo, uma conduta oportunista, visando o recebimento da indenização securitária ou do capital segurado (comportamento doloso)" (MIRAGEM, Bruno; PETERSEN, Luiza. *Direito dos seguros*. Rio de Janeiro: Forense, 2022. p. 47).

[7] Conforme assinalam Tepedino, Konder e Bandeira, "busca-se, a partir do princípio do mutualismo, diluir os riscos pela coletividade dos segurados, que contribuem em prol de fundo mutual, formado pelas reservas técnicas, que se destinarão ao pagamento das indenizações na hipótese de sinistro" (TEPEDINO, Gustavo; KONDER, Carlos Nelson; BANDEIRA, P. G. *Fundamentos do direito civil*: contratos. 2. ed. Rio de Janeiro: Forense, 2021. v. 7. p. 472).

[8] Esclarece Tzirulnik que não se cuida de novo risco, mas de *novo estado de risco*. De acordo com o autor, o risco diverso do assegurado não configura situação de agravamento, e sim de surgimento de risco cuja cobertura depende de novo acordo de vontades (TZIRULNIK, Ernesto. *Reflexões sobre o agravamento do risco nos seguros de danos*. São Paulo: Contracorrente, 2020. p. 26).

[9] "Art. 1.454. Enquanto vigorar o contrato, o segurado abster-se-á de tudo quanto possa aumentar os riscos, ou seja, contrário aos termos do estipulado, sob pena de perder o direito ao seguro."

do risco[10], não encontra disposição correspondente no atual Código. E o art. 1.455, que fixava a obrigação de o segurado comunicar ao segurador todo incidente que possa agravar o risco[11], encontra previsão similar no art. 769 do CC em vigor[12].

Anteriormente à edição do Código Civil de 1916, o Código Comercial conferia disciplina aos contratos de seguro marítimo em seus arts. 666 a 730, não abrigando, no entanto, regra específica associada ao agravamento intencional do risco pelo segurado, limitando-se a prever genericamente, em seu art. 678, algumas causas que ensejam a anulação do contrato de seguro, a exemplo da prestação de informações incorretas pelo segurado[13].

Evidenciados, assim, os contornos gerais do agravamento intencional do risco de acordo com a disciplina conferida pelo regime do Código Civil de 1916 e segundo o regramento conferido pelo atual Código Civil, compete desvelar, no tópico seguinte, o alcance do preceito estabelecido no art. 768 e as controvérsias a ele associadas.

2. SENTIDO DA DISPOSIÇÃO E PRINCIPAIS CONTROVÉRSIAS NA SUA INTERPRETAÇÃO

Para que se possa estabelecer o alcance do preceito estabelecido no art. 768 do CC, cumpre inicialmente averiguar se o agravamento intencional do risco pressupõe ou não a atuação oportunista do segurado com o objetivo de satisfazer as condições para ocorrência do sinistro e, com isso, obter ardilosamente a indenização estabelecida contratualmente. A investigação aqui consiste em saber se a consequência jurídica caracterizada pela perda do direito à garantia está associada aos atos intencionais genericamente imputáveis ao segurado que acarretam a elevação do risco ou se apenas os atos praticados com o objetivo específico de obtenção da indenização se sujeitam à referida consequência.

Um primeiro grupo de autores confere interpretação restritiva ao art. 768 do CC, exigindo que a conduta atribuível ao segurado – que acarrete o agravamento do risco – seja qualificada como de dolo direto. Assim, para que haja a perda ao direito à garantia estabelecida no contrato de seguro, a conduta do segurado deve ser dirigida ao objetivo de alcançar determinado resultado, a saber, o agravamento do risco e o incremento da probabilidade de sinistro a fim de obter o pagamento do valor pactuado contratualmente[14]. Seria

---

[10] "Art. 1.453. Embora se hajam agravado os riscos, além do que era possível antever no contrato, nem por isso, a não haver nele clausula expressa terá direito o segurador a aumento do prêmio."

[11] "Art. 1.455. Sob a mesma pena do artigo antecedente, comunicará o segurado ao segurador todo incidente, que de qualquer modo possa agravar o risco."

[12] Os arts. 1.453 e 1.455 do Código Civil de 1916 serão analisados na sequência, em conjunto com os arts. 769 e 770 do atual Código Civil.

[13] "Art. 678. O seguro pode também anular-se: (...) 2 – quando faz declaração errônea, calando, falsificando ou alterando fatos ou circunstâncias, ou produzindo fatos ou circunstâncias não existentes, de tal natureza e importância que, a não se terem ocultado, falsificado ou produzido, os seguradores, ou não houveram admitido o seguro, ou o teriam efetuado debaixo de prêmio maior e mais restritas condições."

[14] Partidário dessa orientação, Fachin assinala que "não é qualquer conduta culposa que enseja aumento do risco, e, do mesmo modo, não é qualquer elevação do risco por conduta, ainda que voluntária, que permite à seguradora eximir-se do pagamento da indenização ou do capital constantes da apólice. É o direcionamento do elemento subjetivo da conduta do segurado à obtenção da indenização ou do capital, para si ou para outrem, que qualifica a hipótese de afastamento do dever de prestação da

sempre exigível, sob essa ótica, a configuração de dolo direto, devendo restar caracterizada a conduta comissiva ou omissiva do segurado que busque explicitamente a elevação do risco e a ocorrência do sinistro[15].

Já, para um segundo grupo de doutrinadores, o preceito estabelecido no art. 768 do CC abarcaria também hipóteses em que o segurado, ao adotar determinada conduta, tem plena ciência de que poderá acarretar o agravamento do risco e a ocorrência do sinistro, ainda que este último resultado não seja diretamente objetivado pelo segurado. Essa acepção parte de uma interpretação mais elástica do texto normativo, trazendo, para o âmbito civil, a ideia do dolo eventual em que o resultado pode não ter sido desejado pelo segurado que, no entanto, praticou um ato intencional que tem a aptidão de elevar o risco e causar a ocorrência do sinistro[16].

Essas duas abordagens doutrinárias, contudo, não se revelam satisfatórias para a plena compreensão da incidência do enunciado normativo em referência sobre inúmeras situações fáticas. A expressão *agravamento intencional do risco* possui uma significação inicial fluida que deverá ser desvelada por completo a partir dos elementos colhidos das hipóteses concretas, possibilitando-se, com isso, reduzir o nível de indeterminação existente no plano abstrato.

Os institutos jurídicos de direito privado – destacadamente o contrato de seguro – não devem ser utilizados e interpretados de forma que se faça absoluta abstração dos elementos reais existentes no contexto em que serão aplicados[17]. Ao revés, o significado final da norma aplicável deve decorrer da relação dialética entre o enunciado normativo

---

seguradora" (FACHIN, Luiz Edson. Contrato de seguro de vida e o agravamento do risco. *Revista Brasileira de Direito Civil*, Rio de Janeiro, v. 3, jan.-mar. 2014. p. 96. Disponível em: <https://rbdcivil.ibdcivil.org.br/rbdc/article/view/112>. Acesso em: 05.06.2022).

[15] Aguiar Júnior aponta que "a intenção está no consciente direcionamento da ação ao fim almejado. Quer dizer, o segurado pratica (comissão) ou deixa de praticar (omissão) ato voluntário com o propósito de assim causar o aumento do risco contratado. É o dolo direto" (AGUIAR JÚNIOR, Ruy Rosado de. Agravamento de risco – conceitos e limites. *Lei de contrato de seguro*: solidariedade ou exclusão? Em homenagem a Rubén Stiglitz. São Paulo: Instituto Brasileiro de Direito do Seguro, 2018. p. 134).

[16] Registra Tzirulnik que "há situações excepcionais em que o segurado está consciente de que a conduta pela qual opta imotivadamente propicia o substancial aumento da possibilidade de ocorrência do sinistro, assumindo o segurado o risco desse resultado. Pode-se, em outras palavras, afirmar que o chamado dolo eventual – a assunção consciente do risco de suceder o resultado indesejado – pode, em certos casos, caracterizar conduta autorizadora da exceção de agravamento" (TZIRULNIK, Ernesto. *Reflexões sobre o agravamento do risco nos seguros de danos*. São Paulo: Contracorrente, 2020. p. 40).

[17] Como adverte Reale, "a regra jurídica, destinando-se a reger os comportamentos humanos ou a ordenar serviços ou instituições, jamais se desprende da vida social, exercendo influência sobre a sociedade e alterando o seu significado em virtude da reação de seus destinatários. (...) o Direito, como tudo que existe em razão do homem e para reger comportamentos humanos, está imerso no mundo da vida (*Lebenswelt*), ocorrendo esse fato tanto para as formas espontâneas e ainda não conceitualmente categorizadas da vida jurídica, quanto para as estruturas normativas racionalmente elaboradas" (REALE, Miguel. *Teoria tridimensional do direito*. São Paulo: Saraiva, 1994. p. 101). Hesse, por sua vez, destaca a relação de mútua dependência existente entre a norma jurídica e a realidade política e social (HESSE, Konrad. *Elementos de direito constitucional da República Federal da Alemanha*. Trad. Luis Afonso Heck. Porto Alegre: Sergio Fabris, 1998. p. 63).

estabelecido no art. 768 do CC e a situação concreta sob exame, isso tudo à luz da função que o ordenamento civil-constitucional atribui aos contratos de seguro, devendo-se atentar, de um lado, aos legítimos interesses do segurado e, de outro, à preservação do equilíbrio contratual, do mutualismo e da higidez do sistema securitário[18].

A relevância dos elementos concretos para a aferição do que configura a expressão *agravamento intencional do risco* – e a aplicação da consequência jurídica de perda pelo segurado da garantia fixada no contrato de seguro – é igualmente destacada pela doutrina que aborda o tema de forma específica. Poderia aqui ser mencionada, a título de sistematização, a existência de um terceiro grupo de autores que, a despeito de reconhecer a necessidade de configuração do dolo no comportamento do segurado, remete aos casos concretos a delimitação definitiva do preceito normativo e a aferição da ocorrência ou não de hipótese que justifique a efetiva perda pelo segurado da garantia estabelecida contratualmente[19].

Essa orientação, inclusive, parece ter motivado a edição do Enunciado 374 do Conselho da Justiça Federal, que proclama dever o juiz, ao examinar o contrato de seguro, proceder com equidade, atentando-se às circunstâncias reais, e não a probabilidades infundadas, quanto à agravação dos riscos[20].

Um caso particularmente interessante é o que envolve a ingestão de álcool por condutores de veículos que transitam em vias terrestres. Essa conduta, embora presumivelmente associada ao agravamento do risco pelo segurado, recebe tratamento distinto por parte dos tribunais a partir do exame das circunstâncias concretas. Mais precisamente, a dinâmica dos fatos que ocasionam acidentes com veículos terrestres e mesmo o tipo específico do contrato sob exame (seguro de dano ou de pessoa) são elementos concretos que sinalizam soluções distintas por parte dos tribunais brasileiros.

Nos contratos de seguro de automóveis, por exemplo, em que o objeto contratual busca assegurar o ressarcimento de danos causados aos veículos (seguro de dano), a Ter-

---

[18] Nesse ponto, evidencia Perlingieri que o fato jurídico "deve ser estudado nos dois perfis que concorrem para individuar sua natureza: a estrutura (como é) e a função (para que serve). Esclarece ainda que na identificação da função dever-se-á considerar os princípios e valores do ordenamento que a cada vez permitem proceder à valoração do fato" (PERLINGIERI, Pietro. *O direito civil na legalidade constitucional*. Trad. Maria Cristina de Cicco. Rio de Janeiro: Renovar, 2008. p. 642-643). Na mesma direção, Monteiro Filho: "a ode à subsunção como mecanismo silogístico de interpretação – capaz de promover o encaixe da premissa menor à premissa maior – implicou a desconexão constante entre factualidade e normatividade, de maneira a considerar a interpretação e a aplicação do direito como etapas distintas" (MONTEIRO FILHO, Carlos Edison do Rêgo. Reflexões metodológicas: a construção do observatório de jurisprudência no âmbito da pesquisa jurídica. *Revista Brasileira de Direito Civil*, v. 9, 2016. p. 10).

[19] Tepedino, Bodin de Moraes e Barboza destacam que "a conclusão acerca da perda ou não da cobertura contratada depende do exame do caso concreto, de tal maneira que, caso se verifique que o agravamento de risco foi intencional, e não resultante de um mero descuido, o segurado perderá o direito à garantia" (TEPEDINO, Gustavo; BODIN DE MORAES, Maria Celina; BARBOZA, Heloisa Helena. *Código Civil interpretado conforme a Constituição da República*. Rio de Janeiro: Renovar, 2006. v. II. p. 577).

[20] Sobre o tema, anotam Rosenvald e Farias que, "em princípio, manifesta-se o direito potestativo de resolução do contrato em decorrência de ato intencional do segurado. Contudo, na análise do caso concreto, como corretamente dispõe o Enunciado 374 do Conselho da Justiça Federal, o juiz deve estar atento às circunstâncias reais de agravamento, não considerando meras probabilidades infundadas quanto à agravação dos riscos, ou alegações fúteis por parte do segurador" (ROSENVALD, N.; FARIAS, C. C. *Curso de Direito Civil*. 11. ed. Salvador: Juspodivm, 2021. (Contratos, v. 4). p. 1369).

ceira Turma do Superior Tribunal de Justiça consolidou entendimento no sentido de que o consumo de álcool pelo condutor do veículo caracteriza situação de agravamento do risco de modo que enseja a aplicação do preceito estabelecido no art. 768 do CC. Proclama o STJ, nesse sentido, que há uma presunção relativa em favor da aplicação desse preceito na hipótese, uma vez que a ingestão de álcool é:

> (...) capaz de reduzir o discernimento, os atos reflexos, o processamento de informações no cérebro, entre outras consequências danosas, mesmo em pequenas doses, o que torna o motorista menos apto a dirigir, aumentando sensivelmente o risco de o sinistro acontecer[21].

Para mitigar a rigidez desse entendimento, admite o STJ, por outro lado, que o segurado pode, eventualmente, demonstrar, à luz das circunstâncias concretas, que o acidente ocorreria independentemente da ingestão de álcool, hipótese em que faria jus ao recebimento da garantia securitária[22]. A título exemplificativo, enumera o STJ, entre as circunstâncias que podem justificar o pagamento da garantia securitária, as seguintes: "culpa do outro motorista, falha do próprio automóvel, imperfeições na pista, animal na estrada" etc.[23]

Nos contratos de seguro de pessoa, por outro lado, o tratamento dado à matéria é distinto. O STJ consolidou entendimento apregoando não ser necessária a investigação das circunstâncias concretas subjacentes ao acidente em que se envolveu o condutor que tenha ingerido álcool. A partir do reconhecimento de que o Código Civil veda a exclusão da garantia securitária na hipótese de suicídio (art. 798, parágrafo único[24]), o STJ firmou orientação no sentido de que:

> (...) com mais razão, a cobertura do contrato de seguro de vida deve abranger os casos de morte involuntária em decorrência de acidente de trânsito, ainda que o condutor do veículo, também vítima do sinistro, eventualmente estivesse dirigindo sob os efeitos da ingestão de álcool[25].

---

[21] STJ, 3ª T., REsp 1.485.717-SP, rel. Min. Ricardo Villas Bôas Cueva, j. 22.11.2016. Posteriormente, a Terceira Turma do STJ, em caráter revisional, assentou entendimento segundo o qual a perda da garantia pode se dar quando "tão só demonstrado que o condutor estava sob os efeitos do álcool durante a dinâmica do acidente de trânsito, não importando se a direção estava sob a responsabilidade do próprio segurado (ato doloso) ou de terceiro a quem ele confiou (culpa grave), ainda mais se este for preposto ou integrante da entidade familiar, salvo prova em contrário de que o sinistro ocorreria sem a influência do estado de embriaguez" (STJ, 3ª T., AgInt no AREsp 1.039.613/SP, rel. Min. Ricardo Villas Bôas Cueva, j. 19.10.2020, *DJe* 29.10.2020).

[22] Segundo o entendimento da Corte, "cabe à seguradora comprovar o estado de embriaguez do condutor do veículo, o que enseja presunção relativa de que o risco foi agravado, a possibilitar a aplicação da pena do art. 768 do CC/2002. Por outro lado, *a responsabilidade da seguradora em pagar o prêmio remanescerá* caso o segurado demonstre que o infortúnio ocorreria independentemente do estado de embriaguez" (STJ, 3ª T., AgInt no REsp 1.826.592/MG, rel. Min. Marco Aurélio Bellizze, j. 23.03.2020, *DJe* 30.03.2020).

[23] STJ, 3ª T., REsp 1.485.717-SP, rel. Min. Ricardo Villas Bôas Cueva, j. 22.11.2016.

[24] "Art. 798. O beneficiário não tem direito ao capital estipulado quando o segurado se suicida nos primeiros dois anos de vigência inicial do contrato, ou da sua recondução depois de suspenso, observado o disposto no parágrafo único do artigo antecedente. Parágrafo único. Ressalvada a hipótese prevista neste artigo, é nula a cláusula contratual que exclui o pagamento do capital por suicídio do segurado."

[25] STJ, 2ª Seção, Embargos de Divergência em Recurso Especial 973.725/SP, rel. Min. Lázaro Guimarães. j. 25.04.2018. Sobre as distinções existentes entre seguro de dano e seguro de pessoa, elucidativo é o

Essa orientação foi, inclusive, sedimentada posteriormente no Enunciado 620 da Súmula Predominante do Tribunal, cuja redação dispõe que "A embriaguez do segurado não exime a seguradora do pagamento da indenização prevista em contrato de seguro de vida". Os precedentes associados à edição do referido enunciado, por sua vez, fazem referência à Carta Circular Susep/Detec/GAB 8/2007, que veda a exclusão de cobertura securitária na hipótese de acidente decorrente de ato praticado pelo segurado em estado de alcoolismo[26].

Mais recentemente, o tema foi objeto de novo ato regulamentar expedido pela Superintendência de Seguros Privados – Susep, a saber, a Circular Susep 667, de 4 de julho de 2022, que revogou expressamente a Carta Circular Susep/Detec/GAB 8/2007[27]. Estabelece o art. 26 dessa Circular que "É vedado constar no rol de riscos excluídos do seguro eventos decorrentes de atos praticados pelo segurado em estado de insanidade mental, de embriaguez ou sob efeito de substâncias tóxicas", dispondo-se, assim, em sentido similar ao da Carta Circular Susep/Detec/GAB 8/2007.

A versão da minuta do referido ato regulamentar que foi submetida à consulta pública pela Susep, por sua vez, previa um parágrafo único na redação conferida originariamente ao citado art. 26, dispondo que "O estado de insanidade mental, a embriaguez e o uso de substâncias tóxicas pelo segurado não poderão ser considerados como causa de agravamento de risco suscetível de levar à perda da cobertura"[28]. A partir da supressão desse parágrafo na versão final da Circular Susep 667/2022 e da distinção existente entre cláusulas de exclusão de risco e perda de direitos, há doutrinadores que destacam ter havido apenas a vedação à exclusão da embriaguez entre os riscos cobertos pelo contrato de seguro, circunstância jurídica essa que não afastaria a possibilidade de a embriaguez ser analisada em cada caso concreto e eventualmente ser qualificada como elemento de agravamento de risco[29].

Esses são, em termos gerais, os aportes teóricos afetos à controvérsia sobre a interpretação do preceito estabelecido no art. 768 do CC, sendo apresentadas, a seguir, as demais disposições a ele associadas.

---

acórdão proferido no âmbito do STJ, REsp 1.665.701/RS, 3ª T., rel. Min. Ricardo Villas Bôas Cueva, j. 09.05.2017.

[26] A Carta Circular Susep/Detec/GAB 8/2007 faz referência, mais especificamente, aos *atos praticados pelo segurado em estado de insanidade mental, de alcoolismo ou sob efeito de substâncias tóxicas*. Disponível em: <http://www.susep.gov.br/textos/CCDETEC07-08.pdf>. Acesso em: 03.08.2022.

[27] Disponível em: <https://www2.susep.gov.br/safe/scripts/bnweb/bnmapi.exe?router=upload/26148>. Acesso em: 03.08.2022.

[28] Disponível em: <http://www.susep.gov.br/setores-susep/seger/minuta-de-circular-susep-cp-no-42.pdf>. Acesso em: 03.08.2022.

[29] Goldberg e Junqueira advogam, nesse ponto, que as disposições estabelecidas no art. 26 da Circular Susep 667/2022, por se referirem apenas às cláusulas de exclusão de risco, não afastariam a possibilidade de haver posterior reconhecimento nos casos concretos de hipóteses de perda do direito em razão do agravamento do risco pelo segurado em virtude da ingestão de álcool. Sinalizam, com base nessa premissa, que "o segurador restará vinculado a pagar o capital segurado ao beneficiário apenas se, no caso concreto, não for constatado o efetivo agravamento do risco entre o consumo da bebida alcoólica pelo segurado e a ocorrência do sinistro" (GOLDBERG, Ilan; JUNQUEIRA, Thiago. Agravamento do risco no seguro de vida em virtude da direção alcoolizada. *Conjur*, 25.07.2022. Disponível em: <https://www.conjur.com.br/2022-jul-25/seguros-contemporaneos-agravamento--risco-seguro-vida-virtude-direcao-alcoolizada>. Acesso em: 03.08.2022).

3. DISPOSIÇÕES RELACIONADAS

O art. 768 do CC tem estreita relação com o art. 765 do mesmo diploma legal, que, conforme já destacado, estabelece a obrigação tanto do segurado como do segurador de "guardar na conclusão e na execução do contrato, a mais estrita boa-fé e veracidade, tanto a respeito do objeto como das circunstâncias e declarações a ele concernentes". Ainda no âmbito da disciplina conferida pelo Código Civil ao contrato de seguro, é íntima a relação existente entre o art. 768 e os arts. 769 e 770, uma vez que estes dois últimos dispositivos também versam sobre situações de modificação do risco.

Em apertada síntese, o art. 769 estabelece obrigações relacionadas à prestação de informações associadas ao agravamento do risco e o art. 770, de forma inovadora, cuida da hipótese oposta de diminuição do risco e da consequência jurídica que poderá advir em situações de redução expressiva do risco.

Associa-se também o art. 768 ao art. 187 do CC, uma vez que este dispositivo veda o exercício de um direito fora dos limites impostos pelo seu fim econômico ou social, pela boa-fé ou pelos bons costumes. O segurado, na qualidade de titular de um direito decorrente do contrato de seguro, deverá manter, em todas as facetas associadas ao seu exercício, coerência com os pressupostos fáticos e jurídicos subjacentes ao referido contrato[30].

No âmbito regulamentar, o preceito estabelecido no parágrafo único do art. 23 da Circular Susep 621, de 12 de fevereiro de 2021, também se associa ao 768 do CC ao dispor que:

> O estado de insanidade mental, a embriaguez e o uso de substâncias tóxicas pelo segurado podem ser consideradas como causas de agravamento de risco suscetível de levar à perda da cobertura, desde que a sociedade seguradora demonstre no caso concreto que tais situações tenham sido determinantes para a ocorrência do sinistro.[31]

REFERÊNCIAS BIBLIOGRÁFICAS

AGUIAR JÚNIOR, Ruy Rosado de. Agravamento de risco – conceitos e limites. *Lei de contrato de seguro*: solidariedade ou exclusão? Em homenagem a Rubén Stiglitz. São Paulo: Instituto Brasileiro de Direito do Seguro, 2018.

FACHIN, Luiz Edson. Contrato de seguro de vida e o agravamento do risco. *Revista Brasileira de Direito Civil*, Rio de Janeiro, v. 3, jan.-mar. 2014. Disponível em: <https://rbdcivil.ibdcivil.org.br/rbdc/article/view/112>. Acesso em: 05.06.2022.

---

[30] Martins-Costa, ao abordar a estrita ligação entre boa-fé e confiança, esclarece que "a aproximação, e mesmo a superposição entre ambos ocorrem, primariamente, na vedação ao exercício deslealmente contraditório de posições jurídicas (Código Civil, art. 187). Há um dever de coerência consistente em manter-se a palavra dada ou o comportamento manifestado, agindo segundo os fins do contrato, e corresponder à expectativa legitimamente criada pelos próprios atos, assim impedindo surpresas desleais, visto que a contratação, a instabilidade comportamental, a inconstância afetam um vínculo que o Ordenamento jurídico pretende dotar de estabilidade" (MARTINS-COSTA, Judith. *A boa-fé no direito privado*: critérios para a sua aplicação. 2. ed. São Paulo: Saraiva Educação, 2018. p. 254).

[31] Disponível em: <https://www2.susep.gov.br/safe/scripts/bnweb/bnmapi.exe?router=upload/24274>. Acesso em: 03.08.2022.

GOLDBERG, Ilan. Reflexões a respeito do seguro garantia e da nova lei de licitações. *Revista Iberc*, Rio de Janeiro, v. 5, n. 2 p. 66, maio-ago. 2022. Disponível em: <https://revistaiberc.responsabilidadecivil.org/iberc>. Acesso em: 05.06.2022.

GOLDBERG, Ilan; JUNQUEIRA, Thiago. Agravamento do risco no seguro de vida em virtude da direção alcoolizada. *Conjur*, 25.07.2022. Disponível em: <https://www.conjur.com.br/2022-jul-25/seguros-contemporaneos-agravamento-risco-seguro-vida-virtude-direcao-alcoolizada>. Acesso em: 03.08.2022.

HESSE, Konrad. *Elementos de direito constitucional da República Federal da Alemanha*. Trad. Luis Afonso Heck. Porto Alegre: Sergio Fabris, 1998.

LOPES, Miguel Maria de Serpa. *Curso de Direito Civil*. 4. ed. Rio de Janeiro: Freitas Bastos, 1993.

MARTINS-COSTA, Judith. *A boa-fé no direito privado*: critérios para a sua aplicação. 2. ed. São Paulo: Saraiva Educação, 2018.

MIRAGEM, Bruno; PETERSEN, Luiza. Alteração do risco no contrato de seguro e critérios para sua qualificação: agravamento e diminuição relevante do risco. In: GOLDBERG, Ilan; JUNQUEIRA, Thiago (org.). *Temas atuais de direito dos seguros*. São Paulo: Ed. RT, 2020. t. I.

MIRAGEM, Bruno; PETERSEN, Luiza. *Direito dos seguros*. Rio de Janeiro: Forense, 2022.

MONTEIRO FILHO, Carlos Edison do Rêgo. Reflexões metodológicas: a construção do observatório de jurisprudência no âmbito da pesquisa jurídica. *Revista Brasileira de Direito Civil*, v. 9, 2016.

PEREIRA, Caio Mário da Silva. *Instituições de direito civil*. 16. ed. Rio de Janeiro: Forense, 2012.

PERLINGIERI, Pietro. *O direito civil na legalidade constitucional*. Trad. Maria Cristina de Cicco. Rio de Janeiro: Renovar, 2008.

REALE, Miguel. *Teoria tridimensional do direito*. São Paulo: Saraiva, 1994.

ROSENVALD, N.; FARIAS, C. C. *Curso de Direito Civil*. 11. ed. Salvador: Juspodivm, 2021. (Contratos, v. 4).

TEPEDINO, Gustavo; BODIN DE MORAES, Maria Celina; BARBOZA, Heloisa Helena. *Código Civil interpretado conforme a Constituição da República*. Rio de Janeiro: Renovar, 2006. v. II.

TEPEDINO, Gustavo; KONDER, Carlos Nelson; BANDEIRA, P. G. *Fundamentos do direito civil*: contratos. 2. ed. Rio de Janeiro: Forense, 2021. v. 7.

TZIRULNIK, Ernesto. *Reflexões sobre o agravamento do risco nos seguros de danos*. São Paulo: Contracorrente, 2020.

22

COMENTÁRIOS AO ARTIGO 769 DO CÓDIGO CIVIL

Carlos Edison do Rêgo Monteiro Filho
Rodrigo de Almeida Távora

> **Art. 769.** O segurado é obrigado a comunicar ao segurador, logo que saiba, todo incidente suscetível de agravar consideravelmente o risco coberto, sob pena de perder o direito à garantia, se provar que silenciou de má-fé.
>
> § 1º O segurador, desde que o faça nos quinze dias seguintes ao recebimento do aviso da agravação do risco sem culpa do segurado, poderá dar-lhe ciência, por escrito, de sua decisão de resolver o contrato.
>
> § 2º A resolução só será eficaz trinta dias após a notificação, devendo ser restituída pelo segurador a diferença do prêmio.

1. ORIGEM DA DISPOSIÇÃO E REGIME ANTERIOR

Esse dispositivo cria mais uma obrigação atribuível ao segurado para preservar as premissas técnicas e econômicas que foram estabelecidas no início do contrato. Ao dever de abstenção associado ao agravamento intencional do risco, soma-se a obrigação de o segurado reportar qualquer evento por ele conhecido que possa ensejar o agravamento do risco.

Buscou o legislador, assim, perpetuar o dever de o segurado prestar informações relevantes associadas ao risco durante toda a fase de execução contratual, obrigação já estabelecida quando da formação do contrato, nos termos dos arts. 765 e 766 do CC, e que deve ser observada durante todas as etapas contratuais[1]. A dinâmica própria da realidade social, notadamente em uma sociedade marcada pela crescente complexidade e por transformações cada vez mais velozes[2], pode acarretar o surgimento de novos fatores que

---

[1] Bastos classifica a obrigação estabelecida no art. 769 do CC como um *dever de informar qualificado* (BASTOS, Úrsula Goulart. O agravamento do risco no seguro de dano. In: GOLDBERG, Ilan; JUNQUEIRA, Thiago (org.). *Temas atuais de direito dos seguros*. São Paulo: Ed. RT, 2020. t. I. p. 521).

[2] Bauman qualifica essa sociedade de "líquido-moderna". Conforme assinala o autor, "numa sociedade líquido-moderna, as realizações individuais não podem solidificar-se em posses permanentes porque, em um piscar de olhos, os ativos se transformam em passivos, e as capacidades, em incapacidades. As condições de ação e as estratégias de reação envelhecem rapidamente e se tornam obsoletas antes

agravem o risco, fatores esses não previstos quando prestadas as informações iniciais que balizaram a formação do contrato.

Dada a complexidade dos elementos sociais e econômicos produzidos pela sociedade contemporânea, que gera inúmeras novas situações de risco e o agravamento dos já existentes[3], bem como tendo em vista a natureza específica do contrato de seguro, que pressupõe uma relação jurídica de trato sucessivo estruturada com base no princípio da boa-fé e em deveres informativos[4], quaisquer fatores relevantes associados ao risco devem ser noticiados de forma contínua no âmbito da relação contratual.

E a consequência jurídica pela não observância da obrigação estabelecida no *caput* do art. 769 do CC é a perda do direito à garantia estabelecida no contrato. O dever de comunicação estabelecido nesse dispositivo relaciona-se a qualquer circunstância que possa agravar o risco, mesmo que a nova circunstância seja externa e não se vincule diretamente ao segurado[5]. Se o segurado tiver ciência inequívoca, mesmo que não tenha contribuído para a sua ocorrência, deverá informar oportunamente o segurador. O silêncio do segurado em tal circunstância evidenciará a sua má-fé, justificando, desse modo, a perda do direito à garantia.

Em complemento à obrigação fixada no *caput*, o § 1º prevê que o segurador, ciente de nova circunstância agravante do risco comunicada pelo segurado, poderá promover, unilateralmente, o desfazimento do contrato, estabelecendo, como única condição para o exercício desse direito, que o segurador veicule a sua pretensão rescisória por intermédio de notificação dirigida ao segurado no prazo de 15 dias a partir do recebimento da comunicação de agravamento do risco. E, uma vez manifestado o intento do segurador de desfazimento do contrato pelo agravamento do risco, estabelece o § 2º que os efeitos advindos da rescisão só serão produzidos 30 dias após o envio da notificação ao segurado.

Essa obrigação a cargo do segurado de comunicação de qualquer fator que possa agravar o risco já era prevista no Código Civil de 1916. Mais precisamente, o art. 1.455 estabelecia que o segurado deveria comunicar ao segurador *todo incidente* que pudesse agravar o risco. Muito embora os dois Códigos utilizem a mesma expressão *todo incidente* para referir-se ao fator de agravamento do risco, o atual Código qualifica esse incidente, relacionando-o apenas às hipóteses de agravamento *considerável* do risco[6].

---

de os atores terem uma chance de aprendê-las efetivamente" (BAUMAN, Zygmunt. *Vida líquida*. Trad. Carlos Alberto Medeiros. Rio de Janeiro: Jorge Zahar, 2007. p. 7).

[3] Conforme adverte Beck, "na modernidade tardia, a produção social de riqueza é acompanhada sistematicamente pela produção social de riscos. Consequentemente, aos problemas e conflitos distributivos da sociedade da escassez sobrepõem-se os problemas e conflitos surgidos a partir da produção, definição e distribuição de riscos científico-tecnologicamente produzidos" (BECK, Ulrich. *Sociedade de risco*. Trad. Sebastião Nascimento. São Paulo: Editora 34, 2010. p. 23).

[4] Martins-Costa evidencia que "desde os mais arcanos tempos da História securitária tanto o princípio da boa-fé quanto a configuração de deveres informativos a cargo das partes tiveram no contrato de seguro um campo de especialíssimas relevância e função" (MARTINS-COSTA, Judith. *A boa-fé no direito privado*: critérios para a sua aplicação. 2. ed. São Paulo: Saraiva Educação, 2018. p. 372).

[5] Conforme esclarece Lopes "a causa do agravamento do risco pode decorrer de uma circunstância exterior, isto é, alheia à vontade do segurado" (LOPES, Miguel Maria de Serpa. *Curso de Direito Civil*. 4. ed. Rio de Janeiro: Freitas Bastos, 1993. p. 413).

[6] Nessa direção, aprovou-se, na IV Jornada de Direito Civil, o Enunciado 374, segundo o qual "No contrato de seguro, o juiz deve proceder com equidade, atentando às circunstâncias reais, e não a probabilidades infundadas, quanto à agravação dos riscos".

A única consequência jurídica fixada para o não cumprimento dessa obrigação era também a perda do direito à garantia, ou, conforme o enunciado literal estabelecido no art. 1.454 do Código de 1916, a perda ao seguro, trazendo o *caput* do art. 769 do CC/2002 o aprimoramento técnico de redação com a substituição da referência à perda do *direito ao seguro* pela atual menção à perda do *direito à garantia*.

O procedimento a ser seguido pelo segurador a partir do recebimento da comunicação acerca do fato de agravamento do risco, por sua vez, não encontrava, no CC/1916, disciplina específica, a exemplo da atualmente conferida pelo § 1º do art. 769, assim como os efeitos do desfazimento do contrato de seguro previstos no § 2º do art. 769 também não encontravam paralelo no Código anterior.

Apresentadas as premissas conceituais dos preceitos estabelecidos no *caput* do art. 769 e em seus dois parágrafos, assim como dos preceitos análogos existentes no regime fixado no art. 1.455 do CC/1916, serão reveladas, no próximo tópico, as discussões existentes sobre o alcance desses preceitos e a interpretação funcionalmente recomendável sob a perspectiva civil-constitucional.

2. SENTIDO DA DISPOSIÇÃO E PRINCIPAIS CONTROVÉRSIAS NA SUA INTERPRETAÇÃO

Como visto no tópico precedente, é dever do segurado reportar qualquer evento por ele conhecido que possa ensejar o agravamento do risco. O não cumprimento dessa obrigação pelo segurado resulta no perdimento do direito à garantia.

O legislador dá igual tratamento a duas situações distintas imputáveis ao segurado: na primeira, ele intencionalmente promove o agravamento do risco, a qual é disciplinada pelo art. 768; na segunda, regida pelo art. 769, o segurado não noticia ao segurador a existência de fator de seu conhecimento que possa acarretar o agravamento do risco, mesmo que a causa desse agravamento lhe seja estranha.

Para atribuir a mesma consequência jurídica em ambas as situações, exige o legislador que a perda do direito à garantia na hipótese do não cumprimento do dever de comunicação de elemento agravador do risco seja associada ao comportamento de má-fé do segurado, uma vez que a *ratio* subjacente aos dispositivos estabelecidos nos arts. 768 e 769, *caput*, é de idêntica inspiração, qual seja, coibir a prática de atos intencionais pelo segurado que possam ardilosamente modificar as premissas técnicas e econômicas a partir das quais foi estruturado o contrato de seguro.

Para que haja a perda do direito à garantia, basta a configuração de situação em que o segurado tenha deliberadamente se omitido sobre a existência de algum fator agravante de que tenha ciência, não sendo exigível, contudo, a configuração do propósito de prejudicar o segurador[7]. A simples ocorrência de circunstância agravante superveniente, por si só,

---

[7] Em sentido semelhante, Bastos reconhece que não se exige deliberado propósito de prejudicar o segurador, "mas discernimento quanto à ocorrência de agravamento e silêncio em suas informações" (BASTOS, Úrsula Goulart. O agravamento do risco no seguro de dano. In: GOLDBERG, Ilan; JUNQUEIRA, Thiago (org.). *Temas atuais de direito dos seguros*. São Paulo: Ed. RT, 2020. t. I. p. 522). Dessa forma, "é preciso que tais inexatidões e omissões tenham acarretado concretamente o agravamento

já é capaz de interferir na estrutura originária do contrato de seguro, justificando, assim, a repressão à conduta que intencionalmente a omite[8]. Passo adiante, o STJ já decidiu que "as informações omitidas ou prestadas em desacordo com a realidade dos fatos devem guardar relação com a causa do sinistro, ou seja, deverão estar ligadas ao agravamento concreto do risco"[9].

Dessa maneira, não observado o dever de comunicação estabelecido no *caput* do art. 769, perderá o segurado o direito à garantia do seguro. E, caso essa comunicação seja realizada pelo segurado, exaurindo-se o cumprimento do dever que lhe compete, abre-se ao segurador a possibilidade de promover o desfazimento do contrato com o envio de notificação dirigida ao segurado nos termos do § 1º do art. 769. Afasta-se a consequência associada à má-fé nessa hipótese, uma vez que o dever de comunicação foi observado, mas cria-se, em contrapartida, outra possibilidade de resultado incidente sobre a esfera jurídica do segurado, já que a circunstância superveniente comunicada, a despeito da inexistência de má-fé, impacta a base econômica do contrato em termos distintos da forma como se operou a assunção originária de riscos.

A leitura estritamente literal dos preceitos estabelecidos no *caput* do art. 769 e em seus dois parágrafos, por sua vez, sugere que haja uma única consequência jurídica para a hipótese de agravamento não intencional do risco comunicada oportunamente pelo segurado, a saber, a perda do direito à garantia estabelecida no contrato de seguro, assegurando-se ao segurado apenas a eficácia do contrato por mais 30 (trinta) dias a partir da notificação de denúncia formalizada pelo segurador e a restituição proporcional do prêmio. Essa, no entanto, pode se revelar uma solução não ajustada ao caso concreto e à função promocional que deve orientar o contrato de seguro[10].

Muito embora o agravamento não intencional do risco afete indistintamente o contrato de seguro, sem que se possa imputar, nessa hipótese, qualquer responsabilidade às partes contratantes pela ocorrência do ato ou fato que tenha provocado a elevação do risco, presumiu o legislador ser o interesse do segurador o único merecedor de tutela imediata pelo ordenamento jurídico, prevendo o direito de ser o contrato de seguro por ele desfeito nessa situação.

---

do risco contratado e decorrem de ato intencional do segurado (STJ, 4ª T., REsp 1.210.205/RS, rel. Min. Luis Felipe Salomão, j. 01.09.2011, *DJe* 15.09.2011).

[8] Esclarecem Tepedino, Bodin de Moraes e Barboza que "a expressão todo incidente, já empregada no art. 1.455 do CC1916, refere-se a qualquer fato imprevisto, estranho à vontade do segurado, em contraposição aos acontecimentos que o segurador levou em consideração quando da formação do contrato e os quais influíram na aceitação da proposta" (TEPEDINO, Gustavo; BODIN DE MORAES, Maria Celina; BARBOZA, Heloisa Helena. *Código Civil interpretado conforme a Constituição da República*. Rio de Janeiro: Renovar, 2006. v. II. p. 578).

[9] STJ, 3ª T., REsp 1.601.555/SP, rel. Min. Ricardo Villas Bôas Cueva, j.14.02.2017, *DJe* 20.02.2017. De modo semelhante, o Enunciado 585 da VII Jornada de Direito Civil aduz: "Impõe-se o pagamento de indenização do seguro mesmo diante de condutas, omissões ou declarações ambíguas do segurado que não guardem relação com o sinistro".

[10] Bobbio, ao discorrer sobre a função promocional do ordenamento, destaca que "a introdução da técnica do encorajamento reflete uma verdadeira transformação na função do sistema normativo em seu todo e no modo de realizar o controle social" (BOBBIO, Norberto. *Da estrutura à função*: novos estudos de teoria do direito. Trad. Daniela Beccaccia Versiani. São Paulo: Manole, 2007. p. 15).

O agravamento do risco pode, de fato, ensejar uma situação em que não mais se justifique a manutenção da relação contratual, destacadamente nas hipóteses em que observada uma onerosidade excessiva superveniente em desfavor do segurador. No entanto, revela-se criticável conceber o desfazimento do contrato como único remédio jurídico a ser adotado unilateralmente pelo segurador em todas as hipóteses.

A resolução do contrato deve ser apresentada como alternativa concreta apenas quando a modificação das condições técnicas e econômicas do contrato revelar um quadro de elevação substancial do risco que não mais justifique a preservação da relação contratual[11]. Em todas as demais hipóteses, deve ser assegurada a preservação do negócio jurídico com a realização de ajustes na equação econômica do contrato, o que pode ser concretizado, entre outros mecanismos, pelo aumento do prêmio proporcional à elevação do risco.

Essa é a orientação que melhor se ajusta ao quadro civil-constitucional vigente que identifica a dignidade humana como epicentro axiológico do sistema jurídico, funcionalizando institutos de direito privado a fim de assegurar existência digna às pessoas[12]. O contrato de seguro deve perseguir a manutenção do equilíbrio contínuo das obrigações estruturadas com base na boa-fé a partir de uma perspectiva funcional[13]. Dada a função social que orienta as relações contratuais, o intérprete deve buscar a solução que, simultaneamente, atente para a necessidade de tutela de valores existenciais associados ao segurado sem que despreze a manutenção dos pressupostos que assegurem a preservação dos negócios jurídicos[14] e o mutualismo, elemento indispensável para a higidez sistêmica do contrato de seguro.

---

[11] Deve ser aqui destacado que há dissenso doutrinário sobre a natureza do desfazimento do contrato na hipótese, havendo autores que qualifiquem, de um lado, como resilição e, de outro, como resolução. Tepedino, Bodin de Moraes e Barboza, por exemplo, qualificam a hipótese como resilição unilateral por não haver descumprimento de obrigação pelo segurado (TEPEDINO, Gustavo; BODIN DE MORAES, Maria Celina; BARBOZA, Heloisa Helena. *Código Civil interpretado conforme a Constituição da República*. Rio de Janeiro: Renovar, 2006. v. II. p. 578). Rosenvald e Farias, por sua vez, qualificam como resolução por reconhecerem que esta "também decorre de alteração das circunstâncias (art. 478, CC) que afeta inexoravelmente o equilíbrio da avença" (ROSENVALD, N.; FARIAS, C. C. *Curso de Direito Civil*. 11. ed. Salvador: Juspodivm, 2021. (Contratos, v. 4). p. 1371).

[12] Reconhece Perlingieri, nesse ponto, que "a liberdade não se identifica com a iniciativa econômica: a liberdade da pessoa, e a consequente responsabilidade, ultrapassa e subordina a si mesma a iniciativa econômica" (PERLINGIERI, Pietro. *Perfis do direito civil*. Trad. Maria Cristina de Cicco. Rio de Janeiro: Renovar, 2002. p. 17).

[13] Como características centrais do método civil-constitucional imbricadas ao texto anterior, confiram-se: "(...) reconhecimento da abertura do sistema aos valores constitucionalmente assegurados, a permitir a unidade interpretativa do ordenamento jurídico; ocaso da subsunção, diante da indivisibilidade do processo de interpretação-aplicação do ordenamento jurídico, em perspectiva sistemático-axiológica, a superar a obrigatoriedade da existência de norma infraconstitucional para o deslinde do caso prático" (MONTEIRO FILHO, Carlos Edison do Rêgo. Rumos cruzados do direito civil pós-1988 e do constitucionalismo de hoje. *Rumos contemporâneos do direito civil*: estudos em perspectiva civil-constitucional. Belo Horizonte: Fórum, 2017. p. 20).

[14] No mesmo sentido, Tepedino, Bodin de Moraes e Barboza apontam que, "muito embora o dispositivo não preveja a possibilidade de o segurador promover o aumento do valor do prêmio como alternativa à resolução do contrato, esta é a interpretação que melhor se coaduna com o princípio da conservação dos negócios" (TEPEDINO, Gustavo; BODIN DE MORAES, Maria Celina; BARBOZA, Heloisa Helena. *Código Civil interpretado conforme a Constituição da República*. Rio de Janeiro: Renovar, 2006. v. II. p. 578-579).

Essa linha de interpretação alinha-se, de igual forma, com o preceito estabelecido na parte final do art. 770, que prevê a possibilidade de o segurado pleitear a redução do prêmio no caso de diminuição substancial do risco. Se o art. 770 assegura a redução do prêmio caso ocorra a diminuição do risco, a elevação do valor do prêmio deve resultar – como corolário lógico – da hipótese oposta: ocorrência do agravamento do risco[15]. Somente a adoção de uma orientação dessa ordem é apta a assegurar a unidade do sistema[16].

Nessa perspectiva, teríamos, em apertada síntese, quatro consequências possíveis para o agravamento do risco: (i) perda do direito à garantia caso haja participação intencional do segurado na ocorrência da situação agravante, nos termos do art. 768; (ii) perda do direito à garantia na hipótese de não ocorrer a oportuna comunicação pelo segurado da situação agravante, nos termos do art. 769, *caput*; (iii) resolução do contrato na hipótese em que a substancial modificação das premissas fático-jurídicas justificar a extinção da relação contratual, nos termos do § 1º do art. 769; e, (iv) redução do prêmio do seguro na mesma hipótese anterior quando a situação concreta justificar a manutenção da relação contratual.

Delineado, assim, o campo de incidência dos preceitos estabelecidos no *caput* do art. 769 e em seus dois parágrafos, apresentam-se, a seguir, outros dispositivos a eles associados.

3. DISPOSIÇÕES RELACIONADAS

Conforme já assinalado quando do exame do art. 768, há uma estreita relação entre esse artigo e o agora examinado art. 769. Também em sentido similar ao que foi anteriormente apontado, há uma estreita relação entre o art. 769 e os arts. 187, 765, 768 e 770, remetendo-se o leitor aos comentários apresentados no item 3 do artigo precedente.

O art. 769 também guarda estreita conexão, no âmbito infralegal, com o art. 59 da Circular Susep 667, de 4 de julho de 2022. O art. 59, *caput* e §§ 1º e 2º, do referido ato regulamentar estabelece que:

> Art. 59. Deverá constar das condições contratuais que o segurado está obrigado a comunicar à sociedade seguradora, logo que saiba, todo incidente suscetível de agravar consideravelmente o risco coberto, sob pena de perder o direito à indenização se ficar comprovado, pela sociedade seguradora, que silenciou de má-fé.
>
> § 1º A sociedade seguradora, desde que o faça nos quinze dias seguintes ao recebimento do aviso de agravação do risco pelo segurado, poderá, por meio de comunicação formal:

---

[15] Na mesma direção, Tepedino, Bodin de Moraes e Barboza assinalam que "também é possível chegar-se a esta conclusão por analogia com a disposição veiculada no art. 770. Em consonância com os princípios da boa-fé e da função social, a solução preferencial deverá ser a revisão do valor do prêmio de maneira a promover-se o reequilíbrio entre as prestações recíprocas" (TEPEDINO, Gustavo; BODIN DE MORAES, Maria Celina; BARBOZA, Heloisa Helena. *Código Civil interpretado conforme a Constituição da República*. Rio de Janeiro: Renovar, 2006. v. II. p. 578-579).

[16] *Vide*, sobre o ponto, CANARIS, Claus-Wilhelm. *Pensamento sistemático e conceito de sistema na Ciência do Direito*. Trad. António Menezes Cordeiro. 3. ed. Lisboa: Fundação Calouste Gulbenkian, 2002. p. 279-280: "As características do conceito geral do sistema são a ordem e a unidade. Eles encontram a sua correspondência jurídica nas ideias da adequação valorativa e da unidade interior do Direito. (...) A função do sistema na Ciência do Direito reside, por consequência, em traduzir e desenvolver a adequação valorativa e a unidade interior da ordem jurídica".

I – cancelar o seguro;

II – restringir a cobertura contratada, mediante acordo entre as partes; ou

III – cobrar a diferença de prêmio cabível, mediante acordo entre as partes.

§ 2º O cancelamento do seguro só será eficaz trinta dias após a notificação ao segurado, devendo ser restituída a diferença do prêmio, calculada proporcionalmente ao período a decorrer.[17]

REFERÊNCIAS BIBLIOGRÁFICAS

BASTOS, Úrsula Goulart. O agravamento do risco no seguro de dano. In: GOLDBERG, Ilan; JUNQUEIRA, Thiago (org.). *Temas atuais de direito dos seguros*. São Paulo: Ed. RT, 2020. t. I.

BAUMAN, Zygmunt. *Vida líquida*. Trad. Carlos Alberto Medeiros. Rio de Janeiro: Jorge Zahar, 2007.

BECK, Ulrich. *Sociedade de risco*. Trad. Sebastião Nascimento. São Paulo: Editora 34, 2010.

BOBBIO, Norberto. *Da estrutura à função*: novos estudos de teoria do direito. Trad. Daniela Beccaccia Versiani. São Paulo: Manole, 2007.

CANARIS, Claus-Wilhelm. *Pensamento sistemático e conceito de sistema na Ciência do Direito*. Trad. António Menezes Cordeiro. 3. ed. Lisboa: Fundação Calouste Gulbenkian, 2002.

LOPES, Miguel Maria de Serpa. *Curso de Direito Civil*. 4. ed. Rio de Janeiro: Freitas Bastos, 1993.

MARTINS-COSTA, Judith. *A boa-fé no direito privado*: critérios para a sua aplicação. 2. ed. São Paulo: Saraiva Educação, 2018.

MONTEIRO FILHO, Carlos Edison do Rêgo. Rumos cruzados do direito civil pós-1988 e do constitucionalismo de hoje. *Rumos contemporâneos do direito civil*: estudos em perspectiva civil-constitucional. Belo Horizonte: Fórum, 2017.

PERLINGIERI, Pietro. *Perfis do direito civil*. Trad. Maria Cristina de Cicco. Rio de Janeiro: Renovar, 2002.

ROSENVALD, N.; FARIAS, C. C. *Curso de Direito Civil*. 11. ed. Salvador: Juspodivm, 2021. (Contratos, v. 4).

TEPEDINO, Gustavo; BODIN DE MORAES, Maria Celina; BARBOZA, Heloisa Helena. *Código Civil interpretado conforme a Constituição da República*. Rio de Janeiro: Renovar, 2006. v. II.

---

[17] Disponível em: <https://www2.susep.gov.br/safe/scripts/bnweb/bnmapi.exe?router=upload/26148>. Acesso em: 03.08.2022.

23
COMENTÁRIOS AO ART. 770 DO CÓDIGO CIVIL

Carlos Edison do Rêgo Monteiro Filho
Rodrigo de Almeida Távora

Art. 770. Salvo disposição em contrário, a diminuição do risco no curso do contrato não acarreta a redução do prêmio estipulado; mas, se a redução do risco for considerável, o segurado poderá exigir a revisão do prêmio, ou a resolução do contrato.

1. ORIGEM DA DISPOSIÇÃO E REGIME ANTERIOR

O preceito estabelecido no art. 770 não encontra paralelo no Código Civil de 1916. Há, no atual Código, tanto a disciplina de hipóteses de agravamento do risco como a de situações em que se observa a diminuição do risco – as últimas não regidas pela codificação pretérita. A ideia do legislador é de conferir um tratamento mais amplo ao fenômeno de modificação do risco, que constitui elemento central para a estruturação do contrato de seguro.

Na parte inicial do art. 770, foi criada a regra geral segundo a qual a redução do risco não deve impactar o prêmio inicialmente fixado no contrato de seguro. Parte-se da premissa de que a eventual redução ordinária do risco não deverá interferir na contraprestação pecuniária a cargo do segurado. Nesse contexto, a redução ordinária do risco seria ínsita ao contrato de seguro, constituindo circunstância que já integraria as premissas que justificaram a formação da relação contratual originária, destacadamente no que diz respeito à base econômica.

Para atenuar a rigidez dessa regra geral, o preceito estabelecido na segunda parte do art. 770 prevê que, em se tratando de hipótese de redução *substancial* do risco, poderá ocorrer a diminuição do prêmio ou mesmo a resolução do contrato por iniciativa do segurado. A exemplo do que ocorre no caso de agravamento substancial do risco, em que o art. 769 assegura a resolução do contrato por iniciativa do segurador, o art. 770 prevê consequência jurídica simétrica em benefício do segurado na hipótese de redução substancial do risco e, adicionalmente, estabelece a possibilidade de redução do prêmio[1].

---

[1] Esclarecem Tepedino, Bodin de Moraes e Barboza que esse dispositivo se justifica "em virtude da natureza bilateral do contrato de seguro; assim como o agravamento do risco permite a segurador, consoante dispõe o art. 769, resolver o contrato ou aumentar o valor do prêmio, fica aberta ao se-

Não há no art. 770, no entanto, disciplina específica do procedimento a ser adotado pelo segurado para reivindicar a redução do prêmio ou o eventual desfazimento do contrato. Não existe, tal como estabelecem os dois parágrafos do art. 769, regramento sobre o prazo em que deverá ser formalizada a notificação de denúncia do contrato pelo segurado e o período remanescente de eficácia após a formalização da notificação.

Ante a ausência de disciplina específica sobre esse procedimento, assim como por não haver disposição análoga no Código Civil de 1916, serão apresentados, no tópico seguinte, alguns apontamentos imprescindíveis à compreensão do alcance do art. 770.

2. SENTIDO DA DISPOSIÇÃO E PRINCIPAIS CONTROVÉRSIAS NA SUA INTERPRETAÇÃO

Como visto no tópico precedente, a primeira parte do art. 770 apresenta, como regra geral, a irredutibilidade do prêmio em hipóteses de redução ordinária do risco. De fato, caso as circunstâncias concretas revelem a redução do risco de forma não excepcional, sem que haja impacto substancial da base econômica do contrato, é de se pressupor que tais fatores já tenham integrado a análise técnica e econômica realizada quando da formação do contrato, não justificando sua ulterior modificação.

No entanto, quando a situação atenuante do risco se dá de forma absolutamente extraordinária e tem o condão de impactar a base econômica do contrato, favorecendo o segurador em detrimento da posição contratual do segurado, é de ser reconhecido o direito à redução do prêmio nos termos da parte final do art. 770, ou mesmo a eventual resolução do contrato[2]. O contrato de seguro edifica-se a partir da busca de equivalência entre prêmio e risco, assegurando a legislação mecanismos diretos para equacionar eventuais desequilíbrios substanciais provocados por alterações supervenientes do risco, prevendo o art. 770, nesse contexto, instrumentos adequados justamente ao restabelecimento do equilíbrio em caso de diminuição do risco[3].

Deve ser aqui repisado o que se disse em relação ao art. 769. A resolução do contrato não constitui alternativa preferencial para a hipótese de modificação substancial do risco. Essa opção deverá ser abraçada apenas quando a modificação das condições técnicas e econômicas do contrato sinalizar a inviabilidade da continuidade da relação contratual. Em não havendo inviabilidade, deve ser buscada a restauração do equilíbrio contratual e

---

gurado, na hipótese de redução considerável do risco, a opção entre exigir a revisão do prêmio ou a resolução do contrato" (TEPEDINO, Gustavo; BODIN DE MORAES, Maria Celina; BARBOZA, Heloisa Helena. *Código Civil interpretado conforme a Constituição da República*. Rio de Janeiro: Renovar, 2006. v. II. p. 579-580).

[2] Como apontam Rosenvald e Farias, "nesta hipótese a alteração do risco excede a normalidade inerente à incertezas e oscilações das circunstâncias já previstas pelo segurador" (ROSENVALD, N.; FARIAS, C. C. *Curso de Direito Civil*. 11. ed. Salvador: Juspodivm, 2021. (Contratos, v. 4). p. 1371-1372).

[3] Miragem e Petersen reconhecem que a diminuição relevante do risco "onera o segurado, importando no pagamento de prêmio puro superior àquele necessário para fazer frente aos sinistros futuros e que a ordem jurídica intervém, de modo a evitar a onerosidade excessiva, tutelando ora o segurador e o sistema contratual, ora o segurado, mediante a possibilidade de revisão do prêmio ou resolução do contrato" (MIRAGEM, Bruno; PETERSEN, Luiza. *Direito dos seguros*. Rio de Janeiro: Forense, 2022. p. 225).

assegurada a preservação do negócio jurídico, promovendo-se, em caso de redução substancial do risco, a diminuição proporcional do prêmio inicialmente fixado[4].

A diminuição do prêmio proporcionalmente à redução do risco constitui mecanismo eficaz de restabelecimento do equilíbrio entre as obrigações fixadas no contrato de seguro, e, por isso, a sua adoção preferencial possibilitará a efetiva redução da desigualdade fática provocada pela redução superveniente do risco[5]. A opção alternativa de resolução do contrato pode, inclusive, colocar o segurado em uma posição de maior vulnerabilidade, dada a possibilidade de não haver tempo hábil para realizar o planejamento de uma nova contratação ainda dentro do período remanescente de vigência do contrato anterior e, com isso, ficar sem cobertura securitária.

A opção pela diminuição do prêmio, por outro lado, não é inibida pelas novas disposições da Lei de Liberdade Econômica, que introduziu novo parágrafo ao art. 421 do CC, prevendo a intitulada *excepcionalidade da revisão contratual*, e criou o art. 421-A estabelecendo que *a revisão contratual somente ocorrerá de maneira excepcional e limitada*. A despeito dessa modificação legislativa, a alteração do prêmio é justificada em razão da própria natureza do contrato de seguro, que, como dito, pressupõe a equivalência entre prêmio e risco, bem como em virtude da existência da norma específica veiculada no art. 770 do CC, que confere tratamento pontual à questão associada à diminuição de risco, legitimando, com isso, a revisão contratual na hipótese[6].

No que diz respeito ao procedimento a ser adotado na hipótese de redução substancial do risco, ante a ausência de regramento específico estabelecido no Código Civil, é de se pressupor que deva o segurado notificar o segurador assim que obtiver ciência da nova circunstância que tenha aptidão de reduzir substancialmente o risco. Essa nova circunstância pode ser provocada voluntariamente pelo segurado[7] ou causada por algum elemento externo à sua conduta[8], cabendo, no entanto, em ambas as hipóteses, o envio de notificação

---

[4] "(...) a axiologia constitucional sugere o equilíbrio entre as prestações pactuadas, eis que a solidariedade rejeita o desequilíbrio disfuncional" é o que destaca Monteiro Filho, para, logo adiante, arrematar: "(...) deve-se, antes de tratar o ato de autonomia viciado como letra morta, a ser afastado do mundo jurídico pela teoria das nulidades, *preferir a manutenção do negócio quando, em sintonia com a carga valorativa do sistema, for possível sua convalidação*" (MONTEIRO FILHO, Carlos Edison do Rêgo. *Pacto comissório e pacto marciano no sistema brasileiro de garantias*. Rio de Janeiro: Processo, 2017. p. 236).

[5] Sobre a necessidade de redução das desigualdades fáticas no âmbito das relações contratuais, Tepedino, Konder e Bandeira prelecionam que "a força obrigatória do contrato e a intangibilidade do seu conteúdo são temperadas pela exigência de que as relações contratuais não se tornem um microcosmos indiferente às situações de desigualdade fática" (TEPEDINO, Gustavo; KONDER, Carlos Nelson; BANDEIRA, P. G. *Fundamentos do direito civil*: contratos. 2. ed. Rio de Janeiro: Forense, 2021. v. 7. p. 54).

[6] Registre-se também aqui a advertência de Monteiro Filho, segundo a qual: "dentre as consequências da releitura do princípio, tem-se que o equilíbrio, em perspectiva dinâmica, não deve ser aferido pontualmente com base em aspectos singulares do contrato, mas sim tomando-se em conta a complexidade da relação em sua inteireza, a caminho do que se pode denominar *equilíbrio funcional*" (MONTEIRO FILHO, Carlos Edison do Rêgo. *Pacto comissório e pacto marciano no sistema brasileiro de garantias*. Rio de Janeiro: Processo, 2017. p. 236).

[7] Pode ser mencionada, por exemplo, a hipótese de mudança voluntária de domicílio do segurado para uma região com índices de criminalidade significativamente inferiores ao do local que lastreou a análise inicial de risco.

[8] Com o advento da pandemia da covid-19, surgiram inúmeras situações em que foram observadas alterações significativas de risco. Entre as situações que provocaram a redução significativa de risco,

pelo segurado para legitimar o pleito de redução proporcional do prêmio com o objetivo de restabelecer o equilíbrio entre as obrigações previamente assumidas[9].

Expostas, assim, as premissas hermenêuticas subjacentes à compreensão do campo de incidência do art. 770 do CC, busca-se, no tópico seguinte, mencionar as demais disposições a ele associadas.

3. DISPOSIÇÕES RELACIONADAS

Conforme também já assinalado quando do exame dos arts. 768 e 769, há uma estreita relação entre esses artigos e o agora examinado art. 770. Também em sentido similar ao que foi anteriormente apontado, há uma estreita relação entre o art. 770 e os arts. 187 e 765, remetendo-se o leitor aos comentários apresentados na análise das disposições relacionadas aos artigos precedentes.

Adicionalmente, quando o contrato de seguro se subsumir em uma relação de consumo, o art. 770 também guardará conexão com o art. 6º, V, do CDC, que enumera, entre as garantias básicas do consumidor, o direito à modificação das cláusulas contratuais que estabeleçam prestações desproporcionais ou sua revisão em razão de fatos supervenientes que as tornem excessivamente onerosas[10].

REFERÊNCIAS BIBLIOGRÁFICAS

MIRAGEM, Bruno; PETERSEN, Luiza. *Direito dos seguros*. Rio de Janeiro: Forense, 2022.

MONTEIRO FILHO, Carlos Edison do Rêgo. *Pacto comissório e pacto marciano no sistema brasileiro de garantias*. Rio de Janeiro: Processo, 2017.

ROSENVALD, N.; FARIAS, C. C. *Curso de Direito Civil*. 11. ed. Salvador: Juspodivm, 2021. (Contratos, v. 4).

TEPEDINO, Gustavo; KONDER, Carlos Nelson; BANDEIRA, P. G. *Fundamentos do direito civil*: contratos. 2. ed. Rio de Janeiro: Forense, 2021. v. 7.

TEPEDINO, Gustavo; BODIN DE MORAES, Maria Celina; BARBOZA, Heloisa Helena. *Código Civil interpretado conforme a Constituição da República*. Rio de Janeiro: Renovar, 2006. v. II.

---

pode-se cogitar, a título exemplificativo, a de contratos de seguro associados à cobertura de danos operacionais de parques fabris que se mantiveram absolutamente inoperantes em períodos de vigência de normas que impuseram restrições à circulação de pessoas.

[9] O procedimento de envio de notificação pelo segurado não afasta, contudo, a possibilidade de revisão do prêmio por iniciativa do próprio segurador nas hipóteses em que já tenha ciência da ocorrência do fator de diminuição do risco.

[10] "Art. 6º São direitos básicos do consumidor: (...) V – a modificação das cláusulas contratuais que estabeleçam prestações desproporcionais ou sua revisão em razão de fatos supervenientes que as tornem excessivamente onerosas."

24
COMENTÁRIOS AO ART. 771 DO CÓDIGO CIVIL

José Roberto de Castro Neves

> **Art. 771.** Sob pena de perder o direito à indenização, o segurado participará o sinistro ao segurador, logo que o saiba, e tomará as providências imediatas para minorar-lhe as consequências.
>
> Parágrafo único. Correm à conta do segurador, até o limite fixado no contrato, as despesas de salvamento consequente ao sinistro.

1. ORIGEM DA DISPOSIÇÃO E REGIME ANTERIOR

O princípio da boa-fé objetiva assume especial relevância nos contratos de seguro, nos quais a transparência da declaração é essencial para a avaliação dos riscos cobertos pela seguradora. Tanto assim que o legislador reiterou, expressamente, no art. 765 da Lei Civil o dever de cada uma das partes nesse negócio, segurador e segurado, "guardar na conclusão e na execução do contrato, a mais estrita boa-fé e veracidade, tanto a respeito do objeto como das circunstâncias e declarações a ele concernentes".

Com efeito, a redação do art. 765 do CC exige "a mais estrita boa-fé e veracidade". Não se refere, aqui, apenas à boa-fé, mas também à boa-fé qualificada – como a mais estrita delas. Isso porque, conforme se registrou, o contrato de seguro, para que seu equilíbrio funcione, necessita dessa transparência da declaração, pois somente assim a seguradora terá condição precisa de compreender o risco assumido.[1]

Com efeito, a absoluta lealdade deve também ser do segurador com o segurado, indicando se determinado fato tende ou não a ocorrer, visto que ele, por sua atividade, possui, em regra, informações mais apuradas acerca do aumento, da diminuição e até da probabilidade de verificação do sinistro. É o que pontua Humberto Theodoro Júnior:

> É em razão da sistemática e finalidade do contrato de seguro que, a seu respeito, se valoriza, ainda mais, a observância do princípio da boa-fé e dos deveres que dele dimanam. Suas repercussões vão muito além dos interesses individuais das partes con-

---

[1] Ver CASTRO NEVES, José Roberto de. *Contratos*. 3. ed. Rio de Janeiro: GZ Editora, 2021. p. 422.

tratantes, refletindo sobre grandes grupos sociais, e pondo em jogo relevantes valores econômicos.[2]

A regra do art. 771 do CC/2002 repete a noção da regra geral, prestigiando um corolário da boa-fé objetiva: o dever de informar. Trata-se da concretização de uma conduta ética, que se espera dos contratantes, no sentido de oferecer à contraparte plena transparência dos fatos. O referido dever anexo é, em seguida, reafirmado no art. 787, § 1º, do mesmo diploma, ainda tratando do contrato de seguros.

A norma do art. 771 segue, com algumas alterações, a orientação do art. 1.457 do CC/1916 e do art. 719 do CCom (referente aos seguros marítimos), que possuíam a seguinte redação, respectivamente:

> Art. 1.457. Verificando o sinistro, o segurado, logo que saiba, comunicá-lo-á ao segurador.
> Parágrafo único. A omissão injustificada exonera o segurador, se este provar que, oportunamente avisado, lhe teria sido possível evitar, ou atenuar, as consequências do sinistro.
> Art. 719. O segurado deve sem demora participar ao segurador, e, havendo mais de um, somente ao primeiro na ordem da subscrição, todas as notícias que receber de qualquer sinistro acontecido ao navio ou à carga. A omissão culposa do segurado a este respeito, pode ser qualificada de presunção de má-fé.

Como se verifica, a redação do art. 771 atual foi além das normas que a antecederam, pois indica duas obrigações ao segurado diante da ocorrência do sinistro: cabe a ele informar o fato imediatamente à seguradora e adotar as medidas para evitar o agravamento do dano. Os arts. 719 do CCom e 1.457 da Lei Civil de 1916 determinavam ao segurado apenas uma obrigação diante do sinistro: avisar imediatamente o ocorrido à seguradora. O dispositivo do Código de 2002, como se vê, estabelece outra obrigação.

Além disso, o início do art. 771 indica uma sanção mais grave para o segurado que deixar de cumprir o dever de informar, inovando em relação às regras legais anteriores. Diz a Lei que o segurado, falhando no dever de dar ciência imediatamente do fato e de buscar minorar suas consequências, pode perder até mesmo o direito à indenização.

O parágrafo único do art. 771 também inova em relação às disposições dos Códigos anteriores, prevendo que as despesas de salvamento consequente ao sinistro são, a rigor, de responsabilidade do segurador até o limite contratualmente estabelecido. Antes, ao segurador era permitido se eximir dessa responsabilidade, o que, agora, é vedado diante da redação do art. 779 do CC.

2. SENTIDO DA DISPOSIÇÃO E PRINCIPAIS CONTROVÉRSIAS NA SUA INTERPRETAÇÃO

Como se antecipou, a regra do art. 771 do CC prevê duas obrigações ao segurado: a de informar à seguradora que o sinistro ocorreu e a de tomar as providências imediatas para minorar as consequências decorrentes do sinistro.

---

[2] THEODORO JÚNIOR, Humberto. O contrato de seguro e a regulação do sinistro. *Revista dos Tribunais*, v. 832, p. 67-82, fev. 2005. p. 69.

A primeira obrigação é a de aviso, que se traduz no dever de o segurado informar ao segurador a verificação do sinistro, tendo por fim, como ensina Clóvis Beviláqua, o objetivo de permitir que o segurador "acautele seus interesses",[3] sobretudo financeiros.[4] Ou seja, permite que o segurador oriente o segurado quanto:

> (...) à imediata adoção das providências necessárias à neutralização ou minimização das consequências resultantes do implemento do risco, bem como providenciando a apuração das suas causas e a exata delimitação da extensão dos prejuízos, com vistas ao cumprimento da sua obrigação.[5]

A Lei Civil, de forma clara, quis instituir – textualmente (ainda que não fosse necessário) – um padrão de conduta, hoje amparado, por completo, pelo princípio da boa-fé objetiva, tal como preconizam, de forma geral, os arts. 422 e, especificamente nos contratos de seguro, 765, ambos do Código Civil. Exigem-se, como dito, honestidade, transparência e correção.[6]

O segurado, tão logo saiba da ocorrência do sinistro, deve informar a data, o local, a causa, os bens danificados, a extensão do dano (ou seja, todas as circunstâncias do evento) ao segurador, de forma objetiva, sem qualquer omissão de informações e documentos relevantes para o perfeito entendimento do ocorrido.[7]

---

[3] BEVILÁQUA, Clóvis. *Código Civil dos Estados Unidos do Brasil*. 10. ed. Rio de Janeiro: Livraria Francisco Alves, 1954. v. V. p. 165.

[4] GUERREIROS, Marcelo da Fonseca. *Seguros privados*: doutrina, legislação e jurisprudência. Rio de Janeiro: Forense Universitária, 2000. p. 57-58.

[5] TEPEDINO, Gustavo; BODIN DE MORAES, Maria Celina; BARBOZA, Heloisa Helena. *Código Civil interpretado conforme a Constituição da República*. Rio de Janeiro: Renovar, 2006. v. II. p. 580-581.

[6] Nessa perspectiva: "Boa-fé, no sentido objetivo em que a invocam os arts. 422 e 765 é sinônimo de honestidade ou correção. Pelo princípio da boa-fé, portanto, as partes se acham obrigadas 'a atuar com a máxima honestidade na interpretação dos termos do contrato e na determinação dos significados dos compromissos assumidos'. Quer isto dizer que, no caso do contrato de seguro, 'o segurado se obriga a descrever com clareza e precisão a natureza do risco que deseja cobrir, assim como ser verdadeiro em todas as declarações posteriores, relativas a possíveis alterações do risco ou a ocorrência de sinistro. O segurador, por seu lado, é obrigado a dar informações exatas sobre o contrato e redigir o seu conteúdo de forma clara para que o segurado possa compreender os compromissos assumidos por ambas as partes'." (THEODORO JÚNIOR, Humberto. O contrato de seguro e a regulação do sinistro. *Revista dos Tribunais*, v. 832, p. 67-82, fev. 2005. p. 68).

[7] Nesse sentido: "(...) merecem destaque os deveres recíprocos de informação e transparência na fase de regulação do sinistro. O segurado e o terceiro interessado têm o dever de avisar o sinistro (art. 771, CC), esclarecendo ao segurador como se realizou (informando, e.g. data, local, causa, bens danificados, extensão dos danos etc.). Nesse sentido, cabe ao segurado e ao terceiro não apenas prestar todas as informações relevantes solicitadas pelo segurador no formulário de aviso de sinistro, juntamente com a documentação obrigatória, mas, também, ao longo de toda a execução da regulação do sinistro. Assim, sempre que solicitado, deverão apresentar ao segurador, ao perito ou ao regulador do sinistro as informações e os documentos complementares necessários. Outrossim, deverão informar com veracidade, sem incorrer em contradições, modificando a narrativa do sinistro, ou omitir informações, deixando de revelar fatos do seu conhecimento" (MIRAGEM, Bruno; PETERSEN, Luiza. Regulação do sinistro: pressupostos e efeitos na execução do contrato de seguro. *Revista dos Tribunais*, v. 1.025, p. 291-324, mar. 2021. p. 305).

O legislador não cuidou de detalhar a forma pela qual o sinistro deve ser informado ao segurador. Diante disso, não existe uma formalidade legal a ser observada. O objetivo da norma é garantir que o segurador tome conhecimento do sinistro e das circunstâncias que o envolveram. Evidentemente, a fim de fazer prova de que se desincumbiu do seu dever, cabe ao segurado optar por meios de comunicação que gerem algum lastro minimamente confiável e seguro para preservar o seu direito à indenização (o que estaria comprometido na hipótese de não comunicação do evento ao segurador).

A regra tem um primeiro propósito evidente: ao ser informada prontamente do ocorrido, a seguradora tem a oportunidade tanto de adotar medidas visando minorar o prejuízo quanto de identificar exatamente a extensão do dano. Além disso, busca-se, com a imediata informação do ocorrido, evitar que o segurado agrave o dano segurado pelo contrato (hipótese em que perderia a garantia, na forma do art. 768 do CC).

Assim, o dever de informar visa conferir um ambiente de transparência entre o segurador e o segurado, zelando pela cooperação entre as partes. Eis, nesse sentido, a lição de Ernesto Tzirulnik:

> Em um primeiro momento, a norma procura garantir que os comportamentos de comunicação e cooperação material, visando à contratação, possuam os atributos da sinceridade, da colaboração prática atentando para o interesse do outro contratante, de forma que o contrato seja individual e socialmente útil, e seja emanado de forma correta e completa (veracidade).
>
> Em um segundo momento, formada a relação contratual, o dispositivo procura garantir que as variações que possam ser relevantes e afetar o equilíbrio entre as prestações devidas sejam reveladas reciprocamente e recebam a atuação prática necessária para o melhor atendimento aos interesses de ambas as partes.[8]

Por óbvio, o dever de informar não se limita ao momento da ocorrência do sinistro. Tomando conhecimento de fatos relevantes após informar a verificação do sinistro (inclusive o ajuizamento de ação indenizatória por terceiros, nos termos do art. 787, § 3º, do CC), deve o segurado também informar imediatamente o fato ao segurador, a fim de que se possa dimensionar adequadamente o risco.

O dever de informar, registre-se, não é uma via de uma única mão. Deve, igualmente, o segurador prestar – a tempo e modo – as informações acerca da regulação do sinistro, esclarecendo as providências tomadas e fundamentando as suas decisões de forma adequada.[9]

---

[8] TZIRULNIK, Ernesto et al. O *contrato de seguro*: novo Código Civil brasileiro. São Paulo: Ed. RT, 2002. p. 69-70.

[9] Confira-se, nesse sentido: "(...) após a apresentação do parecer do regulador e a prática de todos os atos necessários ao esclarecimento dos fatos, caberá ao segurador se posicionar, perante o segurado ou o terceiro interessado, acerca da existência de cobertura securitária e do valor a indenizar. A decisão do segurador deve ser clara e fundamentada, expondo, em caso de recusa, o motivo pelo qual a cobertura não é devida, e, em caso de reconhecimento do direito à cobertura, os critérios empregados para a quantificação do valor a ser pago. Assim, o segurador deverá indicar com precisão os motivos da sua decisão, sendo vedado o recurso a expressões e argumentos genéricos" (MIRAGEM, Bruno; PETERSEN, Luiza. Regulação do sinistro: pressupostos e efeitos na execução do contrato de seguro. *Revista dos Tribunais*, v. 1.025, p. 291-324, mar. 2021. p. 301).

Diferentemente de outras legislações (tal como a francesa, a argentina e a italiana, que preveem prazo para cumprimento dessa obrigação), o legislador brasileiro optou por não estipular um prazo para que o segurado informe a ocorrência do sinistro, apenas registrando que essa obrigação deve ser cumprida tão logo o segurado saiba da ocorrência do sinistro (isto é, deve ser feita de forma mais imediata possível). Como antes se mencionou, a pena pelo descumprimento dessa regra, pela literalidade da lei, é a perda do direito à indenização securitária. Precisamente nesse particular, reside a grande discussão acerca do alcance da norma.

De fato, o art. 771 do CC não estabelece critérios para a aplicação dessa pena. Em uma interpretação fria da redação legal, a ausência de comunicação acarretaria a imediata perda do direito à indenização securitária. *Tout court*. No entanto, a prática, por vezes, se revela mais complexa. A experiência demonstra que a aplicação cega da letra da lei pode acarretar uma distorção, contrária ao objetivo para o qual a regra fora criada.

Entre nós, o melhor entendimento parece ser no sentido de que a mera ausência da comunicação ao segurador não funciona automaticamente como gatilho para a perda do direito à indenização pelo segurado. Deve o segurador provar que a ausência (ou o atraso) de comunicação do sinistro provocou consequências (danos) que poderiam ter sido evitadas ou atenuadas caso o fato fosse comunicado imediatamente.[10]

Se a função da disposição legal consiste em evitar consequências maiores do que as já existentes, a norma deve ser interpretada a partir da sua finalidade. Na hipótese de a ausência de comunicação não ter gerado qualquer dano ao segurador, a aplicação da letra da norma garantirá ao segurador um benefício contrário à finalidade da norma. Deve-se provar, de igual modo, que a omissão foi dolosa ou culposa.

Sobre o tema, logo após a promulgação do Código Civil de 2002, José Augusto Delgado já anunciava que a aplicação literal do art. 771 poderia gerar uma disfuncionalidade se aplicada com força cogente, relegando à jurisprudência (que, à época, não havia se consolidado sobre o tema à luz da nova codificação) uma interpretação harmônica com os objetivos do contrato de seguro:

> A interpretação do artigo 771 deve ser feita com vinculação aos princípios gerais estabelecida pelo Código Civil para interpretar os negócios jurídicos e aos específicos ao contrato de seguro. (...)
>
> O objetivo da norma é punir o segurado, se por ato seu, em face do evento, provocar danos maiores ao segurador do que os normalmente previstos.
>
> A ausência de comunicação, por exemplo, sem qualquer consequência, não deve ser levada ao extremo de, por si só, outorgar direito ao segurador de se liberar do pagamento da indenização.
>
> Essa postura, caso adotada, ficará distante da finalidade para a qual o seguro é contratado e gerará, consequentemente, benefícios ao segurador que fogem da essência do negócio jurídico firmado.

---

[10] "Se a seguradora 'provar que, oportunamente avisada, lhe seria possível evitar ou atenuar as consequências do sinistro', o segurado perde o direito à indenização, militando contra ele, segurado, a presunção *juris tantum* de ter agravado o risco, ampliando-lhe as proporções, no próprio momento da verificação do sinistro. A conduta sigilosa e retardatária na comunicação do sinistro é evidente que só poderá provocar suspeitas de fraude. Quando tudo ocorreu com extrema lisura, sem qualquer culpa do segurado, não há razão para o retardamento da comunicação do sinistro" (GUERREIROS, Marcelo da Fonseca. *Seguros privados*: doutrina, legislação e jurisprudência. Rio de Janeiro: Forense Universitária, 2000. p. 57-58).

A conclusão a que chegamos é no sentido de que o art. 771 do Código Civil de 2002 deve receber da jurisprudência uma interpretação da jurisprudência uma interpretação harmônica com os objetivos do contrato seguro. A literalidade do seu conteúdo não deve ser empregada com a força cogente que, ao primeiro exame, parece possuir. A disciplina imposta pelo Código Civil atual sobre a comunicação do sinistro continua a não impor um prazo, ao contrário do que acontece em outros países, especialmente Portugal e França, nos quais o segurado é, também, obrigado a comunicar ao segurador a ocorrência do sinistro. (...)

O segurador, na nossa opinião, para se liberar da obrigação de pagar a indenização, tem o ônus de provar a omissão dolosa ou culposa, esta de forma grave, do segurado, bem como a expansão do dano.

Não se coaduna com a filosofia adotada para reger o contrato de seguro a aplicação de presunção juris tantum em relação às ações e omissões do segurado, haja vista que ele é regido, primordialmente, pelo princípio da boa-fé.

O Superior Tribunal de Justiça tratou do tema no REsp 1.546.178/SP, sob a relatoria do Min. Ricardo Villas Bôas Cueva, da 3ª Turma.[11] Naquele caso, a Corte reconheceu que a pena de perda do direito à indenização securitária deve ser interpretada:

> (...) de forma sistemática com as cláusulas gerais da função social do contrato e de probidade, lealdade e boa-fé previstas nos arts. 113, 421, 422 e 765 do CC, devendo a punição recair primordialmente em posturas de má-fé ou culpa grave, que lesionem legítimos interesses da seguradora.

A sanção, portanto, não incide de forma automática, cabendo ao segurador comprovar a omissão dolosa ou culposa que prejudique sobremaneira sua atuação "que não poderá se beneficiar, concretamente, da redução dos prejuízos indenizáveis com possíveis medidas de salvamento, de preservação e de minimização das consequências".

No caso anteriormente referido, levado à apreciação do Superior Tribunal de Justiça, o segurado não informou prontamente o sinistro ao segurador em razão do "temor real de represálias em razão de ameaças de morte feitas pelo criminoso quando da subtração do bem à mão armada no interior da residência da própria vítima".

Por óbvio, deve-se analisar se a dinâmica dos fatos é apta a justificar a manutenção do direito à indenização, descartando-se a aplicação cega e sem maiores considerações da regra do *caput* do art. 771 do CC. Ao contrário, resta ao intérprete entender o comando legislativo com certa parcimônia, de modo que atenda aos princípios da razoabilidade e da boa-fé objetiva.

Vale, ainda, a referência ao entendimento, do STJ, acerca da necessidade de informar o sinistro quando diante de um evento de grande notoriedade, ou seja, quando, independentemente da comunicação do ocorrido pelo segurado, a seguradora teve ciência do fato. No REsp 1.137.113/SC, sob a relatoria da Min. Nancy Andrighi[12], firmou-se o entendimento de que o "comando do art. 1.457 do CC/16, cuja essência foi mantida pelo art. 771 do CC/02, não autoriza a seguradora a recusar o pagamento da indenização pelo simples fato de o segurado não ter comunicado o sinistro". Isso porque a "obrigação de informar a seguradora

---

[11] STJ, 3ª T., REsp 1.546.178/SP, rel. Min. Ricardo Villas Bôas Cueva, j. 13.09.2016.
[12] STJ, 3ª T., REsp 1.137.113/SC, rel. Min. Nancy Andrighi, j. 13.03.2012.

do sinistro 'logo que o saiba' desaparece desde que se torne supérfluo qualquer aviso, pela notoriedade do fato ou quando, pela espécie de seguro, não tenha a seguradora interesse algum em ser avisada imediatamente da ocorrência".

A doutrina elenca outra hipótese na qual o segurado ainda teria o direito de receber a indenização securitária, mesmo diante da ausência de comunicação do sinistro: a incapacidade do segurado em razão do sinistro. Nessa situação, o "segurado que, por ter se tornado incapaz, não pôde comunicar à seguradora sobre a sua própria invalidez, não sofrerá evidentemente a perda do seu direito à indenização".[13] Com efeito, não se pode exigir de ninguém algo além do possível.

Em relação ao prazo prescricional para a ação do segurado contra o segurador, o art. 206, § 1º, II, *b*, estabelece que prescreve em um ano "a pretensão do segurado contra o segurador, ou a deste contra aquele, contado o prazo",[14] iniciando-se a contagem do

---

[13] TEPEDINO, Gustavo; BODIN DE MORAES, Maria Celina; BARBOZA, Heloisa Helena. *Código Civil interpretado conforme a Constituição da República*. Rio de Janeiro: Renovar, 2006. v. II. p. 583.

[14] Vale mencionar o REsp 1.303.374, julgado em 2021, no qual se reconheceu o prazo anual para qualquer ação entre segurado e segurador: "Incidente de assunção de competência. Recurso especial. Seguro de vida. Pretensões que envolvam segurado e segurador e que derivem da relação jurídica securitária. Prazo prescricional ânuo. 1. Nos termos da jurisprudência da Segunda Seção e da Corte Especial, o prazo trienal do artigo 206, § 3º, inciso V, do Código Civil de 2002 adstringe-se às pretensões de indenização decorrente de responsabilidade civil extracontratual – inobservância do dever geral de não lesar –, não alcançando as pretensões reparatórias derivadas do inadimplemento de obrigações contratuais (EREsp 1.280.825/RJ, relatora Ministra Nancy Andrighi, Segunda Seção, julgado em 27.6.2018, *DJe* 2.8.2018; e EREsp 1.281.594/SP, relator Ministro Benedito Gonçalves, relator para acórdão Ministro Felix Fischer, Corte Especial, julgado em 15.5.2019, *DJe* 23.5.2019). 2. Em relação ao que se deve entender por 'inadimplemento contratual', cumpre salientar, inicialmente, que a visão dinâmica da relação obrigacional – adotada pelo direito moderno – contempla não só os seus elementos constitutivos, como também as finalidades visadas pelo vínculo jurídico, compreendendo-se a obrigação como um processo, ou seja, uma série de atos encadeados conducentes a um adimplemento plenamente satisfatório do interesse do credor, o que não deve implicar a tiranização do devedor, mas sim a imposição de uma conduta leal e cooperativa das partes (COUTO E SILVA, Clóvis V. do. *A obrigação como processo*. São Paulo: Bushatsky, 1976, p. 5). 3. Nessa perspectiva, o conteúdo da obrigação contratual (direitos e obrigações das partes) transcende as 'prestações nucleares' expressamente pactuadas (os chamados deveres principais ou primários), abrangendo, outrossim, deveres secundários (ou acessórios) e fiduciários (ou anexos). 4. Sob essa ótica, a violação dos deveres anexos (ou fiduciários) encartados na avença securitária implica a obrigação de reparar os danos (materiais ou morais) causados, o que traduz responsabilidade civil contratual, e não extracontratual, exegese, que, por sinal, é consagrada por esta Corte nos julgados em que se diferenciam 'o dano moral advindo de relação jurídica contratual' e 'o dano moral decorrente de responsabilidade extracontratual' para fins de definição do termo inicial de juros de mora (citação ou evento danoso). 5. Diante de tais premissas, é óbvio que as pretensões deduzidas na presente demanda – restabelecimento da apólice que teria sido indevidamente extinta, dano moral pela negativa de renovação e ressarcimento de prêmios supostamente pagos a maior – encontram-se intrinsecamente vinculadas ao conteúdo da relação obrigacional complexa instaurada com o contrato de seguro. 6. Nesse quadro, não sendo hipótese de incidência do prazo prescricional de dez anos previsto no artigo 205 do Código Civil de 2002, por existir regra específica atinente ao exercício das pretensões do segurado em face do segurador (e vice-versa) emanadas da relação jurídica contratual securitária, afigura-se impositiva a observância da prescrição ânua (artigo 206, § 1º, II, 'b', do referido Codex) tanto no que diz respeito à pretensão de restabelecimento das condições gerais da apólice extinta quanto em relação ao ressarcimento de prêmios e à indenização por dano moral em virtude de conduta da seguradora amparada em cláusula supostamente abusiva. 7. Inaplicabilidade do prazo prescricional quinquenal

prazo a partir "da ciência do fato gerador da pretensão". O termo inicial, no entanto, não é o da comunicação do sinistro pelo segurado nem a data do sinistro, mas o da decisão da seguradora, momento em que nasce a pretensão do segurado. Tal premissa, inclusive, vem sendo prestigiada pelo STJ[15], em que pese o Enunciado 229[16] da Súmula do Tribunal, aparentemente, se colocar em sentido contrário.[17]

---

previsto no artigo 27 do CDC, que se circunscreve às pretensões de ressarcimento de dano causado por fato do produto ou do serviço (o chamado 'acidente de consumo'), que decorre da violação de um 'dever de qualidade-segurança' imputado ao fornecedor como reflexo do princípio da proteção da confiança do consumidor (artigo 12). 8. Tese firmada para efeito do artigo 947 do CPC de 2015: 'É ânuo o prazo prescricional para exercício de qualquer pretensão do segurado em face do segurador – e vice-versa – baseada em suposto inadimplemento de deveres (principais, secundários ou anexos) derivados do contrato de seguro, *ex vi* do disposto no artigo 206, § 1º, II, 'b', do Código Civil de 2002 (artigo 178, § 6º, II, do Código Civil de 1916)'. 9. Tal proposição não alcança, por óbvio, os seguros-saúde e os planos de saúde – dada a natureza sui generis desses contratos, em relação aos quais esta Corte assentou a observância dos prazos prescricionais decenal ou trienal, a depender da natureza da pretensão – nem o seguro de responsabilidade civil obrigatório (o seguro DPVAT), cujo prazo trienal decorre de dicção legal específica (artigo 206, § 3º, inciso IX, do Código Civil), já tendo sido reconhecida pela Segunda Seção a inexistência de relação jurídica contratual entre o proprietário do veículo e as seguradoras que compõem o correlato consórcio (REsp 1.091.756/MG, relator Ministro Marco Buzzi, relator para acórdão Ministro Marco Aurélio Bellizze, Segunda Seção, julgado em 13.12.2017, *DJe* 5.2.2018). 10. Caso concreto: (i) no que diz respeito às duas primeiras pretensões – restabelecimento das condições contratuais previstas na apólice de seguro e pagamento de indenização por danos morais em virtude da negativa de renovação da avença –, revela-se inequívoca a consumação da prescrição, uma vez transcorrido o prazo ânuo entre o fato gerador de ambas (extinção da apólice primitiva, ocorrida em 31.3.2002) e a data da propositura da demanda (6.2.2004); e (ii) quanto ao ressarcimento de valores pagos a maior, não cabe ao STJ adentrar na análise da pretensão que, apesar de não ter sido alcançada pela prescrição, não foi objeto de insurgência da parte vencida no ponto. 11. Em razão do reconhecimento da prescrição das pretensões autorais voltadas ao restabelecimento da apólice extinta e à obtenção de indenização por danos morais, encontra-se prejudicado o exame da insurgência remanescente da seguradora sobre a validade da cláusula contratual que autorizava a negativa de renovação, bem como da discussão sobre ofensa a direito de personalidade trazida no recurso especial dos segurados. 12. Recurso especial da seguradora parcialmente conhecido e, nessa extensão, provido para pronunciar a prescrição parcial das pretensões deduzidas na inicial. Reclamo dos autores julgado prejudicado, devendo ser invertido o ônus sucumbencial arbitrado na sentença, que passa a ser de integral improcedência" (STJ, REsp 1.303.374/ES, rel. Min. Luis Felipe Salomão, 2ª Seção, j. 30.11.2021, *DJe* 16.12.2021).

15 "Civil. Recurso especial. Ação de cobrança. Indenização securitária. Seguro de dano. Prescrição. Seguros em geral. Termo inicial do prazo prescricional. Recusa da seguradora. 1. Recurso especial interposto em 02/03/2021 e concluso ao gabinete em 28/10/2021. 2. O propósito recursal consiste em determinar o termo inicial do prazo prescricional da pretensão do segurado em face da seguradora nos contratos de seguro em geral. 3. A prescrição tem como termo inicial do transcurso do seu prazo o nascimento da pretensão (teoria da *actio nata*). Somente a partir do instante em que o titular do direito pode exigir a sua satisfação é que se revela lógico imputar-lhe eventual inércia em ver satisfeito o seu interesse. 4. Com relação aos seguros em geral, na vigência do CC/16, a Segunda Seção assentou a tese de que não poderia transcorrer prazo prescricional algum enquanto a seguradora não decidisse o pleito indenizatório endereçado a ela pelo segurado. Editou-se, assim, o enunciado da Súmula 229. Todavia, ainda na vigência desse diploma civilista, passou a jurisprudência do STJ a perfilhar a tese segundo a qual o termo inicial do prazo prescricional seria o momento da recusa de cobertura pela seguradora, ao fundamento de que só então nasceria a pretensão do segurado em face da seguradora. 5. Com o advento do CC/02, alterou-se a redação da alínea 'b' do II do § 1º do art. 206, estabelecendo como termo inicial do prazo prescricional a data da ciência do 'fato gerador da pretensão'. A interpretação desse dispositivo em conjunto com o estabelecido no art. 771 do mesmo

A segunda obrigação do segurado, instituída pelo *caput* do art. 771, é a mitigação dos danos decorrentes do sinistro. Trata-se, como se referiu, de uma inovação do legislador, que reafirma sua intenção de conferir às relações contratuais um ambiente de absoluta transparência e cooperação entre as partes. Afinal, o dever de mitigar os próprios danos também é um dos deveres anexos da boa-fé objetiva e deve ser observado pelo segurado, ao empreender os seus melhores e imediatos esforços a fim de minorar as consequências do sinistro. Em outras palavras, o conceito do *duty to mitigate the loss* consiste em uma obrigação geral.

Evidentemente, a interpretação da norma deve levar em consideração a condição do segurado antes e após o sinistro, além das circunstâncias do próprio sinistro, para não se exigir do segurado medidas que não lhe poderiam ser alcançadas de acordo com a sua situação. Não se pode exigir o impossível, mas providências que estariam, naquele momento, razoavelmente ao alcance do segurado. Por todas as razões, a atividade do segurado não pode importar risco à sua vida ou à sua integridade física.

Por fim, o parágrafo único do art. 771 do CC prevê que as despesas de salvamento consequente ao sinistro correm por conta do segurador até o limite contratualmente estabelecido. Havendo previsão contratual a respeito do limite das despesas de salvamento, esse ajuste deve ser respeitado.

Contudo, não havendo previsão contratual sobre o limite das despesas de salvamento, há quem lecione que os referidos custos estariam limitados ao valor total da garantia contratada. Por outro lado, Humberto Theodoro Júnior[18] e Pedro Alvim[19] compartilham

---

diploma legal conduz à conclusão de que, antes da regulação do sinistro e da recusa de cobertura nada pode exigir o segurado do segurador, motivo pelo qual não se pode considerar iniciado o transcurso do prazo prescricional tão somente com a ciência do sinistro. Por essa razão, é, em regra, a ciência do segurado acerca da recusa da cobertura securitária pelo segurador que representa o 'fato gerador da pretensão'. 6. Na hipótese, o Tribunal de origem considerou como termo inicial da prescrição a data do sinistro. Todavia, o prazo prescricional apenas começa a fluir com a ciência do segurado quanto à negativa da cobertura securitária, de modo que a pretensão do recorrente não está fulminada pela prescrição. 7. Recurso especial conhecido e provido" (STJ, REsp 1.970.111/MG, rel. Min. Nancy Andrighi, 3ª T., j. 15.03.2022, DJe 30.03.2022).

[17] "O pedido do pagamento de indenização à seguradora suspende o prazo de prescrição até que o segurado tenha ciência da decisão."

[17] "É, pois, do não cumprimento da prestação devida que nasce a pretensão, como poder de exigir seu implemento. Assim, a prescrição da pretensão do segurado contra a seguradora não pode nascer do sinistro, já que dele não decorre, de imediato, o poder de exigir o pagamento da indenização prevista no contrato de seguro. Antes de reclamá-lo, o segurado terá de comunicar o sinistro ao segurador, a fim de que seja promovido o procedimento de sua regulação e liquidação (art. 771 do CC/2002). Somente, portanto, quando a seguradora se recusar, depois da notificação efetuada pelo segurado, a pagar-lhe a indenização securitária, é que ocorrerá a violação do direito deste, fazendo nascer a pretensão que se sujeitará à extinção pela inércia do credor dentro do prazo legal de prescrição" (THEODORO JÚNIOR, Humberto. Contrato de seguro. Ação do segurado contra o segurador. Prescrição. *Revista dos Tribunais*, v. 924, out. 2012. p. 88).

[18] "O Código Civil é muito claro: o reembolso, na espécie, se dá não para indenizar prejuízo do segurado, mas para cobrir gastos que este realizou por conta do segurador. Absurdo, portanto, pretender que o segurado tenha que ampliar seu contrato para comprar cobertura para um interesse que não é seu, mas do próprio segurador. É certo que o Código Civil, ao tratar do seguro de dano, estipula que a garantia não pode ultrapassar o valor do interesse segurado (art. 778). E, por outro lado, dispõe que 'o risco de seguro compreenderá todos os prejuízos resultantes ou consequentes, como sejam os estragos ocasionados para evitar o sinistro, minorar o dano ou salvar a coisa' (art. 779). O dispositivo, entretanto, tem de ser interpretado em harmonia com a regra geral do art. 771, parágrafo único, onde

do entendimento de que não haveria tal limitação, conclusão que nos parece estar em consonância com o silêncio da norma.

3. DISPOSIÇÕES RELACIONADAS

Como já se adiantou, o art. 771 representa, em última instância, a transposição, para o direito securitário, da regra de boa-fé do art. 422 do CC – diretiva central para a interpretação de qualquer negócio. Em respeito ao critério da especialidade, aplica-se o primeiro dispositivo em detrimento do segundo. Seja como for, a diretriz traçada pelo art. 422 serve de subsídio para a defesa da seguinte premissa: a boa-fé objetiva revela-se notadamente acentuada nos contratos securitários. Isso porque, como dito, os padrões de conduta esperados de parte a parte abrangem o atendimento aos deveres gerais de cooperação, informação e honestidade. Entre segurador e segurado, deve existir uma relação pautada pela transparência e pela honestidade, a fim de evitar assimetrias informacionais que contrariem o espírito do contrato.

Por fim, registre-se que a Circular 667/2022 da Susep traz uma série de artigos pertinentes, que integram – com êxito – o sentido e o alcance do art. 771 da Lei Civil. Entre eles, destaca-se o art. 50, segundo o qual "[é] vedada a inclusão de cláusula que fixe prazo máximo para a comunicação de sinistro". Trata-se de regra que visa garantir ao segurado o pleno exercício do seu direito à obtenção da indenização securitária. No entanto, como se viu, essa comunicação deve ser ágil e estar guiada pelo princípio da boa-fé objetiva.

REFERÊNCIAS BIBLIOGRÁFICAS

ALVIM, Pedro. *O contrato de seguro*. 2. ed. Rio de Janeiro: Forense, 1986.

BEVILÁQUA, Clóvis. *Código Civil dos Estados Unidos do Brasil*. 10. ed. Rio de Janeiro: Livraria Francisco Alves, 1954. v. V.

CASTRO NEVES, José Roberto de. *Contratos*. 3. ed. Rio de Janeiro: GZ Editora, 2021.

GUERREIROS, Marcelo da Fonseca. *Seguros privados*: doutrina, legislação e jurisprudência. Rio de Janeiro: Forense Universitária, 2000.

MIRAGEM, Bruno; PETERSEN, Luiza. Regulação do sinistro: pressupostos e efeitos na execução do contrato de seguro. *Revista dos Tribunais*, v. 1.025, p. 291-324, mar. 2021.

TEPEDINO, Gustavo; BODIN DE MORAES, Maria Celina; BARBOZA, Heloisa Helena. *Código Civil interpretado conforme a Constituição da República*. Rio de Janeiro: Renovar, 2006. v. II.

---

se prevê que as despesas de salvamento consequente ao sinistro 'correm à conta do segurador, até o limite fixado ao contrato'. Logo, a cobertura específica a ser obtida pelo segurado para tais despesas somente pode referir-se àquelas que ultrapassem a limitação da responsabilidade do segurador. Tais gastos, sim, não sendo de responsabilidade do segurador, somente serão indenizados por este se o segurado houver adquirido cobertura especial para eles" (THEODORO JÚNIOR, Humberto. Seguro de danos – despesas de salvamento e despesas de contenção: regime jurídico. *GEN Jurídico*, 19.11.2014. Disponível em: <http://genjuridico.com.br/2014/11/19/seguro-de-danos-despesas-de-salvamento-e-despesas-de-contencao-regime jurídico/#:~:text=O%20ressarcimento%20das%20despesas%20de,para%20tais%20eventos 20na%20ap%C3 B3lice>. Acesso em: 11.07.2022).

[19] ALVIM, Pedro. *O contrato de seguro*. 2. ed. Rio de Janeiro: Forense, 1986. p. 402.

THEODORO JÚNIOR, Humberto. O contrato de seguro e a regulação do sinistro. *Revista dos Tribunais*, v. 832, p. 67-82, fev. 2005.

THEODORO JÚNIOR, Humberto. Contrato de seguro. Ação do segurado contra o segurador. Prescrição. *Revista dos Tribunais*, v. 924, p. 79-107, out. 2012.

THEODORO JÚNIOR, Humberto. Seguro de danos – despesas de salvamento e despesas de contenção: regime jurídico. *GEN Jurídico*, 19.11.2014. Disponível em: <http://genjuridico.com.br/2014/11/19/seguro-de-danos-despesas-de salvamento-e-despesas-de-contencao-regime juridico/#:~:text=O%20ressarcimento%20das%20despesas%20de,para%20tais%20eventos 20na%20ap%C3 B3lice>. Acesso em: 11.07.2022.

TZIRULNIK, Ernesto et al. O *contrato de seguro*: novo Código Civil brasileiro. São Paulo: Ed. RT, 2002.

COMENTÁRIOS AO ART. 772 DO CÓDIGO CIVIL

José Roberto de Castro Neves

> **Art. 772.** A mora do segurador em pagar o sinistro obriga à atualização monetária da indenização devida segundo índices oficiais regularmente estabelecidos, sem prejuízo dos juros moratórios.

1. ORIGEM DA DISPOSIÇÃO E REGIME ANTERIOR

O art. 772 do CC impõe a correção monetária e a incidência de juros moratórios na hipótese de mora do segurador em arcar com o valor da indenização devida em decorrência do sinistro. A regra específica é, contudo, dispensável. Isso porque a atualização da moeda em virtude da inflação é princípio geral, constante no art. 395 do CC, que busca evitar o enriquecimento sem causa. Não se trata, bem-vistas as coisas, de uma pena para o segurador (ou qualquer outro devedor) moroso, mas regra geral aplicável às obrigações pecuniárias, a fim de adequar o valor da moeda no tempo em caso de não se oferecer a prestação pecuniária no seu termo.

De igual modo, a previsão de incidência de juros moratórios também seria prescindível, pois os efeitos da mora do segurador poderiam ser bem resolvidos pelas normas gerais dos arts. 394 a 401 do CC, também aplicáveis aos contratos de seguro.

De toda forma, preferiu o legislador de 2002 repetir o conceito no capítulo dos contratos de seguro. Note-se, a propósito, que o art. 14 do Decreto-lei 73/1996 possui comando semelhante, prevendo a incidência de correção monetária em contratos de seguros:

> Art. 14. Fica autorizada a contratação de seguros com a cláusula de correção monetária para capitais e valores, observadas equivalência atuarial dos compromissos futuros assumidos pelas partes contratantes, na forma das instruções do Conselho Nacional de Seguros Privados.

Do ponto de vista teórico, a correção monetária não importa alteração do valor, mas apenas a sua equiparação no tempo. Isso porque o tempo, numa economia sujeita a inconstâncias e turbulências, como a do Brasil, costuma trazer a deterioração do poder de compra da moeda. Dessa forma, a correção monetária tem por finalidade proporcionar a razoável manutenção do valor da moeda no tempo. Não se trata de uma vantagem ou pena. A jurisprudência do Superior Tribunal de Justiça já destacou que a "correção monetária nada acrescenta ao valor da moeda, servindo apenas para recompor o seu poder aquisitivo, corroído pelos efeitos da inflação, constituindo fator de reajuste intrínseco às dívidas de valor"[1].

Mesmo antes da edição do Código de 2002, a Lei 5.488/1968 instituía expressamente a correção monetária nos casos de liquidação de sinistros cobertos por contratos de seguros:

> Art. 1º A indenização de sinistros cobertos por contratos de seguros de pessoas, bens e responsabilidades, quando não efetuadas nos prazos estabelecidos na forma do § 2º deste artigo, ficará sujeita à correção monetária, no todo ou na parte não paga.
>
> § 1º A correção monetária será devida a partir do término dos referidos prazos e calculada na base dos coeficientes fixados para a correção das Obrigações Reajustáveis do Tesouro Nacional.
>
> § 2º O Conselho Nacional de Seguros Privados fixará os prazos a que se refere este artigo e estabelecerá as condições que se fizerem necessárias à sua aplicação e à execução desta lei.
>
> § 3º A incidência da correção monetária sobre o valor da indenização não exonera as entidades seguradoras, cosseguradoras e resseguradoras de outras sanções que, na espécie, lhes forem aplicáveis.

Como se sabe, a principal obrigação do segurador consiste em pagar o capital segurado no caso de ocorrência do sinistro[2,3]. Conquanto se convenha que essa liquidação deva ser feita no menor tempo possível e em valor coincidente com aquele ajustado pelas partes no contrato[4], não há, na legislação, um critério uniforme sobre o tempo do pagamento do seguro[5].

A legislação francesa prevê que o prazo para pagamento da indenização pelo segurador possa ser convencionado pelas partes no contrato.[6] A legislação argentina, por sua vez, estabelece expressamente um prazo para o referido pagamento[7]. A legislação brasileira era silente sobre o tema, razão pela qual coube à Susep, por meio do art. 30 da Circular

---

[1] STJ, 3ª T., REsp 1.454.139/RJ, rel. Min. Nancy Andrighi, j. 03.06.2014.
[2] TEPEDINO, Gustavo; BODIN DE MORAES, Maria Celina; BARBOZA, Heloisa Helena. *Código Civil interpretado conforme a Constituição da República*. Rio de Janeiro: Renovar, 2006. v. II. p. 581.
[3] Delgado, José Augusto. *Comentários ao novo Código Civil*. Rio de Janeiro: Forense, 2004. (Das várias espécies de contrato. Do seguro: arts. 757 a 802, v. XI, t. 1). p. 282.
[4] Delgado, José Augusto. *Comentários ao novo Código Civil*. Rio de Janeiro: Forense, 2004. (Das várias espécies de contrato. Do seguro: arts. 757 a 802, v. XI, t. 1). p. 282.
[5] ALVIM, Pedro. *O contrato de seguro*. Rio de Janeiro: Forense, 2001. p. 470.
[6] Art. 14 da Lei de 13.07.1930: "Lors de la réalisation du risque ou à l'écheance du contsat, l'assureur est tenu de payer dans le délai convenu l'indemnité ou la somme déterminée d'après le contrat" (tradução livre: "A seguradora é obrigada a pagar a indenização ou o montante determinado de acordo com o contrato dentro do período acordado quando o sinistro ocorre ou quando o contrato expira".
[7] Art. 49 da Lei 17.418/1967: "En los seguros de daños patrimoniales, el crédito del asegurado se pagará dentro de los quince días de fijado el monto de la indemnización o de la aceptación de la indemnización oírecida, una vez vencido el plazo del artículo 56" (tradução livre: "No seguro de danos patrimoniais, a reclamação do segurado deve ser paga no prazo de quinze dias após a fixação

90/1999, disciplinar a liquidação da indenização do seguro pelo segurado. O dispositivo previu o prazo máximo de 30 dias para o pagamento da indenização pelo segurador, contado a partir do momento em que o segurado apresente os documentos necessários para comprovar o seu direito ao recebimento do capital ajustado. Eis a regra:

> Art. 30. Deverão ser informados os procedimentos para liquidação de sinistros, com especificação dos documentos básicos necessários a ser apresentados para cada tipo de cobertura, facultando-se às Sociedades Seguradoras, no caso de dúvida fundada e justificável, a solicitação de outros documentos.
>
> § 1º Deverá ser estabelecido prazo para liquidação dos sinistros, limitado a trinta dias, contado a partir do cumprimento de todas as exigências por parte do Segurado.
>
> § 2º Será suspensa e reiniciada a contagem do prazo de que trata o parágrafo anterior no caso de solicitação de nova documentação, na forma prevista no *caput*.

Como esclarece Pedro Alvim, nos contratos de seguro, fixa-se o momento de cumprimento das obrigações como a data inicial da mora do segurador, e, quando isso não ocorre, a omissão é suprida pelo princípio legal de que, não tendo sido ajustada a época para o pagamento, o credor pode exigi-lo imediatamente[8], na forma do art. 331 do CC.

A indicação de um prazo para a liquidação da indenização devida é de fundamental importância para as partes, uma vez que a demora em liquidar o sinistro tem consequências negativas patrimoniais[9].

O art. 772, seguindo a esteira do art. 395, admite, ainda, a cobrança dos juros moratórios nos casos de mora do segurador. Os juros, diferentemente da correção monetária, representam uma remuneração do capital. A lei menciona, expressamente, os juros moratórios, os quais são devidos como pena imposta ao devedor em atraso com o cumprimento da obrigação[10], almejando promover a remuneração do credor pela privação de seu capital e compensar-lhe pelo risco de sua não restituição.

2. SENTIDO DA DISPOSIÇÃO E PRINCIPAIS CONTROVÉRSIAS NA SUA INTERPRETAÇÃO

Oferecendo tratamento específico ao tema, o art. 772 do CC/2002 prevê a incidência de correção monetária e de juros moratórios à indenização devida pelo segurador em mora. Com efeito, seguindo a regra geral do mencionado art. 395, o Código Civil de 2002 impõe duas obrigações ao segurador que não arcou com a indenização no tempo estipulado: a de pagar o sinistro com valor atualizado monetariamente e a de arcar com os juros moratórios[11].

---

do montante da indenização ou da aceitação da indenização proposta, após o termo do prazo do artigo 56").

[8] ALVIM, Pedro. *O contrato de seguro*. Rio de Janeiro: Forense, 2001. p. 474.

[9] Delgado, José Augusto. *Comentários ao novo Código Civil*. Rio de Janeiro: Forense, 2004. (Das várias espécies de contrato. Do seguro: arts. 757 a 802, v. XI, t. 1). p. 297.

[10] Pereira, Caio Mário da Silva. *Instituições de direito civil*. Rio de Janeiro: Forense, 2017. v. II. p. 130.

[11] Delgado, José Augusto. *Comentários ao novo Código Civil*. Rio de Janeiro: Forense, 2004. (Das várias espécies de contrato. Do seguro: arts. 757 a 802, v. XI, t. 1). p. 298.

Segundo Gustavo Tepedino, esse dispositivo decorre "da natureza bilateral do contrato de seguro, estabelecendo uma aplicação específica do disposto no art. 395, caput, do CC, segundo o qual o devedor responde pelos prejuízos a que sua mora der causa, mais juros e atualização dos valores monetários"[12]. Se a correção monetária e os juros moratórios não tiverem sido estipulados no contrato de seguro, essas taxas deverão ser calculadas segundo a que estiver em vigor para a mora do pagamento de impostos devidos à Fazenda Nacional, conforme o art. 406 do CC/2002.

Havia controvérsia no âmbito da definição do índice oficial a ser aplicado na atualização monetária dos valores indenizatórios decorrentes do cumprimento do contrato de seguro[13]. Diante disso, a Susep editou a Circular 668/2022, por meio da qual a autarquia dispôs sobre os novos critérios relativos à atualização de valores das operações de seguros, tendo a matéria já sido, igualmente, consolidada no âmbito do Superior Tribunal de Justiça[14] (inclusive por meio do Enunciado 632 da Súmula daquela Corte[15]). Como analisado a seguir, a referida circular procurou pacificar a controvérsia relacionada à atualização monetária. Em suma, a norma estabelece que devem ser utilizados como base índices de preços de ampla divulgação, apurados por instituição de notória capacidade técnica.

---

[12] TEPEDINO, Gustavo; BODIN DE MORAES, Maria Celina; BARBOZA, Heloisa Helena. *Código Civil interpretado conforme a Constituição da República*. Rio de Janeiro: Renovar, 2006. v. II. p. 581.

[13] Delgado, José Augusto. *Comentários ao novo Código Civil*. Rio de Janeiro: Forense, 2004. (Das várias espécies de contrato. Do seguro: arts. 757 a 802, v. XI, t. 1). p. 300.

[14] "Direito civil. Agravo interno nos embargos de divergência em recurso especial. Ação de revisão de benefício de pensão c/c pedido de cobrança. Entidade aberta de previdência complementar. Atualização monetária. Lei nº 6.435/1977. Aplicação dos índices oficiais. Taxa Referencial (TR). Inidoneidade a partir da Circular/SUSEP nº 11/1996. Substituição pelo IPCA-E. 1. Cuida-se, na origem, de ação de revisão de benefício de pensão, pago por entidade aberta de previdência complementar, c/c pedido de cobrança. 2. A Taxa Referencial (TR), que não é índice de correção monetária, é inidônea para mensurar o fenômeno inflacionário. Sua utilização na atualização de benefícios periódicos de previdência complementar acarreta substanciais prejuízos ao assistido, a gerar desequilíbrio contratual. 3. Com a vedação legal da utilização do salário mínimo como fator de correção monetária para os benefícios da previdência privada e o advento da Lei nº 6.435/1977 (art. 22), devem ser aplicados os índices de atualização estipulados, ao longo dos anos, pelos órgãos do Sistema Nacional de Seguros Privados, na ordem: ORTN, OTN, IPC, BTN, TR e Índice Geral de Preços de Ampla Publicidade. 4. Após o reconhecimento da inidoneidade da TR para corrigir os benefícios previdenciários, ou seja, a partir da vigência da Circular/SUSEP nº 11/1996, deve ser adotado um Índice Geral de Preços de Ampla Publicidade (INPC/IBGE, IPCA/IBGE, IGPM/FGV, IGP-DI/FGV, IPC/FGV ou IPC/FIPE). Na falta de repactuação, deve incidir o IPCA (art. 1º, parágrafo único, do Anexo I da Circular/SUSEP nº 255/2004). 5. Precedente: EAREsp 280.389/RS, Segunda Seção, julgado em 26/09/2018, *DJe* 19/10/2018. 6. Por ocasião do julgamento do Tema 977/STJ, a Segunda Seção confirmou o entendimento outrora adotado no EAREsp 280.389/RS, fixando a tese de que 'a partir da vigência da Circular/Susep n. 11/1996, é possível ser pactuado que os reajustes dos benefícios dos planos administrados pelas entidades abertas de previdência complementar passem a ser feitos com utilização de um índice geral de preços de ampla publicidade (INPC/IBGE, IPCA/IBGE, IGP-M/FGV, IGP-DI/FGV, IPC/FGV ou IPC/FIPE). Na falta de repactuação, deve incidir o IPCA-E'. 7. Agravo interno não provido" (STJ, **2ª Seção**, AgInt nos EREsp 1.459.191/RS, rel. Min. Nancy Andrighi, j. 15.02.2022).

[15] "Nos contratos de seguro regidos pelo Código Civil, a correção monetária sobre a indenização securitária incide a partir da contratação até o efetivo pagamento."

3. DISPOSIÇÕES RELACIONADAS

Como se disse, antes, havia relevante controvérsia a respeito da definição do índice oficial a ser aplicado na atualização monetária dos valores indenizatórios decorrentes do cumprimento do contrato de seguro. Em julho de 2022, a Susep editou a Circular 668/2022, que estabeleceu uma série de dispositivos pertinentes à interpretação do art. 722 do CC. Confira-se:

> Índices de Atualização
>
> Art. 2º A atualização de valores relativos às operações de seguros, de previdência complementar aberta e de capitalização deverá ser realizada com base em índice de preços de ampla divulgação, apurado por instituição de notória capacidade técnica.
>
> Parágrafo único. No caso de extinção do índice pactuado, deverá ser utilizado o Índice de Preços ao Consumidor Amplo, da Fundação Instituto Brasileiro de Geografia e Estatística – IBGE (IPCA), ou o índice que vier a substituí-lo, caso não esteja previsto nas condições gerais, contratuais ou no regulamento, índice substituto definido conforme este artigo.
>
> Art. 3º Exclusivamente para as operações de capitalização, a atualização de valores poderá, facultativamente, adotar o índice de remuneração básica dos depósitos de poupança.
>
> (...)
>
> Forma de cálculo da atualização
>
> Art. 10. A atualização de que trata este Capítulo será efetuada com base na variação apurada entre o último índice publicado antes da data de exigibilidade da obrigação pecuniária e aquele publicado imediatamente anterior à data de sua efetiva liquidação.
>
> Aplicabilidade da mora
>
> Art. 11. Os valores relativos às obrigações pecuniárias das sociedades seguradoras, das EAPC[16] e das sociedades de capitalização serão acrescidos de multa, quando prevista, e de juros moratórios proporcionais aos dias de atraso, quando o prazo de sua liquidação superar o prazo fixado em contrato para esse fim, respeitada a regulamentação específica, particularmente, no que se refere ao limite temporal para a liquidação e a faculdade de suspensão da respectiva contagem.
>
> § 1º Os juros moratórios, contados a partir do primeiro dia posterior ao término do prazo fixado em contrato, deverão ter a taxa estipulada nas condições gerais, contratuais ou no regulamento, sendo que na sua falta, serão equivalentes à taxa que estiver em vigor para a mora do pagamento de impostos devidos à Fazenda Nacional.
>
> § 2º A taxa de juros moratórios e a multa devidos pela sociedade seguradora, EAPC ou sociedade de capitalização, no caso do não cumprimento das obrigações a que se refere o *caput*, não deverão ser inferiores àquelas devidas pelo segurado, participante ou subscritor na mesma situação.

De certa forma, a referida Circular encontra-se em consonância com as disposições trazidas pela revogada Circular 225/2004. Esta, por seu turno, elencava uma série de índices (quais sejam: INPC/IBGE; IPCA/IBGE; IGPM/FGV; IGP-DI/FGV; IPC/FGV; IPC/Fipe; INCC/FGV, este último exclusivamente para os produtos relacionados à construção

---

[16] Entidades Abertas de Previdência Complementar.

civil)[17] a serem manejados nas operações securitárias. É bem verdade que tais indexadores atendem ao disposto no art. 2º da Circular 668/2022, visto que detêm ampla divulgação e são apurados por instituição de notória capacidade técnica. Contudo, a diferença trazida pela nova disciplina da Susep visa ampliar, na prática, o rol de índices passíveis de utilização no mercado de seguros.

Outro ponto de contato entre as circulares em comento consiste na possibilidade de aplicação, ainda que facultativa, dos índices da caderneta de poupança, para fins de correção monetária dos valores em discussão.

Ademais, cabe sublinhar as singelas diferenças contidas no parágrafo único do art. 2º da Circular 668/2022, em comparação com o parágrafo único do art. 1º da Circular 225/2004. Em termos objetivos, a nova disciplina da Susep institui, no caso de extinção do índice pactuado, a utilização do IPCA/IBGE ou "[d]o índice que vier a substituí-lo". Essa previsão constitui uma novidade da nova regulamentação, que procura dar às partes uma segurança quanto ao indexador de reajuste – na hipótese de silêncio do contrato.

Para além dessa modificação, merece destaque que, muito embora o art. 2º da revogada Circular 225/2004 autorizasse a aplicação supletiva de outros índices (desde que previamente submetidos à Susep), o parágrafo único do art. 1º da normativa autárquica assinalava a utilização do IPCA/IBGE na hipótese de extinção do índice pactuado, "caso não tenha sido convencionado, no ato da contratação, índice substituto dentre aqueles previstos neste artigo". Já a disciplina promovida pela Circular 668/2022 determina a utilização do IPCA/IBGE "caso não esteja previsto nas condições gerais, contratuais ou no regulamento, índice substituto definido conforme este artigo". Como se adiantou, a *definição* aludida remete ao *caput* do art. 1º da Circular 668/2022 – "índice de preços de ampla divulgação, apurado por instituição de notória capacidade técnica". Portanto, a nova Circular procurou aumentar o rol de índices de atualização aplicáveis ao ramo securitário.

No que se refere especificamente aos juros moratórios, o art. 11 da Circular 668/2022 conservou, em grande parte, a redação adotada pelo art. 12[18] da Circular 225/2004. A principal inovação da nova disciplina se relaciona ao § 2º do art. 11, segundo o qual:

---

[17] "Art. 1º O índice pactuado para a atualização de valores relativos às operações de seguros, de previdência complementar aberta e de capitalização, deverá ser estabelecido em consonância com as seguintes opções: I – Índice Nacional de Preços ao Consumidor/Fundação Instituto Brasileiro de Geografia e Estatística – INPC/IBGE; II – Índice de Preços ao Consumidor Amplo/Fundação Instituto Brasileiro de Geografia e Estatística – IPCA/IBGE; III – Índice Geral de Preços para o Mercado/Fundação Getulio Vargas – IGPM/FGV; IV – Índice Geral de Preços – Disponibilidade Interna/Fundação Getulio Vargas – IGP-DI/FGV; V – Índice Geral de Preços ao Consumidor/Fundação Getulio Vargas – IPC/FGV; VI – Índice de Preços ao Consumidor/Fundação Instituto de Pesquisas Econômicas da Universidade de São Paulo – IPC/FIPE; VII – Índice Nacional de Custo da Construção/Fundação Getulio Vargas – INCC/FGV, exclusivamente para os produtos relacionados à construção civil."

[18] "Art. 12. Os valores relativos às obrigações pecuniárias das sociedades seguradoras, das entidades abertas de previdência complementar e das sociedades de capitalização serão acrescidos de multa, quando prevista, e de juros moratórios, quando o prazo de sua liquidação superar o prazo fixado em contrato para esse fim, respeitada a regulamentação específica, particularmente, no que se refere ao limite temporal para a liquidação e a faculdade de suspensão da respectiva contagem.

Parágrafo único. Os juros moratórios, contados a partir do primeiro dia posterior ao término do prazo fixado em contrato, deverão ter a taxa estipulada nas condições gerais ou regulamento, sendo que

A taxa de juros moratórios e a multa devidos pela sociedade seguradora, EAPC ou sociedade de capitalização, no caso do não cumprimento das obrigações a que se refere o caput, não deverão ser inferiores àquelas devidas pelo segurado, participante ou subscritor na mesma situação.

Verifica-se, com facilidade, a exigência do tratamento isonômico a ser oferecido pela seguradora em relação aos segurados.

Ademais, o tema dos juros moratórios é objeto de outras normativas importantes da Susep. Para o que importa à presente discussão, confira-se o art. 43 da Circular 621/2021, em especial seu § 2º:

> Art. 43. Deverá ser estabelecido prazo para a liquidação dos sinistros, limitado a trinta dias, contados a partir da entrega de todos os documentos básicos previstos no art. 41[19].
>
> § 1º Deverá ser estabelecido que, no caso de solicitação de documentação complementar, na forma prevista no art. 41, o prazo de que trata o caput será suspenso, voltando a correr a partir do dia útil subsequente àquele em que forem atendidas as exigências.
>
> § 2º Deverá ser estabelecido que o não pagamento da indenização no prazo previsto no caput implicará aplicação de juros de mora a partir daquela data, sem prejuízo de sua atualização, nos termos da legislação específica.

Disciplina semelhante consta do art. 48[20] da Circular 667/2022 da Susep.

Como se viu, o cotejo entre os regulamentos editados pela autarquia permite a melhor compreensão do comando do art. 772 do CC.

Para além da seara administrativa, cumpre relembrar dispositivos pertinentes da Lei Civil, em especial àqueles inseridos na parte obrigacional. Quanto aos juros de mora, o art. 406 – em conformidade com o regramento autárquico anteriormente referido – estabelece o seguinte: "Quando os juros moratórios não forem convencionados, ou o forem sem taxa estipulada, ou quando provierem de determinação da lei, serão fixados segundo a taxa que estiver em vigor para a mora do pagamento de impostos devidos à Fazenda Nacional".

Nesse ponto, vale destacar que, recentemente, a Terceira Turma do STJ, no âmbito do REsp 1.943.335/RS, decidiu, por unanimidade, que "os juros referidos pelo art. 406 do CC/02 não correspondem à Taxa SELIC, mas sim, àqueles de 1% ao mês, previstos no art.

---

na sua falta, serão equivalentes à taxa que estiver em vigor para a mora do pagamento de impostos devidos à Fazenda Nacional."

[19] "Art. 41. Deverão ser informados os procedimentos para comunicação, regulação e liquidação de sinistros, incluindo a listagem dos documentos básicos previstos a serem apresentados para cada cobertura, facultando-se às sociedades seguradoras, no caso de dúvida fundada e justificável expressamente informada ao segurado, a solicitação de outros documentos."

[20] "Art. 48. Deverá ser estabelecido prazo para a liquidação dos sinistros, limitado a trinta dias, contados a partir da entrega de todos os documentos básicos previstos no art. 47.

§ 1º Deverá ser estabelecido que, no caso de solicitação de documentação complementar, na forma prevista no art. 47, o prazo de que trata o *caput* será suspenso, voltando a correr a partir do dia útil subsequente àquele em que forem atendidas as exigências.

§ 2º Deverá ser estabelecido que o não pagamento da indenização no prazo previsto no *caput* implicará aplicação de juros de mora a partir daquela data, sem prejuízo de sua atualização, nos termos da legislação específica."

161, § 1º, do CTN". Tal entendimento superou posição anterior da Corte Especial, estabelecida, em 2008, no âmbito do EREsp 727.842/SP.

Conceitualmente, na hipótese do art. 772, verifica-se um agravamento da responsabilidade do segurador, em virtude da cumulação da prestação com os juros moratórios, correspondentes à indenização pelo retardamento na cobertura do sinistro. Tal premissa encontra-se inscrita no art. 389 do diploma material, segundo o qual "**Não** cumprida a obrigação, responde o devedor por perdas e danos, mais juros e atualização monetária segundo índices oficiais regularmente estabelecidos, e honorários de advogado".

REFERÊNCIAS BIBLIOGRÁFICAS

ALVIM, Pedro. *O contrato de seguro*. Rio de Janeiro: Forense, 2001.

DELGADO, José Augusto. *Comentários ao novo Código Civil*. Rio de Janeiro: Forense, 2004. (Das várias espécies de contrato. Do seguro: arts. 757 a 802, v. XI, t. 1).

PEREIRA, Caio Mário da Silva. *Instituições de direito civil*. Rio de Janeiro: Forense, 2017. v. II.

TEPEDINO, Gustavo; BODIN DE MORAES, Maria Celina; BARBOZA, Heloisa Helena. *Código Civil interpretado conforme a Constituição da República*. Rio de Janeiro: Renovar, 2006. v. II.

26
COMENTÁRIOS AO ART. 773 DO CÓDIGO CIVIL

José Roberto de Castro Neves

> **Art. 773.** O segurador que, ao tempo do contrato, sabe estar passado o risco de que o segurado se pretende cobrir, e, não obstante, expede a apólice, pagará em dobro o prêmio estipulado.

1. ORIGEM DA DISPOSIÇÃO E REGIME ANTERIOR

A origem do art. 773 do CC remonta a dispositivos presentes tanto no Código Comercial de 1850 quanto no Código Civil de 1916. Em que pesem as especificidades do tratamento conferido por cada um desses estatutos legais[1], verifica-se que a disciplina atual conserva, em maior ou menor medida, a essência incutida na legislação pretérita, isto é: o segurador que expede a apólice mesmo ciente da cessação do risco fica sujeito a pagar o dobro do valor do prêmio. Trata-se, claramente, de uma sanção. O reconhecimento da má-fé do segurador gera uma repulsa do ordenamento, que estabelece uma pena em seu desfavor.

Do ponto de vista cronológico no nosso ordenamento jurídico, o primeiro dispositivo legal que regulou o tema foi o art. 679 do CCom/1850:

> Art. 679 – No caso de fraude da parte do segurado, além da nulidade do seguro, será este condenado a pagar ao segurador o prêmio estipulado em dobro. Quando a fraude estiver da parte do segurador, será este condenado a retornar o prêmio recebido, e a pagar ao segurado outra igual quantia. Em um e outro caso pode-se intentar ação criminal contra o fraudulento.

Vale o registro de que o mencionado dispositivo ainda conserva a sua eficácia. A disciplina do diploma comercial enquadra como nulo o contrato de seguro marítimo sobre

---

[1] Nesse ponto, cumpre ressaltar a necessidade de análise crítica quanto à autonomia do Direito Comercial em relação ao Direito Civil. Confira-se, a esse respeito: BARRETO FILHO, Oscar. A dignidade do direito comercial. *Revista dos Tribunais*, v. 12, n. 2, p. 11-21, 1973; e SALLES, Marcos Paulo de Almeida. A autonomia do direito comercial e o direito de empresa. *Revista da Faculdade de Direito da Universidade de São Paulo*, v. 105, p. 1.235-1.250, jan.-dez. 2010.

risco inexistente (na espécie daqueles cujo risco deixou de existir), condenando a parte que incorre em má-fé a pagar em dobro o valor do prêmio.[2] À vista disso, a considerar a boa-fé das partes, o seguro conserva a sua validade, sobretudo nos casos em que estiver presente o risco putativo[3], categoria frequente no comércio marítimo.

A regra do art. 773 do CC/2002 repete a ideia constante do art. 1.446 do CC/1916[4]: "Art. 1.446. O segurador, que, ao tempo do contrato, sabe estar passado o risco, de que o segurado se pretende cobrir, e, não obstante, excede a apólice, pagará em dobro o prêmio estipulado".[5]

A esse respeito, Pontes de Miranda observou que, em vez de estabelecer como nulo o contrato de seguro que verse sobre risco inexistente, o legislador optou por disciplinar a *facti species* em referência de forma mais específica, reputando o pacto como inválido, especialmente, na hipótese de o segurador expedir a apólice mesmo *ciente* da ausência de risco. Trata-se, pois, de uma ênfase no aspecto subjetivo (*i.e.*, torpeza do agente). A sanção, segundo a lei, apenas existe quando o segurador efetivamente conhece a inexistência da álea. Assim, a falta de ciência do segurador quanto à ausência de tal elemento acarreta a nulidade do contrato, mas não a pena[6].

Para citar um exemplo clássico:[7] imagine-se um seguro marítimo referente a uma embarcação que fará um trajeto entre duas cidades distintas, já tendo ciência o segurador de que o navio chegou a salvo no seu destino. É bem verdade que o exemplo remete a tempos antigos, quando a comunicação era muito mais precária. A considerar a conjuntura atual, permeada por avanços tecnológicos, poderíamos cogitar um seguro de teste

---

[2] Cf. ALVIM, Pedro. *O contrato de seguro*. Rio de Janeiro: Forense, 2001. p. 215-216.

[3] O risco putativo constitui uma categoria comum no âmbito dos contratos de seguros marítimos, em especial antes do progresso dos meios de comunicação. Nesse sentido: "É o risco que não mais existe na realidade e, sim, no pensamento das partes contratantes. Por falta de notícias do acontecido, continuam supondo que a possibilidade do evento permanece. (...) Sem qualquer conhecimento sobre a sorte do navio e de sua carga, os interessados faziam o seguro. No momento da celebração do contrato, o risco já podia ter ocorrido ou o navio encontrar-se a salvo em algum porto. A prática desse seguro ficou limitada às atividades do transporte marítimo e sua tendência parece que é desaparecer pelo desuso, uma vez que os sistemas atuais de comunicação mantêm os navios em permanente contato com a administração da empresa de navegação" (ALVIM, Pedro. *O contrato de seguro*. Rio de Janeiro: Forense, 2001. p. 218-219).

[4] No anteprojeto do diploma material de 1916, o dispositivo correspondente era o art. 789 ("O segurador que, ao tempo do contrato, sabe estar passado o risco, de que o segurado se pretende cobrir e, não obstante, expede a apólice, pagará em dobro o prêmio estipulado"), com redação idêntica àquela que, posteriormente, foi chancelada pelo Congresso quando aprovado o Código atualmente em vigor.

[5] Ressalte-se a singela diferença entre o diploma comercial e o Código Civil de 1916, visto que este não faz menção à ação penal.

[6] "A sanção pressupõe, contudo, conforme já mencionava Pontes de Miranda em relação ao art. 1.446 do CC/1916, que o segurador soubesse. Caso contrário é mera nulidade" (PONTES DE MIRANDA, Francisco Cavalcanti. *Tratado de Direito Privado*. Atual. por Bruno Miragem. São Paulo: Ed. RT, 2012. t. XLV. p. 482-484).

[7] A esse respeito, ver também: CAVALCANTI, Bueno Novaes. *O princípio da boa-fé e os contratos de seguro*. Recife: Nossa Livraria Editora, 2000. p. 46; CARVALHO SANTOS, J. M. *Código Civil brasileiro interpretado*: principalmente no ponto de vista prático. Rio de Janeiro: Livraria Freitas Bastos S. A., 1991. v. XIX. p. 307.

clínico de determinado remédio, já tendo o segurador firmado negócio semelhante com um segurado diverso, que não apresentou qualquer efeito colateral significativo a partir da manipulação da substância. Em ambos os exemplos, o segurador firma um negócio pautado em um risco inexistente – quando menos, um risco praticamente insignificante, como se depreende do exemplo mais atualizado. Seja como for, a ciência do segurador quanto à ausência da álea nesses cenários, porquanto dotada de caráter doloso, deflagra a sanção prevista pelo ordenamento. Em casos semelhantes aos exemplos narrados, o devedor obriga-se a pagar em dobro o valor do prêmio, a teor do que dispõe o art. 773 do antigo CC.

2. SENTIDO DA DISPOSIÇÃO E PRINCIPAIS CONTROVÉRSIAS NA SUA INTERPRETAÇÃO

O art. 773, como se viu, estabelece uma sanção ao segurador de má-fé[8], que, embora ciente[9] da ausência do risco, celebra o contrato para colher um proveito indevido. Assim, a lei pune a desonestidade do segurador, obrigando-o a pagar o dobro do prêmio estipulado[10].

Como se sabe, a finalidade do contrato do seguro, para o segurado, é evitar ou diminuir seu dano decorrente de evento futuro, cuja ocorrência é incerta, atenuando-se, dessa forma, seu risco. O segurado busca um segurador exclusivamente para se proteger da eventual ocorrência desse fato. Portanto, correto afirmar, como fez Pedro Alvim, que "a finalidade precípua do seguro é inspirar segurança, afastando do espírito do segurado a intranquilidade sobre a estabilidade de seus negócios"[11]. Naturalmente, se o dano não vai ocorrer, o segurado jamais faria o contrato, porque o pacto perderia seu propósito.

Em termos objetivos, "[s]em a existência do risco não há possibilidade jurídica de surgir o contrato de seguro"[12]. Se a álea é elemento determinante – eis que serve de baliza para calcular tanto o prêmio a ser pago pelo segurado, quanto o valor da indenização no caso de sinistro –, a ausência de tal componente coloca em xeque a própria razão de ser do contrato de seguro. Logo, também em atenção à boa-fé e aos seus corolários, o segurador tem o dever de recusar a proposta de seguro quando ciente de que se encontra ausente o risco.

---

[8] Do mesmo modo, a má-fé do segurado também vicia o contrato, conduzindo-o à nulidade ou à anulabilidade, a teor do que dispõe o art. 766 do Código Civil em vigor. Cfr. DELGADO, José Augusto. *Comentários ao novo Código Civil*. Rio de Janeiro: Forense: 2004. (Das várias espécies de contrato. Do seguro: arts. 757 a 802, v. XI, t. 1). p. 305; TEPEDINO, Gustavo; BODIN DE MORAES, Maria Celina; BARBOZA, Heloisa Helena. *Código Civil interpretado conforme a Constituição da República*. Rio de Janeiro: Renovar, 2004. v. II. p. 581-582.

[9] A doutrina reconhece, porém, a dificuldade na obtenção de prova rigorosa do conhecimento do sinistro por parte do segurador. Admite-se, contudo, que "a prova da notoriedade de tal fato equivalha à do conhecimento pessoal" (cf. TEPEDINO, Gustavo; BODIN DE MORAES, Maria Celina; BARBOZA, Heloisa Helena. *Código Civil interpretado conforme a Constituição da República*. Rio de Janeiro: Renovar, 2004. v. II. p. 581-582).

[10] TEPEDINO, Gustavo; BODIN DE MORAES, Maria Celina; BARBOZA, Heloisa Helena. *Código Civil interpretado conforme a Constituição da República*. Rio de Janeiro: Renovar, 2004. v. II. p. 581-582.

[11] ALVIM, Pedro. *O contrato de seguro*. Rio de Janeiro: Forense, 2001. p. 219.

[12] DELGADO, José Augusto. *Comentários ao novo Código Civil*. Rio de Janeiro: Forense: 2004. (Das várias espécies de contrato. Do seguro: arts. 757 a 802, v. XI, t. 1). p. 307.

Por último, cumpre registrar que o art. 773 visa restabelecer o sensível equilíbrio contratual, conceito incutido na própria função social do contrato[13]. Fundado na perfeita compreensão dos riscos assumidos pelo segurador, o equilíbrio consiste, basicamente, em harmonizar prestação e contraprestação. Ao celebrar o contrato mesmo ciente de que o risco sobre o bem segurado inexiste, o segurador não preserva a correspondência entre a prestação do tomador do seguro e a sua contraprestação – ainda que se aponte o contrato de seguro como de natureza aleatória. Afinal, ao pactuar com base em um risco inexistente, o segurador desnatura o negócio, já que nenhuma das partes poderá executar suas respectivas incumbências.

2.1. Breves apontamentos sobre a natureza jurídica do risco

O risco, ao lado do interesse, da garantia e do prêmio, constitui um dos elementos estruturantes do contrato de seguro. Todos esses componentes constituem, em si mesmos, elementos naturais (*naturalia negotii*) do contrato de seguro, atribuindo a tal instrumento típico a feição e a identidade que lhe são próprias.

Em relação à álea, a doutrina costuma elencar certas características reunidas pelo chamado risco segurável, por exemplo, o evento: (i) deve ser futuro; (ii) deve ser incerto[14] ou, quando menos, incerto o momento de sua verificação; (iii) não depende da vontade dos interessados; (iv) há de ser regular e periódico; e (v) pode ameaçar número razoável de pessoas.[15]

Para melhor compreender o alcance do art. 773 do CC, faz-se necessária uma incursão, ainda que singela, nos debates doutrinários acerca da natureza jurídica do risco. A controvérsia de maior relevo consiste na ausência de posição unânime quanto à associação de tal elemento como objeto principal do contrato de seguro. Isso porque diferentes correntes atribuem a outras categorias o *status* de objeto do contrato.

Nesse particular, uma das teorias indica o dano como objeto do contrato, uma vez que a justificativa do seguro se volta, principalmente, a ressarcir o prejuízo sofrido pelo segurador. Em oposição à primeira corrente, certos autores propõem que o elemento objetivo do contrato seria, na verdade, o interesse do tomador do seguro em se resguardar quanto a eventual dano decorrente do risco assumido. Há, entretanto, quem defenda ser o objeto do contrato a prestação do segurador (*i.e.*, indenização em caso de prejuízo por danos causados aos bens segurados). Sob outro enfoque, Orlando Gomes[16], Silvio Rodrigues[17] e Washington de Barros Monteiro[18] entendem que o objeto do trato é o risco, causa lícita do contrato.

---

[13] Art. 421 do CC: "A liberdade contratual será exercida nos limites da função social do contrato".
[14] SANTOS, Amilcar. *Seguro*: doutrina, legislação e jurisprudência. Rio de Janeiro: Record, 1959. p. 41; ALVIM, Pedro. *O contrato de seguro*. Rio de Janeiro: Forense, 2001. p. 123.
[15] GOMES, Orlando. *Contratos*. Rio de Janeiro: Forense, 1978. p. 504.
[16] "O objeto de contrato de seguro é o risco contra o qual se precata o segurado. Como tal se entende a eventualidade da verificação de um acontecimento futuro, previsto no contrato. Não é necessário que o evento seja incerto; basta a incerteza quanto ao momento em que se verificará" (GOMES, Orlando. *Contratos*. Rio de Janeiro: Forense, 1978. p. 504).
[17] "O objeto do negócio é o risco, que o segurado transfere ao segurador, através daquele desembolso limitado, o segurado adquire a tranquilidade resultante da persuasão de que o sinistro não o conduzirá à ruína, pois os prejuízos, que porventura lhe advirem, serão cobertos pelo segurador" (RODRIGUES, Silvio. *Direito civil*: dos contratos. 22. ed. São Paulo: Saraiva, 2016. v. 3. p. 344).
[18] "O risco é precisamente o objeto da convenção; é o perigo de que está sujeito o objeto segurado, em consequência de um acontecimento futuro, alheio à vontade das partes. A apólice deve especificar

Não obstante as divergências, todos os doutrinadores consentem quanto à indispensabilidade do risco para a constituição do contrato de seguro. Se o risco representa ao segurado "a necessidade de proteção para os danos que a força do sinistro pode causar ao bem garantido"[19], a ausência da álea acarreta a nulidade do pacto jurídico eventualmente firmado.

Entre nós, o Código Civil, notadamente por meio do art. 773, adota a perspectiva do risco como objeto do contrato de seguro, conferindo a tal elemento uma importância central na possibilidade de o pacto produzir efeitos válidos no âmbito da vida civil. Em suma, na ausência do risco, a ordem jurídica brasileira procura extirpar as decorrências de tal contrato anômalo, inclusive punindo a má-fé do segurador.

2.2. A centralidade da boa-fé objetiva: o dever de informar e a paridade de informação na sociedade do risco

Nos termos do art. 765, a boa-fé e os deveres que dela dimanam pertencem à própria substância do contrato de seguros. Cumulado com o dispositivo mencionado, o art. 773 exige maior rigor na submissão dos contratantes aos ditames da boa-fé[20]. Trata-se, porém, de uma iniciativa do legislador com o fito de ressaltar o forte cunho social de que se reveste o sistema de seguros. Afinal, é conhecida e indisputada a importância social e econômica dos contratos de seguro. Nesse sentido, a circulação de vultosos valores econômicos faz que os contratos do setor não se restrinjam aos signatários, atingindo também interesses da coletividade[21].

Em decorrência da boa-fé, um dos pilares dessa espécie de contrato consiste na razoável paridade de informação que as partes possuem para estabelecer o pacto. Sob a perspectiva econômico-jurídica, a assimetria de informação constitui um obstáculo perigoso à alocação de riscos. Na prática, segurar um bem implica ciência quanto a todos os elementos que possam vir a influir em eventual ocorrência de sinistro. No escopo contratual que aqui se discute, a mais completa compreensão dos fatos, na maior parte dos casos, depende da precisão das informações prestadas pela contraparte. A bem da verdade, lidar com informações inacessíveis ou imprecisas representa, em última instância, o calvário de ambas as partes.

Quanto a esse aspecto, uma das principais críticas dos juristas à disciplina brasileira do contrato de seguro consiste no fato de o Código atribuir maior peso ao dever de informar

---

 esse risco, indicando-lhe natureza, extensão e limites" (MONTEIRO, Washington de Barros. *Curso de Direito Civil*: Direito das Obrigações. 26. ed. Rio de Janeiro: Saraiva, 1993. p. 330).

[19] DELGADO, José Augusto. *Comentários ao novo Código Civil*. Rio de Janeiro: Forense: 2004. (Das várias espécies de contrato. Do seguro: arts. 757 a 802, v. XI, t. 1). p. 308.

[20] Sobre a concretização da boa-fé e sua origem no direito estrangeiro: "(...) podemos destacar a primeira atenção detalhada no caso *Carter v. Boehm*, (...) em 1766, (...) no qual Lord Mansfield confirmou que era necessário harmonizar a *lex mercatoria* e a *commom law*, no sentido de que os contratos de seguro exigiam a transparência completa de apresentação de fatos materiais quando da formação do contrato. (...) o princípio já era aplicado aos contratos de seguro de vida no século XVII e citam o caso *Whittingham vs. Thoroborough*, de 1690, na Inglaterra" (GUIMARÃES, Antônio Márcio da Cunha. *Contratos internacionais de seguros*. São Paulo: Ed. RT, 2002. p. 54-58.)

[21] *Vide*, a esse respeito, as lições do ilustre Professor Humberto Theodoro Júnior: "É em razão da sistemática e finalidade do contrato de seguro que, a seu respeito, se valoriza, ainda mais, a observância do princípio da boa-fé e dos deveres que dele dimanam. Suas repercussões vão muito além dos interesses individuais das partes contratantes, refletindo sobre grandes grupos sociais, e pondo em jogo relevantes valores econômicos" (THEODORO JÚNIOR, Humberto. O contrato de seguro e a regulação do sinistro. *Revista dos Tribunais*, v. 832, p. 67-82, fev. 2005. p. 69.)

do segurado, e não do segurador[22]. Ocorre que, como é de amplo conhecimento, os deveres de informação, lealdade e cooperação – como expressões de honestidade e correção – são exigíveis de parte a parte. Como já se disse em outra oportunidade, não se trata de uma via de uma única mão.

De um lado, o segurado tem o dever de informar ao segurador tão logo verifique a ocorrência do sinistro (a teor do que dispõe o art. 771), ao mesmo tempo que tem a incumbência de fornecer[23] ao segurador, de forma clara, detalhada e transparente, a natureza do risco. De outro lado, o segurador possui, entre suas obrigações, a de conferir acesso aos documentos produzidos na regulação do sinistro (consoante o recém-aprovado Enunciado 656[24] da IX Jornada de Direito Civil do Conselho da Justiça Federal).

No que tange, especificamente, ao art. 773, o segurador guarda a responsabilidade de não celebrar negócio com base em risco inexistente. Se o segurador expede a apólice mesmo ciente da ausência da álea, compromete-se a validade do negócio. Ou seja, ao ter plena consciência de que o risco não existe, o segurador incorre em prática abusiva e simulada, resguardando somente seu próprio interesse econômico na celebração do contrato.

Nesse cenário, o segurador conduz, ladinamente, a contraparte ao engano ao entabular uma relação dispondo de superioridade de informação, ignorando os padrões de conduta exigíveis. Não sem razão, o Código estabelece como sanção o pagamento em dobro por parte do segurador que celebra o contrato mesmo com o risco ausente.

Sendo impossível a ocorrência de um sinistro a partir de um risco inexistente, o segurador encontra-se em posição extremamente vantajosa, em grave afronta ao princípio da veracidade. A manifesta preeminência do segurador reside no fato de que ela não irá arcar com o prejuízo a que o evento não desejado daria causa. Perde-se, a rigor, a garantia da cobertura.

No que tange à leitura dos tribunais, citem-se, como exemplo, casos nos quais a apólice foi emitida quando o consumidor possuía idade superior ao teto previsto pelo grupo segurável.[25] Existem, ainda, demandas nas quais se observou a emissão de apólice de seguro de vida quando o segurado já havia falecido.[26]

2.3. Desenvolvimento da matéria na experiência estrangeira

Vale registrar, ainda, o desenvolvimento da matéria na experiência estrangeira, em especial nos ordenamentos francês e português. Na França, o art. L112-4[27] do *Code des*

---

[22] MARTINS-COSTA, Judith. *Os 20 anos do Código Civil*. Conferência inaugural proferida em 19 de maio 2022 na IX Jornada de Direito Civil, organizada pelo Centro de Estudos Judiciários do Conselho de Justiça Federal, em Brasília.

[23] Digno de nota, nesse ponto, o chamado risco moral (*moral hazard*), quando há mudança no comportamento do consumidor após a celebração do contrato de seguro.

[24] "Enunciado 656 – Art. 765: Do princípio da boa-fé objetiva, resulta o direito do segurado, ou do beneficiário, de acesso aos relatórios e laudos técnicos produzidos na regulação do sinistro."

[25] TJSP, 29ª Câmara de Direito Privado, Apelação Cível 4006839-76.2013.8.26.0564, rel. Des. Silvia Rocha, j. 08.02.2017; TJRJ, 18ª Câmara Cível, Apelação Cível 00018665920158190213, rel. Des. Eduardo de Azevedo Paiva, j. 18.08.2021.

[26] TJSP, 26ª Câmara de Direito Privado, Apelação Cível 0002873-60.2009.8.26.0356, rel. Des. Renato Sartorelli, j. 23.05.2012.

[27] "A apólice de seguro é datada desde o dia em que é estabelecida. Ela indica: os nomes e domicílios das partes contratantes; a coisa ou a pessoa assegurada; a natureza dos riscos garantidos; o momento a partir do qual o risco é garantido e a duração dessa garantia; o montante dessa garantia; a *prime*

Assurances (1994) dispõe que a apólice de seguro deve contemplar, entre outros informes, a natureza do risco, o momento a partir do qual esse elemento é garantido e a sua efetiva duração. Isto é, a legislação francesa visa evitar o surgimento de controvérsias em torno do recorte temporal no qual está inserido o risco. No direito brasileiro, a ênfase sobre o prazo de vigência do pacto está presente, sobretudo, nos arts. 9º e 10 da Circular Susep 642/2021.

Já o ordenamento português guarda semelhanças com o direito brasileiro no que diz respeito aos efeitos da inexistência do risco. Merece destaque, nesse sentido, o art. 44.º do Decreto-lei 72/2008, o qual dispõe:

> Artigo 44.º
>
> 1 – Salvo nos casos legalmente previstos, o contrato de seguro é nulo se, aquando da celebração, o segurador, o tomador do seguro ou o segurado tiver conhecimento de que o risco cessou.
>
> 2 – O segurador não cobre sinistros anteriores à data da celebração do contrato quando o tomador do seguro ou o segurado deles tivesse conhecimento nessa data.
>
> 3 – O contrato de seguro não produz efeitos relativamente a um risco futuro que não chegue a existir.
>
> 4 – Nos casos previstos nos números anteriores, o tomador do seguro tem direito à devolução do prémio pago, deduzido das despesas necessárias à celebração do contrato suportadas pelo segurador de boa fé.
>
> 5 – Em caso de má fé do tomador do seguro, o segurador de boa fé tem direito a reter o prémio pago.
>
> 6 – Presume-se a má fé do tomador do seguro se o segurado tiver conhecimento, aquando da celebração do contrato de seguro, de que ocorreu o sinistro.

O dispositivo presente no Decreto-lei português adotou, como se vê, uma abordagem mais analítica, discorrendo, por exemplo, sobre a influência do aspecto temporal sobre o risco (como se viu nos itens 2 e 3 do referido artigo). Em acréscimo, as menções à boa-fé nos itens 5 e 6 reforçam a indispensabilidade da observância dos deveres recíprocos, inerentes à relação entabulada entre segurador e segurado. Não custa lembrar, nesse ponto, que o Código Civil brasileiro apresenta disposição semelhante em seus arts. 113 e 765.

3. DISPOSIÇÕES RELACIONADAS

Conforme antes ressaltado, a concretização da boa-fé é um fim a ser perseguido no âmbito de qualquer contrato, na forma dos arts. 113 e 422 da Lei Civil. Notadamente no contrato de seguro, o art. 765 "obriga o segurado e o segurador, na conclusão e na execução

---

ou a cotação do seguro. A apólice indica além disso: a lei aplicável ao contrato quando não for a lei francesa; o endereço da sede da seguradora e, sendo o caso, da sucursal que concede a cobertura; o nome e o endereço das autoridades encarregadas do controle da empresa do seguro que concede a cobertura. As cláusulas da apólice que decretam nulidades, recompensas ou exclusões são válidas apenas se forem mencionadas em caracteres muito aparentes" (tradução livre).

do contrato, de guardarem a 'mais estreita boa-fé e veracidade, tanto no respeito do objeto como das circunstâncias e declarações a ele concernentes.'"[28].

Ademais, parcela da doutrina[29] chega a cotejar o art. 773 com o inciso IV do art. 166[30] do CC. Isso porque, como dito, padece de nulidade o contrato de seguro entabulado por segurador ciente da ausência do risco. Desse modo, a emissão da apólice sem que haja álea constituiria fraude à lei imperativa, além de representar afronta à função social do contrato. Levando em conta a relevância dos interesses coletivos circunscritos nos contratos do setor securitário, o art. 773 do CC vai ao encontro do art. 421 do referido diploma, o qual disciplina o pressuposto contemporâneo da função social do contrato.

Indo além, o art. 773 do CC encontra respaldo no inciso XXXII[31] do art. 5º da CF, o qual estabelece a obrigação de o Estado proteger os direitos do consumidor. Especificamente na legislação consumerista, são dignos de nota os artigos que expressam os princípios da transparência e da informação, corolários da boa-fé objetiva. Cite-se, nesse sentido, o inciso III do art. 6º[32] da Lei 8.078/1990 (com redação dada pela Lei 12.741/2012), assim como o art. 31[33] do mesmo diploma legal. A informação clara e adequada sobre os serviços adquiridos pelo consumidor contribui para o equilíbrio contratual. Especialmente nos contratos de seguro, as prerrogativas do segurado procuram atenuar a posição de vantagem do segurador, circunstância acentuada na hipótese do art. 773 do CC.

Por último, destaque-se que, em sede infralegal, a já mencionada Circular Susep 621/2021, que dispõe as regras de funcionamento e os critérios para operação das coberturas dos seguros de danos. O inciso I do art. 5º[34] do referido ato institui que a aceitação da proposta deve contemplar informações atinentes à análise do risco. Além disso, o *caput* do art. 11[35] de tal ato normativo prescreve que as condições contratuais deverão ser redi-

---

[28] DELGADO, José Augusto. *Comentários ao novo Código Civil*. Rio de Janeiro: Forense: 2004. (Das várias espécies de contrato. Do seguro: arts. 757 a 802, v. XI, t. 1). p. 305.

[29] TARTUCE, Flávio. *Direito civil*. 9. ed. rev., atual. e ampl. Rio de Janeiro: Forense, 2014. (Teoria geral dos contratos e contratos em espécie, v. 3). p. 475-476.

[30] "Art. 166. É nulo o negócio jurídico quando: (...) IV – não revestir a forma prescrita em lei; (...)."

[31] "Art. 5º Todos são iguais perante a lei, sem distinção de qualquer natureza, garantindo-se aos brasileiros e aos estrangeiros residentes no País a inviolabilidade do direito à vida, à liberdade, à igualdade, à segurança e à propriedade, nos termos seguintes: (...) XXXII – o Estado promoverá, na forma da lei, a defesa do consumidor; (...)."

[32] "Art. 6º São direitos básicos do consumidor: (...) III – a informação adequada e clara sobre os diferentes produtos e serviços, com especificação correta de quantidade, características, composição, qualidade, tributos incidentes e preço, bem como sobre os riscos que apresentem; (...)."

[33] "Art. 31. A oferta e apresentação de produtos ou serviços devem assegurar informações corretas, claras, precisas, ostensivas e em língua portuguesa sobre suas características, qualidades, quantidade, composição, preço, garantia, prazos de validade e origem, entre outros dados, bem como sobre os riscos que apresentam à saúde e segurança dos consumidores. Parágrafo único. As informações de que trata este artigo, nos produtos refrigerados oferecidos ao consumidor, serão gravadas de forma indelével."

[34] "Art. 5º Da proposta de seguro e das condições contratuais do plano deverão constar, observadas as demais exigências previstas na regulamentação vigente, as seguintes informações: I – a aceitação da proposta de seguro está sujeita à análise do risco; (...)".

[35] "Art. 11. As condições contratuais deverão ter ordenamento lógico e ser expressas em linguagem clara, objetiva e de fácil entendimento, bem como deverão apresentar, com destaque, as obrigações e/ou restrições de direito do segurado."

gidas em destaque e em linguagem de fácil compreensão. Já o *caput* do art. 18[36] da mesma circular estatui que "As condições contratuais deverão apresentar as disposições de todas as coberturas incluídas no plano de seguro, com a especificação dos riscos cobertos".

Como se vê, todos os dispositivos mencionados, ao ditarem tais exigências, buscam minimizar as chances de celebração de um contrato que não contemple risco, prezando-se pela transparência, pela lealdade e pela proteção dos interesses legítimos das partes contratantes.

REFERÊNCIAS BIBLIOGRÁFICAS

ALVIM, Pedro. *O contrato de seguro*. Rio de Janeiro: Forense, 2001.

BARRETO FILHO, Oscar. A dignidade do direito comercial. *Revista dos Tribunais*, v. 12, n. 2, p. 11-21, 1973.

CARVALHO SANTOS, J. M. *Código Civil brasileiro interpretado*: principalmente no ponto de vista prático. Rio de Janeiro: Livraria Freitas Bastos S. A., 1991. v. XIX.

CAVALCANTI, Bueno Novaes. *O princípio da boa-fé e os contratos de seguro*. Recife: Nossa Livraria Editora, 2000.

DELGADO, José Augusto. *Comentários ao novo Código Civil*. Rio de Janeiro: Forense: 2004. (Das várias espécies de contrato. Do seguro: arts. 757 a 802, v. XI, t. 1).

FRANÇA. Code des Assurances. *Légifrance*, 16.07.1976. Disponível em: <https://www.legifrance.gouv.fr/codes/texte_lc/LEGITEXT000006073984/2022-06-18/>. Acesso em: 17.06.2022.

GOMES, Orlando. *Contratos*. Rio de Janeiro: Forense, 1978.

GUIMARÃES, Antônio Márcio da Cunha. *Contratos internacionais de seguros*. São Paulo: Ed. RT, 2002.

MARTINS-COSTA, Judith. *Os 20 anos do Código Civil*. Conferência inaugural proferida em 19 de maio 2022 na IX Jornada de Direito Civil, organizada pelo Centro de Estudos Judiciários do Conselho de Justiça Federal, em Brasília.

MONTEIRO, Washington de Barros. *Curso de Direito Civil*: Direito das Obrigações. 26. ed. Rio de Janeiro: Saraiva, 1993.

PONTES DE MIRANDA, Francisco Cavalcanti. *Tratado de Direito Privado*. Atual. por Bruno Miragem. São Paulo: Ed. RT, 2012. t. XLV.

PORTUGAL. Decreto-lei 72, de 16 de abril de 2008. Estabelece o regime jurídico do contrato de seguro. *Diário da República*, Lisboa, n. 75, p. 2.228-2.261, 16.04.2008. Disponível em: <https://dre.pt/dre/detalhe/decreto-lei/72-2008-249804>. Acesso em: 17.062022.

RODRIGUES, Silvio. *Direito civil*: dos contratos. 22. ed. São Paulo: Saraiva, 2016. v. 3.

SALLES, Marcos Paulo de Almeida. A autonomia do direito comercial e o direito de empresa. *Revista da Faculdade de Direito da Universidade de São Paulo*, v. 105, p. 1.235-1.250, jan.-dez. 2010.

SANTOS, Amilcar. *Seguro*: doutrina, legislação e jurisprudência. Rio de Janeiro: Record, 1959.

---

[36] "Art. 18. As condições contratuais deverão apresentar as disposições de todas as coberturas incluídas no plano de seguro, com a especificação dos riscos cobertos, dos riscos excluídos e, quando for o caso, dos bens e interesses não compreendidos no seguro."

TARTUCE, Flávio. *Direito civil*. 9. ed. rev., atual. e ampl. Rio de Janeiro: Forense, 2014. (Teoria geral dos contratos e contratos em espécie, v. 3).

TEPEDINO, Gustavo; BODIN DE MORAES, Maria Celina; BARBOZA, Heloisa Helena. *Código Civil interpretado conforme a Constituição da República*. Rio de Janeiro: Renovar, 2004. v. II.

THEODORO JÚNIOR, Humberto. O contrato de seguro e a regulação do sinistro. *Revista dos Tribunais*, v. 832, p. 67-82, fev. 2005.

27

COMENTÁRIOS AO ART. 774 DO CÓDIGO CIVIL

Walter A. Polido

Art. 774. A recondução tácita do contrato pelo mesmo prazo, mediante expressa cláusula contratual, não poderá operar mais de uma vez.

1. ORIGEM DA DISPOSIÇÃO E REGIME ANTERIOR

Sem artigo correspondente no CC anterior.

A norma inserida no CC/2002 tem como objetivo proteger os consumidores-segurados, de modo que as bases contratuais dos seguros não se perpetuem no tempo, sem a devida oportunidade de renegociação por período mais curto. O legislador consagrou a prática corrente no mercado de seguros nacional, representada pela anualidade dos contratos de seguros, na maioria deles, salvo as exceções no tocante a eventos que transcorrem em curto espaço de tempo ou, ainda, para aquelas situações especiais de apólices que requerem a admissão de coberturas por período plurianual. Nos contratos plurianuais, enquadram-se as apólices dos Seguros de Riscos de Engenharia, relativas à construção de obras civis de grande porte, assim como o Seguro de Crédito, Seguro-Garantia de concessões de infraestrutura. Com o mesmo viés protetivo, o legislador visou aos segurados dos Seguros de Pessoas, especialmente em relação às apólices individuais e coletivas do Seguro de Vida. Assim justificada, a norma legal contida no art. 774 teve como base os contratos de seguros de trato sucessivo e representados pela garantia de riscos renováveis (seguros de propriedades; seguros de responsabilidade civil; seguros de pessoas; seguros de transportes; entre outros). A norma não se aplica, por exclusão, para aqueles seguros de riscos não renováveis, assim compreendidos os eventos ou situações em risco marcadas por período determinado para acontecer e se extinguir, podendo ser inferior a um ano, anual ou plurianual. Sob a rubrica dos riscos não renováveis, podem ser citadas as construções e montagens das grandes obras de infraestrutura (pontes, rodovias, usinas de energia etc.), os seguros agrícolas que garantem determinado ciclo de cultura, assim como os eventos de curta duração (artísticos, esportivos, culturais, religiosos), que, usualmente, transcorrem em apenas um dia ou num curto espaço de tempo, cuja característica marca também os Seguros de Viagens.

Impende destacar, em relação ao art. 774, o erro na formulação da norma, uma vez que há contradição no fato de a recondução "tácita" prever cláusula "expressa" no contrato de seguro[1]. Tzirulnik, Cavalcanti e Pimentel lembram que, "em verdade, a recondução é expressa, já prevista no contrato como uma possibilidade para as partes"[2]. E os mesmos coautores completam: "tácita é a manifestação da vontade de reconduzir"[3]. O procedimento da recondução, convém lembrar, pode manter *ou não* os termos e as condições do contrato de seguro, cuja situação deve estar predeterminada objetivamente na apólice, mesmo porque não haverá a aquiescência do segurado no ato da recondução, justamente por ela ser tácita.

É necessário destacar também a diferença que existe entre o procedimento da "prorrogação" e o da "recondução" do contrato de seguro. Na *prorrogação*, os termos e as condições predeterminados na apólice são ratificados, podendo também ser modificados para o novo prazo de vigência da cobertura, e esse novo período pode ser estabelecido por prazo indeterminado, ou seja, não há qualquer óbice normativo que impeça esse tipo de convenção entre as partes. A manifestação da vontade de ambas, formaliza o pacto. No mercado de seguros brasileiro, a prática corrente repousa na renegociação anual dos contratos de seguros, visando à renovação, e a prorrogação, quando acontece, tem como objetivo apenas protelar o procedimento de renovação do seguro e, por alguma razão justificável: coletar informações sobre a situação atual dos locais em risco; uniformizar vencimentos com outras apólices do mesmo segurado; entre outros. O Capítulo XV do Título VI da Parte Especial do CC não tratou da *prorrogação*, caso se atribua efetivamente ao termo um conceito diverso daquele pertinente à *recondução*. O Decreto-lei 72/2008[4], de Portugal, por meio do art. 37.º, 3, *a*, determina a obrigatoriedade de a apólice estabelecer as causas de "invalidade, *de prorrogação*, de suspensão ou de cessação do contrato por iniciativa de qualquer das partes". O art. 41.º do mesmo DL português[5], por sua vez, ao tratar da *prorrogação* de maneira específica, deixa explícito que o termo foi empregado com o mesmo significado da "recondução" contida no art. 774 do CC brasileiro, apenas com a diferença marcante de que podem ocorrer prorrogações sucessivas "por novos períodos de um ano". Por sua vez, o Código Civil italiano, art. 1899, preconiza que "O contrato pode ser prorrogado tacitamente uma ou mais vezes, mas cada prorrogação tácita não pode ter duração superior a dois anos. O disposto neste artigo não se aplica ao seguro de vida"[6]. Moitinho de Almeida indica a existência de limites quanto à renovação

---

[1] A redação mencionada, todavia, não é exclusividade brasileira. A Ley de Seguros 17.418, de 30.08.1967, da Argentina, prescreve no art. 19, o seguinte: "La próroga tácita prevista en el contrato, sólo es eficaz por el término máximo de un período de seguro, salvo en los seguros flotantes".

[2] TZIRULNIK, Ernesto; CAVALCANTI, Flávio de Queiroz B.; PIMENTEL, Ayrton. O *Contrato de seguro de acordo com o Código Civil brasileiro*. 3. ed. São Paulo: Roncarati, 2016. p. 156.

[3] TZIRULNIK, Ernesto; CAVALCANTI, Flávio de Queiroz B.; PIMENTEL, Ayrton. O *Contrato de seguro de acordo com o Código Civil brasileiro*. 3. ed. São Paulo: Roncarati, 2016. 156.

[4] Microssistema legislativo que trata do contrato de seguro em Portugal.

[5] DL-72/2008: "Artigo 41.º Prorrogação – 1 – Salvo convenção em contrário, o contrato de seguro celebrado pelo período inicial de um ano prorroga-se sucessivamente, no final do termo estipulado, por novos períodos de um ano. 2 – Salvo convenção em contrário, o contrato de seguro celebrado por um período inicial inferior ou superior a um ano não se prorroga ao final do termo estipulado".

[6] *Codice Civile* italiano: "Art. 1.899. (...) Il contratto può essere tacitamente prorogato una o più volte, ma ciascuna proroga tacita non può avere una durata superiore a due anni. Le norme del presente articolo non si applicano alle assicurazioni sulla vita". N.A.: O artigo 1.899 foi modificado em 2007 e posteriormente em 2009, sendo a redação atual determinada pelo D.D.L. 1.195 – *Legge di Con-*

tácita dos contratos de seguros em vários mercados europeus: "períodos consecutivos de um ano na Bélgica (artigo 30º, primeiro parágrafo), no Luxemburgo (artigo 38º, terceiro parágrafo), na Alemanha (§ 11, n.º 1)[7] e na Suíça (artigo 47º)"[8]. Ainda sobre o mesmo tema, Moitinho orienta que, "na falta de regulamentação sobre a matéria, importa verificar, caso a caso, a natureza abusiva das cláusulas sobre duração insertas nos contratos de seguros"[9]. A recomendação do jurista português parece ser um denominador comum nesse tema, mesmo porque a redação legislativa da norma, não só no Brasil, se mostra incompleta e, por vezes, dúbia.

2. SENTIDO DA DISPOSIÇÃO E PRINCIPAIS CONTROVÉRSIAS NA SUA INTERPRETAÇÃO

Já afirmada a imprecisão redacional contida no art. 774, no tópico anterior, impende destacar que, em razão da letra da norma somente na hipótese da recondução "tácita", o novo prazo será, obrigatoriamente, o mesmo da apólice vencida. Nada impede, contudo, que as partes celebrantes convencionem a recondução, *expressamente* nas condições da apólice, por período superior àquele previsto no contrato de seguro. As negociações, com esse escopo, devem ser objetivas e comprováveis, de modo que não haja a possibilidade de o procedimento ser considerado abusivo, posteriormente, em relação à seguradora. Bechara também entende dessa forma e afirma:

> (...) considerando que o vedado é a recondução tácita por mais de uma vez, e não a expressa, nada estaria a impedir novas reconduções expressas, com a simples manifestação das partes em renovar a vontade de contratar, ainda que com as mesmas condições e sem solução de continuidade.[10]

Nessa mesma linha de entendimento, destaca-se o fato de o Código Civil não impedir – nem seria razoável o eventual regramento – que haja a convenção das partes sobre o período de vigência do contrato de seguro, adotando a *plurianualidade*. Esse tratamento, inclusive, pode ser encontrado com certa regularidade em outros mercados de seguros,

---

versione 99/2009, mas apenas acrescentou, sem modificar o texto reproduzido nesta nota, norma relativa a seguro plurianual e determinando que, na hipótese de o contrato ser superior a cinco anos, o segurado, após o referido período, tem o direito de rescindir o contrato mediante aviso prévio de 60 dias e com efeitos a partir do final do ano no qual a prerrogativa foi exercida.

[7] VVG (*Versicherungsvertragsgesetz*) – Lei do Contrato de Seguros: "§ 11º – Renovação, rescisão – (1) Se, ao firmar um contrato de seguro por determinado período uma renovação contratual for acordada previamente para o caso em que o contrato de seguro não for rescindido antes do término do período contratual, essa renovação será inválida se ela se estender a período contratual por mais de um ano respectivamente". No original: "§ 11 – Verlängerung, Kündigung – (1) Wird bei einem auf eine bestimmte Zeit eingegangenen Versicherungsverhältnis im Voraus eine Verlängerung für den Fall vereinbart, dass das Versicherungsverhältnis nicht vor Ablauf der Vertragszeit gekündigt wird, ist die Verlängerung unwirksam, soweit sie sich jeweils auf mehr als ein Jahr erstreckt".

[8] ALMEIDA, J. C. Moitinho de. *Contrato de seguro*: estudos. Coimbra: Coimbra Editora, 2009. p. 103.

[9] ALMEIDA, J. C. Moitinho de. *Contrato de seguro*: estudos. Coimbra: Coimbra Editora, 2009. p. 103.

[10] SANTOS, Ricardo Bechara dos. *Direito de seguro no Novo Código Civil e legislação própria*. Rio de Janeiro: Forense, 2006. p. 151.

com destaque nos programas de grandes riscos, mormente quando envolvem apólices mundiais que garantem as diferenças de coberturas e de limites em relação aos seguros primários, contratados pelas subsidiárias das empresas-seguradas em outros países. Nessa situação especial indicada, é comum a determinação do prazo de vigência de três anos. No mercado de seguros brasileiro, por sua vez, esse procedimento não é adotado com frequência, e, de forma geral, os contratos de seguros preveem o prazo de vigência anual, sendo o plurianual reservado para situações muito específicas, como no caso da apólice de Seguro de Riscos de Engenharia garantindo um grande risco de infraestrutura. Nos países da União Europeia, por conta da Regulamentação (CE) 358/2003 da Comissão,[11] no tocante ao controle de acordos e práticas no setor de seguros, visando proteger os consumidores, o art. 6.º, mais precisamente o disposto nas alíneas *f* e *g*, prevê situações-limite que orientam os procedimentos a serem adotados:

> (...)
>
> f) Imponham ao tomador de um seguro do ramo não vida um período contratual superior a três anos
>
> g) Imponham um período de renovação superior a um ano quando o contrato é automaticamente renovado, na ausência de pré-aviso num determinado prazo.

Esses dispositivos visam proteger e promover o direito dos consumidores à *exposição concorrencial*, e a prática contrária é entendida como cerceadora da prerrogativa.

A anualidade da vigência dos contratos de seguros, sob a condição de regra geral no mercado brasileiro, resulta da prática reiterada ao longo de muitos anos. O procedimento, portanto, não decorre da norma preconizada pelo art. 774, a qual está centrada na "recondução tácita", não prevista no Código Civil anterior. O prazo anual de vigência dos contratos de seguros sempre foi observado no Brasil, sistematicamente.

Pedro Alvim, ainda sob a vigência do CC/1916, ao tratar dos diferentes modelos encontrados em legislações estrangeiras e concernentes à renovação dos contratos, mencionou que "desapareceu das apólices de seguro do nosso país a cláusula de renovação tácita, por força da norma legal que exige o pagamento antecipado do prêmio para vinculação da obrigação do segurador"[12]. A pré-condição do pagamento do prêmio para determinar a efetividade do contrato de seguro, conforme previa o art. 1.449 do CC anterior[13], não parece ter sido alterada substancialmente sob a regência do CC/2002. O disposto no art. 763 do CC vigente suspende a eficácia da apólice quanto ao pagamento do sinistro ocorrido, estando o segurado em mora no adimplemento do prêmio. Purgada a mora do pagamento do prêmio, a garantia é restabelecida. Deve ser destacado que já foi usual no mercado brasileiro, assim como ainda se pratica em outros mercados internacionais, a cobrança do prêmio por inteiro e em data anterior ao envio da apólice ao segurado, ainda sob a regência do CC/1916. O fracionamento do prêmio foi estabelecido no Brasil como medida de incentivo à contratação de seguros, popularizando o referido instrumento garantidor.

---

[11] Disponível em: <https://eur-lex.europa.eu/LexUriServ/LexUriServ.do?uri=OJ:L:2003:053:0008:0016:PT:PDF>. Acesso em: 09.06.2022.

[12] ALVIM, Pedro. *O contrato de seguro*. 2. ed. Rio de Janeiro: Forense, [s.d.]. p. 518.

[13] CC/1916: "Art. 1.449. Salvo convenção em contrário, no ato de receber a apólice pagará o segurado o prêmio, que estipulou".

3. DISPOSIÇÕES RELACIONADAS

Diante da apresentação feita nos tópicos anteriores sobre a norma contida no art. 774 do CC, importa destacar que o tema deve ser um dos elementos de verificação compulsória, por parte das seguradoras, ao redigirem e determinarem as condições contratuais dos diferentes tipos de seguros comercializados no país. A ausência desse tipo de dispositivo em grande parte das condições contratuais de seguros do mercado nacional, certamente fruto da não prescrição normativa no Código Civil anterior da mesma regra contida no art. 774 do atual CC, apesar do transcurso de 20 anos de vigência deste, tem propiciado o surgimento de conflitos. É um tema que merece a devida atenção. Foi demonstrada, nos tópicos anteriores, a importância de o referido dispositivo legal ser transposto para as condições contratuais das diferentes apólices, objetivamente. Além dessa providência, os manuais de subscrição das seguradoras devem conter orientações a respeito, a fim de direcionar os técnicos sobre a aplicação legal compulsória da norma. Não existindo a previsão nas condições da apólice, a letra da norma é taxativa: *a recondução se dará pelo mesmo prazo e uma única vez*. Não há, portanto, discricionariedade para a seguradora quanto ao cumprimento desse quesito normativo. Ela deve cumpri-lo, obrigatoriamente. A norma é imperativa. As controvérsias, todavia, têm surgido justamente quando não há a previsão, e, nessa condição particularizada, a seguradora se expõe em face do descumprimento da norma legal, não ficando isenta de possíveis averiguações e/ou questionamentos sobre as razões que a levaram a proceder dessa forma e também, prioritariamente, se o procedimento resultou algum tipo de prejuízo ao(s) segurado(s). Não são encontradas na doutrina, até o momento, as possíveis consequências acerca do descumprimento da norma legal em foco.

É possível observar, sob essa perspectiva, o fato de a jurisprudência dos tribunais deixar de reconhecer, por exemplo, o procedimento de não renovação de determinados contratos de seguros que foram automaticamente reconduzidos por longo período e a justificativa repousa, quase sempre, mas não exclusivamente, no descumprimento do art. 774 do CC. A não convalidação do procedimento da seguradora, diante da dinâmica das cortes de justiça, denota, subliminarmente, a aplicação da *culpa* como um dos elementos para a responsabilização, uma vez caracterizada a falta[14]. Sobre a culpa, nesse contexto, atribuída de forma ampla, o professor Cavalieri fez a seguinte preleção a respeito: "o conceito estrito de ato ilícito, tendo a culpa como um dos seus elementos, tornou-se insatisfatório até mesmo na responsabilidade subjetiva"[15]. Fernando Jorge, por sua vez, preconiza que "a intensidade da intervenção da vontade pode ser diversa e essa diversidade interessa para o direito, porque fundamenta juízos de reprovação mais ou menos severos, ou seja, determina maior ou menor grau de culpabilidade"[16].

O comportamento indevido, nos termos do ordenamento jurídico, pode ainda gerar a responsabilização pelos eventuais prejuízos que foram perpetrados ao segurado, diante do fato de que a seguradora o retirou *propositadamente* do mercado concorrencial. Nessa

---

[14] É abusiva a cláusula contratual que prevê a possibilidade de não renovação automática do seguro de vida individual que foi renovado ininterruptamente por longo período (REsp 1.073.595/MG, 2ª Seção, rel. Min. Nancy Andrighi, j. 26.11.2008).

[15] CAVALIERI FILHO, Sergio. *Programa de responsabilidade civil*. 11. ed. São Paulo: Atlas, 2014. p. 24.

[16] JORGE, Fernando Pessoa. *Ensaio sobre os pressupostos da responsabilidade civil*. Coimbra: Almedina, 1999. p. 321.

senda, o *abuso do direito*, presente no art. 187 do CC, pode ser aventado, notadamente se ficar demonstrado que o segurado, mantido sob o regime apartado da concorrência pretensamente sadia, sofreu prejuízo financeiro em razão da chance que lhe foi retirada no tocante às sucessivas renovações do seu seguro, ao longo de determinado período, com termos e condições mais vantajosas para ele. Não é remota a tese, tampouco inexequível. Para Miragem, "os limites do fim econômico ou social, da boa-fé e dos bons costumes, ao constituírem cláusula geral, admitem a construção do seu significado por intermédio da interpretação e concreção dos conceitos"[17]. Há direito subjetivo na norma do art. 774 do CC, e o não cumprimento dela pode repercutir na esfera da responsabilidade civil do agente infrator.

Impende destacar, ainda na abordagem dos possíveis prejuízos sofridos pelo segurado afastado da concorrência, que os efeitos podem ser atenuados ou mesmo neutralizados em razão do avanço tecnológico representado pelas plataformas eletrônicas inovadoras de serviços, inclusive na indústria de seguros: *insurtechs*, alinhadas ao *open banking* e ao *open insurance*. Esses mecanismos modernizadores, considerando-se o escopo da operação e o tipo de seguro envolvido, permitem (facilitam) que os aderentes dos sistemas tenham acesso a diferentes ofertas de serviços da mesma natureza, podendo optar por aquele que apresentar maior vantagem ou preencher efetivamente os interesses particularizados. A tecnologia, portanto, pode superar ou transformar o preceito legal contido na norma do art. 774 num dispositivo sem importância alguma, deixando de apresentar qualquer tipo de reflexo negativo diante do seu descumprimento. Ainda nessa linha especulativa da possível responsabilização da seguradora que retira o segurado do mercado concorrencial, sendo a tecnologia um fator neutralizador dos efeitos, exsurge, ainda que de maneira exclusivamente dogmática e provocativa, o questionamento acerca da necessária *mitigação do dano* em face dos citados mecanismos. "De acordo com tal princípio, requer-se da parte prejudicada que realize medidas razoáveis para proteger os seus interesses quando o réu descumpre o contrato"[18]. A referida teoria, contudo, se pertinente a sua evocação, não terá respaldo na esfera dos seguros massificados, por razões óbvias, restando a eventual possibilidade apenas no campo dos grandes riscos, e a incidência da recondução, em especial a tácita, é praticamente nula no referido segmento. Entretanto, mesmo assim, convém suscitá-la. A menção à referida teoria tem apenas o objetivo de instigar a análise mais aprofundada do tema sem perder de vista os diferentes modelos de seguros existentes, assim como as situações também particularizadas que permeiam cada contrato, com destaque para os protagonistas do negócio e para a forma de realizá-lo, com diferentes pesos para os seguros massificados e os de grandes riscos. A teoria, inclusive, pode ser totalmente desproposital, mas, considerando-se as mais diferentes situações que podem emergir em negociações de seguros, não se pode simplesmente ignorar o tema. Para a caminhada dos próximos 20 anos de existência do Código Civil, a doutrina requer, desde logo, que determinados paradigmas ou dogmas sejam revisitados a fim de motivar o novo pensar. De toda forma, fazer prognósticos sobre a evolução contratual é

---

[17] MIRAGEM, Bruno. *Abuso do direito*: proteção da confiança e limite ao exercício das prerrogativas jurídicas no direito privado. Rio de janeiro: Forense, 2009. p. 246.

[18] MACEDO JR. Ronaldo Porto. *Contratos relacionais e defesa do consumidor*. 2. ed. São Paulo: Ed. RT, 2007. p. 176.

sempre arriscado, uma vez que os mais diversos fatores influenciadores podem mudar de direção no meio do caminho.

A intenção do legislador do CC/2002, ao determinar o comando da norma do art. 774 e conforme a doutrina recorrente, repise-se, teve como premissa *a proteção exclusiva dos segurados*. Há, contudo, doutrina indicando o fato de o interesse pela prorrogação tácita ser de ambas as partes, uma vez que ela pode proteger o segurado que se esquece de renovar o seguro no prazo do vencimento da apólice e o segurador que tem prolongada a relação contratual[19]. Sobre a proposição de existir vantagem única para a seguradora, recorrente na doutrina, não podem deixar de ser analisados os fatos concretos de cada caso, podendo ensejar, por hipótese, resultado reverso em determinadas situações pontuais. O envelhecimento do conjunto das pessoas seguradas, por exemplo, não existindo reconduções sucessivas e indeterminadas, pode ensejar a não continuidade do seguro. Diante da possibilidade de reanalisar as bases do seguro avençado, transcorridos dois anos (1 ano + 1 ano de recondução tácita prevista no art. 774), e com vistas à renovação sob a condição de um novo contrato a ser pactuado, nada impede que a seguradora, em primeiro plano, se recuse a aceitar/renovar o "novo" contrato de seguro. O fato de o segurado ficar liberado, transcorridos os dois anos, para negociar com a concorrência, não significa, necessariamente, que a proposta de seguro dele será aceita por outra seguradora ou, ainda que seja aceita, que a oferta dos termos e condições representará vantagens de fato em relação ao contrato de seguro imediatamente anterior. É plausível a materialização desse cenário aventado. Ademais, impende destacar que não há nenhum tipo de óbice no Código Civil, tampouco existe previsão de algum tipo de condicionante ou limite para a seguradora, no tocante à oferta dos termos e condições para a renovação, após o período de recondução tácita ou expressa. Desse modo, a seguradora com a qual o segurado manteve o contrato de seguro por dois anos pode, para aceitar/renovar, estabelecer novas bases de coberturas ou garantias, em patamares inferiores ao contrato imediatamente anterior cuja recondução tácita ou expressa prevista na apólice venceu. A continuidade do contrato de seguro, numa mesma seguradora e por longo período, não significa, apenas em razão do tempo, desvantagem para o segurado e vantagem exclusiva para a seguradora.

Não estão apartados dessa possibilidade fática mencionada nos parágrafos anteriores os seguros de pessoas, incluídas nessa categoria as apólices individuais e coletivas de seguro de vida. A hermenêutica contida no art. 774 já produziu e ainda produzirá conflitos, especialmente em situações de seguros de vida de longa duração, existindo ou não tratativas quando das renovações automáticas que ocorrem ao longo de muitos anos. Nesse tipo de seguro, a ideia de indeterminação do período de cobertura está compreendida na natureza dele. Salvo em situações muito específicas, assim como no caso do seguro de vida por tempo determinado enquanto durar a participação do estudante-segurado num curso de formação universitária, por exemplo, depreende-se a longa duração ou até mesmo a expectativa de cobertura pautada em toda a vida do segurado. Pontes de Miranda asseverou: "nos seguros de vida, a obrigação é certa, apenas não se sabe quando exsurgirá"[20]. A jurisprudência, todavia, claudica nesse tipo de consideração e estabelece mais de um critério de avaliação e decisão em virtude da readequação das bases do contrato de seguro de longa duração ou mesmo diante da descontinuidade dos contratos, promovida por seguradoras em apólices

---

[19] STIGLITZ, Rubén S. *Derecho de seguros*. 4. ed. Buenos Aires: La Ley, 2004. t. I. p. 700.
[20] PONTES DE MIRANDA, Francisco Cavalcanti. *Tratado de direito privado*. Rio de Janeiro: Borsoi, 1964. t. XLV. p. 305.

individuais e coletivas de seguros de vida de longa duração. Não resta, objetivamente, uma posição final do tribunal superior[21-22], ao menos duradoura, apesar de a tendência repousar no sentido de firmar entendimento favorável à descontinuidade em seguros de vida coletivos e à não admissibilidade nos seguros individuais. O disposto no art. 796 do CC interage no entendimento dessas questões e não deixa de torná-las ainda mais complexas, se não contraditórias.

Ao dispor o art. 796 que o prêmio do seguro de vida pode ser convencionado por *prazo limitado* ou por *toda a vida* do segurado, não resta dúvida de que o seguro pode ser contrato por prazo indeterminado e, como tal, não haveria como admitir a renovação anual, mas, sim, a presunção de que ele se renovará automaticamente por tempo indeterminado. Wendler assevera que a doutrina:

> (...) consolidou entendimento sobre ausência de ilegalidade na não renovação contratual em tema de seguro de vida em grupo, no que se refere ao seguro de vida individual o assunto foi enfrentado pelo STJ no julgamento do REsp 1.073.595/MG, de relatoria da Ministra Nancy Andrighi, (...) fixando o entendimento de que embora não se possa exigir que a seguradora permaneça amargando prejuízos para a manutenção do vínculo contratual, não é razoável supor que, de um ano para o outro, tenha sofrido uma "súbita" constatação de que sofrerá prejuízos em sua carteira de seguros de vida, justificando a completa alteração do sistema anterior contratado, de forma abrupta.[23]

Os contratos de seguros de vida individuais seriam, fundamentalmente, contratos relacionais, e os de vida em grupo não. Há, nesse julgamento, possível estímulo à comercia-

---

[21] STJ, REsp 1.422.191 (2013/0384779-2), rel. Min. Paulo de Tarso Sanseverino, j. 06.08.2015: "Seguro de Vida em Grupo. Denúncia imotivada do contrato renovado por mais de 30 anos. No contrato de seguro de vida, vende-se a segurança de que, passados vários anos do momento da contratação, já que, por instinto vital, as pessoas normalmente acreditam que seu passamento se dará para além da expectativa de vida – seus beneficiários, no mais das vezes os filhos, serão aquinhoados com o valor da indenização. (...) No curso de assomados anos de renovações contratuais, especialmente quando o contratante/consumidor, quando da denúncia, encontra-se em idade avançada, incide o que se denomina como *supressio*, pelo qual, presente na mais lídima boa-fé do segurado, afasta-se do contrato a possibilidade de o segurador proceder à sua não renovação sem que motivo plausível seja alegado".

[22] "Agravo regimental em recurso especial – Demanda postulando a manutenção do contrato de seguro de vida em grupo, ao argumento de que abusiva a resilição unilateral pela seguradora – Decisão monocrática dando provimento ao reclamo, restabelecida a sentença de improcedência. Insurgência do segurado. 1. Rescisão unilateral do contrato de seguro de vida em grupo. O exercício, pela seguradora, da faculdade (igualmente conferida ao consumidor) de não renovação do seguro coletivo, consoante estipulado em cláusula contratual, não encerra conduta abusiva sob a égide do Diploma Consumerista ou inobservância da boa-fé objetiva, notadamente na hipótese em que previamente notificado o segurado de sua intenção de rescisão unilateral (fundada na ocorrência de desequilíbrio atuarial) e não aceita a proposta alternativa apresentada. Precedente da Segunda Seção: REsp 880.605/RN, Rel. Ministro Luís Felipe Salomão, Rel. para Acórdão Ministro Massami Uyeda, julgado em 13.06.2012, DJe 17.09.2012. Inaplicabilidade da exegese firmada quando do julgamento do Recurso Especial 1.073.595/MG (Rel. Ministra Nancy Andrighi, Segunda Seção, julgado em 23.03.2011, DJe 29.04.2011), atinente a contrato de seguro de vida individual cativo de longa duração. 2. Agravo regimental não provido" (STJ, AgRg no REsp 1.210.136/SP, Rel. Min. Marco Buzzi, j. 19.09.2013).

[23] WENDLER, Anne Caroline. *Boa-fé objetiva nos contratos de seguro de vida*. Curitiba: Juruá, 2021. p. 71.

lização predatória dos seguros de vida, uma vez que as seguradoras poderão criar "cotações" extremamente atrativas para grupos jovens – para o período de 10 a 12 anos, e deixando, logo após a conclusão ou o atingimento desse período, de renovar os seguros. Ninguém pode desejar ou almejar que isso venha a acontecer de fato, tampouco é da essência do mercado segurador nacional agir de forma premeditada nesse sentido[24]. Todavia, a hipótese aventada não é totalmente inexequível. A título meramente comparativo, o microssistema pertinente aos Seguros-Saúde, Lei 9.656, de 3 de junho de 1998, acolhe a cativdade ínsita no referido contrato, determinando a renovação automática, conforme preceitua o art. 13, mormente para os planos coletivos. Nos planos individuais, a mesma Lei determina o prazo mínimo de um ano de vigência (parágrafo único do art. 13). Com essa determinação, o Seguro-Saúde diverge em relação aos Seguros de Vida, coletivos e individuais, invertendo o entendimento jurisprudencial.

O regramento contido no art. 774 do CC poderia ser mais transparente, apesar de que, em virtude das especificidades dos seguros, presentes em cada situação ou tipologia de riscos, dificilmente poderia existir, de maneira pacífica, um tratamento genérico perfeito e sem nenhum tipo de assimetria. Diante dessa constatação e com o intuito de preencher as eventuais lacunas por meio de normas infralegais, a pretensão pode tornar a situação ainda mais conflituosa. A doutrina consumerista é contundente sobre essas questões em face do desalinhamento que se constata entre a legítima expectativa criada no consumidor que contrata o seguro de vida e determinadas práticas do mercado de seguros, consideradas ilegítimas: *existência da cláusula de não renovação do contrato, por exemplo*. Na preleção de Sene:

> (...) existindo, pois, cláusula contratual que permita ao segurador a não renovação do contrato de seguro, esta deve ser considerada abusiva e por tal motivo declarada nula, pois, além de estar em desacordo com a técnica do nivelamento do prêmio, é absolutamente incompatível com a boa-fé objetiva, bem como coloca o consumidor de seguro em desvantagem exagerada.[25]

Judith Martins-Costa, para colmatar, apresenta a seguinte preleção: "em vista de uma relação jurídica desequilibrada, vêm os Tribunais operacionalizando a boa-fé em sua função de limite à conduta disfuncional; criadora de deveres anexos, integrativos do contrato; e como cânone de interpretação"[26]. Não parece pairar nenhum tipo de dúvida a respeito, uma vez prevalecendo a razoabilidade. Relembrando Bobbio, aos que se dedicam à teoria geral do Direito, deveriam se preocupar muito mais em saber "para que o direito serve" do que "como o direito é feito"[27].

O déficit de informação objetiva, presente em grande parte das contratações avençadas e que deveria ser prestada pelas seguradoras para os proponentes dos seguros de vida, individuais ou coletivos, no tocante à vigência temporária ou permanente, constitui

---

[24] POLIDO, Walter A. *Contrato de seguro e a atividade seguradora no Brasil*: direitos do consumidor. São Paulo: Roncarati, 2015. p. 119.
[25] SENE, Leone Trida. *Seguro de pessoas*: negativas de pagamento das seguradoras. 3. ed. Curitiba: Juruá, 2020. p. 158.
[26] MARTINS-COSTA, Judith. *A boa-fé no direito privado*: critérios para a sua aplicação. São Paulo: Marcial Pons, 2015. p. 350.
[27] BOBBIO, Norberto. *Da estrutura à função*. Barueri, SP: Manole, 2007. p. 53.

elemento nodal na análise das questões, aqui destacadas. Campoy, discorrendo sobre as diferenças e as semelhanças entre os seguros de acidentes pessoais e os de vida, preceitua que "ambos podem, ao menos em teoria, ser celebrados por prazo certo, por prazo indeterminado ou vitaliciamente"[28]. Na preleção da professora Claudia Lima Marques, "o contrato é de longa duração, de execução sucessiva e protraída, trazendo em si expectativas outras que os contratos de execução imediata"[29]. Nos seguros massificados, não se espera que os consumidores tenham conhecimento suficiente para diferenciarem as bases contratuais, quando implícitas ou não adequadamente comunicadas, na fase pré-contratual. O ônus informacional repousa com exclusividade na seguradora, não sendo compartilhado com os segurados-aderentes, sob qualquer pretexto.

O entendimento doutrinário acerca das questões relacionadas às renovações automáticas e sucessivas não é pacífico, repise-se, visto que autores entendem que o procedimento tem apenas o efeito de "excluir o consumidor do mercado, tornando-o cativo"[30]. Sobre esse posicionamento, todavia, já foram apresentadas, *retro*, prováveis argumentações contrárias diante da possível facilitação que a renovação não automática pode ensejar, no tocante à modificação dos contratos de seguros, também em prejuízo dos consumidores-segurados. O fato de eles poderem buscar, livremente, no mercado concorrencial, a cada período anual, possíveis novos termos e condições para os seus seguros não significa, necessariamente, que eles encontrarão apenas vantagens nessa sondagem comercial. Esse possível efeito contrário às pretensões dos segurados, contudo, não teria a menor chance de êxito, se a intermediação do seguro se desse de forma amplamente profissional pelo corretor de seguros, que tem a livre disposição para buscar as melhores condições aos clientes dele. Com base nessa proposição, compete destacar a comercialização de seguros realizada por meio de instituições financeiras, quase nunca assistidas por profissional do setor securitário, quiçá por corretor habilitado. Esse tipo de distribuição pode, de fato, resultar em prejuízo aos consumidores, muitas vezes com seguros renovados de forma automática e sucessivamente, sem qualquer submissão prévia aos interessados. O déficit informacional nesse tipo de operação é agigantado. Em face do descumprimento da norma contida no art. 774 do CC, conhecida a natureza e em consonância com as fontes do Direito, nos contratos de seguros massificados, forçosamente repercutirá a principiologia contida no CDC, com destaque nas cláusulas abusivas contidas no art. 51, entre elas aquelas preconizadas pelos incisos IV, IX, X, XI, XIII e XVI, § 1º, II e III.

Importante destacar, por ser relevante no estudo das questões relacionadas ao art. 774, que, nos seguros de grandes riscos, paritários por natureza, o tema arrefece e praticamente se extingue, uma vez que é pouco provável ocorrer a recondução tácita das apólices enquadradas nessa categoria. As partes celebrantes, não hipossuficientes, têm plena condição de estabelecer as bases que prevalecerão durante a vigência do contrato, inclusive sobre a sua renovação por período anual ou plurianual. Os riscos empresariais, em face da complexidade deles, com diferentes exposições e sujeitos a alterações de vários aspectos, requerem reavaliações constantes e atualizadas, razão da necessidade de as apólices serem renovadas

---

[28] CAMPOY, Adilson José. *Contrato de seguro de vida*. São Paulo: Ed. RT, 2014. p. 153.
[29] MARQUES, Claudia Lima. *Contratos no Código de Defesa do Consumidor*. 6. ed. São Paulo: Ed. RT, 2011. p. 104.
[30] RIBEIRO, Amadeu Carvalhaes. *Direito de seguros*: resseguro, seguro direto e distribuição de serviços. São Paulo: Atlas, 2006. p. 227.

a cada período predeterminado, e não reconduzidas. Fundamentalmente, o tema do art. 774 se relaciona aos seguros massificados.

Para finalizar a discussão sobre as vantagens ou as desvantagens de os contratos de seguros não serem automaticamente renovados, impende destacar que a *catividade* ínsita em alguns tipos deles, contrapondo a posição que apenas propaga vantagens em não havendo a possibilidade, pode, sim, propiciar benefícios aos segurados – e de várias ordens. Nem sempre a mudança regular e periódica da seguradora, com vistas apenas à preservação do princípio da liberdade concorrencial, pode agregar valor ao contrato de seguro avençado, e ele não está centrado tão somente no preço, precisamente no prêmio cobrado. A continuidade da relação contratual por período prolongado não é sinônimo, por si só, de possível perda financeira para o segurado. Longe disso, o aspecto relacional de longa duração entre segurado e seguradora estabelece maior conhecimento sobre os riscos garantidos e sobre a dinâmica que pode existir e modificá-los, continuamente. No caso de sobrevir um sinistro, algumas vezes tendo como fato gerador situação ou conjunto de situações bastante complexas, não resta dúvida de que o relacionamento contínuo e de longo período pode representar um elemento facilitador no ajustamento e na liquidação, nem sempre perfeitamente possível sem conflitos numa relação efêmera, de curta duração.

Nos seguros de pessoas, essa mesma constatação não se desfaz e, considerando-se a natureza do risco garantido, o qual apresenta a certeza quanto à materialização do sinistro, permanecendo a álea apenas no fator temporal, não parece que se possa propugnar pela regra da liberdade de concorrência como fator preponderante para orientar os segurados a buscarem, continuamente, por novas seguradoras, sempre visando às melhores condições. A conclusão é bastante lógica a esse respeito e até mesmo oposta à tese anunciada de só haver vantagens no fato de os segurados poderem buscar o mercado concorrencial anualmente. O contrato de seguro de vida tem caráter relacional de longa duração e sua catividade traduz maior segurança ao segurado ou ao conjunto de segurados e seus respectivos beneficiários.

REFERÊNCIAS BIBLIOGRÁFICAS

ALMEIDA, J. C. Moitinho de. *Contrato de seguro*: estudos. Coimbra: Coimbra Editora, 2009.

ALVIM, Pedro. *O contrato de seguro*. 2. ed. Rio de Janeiro: Forense, [s.d.].

BOBBIO, Norberto. *Da estrutura à função*. Barueri, SP: Manole, 2007.

CAMPOY, Adilson José. *Contrato de seguro de vida*. São Paulo: Ed. RT, 2014.

CAVALIERI FILHO, Sergio. *Programa de responsabilidade civil*. 11. ed. São Paulo: Atlas, 2014.

JORGE, Fernando Pessoa. *Ensaio sobre os pressupostos da responsabilidade civil*. Coimbra: Almedina, 1999.

MACEDO JR. Ronaldo Porto. *Contratos relacionais e defesa do consumidor*. 2. ed. São Paulo: Ed. RT, 2007.

MARQUES, Claudia Lima. *Contratos no Código de Defesa do Consumidor*. 6. ed. São Paulo: Ed. RT, 2011.

MARTINS-COSTA, Judith. *A boa-fé no direito privado*: critérios para a sua aplicação. São Paulo: Marcial Pons, 2015.

MIRAGEM, Bruno. *Abuso do direito*: proteção da confiança e limite ao exercício das prerrogativas jurídicas no direito privado. Rio de janeiro: Forense, 2009.

POLIDO, Walter A. *Contrato de seguro e a atividade seguradora no Brasil*: direitos do consumidor. São Paulo: Roncarati, 2015.

POLIDO, Walter A. Danos pessoais sofridos por empregados do segurado durante a circulação de veículos: aspectos jurídicos e técnicos das coberturas. *Direito do seguro contemporâneo*. Edição comemorativa dos 20 anos do IBDS. São Paulo: Contracorrente, 2021. v. I.

PONTES DE MIRANDA, Francisco Cavalcanti. *Tratado de direito privado*. Rio de Janeiro: Borsoi, 1964. t. XLV.

RIBEIRO, Amadeu Carvalhaes. *Direito de seguros*: resseguro, seguro direto e distribuição de serviços. São Paulo: Atlas, 2006.

SANTOS, Ricardo Bechara dos. *Direito de seguro no Novo Código Civil e legislação própria*. Rio de Janeiro: Forense, 2006.

SENE, Leone Trida. *Seguro de pessoas*: negativas de pagamento das seguradoras. 3. ed. Curitiba: Juruá, 2020.

STIGLITZ, Rubén S. *Derecho de seguros*. 4. ed. Buenos Aires: La Ley, 2004. t. I.

TZIRULNIK, Ernesto; CAVALCANTI, Flávio de Queiroz B.; PIMENTEL, Ayrton. O *Contrato de seguro de acordo com o Código Civil brasileiro*. 3. ed. São Paulo: Roncarati, 2016.

WENDLER, Anne Caroline. *Boa-fé objetiva nos contratos de seguro de vida*. Curitiba: Juruá, 2021.

COMENTÁRIOS AO ART. 775 DO CÓDIGO CIVIL

Walter A. Polido

Art. 775. Os agentes autorizados do segurador presumem-se seus representantes para todos os atos relativos aos contratos que agenciarem.

1. ORIGEM DA DISPOSIÇÃO E REGIME ANTERIOR

Sem artigo correspondente no CC anterior.

O termo "agente", empregado pelo legislador, certamente inovou e abriu porta para um sem-número de desdobramentos do tema. Sobre essa temática, impende destacar, desde logo, que o Capítulo XV do Título VI da Parte Especial do CC sequer mencionou o "corretor de seguros", este, sim, um elemento tradicional, o qual faz parte do mercado de seguros brasileiro, desde sempre. Foi mencionado também o "representante" do segurado e do beneficiário (art. 762) e do *proponente*-segurado (art. 766).

No mercado de seguros brasileiro, em face das múltiplas formas utilizadas para a distribuição dos seguros, vários tipos de atores realizam a comercialização. Normatizada por lei, apenas a profissão de "corretor de seguros". Por meio de ato administrativo, o mercado de seguros brasileiro criou a figura do "representante de seguro" (*rectius*, "agente de seguro"), cujas funções reportam, verdadeiramente, ao agente de seguros.

O "agente de seguros", não regulado, existe de fato e atua no mercado, mas as entidades representativas do sistema insistem em ignorar a realidade, não utilizando o termo. Nesse contexto, são conhecidas e atuam as seguintes figuras no mercado nacional: corretor de seguro; agente de seguro (não reconhecido); representante (legal); representante de seguro. Na categoria dos corretores de seguros, admite-se a figura do "preposto".

Destaca-se, desde logo, que, em relação aos empregados e aos prepostos das seguradoras, vinculados a elas e agindo em nome delas, com base nessas premissas, elas respondem sempre pelos seus atos em face dos proponentes de seguros e dos segurados (art. 932, III, do CC).

Convém conceituar todas essas figuras citadas de modo que fique claro que elas apresentam características próprias, não se equivalendo entre si.

A definição de "agente" está compreendida no próprio texto legal do Código Civil, conforme o disposto nos arts. 710 a 721. A tarefa empreendida pelo agente é *contínua* e *exclusiva* em relação ao proponente, e *não há vínculo de dependência* com ele. O agente pode representar o proponente na conclusão dos contratos. A doutrina não é uníssona a respeito do enquadramento do agente mencionado no art. 775, nas disposições enunciadas pelos arts. 710 a 721 do CC.

A definição de "corretor de seguro" está preconizada na Lei 4.594, de 29 de dezembro de 1964:

> Art. 1º O corretor de seguros, seja pessoa física ou jurídica, é o intermediário legalmente autorizado a angariar e a promover contratos de seguros, admitidos pela legislação vigente, entre as Sociedades de Seguros e as pessoas físicas ou jurídicas, de direito público ou privado.

O Decreto 56.903, de 24 de setembro de 1965, regulamentou o corretor de seguros de vida e de capitalização, nestes termos:

> Art. 1º O Corretor de seguros de Vida e de Capitalização, anteriormente denominado Agente, quer seja pessoa física ou jurídica, é o intermediário legalmente autorizado a angariar e a promover contratos de seguros de vida ou a colocar títulos de capitalização, admitidos pela legislação vigente, entre sociedades de seguros e capitalização e o público em geral.

Convém destacar que a legislação permite, ainda na atividade de corretagem de seguros, a atuação do "preposto"[1], e o corretor de seguros responde pelos atos dele. O termo *preposto*, utilizado com esse propósito pelo legislador em 1964, sempre se mostrou desconforme com o significado que se atribuía ao termo, especialmente no âmbito do direito do trabalho. A Consolidação das Leis do Trabalho, Decreto-lei 5.452/1943, denotava o vínculo empregatício do preposto com o empregador. Atualmente, o entendimento acerca dessa figura não permanece atrelado à CLT, mesmo porque as diferentes relações trabalhistas impõem concepções polissêmicas. Hoje, o termo "preposto" se mostra muito mais amplo, visto que "o conceito não se amolda a um simples cadastro, vai bem além, pois pressupõe que uma pessoa desenvolva atividade ou interesse de outra, sob suas instruções, havendo, portanto, caráter de subordinação".[2]-[3] De forma ampla, o termo pode ser aplicado para designar o auxiliar direto, um empregado, um subordinado, uma pessoa que recebe ordens de outra, ou um profissional liberal especialmente indicado para a realização de uma atividade específica. São pessoas com relação permanente ou temporária, com ou sem vínculo empregatício, às quais são outorgados poderes para representar a empresa perante outras pessoas.

> (...) o empregador responde objetivamente pelos atos ilícitos de seus empregados e prepostos praticados no exercício do trabalho que lhes competir, ou em razão dele (CC/2002, arts. 932, IIII, e 933) e que para o reconhecimento do vínculo de preposição

---

[1] Lei 4.594/1964: "Art. 12. O corretor de seguros poderá ter prepostos de sua livre escolha bem como designar, entre eles, o que o substitua nos impedimentos ou faltas".
[2] STJ, REsp 351.178-SP (2001/0108187-8).
[3] Ver: POLIDO, Walter A. Danos pessoais sofridos por empregados do segurado durante a circulação de veículos: aspectos jurídicos e técnicos das coberturas. *Direito do seguro contemporâneo*. Edição comemorativa dos 20 Anos do IBDS. São Paulo: Contracorrente, 2021. v. I. p. 289.

não é necessário que exista um contrato típico de trabalho, sendo bastante a relação de dependência ou que alguém preste serviço sob o interesse e o comando de outrem (...). (REsp 1.837.463-SP – Recurso Especial 2018/0203300-1)

Desde a promulgação da Lei 4.594/1964, até o momento atual, o termo "preposto" empregado pelo referido ordenamento, antes inadequado juridicamente, passou a ser visto com normalidade, mesmo porque os *prepostos* não têm vínculo empregatício com os corretores, e o atual conceito expandido acolhe essa particularidade. Necessário mencionar, ainda, o disposto no art. 34 do CDC, e, sob a ótica consumerista, o corretor de seguros é *solidariamente* responsável pelos atos de seus prepostos ou comitentes, ou seja, quem os nomeou ou estabeleceu relação de parceria onerosa em atividades econômicas. A responsabilidade civil é objetiva, conforme a indicação de Claudia Lima Marques, Herman Benjamin e Bruno Miragem:

> (...) a consequência da norma do art. 34 é que os deveres de boa-fé, de cuidado, de cooperação, de informação, de transparência, de respeito à confiança depositada pelos consumidores serão imputados a todos estes fornecedores diretos, indiretos, principais e auxiliares, e caberá a escolha, contra quem acionar ou a quem reclamar, somente ao consumidor.[4]

Ainda sobre a solidariedade, convém indicar que a revolução tecnológica que acontece de maneira dinâmica em todos os modais e com vistas à distribuição dos seguros, passando pela intermediação empreendida por diferentes protagonistas, não apresenta nenhum tipo que possa ensejar a exoneração de responsabilidade. Nem mesmo em relação à "economia compartilhada", cujo fenômeno é posterior ao surgimento do direito consumerista. Na dicção de Alvimar Almeida, "os novos fornecedores, nascidos deste mercado do compartilhamento – tanto os *matchmakers* como os fornecedores aparentes (ofertantes) – amoldam-se, por sua vez, à respectiva definição legal estabelecida no CDC"[5]. Não haveria qualquer razão para ser diferente, apesar de o Direito, de forma geral, ser construído a partir do fato.

A definição de "representante" (legal) está determinada no art. 115 do CC. Os poderes da representação são conferidos por lei ou por convenção particular, e a manifestação da vontade do representante, nos limites de seus poderes, produz efeito para o representado. O termo "representante", empregado no art. 762, se refere àquele que foi investido do poder de representação legal pelo segurado ou pelo beneficiário do seguro, e o art. 766 trata da representação conferida pelo "proponente" do seguro a outrem, na fase pré-contratual, embora o legislador tenha empregado o termo "segurado", indistintamente. Importante deixar claro que o corretor de seguros não é o representante legal do proponente, do segurado e do beneficiário, nos termos dos arts 762 e 766, salvo se lhe foi outorgado o poder de representação legalmente. De forma extravagante, o Decreto-lei 73, de 21 de novembro de 1966 (disposições gerais sobre o Sistema Nacional de Seguros Privados), preconiza, no seu art. 9º, a possibilidade de a proposta de seguro ser assinada pelo segurado (proponente),

---

[4] MARQUES, Claudia Lima; BENJAMIN, Antonio Herman V.; MIRAGEM, Bruno. *Comentários ao Código de Defesa do Consumidor*. 2. ed. São Paulo: Ed. RT, 2006. p. 510.

[5] ALMEIDA, Alvimar Virgílio de. *Proteção do consumidor na economia compartilhada*: a questão da responsabilidade civil. São Paulo: Dialética, 2022. p. 217.

seu representante legal ou por corretor de seguros habilitado. De todo modo, o referido ordenamento distinguiu o representante legal do corretor de seguros.

O "representante de seguros" (*rectius*, "agente de seguro"), figura criada pelo mercado de seguros brasileiro, foi instituída, primeiramente, por meio de ato administrativo, precisamente pela Resolução CNSP 296, de 25 de outubro de 2013[6], com o objetivo inicial de ajustar a comercialização do Seguro de Garantia Estendida, cujo segmento apresentava sérios desvios de finalidade sobre a produção de prêmios e respectiva distribuição. A Circular Susep 480, de 18 de dezembro de 2013, introduziu, para o mesmo segmento, a possibilidade de os seguros serem comercializados por "organizações varejistas"[7-8], em conformidade com a Resolução CNSP 297, de 25 de outubro de 2013, e esta disciplinou as operações das seguradoras por meio dos representantes de seguros. Posteriormente, a Resolução CNSP 297/2013 foi revogada pela Resolução CNSP 431, de 12 de novembro de 2021, a qual consolidou as alterações anteriores e definiu o representante de seguros,[9] e a Circular Susep 480/2013 foi revogada pela Circular 647, de 12 de novembro de 2021.

2. SENTIDO DA DISPOSIÇÃO E PRINCIPAIS CONTROVÉRSIAS NA SUA INTERPRETAÇÃO

A utilização dos termos citados no subitem precedente, de forma desmedida e sem o rigor jurídico adequado, gera conflitos, visto que eles não se equivalem, assim como já ficou demonstrado. Além disso, o mercado de seguros brasileiro praticamente sempre se pautou no tocante à intermediação dos contratos de seguros, na figura do *corretor de seguros*, apesar de as relações observadas na prática cotidiana demonstrarem situações híbridas. Tem sido comum e nem sempre perfeitamente identificável se o corretor de seguros está atuando de fato para os interesses dos seus "clientes", os *proponentes* (novos interessados na contratação de seguro) e os *segurados* (renovações dos contratos já existentes), ou para

---

[6] Resolução CNSP 296/2013: "Art. 3º A contratação do seguro de garantia estendida pelo segurado é facultativa e poderá ser efetuada, somente durante a vigência da garantia do fornecedor do bem, pelos seguintes meios: I – diretamente, junto à sociedade seguradora ou aos seus representantes de seguros; II – por intermédio de corretor de seguros devidamente habilitado. § 1º A contratação do seguro de garantia estendida poderá ser realizada por meios remotos, na forma estabelecida em legislação específica".

[7] Resolução CNSP 480/2013: "Art. 9º Os planos de seguros ofertados por organizações varejistas deverão estar em conformidade com os requisitos estabelecidos na Resolução CNSP n.º 297, de 24 de outubro de 2013, que disciplina as operações das sociedades seguradoras por meio de seus representantes de seguros, observando o prazo limite para adequação".

[8] Circular Susep 480/2013: "§ 1º Para efeitos desta Circular, entende-se como 'organização varejista' qualquer organização que pratique as atividades de venda, revenda ou distribuição de mercadorias, novas ou usadas, em loja ou por outros meios, incluindo meios remotos, preponderantemente para o consumidor final para consumo pessoal ou não comercial".

[9] Resolução CNSP 431/2021: "Art. 1º Disciplinar as operações das sociedades seguradoras por meio de seus representantes de seguros. § 1º Considera-se representante de seguros, para efeito desta Resolução, a pessoa jurídica que assumir a obrigação de promover, ofertar ou distribuir produtos de seguros, em caráter não eventual e sem vínculos de dependência, à conta e em nome de sociedade seguradora, sem prejuízo de realização de outras atividades. § 2º O representante de seguros é um agente autorizado da sociedade seguradora, não possui poderes de representação dos segurados e é considerado intermediário dos produtos da sociedade seguradora"; "Art. 2º É vedada a atuação de corretor de seguros e seus prepostos como representantes de seguros".

as "seguradoras". A mescla que se verifica no mercado de seguros nacional, com expressiva frequência de ocorrências, tem viés espúrio, uma vez que a confusão dos papéis desvirtua a concepção original da atividade de corretagem de seguros.

O corretor de seguros deve atender aos *interesses dos proponentes/segurados*, desde a fase pré-contratual (informacional sobre os riscos e as condições contratuais das coberturas desejadas; identificação e escolha da seguradora que oferecer os melhores termos e condições), estendendo-se para a execução/vigência do contrato de seguro (possíveis alterações dos riscos e afins) e também a ocorrência e a reclamação-liquidação do sinistro, assim como o procedimento de renovação da apólice. Do corretor de seguros, assim situado, espera-se a atuação profissional e diligente em relação ao seu cliente (o segurado), de modo que este possa alcançar a expectativa máxima na avença, representada pela indenidade se o sinistro se materializar. Antes disso ou independentemente do sinistro, o contrato de seguro deve proporcionar o sentimento de tranquilidade necessária para quem o contrata, ou seja, segurança e confiança de que o interesse segurável está efetivamente garantido pela seguradora. Essas premissas não podem ser desconstruídas e sequer podem ser relativizadas durante o procedimento da contratação do seguro. Se, durante a atuação do corretor de seguros, *prevalecer o interesse da seguradora*, em detrimento do interesse do segurado, então estará descaracterizada a *corretagem*, protagonizando a atuação do *agente de seguro*. A dubiedade ou a certeza de que o corretor deixou de atender ao interesse do seu cliente, para proteger, em primeiro plano, a seguradora, traz reflexo jurídico: *a solidariedade*. A dicção do art. 775 é nesse sentido, sem qualquer ressalva.

O corretor de seguros típico, atuando no âmbito de suas prerrogativas e funções de atendimento dos proponentes-segurados, não responde solidariamente com a seguradora, mesmo porque ele não a representa, visto que a sua atuação é independente. O disposto no art. 20 da Lei 4.594/1964, reguladora da profissão de corretor de seguros, ratifica esse entendimento: "Art. 20. O corretor responderá profissional e civilmente pelas declarações inexatas contidas em propostas por ele assinadas, independentemente das sanções que forem cabíveis a outros responsáveis pela infração".

Quando da revisão e flexibilização do estoque regulatório do setor securitário promovidas pela Superintendência de Seguros Privados, desde o final de 2020, a Circular Susep 621, de 12 de fevereiro de 2021 (regras de funcionamento das coberturas dos seguros de danos), por meio do art. 6º, determinou o seguinte: "Art. 6º As sociedades seguradoras são responsáveis direta ou indiretamente pelas informações e serviços prestados por seus intermediários e todos aqueles que comercializarem seus produtos". Em que pese a verdadeira revolução promovida pela referida autarquia no mercado de seguros brasileiro, recolocando-o no rumo dos mercados desenvolvidos e maduros, o dispositivo contido no art. 6º do ato administrativo foi infeliz e desproposital. Não compete, inclusive, à Susep legislar sobre seguros, sendo essa matéria exclusividade da União, conforme o disposto no art. 22, VII, da CF. A desinteligência do texto normativo, de qualquer forma, jamais terá o condão de promover qualquer elisão da responsabilidade civil dos corretores de seguros, nos limites da atuação profissional e individualizada deles. E, ainda que eventual entendimento das cortes de justiça opere em sentido contrário a essa afirmação, a seguradora, uma vez sub-rogada, tem legitimidade para buscar o ressarcimento devido junto ao corretor de seguros que causou o prejuízo indevido que resultou na indenização por força de decisão judicial[10].

---

[10] "4. O art. 126 do DL nº 73/66 não afasta a responsabilidade solidária entre corretoras e seguradoras; ao contrário, confirma-a, fixando o direito de regresso destas por danos causados por

No tocante, ainda, à responsabilização do corretor de seguros, o Decreto-lei 73/1966 preconiza, no seu art. 126: "O corretor de seguros responderá civilmente perante os segurados e as Sociedades Seguradoras pelos prejuízos que causar, por omissão, imperícia ou negligência no exercício da profissão".

O "agente de seguros", podendo atuar com exclusividade para uma seguradora ou em conjunto com outras, traz implícita a solidariedade entre as partes, uma vez que ele representa a(s) seguradora(s) na sua atuação. Ele, o agente, comercializa os produtos de seguros dela, com exclusividade em cada tipo. Diferencia o agente do corretor de seguros o fato de, em princípio, não caber a sub-rogação de direitos da seguradora contra o agente, visto que ele age em nome e por conta dela diretamente, ainda que não exista vínculo de dependência exclusiva.

No mercado de seguros nacional, buscou-se ignorar desde sempre ou mesmo apagar a figura do *agente de seguros*, inclusive na legislação pertinente, com destaque a partir da edição do já citado DL 73/1966, o qual, ao traçar as linhas gerais do sistema nacional de seguros, além de atribuir funções às entidades componentes do mercado, tipificou o *corretor de seguros* sob a condição de intermediário na atividade seguradora (art. 8º, *e*). A partir do referido marco regulatório, a atividade profissional de intermediação dos seguros se pautou pela exclusividade dos corretores de seguros, sem qualquer admissão da figura do agente, apesar de ele sempre ter existido no mercado e atuar *de fato* conforme as funções destinadas ao tipo. Não causou surpresa, inclusive, a determinação normativa que criou o "representante de seguro" (*rectius*: "agente de seguro"), em vez de utilizar a nomenclatura correta e atribuível ao profissional que atua sob os parâmetros determinados, em qualquer parte do mundo. Não deixa de ser extravagante a situação, e já passou a hora de corrigir essa deficiência. Importante deixar destacado, de qualquer forma, que o simples fato de o ato normativo tipificar o *representante de seguro*, apesar do que dispõe o art. 755 do CC, não significa que os *agentes* não atuem no Brasil, de forma anômala. O ideal seria que a profissão tivesse a sua regulamentação objetivada, mesmo porque discute-se, doutrinariamente, se a disposição prescrita no art. 755 é autoaplicável ou apresenta eficácia contida. Enquanto essa providência não for tomada, a atuação dos agentes continuará sendo mesclada com a dos corretores de seguros e a figura a que se atribuiu o nome de "representante do seguro" (*rectius*: "agente de seguro").

Convém destacar que a doutrina tem debatido o fato de o "agente" mencionado no art. 775 do CC ser o mesmo ou não daquele tipificado nos arts. 710 a 721 do referido ordenamento civil. Na preleção de Delgado, desqualificando a equiparação, "o corretor não realiza o negócio principal, nem tem à sua disposição coisa a ser negociada. Ele é, apenas, um intermediário entre o segurador e o segurado"[11]. Tzirulnik, Cavalcanti e Pimentel reconhecem a figura do agente do art. 775 àquela do art. 710 do CC, mas reforçam que ele tem de receber poderes (parágrafo único do art. 710 do CC) para representar na conclusão dos contratos: "na falta destes poderes, o seu desempenho ficará restrito ao acerto dos negócios, reservando-se ao proponente a exclusividade para a conclusão"[12]. Fica, diante

---

aquelas", conforme o teor do REsp 1.077.911/SP (2008/0169205-6), rel. Min. Nancy Andrighi, 3ª T., j. 04.10.2011.

[11] DELGADO, José Augusto. *Comentários ao novo Código Civil*. Rio de Janeiro: Forense, 2004. v. XI. t. I. p. 353.

[12] TZIRULNIK, Ernesto; CAVALCANTI, Flávio de Queiroz B.; PIMENTEL, Ayrton. *O contrato de seguro de acordo com o Código Civil brasileiro*. 3. ed. São Paulo: Roncarati, 2016. p. 158.

dessa retórica, patenteada a necessidade de o ordenamento jurídico nacional prever a figura do *agente de seguros*, especificamente, reformulando e atualizando a Lei 4.594/1964 (que regulamenta a profissão de corretor de seguros), visto que o Código Civil, por si só, não oferece a concretude desejada ao tema e lhe faltam as especificidades encontradas no setor da intermediação dos seguros.

3. DISPOSIÇÕES RELACIONADAS

Nos mercados de seguros externos, notadamente nos países desenvolvidos, a questão relacionada ao corretor e ao agente de seguros segue uma linha de tratamento quase uniforme, pautada na diferenciação elementar entre um e outro: o corretor não representa a seguradora, mas o agente, sim.

Na União Europeia, a Diretiva 2002/92/EC (*Insurance Mediation Directive* – Mediação de Seguros), modificada pelas Diretivas 2014/65/CE e 2016/97/CE, preconiza as seguintes definições que interessam na análise do tema objeto deste texto:

> "Mediação de seguros" – atividades que consistem em apresentar, propor ou praticar ato preparatório da celebração de um contrato de seguro, ou em celebrar esses contratos, de apoiar a gestão e execução desses contratos, em especial em caso de sinistro.
>
> "Mediador de seguros" – qualquer pessoa singular ou coletiva que inicie ou exerça, mediante remuneração, a atividade de mediação de seguros.
>
> "Mediador de seguros ligado"[13] – qualquer pessoa que exerça uma atividade de mediação de seguros, em nome e por conta de uma empresa de seguros ou de várias empresas de seguros, caso os produtos não sejam concorrentes, mas que não receba prêmios nem somas destinadas ao cliente e atue sob a inteira responsabilidade dessas empresas de seguros, no que se refere aos respectivos produtos. Considera-se igualmente mediador de seguros ligado, agindo sob a responsabilidade de uma ou várias empresas de seguros, no que se refere aos respectivos produtos, qualquer pessoa que exerça uma atividade de mediação de seguros, em complemento da sua atividade profissional principal, sempre que o seguro constitua um complemento dos bens ou serviços fornecidos no âmbito dessa ocupação principal e que não receba prêmios nem somas destinadas ao cliente.

Na Alemanha, o *corretor de seguros* (*Versicherungsmakler*) é um vendedor independente de seguros que atua com base em um contrato de corretagem (§§ 652 e 675 do Código Civil Alemão [BGB]) com o segurado. O corretor de seguros é uma pessoa de confiança do segurado. O regime de responsabilidade para o *agente de seguros* (*Versicherungsvertreter*) não é aplicável ao corretor de seguros. Nesse sentido, possíveis informações equivocadas ou garantias feitas pelo corretor de seguros não vinculam a seguradora.

Nos EUA, as operações dos intermediários de seguros são reguladas por leis estaduais, e, apesar da diversidade normativa, as bases se concentram na categoria dos *agentes*, podendo ser independentes ou exclusivos, e a responsabilidade da seguradora fica pautada no fato de o intermediário representá-la diretamente ou não, mesmo porque ele pode representar o segurado, e não ela. A *National Association of Insurance Commissioners* (NAIC), a qual

---

[13] A expressão denota a figura do "agente de seguros".

congrega os reguladores de seguros dos Estados americanos, busca unificar o regramento da intermediação. Prevê, por exemplo, a obrigação de os intermediários divulgarem a seus clientes as comissões recebidas das seguradoras, sempre que a situação do negócio apresentar potencial conflito de interesses. A busca pela preservação dos direitos dos consumidores de seguros é o pêndulo moderador no mercado americano. As funções esperadas dos corretores e dos agentes de seguros não podem permanecer obscuras aos proponentes-segurados. Felipe Bastos, sobre essa indicação mandatória, preleciona, assertivamente, o seguinte:

> (...) dessa relação de agência emanam deveres fiduciários de lealdade e de cuidado, que incluem deveres de informação, confidencialidade, não concorrência etc., do corretor e do agente de seguros para com os seus contratantes, sejam eles segurados ou seguradoras.[14]

Ainda em relação ao mercado americano, usualmente é vedado ao agente exclusivo contratar ou firmar negócios novos ou de renovação com qualquer outra seguradora, salvo em três situações: (i) os acordos de agenciamento exclusivo de algumas seguradoras prevalecem apenas na hipótese de a seguradora principal ter a primeira opção de subscrever ou renovar o negócio comercializado pelo agente; (ii) apesar do que o contrato possa determinar, muitas seguradoras que operam por meio do sistema de agência exclusiva fazem pouca ou nenhuma tentativa de impor restrições aos seus agentes, e, na prática – especialmente quando o agente produz um volume aceitável de negócios para a seguradora –, a restrição poderia apenas ensejar que o agente perdesse o negócio para um concorrente dele; e (iii) todos os agentes licenciados são autorizados a intermediar seguros de programas governamentais, como o programa nacional de seguro contra enchentes e outras exceções previstas nos contratos de agenciamento, conforme Malecki et al[15].

O tema "intermediação de seguros", em face do anacronismo patenteado da legislação brasileira, mormente a Lei 4.594/1964 (regulamentadora da profissão de corretor de seguros) e o DL 73/1966 (do sistema nacional de seguros privados), carece de reformulação em face da evolução do Direito e da prática usual do mercado de seguros nacional, atualizando as normas para o século XXI. Em razão também do fenômeno da autorregulação[16] da atividade de intermediação de seguros, exsurge a necessidade premente de inovação, e a tarefa não pode permanecer, por razões óbvias, sob o controle absoluto das entidades representativas da classe dos corretores de seguros. Quanto ao *direito consumerista*, este, sim, deve ser o norte para a mencionada atualização, mantendo-se, de forma inequívoca e proativa, o Estado na tarefa conducente da normatização das bases da autorregulação e afastada a prerrogativa exclusiva dos próprios *intermediários* em primeiro plano. Esse paradigma, com viés principiológico, tem escudado as legislações normativas do setor, no mundo todo, não oferecendo espaço para a preservação de interesses classistas de índole corporativista e/ou ideológica.

---

[14] BASTOS, Felipe. A regulação do agente de seguros no direito brasileiro e sua inter-relação com a atuação do corretor de seguros no país e no direito comparado. In: POLIDO, Walter et al. (coord.). *Em debate*, n. 8. Rio de Janeiro: Funenseg, 2014. p. 65.

[15] MALECKI, Donald S. et al. *Commercial Liability Risk Management and Insurance*. 2. ed. Malvern, PA: American Institute For Chartered Property Casualty Underwriters, 1986. v. II. p. 254.

[16] Ver: GALIZA, Francisco José dos Santos. *Um estudo sobre autorregulação dos corretores de seguros e na corretagem de seguros*. Rio de Janeiro: ENS, 2016.

Conforme a análise feita por Felipe Bastos, "os problemas de conflitos de interesses, do comprometimento da independência dos intermediários de seguros e de falta de transparência nesse segmento somente recebeu atenção das autoridades brasileiras muito recentemente"[17]. O *status quo* que reina no Brasil desde sempre não pode e não deve permanecer por mais tempo. As autoridades brasileiras precisam terminar, de forma célere, o trabalho já iniciado.

REFERÊNCIAS BIBLIOGRÁFICAS

ALMEIDA, Alvimar Virgílio de. *Proteção do consumidor na economia compartilhada*: a questão da responsabilidade civil. São Paulo: Dialética, 2022.

BASTOS, Felipe. A regulação do agente de seguros no direito brasileiro e sua inter-relação com a atuação do corretor de seguros no país e no direito comparado. In: POLIDO, Walter et al. (coord.). *Em debate*, n. 8. Rio de Janeiro: Funenseg, 2014.

BASTOS, Felipe. A quem serve o corretor de seguros? Intermediação de seguros no Brasil, conflitos de interesses e a cultura da não transparência. In: GOLDBERG, Ilan; JUNQUEIRA, Thiago. *Temas atuais de direito dos seguros*. São Paulo: Ed. RT, 2020. t. I.

DELGADO, José Augusto. *Comentários ao novo Código Civil*. Rio de Janeiro: Forense, 2004. v. XI. t. I.

GALIZA, Francisco José dos Santos. *Um estudo sobre autorregulação dos corretores de seguros e na corretagem de seguros*. Rio de Janeiro: ENS, 2016.

MALECKI, Donald S. et al. *Commercial Liability Risk Management and Insurance*. 2. ed. Malvern, PA: American Institute For Chartered Property Casualty Underwriters, 1986. v. II.

MARQUES, Claudia Lima; BENJAMIN, Antonio Herman V.; MIRAGEM, Bruno. *Comentários ao Código de Defesa do Consumidor*. 2. ed. São Paulo: Ed. RT, 2006.

POLIDO, Walter A. Danos pessoais sofridos por empregados do segurado durante a circulação de veículos: aspectos jurídicos e técnicos das coberturas. *Direito do seguro contemporâneo*. Edição comemorativa dos 20 Anos do IBDS. São Paulo: Contracorrente, 2021. v. I.

TZIRULNIK, Ernesto; CAVALCANTI, Flávio de Queiroz B.; PIMENTEL, Ayrton. *O contrato de seguro de acordo com o Código Civil brasileiro*. 3. ed. São Paulo: Roncarati, 2016.

---

[17] BASTOS, Felipe. A quem serve o corretor de seguros? Intermediação de seguros no Brasil, conflitos de interesses e a cultura da não transparência. In: GOLDBERG, Ilan; JUNQUEIRA, Thiago. *Temas atuais de direito dos seguros*. São Paulo: Ed. RT, 2020. t. I. p. 350.

COMENTÁRIOS AO ART. 776 DO CÓDIGO CIVIL

Walter A. Polido

Art. 776. O segurador é obrigado a pagar em dinheiro o prejuízo resultante do risco assumido, salvo se convencionada a reposição da coisa.

1. ORIGEM DA DISPOSIÇÃO E REGIME ANTERIOR

Conforme o art. 1.458 do CC/1916: "O segurador é obrigado a pagar em dinheiro o prejuízo resultante do risco assumido e, conforme as circunstâncias, o valor total da coisa segura".

O teor contido no art. 776 reconduziu em parte a matéria objeto da norma anterior, modificando o seu conteúdo (pagamento em dinheiro *ou reposição da coisa*), uma vez que o art. 1.458 do CC de 1916 tratava de temas não da mesma natureza: pagamento da indenização em dinheiro e pagamento pelo valor total da coisa.

O legislador do CC/2002, repise-se, simplificou o texto da norma, deixando de fora a expressão "pagamento pelo valor total da coisa", cujo teor não tem o mesmo significado da expressão que foi acrescida: "reposição da coisa". O pagamento pelo valor total da coisa diz respeito, tudo indica, ao seguro contratado a primeiro risco absoluto, ao qual não se aplica o rateio. Trata-se, portanto, de matéria técnica inerente à atividade seguradora, não suscetível de normatização legislativa. A prática usual do mercado de seguros estabelece os padrões de garantias dos diferentes tipos de seguros, cuja razão deve ter motivado o legislador na redação do art. 776.

Nos seguros de pessoas, a indenização paga, longe da conotação de reparar um dano ou um prejuízo patrimonial, tem um sentido de *previdência* e, como tal, a indenização é *compensatória*, conforme o ensinamento da professora Vera Helena de Mello Franco[1]. Os denominados "novos direitos" também comportam indenização compensatória, e, na pós-modernidade, já se discute também a *indenização sem danos* e pautada na pressuposição da responsabilidade pelo *princípio da prevenção*. Essa responsabilidade "açambarca os danos potenciais, visíveis, invisíveis, previsíveis, prováveis e improváveis, concretos e

---

[1] FRANCO, Vera Helena de Mello. *Contratos*. Direito civil e empresarial. São Paulo: Ed. RT, 2009. p. 320.

atuais, conferindo a cada um deles uma adequada tutela – de precaução, de prevenção (ex.: CDC, art. 84; CPC/73, art. 461[2]) e (ou) de reparação"[3], conforme Pablo Frota, e o contrato de seguro, como instrumento garantidor de *interesses seguráveis legítimos*, não pode se furtar a enfrentar esse tipo de desdobramento jurídico.

A cumulação de indenização pecuniária e não pecuniária também é acolhida pela jurisprudência pátria, em situações incontroversas.

2. SENTIDO DA DISPOSIÇÃO E PRINCIPAIS CONTROVÉRSIAS NA SUA INTERPRETAÇÃO

O pagamento da indenização em dinheiro, durante a regência do CC anterior, vinha determinado nas apólices, de forma ampla, sem que suscitasse qualquer tipo de controvérsia a respeito. As condições contratuais comercializadas pelo mercado nacional, por ocasião da vigência do CC/1916, muitas ou a grande maioria delas provenientes de textos estrangeiros, apresentavam determinadas exceções, assim como em relação aos Seguros de Automóveis, conforme a indicação de Pedro Alvim: "estabelece a apólice-padrão que o segurador poderá optar por: a) indenizar em espécie; b) mandar reparar os danos; ou c) substituir o veículo por outro equivalente"[4]. Impende destacar que é usual as seguradoras utilizarem essa mesma condição nos dias atuais, nos Seguros de Automóveis, ressalvando que a escolha é discricionária somente para elas. O segurado não pode exigir uma das opções sinalizadas nas condições contratuais da apólice, mas, assim como lembram Tzirulnik, Cavalcanti e Pimentel, a "prestação em dinheiro é direito subjetivo do segurado, não podendo o mesmo ser forçado a receber coisa diversa, ainda que mais valiosa, nos exatos termos do art. 313, salvo cláusula contratual em sentido diverso"[5].

Não consta, na prática cotidiana do mercado de seguros brasileiro, que automóveis sinistrados tenham sido repostos pelas seguradoras, em vez de os segurados receberem indenização em dinheiro. A manutenção dos mencionados termos nas condições contratuais do Seguro de Automóveis, na atualidade, está muito mais relacionada ao fato de o mercado não ter como padrão a atualização constante dos clausulados do que quanto à intenção de manter as diferentes opções de liquidação das apólices sinistradas. O conservadorismo é patente até mesmo em relação a situações obsoletas como essa, demonstrada nos parágrafos anteriores. A inovação das bases contratuais, contudo, é uma necessidade premente e mandatória.

As seguradoras, no passado, também previam a possibilidade de repor vidros nos Seguros de Incêndio, em vez de indenizar os segurados em dinheiro.

Sobre a prevalência do critério de pagamento da indenização em dinheiro, na atualidade, apesar da desatualização das condições contratuais das apólices brasileiras, em alguns modelos de apólices comercializadas que oferecem outras possibilidades, mas sem nunca

---

[2] Atual art. 536 do Código de Processo Civil de 2015.
[3] FROTA, Pablo Malheiros da Cunha. *Responsabilidade por danos*: imputação e nexo de causalidade. Curitiba: Juruá, 2014. p. 228.
[4] ALVIM, Pedro. *O contrato de seguro*. 2. ed. Rio de Janeiro: Forense, [s.d.]. p. 439.
[5] TZIRULNIK, Ernesto; CAVALCANTI, Flávio de Queiróz B.; PIMENTEL, Ayrton. *O contrato de seguro de acordo com o Código Civil Brasileiro*. 3. ed. São Paulo: Roncarati, 2016. p. 164.

terem sido concretizadas, impõe-se sem qualquer tipo de conflito. Não suscita qualquer tipo de dúvida a universalidade do procedimento de pagamento da indenização em dinheiro, haja vista a simplificação operacional que a operação representa. A reposição acarretaria despesas administrativas extraordinárias para as seguradoras, que se envolveriam, compulsoriamente, com a aquisição de bens em geral e de todos os tipos, a fim de realizarem a devida reposição aos seus segurados.

Dependendo da natureza do interesse segurado, pode ocorrer algum tipo de tratamento diverso da regra geral, assim como no caso de determinadas modalidades do Seguro-Garantia, cujo objeto se pauta na obrigação de fazer. Com essa vertente, a seguradora pode tomar para ela a obrigação, advindo o sinistro, contratando outra empresa que substituirá o tomador para adimplir o contrato que foi avençado pelo tomador original junto ao segurado. De todo modo, "o segurado deve aceitar ou não a proposta do segurador e, principalmente, estar confortável com a empresa responsável pela retomada e conclusão das obras", conforme Poletto[6]. No Seguro-Saúde, a garantia se assenta, usualmente, na prestação de serviços médico-hospitalares ao segurado. O Seguro de Viagens também garante assistência e prestação de determinados serviços, incluindo os de natureza médica-hospitalar, sem pagamento em dinheiro.

Apesar de o CC atual acolher conceitos consentâneos com a época na qual ele foi concebido e promulgado e com a pretensão de se descolar do anterior, concebido sob a égide do patrimonialismo oitocentista, mesmo assim ele se apresentou conservador. Determinados "novos" direitos, mesmo que tenham sido postulados há 20 anos, ainda não são integralmente explorados, sequer pela doutrina. O disposto no art. 949[7], para exemplificar, reflete esse pensamento, em face do dispositivo bastante amplo que ele contém: "além de outro prejuízo que o ofendido prove haver sofrido". Com esse teor, o referido artigo absorve várias parcelas de situações geradoras de danos e propicia um espectro bastante largo em termos do "*quantum* indenizatório" que pode ser considerado. Nessa senda, os danos extrapatrimoniais, assim como os novos direitos[8], adquirem um viés de "compensação" no trato da indenização devida pelo contrato de seguro; não há reposição em relação ao direito transgredido, tampouco indenização, no sentido estrito do termo. Nessas categorias, despontam: os danos morais individuais e coletivos; os danos existenciais; os danos psíquicos; os danos sexuais; os danos pelo abandono afetivo; os prejuízos ao projeto de vida do ofendido; o prejuízo temporal do consumidor; o dano social; a perda de chance ou de oportunidade; entre outros. As condutas antijurídicas também se inovam e se desdobram na sociedade pós-moderna, assim como as percepções sobre os prejuízos. O Direito não fica alheio a essas construções doutrinárias, jurisprudenciais e legislativas, repercutindo, igualmente, nos contratos de seguros. O enfrentamento dessas demandas é mandatório e os contratos de seguros não ficam alheios, tampouco podem permanecer inertes e escudados em determinados termos que há muito deixaram de contemplar a inovação requerida. Para exemplificar, a definição

---

[6] POLETTO, Gladimir Adriani. *O seguro-garantia*. São Paulo: Roncarati, 2021. p. 239.
[7] Art. 949 do CC: "No caso de lesão ou outra ofensa à saúde, o ofensor indenizará o ofendido das despesas do tratamento e dos lucros cessantes até o fim da convalescença, além de algum outro prejuízo que o ofendido prove haver sofrido".
[8] Ver BORGES, Gustavo; MAIA, Maurílio Casas (org.). *Novos danos na pós-modernidade*. Belo Horizonte: D'Plácido, 2020.

utilizada reiteradamente pelo mercado de seguros brasileiro para "danos corporais"[9], nos mais diferentes tipos de seguros de responsabilidade civil, não se sustenta na atualidade em face dos novos direitos e do interesse segurável presente também neles, uma vez que os segurados estão expostos e podem ser instados a indenizá-los a qualquer tempo. Na visão moderna, o "dano corporal indenizável é o que sobrevém ao indivíduo, afetando sua condição de saúde e de vida"[10], portanto, de forma muito mais ampla e complexa do que a definição singela ainda encontrada nas apólices de seguros, conforme já foi citado, *retro*. Na preleção de Gaspar e Chichorro, "o dano corporal é algo que difere da dicotomia danos patrimoniais e não patrimoniais. (...) é tido como um *tertium genus* do dano por referência àqueles dois"[11]. Com esse sentido, há o fato de a jurisprudência nacional acolher, também em virtude do *princípio da reparação integral*, a cumulação da reparação *não pecuniária* (consistente na realização de cirurgia plástica reparadora por conta de danos médicos, por exemplo) e a indenização em dinheiro[12].

De forma resumida, é importante destacar que a doutrina se espraia no tocante às tutelas preventiva e ressarcitória contidas no Direito, mormente para situações presentes na sociedade em razão da inovação tecnológica, também respaldada no princípio do risco de desenvolvimento. Para exemplificar, em relação aos produtos que contêm elementos de nanotecnologia, conforme a pesquisa acurada de Borjes, Gomes e Engelmann, "é possível utilizar-se de uma medida preventiva, evitando a ocorrência de um dano futuro", ao mesmo tempo que deve "proteger a vítima, admitindo a flexibilização do nexo causal, para que a falha dele não inviabilize a pretensão reparatória"[13]. Em sede ambiental, Patrícia Lemos propugna, no mesmo sentido, pela "implementação da responsabilidade civil em face de atividades potencialmente poluidoras, ainda que não haja um dano concreto, mas apenas um sinal de alta probabilidade de que ele ocorrerá"[14]. As possíveis implicações econômico-financeiras advindas das medidas preventivas aqui retratadas têm elementos suficientes para se consubstanciarem em verdadeiros "interesses seguráveis", modificando os conceitos conhecidos e praticados em sede securitária até o momento. O mercado de seguros nacional precisa enfrentar essas novas vertentes, para analisar as exposições de cada risco, precificando-as e transformando-as em garantias de coberturas em face dos possíveis prejuízos seguráveis. Todos os movimentos transformadores que impactam a sociedade pós-moderna atingem também a atividade seguradora, não havendo como o

---

[9] "Danos Corporais – qualquer doença ou dano físico sofrido por pessoa, inclusive morte ou invalidez", conforme definição encontrada em apólices de seguros de responsabilidade civil no mercado de seguros brasileiro.

[10] BRANDIMILLER, Primo Alfredo. *Conceitos médico-legais para indenização do dano corporal*. São Paulo: Ed. RT, 2018. p. 39; POLIDO, Walter A. *O estágio atual da cobertura para danos pessoais (corporais) nos contratos de seguros de responsabilidade civil no Brasil*: novos danos e(ou) novos direitos. São Paulo: Roncarati, 2020.

[11] GASPAR, Cátia Marisa; CHICHORRO, Maria Manuela Ramalho Sousa. 3. ed. *A valoração do dano corporal*. Coimbra: Almedina, 2018. p. 11.

[12] SOUZA, Tayná Bastos de. A reparação não pecuniária dos danos: aplicabilidade no direito brasileiro. In: SOUZA, Eduardo Nunes de; SILVA, Rodrigo da Guia. (coord.). *Controvérsias atuais em responsabilidade civil*: estudos de direito civil-constitucional. São Paulo: Almedina Brasil, 2018. p. 533.

[13] BORJES, Isabel Cristina; GOMES, Taís Ferraz; ENGELMANN, Wilson. *Responsabilidade civil e nanotecnologias*. São Paulo: Atlas, 2014. p. 139.

[14] LEMOS, Patrícia Faga Iglecias. *Resíduos sólidos e responsabilidade civil pós-consumo*. 3. ed. São Paulo: Ed. RT, 2014. p. 206.

mercado se furtar de conhecer e considerar as novas exigências, as quais têm até mesmo o condão de mudar determinados paradigmas concebidos em outras datas. Entre eles se apresenta o conceito de propriedade construído desde a Revolução Francesa (1789). A propriedade, que, a partir da Constituição Federal de 1988, passou pelo filtro da *função social*, relativizando-se, na era tecnológica atual, requer maior grau de transformação, igualmente atuando de forma direta no contrato de seguro e, especialmente, na noção de *segurado* em face da titularidade ou não de bens. Sobre os direitos reais, embora guardem arcabouço de autonomia e limites de taxatividade, o novo olhar do Direito propugna, na preleção de Danielle Biazi, "que não se tornem freios rígidos à criação de negócios aptos a modificar ou transferir titularidades nas suas múltiplas formas, acolhendo o acesso-titularidade como uma faculdade proprietária"[15]. O objeto do contrato de seguro, centrado na garantia do *interesse segurável*, conforme a dicção do art. 757 do CC, torna irrelevante a titularidade da propriedade, assim como a doutrina mais sofisticada sempre apregoou, ainda durante a regência do CC anterior.[16]

A segunda parte do dispositivo normativo contido no art. 1.458 do CC/1916 indicava a possibilidade de a apólice de seguros de danos, em caso de sinistro, indenizar o valor total do bem atingido, cuja determinação se mostra tão óbvia que permanece a dúvida sobre a real intenção do legislador. O prejuízo é parcial ou total e o contrato de seguro deve indenizar de acordo com o valor segurado, consideradas as variantes acerca dos tipos

---

[15] BIAZI, Danielle Portugal de. *Propriedade*: reconstruções na era do acesso e compartilhamento. 6. ed. Indaiatuba, SP: Foco, 2022. p. 176.

[16] "O que se segura não é propriamente o bem, razão por que nas expressões 'seguro de bens' ou 'seguro de coisas' e 'seguro de responsabilidade', há elipse. O que se segura é o status quo patrimonial ou do ser humano (acidentes, vida)" (PONTES DE MIRANDA, Francisco Cavalcanti. *Tratado de direito privado*. Rio de Janeiro: Borsoi, 1964. t. XLV. p. 275). "Só se segura aquilo que é de interesse do contraente, ou de outrem" (PONTES DE MIRANDA, Francisco Cavalcanti. *Tratado de direito privado*. Rio de Janeiro: Borsoi, 1964. t. XLV. p. 318). "Para os antigos, o objeto do contrato de seguro era sempre uma coisa material sujeita ao risco. Tal concepção é explicável pelo fato de que as primeiras operações de seguro tinham por objetivo salvaguardar o segurado contra a perda ou destruição de coisas materiais existentes em seu patrimônio: tal, por exemplo, o seguro marítimo, ou o seguro de incêndio. (...) Na verdade, mesmo no chamado seguro de coisas determinadas, como o seguro de incêndio ou o seguro contra o furto, o que o segurado garante pelo contrato não é propriamente uma coisa, mas o interesse que possui em relação a esta coisa. Este interesse, que deve ser lícito (Cód. Civil, art. 1.436), pode apresentar um conteúdo econômico objetivamente determinado, como nos seguros de dano, ou livremente estimável pelo segurado nos seguros de pessoas. (...) A distinção entre o interesse segurável e a coisa ou objeto a que este interesse se refere explica o fato de que possa existir às vezes uma multiplicidade de seguros do mesmo tipo referentes à mesma coisa, com titulares diferentes" (COMPARATO, Fábio Konder. *O seguro de crédito*. São Paulo: Ed. RT, 1968. p. 24-25). "A opção terminológica britânica pelo interesse ou pela exigência, no seguro, de um *insurable interest*, modelou, mais tarde, o Direito Continental" (CORDEIRO, António Menezes. *Direito dos seguros*. Coimbra: Almedina, 2013. p. 505). "Sin riesgo no hay interés, pero tampoco hay contrato si falta cualesquiera de ambos elementos" (COPO, Abel B. Velga. *El interés en el contrato de seguro*: ensayo dogmático sobre el interés. Pamplona: Thomson Reuters, 2018. p. 42). "Ningún contrato de seguro es jurídicamente válido a menos que así lo haga un interés susceptible de ser asegurado" (ALLEN, Francis T. *Principios Generales de Seguros*. Cidade do México: Fondo de Cultura Económica, 1949. p. 15).

de contratação: seguros proporcionais[17] ou seguros não proporcionais[18]. Traduz-se, em princípio, considerada a inexatidão redacional da norma, a garantia dos bens pelo *valor de novo* ou pelo valor atual sem a depreciação. Nesse particular, a norma permitia, tudo indica, que houvesse a indenização dos prejuízos por valor superior àquele verificado por ocasião do sinistro. Recorrendo, novamente, à doutrina de Pedro Alvim:

> (...) isto acontece quando se trata de bens de uso, como máquinas e imóveis, sujeitos a depreciação. A diferença entre o seu valor de novo e o valor de velho, apurado por ocasião do sinistro, será abrangida a garantia, desde que a verba segurada seja suficiente para a cobertura dos prejuízos e da depreciação.[19]

O contrato de seguro, nesse particular, precisa prever com exatidão a situação demonstrada, de modo que o segurado não sofra prejuízos, em caso de sinistro, uma vez que o procedimento usual consiste na subtração do percentual a título de depreciação. Conceitualmente, repise-se, o seguro por valor de novo é um modelo proporcional e

---

[17] Os seguros de coisas, em geral, são contratados em *bases proporcionais*. No momento da contratação, é possível conhecer o valor do bem. A seguradora não é responsável pela insuficiência do seguro, cujo ônus recai exclusivamente sobre o segurado, aplicando-se o *rateio* $\Rightarrow$ [IS < VR $\Rightarrow$ I = P × IS/VR], sendo IS = importância segurada; VR = Valor em Risco; I = Indenização; P = Prejuízo. [Art. 783 do CC: Salvo disposição em contrário, o seguro de um interesse por menos do que valha acarreta a redução proporcional da indenização, no caso de sinistro parcial.] Os seguros proporcionais apresentam os seguintes tipos:
(i) Risco Total – [arts. 778, 781, CC] – pelo valor do interesse segurado – Valor Atual (VA) $\Rightarrow$ custo de reposição dos bens (edifícios, máquinas etc.) ao preço corrente, no dia do sinistro, menos a depreciação por uso, idade e estado de conservação.
(ii) Seguro pelo Valor de Novo – igual ao VA, sem a depreciação, mas incidirá o rateio, se for constatado o infrasseguro no momento do sinistro. Sobre mercadorias, matérias-primas, equipamentos eletrônicos, usualmente não se aplica a depreciação.
(iii) Seguro com Rateio Parcial – para atenuar as consequências do rateio, admite-se a cobertura com rateio parcial, mediante cobrança de prêmio adicional. É fixado um percentual sobre o VR, acima do qual não se aplica o rateio, se houver. No sinistro, se a IS for igual ou superior ao % $\Rightarrow$ Indenização até a IS, não sendo considerado infrasseguro.
(iv) Primeiro Risco Relativo – quando existir a possibilidade de os bens segurados, em determinado local, serem atingidos por um mesmo evento, sem que haja a perda total. Fixa-se um % máximo de dano (Dano Máximo Provável) sobre o VR. O DMP funciona como a IS e, assim, como limite máximo de indenização. No sinistro, se o VR apurado for menor ou igual ao declarado, não haverá o rateio. Aplica-se a riscos que, ocorrendo, não atingirão todos os bens simultaneamente.

[18] Os seguros não proporcionais são aqueles nos quais não há como estabelecer relação de equivalência entre a importância segurada e o valor em risco (VR) no momento da contratação do seguro. Em determinados casos, sequer se pode cogitar do VR. Seguros de Responsabilidade Civil e de Vida, por exemplo. A IS é arbitrada pelo segurado e não há rateio. Os seguros não proporcionais são contratados a Risco Absoluto ou Primeiro Risco Absoluto $\Rightarrow$ IS = o valor arbitrado pelo segurado. Podem ser contratados a primeiro, segundo, terceiro, enésimo risco, conhecidos por "seguros cumulativos" e "apólices em excesso". Não são proporcionais, e uma apólice (IS) funciona em excesso da outra, como se fosse uma franquia a primeira para a segunda e assim sucessivamente. Ver: POLIDO, Walter A. Apólices em excesso ou apólices a segundo, terceiro, enésimo risco. *Polido e Carvalho Consultoria*, 2019. Disponível em: <http://www.polidoconsultoria.com.br/textos/opiniao16.pdf>. Acesso em: 16.07.2022.

[19] ALVIM, Pedro. *O contrato de seguro*. 2. ed. Rio de Janeiro: Forense, [s.d.]. p. 441.

permite a estipulação da importância segurada em quantia superior ao valor atual do interesse segurado. Trata-se, portanto, de uma ficção técnica, não perfeitamente positivada no ordenamento civil de 2002 em comento. Embora o modelo se justifique plenamente quanto à sua adoção para situações particularizadas, a aplicação não acontece com a mesma facilidade, em face mesmo do *princípio indenitário* subjacente em qualquer contrato de seguro, ou seja, *a garantia prometida não pode ultrapassar o valor do interesse segurado no momento da conclusão do contrato*, conforme o preceito contido no art. 778 do CC. Com base no referido princípio, fica afastada qualquer possibilidade de o segurado obter lucro por meio do seguro.

Ainda que a obsolescência possa ser reconhecida e verificada de pronto, notadamente em relação a determinados tipos de bens, entre eles os equipamentos eletrônicos, há limites e/ou fatores a serem considerados na concessão da garantia do seguro pelo valor de novo: idade atual dos bens[20]; temporalidade da concessão e das renovações pelo valor de novo; tipos de bens seguráveis sob o conceito. Para matérias-primas e mercadorias em geral, a aplicação do valor de novo representa o modelo-padrão e nem poderia ser diferente.

Em face das dificuldades encontradas em relação à utilização adequada dos mecanismos pertinentes ao seguro pelo valor de novo e com o objeto de superá-las, tem sido usual as seguradoras do mercado de seguros brasileiro determinarem, nas condições contratuais das apólices, que a indenização do seguro estipulado pelo valor de novo ficará limitada a até *duas vezes* o valor atual dos bens apurado por ocasião do sinistro[21]. Aplica-se o rateio, em

---

[20] Exemplo de condição determinante e limitadora contida na apólice, em relação ao valor de substituição de determinada categoria de equipamentos segurados: "Que o bem segurado tenha, à data do sinistro, idade igual ou inferior a 10 (dez) anos, no caso de equipamento industrial, contados a partir de 31 de dezembro do seu ano de fabricação".

[21] Modelo de cláusula utilizada pelo mercado de seguros brasileiro:
Cláusula 5ª – Procedimentos para o Cálculo dos Danos Cobertos e Fixação da Indenização
5.1. Para a determinação dos Danos e das despesas indenizáveis por estas Condições Especiais serão adotados os procedimentos a seguir:
5.1.1. No caso de Bens Segurados de uso (edifícios, maquinismos, equipamentos e instalações, móveis e utensílios):
a) A Indenização dos Danos ficará limitada ao valor ou custo de reposição de novo, aos preços correntes no dia e local do Sinistro.
b) Este limite não poderá, em hipótese alguma, ser superior ao dobro do valor atual dos Bens Segurados sinistrados, entendendo-se como valor atual o valor dos bens no estado de novo, depreciado pelo uso, idade e estado de conservação, sendo certo que a parcela referente à depreciação, ou seja, a diferença entre o valor de novo e o valor atual, somente será devida depois que o Segurado tiver iniciado a reposição ou reparo dos bens sinistrados ou sua substituição, no país, por outros da mesma espécie e tipo ou valor equivalente *e desde que a reposição ou reparo se inicie dentro de seis meses* a contar da data do Sinistro.
b1) A depreciação mencionada na alínea anterior será calculada de acordo com o Método Linear e/ou o Cross Heideki ou, diante da comprovada inadequação destes, através de outro método mais específico em função de particularidades, assim como em razão do método construtivo, materiais especiais e da tecnologia empregada, cujo método será estabelecido de comum acordo entre o Segurado e a Seguradora.
b2) Se, por determinação legal ou por qualquer outra razão, os bens sinistrados não puderem ser repostos ou reparados, ou ainda substituídos por outros semelhantes ou equivalentes, a Seguradora só será responsável pelas quantias que seriam devidas se não houvesse este impedimento.

qualquer situação, e esse tipo de seguro requer especial atenção do corretor de seguros na fase pré-contratual, assim como durante todo o período de vigência do contrato de seguro, a fim de informar e manter os valores segurados atualizados e conformes à realidade dos riscos. Esse padrão, ou seja, de até duas vezes o valor atual, inclusive no tocante à aplicação do rateio, se comparado à praxe internacional, não é o único, tampouco pode ser qualificado como o melhor para o atendimento da exigência de se ter um contrato de seguro com valores segurados atualizados e consentâneos com os interesses de *indenidade* dos segurados, uma vez sobrevindo os sinistros. Há, ainda, um largo caminho a ser percorrido com vistas à melhoria dos padrões de subscrição utilizados no Brasil.

A questão relativa ao seguro contratado pelo valor de novo sempre foi resolvida exclusivamente pela prática diária da subscrição dos riscos no mercado de seguros nacional, uma vez que o Capítulo XV do Título VI da Parte Especial do CC deixou de prever, textualmente, esse modelo de contratação. Sujeita às normas contidas nos arts. 778 ("(...) a garantia prometida não pode ultrapassar o valor do interesse segurado no momento da conclusão do contrato...") e 782 (mais de um seguro para o mesmo bem), a prática cotidiana, repise-se, admite situações além dos preceitos aqui retratados e nem poderia ser diferente, preponderando o atendimento dos legítimos interesses dos segurados. O eventual rigorismo positivista nessa situação particular operaria em desfavor dos interesses seguráveis, prejudicando grande massa de segurados brasileiros. A finalidade plena do contrato de seguro jamais poderia ser atingida, por exemplo, nos seguros de equipamentos eletrônicos, de modo geral, se eles não pudessem ser contratados por valor de novo. Depreciar esse tipo de bem, indenizando-o pelo valor atual, resultaria na inocuidade do seguro, como ferramenta garantidora da indenidade do segurado. Sequer existe mercado de reposição para algumas categorias de equipamentos usados, e a atividade seguradora deve acompanhar a realidade dos fatos, visto que determinados preceitos legais se apresentam desconformes com as necessidades contemporâneas. O contrato de seguro, de modo geral, *deve ser útil para quem o contrata.*

Outras situações semelhantes têm sido admitidas pelo mercado de seguros, as quais quebram a regra geral do pagamento da indenização pelo valor atual do bem no momento do sinistro. Nos seguros de automóveis, por exemplo, há a convenção de que o carro zero-quilômetro será indenizado pelo valor de novo, na hipótese de o sinistro ocorrer em determinado espaço de tempo consignado na apólice, usualmente de um a seis meses. O valor indenizável, referenciado[22] na apólice, acompanhará a tabela indicada pela seguradora,

---

5.1.2. No caso de mercadorias e matérias-primas, tomar-se-á por base o custo de reposição, no dia e local do Sinistro, tendo em vista o gênero de negócio do Segurado, limitado ao valor de venda, se este for menor.

5.1.3. Sobre filmes, registros, documentos, manuscritos e desenhos, plantas, projetos e afins, pelo valor do material em branco, mais o custo de copiar informações de meios de suporte ou de originais de geração anterior, sendo que esta Apólice *não cobre qualquer outro custo*, incluindo o custo de pesquisas, engenharia ou outro semelhante, de restauração ou de recriação de informações perdidas, inclusive de elaboração de programas (*software*).

5.1.4. Para a fixação da Indenização, devem ser deduzidos dos montantes dos Danos o valor da Franquia, assim como toda e qualquer parte danificada do bem sinistrado que tenha valor econômico, quando esta ficar de posse do Segurado, na condição de Salvado.

[22] Valor de mercado referenciado – garante ao segurado, na hipótese de indenização integral, o pagamento de quantia variável, em moeda corrente nacional, determinada de acordo com a tabela de

podendo ser superior àquele inicial na contratação do seguro. São encontrados modelos de apólices que limitam o valor de novo do veículo zero-quilômetro àquele constante da nota fiscal apresentada na proposta de seguro, para o período de concessão da referida garantia (1 a 6 meses, por exemplo). Todavia, os modelos mais atrativos comercialmente são aqueles que não limitam dessa forma, ficando sujeitos ao valor referenciado na tabela consignada na apólice, podendo ser superior àquele da nota fiscal de compra, no momento do sinistro.

O princípio indenizatório inerente a qualquer tipo de contrato de seguro, e nele a ideia de que não pode existir lucro para o segurado por meio desse instrumento, constitui regramento universal e deve ser preservado a fim de garantir a higidez do sistema mutualístico. Todavia, a multiplicidade de riscos e de situações novas ou mesmo de algumas sobejamente conhecidas há tempo não pode ser preterida durante o processo de subscrição das propostas de seguros e, especialmente, no estabelecimento dos *termos e condições* de cada contrato de seguro, observadas as especificidades de cada segurado. Modelos extremamente padronizados não podem ser acolhidos sob a condição máxima de possibilidades admitidas pela seguradora. A multiplicidade de modelos e de ofertas constitui o padrão exigível em mercados maduros e tecnicamente desenvolvidos. O mercado de seguros brasileiro já rompeu com os modelos estatizados de condições contratuais de seguros e se situa num novo patamar. Ao corretor de seguros, há exigência profissional de agir com o intuito de alcançar as melhores bases de garantias possíveis aos seus clientes, os proponentes-segurados. A análise prévia de todas as situações, objetivando os melhores termos e condições da apólice, não é uma exigência exclusiva para a seguradora, uma vez que, antes dela e/ou durante o processo de subscrição, deve interagir o *corretor de seguros*, intermediário profissional entre o proponente-segurado e a seguradora.

Importante destacar, nesta análise minuciosa do art. 776 do CC, a regulamentação infralegal preconizada pela Circular Susep 621, de 12 de fevereiro de 2021, relativa às regras de funcionamento e aos critérios para as coberturas dos seguros de danos. O art. 47 da citada Circular declara que as condições contratuais poderão admitir, para fins de indenização, preferencialmente, as hipóteses de pagamento em dinheiro, reposição ou reparo do bem ou prestação de serviços, sem prejuízo de outras formas pactuadas mediante acordo entre as partes. Na hipótese de a opção recair na reposição do bem, se for impossível atender dentro do prazo para a liquidação do sinistro também determinado pela referida norma (30 dias, conforme o art. 43), a indenização deverá ser paga em dinheiro ou pela forma pactuada pelas partes (§ 1º do art. 47). Na situação de reparo do bem, deverá ocorrer também dentro do período de até 30 dias, podendo ser estendido conforme as bases previstas nas condições contratuais (§ 2º do art. 47). Também na hipótese de reparação do bem, ocorrendo a impossibilidade de ser realizada dentro do prazo, inclusive daquele estendido, a indenização deve ser paga em dinheiro ou pela forma pactuada pelas partes (§ 3º do art. 47). No que se refere, particularmente, ao Seguro-Garantia, ainda que ele se encontre enquadrado na rubrica dos seguros de danos de forma ampla, a Superintendência estabeleceu regramento diferenciado, conforme o disposto na Circular Susep 662, de 11 de abril de 2022, no tocante à forma de indenização, especificamente no art. 21, *in verbis*:

> Art. 21. A seguradora indenizará o segurado ou o beneficiário, até o valor da garantia, mediante:

---

referência expressamente indicada na proposta de seguro. Por exemplo: a tabela Fipe (Fundação Instituto de Pesquisas Econômicas). Disponível em: <www.fipe.org.br>. Acesso em: 22.06.2022.

I – pagamento em dinheiro dos prejuízos, multas e/ou demais valores devidos pelo tomador e garantidos pela apólice em decorrência da inadimplência da obrigação garantida; ou

II – execução da obrigação garantida, de forma a dar continuidade e concluí-la sob a sua integral responsabilidade, nos mesmos termos e condições estabelecidos no objeto principal ou conforme acordado entre segurado e seguradora.

§ 1º A forma de pagamento da indenização, tratada nos incisos I e II deste artigo, deverá ser definida de acordo com os termos do objeto principal ou sua legislação específica ou, em caso de ausência de dispositivo específico, mediante acordo entre segurado e seguradora.

§ 2º Na hipótese do inciso II do *caput*, a escolha da pessoa, física ou jurídica, para dar continuidade e concluir a obrigação garantida ocorrerá mediante acordo entre segurado e seguradora, respeitados os termos do objeto principal ou de sua legislação específica.

Impende orientar, no tocante às determinações normativas previstas no art. 21 da Circular Susep 662/2022, a necessidade e a importância de a apólice do seguro prever, de forma objetiva e clara, a opção escolhida pelas partes. A norma, tal como ela se apresenta, é genérica, e simplesmente transpô-la integralmente para as condições contratuais do seguro não condiz com a boa prática. No caso de dúvida, prevalecerá o disposto no art. 423 do CC, ou seja, adotar-se-á a interpretação mais favorável ao aderente.

Por último, convém destacar, ainda, as normas infralegais indicadas pela Resolução CNSP 407, de 29 de março de 2021, as quais dispõem sobre os princípios e as características gerais dos contratos de seguros de danos para grandes riscos[23]. Essa Resolução tem por princípio basilar a liberdade de pactuação, em face da paridade dos contratantes. Desse modo, a indicação da forma que será utilizada para a indenização fica determinada, nesse tipo de contrato, de acordo com a vontade das partes, que, certamente, não fugirá, por óbvio, das situações indicadas nas Circulares Susep 621/2021 e 662/2022.

3. DISPOSIÇÕES RELACIONADAS

Nos mercados de seguros externos, também prevalece a modalidade de pagamento em dinheiro no tocante às indenizações dos sinistros ocorridos e garantidos pelas respectivas apólices. O § 249 (1) do Código Civil Alemão [BGB], para contextualizar, exemplificando, prevê que, em caso de sinistro, a parte responsável pela reparação do dano deve "restabelecer a condição que teria existido se a circunstância que deu origem à obrigação da reparação do dano não tivesse ocorrido".

A *reposição* do bem, igualmente possível pela legislação alemã, desempenha, tradicionalmente, um papel importante no seguro de prédios com cobertura de vidros: "o vidro quebrado ou danificado pode ser substituído mediante o fornecimento e a instalação de bens ou peças do mesmo tipo e qualidade" (§ 11 AGlB – condições gerais para seguros com cobertura de vidros). A mesma cláusula, prevendo a reposição do bem na quebra de vidro, pode ser encontrada na cobertura parcial do seguro automóvel. Igual tratamento se aplica nos seguros de celulares e *smartphones*. Em alguns casos, o segurado alemão pode rejeitar essa cláusula de reposição do bem e exigir a compensação em dinheiro mediante

---

[23] O art. 2º da Resolução CNSP 407, de 29.03.2021, define o que se compreende por "grandes riscos".

a apresentação do recibo do conserto. Nada de novo, portanto, cujos procedimentos são perfeitamente aplicáveis em qualquer mercado de seguros, inclusive no brasileiro.

REFERÊNCIAS BIBLIOGRÁFICAS

ALLEN, Francis T. *Principios Generales de Seguros*. Cidade do México: Fondo de Cultura Económica, 1949.

ALVIM, Pedro. *O contrato de seguro*. 2. ed. Rio de Janeiro: Forense, [s.d.].

BIAZI, Danielle Portugal de. *Propriedade*: reconstruções na era do acesso e compartilhamento. 6. ed. Indaiatuba, SP: Foco, 2022.

BORGES, Gustavo; MAIA, Maurílio Casas (org.). *Novos danos na pós-modernidade*. Belo Horizonte: D'Plácido, 2020.

BORJES, Isabel Cristina; GOMES, Taís Ferraz; ENGELMANN, Wilson. *Responsabilidade civil e nanotecnologias*. São Paulo: Atlas, 2014.

BRANDIMILLER, Primo Alfredo. *Conceitos médico-legais para indenização do dano corporal*. São Paulo: Ed. RT, 2018.

COMPARATO, Fábio Konder. *O seguro de crédito*. São Paulo: Ed. RT, 1968.

COPO, Abel B. Velga. *El interés en el contrato de seguro*: ensayo dogmático sobre el interés. Pamplona: Thomson Reuters, 2018.

CORDEIRO, António Menezes. *Direito dos seguros*. Coimbra: Almedina, 2013.

FRANCO, Vera Helena de Mello. *Contratos*. Direito civil e empresarial. São Paulo: Ed. RT, 2009.

FROTA, Pablo Malheiros da Cunha. *Responsabilidade por danos*: imputação e nexo de causalidade. Curitiba: Juruá, 2014.

GASPAR, Cátia Marisa; CHICHORRO, Maria Manuela Ramalho Sousa. 3. ed. *A valoração do dano corporal*. Coimbra: Almedina, 2018.

LEMOS, Patrícia Faga Iglecias. *Resíduos sólidos e responsabilidade civil pós-consumo*. 3. ed. São Paulo: Ed. RT, 2014.

POLETTO, Gladimir Adriani. *O seguro-garantia*. São Paulo: Roncarati, 2021.

POLIDO, Walter A. Apólices em excesso ou apólices a segundo, terceiro, enésimo risco. *Polido e Carvalho Consultoria*, 2019. Disponível em: <http://www.polidoconsultoria.com.br/textos/opiniao16.pdf>. Acesso em: 16.07.2022.

POLIDO, Walter A. *O estágio atual da cobertura para danos pessoais (corporais) nos contratos de seguros de responsabilidade civil no Brasil*: novos danos e(ou) novos direitos. São Paulo: Roncarati, 2020.

PONTES DE MIRANDA, Francisco Cavalcanti. *Tratado de direito privado*. Rio de Janeiro: Borsoi, 1964. t. XLV.

SOUZA, Tayná Bastos de. A reparação não pecuniária dos danos: aplicabilidade no direito brasileiro. In: SOUZA, Eduardo Nunes de; SILVA, Rodrigo da Guia. (coord.). *Controvérsias atuais em responsabilidade civil*: estudos de direito civil-constitucional. São Paulo: Almedina Brasil, 2018.

TEPEDINO, Gustavo; BARBOZA, Heloisa Helena, BODIN DE MORAES, Maria Celina. *Código Civil interpretado conforme a Constituição da República*. Rio de Janeiro: Renovar, 2006. v. II.

TZIRULNIK, Ernesto; CAVALCANTI, Flávio de Queiróz B.; PIMENTEL, Ayrton. *O contrato de seguro de acordo com o Código Civil Brasileiro*. 3. ed. São Paulo: Roncarati, 2016.

30

COMENTÁRIOS AO ART. 777 DO CÓDIGO CIVIL

Walter A. Polido

Art. 777. O disposto no presente Capítulo aplica-se, no que couber, aos seguros regidos por leis próprias.

1. ORIGEM DA DISPOSIÇÃO E REGIME ANTERIOR

Sem artigo correspondente no CC anterior (parcial).

Por se tratar de uma norma contida nas Disposições Gerais da Seção I do Capítulo XV do Título VI da Parte Especial, ela tem aplicação ampla, quer para a Seção II – Seguros de Danos, quer para a Seção III – Seguros de Pessoas. E, desbordando do conteúdo encontrado no Código Civil, ela também se aplica, de forma suplementar ou residual, se couber, para quaisquer outros tipos de seguros no País, ainda que regidos por leis próprias. Na lição pontual do professor Pasqualotto, visando ressaltar a não hegemonia do CC/2002 sobre a ordem jurídica privada, "o eventual conflito, em princípio, é resolvido pela regra da especialidade, prevalecendo a lei particular"[1]. O regramento disposto no CC, nesse particular, tem função residual, repise-se.

2. SENTIDO DA DISPOSIÇÃO E PRINCIPAIS CONTROVÉRSIAS NA SUA INTERPRETAÇÃO

Não há controvérsia sobre a aplicação desse dispositivo legal trazido pelo CC/2002, em razão mesmo de sua complementaridade, sempre que for necessária a aplicação do regramento contido no Capítulo XV. Nelson Nery Junior e Rosa Maria Nery destacaram, pontualmente, que existia correspondência legislativa parcial em relação a esse dispositivo em comento, conforme o disposto no art. 1.435 do CC/1916[2] ("As diferentes espécies de

---

[1] PASQUALOTTO, Adalberto. *Contratos nominados III*. São Paulo: Ed. RT, 2008. (Biblioteca de Direito Civil: estudos em homenagem ao Professor Miguel Reale, v. 9.). p. 132.

[2] NERY JUNIOR, Nelson; NERY, Rosa Maria de Andrade. *Código Civil comentado*. 5. ed. São Paulo: Ed. RT, 2007. p. 649.

seguro previstas neste Código serão reguladas pelas cláusulas das respectivas apólices, que não contrariarem disposições legais").

Cabe destacar, ainda, que a edição de leis sobre seguros no País, apesar da farta produção em termos de propostas legislativas, é reduzida. O fato de a Constituição Federal ter preconizado a particularidade da União para legislar sobre seguros, nos termos do art. 22, VII, coibiu a multiplicidade de textos legais com esse teor em outras esferas legislativas. Bem verdade que há textos provenientes de fontes diversas, estaduais e municipais e também de natureza infralegal. No entanto, como na maioria das situações, a referida produção legislativa e/ou normativa se limita a determinar a compulsoriedade da contratação de um seguro já existente no mercado de seguros nacional, o instrumento, pressupostamente inócuo devido à sua inconstitucionalidade manifesta, deixa de ter essa conotação, ou sequer é arguida, e as partes envolvidas acabam atendendo, quando os referidos seguros são, de fato, comercializados e as propostas aceitas pelas seguradoras privadas.

O Decreto-lei 73, de 21 de novembro de 1966, traçando as diretrizes do sistema e da política nacional de seguros, indica, no art. 20, os seguros de natureza obrigatória no País, os quais são regulamentados pelo Decreto-lei 61.867, de 7 de dezembro de 1967, no tocante às linhas gerais. Alguns deles são regulados por meio de leis especiais, as quais especificam os critérios de aplicação e até mesmo determinam as bases de coberturas que devem prevalecer nos contratos de seguros ou bilhetes. Qualquer lacuna que porventura existir poderá ser suprida conforme o regramento normativo previsto no Capítulo XV do Título VI da Parte Especial do Código Civil, sempre que for necessário. Não há qualquer dificuldade no entendimento e na aplicação da norma prevista no art. 777, dispensando comentários extensivos.

3. DISPOSIÇÕES RELACIONADAS

Além do disposto no art. 20 do Decreto-lei 73/1966, o qual trata dos seguros obrigatórios no País, conforme foi comentado *supra*, convém destacar outros instrumentos legais que se relacionam a seguros específicos. A menção não é exaustiva, mas recai tão somente sobre determinadas situações mais emblemáticas. Destacam-se as seguintes:

(i) Lei 9.656, de 3 de junho de 1998 – dispõe sobre planos e seguros privados de assistência à saúde. Exemplo clássico de microssistema jurídico acerca do contrato de seguro, legisla exclusivamente sobre o tipo Seguro Saúde. Pode-se classificar a edição dessa lei como um avanço no ordenamento nacional, uma vez que seccionou o tema, retirando-o das normas gerais dos seguros dispostas no Código Civil, em face mesmo das especificidades do segmento. As alterações da lei, em razão da dinâmica do setor de saúde, comprovam a eficácia do microssistema, justificando plenamente o modelo apartado do CC.

(ii) Lei 6.194, de 19 de dezembro de 1974 – dispõe sobre o seguro obrigatório de danos pessoais causados por veículos automotores de via terrestre, ou por sua carga, a pessoas transportadas ou não (DPVAT). O modelo encontra-se em processo de extinção no País, podendo ser substituído por outro e, tudo indica, por um seguro autêntico de responsabilidade civil de automóveis, assim como é encontrado na maioria dos países. O DPVAT, ao longo de sua existência, apesar do cunho social que ele detém, não conseguiu suprir de maneira eficaz a sua função, até porque os limites de garantia sempre foram muito limitados. Somada a esse fato a pulverização da receita da produção do seguro para entidades diversas, públicas e privadas, numa espécie não só de parafiscalidade em relação aos proprietários de veículos como também com desvirtuamento técnico, visto que o prêmio de seguro é representado pelo preço do risco, a ser pago pelo segurado à seguradora, o modelo se mostrou impraticável. O prêmio do seguro, convém lembrar e destacar, é aquela parcela paga pelo segurado à seguradora, para que ela lhe ofereça garantia imediata sobre o interesse legítimo segurado, comutativamente. O prêmio, portanto, pertence exclusivamente a ela para poder honrar o pagamento dos sinistros supervenientes. Qualquer pulverização do prêmio, para além do âmbito da tomadora de riscos, a seguradora, representa uma operação disfuncional, não se justificando de modo algum.

(iii) Lei 14.133, de 1º de abril de 2021 – dispõe sobre as licitações e os contratos administrativos no País. Embora seu objeto seja o procedimento licitatório, ela trata, no Capítulo II – Das Garantias do Título III – Dos Contratos Administrativos, conforme o disposto nos arts. 96 a 102, com destaque, do Seguro-Garantia, dispondo sobre vários aspectos constitutivos das bases contratuais exigíveis nas respectivas apólices.

Desnecessário enfatizar, com detalhamento, o fato de as normas securitárias contidas no CC se aplicarem às situações mencionadas *supra*, ainda que de forma suplementar.

REFERÊNCIAS BIBLIOGRÁFICAS

FERREIRA, Rogério M. Fernandes; MESQUITA, João. A parafiscalidade na actividade seguradora. Coimbra: Almedina, 2012.

NERY JUNIOR, Nelson; NERY, Rosa Maria de Andrade. *Código Civil comentado*. 5. ed. São Paulo: Ed. RT, 2007.

PASQUALOTTO, Adalberto. *Contratos nominados III*. São Paulo: Ed. RT, 2008. (Biblioteca de Direito Civil: estudos em homenagem ao Professor Miguel Reale, v. 9.).

Parte IV
DO SEGURO DE DANO

ID# COMENTÁRIOS AO ART. 778 DO CÓDIGO CIVIL

Gustavo Tepedino
Paula Greco Bandeira
Bruna Vilanova Machado

Art. 778. Nos seguros de dano, a garantia prometida não pode ultrapassar o valor do interesse segurado no momento da conclusão do contrato, sob pena do disposto no art. 766, e sem prejuízo da ação penal que no caso couber.

1. ORIGEM DA DISPOSIÇÃO E REGIME ANTERIOR

O art. 778 inaugura a Seção II do Capítulo XV do Título VI da Parte Especial referente ao contrato de seguro, iniciando o tratamento conferido à espécie seguro de dano, que configura negócio jurídico consensual, bilateral, oneroso e aleatório por meio do qual o segurador garante interesse legítimo atinente a coisas ou bens do patrimônio do segurado ou do beneficiário do seguro contra riscos predeterminados.

Disciplinado pelos arts. 778 a 788 do CC, o contrato de seguro de dano encontra-se regulamentado ainda pelos Atos Normativos editados pela Superintendência de Seguros Privados (Susep) e pelo Conselho Nacional de Seguros Privados (CNSP).

De acordo com o art. 778, a garantia que o segurador se compromete a prestar em seguros de dano não pode ultrapassar o valor do interesse segurado por ocasião da conclusão do contrato. Tal dispositivo traduz o princípio indenitário, segundo o qual o segurador deve garantir ao segurado a restauração da sua situação patrimonial anterior ao sinistro coberto pela apólice, mediante o pagamento de indenização dos prejuízos sofridos, sem gerar enriquecimento.[1]

---

[1] Sobre o ponto, anota Ernesto Tzirulnik: "Interessa ao segurado a garantia de restauração da situação pretérita ao evento danoso, partilhando com a coletividade segurada os prejuízos de que foi vítima. Para tanto contribui pagando prêmios e, desde logo, recebe garantia, sofra ou não um sinistro ao longo do período de vigência do seguro. Somente se o risco realizar-se para uma determinada unidade econômica do conjunto segurado contra riscos homogêneos é que surgirá, como decorrência da obrigação de garantia, a dívida indenizatória" (TZIRULNIK, Ernesto. Princípio indenitário no contrato de seguro. *Revista dos Tribunais*, v. 759, jan. 1999. p. 89-121).

O princípio indenitário tem previsão no Código Comercial brasileiro de 1850, que indica, no art. 677, hipóteses de nulidade do contrato de seguro marítimo, estabelecendo, em seu inciso VI, a invalidade do "seguro sobre objetos já segurados no seu inteiro valor, e pelos mesmos riscos". O dispositivo acrescenta: "Se, porém, o primeiro seguro não abranger o valor da coisa por inteiro, ou houver sido efetuado com exceção de algum ou alguns riscos, o seguro prevalecerá na parte, e pelos riscos executados".

No regime do Código Civil de 1916, norma semelhante estava positivada no art. 1.437, que consignava: "Não se pode segurar uma coisa por mais do que valha, nem pelo seu todo mais de uma vez (...)". A disposição era complementada pelo art. 1.438, com o seguinte teor:

> Se o valor do seguro exceder ao da coisa, o segurador poderá, ainda depois de entregue a apólice, exigir a sua redução ao valor real, restituindo ao segurado o excesso do prêmio; e, provando que o segurado obrou de má-fé, terá direito a anular o seguro, sem restituição do prêmio, nem prejuízo da ação penal que no caso couber.

Note-se que, no regime do Código Civil revogado, cabia ao segurador comprovar a má-fé do segurado na contratação de seguro por valor superior ao do bem garantido, caso em que seria possível a anulação do contrato com a retenção do prêmio pago, além da promoção da ação penal cabível.[2] Se, ao contrário, o segurado estivesse de boa-fé ao declarar o valor do interesse segurado, ou sua intenção maliciosa não fosse evidenciada, restaria ao segurador a possibilidade de exigir a redução da cobertura prevista na apólice ao valor real do bem objeto da garantia, restituindo o excesso do prêmio ao segurado.

O legislador de 2002 modificou o regime anterior ao determinar, na parte final do art. 778, que a consequência jurídica aplicável à contratação em que se estipule valor de garantia em montante superior ao interesse segurado será aquela prevista no art. 766,[3] localizado na seção dedicada às disposições gerais aplicáveis aos contratos de seguro. Segundo o art. 766 do CC, o segurado que, por si ou por seu representante, emitir declarações inexatas ou omitir do segurador circunstâncias que possam influir na aceitação da proposta ou no valor do prêmio perderá o direito à garantia, permanecendo obrigado, contudo, ao pagamento do prêmio vencido. Se, porém, a inexatidão ou omissão nas declarações não resultar de má-fé do segurado, o segurador terá direito a resolver o contrato se o sinistro ainda não tiver se verificado, ou a cobrar, mesmo após o sinistro, a diferença do prêmio.

Equiparam-se, assim, por opção legislativa, as situações de superavaliação do valor do bem aos casos de omissão ou equívoco nas informações prestadas pelo segurado ao segurador na proposta de contratação e confecção da apólice. A interpretação sistemática dos arts. 778 e 766 revela que, nas hipóteses em que as declarações inconsistentes não decorrerem de má-fé do segurado, o segurador terá direito a resolver o contrato, podendo,

---

[2] Anota Pedro Alvim, à luz do Código Civil de 1916: "Para os seguros terrestres o Código Civil impõe ao segurado a perda do prêmio pago, quando o contrato é cancelado com fundamento na sua má fé (art. 1.438, 1.439 e 1.444)" (ALVIM, Pedro. *O contrato de seguro*. 3. ed. Rio de Janeiro: Forense, 1999. p. 561).

[3] "Art. 766. Se o segurado, por si ou por seu representante, fizer declarações inexatas ou omitir circunstâncias que possam influir na aceitação da proposta ou na taxa do prêmio, perderá o direito à garantia, além de ficar obrigado ao prêmio vencido. Parágrafo único. Se a inexatidão ou omissão nas declarações não resultar de má-fé do segurado, o segurador terá direito a resolver o contrato, ou a cobrar, mesmo após o sinistro, a diferença do prêmio".

porém, decidir mantê-lo, com a redução da garantia ao real valor do bem, promovendo a restituição do prêmio pago a maior.[4] Por outro lado, havendo intenção fraudulenta por parte do segurado na superavaliação do bem, haverá a perda de garantia, sem prejuízo da manutenção de sua obrigação de pagar o prêmio.

A solução do legislador pátrio não destoa do previsto na experiência estrangeira. No Direito espanhol, a Lei 50/1980, Lei do Contrato de Seguro, estabelece, em seu art. 31, que:

> Se o valor segurado exceder notavelmente o valor do interesse segurado, qualquer das partes do contrato poderá exigir a redução do valor e do prêmio, devendo o segurador restituir o excesso dos prêmios recebidos. Ocorrendo o sinistro, o segurador indenizará o dano efetivamente causado.
>
> Quando o sobresseguro previsto no número anterior for devido à má-fé do segurado, o contrato será ineficaz. O segurador de boa-fé pode, no entanto, reter os prêmios devidos pelo período atual.[5]

No *Code des Assurances* francês, disposição semelhante é encontrada no art. L121-3, que prevê:

> Quando um contrato de seguro tiver sido concedido por quantia superior ao valor da coisa segurada, se houver dolo ou culpa por uma das partes, a outra poderá requerer a sua nulidade e reclamar, adicionalmente, indenização. Se não houve dolo ou fraude, o contrato é válido, mas apenas até o valor real dos bens segurados e o segurador não tem direito aos prêmios pelo excedente. Somente os prêmios vencidos são por ele definitivamente adquiridos, assim como o prêmio do ano corrente quando estiver vencido.[6]

---

[4] Sobre o dispositivo, anota a doutrina: "Certo é que, ausente má-fé, assim em correspondência ao previsto no parágrafo único do art. 766, não terá lugar a penalização do segurado, com a perda do prêmio devido. Caberá a resolução do contrato, mas, observe-se, se ainda não havido o sinistro (ver comentário ao art. 766). Só que aqui, no tratamento da superavaliação, pelo princípio mencionado, vedatório de que o contrato traga proveito ao segurado, parece descaber a manutenção do ajuste apenas mediante recálculo do prêmio, como dispõe o parágrafo do art. 766. Isso porque a proibição está no importe do interesse segurado. A opção à resolução será, pois, a readequação, forçosamente, desse valor, ainda que com revisão do prêmio" (GODOY, Claudio Luiz Bueno de. In: PELUSO, Cezar (coord.). *Código Civil comentado*: doutrina e jurisprudência. 12. ed. Barueri: Manole, 2018. p. 779).

[5] "Ley. 50/1980. Artículo treinta y uno. Si la suma asegurada supera notablemente el valor del interés asegurado, cualquiera de las partes del contrato podrá exigir la reducción de la suma y de la prima, debiendo restituir el asegurador el exceso de las primas percibidas. Si se produjere el siniestro, el asegurador indemnizará el daño efectivamente causado.
Cuando el sobreseguro previsto en el párrafo anterior se debiera a mala fe del asegurado, el contrato será ineficaz. El asegurador de buena fe podrá, no obstante, retener las primas vencidas y la del período en curso."

[6] "Article L121-3. Lorsqu'un contrat d'assurance a été consenti pour une somme supérieure à la valeur de la chose assurée, s'il y a eu dol ou fraude de l'une des parties, l'autre partie peut en demander la nullité et réclamer, en outre, des dommages et intérêts.
S'il n'y a eu ni dol ni fraude, le contrat est valable, mais seulement jusqu'à concurrence de la valeur réelle des objets assurés et l'assureur n'a pas droit aux primes pour l'excédent. Seules les primes échues lui restent définitivement acquises, ainsi que la prime de l'année courante quand elle est à terme échu."

De maneira mais suscinta, o Regime Jurídico do Contrato de Seguro de Portugal, estabelecido pelo Decreto-lei 72/2008, determina que "A prestação devida pelo segurador está limitada ao dano decorrente do sinistro até o montante do capital segurado".

Como se nota, o princípio indenitário, positivado no art. 778 em exame, manifesta-se nos ordenamentos jurídicos de diversos países da tradição romano-germânica, determinando que o valor previsto na apólice não pode ser superior ao do interesse segurado no momento da contratação.

2. SENTIDO DA DISPOSIÇÃO E PRINCIPAIS CONTROVÉRSIAS NA SUA INTERPRETAÇÃO

Ao determinar que o montante garantido previsto na apólice de seguros de dano não pode ultrapassar o valor do interesse segurado no momento da conclusão do contrato, o art. 778 corporifica, no Direito brasileiro, o princípio indenitário. Significa que o ajuste entre segurador e segurado deve ter o escopo exclusivo de garantir a reparação do interesse segurado pelo exato dano sofrido, sem que o seguro constitua fonte de enriquecimento ao segurado. Por outras palavras, o contrato de seguro não possui finalidade lucrativa; ao revés, destina-se a recompor o patrimônio segurado ao estado anterior à contratação nos limites avençados. Para tanto, o legislador impõe limitação ao montante garantido, determinando que a importância prevista na apólice somente pode ser menor ou igual ao valor do interesse segurado, não podendo ultrapassá-lo.

Como se sabe, o seguro de dano é estipulado em razão do valor da coisa, sendo obrigação do segurado prestar todas as informações relevantes para o segurador fixar o valor do interesse segurado na apólice. Por força do princípio indenitário, o segurado, nesse procedimento, deve fornecer informações precisas para a precificação do bem, sendo vedada qualquer tentativa de superavaliar o interesse segurado com o intuito de receber indenização vultosa em caso de sinistro,[7] desvirtuando a finalidade securitária de recomposição da coisa segurada.

Diga-se, por oportuno, que, no processo de interpretação e qualificação do contrato de seguro, o intérprete há de delimitar rigorosamente os riscos assumidos pelas partes, que integram o sinalagma contratual, preservando-se, assim, o princípio do mutualismo. O valor do interesse segurado no seguro de dano será identificado a partir desse procedimento interpretativo. Nesse particular, mostra-se relevante compreender, do ponto de vista técnico, que a expressão inglesa *all risks*, empregada, no mais das vezes, em contratos de seguro de danos, ao contrário do que sugere a linguagem vulgar, implica a identificação do universo de riscos cobertos pela apólice. Não se trata de cobertura que compreenda a totalidade de riscos que, em abstrato, possa incidir sobre determinada atividade econômica, mas todos os riscos aos bens segurados descritos na apólice, exceto aqueles dela excluídos. Entendimento diverso subverteria a lógica inerente (e a causa ou função prático-social) aos contratos do seguro, pois imputaria ao segurador os ônus (*todos os riscos*, dir-se-ia, na

---

[7] Sobre a valoração do bem, cfr.: "Dessa forma, nos seguros de dano, o valor atribuído à coisa deverá representar uma realidade fática, técnica e jurídica, de modo que o contrato de seguro não seja utilizado com fins escusos, como, por exemplo, provocar o enriquecimento sem causa do segurado. Nada mais coerente, haja vista a natureza indenitária desse gênero de seguro" (SILVA, Ivan de Oliveira. *Curso de Direito do Seguro*. São Paulo: Saraiva, 2008. p. 178).

linguagem vulgar) da atividade econômica do segurado. O raciocínio, logo se vê, desvirtua completamente a finalidade do contrato de seguro, destinado a assegurar o interesse legítimo contra riscos predeterminados e bem individuados, cuja verificação independe da vontade do segurado – sob pena de romper o sinalagma contratual.

Em razão da elevada relevância do princípio indenitário, a norma prevista no art. 778 informará a leitura de todos os demais dispositivos aplicáveis ao seguro de dano.[8] Tal orientação, por outro lado, impede que o segurado tenha interesse em agravar intencionalmente o risco, com vistas a lucrar com o valor da indenização securitária, o que incentivaria comportamentos negligentes por parte do segurado, com a expectativa de obter vantagens econômicas. Remeta-se aqui ao conceito que se denomina, por influência do direito inglês, *moral hazard*, segundo o qual o segurado, após ter concluído o contrato de seguro, e diante da perspectiva de receber a indenização securitária, atua de modo leviano, concorrendo para o agravamento do risco, o qual, uma vez implementado, acarretará consequências econômicas exclusivamente na esfera jurídica do segurador.[9]

O art. 778 fundamenta-se no princípio da boa-fé objetiva, o qual, por mandamento legislativo, tem destacada incidência nesse tipo contratual.[10] Impede-se, com isso, a contratação de seguro de dano com caráter especulativo, ou seja, a celebração do negócio com o intuito de auferir lucro, afastando-se o escopo de simples garantia como próprio do tipo contratual. É dizer: a função do contrato de seguro de dano consiste em possibilitar que danos sofridos pelo segurado ou beneficiário sejam ressarcidos por meio do pagamento da indenização prevista na apólice, e não permitir que o tomador lucre com a ocorrência do sinistro, situando-se em posição mais vantajosa do que aquela que desfrutava antes da celebração do contrato de seguro.[11]

---

[8] É o que anota Pedro Alvim: "Todos os dispositivos desta seção estão sob o domínio de uma norma que encerra a noção essencial do seguro de dano: é um contrato de indenização, isto é, de reparação de compensação, de satisfação dos prejuízos sofridos pelo segurado, que não pode visar qualquer lucro. Deverá receber do segurador o valor exato dos bens destruídos" (ALVIM, Pedro. *O seguro e o novo Código Civil*. Rio de Janeiro: Forense, 2007. p. 95).

[9] No vernáculo, *moral hazard* significa "1. The risk that an insured will destroy property or allow it to be destroyed (usu. by burning) in order to collect the insurance proceeds. 2. The insured's potential interest, if any, in the burning of the property" (GARNER, Bryan A. *Black's Law Dictionary*. 7. ed. St. Paul: West Group, 1999); ou, ainda: "Circumstance that increases the probability of occurrence of a loss, or a larger than normal loss, because of a change in an insurance policy applicant's behavior after the issuance of policy. It may be due to the presence of incentives that induce the insured to act in ways that incur costs the insurer (but not the insured) has to bear. For example, overinsurance or substitution of insured valuable-assets with junk. In common usage, moral hazard suggests a conscious malicious or even illegal motivation, as opposed to an unconscious change in behavior" (disponível em: <http://www.businessdictionary.com/definition/moral-hazard.html#ixzz3yeoZV4VV>. Acesso em: 29.01.2015). Na doutrina especializada: "Trata-se, pois, de um risco moral (*moral hazard*) relativo à atuação do agente – ou seja, a possibilidade de o administrador adotar, em suas funções, um padrão de cuidado inferior àquele que seria desejado pelo fato deste sujeito não ser afetado diretamente pelos eventuais resultados negativos de sua decisão" (BRAUN, Lucas. O uso de opções de compra de ações pelas companhias abertas no Brasil – remédio ou veneno? *Revista de Direito Empresarial*, v. 7, 2015. p. 195-244).

[10] "Art. 765. O segurado e o segurador são obrigados a guardar na conclusão e na execução do contrato, a mais estrita boa-fé e veracidade, tanto a respeito do objeto como das circunstâncias e declarações a ele concernentes."

[11] Na síntese de Vicenzo Roppo: "La sua funzione è rimediare un danno sofferto dall'assicurato, non portargli un arricchimento: serve a collocare l'assicurato in situazione economica equivalente a quella

Afasta-se, com isso, o seguro dos contratos de jogo e aposta: embora ambos sejam considerados aleatórios, caracterizados pela existência de álea jurídica, que torna incerta, desde a celebração do negócio, a previsão de perdas ou ganhos, em termos de atribuição patrimonial, pelos contratantes,[12] o seguro de dano volta-se à simples recomposição patrimonial do segurado, enquanto o jogo e a aposta – classificados como contratos de risco puro[13] – têm por objetivo a busca de incremento econômico substancial no patrimônio do contratante.[14]

Sendo verdadeiras tais considerações, mostra-se vedada a celebração de sobresseguro, também chamado seguro a maior, no qual a importância prevista na apólice supera o valor do bem segurado. Conforme já adiantado, a consequência jurídica para a violação ao disposto no art. 778 do CC será diversa conforme o segurado tenha agido com boa-fé ou com intuito fraudulento. Caso o segurado tenha omitido ou distorcido informações, superavaliando o bem, será presumida a sua má-fé, havendo perda do direito à garantia, com manutenção da sua obrigação de pagar o prêmio vencido, sem prejuízo da propositura, pelo segurador, da ação penal eventualmente cabível. Se, de outra parte, o segurado estiver de boa-fé, o segurador poderá resolver o contrato, se o sinistro ainda não houver ocorrido, ou manter a avença, reduzindo o seguro ao seu valor real e restituindo ao segurado o excesso do prêmio.[15]

O objetivo do princípio indenitário, em síntese, consiste em assegurar, no seguro de danos, a proporcionalidade entre "o valor do prêmio e o da garantia a que o segurado se obriga; bem como entre o valor da indenização e o valor do prêmio pago pelo segurado".[16]

---

che aveva prima dell'evento sfavorevole, e non più vantaggiosa" (ROPPO, Vicenzo. *Diritto Privato*. 5. ed. Milano: Giuffrè, 2016. p. 795-796). Em tradução livre: "Sua função é remediar danos sofridos pelo segurado, não lhe trazer enriquecimento: serve para colocar o segurado em situação econômica equivalente a que tinha antes do evento desfavorável, e não mais vantajosa".

[12] Na direção do texto: NICOLÒ, Rosario. Attribuizione patrimoniale. *Enciclopedia del diritto*. Milano: Giuffrè, 1959. v. IV. p. 283. No direito brasileiro, v., por todos, BANDEIRA, Paula Greco. *Contratos aleatórios no direito brasileiro*. Rio de Janeiro: Renovar, 2010. *passim*.

[13] Confira-se, na doutrina estrangeira: "Na nomenclatura que venho adotando, os contratos com função de risco subdividem-se em contratos de garantia e contratos de risco puro: nos contratos de garantia (hipoteca, fiança, garantia autónoma, seguro), o risco é exógeno e, se o contrato for gratuito, a superveniência de um custo é apenas eventual; nos contratos de risco puro (jogo, aposta, contratos diferenciais), o risco é endógeno e o custo é certo quanto à sua verificação, embora incerto quanto à parte sobre quem recai" (ALMEIDA, Carlos Ferreira de. *Swaps* de troca e *swaps* diferenciais. *Cadernos do Mercado de Valores Mobiliários*, Lisboa, v. 2, n. 51, 2015. p. 16).

[14] Cfr., com entendimento semelhante, SILVA, Ivan de Oliveira. *Curso de Direito do Seguro*. São Paulo: Saraiva, 2008. p. 178.

[15] Conforme observado em outra sede: "Caso o seguro tenha sido feito em valor superior ao da coisa segurada, a partir de declarações inexatas ou omissões do segurado, aplica-se o art. 766 do Código Civil, de sorte que o segurado de má-fé perde o direito à garantia além de ficar obrigado ao prêmio vencido. Presume-se, aqui, a intenção dolosa do segurado de lucrar com o sacrifício do objeto segurado. Há ainda a possibilidade de ação penal contra o segurado. Por outro lado, se o segurado estiver de boa-fé, o segurador poderá resolver o contrato, caso o sinistro ainda não tenha ocorrido, ou manter o contrato reduzindo o seguro ao seu valor real, de modo a restituir ao segurado o excesso do prêmio" (Gustavo TEPEDINO, Gustavo; KONDER, Carlos Nelson; BANDEIRA, Paula Greco. *Fundamentos do direito civil*: contratos. 3. ed. Rio de Janeiro: Forense, 2022. v. 3. p. 497).

[16] BESSON, André et al (coord.). *Traité Pratique de Droit Civil Français*. Paris: Librairie Générale, 1954. t. XI. p. 716-745. E completam os autores: "Ce principe repose sur des considérations d'ordre public, d'une part la crainte des sinistres volontaires, d'autre part le danger des paris et de la spéculation. Il

3. DISPOSIÇÕES RELACIONADAS

O art. 778 em exame faz remissão expressa ao art. 766 do mesmo diploma. O dispositivo, situado na seção dedicada às disposições gerais aplicáveis ao contrato de seguro, trata das consequências jurídicas aplicáveis ao segurado que emite declarações inexatas ou omite circunstâncias acerca do interesse segurado. Segundo o dispositivo, "se o segurado, por si ou por seu representante, fizer declarações inexatas ou omitir circunstâncias que possam influir na aceitação da proposta ou na taxa do prêmio, perderá o direito à garantia, além de ficar obrigado ao prêmio vencido". A norma é complementada pelo parágrafo único, que determina que "Se a inexatidão ou omissão nas declarações não resultar de má-fé do segurado, o segurador terá direito a resolver o contrato, ou a cobrar, mesmo após o sinistro, a diferença do prêmio".[17]

Vale notar que o fato de o segurador ter aceitado, quando da proposta de contratação, o valor indicado pelo segurado, sem ciência quanto à sua superavaliação, não tem o condão de convalidá-lo. Caio Mário da Silva Pereira elucida que, nessa hipótese, haverá inversão do ônus da prova, de modo que ao segurador caberá a comprovação da má-fé do segurado em relação à superavaliação.[18] Percebe-se, assim, a conexão hermenêutica, desenhada pelo

---

ne faut pas que l'assurance incite les assurés à provoquer volontairement les sinistres et puisse leur procurer un bénéfice. Le principe indemnitaire maintient ainsi à l'assurance de dommages repose sur le principe de la proportionnalité de la prime au risque et de l'indemnité à la prime; mais le principe indemnitaire est une barrière dressée impérativement par la loi pour empêcher l'assuré de réaliser un bénéfice par l'assurance" (BESSON, André et al (coord.). *Traité Pratique de Droit Civil Français*. Paris: Librairie Générale, 1954. t. XI. p. 716-745). Em tradução livre: "Este princípio baseia-se em considerações de ordem pública, por um lado o medo de reclamações voluntárias, por outro lado o perigo de apostas e especulações. O seguro não deve encorajar os segurados a causarem sinistros voluntariamente e serem capazes de lhes proporcionar lucro. O princípio da indenização assim mantido no seguro de danos baseia-se no princípio da proporcionalidade do prêmio ao risco e da indenização ao prêmio; mas o princípio de indenização é uma barreira erigida imperativamente por lei para impedir que o segurado obtenha lucro por meio do seguro".

[17] Confira-se, no direito italiano: "O seguro de dano é essencialmente um contrato de indenização e não deve resultar em uma oportunidade de lucro. Portanto, a obrigação da seguradora limita-se à reparação dos danos efetivamente sofridos pelo segurado. Quando o seguro for contratado por um valor superior ao valor dos bens segurados, se houver fraude o contrato é inválido, mas a seguradora tem direito à cobrança de prêmios; não havendo dolo, o contrato só vigorará até o valor real do bem segurado, e o tomador do seguro terá, no futuro, direito a uma redução proporcional do prêmio (artigo 1.909 do Código Civil)" (TRABUCCHI, Alberto. *Istituzioni di Diritto Civile*. 46. ed. Milão: CEDAM, 2013. p. 994-996, tradução livre). No original: "L'assicurazione contro i danni è essenzialmente contratto di indennità, e non deve risolversi in un'occasione di lucro. Pertanto l'obbligazione dell'assicuratore è limitata al risarcimento del danno effettivamente sofferto dall'assicurato. Quando l'assicurazione è contratta per una cifra eccedente il valore delle cose assicurate, se vi è stato dolo il contratto non è valido, ma ciononostante l'assicuratore ha diritto alla riscossione dei premi; se non vi è stato dolo, il contratto ha effetto soltanto fino al valore reale del bene assicurato, e il contraente avrà diritto per l'avvenire a una riduzione proporzionale del premio (art. 1909 c.c.)".

[18] "Reversamente, o segurador pode recusar o pagamento mediante a prova de que o valor segurado é excessivo em relação à coisa, partindo de que o seguro é informado pela ideia de indenização e esta seria superada pelo sobresseguro. Se o segurador tiver aceito o valor, e no momento do sinistro apurar o excesso sua anuência não tem o efeito de convalidá-lo, porque o princípio ressarcitório é prevalente. A vantagem única da cláusula do *valor aceito* é inverter o *onus probandi* do excesso, transferindo-o ao segurador, que terá que demonstrar a presença ou não de má-fé do segurado na

codificador civil, entre a boa-fé objetiva, que impõe ao contratante deveres de transparência, lealdade e colaboração (arts. 113 e 422 do CC), e a boa-fé subjetiva, a qual, presente em diversos dispositivos do Código Civil, notadamente na disciplina possessória (*v.g.*, arts. 1.201 e 1.217 do CC), consiste no desconhecimento de vício que inquina o negócio jurídico, reservando-se ao agente, em razão disso, tratamento mais favorável que o conferido a quem atua tendo conhecimento do vício que o macula (má-fé subjetiva).

A norma prevista no art. 778 é complementada pela disposição do art. 781 do CC, que determina que o montante da indenização não poderá ultrapassar o valor do interesse segurado no momento do sinistro. A interpretação sistemática dessas duas disposições demonstra a existência de dois limites complementares para a determinação da indenização securitária. O primeiro, incidente no momento da celebração do contrato, determina que o montante do interesse segurado previsto na apólice não poderá ultrapassar o valor real do bem; o segundo, relativo ao momento da prestação da indenização securitária, impõe como limite do montante conferido ao segurado o valor do bem quando da ocorrência do sinistro.[19] Na síntese do Superior Tribunal de Justiça,

> (...) o valor atribuído ao bem segurado no momento da contratação é apenas um primeiro limite para a indenização securitária, uma vez que, de ordinário, corresponde ao valor da apólice. Como segundo limite se apresenta o valor do bem segurado no momento do sinistro, pois é esse valor que representa, de fato, o prejuízo sofrido em caso de destruição do bem.[20]

A vedação ao sobresseguro, consubstanciada no princípio indenitário, permanece vigente na hipótese em que o segurado busca proteger seu interesse junto a duas seguradoras. Nessa hipótese, não pode haver sobreposição entre as garantias, de modo que a soma das indenizações previstas nas apólices não poderá exceder o valor do interesse segurado. Para operacionalizar semelhante vedação, o art. 782 do CC prevê a obrigação de o segurado comunicar o segurador originário sobre eventual intenção de proteger o mesmo interesse com nova apólice. Na dicção do dispositivo:

> O segurado que, na vigência do contrato, pretender obter novo seguro sobre o mesmo interesse, e contra o mesmo risco junto a outro segurador, deve previamente comunicar sua intenção por escrito ao primeiro, indicando a soma por que pretende segurar-se, a fim de se comprovar a obediência ao disposto no art. 778.

De outra parte, revela-se possível que a garantia contratada esteja aquém do valor do interesse segurado. Nesse caso, haverá seguro parcial, sendo certo que a obrigação do

---

prestação de informações, na forma do art. 766 (Código Civil, arts. 778 e 781)" (PEREIRA, Caio Mário da Silva. *Instituições de direito civil*: contratos. 21. ed. Rio de Janeiro: Forense, 2017. v. III. p. 330).

[19] Na mesma direção: "Note-se que, à luz do vigente Código Civil, dois são os limites intransponíveis no seguro de dano, para efeito da indenização: (a) o valor do prejuízo e; (b) se maior o prejuízo, o valor ajustado na apólice como limite máximo de garantia. Basta conferir, dentre o mais, com seus artigos 760 e 781, que, junto com o art. 778, deixam clara a força intransponível do princípio indenitário que rege os seguros de dano, dentre os quais se inclui o seguro saúde, como mais adiante também se verá" (SANTOS, Ricardo Bechara dos. Direito de sub-rogação no seguro saúde. *Cadernos de Seguro*, n. 179, ano XXXIV, jan.-mar. 2014. p. 48).

[20] STJ, REsp 1.943.335/RS, 3ª T., rel. Min. Moura Ribeiro, j. 14.12.2021.

segurador estará restrita ao montante previsto na apólice, ainda que insuficiente para indenizar o segurado em caso de perda total do bem. Em relação ao montante não coberto pelo seguro, o próprio segurado será considerado responsável, como cossegurador de seu próprio interesse.[21] Trata-se da chamada regra proporcional, positivada expressamente no art. 783 do CC, que determina que, "Salvo disposição em contrário, o seguro de um interesse por menos do que valha acarreta a redução proporcional da indenização, no caso de sinistro parcial".

REFERÊNCIAS BIBLIOGRÁFICAS

ALMEIDA, Carlos Ferreira de. *Swaps* de troca e *swaps* diferenciais. *Cadernos do Mercado de Valores Mobiliários*, Lisboa, v. 2, n. 51, 2015.

ALVIM, Pedro. *O contrato de seguro*. 3. ed. Rio de Janeiro: Forense, 1999.

ALVIM, Pedro. *O seguro e o novo Código Civil*, Rio de Janeiro: Forense, 2007.

BANDEIRA, Paula Greco. *Contratos aleatórios no direito brasileiro*. Rio de Janeiro: Renovar, 2010.

BESSON, André et al (coord.). *Traité Pratique de Droit Civil Français*. Paris: Librairie Générale, 1954. t. XI.

BRAUN, Lucas. O uso de opções de compra de ações pelas companhias abertas no Brasil – remédio ou veneno? *Revista de Direito Empresarial*, v. 7, 2015.

COLIN, Ambroise; CAPITANT, Henri. *Cours Élémentaire de Droit Civil Français*. Refondue et mise à jour par Léon Julliot de La Morandière. 10. ed. Paris: Librairie Dalloz, 1948. t. 2.

GARNER, Bryan A. *Black's Law Dictionary*. 7. ed. St. Paul: West Group, 1999.

GODOY, Claudio Luiz Bueno de. In: PELUSO, Cezar (coord.). *Código Civil comentado*: doutrina e jurisprudência. 12. ed. Barueri: Manole, 2018.

GOMES, Orlando. *Contratos*. 28. ed. atual. por Edvaldo Brito e Reginalda Paranhos de Brito. Rio de Janeiro: Forense, 2022.

NICOLÒ, Rosario. Attribuizione patrimoniale. *Enciclopedia del diritto*. Milano: Giuffrè, 1959. v. IV.

---

[21] Na observação de Orlando Gomes: "O seguro de danos é parcial, se feito por soma inferior ao valor venal da coisa segurada. Em caso de sinistro, o segurador só responde pelos danos na proporção em que o valor efetivo da coisa segurada se acha em relação à quantia pela qual foi segurada, entendendo-se que ele próprio foi o segurador da parte restante. A redução decorre da chamada regra proporcional" (GOMES, Orlando. *Contratos*. 28. ed. atual. por Edvaldo Brito e Reginalda Paranhos de Brito. Rio de Janeiro: Forense, 2022. p. 458). Na doutrina francesa: "Este princípio, cuja razão de ser descrevemos, é de ordem pública. A seguradora não pode comprometer-se a pagar uma quantia superior ao dano sofrido pelo segurado. Por outro lado, ele pode comprometer-se a pagar uma quantia menor: 'Pode-se estipular que o segurado deve permanecer sua própria seguradora por uma determinada quantia ou qualidade, ou que arcará com uma redução fixada antecipadamente sobre a indenização dos danos. (art. 28, § 2º)'" (COLIN, Ambroise; CAPITANT, Henri. *Cours Élémentaire de Droit Civil Français*. Refondue et mise à jour par Léon Julliot de La Morandière. 10. ed. Paris: Librairie Dalloz, 1948. t. 2. p. 836-839, tradução livre). No original: "Ce principe, dont nous avons dit la raison d'être, est d'ordre public. L'assureur ne peut pas s'engage à payer une somme supérieure au dommage subi par l'assuré. En revanche, il peut s'engager à payer une somme moindre: 'Il peut être stipulé que l'assuré restera obligatoirement son propre assureur pour une somme ou une qualité déterminée, ou qu'il supportera une réduction fixée d'avance sur l'indemnité du sinistre.' (art. 28, 2e alin.)".

PEREIRA, Caio Mário da Silva. *Instituições de direito civil:* contratos. 21. ed. Rio de Janeiro: Forense, 2017. v. III.

ROPPO, Vicenzo. *Diritto Privato*. 5. ed. Milano: Giuffrè, 2016.

SANTOS, Ricardo Bechara dos. Direito de sub-rogação no seguro saúde. *Cadernos de Seguro*, n. 179, ano XXXIV, jan.-mar. 2014.

SILVA, Ivan de Oliveira. *Curso de Direito do Seguro*. São Paulo: Saraiva, 2008.

TEPEDINO, Gustavo; KONDER, Carlos Nelson; BANDEIRA, Paula Greco. *Fundamentos do direito civil:* contratos. 3. ed. Rio de Janeiro: Forense, 2022. v. 3.

TRABUCCHI, Alberto. *Istituzioni di Diritto Civile*. 46. ed. Milão: CEDAM, 2013.

TZIRULNIK, Ernesto. Princípio indenitário no contrato de seguro. *Revista dos Tribunais*, v. 759, jan. 1999.

32
COMENTÁRIOS AO ART. 779 DO CÓDIGO CIVIL

Gustavo Tepedino
Paula Greco Bandeira
Bruna Vilanova Machado

Art. 779. O risco do seguro compreenderá todos os prejuízos resultantes ou consequentes, como sejam os estragos ocasionados para evitar o sinistro, minorar o dano, ou salvar a coisa.

1. ORIGEM DA DISPOSIÇÃO E REGIME ANTERIOR

A cobertura securitária compreenderá não apenas os prejuízos decorrentes do impacto direto do sinistro no interesse segurado mas também as perdas resultantes ou consequentes dos danos ocasionados para evitar o sinistro, minorar o dano ou salvar a coisa. Norma semelhante encontrava-se prevista no art. 1.461 do CC/1916, segundo o qual, "Salvo expressa restrição na apólice, o risco do seguro compreenderá todos os prejuízos resultantes ou consequentes, como sejam os estragos ocasionados para evitar o sinistro, minorar o dano, ou salvar a coisa".

No regime atual, o legislador não ressalvou, na redação do dispositivo, a possibilidade de a apólice excluir essas despesas da cobertura contratada. Desse modo, o segurador não está mais autorizado a excluir sua responsabilidade quanto a esses prejuízos, exonerando-se de arcar com as despesas correspondentes.

Disposição semelhante é encontrada no Regulamento de Seguros do Direito Português, cujo art. 126.º dispõe sobre o dever de mitigação dos danos por parte do segurado, estabelecendo que, "Em caso de sinistro, o tomador do seguro ou o segurado deve empregar os meios ao seu alcance para prevenir ou limitar os danos". Na sequência, o art. 127.º determina que "O segurador paga ao tomador do seguro, segurado ou beneficiário as despesas efectuadas em cumprimento ao dever fixado nos n.ºs 1 e 2 do artigo anterior, desde que razoável e proporcionadas, ainda que os meios empregados se revelem ineficazes".

No direito espanhol, por sua vez, a norma é prevista no art. 18 da Lei 50/1980: "A seguradora é obrigada a pagar a indenização ao término das investigações e dos laudos periciais necessários para estabelecer a existência do sinistro e, se for o caso, *o montante dos danos que resultem do mesmo*" (grifo nosso). Especificamente em relação ao seguro contra incêndios, aludida legislação dispõe, no art. 49: "O segurador indenizará todos os danos e perdas materiais causadas pela ação direta do fogo, bem como os produzidos por consequências inevitáveis do incêndio".

No ordenamento alemão, a Lei do Contrato de Seguro, *Versicherungsvertragsgesetz*, de 2008, determina que: "Quando ocorrer o evento segurado, o tomador do seguro deve garantir que o dano seja evitado e reduzido na medida do possível", seguindo as instruções dadas pelo segurador.[1] Em seguida, determina o diploma legislativo que o segurador reembolsará as despesas do titular da apólice com os aludidos gastos.[2]

O objetivo das referidas disposições consiste em garantir que o segurado será indenizado não apenas pelos danos diretamente causados pelo sinistro coberto pela apólice mas também por todos os prejuízos resultantes da tentativa do segurado de mitigar ou evitar tais danos.

2. SENTIDO DA DISPOSIÇÃO E PRINCIPAIS CONTROVÉRSIAS NA SUA INTERPRETAÇÃO

O art. 779 em análise determina o dever do segurador de reembolsar o segurado das despesas incorridas para salvar os bens atingidos pelo sinistro, diminuir a extensão dos danos e evitar sinistros iminentes. Objetiva-se, assim, ressarcir o segurado das despesas incorridas em razão de dano já concretizado, coerentemente com o dever de mitigar os danos imposto pelo art. 771 do CC.

As despesas para evitar o sinistro mencionadas no preceito em análise referem-se a sinistro iminente (evento futuro e certo), decorrentes, na sua dicção, de "prejuízos resultantes ou consequentes", com vistas, portanto, a evitar o desencadeamento de dano maior, não já se referindo a medidas preventivas contra sinistro eventual e futuro. Os chamados danos consequentes, isto é, "os prejuízos resultantes ou consequentes" a que alude o dispositivo referem-se, portanto, àqueles danos diretos e necessários resultantes do sinistro – perda real efetiva –, não já a perdas futuras associadas a sinistros que poderão ou não vir a ocorrer.

Desse modo, as despesas previstas no art. 779, compreendidas no risco do seguro, não se confundem com os custos decorrentes de comportamentos dissociados – ao menos de forma direta e imediata – do sinistro em si considerado. Em uma palavra, apenas as consequências imediatas e necessárias do sinistro estão contidas no risco assumido, ao passo que os danos mediatos e indiretos não estarão incluídos na indenização a cargo do segurador.[3] Exemplificativamente, em caso de incêndio, estaria coberta pela apólice

---

[1] "§ 82 Abwendung und Minderung des Schadens. (1) Der Versicherungsnehmer hat bei Eintritt des Versicherungsfalles nach Möglichkeit für die Abwendung und Minderung des Schadens zu sorgen. (2) Der Versicherungsnehmer hat Weisungen des Versicherers, soweit für ihn zumutbar, zu befolgen sowie Weisungen einzuholen, wenn die Umstände dies gestatten. Erteilen mehrere an dem Versicherungsvertrag beteiligte Versicherer unterschiedliche Weisungen, hat der Versicherungsnehmer nach pflichtgemäßem Ermessen zu handeln."

[2] "§ 83 Aufwendungsersatz. (1) Der Versicherer hat Aufwendungen des Versicherungsnehmers nach § 82 Abs. 1 und 2, auch wenn sie erfolglos bleiben, insoweit zu erstatten, als der Versicherungsnehmer sie den Umständen nach für geboten halten durfte. Der Versicherer hat den für die Aufwendungen erforderlichen Betrag auf Verlangen des Versicherungsnehmers vorzuschießen."

[3] SANTOS, J. M. de Carvalho. *Código Civil brasileiro interpretado*. Rio de Janeiro: Feitas Bastos, 1958. v. XIX. p. 471.

do seguro de dano a indenização pelos estragos provocados pela fumaça, bem como as avarias e demolições realizadas com o intuito de evitar a propagação do fogo. Da mesma forma, o segurador seria obrigado a arcar com as despesas decorrentes do transporte das coisas a fim de salvá-las do fogo e com os danos decorrentes do impacto da água nos bens segurados, usada na tentativa de apagá-lo.

De outra parte, os gastos que o segurado possa ter com a realização de manutenção preventiva, investimentos em segurança, renovação e reparo dos bens segurados ou paralisação de atividade profissional ou comercial com o intuito de evitar sinistros futuros não serão objeto de indenização por parte do segurador. Isso porque, embora tais despesas configurem medidas necessárias ao regular desenvolvimento da atividade econômica desempenhada pelo segurado, sendo, certamente, indispensáveis ao bom uso do bem garantido, associam-se à atividade preventiva atribuível ao respectivo titular, a fim de preservar a integridade do bem e evitar a expansão do risco. Por esse motivo, tais despesas – sua quantificação, periodicidade e intensidade – decorrem de decisão do segurado no exercício de sua atividade econômica, não se encontrando intrinsecamente relacionadas – isto é, sem nexo causal direto e necessário – ao sinistro coberto pela apólice.

Portanto, as despesas preventivas (porque antecedentes à ocorrência de sinistros) não equivalem àquelas incorridas para evitar a ocorrência de sinistro iminente ou o agravamento do sinistro já verificado (porque posteriores a sinistro anterior e deste necessariamente decorrentes). Com efeito, apenas estas últimas encontram-se disciplinadas no art. 779, de modo que aquelas não deflagrarão, por isso mesmo, o dever de indenizar do segurador, salvo disposição expressa na apólice incluindo tais gastos na cobertura.

Na mesma direção, a doutrina alemã sintetiza que "O tomador do seguro tem direito ao reembolso das despesas que considere necessárias no âmbito do seu dever de evitar danos e reduzir os danos *se ocorrer o evento segurado*" (grifo nosso).[4] Nota-se que, assim como no direito brasileiro, se destaca a necessidade de os danos incorridos pelo segurado estarem relacionados direta e necessariamente à ocorrência de sinistro coberto pela apólice. Não é cabível, portanto, o pagamento de despesas essencialmente preventivas, dissociadas da ocorrência do evento incerto previsto na apólice. Arnaldo Costa Oliveira,[5] à luz do direito português, afirma que, "para o tomador do seguro ou o segurado conseguir o pagamento da reparação em caso de mera iminência de sinistro, terá de o contato o autorizar (...), ou, em alternativa, conseguir o assentimento *ex professo* do segurador".

Em perspectiva semelhante, não se pode obrigar o segurador ao pagamento de despesas decorrentes de medidas desproporcionais, inadequadas ou extemporâneas, voluntariamente adotadas pelo segurado, ainda que potencialmente positivas, mas que não configuram dano certo em relação direta e necessária com o sinistro ocorrido.[6] Tais despesas, cujo

---

[4] BAUMANN, Frank; SANDKÜHLER, Hans-Ludger. *Das neue Versicherungsvertragsgesetz*. München: Haufe, 2008. p. 100-127. No original: "Wie bisher hat der Versicherungsnehmer einen Anspruch auf Ersatz seiner Aufwendungen, die er im Rahmen seiner Schadenabwehr- und Minderungspflicht bei Eintritt des Versicherungsfalls den Umständen nach für geboten halten durfte".

[5] OLIVEIRA, Arnaldo Costa. Anotação ao art. 126. In: MARTINEZ, Pedro Romano et al. *Lei do Contrato de Seguro*: anotada. Coimbra: Almedina, 2011. p. 431.

[6] Nessa direção, cfr. SANTOS, Ricardo Bechara. As despesas de salvamento e o dever de comunicação pelo segurado no Código Civil vigente. *Caderno de Seguros*, n. 191, jan.-mar. 2017. p. 38-39: "Nesse conseguinte, afastam-se do âmbito da garantia ou da cobertura as despesas com obras de construção, como, por exemplo, de contenção de encostas, muro de arrimo, ou com a prestação de serviços para evitar um sinistro ou evitar as suas consequências, já que esses atos não se compreendem no conceito

ressarcimento o art. 779 determina, portanto, hão de ser razoáveis, voltadas justamente a evitar a ampliação de danos direta e necessariamente vinculados ao sinistro.

Além disso, despesas compreendidas na norma prevista no dispositivo em exame somente serão objeto de indenização caso seus valores não ultrapassem o limite de cobertura previsto na apólice. Se, ao contrário, os custos com o salvamento dos bens segurados forem superiores ao montante garantido, a indenização não será integral.[7]

3. DISPOSIÇÕES RELACIONADAS

Ao dever do segurador de pagar a indenização correspondente às despesas resultantes ou consequentes do sinistro contrapõe-se a obrigação imposta ao segurado pelo *caput* do art. 771, segundo o qual, "Sob pena de perder o direito à indenização, o segurado participará o sinistro ao segurador, logo que o saiba, e tomará as providências imediatas para minorar-lhe as consequências". O segurado deverá, portanto, envidar seus melhores esforços para mitigar os danos sofridos com o evento. Por beneficiar-se do dever do segurado de mitigar os prejuízos do sinistro, o segurador reembolsa as despesas incorridas no cumprimento de tal dever pelo segurado.

O objetivo da norma, desse modo, é permitir que o segurador acautele os seus interesses, orientando o segurado quanto à adoção das providências imediatas, necessárias à neutralização ou à minimização das consequências resultantes do implemento do risco, sob pena de perder o direito à cobertura.[8] O dispositivo incide, portanto, nas hipóteses em que o sinistro já se verificou ou está na iminência de se verificar, atuando o segurado para adotar as medidas para a contenção dos danos dele decorrentes.[9] A norma não se confunde com o mandamento inserto no art. 768 do CC, que determina que o segurado perderá a

---

de 'estragos'. Dão a ideia, isto sim, de desfazimento, de demolição, como no arrombamento de uma porta, ou de um obstáculo visando ao salvamento, digamos também o excesso dos bombeiros no afã de debelar o fogo. (...) De tudo, entretanto, não se pode olvidar. Ainda preside como característica essencial do contrato do seguro a delimitação do risco, não respondendo por outros o segurador, na expressão do art. 757 do Código".

[7] Nesse sentido: "No seguro de dano, a cobertura do risco não se limita à perda efetivada pelo sinistro diretamente, mas se estende às despesas e perdas que se fizerem necessárias durante o evento, a fim de minorar a extensão dos prejuízos. Se, para salvar mercadorias em depósito, arrombaram-se portas, destruíram-se janelas, tais perdas devem ser somadas às demais, só não podendo ultrapassar o limite de cobertura previsto na apólice" (NADER, Paulo. *Curso de Direito Civil*: Contratos. 9. ed. Rio de Janeiro: Forense, 2018. v. 3. p. 438).

[8] Em síntese eloquente: "Essas restrições são estímulos para que o segurado, em face do sinistro, não fique omisso, porque tem, a seu favor, a garantia do seguro. É constante a preocupação do legislador em determinar que o segurador está obrigado a cobrir todo o dano decorrente do sinistro, nos limites do pactuado" (DELGADO, José Augusto. In: TEIXEIRA, Sálvio de Figueiredo (coord.). *Comentários ao novo Código Civil*: das várias espécies de contrato; do seguro. Rio de Janeiro: Forense, 2004. v. 11. t. 1. p. 433).

[9] Afirma-se, assim, em doutrina: "Enquanto aguarda as providências do segurador, já avisado, deverá o segurado tomar as primeiras medidas de emergência, não só para evitar maiores proporções do sinistro, como para diminuir suas consequências. No caso de incêndio, por exemplo, cumpre-lhe chamar os bombeiros, remover os bens que estejam ameaçados de destruição, isolar pelos meios a seu alcance a propagação das chamas mediante o uso de extintores manuais ou do sistema de prevenção existente, policiar o local para evitar o furto de mercadorias, abrigar os bens removidos

garantia se agravar intencionalmente o risco objeto do contrato. Embora ambos os artigos tratem da conduta previdente do segurado no sentido de mitigar danos e prejuízos, o art. 768 incide em momento anterior à ocorrência do sinistro, enquanto os arts. 771 e 779 cuidam da conduta do segurado após a ocorrência do evento incerto previsto na apólice.

REFERÊNCIAS BIBLIOGRÁFICAS

ALVIM, Pedro Alvim. *O seguro e o novo Código Civil*. Rio de Janeiro: Forense, 2007.

BAUMANN, Frank; SANDKÜHLER, Hans-Ludger. *Das neue Versicherungsvertragsgesetz*. München: Haufe, 2008.

DELGADO, José Augusto. In: TEIXEIRA, Sálvio de Figueiredo (coord.). *Comentários ao novo Código Civil*: das várias espécies de contrato; do seguro. Rio de Janeiro: Forense, 2004. v. 11. t. 1.

NADER, Paulo. *Curso de Direito Civil*: Contratos. 9. ed. Rio de Janeiro: Forense, 2018. v. 3.

OLIVEIRA, Arnaldo Costa. Anotação ao art. 126. In: MARTINEZ, Pedro Romano et al. *Lei do Contrato de Seguro*: anotada. Coimbra: Almedina, 2011.

SANTOS, J. M. de Carvalho. *Código Civil brasileiro interpretado*. Rio de Janeiro: Feitas Bastos, 1958. v. XIX.

SANTOS, Ricardo Bechara. As despesas de salvamento e o dever de comunicação pelo segurado no Código Civil vigente. *Caderno de Seguros*, n. 191, jan.-mar. 2017.

---

para fora contra os efeitos do tempo etc." (ALVIM, Pedro Alvim. *O seguro e o novo Código Civil*. Rio de Janeiro: Forense, 2007. p. 68).

33
COMENTÁRIOS AO ART. 780 DO CÓDIGO CIVIL

Gustavo Tepedino
Paula Greco Bandeira
Bruna Vilanova Machado

Art. 780. A vigência da garantia, no seguro de coisas transportadas, começa no momento em que são pelo transportador recebidas, e cessa com a sua entrega ao destinatário.

1. ORIGEM DA DISPOSIÇÃO E REGIME ANTERIOR

O art. 780 estabelece a vigência da garantia nos seguros de coisas transportadas, inaugurando regramento não previsto no revogado Código Civil de 1916. Segundo o dispositivo, a cobertura, nesses tipos contratuais, terá início no momento do recebimento dos bens pelo transportador, finalizando o dever de garantia do segurador quando da entrega da coisa ao destinatário. A vigência da cobertura coincide, assim, com o lapso temporal em que o transportador assume suas obrigações no contrato de transporte de coisas (art. 750[1] do CC).

A norma se assemelha ao que dispõe o art. 157.º do Decreto-lei 72/2008, de Portugal, que determina que "Salvo convenção em contrário, o segurador assume o risco desde o recebimento das mercadorias pelo transportador até a respectiva entrega no termo do transporte".[2] O dispositivo autoriza, porém, que as partes convencionem em sentido diverso, dispondo que "o contrato pode, nomeadamente, fixar o início da cobertura dos riscos de transporte na saída das mercadorias do armazém ou do domicílio do carregador e o

---

[1] "Art. 750. A responsabilidade do transportador, limitada ao valor constante do conhecimento, começa no momento em que ele, ou seus prepostos, recebem a coisa; termina quando é entregue ao destinatário, ou depositada em juízo, se aquele não for encontrado."

[2] Confira-se o comentário da doutrina portuguesa: "Na linha do Direito anterior, o segurador assume o risco desde o recebimento das mercadorias pelo transportador e até à sua entrega, no termo do transporte (157º/1). Pode ser fixado o início da cobertura na saída da mercadoria do armazém ou do domicílio do carregador e o seu termo na entrega no armazém ou residência do destinatário" (MENEZES CORDEIRO, António. *Direito dos seguros*. 2. ed. Coimbra: Almedina, 2017. p. 799-830).

respectivo termo na entrega no armazém ou no domicílio do destinatário", disposição que não consta expressamente no Código Civil brasileiro.

No direito espanhol, a Lei 50/1980, determina que:

> Salvo acordo expresso em contrário, entender-se-á que a cobertura do seguro inicia-se com a entrega da mercadoria ao transportador para transporte no ponto de partida da viagem segurada, e termina com a entrega ao destinatário no destino, desde que seja feita dentro do prazo estipulado na apólice.[3]

E continua o dispositivo:

> No entanto, quando expressamente acordado, o seguro pode ser estendido aos riscos que afetam as mercadorias desde o momento em que saem do armazém do remetente ou endereço para entrega ao transportador até a entrada no endereço ou armazém do destinatário para entrega.[4]

Tais normas, com a mesma *ratio*, têm o objetivo de fixar, *ope legis*, os termos de início e fim da vigência da cobertura a que se obriga o segurador nas hipóteses de contratos de seguro de danos vinculados ao transporte de coisas.

2. SENTIDO DA DISPOSIÇÃO E PRINCIPAIS CONTROVÉRSIAS NA SUA INTERPRETAÇÃO

O prazo de garantia configura elemento essencial da apólice do seguro. Com efeito, o art. 760 do CC determina que "A apólice ou o bilhete de seguro serão nominativos, à ordem ou ao portador, e mencionarão os riscos assumidos, *o início e o fim de sua validade*, o limite da garantia e o prêmio devido, e, quando for o caso, o nome do segurado e o do beneficiário" (grifo nosso). Mostra-se de fato fundamental que da apólice conste o instante exato do início e do término da cobertura, a fim de permitir a verificação da responsabilidade do segurador pelo ressarcimento de eventuais prejuízos sofridos. Tal indicação deve ser detalhada "por hora, dia e ano, porque não se sabe o momento da ocorrência do risco previsto. Pode não acontecer, mas é possível que se verifique no mesmo instante do início ou do término do contrato".[5]

O art. 780 especifica o prazo de vigência da garantia para os casos de seguro de coisas transportadas, determinando que, nessa espécie de contratação, a cobertura terá início no momento em que os bens segurados são recebidos pelo transportador, cessando com

---

[3] "Artículo cincuenta y ocho. Salvo pacto expreso en contrario, se entenderá que la cobertura del seguro comienza desde que se entregan las mercancías al porteador para su transporte en el punto de partida del viaje asegurado, y terminará cuando se entreguen al destinatario en el punto de destino, siempre que la entrega se realice dentro del plazo previsto en la póliza."

[4] "Artículo cincuenta y ocho. (...) No obstante, cuando se pacte expresamente, el seguro puede extenderse a los riesgos que afecten a las mercancías desde que salen del almacén o domicilio del cargador para su entrega al transportista hasta que entran para su entrega en el domicilio o almacén del destinatario."

[5] ALVIM, Pedro. *O seguro e o Novo Código Civil*. Rio de Janeiro: Forense, 2007. p. 105.

sua entrega ao destinatário. A norma revela-se importante, já que, no seguro de coisas transportadas, o risco não coincide, necessariamente, com o momento da contratação, sendo certo que a coisa somente passará a estar sujeita aos riscos ordinariamente cobertos pela apólice a partir do início do desempenho da atividade do transportador.[6] Em razão da integração funcional entre o contrato de transporte de bens e o contrato de seguro de coisas transportadas, afirma-se que aludidos contratos serão conexos, de modo que "a cláusula de incolumidade presente no transporte atinge o seguro, em uma contaminação eficacial decorrente da coligação entre os dois negócios".[7] Por cláusula de incolumidade, entende-se a obrigação do transportador de transportar com segurança o bem da origem ao seu destino, garantindo que se mantenha intacto.

Em termos práticos, a possibilidade da superveniência do risco assegurado não se inicia no momento da subscrição do contrato com a emissão da apólice, mas no momento do recebimento do bem a ser transportado. Por esse motivo, deteriorações que acometam o bem antes do seu recebimento pelo transportador correrão por conta não do segurador, mas do segurado ou do tomador do seguro, ainda que o contrato de seguro já tenha sido celebrado.

Acerca do dispositivo, o Tribunal de Justiça do Estado de São Paulo consignou ser responsabilidade do segurador a indenização pelo sinistro ocorrido no momento em que o bem a ser transportado se encontrava nos depósitos da transportadora, após o recebimento da carga e antes da sua entrega ao destinatário final, portanto. Segundo o Tribunal:

> (...) se o contrato de seguro tem vigência entre o momento do recebimento das mercadorias pela transportadora e a efetiva entrega das mesmas ao destinatário final, mais ainda, se ficou comprovado nos autos, que o fato das mercadorias estarem temporariamente armazenadas nas dependências das apelantes é atividade inerente da logística do transporte, *in casu*, não há que se falar em necessidade de "averbação" em cada trecho do transporte, como pretende a seguradora, até porque, repita-se, as mercadorias subtraídas, efetivamente, estavam armazenadas para posterior finalização da tarefa de transporte, ao destinatário final.[8]

---

[6] Na lição de Pedro Alvim: "Pode não acontecer, mas é possível que se verifique no mesmo instante do início ou do término do contrato. Certos riscos são contínuos, como por exemplo, o de incêndio, de acidentes pessoais, de vida etc. Outros, porém, começam a existir no momento da atividade que lhes dá origem. É o que se observa nos seguros de transportes. A locomoção das pessoas ou de bens de um lugar para outro, por via marítima, terrestre, lacustre ou fluvial, gera muitos riscos inerentes à natureza do próprio meio de transporte. O seguro desses riscos começa, geralmente, no momento em que se inicia a viagem e termina quando é alcançado o destino. No seguro de coisas, a responsabilidade do segurador tem início quando recebe os bens a transportar e finda com sua entrega ao destinatário" (ALVIM, Pedro. *O seguro e o Novo Código Civil*. Rio de Janeiro: Forense, 2007. p. 105).

[7] MELO, Marco Aurélio Bezerra de. In: SCHREIBER, Anderson et al. *Código Civil comentado*: doutrina e jurisprudência. 3. ed. Rio de Janeiro: Forense, 2021. p. 574.

[8] Cfr. da ementa do acórdão: "O contrato de seguro de transporte terrestre de carga deverá ser analisado concomitantemente com a natureza das atividades da segurada. As atividades de carga e descarga, ou mesmo depósito momentâneo de mercadorias em armazém da transportadora deve ser considerado como atividades inerentes ao transporte, como complementares à viagem principal. A vigência da garantia, no seguro de transporte de carga, começa no momento em que são recebidas pelo transportador e cessa com a entrega ao destinatário (art. 1.448, § 1º do CC de 1916 e atual art. 780 do Novo CC)" (TJSP, Ap. 9169201-27.2006.8.26.0000, 24ª C. D. Priv., rel. Des. Roberto MacCracken, j. 08.11.2007).

Ao propósito, embora esse art. 780 não ressalve, em sua redação, a possibilidade de as partes indicarem, expressamente, na apólice, momento diverso para a vigência da cobertura, considera-se a regra de natureza dispositiva, de modo que os contratantes podem estabelecer que a garantia prestada pelo segurador tenha início antes mesmo do recebimento da mercadoria ou após a sua entrega ao destinatário.[9]

3. DISPOSIÇÕES RELACIONADAS

O art. 780 trata, especificamente, do seguro sobre coisas transportadas, em disposição que versa sobre o contrato de seguro de danos e o contrato de transporte de bens, considerados conexos. Com efeito, o Decreto-lei 73/1966, que trata sobre as espécies de seguros obrigatórios, considera imperativa a contratação de seguro de responsabilidade civil dos transportadores terrestres, marítimos, fluviais e lacustres, por danos à carga transportada.[10] O preceito em análise, portanto, indica a vigência da cobertura também nesse tipo de contratação mandatória.

O seguro de coisas transportadas, por ser conexo ao contrato de transporte, deve compreender o período de responsabilização do transportador pela incolumidade das coisas conduzidas.[11] Nesse sentido, como anteriormente mencionado, o art. 780 se relaciona ao disposto no art. 750 do mesmo diploma, que determina que "A responsabilidade do transportador, limitada ao valor constante do conhecimento, começa no momento em que ele, ou seus prepostos, recebem a coisa; termina quando é entregue ao destinatário, ou depositada em juízo, se aquele não for encontrado".

Não obstante a coligação entre os contratos, a delimitação da garantia a que se obriga o segurador não corresponderá, necessariamente, aos riscos que, por força da lei, correm por conta do transportador. Dito por outros termos, as hipóteses de exclusão da garantia previstas na apólice poderão não coincidir com as hipóteses de exclusão da responsabili-

---

[9] Assim, TEPEDINO, Gustavo; KONDER, Carlos Nelson; BANDEIRA, Paula Greco. *Fundamentos do direito civil*: contratos. 3. ed. Rio de Janeiro: Forense, 2022. v. 3. p. 499. Em sentido diverso, Ênio Santarelli Zuliani afirma que prevalecerá o mandamento legal, independentemente de disposição em sentido contrário pelas partes: "O contrato de seguro de interesses de coisas que são transportadas possui um regime diferenciado quanto à sua vigência, porque independente do que vier a ser objeto do instrumento legal e apólice, somente começa quando o transportador recebe as coisas que serão transportadas e termina quando o destinatário as recebe, concluindo uma integração perfeita entre o transporte e o seguro de garantia" (ZULIANI, Ênio Santarelli. In: NANNI, Giovanni Ettore (coord.). *Comentários ao Código Civil*: direito privado contemporâneo. São Paulo: Saraiva, 2018. p. 1.153).

[10] "Art. 20. Sem prejuízo do disposto em leis especiais, são obrigatórios os seguros de: (...) m) responsabilidade civil dos transportadores terrestres, marítimos, fluviais e lacustres, por danos à carga transportada."

[11] "Seguro de transporte é o que tem em vista assegurar bens e mercadorias transportados por vias terrestre, marítima, fluvial, lacustre e aérea. Difere do de fogo por sua maior amplitude, pois que tanto abrange a destruição da coisa por esse sinistro, quanto o seu perecimento ou danificação por outras causas, como ainda alcança o seu extravio, furto ou roubo. Constitui ponto de diferenciação, também, a maior simplicidade de sua realização, imposta pela natureza com que se celebra o contrato de transporte, a que adere e completa. A sua vigência se inicia no momento em que as coisas a serem transportadas são recebidas pelo transportador e somente cessa com a sua entrega ao destinatário" (PEREIRA, Caio Mário da Silva. *Instituições de direito civil*: contratos. 21. ed. Rio de Janeiro: Forense, 2017. v. III. p. 336).

dade do transportador pelo regime legal do contrato de transportes. Sobre o ponto, Ênio Santarelli Zuliani destaca o caso da exclusão do dever de indenizar pelo transportador em razão de fortuito externo, elucidando que o seguro "obriga o pagamento pelo segurador, porque não existe possibilidade de alegar fortuito externo ao assumir o dever de garantir os interesses em razão de riscos, como o extravio de coisas transportadas, por roubo e outros tipos de ocorrências".[12] Tal orientação prevaleceu em interessante julgado do STJ, que considerou possível que o transportador seja exonerado da obrigação de ressarcir o segurador que paga a indenização por sinistro decorrente de fortuito externo, sem culpa, portanto, do transportador. Nesse caso, o segurador suportará os prejuízos, não podendo reavê-los do transportador em ação de regresso.[13]

REFERÊNCIAS BIBLIOGRÁFICAS

ALVIM, Pedro. *O seguro e o Novo Código Civil*. Rio de Janeiro: Forense, 2007.

MELO, Marco Aurélio Bezerra de. In: SCHREIBER, Anderson et al. *Código Civil comentado*: doutrina e jurisprudência. 3. ed. Rio de Janeiro: Forense, 2021.

MENEZES CORDEIRO, António. *Direito dos seguros*. 2. ed. Coimbra: Almedina, 2017.

PEREIRA, Caio Mário da Silva. *Instituições de direito civil*: contratos. 21. ed. Rio de Janeiro: Forense, 2017. v. III.

TEPEDINO, Gustavo; KONDER, Carlos Nelson; BANDEIRA, Paula Greco. *Fundamentos do direito civil*: contratos. 3. ed. Rio de Janeiro: Forense, 2022. v. 3.

ZULIANI, Ênio Santarelli. In: NANNI, Giovanni Ettore (coord.). *Comentários ao Código Civil*: direito privado contemporâneo. São Paulo: Saraiva, 2018.

---

[12] ZULIANI, Ênio Santarelli. In: NANNI, Giovanni Ettore (coord.). *Comentários ao Código Civil*: direito privado contemporâneo. São Paulo: Saraiva, 2018. p. 1153.

[13] "Recurso Especial. Responsabilidade civil. Transporte de mercadoria. Roubo com uso de arma de fogo. Força maior. Ação regressiva proposta pela seguradora. 1. O seguro a que está obrigado o transportador, constante do artigo 10 do Decreto nº 61.867/67, é de responsabilidade civil e garante o reembolso dos valores que a empresa for obrigada a desembolsar, quando descumprir o contratado, por sua culpa. Não engloba, portanto, a obrigação de o transportador contratar seguro para cobrir caso fortuito ou força maior. 2. Na linha de precedentes da corte, na ação regressiva não cabe ao segurador provar a culpa do causador do dano, sendo da responsabilidade do transportador provar que os danos decorrem de vicio próprio da mercadoria, força maior ou caso fortuito. 3. Segundo entendimento consolidado nesta Corte, o roubo de carga constitui força maior, suficiente para excluir a responsabilidade da transportadora perante a seguradora do proprietário da mercadoria transportada. Improcedência da ação regressiva de ressarcimento de danos. Precedentes. 4. Recurso especial parcialmente conhecido e, nessa extensão, parcialmente provido" (STJ, REsp 663.356/SP, 4ª T., rel. Min. Luis Felipe Salomão, j. 19.08.2010).

34
COMENTÁRIOS AO ART. 781 DO CÓDIGO CIVIL

Gustavo Tepedino
Paula Greco Bandeira
Bruna Vilanova Machado

Art. 781. A indenização não pode ultrapassar o valor do interesse segurado no momento do sinistro, e, em hipótese alguma, o limite máximo da garantia fixado na apólice, salvo em caso de mora do segurador.

1. ORIGEM DA DISPOSIÇÃO E REGIME ANTERIOR

O Código Civil de 1916 não possuía disposição equivalente à do atual art. 781, que determina que o valor da indenização paga pelo segurador em caso de sinistro não poderá ser superior ao valor do interesse segurado no momento da verificação do dano, tampouco podendo ultrapassar o limite máximo da garantia fixado na apólice, salvo em caso de mora do segurador. Embora não constasse do diploma civil revogado, a norma contida no art. 781 tinha supedâneo na doutrina e jurisprudência pátria.

A norma também encontra acolhida na experiência estrangeira. No Direito português, o art. 130.º do Decreto-lei 72/2008 determina que: "No seguro de coisas, o dano a atender para determinar a prestação devida pelo segurador é o do valor do interesse seguro ao tempo do sinistro". O diploma português determina, ainda, no que tange ao seguro de coisas, que o segurador apenas responderá pelos lucros cessantes e pelos danos por privação de uso do bem sofridos pelo segurado quando semelhante cobertura for expressamente contratada.[1]

No direito francês, regra semelhante encontra-se prevista no art. L121-1 do *Code des Assurances*, que estabelece que "a indenização devida pelo segurador ao segurado não pode exceder o valor da coisa segurada à data do sinistro".[2]

---

[1] "Artigo 130. Seguro de coisas. 1 – No seguro de coisas, o dano a atender para determinar a prestação devida pelo segurador é o do valor do interesse seguro ao tempo do sinistro. 2 – No seguro de coisas, o segurador apenas responde pelos lucros cessantes resultantes do sinistro se assim for convencionado. 3 – O disposto no número anterior aplica-se igualmente quanto ao valor de privação de uso do bem."

[2] "Article L121-1. L'assurance relative aux biens est un contrat d'indemnité; l'indemnité due par l'assureur à l'assuré ne peut pas dépasser le montant de la valeur de la chose assurée au moment du sinistre.

A norma prevista na parte final do art. 781, que limita a indenização do segurador ao valor previsto na apólice, se encontra presente, de igual modo, em ordenamentos estrangeiros. No Decreto-lei 72/2008 do direito português, o art. 128 indica que "A prestação devida pelo segurador está limitada ao dano decorrente do sinistro *até ao montante do capital seguro*" (grifo nosso). O art. L121-5 do diploma francês, em complemento ao já destacado art. L121-1, dispõe:

> Se das estimativas resultar que o valor da coisa segura exceda o valor garantido no dia do sinistro, considera-se que o segurado continua a ser sua própria seguradora para o excesso, suportando, portanto, uma parte proporcional do dano, salvo acordo em contrário.[3]

Com fundamento no direito alemão, Jan Dirk Harke elucida que "A importância segurada indica o valor máximo da obrigação do segurador de pagar as prestações e corresponde à avaliação do valor segurado pelas partes no momento da celebração do contrato".[4]

Desse modo, os critérios previstos no art. 781 para a determinação do valor a ser pago pelo segurador a título de indenização consubstanciam normas cogentes que, a despeito de não estarem previstas de maneira expressa no Código Civil revogado, tinham acolhida em diversos ordenamentos jurídicos estrangeiros.

2. SENTIDO DA DISPOSIÇÃO E PRINCIPAIS CONTROVÉRSIAS NA SUA INTERPRETAÇÃO

Como adiantado nos comentários ao art. 778 do CC, o seguro de dano orienta-se pelo princípio indenitário, de modo que a indenização paga pelo segurador ao segurado em caso de sinistro deve se limitar a recompor o patrimônio do prejudicado, possibilitando o retorno ao *status quo* patrimonial anterior ao sinistro, sem promover o enriquecimento indevido. Tal princípio desdobra-se em duas regras principais, que, em conjunto, limitam o montante devido a título de indenização pelo segurador. A primeira regra é a contida no art. 778, que estabelece que o valor do interesse segurado previsto na apólice não poderá ser maior do que o efetivo valor da coisa na ocasião da contratação. A segunda regra consubstancia-se exatamente no art. 781, que impõe como limitação à indenização o valor do bem na ocasião do sinistro.

A complementariedade entre as duas normas se justifica em virtude da volatilidade do valor da maioria dos bens objeto de seguro de dano, que se valorizam ou se depreciam conforme as oscilações de mercado. Por essa razão, o valor previsto na apólice no momento da contratação, embora retrate fielmente o preço do interesse segurado no momento da emissão da apólice, pode não refletir a efetiva perda patrimonial sofrida

---

Il peut être stipulé que l'assuré reste obligatoirement son propre assureur pour une somme, ou une quotité déterminée, ou qu'il supporte une déduction fixée d'avance sur l'indemnité du sinistre."

[3] "Article L121-5. S'il résulte des estimations que la valeur de la chose assurée excède au jour du sinistre la somme garantie, l'assuré est considéré comme restant son propre assureur pour l'excédent, et supporte, en conséquence, une part proportionnelle du dommage, sauf convention contraire."

[4] "Die Versicherungssumme gibt den Höchstbetrag der Leistungspflicht des Versicherers an und entspricht der Einschätzung des Versicherungswerts durch Parteien bei Vertragsschluss" (HARKE, Jan Dirk. *Besonderes Schuldrecht*. Heidelberg: Springer, 2011. p. 154).

pelo segurado com a ocorrência do sinistro, caso o valor do bem segurado tenha se modificado entre a celebração do seguro e o momento do pagamento da indenização pelo sinistro. Portanto, no seguro de dano, a indenização nem sempre corresponderá ao valor do bem garantido conforme declarado pelo segurado e estabelecido na apólice. No procedimento de regulação e liquidação do sinistro, o segurador verificará, à luz do valor do bem declarado na apólice, do montante máximo previsto para a indenização e do efetivo prejuízo sofrido pelo segurado, o valor que deve pagar em cumprimento de sua obrigação de indenizar.

Em razão de tal circunstância, a norma do art. 781 mostra-se de conveniente positivação, já que o pagamento do montante previsto na apólice pode revelar iniquidade para uma das partes contratantes: caso o bem tenha se desvalorizado, o recebimento do valor originário representará enriquecimento sem causa para o segurado, que receberá indenização em valor superior ao desfalque patrimonial sofrido com o sinistro; se, de outra parte, o bem tiver se valorizado, o pagamento de indenização pelo seu valor original fará que o segurador desembolse quantia inferior ao dano sofrido pelo segurado. Em ambos os casos, o princípio indenitário restaria violado.[5-6]

Nota-se que, em qualquer hipótese, deve ser também respeitado o montante máximo da indenização previsto na apólice, conforme expressamente disposto na parte final do art. 781. Dessa forma, a valorização do bem somente será objeto de indenização quando o montante for inferior ao valor máximo de indenização previsto na apólice. O prejuízo que sobrepujar o valor do interesse segurado será de responsabilidade do segurado, que atuará como segurador de si próprio, suportando os prejuízos.

Para evitar o enriquecimento sem causa de uma das partes, o cálculo do preço da coisa a fundamentar a indenização do segurador levará em consideração seu valor ao tempo do sinistro.[7] Tal metodologia, mencionada expressamente na primeira parte do

---

[5] Sobre o ponto, destaca-se a ilustração de Pedro Alvim, que, à luz do princípio indenitário, orienta quanto à determinação da indenização a ser paga pelo segurador: "(...) suponha-se que o seguro fosse de cem mil reais; a avaliação dos bens sinistrados atingiu a importância de oitenta mil reais; a indenização será igual a esta quantia e não ao valor do seguro. Se a avaliação alcançasse cento e vinte mil reais, a indenização seria apenas de cem mil reais, valor do seguro, porque o segurado não poderia pretender mais do que segurou" (ALVIM, Pedro. *O seguro e o novo Código Civil*. Rio de Janeiro: Forense, 2007. p. 112-114).

[6] Cfr., na doutrina espanhola: "El artículo 26 LCS establece expresamente que '[e]l seguro no puede ser objeto de enriquecimiento injusto para el asegurado. Para la determinación del daño se atenderá al valor del interés asegurado en el momento inmediatamente anterior a la realización del siniestro'. Se consagra así el principio de prohibición de enriquecimiento injusto para el asegurado. De este modo, en caso de siniestro, la indemnización no podrá superar el daño efectivamente producido" (MARTÍNEZ, Juan Manuel Bahamonde. El Procedimiento de Liquidación del Daño del Artículo 38 de la Ley 50/1980, de 8 de Octubre, de Contrato de Seguro: Aspectos Procedimentales y Sustantivos. *InDret*, Barcelona, n. 2, abr. 2015. p. 5-6).

[7] O mesmo critério é referenciado no direito italiano: "O valor das coisas danificadas é normalmente calculado no momento do acidente; com exceção dos produtos do solo, para os quais é calculado o valor que teriam na época da colheita (pense no seguro contra granizo)" (TRABUCCHI, Alberto. *Istituzioni di Diritto Civile*. 46. ed. Milão: CEDAM, 2013. p. 994-996, tradução livre). No original: "(...) Il valore delle cose danneggiate si calcola normalmente al tempo del sinistro; ad eccezione dei prodotti del suolo, per i quali si calcola il valore che avrebbero avuto al tempo del raccolto (pensiamo all'assicurazione contro la grandine)".

art. 781, permite a verificação do exato desfalque patrimonial sofrido pelo segurado com a ocorrência do sinistro.

3. DISPOSIÇÕES RELACIONADAS

O seguro de dano de veículos foi regulamentado pela Circular Susep 639, de 9 de agosto de 2021, que dispõe sobre as regras e os critérios para operação de seguros do grupo automóvel. Segundo o ato normativo, o segurado poderá escolher entre duas modalidades de contratação, distintas em função da indenização a ser paga pelo segurador em caso de sinistro.[8]

A primeira modalidade prevista na Circular propõe que a indenização pelo sinistro consistente na perda total do veículo leve em conta o valor do bem na data da ocorrência do dano. Trata-se de critério de contratação consentâneo com a regra prevista no art. 781, que determina que o bem seja avaliado na ocasião do sinistro para a fixação da indenização. Pela segunda modalidade, a indenização em caso de perda total do veículo se dará pelo valor exato do bem segurado quando da contratação do seguro. Ambas as hipóteses de contratação foram admitidas pelo STJ.[9]

Importante notar, ainda, que o direito brasileiro prevê o afastamento do princípio indenitário na hipótese de mora do segurador. Na linguagem do art. 772 do CC: "A mora do segurador em pagar o sinistro obriga à atualização monetária da indenização devida segundo índices oficiais regularmente estabelecidos, sem prejuízo dos juros moratórios". Em consequência, o valor da indenização, ao levar em conta os consectários da mora, poderá ultrapassar o valor do bem segurado, sem que se afaste a incidência do princípio indenitário.

---

[8] "Circular SUSEP n.º 639/2021. Art. 4º As coberturas de casco poderão ser oferecidas nas modalidades de valor de mercado referenciado, de valor determinado e/ou com outro critério objetivo e transparente para determinação do limite máximo de indenização (LMI) na data da ocorrência do sinistro.
§ 1º A modalidade valor de mercado referenciado garante ao segurado, no caso de indenização integral, o pagamento de quantia variável, em moeda corrente nacional, determinada de acordo com tabela de referência expressamente indicada na proposta do seguro, conjugada com fator de ajuste, em percentual acordado entre as partes e estabelecido na proposta, a ser aplicado sobre o valor de cotação do veículo na data da ocorrência do sinistro.
§ 2º A modalidade valor determinado garante ao segurado, no caso de indenização integral, o pagamento de quantia fixa, em moeda corrente nacional, estipulada pelas partes no ato da contratação do seguro.
§ 3º As coberturas de casco poderão ser estruturadas de forma parcial, com assunção apenas de parte do risco pela sociedade seguradora, conforme critérios estabelecidos nas condições contratuais."

[9] Na jurisprudência do STJ: "(...) 6. As seguradoras disponibilizam mais de uma espécie de contrato de seguro de automóvel ao consumidor, cada qual com diferentes preços. Há contratos que estabelecem que a indenização do sinistro deve ser feita pelo valor do veículo determinado na apólice e há contratos que determinam que essa indenização securitária seja realizada pelo valor de mercado referenciado. Cabe ao consumidor optar pela modalidade que lhe pareça mais favorável. 7. Não é abusiva, por si só, a cláusula dos contratos de seguro que preveja que a seguradora de veículos, nos casos de perda total ou de furto do bem, indenize o segurado pelo valor de mercado na data do sinistro. 8. Recurso especial parcialmente conhecido e, nessa parte, provido" (STJ, REsp 1.189.213/GO, 4ª T., rel. Min. Luis Felipe Salomão, j. 22.02.2011).

REFERÊNCIAS BIBLIOGRÁFICAS

ALVIM, Pedro. *O seguro e o novo Código Civil*. Rio de Janeiro: Forense, 2007.

HARKE, Jan Dirk. *Besonderes Schuldrecht*. Heidelberg: Springer, 2011.

MARTÍNEZ, Juan Manuel Bahamonde. El Procedimiento de Liquidación del Daño del Artículo 38 de la Ley 50/1980, de 8 de Octubre, de Contrato de Seguro: Aspectos Procedimentales y Sustantivos. *InDret*, Barcelona, n. 2, abr. 2015.

TRABUCCHI, Alberto. *Istituzioni di Diritto Civile*. 46. ed. Milão: CEDAM, 2013.

COMENTÁRIOS AO ART. 782 DO CÓDIGO CIVIL

Marcos Ehrhardt Jr.

> **Art. 782.** O segurado que, na vigência do contrato, pretender obter novo seguro sobre o mesmo interesse, e contra o mesmo risco junto a outro segurador, deve previamente comunicar sua intenção por escrito ao primeiro, indicando a soma por que pretende segurar-se, a fim de se comprovar a obediência ao disposto no art. 778.

1. ORIGEM DA DISPOSIÇÃO E REGIME ANTERIOR

Sabemos que as atividades que desenvolvemos cotidianamente estão sujeitas a insegurança e risco, que podem atingir tanto nossas vidas quanto nosso patrimônio. A celebração de contratos de seguros reafirma um "espírito de previdência", uma busca por acautelar, mediante futura compensação, eventuais danos materiais ou perdas relacionadas à saúde e à vida[1]. A complexidade das relações e a velocidade do tráfego negocial tornaram essa modalidade contratual um significativo instrumento na proteção dos mais variados tipos de interesse.

O dispositivo em análise encontra-se no âmbito do seguro de dano, cujo objeto consiste na obrigação do segurador em garantir bens contra riscos predeterminados que poderiam impactar o acervo patrimonial do segurado, ou beneficiário.

Na codificação anterior, a regulação de um novo seguro sobre o mesmo interesse era disciplinada pelo art. 1.437, que vedava a possibilidade de se segurar uma coisa por mais do que valha ou pelo seu todo mais de uma vez. O legislador, entretanto, autorizava ao segurado acautelar, mediante novo seguro, o risco de falência ou insolvência do segurador, remetendo o tratamento da matéria ao art. 1.439 do Código Beviláqua, que versava sobre as consequências da inobservância do disposto no art. 1.437, permitindo ao segundo segurador que ignorava a existência de seguro anterior (pelo mesmo risco e no valor integral da coisa), sem restituir o prêmio recebido, "recusar o pagamento do objeto seguro, ou recobrar o que por ele pagou, na parte excedente ao seu valor real, ainda que não tenha reclamado o contrato antes do sinistro".

---

[1] NADER, Paulo. *Curso de Direito Civil*: Contratos. Rio de Janeiro: Forense, 2005. v. 3. p. 459.

Em seus comentários sobre o dispositivo, Clóvis Beviláqua deixa claros os fundamentos que inspiraram a criação de tal norma, que encontra identidade com o disposto nos arts. 677, VI, e 687, segunda parte, do CCom:

> Quem assegura uma coisa por mais do que valha desnatura o contrato de seguro, e faz presumir a intenção dolosa de lucrar o seguro pelo sacrifício do objecto segurado. A mesma intenção dolosa revela aquelle que segura o objecto na sua totalidade, mas de uma vez. No primeiro caso, o seguro será nullo, por declaração expressa da lei (art. 1.438), se o segurado procedeu de má-fé. No segundo caso, será nullo o seguro posterior. Poderá, porém, acontecer que, no primeiro caso, haja, apenas um erro de calculo, tendo o segurado procedimento de boa fé. Neste pressuposto, o seguro não é nullo, mas deverá ser reduzido ao seu justo valor.[2]

2. SENTIDO DA DISPOSIÇÃO E PRINCIPAIS CONTROVÉRSIAS NA SUA INTERPRETAÇÃO

O caráter indenizatório do seguro de dano (seguro de coisa) impede que o valor de cobertura supere o da coisa, pois não se pode tirar proveito de um sinistro. Reafirma-se, com esse dispositivo, o *princípio indenitário*, que limita o pagamento da indenização ao valor do interesse segurado, tomando-se em consideração o valor da coisa no momento da celebração do negócio. Afinal, quem busca o contrato de seguro não está perseguindo uma fonte de renda; está em busca de segurança, mediante constituição de uma garantia em caso de eventualidade, razão pela qual se deve afastar qualquer intuito especulativo do ajuste[3].

Permite-se a "cumulação de seguros ou duplicidade de seguro ou realização de dois seguros em seguradoras diversas, de uma mesma coisa, desde que o valor dos dois seguros não seja superior ao do bem ou interesse segurado"[4]. Desnecessário anotar que o seguro de vida não se submete a essa regra, vale dizer, ao estabelecimento de um teto, isto é, ao limite máximo para a contratação de uma cobertura securitária, uma vez que possui objeto de valor imensurável[5]. Dessa forma, é lícito contratar múltiplos contratos de seguro de vida – com assunção do mesmo risco e sem a limitação de valores estabelecida no art. 778 do CC/2002.

Carlos Nelson Konder lembra que, com o advento do CC/2002, se consolidou o entendimento de que, no contrato de seguro, "não se paga o prêmio em troca de eventual indenização, mas sim em troca da garantia de interesse submetido". Faz referência à lição de Fábio Konder Comparato, segundo a qual "o objeto de um negócio de seguro é sempre um interesse submetido a um risco", a fim de "evitar que o contrato atue como se fosse uma aposta".[6]

---

[2] BEVILÁQUA, Clóvis. *Código Civil dos Estados Unidos do Brasil comentado*. São Paulo: Francisco Alves, 1919. p. 189.
[3] GODOY, Cláudio Luiz Bueno de. In: PELUSO, Cezar (coord.). *Código Civil comentado*. Barueri: Manole, 2009. p. 773.
[4] DINIZ, Maria Helena. *Código Civil anotado*. 12. ed. São Paulo: Saraiva, 2006. p. 625.
[5] Nos termos do disposto no art. 789 do CC/2002, nos seguros de pessoas, o capital segurado é livremente estipulado pelo proponente, que pode contratar mais de um seguro sobre o mesmo interesse, com o mesmo ou diversos seguradores.
[6] KONDER, Carlos Nelson. A evocação do enriquecimento sem causa no contrato de seguro. In: GOLDBERG, Ilan; JUNQUEIRA, Thiago. *Temas atuais de direito dos seguros*. São Paulo: Ed. RT, 2020. t. II. p. 201.

Se a indenização tem por objetivo apenas a recomposição do patrimônio do segurado, a contratação do seguro deve limitar-se ao valor do bem, o que não impede múltiplas contratações de seguro sucessivas, desde que (i) o somatório não ultrapasse o valor do bem e, (ii) em atenção ao dever geral de boa-fé objetiva, tal circunstância (multiplicidade de seguros) seja comunicada a todos os seguradores[7]. A falta de comunicação pode ensejar a resolução contratual por violação do dever de informação[8]. Aqui vale transcrever lição de Carvalho Santos: "na hipótese de a coisa não estar segurada pelo valor total no primeiro contrato, os demais e subsequentes seguradores só estavam obrigados pelo que, na falta, tivessem de completar quanto ao importe da coisa, na ordem das respectivas apólices"[9].

No que se refere à ausência de comunicação quanto à existência de seguros cumulativos, importante anotar que a omissão no dever de informar implica perda do direito ao seguro apenas quando a soma total é superior ao valor do interesse protegido, tendo-se configurada a ineficácia do excedente[10]. No campo jurisprudencial, já decidiu o Tribunal de justiça de Santa Catarina que:

> (...) É permitido contratar com duas seguradoras distintas a proteção do mesmo bem e contra o mesmo risco, desde que haja prévia comunicação da intenção do segurado à primeira contratada. Uma vez ocorrido o sinistro, mas não observada essa regra, insculpida no artigo 782 do Código Civil, não pode o segurado cobrar a indenização do valor integral do prejuízo de ambas as seguradoras, mormente quando o contrato de seguro continha cláusula expressa vedando tal prática.[11]

Nesse ponto, não se deve confundir a cumulação de seguros (sucessivos e autônomos), ou seja, a pluralidade de seguros[12], com a possibilidade de celebração de cosseguros[13], hi-

---

[7] ROSENVALD, Nelson; BRAGA NETTO, Felipe. *Código Civil comentado*. Salvador: Juspodivm, 2021. p. 837.

[8] SCHREIBER, Anderson et al. *Código Civil comentado*. Rio de Janeiro: Forense, 2022. p. 571-2.

[9] Cf. SANTOS, J. M. de Carvalho. *Código Civil brasileiro interpretado*. 5. ed. Rio de Janeiro: Freitas Bastos, 1951. v. XIX. p. 283-4.

[10] ROSENVALD, Nelson; BRAGA NETTO, Felipe. *Código Civil comentado*. Salvador: Juspodivm, 2021. p. 837. Importante anotar que "o ônus de avisar existe mesmo se o seguro foi feito por outrem, por sua conta, pois que se lhe destina o benefício. Assim, o beneficiário, que não foi o contraente, tem o ônus de avisar, como tem o contraente que já era beneficiário noutro contrato (...) o aviso não tem forma especial (...) É conveniente que crie prova a seu favor" (PONTES DE MIRANDA, Francisco Cavalcanti. *Tratado de direito privado*: parte especial. Atual. por Bruno Miragem. São Paulo: Ed. RT, 2012. (Direito das obrigações. Contrato de transporte. Contrato de seguro, t. XLV). p. 435).

[11] TJSC, Apelação Cível 2007.036313-0, de Criciúma, rel. Jairo Fernandes Gonçalves, 5ª Câmara de Direito Civil, j. 28.07.2011.

[12] Lembra Pontes de Miranda que o segurador que pagou "tem direito de regresso contrato o outro ou os outros segurados, proporcionalmente, conforme o ressarcimento devido por ele ou por eles, na base dos respectivos contratos. Se algum deles é insolvente, reparte-se entre todos a quota" (PONTES DE MIRANDA, Francisco Cavalcanti. *Tratado de direito privado*: parte especial. Atual. por Bruno Miragem. São Paulo: Ed. RT, 2012. (Direito das obrigações. Contrato de transporte. Contrato de seguro, t. XLV). p. 434).

[13] Sobre o tema, Pontes de Miranda aduz que "quando os riscos são grandes e de alto valor segurável, ou quando é grave e de alto valor segurável o risco que se quer cobrir, o cosseguro exerce função

pótese em que se celebra apenas um negócio com dois ou mais seguradores, para garantir integralmente o interesse. Nesse caso, cada segurador se obriga a ressarcir em proporção da respectiva quota, respeitando-se o princípio indenitário.

3. DISPOSIÇÕES RELACIONADAS

Para uma adequada compreensão do disposto no art. 782 do CC/2002, é preciso atentar para a necessidade de uma interpretação sistemática, levando-se em consideração outros dispositivos do Código Civil, como o dever de observar a mais estrita boa-fé e veracidade a respeito das declarações concernentes ao contrato (art. 765), respeitando-se o limite do art. 778[14], sob pena de incidência das sanções descritas no art. 766, sem prejuízo da ação penal que no caso couber.

Neste sentido:

> (...) o seguro é um contrato de estrita boa-fé, ou de boa-fé qualificada, pois a formação e execução do contrato de seguro demandam especial cooperação entre os contratantes. Trata-se, aqui, não somente da boa-fé subjetiva, caracterizada pelo estado anímico da parte, mas também da boa-fé objetiva, que impõe às partes deveres de informação, cooperação, transparência e lealdade contratual. Assim, ao lado da regra geral do art. 422 do Código Civil, o legislador optou por conferir ao contrato de seguro regra especial, impondo ao segurador e ao segurado comportamento fundamentado na boa-fé e na veracidade, tanto a respeito do objeto como das circunstâncias e declarações a ele concernentes, seja na conclusão, seja na execução do contrato (CC, art. 765). A boa-fé, no contrato de seguro,

---

notável. Previamente se reparte a soma do seguro, isto é, o valor segurado, entre os dois ou mais seguradores. Assim, cada um evita assumir o risco por inteiro. Quanto à forma, pode haver contrato único, firmado pelos diferentes seguradores, ou dois ou mais contratos de seguros (cosseguros separados), tendo havido antes ou simultaneamente o acordo entre eles, que se há de considerar pré-contrato, sem que se afaste ter havido pluralidade de seguros sobre quotas e suceder o acordo de assunção de cosseguro" (PONTES DE MIRANDA, Francisco Cavalcanti. *Tratado de direito privado*: parte especial. Atual. por Bruno Miragem. São Paulo: Ed. RT, 2012. (Direito das obrigações. Contrato de transporte. Contrato de seguro, t. XLV). p. 437). Pelo exposto, deve-se destacar que, na hipótese de cosseguro, não há solidariedade entre os seguradores, tampouco possibilidade do exercício de direito de regresso. Judith Martins-Costa ensina que a função do cosseguro "está em fragmentar ou diluir horizontalmente os riscos segurados, evitando que apenas uma seguradora arque, isoladamente, com a indenização ao segurado, o que é da maior valia quando há uma grande exposição ao risco ou a elevada possibilidade de ocorrência de sinistro (...). Trata-se, sinteticamente, do 'seguro do mesmo interesse' celebrado com duas ou mais seguradoras. Do ponto de vista estrutural, observa-se a vinculação entre um 'polo segurador', formado por várias empresas seguradoras, e um 'polo segurado', onde está o credor do seguro ou o seu beneficiário. Já do ponto de vista funcional, a principal característica do cosseguro está no fato de o risco ser garantido conjuntamente por todos os integrantes do polo segurador, embora cada qual assuma, no que diz respeito aos aspectos financeiros da operação econômica, uma parte dele" (cf. MARTINS-COSTA, Judith. O cosseguro à brasileira. In: GOLDBERG, Ilan; JUNQUEIRA, Thiago. *Temas atuais de direito dos seguros*. São Paulo: Ed. RT, 2020. t. II. p. 807-809).

[14] Ainda sobre esse tema, vale lembrar o disposto no art. 781 do CC/2002, a saber: a indenização não pode ultrapassar o valor do interesse segurado no momento do sinistro, e, em hipótese alguma, o limite máximo da garantia fixado na apólice, salvo em caso de mora do segurador.

há de ser, portanto, bilateral, impondo-se igualmente ao segurador, desde a fase pré-contratual até a fase pós- contratual.[15]

Desse modo, nos seguros de dano, o segurado de má-fé perderá o direito à garantia, além de ficar obrigado ao prêmio vencido caso omita circunstâncias que possam influir na aceitação da proposta ou na taxa do prêmio. Na hipótese de a inexatidão ou a omissão nas declarações não resultar de má-fé do segurado, o segurador terá direito a resolver o contrato, ou a cobrar, mesmo após o sinistro, a diferença do prêmio[16].

REFERÊNCIAS BIBLIOGRÁFICAS

BEVILÁQUA, Clóvis. *Código Civil dos Estados Unidos do Brasil comentado*. São Paulo: Francisco Alves, 1919.

DINIZ, Maria Helena. *Código Civil anotado*. 12. ed. São Paulo: Saraiva, 2006.

GODOY, Claudio Luiz Bueno de. In: PELUSO, Cezar (coord.). *Código Civil comentado*. Barueri: Manole, 2009.

KONDER, Carlos Nelson. A evocação do enriquecimento sem causa no contrato de seguro. In: GOLDBERG, Ilan; JUNQUEIRA, Thiago. *Temas atuais de direito dos seguros*. São Paulo: Ed. RT, 2020. t. II.

MARTINS-COSTA, Judith. O cosseguro à brasileira. In: GOLDBERG, Ilan; JUNQUEIRA, Thiago. *Temas atuais de direito dos seguros*. São Paulo: Ed. RT, 2020. t. II.

NADER, Paulo. *Curso de Direito Civil*: Contratos. Rio de Janeiro: Forense, 2005. v. 3.

PELUSO, Cezar (coord.). *Código Civil comentado*. Barueri: Manole, 2009.

PONTES DE MIRANDA, Francisco Cavalcanti. *Tratado de direito privado*: parte especial. Atual. por Bruno Miragem. São Paulo: Ed. RT, 2012. (Direito das obrigações. Contrato de transporte. Contrato de seguro, t. XLV).

ROSENVALD, Nelson; BRAGA NETTO, Felipe. *Código Civil comentado*. Salvador: Juspodivm, 2021.

SANTOS, J. M. de Carvalho. *Código Civil brasileiro interpretado*. 5. ed. Rio de Janeiro: Freitas Bastos, 1951. v. XIX.

SCHREIBER, Anderson et al. *Código Civil comentado*. Rio de Janeiro: Forense, 2022.

TEPEDINO, Gustavo; KONDER, Carlos Nelson; BANDEIRA, Paula Greco. *Fundamentos do direito civil*: contratos. Rio de Janeiro: Forense, 2022. v. 3.

---

[15] TEPEDINO, Gustavo; KONDER, Carlos Nelson; BANDEIRA, Paula Greco. *Fundamentos do direito civil*: contratos. Rio de Janeiro: Forense, 2022. v. 3. p. 484.

[16] Nas palavras de Clóvis Beviláqua; "o segundo seguro pelo mesmo risco e no valor integral da coisa é um acto desonesto e contrario à natureza do seguro. Por isso não tem valor em direito, e, declarada a nulidade, as partes se restituem o que em razão dele tiverem uma da outra recebido. Mas, se o segundo segurador ignorava a existência do primeiro, a lei, atendendo á sua boa-fé, e querendo punir a deshonestidade do segurado, permite-lhe conservar os prêmios recolhidos aos seus cofres, ainda que quando não tenha reclamado contra o contracto antes do sinistro" (BEVILÁQUA, Clóvis. *Código Civil dos Estados Unidos do Brasil comentado*. São Paulo: Francisco Alves, 1919. p. 191).

# 36
COMENTÁRIOS AO ART. 783 DO CÓDIGO CIVIL

Marcos Ehrhardt Jr.

> **Art. 783.** Salvo disposição em contrário, o seguro de um interesse por menos do que valha acarreta a redução proporcional da indenização, no caso de sinistro parcial.

1. ORIGEM DA DISPOSIÇÃO E REGIME ANTERIOR

Não há correspondente ao dispositivo na codificação anterior.

2. SENTIDO DA DISPOSIÇÃO E PRINCIPAIS CONTROVÉRSIAS NA SUA INTERPRETAÇÃO

O dispositivo em análise trata da possibilidade de redução proporcional da indenização no caso de as partes terem contratado cobertura parcial de dano, por meio da qual o segurador se limita a garantir o valor indicado na apólice e, em caso de sinistro, impõe-se que o dano seja repartido entre os contratantes, na proporção da cobertura de risco contratada. Nesse sentido, aduz Maria Helena Diniz que "se se garantir um interesse por um valor inferior ao que realmente valha, tendo havido sinistro parcial, reduzir-se-á a indenização proporcionalmente, a não ser que haja convenção em contrário"[1].

Ao comentar o dispositivo, Claudio Luiz Bueno de Godoy afirma que "nada impede que se contrate o seguro por menos do que valha a coisa. Afinal, poderia nem ter havido a contratação do seguro. Se pode a parte não contratar o seguro, pode contratá-lo por menos do que o valor real da coisa"[2]. Tem-se, por conseguinte, modalidade de *subseguro*, vale dizer, seguro parcial pelo valor não integral, salvo disposição diversa das partes, confrontando-se o valor pelo qual se segurou a coisa com o que realmente tinha quando se efetivou o contrato[3].

---

[1] DINIZ, Maria Helena. *Código Civil anotado*. 12. ed. São Paulo: Saraiva, 2006. p. 625.
[2] GODOY, Claudio Luiz Bueno de. In: PELUSO, Cezar (coord.). *Código Civil comentado*. Barueri: Manole, 2009. p. 774.
[3] DINIZ, Maria Helena. *Código Civil anotado*. 12. ed. São Paulo: Saraiva, 2006. p. 625.

A doutrina costuma referir-se a uma *cláusula de rateio* (ou de contribuição proporcional), por meio da qual se utiliza o valor segurado como base de cálculo da indenização, mantendo-se a proporcionalidade entre a indenização e o risco contratado[4], que não deve ser confundida com a contratação de uma franquia, mediante a qual as partes contratantes estipulam valor mínimo no contrato de seguro pelo qual o segurador não se obrigará diante da ocorrência de um sinistro[5].

Sobre os limites e as restrições ao valor do seguro, Pontes de Miranda anota que ele pode ser limitado por lei ou restringido pelo segurador, razão pela qual nem sempre o valor segurável coincide com o valor que pode ser atribuído ao bem segurado no momento da contratação. Vale destacar que o ônus da prova de demonstrar que o contrato seguiu a regra proporcional é do segurador, uma vez que sua pretensão é pagar menos do que consta na apólice de seguro[6].

No mesmo sentido o tema é interpretado por nossos tribunais, consoante decisão a seguir transcrita:

> Nada impede que se contrate cobertura parcial de dano (cláusula de rateio), em consonância com o art. 783 do CC; assim, tratando-se de seguro parcial, a companhia seguradora limita-se a garantir o valor indicado na apólice e, em caso de sinistro, impõe-se que o dano seja repartido entre o segurador e o segurado, na proporção da cobertura de risco contratada. Para que não se aplique a proporcionalidade do seguro, necessária a existência de cláusula expressa em sentido contrário. Portanto, o sinistro parcial acarreta, obrigatoriamente, a redução proporcional do seguro.[7]

Situação que merece atenção é o denominado "seguro a primeiro risco". Nessa hipótese, valendo-se do caráter dispositivo da regra do art. 783, os contratantes pactuam que o "sinistro parcial importa a indenidade até o valor segurado"[8], ou seja, por vontade dos

---

[4] Um exemplo ajudará na compreensão no modo de cálculo do valor da indenização. Caso o segurado decida contratar cobertura parcial tendo por objeto um bem com valor de mercado de R$ 200.000,00, fixando o limite do seguro em R$ 100.000,00, na hipótese de ocorrência de um sinistro que resulte num prejuízo de R$ 50.000,00, o valor a ser pago pelo segurador seria de apenas R$ 25.000,00, proporcional ao montante segurado.

[5] ROSENVALD, Nelson; BRAGA NETTO, Felipe. *Código Civil comentado*. Salvador: Juspodivm, 2021. p. 838.

[6] "Se há perda total, o segurador paga toda a soma do seguro, porque o que a excedeu em danos saiu, automaticamente, do patrimônio do segurado. Se houve aumento do valor do bem, entre a conclusão do contrato e o momento do sinistro, o contraente ou a) contrai novo seguro, ou b) exige a elevação proporcional do seguro, com a respectiva elevação do prêmio, ou c) deixa descoberta a parte aumentada. No caso a), os dois seguros são tratados, para o cálculo em relação à parte descoberta, como um todo. No caso b), houve a correção do prêmio e do seguro parcial. No caso c), o cálculo é em relação ao todo no momento do sinistro, para se evitar que se atribua ao segurador a parte do risco do que se aumentou. O segurado tem a ação contra o terceiro pela parte não coberta" (cf. PONTES DE MIRANDA, Francisco Cavalcanti. *Tratado de direito privado*: parte especial. Atual. por Bruno Miragem. São Paulo: Ed. RT, 2012. (Direito das obrigações. Contrato de transporte. Contrato de seguro, t. XLV). p. 432).

[7] TJSC, 6ª Câm. Cív., Ap. Cív. 20110551226 SC 2011.055122-6, rel. Joel Figueira Júnior, j. 13.06.2013.

[8] Cf. PONTES DE MIRANDA, Francisco Cavalcanti. *Tratado de direito privado*: parte especial. Atual. por Bruno Miragem. São Paulo: Ed. RT, 2012. (Direito das obrigações. Contrato de transporte. Con-

envolvidos, derroga-se a cláusula de rateio, afastando-se a proporcionalidade dos danos efetivamente causados[9], hipótese que assegura ao segurado receber o valor integral previsto no contrato.

Pelo exposto, a opção pela utilização dessa cláusula é mais adequada para contratações em relações negociais paritárias, pois, no âmbito das relações de consumo, a vulnerabilidade presumida por aquele diploma legal pode ensejar discussão de sua validade, nos termos do inciso IV do art. 51 do CDC.

Nesse sentido, transcreve-se advertência de Sílvio Venosa:

> Para evitar danos ao consumidor-segurado essa cláusula de rateio deve ficar bem clara e deve ser precisamente informada quando da elaboração da proposta e do contrato, em atendimento aos princípios consumeristas. Melhor teria andado o Código se afirmasse que essa cláusula somente operaria por disposição expressa, no sentido contrário do atual art. 783. O desconhecimento dessa cláusula tem sido motivo para inúmeros dissabores quando da liquidação de sinistros. A norma, porém, é tradicional originária de nosso direito marítimo[10].

Não podemos perder de vista que a presunção de paridade das relações civis disciplinadas pelo código vigente pode ser afastada quando demonstrada a vulnerabilidade no caso concreto, especialmente diante de contratos de adesão celebrados entre as partes.

Sobre o tema, vale transcrever lição de Tepedino, Konder e Bandeira:

> (...) em boa parte dos casos, o contrato de seguro se qualificará como relação de consumo (...). Em consequência, aplicam-se, ao lado dos dispositivos do Código civil, as normas especiais do CDC, como o art. 47, segundo a qual as cláusulas contratuais deverão ser interpretadas da forma mais benéfica ao consumidor, como forma de reequilibrar relação marcada pela vulnerabilidade do contratante (...). Ressalta-se, porém, que o contrato de seguro merecerá atenção especial do intérprete mesmo quando não se esteja diante de relação de consumo. Isso porque, na generalidade dos casos, o instrumento do seguro configura contrato de adesão, sobre cujas cláusulas o proponente não terá ingerência, limitando-se a aceitar seus termos mediante a apresentação da proposta. Nesse sentido, mesmo que inaplicável o art. 47 do CDC, que impõe seja adotada a interpretação mais favorável ao consumidor, deve ser observado o art. 423 do Código Civil, que determina a interpretação das cláusulas contratuais em favor do aderente.[11]

---

trato de seguro, t. XLV). p. 433. Ainda sobre o tema, Pontes de Miranda aduz que "Há três espécies que dependem da cláusula: a em que se abstrai do valor total dos bens segurados, coberto por soma fixada; a em que se fixa a soma (máxima) do seguro e se tem de atender à proporção entre o valor de cada bem e o valor segurado; a em que se presta o que corresponde ao dano e se mantém o resto para cobertura dos bens restantes ou dos danos posteriores" (PONTES DE MIRANDA, Francisco Cavalcanti. *Tratado de direito privado*: parte especial. Atual. por Bruno Miragem. São Paulo: Ed. RT, 2012. (Direito das obrigações. Contrato de transporte. Contrato de seguro, t. XLV)).

9   PONTES DE MIRANDA, Francisco Cavalcanti. *Tratado de direito privado*: parte especial. Atual. por Bruno Miragem. São Paulo: Ed. RT, 2012. (Direito das obrigações. Contrato de transporte. Contrato de seguro, t. XLV). p. 432.
10 VENOSA, Sílvio de Salvo. *Código Civil interpretado*. 2. ed. São Paulo: Atlas, 2011. p. 802.
11 TEPEDINO, Gustavo; KONDER, Carlos Nelson; BANDEIRA, Paula Greco. *Fundamentos do direito civil*: contratos. Rio de Janeiro: Forense, 2022. v. 3. p. 465.

No âmbito do Superior Tribunal de Justiça[12], apreciou-se um caso em que um incêndio provocou a destruição parcial de um estabelecimento cujo valor de mercado era de, aproximadamente, R$ 1.400.000,00, tendo o segurado, presumivelmente, para minorar o valor do prêmio, optado por pactuar seguro pelo valor máximo de R$ 494.000,00. De acordo com a regra inserta no art. 783, a indenização foi paga em percentual do valor máximo garantido, por se tratar de hipótese de infrasseguro, em que o segurado é, simultaneamente, cossegurador, porquanto assume parte do risco e da responsabilidade pela indenização, em caso de sinistro[13].

3. DISPOSIÇÕES RELACIONADAS

É nítida a relação entre o dispositivo e a análise do que prescreve o art. 781 da codificação vigente, que estabelece o limite máximo da garantia fixado na apólice.

REFERÊNCIAS BIBLIOGRÁFICAS

DINIZ, Maria Helena. *Código Civil anotado*. 12. ed. São Paulo: Saraiva, 2006.

PELUSO, Cezar (coord.). *Código Civil comentado*. Barueri: Manole, 2009.

---

[12] STJ, REsp 1.519.655, Min. Luis Felipe Salomão, *DJe* 23.08.2017.

[13] Extrai-se da decisão anteriormente referida o seguinte trecho: "Ao optar o segurado por fixar o valor total em risco em patamar inferior ao real, presumivelmente para ver reduzido o valor do prêmio, conforma-se hipótese de infrasseguro. Nesta, o segurado é simultaneamente tido por cossegurador do interesse garantido, eis que assume o risco e a responsabilidade por arcar com a diferença. A cláusula de rateio, ressalte-se, acha-se inserta no instrumento de maneira clara e induvidosa, pelo que tinha legítima e justa aplicação à espécie. Daí resulta a correção do procedimento da apelada, em face dessa limitação de sua responsabilidade, sendo igualmente desarrazoado o inconformismo da apelante com o valor da indenização, paga de forma proporcional, como previsto (...). A jurisprudência do STJ possui entendimento no sentido de que a pessoa jurídica que firma contrato de seguro visando a proteção de seu próprio patrimônio é considerada destinatária final dos serviços securitários, incidindo, assim, em seu favor, as normas do Código de Defesa do Consumidor. Nesse sentido, confira: (...) 3. Há relação de consumo no seguro empresarial se a pessoa jurídica o firmar visando a proteção do próprio patrimônio (destinação pessoal), sem o integrar nos produtos ou serviços que oferece, mesmo que seja para resguardar insumos utilizados em sua atividade comercial, pois será a destinatária final dos serviços securitários. Situação diversa seria se o seguro empresarial fosse contratado para cobrir riscos dos clientes, ocasião em que faria parte dos serviços prestados pela pessoa jurídica, o que configuraria consumo intermediário, não protegido pelo CDC. (...) (REsp 1352419/SP, rel. Min. Ricardo Villas Bôas Cueva, Terceira Turma, julgado em 19/8/2014, *DJe* 8/9/2014). Entretanto, ainda que se apliquem as disposições do CDC ao presente caso, a conclusão assentada no acórdão não merece reforma. (...) 4. Além disso, da leitura do trecho acima transcrito, verifico que o v. acórdão recorrido está assentado em mais de um fundamento suficiente para mantê-lo e a recorrente não cuidou de impugnar todos eles, como seria de rigor. A subsistência de fundamento intacado apto a manter a conclusão do aresto impugnado, qual seja, o de que o segurado optou por fixar o valor total em risco em patamar inferior ao real, para ver reduzido o valor do prêmio, configurando hipótese de infrasseguro, estando a cláusula de rateio em conformidade com os termos do art. 783 do Código Civil, impõe o não conhecimento da pretensão recursal, a teor do entendimento disposto na Súmula nº 283/STF: É inadmissível o recurso extraordinário quando a decisão recorrida assenta em mais de um fundamento suficiente e o recurso não abrange todos eles. 5. Ante o exposto, nego provimento ao recurso especial" (STJ, REsp 1.519.655, Min. Luis Felipe Salomão, *DJe* 23.08.2017).

PONTES DE MIRANDA, Francisco Cavalcanti. *Tratado de direito privado*: parte especial. Atual. por Bruno Miragem. São Paulo: Ed. RT, 2012. (Direito das obrigações. Contrato de transporte. Contrato de seguro, t. XLV).

ROSENVALD, Nelson; BRAGA NETTO, Felipe. *Código Civil comentado*. Salvador: Juspodivm, 2021.

TEPEDINO, Gustavo; KONDER, Carlos Nelson; BANDEIRA, Paula Greco. *Fundamentos do direito civil*: contratos. Rio de Janeiro: Forense, 2022. v. 3.

VENOSA, Sílvio de Salvo. *Código Civil interpretado*. 2. ed. São Paulo: Atlas, 2011.

37
COMENTÁRIOS AO ART. 784 DO CÓDIGO CIVIL

Marcos Ehrhardt Jr.

> **Art. 784.** Não se inclui na garantia o sinistro provocado por vício intrínseco da coisa segurada, não declarado pelo segurado.
>
> Parágrafo único. Entende-se por vício intrínseco o defeito próprio da coisa, que se não encontra normalmente em outras da mesma espécie.

1. ORIGEM DA DISPOSIÇÃO E REGIME ANTERIOR

O dispositivo em análise encontra correspondência parcial com o disposto no art. 1.459 da legislação revogada, que assim tratava a matéria: "Sempre se presumirá não se ter obrigado o segurador a indenizar prejuízos resultantes de vício intrínseco à coisa segura". A inclusão de um parágrafo único na codificação vigente busca deixar claro qual deverá ser a interpretação adotada para a exata compreensão da expressão "vício intrínseco".

Oportuna a lição de Pontes de Miranda sobre as diversas espécies de vícios, em seus comentários sobre o já referido art. 1.459:

> É preciso, porém que se apontem as espécies de vícios, para que bem se interprete o art. 1.459 do Código Civil. O chamado vício natural, que deteriora o bem e é inevitável, não é segurável. A expressão "vício" não é acertada. O vício acidental é o defeito – portanto, vício, propriamente dito – que tem o bem seguro sem que exista em todos os bens da mesma qualidade. O segurador não poderia ficar exposto a segurar contra o que já existe e ele desconhece. Aliás, é indiferente se o outro contraente conhecia, ou não, o vício acidental. Se esse o ignorava e o ignorava o segurador não se quis cobrir esse risco. Se o contraente que faz oferta conhece o vício intrínseco tem de denunciá-lo, ou, em cláusula explícita, tem de exigir-lhe a cobertura, para que não incida a regra jurídica do art. 1.459 do Código Civil.[1]

Anote-se ainda que sempre se interpretou o citado dispositivo no sentido de que a hipótese de exclusão da cobertura securitária somente ocorreria se o vício (intrínseco) fosse

---

[1] PONTES DE MIRANDA, Francisco Cavalcanti. *Tratado de direito privado*: parte especial. Atual. por Bruno Miragem. São Paulo: Ed. RT, 2012. (Direito das obrigações. Contrato de transporte. Contrato de seguro, t. XLV). p. 499-500.

a causa única do evento danoso. Por conseguinte, a presença de concausa não afastaria a obrigação contratual ressarcitória[2]. Nesse sentido, Clóvis Beviláqua aponta que"

> (...) responde o segurador se o contrato menciona expressamente sua incidência sobre o risco decorrente do vício intrínseco, bem como se este não é a causa única determinante do dano, mas funciona como concausa, manifestando-se concomitantemente com a causa externa; o mesmo se verifica se o segurado o ignorava.[3]

2. SENTIDO DA DISPOSIÇÃO E PRINCIPAIS CONTROVÉRSIAS NA SUA INTERPRETAÇÃO

O artigo prevê uma cláusula excludente de responsabilidade da seguradora. Importa ressaltar que o risco garantido pelo contrato de seguro é sempre futuro, não integrando a álea dessa espécie negocial um vício intrínseco na coisa, ou seja, um defeito próprio que não se encontra, de ordinário, em outras coisas da mesma espécie.[4]

Nelson Rosenvald e Felipe Braga Netto, em seus comentários sobre o referido dispositivo, destacam que o contrato de seguro tem por objetivo assegurar riscos externos à coisa[5]. No mesmo sentido, Maria Helena Diniz aponta a possibilidade de isenção do pagamento da indenização dos prejuízos advindos de vícios intrínsecos à coisa segurada não declarados pelo segurado, visto não ser objeto do contrato[6].

Nesse sentido, comenta a referida autora que

> Se o dano não advier de defeito próprio da coisa segurada, nenhuma responsabilidade haverá para o segurador, que assumiu tão somente os riscos eventuais de uma causa externa (p. ex., acidente de trânsito, naufrágio, inundação, incêndio etc.) à coisa segurada. Se aquele vício intrínseco for declarado pelo segurado, passará a ser causa interna prevista na apólice, e o segurado terá a obrigação de indenizar dano causado por aquele vício.[7]

Conforme já mencionado, é preciso atentar para o fato de que, para se afastar a garantia do seguro, há de se demonstrar que o vício intrínseco é a causa do sinistro e é de conhecimento do segurado.

---

[2] Sobre o tema, é possível citar precedente do Superior Tribunal de Justiça: "Acidente. Seguro. Sub-rogação. Prova da culpa. No contrato de transporte terrestre, presume-se a culpa do transportador. Para se isentar de responsabilidade, cabe-lhe provar que os danos decorreram de vício próprio da mercadoria, força maior ou caso fortuito. 2. Na ação de indenização, regressiva, não cabe ao segurador provar a culpa do causador do dano. 3. Arts. 102 e 103 do Cód. Comercial e Súmula 188/STF. 4. Recurso especial conhecido pelo dissídio mas improvido" (STJ, REsp 28.118/SP, rel. Min. Nilson Naves, 3ª T., j. 30.03.1993, DJ 24.05.1993, p. 10004).

[3] Cf. BEVILÁQUA, Clóvis. *Código Civil dos Estados Unidos do Brasil comentado*. São Paulo: Francisco Alves, 1919. No mesmo sentido: TEPEDINO, Gustavo; BARBOZA, Heloisa Helena; BODIN DE MORAES, Maria Celina. *Código Civil interpretado*. Rio de Janeiro: Renovar, 2006. v. II. p. 591.

[4] PELUSO, Cezar (coord.). *Código Civil comentado*. Barueri: Manole, 2009. p. 775.

[5] ROSENVALD, Nelson; BRAGA NETTO, Felipe. *Código Civil comentado*. Salvador: Juspodivm, 2021. p. 838-9.

[6] DINIZ, Maria Helena. *Código Civil anotado*. 12. ed. São Paulo: Saraiva, 2006. p. 626.

[7] DINIZ, Maria Helena. *Código Civil anotado*. 12. ed. São Paulo: Saraiva, 2006. p. 626.

Sobre esse aspecto, importante transcrever entendimento de Pontes de Miranda:

> Raramente, o vício intrínseco do bem seguro é a causa exclusiva do dano. Há, quase sempre, causa que consiste em fato estranho, cujas consequências são agravadas pela existência do vício intrínseco. Se o risco decorrente do vício intrínseco não foi coberto, o segurador não tem de ressarcir o dano ou a parte do dano que não teria ocorrido se o vício intrínseco (não coberto) não existisse. Muitas vezes é difícil apreciar-se até que ponto o vício intrínseco aumentou o dano, mas o ônus de alegar e provar o agravamento incumbe ao segurador.[8]

A questão da responsabilização por vícios intrínsecos ocupa espaço importante no cenário jurisprudencial, especialmente no que se refere a falhas construtivas. No âmbito do Tribunal de Justiça de São Paulo, há muitos julgados que concluem que a falha na construção que figura como desconhecida à seguradora no momento de sua contratação no empreendimento permite a sua exclusão na apólice do seguro[9].

No mesmo sentido:

> Apelação cível – Seguro habitacional – Ação de indenização – Vícios de construção – Cláusula do contrato de seguro que exclui essa cobertura – Legalidade – Entendimento desta E. Turma Julgadora – Aplicação do art. 784 do CC – Perícia técnica que o afastou a hipótese de risco de desabamento – Manutenção da r. sentença de improcedência – Recurso não provido.[10]

Para Roberta Mauro Medina Maia, "impõe-se que a causa do dano tenha sido externa, extrínseca à edificação", ao argumento de que a responsabilidade civil do construtor envolve circunstâncias bastante diversas, que se encontram descritas no item III da Circular Susep 111/1999, revogada em 2021, motivo pelo qual conclui que:

> (...) inexiste, no seguro habitacional, cobertura destinada a vícios de construção, como rachaduras nas paredes ou infiltrações, não sendo possível que os tribunais a imponham sem que haja previsão na apólice ou imposição legal. Quem responde por vícios de cons-

---

[8] PONTES DE MIRANDA, Francisco Cavalcanti. *Tratado de direito privado*: parte especial. Atual. por Bruno Miragem. São Paulo: Ed. RT, 2012. (Direito das obrigações. Contrato de transporte. Contrato de seguro, t. XLV). p. 500.

[9] TJSP, Apelação Cível 0000193-71.2010.8.26.0549, rel. Alvaro Passos, 2ª Câmara de Direito Privado, Foro de Santa Rosa de Viterbo – Vara Única, j. 15.09.2021, data de registro: 15.09.2021.

[10] TJSP, Apelação Cível 1000600-33.2015.8.26.0275, rel. José Carlos Ferreira Alves, 2ª Câmara de Direito Privado, Foro de Itaporanga – Vara Única, j. 24.11.2020, data de registro: 24.11.2020. Ver também TJSP, Apelação Cível 1001140-43.2017.8.26.0168, rel. Alvaro Passos, 2ª Câmara de Direito Privado, Foro de Dracena – 1ª Vara, j. 26.11.2019, de onde se destaca o seguinte trecho: "Seguro habitacional – Vícios em construção – Documentação e trabalho técnico que atestam falhas decorrentes de projeto, gerenciamento/fiscalização técnica e execução da obra – Afastamento da responsabilidade da seguradora pela existência de cláusula expressa sobre a não cobertura de risco de natureza interna – Admissibilidade – Falha na construção que figura como desconhecida à seguradora no momento de sua contratação no empreendimento, permitindo a exclusão na apólice – Multa decendial – Não incidência – Ação improcedente – Recurso dos autores improvido, provido o da ré".

trução, que afetem o adquirente do imóvel, é o próprio construtor, e não a seguradora com a qual se contrata o seguro habitacional.[11]

Contudo, o assunto ainda não é pacífico, conforme ilustra a decisão a seguir transcrita:

> Apelação cível – Seguro habitacional – Ação de indenização – Vícios de construção apurados em perícia – Cláusula do contrato de seguro que não exclui expressamente essa cobertura – Exclusão abusiva, à luz da legislação consumerista, da boa-fé objetiva e da função socioeconômica do contrato – Precedente do E. STJ – Não incidência do artigo 784 do Código Civil no caso concreto – Sentença de improcedência reformada – Recurso provido[12].

3. DISPOSIÇÕES RELACIONADAS

Para uma adequada compreensão do disposto no art. 784 do CC/2002, importante cotejar as disposições relacionadas aos vícios redibitórios (arts. 441 a 446), ressaltando-se a persistência da responsabilidade do alienante, que subsiste "ainda que a coisa pereça em poder do alienatário, se perecer por vício oculto, já existente ao tempo da tradição".

Merecem também atenção os prazos disciplinados no art. 445 do referido código, especialmente quando o vício por sua natureza só puder ser conhecido mais tarde, hipótese em que o prazo se contará do momento em que dele o adquirente tiver ciência, até o prazo máximo de 180 (cento e oitenta) dias, em se tratando de bens móveis, e de um ano, para os imóveis.

Oportuno lembrar que o tratamento dispensado aos vícios redibitórios apresenta particularidades quando verificados numa relação de consumo, competindo aos arts. 18 a 20 o disciplinamento não apenas dos vícios ocultos mas também dos vícios aparentes, de quantidade e qualidade, ensejando prazos decadenciais distintos daqueles previstos no Código Civil[13].

---

[11] MAIA, Roberta Mauro Medina. O seguro habitacional: características e aspectos controvertidos. In: GOLDBERG, Ilan; JUNQUEIRA, Thiago. *Temas atuais de direito dos seguros*. São Paulo: Ed. RT, 2020. t. II. p. 560. Ainda sobre o tema, merecem destaque as conclusões da citada autora. "(...) não se deve, a pretexto de se proteger o consumidor, confundir riscos cobertos que são completamente distintos ou mesmo ampliar o alcance de cobertura descrita contratualmente. O seguro habitacional destina-se a assegurar a quitação do financiamento em caso de morte ou invalidez permanente do mutuário, bem como garantir a integridade do imóvel diante de riscos extrínsecos à edificação" (MAIA, Roberta Mauro Medina. O seguro habitacional: características e aspectos controvertidos. In: GOLDBERG, Ilan; JUNQUEIRA, Thiago. *Temas atuais de direito dos seguros*. São Paulo: Ed. RT, 2020. t. II).

[12] TJSP, Apelação Cível 0035078-92.1998.8.26.0562, rel. José Carlos Ferreira Alves, 2ª Câmara de Direito Privado, Foro de Santos - 7ª Vara Cível, j. 05.04.2022, data de registro: 06.04.2022.

[13] Segundo o disposto no art. 26 do CDC: "O direito de reclamar pelos vícios aparentes ou de fácil constatação caduca em: I – trinta dias, tratando-se de fornecimento de serviço e de produtos não duráveis; II – noventa dias, tratando-se de fornecimento de serviço e de produtos duráveis. § 1º Inicia-se a contagem do prazo decadencial a partir da entrega efetiva do produto ou do término da execução dos serviços. (...) § 3º Tratando-se de vício oculto, o prazo decadencial inicia-se no momento em que ficar evidenciado o defeito".

REFERÊNCIAS BIBLIOGRÁFICAS

BEVILÁQUA, Clóvis. *Código Civil dos Estados Unidos do Brasil comentado*. São Paulo: Francisco Alves, 1919.

DINIZ, Maria Helena. *Código Civil anotado*. 12. ed. São Paulo: Saraiva, 2006.

MAIA, Roberta Mauro Medina. O seguro habitacional: características e aspectos controvertidos. In: GOLDBERG, Ilan; JUNQUEIRA, Thiago. *Temas atuais de direito dos seguros*. São Paulo: Ed. RT, 2020. t. II.

PELUSO, Cezar (coord.). *Código Civil comentado*. Barueri: Manole, 2009.

PONTES DE MIRANDA, Francisco Cavalcanti. *Tratado de direito privado*: parte especial. Atual. por Bruno Miragem. São Paulo: Ed. RT, 2012. (Direito das obrigações. Contrato de transporte. Contrato de seguro, t. XLV).

ROSENVALD, Nelson; BRAGA NETTO, Felipe. *Código Civil comentado*. Salvador: Juspodivm, 2021.

TEPEDINO, Gustavo; BARBOZA, Heloisa Helena; BODIN DE MORAES, Maria Celina. *Código Civil interpretado*. Rio de Janeiro: Renovar, 2006. v. II.

38
COMENTÁRIOS AO ART. 785 DO CÓDIGO CIVIL

Angélica Carlini

Art. 785. Salvo disposição em contrário, admite-se a transferência do contrato a terceiro com a alienação ou cessão do interesse segurado.

§ 1º Se o instrumento contratual é nominativo, a transferência só produz efeitos em relação ao segurador mediante aviso escrito assinado pelo cedente e pelo cessionário.

§ 2º A apólice ou o bilhete à ordem só se transfere por endosso em preto, datado e assinado pelo endossante e pelo endossatário.

1. NOTAS INTRODUTÓRIAS

Risco, interesse legítimo e dano são três conceitos essenciais para a compreensão da operação de seguros privados. Sem a presença desses elementos, não há por que contratar seguro e, em consequência, não há qualquer razão para a organização da empresarialidade que formará o fundo mutual em condições de suportar o pagamento de indenizações resultantes da ocorrência de riscos predeterminados previstos no contrato.

A motivação da contratação de seguro é a existência de riscos que poderão causar danos ao interesse legítimo de alguém que, para se proteger, contrata um seguro que indenize os resultados dos riscos materializados, ou seja, os danos decorrentes do evento.

O interesse legítimo pode recair sobre uma pessoa ou uma coisa nos termos do que determina o art. 757 do CC brasileiro. Quando se aplicar a uma coisa, será classificado como seguro de danos. Nessa modalidade, ainda poderá ser classificado como de dano direto – ao patrimônio do próprio segurado – ou dano indireto – que define os seguros de responsabilidade civil, aplicáveis às hipóteses em que o segurado causa dano a outrem e protege o impacto em seu patrimônio com a contratação de um seguro que dê cobertura para a indenização devida a terceiros.

Em ambas as hipóteses – dano direito ou indireto –, o segurado pretende proteger o próprio patrimônio contra eventual materialização de riscos, e o segurador assume a responsabilidade pelo pagamento da indenização com limite máximo e predeterminação do risco da cobertura.

2. ORIGEM DA DISPOSIÇÃO E REGIME ANTERIOR

O artigo trata da possibilidade de transferência ou cessão do interesse legítimo e, consequentemente, do contrato de seguro a terceiro. Há, no entanto, a ressalva que permite ao segurador vedar a transferência do contrato a terceiro por alienação ou cessão do interesse segurado, o que deverá ser concretizado por meio de cláusula expressa no próprio contrato de seguro.

A redação do *caput* do artigo preservou, em parte, a intencionalidade do legislador de 1916, que determinava, no art. 1.463, que "O direito à indenização pode ser transmitido a terceiro como acessório da propriedade, ou de direito real sobre a coisa segura". De fato, a transmissão do contrato sem a consequente transmissão do interesse segurado faria do cessionário um investidor de risco ou um apostador, o que fugiria da essência do contrato de seguro, para o qual a álea não é – nem pode ser – objeto de lucro, fonte de riqueza, senão de recomposição do patrimônio atingido por meio da indenização contratual.

Nesse sentido, ensina Adalberto Pasqualotto:

> O seguro de dano visa essencialmente indenizar um prejuízo. Aplica-se a este grupo o princípio indenitário, segundo o qual o segurado não pode lucrar com o seguro, devendo ser indenizado apenas na medida do prejuízo que sofrer. Em outras palavras, o segurado não pode ter maior vantagem na indenização do que na conservação do objeto de seu interesse.
>
> Para que se mantenha essa lógica, a apólice deve refletir com fidelidade o valor do interesse segurado.
>
> Em caso de perda ou dano parcial, a indenização representará com justeza a reposição do que foi perdido, tendente a manter o equilíbrio patrimonial do segurado.[1]

Assim, se a exigência é de que seja respeitado o equilíbrio entre o valor do interesse segurado e o da indenização devida em caso de perda total ou parcial, para concretizar a proteção patrimonial do segurado, não faria nenhum sentido que um terceiro sem qualquer interesse legítimo no bem segurado pudesse ser beneficiário da indenização em caso de evento coberto pelo contrato de seguro.

O segurado tem liberdade para transferir o interesse legítimo, e, nesse caso, o seguro contratado com vistas à proteção desse interesse contra danos patrimoniais que representem perda total ou parcial poderá ser transferido também.

A redação do art. 1.643 do CC/1916, no entanto, utilizava a palavra *pode*, e não *deverá*, o que permitiu aos seguradores a inserção da cláusula com expressa vedação para a transferência do contrato de seguro sem seu conhecimento prévio e, principalmente, sem sua concordância. A interpretação encontrava guarida no dever que os seguradores têm de conhecer os riscos que subscrevem porque os eventuais danos serão indenizados pelo conjunto da mutualidade, organizada e administrada pelo segurador.

Todavia, o tema, que nunca foi pacífico na vigência do Código de 1916, ensejou inúmeras demandas judiciais e até mesmo uma súmula do Superior Tribunal de Justiça, que será tratada adiante.

---

[1] PASQUALOTTO, Adalberto. *Contratos nominados III*: seguro, constituição de renda, jogo, aposta, fiança, transação, compromisso. São Paulo: Ed. RT, 2008. p. 132.

Cabe destacar que o *caput* do art. 785 do CC/2002 prevê a possibilidade de transferência do contrato de seguro por *alienação* ou *cessão,* o que inclui a transferência de propriedade ou a cessão de direitos do segurado sobre o interesse legítimo. Nesse aspecto, o Código Civil de 2002 foi mais amplo que o de 1916, para o qual somente a transferência da propriedade do bem objeto da cobertura de seguro legitimaria que o contrato de seguro fosse igualmente transferido.

Se ocorrer a transferência ou a cessão de direito, o novo segurado receberá o contrato como foi firmado e assumirá todas as responsabilidades dele decorrentes, em especial as práticas inerentes ao comportamento de boa-fé e às obrigações de pagamento dos valores de prêmio calculados pelo segurador. Se ocorrer a hipótese de inadimplência anterior à transferência ou à cessão, o novo segurado assumirá o dever de pagar o prêmio em atraso com os encargos decorrentes da mora.

Se o contrato de seguro tiver sido formalizado com equívocos decorrentes de informações incompletas sobre o interesse legítimo, o novo segurado o receberá dessa forma. Poderá, no entanto, promover a alteração do contrato por meio de endosso[2], de forma que corrija eventuais equívocos sobre o interesse legítimo, ou acrescentar coberturas não contratadas, mediante pagamento de acréscimo ao valor do prêmio de seguro.

3. SENTIDO DA DISPOSIÇÃO E PRINCIPAIS CONTROVÉRSIAS NA SUA INTERPRETAÇÃO

O art. 785 inicia com a expressão "Salvo disposição em contrário", o que permite ao segurador determinar, em cláusula contratual, a impossibilidade de transferência ou cessão do contrato de seguro.

Algumas reflexões podem ser construídas a respeito dessa possibilidade que a lei confere ao segurador: será aplicada a todos os contratos, inclusive os massificados? Deverá ser motivada ou poderá ser imotivada? O segurado deve comunicar a transferência ou cessão do interesse legítimo em qual momento? O segurador poderá solicitar mais dados sobre o novo segurado para proferir sua decisão de aceitar ou não? O segurador pode vedar a possibilidade por cláusula geral, ou seja, em nenhuma hipótese será aceita a transferência ou cessão?

O § 1º do art. 785 determina, expressamente, que: "Se o instrumento contratual é nominativo, a transferência só produz efeitos em relação ao segurador mediante aviso escrito assinado pelo cedente e pelo cessionário".

A cláusula geral de vedação de transferência do contrato de seguro já era aceita pelos tribunais anteriormente ao Código Civil de 2002, e o STJ, em 19 de agosto de 1999, no julgamento do REsp 164.128, do Rio de Janeiro, que teve como relator o Min. Carlos Alberto Menezes Direito, da 3ª Turma, decidiu:

> Seguro de automóvel. Ação intentada pelo antigo proprietário para receber a indenização pelo furto ocorrido após a venda. Código de Defesa do Consumidor. Art. 1.463 do Código Civil.

---

[2] Circular Susep 642, de 20/09/2021 (que dispõe sobre a aceitação e a vigência do seguro, a emissão e os elementos mínimos dos documentos contratuais): "Art. 2º (...) VI – endosso: documento, emitido pela sociedade seguradora, por meio do qual são formalizadas alterações do seguro contratado, de comum acordo entre as partes envolvidas".

> 1. Não é abusiva nem iníqua a cláusula que prescreve a comunicação da transferência da apólice para o adquirente do bem, sob pena de isentar a seguradora da responsabilidade (art. 1.463 do Código Civil).
>
> 2. O antigo proprietário, mesmo admitida a transferência automática da apólice, não pode ingressar em Juízo para reclamar a indenização pelo furto ocorrido após a venda.
>
> 3. Recurso especial não conhecido.

No Brasil, em sua maioria, os contratos de seguro são nominativos, ou seja, no instrumento do contrato – a apólice –, consta o nome do segurado ou dos segurados – pessoas naturais ou jurídicas. Assim, a regra adotada pelo Código Civil de 2002 é de que, para esses contratos, o segurador deverá ser avisado por escrito em documento assinado pelo cedente do direito e pelo cessionário.

A determinação do § 1º do art. 785 está em perfeita harmonia com o disposto no art. 765 do CC[3], que determina que a boa-fé e a veracidade deverão estar presentes na conduta de seguradores e segurados na conclusão e na execução do contrato, ou seja, tanto no momento em que a proposta for aceita quanto durante todo o período de vigência do contrato.

A transferência ou cessão do interesse legítimo segurado é informação essencial para o segurador, porque materializa o dever de boa-fé e veracidade, que é recíproco entre as partes e, nessa hipótese específica da transferência, é dever do segurado, razão pela qual é compreensível que o § 1º do art. 785 imponha a obrigatoriedade da informação.

O momento da comunicação do cedente e do cessionário ao segurado não está fixado no texto da norma, porém é relevante que ocorra em seguida ao ato de transferência ou cessão do interesse legítimo, a fim de manter o segurador atualizado sobre a nova situação que envolve o objeto da cobertura securitária contratada.

O artigo não obriga as partes a aguardarem a concordância do segurador, que poderá, no entanto, tão logo tome conhecimento da transferência ou da cessão em razão do aviso escrito, manifestar-se pela não aceitação e apresentar seus argumentos.

A possibilidade de manifestação em sentido contrário à transferência ou à cessão de direito deverá estar fundamentada se o contrato expressamente não vedar a transferência. Caso haja vedação expressa, o argumento será a existência de cláusula contratual, porque ela não pode ser caracterizada como abusiva, visto que está em consonância com o disposto no art. 757 do CC, que define o contrato de seguro como aquele a ser contratado pelo detentor de interesse legítimo. Se o segurador fizer constar do contrato que não poderá ser feita a transferência ou cessão do contrato de seguro quando ocorrer a transferência do interesse legítimo, essa cláusula estará amparada pela legalidade e deverá ser respeitada. Será o principal argumento para a recusa do segurador.

Por outro lado, se o segurador não tiver vedado expressamente a transferência ou cessão do contrato, deverá apresentar argumento objetivo para sua recusa em aceitar o novo detentor do interesse legítimo. Essa argumentação deverá demonstrar, principalmente, o aumento do risco e, consequentemente, a necessidade de ajuste do valor do prêmio, ou a impossibilidade de cálculo de prêmio que se ajuste às novas condições em que se encontra o

---

[3] "Art. 765. O segurado e o segurador são obrigados a guardar na conclusão e na execução do contrato, a mais estrita boa-fé e veracidade, tanto a respeito do objeto como das circunstâncias e declarações a ele concernentes."

interesse legítimo. Novamente, aqui, a veracidade e a boa-fé se mostram relevantes porque, sem oposição fundamentada, não estará o segurador em consonância com tais princípios.

Cumpre indagar, ainda, se o segurador poderá solicitar mais dados sobre o novo segurado para proferir sua decisão de aceitar ou não. A resposta correta parece ser afirmativa, uma vez que novas informações sobre o cessionário poderão tornar mais clara a existência ou não de agravação de risco e, consequentemente, a necessidade de aumento do valor do prêmio, ou, ainda, poderão trazer ao segurador elementos que comprovem que a mudança do interesse legítimo não representou maior impacto para o risco coberto.

Suponhamos, a título ilustrativo, que um hospital situado na região metropolitana de uma grande cidade brasileira tenha um aparelho para realização de exame de imagem com valor em risco de três milhões de reais. O aparelho está segurado e, depois de um tempo de uso, foi vendido para um hospital localizado em região afastada do País, sujeita à forte instabilidade da rede elétrica, com vários casos comprovados de instabilidade de energia capazes de provocar danos a aparelhos elétricos e eletrônicos, além de alta incidência de queda de raios igualmente comprovada por estudos técnicos. Nesse caso, o valor do prêmio calculado para o seguro do aparelho quando este se encontrava em região metropolitana de uma cidade sem problema com o fluxo de energia elétrica e sem alta incidência de raios é inadequado para a atual situação do aparelho de imagem, o que torna necessário que o cálculo seja refeito. O novo valor do prêmio, no entanto, pode ficar, muitas vezes, superior ao primeiro valor calculado, o que tornará economicamente inviável a continuidade da contratação. Além disso, deverão ser computadas as despesas decorrentes da dificuldade para fazer chegarem ao novo local de risco técnicos especializados em manutenção e reparos, assim como peças de reposição. As novas circunstâncias de localização poderão inviabilizar por completo a continuidade do contrato de seguro, ainda que o cessionário tenha interesse em prosseguir na contratação.

Se existente cláusula de vedação da transferência ou cessão, ou inexistente, o segurador for informado e entender que não deve aceitar a continuidade da relação contratual, os valores de prêmio já pagos deverão ser devolvidos na proporção *pro rata* ao tempo de vigência do contrato de seguro.

Em geral, no Brasil, os contratos de seguro são classificados em massificados e não massificados. Os primeiros são aqueles destinados à contratação por grande quantidade de pessoas, como acontece com os contratos de seguro de automóvel, pessoas, acidentes pessoais, residenciais, prestamistas e outros. Os seguros não massificados, por sua vez, são aqueles destinados aos grandes riscos, quase sempre contratados por empresas e destinados à proteção de patrimônio ou interesses econômicos diversificados.

Nos seguros de automóvel, por exemplo, na década de 1990 e no início dos anos 2000, muitas demandas judiciais foram propostas por segurados que alienaram seus veículos e fizeram a transferência do seguro para o novo proprietário sem comunicar ao segurador a venda do carro e a consequente transferência do contrato de seguro. O segurador só tomava ciência da transferência no momento do sinistro, já sem condições de efetuar análise do perfil do novo segurado e, eventualmente, adequar o valor do prêmio à nova situação. Por isso, o pagamento da garantia era negado e o terceiro ajuizava a demanda para obter a indenização dos danos ocorridos.

Também ocorriam algumas demandas judiciais naquele período, anterior à entrada em vigor do Código Civil de 2002, em que o segurado ingressava em juízo para pretender receber o valor da indenização porque o contrato de seguro e o veículo ainda estavam em seu nome, embora a tradição já tivesse sido realizada para o novo proprietário. Nessa situação, o segurado já não tinha mais interesse legítimo sobre o bem e, em tese, haveria uma simulação porque o verdadeiro proprietário do veículo e titular do interesse era outra pessoa. Situação complexa que, sem dúvida, seria possível evitar se tivesse havido a informação para o segurador.

A prática comercial do seguro de automóvel na modalidade *perfil*, que teve início na década de 1990 no Brasil, aproximou esse tipo de contrato daqueles que se caracterizam pelo caráter personalíssimo ou *intuitu personae*. É preciso ponderar, no entanto, que os fatores de maior relevância para o cálculo do valor do prêmio são as características do próprio veículo. Esse aspecto é, com certeza, mais determinante para o cálculo do prêmio que os dados específicos sobre o condutor ou condutores habituais.

De fato, embora incidam, no cálculo do prêmio, fatores como idade, gênero, quantidade de condutores e utilização principal (comercial ou pessoal) do veículo, os demais elementos relevantes para o cálculo se referem à marca, ao ano e ao modelo do veículo, em especial para que o segurador possa quantificar, a partir desses dados objetivos, os índices percentuais de furto e roubo, bem como os valores de precificação de peças e mão de obra de funilaria, elétrica e mecânica, que incidem significativamente na precificação do valor do prêmio a ser pago pelo segurado.

Alguns veículos de menor valor de mercado possuem alto custo de seguro porque suas peças são difíceis de serem encontradas no mercado ou possuem um custo elevado, ou, ainda, existem dificuldades técnicas para os trabalhos de reparo, e, por essa razão, as oficinas cobram um custo maior para o valor da hora da mão de obra trabalhada. Todos esses fatores, que passam, muitas vezes, ao largo da experiência dos juristas e dos consumidores, são imensamente relevantes para o cálculo do valor do prêmio do seguro de automóvel e, por vezes, pesam muito mais do que os fatores pessoais do principal condutor do veículo.

Diferente será quando a prática de seguros por uso se tornar uma realidade mais frequente no mercado brasileiro de seguros de automóvel. Nessa nova modalidade que a tecnologia viabilizou, o condutor do veículo será acompanhado por um dispositivo de telemetria que pode estar instalado no veículo, com seu conhecimento e permissão expressa, ou será monitorado por um aplicativo instalado em seu aparelho de telefonia móvel, que fornecerá dados diretamente para o segurador. Cada condutor pagará prêmio mensal de seguro compatível com a utilização (quantidade de quilômetros, horas de uso do veículo etc.) e também em razão da forma como o veículo foi utilizado (frenagens e arranques bruscos, velocidade média praticada, eventuais excessos de velocidade etc.). Nessa modalidade de seguro cujo valor do prêmio é calculado a partir do uso ou, mais especificamente, da forma de uso do veículo, a transferência do contrato de seguro poderá representar mudança significativa dos valores de prêmio.

Os dispositivos para monitoramento dos condutores e dos veículos já existem, e a tendência é que se tornem cada vez mais comuns no mercado brasileiro, até porque os bons condutores serão recompensados com valor menor de prêmio de seguro em decorrência da cautela com a qual se comportam.

O Superior Tribunal de Justiça decidiu, em sucessivas oportunidades, que a transferência do veículo sem prévia notificação ao segurador não constituía, por si só, hipótese de agravamento de risco. É o que pode ser encontrado, por exemplo, no REsp 3.053, do Rio de Janeiro, relatado pelo Min. Waldemar Zveitter, em agosto de 1990, no REsp 600.788, de

São Paulo, relatado pelo Min. Humberto Gomes de Barros, em outubro de 2006; e a decisão do REsp 771.375, também de São Paulo, relatado pelo Min. Aldir Passarinho Júnior, em maio de 2010. Neste último caso, especificamente, entendeu o relator pela desnecessidade de comunicação prévia da transferência, desde que não tivesse ocorrido agravamento de risco, cuja prova deveria ser produzida pelo segurador.

Em 13 de outubro de 2010, o STJ aprovou a Súmula 465 com a seguinte redação: "Ressalvada a hipótese de efetivo agravamento do risco, a seguradora não se exime do dever de indenizar em razão da transferência do veículo sem a sua prévia comunicação".

Contudo, na vigência do Código de 2002, já se encontram decisões que obrigam o cumprimento do disposto no § 1º do art. 785. Como exemplo, a decisão do Tribunal de Justiça do Estado do Rio Grande do Sul, Apelação Cível 0304865-56.2018.8.21.7000, da 6ª Câmara Cível, rel. Des. Ney Wiedemann Neto, de 19.11.2018, cujo entendimento foi:

> Seguro de veículo. Negativa de cobertura. Alienação do bem segurado sem aviso à seguradora. Ausência de obrigação da seguradora em responder por prejuízos. Inteligência do art. 785, parágrafo primeiro do Código Civil. Dispositivo legal que condiciona a transferência do contrato de seguro à comunicação ao segurador mediante aviso escrito.

A redação do § 1º do art. 785 parece afastar o debate em torno da necessidade de prova da existência de agravamento do risco decorrente da transferência ou cessão do contrato de seguro, porque condiciona a transferência a duas premissas: (i) o contrato não ser nominativo e (ii) a inexistência de disposição em contrário no próprio contrato.

Caso haja disposição em contrário, não caberá a transferência por alienação ou cessão do interesse segurado; e, caso não haja disposição em contrário e o contrato seja nominativo, será imperiosa a comunicação por escrito, assinada pelo cedente e pelo cessionário, para que a transferência produza efeitos em relação ao segurador.

Tanto o *caput* do art. 785 como seu parágrafo único se encontram em consonância com o art. 421 e 765 do CC, ambos exigindo boa-fé, probidade e veracidade das partes contratantes. O interesse legítimo é aspecto essencial dos contratos de seguro e sua transferência para terceiro, com evidentes impactos para o contrato de seguro, deve ser comunicada por escrito nos contratos nominativos, caso não haja determinação expressa em sentido contrário no próprio contrato.

O debate em torno da transferência e do agravamento de risco perdeu sentido. Não se trata mais de caracterizar a agravação de risco como era tratado na jurisprudência majoritária anterior ao Código Civil de 2002. Trata-se da garantia de que o segurador, organizador e administrador do fundo mutual, saiba com quem está se relacionando contratualmente e possa, sempre que necessário, manter comunicação com o segurado ou atendê-lo em seus canais de comunicação, com a certeza de que se trata de pessoa com legitimidade para buscar informações e solicitar serviços decorrentes do contrato. Em outras palavras, a correta execução do contrato de seguro depende do prévio conhecimento de quem é o segurado, pessoa natural ou jurídica, e da comprovação da legitimidade para solicitar serviços e indenizações previstas no contrato firmado entre as partes.

A venda de veículos entre particulares é prática comum no Brasil, várias plataformas digitais viabilizam a aproximação entre partes interessadas em contratar. Natural supor que usuários dessas plataformas estejam cientes de que a transferência do veículo não significa a transferência automática do contrato de seguro ou sua cessão para o novo proprietário. O segurador, que assume obrigações relevantes no contrato, como pagar os danos totais ou parciais do veículo quando ocorrer um evento coberto, deve ser informado da transferência do veículo e do contrato de seguro, caso não exista prévia vedação em cláusula específica para esse fim. Neste momento em que vivemos, no qual as informações circulam com enorme velocidade e facilidade, é possível confiar que consumidores, corretores de seguro e profissionais que atuam com venda de veículos já tenham ciência da necessidade de comunicarem ao segurador a venda do veículo para concretizarem a transferência ou cessão do contrato de seguro, sempre que não haja vedação expressa no próprio contrato.

A mesma lógica pode ser aplicada aos contratos de seguros de garantia estendida, que são aqueles oferecidos por varejistas no momento da venda de eletrodomésticos e eletrônicos. São esses seguros que cobrem danos ocorridos depois de terminada a garantia oferecida pelo fornecedor do produto. Nessa modalidade de contrato, o início de vigência ocorre a partir da aceitação da proposta ou emissão do bilhete, porém a cobertura securitária tem início na data em que termina a garantia oferecida pelo fornecedor. Somente no caso de contratação de cobertura de complementação de garantia, a vigência será simultânea àquela da garantia do fornecedor, porque o seguro vai contemplar coberturas não previstas na garantia do fornecedor.

O consumidor pode pretender alienar o produto e entregar ao comprador o bilhete ou a apólice do seguro? Se a apólice ou o bilhete contiver disposição em contrário nos exatos termos do *caput* do art. 785, não será possível a transferência. E, se não contiver vedação de transferência, sendo nominativo e quase sempre o é, será necessária a comunicação por escrito com assinatura do cedente e do cessionário, nos termos do § 1º do art. 785 do CC/2002.

O § 2º do art. 785 determina que: "A apólice ou o bilhete à ordem só se transfere por endosso em preto, datado e assinado pelo endossante e pelo endossatário".

O art. 760 do CC/2002 estabelece que a apólice de seguro ou o bilhete poderão ser nominativos, à ordem ou ao portador. A apólice ou bilhete à ordem podem circular com endosso em preto, ou seja, aquele que identifica o endossatário nos termos do § 1º do art. 910 do CC/2002. Aparentemente, o legislador pretendeu equiparar os contratos de seguro a títulos de crédito, o que não tem argumentação fundamentada na doutrina, tampouco na jurisprudência brasileira.

De todo modo, entendeu que eventual endosso só possa ser realizado com a identificação do endossatário, o que ressalta a importância de que o segurador conheça sempre a parte segurada.

As apólices ou os bilhetes à ordem não são praticados no mercado de seguros brasileiro, até pela insegurança que trariam para a atividade.

A transferência da apólice ou do bilhete por endosso é diferente da cessão de crédito, ou seja, da cessão do direito à indenização decorrente do contrato de seguro firmado entre as partes. Se o segurado ceder o direito à indenização a terceiro, devidamente identificado, o segurador deverá efetuar o pagamento ao indicado e dele obterá a quitação. A cessão de direito à indenização só poderá ocorrer, no entanto, após ocorrido o sinistro, regulado pelo segurador e fixado o valor a ser pago em correspondência à extensão dos danos efetivamente comprovados. Nesse momento, o segurado poderá ceder seu crédito já existente a outra pessoa natural ou jurídica, o que é totalmente diferente da transferência ou cessão do interesse legítimo previsto no *caput* do art. 785 do CC/2002.

4. ESPANHA E PORTUGAL: COMO DISCIPLINAM A HIPÓTESE DE TRANSFERÊNCIA OU CESSÃO?

A Lei 50, de 8 de outubro de 1980, é a Lei de Contrato de Seguros da Espanha[4], cujos arts. 34 e 35[5] determinam que:

> Artigo trinta e quatro.
>
> Em caso de transmissão do objeto segurado, o adquirente fica sub-rogado no momento da alienação nos direitos e obrigações que correspondiam ao anterior proprietário no contrato de seguro. Excetua-se a assunção de apólices nominativas para riscos não obrigatórios, se houver acordo em contrário nas condições gerais.
>
> O segurado é obrigado a notificar por escrito o comprador da existência do contrato de seguro para a coisa transferida. Verificada a transmissão, deve também ser comunicada por escrito à seguradora ou aos seus representantes no prazo de quinze dias.
>
> O adquirente e o anterior proprietário ou, em caso de falecimento deste último, os seus herdeiros respondem solidariamente pelo pagamento dos prémios devidos no momento da transmissão.
>
> Artigo trinta e cinco.
>
> A seguradora pode rescindir o contrato nos quinze dias seguintes àquele em que tiver conhecimento da transmissão verificada. Exercido o seu direito e notificado por escrito ao comprador, o segurador fica obrigado pelo prazo de um mês, a contar da notificação. A seguradora deve devolver a parte do prémio correspondente aos períodos de seguro para os quais, em consequência da cessação, o risco não tenha sido suportado.

---

[4] Disponível em: <https://www.boe.es/buscar/act.php?id=BOE-A-1980-22501>. Acesso em: 07.06.2022.

[5] "Artículo treinta y cuatro.
En caso de transmisión del objeto asegurado, el adquirente se subroga en el momento de la enajenación en los derechos y obligaciones que correspondían en el contrato de seguro al anterior titular. Se exceptúa el supuesto de pólizas nominativas para riesgos no obligatorios, si en las condiciones generales existe pacto en contrario.
El asegurado está obligado a comunicar por escrito al adquirente la existencia del contrato del seguro de la cosa transmitida. Una vez verificada la transmisión, también deberá comunicarla por escrito al asegurador o a sus representantes en el plazo de quince días.
Serán solidariamente responsables del pago de las primas vencidas en el momento de la transmisión el adquirente y el anterior titular o, en caso de que éste hubiera fallecido, sus herederos.
Artículo treinta y cinco.
El asegurador podrá rescindir el contrato dentro de los quince días siguientes a aquel en que tenga conocimiento de la transmisión verificada. Ejercitado su derecho y notificado por escrito al adquirente, el asegurador queda obligado durante el plazo de un mes, a partir de la notificación. El asegurador deberá restituir la parte de prima que corresponda a períodos de seguro, por los que, como consecuencia de la rescisión, no haya soportado el riesgo.
El adquirente de cosa asegurada también puede rescindir el contrato si lo comunica por escrito al asegurador en el plazo de quince días, contados desde que conoció la existencia del contrato.
En este caso, el asegurador adquiere el derecho a la prima correspondiente al período que hubiera comenzado a correr cuando se produce la rescisión."

O adquirente da coisa segura pode ainda rescindir o contrato se o comunicar por escrito à seguradora no prazo de quinze dias, contados a partir do momento em que tiver conhecimento da existência do contrato.

Neste caso, a seguradora adquire o direito ao prémio correspondente ao período que teria começado a correr no momento da cessação.

Há semelhança com o Código Civil brasileiro de 2002, porque o segurador poderá fazer constar, em contrato, a impossibilidade de transferência, sempre que se tratar de apólices nominativas para riscos não obrigatórios. Se não existir essa cláusula contratual, uma vez que ocorra a transmissão do objeto segurado, o novo proprietário ficará sub-rogado em todos os direitos e obrigações do anterior proprietário, a partir do momento da alienação.

A lei espanhola, de forma muito diligente, fixa prazos para que o segurado notifique o segurador sobre a transferência da coisa segurada, 15 dias, e determina que o comprador também deverá ser notificado sobre a existência do contrato de seguro, até porque ela implicará cumprimento de obrigações decorrentes da relação jurídica estabelecida.

O segurador, após ser notificado da transferência da coisa objeto do contrato de seguro, terá igual prazo, 15 dias, para rescindir o contrato, o que deverá ser feito por meio de notificação endereçada ao comprador. Também o novo proprietário poderá notificar o segurador sobre o interesse em rescindir o contrato, o que deverá fazer no prazo de 15 dias. O segurador que rescindir o contrato de seguro em decorrência da transferência de titularidade sobre a coisa segurada terá que responder por suas obrigações contratuais pelo prazo de um mês, o que viabilizará ao novo proprietário que obtenha nova contratação de seguro junto a outro segurador do mercado.

Fernando Sánchez Calero,[6] ao comentar os artigos supramencionados da Lei Espanhola de Seguros, afirma:

> Esta perspectiva no es otra que la consideración de la despersonalización de la relación aseguradora, en el sentido de que al efectuarse una contratación de la relación aseguradora, en el sentido de que al efectuarse una contratación en masa, las condiciones personales del asegurado son menos relevantes a los efectos de la valoración del interés asegurado. Se advierte en este aspecto en la evolución del régimen del contrato de seguro, que no simplemente disminuye el *intuitu personae*, sino que, con frecuencia, el interés se hace más abstracto y se objetiviza. Se produce una cierta despersonalización en el sector asegurador, como consecuencia de la masificación, que facilita la continuación de la relación aseguradora.
>
> El artículo 34 ha admitido, pues, siguiendo la orientación de los ordenamientos de varios países, el principio de que la enajenación de la cosa asegurada no interrumpe la relación aseguradora, ya que el adquirente entra a formar parte en esta relación. Se produce una transmisión *ex lege* de la relación aseguradora, si bien se concede tanto al adquirente como al asegurador la facultad de resolver el contrato (art. 35).[7]

---

[6] CALERO, Fernando Sánchez. Comentários aos artigos 1 a 37. *Ley de Contrato de Seguro*. Navarra: Editorial Aranzadi, 2005. p. 591.

[7] Tradução livre: "Essa perspectiva nada mais é do que a consideração da despersonalização da relação de seguro, no sentido de que ao contratar a relação de seguro, no sentido de que ao contratar

A tendência de despersonalização não ocorre só na Espanha, aqui no Brasil também se percebe esse efeito da massificação dos seguros, o que, em parte, é benéfico para a manutenção dos contratos, ressalvadas as hipóteses em que ela se mostre inviável.

O Decreto-lei 72, de 2008, a Lei Portuguesa de Seguros[8] estabelece, em seu artigo 95.º que:

> Artigo 95.º Regime comum
>
> 1 – Sem prejuízo do disposto em matéria de seguro de vida, o tomador do seguro tem a faculdade de transmitir a sua posição contratual nos termos gerais, sem necessidade de consentimento do segurado.
>
> 2 – Salvo disposição legal ou convenção em contrário, em caso de transmissão do bem seguro, sendo segurado o tomador do seguro, o contrato de seguro transmite-se para o adquirente, mas a transferência só produz efeito depois de notificada ao segurador.
>
> 3 – Salvo disposição legal ou convenção em contrário, em caso de transmissão do bem seguro por parte de segurado determinado transmite-se a posição de segurado para o adquirente, sem prejuízo do regime de agravamento do risco.
>
> 4 – Verificada a transmissão da posição do tomador do seguro, o adquirente e o segurador podem fazer cessar o contrato nos termos gerais.
>
> 5 – A transmissão da empresa ou do estabelecimento determina a transferência para o adquirente dos seguros associados a essa unidade económica, nos termos previstos nos n.ºs 2 e 3.

Ao comentar o artigo 95.º, Pedro Romano Martinez[9] observa:

> IV. Nos n.ºs 2 e 3 está em causa a transmissão *opes legis* do contrato de seguro por via da alienação da coisa segura. Daqui resulta que a mudança do proprietário do bem seguro é aparentemente neutra do ponto de vista do seguro e, consequentemente, a cessão opera *ex lege,* exceto quando diferentemente regulado entre as partes. (...)
>
> Há uma diferença entre o disposto nos n.ºs 2 e 3. No n.º 2, como existe coincidência entre o tomador e o segurado, a transmissão do bem seguro implica a cessão da posição contratual no contrato de seguro para o adquirente. Como se trata de uma cessão que opera *ex lege* (ou sub-rogação legal, para alguns autores), é necessária a notificação ao segurador. A notificação ao segurador (parte que se mantém no contrato) corresponde

---

em massa, as condições pessoais do segurado são menos relevantes para fins de valoração do interesse segurado. Nota-se, nesse aspecto na evolução do regime do contrato de seguro, que não só o *intuitu personae* diminui, mas, muitas vezes, o interesse torna-se mais abstrato e objetivado. Há certa despersonalização no setor securador, em decorrência da superlotação, o que facilita a continuidade da relação de seguro. O artigo 34º admitiu, portanto, seguindo a orientação das legislações de vários países, o princípio de que a alienação da coisa segurada não interrompe a relação de seguro, uma vez que o adquirente passa a fazer parte dessa relação. Há uma transferência *ex lege* da relação de seguro, embora tanto o comprador quanto a seguradora tenham o poder de rescindir o contrato (art. 35)".

[8] Disponível em: <https://files.dre.pt/1s/2008/04/07500/0222802261.pdf>. Acesso em: 17.06.2022.
[9] MARTINEZ, Pedro Romano. *Lei do Contrato de Seguro anotada*. 3. ed. Coimbra: Almedina, 2016. p. 347.

ao regime comum de direito civil, sendo o que melhor acautela os interesses de todos os intervenientes (com posição diversa, Moitinho de Almeida, *Contrato de Seguros, Estudos*, Coimbra, 2009, p. 21). De modo diverso, no n.º 3, a transmissão do bem seguro não implica transmissão da posição contratual, mantendo-se o tomador do seguro nesta qualidade; o adquirente ocupa a posição do segurado, mas a posição do tomador fica inalterada. Neste caso, obviamente, já não é necessária a notificação.

(...)

Transferindo-se a posição de tomador para o adquirente, o contrato de seguro, não obstante o eventual aumento do prêmio decorrente de agravamento do risco, mantém-se inalterado, só cessando nos termos normais (n.º 4).

A transferência *open legis* da posição de tomador do seguro vale como regime supletivo, podendo ser impedida por disposição contratual.

No âmbito do Direito português, a expressão "tomador" ou "tomador de seguro" é utilizada com maior frequência do que no Brasil. Margarida Lima Rego[10] esclarece:

> Enquanto o segurador e o tomador do seguro assumem, por definição, a posição de partes num contrato de seguro, alguns dos demais sujeitos analisados podem ocupar posições de parte ou terceiro em um contrato de seguro. Entre esses sobressai a figura do segurado: o sujeito que se situa dentro da esfera de proteção directa, e não meramente reflexa, do seguro, de quem pode afirmar-se, em suma, que está "coberto" pelo seguro. Nos casos subjectivamente mais simples, o segurado será o próprio tomador do seguro, que sempre que necessário se designará "tomador-segurado". Nos demais casos, estaremos diante de um ou mais "terceiros-segurados".

Compreendida a posição do tomador, é possível entender que ele pode transferir sua posição contratual sem comunicar o segurado; quando o tomador do seguro for o próprio segurado, ou seja, aquele coberto pelo contrato de seguro, a transferência do bem seguro só produzirá efeito depois de notificada ao segurador, salvo se houver disposição legal ou convenção em contrário; e, finalmente, o adquirente do bem segurado e o segurador poderão fazer cessar o contrato nos termos gerais se ocorrer a transmissão da posição do tomador de seguro. O segurado, por sua vez, se transmitir o bem segurado, igualmente transmitirá a posição de segurado para o adquirente, sem prejuízo do agravamento de risco.

5. DISPOSIÇÕES RELACIONADAS

No plano regulatório, duas circulares recentes da Superintendência de Seguros Privados tratam do instituto do endosso.

A Circular Susep 642, de 20 de setembro de 2021, que dispõe sobre a aceitação e a vigência do seguro, a emissão e os elementos mínimos dos documentos contratuais, determina, no art. 19, os elementos mínimos para os endossos emitidos por sociedades seguradoras.[11]

---

[10] REGO, Margarida Lima. *Contrato de seguro e terceiros*: estudo de direito civil. Coimbra: Coimbra Editora, 2010. p. 46.
[11] "Art. 19. Os endossos emitidos pelas sociedades seguradoras deverão conter, além das alterações que foram efetuadas, no mínimo, os seguintes elementos: I – número de controle do endosso; II – indica-

Bastante detalhado em razão das exigências da circular Susep referida, o endosso adquire contornos de uma *apólice auxiliar*, ou contrato conexo, nascido da relação principal estabelecida entre as mesmas partes.

O mesmo tema foi tratado, de forma mais suscinta, pela Circular Susep 659, de 4 de abril de 2022, que dispõe sobre as regras e os critérios para a operação de seguros de garantia estendida, quando da aquisição de bens ou durante a vigência da garantia do fornecedor.

O art. 19 dessa circular[12] determina que, tendo ocorrido a substituição do bem segurado pelo fabricante dentro do prazo de vigência da garantia do fornecedor, o seguro de garantia estendida poderá ser endossado. No entanto, não fixa parâmetros específicos para esse endosso, o que permite concluir que deverão ser obedecidos aqueles fixados na Circular 642/2021.

6. CONCLUSÃO

A transferência do interesse segurado é um aspecto complexo não apenas no direito brasileiro. Países de cultura assemelhada à nossa também enfrentam o tema com cuidado e posições divergentes entre os próprios estudiosos.

No Brasil, o contrato de seguro poderá conter cláusula expressa que veda a transferência ou a cessão, sem que seja necessária motivação ou fundamento para isso; e, se o contrato for nominativo, o aviso de transferência ou cessão deverá ser feito por escrito e assinado por ambos os participantes da transação.

Se inexistir cláusula de vedação à transferência ou à cessão, o contrato de seguro for nominal e não tiver sido realizado o aviso escrito, o segurador poderá negar-se a aceitar a transferência ou mesmo negar o pagamento da indenização, após tomar ciência da transferência, sob alegação de não ter ocorrido o aviso prévio. Nessa circunstância, é recomendável que a negativa do segurador não seja fundamentada apenas na falta do aviso prévio porque será muito frágil, em especial se não ficar demonstrada a agravação de risco que o adquirente do interesse legítimo representa. Uma fundamentação sólida e comprovada

---

ção do número do documento contratual ao qual o endosso está vinculado; III – data da emissão do documento; IV – o período de vigência do endosso; V – nome completo da sociedade seguradora, seu CNPJ e o código de registro junto à Susep; VI – nomes dos intermediários, se houver, informando o número de registro na Susep ou, em sua ausência, o número do CPF ou CNPJ; VII – nome ou razão social do segurado e/ou tomador, seu endereço completo, quando couber, e respectivo CPF, se pessoa natural, ou CNPJ, se pessoa jurídica, exceto para apólices coletivas; VIII – no caso de contratação coletiva, o nome ou a razão social do estipulante e, quando for o caso, do subestipulante, seu endereço completo e respectivo CPF, se pessoa natural, ou CNPJ, se pessoa jurídica; IX – chancela ou assinatura do representante da sociedade seguradora; X – valor total do prêmio de seguro a pagar ou a restituir, quando couber, discriminando: a) valor do prêmio adicional ou a restituir por cobertura contratada, quando for o caso; e b) valor dos tributos diretamente incidentes sobre o prêmio adicional, quando for o caso; XI – prazo e forma de pagamento do prêmio adicional, se houver, e, se for o caso, sua periodicidade e incidência de juros de fracionamento. Parágrafo único. Para fins do disposto no inciso X, nas apólices coletivas, os valores de prêmios poderão ser substituídos pelas taxas de seguro."

[12] "Art. 19. Caso ocorra a substituição do bem segurado pelo fabricante dentro do período de vigência da garantia do fornecedor, o seguro de garantia estendida poderá ser endossado, mediante acordo entre as partes. Parágrafo único. Na hipótese de não concordância do endosso, aplicar-se-á o disposto no inciso I do art. 18, observado o disposto no § 1º do art. 18 em relação à iniciativa, se for o caso."

como a agravação de risco, a necessidade de expressiva majoração do prêmio ou, ainda, a inviabilidade de cobertura daquele interesse específico na localidade territorial para a qual foi transferido sustentarão, com maior vigor, a negativa.

O fato incontestável é que, nos seguros de danos em virtude da massificação ocorrida, que tendem a aumentar em razão das facilidades que os meios digitais proporcionam para a contratação de seguro, a transferência do interesse segurado é cada vez mais corriqueira e nem sempre trará impactos mais relevantes, o que permitirá aos seguradores aceitarem com relativa facilidade e sem prejuízo para a mutualidade que lhes cabe administrar. É importante que o segurador seja avisado não por se tratar de contrato personalíssimo, mas por se tratar de contrato bilateral em que as partes têm direitos e obrigações e é razoável que sejam informadas, reciprocamente, sobre eventuais mudanças de posição contratual ao longo do período de vigência.

REFERÊNCIAS BIBLIOGRÁFICAS

CALERO, Fernando Sánchez. Comentários aos artículos 1 a 37. *Ley de Contrato de Seguro*. Navarra: Editorial Aranzadi, 2005.

MARTINEZ, Pedro Romano. *Lei do Contrato de Seguro anotada*. 3. ed. Coimbra: Almedina, 2016.

PASQUALOTTO, Adalberto. *Contratos nominados III*: seguro, constituição de renda, jogo, aposta, fiança, transação, compromisso. São Paulo: Ed. RT, 2008.

REGO, Margarida Lima. *Contrato de seguro e terceiros*: estudo de direito civil. Coimbra: Coimbra Editora, 2010.

COMENTÁRIOS AO ART. 786 DO CÓDIGO CIVIL

Angélica Carlini

Art. 786. Paga a indenização, o segurador sub-roga-se, nos limites do valor respectivo, nos direitos e ações que competirem ao segurado contra o autor do dano.

§ 1º Salvo dolo, a sub-rogação não tem lugar se o dano foi causado pelo cônjuge do segurado, seus descendentes ou ascendentes, consanguíneos ou afins.

§ 2º É ineficaz qualquer ato do segurado que diminua ou extinga, em prejuízo do segurador, os direitos a que se refere este artigo.

1. NOTAS INTRODUTÓRIAS

O instituto da sub-rogação é tratado no Código Civil brasileiro, nos arts. 346 a 351, e, especificamente para as relações jurídicas de seguro, no art. 786 e seus parágrafos. Nos termos do art. 349, a sub-rogação transfere ao novo credor todos os direitos, ações, privilégios e garantias do primitivo, em relação à dívida, contra o devedor principal e os fiadores. Por sua vez, o art. 786 determina que o segurador se sub-roga nos limites do valor respectivo, nos direitos e nas ações que competirem ao segurado contra o autor do dano.

Para os contratos de seguro, a sub-rogação do segurador nos direitos e nas ações do segurado tem especial relevância, afinal o alicerce da operação de seguro é a organização e administração pelo segurador de um fundo mutual, composto de valores de todos os segurados que participam daquele grupo, dos quais sairão os valores necessários para o pagamento dos danos decorrentes de riscos predeterminados cobertos pelo seguro ao longo do período de vigência dos contratos firmados.

O segurador efetua o pagamento da indenização de danos com recursos que pertencem a todos os segurados que participam do fundo mutual. Por isso, reaver valores por meio da sub-rogação pode tornar o valor do prêmio mais barato, o que permitirá um volume maior de contratações de seguro. O aumento do volume de contratações é favorável ao segurador, aos próprios segurados e a toda a sociedade, comprovando que sociedades mais fortemente securitizadas também são locais de maior concretização de paz social.

Assim, apesar do fato de a sub-rogação ser um instituto muito antigo no direito e praticado com habitualidade, no âmbito dos contratos de seguro ela assume maior relevo porque as consequências não são benéficas apenas para o segurador, mas, como já afirmado, para todos os envolvidos nas relações diretas e indiretas que o seguro proporciona.

2. ORIGEM DA DISPOSIÇÃO E REGIME ANTERIOR

O art. 786 do CC/2002 não tem correspondência no Código Civil de 1916, porém, em 13 de dezembro de 1963, em sessão plenária, o Supremo Tribunal Federal (STF) aprovou a Súmula 188, que determinava: "O segurador tem ação regressiva contra o causador do dano, pelo que efetivamente pagou, até o limite previsto no contrato de seguro".

A referência legislativa utilizada pelo plenário do STF foi o art. 728 do CCom brasileiro de 1850: "Pagando o segurador um dano acontecido à coisa segura, ficará sub-rogado em todos os direitos e ações que ao segurado competirem contra terceiro; e o segurado não pode praticar ato algum em prejuízo do direito adquirido dos seguradores".

Também utilizou o STF a referência legislativa dos arts. 988 e 989 do CC/1916, que têm correspondência exata nos arts. 349 e 350 do CC brasileiro de 2002.

Com esse conjunto de normas de direito civil e comercial aliado ao impulso dado pela Súmula 188 do STF, a matéria da sub-rogação se tornou pacífica nos tribunais brasileiros e permitiu aos seguradores o exercício do direito de regresso em todos os seguros de danos.

3. SENTIDO DA DISPOSIÇÃO E PRINCIPAIS CONTROVÉRSIAS NA SUA INTERPRETAÇÃO

A sub-rogação é vedada para os seguros de pessoas, o que se encontra expresso no art. 800 do CC/2002, que determina: "Nos seguros de pessoas, o segurador não pode sub-rogar-se nos direitos e ações do segurado, ou do beneficiário, contra o causador do sinistro". O tratamento legal e regulatório sobre o tema é totalmente diverso nas demais modalidades securitárias, conforme se verá na sequência.

A sub-rogação nos seguros de danos tem fundamento no fato de que o segurador, ao efetuar o pagamento da indenização, está na posição de quem cumpre a obrigação de terceiro, ou seja, o causador do dano. Ademais, ao exercer contra esse mesmo terceiro o direito de ação e de recebimento dos valores indenizados ao segurado, o segurador não permite que o causador fique livre de suas responsabilidades em razão do fato de a vítima ser contratante de um seguro de danos.

Em outras palavras, o cuidado do segurado em buscar a prevenção de danos causados por terceiros contra seu patrimônio não pode se constituir em benefício para o causador de ato culposo ou doloso. Não faria sentido que, tendo um indivíduo agido com cautela contra danos causados por terceiros, o causador se beneficiasse com a isenção de ter que assumir o resultado de seus atos.

O debate sobre a hipótese de o segurador receber duas vezes – o valor do prêmio pago pelo segurado e o valor do ressarcimento pelo causador do dano – se constituir em favorecimento indevido não se sustenta diante da relevância do mutualismo para os contratos de seguro.

Diferentemente de outros contratos nos quais a contribuição pecuniária do contratante é individualizada, nos contratos de seguro o contratante contribui para a formação de um fundo mutual calculado a partir de dados estatísticos e de probabilidades, organizado e administrado pelo segurador a quem compete garantir, nos termos do art. 757 do CC brasileiro, o interesse legítimo do segurado contra riscos predeterminados e mediante a paga de um prêmio.

O segurador calcula o valor da contribuição do segurado para o fundo comum, ou seja, o valor do prêmio de risco ou prêmio puro, e acrescenta a esse valor a cota-parte do segurado no reembolso das despesas administrativas, de distribuição do seguro (comissão de corretores, agentes, representantes, assessorias e outros), do valor dos tributos devidos ao Estado e do reembolso do capital investido, o lucro dos acionistas.

O cálculo final será o valor a ser pago pelo segurado a título de prêmio, porém o ingresso desse valor na contabilidade do segurador será feito por destinação, ou seja, cada parte do valor pago pelo segurado será destinada à função específica a qual se destina, em especial à formação do fundo mutual, de onde sairão os recursos utilizados para o pagamento de todas as indenizações devidas aos segurados cujos riscos predeterminados se materializarem ao longo do período de vigência.

Essa operação atuarial, estatística e financeira é que proporciona a cada segurado pagar um valor de prêmio muitas vezes inferior ao valor dos danos parciais ou totais que poderão atingir o interesse legítimo. A existência do fundo mutual organizado e administrado pelo segurador é o que explica o fato de o segurado pagar R$ 1.000,00 de prêmio anual para um veículo cujo valor de mercado é de R$ 20.000,00 e, ocorrendo danos parciais ou totais, ser indenizado em valor muitas vezes superior àquele que foi pago a título de prêmio de seguro.

Ainda que no passado histórico a atividade de seguros tenha sido organizada a partir de pessoas naturais que se uniam em mútuas para partilhar as consequências dos danos decorrentes de riscos que predeterminavam, como os infortúnios da navegação marítima comercial, por exemplo, é certo que, na modernidade, os seguros são operados por empresas, autorizadas pelo Estado e por ele reguladas e, sem as quais, é muito pouco provável que uma atividade dessa natureza possa ser exercida.

A empresarialidade é elemento fundamental da atividade econômica de seguro, embora não exista concordância entre estudiosos sobre o fato de ser ela elemento essencial do contrato de seguro.

J. C. Moitinho de Almeida[1] ensina:

> A Vivante se deve atribuir a chamada de atenção para o elemento "empresa" no contrato de seguro. O seguro só pode ser realizado por uma empresa que, assumindo um conjunto de riscos, os compense em conformidade com leis estatísticas, e mediante uma técnica adequada. A organização da empresa seguradora deve ser controlada pelo Estado para garantia dos segurados, quer verificando a constituição de reservas para satisfação de sinistros ocorridos ou compromissos futuros, quer impedindo-a de assumir determinados riscos capazes de abalar a sua estabilidade financeira. Mas será que a empresa deve refletir-se sobre o contrato de seguro e constituir um elemento essencial, ou, como alguns pretendem, apenas um requisito subjetivo? A doutrina que nega apoia-se nos seguintes argumentos: Se bem que a organização como empresa possa ter grande influência na regulamentação dela própria, não a tem no contrato. Assim, o jogo e a aposta permane-

---

[1] ALMEIDA, J. C. Moitinho de. *O contrato de seguro no direito português e comparado*. Lisboa: Editora e Livraria Sá da Costa, 1971. p. 20.

cessem os mesmos se uma das partes for organizada como empresa (Totobola, casinos, etc.); por outro lado, só a vontade do legislador poderia elevar a empresa a elemento do contrato. Ora, a lei, na sua definição do contrato de seguro, não a menciona, e as normas que influem sobre a eficácia deste, determinando a sua resolução, referem-se sempre a contratos concluídos com empresas, ainda que não (ou já não) autorizadas. Finalmente, a organização como empresa do segurador não entra na causa do contrato. Poder-se-ia dizer que para o segurado aquela se afigura necessária para a garantia de sua solvabilidade, e, para o segurador, a finalidade do seguro só seria conseguida na medida em que compensa os riscos assumidos com uma massa de riscos. Tratar-se-ia, porém, de aspectos estranhos à relação contratual.

A nosso ver, a organização do segurador como empresa, sujeita à fiscalização do Estado e funcionando segundo regras técnicas próprias de compensação dos riscos assumidos, é elemento essencial do contrato de seguro. O legislador entendeu que a função econômico-social do seguro só pode ser prosseguida através das garantias, estabilidade e permanência que proporciona à relação jurídica a especial condição do segurador, cominando com a nulidade os seguros contraídos em empresas não autorizadas (...).

Moitinho de Almeida prossegue sua reflexão lembrando que Gasperoni[2] sustenta que:

(...) o facto de a recolha sistemática de uma massa de riscos homogêneos exercer irrefutável influência sobre o prêmio e de o sinalagma entre prestação e contraprestação não se colocar com referência a um risco, mas a uma massa de riscos, e, por isso, a empresa penetra na estrutura do contrato e assim, embora reflexamente, no esquema causal do negócio do seguro.

O autor português discorda de Gasperoni e ressalta que, em seu entender, a empresa só é elemento essencial do contrato porque o legislador determinou que somente com ela o contrato de seguro pode ser celebrado.

Em vista disso, conclui Moitinho de Almeida[3] que os elementos essenciais do contrato de seguro são o risco, possibilidade de um evento futuro e incerto suscetível de determinar a atribuição patrimonial do segurador, a empresa, em razão de exclusividade legal que lhe é atribuída, e a prestação do segurado, ou seja, o pagamento do prêmio.

José Vasques[4] se filia ao entendimento de que a técnica econômica de seguro não é elemento essencial do contrato, embora ressalve:

Parece também útil efectuar neste momento a distinção entre a noção econômica de operação de seguro e o conceito jurídico de contrato de seguro, já que enquanto este último traduz apenas a ligação individual que entre a seguradora e o segurado se esta-

---

[2] GASPERONI, Nicola. Contratto di Assicurazione. *Novissimo Digesto Italiano*. Torino: Unione Tipografico Editrice Torinese, 1964. v. IV. p. 586, apud ALMEIDA, J. C. Moitinho de. *O contrato de seguro no direito português e comparado*. Lisboa: Editora e Livraria Sá da Costa, 1971. p. 22.

[3] ALMEIDA, J. C. Moitinho de. *O contrato de seguro no direito português e comparado*. Lisboa: Editora e Livraria Sá da Costa, 1971. p. 23-24.

[4] VASQUES, José. *Contrato de seguro: notas para uma teoria geral*. Coimbra: Coimbra Editora, 1999. p. 93.

belece, à operação de seguro é essencial a existência de uma colectividade de pessoas correndo riscos homogeneizados, compensados pelas leis da estatística, e que aceitam pagar adiantadamente os prêmios que se destinam a suportar os danos sofridos pro algumas de entre elas.

Do ponto de vista unitário (jurídico) do contrato irreleva a operação económica global subjacente ao contrato, pelo que tal referência se afigura desnecessária. Aliás, admitindo-se a existência de contratos de risco (que não de seguro) tomariam estes lugar num ambiente em que não existiria compensação estatística.

Existem sólidos argumentos para ousar discordar do autor sendo o principal a existência do instituto da sub-rogação, que, derivada da relação jurídica individual – ocorrência do sinistro, pagamento indenitário dos danos e direito de regresso contra o causador –, tem por objeto a proteção da coletividade, como se refere José Vasques, ou mutualidade, termo mais utilizado no direito brasileiro. De fato, a ocorrência de um fato danoso ao interesse legítimo do segurado provocado por terceiro enseja uma consequência individual – pagamento da indenização decorrente dos danos constatados – e uma consequência coletiva, o regresso do segurador contra o causador para haver dele os valores necessários para a reposição do fundo coletivo, de forma que, no próximo cálculo de precificação de prêmios de seguro para a coletividade, o pagamento da indenização não seja um ônus, uma vez que foi reposto pelo causador do acidente.

No campo individual da relação entre segurador e segurado, a sub-rogação poderá ensejar a manutenção de bônus nos seguros de automóvel e responsabilidade civil facultativa. O bônus é um desconto no valor total do prêmio para renovação dos segurados que, durante o período de vigência, não apresentam sinistro. É uma estratégia comercial que pode ou não ser praticada pelo segurador, para a qual não há regulação expressa da Susep.[5]

Compreendida a operação econômica de seguros, é possível analisar o art. 786 e seus parágrafos e sua relevância para a mutualidade e também para o contrato individual entre segurador e segurado. O *caput* do art. 786 dispõe que: "Paga a indenização, o segurador sub-roga-se, nos limites do valor respectivo, nos direitos e ações que competirem ao segurado contra o autor do dano".

O autor do dano ao segurado é o devedor por essência, obrigação decorrente do ato ilícito praticado, culposo ou doloso, e causador de danos materiais ou imateriais ao interesse legítimo. O segurador, em razão da existência do contrato individual, paga o prejuízo apurado e se torna terceiro interessado, nos termos do disposto no art. 346, III, embora faça o pagamento em seu próprio nome, e não em nome do causador do dano.

A sub-rogação do segurador se opera sem maiores formalidades como natural decorrência da disposição legal. O segurador deve provar o pagamento da indenização e o ato praticado pelo terceiro, causador do acidente que gerou os danos.

Importa destacar que o ressarcimento do segurador nem sempre esgotará todos os danos decorrentes do acidente, restando outros tantos que o causador deverá pagar dire-

---

[5] Conforme o glossário de termos técnicos da Circular Susep 306, de 17 de novembro de 2005, *bônus* é um "Desconto obtido pelo segurado na renovação do seguro, desde que não tenha havido nenhuma ocorrência de sinistro durante o período de vigência da apólice anterior, qualquer transferência de direitos ou obrigações ou qualquer interrupção no contrato de seguro". Disponível em: <http://www.susep.gov.br/textos/circ306.pdf>. Acesso em: 22.06.2022.

tamente ao segurado, caso este venha a requerer. Os seguros podem prever a incidência de franquia[6], valor que será abatido do total dos danos a serem indenizados, e, nessa hipótese, o segurador poderá requerer em regresso apenas o valor efetivamente pago, enquanto o segurado poderá acionar o causador para reaver o valor pago a título de franquia.

Também os danos morais decorrentes do acidente são devidos pelo causador diretamente ao segurado, porque não existe cobertura para essa modalidade de danos em pagamento direto ao segurado pelo segurador nos seguros de danos. A cobertura para danos morais é utilizada nos contratos de seguro de responsabilidade civil para salvaguarda do interesse legítimo do segurado em relação a terceiros, aos quais possa vir a causar danos decorrentes de ato ilícito culposo. Para o próprio segurado, não são devidos danos morais pelo segurador, razão pela qual, tendo ocorrido essa modalidade de danos, o segurado deverá pleiteá-los diretamente do causador.

Pode ocorrer, ainda, que o segurado tenha tido prejuízos materiais ou imateriais decorrentes do acidente que não se encontram cobertos pelo contrato de seguro, como bens que se encontravam no interior no veículo e que foram danificados em decorrência do acidente. Não é incomum que, na atualidade, as pessoas tenham, em seus veículos, equipamentos como *notebooks*, *tablets*, telefones celulares ou equipamentos esportivos de valor, como bicicletas, raquetes de tênis, ou, ainda, instrumentos musicais, entre outros. Esses bens não serão indenizados pelo segurador, mas, devidamente comprovada a existência e a perda decorrente do acidente, poderão ser cobrados do causador do acidente diretamente pelo segurado.

Assim, é possível que o causador do dano tenha que se defender em duas demandas judiciais diferentes, ambas decorrentes do mesmo acidente, porém com causas de pedir distintas: (i) a do segurador a título de ressarcimento em face da sub-rogação e (ii) a do segurado a título de indenização em decorrência dos danos materiais ou imateriais causados pelo acidente.

Nesses casos, poderá ocorrer que o patrimônio do causador do acidente não tenha condições para indenizar o segurado e ressarcir o segurador. Para essa situação, a lei brasileira não estabelece prioridade, porém a aplicação do princípio da equidade aponta que o segurado deve ter sua indenização priorizada, ainda que isso represente, para o segurador, a necessidade de majorar o valor do prêmio de seguro para as renovações contratuais posteriores ao evento, em virtude do fato de que a indenização paga ao segurado não poderá ser reposta pelo causador do dano. Não parece equilibrado que o segurador seja ressarcido dos valores indenizados ao segurado e, com isso, recomponha o fundo mutual e o próprio segurado deixe de ser indenizado pelos valores não cobertos pelo contrato de seguro, mas que, comprovadamente, a eles tem direito em razão de ilícito ocorrido.

O que não será admitido em nenhuma hipótese por fugir completamente da legalidade é que o segurado seja indenizado pelo segurador e pelo causador do dano quanto aos mesmos valores decorrentes dos prejuízos apurados. Essa situação caracteriza enriquecimento

---

[6] "*Franquia*: valor ou percentual expresso na apólice, que representa a parte do prejuízo indenizável que deverá ser arcada pelo segurado *por sinistro*. Assim, se o valor do prejuízo de determinado sinistro não superar a franquia, a seguradora não indenizará o segurado" (SUPERINTENDÊNCIA DE SEGUROS PRIVADOS (SUSEP). *Guia de orientação e defesa do segurado*. 2. ed. Rio de Janeiro: Susep, 2006. p. 6, grifos do original. Disponível em: <https://www2.susep.gov.br/download/cartilha/cartilha_susep2e.pdf>. Acesso em: 22.06.2022).

ilícito porque o segurado havia sido indenizado pelo segurador e, em consequência, não pode pretender receber o valor outra vez.

Por fim, cumpre ressaltar que o direito de regresso do segurador poderá ser exercido contra o causador do dano e/ou contra responsáveis diretos decorrentes da legislação em vigor, como prevê o art. 932. Assim, pais, tutores, curadores e empregadores poderão ser acionados pelo segurador para obtenção do ressarcimento decorrente da sub-rogação. Caso eles próprios sejam contratantes de seguros de responsabilidade civil, poderão trazer à lide seus seguradores para que participem ativamente da instrução e, se legalmente devido, efetuem o pagamento dos valores da condenação decorrente da decisão judicial, ou do acordo formalizado entre as partes.

O § 1º do art. 786 determina que: "Salvo dolo, a sub-rogação não tem lugar se o dano foi causado pelo cônjuge do segurado, seus descendentes ou ascendentes, consanguíneos ou afins".

A medida é bastante adequada porque a possibilidade de ressarcimento contra o cônjuge, ascendentes ou descendentes do segurado poderia representar abalo patrimonial do próprio, que, muitas vezes, é o principal provedor da família ou, no mínimo, contribui com parcela relevante para o custeio dos gastos dos familiares. Não fosse a determinação do § 1º, o ressarcimento se constituiria em verdadeira ficção porque o segurado indenizado utilizaria o valor recebido para ressarcir o segurador, o que tornaria o próprio contrato de seguro negativo para os objetivos a que se destina, quais sejam: preservar o patrimônio do segurado e indenizá-lo dos danos quando ocorrerem os riscos cobertos no contrato.

Flávio Tartuce[7] faz importante consideração a respeito da redação do § 1º do art. 786 quando afirma que "a norma não menciona o companheiro (...) que deve ser incluído na interpretação do dispositivo e para sua incidência prática". A interpretação proposta por Tartuce é devida e encontra respaldo no direito e na jurisprudência brasileira sobre direitos do companheiro(a).

A ressalva da lei para a possibilidade de sub-rogação do segurador contra cônjuges, ascendentes ou descendentes, afins ou consanguíneos em decorrência de dolo é perfeitamente compreensível. Dolo, em seguro, significa pagamento indenitário feito de maneira indevida com prejuízo para a mutualidade e para a empresa seguradora, cujos esforços administrativos e operacionais terão sido utilizados sem necessidade, porém com custos. Nessa hipótese, comprovada a prática de ato doloso e consequente pagamento indenitário indevido, o segurador tem direito de receber os valores despendidos e eventuais verbas a ele incidentes, como correção monetária, verba honorária de sucumbência, reembolso de despesas, e, a depender das peculiaridades do caso concreto, terá direito a danos morais decorrentes do ato doloso praticado.

Por fim, o § 2º do art. 786 determina que: "É ineficaz qualquer ato do segurado que diminua ou extinga, em prejuízo do segurador, os direitos a que se refere este artigo".

Não pode o segurado pretender isentar o causador do dano do dever de indenizar e, com isso, subtrair ao segurador o exercício da sub-rogação. Nenhum documento pactuado entre as partes – segurado e causador do dano –, seja contrato, seja declaração, impedirá o segurador do exercício legal da sub-rogação após o pagamento da indenização devida ao segurado.

---

[7] TARTUCE, Flávio. Comentários ao artigo 786 do Código Civil. In: SCHREIBER, Anderson et al. *Código Civil comentado:* doutrina e jurisprudência. Rio de Janeiro: Forense, 2019. p. 501.

A vontade do segurado em isentar o causador do dano de responsabilidade somente poderá ser exercida em caráter pessoal, em relação àqueles danos devidos exclusivamente a ele, como danos morais ou danos não cobertos pelo contrato de seguro. Se a isenção alcançar todos os danos decorrentes do fato danoso, nada haverá para ser indenizado pelo segurador em decorrência da existência do contrato de seguro.

Se o causador do dano indeniza o segurado e deste recebe a quitação, a sub-rogação do segurador não se opera, e, se tiver havido pagamento do segurador ao segurado, poderá o primeiro reaver os valores pagos porque indevidos. Aqui o fundamento será outro que não a sub-rogação, será o ato ilícito do próprio segurado ao receber duas vezes os valores decorrentes dos danos.

Em socorro do causador de danos que paga de boa-fé acreditando estar solvendo todos os débitos oriundos do ilícito, sem saber que o segurado já havia recebido do segurador, está o disposto no art. 309 do CC brasileiro, que determina que o pagamento feito de boa-fé ao credor putativo é válido, ainda que provado depois que não era o credor.

O segurador poderá renunciar ao direito de exercer a sub-rogação? Em princípio sim, embora haja possibilidade de prejuízo para a mutualidade, que poderia ser ressarcida dos valores indenitários, mas deixará de ser, com consequências para o cálculo de precificação do prêmio, que, provavelmente, terá que ser ajustado para o futuro. Contudo, em algumas situações, a renúncia é benéfica para a atividade empresarial do segurado que tem relações relevantes com o terceiro e não deseja onerá-lo com o pagamento do ressarcimento ao segurador. Nessa hipótese, mais facilmente aplicável aos seguros empresariais do que aos massificados, a renúncia expressará a deferência do segurador aos interesses empresariais do segurado e será exercida em condições técnicas e financeiras que permitam que seja concretizada sem prejuízo para a atividade do segurador.

4. ESPANHA E PORTUGAL: COMO DISCIPLINAM A SUB-ROGAÇÃO PELO SEGURADOR?

A Lei de Seguros da Espanha determina, em seu art. 43[8]:

> Artigo quarenta e três.

---

[8] "Artículo cuarenta y tres.
El asegurador, una vez pagada la indemnización, podrá ejercitar los derechos y las acciones que por razón del siniestro correspondieran al asegurado frente las personas responsables, del mismo, hasta el límite de la indemnización.
El asegurador no podrá ejercitar en perjuicio del asegurado los derechos en que se haya subrogado. El asegurado será responsable de los perjuicios que, con sus actos u omisiones, pueda causar al asegurador en su derecho a subrogarse.
El asegurador no tendrá derecho a la subrogación contra ninguna de las personas cuyos actos u omisiones den origen a responsabilidad del asegurado, de acuerdo con la Ley, ni contra el causante del siniestro que sea, respecto del asegurado, pariente en línea directa o colateral dentro del tercer grado civil de consanguinidad, padre adoptante o hijo adoptivo que convivan con el asegurado. Pero esta norma no tendrá efecto si la responsabilidad proviene de dolo o si la responsabilidad está amparada mediante un contrato de seguro. En este último supuesto, la subrogación estará limitada en su alcance de acuerdo con los términos de dicho contrato.
En caso de concurrencia de asegurador y asegurado frente a tercero responsable, el recobro obtenido se repartirá entre ambos en proporción a su respectivo interés."

A seguradora, paga a indenização, poderá exercer os direitos e ações que, em razão do sinistro, correspondam ao segurado contra os responsáveis por ele, até o limite da indenização.

A seguradora não pode exercer, em prejuízo do segurado, os direitos sub-rogados. O segurado será responsável pelos danos que, com seus atos ou omissões, possam causar à seguradora em seu direito de sub-rogação.

A seguradora não terá direito à sub-rogação contra qualquer das pessoas cujos atos ou omissões derem origem à responsabilidade do segurado, nos termos da lei, nem contra o causador do sinistro, que seja, em relação ao segurado, parente direto ou colateral até o terceiro grau civil de consanguinidade, pai adotivo ou filho adotivo que resida com o segurado. Mas esta regra não terá efeito se a responsabilidade resultar de intenção ou se a responsabilidade for coberta por um contrato de seguro. Neste último caso, a sub-rogação será limitada em seu alcance de acordo com os termos do referido contrato.

No caso de concorrência da seguradora e do segurado contra terceiro responsável, a recuperação obtida será compartilhada entre ambos na proporção de seus respectivos interesses.

O artigo guarda alguma semelhança com o dispositivo do Código Civil brasileiro de 2002, embora tenha solucionado, objetivamente, a concorrência entre segurador e segurado, o que não ocorreu no Brasil.

Outro aspecto interessante a ser destacado é que a lei espanhola determina que, ainda que haja laço de consanguinidade entre o segurado e o causador do dano, se existir um contrato de seguro para cobrir a responsabilidade da qual resultou o dano, a sub-rogação poderá ser exercida porque não recairá sobre o agente, mas sobre o seu segurador. Importante que o contrato de seguro tenha sido firmado pelo parente direto ou colateral até o terceiro grau civil de consanguinidade, pai adotivo ou filho adotivo que resida com o segurado, e não pelo próprio segurado, vítima dos danos que ensejaram a indenização e, consequentemente, a sub-rogação.

Calero[9] fundamenta a sub-rogação do segurador:

> (...) el problema del *fundamento* de la subrogación legal del asegurador, hemos de señalar que tradicionalmente bien justificándose sobre la base de una doble finalidad. En primer término, para evitar que el asegurado, que como consecuencia del siniestro se encuentra con un cúmulo de derechos de crédito para el resarcimiento del daño (contra el asegurador y contra el causante del daño), pueda enriquecerse ejercitando ambos derechos, lo cual estaría en contra la naturaleza estrictamente indemnizatoria de los llamados seguros de daños. En segundo lugar, porque se desea impedir que el tercero responsable se vea libre de su obligación de resarcir el daño, a consecuencia de la protección que obtiene el perjudicando-asegurado por medio del contrato de seguro. A estas dos razones se añade una tercera de carácter económico, consistente en que el asegurador, mediante la subrogación, puede obtener unos recursos suplementarios que le permitan una mejor explotación del negocio del seguro.

---

[9] CALERO, Fernando Sánchez. Comentários aos artículos 1 a 37. *Ley de Contrato de Seguro*. Navarra: Editorial Aranzadi, 2005. p. 765.

Os fundamentos têm semelhança com aqueles que o direito brasileiro acolhe, em especial no campo econômico, em que a sub-rogação atua como fator de equilíbrio mútuo e gerenciamento do dever de garantia, que, legalmente, compete ao segurador.

Em Portugal a sub-rogação é tratada no artigo 136.º, assim redigido:

> Artigo 136.º
>
> Sub-rogação pelo segurador
>
> 1 – O segurador que tiver pago a indemnização fica sub-rogado, na medida do montante pago, nos direitos do segurado contra o terceiro responsável pelo sinistro.
>
> 2 – O tomador do seguro ou o segurado responde, até ao limite da indemnização paga pelo segurador, por acto ou omissão que prejudique os direitos previstos no número anterior.
>
> 3 – A sub-rogação parcial não prejudica o direito do segurado relativo à parcela do risco não coberto, quando concorra com o segurador contra o terceiro responsável, salvo convenção em contrário em contratos de grandes riscos.
>
> 4 – O disposto no n.º 1 não é aplicável:
>
> a) Contra o segurado se este responde pelo terceiro responsável, nos termos da lei;
>
> b) Contra o cônjuge, pessoa que viva em união de facto, ascendentes e descendentes do segurado que com ele vivam em economia comum, salvo se a responsabilidade destes terceiros for dolosa ou se encontrar coberta por contrato de seguro.

Ainda que mencione a hipótese de concorrência do segurado como segurador contra o causador do dano, a lei portuguesa não estabeleceu prioridade para o segurado. Todavia, estabeleceu a possibilidade de convenção em contrário ao disposto na lei, conforme o item 3, para os seguros de grandes riscos, que, como comentado anteriormente, não raro são firmados para situações em que segurado e causador do dano possuem recorrente relação comercial, como acontece, por exemplo, nos seguros de infraestrutura, de transporte, prestação de serviços técnicos de alta complexidade, entre outros. Nessas situações específicas, que passam ao largo da lógica dos seguros massificados, a renúncia à sub-rogação pelo segurador pode ser convencionada entre as partes contratantes,

Moitinho de Almeida[10] faz importante observação a respeito da defesa do causador do dano contra a pretensão do segurador sub-rogado:

> Demandado pelo segurador, o terceiro responsável poderá defender-se alegando a inexistência do seguro ou que o segurador não efectuou o pagamento da indemnização. Não constitui, porém, matéria da sua defesa tudo o que se prenda com a forma como o contrato é interpretado ou executado pelas partes. Assim, não poderá alegar que o risco não se encontrava coberto pelo contrato, face a cláusulas de sentido dúbio, que o segurador não era obrigado a efectuar a prestação, por exemplo, por falsas declarações ou reticências do segurado, que a sub-rogação não poderia ser tão ampla por o segurador haver renunciado à actuação da regra proporcional, etc. O contrato é *res inter allios*, e dar-se ao responsável a possibilidade de invocar matéria contratual seria oferecer-lhe meio adequado para protelar o cumprimento da obrigação ou mesmo a ela se esquivar.

---

[10] ALMEIDA, J. C. Moitinho de. *O contrato de seguro no direito português e comparado*. Lisboa: Editora e Livraria Sá da Costa, 1971. p. 224.

É questionável que, no Brasil, possamos ter a mesma interpretação restritiva quanto ao direito de defesa do causador do dano em relação à interpretação do contrato de seguro, em virtude do dispositivo constitucional de garantia da ampla defesa.

O entendimento entre segurado e segurador em nosso direito não pode ser resguardado da possibilidade de questionamento por parte do causador do dano, inclusive para evitar convenções maliciosas entre segurado e segurador, desprovidas de boa-fé, adotadas em razão da possibilidade do exercício da sub-rogação de direitos pelo segurador.

5. DISPOSIÇÕES RELACIONADAS

A sub-rogação é tratada pelo regulador em pelo menos dois momentos de especial importância: (i) na circular sobre cobertura dos seguros de danos e (ii) na resolução que trata dos seguros de pessoas.

Na primeira, Circular Susep 621/2021, que dispõe sobre as regras de funcionamento e os critérios para as operações dos seguros de danos, o art. 57 determina que deverá ser incluída cláusula de sub-rogação quando couber.

Quanto à Resolução CNSP 439/2022, que dispõe sobre as características gerais para a operação de seguros de pessoas, seu art. 19 determina que, nessa modalidade, a sociedade seguradora não poderá se sub-rogar nos direitos e nas ações do segurado, ou do beneficiário, contra o causador do sinistro, em conformidade com o que dispõe o art. 800 do CC.

6. CONCLUSÃO

O instituto da sub-rogação não foi tratado no Código Civil de 1916, mas era amplamente reconhecido por Súmula do Supremo Tribunal Federal e pela jurisprudência dos tribunais brasileiros. No Código Civil de 2002, foi tratado em artigo específico que dirimiu qualquer dúvida sobre a legalidade do instituto.

A sub-rogação cumpre pelo menos duas funções essenciais: (i) faz que o causador do dano tenha que se responsabilizar pelas consequências de seus atos e (ii) recompõe o fundo mutual formado com a contribuição de todos os segurados e cujos valores foram destinados ao pagamento dos danos causados a um deles.

O pagamento feito pelo causador do dano ao segurador, em razão da sub-rogação, pode não esgotar a obrigação decorrente do evento danoso, porque o próprio segurado pode pretender se ressarcir de outros danos não amparados pelo contrato de seguro, como os danos morais ou de ressarcimento de objetos que, comprovadamente, estavam no interior do veículo, ou, ainda, do valor da franquia pactuada no contrato que representa um valor de autosseguro. Não há ordem de prioridade entre segurado e segurador no pleito pelo ressarcimento de danos contra o mesmo causador.

Em nenhuma hipótese, no entanto, o segurado poderá pleitear do terceiro e do segurador os mesmos valores para indenização de danos, porque, nesse caso, o acidente que causou danos seria uma fonte geradora de benefícios ou enriquecimento ilícito do segurado, que receberá duas vezes pelos mesmos danos.

De outro lado, não poderá o segurado praticar atos com objetivo de isentar o causador do dano do dever de ressarcir o segurador. Trata-se de ato ineficaz, nos termos do Código Civil de 2002.

A legislação brasileira veda que a sub-rogação seja exercida contra cônjuge, descendentes ou ascendentes do segurado, bem como contra seus consanguíneos e afins. Não menciona o companheiro(a), mas parece correto afirmar que, comprovada essa situação, a isenção se estenderá para beneficiá-los.

REFERÊNCIAS BIBLIOGRÁFICAS

ALMEIDA, J. C. Moitinho de. *O contrato de seguro no direito português e comparado.* Lisboa: Editora e Livraria Sá da Costa, 1971.

CALERO, Fernando Sánchez. Comentários aos artículos 1 a 37. *Ley de Contrato de Seguro.* Navarra: Editorial Aranzadi, 2005.

GASPERONI, Nicola. Contratto di Assicurazione. *Novissimo Digesto Italiano.* Torino: Unione Tipografico Editrice Torinese, 1964. v. IV.

SUPERINTENDÊNCIA DE SEGUROS PRIVADOS (SUSEP). *Guia de orientação e defesa do segurado.* 2. ed. Rio de Janeiro: Susep, 2006. Disponível em: <https://www2.susep.gov.br/download/cartilha/cartilha_susep2e.pdf>. Acesso em: 22.06.2022.

TARTUCE, Flávio. Comentários ao artigo 786 do Código Civil. In: SCHREIBER, Anderson et al. *Código Civil comentado:* doutrina e jurisprudência. Rio de Janeiro: Forense, 2019.

VASQUES, José. *Contrato de seguro: notas para uma teoria geral.* Coimbra: Coimbra Editora, 1999.

40
COMENTÁRIOS AO ART. 787 DO CÓDIGO CIVIL

Ilan Goldberg

> **Art. 787.** No seguro de responsabilidade civil, o segurador garante o pagamento de perdas e danos devidos pelo segurado a terceiro.
>
> § 1º Tão logo saiba o segurado das consequências de ato seu, suscetível de lhe acarretar a responsabilidade incluída na garantia, comunicará o fato ao segurador.
>
> § 2º É defeso ao segurado reconhecer sua responsabilidade ou confessar a ação, bem como transigir com o terceiro prejudicado, ou indenizá-lo diretamente, sem anuência expressa do segurador.
>
> § 3º Intentada a ação contra o segurado, dará este ciência da lide ao segurador.
>
> § 4º Subsistirá a responsabilidade do segurado perante o terceiro, se o segurador for insolvente.

1. ORIGEM DA DISPOSIÇÃO E REGIME ANTERIOR

O Código Civil de 1916 não continha dispositivo expresso a tratar dos seguros de responsabilidade civil. O tratamento legal era empregado aos seguros de coisas (danos, na sistemática do Código de 2002) e vida (pessoas, no diploma atual).

A introdução dos seguros de responsabilidade civil no texto legal foi alvissareira, considerando a relevância desse tipo contratual à vida em sociedade. Quando se reflete a respeito da generalidade dos seguros de responsabilidade civil, tem-se, *e.g.*, seguros de responsabilidade civil geral, responsabilidade civil ambiental, responsabilidade civil para médicos, advogados, notários, engenheiros – conhecidos pela sigla *E&O* (do inglês, *Errors and Omissions*, ou erros e omissões) –, responsabilidade civil para riscos cibernéticos e responsabilidade civil para conselheiros e diretores (*D&O*) – do inglês, *Directors and Officers* –, entre tantos outros.

Trata-se, como rapidamente se observa, de um contrato de seguro que vai ao encontro dos riscos da vida em sociedade ou, nas palavras do filósofo Ulrich Beck, um contrato que bem absorve a própria vida em sociedade (admitindo-se que viver, por si só, é mesmo arriscado).[1]

---

[1] BECK, Ulrich. *Sociedade de risco*: rumo a uma outra modernidade. Trad. Sebastião Nascimento. São Paulo: Editora 34, 2011. p. 23-25. Nesse mesmo sentido: Anthony Giddens chama o risco criado

Considerando que os estudos da responsabilidade civil caminham no sentido de sua objetivação – responsabilidade sem culpa –, o que vai ao encontro da tutela da dignidade da pessoa humana e do solidarismo, ambos fundamentos da Constituição da República, não há dúvida de que é preciso dispor de meios para fazer frente a esses riscos indenizatórios.[2]

Talvez de maneira ainda mais intensa do que em outros tempos, o que decorre de uma cada vez maior penetração dos seguros na sociedade em geral, os seguros de responsabilidade civil aparecem no cotidiano das vítimas de eventos os mais diversos e, a seus compradores (os tomadores e segurados), erguem-se como um mecanismo importantíssimo para que, em última análise, os seus patrimônios não sejam afetados caso surjam dívidas de responsabilidade contraídas perante terceiros.

Importante, a essa altura, estabelecer um recorte metodológico entre os seguros de responsabilidade civil *facultativos* e os *obrigatórios*. Como bem diz o seu próprio nome, nos seguros de responsabilidade civil *facultativos*, oferta-se aos segurados a possibilidade de, por intermédio de um contrato, firmá-los ou não. Inexiste obrigação legal de qualquer sorte, o que remete o tratamento da relação jurídica entabulada entre seguradoras, segurados e terceiros à lógica consensual dos contratos.

Essa temática será aprofundada na próxima seção, mas, por ora, convém esclarecer que eventual pretensão de um terceiro contra a seguradora, admitindo-se a sua demanda diretamente contra esta, deverá estar baseada no contrato firmado pelo segurado. Quer-se enfatizar, assim, que uma pretensão do terceiro, repita-se, baseada no contrato firmado pelo segurado, deverá estar respaldada nos riscos predeterminados nesse pacto. Formulando em outros termos, se o direito do segurado estiver prejudicado (*e.g.*, hipótese de perda de direito, risco excluído, entre outras), não deverá haver direito ao terceiro.[3]

No tocante aos seguros de responsabilidade civil *obrigatórios*, o seu viés é distinto daquele observado nos seguros de responsabilidade civil *facultativos*. Por serem *obrigatórios*, a sua contratação é compulsória, e atendem, assim, a determinados ideários em prol de segurança e concretude, no sentido de minimizar as perdas sofridas pelas vítimas e, de maneira ainda mais ampla, pela sociedade.

O Decreto-lei 73, de 21.11.1966, em seu art. 20, já previa alguns seguros obrigatórios, destacando-se os de danos pessoais a passageiros de aeronaves comerciais, responsabilidade

---

pelo homem de "risco manufaturado". "A preocupação com o risco na vida social moderna não tem nada a ver diretamente com a prevalência de perigos para a vida. Ao nível da existência do indivíduo, em termos da expectativa de vida e do grau de liberdade em relação à doença séria, as pessoas nas sociedades desenvolvidas estão numa posição muito mais segura do que a maioria em épocas anteriores" (GIDDENS, Anthony. Modernidade e identidade. Trad. Plínio Dentzien. Rio de Janeiro: Jorge Zahar, 2002. p. 109).

[2] Constituição Federal de 1988. Respectivamente, arts. 1º, III, e 3º, I: "Art. 1º A República Federativa do Brasil, formada pela união indissolúvel dos Estados e Municípios e do Distrito Federal, constitui--se em Estado Democrático de Direito e tem como fundamentos: (...) III – a dignidade da pessoa humana"; "Art. 3º Constituem objetivos fundamentais da República Federativa do Brasil: I – construir uma sociedade livre, justa e solidária".

[3] Tivemos a oportunidade de examinar esse tema, iluminado pelo instituto da "estipulação a favor de terceiros", em GOLDBERG, Ilan. Reflexões a propósito da função social no domínio dos contratos de seguro, da estipulação em favor de terceiro e do seguro à conta de outrem. In: TZIRULNIK, Ernesto et al. (org.). *Direito do seguro contemporâneo*: edição comemorativa dos 20 anos do IBDS. São Paulo: Editora Contracorrente, 2021. v. 1. p. 107-134.

civil do construtor de imóveis em zonas urbanas por danos a pessoas ou coisas, edifícios divididos em unidades autônomas, danos pessoais causados a veículos automotores, entre outros.[4] Mais tarde, por intermédio de leis especiais, foram criados outros seguros obrigatórios.[5]

Ainda nessa introdução, convém esclarecer que a dinâmica contratual, própria dos seguros de responsabilidade civil *facultativos*, não se observa nos seguros de responsabilidade civil *obrigatórios*. Nestes, a finalidade é mesmo de indenizar as vítimas, independentemente das circunstâncias fáticas, ou seja, trata-se de modalidade impregnada por um acentuado viés social.

2. SENTIDO DA DISPOSIÇÃO E PRINCIPAIS CONTROVÉRSIAS NA SUA INTERPRETAÇÃO

"Art. 787. No seguro de responsabilidade civil, o segurador garante o pagamento de perdas e danos devidos pelo segurado a terceiro."

Inicia-se a seção comentando a norma prevista no *caput*, o que remete a uma diferença fundamental entre os seguros de danos e os de responsabilidade civil. Enquanto, nos seguros de danos, o tomador/segurado pretende contratar garantia securitária para um interesse legítimo pertinente a determinado bem da vida – *e.g.*, um carro, uma residência, uma obra de arte –, é dizer, parte específica de seu patrimônio, nos seguros de responsabilidade civil facultativos, os tomadores/segurados contratam a obrigação de garantia com vistas à proteção de seu patrimônio inteiro, visando ao "pagamento de perdas e danos devidos pelo segurado a terceiro".[6]

---

[4] Decreto-lei 73/1966: "Art. 20. Sem prejuízo do disposto em leis especiais, são obrigatórios os seguros de: a) danos pessoais a passageiros de aeronaves comerciais; b) responsabilidade civil do proprietário de aeronaves e do transportador aéreo; c) responsabilidade civil do construtor de imóveis em zonas urbanas por danos a pessoas ou coisas; d) (Revogado pela Lei nº 13.986, de 2020); e) garantia do cumprimento das obrigações do incorporador e construtor de imóveis; f) garantia do pagamento a cargo de mutuário da construção civil, inclusive obrigação imobiliária; g) edifícios divididos em unidades autônomas; h) incêndio e transporte de bens pertencentes a pessoas jurídicas, situados no País ou nêle transportados; i) (Revogada pela Lei Complementar nº 126, de 2007); j) crédito à exportação, quando julgado conveniente pelo CNSP, ouvido o Conselho Nacional do Comércio Exterior (CONCEX); l) danos pessoais causados por veículos automotores de vias terrestres e por embarcações, ou por sua carga, a pessoas transportadas ou não; m) responsabilidade civil dos transportadores terrestres, marítimos, fluviais e lacustres, por danos à carga transportada. Parágrafo único. Não se aplica à União a obrigatoriedade estatuída na alínea 'h' deste artigo".

[5] Importante referir-se aos seguintes diplomas legais: Decreto 61.867/1967 (regulamenta os seguros obrigatórios), Decreto Legislativo 3.724/1919, Lei 4.591/1964 (seguro obrigatório de condomínio), Lei 4.678/1965 (seguro de crédito à exportação), Lei 5.418/1928 (armazéns gerais), Lei 6.194/1974 (seguro DPVAT), Lei 8.374/1991(seguro DPEM), Lei 9.514/1997 (sistema financeiro imobiliário) e Lei 11.977/2009 (financiamento de imóvel pelo Programa Minha Casa, Minha Vida). Para uma análise histórica do desenvolvimento dos seguros obrigatórios no País, *vide* SANTOS, Ricardo Bechara. Os seguros obrigatórios no Brasil. *Sindicato das Seguradoras RJ/ES*. Disponível em <https://sindicatodasseguradorasrj.org.br/artigo/os-seguros-obrigatorios-no-brasil/>. Acesso em: 08.07.2022.

[6] Em meio a tantas, refere-se às seguintes obras: Isaac Halperin e Nicolás Barbato: "En el seguro de la responsabilidad, dado que cubre todo el patrimonio contra la responsabilidad que puede contraerse respecto de un tercero, su límite no resulta en relación con una cosa o bien determinado, sino por la

À diferença dos seguros de danos, nos quais os tomadores/segurados buscam a tutela dos contratos de seguros para partes específicas e autônomas de seu patrimônio, nos seguros de responsabilidade civil facultativos, a garantia é outorgada àquilo que se possa compreender por patrimônio inteiro.[7]

Aprofundando o exame, a garantia com vistas ao patrimônio inteiro não será ilimitada, por maior que seja o patrimônio do segurado. O homem mais rico do mundo poderá, por exemplo, contratar uma garantia de responsabilidade civil facultativa de seu seguro de automóvel da ordem de, ilustrativamente, R$ 500 mil, por entender que, no cenário mais adverso, o máximo que ele teria que desembolsar a uma vítima de um acidente de trânsito não ultrapassaria essa cifra.

Observa-se, assim, que o limite financeiro de garantia pretendido pelo segurado irá ao encontro de seus próprios interesses, o que, com efeito, deverá guardar alguma relação de proporcionalidade com as possíveis perdas que sua conduta poderá acarretar a terceiros.

Note-se que esse mesmo raciocínio vale para programas de seguros de responsabilidade civil ambiental, *D&O*, *E&O*, *cyber* (riscos cibernéticos), entre outros. Tudo dependerá, de um lado, do exame dos riscos, sob a perspectiva pecuniária (o interesse legítimo dos próprios segurados) e, por outro, do apetite das seguradoras.[8]

---

fijación de cierta suma y su restricción a la responsabilidad derivada de ciertos hechos" (HALPERIN, Isaac; BARBATO, Nicolás. *Derecho de seguros*. 3. ed. Buenos Aires: Depalma, 2003. p. 912); Luigi Farenga: "Nelle assicurazioni del patrimonio, dunque, oggetto dell'assicurazione solitamente non à un bene determinato, onde non è possibile stabilire a priori il valore assicurabile, perché è l'intero patrimonio dell'assicurato ad essere sottoposto al rischio" (FARENGA, Luigi. *Manuale de diritto delle assicurazioni private*. 5. ed. Torino: G. Giappichelli, 2016. p. 208) e Vincenzo Ferrari: "È evidente, quindi, che nell'assicurazione di cose l'interesse può identificarsi nella relazione tra soggetto e bene e nella riparazione del danno da quest'ultimo subito, per cui l'interesse protetto è quello alla conservazione dello specifico bene assicurato; in quelle sul patrimonio, invece, si preserva genericamente il patrimonio dell'assicurato" (FERRARI, Vincenzo. I contratti di assicurazione contro i danni e sulla vita. In: PERLINGIERI, Pietro (org.). *Trattato di diritto civile del Consiglio Nazionale del Notariato*. Sezione IV: Autonomia negoziale. Napoli: Edizione Scientifiche Italiane, 2011. p. 25).

[7] Para um estudo aprofundado a respeito do conceito e aplicabilidade prática do patrimônio, remete-se a OLIVA, Milena Donato. *Patrimônio separado*: herança, massa falida, securitização de créditos imobiliários, incorporação imobiliária, fundos de investimento imobiliário, *trust*. Rio de Janeiro: Renovar, 2009.

[8] A propósito do chamado apetite das seguradoras pelo risco, importante sublinhar que, nos domínios dos seguros para riscos cibernéticos, a falta de estrutura de Tecnologia da Informação (TI) por parte de segurados constantemente obsta o oferecimento de cobertura pelo mercado segurador. Dessa maneira, o escrutínio a que os tomadores/segurados se submetem acaba por revelar uma finalidade preventiva dessa espécie securitária. Noutras palavras, quão melhor for a estrutura de TI do segurado, mais viável será a compra do seguro respectivo. A recíproca inversa é fielmente verdadeira. Nesse sentido: "The potential for serious economic and commercial repercussions, illustrated most recently in the millions of compromised records at Yahoo and Equifax, the disruption of major websites by a denial-of-service attack on Dyn and the hundreds of thousands of computers compromised by the WannaCry and NotPetya ransomware attacks, has meant increasing investment in safeguarding the confidentiality, integrity and availability of information and information systems. While not a substitute for investing in cyber security and risk management – as having good cyber security and avoiding a disruption is a more preferable outcome – insurance coverage for cyber risk can make an important contribution to the management of cyber risk by promoting awareness about exposure to cyber losses, sharing expertise on risk management,

A norma referida no *caput* introduz o terceiro à relação jurídica originalmente concebida pelo segurado e pela seguradora, circunstância que, sem dúvida, emprega uma complexidade muito maior aos olhos da seguradora. Se as consequências da relação jurídica mantida com o segurado são previsíveis – *e.g.*, se a residência do segurado sofrer um incêndio, é intuitivo que ele, quase que de pronto, o avisará à seguradora e pedirá o pagamento de indenização –, a introdução do terceiro agrega um componente importante em termos de imprevisibilidade.

Nesse particular, a literatura, comumente, remete ao clássico caso do médico cirurgião que, por descuido – *rectius* culpa –, esqueceu determinando componente cirúrgico no organismo do paciente. Concluído o procedimento, nem médico nem paciente sabiam do ocorrido, que, tempos depois, apresentou os primeiros sintomas ao paciente. Diante de situação como essa, teria o paciente demandado contra o médico? Se sim, quando o faria? E em que circunstâncias faria?

A presença do terceiro nos seguros de responsabilidade civil facultativos lembra a clássica lição de Joaquín Garrigues, quando explicou a propósito da existência das causas remota e próxima em seguros dessa natureza. Pela causa remota, Garrigues sinalizava a demanda de responsabilidade do terceiro e, pela causa próxima, as repercussões daquela demanda no patrimônio do segurado. Segundo a sua análise, os seguros de responsabilidade civil facultativos trariam, conjuntamente, as causas remota e próxima.[9]

"§ 1º Tão logo saiba o segurado das consequências de ato seu, suscetível de lhe acarretar a responsabilidade incluída na garantia, comunicará o fato ao segurador."

Essa norma corresponde, em alguma medida, àquela prevista na parte geral a tratar do aviso de sinistro – art. 771, no sentido de: "Sob pena de perder o direito à indenização,

---

encouraging investment in risk reduction and facilitating the response to cyber incidents. (...) Insurance can contribute to improving the management of cyber risk and should be considered an essential component of countries' strategies for addressing digital security risks. The risk management expertise of the insurance sector should be leveraged to help countries address the risks inherent in the ongoing transition to a digital economy. The re/insurance sector's capacity to quantify risk, encourage risk reduction and absorb losses could make an important contribution to improving risk management. In this regard, addressing challenges to the cyber insurance market's development should be considered as a potential objective of digital security risk management strategies and policies" (OECD. *Enhancing the Role of Insurance in Cyber Risk Management*. Paris: OECD Publishing, 2017. p. 7 8. Disponível em: <http://dx.doi.org/10.1787/9789264282148-en>. Acesso em: 03.09.2022).

[9] "De la definición que hemos formulado se desprende que la función del seguro de responsabilidad consiste en proteger al asegurado contra la responsabilidad civil que puede contraer frente a terceros. Una vez definido el seguro de responsabilidad civil, cabe preguntarse cuál debe ser su encuadramiento en la doctrina en general del seguro. Se trata, en opinión unánime, de un seguro contra daños y por ello lo tratamos dentro de este ramo. (...) Pero es un daño peculiar, diverso de los demás daños que se aseguran en otros tipos de seguro (incendios, transporte, etc.) Es un daño que ofrece una doble característica: Primera, no afectar en un objeto determinado del patrimonio, sino al patrimonio entero, el cual constituye objeto indistinto de responsabilidad personal ilimitada. Segunda, no afectar al patrimonio de un modo directo (como lo afecta, por ejemplo, la acción del fuego). Concurren aquí dos daños: el que se produce directamente en el patrimonio de un tercero por consecuencia de la conducta del tomador del seguro (causa remota): y el que, por consecuencia de aquél, indirectamente recae sobre el patrimonio del asegurado, al nacer para éste la obligación de reparar aquel daño (causa próxima)" (GARRIGUES, Joaquín. *Contrato de seguro terrestre*. Madrid: Imprenta Aguirre, 1983. p. 428).

o segurado participará o sinistro ao segurador, logo que o saiba, e tomará as providências imediatas para minorar-lhe as consequências".

Trata-se, portanto, de finalidade similar, agora presente na disciplina dos seguros de responsabilidade civil facultativos, mas, sob a perspectiva cronológica, vale ressaltar que essa norma se apresenta antecipadamente, isto é, ela tem aplicabilidade antes do surgimento da demanda de responsabilidade a ser deflagrada pelo terceiro.

Na sistemática das *expectativas de sinistro* e dos *sinistros* propriamente ditos, entendendo-se que, nas primeiras, existe um sinal, uma indicação de que, pelo segurado, por exemplo, foi cometido um erro que poderá atingir aos terceiros, ao passo que, nos segundos, já há uma demanda de responsabilidade proposta pelo terceiro, as palavras de ordem que deverão nutrir a relação entre segurado e seguradora são de transparência e cooperação, isto é, o princípio da boa-fé objetiva e seus deveres anexos.

Segundo a lição de Clóvis do Couto e Silva, ainda antes da entrada em vigor do Código Civil de 2002, as relações obrigacionais desenvolvidas pelas partes, credor e devedor, empregado e empregador, locatário e locador, e, por que não, segurado e segurador, deveriam sempre ser concebidas da forma mais transparente possível, traduzindo um feixe de obrigações dinâmicas, verdadeiramente como um processo concebido à consecução de determinada finalidade.[10]

O objetivo a ser perseguido pela norma prevista no § 1º do art. 787 do CC é, portanto, prover a seguradora do máximo de informação possível ainda a respeito da expectativa do sinistro conhecida pelo segurado.

A propósito das consequências decorrentes do descumprimento dessa norma pelo segurado, em primeiro lugar é preciso observar que o legislador não impôs sanção alguma. Ora, o art. 771 do CC, expressamente, propõe a perda do direito à indenização caso o segurado não avise *o sinistro* tão logo o saiba. Nesse sentido, considerando que o legislador não estipulou sanção para o não aviso da *expectativa do sinistro*, somos da opinião de que, em última análise, a norma prevista no § 1º se trata meramente de um ônus do segurado, não de um dever. O seu descumprimento, portanto, gerará consequências prejudiciais ao segurado no sentido de, por exemplo, não dispor do apoio da seguradora com vistas às medidas de prevenção do sinistro em si, mas, como dito, não poderá implicar perda do direito à indenização.[11]

"§ 2º É defeso ao segurado reconhecer sua responsabilidade ou confessar a ação, bem como transigir com o terceiro prejudicado, ou indenizá-lo diretamente, sem anuência expressa do segurador."

Novamente, a norma faz ecoar os efeitos da boa-fé objetiva no relacionamento entabulado por segurado e seguradora. O fato de o segurado ter contratado uma apólice de

---

[10] SILVA, Clóvis V. do Couto e. *A obrigação como processo*. São Paulo: J. Bushatsky, 1976.
[11] A propósito da distinção entre ônus e dever, a lição de Comparato é precisa (COMPARATO, Fábio Konder. *O seguro de crédito*. São Paulo: Ed. RT, 1968). A origem dessa discussão foi elaborada por Francesco Carnelutti (*Teoria Generale del Diritto*, 1942). Ônus e dever teriam em comum uma "limitação da esfera de ação daquele a quem incumbem, ou, em outras palavras, no sacrifício de um interesse do seu titular". A distinção, no entanto, decorreria do sentido desse sacrifício. "Enquanto no dever o sujeito passivo subordina um interesse próprio a um interesse alheio, no ônus ele apenas subordina um interesse próprio a outro interesse próprio" (COMPARATO, Fábio Konder. *O seguro de crédito*. São Paulo: Ed. RT, 1968. p. 120).

responsabilidade civil não o torna portador de um cheque em branco, que lhe permita agir como bem entender, independentemente das circunstâncias.

A seguradora, por seu turno, quando efetua o pagamento de uma indenização, deve fazê-lo na mais estrita observância do conteúdo do contrato concebido, iluminado pelos fatos caracterizantes do caso concreto. Qualquer pagamento que se faça de maneira atécnica (cobrir um risco excluído, por exemplo) terá efeitos para o mutualismo. Essa conta, mais cedo ou mais tarde, afetará todo o grupo segurado.

Por essa razão, que, sobretudo, é de ordem lógica, segurado e seguradora, perante terceiros, deverão agir com total transparência e cumplicidade, zelando para que, ao fim e ao cabo, eventual acordo com o terceiro seja interessante para ambas as partes.

Se, como se observou, o segurado não dispõe de um cheque em branco para agir como melhor lhe aprouver, essa assertiva também apresenta o seu reverso. Diante de um hipotético caso concreto em que o segurado tenha alcançado com o terceiro um acordo vantajoso tanto a ele quanto, consequentemente, à seguradora, esta não poderá se negar a arcar com o pagamento sem uma justificativa plausível.

Suponha-se que, diante de um sinistro coberto, isto é, um risco para o qual há cobertura, o terceiro tenha, originalmente, formulado um pedido equivalente a 1.000 moedas e que a importância segurada respectiva seja de 5.000 moedas. Suponha-se, além disso, que o segurado, diante da demanda proposta pelo terceiro, tenha conseguido uma negociação para pagar 800 moedas. Nesse cenário, não se observa justificativa plausível para que a seguradora se negue a arcar com o pagamento da indenização, lembrando que a recusa poderia implicar o prosseguimento da demanda e, assim, custos consideravelmente maiores com juros, correção monetária, honorários advocatícios etc.

O princípio da boa-fé objetiva, nesse particular, não pode ser observado de maneira unilateral. A sua incidência vale para o comportamento tanto do segurado quanto da seguradora, zelando por uma solução melhor aos interesses de ambos.

A jurisprudência, de maneira bem tranquila, vem se posicionando nessa direção. Confira-se, do TJ/SP, o seguinte aresto:

> Voto nº 35.572
>
> Seguro de veículo. Ação de cobrança da indenização securitária contratada c.c. reparação por dano moral. Autor que se envolveu em um acidente de trânsito, quando trafegava com o veículo segurado, resultando no falecimento do Sr. Albano Marques. Acordo realizado pelo autor com os familiares da vítima do acidente, sem a anuência da seguradora, nos autos da ação indenizatória que movida em face dele. Ausência de prova de que a transação foi abusiva, infundada ou desnecessária, tampouco de eventual má-fé do segurado. Condenação da seguradora ao pagamento do valor previsto na apólice para cobertura de danos materiais causados a terceiros era medida que se impunha. Precedentes do C. STJ e desta E. Corte. (Recurso parcialmente provido, rejeitada a preliminar. (Ap. Cível 1008935-19.2017.8.26.0001, 34ª C. D. Privado, rel. Des. Gomes Varjão, v.u., j. 28.01.2021)

Do inteiro teor do acórdão, confiram-se os seguintes excertos:

> Isso anotado, de fato, como bem observou a juíza de origem, ainda que haja disposição contratual e legal exigindo anuência expressa da seguradora para a realização de acordo pelo segurado com terceiro prejudicado (cláusula 1.1 e art. 787, § 2º, do CC), segundo

entendimento jurisprudencial, se não houve prejuízo efetivo a ela, tampouco prova de que o autor tenha agido de má-fé, é devida a indenização securitária.

Do Superior Tribunal de Justiça, vale observar:

> Recurso especial. Civil. Seguro de automóvel. Acidente de trânsito. Responsabilidade civil. Transação judicial entre segurado e vítima (terceiro prejudicado). Falta de anuência da seguradora. Ineficácia do ato. Boa-fé dos transigentes. Direito de ressarcimento. Acordo vantajoso às partes. Inexistência de prejuízo efetivo ao ente segurador.
>
> 1. No seguro de responsabilidade civil, o segurado não pode, em princípio, reconhecer sua responsabilidade, transigir ou confessar, judicial ou extrajudicialmente, sua culpa em favor do lesado a menos que haja prévio e expresso consentimento do ente segurador, pois, caso contrário, perderá o direito à garantia securitária, ficando pessoalmente obrigado perante o terceiro, sem direito de reembolso do que despender.
>
> 2. As normas jurídicas não são estanques, ao revés, sofrem influências mútuas, pelo que a melhor interpretação do parágrafo 2º do art. 787 do Código Civil é de que, embora sejam defesos, o reconhecimento da responsabilidade, a confissão da ação ou a transação não retiram do segurado, que estiver de boa-fé e tiver agido com probidade, o direito à indenização e ao reembolso, sendo os atos apenas ineficazes perante a seguradora (enunciados nºs 373 e 546 das Jornadas de Direito Civil). Desse modo, a perda da garantia securitária apenas se dará em caso de prejuízo efetivo ao ente segurador, a exemplo de fraude (conluio entre segurado e terceiro) ou de ressarcimento de valor exagerado (superfaturamento) ou indevido, resultantes de má-fé do próprio segurado.
>
> 3. Se não há demonstração de que a transação feita pelo segurado e pela vítima do acidente de trânsito foi abusiva, infundada ou desnecessária, mas, ao contrário, sendo evidente que o sinistro de fato aconteceu e o acordo realizado foi em termos favoráveis tanto ao segurado quanto à seguradora, não há razão para erigir a regra do art. 787, § 2º, do CC em direito absoluto a afastar o ressarcimento do segurado.
>
> 4. Recurso especial não provido. (REsp 1.133.459/RS, rel. Min. Ricardo Villas Bôas Cueva, 3ª T., j. 21.08.2014)

Concluído o ponto, passa-se ao exame da questão tratada pelo § 3º da norma.

"§ 3º Intentada a ação contra o segurado, dará este ciência da lide ao segurador."

Os comentários apresentados ao § 2º podem ser aqui repetidos. Sobretudo por uma questão de transparência, ao receber a ação proposta pelo terceiro, o segurado a informará à seguradora. Vale a ressalva de que, a essa altura – ação judicial proposta pelo terceiro –, o sinistro já estará devidamente materializado, ou seja, deve-se passar à análise conjunta desse dispositivo com aquele previsto no art. 771 do CC, cuja inobservância poderá acarretar a perda do direito à indenização pelo segurado.

"§ 4º Subsistirá a responsabilidade do segurado perante o terceiro, se o segurador for insolvente."

Essa norma bem aplica, de forma sistemática, as causas remota e próxima, ensinadas por Garrigues. Como se observou, os seguros de responsabilidade civil facultativos contêm duas relações jurídicas: (i) entre o terceiro e o segurado e (ii) entre o segurado e a seguradora.

A norma positivada no § 4º refere-se à primeira relação que existirá, independentemente da segunda. Ora, se o seguro é facultativo, o segurado poderá contratá-lo ou não. O fato de a seguradora apresentar-se insolvente – segunda relação – não modifica em nada a constituição da primeira relação. A responsabilidade do segurado perante o terceiro permanecerá incólume.

Vale dizer que a insolvência de seguradoras detém um regime próprio, conforme previsão contida nos arts. 26 c/c 94 a 107, todos do Decreto-lei 73/1966.

3. DISPOSIÇÕES RELACIONADAS

A depender da discussão de fundo em determinado caso concreto, diversos dispositivos legais poderão estar imbricados. Ao longo do desenvolvimento desses comentários, remetemos, por exemplo, ao art. 771, preenchido pela boa-fé objetiva (art. 422). Trata-se, convém explicar, de referências pontuais, a serem consideravelmente acrescidas pelo exame casuístico.

Vale dizer que, desde a edição da Súmula 529 do STJ, a propositura de ação direta pelo terceiro contra a seguradora, desde que o faça conjuntamente contra o segurado, encontra-se pacificada. Eis os termos da súmula: "No seguro de responsabilidade civil facultativo, não cabe o ajuizamento de ação pelo terceiro prejudicado direta e exclusivamente em face da seguradora do apontado causador do dano".

Em sede infralegal, vale fazer menção ao art. 3º da Circular Susep 637/2021:

> Art. 3º No seguro de responsabilidade civil, a sociedade seguradora garante o interesse do segurado, quando este for responsabilizado por danos causados a terceiros e obrigado a indenizá-los, a título de reparação, por decisão judicial ou decisão em juízo arbitral, ou por acordo com os terceiros prejudicados, mediante a anuência da sociedade seguradora, desde que atendidas as disposições do contrato.
>
> § 1º A forma de garantir o interesse do segurado a que se refere o *caput* deve estar claramente expressa nas condições contratuais dos seguros de responsabilidade civil, seja por indenização direta ao segurado ou outra forma definida entre as partes.
>
> § 2º A sociedade seguradora poderá incluir, entre as hipóteses a que se refere o *caput*, a decisão administrativa do Poder Público que obrigue os segurados a indenizar os terceiros prejudicados.
>
> § 3º A sociedade seguradora poderá oferecer outras coberturas, além daquela descrita no *caput*, inclusive para os custos de defesa dos segurados, e a cobertura de multas e penalidades impostas aos segurados.
>
> § 4º Se a contratação de uma cobertura, por razões técnicas, exigir a contratação prévia de outra cobertura, deve haver menção detalhada sobre este fato na proposta, nas condições contratuais, na nota técnica atuarial, e em quaisquer peças publicitárias ou manuais que tratem do assunto.
>
> § 5º A garantia está condicionada a que tenham sido atendidas as disposições do contrato de seguro, em particular as datas de ocorrência dos danos, de apresentação das reclamações pelos terceiros, de apresentação das notificações pelo segurado ou do aviso de sinistro pelo segurado, conforme o tipo de contrato.
>
> § 6º O seguro de responsabilidade civil cobre, também, as despesas emergenciais efetuadas pelo segurado ao tentar evitar e/ou minorar os danos causados a terceiros, atendidas as

disposições do contrato, até o seu LMG, independentemente da contratação de cobertura específica para tais situações.

REFERÊNCIAS BIBLIOGRÁFICAS

BECK, Ulrich. *Sociedade de risco*: rumo a uma outra modernidade. Trad. Sebastião Nascimento. São Paulo: Editora 34, 2011.

COMPARATO, Fábio Konder. *O seguro de crédito*. São Paulo: Ed. RT, 1968.

FARENGA, Luigi. *Manuale di diritto delle assicurazioni private*. 5. ed. Torino: G. Giappichelli, 2016.

FERRARI, Vincenzo. I contratti di assicurazione contro i danni e sulla vita. In: PERLINGIERI, Pietro (org.). *Trattato di diritto civile del Consiglio Nazionale del Notariato*. Sezione IV: Autonomia negoziale. Napoli: Edizione Scientifiche Italiane, 2011.

GARRIGUES, Joaquín. *Contrato de seguro terrestre*. Madrid: Imprenta Aguirre, 1983.

GIDDENS, Anthony. *Modernidade e identidade*. Trad. Plínio Dentzien. Rio de Janeiro: Jorge Zahar, 2002.

GOLDBERG, Ilan. Reflexões a propósito da função social no domínio dos contratos de seguro, da estipulação em favor de terceiro e do seguro à conta de outrem. In: TZIRULNIK, Ernesto et al. (org.). *Direito do seguro contemporâneo*: edição comemorativa dos 20 anos do IBDS. São Paulo: Editora Contracorrente, 2021. v. 1.

HALPERIN, Isaac; BARBATO, Nicolás. *Derecho de seguros*. 3. ed. Buenos Aires: Depalma, 2003.

OECD. *Enhancing the Role of Insurance in Cyber Risk Management*. Paris: OECD Publishing, 2017. Disponível em: <http://dx.doi.org/10.1787/9789264282148-en>. Acesso em: 03.09.2022.

OLIVA, Milena Donato. *Patrimônio separado*: herança, massa falida, securitização de créditos imobiliários, incorporação imobiliária, fundos de investimento imobiliário, *trust*. Rio de Janeiro: Renovar, 2009.

SANTOS, Ricardo Bechara. Os seguros obrigatórios no Brasil. *Sindicato das Seguradoras RJ/ES*. Disponível em <https://sindicatodasseguradorasrj.org.br/artigo/os-seguros-obrigatorios-no-brasil/>. Acesso em: 08.07.2022.

SILVA, Clóvis V. do Couto e. *A obrigação como processo*. São Paulo: J. Bushatsky, 1976.

COMENTÁRIOS AO ART. 788 DO CÓDIGO CIVIL

Ilan Goldberg

> **Art. 788.** Nos seguros de responsabilidade legalmente obrigatórios, a indenização por sinistro será paga pelo segurador diretamente ao terceiro prejudicado.
>
> Parágrafo único. Demandado em ação direta pela vítima do dano, o segurador não poderá opor a exceção de contrato não cumprido pelo segurado, sem promover a citação deste para integrar o contraditório.

1. ORIGEM DA DISPOSIÇÃO E REGIME ANTERIOR

O Código Civil de 1916 não continha dispositivo expresso a tratar dos seguros de responsabilidade civil obrigatórios. A bem da verdade, os seguros obrigatórios foram positivados pelo Decreto-lei 73, de 21.11.1966, especificamente em seu art. 20, já referido no comentário ao art. 787.

A obrigatoriedade em torno da contratação de um seguro está intimamente ligada à percepção do risco da atividade em questão. Melhor explicando, quão mais arriscada for a atividade, maior será a propensão à obrigatoriedade do seguro respectivo,[1] o que, com efeito, carecerá da aprovação de lei *stricto sensu*.[2]

---

[1] A atividade que é geradora de risco à coletividade como motivador ao desenvolvimento dos seguros obrigatórios foi observada por Luigi Farenga na Itália: "Le assicurazioni obbligatorie sono caratterizzate dall'obbligo di contrattare posto dalla legge a carico di determinati soggetti. Si tratta di ipotesi caratterizzate dalla gestione di una attività o di una cosa potenzialmente pericolosa per una collettività di persone (ad esempio la circolazione di un veicolo, l'esercizio dell'attività venatoria, la gestione di uno stabilimento che produce sostanze inquinanti o di una nave che trasporta idrocarburi, la gestione di spedali o casi di cura, ecc.). Il soggetto obbligato è dunque colui che è responsabile civilmente per i danni che possono prodursi a seguito della gestione dell'attività o della cosa" (FARENGA, Luigi. *Manuale di diritto delle assicurazioni private*. 5 ed. Torino: G. Giappichelli, 2016. p. 213). A zona de interseção entre a responsabilidade civil objetiva e o desenvolvimento dos seguros, especialmente os obrigatórios, também foi anotada por Rui Stoco: "(...) com a intensificação dos riscos pelo desempenho das atividades industriais, comerciais, administrativas ou até recreativas, as pessoas ficaram expostas a um perigo maior. A fim de atenuar os malefícios da lesão, propiciando às vítimas melhores perspectivas de ressarcimento, ganhou gradativo relevo o

No Brasil, o mais popular entre os seguros obrigatórios é o DPVAT – seguro de responsabilidade civil obrigatório às vítimas de acidentes com veículos automotores –, objeto da Lei 6.194/1974, posteriormente emendada pelas Leis 8.441/1992, 11.482/2007 e 11.945/2009.

Fundamentalmente, esse seguro tornou-se obrigatório, entre outras razões, porque concluiu-se que os acidentes com veículos automotores causavam, anualmente, dezenas de milhões de vítimas, que, muitas vezes, ficavam à sua própria sorte no tocante à reparação dos danos causados.

A considerar a possibilidade de os ofensores não terem recursos para fazer frente aos danos causados, as vítimas ficavam totalmente desemparadas, ainda que a culpa, nos casos em questão, fosse, inquestionavelmente, dos ofensores.

Os seguros obrigatórios, assim, apartam-se do funcionamento dos seguros facultativos porque, enquanto nestes a lógica é a da responsabilidade civil subjetiva – necessidade de demonstração pela vítima do conhecido tripé composto de culpa, dano e nexo causal –, naqueles a lógica é reparar a vítima, independentemente da culpa do ofensor, ou seja, objetiva-se a responsabilidade do ofensor em prol dos interesses da vítima.[3]

Impregnados por uma função social potencializada,[4] os seguros obrigatórios, assim, possuem um predicado que os aproxima dos conhecidos fundos públicos indenizatórios, tão desenvolvidos na Europa, designadamente na França, e nos Estados Unidos.

A partir dos anos 1980, sobretudo como consequências de severos danos causados às vítimas de transfusões de sangue que se contaminaram com o vírus da Aids, o Estado francês chegou à conclusão de que não poderia deixar aquelas vítimas desamparadas e, assim, por sua própria iniciativa, deflagrou um movimento em prol da criação de fundos públicos de viés indenizatório. Independentemente das circunstâncias – identificação do responsável pela lesão, nível ou grau de culpa etc. –, o fundo deveria estar pronto para indenizar as perdas sofridas pela vítima.[5]

---

seguro de responsabilidade civil, até tornar-se obrigatório. Deu-se-lhe o nome de 'seguro obrigatório de responsabilidade civil.'" (STOCO, Rui. *Tratado de responsabilidade civil*. 19. ed. São Paulo: Ed. RT, 2012. p. 915).

[2] *Vide*, a propósito, o art. 5º, II, da Constituição da República de 1988: "Art. 5º Todos são iguais perante a lei, sem distinção de qualquer natureza, garantindo-se aos brasileiros e aos estrangeiros residentes no País a inviolabilidade do direito à vida, à liberdade, à igualdade, à segurança e à propriedade, nos termos seguintes: (...) II – ninguém será obrigado a fazer ou deixar de fazer alguma coisa senão em virtude de lei".

[3] A respeito do desenvolvimento dos seguros obrigatórios, Pedro Alvim explica que, mesmo os referidos seguros sendo de responsabilidade da iniciativa privada, a sua contratação passou a ser obrigatória justamente a considerar a necessidade de tutela da coletividade: "Desta forma, entenderam as autoridades públicas, que determinados seguros, ainda que pertencentes à iniciativa privada, deveriam se tornar obrigatórios, a fim de beneficiar a coletividade, de modo que todos pudessem receber a garantia contra os riscos neles previstos" (ALVIM, Pedro. *O seguro e o novo Código Civil*. Rio de Janeiro: Forense, 2007. p. 145).

[4] "(...) o seguro obrigatório de veículos automotores de vias terrestres – DPVAT, diferentemente de outras espécies de seguro, é dotado de função social altamente relevante, sobretudo quando se analisa com requinte de detalhes os valores pertinentes a sua finalidade" (MARTINS, Rafael Tárrega. *Seguro DPVAT*: seguro obrigatório de veículos automotores de vias terrestres. 4. ed. Campinas: Editora Servanda, 2009. p. 25).

[5] Na França, a doutrina nesse sentido é vasta. É o que confirmam MEKKI, Mustapha. Les fonctions de la responsabilité civile à l'épreuve des fonds d'indemnisation des dommages corporels. *Petites Affiches*,

Nos Estados Unidos da América, os ataques terroristas de 9 de setembro de 2001 também ensejaram o desenvolvimento de fundos públicos indenizatórios para fazer frente às enormes perdas causadas. Por mais desenvolvidos que os mercados seguradores e resseguradores fossem naquele país, as iniciativas privada e pública – leia-se, por meio da criação de fundos concebidos com a finalidade indenizatória – foram vitais para custear as indenizações necessárias.[6]

Ainda a respeito do seguro DPVAT, em novembro de 2019, o então Presidente da República, Jair Bolsonaro, anunciou a sua extinção, a partir de 2020, mediante a Medida Provisória 904. Vale dizer que a principal motivação à extinção do referido seguro decorreu do cometimento de fraudes em sua administração.[7]

Pouco tempo depois, a forma empregada pelo governo federal com vistas à extinção foi questionada pela Rede Sustentabilidade por meio de ADI proposta perante o Supremo Tribunal Federal, que, acabou por suspender a eficácia da MP.[8]

Entre erros e acertos cometidos pelo seguro DPVAT e ressalvando os problemas que afetaram a sua administração, a sistemática em torno de uma cada vez maior objetivação da responsabilidade civil vai ao encontro da necessidade de que se desenvolvam mais seguros obrigatórios, fundos públicos, é dizer, que seja realmente empregado valor e concretude ao

---

n. 8, 12.01.2005; CARVAL, Suzanne. *La responsabilité civile dans sa fonction de peine privée*. Paris: LGDJ, 1995; e LAMBERT-FAIVRE, Yvonne. *L'indemnisation des victimes post-transfusionnelles du Sida : hier, aujourd'hui et demain*. Revue Trimestrielle de Droit Civil, 1993. p. 1. Válido referir-se também aos estudos elaborados no âmbito de Congresso realizado pela Associação Henri Capitant em 2019, a propósito da temática relacionada aos fundos públicos, aos seguros obrigatórios e à indenização. A referência completa do trabalho pulicado é: GOLDBERG, Ilan et al. *Journées internationales de l'Association Henri Capitant 2019*. Bordeaux et Paris. "La solidarité". Réponses au questionnaire n. 3. "Solidarité et indemnisation". Disponível em: <http://henricapitant.org/storage/app/media/pdfs/evenements/France%202019%20Solidarité/solidarité%20et%20indemnisation/Rapports/bresilindemnisation.pdf>. Acesso em: 01.07.2022.

[6] Leia-se, a propósito: STEMPEL, Jeffrey W. The insurance aftermath of September 11: myriad claims, multiple lines, arguments over occurrence counting, war risk exclusions, the future of terrorism coverage and new issues of government role. *Tort & Insurance Law Journal*, v. 37, n. 3, p. 817-882, Spring 2002.

[7] "8. Ademais, vale lembrar que, em 2015, o Departamento de Polícia Federal deflagrou a operação denominada 'Tempo de Despertar', com o objetivo de combater fraudes nas esferas administrativa e judicial relativas ao pagamento do Seguro DPVAT, havendo mandados de prisão temporária, conduções coercitivas, busca, apreensão, sequestro de bens e afastamento de cargo público. 9. O Ministério Público do Estado de Minas Gerais, em fevereiro de 2017, alertou sobre possível ocorrência de fraudes no pagamento de indenizações do Seguro DPVAT, sendo evidenciada a proposição de mais de 120 ações penais e civis públicas envolvendo diversos agentes, como advogados, empresários, servidores públicos, médicos e fisioterapeutas, além da Seguradora Líder do Seguro DPVAT. 10. O Tribunal de Contas da União, por sua vez, apresentou, entre os anos de 2016 e 2019, sete acórdãos sobre o Seguro DPVAT. Dentre as recomendações advindas desse Órgão, destaca-se a possibilidade de a Susep estudar a viabilidade de alteração do modelo adotado de gestão de recursos" (a exposição de motivos encontra-se disponível em: <http://www.planalto.gov.br/ccivil_03/_ato2019-2022/2019/Exm/Exm-MP-904-19.pdf>. Acesso em: 04.07.2022).

[8] "Segundo o relator da ação, o ministro Edson Fachin, o sistema de seguros integra o sistema financeiro nacional, subordinado ao Banco Central do Brasil, e, de acordo com a Constituição Federal (artigo 192), é necessária lei complementar para tratar dos aspectos regulatórios do sistema financeiro" (disponível em: <https://portal.stf.jus.br/noticias/verNoticiaDetalhe.asp?idConteudo=433403>. Acesso em: 04.07.2022).

solidarismo, constitucionalmente previsto (art. 3º, I, da CF).⁹ Como tivemos a oportunidade de afirmar em outra sede:

> Ora, se os fundos públicos são incipientes e se a penetração dos seguros facultativos na sociedade ainda não é a desejada, isto é, não contempla boa parte da população brasileira, observa-se um argumento importante a justificar a manutenção dos seguros obrigatórios existentes e, para além deles, a criação de outros, zelando, em primeiro lugar, pela reparação das perdas e danos havidos pelas vítimas. A reboque, não há dúvida de que uma maior penetração dos seguros na sociedade, seja por meio dos seguros facultativos ou obrigatórios, seria proveitosa para todos, isto é, tanto o mercado segurador quanto o próprio governo brasileiro, que arrecadaria mais impostos, observaria uma maior criação de empregos, geração de divisas etc.¹⁰

A título ilustrativo, vale dizer que, no âmbito da aplicação da inteligência artificial, vem ganhando força o desenvolvimento de seguros obrigatórios/fundos públicos a considerar as dificuldades que seriam impostas às vítimas no sentido de demonstrar a culpa dos algoritmos, seus programadores e desenvolvedores.¹¹

2. SENTIDO DA DISPOSIÇÃO E PRINCIPAIS CONTROVÉRSIAS NA SUA INTERPRETAÇÃO

A norma que se extrai do *caput* chegou a ser intensamente debatida no passado, quando a Súmula 529 do STJ, de maio de 2015, ainda não havia sido editada. À época, os defensores da chamada "teoria do reembolso" advogavam a tese segundo a qual o terceiro jamais poderia demandar diretamente contra a seguradora, pois com ela não mantinha relação jurídica.

A consequência prática dessa restrição implicava situações paradoxais, nas quais, embora o segurado tivesse cobertura, ele deveria aguardar a tramitação e os desgastes de uma

---

[9] Em outra sede, tendo toda essa polêmica como pano de fundo, tivemos a oportunidade de opinar a respeito da conveniência de que se mantenha o seguro DPVAT (GOLDBERG, Ilan. Seguros obrigatórios: convém fomentá-los? Uma reflexão sobre a extinção do DPVAT. *Conjur*, 02.12.2019. Disponível em: <https://www.conjur.com.br/2019-dez-02/direito-civil-atual-convem-fomentar-seguros-obrigatorios-reflexao-dpvat>. Acesso em: 04.07.2022).

[10] GOLDBERG, Ilan. Seguros obrigatórios: convém fomentá-los? Uma reflexão sobre a extinção do DPVAT. Conjur, 02.12.2019. Disponível em: <https://www.conjur.com.br/2019-dez-02/direito-civil-atual-convem-fomentar-seguros-obrigatorios-reflexao-dpvat>. Acesso em: 04.07.2022. p. 3.

[11] "As digitalization is increasingly permeating the production, distribution and consumption of goods and services, the existing system of loss allocation through rules on liability and all kinds of insurances is getting under pressure. Technological innovations connected with the emergence of artificial intelligence, the internet of things and robotics raise the question to what extent existing liability rules based on fault, i.e. the human ability to control and manage risks in a responsible way can be maintained and to what extent they require a reversal of the burden of proof or the introduction and channeling of strict liability. (...) The introduction of strict liability in combination with compulsory liability insurance seems to offer a simple solution and an easy escape from the complexity of the questions" (BASEDOW, Jürgen. Liability insurance in the European Union – Dressing up "naked" insurance duties. In: VEIGA COPO, Abel. (dir.). *Dimensiones y desafíos del seguro de responsabilidad civil*. Cizur Menor, Navarra: Thomson Reuters Civitas, 2021. p. 71-89).

ação judicial, eventualmente pagar a condenação às suas próprias expensas para, depois de transcorrida toda essa *via crucis*, aí sim obter o reembolso da seguradora.

Como referido, a aplicabilidade dessa teoria encontra-se superada, havendo entendimento uniforme do Superior Tribunal de Justiça, cristalizado na referida Súmula 529, no sentido de viabilizar a ação direta do terceiro contra a seguradora, contanto que, concomitantemente, o faça contra o segurado, viabilizando assim o exercício da ampla defesa pela seguradora.

Dispõe a Súmula 529 do STJ: "No seguro de responsabilidade civil facultativo, não cabe o ajuizamento de ação pelo terceiro prejudicado direta e exclusivamente em face da seguradora do apontado causador do dano".

No âmbito do seguro obrigatório, a teoria do reembolso nunca teve acolhida porque, expressamente, o *caput* do art. 788 do CC já assegurava o pagamento de indenização pela seguradora diretamente ao terceiro prejudicado.

Mais do que pagar diretamente, a sistemática do seguro obrigatório viabiliza a reparação às vítimas, independentemente do exame da culpa, das provas produzidas, dos fatos inerentes ao caso concreto. Em síntese, o que realmente importa é a indenização à vítima, esta, sim, a genuína destinatária dos seguros obrigatórios.

Passando aos comentários pertinentes à norma lida no parágrafo único, ela parece deslocada da real funcionalidade dos seguros obrigatórios. A considerar, como se disse, que a indenização à vítima é o que realmente motiva o desenvolvimento desses seguros, não há que se falar na arguição da exceção de um contrato não cumprido pelo segurado, a fim de obstar o pagamento da indenização à vítima.

O dispositivo legal, como se vê, parece trazer uma funcionalidade própria dos seguros facultativos aos seguros obrigatórios, o que se afigura desarrazoado. Seja como for, em termos práticos, é raríssima a observância de circunstância jurídica como a presente no cotidiano forense.

3. DISPOSIÇÕES RELACIONADAS

Até mesmo para fins de comparação das funcionalidades dos seguros de responsabilidade facultativos e obrigatórios, recomenda-se o exame do art. 787 do CC.

REFERÊNCIAS BIBLIOGRÁFICAS

ALVIM, Pedro. *O seguro e o novo Código Civil*. Rio de Janeiro: Forense, 2007.

BASEDOW, Jürgen. Liability insurance in the European Union – Dressing up "naked" insurance duties. In: VEIGA COPO, Abel. (dir.). *Dimensiones y desafíos del seguro de responsabilidad civil*. Cizur Menor, Navarra: Thomson Reuters Civitas, 2021.

CARVAL, Suzanne. *La responsabilité civile dans sa fonction de peine privée*. Paris: LGDJ, 1995.

FARENGA, Luigi. *Manuale di diritto delle assicurazioni private*. 5 ed. Torino: G. Giappichelli, 2016.

GOLDBERG, Ilan. Seguros obrigatórios: convém fomentá-los? Uma reflexão sobre a extinção do DPVAT. *Conjur*, 02.12.2019. Disponível em: <https://www.conjur.com.br/2019-dez-02/direito-civil-atual-convem-fomentar-seguros-obrigatorios-reflexao-dpvat>. Acesso em: 04.07.2022.

GOLDBERG, Ilan et al. *Journées internationales de l'Association Henri Capitant 2019*. Bordeaux et Paris. "La solidarité". Réponses au questionnaire n. 3. "Solidarité et indemnisation". Disponível em: <http://henricapitant.org/storage/app/media/pdfs/evenements/France%202019%20 Solidarité/solidarité%20et%20indemnisation/Rapports/bresilindemnisation.pdf>. Acesso em: 01.07.2022.

LAMBERT-FAIVRE, Yvonne. *L'indemnisation des victimes post-transfusionnelles du Sida : hier, aujourd'hui et demain*. Revue Trimestrielle de Droit Civil, 1993.

MARTINS, Rafael Tárrega. *Seguro DPVAT*: seguro obrigatório de veículos automotores de vias terrestres. 4. ed. Campinas: Editora Servanda, 2009.

MEKKI, Mustapha. Les fonctions de la responsabilité civile à l'épreuve des fonds d'indemnisation des dommages corporels. *Petites Affiches*, n. 8, 12.01.2005.

STEMPEL, Jeffrey W. The insurance aftermath of September 11: myriad claims, multiple lines, arguments over occurrence counting, war risk exclusions, the future of terrorism coverage and new issues of government role. *Tort & Insurance Law Journal*, v. 37, n. 3, p. 817-882, Spring 2002.

STOCO, Rui. *Tratado de responsabilidade civil*. 19. ed. São Paulo: Ed. RT, 2012.

Parte V
DO SEGURO DE PESSOA

42
COMENTÁRIOS AO ART. 789 DO CÓDIGO CIVIL

Bruno Miragem
Luiza Petersen

Art. 789. Nos seguros de pessoas, o capital segurado é livremente estipulado pelo proponente, que pode contratar mais de um seguro sobre o mesmo interesse, com o mesmo ou diversos seguradores.

1. ORIGEM DA DISPOSIÇÃO E REGIME ANTERIOR

O art. 789, segundo o qual, "Nos seguros de pessoas, o capital segurado é livremente estipulado pelo proponente, que pode contratar mais de um seguro sobre o mesmo interesse, com o mesmo ou diversos seguradores", inaugura a disciplina dos seguros de pessoas no Código Civil. No direito brasileiro, a opção pela previsão de um regime jurídico específico aos seguros de pessoas foi uma inovação do legislador de 2002, o qual, inspirado no modelo francês (Lei do Contrato de Seguro de 1930),[1] após a previsão de disposições gerais, aplicáveis a todas as modalidades de seguro, tratou, em seções distintas, dos seguros de danos e dos seguros de pessoas. Inovou, assim, em comparação ao Código Civil de 1916, cujo capítulo relativo ao seguro não continha seção específica destinada ao tratamento do gênero seguro de pessoas, mas apenas da espécie seguro de vida, sendo dividido em cinco seções: a primeira, com disposições gerais; a segunda, tratando das obrigações do segurado; a terceira, das obrigações do segurador; a quarta, do seguro mútuo; a quinta, do seguro de vida.

A norma tem origem no art. 1.441 do CC/1916 ("No caso de seguro sobre a vida, é livre às partes fixar o valor respectivo, e fazer mais de um seguro, no mesmo ou em diversos valores, sem prejuízo dos antecedentes"). Sua redação é resultado do processo de recepção e adaptação do antigo 1.441 à sistemática do novo Código Civil. Daí por que seu suporte fático endereça

---

[1] COMPARATO, Fábio Konder. Substitutivo ao capítulo referente ao contrato de seguro no anteprojeto do Código Civil. *Revista de Direito Mercantil, Industrial, Econômico e Financeiro*, São Paulo, n. 5, ano XI, 1972. p. 146. A respeito da lei francesa: PICARD, Maurice; BESSON, André. *Les Assurances Terrestres*. 4. ed. Paris: LGDJ, 1975. t. I. p. 59 e ss.

tratamento aos seguros de pessoas, e não aos seguros de vida, como o fazia o art. 1.441. No mais, o art. 789 expressa a ideia, já constante da norma anterior, ora ampliada aos seguros de pessoas, de que, na espécie, há liberdade dos contratantes no ajuste do capital segurado e a possibilidade de contratação de mais de um seguro para a garantia do mesmo interesse. A linguagem, porém, é atualizada: usa-se "capital segurado" em vez de "valor respectivo"; "proponente" em vez de "às partes"; "mais de um seguro sobre o mesmo interesse" em vez de "mais de um seguro no mesmo ou em diversos valores". Ganha-se precisão e clareza conceitual.

O art. 789 é expressão da natureza forfetária da prestação do segurador e da consequente não aplicação do princípio indenitário aos seguros de pessoas. Os desdobramentos dessa característica, particularmente nos seguros de vida, foram introduzidos na legislação brasileira (Código Civil de 1916) por influência do Código de Direito Privado do Cantão de Zurique (*Privatrechtliches Gesetzbuch für Den Kanton Zürich*), de 1855.[2] Isso ocorreu por intermédio do Projeto de Código Civil de Coelho Rodrigues e da recepção de suas disposições no Projeto Beviláqua.[3] O art. 1.441 do Código de 1916 (no qual podem ser identificadas as origens do atual art. 789) teve inspiração no art. 506 do Código de Zurique[4] ("No caso de

---

[2] MIRAGEM, Bruno; PETERSEN, Luiza. O Código do Cantão de Zurique e o direito dos seguros brasileiro (parte 1). *Conjur*, 11.11.2021. Disponível em: <www.conjur.com.br/2021-nov-11/seguros-contemporaneos-codigo-zurique-seguro-brasil-parte#:~:text=O%20C%C3%B3digo%20do%20Cant%C3%A3o%20de,dos%20Seguros%20brasileiro%20(parte%201)&text=Historicamente%2C%20a%20cultura%20jur%C3%ADdica%20brasileira,da%20%C3%A1rvore%20do%20Direito%20portugu%C3%AAs>. Acesso em: 15.03.2023; MIRAGEM, Bruno; PETERSEN, Luiza. O Código do Cantão de Zurique e o direito dos seguros brasileiro (parte 2). *Conjur*, 18.11.2021. Disponível em: <www.conjur.com.br/2021--nov-18/seguros-contemporaneos-codigo-zurique-seguro-brasil-parte>. Acesso em: 15.03.2023.

[3] "Não tão conhecida ou explorada pela doutrina brasileira é a contribuição do direito suíço, mais especificamente, do Código do Cantão de Zurique, para a formação do Direito dos Seguros brasileiro. Trata-se de influência legislativa que resultou da recepção de suas normas relativas ao contrato de seguro, pelo Código Civil de 1916, e que terá repercussões até hoje, podendo ser observada em uma série de disposições do atual Código Civil. É explicada por duas circunstâncias relacionadas ao processo de codificação no Brasil. Em primeiro lugar, pela forte inspiração do Projeto Coelho Rodrigues no Código do Cantão de Zurique, não apenas em matéria de seguro, mas em diversos outros temas. De outro lado, pela grande aceitação que o Projeto Coelho Rodrigues teve no Projeto Beviláqua, no tocante à disciplina do contrato de seguro, tomando dele a inspiração no modelo suíço. (...) A influência do Projeto Coelho Rodrigues, e do direito suíço que incorpora, sobre a disciplina do contrato de seguro no Código Civil de 1916, diz respeito mais às definições essenciais – ou ao conteúdo das normas – do que a aspectos de sua estrutura. (...) A mais notável contribuição do Código de Zurique, por intermédio do Projeto Coelho Rodrigues, refere-se à sistematização e ao tratamento unitário do seguro terrestre. O Código de 1916, ao prever um capítulo específico ao contrato de seguro, estabelece, pela primeira vez na legislação brasileira, uma disciplina geral e abrangente, até então contemplada apenas pelas disposições do Código Comercial sobre os seguros marítimos" (MIRAGEM, Bruno; PETERSEN, Luiza. O Código do Cantão de Zurique e o direito dos seguros brasileiro (parte 1). *Conjur*, 11.11.2021. Disponível em: <www.conjur.com.br/2021-nov-11/seguros-contemporaneos-codigo-zurique-seguro--brasil-parte#:~:text=O%20C%C3%B3digo%20do%20Cant%C3%A3o%20de,dos%20Seguros%20brasileiro%20(parte%201)&text=Historicamente%2C%20a%20cultura%20jur%C3%ADdica%20brasileira,da%20%C3%A1rvore%20do%20Direito%20portugu%C3%AAs>. Acesso em: 15.03.2023; MIRAGEM, Bruno; PETERSEN, Luiza. O Código do Cantão de Zurique e o direito dos seguros brasileiro (parte 2). *Conjur*, 18.11.2021. Disponível em: <www.conjur.com.br/2021-nov-18/seguros--contemporaneos-codigo-zurique-seguro-brasil-parte>. Acesso em: 15.03.2023).

[4] BEVILÁQUA, Clóvis. *Código Civil dos Estados Unidos do Brasil*. Comentado por Clóvis Beviláqua. 5. tir. Rio de Janeiro: Ed. Rio, 1973. p. 571.

seguro de pessoas, as partes são livres para determinar o valor do seguro como lhes convém e o mesmo interesse pode ser validamente segurado por inteiro, em duas ou mais quotas, ao mesmo tempo").[5] No projeto Coelho Rodrigues, a norma encontrou correspondência no art. 931 ("No caso de seguro pessoal é livre às partes fixar o valor respectivo e fazer mais de um seguro no mesmo ou em diversos valores").[6]

Observa-se que o art. 1.441 do CC/1916 não encontrou equivalência no direito legislado anterior. Por sua vez, o Código Comercial de 1850 tratou dos seguros marítimos (art. 666 e ss.), de modo que a disciplina legal dos seguros terrestres (denominação, na época, utilizada para designar todo seguro não marítimo) permaneceria em aberto até o advento do Código de 1916.[7] Especificamente em relação aos seguros de vida, entretanto, foram expressamente proibidos no Código Comercial, no art. 686, II ("É proibido o seguro: ... II – sobre a vida de uma pessoa livre"). A vedação, porém, foi interpretada, em seguida, como restrita ao seguro marítimo, admitindo-se expressamente nas demais situações a ele não vinculadas.[8] O Decreto 294, de 5 de setembro de 1895, demonstra o tanto que se admitiu, ao dispor, em seu art. 1º:

> As companhias de seguros de vida autorizadas a funcionar no Brasil e cuja sede social está em país estrangeiro deverão apresentar ao Governo e publicar pela imprensa, dentro de sessenta dias da promulgação desta lei, uma relação minuciosa de todos os seguros por elas garantidos e em vigor no território da República, indicando, com o número de cada apólice, o nome da pessoa segurada, bem como o capital assegurado, o prêmio ou prestação anual, e a quanto monta a reserva referente à dita apólice, no dia 1.º de janeiro de 1894.

Distinguiam-se, assim, os seguros de vida vinculados ao transporte marítimo e os não vinculados ao transporte marítimo: estes admitidos, aqueles nulos de pleno direito.

2. SENTIDO DA DISPOSIÇÃO E PRINCIPAIS CONTROVÉRSIAS NA SUA INTERPRETAÇÃO

Seguro de pessoas é gênero que abarca uma pluralidade de espécies cujo objeto compreende a garantia de interesse relativo à pessoa – à vida, à saúde, à integridade físi-

---

[5] Tradução livre, do francês: "Dans le cas d'assurance personnelle, il est loisible aux parties de fixer comme il leur convient le montant de l'assurance, et le même intérêt peut être valablement assuré en plein de deux ou plusiurs côtés à la fois" (LEHR, Ernest. *Code Civil du Canton de Zurich de 1887*. Traduit et annoté. Paris: Imprimerie Nationale, 1890. p. 124). No original, em alemão, veja-se: SCHNEIDER, Albert. *Privatrechtliches Gesetzbuch für den Kanton* Zürich: auf Grundlage des Bluntschli'schen Kommentars. Zürich: Schulthess, 1888. p. 52.

[6] COELHO RODRIGUES, Antônio. *Projecto do Codigo Civil brasileiro*: precedido de um projecto de lei preliminar. Rio de Janeiro: Imprensa Nacional, 1893. p. 114.

[7] O Código de 1916, ao prever um capítulo específico ao contrato de seguro, estabelece, pela primeira vez na legislação brasileira, uma disciplina geral e abrangente, até então contemplada apenas pelas disposições do Código Comercial sobre os seguros marítimos. Para mais detalhes: MIRAGEM, Bruno; PETERSEN, Luiza. *Direito dos seguros*. Rio de Janeiro: Forense, 2022. p. 18 e ss.

[8] COSTA, Ricardo Cesar Rocha da. A atividade de seguros nas primeiras décadas da República. In: ALBERTI, Verena et al. *Entre a solidariedade e o risco*: história do seguro privado no Brasil. Rio de Janeiro: FGV, 1998. p. 25-26.

ca – contra riscos predeterminados. São os riscos que recaem sobre a vida humana. Seu exemplo típico é o seguro de vida, tanto para o caso de morte como de sobrevivência. A categoria também abarca os seguros de acidentes pessoais, prestamista, educacional, de viagem, saúde e funeral.[9]

2.1. Seguro de pessoas: garantias, ramos e modalidades de contratação

Os seguros de pessoas costumam envolver as seguintes garantias: morte (natural ou acidental); invalidez permanente por acidente; invalidez laborativa permanente total por doença; invalidez funcional permanente total por doença; diárias por incapacidade; despesas médicas, hospitalares e odontológicas; diária por internação hospitalar; e doença grave. Essas eram as coberturas expressamente relacionadas na antiga Circular Susep 302/2005, ora revogada. Atualmente, a Circular Susep 667/2022 refere-se, especificamente, às coberturas de invalidez; doença grave e terminal; despesas médicas, hospitalares e odontológicas; e internação hospitalar; sem prejuízo, porém, de outras, não previstas expressamente, cujos "riscos cobertos sejam enquadrados como riscos de seguro de pessoas" (art. 74).[10]

Admite-se a contratação de seguro de pessoas nas modalidades individual ou coletiva. Seguro individual é aquele celebrado entre o segurador e o titular do interesse garantido, de modo que cumpre ao primeiro a prestação de garantia, em vista da contraprestação típica do segundo, o pagamento do prêmio. Já o seguro coletivo ou de grupo é aquele celebrado entre o segurador e o tomador do seguro, também chamado de estipulante, estabelecendo a garantia do interesse de terceiros integrantes de grupo a que este se vincule e que venham a aderir aos termos da contratação.[11] Enquanto o seguro individual compreende três posições jurídicas próprias (segurador, segurado e beneficiário), o seguro coletivo ou de grupo acrescenta a elas uma quarta, a do estipulante. O Código Civil trata do seguro coletivo ou de grupo no art. 801.[12]

Nos termos do art. 3 da Resolução CNSP 439/2022, nos seguros de pessoas:

> As coberturas (...) poderão ser contratadas de forma individual ou coletiva e deverão ser estruturadas na modalidade de benefício definido, segundo a qual os valores do capital segurado, pagável em uma única vez ou sob a forma de renda, e respectivos prêmios, são

---

[9] Os últimos dois, porém, com a particularidade de que não se submetem à disciplina dos seguros de pessoas do Código Civil, conforme dispõe o seu art. 802 ("Não se compreende nas disposições desta Seção a garantia do reembolso de despesas hospitalares ou de tratamento médico, nem o custeio das despesas de luto e de funeral do segurado"). O seguro-saúde é regulado por lei especial (Lei 9.656/1998).

[10] "Art. 74. É facultada às sociedades seguradoras a estruturação de outras coberturas nos termos dessa Circular, além daquelas expressamente previstas, desde que os riscos cobertos sejam enquadrados como riscos de seguro de pessoas."

[11] MILLAUER, Horst. *Rechtsgrundsätze der Gruppenversicherung*. 2. Auf. Karlsruhe: Verlag Versicherungswirtschaft, 1966. p. 13.

[12] "Art. 801. O seguro de pessoas pode ser estipulado por pessoa natural ou jurídica em proveito de grupo que a ela, de qualquer modo, se vincule. § 1º O estipulante não representa o segurador perante o grupo segurado, e é o único responsável, para com o segurador, pelo cumprimento de todas as obrigações contratuais. § 2º A modificação da apólice em vigor dependerá da anuência expressa de segurados que representem três quartos do grupo."

estabelecidos previamente na proposta de contratação, em caso de planos individuais, ou na proposta de adesão, em caso de planos coletivos.

Por outro lado, dispõe o parágrafo único: "Quando o capital segurado for pago sob a forma de renda, no cálculo de fatores relacionados à sobrevivência deve ser observada a regulamentação específica sobre seguro de pessoas com cobertura por sobrevivência".

Para tanto, admite os seguintes regimes financeiros (art. 4):

I – capitalização: para capitais segurados pagáveis de uma única vez ou sob a forma de renda atuarial ou financeira;

II – repartição de capitais de cobertura: para capitais segurados pagáveis sob a forma de renda atuarial ou financeira; e

III – repartição simples: para capitais segurados pagáveis de uma única vez ou em parcelas.

Na modalidade coletiva, o seguro de pessoas compreende os seguintes ramos,[13] conforme a Circular Susep 535/2016:

29 – Funeral; 36 – Perda do Certificado de Habilitação de Voo – PCHV; 69 – Viagem; 77 – Prestamista (exceto Habitacional e Rural); 80 – Educacional; 82 – Acidentes Pessoais; 83 – Dotal Misto; 84 – Doenças Graves ou Doença Terminal; 86 – Dotal Puro; 87 – Desemprego/Perda de Renda; 90 – Eventos Aleatórios; 93 – Vida; 94 – VGBL/VAGP/VRGP/VRSA/VRI[14].

Na modalidade individual, compreende os seguintes ramos, conforme a Circular Susep 535/2016:

29 – Funeral; 36 – Perda do Certificado de Habilitação de Voo; 69 – Prestamista (exceto Habitacional e Rural); 80 – Educacional; 81 – Acidentes Pessoais; 83 – Dotal Misto; 84 – Doenças Graves ou Doença Terminal; 86 – Dotal Puro; 87 – Desemprego/Perda de Renda; 90 – Eventos Aleatórios; 91 – Vida; 92 – VGBL/VAGP/VRGP/VRSA/VRI.

---

[13] Ao lado da distinção geral sobre as espécies de seguro, de danos e de pessoas, consagrada pelo Código Civil, classificam-se também os ramos de seguro e os respectivos grupos. Ramo é o conjunto de coberturas diretamente relacionadas ao objeto ou ao objetivo do plano de seguro. Sua definição tem relevância para fins estatísticos e contábeis, permitindo que sejam tratados de forma homogênea (homogeneização de riscos). Entre os vários ramos de seguro, distingue-se o ramo principal, assim considerado aquele que melhor caracteriza o plano de seguro, definido a partir das coberturas que o compõem. Os vários ramos de seguro poderão ser reunidos em grupos, tomados como conjunto de ramos que possuem alguma característica em comum. A definição dos grupos e respectivos ramos de seguro é exigência regulatória que deve ser atendida no exercício da atividade securitária, na elaboração dos planos de seguro e seu registro na Susep, bem como para efeito de contabilização, entre outros fins.

[14] Estes compreendem planos de seguro de pessoas por sobrevivência, com coberturas que asseguram, conforme o caso, pagamento único, renda mensal vitalícia, renda mensal temporária, renda mensal vitalícia com prazo mínimo garantido, renda mensal vitalícia reversível ao beneficiário indicado, renda mensal vitalícia reversível ao cônjuge com continuidade aos menores ou renda mensal por prazo certo. São eles: VGBL – Vida Gerador de Benefício Livre; VAGP – Vida com Atualização Garantida e *Performance*; VRGP – Vida com Remuneração Garantida e *Performance*; VRSA – Vida com Remuneração Garantida e *Performance* sem Atualização; VRI – Vida de Renda Imediata.

Em relação aos seguros de vida em grupo, observa-se, recentemente, decisão do STJ, em Recurso Especial Repetitivo, reconhecendo a validade da cláusula contratual que prevê a cobertura adicional de Invalidez Funcional Permanente Total por Doença (IFPD) condicionada à perda da existência independente do segurado. Da mesma forma, assentando o entendimento de que a aposentadoria por invalidez permanente concedida pelo INSS não constitui prova do direito do segurado ao pagamento da cobertura adicional de IFPD, pois o órgão previdenciário atesta a incapacidade profissional ou laborativa, e não a perda da existência independente do segurado.[15]

2.2. Fundamentos da norma e a natureza da prestação do segurador

A classificação do contrato de seguro em danos e pessoas, adotada pelo Código Civil, com a consequente previsão de um regime jurídico diferenciado para cada categoria, surge intimamente conectada com a problemática em torno do conceito unitário do tipo e, particularmente, com as insuficiências apresentadas pela teoria indenitária.

De acordo com a teoria indenitária, o seguro desempenharia função ressarcitória, de "recomposição de um dano eventual".[16] Sua utilidade social consiste na eliminação de um dano mediante o pagamento de uma indenização.[17] Desenvolvida, inicialmente, em um contexto histórico específico, no qual o seguro era praticado, primordialmente, na modalidade marítima, como instrumento de recomposição de bens materiais, e buscava um fator de legitimação que o emancipasse do jogo e da especulação, a teoria perdeu força com a expansão dos seguros de vida e de pessoas. Posteriormente, foi reformulada pela doutrina italiana moderna.[18]

Uma das principais objeções apresentadas à teoria indenitária reside na sua incapacidade de explicar os seguros de pessoas, especialmente o de vida. Segundo essa corrente, embora seja possível sustentar que os seguros de coisas desempenham função indenizatória, isso não seria possível quanto aos de pessoas, visto que não pressupõem necessariamente um dano, tampouco envolvem prestações indenizatórias.[19] Outrossim, a vida humana é inestimável e o capital segurado livremente estipulado, o que seria incompatível com a função ressarcitória.[20] De acordo com essa perspectiva, particular-

---

[15] Conforme a tese firmada: "Não é ilegal ou abusiva a cláusula que prevê a cobertura adicional de invalidez funcional permanente total por doença (IFPD) em contrato de seguro de vida em grupo, condicionando o pagamento da indenização securitária à perda da existência independente do segurado, comprovada por declaração médica" (STJ, REsp 1.867.199/SP, rel. Min. Ricardo Villas Bôas Cueva, 2ª Seção, j. 13.10.2021, *DJe* 18.10.2021).

[16] DONATI, Antigono. *Trattato del diritto delle assicurazioni private*. Milano: Giuffrè, 1952. t. II. p. 18-22.

[17] STIGLITZ, Rubén. *Derecho de seguros*. 3. ed. Buenos Aires: Abeledo-Perrot, 2001. t. I. p. 25-26.

[18] Por autores como: DONATI, Antigono. *Trattato del diritto delle assicurazioni private*. Milano: Giuffrè, 1952. t. II. p. 18-22; e BUTTARO, Luca. Assicurazione (in generale; contrato di; contro i danni). *Enciclopedia del diritto*. Varese: Giuffrè, 1958. v. III. p. 435-437. No Brasil: ASCARELLI, Tullio. *Problemas das sociedades anônimas e direito comparado*. 2. ed. São Paulo: Saraiva, 1969. p. 203 e ss.

[19] MENEZES CORDEIRO, António. *Direito dos seguros*. 2. ed. Coimbra: Almedina, 2016. p. 594-595.

[20] Em sentido contrário, argumentam os defensores da teoria indenitária que a função reparatória também estaria presente nos seguros de pessoas. Estes, assim como os de coisas, também envolveriam um dano eventual: no seguro de invalidez, o dano consistiria na lesão corporal e nas despesas médicas, assim como na incapacidade total ou parcial, temporária ou permanente, para as atividades laborais; no seguro para o caso de morte, o dano consistiria na perda prematura da vida, o que ensejaria gastos

mente desenvolvida no direito francês, os seguros de pessoas não constituem contratos de indenização, mas de capitalização. São seguros de soma, de montante fixo. A prestação do segurador é *forfaitaire*.[21]

A rigor, contudo, o conceito de dano é indissociável ao seguro e aos seus elementos essenciais: risco e interesse.[22] A noção de dano, aqui, deve ser compreendida em sentido amplo: como uma "eventualidade desfavorável" ou, "pelo menos, com um custo associado", capaz de provocar uma "diminuição numa situação previamente considerada".[23] Nos seguros de danos, as perdas são avaliadas concretamente, após a ocorrência, e indenizadas à medida do prejuízo. Nos seguros de pessoas, são abstratas e presumidas, conforme capital segurado previamente estipulado contratualmente.[24] Como demonstrou Ascarelli, em importante estudo sobre o conceito unitário do seguro publicado no Brasil, a diferença fundamental entre os seguros de coisas e de pessoas reside no método de avaliação do dano. Nos primeiros, a avaliação é concreta e *a posteriori*, conforme prejuízo verificado; nos segundos, é abstrata e preventiva, conforme o valor fixado pelas partes.[25]

É no contexto desse debate que se desenvolve a dicotomia seguros de danos e de pessoas e todo o seu regime jurídico diferenciado a partir do princípio indenitário e da natureza forfetária da prestação do segurador.[26] Segundo o princípio indenitário, aplicável

---

com funeral e a perda da possibilidade de trabalho; no seguro para o caso de sobrevivência, o dano se traduziria em custos extraordinários e na redução da capacidade de trabalho em caso de idade avançada. Por outro lado, perante as dificuldades de liquidação do dano nos seguros de pessoas ou de vida, sustentam que estes são presumidos (presunção *juris et de jure*), conforme soma acordada pelos contraentes. Veja-se, por todos: DONATI, Antigono. *Trattato del diritto delle assicurazioni private*. Milano: Giuffrè, 1952. t. II. p. 21-22.

[21] PICARD, Maurice; BESSON, André. *Les Assurances Terrestres*. 4. ed. Paris: LGDJ, 1975. t. I. p. 31; LAMBERT-FAIVRE, Yvonne. *Droit des Assurances*. 11. ed. Paris: Dalloz, 2001. p. 738-741; BIGOT, Jean (dir.). *Traité de droit des assurances*. Paris: LGDJ, 2002. (Le contrat d'assurance, t. 3). p. 95 e ss.

[22] A respeito dos conceitos de risco e interesse no seguro, veja-se: MIRAGEM, Bruno; PETERSEN, Luiza. *Direito dos seguros*. Rio de Janeiro: Forense, 2022. p. 131 e ss.; p. 148 e ss. Também: JUNQUEIRA, Thiago. O risco no domínio dos seguros. In: GOLDBERG, Ilan; JUNQUEIRA, Thiago (org.). *Temas atuais de direitos dos seguros*. São Paulo: Ed. RT, 2020. v. 1. p. 42 e ss.

[23] Conforme: MENEZES CORDEIRO, António. *Direito dos seguros*. 2. ed. Coimbra: Almedina, 2016. p. 539-540. Isso significa, em outros termos, que o sinistro deve ser fonte de um desvalor (REGO, Margarida Lima. *Contrato de seguro e terceiros*: estudos de direito civil. Coimbra: Coimbra Editora, 2010. p. 75 e ss.; p. 144 e ss.), a fim de criar uma necessidade eventual ao segurado, seja por aumentar as necessidades, seja por reduzir os meios aptos a satisfazê-las (DONATI, Antigono. *Trattato del diritto delle assicurazioni private*. Milano: Giuffrè, 1952. t. II. p. 202). Poderá, inclusive, caracterizar um evento feliz ou desejado pelo segurado (*e.g.*, seguro de sobrevivência, natalidade e nupcialidade), desde que apresente um custo associado. Nesses casos, o sinistro apresenta reflexos patrimoniais negativos, cria uma necessidade financeira, a qual a prestação do segurador busca satisfazer (MENEZES CORDEIRO, António. *Direito dos seguros*. 2. ed. Coimbra: Almedina, 2016. p. 540).

[24] COMPARATO, Fábio Konder. Substitutivo ao capítulo referente ao contrato de seguro no anteprojeto do Código Civil. *Revista de Direito Mercantil, Industrial, Econômico e Financeiro*, São Paulo, n. 5, ano XI, p. 143-152, 1972. p. 146-147; PASQUALOTTO, Adalberto. *Contratos nominados III*: seguro, constituição de renda, jogo e aposta, fiança, transação e compromisso. São Paulo: Ed. RT, 2008. p. 156.

[25] ASCARELLI, Tullio. *Problemas das sociedades anônimas e direito comparado*. 2. ed. São Paulo: Saraiva, 1969. p. 203 e ss.

[26] TZIRULNIK, Ernesto; CAVALCANTI, Flávio; PIMENTEL, Ayrton. *O Contrato de Seguro*. 3. ed. São Paulo: Roncarati, 2016. p. 232 e ss.

aos seguros de danos, a prestação do segurador, em caso de sinistro, tem por finalidade a recomposição de um dano (o ressarcimento), a fim de colocar o segurado na situação em que estava antes da ocorrência (retorno ao *status quo ante*), não podendo ser fonte de lucro para o segurado. Por outro lado, nos seguros de pessoas, tomando-se em conta as naturais dificuldades que envolvem a recomposição do dano e de sua avaliação segundo parâmetros econômicos objetivos (o qual pode assumir natureza patrimonial, nas formas de lucros cessantes ou de benefício esperado, ou mesmo natureza extrapatrimonial),[27] afasta-se a aplicação do princípio indenitário e se reconhece a natureza forfetária da prestação do segurador, de modo que a soma a ser paga em caso de sinistro é fixada de antemão.

No Código Civil de 1916, a teoria indenitária foi recepcionada no art. 1.432 ("Considera-se contrato de seguro aquele pelo qual uma das partes se obriga para com a outra, mediante o pagamento de um prêmio, a indenizar-lhe o prejuízo resultante de riscos futuros, previstos no contrato"), o que era objeto de críticas pela doutrina.[28] Ao mesmo tempo, a natureza forfetária da prestação do segurador nos seguros de vida resultava do art. 1.441.[29] Atualmente, a partir do elemento garantia, o Código Civil adota um conceito unitário, capaz de explicar tanto os seguros de danos como os seguros de pessoas ("Art. 757. Pelo contrato de seguro, o segurador se obriga, mediante o pagamento do prêmio, a garantir interesse legítimo do segurado, relativo a pessoa ou a coisa, contra riscos predeterminados"). Por outro lado, a disciplina jurídica distinta que confere aos seguros de danos e ao de pessoas tem como fio condutor o princípio indenitário, aplicável apenas aos primeiros, e a natureza forfetária da prestação do segurador, reconhecida apenas aos segundos.[30]

2.3. Conteúdo da norma: liberdade de pactuação do capital segurado e de mais de um seguro para o mesmo interesse

Do suporte fático do art. 789 resultam duas regras especiais aos seguros de pessoas. Em primeiro lugar, a liberdade das partes de pactuação do capital segurado. Na espécie, os contratantes não estão obrigados a ajustar o valor da garantia conforme determinado critério previamente determinado, diferentemente do que ocorre nos seguros de danos,

---

[27] ASCARELLI, Tullio. *Problemas das sociedades anônimas e direito comparado*. 2. ed. São Paulo: Saraiva, 1969. p. 213 e ss.

[28] Veja-se, por todos: PONTES DE MIRANDA, Francisco Cavalcanti. *Tratado de direito privado*. Atual. Bruno Miragem. São Paulo: Ed. RT, 2012. t. XLV. p. 412.

[29] "A vida é inestimavel economicamente. Qualquer que seja o valor que lhe dêem as partes, nunca será superior ao valor real. Pela mesma razão, é lícito assegura-la mais de uma vez por qualquer somma. Nisto difere, essencialmente o seguro sobre a vida dos seguros de damnnos materiaes" (BEVILÁQUA, Clóvis. *Código Civil dos Estados Unidos do Brasil*. Comentado por Clóvis Beviláqua. 5. tir. Rio de Janeiro: Ed. Rio, 1973. p. 571-572).

[30] O Código Civil, ao classificar os seguros em danos e pessoas, alinha-se à solução legislativa do direito francês contemporâneo (*Code des Assurances*). Da mesma forma, ao direito português (Decreto-lei 72/2008). No direito italiano, diferentemente, o Código Civil contrapõe os seguros de danos aos seguros de vida. Não por acaso, nesse sistema jurídico, a doutrina majoritária compreende o seguro de acidentes como espécie de seguro de dano (conforme: ROSSETTI, Marco. *Il diritto delle assicurazioni*. Milano: CEDAM, 2011. v. 2. p. 575-576). No direito brasileiro, porém, a doutrina observa: "os seguros de acidentes são seguros de pessoas, mas a sua consequência é inegavelmente um dano, tanto que assim são considerados para efeito de cálculo da indenização" (PASQUALOTTO, Adalberto. *Contratos nominados III*: seguro, constituição de renda, jogo e aposta, fiança, transação e compromisso. São Paulo: Ed. RT, 2008. p. 153).

nos quais há limite estabelecido pelo art. 778 do CC, não podendo "a garantia prometida ultrapassar o valor do interesse segurado no momento da conclusão do contrato".

Em segundo lugar, a norma permite a contratação de mais de um seguro, com o mesmo objeto, pelo tomador. Nos seus exatos termos, autoriza que o proponente contrate "mais de um seguro sobre o mesmo interesse, com o mesmo ou diversos seguradores". Nesse particular, novamente, a disciplina dos seguros de pessoas diferencia-se dos seguros de danos. Nestes, a eficácia da contratação de mais de um seguro sobre o mesmo interesse é condicionada à circunstância de que a soma das garantias contratadas, com diferentes seguradores, não supere o valor total do interesse garantido (art. 778 c/c art. 782 do CC).[31] Em outros termos, aplica-se, na modalidade danos, em caso de mais de um seguro para o mesmo interesse, a cláusula de concorrência de apólices, diferentemente do que ocorre na modalidade pessoas, em que a cláusula, em regra, é vedada (art. 18 da Resolução CNSP 439/2022).

Ambas as regras encontram fundamento na natureza forfetária da prestação do segurador, e não aplicação do princípio indenitário aos seguros de pessoas. Disso resulta também a impossibilidade de o segurador sub-rogar-se "nos direitos e ações do segurado, ou do beneficiário, contra o causador do sinistro" (art. 800 do CC). Na espécie, ainda, conforme complementa o art. 22 da Resolução CNSP 667/2022: "As condições contratuais deverão deixar claro se as indenizações referentes a coberturas distintas são ou não cumulativas em caso de sinistros decorrentes do mesmo evento".

Os direitos que o art. 789 reconhece ao tomador do seguro – liberdade de pactuação do capital segurado e de contratar mais de um seguro para o mesmo interesse – encontram limites na função econômico-social do contrato de seguro, nos bons costumes e na boa-fé (art. 187 do CC).[32] Não podem, nesse sentido, ser exercidos de modo disfuncional, com abuso do direito.[33] Assim, por exemplo, com a intenção de fraude, a fim de converter o seguro em uma aposta, ou mesmo em instrumento de lucro para o tomador (toma-se, nos seguros de pessoas, a noção de lucro injusto, sem interesse legítimo).

O art. 789 alinha-se, em alguma medida, à solução legislativa do direito português. Nesse sistema, o Decreto-lei 72/2008, que disciplina o contrato de seguro, com a previsão de regimes distintos aos seguros de danos e de pessoas, admite que estes tenham como objeto a garantia de "prestações de valor predeterminado não dependente do efectivo montante do dano" (art. 175.º, 2).[34] Da mesma forma, permite a pluralidade de seguros de pessoas, ao dispor que "As prestações de valor predeterminado são cumuláveis com

---

[31] "Art. 782. O segurado que, na vigência do contrato, pretender obter novo seguro sobre o mesmo interesse, e contra o mesmo risco junto a outro segurador, deve previamente comunicar sua intenção por escrito ao primeiro, indicando a soma por que pretende segurar-se, a fim de se comprovar a obediência ao disposto no art. 778." Para aprofundamento, veja-se: TZIRULNIK, Ernesto; CAVALCANTI, Flávio; PIMENTEL, Ayrton. *O Contrato de Seguro*. 3. ed. São Paulo: Roncarati, 2016. p. 180 e ss.

[32] "Art. 187. Também comete ato ilícito o titular de um direito que, ao exercê-lo, excede manifestamente os limites impostos pelo seu fim econômico ou social, pela boa-fé ou pelos bons costumes."

[33] MIRAGEM, Bruno. *Abuso do direito*. 2. ed. São Paulo: Ed. RT, 2013.

[34] Também admite, porém, que os seguros de pessoas tenham como objeto prestações de natureza indenizatória. Nos exatos termos da norma: "O contrato de seguro de pessoas pode garantir prestações de valor predeterminado não dependente do efectivo montante do dano e prestações de natureza indemnizatória".

outras da mesma natureza (...) ainda que dependentes da verificação de um mesmo evento" (art. 180,º, 1).[35]

2.4. Exceção à norma: os seguros de pessoas com função de reembolso

Nem todo seguro de pessoas, porém, é de soma, de modo que a prestação do segurador apresente natureza forfetária a afastar o princípio indenitário. Admite-se, em certos casos, que a avaliação do dano se dê concretamente, à medida do prejuízo verificado, e, portanto, que a prestação do segurador tenha por finalidade o reembolso também nos seguros de pessoas. Esse é o caso dos seguros que visam à garantia de despesas hospitalares ou de tratamento médico, bem como de despesas de luto e funeral. A espécie, por expressa previsão legal, não se submete ao disposto no art. 789 e às demais normas especiais dos seguros de pessoas do Código Civil. A propósito, dispõe o art. 802 desse diploma: "Não se compreende nas disposições desta Seção a garantia do reembolso de despesas hospitalares ou de tratamento médico, nem o custeio das despesas de luto e de funeral do segurado".

A possibilidade de contratação de seguro de pessoas com a finalidade de reembolso também resulta da Resolução CNSP 439/2022. Seu art. 16 dispõe:

> As condições contratuais poderão admitir, para fins de indenização, preferencialmente, as hipóteses de pagamento em dinheiro, no valor do capital segurado contratado ou sob a forma de reembolso, ou prestação de serviços, sem prejuízo de outras formas pactuadas entre as partes.

Na hipótese, segundo a Resolução, admite-se a cláusula de concorrência de apólices (art. 18); "é vedada a exigência de comunicação à sociedade seguradora previamente à efetivação de despesa relacionada a evento coberto" (art. 17). A Circular Susep 667/2022, por sua vez, estabelece que: no caso de despesas efetuadas no exterior, "deverão ser aceitos para liquidação de sinistro os documentos no idioma do país de origem da despesa" (art. 53); o reembolso "deve ser realizado com base no câmbio oficial de venda da data do efetivo pagamento realizado pelo segurado", observado "o limite de capital segurado estabelecido, e observada a regulamentação específica sobre atualização de valores" (art. 54); ainda, "desde que previsto nas condições contratuais e solicitado pelo segurado ou beneficiário, o reembolso ou o pagamento de indenizações relacionadas a despesas efetuadas no exterior poderá ser liquidado em moeda estrangeira" (art. 55).

3. DISPOSIÇÕES RELACIONADAS

Atualmente, os seguros de pessoas são objeto da Resolução CNSP 439/2022, que "dispõe sobre as características gerais para operação das coberturas de risco de seguros de pessoas". Da mesma forma, são regulados pela Circular Susep 667/2022, que "dispõe sobre as regras complementares de funcionamento e os critérios para operação das coberturas

---

[35] "Art. 180. Pluralidade de seguros. 1 – Salvo convenção em contrário, as prestações de valor predeterminado são cumuláveis com outras da mesma natureza ou com prestações de natureza indenizatória, ainda que dependentes da verificação de um mesmo evento."

de risco de seguros de pessoas".[36] Também apresenta particular importância, no que diz respeito aos seguros de pessoas, a proteção especial conferida pela Lei Geral de Proteção de Dados Pessoais aos dados sensíveis (arts. 11, 12 e 13).[37] Igualmente, as disposições do Código de Defesa do Consumidor, com destaque para o regime das cláusulas abusivas (art. 51) e das práticas abusivas (art. 39), os direitos básicos do consumidor (art. 6), a regra da interpretação contratual em favor do consumidor (art. 47), o dever de informação do fornecedor (art. 46), as regras relativas aos contratos de adesão (art. 54), assim como o regime da oferta e da publicidade (arts. 30 e ss.).

REFERÊNCIAS BIBLIOGRÁFICAS

ASCARELLI, Tullio. *Problemas das sociedades anônimas e direito comparado*. 2. ed. São Paulo: Saraiva, 1969.

BEVILÁQUA, Clóvis. *Código Civil dos Estados Unidos do Brasil*. Comentado por Clóvis Beviláqua. 5. tir. Rio de Janeiro: Ed. Rio, 1973.

BIGOT, Jean (dir.). *Traité de droit des assurances*. Paris: LGDJ, 2002. (Le contrat d'assurance, t. 3).

BLUNTSCHLI, Johann Caspar. *Privatrechtliches Gesetzbuch für den Kanton Zürich*. Das zürcherische Obligationenrecht. Zürich: Schulthess, 1855. Bd. 3 Band.

BUTTARO, Luca. Assicurazione (in generale; contratto di; contro i danni). *Enciclopedia del diritto*. Varese: Giuffrè, 1958. v. III. p. 435-437.

COELHO RODRIGUES, Antônio. *Projecto do Codigo Civil brasileiro*: precedido de um projecto de lei preliminar. Rio de Janeiro: Imprensa Nacional, 1893.

COMPARATO, Fábio Konder. Substitutivo ao capítulo referente ao contrato de seguro no anteprojeto do Código Civil. *Revista de Direito Mercantil, Industrial, Econômico e Financeiro*, São Paulo, n. 5, ano XI, p. 143-152, 1972.

---

[36] Da competência atribuída ao Governo Federal de regulação e supervisão da atividade de seguros (art. 7º do Dec.-lei 73/1966), resulta uma série de normas de natureza administrativa, que se destaca como fonte do direito dos seguros. Trata-se de resoluções editadas pelo Conselho Nacional de Seguros Privados (órgão regulador do sistema de seguros, cuja competência normativa se encontra prevista no art. 32 do Dec.-lei 73/1966), assim como de circulares e instruções expedidas pela Superintendência de Seguros Privados (que exerce a supervisão do mercado de seguros e cuja competência normativa encontra fundamento no art. 36, *b*, do Dec.-lei 73/1966). Esses atos normativos disciplinam, de forma detalhada, os mais diversos aspectos da atividade de seguros, estabelecendo desde o modo de constituição e funcionamento das sociedades seguradoras e aspectos relacionados à gestão financeira e atuarial da operação até a delimitação dos produtos a serem oferecidos no mercado e o próprio conteúdo do contrato, entre outras tantas questões que envolvem o Sistema Nacional de Seguros Privados e seus integrantes. Sua função é complementar e executar lei, e seu limite, a não contrariedade à lei (princípio da legalidade).

[37] Por dados sensíveis devem ser compreendidos aqueles referentes a "origem racial ou étnica, convicção religiosa, opinião política, filiação a sindicato ou a organização de caráter religioso, filosófico ou político, dado referente à saúde ou à vida sexual, dado genético ou biométrico, quando vinculado a uma pessoa natural" (art. 5º, II, da LGPD). A proteção especial conferida aos dados sensíveis repercute no seguro, especialmente de pessoas, como os seguros de vida, acidentes pessoais e saúde, em que os dados relativos à saúde do segurado revelam-se essenciais para a análise do risco pelo segurador.

COSTA, Ricardo Cesar Rocha da. A atividade de seguros nas primeiras décadas da República. In: ALBERTI, Verena et al. *Entre a solidariedade e o risco*: história do seguro privado no Brasil. Rio de Janeiro: FGV, 1998.

DONATI, Antigono. *Trattato del diritto delle assicurazioni private*. Milano: Giuffrè, 1952. t. II.

JUNQUEIRA, Thiago. O risco no domínio dos seguros. In: GOLDBERG, Ilan; JUNQUEIRA, Thiago (org.). *Temas atuais de direitos dos seguros*. São Paulo: Ed. RT, 2020. v. 1.

LAMBERT-FAIVRE, Yvonne. *Droit des Assurances*. 11. ed. Paris: Dalloz, 2001.

LEHR, Ernest. *Code Civil du Canton de Zurich de 1887*. Traduit et annoté. Paris: Imprimerie Nationale, 1890.

MENEZES CORDEIRO, António. *Direito dos seguros*. 2. ed. Coimbra: Almedina, 2016.

MILLAUER, Horst. *Rechtsgrundsätze der Gruppenversicherung*. 2. Auf. Karlsruhe: Verlag Versicherungswirtschaft, 1966.

MIRAGEM, Bruno; PETERSEN, Luiza. *Direito dos seguros*. Rio de Janeiro: Forense, 2022.

MIRAGEM, Bruno; PETERSEN, Luiza. O Código do Cantão de Zurique e o direito dos seguros brasileiro (parte 1). *Conjur*, 11.11.2021. Disponível em: <www.conjur.com.br/2021-nov-11/seguros-contemporaneos-codigo-zurique-seguro-brasil-parte#:~:text=O%20C%C3%B3digo%20do%20Cant%C3%A3o%20de,dos%20Seguros%20brasileiro%20(parte%201)&text=Historicamente%2C%20a%20cultura%20jur%C3%ADdica%20brasileira,da%20%C3%A1rvore%20do%20Direito%20portugu%C3%AAs>. Acesso em: 15.03.2023.

MIRAGEM, Bruno; PETERSEN, Luiza. O Código do Cantão de Zurique e o direito dos seguros brasileiro (parte 2). *Conjur*, 18.11.2021. Disponível em: <www.conjur.com.br/2021-nov-18/seguros-contemporaneos-codigo-zurique-seguro-brasil-parte>. Acesso em: 15.03.2023.

MIRAGEM, Bruno. *Abuso do direito*. 2. ed. São Paulo: Ed. RT, 2013.

PASQUALOTTO, Adalberto. *Contratos nominados III*: seguro, constituição de renda, jogo e aposta, fiança, transação e compromisso. São Paulo: Ed. RT, 2008.

PETERSEN, Luiza. *O risco no contrato de seguro*. São Paulo: Roncarati, 2018.

PICARD, Maurice; BESSON, André. *Les Assurances Terrestres*. 4. ed. Paris: LGDJ, 1975. t. I.

PONTES DE MIRANDA, Francisco Cavalcanti. *Tratado de direito privado*. Atual. Bruno Miragem. São Paulo: Ed. RT, 2012. t. XLV.

REGO, Margarida Lima. *Contrato de seguro e terceiros*: estudos de direito civil. Coimbra: Coimbra Editora, 2010.

ROSSETTI, Marco. *Il diritto delle assicurazioni*. Milano: CEDAM, 2011. v. 2.

SCHNEIDER, Albert. *Privatrechtliches Gesetzbuch für den Kanton* Zürich: auf Grundlage des Bluntschli'schen Kommentars. Zürich: Schulthess, 1888.

STIGLITZ, Rubén. *Derecho de seguros*. 3. ed. Buenos Aires: Abeledo-Perrot, 2001. t. I.

TZIRULNIK, Ernesto; CAVALCANTI, Flávio; PIMENTEL, Ayrton. *O Contrato de Seguro*. 3. ed. São Paulo: Roncarati, 2016.

43
COMENTÁRIOS AO ART. 790 DO CÓDIGO CIVIL

Bruno Miragem
Luiza Petersen

> **Art. 790.** No seguro sobre a vida de outros, o proponente é obrigado a declarar, sob pena de falsidade, o seu interesse pela preservação da vida do segurado.
>
> Parágrafo único. Até prova em contrário, presume-se o interesse, quando o segurado é cônjuge, ascendente ou descendente do proponente.

1. ORIGEM DA DISPOSIÇÃO E REGIME ANTERIOR

O art. 790 do CC trata do seguro contratado sobre a vida de outrem. A norma encontra correspondência no art. 1.472 do antigo Código Civil, de 1916, cujo *caput* determinava: "Pode uma pessoa fazer o seguro sobre a própria vida, ou sobre a de outrem, justificando, porém, neste último caso, o proponente o seu interesse pela preservação daquela que segura, sob pena de não valer o seguro em se provando ser falso o motivo alegado". Ademais, era complementado pelo parágrafo único: "Será dispensada a justificação, se o terceiro, cuja vida se quiser segurar, for descendente, ascendente, irmão ou cônjuge do proponente".

O art. 790 legitima o seguro sobre a vida de outrem a partir da noção de interesse. Esta é a sua *ratio*, outrora introduzida no direito positivo brasileiro pelo art. 1.472 do CC/1916, para o que foi determinante a influência do Código de Direito Privado do Cantão de Zurique,[1] cujo

---

[1] "Não tão conhecida ou explorada pela doutrina brasileira é a contribuição do direito suíço, mais especificamente, do Código do Cantão de Zurique, para a formação do Direito dos Seguros brasileiro. Trata-se de influência legislativa que resultou da recepção de suas normas relativas ao contrato de seguro, pelo Código Civil de 1916, e que terá repercussões até hoje, podendo ser observada em uma série de disposições do atual Código Civil. É explicada por duas circunstâncias relacionadas ao processo de codificação no Brasil. Em primeiro lugar, pela forte inspiração do Projeto Coelho Rodrigues no Código do Cantão de Zurique, não apenas em matéria de seguro, mas em diversos outros temas. De outro lado, pela grande aceitação que o Projeto Coelho Rodrigues teve no Projeto Bevilákgua, no tocante à disciplina do contrato de seguro, tomando dele a inspiração no modelo suíço. (...) A influência do Projeto Coelho Rodrigues, e do direito suíço que incorpora, sobre a disciplina do contrato de seguro no Código Civil de 1916, diz respeito mais às definições essenciais – ou ao conteúdo das normas – do que a aspectos de sua estrutura" (MIRAGEM, Bruno;

art. 548 previa:[2] "O segurado pode fazer o seguro para a sua própria vida ou para a vida de outro, mas este último caso somente se o segurado tiver um interesse na continuidade da vida da pessoa para a qual o seguro é feito. Caso contrário, o negócio é tratado como um contrato de jogo".[3] Os motivos para se estabelecer em lei um critério para a aferição da legitimidade do seguro sobre a vida alheia são conhecidos: de um lado, os riscos de desvirtuamento do seguro em uma aposta sobre a vida alheia e as questões de ordem ética e moral que envolvem o tipo; de outro lado, o risco de fraude.

A disciplina do seguro sobre a vida de outrem na legislação comparada se dá a partir de dois modelos. No primeiro (do interesse), a contração de seguro sobre a vida alheia encontra legitimidade na circunstância de o tomador do seguro ter interesse na preservação da vida do outro. Assim, destaca-se o pioneiro *Life Insurance Act* 1774; a Lei Belga de Seguros de 1874 (art. 41); o Código Comercial Argentino de 1890 (arts. 549 e 550). Já, no segundo modelo (do consentimento), a contração de seguro sobre a vida alheia encontra legitimidade no consentimento do outro, em regra, por escrito. Nesse sentido, destaca-se a Lei do Contrato de Seguro francesa de 1930 (art. 57); o Código Civil italiano (art. 1.919); o VVG alemão de 1908 (art. 159, al. 2).

Na legislação estrangeira mais recente, tem preponderado o modelo do consentimento. Nesse sentido, registra-se o Decreto-lei 72/2008 de Portugal (art. 212); o *Code des Assurance* francês (art. L1322); o VVG – 2008 alemão (art. 150, al. 2). Isso, contudo, não torna a opção do legislador brasileiro, pelo critério do interesse, tecnicamente inadequada ou menos acertada. A rigor, ela revela um critério mais rigoroso para o controle da legitimidade do seguro sobre a vida de outrem, não vinculado à vontade dos sujeitos, mas jurídico. Nesse particular, já foi afirmado pela doutrina que o consentimento da pessoa sobre cuja vida recai o seguro não é garantia de que este não terá finalidade de especulação. Da mesma

---

PETERSEN, Luiza. O Código do Cantão de Zurique e o direito dos seguros brasileiro (parte 1). *Conjur*, 11.11.2021. Disponível em: <www.conjur.com.br/2021-nov-11/seguros-contemporaneos-codigo-zurique-seguro-brasil-parte#:~:text=O%20C%C3%B3digo%20do%20Cant%C3%A3o%20de,dos%20Seguros%20brasileiro%20(parte%201)&text=Historicamente%2C%20a%20cultura%20jur%C3%ADdica%20brasileira,da%20%C3%A1rvore%20do%20Direito%20portugu%C3%AAs>. Acesso em: 15.03.2023; MIRAGEM, Bruno; PETERSEN, Luiza. O Código do Cantão de Zurique e o direito dos seguros brasileiro (parte 2). *Conjur*, 18.11.2021. Disponível em: <www.conjur.com.br/2021-nov-18/seguros-contemporaneos-codigo-zurique-seguro-brasil-parte>. Acesso em: 15.03.2023).

[2] No original: "Der Versicherte kann die Versicherung auf sein eigenes oder auf ein fremdes Leben abschliessen, letzteres aber nur, wenn der Versicherte ein Interesse an dem Fortleben der Person hat, auf welche die Versicherung abgestellt wird. Im entgegengesetzten Falle wird das Geschäft als ein Spielvertrag behandelt" (SCHNEIDER, Albert. *Privatrechtliches Gesetzbuch für den Kanton Zürich*: auf Grundlage des Bluntschli'schen Kommentars. Zürich: Schulthess, 1888. p. 66).

[3] No projeto Coelho Rodrigues, dispunha o art. 976: "O proponente deste contrato póde fazer o seguro sobre a sua propria vida ou sobre a de outrem, mas, neste caso, deve justificar o interesse que tem na continuação da vida desse terceiro, sob pena de não valer o seguro e de ser annullavel a todo o tempo que se prove a falsidade do motivo justificado". Ademais, segundo o art. 977: "A justificação de que trata o artigo antecedente é dispensada, si o terceiro, sobre cuja vida se propuzer o seguro, for descendente, ascendente ou irmão consanguineo do proponente, ou seu conjuge" (COELHO RODRIGUES, Antônio. *Projecto do Codigo Civil brasileiro*: precedido de um projecto de lei preliminar. Rio de Janeiro: Imprensa Nacional, 1893. p. 119).

forma, o consentimento não é impeditivo de eventual conluio entre o tomador do seguro e o terceiro com a intenção de fraude.[4]

Do texto do atual art. 790 e do antigo art. 1.472 resultam alterações importantes.[5] Este exigia que o tomador justificasse o seu interesse na preservação da vida do outro, sem valer o seguro sendo falso o motivo alegado. Aquele obriga o tomador a declarar seu interesse na preservação da vida do outro, sob pena de falsidade. A diferença é tênue, mas importante. Na redação atual, basta a declaração do interesse, dispensando-se a sua justificativa, com a indicação dos motivos. Por outro lado, do parágrafo único da norma também constam modificações. O parágrafo único do art. 1.472 excepcionava a regra do *caput* simplesmente dispensando a justificação do interesse quando a pessoa sobre cuja vida recaísse o seguro fosse descendente, ascendente, irmão ou cônjuge do tomador. O parágrafo único do atual art. 790, diferentemente, estabelece a presunção relativa de interesse, admitida prova em contrário, quando a pessoa sobre cuja vida recai o seguro é descendente, ascendente ou cônjuge do tomador, deixando de incluir, na hipótese, o irmão.

2. SENTIDO DA DISPOSIÇÃO E PRINCIPAIS CONTROVÉRSIAS NA SUA INTERPRETAÇÃO

O seguro de vida pode ser contratado sobre a própria vida ou sobre a vida de outrem. A primeira situação ocorre quando o tomador contrata seguro sobre a sua própria vida em favor de terceiro (o beneficiário).[6] Já a segunda situação acontece quando o tomador contrata seguro sobre a vida de outrem, o que pode se dar em seu favor (quando é também o beneficiário do seguro) ou em favor de terceiro (quando não é o beneficiário do seguro).[7] Exemplo de seguro sobre a vida de outrem é o do credor que contrata seguro sobre a vida do

---

[4] ALVIM, Pedro. *O seguro e o novo Código Civil*. Rio de Janeiro: Forense, 2007. p. 154-155; HALPERIN, Isaac. *El contrato de seguro (seguros terrestres)*. Buenos Aires: Tipografica Editora Argentina, 1946. p. 438-439.

[5] A respeito da interpretação do art. 1.472 do Código Civil de 1916, veja-se: BEVILÁQUA, Clóvis. *Código Civil dos Estados Unidos do Brasil*. Comentado por Clóvis Beviláqua. 5ª tir. Rio de Janeiro: Ed. Rio, 1973. p. 600-601.

[6] A posição jurídica de beneficiário associa-se ao credor da prestação do segurador. Em sentido largo, beneficiário é quem tem o direito à prestação do segurador em caso de ocorrência do sinistro. Nesses termos, nos seguros de danos, é comum que a posição jurídica de beneficiário e de segurado (titular do interesse) confunda-se na mesma pessoa – afinal, o titular do interesse é que será indenizado pela perda ou lesão. No direito brasileiro, o uso do termo pela legislação está relacionado, em sentido mais estrito, aos seguros de pessoas (arts. 791 a 793, 797, 798 e 800 do Código Civil). Neles, trata-se da pessoa livremente indicada pelo segurado (ou tomador do seguro) para receber o capital segurado ou resgate no caso de sua morte. Nesse caso, não se constrange o segurado (ou o tomador do seguro) a indicar quem quer que seja, não se confundindo, para quaisquer efeitos, com as relações jurídicas de família ou as regras sucessórias. Para mais detalhes: MIRAGEM, Bruno; PETERSEN, Luiza. *Direito dos seguros*. Rio de Janeiro: Forense, 2022. p. 183.

[7] Seguro em favor próprio será aquele em que o tomador também será quem terá direito à prestação concreta do segurador em caso da realização do sinistro. Seguro em favor de terceiro será o contrato no qual a pessoa que tiver direito à prestação concreta do segurador (beneficiário) não figurará entre os contratantes. O exemplo notório de seguro em favor de terceiro é o do seguro de vida, no qual a posição do beneficiário não se confunde com a do segurado, tampouco se exige que se identifique, necessariamente, com a do tomador – embora possa ocorrer, no seguro sobre a vida alheia, de o

devedor, visando resguardar o seu crédito, ou mesmo da esposa que contrata seguro sobre a vida do marido, visando assegurar o patrimônio familiar. Na modalidade, o tomador do seguro será o titular do interesse garantido,[8] cabendo a ele, na condição de contratante, o pagamento do prêmio, assim como as demais obrigações inerentes ao contrato.

No seguro sobre a vida de outrem, sustenta-se a possibilidade de diferenciar o segurado da pessoa segura.[9] Nesse caso, o segurado permanece, como é de ordem, como o titular do interesse garantido, ainda que sobre a vida de outrem. A pessoa segura, por sua vez, é identificada no terceiro sobre cuja vida recai o seguro. **É o caso em que uma soci**edade esportiva contrata seguro sobre a vida de um atleta de destaque, seu empregado, para precaver-se dos prejuízos decorrentes da sua morte. No exemplo, a sociedade em questão, titular do interesse, ocuparia a posição jurídica de segurado, e o atleta – aquele a cuja vida ou integridade física se reporta o risco –, a pessoa segura. O direito brasileiro, todavia, não acolhe, em termos legislativos, a distinção, como demonstra o próprio art. 790, em comento, ao designar "segurado" a pessoa sobre cuja vida recai o seguro contratado pelo proponente.[10]

Para contratar seguro sobre a vida de outrem, o tomador deve ter interesse na preservação da vida dessa pessoa. Por interesse, compreende-se a relação econômica e jurídica, orientada pela preservação, que se estabelece entre o tomador do seguro e a vida do outro a qual é objeto do seguro. É uma relação econômica, porquanto, se o sinistro ocorrer, o tomador sofrerá uma perda patrimonial (ou, pelo menos, preponderantemente patrimonial nas hipóteses em que se considerarem também os laços de afeição). Da mesma forma, é uma relação jurídica, reconhecida e tutelada pelo direito, e, como tal, passível de seguro de acordo com a ordem jurídica. O interesse, nesses termos, deve ser compreendido como o interesse legítimo, conforme dispõe o art. 757 do CC.[11] Nesse sentido, é elemento essencial do contrato de seguro e, ao mesmo tempo, parte integrante do seu objeto. Sua ausência originária é causa de nulidade do contrato (art. 166, II, do CC). Sua ausência superveniente leva à extinção da eficácia do contrato.[12]

---

tomador ser também o beneficiário, atendidos os requisitos da lei. Para mais detalhes: MIRAGEM, Bruno; PETERSEN, Luiza. *Direito dos seguros*. Rio de Janeiro: Forense, 2022. p. 184.

[8] PONTES DE MIRANDA, Francisco Cavalcanti. *Tratado de direito privado*. Atual. Bruno Miragem. São Paulo: Ed. RT, 2012. t. XLVI. p. 84-85.

[9] Veja-se, por exemplo, no direito português: MENEZES CORDEIRO, António. *Direito dos seguros*. 2. ed. Coimbra: Almedina, 2016. p. 531; OLIVEIRA MARTINS, Maria Inês. *O seguro de vida enquanto tipo contratual legal*. Coimbra: Coimbra Editora, 2010. p. 29 e ss.; p. 69 e ss. No direito brasileiro: PONTES DE MIRANDA, Francisco Cavalcanti. *Tratado de direito privado*. Atual. Bruno Miragem. São Paulo: Ed. RT, 2012. t. XLVI. p. 86.

[10] Na jurisprudência do Superior Tribunal de Justiça, a distinção entre as figuras do segurado e da pessoa segura já foi reconhecida: STJ, AgInt no REsp 1.384.942/RN, rel. Min. Antonio Carlos Ferreira, 4ª T., j. 15.06.2021, *DJe* 22.06.2021.

[11] Para mais detalhes sobre o conceito de interesse legítimo no seguro, veja-se: MIRAGEM, Bruno; PETERSEN, Luiza. *Direito dos seguros*. Rio de Janeiro: Forense, 2022. p. 148 e ss. Também: WILLCOX, Victor. Interesse legítimo nas relações securitárias. In: GOLDBERG, Ilan; JUNQUEIRA, Thiago (org.). *Temas atuais de direitos dos seguros*. São Paulo: Ed. RT, 2020. t. I. p. 241 e ss.

[12] Não se perde de vista, contudo, que, embora não esteja aperfeiçoado no momento da celebração do contrato, pode vir a constituir-se em momento seguinte. Nesse sentido, dispõe o art. 106 do CC, incidente na hipótese: "A impossibilidade inicial do objeto não invalida o negócio jurídico se for relativa, ou se cessar antes de realizada a condição a que ele estiver subordinado". Assim pode ocorrer da contratação de um seguro antes que o interesse concretize integralmente (ex.: seguro de

A disciplina do interesse no seguro sobre a vida de outrem se particulariza em duplo aspecto: pela exigência de que o interesse seja declarado e pela previsão da presunção legal de interesse. Nesta modalidade, exige-se, do tomador do seguro, que declare, sob pena de falsidade, o seu interesse na preservação da vida da pessoa segura (segurado, nos termos da lei). Essa é a regra, conforme dispõe o *caput* do art. 790. Essa declaração deve ser prestada de boa-fé, a teor do que estabelece o art. 765 do CC ("O segurado e o segurador são obrigados a guardar na conclusão e na execução do contrato, a mais estrita boa-fé e veracidade, tanto a respeito do objeto como das circunstâncias e declarações a ele concernentes"). Na hipótese, não se há de perscrutar detalhes sobre a motivação do tomador. Exige-se, de modo prático, ressalvada a hipótese de impugnar a falsidade, que o tomador apenas declare o interesse na preservação da vida do outro.[13]

O objetivo da norma, ao exigir a declaração do interesse, sob pena de falsidade, é prevenir a fraude e o desvirtuamento da causa do contrato de seguro. Na hipótese, constatada a ausência de interesse e, portanto, a falsidade da declaração do tomador, este incorre em fraude. Desse modo, para além da nulidade do contrato, efeito regular da ausência originária de interesse (art. 166, II, do CC), imputam-se ao tomador os efeitos da fraude, tanto civis ou internos ao seguro (*e.g.*, retenção do prêmio em favor do segurador, conforme o art. 766 do CC)[14] quanto penais (*e.g.*, crime de falsidade ideológica, conforme o art. 299 do CP).

Observa-se que a norma trata da falsidade da declaração de interesse que se verifica na contratação do seguro (na qual incorre o proponente). Nada obstante, na hipótese de o interesse declarado na contratação deixar de existir ao longo da execução do contrato (ausência superveniente do interesse), deve-se reconhecer, com fundamento na boa-fé (art. 765 c/c art. 422 do CC) e na sistemática que preside a disciplina legal do seguro, que o tomador tem o dever de declarar essa nova circunstância ao segurador tão logo se caracterize, o que leva à extinção da eficácia do contrato.

Por outro lado, como exceção à regra da declaração do interesse, o parágrafo único do art. 790 estabelece a presunção legal de interesse quando a pessoa segura (segurado, nos termos da lei) seja cônjuge, ascendente ou descendente do tomador. A presunção, aqui, é relativa, admitindo prova em contrário. Igualmente, encontra fundamento no grau de parentesco – e nas relações econômicas e de afeto dele decorrentes – entre o tomador e a pessoa segura (ou segurado). Nesse caso, por força da presunção, o tomador fica dispensado de declarar o seu interesse na preservação da vida do outro, bastando a prova do grau de

---

riscos operacionais de um empreendimento que ainda não opere, de perda ou dano a um bem que se encontre em vias de aquisição, mas ainda não tenha sido transferido ao patrimônio do segurado).

[13] Com o mesmo entendimento: CAMPOY, Adilson José. *Contrato de seguro de vida*. São Paulo: Ed. RT, 2014. p. 129. Em sentido contrário, sustentando que, ao "contratar seguro sobre a vida de outrem, deve o contratante justificar qual o interesse na contratação" (TZIRULNIK, Ernesto; CAVALCANTI, Flávio; PIMENTEL, Ayrton. *O contrato de seguro*. 3. ed. São Paulo: Roncarati, 2016. p. 253).

[14] Conforme já tivemos a oportunidade de expor, no contrato de seguro, "quando configurada, a fraude é objeto de sanção e gera consequências jurídicas específicas. A fraude do segurador costuma ser sancionada com a obrigação de pagamento em dobro do prêmio ao segurado (art. 773 do Código Civil). A fraude do segurado, com a perda do direito à garantia e a obrigação de pagamento do prêmio vencido (arts. 766, 778 e 769 do Código Civil) ou em dobro (art. 679, Código Comercial) (...)" (PETERSEN, Luiza. Bona fides, uberrima fides *e boa-fé*: transição conceitual e função estruturante no contrato de seguro. 2022. Tese (Doutorado em Direito) – Faculdade de Direito, Universidade Federal do Rio Grande do Sul (UFRGS), Porto Alegre, 2022).

parentesco.[15] A despeito, porém, da relação de parentesco, não tendo o tomador interesse legítimo, o seguro é nulo, cabendo ao segurador o ônus da prova.

A presunção de interesse se estende à pessoa do companheiro do tomador do seguro, de acordo com o Enunciado 186 das Jornadas de Direito Civil do CEJ/STJ ("O companheiro deve ser considerado implicitamente incluído no rol das pessoas tratadas no art. 790, parágrafo único, por possuir interesse legítimo no seguro da pessoa do outro companheiro"). Por outro lado, conforme entendimento jurisprudencial, a condição de ex-cônjuge não configura hipótese de presunção relativa de interesse, sendo necessário que o tomador declare o seu interesse na preservação da vida do outro.[16] Contudo, se o casal divorciado já havia voltado ao convívio marital na época do óbito, estaria demonstrada a existência de interesse.[17]

3. DISPOSIÇÕES RELACIONADAS

Arts. 104, II, e 166, II, do CC. Arts. 757, 765 e 766 do CC. Arts. 1.591, 1.593, 1.594 e 1.595 do CC. Art. 299 do CP. Resolução CNSP 439/2022. Circular Susep 535/2016.

REFERÊNCIAS BIBLIOGRÁFICAS

ALVIM, Pedro. *O seguro e o novo Código Civil*. Rio de Janeiro: Forense, 2007.

BEVILÁQUA, Clóvis. *Código Civil dos Estados Unidos do Brasil*. Comentado por Clóvis Beviláqua. 5ª tir. Rio de Janeiro: Ed. Rio, 1973.

CAMPOY, Adilson José. *Contrato de seguro de vida*. São Paulo: Ed. RT, 2014.

COELHO RODRIGUES, Antônio. *Projecto do Codigo Civil brasileiro*: precedido de um projecto de lei preliminar. Rio de Janeiro: Imprensa Nacional, 1893.

COMPARATO, Fábio Konder. Substitutivo ao capítulo referente ao contrato de seguro no anteprojeto do Código Civil. *Revista de Direito Mercantil, Industrial, Econômico e Financeiro*. São Paulo, n. 5, ano XI, p. 143-152, 1972.

DONATI, Antigono. *Trattato del diritto delle assicurazioni private*. Milano: Giuffrè, 1952. t. II.

HALPERIN, Isaac. *El contrato de seguro (seguros terrestres)*. Buenos Aires: Tipografica Editora Argentina, 1946.

OLIVEIRA MARTINS, Maria Inês. *O seguro de vida enquanto tipo contratual legal*. Coimbra: Coimbra Editora, 2010.

MENEZES CORDEIRO, António. *Direito dos seguros*. 2. ed. Coimbra: Almedina, 2016.

MIRAGEM, Bruno; PETERSEN, Luiza. O Código do Cantão de Zurique e o direito dos seguros brasileiro (parte 1). *Conjur*, 11.11.2021. Disponível em: <www.conjur.com.br/2021--nov-11/seguros-contemporaneos-codigo-zurique-seguro-brasil-parte#:~:text=O%20 C%C3%B3digo%20do%20Cant%C3%A3o%20de,dos%20Seguros%20brasileiro%20

---

[15] PASQUALOTTO, Adalberto. *Contratos nominados III*: seguro, constituição de renda, jogo e aposta, fiança, transação e compromisso. São Paulo: Ed. RT, 2008. p. 158.
[16] TJRS, Apelação Cível 70065217200, 5ª Câmara Cível, rel. Jorge Luiz Lopes do Canto, j. 29.07.2015.
[17] TJRJ, Apelação 0064896-84.2010.8.19.0038, 26ª Câmara Cível, Des. Ana Maria Pereira de Oliveira, j. 07.08.2014.

(parte%201)&text=Historicamente%2C%20a%20cultura%20jur%C3%ADdica%20brasileira,da%20%C3%A1rvore%20do%20Direito%20portugu%C3%AAs>. Acesso em: 15.03.2023.

MIRAGEM, Bruno; PETERSEN, Luiza. O Código do Cantão de Zurique e o direito dos seguros brasileiro (parte 2). *Conjur*, 18.11.2021. Disponível em: <www.conjur.com.br/2021-nov-18/seguros-contemporaneos-codigo-zurique-seguro-brasil-parte>. Acesso em: 15.03.2023.

MIRAGEM, Bruno; PETERSEN, Luiza. *Direito dos seguros*. Rio de Janeiro: Forense, 2022.

PASQUALOTTO, Adalberto. *Contratos nominados III*: seguro, constituição de renda, jogo e aposta, fiança, transação e compromisso. São Paulo: Ed. RT, 2008.

PETERSEN, Luiza. Bona fides, uberrima fides *e boa-fé*: transição conceitual e função estruturante no contrato de seguro. 2022. Tese (Doutorado em Direito) – Faculdade de Direito, Universidade Federal do Rio Grande do Sul (UFRGS), Porto Alegre, 2022.

PONTES DE MIRANDA, Francisco Cavalcanti. *Tratado de direito privado*. Atual. Bruno Miragem. São Paulo: Ed. RT, 2012. t. XLVI.

SCHNEIDER, Albert. *Privatrechtliches Gesetzbuch für den Kanton Zürich*: auf Grundlage des Bluntschli'schen Kommentars. Zürich: Schulthess, 1888.

TZIRULNIK, Ernesto; CAVALCANTI, Flávio; PIMENTEL, Ayrton. *O contrato de seguro*. 3. ed. São Paulo: Roncarati, 2016.

WILLCOX, Victor. Interesse legítimo nas relações securitárias. In: GOLDBERG, Ilan; JUNQUEIRA, Thiago (org.). *Temas atuais de direitos dos seguros*. São Paulo: Ed. RT, 2020. t. I.

44
COMENTÁRIOS AO ART. 791 DO CÓDIGO CIVIL

Camila Affonso Prado
Nelson Rosenvald

Art. 791. Se o segurado não renunciar à faculdade, ou se o seguro não tiver como causa declarada a garantia de alguma obrigação, é lícita a substituição do beneficiário, por ato entre vivos ou de última vontade.

Parágrafo único. O segurador, que não for cientificado oportunamente da substituição, desobrigar-se-á pagando o capital segurado ao antigo beneficiário.

1. ORIGEM DA DISPOSIÇÃO E REGIME ANTERIOR

No Código Civil de 1916, a possibilidade de substituição do beneficiário estava prevista na primeira parte do art. 1.473, segundo o qual:

> Se o seguro não tiver por causa declarada a garantia de alguma obrigação, é lícito ao segurado, em qualquer tempo, substituir o seu beneficiário, e, sendo a apólice emitida à ordem, instituir o beneficiário até por ato de última vontade. Em falta de declaração, neste caso, o seguro será pago aos herdeiros do segurado, sem embargo de quaisquer disposições em contrário dos estatutos da companhia ou associação.

Da mesma forma que no art. 791 do CC/2002, a possibilidade de substituição do beneficiário era a regra sob o Código Civil de 1916. Todavia, o dispositivo legal revogado tratava expressamente apenas de uma exceção, qual seja: a impossibilidade de substituição quando o seguro tivesse por causa declarada a garantia de alguma obrigação. Não estava prevista a hipótese de renúncia do segurado à faculdade de substituir o beneficiário. Segundo Clóvis Bevilaqua:

> O direito de substituir o beneficiario é absoluto, sempre que o seguro não tem por causa declarada a garantia de uma obrigação; porque, neste caso, é feito no interesse exclusivo do beneficiario, que sobre a somma estipulada tem direito actual. Com qualquer outra garantia, não cabe ao devedor eliminala. Não havendo essa clausula de garantia, a subs-

tituição do beneficiario, por acto entre vivos, depende, exclusivamente, da vontade do estipulante, sem que o segurador a ella possa oppôr qualquer objeção.[1]

No direito estrangeiro, é interessante notar que a Lei espanhola 50/1980, que trata, especificamente, do contrato de seguro, também prevê a possibilidade de modificação da designação do beneficiário, independentemente de prévio consentimento da seguradora. A exceção prevista, por sua vez, é a de que o segurado não tenha renunciado a essa faculdade. Além disso, estabelece que a revogação deve adotar a mesma forma prevista para a designação do beneficiário. São estas as disposições dos dispositivos legais:

> Artigo 84: o tomador do seguro poderá designar beneficiário ou modificar a designação anteriormente realizada, sem necessidade de consentimento do segurador. A designação do beneficiário poderá ser feita na apólice, em uma posterior declaração escrita comunicada ao segurador ou em testamento.
>
> (...)
>
> Artigo 87: o tomador do seguro pode revogar a designação do beneficiário em qualquer momento, desde que não tenha renunciado expressamente e por escrito a tal faculdade. A revogação deverá ser feita na mesma forma estabelecida para a designação.

Já no direito português, o Decreto-lei 72/2008, que aprovou o Regime Jurídico do Contrato de Seguro (RJCS), prevê, no art. 199.º, regras sobre a alteração e a revogação da cláusula beneficiária. De acordo com o RJCS, o beneficiário pode ser alterado a qualquer tempo, até que adquira o direito ao pagamento do capital segurado. Segundo Miguel Alexandre Duarte Santos, "embora a lei não o refira expressamente, a revogação pode ser efectuada através de declaração escrita, em testamento ou até de forma tácita, sendo sempre exigida a comunicação ao segurador ou o seu conhecimento como requisito de eficácia da revogação"[2].

Do mesmo modo que a legislação espanhola, a exceção sob a legislação portuguesa se dará quando o segurado tiver renunciado expressamente à faculdade de revogar ou alterar a designação. Todavia, o RJCS prevê uma exceção a mais, qual seja: a ocorrência de adesão por parte do beneficiário nos seguros de sobrevivência. Miguel Alexandre Duarte Santos explica: "nos seguros de sobrevivência o exercício do direito potestativo de adesão por parte do beneficiário consolida a situação jurídica atribuída através da designação beneficiária na respectiva esfera jurídica, numa clara aproximação ao regime do contrato a favor de terceiro"[3]. Nesse sentido são as previsões do art. 199.º do Decreto-lei 72/2008:

---

[1] BEVILÁQUA, Clóvis. *Código Civil dos Estados Unidos do Brasil*. Comentado por Clóvis Beviláqua. Preparado por Faculdade de Direito Estácio de Sá. Edição histórica. Rio de Janeiro: Editora Rio, 1984. p. 601-602.

[2] SANTOS, Miguel Alexandre Duarte. *O beneficiário nos seguros de pessoas*. Disponível em: <https://www.concorrencia.pt/sites/default/files/imported-magazines/CR_25_Miguel_Alexandre _Duarte_Santos.pdf>. Acesso em: 23.05.2022.

[3] SANTOS, Miguel Alexandre Duarte. *O beneficiário nos seguros de pessoas*. Disponível em: <https://www.concorrencia.pt/sites/default/files/imported-magazines/CR_25_Miguel_Alexandre _Duarte_Santos.pdf>. Acesso em: 23.05.2022.

> 1 – A pessoa que designa o beneficiário pode a qualquer momento revogar ou alterar a designação, excepto quando tenha expressamente renunciado a esse direito ou, no seguro de sobrevivência, tenha havido adesão do beneficiário.
>
> 2 – Em caso de renúncia à faculdade de revogação ou, no seguro de sobrevivência, tendo havido adesão do beneficiário, o tomador do seguro, salvo convenção em contrário, não tem os direitos de resgate, de adiantamento e de redução.
>
> 3 – O poder de alterar a designação beneficiária cessa no momento em que o beneficiário adquira o direito ao pagamento das importâncias seguras.

Por fim, o artigo 199.º, 4, dispõe que, tendo o segurado designado o beneficiário ou assinado a proposta em que conste a designação juntamente com o tomador do seguro, a alteração da designação não poderá ser realizada exclusivamente pelo tomador, dependendo da anuência do segurado. Ainda, o n.º 5 do referido artigo prevê que "A alteração da designação beneficiária feita por pessoa diversa da pessoa segura ou sem o acordo desta deve ser comunicada pelo segurador à pessoa segura, sem prejuízo do disposto quanto ao seguro de grupo". De acordo com Miguel Alexandre Duarte Santos, "a norma visa a protecção da pessoa segura, podendo a sua violação gerar responsabilidade civil do segurador perante esta"[4].

2. SENTIDO DA DISPOSIÇÃO E PRINCIPAIS CONTROVÉRSIAS NA SUA INTERPRETAÇÃO

Os seguros de pessoas têm por objetivo assegurar o pagamento do capital segurado na hipótese de ocorrência de um sinistro. Diferentemente dos seguros de danos, nos seguros de pessoas o interesse está centrado na existência da pessoa humana[5], vale dizer, "o risco incide sobre a pessoa física do segurado, não sobre seu patrimônio"[6]. Assim, os riscos garantidos podem estar relacionados, por exemplo, a morte, enfermidade ou invalidez do segurado, sendo diversas as modalidades de seguros de pessoas, tais como o seguro de vida, o seguro prestamista, o seguro de acidentes pessoais, o seguro funeral e o seguro-viagem.

Especificamente no seguro de vida ou nos demais seguros de pessoas em que haja a contratação da cobertura de morte[7], na hipótese de ocorrência do sinistro – a morte do segurado – o capital segurado é pago ao beneficiário. Em regra, o titular do interesse segurado, responsável pela contratação do seguro e pelo pagamento do respectivo prêmio, é o segurado, todavia não é ele quem, a toda evidência, receberá o valor segurado, tal como se verifica nos seguros de danos. No seguro de vida, há a figura do beneficiário, terceiro

---

[4] SANTOS, Miguel Alexandre Duarte. *O beneficiário nos seguros de pessoas*. Disponível em: <https://www.concorrencia.pt/sites/default/files/imported-magazines/CR_25_Miguel_Alexandre _Duarte_Santos.pdf>. Acesso em: 23.05.2022. p. 236.

[5] Cf. OLIVEIRA, Márcia Cicarelli Barbosa de. *O interesse segurável*. Dissertação (Mestrado em Direito Civil) – Faculdade de Direito da Universidade de São Paulo, São Paulo, 2011. p. 199.

[6] PIMENTEL, Ayrton. *Beneficiário no seguro de vida*. São Paulo: Editora Roncarati, 2017. p. 23.

[7] Excepcionalmente, o seguro por sobrevivência também poderá ingressar nessa categoria quando o segurado optar que o capital segurado seja pago a um terceiro por ele designado, em vez de a si próprio (cf. PIMENTEL, Ayrton. *Beneficiário no seguro de vida*. São Paulo: Editora Roncarati, 2017. p. 68.

alheio à relação jurídica estabelecida diretamente entre segurado e seguradora, que fará jus ao capital segurado.

Trata-se, portanto, de estipulação em favor de terceiro. Esta se forma quando o estipulante (segurado/promissário) estabelece com o promitente (seguradora) a concessão de uma vantagem patrimonial em favor de um estranho à relação jurídica que se forma, o qual se constitui em beneficiário. Observa-se, nessa hipótese, que o negócio jurídico é formado para beneficiar a situação jurídica patrimonial de um terceiro que não as partes contratuais. Este adquire um direito próprio a essa vantagem, convertendo-se em credor do promitente. O beneficiário não emite declaração de vontade na formação do contrato, intervindo somente em momento posterior, no plano da eficácia do negócio como favorecido por direitos decorrentes da relação jurídica que lhe é externa. Nesse contrato, o beneficiário obtém um benefício patrimonial de forma necessariamente gratuita. Isso porque jamais poderá lhe ser imposta qualquer contraprestação, até mesmo porque a estipulação só pode ser feita em seu favor.

Tal é a regra nos seguros de vida, visto que a designação do beneficiário é feita a título gratuito. A seguradora (promitente) promete pagar a terceiros indicados pelo estipulante. Contudo, explica Adilson José Campoy que, na hipótese de estipulação de terceiro prevista no art. 438 do CC, a substituição depende da previsão contratual que estabeleça esse direito, ao contrário do seguro de vida com cobertura para morte em que a substituição do beneficiário pelo segurado apenas estará vedada nas hipóteses excepcionais do art. 791[8]. Por isso, conclui o autor que "o que há é uma *espécie* de estipulação em favor de terceiro, ou, como queiram, uma estipulação em favor de terceiro *sui generis,* mas nunca uma estipulação em favor de terceiro clássica, tal como tratada pelos arts. 436 a 438 do CC"[9].

Ainda, ensina Ayrton Pimentel que, atualmente, há diversos casos em que a indicação do beneficiário pode ser feita a título oneroso, como no seguro prestamista[10]. Nestes, "aufere o segurado um benefício direto ou indireto com a designação, seja porque garante uma obrigação (art. 791), seja por extinguir uma dívida", de tal forma que dizer que "nessa modalidade de seguro de vida há uma estipulação em favor de terceiro seria um exagero, passível de contestação"[11], já que a estipulação parece ser feita, em última análise, em benefício do próprio segurado.

De acordo com a definição do art. 2º, IV, da Resolução CNSP 439/2022, beneficiário é a "pessoa física ou jurídica designada para receber a indenização, na hipótese de ocorrência do sinistro". Na vigência do Código Civil de 1916, não poderia ser designado beneficiário aquele que estivesse legalmente impedido de receber doação do segurado, nos termos do art. 1.474. Embora o atual Código Civil não estabeleça expressamente a mesma disposição, o art. 793 também traz ressalva no sentido de que "é válida a instituição do companheiro

---

[8] CAMPOY, Adilson José. Contrato de seguro de vida. São Paulo: Ed. RT, 2014. p. 81.
[9] CAMPOY, Adilson José. Contrato de seguro de vida. São Paulo: Ed. RT, 2014. p. 82.
[10] O seguro prestamista é definido pela Susep como "seguros de vida em grupo, onde os segurados convencionam pagar prestações ao *estipulante para amortizar dívida contraída ou para atender a compromisso assumido.* O primeiro beneficiário é o próprio estipulante pelo valor do saldo da dívida ou do compromisso. A diferença que ultrapassar o saldo será paga ao segundo beneficiário, indicado pelo segurado" (disponível em: <http://www.susep.gov.br/menuatendimento/seguro_pessoas_consumidor#prestamista>. Acesso em: 15.05.2022).
[11] PIMENTEL, Ayrton. *Beneficiário no seguro de vida.* São Paulo: Editora Roncarati, 2017. p. 77.

como beneficiário se ao tempo do contrato o segurado era separado judicialmente, ou já se encontrava separado de fato".

Observada a ressalva anterior, a designação do beneficiário segue estritamente a livre vontade do segurado, sem qualquer intervenção ou necessidade de consentimento da seguradora. Tal indicação ocorre, em geral, no momento da contratação do seguro, mas também pode ocorrer posteriormente, inclusive por testamento.

Sendo livre a designação do beneficiário pelo segurado, a sua substituição, em regra, igualmente o é, podendo ser realizada a qualquer tempo até a ocorrência do sinistro. Essa é a regra do art. 791, segundo o qual a substituição do beneficiário pode se dar por ato entre vivos ou de última vontade do segurado, dependendo unicamente da vontade livre e discricionária manifestada pelo segurado. Ressalte-se que, tendo o antigo beneficiário mera expectativa de direito ao recebimento do capital segurado, a substituição não depende de sua anuência ou mesmo notificação prévia.

Ademais, da mesma forma que ocorre com a designação do beneficiário, a sua substituição independe do consentimento da seguradora. Contudo, a fim de que a substituição produza efeitos, a seguradora deve ser oportunamente comunicada, sob pena de, fazendo o pagamento do capital ao antigo beneficiário, ficar desobrigada. Nessa hipótese, o pagamento feito ao antigo beneficiário será eficaz, conforme estabelece o parágrafo único do art. 791.

O artigo em comento dispõe apenas sobre duas hipóteses em que a substituição do beneficiário é vedada: (i) quando o segurado tiver renunciado a essa faculdade, ou (ii) se o seguro tiver como causa declarada a garantia de alguma obrigação, como no caso do seguro prestamista. Essas duas exceções estão estritamente relacionadas à designação do beneficiário ter sido feita a título gratuito ou oneroso. Explica Ayrton Pimentel que, tratando-se de indicação a título gratuito, a regra é de revogabilidade, independentemente de qualquer justificativa, salvo em caso de renúncia à faculdade pelo segurado. Já, no caso de designação a título oneroso, a regra é da irrevogabilidade, visto que a causa da designação é justamente a obrigação que tem o segurado perante o beneficiário[12]. Nesse caso, a indicação se tornará revogável apenas se extinta a obrigação originalmente garantida.

A respeito da irrevogabilidade das designações que não sejam feitas a título gratuito, o Superior Tribunal de Justiça julgou o Recurso Especial 1.197.476/BA[13]. Tratava-se de pedido de anulação de designação de beneficiários em seguro de vida em dissonância com acordo firmado e homologado em autos de separação judicial convertida em divórcio. No acordo, constou que o segurado deveria incluir seus dois filhos como beneficiários, porém foram mantidos a esposa oriunda do segundo casamento e os dois filhos gerados dessa união. Nos dizeres do relator, Min. Ricardo Villas Bôas Cueva:

> Se a indicação do beneficiário, portanto, não for a título gratuito, deverá ele permanecer o mesmo durante toda a vigência do contrato de seguro de vida, pois não é detentor de mera expectativa de direito, mas, sim, possuidor do direito condicional de receber o capital contratado, que se concretizará sobrevindo a morte do segurado. Todavia, se a obrigação garantida for satisfeita antes de ocorrido o sinistro, esse direito desaparecerá, tornando insubsistente a indicação. Isso porque, nessa hipótese, a causa da nomeação terá

---

[12] PIMENTEL, Ayrton. *Beneficiário no seguro de vida*. São Paulo: Editora Roncarati, 2017. p. 101.
[13] STJ, 3ª T., REsp 1.197.476/BA, rel. Min. Ricardo Villas Bôas Cueva, j. 07.10.2014.

desaparecido, perdendo o indicado, comumente um credor, sua qualidade, não podendo, pois, enriquecer em virtude de algo que deixou de existir.

É importante notar que a vontade do segurado de substituição do beneficiário deve ser livre e desprovida de qualquer vício de consentimento. Portanto, mesmo que não se trate das hipóteses (i) e (ii) elencadas anteriormente, é possível que a substituição seja declarada nula quando se tratar de ato viciado. Nesse sentido, o Superior Tribunal de Justiça, no julgamento do Recurso Especial 1.510.302/CE[14], declarou nula a substituição feita pelo segurado, que, inicialmente, havia designado seus dois filhos como beneficiários do seguro de vida e, posteriormente, alterou o rol de beneficiários para incluir também sua irmã. Segundo o relator, Min. Ricardo Villas Bôas Cueva:

> A falta de restrição para o segurado designar ou modificar beneficiário no seguro de vida não afasta a incidência de princípios gerais do Direito Contratual, como as normas dos arts. 421 e 422 do CC. Desse modo, apesar de o segurado possuir a faculdade de modificar o rol de beneficiários do contrato de seguro de vida, as instâncias ordinárias entenderam que houve um vício de vontade, em virtude da sua fragilidade psíquica, já que era alcoólatra contumaz, tendo sofrido assédio e induzimento indevidos pela irmã.

3. DISPOSIÇÕES RELACIONADAS

Os seguros de pessoas são regulamentados pela Susep, especialmente na Resolução CNSP 439/2022 e na Circular Susep 667/2022. Essas normas dispõem, respectivamente, sobre as características gerais dos seguros de pessoas e sobre as regras complementares de funcionamento e os critérios para operação das coberturas desse tipo de seguro. Não há, todavia, qualquer previsão a respeito da substituição do beneficiário nas normas atualmente vigentes.

REFERÊNCIAS BIBLIOGRÁFICAS

BEVILÁQUA, Clóvis. *Código Civil dos Estados Unidos do Brasil*. Comentado por Clóvis Beviláqua. Preparado por Faculdade de Direito Estácio de Sá. Edição histórica. Rio de Janeiro: Editora Rio, 1984.

CAMPOY, Adilson José. Contrato de seguro de vida. São Paulo: Ed. RT, 2014.

OLIVEIRA, Márcia Cicarelli Barbosa de. *O interesse segurável*. Dissertação (Mestrado em Direito Civil) – Faculdade de Direito da Universidade de São Paulo, São Paulo, 2011.

PIMENTEL, Ayrton. *Beneficiário no seguro de vida*. São Paulo: Editora Roncarati, 2017.

SANTOS, Miguel Alexandre Duarte. *O beneficiário nos seguros de pessoas*. Disponível em: <https://www.concorrencia.pt/sites/default/files/imported-magazines/CR_25_Miguel_Alexandre_Duarte_Santos.pdf>. Acesso em: 23.05.2022.

---

[14] STJ, 3ª T., REsp 1.510.302/CE, rel. Min. Ricardo Villas Bôas Cueva, j. 05.12.2017.

COMENTÁRIOS AO ART. 792 DO CÓDIGO CIVIL

Camila Affonso Prado
Nelson Rosenvald

> **Art. 792.** Na falta de indicação da pessoa ou beneficiário, ou se por qualquer motivo não prevalecer a que for feita, o capital segurado será pago por metade ao cônjuge não separado judicialmente, e o restante aos herdeiros do segurado, obedecida a ordem da vocação hereditária.
>
> Parágrafo único. Na falta das pessoas indicadas neste artigo, serão beneficiários os que provarem que a morte do segurado os privou dos meios necessários à subsistência.

1. ORIGEM DA DISPOSIÇÃO E REGIME ANTERIOR

No Código Civil de 1916, o art. 1.473 previa que "(...) Em falta de declaração, neste caso, o seguro será pago aos herdeiros do segurado, sem embargo de quaisquer disposições em contrário dos estatutos da companhia ou associação". Esse artigo, contudo, foi derrogado pelo Decreto-lei 5.384/1943, que, em seu art. 1º, assim dispôs: "Na falta de beneficiário nomeado, o seguro de vida será pago metade à mulher e metade aos herdeiros do segurado". E seu parágrafo único: "Na falta das pessoas acima indicadas, serão beneficiários os que dentro de seis meses reclamarem o pagamento do seguro o provarem que a morte do segurado os privou de meios para proverem sua subsistência. Fora desses casos, será beneficiária a União".

Ao estabelecer que metade do capital deveria ser paga à mulher e a outra metade aos herdeiros, o dispositivo legal revogado estava fundado no mesmo princípio do art. 792 do atual Código Civil, vale dizer, a solidariedade familiar. A referência feita tão somente à mulher, e não ao cônjuge, explica-se pelo fato de que a mulher casada era considerada relativamente incapaz e, portanto, estava privada de contratar seguro, de acordo com os arts. 6º, II, e 147 do CC/1916. Portanto, ao marido não poderia ser destinada parte do capital segurado na ausência de beneficiário indicado, já que a mulher, em regra, sequer poderia ser segurada, sob pena de o contrato de seguro ser anulado. Já, com relação ao pagamento de metade do capital aos herdeiros do segurado, o art. 1.603 do CC previa que a sucessão legítima seria deferida na seguinte ordem: "I – Aos descendentes. II – Aos ascendentes. III – Ao cônjuge sobrevivente. IV – Aos colaterais. V – Aos Municípios, ao Distrito Federal ou à União". Ao contrário do que dispõe o art. 1.829 do CC/2002, o cônjuge sobrevivente – ou, naquele caso, a mulher – não herdava em concorrência com os descendentes.

No direito português, o Decreto-lei 72/2008, que aprovou o Regime Jurídico do Contrato de Seguro (RJCS), prevê, no art. 198.º:

> (...)
> 2 – Salvo estipulação em contrário, por falecimento da pessoa segura, o capital seguro é prestado:
> a) Na falta de designação do beneficiário, aos herdeiros da pessoa segura;
> b) Em caso de premoriência do beneficiário relativamente à pessoa segura, aos herdeiros desta;
> c) Em caso de premoriência do beneficiário relativamente à pessoa segura, tendo havido renúncia à revogação da designação beneficiária, aos herdeiros daquele;
> d) Em caso de comoriência da pessoa segura e do beneficiário, aos herdeiros deste.

Segundo Miguel Alexandre Duarte Santos:

> As alíneas a) a d) do n.º 2 do art. 198.º do RJCS designam como beneficiários os herdeiros da pessoa segura [alíneas a) e b)] ou do beneficiário falecido [alíneas c) e d)]. O apuramento de quem seja beneficiário implica assim a remissão para o regime do direito das sucessões em matéria de sucessão legítima, estabelecidas nos artigos 2131.º a 2155.º do C.C. e, em especial, para o art. 2133.º, nos termos do qual se identificarão os concretos beneficiários do contrato de seguro, bem como os artigos 2134.º e 2135.º, que estabelecem a preferência de classes e de proximidade de graus de parentesco. Assim, para efeitos da designação supletiva legal operada nos termos do art. 198.º, n.º 2 do RJCS, serão beneficiários as pessoas que se insiram nas seguintes classes, por ordem de preferência: o cônjuge e os descendentes; o cônjuge e os ascendentes; os irmãos e seus descendentes; outros colaterais até ao quarto grau; e, finalmente, na sua falta, o Estado.[1]

2. SENTIDO DA DISPOSIÇÃO E PRINCIPAIS CONTROVÉRSIAS NA SUA INTERPRETAÇÃO

Em geral, o segurado faz a indicação do beneficiário no momento da contratação do seguro, mediante o preenchimento de proposta em que designa as pessoas e os respectivos percentuais do capital segurado a que farão jus se ocorrer o sinistro[2]. Contudo, a designação

---

[1] SANTOS, Miguel Alexandre Duarte. *O beneficiário nos seguros de pessoas*. Disponível em: <https://www.concorrencia.pt/sites/default/files/imported-magazines/CR_25_Miguel_Alexandre_Duarte_Santos.pdf>. Acesso em: 23.05.2022.

[2] A respeito das formas de indicação do beneficiário e da grande quantidade de seguros de vida contratados no Brasil sem a designação de beneficiário, Ayrton Pimentel ensina que, "quando a contratação é feita de forma individual, o segurador fornece ao segurado um formulário específico para a designação ou a própria proposta de contratação contém campo apropriado para isso. (...) Em alguns contratos, para facilitar o segurado, o segurador elabora lista de beneficiários, com determinada ordem, por exemplo, cônjuge, companheira(o), filhos, pais etc. Caberá ao segurado aceitar a lista predisposta ou

do beneficiário não é obrigatória para a validade do contrato[3]. Logo, é possível que o segurado não faça tal indicação ou, mesmo o fazendo, que ela não prevaleça, como ocorre no caso de morte do beneficiário antes do segurado ou na hipótese de renúncia pelo beneficiário.

Nesses casos, o *caput* do art. 792 dispõe que o capital segurado deve ser pago observando-se a seguinte proporção: 50% ao cônjuge, independentemente do regime de bens; e 50% aos herdeiros do segurado, observando-se a ordem de vocação hereditária, que está prevista no art. 1.829 do CC. A previsão legal se justifica pelo princípio da solidariedade familiar, sendo naturalmente esperado que, se houve contratação, o segurado pretendesse garantir seus entes mais próximos.

Quanto à primeira hipótese – de ausência de indicação de beneficiário –, o Superior Tribunal de Justiça, em 2020, julgou o Recurso Especial 1.767.972[4], confirmando a incidência do art. 792 mesmo quando a apólice de seguro estabelecer solução diversa daquela preconizada pelo dispositivo legal. No caso julgado, a apólice determinava que, inexistindo estipulação expressa de beneficiário, o capital deveria ser pago integralmente ao cônjuge do segurado. A despeito da previsão contratual, entendeu-se que é cabível o deferimento ao herdeiro, pois, além de o segurado, geralmente, possuir "a intenção de amparar a própria família, os parentes ou as pessoas que lhe são mais afeitas, de modo a não deixá-los desprotegidos economicamente quando de seu óbito", a disposição do art. 792 é "clara ao estabelecer que, na ausência de estipulação, o capital segurado será pago por metade ao cônjuge e o restante aos herdeiros".

Já, com relação à segunda hipótese – quando a indicação do beneficiário não prevalecer –, o exemplo mais comumente verificado na prática diz respeito aos casos de beneficiário premorto ao segurado[5]. Quanto a estes, a jurisprudência tem, majoritariamente, se posicionado da seguinte forma: havendo a indicação de apenas um beneficiário, que acabe

---

recusá-la, fazendo a designação que desejar. A intenção do segurador, com semelhante lista, pode até ser considerada meritória, na medida em que pretende facilitar a designação e evitar designações dúbias, de difícil compreensão e até despropositadas. Em contrapartida, não deixa de ser uma forma de dirigir a vontade do segurado, quando esta deve ser manifestada livremente. Há quem diga que a listagem é limitativa do direito do segurado, já que o obriga, caso queira designar um beneficiário diferente dos constantes da listagem, revogar a ordem predisposta. (...) Quando, nos seguros coletivos, a inclusão é feita por relação elaborada pelo estipulante, não haverá um documento próprio à designação de beneficiário. Essa forma de inclusão apresenta grande facilidade e comodidade para o segurador, mas acarreta, na prática, um efeito perverso: *a falta de designação de beneficiário*. Isso explica a grande quantidade, no Brasil, de seguros de vida sem beneficiário designado, que deveria ser exceção, levando à aplicação do art. 792 CC, ou seja, o capital será pago por metade ao cônjuge não separado judicialmente, e o restante aos herdeiros dos segurados, obedecida a ordem de vocação hereditária" (PIMENTEL, Ayrton. *Beneficiário no seguro de vida*. São Paulo: Editora Roncarati, 2017. p. 120-121).

[3] PIMENTEL, Ayrton. *Beneficiário no seguro de vida*. São Paulo: Editora Roncarati, 2017. p. 117.
[4] STJ, 3ª T., REsp 1.767.972/RJ, rel. Min. Paulo de Tarso Sanseverino, j. 24.11.2020.
[5] Segundo Adilson José Campoy, a indicação do beneficiário pode não prevalecer por diversas causas. "A indicação pode ser anulada. Pode, embora válida, ser desconstituída por fato superveniente, como, por exemplo, a morte do beneficiário indicado antes da ocorrência do sinistro. Pode não prevalecer, ainda, porque a pessoa indicada perdeu a qualidade que detinha ao tempo da indicação. Daí a opção do legislador pela adoção de termo genérico – não prevalecer –, capaz de abarcar as diferentes possibilidades de não aplicação da indicação feita" (CAMPOY, Adilson José. *Contrato de seguro de vida*. São Paulo: Ed. RT, 2014. p. 112).

por falecer antes do segurado, aplica-se o disposto no art. 792 do CC; porém, havendo mais de um beneficiário designado, sendo um deles premorto ao segurado, sua quota-parte deve ser distribuída aos demais beneficiários indicados pelo segurado.

Nesse sentido, em acórdão do Tribunal de Justiça de São Paulo, foi julgada controvérsia envolvendo o rateio do capital segurado entre a genitora, a companheira e os filhos do segurado. O segurado havia designado como beneficiários seus genitores, mas a genitora recebeu 100% do capital, pois o pai havia falecido antes do segurado. Por essa razão, a companheira e os filhos do segurado ingressaram com a ação e, fundamentando sua pretensão no art. 792 do CC, arguiram que a genitora deveria receber apenas 50% do capital segurado. Não obstante, o TJSP entendeu que, "havendo dois beneficiários e sendo um deles premorto, o beneficiário sobrevivente receberá sua parte e àquela cabível ao beneficiário premorto"[6].

Esse é também o posicionamento do Superior Tribunal de Justiça, conforme se verifica no Recurso Especial 803.299[7]. Tratou-se de caso em que a segurada havia designado seus quatro filhos como beneficiários do seguro de vida, porém, um deles havia falecido antes da genitora. A seguradora, então, distribuiu a quota que caberia ao beneficiário premorto (25%) aos demais beneficiários, seus três irmãos. Contudo, os filhos do beneficiário falecido propuseram ação sob o argumento de que a quota-parte de seu pai deveria ter sido paga a eles. Por maioria de votos, considerou-se que o beneficiário possui expectativa de direito, que apenas se concretiza quando da morte do segurado. Segundo o Ministro Luis Felipe Salomão:

> Na linha do disposto no art. 794 do CC/2002, o capital estipulado não pode ser considerado herança para todos os efeitos de direito, como ressaltado pelo dispositivo. Nesse passo, penso que, havendo beneficiário do seguro premorto, por ocasião do falecimento do segurado, porém havendo designação na apólice de outros beneficiários, é como se aquele anterior não existisse. Com efeito, entendo que, em interpretação sistemática do Código Civil, a regra do art. 792 do CC/2002 incide apenas caso não persista designação eficaz. (...) No caso, por ocasião do falecimento da segurada permanecia eficaz a designação de três dos quatro beneficiários. Portanto, aqueles devem receber por inteiro a quota à que fazem jus, dividindo entre eles o percentual que seria do beneficiário premorto.

Adotando posicionamento contrário, Ayrton Pimentel entende que a solução deveria estar pautada no direito de representação; logo, os filhos do beneficiário premorto deveriam receber a quota-parte que este receberia do capital segurado. De acordo com o autor, o direito do representante não advém do beneficiário premorto, mas, sim, do segurado, em razão da vontade presumida de que os netos recebessem o quinhão inicialmente destinado a seu filho[8]. Em outras palavras, "não tinha o beneficiário premorto, quando de sua morte, direito ao capital estipulado, razão pela qual não tinha como transferir

---

[6] TJSP, Apelação Cível 1002808-94.2020.8.26.0022, rel. Des. Ruy Coppola, j. 12.05.2022.
[7] STJ, 4ª T., REsp 803.299/PR, rel. Min. Antonio Carlos Ferreira, rel. Min. para o acórdão Luis Felipe Salomão, j. 05.11.2013.
[8] PIMENTEL, Ayrton. *Beneficiário no seguro de vida*. São Paulo: Editora Roncarati, 2017. p. 152-153 e 161-162.

esse capital a seus sucessores. O direito do representante advém, diretamente, do segurado, em razão de sua vontade presumida"[9]. No entanto, se o beneficiário premorto não deixou herdeiros em linha descendente, entende o autor que o capital segurado deverá ser pago nos termos do art. 792.

A despeito dos posicionamentos anteriores, uma terceira solução para os casos em que o segurado indica mais de um beneficiário é considerar a designação do beneficiário premorto como ineficaz e aplicar a solução dada pelo art. 792, ainda que existam outros beneficiários vivos[10]. Dessa forma, com relação aos beneficiários sobreviventes, o capital deveria ser pago na proporção indicada pelo segurado na proposta de contratação. Já, quanto ao beneficiário premorto, considerando que o capital segurado nunca integrou o seu patrimônio, o percentual que seria destinado a ele deveria ser pago por metade ao cônjuge ou ao companheiro do segurado, e a outra metade aos herdeiros do segurado, observada a ordem de vocação hereditária.

Superadas essas questões, passa-se à análise da segunda parte do art. 792, conforme a qual o capital segurado será pago por metade ao cônjuge não separado judicialmente, e o restante aos herdeiros do segurado, obedecida a ordem de vocação hereditária.

No que concerne ao pagamento destinado ao cônjuge, em que pese a omissão do *caput* quanto ao companheiro, deve ser ele também considerado como beneficiário na hipótese de o segurado ser divorciado, separado judicialmente ou de fato. Tanto é assim que o art. 793, expressamente, prevê a validade da instituição do companheiro como beneficiário. Outra sequer poderia ser a interpretação, já que ambas as entidades familiares – formadas pelo casamento e pela união estável – dispõem da mesma proteção constitucional. Com efeito, a consagração da união estável como entidade familiar lhe conferiu a mesma proteção jurídica dada ao casamento, não sendo razoável que a legislação infraconstitucional venha a distinguir o que não foi diferenciado pelo constituinte.

Ademais, para que o cônjuge ou o companheiro sejam tidos como beneficiários, é necessário que o casamento ou a união estável com o segurado subsista ao tempo de sua morte. Assim, dissolvida a união estável ou o casamento, o capital segurado será integralmente pago aos demais herdeiros do segurado, nos termos do art. 1.829 do CC. O mesmo também deve ocorrer na separação de fato. Embora o *caput* não se refira, expressamente, a essa hipótese, o princípio da solidariedade familiar impõe a interpretação de que o cônjuge separado de fato não fará jus ao recebimento do capital segurado, pois, finda a afetividade, não se justifica a sua inclusão no rol de beneficiários. Não se exige sequer o tempo mínimo de dois anos de separação de fato ante a possibilidade do divórcio direto previsto pela Emenda Constitucional 66/2010.

O Superior Tribunal de Justiça, contudo, já se manifestou contrariamente ao julgar o Recurso Especial 1.401.538. Tratava-se de caso em que, no momento da morte, o segurado estava separado de fato e convivia em união estável. Entendeu-se que:

---

[9] PIMENTEL, Ayrton. *Beneficiário no seguro de vida*. São Paulo: Editora Roncarati, 2017. p. 153.

[10] Nesse sentido, cfr. TJSP, Apelação Cível 1018850-80.2017.8.26.0005, rel. Des. Pedro Baccarat, j. 23.11.2021. Ementa: "Seguro de vida. Ação de cobrança. Indenização securitária que não se confunde com herança. Art. 794 do CC. Ordem de vocação hereditária deve ser observada quando os beneficiários indicados pelo segurado falecem antes dele. Art. 792 do CC. Seguradora que, administrativamente, atribuiu correta fração da indenização à companheira do Segurado. Ação improcedente. Recurso desprovido".

(...) o pagamento da indenização securitária quando inexistir indicação de beneficiário na apólice de seguro de vida se coadunará ao que já acontece na previdência social e na do servidor público e militar nos casos de pensão por morte. Isso porque, em tais situações, é possível o rateio igualitário do benefício entre o ex-cônjuge e o companheiro do instituidor da pensão, visto que não há ordem de preferência entre eles.[11]

Interessante discussão surge a respeito da forma utilizada para a designação do cônjuge como beneficiário, vale dizer, se genérica ou nomeada. Indaga-se, nessa hipótese, se o beneficiário deve ser aquele indicado no momento da contratação do seguro ou quando da morte do segurado. Segundo Ayrton Pimentel, nos casos de designação genérica, deve ser "considerado beneficiário aquele que detenha a condição de cônjuge no momento do óbito do segurado. Esta é a que, presumivelmente, melhor atende a vontade do segurado"[12]. Por outro lado, se o ex-cônjuge tiver sido expressamente nomeado, e, mesmo após o divórcio, o segurado não tiver alterado a designação, o entendimento do autor é de que a designação nominal deverá prevalecer[13]. Com efeito, sendo a designação do beneficiário fundada na autonomia de vontade do segurado, deve esta prevalecer. Assim, se o nome do beneficiário tiver sido expressamente indicado, sem referência à sua condição de cônjuge ou companheiro, será este o destinatário do capital segurado ante a ausência de qualquer manifestação do segurado após o término do casamento, o que convalida seu desígnio original. Todavia, havendo nomeação juntamente com a qualificação de cônjuge ou companheiro, a designação não deverá prevalecer, incidindo a hipótese do art. 792. Ainda, na indicação genérica do cônjuge ou do companheiro, sem nomeação, deve ser tido como beneficiário aquele que detém tal qualidade no momento da morte do segurado. Esse entendimento foi, recentemente, adotado pelo Tribunal de Justiça do Rio Janeiro, que manteve a ex-cônjuge, nomeadamente indicada como única beneficiária, como destinatária do capital segurado em detrimento da companheira e dos filhos do segurado. Nos termos do acórdão, "impende ressaltar que o divórcio não opera, automaticamente, a exclusão do beneficiário escolhido, e que o segurado, mesmo ciente de que assim poderia proceder, não efetuou a alteração que lhe era permitida"[14].

Outra questão que merece análise diz respeito ao concubinato. Caso o segurado tenha designado a concubina ou o concubino como beneficiário e essa condição subsista ao tempo do falecimento, tal indicação também não poderá prevalecer, conforme será visto no art. 793. Assim, o cônjuge e os filhos poderão impugnar a designação, hipótese na qual não prevalecerá a indicação e o capital segurado deverá ser pago nos termos do *caput* do art. 792.

Já, com relação ao pagamento dos outros 50% do capital segurado aos herdeiros, o art. 792 estabelece, expressamente, que a ordem de vocação hereditária deve ser observada. Segundo o art. 1.829 do CC:

---

[11] STJ, 3ª T., REsp 1.401.538/RJ, rel. Min. Ricardo Villas Bôas Cueva, j. 04.08.2015.
[12] PIMENTEL, Ayrton. *Beneficiário no seguro de vida*. São Paulo: Editora Roncarati, 2017. p. 157.
[13] Nos dizeres de Ayrton Pimentel, "enfim, a designação nominal de cônjuge, confere a este o direito ao capital estipulado, mesmo havendo o posterior divórcio, sem alteração pelo segurado. Por outro lado, a designação de cônjuge, sem nominá-lo, confere o capital a quem detiver essa qualidade no momento da morte do segurado" (PIMENTEL, Ayrton. *Beneficiário no seguro de vida*. São Paulo: Editora Roncarati, 2017. p. 158).
[14] TJRJ, Apelação Cível 00004443-17.2013.8.19.0000, rel. Des. Gilberto Matos, j. 01.10.2019.

Art. 1.829. A sucessão legítima defere-se na ordem seguinte:

I – aos descendentes, em concorrência com o cônjuge sobrevivente, salvo se casado este com o falecido no regime da comunhão universal, ou no da separação obrigatória de bens (art. 1.640, parágrafo único); ou se, no regime da comunhão parcial, o autor da herança não houver deixado bens particulares;

II – aos ascendentes, em concorrência com o cônjuge;

III – ao cônjuge sobrevivente;

IV – aos colaterais.

Nos termos do Recurso Especial 1.552.553:

> O art. 1829 do Código Civil enumera os chamados a suceder e define a ordem em que a sucessão é deferida. O dispositivo preceitua que o cônjuge é também herdeiro e nessa qualidade concorre com descendentes (inciso I) e ascendentes (inciso II). Na falta de descendentes e ascendentes, o cônjuge herda sozinho (inciso III). Só no inciso IV é que são contemplados os colaterais.[15]

A doutrina diverge quanto à interpretação do art. 792 no que diz respeito à observância da ordem de vocação hereditária para fins de pagamento do capital segurado. Há posicionamento no sentido de que o cônjuge sobrevivente não deve ser considerado herdeiro, tendo em vista que já terá recebido 50% do capital segurado em razão do disposto na primeira parte do art. 792[16]. Ayrton Pimentel diz que:

> (...) obedecer a ordem de vocação hereditária não significa obedecer ao disposto no artigo que estabelece a ordem de vocação hereditária. (...) O quinhão do cônjuge já está estabelecido por lei: é metade do capital contratado. A outra metade será destinada aos herdeiros e então vai se buscar quem são esses herdeiros, excluído o cônjuge, já aquinhoado com a metade do capital.[17]

Há, por outro lado, entendimento de que o cônjuge pode também ser considerado herdeiro para fins do art. 792. Para Ernesto Tzirulnik: "o cônjuge terá direito à metade do capital, desde que não separado judicialmente, recebendo, também, uma quota na condição

---

[15] STJ, 4ª T., REsp 1.552.553/RJ, rel. Min. Maria Isabel Gallotti, j. 24.11.2015.

[16] Nesse sentido, Adilson José Campoy explica que, "noutras palavras, e no que diz com a hipótese do art. 792 do CC, não importa qual era o regime de casamento do segurado com o cônjuge sobrevivo; não importa se este deixou bens particulares. A bem do equilíbrio – que o legislador buscou estabelecer no direito sucessório –, a condição de herdeiro do cônjuge sobrevivo deve ser desprezada, de sorte que não participe, em nenhuma hipótese, em nada além do que a metade que já lhe é destinada. Dito de outra forma, não se coaduna com a lógica jurídica e com o princípio da socialidade o entendimento de que uma regra, criada para o direito sucessório e que visa ao estabelecimento do equilíbrio entre a condição do cônjuge sobrevivente e dos descendentes, se aplique ao contrato de seguro de sorte a criar, nesta esfera, um desequilíbrio, desta feita em desfavor dos descendentes do segurado" (CAMPOY, Adilson José. *Contrato de seguro de vida*. São Paulo: Ed. RT, 2014. p. 115).

[17] PIMENTEL, Ayrton. *Beneficiário no seguro de vida*. São Paulo: Editora Roncarati, 2017. p. 171.

de herdeiro, quando for titular de direito sucessório, em concorrência com os descendentes ou ascendentes do segurado"[18].

Conforme o art. 1.829, o cônjuge será o único herdeiro apenas se inexistirem descendentes e ascendentes do *de cujus*. Tratando-se dessa hipótese, o cônjuge será destinatário de 100% do capital segurado, de acordo com o art. 792 do CC. Todavia, havendo descendentes ou ascendentes, o cônjuge concorrerá com os primeiros – a depender do regime de bens – e com os segundos – independentemente do regime de bens. Logo, existindo apenas ascendentes e cônjuge, este sempre concorrerá, já que é irrelevante o regime de bens em que era casado com o segurado. O capital segurado, assim, será pago por metade ao cônjuge (de acordo com a primeira parte do art. 792), que também será destinatário de parcela da segunda metade a ser dividida com os ascendentes do segurado (nos termos da parte final do art. 792).

A principal controvérsia, contudo, reside na hipótese em que o cônjuge concorre com os descendentes do *de cujus*, pois, nesta, é o regime de bens que determinará se o cônjuge possui a condição de herdeiro. Tratando-se do regime da comunhão universal ou da separação obrigatória de bens (art. 1.641), a discussão é simples, pois o cônjuge não será herdeiro e, portanto, receberá apenas metade do capital segurado (considerando a primeira parte do art. 792), sendo a segunda metade destinada aos descendentes – herdeiros – do segurado.

Por outro lado, a discussão se revela mais complexa nos regimes da comunhão parcial e participação final nos aquestos. Com efeito, nesses regimes o cônjuge apenas será herdeiro dos bens particulares deixados pelo *de cujus*. Quanto aos bens comuns, nada herdará. Nesse sentido, o Enunciado 270 da III Jornada de Direito Civil prevê que:

> O art. 1.829, inc. I, só assegura ao cônjuge sobrevivente o direito de concorrência com os descendentes do autor da herança quando casados no regime da separação convencional de bens ou, se casados nos regimes da comunhão parcial ou participação final nos aqüestos, o falecido possuísse bens particulares, hipóteses em que a concorrência se restringe a tais bens, devendo os bens comuns (meação) ser partilhados exclusivamente entre os descendentes.

No regime da separação convencional de bens, o cônjuge também herdará, eis que todos os bens do *de cujus* serão, necessariamente, particulares.

Assim, considerando que o cônjuge casado nos regimes de separação convencional, comunhão parcial e participação final nos aquestos herda apenas os bens particulares, entendemos que não poderá ser destinatário da segunda metade do capital segurado prevista na parte final do art. 792. Isso porque o capital segurado não pode ser considerado como bem particular deixado pelo segurado. Na realidade, o capital segurado sequer é considerado herança, visto que nunca integrou o patrimônio do falecido, conforme dispõe o art. 794 do CC. Portanto, não sendo bem particular, não se atribui ao cônjuge a condição de herdeiro, não incidindo a regra da parte final do art. 792.

Em síntese, podemos concluir que a ordem de vocação hereditária do art. 1.829 deve ser assim interpretada para os fins do art. 792: (i) inciso I – havendo descendentes, apenas estes herdarão a segunda metade do capital segurado, eis que o cônjuge não será consi-

---

[18] TZIRULNIK, Ernesto. *O contrato de seguro*: de acordo com o novo Código Civil brasileiro. 2. ed. rev., atual. e ampl. São Paulo: Ed. RT, 2003. p. 173.

derado herdeiro pelo fato de o capital segurado não ser bem particular; (ii) inciso II – o cônjuge dividirá com os ascendentes a segunda metade do capital segurado, pois o regime de bens é irrelevante para o estabelecimento da concorrência sob o inciso II do art. 1.829, importando tão somente a condição de cônjuge do *de cujus*; (iii) inciso III – o cônjuge é considerado como único herdeiro e, portanto, receberá 100% do capital segurado; e (iv) inciso IV – os colaterais serão os únicos herdeiros legítimos e também farão jus à totalidade do capital segurado.

Por fim, o parágrafo único do art. 792 dispõe que, na ausência de cônjuge, companheiro e herdeiros, o capital deve ser destinado àqueles que demonstrarem que a morte do segurado lhes acarretou prejuízo à sobrevivência, o que demanda aferição casuística. A título de exemplo, pode-se considerar o parente distante, não incluído na ordem de vocação hereditária, que receba regularmente ajuda do segurado para sua subsistência. Não se exige, contudo, que haja grau de parentesco com o segurado, sendo necessário tão somente a prova de que a morte do segurado privou o indivíduo dos meios necessários à sua subsistência[19].

3. DISPOSIÇÕES RELACIONADAS

Os seguros de pessoas são regulamentados pela Susep, especialmente na Resolução CNSP 439/2022 e Circular Susep 667/2022. Essas normas dispõem, respectivamente, sobre as características gerais dos seguros de pessoas e sobre regras complementares de funcionamento e os critérios para operação das coberturas desse tipo de seguro. O art. 60 da Circular Susep 667/2022 prevê que "Deverá ser incluída cláusula específica sobre os beneficiários do seguro". E o parágrafo único que "Deverá ser definido que, na falta de indicação expressa de beneficiário, ou se por qualquer motivo não prevalecer a que for feita, serão beneficiários aqueles indicados por lei". Essa disposição deve ser interpretada no sentido de que se aplica o art. 792 do CC.

Finalmente, pode a seguradora ingressar com ação de consignação em pagamento em caso de dúvida acerca do beneficiário. Conforme se viu, a casuística impõe uma diversidade de situações que, na prática, podem dificultar sobremaneira a decisão a ser adotada pela seguradora durante a regulação do sinistro quanto à definição do beneficiário. Assim, havendo dúvida sobre quem seja o credor, nos termos do art. 335, IV, do CC[20], cabível a ação de consignação em pagamento, conforme dispõe o art. 539 do CPC: "Nos casos previstos em lei, poderá o devedor ou terceiro requerer, com efeito de pagamento, a consignação da quantia ou da coisa devida".

---

[19] Segundo Claudio Luiz Bueno de Godoy, "não havendo cônjuge, companheiro nem herdeiros, em geral, receberá o capital segurado quem comprovar que dependia do segurado e que, assim, com sua morte, ficou privado dos meios necessários à subsistência. Considera-se não se deva dar a essa previsão, também nova, contida no parágrafo do artigo em pauta, interpretação restritiva, exigindo, por exemplo, que o beneficiário seja parente do segurado, bastando que comprove dele depender para sua subsistência. Pense-se no caso de alguém cujas necessidades o segurado voluntariamente provia, mesmo sem dever legal" (PELUSO, Cezar. *Código Civil comentado*: doutrina e jurisprudência. 15. ed. São Paulo: Manole, 2021. p. 766).

[20] Art. 335, IV, do CC: "A consignação tem lugar: (...) IV – se ocorrer dúvida sobre quem deva legitimamente receber o objeto do pagamento".

Diante da previsão expressa dos referidos dispositivos legais, o posicionamento consolidado da jurisprudência é pela admissão da ação de consignação nos casos de dúvida sobre quem detém a titularidade para o recebimento do capital segurado. Os precedentes, em sua maioria, tratam de situações em que a incerteza sobre o beneficiário recai sobre o cônjuge ou companheiro do segurado. A título de exemplo, cita-se recente acórdão do Tribunal de Justiça de São Paulo que, ao julgar ação de consignação em pagamento proposta pela seguradora, determinou a divisão do capital segurado entre a companheira e a cônjuge separada de fato, com quem o segurado mantinha vínculo econômico e afetivo:

> Apelação. Seguro de vida. Consignação em pagamento. Indicação genérica da esposa e filhos como beneficiários da apólice. Seguradora que ajuíza a presente ação porque teria dúvida sobre quem seria a credora da indenização remanescente, se a cônjuge não separada judicialmente, nos termos do art. 792 do CC, mas separada de fato, ou a atual companheira do *de cujus*. União estável há mais de vinte anos que é incontroversa, assim como a inclusão da atual companheira como beneficiária no INSS. Prova dos autos, porém, que indica a manutenção da esposa em plano de saúde pelo de cujus, além de contribuir mensalmente com o seu sustento. Situação que revela manutenção de vínculo econômico e de afetividade com a ex-mulher, apesar do largo tempo de separação de fato. Segurado que poderia a qualquer tempo ter indicado de forma específica sua atual companheira como beneficiária na apólice, juntamente com os filhos, deixando de assim proceder. Divisão igualitária entre as duas rés que merece ser prestigiada em face da hipótese concreta dos autos. Precedente do STJ em caso análogo. (...)[21-22]

Em acórdão envolvendo discussão diversa, o Tribunal de Justiça de Minas Gerais julgou ação de consignação em pagamento cuja dúvida residia na alegação de fraude feita

---

[21] TJSP, Apelação Cível 1001349-56.2021.8.26.0011, rel. Des. Walter Exner, j. 28.04.2022.

[22] No mesmo sentido, veja-se acórdão do Tribunal de Justiça do Rio de Janeiro: "Apelação cível. Ação de consignação em pagamento. Seguro de vida. Pagamento de capital segurado. Ausência de indicação de beneficiário. Dúvida em relação ao pagamento da indenização entre a cônjuge supérstite e companheira do segurado. Sentença que reconheceu a companheira como beneficiária da indenização securitária. Recurso da 1ª ré postulando a divisão do valor. Manutenção da sentença. – O art. 792 do Código Civil, prevê que o capital segurado deverá ser pago, por metade, ao cônjuge não separado judicialmente, e a outra parte, aos herdeiros, obedecida a ordem de vocação hereditária. – Interpretação do art. 792 do CC à luz do art. 226 da Constituição da República, o qual reconheceu a união estável como entidade familiar, privilegiando, portanto, a situação real à formal. – O cônjuge separado de fato somente será presumido como beneficiário do seguro de vida se, quando do falecimento, o segurado não tiver constituído outra família ou união estável. – Destaca-se o entendimento de Maria Berenice Dias ('Em sede do direito securitário, está previsto que, na falta de indicação do beneficiário, o pagamento do capital segurado seja feito ao 'cônjuge não separado judicialmente' (CC 792). Quer pelo fim da separação judicial, quer por estar pacificado na jurisprudência que a separação de fato rompe o casamento, é de se ter por excluído do indigitado dispositivo legal a expressão 'não separado judicialmente"). – Restou incontroversa a união estável por 16 anos entre o segurado e a 2ª ré, de modo que, a aplicação irrestrita do art. 792 do CC/2002 só teria lugar se a união estável não estivesse comprovada, assim como a cônjuge comprovasse dependência econômica do segurado, o que não se divisa na prova produzida por ambas as rés. – Sentença mantida. Honorários Recursais. Desprovimento do recurso" (TJRJ, Apelação Cível 0058988-11.2020.8.19.0001, rel. Des. Maria Helena Pinto Machado, j. 15.03.2022).

pela genitora do segurado quanto à alteração do beneficiário poucos dias antes do falecimento de seu filho:

> Apelação cível – Ação de consignação em pagamento – Preliminar – Cerceamento de defesa rejeitado – Seguro de vida – Dúvida quanto ao beneficiário – Validade do aditamento do contrato por meio de senha eletrônica – Perícia indireta – Documentos hospitalares – Consciência. – Para que seja reconhecido cerceamento de defesa, bem como configure grave ofensa aos princípios do devido processo legal, da ampla defesa e do contraditório, é necessário que a prova almejada que deixou de ser produzida, configure-se relevante e imprescindível para a solução da lide. – Se comprovado que a troca do beneficiário do seguro de vida foi realizada pelo próprio segurado nos termos do contrato, sem demonstração de vício de consentimento, não há invalidade do aditamento.[23]

A ação de consignação em pagamento, portanto, pode ser um importante instrumento à disposição das seguradoras para evitar a mora e pagamentos indevidos quando houver dúvida acerca do real beneficiário do seguro de vida.

REFERÊNCIAS BIBLIOGRÁFICAS

CAMPOY, Adilson José. *Contrato de seguro de vida*. São Paulo: Ed. RT, 2014.

PELUSO, Cezar. *Código Civil comentado*: doutrina e jurisprudência. 15. ed. São Paulo: Manole, 2021.

PIMENTEL, Ayrton. *Beneficiário no seguro de vida*. São Paulo: Editora Roncarati, 2017.

SANTOS, Miguel Alexandre Duarte. *O beneficiário nos seguros de pessoas*. Disponível em: <https://www.concorrencia.pt/sites/default/files/imported-magazines/CR_25_Miguel_Alexandre_Duarte_Santos.pdf>. Acesso em: 23.05.2022.

TZIRULNIK, Ernesto. *O contrato de seguro*: de acordo com o novo Código Civil brasileiro. 2. ed. rev., atual. e ampl. São Paulo: Ed. RT, 2003.

---

[23] TJMG, Apelação Cível 1.0000.22.088434-0/001, rel. Des. Cavalcante Motta, j. 24.05.2022.

46
COMENTÁRIOS AO ART. 793 DO CÓDIGO CIVIL

Camila Affonso Prado
Nelson Rosenvald

> **Art. 793.** É válida a instituição do companheiro como beneficiário, se ao tempo do contrato o segurado era separado judicialmente, ou já se encontrava separado de fato.

1. ORIGEM DA DISPOSIÇÃO E REGIME ANTERIOR

No Código Civil de 1916, o art. 1.474 dispunha que "Não se pode instituir beneficiário pessoa que for legalmente inibida de receber a doação do segurado". Ainda, previa o art. 1.177 que "A doação de cônjuge adúltero ao seu cúmplice pode ser anulada pelo outro cônjuge, ou por seus herdeiros necessários, até dois anos depois de dissolvida a sociedade conjugal (arts. 178, § 7º, n. VI, e 248, n. IV)". Segundo Clóvis Beviláqua: "as pessôas, que não podem ser donatárias e, por isso mesmo, não podem ser gratificadas com o seguro instituído em seu benefício, são: os conjuges, quando o regimen dos bens é o da separação obrigatória (art. 312); e o cumplice do conjuge adultero (art. 1.177)"[1].

Assim, da mesma forma que na vigência do Código Civil de 2002, vedava-se a designação de concubino como beneficiário do seguro de vida.

Contudo, não se deve perder de vista que, no Código Civil de 1916, apenas a família legítima – fundada no casamento – era destinatária de tutela jurídica, de tal modo que a união estável ora reconhecida como entidade familiar sob a égide do Código Civil de 2002 era considerada concubinato puro. A doutrina diferenciava o concubinato puro do impuro, de tal sorte que o primeiro era caracterizado pelas pessoas que poderiam se casar, mas que optavam por não o fazer. Já o concubinato impuro se referia à união entre pessoas impedidas de se casarem, abrangendo o concubinato adulterino e incestuoso. Sílvio de Salvo Venosa explica que:

---
[1] BEVILÁQUA, Clóvis. *Código Civil dos Estados Unidos do Brasil*. Comentado por Clóvis Beviláqua. Preparado por Faculdade de Direito Estácio de Sá. Edição histórica. Rio de Janeiro: Editora Rio, 1984. p. 602.

(...) pela letra da lei, a companheira não podia ser instituída beneficiária do seguro. No entanto, os tribunais, de há muito, vinham amenizando a proibição, admitindo o benefício, quando se tratasse de relação concubinária duradoura, hoje denominada união estável, ainda que persistisse o casamento do estipulante com mera separação de fato. "É legítima a instituição da concubina como beneficiária do segurado quanto o *de cujus*, estando separado de fato da esposa, viva em concubinato sério e durável, e não em mera aventura leviana e passageira" (*RT* 586/175, no mesmo sentido, 419/205, 467/135, 486/98, 551/113).[2]

2. SENTIDO DA DISPOSIÇÃO E PRINCIPAIS CONTROVÉRSIAS NA SUA INTERPRETAÇÃO

O segurado casado não possui liberdade total para designar o beneficiário, sendo-lhe vedado indicar concubina(o). O concubinato, segundo o art. 1.727 do CC, é constituído pela relação não eventual entre sujeitos impedidos de se casarem. Esse é o posicionamento do Superior Tribunal de Justiça: "A relação concubinária mantida simultaneamente ao matrimônio não pode ser reconhecida como união estável quando ausente separação de fato ou de direito do cônjuge"[3]. Havendo a instituição de concubina(o) como beneficiário, será inválida a indicação e o capital segurado será pago conforme o art. 792[4-5].

Por outro lado, caracterizada a união estável, o companheiro poderá ser designado como beneficiário. De acordo com o art. 1.723 do CC:

> É reconhecida como entidade familiar a união estável entre o homem e a mulher, configurada na convivência pública, contínua e duradoura e estabelecida com o objetivo de constituição de família.
>
> § 1º A união estável não se constituirá se ocorrerem os impedimentos do art. 1.521; não se aplicando a incidência do inciso VI no caso de a pessoa casada se achar separada de fato ou judicialmente.

Embora o artigo disponha sobre a "união estável entre homem e mulher", não se deve olvidar que a união estável homoafetiva também é entidade familiar, conforme reconhecido pelo Supremo Tribunal Federal no julgamento da ADI 4.277-DF e ADPF 132-RJ, em 05.05.2011. Assim, o segurado pode designar como beneficiário companheiro do mesmo sexo.

No mais, um dos requisitos da união estável é que os sujeitos não tenham impedimento para se casarem, em consonância com o art. 1.521 do CC[6]. A regra geral do Código Civil é

---

[2] VENOSA, Sílvio de Salvo. *Código Civil interpretado*. 4. ed. São Paulo: Atlas, 2019. p. 713.
[3] STJ, 3ª T., REsp 1.628.701/BA, rel. Min. Ricardo Villas Bôas Cueva, j. 07.11.2017.
[4] Segundo Ayrton Pimentel, "quando o Código valida a designação do companheiro como beneficiário (art. 793), está tornando indiretamente anulável a do cúmplice de adultério, uma vez que distingue a união estável (art. 1.723) do concubinato (art. 1727), dando-se maior proteção àquela do que a este" (PIMENTEL, Ayrton. *Beneficiário no seguro de vida*. São Paulo: Editora Roncarati, 2017. p. 131-132).
[5] Cf. TJSP, Apelação Cível 1005205-11.2015.8.26.0020, rel. Des. Celso Pimentel, j. 30.05.2019. Ementa: "O relacionamento paralelo do segurado casado configura concubinato, veda e torna nula a indicação da concubina como beneficiária, o que não prevalece, e, em consequência, rateia-se o capital entre a viúva e os filhos dele".
[6] Assim, não podem viver em união estável: os ascendentes com os descendentes, seja o parentesco natural, seja o civil; os afins em linha reta; o adotante com que foi cônjuge do adotado e o adotado

efeitos dele decorrentes, especialmente porque concebido sobre o leito do impedimento dos concubinos para o casamento.[8]

De acordo com o art. 793, a situação civil do segurado deve ser analisada "ao tempo do contrato". Isso significaria que a existência de concubinato no momento da contratação do seguro invalidaria a designação da(o) concubina(o) mesmo que, ao tempo da morte, o segurado já estivesse separado de fato ou judicialmente e vivendo em união estável com sua/seu companheira(o), outrora combina(o). Sobre esse tema, Ernesto Tzirulnik diz que:

> (...) a norma emprega a expressão "tempo do contrato". Ao analisarmos o art. 757 dissemos que o interesse pode vir a existir ou mesmo a ser legitimado após a formação do contrato. O mesmo se dá com relação à instituição de beneficiário. Ela pode conter defeito ao tempo de sua formação que, desaparecendo, não a maculará.[9]

Nesse sentido, veja-se acórdão do Tribunal de Justiça de São Paulo:

> Seguro de Vida. Ação Declaratória e Indenizatória. Substituição das beneficiárias, filhas do segurado, pela concubina. Alteração promovida no ano de 1998, em momento no qual o falecido ainda era casado. Violação ao disposto nos arts. 1.177 c/c 1.474 do CC de 1916 vigentes à época. Dissolução do casamento pouquíssimo tempo após a alteração contratual. União estável entre o falecido e a nova beneficiária que perdurou por mais de vinte anos e da qual adveio o nascimento de uma filha. Prova a indicar o manifesto desejo do segurado, na constância da união estável, de que a sua companheira fosse a beneficiária do seguro. Liberdade do segurado de efetuar a indicação. Validade da substituição dos beneficiários diante das circunstâncias do caso. Direito da companheira assegurado. Sentença reformada. Recurso provido.[10]

---

[8] STJ, 3ª T., REsp 1.047.538/RS, rel. Min. Nancy Andrighi, j. 04.11.2008.

[9] TZIRULNIK, Ernesto. *O contrato de seguro*: de acordo com o novo Código Civil brasileiro. 2. ed. rev., atual. e ampl. São Paulo: Ed. RT, 2003. p. 179. Nesse sentido, Adilson José Campoy entende que: "Dispõe o art. 793 do CC/2002 que a indicação de companheira é válida se o segurado é separado *ao tempo do contrato*. Não nos parece que a expressão destacada tenha sido a mais feliz, a uma, porque ela pode ter mais de uma interpretação. Ela pode significar *no momento da celebração do contrato*, assim como pode significar *a qualquer momento, durante a vigência do contrato*. Entre estas possibilidades, por certo que restringir a indicação ao momento da celebração do contrato não teria qualquer sentido. Mas, seja como for, a interpretação deste dispositivo merece cautela. Pode ocorrer que, no momento em que feita, a indicação padeça de vício passível de anulá-la, mas acontecimentos futuros convalidem o ato como perfeitamente amparado pelo bom direito. Analisar se prevalece, ou não, a indicação feita pelo segurado é tarefa que se deve levar a cabo no momento do sinistro, apenas. Esta a solução para a hipótese, por exemplo, em que a pessoa indicada era concubina do segurado no momento da indicação, mas, já ao tempo do sinistro, era sua companheira, qualidade resultante de uma união estável" (CAMPOY, Adilson José. *Contrato de seguro de vida*. São Paulo: Ed. RT, 2014. p. 101). Ainda, leciona Claudio Luiz Bueno de Godoy que "a verificação sobre a situação civil do segurado deve ser contemporânea não ao contrato, mas ao instante da morte; assim, se no momento do falecimento o beneficiário se encontrava separado de fato ou judicialmente, terá sido como que convalidada a instituição" (PELUSO, Cezar. *Código Civil comentado*: doutrina e jurisprudência. 15. ed. São Paulo: Manole, 2021. p. 767).

[10] TJSP, Apelação Cível 0045709-75.2010.8.26.0562, rel. Des. Milton Carvalho, j. 07.08.2014.

de que a união estável apenas se caracterizará quando puder ser convertida em casamento. Não se deve olvidar, contudo, que estão ressalvados os casos de separação judicial ou de fato. Com efeito, a pessoa que esteja separada de fato apenas poderá se casar novamente caso se divorcie. Poderá, todavia, constituir união estável. Trata-se de regra que consagra o caráter afetivo das entidades familiares na pós-modernidade, pois, se o casal já está separado de fato, inexistindo relação afetiva, não há razão para impedir a formação da união estável. Logo, se uma pessoa casada, mas já separada de fato, passa a manter relação estável, estar-se-á diante de uma nova entidade familiar (união estável), cessando-se, automaticamente, os efeitos da união anterior. Por outro lado, caso ainda subsista qualquer dos demais impedimentos matrimoniais, não há que se falar em união estável, mas, sim, em concubinato, nos termos do art. 1.727 do CC.

Portanto, ausente o divórcio, separação judicial ou de fato, não poderá o segurado designar como beneficiário o sujeito com quem mantenha relação afetiva simultânea, pois se estará diante de concubinato. Em recente acórdão, o Superior Tribunal de Justiça decidiu que:

> O seguro de vida não pode ser instituído por pessoa casada, não separada de fato e nem judicialmente, em benefício de parceiro em relação concubinária, por força de expressa vedação legal (CC/2002, arts. 550 e 793). 2. Tese fixada pelo STF no RE 1.045.273/SE, em julgamento com repercussão geral reconhecida: "A preexistência de casamento ou de união estável de um dos conviventes, ressalvada a exceção do artigo 1723, § 1º, do Código Civil, impede o reconhecimento de novo vínculo referente ao mesmo período, inclusive para fins previdenciários, em virtude da consagração do dever de fidelidade e da monogamia pelo ordenamento jurídico-constitucional brasileiro" (ementa publicada no DJ de 9.4.2021). 3. Diante da orientação do STF, no mesmo precedente, no sentido de que "subsistem em nosso ordenamento jurídico constitucional os ideais monogâmicos, para o reconhecimento do casamento e da união estável, sendo, inclusive, previsto como deveres aos cônjuges, com substrato no regime monogâmico, a exigência de fidelidade recíproca durante o pacto nupcial (art. 1.566, I, do Código Civil)", é inválida, à luz do disposto no art. 793 do Código Civil de 2002, a indicação de concubino como beneficiário de seguro de vida instituído por segurado casado e não separado de fato ou judicialmente na época do óbito (...).[7]

Cite-se, ainda:

> Direito civil. Recursos especiais. Contratos, família e sucessões. Contrato de seguro instituído em favor de companheira. Possibilidade. – É vedada a designação de concubino como beneficiário de seguro de vida, com a finalidade assentada na necessária proteção do casamento, instituição a ser preservada e que deve ser alçada à condição de prevalência, quando em contraposição com institutos que se desviem da finalidade constitucional. – A união estável também é reconhecida constitucionalmente como entidade familiar; o concubinato, paralelo ao casamento e à união estável, enfrenta obstáculos à geração de

---

com quem o foi do adotante; os irmãos, unilaterais ou bilaterais, e demais colaterais, até o terceiro grau inclusive; o adotado com o filho do adotante; as pessoas casadas; e o cônjuge sobrevivente com o condenado por homicídio ou tentativa de homicídio contra o seu consorte.

[7] STJ, 4ª T., REsp 1.391.954/RJ, rel. Min. Maria Isabel Gallotti, j. 22.03.2022.

Com efeito, a interpretação literal do art. 793 não nos parece apresentar a melhor solução. Isso porque a situação civil do segurado deve ser verificada no momento do sinistro, e não do contrato. Logo, se, no momento da morte, o segurado não for mais casado ou for separado de fato ou judicialmente, poderá ser convalidada a instituição que, a princípio, seria contrária ao art. 793.

3. DISPOSIÇÕES RELACIONADAS

Os seguros de pessoas são regulamentados pela Susep, especialmente na Resolução CNSP 439/2022 e na Circular Susep n667/2022. Essas normas dispõem, respectivamente, sobre as características gerais dos seguros de pessoas e sobre as regras complementares de funcionamento e os critérios para operação das coberturas desse tipo de seguro. Não há, todavia, qualquer previsão sobre a instituição do companheiro ou a vedação de designação da(o) concubina(o) como beneficiário nas normas atualmente vigentes.

REFERÊNCIAS BIBLIOGRÁFICAS

BEVILÁQUA, Clóvis. *Código Civil dos Estados Unidos do Brasil*. Comentado por Clóvis Beviláqua. Preparado por Faculdade de Direito Estácio de Sá. Edição histórica. Rio de Janeiro: Editora Rio, 1984.

CAMPOY, Adilson José. *Contrato de seguro de vida*. São Paulo: Ed. RT, 2014.

PELUSO, Cezar. *Código Civil comentado*: doutrina e jurisprudência. 15. ed. São Paulo: Manole, 2021.

PIMENTEL, Ayrton. *Beneficiário no seguro de vida*. São Paulo: Editora Roncarati, 2017.

TZIRULNIK, Ernesto. *O contrato de seguro*: de acordo com o novo Código Civil brasileiro. 2. ed. rev., atual. e ampl. São Paulo: Ed. RT, 2003.

VENOSA, Sílvio de Salvo. *Código Civil interpretado*. 4. ed. São Paulo: Atlas, 2019.

47
COMENTÁRIOS AO ART. 794 DO CÓDIGO CIVIL

Fernanda Paes Leme P. Rito

> **Art. 794.** No seguro de vida ou de acidentes pessoais para o caso de morte, o capital estipulado não está sujeito às dívidas do segurado, nem se considera herança para todos os efeitos de direito.

1. ORIGEM DA DISPOSIÇÃO E REGIME ANTERIOR

O artigo em comento consigna que o capital estipulado no seguro de vida ou de acidentes pessoais para o caso de morte não integra o patrimônio do segurado e, por essa razão, não está sujeito às suas dívidas, bem como não é considerado herança. Ressalva semelhante já se fazia presente no Código Civil de 1916, o qual dispunha, no art. 1.475, que "A soma estipulada como benefício não está sujeita às obrigações, ou dívidas do segurado".

A principal diferença entre as disposições do Código revogado e do atual é a inclusão, neste último, do seguro de acidentes pessoais para o caso de morte. Isso porque, no Código Civil de 1916, o seguro de vida foi disciplinado em seis dispositivos específicos, entre os quais o art. 1.475, correspondente ao art. 794, em análise. Assim, apenas o capital estipulado sem seguro de vida estava imune às obrigações do segurado, e, de forma complementar, o art. 649, IX, do CPC/1973 determinava a impenhorabilidade absoluta do seguro de vida[1].

Ademais, o legislador de 1916 não mencionava, expressamente, que o seguro de vida não integrava a herança, o que suscitava pedidos de recebimento do valor estipulado por pessoas não indicadas como beneficiárias, mas herdeiras do segurado. Em tais casos, em regra, não obstante o reconhecimento da natureza obrigacional do seguro, distinta, portanto, de eventual natureza sucessória, não raras vezes se questionava a suposta intenção do segurado a fim de reconhecer a legitimidade de herdeiros não contemplados como beneficiários do seguro.

No Recurso Especial 258.020[2], julgado em 2001 pelo Superior Tribunal de Justiça, discutia-se se seria devida a reserva de quinhão hereditário, com a inclusão do capital

---

[1] *In verbis*: "Art. 649, CPC/73. São absolutamente impenhoráveis: (...) IX – o seguro de vida".
[2] STJ, 4ª T., Resp 258.020/SP, rel. Min. para o acórdão Cesar Asfor Rocha, j. 19.04.2001.

estipulado no seguro de vida entre os bens do espólio, a favor de suposta filha do segurado falecido, cujo reconhecimento de paternidade só foi postulado após o falecimento do suposto pai.

O Tribunal de Justiça de São Paulo havia decidido anteriormente pela reserva do quinhão com a inclusão dos valores decorrentes do seguro de vida. No voto do desembargador relator restou evidente a confusão entre o capital estipulado no seguro e o patrimônio do *de cujus*:

> Ocorre que, no caso em tela, embora o inventariado tenha indicado como seus beneficiários a sua esposa e filhos (fls. 20/23), nada obsta a reserva, de quinhão à Recorrida, sobre os seguros a serem pagos, no caso de restar comprovada a sua qualidade de filha do "de cujus" vez que, a reserva deve abranger todo o patrimônio do falecido, ou seja, bens e rendimentos.

Tal equívoco foi superado no julgamento pelo STJ. Apesar de ter sido mantida a reserva de quinhão, asseverou-se que o valor decorrente do seguro de vida não integrava a herança. Em voto vencido, o Min. Aldir Passarinho ressaltou que o seguro é pago ao beneficiário indicado, e isso não implica, de nenhuma forma, ofensa ao direito hereditário, inexistindo justificativa jurídica para inclusão desses valores nas primeiras declarações e na reserva de quinhão[3].

No entanto, ao argumento da vontade implícita do segurado, em voto vencedor, seguido pela maioria, o Min. Asfor Rocha defendeu que a intenção do segurado era a de beneficiar a esposa e todos os filhos; sendo assim, a postulante ao reconhecimento *post mortem* só não havia sido contemplada no seguro em razão do desconhecimento do falecido sobre sua existência. Logo, ao argumento da suposta intenção do segurado, e não do reconhecimento de que o seguro de vida integraria herança, prevaleceu o entendimento de que haveria de ser incluída a verba securitária na reserva de quinhão.

O mesmo argumento da vontade implícita do segurado foi afastado pela Terceira Turma do STJ, no julgamento do Recurso Especial 157.356, de relatoria do Min. Antônio de Pádua Ribeiro. No caso, o segurado havia contratado seguro de vida na constância do primeiro casamento e indicado como beneficiária a sua então esposa. O sinistro ocorreu durante a constância do segundo vínculo conjugal e mantida a indicação originária da beneficiária.

Em sede de sentença e de apelação cível, foi decidido que a segunda esposa quem teria legitimidade para o recebimento do valor estipulado, ao argumento da vontade implícita do segurado falecido. No entanto, em sede de recurso especial, após consignar que a controvérsia

---

[3] "A designação foi expressa, ou seja, foram nominados os filhos que receberão o seguro (...). Assim, ainda que venha a ser reconhecida a paternidade, isso não tornaria o filho (...) titular do seguro, eis que ele não é beneficiário. Não colhe a tese de que só não é porque não era conhecido. (...). O seguro é pago ao beneficiário, independentemente, inclusive, de qualquer relação de parentesco. Ora, se pode receber, sozinho, um seguro, alguém que não seja filho do instituidor, sem que exista ofensa ao direito hereditário, não há falar-se em reserva de quinhão se um dos filhos não for contemplado pelo *de cujus*, apenas os outros (...). O art. 1.473 determina o pagamento ao beneficiário, e apenas em caso de haver falta de declaração de quem seja, é que a indenização será paga aos herdeiros. No caso, tendo ocorrido a nominação, recebem os beneficiários, só eles, o seguro, independentemente de serem também herdeiros do falecido (...)" (STJ, 4ª T., Resp 258.020/SP, rel. Min. para o acórdão Cesar Asfor Rocha, j. 19.04.2001. p. 8).

era "eminentemente de natureza obrigacional pois o seguro não tem caráter sucessório (CC, art. 1.473), não obstante os vínculos matrimoniais mantidos pelas partes com o segurado", decidiu-se pela prevalência da vontade expressamente declarada pelo segurado, reconhecendo a legitimidade da beneficiária indicada para o recebimento do capital estipulado[4].

Como visto, o legislador de 2002 tratou de explicitar que o capital segurado no seguro de vida e no seguro de acidentes pessoais para o caso de morte não é considerado herança, contribuindo para dirimir eventuais dúvidas derivadas da legislação anterior.

2. SENTIDO DA DISPOSIÇÃO E PRINCIPAIS CONTROVÉRSIAS NA SUA INTERPRETAÇÃO

O seguro de vida e o seguro de acidentes pessoais para o caso de morte podem – e devem – ser vistos como importantes instrumentos de planejamento patrimonial e, sobretudo, de proteção financeira para os beneficiários. Assim, como já destacado por Pedro Alvim, há interesse público na expansão de tais seguros, visto que contribuem para a estabilidade da família e fomentam o espírito de previdência no meio social[5].

Indo além, torna-se forçoso reconhecer que tais seguros cumprem importante função social, ultrapassando até mesmo a incontestável função social dos seguros em geral. Como já se teve a oportunidade de consignar, no contrato de seguro, a funcionalização é, peculiarmente, caracterizada pela necessidade de compatibilização de três centros de interesses: (i) do segurado e do segurador, em uma perspectiva individual; (ii) do conjunto de segurados e do fundo por eles constituído, em uma perspectiva coletiva interna; e (iii) dos centros de interesses anteriormente descritos com o da coletividade externa[6].

No contrato de seguro de vida e de acidentes pessoais para o caso de morte, a eficácia do contrato, necessariamente, transborda para a coletividade, pois o seguro transmuda-se em instrumento a favor da proteção patrimonial e, consequentemente, da salvaguarda financeira para os beneficiários indicados, que, possivelmente, sofreriam impactos negativos em razão do falecimento do segurado.

Nessa perspectiva, parece de toda adequada a preocupação do legislador em, expressamente, afirmar que o capital estipulado não está imune às dívidas do segurado nem se considera herança, pois a função precípua desses seguros é proteger, em algum grau e no âmbito econômico-financeiro, o beneficiário indicado. Assim, ao garantir-se, no âmbito legislativo, a possibilidade de que tais seguros cumpram com a sua função, oportuniza-se que externalidades positivas transbordem para a sociedade.

Depreende-se da leitura do art. 794 em comento que o capital estipulado no seguro de vida ou de acidentes pessoais para o caso de morte não está sujeito às dívidas do segurado nem se considera herança.

---

[4] "Ementa: Direito civil. Contrato de seguro de vida. Ex-esposa como beneficiária em detrimento da viúva. I – Nos contratos de seguro de vida o capital segurado deve ser revertido para o beneficiário previsto no instrumento contratual, observada a vedação do art. 1.474 do Código Civil. II – Recurso especial conhecido e provido" (STJ, 3ª T., Resp 157.356/RS, rel. Min. Antônio de Pádua Ribeiro, j. 29.03.2005).

[5] ALVIM, Pedro. *O seguro e o novo Código Civil*. Rio de Janeiro: Forense, 2007. p. 169.

[6] Sobre a função social dos contratos de seguro, permita-se indicar: RITO, Fernanda Paes Leme. Função, funcionalização e função social do contrato de seguro. In: GOLDBERG, Ilan; JUNQUEIRA, Thiago (org.). *Temas atuais de direito dos seguros*. São Paulo: Ed. RT, 2020. t. II. p. 272-297.

Inicialmente, importa registrar que o legislador não faz menção ao tipo de morte, como, aliás, não haveria razão de fazer. Assim, considera-se, para fins de verificação da hipótese entabulada no art. 798 do CC[7], tanto a morte real (art. 6º do CC/2002)[8] como a morte presumida (art. 7º do CC/2002)[9].

Ademais, o capital estipulado não está sujeito às dívidas do segurado nem se considera herança pela única e suficiente razão de que tais valores não integram o patrimônio do segurado, como será mais bem explicitado a seguir. Referenda-se essa conclusão ao fato de tais modalidades securitárias configurarem verdadeira estipulação em favor de terceiro[10].

Certo que o seguro de vida e o seguro de acidentes pessoais são contratos nos quais figuram como partes o segurado e o segurador, assumindo o primeiro a obrigação de pagar o prêmio e o segundo a obrigação de pagar o valor estipulado ao beneficiário indicado na apólice ou, na ausência de indicação ou na não subsistência da indicação feita, aos herdeiros (art. 792 do CC/2002)[11]. Esse modelo, por seu turno, consiste em estipulação ou contrato a favor de terceiro.

A estipulação ou o contrato em favor de terceiro é o negócio jurídico firmado entre o estipulante e o promitente, mediante o qual é convencionado que a prestação será cumprida em favor de terceiro, o beneficiário[12]. Como destacado pela doutrina[13]:

> No contrato de seguro de vida a estipulação em favor de terceiro é bem evidenciada. O segurado e a seguradora estabelecem o adimplemento de prêmios sucessivos que, futuramente e eventualmente, reverterão em um valor que será destinado a um beneficiário (art. 790, CC). A seguradora (promitente) promete pagar a terceiros indicados pelo estipulante.

Tal qual se pode observar, apesar de serem partes do contrato o segurado e o segurador, e a obrigação do primeiro ser prestada em favor do segundo por meio do pagamento

---

[7] "Art. 798. O beneficiário não tem direito ao capital estipulado quando o segurado se suicida nos primeiros dois anos de vigência inicial do contrato, ou da sua recondução depois de suspenso, observado o disposto no parágrafo único do artigo antecedente."

[8] "Art. 6º A existência da pessoa natural termina com a morte; presume-se esta, quanto aos ausentes, nos casos em que a lei autoriza a abertura de sucessão definitiva."

[9] "Art. 7º Pode ser declarada a morte presumida, sem decretação de ausência: I – se for extremamente provável a morte de quem estava em perigo de vida; II – se alguém, desaparecido em campanha ou feito prisioneiro, não for encontrado até dois anos após o término da guerra. Parágrafo único. A declaração da morte presumida, nesses casos, somente poderá ser requerida depois de esgotadas as buscas e averiguações, devendo a sentença fixar a data provável do falecimento."

[10] Os contratos de seguros de vida e de acidentes figuram como os exemplos mais frequentes de estipulação a favor de terceiro. Cfr. TEPEDINO, Gustavo; BARBOZA, Heloisa Helena; BODIN DE MORAES, Maria Celina. *Código Civil interpretado conforme a Constituição da República*: teoria geral dos contratos, contratos em espécie, atos unilaterais títulos de crédito, responsabilidade civil e privilégios creditórios (arts.421 a 965). Rio de Janeiro: Renovar, 2006. v. II. p. 53.

[11] "Art. 792. Na falta de indicação da pessoa ou beneficiário, ou se por qualquer motivo não prevalecer a que for feita, o capital segurado será pago por metade ao cônjuge não separado judicialmente, e o restante aos herdeiros do segurado, obedecida a ordem da vocação hereditária."

[12] PEREIRA, Caio Mário da Silva. *Instituições de direito civil*. 17. ed. Rio de Janeiro: Forense, 2013. v. 3. p. 93.

[13] PELUSO, Cezar. *Código Civil comentado*: doutrina e jurisprudência. São Paulo: Manole, 2022. E-book. p. 484.

do prêmio, a obrigação do segurado é prestada em favor do beneficiário, de sorte que o capital estipulado, em momento algum, adentra o patrimônio do segurado. O legislador, ao expressar que o capital segurado não está sujeito às dívidas do segurado nem se considera herança, evidencia ainda mais a natureza de estipulação em favor de terceiro dos tipos em comento.

Desde a *Lex Poetelia Papiria* (326 a.C.), que aboliu o instituto do *nexum*, pelo qual a execução recaía sobre a pessoa do devedor, substituindo-o pelo *bonorum cessio*, a responsabilidade civil é eminentemente patrimonial[14]. Em nosso ordenamento jurídico, esse postulado encontra previsão no art. 391 do CC[15], o qual determina que os bens do devedor respondem pelo inadimplemento das obrigações. No mesmo sentido, o art. 942 do mesmo diploma consigna que "Os bens do responsável pela ofensa ou violação do direito de outrem ficam sujeitos à reparação do dano causado".

Estabelecido que a responsabilidade civil é patrimonial, e compreendido o patrimônio como a universalidade de direito, composta do complexo de relações jurídicas de uma pessoa, dotadas de valor econômico (art. 91 do CC/2002)[16], é imperioso que o capital estipulado no seguro de vida ou acidentes pessoais para o caso de morte não esteja sujeito às dívidas do segurado nem seja considerado herança.

Isso porque o capital segurado não pertence ao patrimônio do segurado, mas consiste em uma obrigação do segurador para com o beneficiário, cuja morte do segurado é condição para sua efetivação. Não sendo pertencente ao patrimônio do segurado, por certo, não responde por suas obrigações ou, como disposto no artigo em comento, não está sujeito às dívidas do segurado.

Nesse sentido, o Código de Processo Civil determina a impenhorabilidade do seguro de vida. A impenhorabilidade, nesse caso, deve ser compreendida em duas facetas, pelo viés do segurado e pelo viés do beneficiário.

Pelo viés do segurado e nos termos do art. 794 em comento, a impenhorabilidade encontra razão de ser na própria natureza do direito, qual seja, crédito de terceiro alheio e não responsável pelas dívidas do *de cujus*. Isso porque, "falecendo o segurado, o segurador fica, todavia, na obrigação de pagar o beneficiário. A importância que corresponde ao seguro de vida passará a fazer parte do patrimônio do beneficiário e, como tal, é impenhorável"[17] em face das dívidas do segurado.

Já, pelo viés do beneficiário, uma vez recebida a importância correspondente, a impenhorabilidade terá a mesma *ratio* protetiva para os casos de vencimentos, soldos, salários, pensões e montepios, sendo absolutamente impenhorável[18-19].

---

[14] No atual ordenamento, persiste a possibilidade de prisão civil por dívida alimentar, nos termos do art. 5º, LXVII, da Constituição Federal.
[15] "Art. 391. Pelo inadimplemento das obrigações respondem todos os bens do devedor."
[16] "Art. 91. Constitui universalidade de direito o complexo de relações jurídicas, de uma pessoa, dotadas de valor econômico."
[17] ALVIM, Angélica A. *Comentários ao Código de Processo Civil*. Rio de Janeiro: Saraiva, 2017. E-book. p. 975.
[18] É absolutamente impenhorável o seguro de vida (art. 833, VI, do CPC). Caso o executado seja, então, beneficiário de um seguro de vida e receba a indenização devida em razão do sinistro (antes da instauração da execução ou no curso do procedimento executivo), o valor que tenha recebido será absolutamente impenhorável, ficando protegido da atividade executiva (CÂMARA, Alexandre F. *O novo processo civil brasileiro*. São Paulo: Atlas, 2021. E-book).

Cabe mencionar que a regra processual estabelecida no art. 833, VI[20], deve ser interpretada de forma extensiva a fim de compreender também o seguro de acidentes pessoais para o caso de morte. A saber, a regra do atual Código de Processo Civil reproduz a regra anteriormente contida no art. 649, IX, da legislação anterior, a qual era compatível com o art. 1.475 do CC/1916, visto alhures. No entanto, o legislador de 2002 determinou que não só o seguro de vida mas também o seguro de acidentes pessoais para o caso de morte não estão sujeitos às dívidas do segurado. Assim, a proteção processual deve, igualmente, abarcar a verba decorrente de seguro de acidentes pessoais[21].

Ainda que o capital estipulado não esteja sujeito às dívidas do segurado, Delgado indica como válida "a cláusula determinadora de que o capital segurado, quando liquidado, responda pelo pagamento dos resíduos atrasados ou empréstimos feitos pelo próprio segurado sobre a apólice"[22]. Segundo esse entendimento, a seguradora poderia proceder à compensação de eventuais parcelas não pagas do prêmio na eventualidade da ocorrência do sinistro, sob a justificativa principal de ser o prêmio a fonte de custeio do fundo mutual[23].

Em sentido contrário, a Terceira Turma do STJ asseverou que o direito ao recebimento do capital estipulado configura direito próprio dos beneficiários, em que, nas palavras do julgador, "não pelo princípio de *saisine*, mas sim por força da estipulação contratual (...), de tal modo que, se essa verba lhes pertence por direito próprio, e não hereditário, não pode responder pelas dívidas da estipulante falecida".[24]

Igualmente, por não pertencer ao patrimônio do segurado, o capital estipulado em seguro de vida ou acidentes pessoais para o caso de morte não é considerado herança para todos os efeitos de direito.

A herança, como cediço, é a universalidade de direitos e obrigações que é transmitida aos herdeiros do *de cujus* no exato momento de sua morte[25]. Corresponde ao patrimônio do

---

[19] Sobre a impenhorabilidade no viés do beneficiário, destaca-se que a proteção está restrita ao teto de 40 salários-mínimos. Nesse sentido: "Recurso especial. Seguro de vida. Art. 649, IX, do CPC/1973. Execução. Indenização securitária. Natureza alimentar. Impenhorabilidade. 40 (quarenta) salários-mínimos. Art. 649, X, do CPC/1973. Limitação. 1. Recurso especial interposto contra acórdão publicado na vigência do Código de Processo Civil de 1973 (Enunciados Administrativos nos 2 e 3/STJ). 2. Cinge-se a controvérsia a determinar se é possível a penhora da indenização recebida pelo beneficiário do seguro de vida em execução voltada contra si. 3. A impenhorabilidade do seguro de vida objetiva proteger o respectivo beneficiário, haja a vista a natureza alimentar da indenização securitária. 4. A impossibilidade de penhora dos valores recebidos pelo beneficiário do seguro de vida limita-se ao montante de 40 (quarenta) salários-mínimos, por aplicação analógica do art. 649, X, do CPC/1973, cabendo a constrição judicial da quantia que a exceder. 5. Recurso especial parcialmente provido" (STJ, 3ª T., Resp 1.361.354/RS, rel. Min. Ricardo Villas Bôas Cueva, j. 22.05.2018).

[20] Art. 833, VI, do CPC/2015: "São impenhoráveis: VI – o seguro de vida".

[21] DELGADO, José Augusto. *Comentários ao novo Código Civil*: das várias espécies de contrato. Do seguro (arts. 757 a 802). Rio de Janeiro: Forense, 2007. v. XI. t. I. p. 746.

[22] DELGADO, José Augusto. *Comentários ao novo Código Civil*: das várias espécies de contrato. Do seguro (arts. 757 a 802). Rio de Janeiro: Forense, 2007. v. XI. t. I. p. 747.

[23] PELUSO, Cezar. *Código Civil comentado*: doutrina e jurisprudência. São Paulo: Manole, 2022. E-book.

[24] STJ, 3ª T., Resp 1.713.147/MG, rel. Min. Nancy Andrighi, j. 11.12.2018. No mesmo sentido: STJ, 3ª T., AgInt no AREsp 1895704/MG, rel. Min. Marco Aurélio Bellizze, j. 06.12.2021.

[25] Art. 1.791 do CC/2002. "A herança defere-se como um todo unitário, ainda que vários sejam os herdeiros".

de cujus antes de sua morte e, sendo assim, apenas abarca aquilo que já era parte integrante do patrimônio quando da abertura da sucessão.

Desse modo, como já esclarecido, o capital estipulado no seguro de vida ou de acidentes pessoais para o caso de morte não integra o patrimônio do *de cujus* e, consequentemente, não é transmitido a título de herança. O capital estipulado, a rigor, consiste, por um lado, em obrigação do segurador e, por outro lado, o direito ao crédito do beneficiário. Exatamente por isso que não há incidência do imposto de transmissão *causa mortis*[26].

Por fim, imprescindível tecer algumas considerações sobre os planos de previdência privada, os quais não integram a herança, mas são considerados investimentos para fins de composição do patrimônio comum do casal, sujeitando-se à partilha pela extinção da sociedade conjugal e/ou da sociedade de fato entre companheiros.

A rigor, o STJ tem se posicionado no sentido de que os planos de previdência privada aberta, dos quais são exemplos usuais o PGBL[27] e o VGBL[28], possuem natureza de investimento e aplicação financeira antes da sua conversão em pensionamento, ou seja, durante o período de aportes e capitalização para constituição do fundo, e, sendo assim, suscetíveis de partilha por ocasião da dissolução do vínculo conjugal[29].

3. DISPOSIÇÕES RELACIONADAS

O art. 794 do CC possui estreita ligação com os dispositivos pertencentes à Seção III do Capítulo XV do Código Civil, visto que a referida Seção III disciplina o seguro de pessoas, notadamente os dispositivos 789, 792, 797 e 798, todos do Código Civil de 2002.

Relaciona-se com o disposto no art. 789, o qual determina que, no seguro de pessoas, o capital é livremente estipulado, sendo possível a contratação de mais de um seguro para o mesmo fim, exatamente porque esse dispositivo expressa a natureza obrigacional do contrato de seguro e sua dissociação com a herança, por exemplo.

A rigor, a possibilidade de contratação de mais de um seguro de vida ou de acidentes pessoais para o caso de morte pode ser motivada pelo fim de beneficiar pessoas distintas ou mesmo para beneficiar a mesma pessoa, visto que o seguro de pessoas não está sujeito a um teto.

---

[26] Cf.: STJ, 2ª T., AgInt no AgInt no AREsp 1.766.626/RS, rel. Min. Mauro Campbell Marques, j. 26.04.2022; STJ, 2ª T., AgInt no AREsp 1.676.655/RS, rel. Min. OG Fernandes, j. 15.02.2022.; STJ, 2ª T., AgInt no AREsp 1.748.288/RS, rel. Min. Francisco Falcão, j. 12.12.2021; STJ, 2ª T., REsp 1.961.488/RS, rel. Min. Assusete Magalhães, j. 16.11.2021.

[27] Acrônimo para "Plano Gerador de Benefício Livre".

[28] Sigla para "Vida Gerador de Benefício Livre".

[29] "Todavia, no período que antecede a percepção dos valores, ou seja, durante as contribuições e formação do patrimônio, com múltiplas possibilidades de depósitos, de aportes diferenciados e de retiradas, inclusive antecipadas, a natureza preponderante do contrato de previdência complementar aberta é de investimento, razão pela qual o valor existente em plano de previdência complementar aberta, antes de sua conversão em renda e pensionamento ao titular, possui natureza de aplicação e investimento, devendo ser objeto de partilha por ocasião da dissolução do vínculo conjugal por não estar abrangido pela regra do art. 1.659, VII, do CC/2002 (STJ, 3ª T., Resp. 1.698.774/RS, rel. Min. Nancy Andrighi, j. 01.09.2020). No mesmo sentido: STJ, 3ª T., Resp. 1.695.687/SP, rel. Min. Ricardo Villas Bôas Cueva, j. 05.04.2022).

O diálogo com o art. 792 é de extrema importância, uma vez que, na ausência de indicação de beneficiário ou na não subsistência dos beneficiários indicados para o seguro de vida ou de acidentes pessoais por morte, o capital estipulado será pago para os herdeiros, conforme a ordem de vocação hereditária, nos termos do art. 792 do CC.

Subsidiariamente, prevê o dispositivo que, na ausência de beneficiários indicados e aptos a receber o capital estipulado e na ausência de herdeiros, as verbas deverão ser pagas àqueles que provarem que a morte do segurado os privou dos meios necessários à subsistência.

Significa dizer que a ausência de indicação de beneficiário "não anula o seguro nem autoriza o segurador a reter a quantia"[30], o que faz todo o sentido, pois, como já exposto, o seguro de vida exerce importante e peculiar função social, além de ser instrumento legítimo de planejamento patrimonial.

O seguro de vida e o de acidentes pessoais para o caso de morte, como já referido na seção anterior, conformam estipulações em favor de terceiro. Nesse sentido, apesar de o beneficiário não ser parte do contrato de seguro, o qual é convencionado entre segurado e segurador, tem legitimidade para exigir do segurador ou promitente, o cumprimento da obrigação. No entanto, tal exigibilidade está sujeita às regras do contrato firmado entre segurado e segurador.

Assim, se as partes contratantes tiverem acordado algum prazo de carência e o sinistro tiver ocorrido durante a vigência deste, não estará obrigado, o segurador, a efetuar o pagamento do capital estipulado ao beneficiário, cabendo apenas a entrega da reserva técnica formada até então (art. 797 do CC/2002)[31]. Da mesma forma, o beneficiário estará sujeito à incidência da regra do art. 798 do CC.

Além das disposições do Código Civil referentes ao contrato de seguro, por certo o dispositivo em comento se relaciona com as normas protetivas do consumidor, bem como com a normativa infralegal, notadamente da Susep, e com as normas gerais dos contratos e dos negócios jurídicos.

REFERÊNCIAS BIBLIOGRÁFICAS

ALVIM, Angélica A. Comentários ao Código de Processo Civil. Rio de Janeiro: Saraiva, 2017. *E-book*.

ALVIM, Pedro. *A política brasileira de seguros*. São Paulo: Manuais Técnicos de Seguros, 1980.

ALVIM, Pedro. *O contrato de seguro*. 3. ed. Rio de Janeiro: Forense, 2001.

ALVIM, Pedro. *O seguro e o novo Código Civil*. Rio de Janeiro: Forense, 2007.

CÂMARA, Alexandre F. *O novo processo civil brasileiro*. São Paulo: Atlas, 2021. *E-book*.

CARLINI, Angélica. Reflexões preliminares para a construção de uma hermenêutica específica para os contratos de seguro. In: TZIRULNIK, Ernesto; CAVALCANTI, Flávio de Queiroz Bezerra (coord.). *Revista Brasileira de Direito do Seguro e da Responsabilidade Civil*. ano I, jan. 2009.

CARNEIRO, Athos Gusmão. *Seguros*: uma questão atual. São Paulo: Max Limonad, 2001.

---

[30] ALVIM, Pedro. *O seguro e o novo Código Civil*. Rio de Janeiro: Forense, 2007. p. 161.

[31] "Art. 797. No seguro de vida para o caso de morte, é lícito estipular-se um prazo de carência, durante o qual o segurador não responde pela ocorrência do sinistro."

DELGADO, José Augusto. *Comentários ao novo Código Civil:* das várias espécies de contrato. Do seguro (arts. 757 a 802). Rio de Janeiro: Forense, 2007. v. XI. t. I.

GAMA, Guilherme Calmon Nogueira da. O seguro de pessoa no novo Código Civil. *Revista dos Tribunais,* São Paulo, v. 93, n. 826, ago. 2004.

GOMES, Orlando. *Contratos.* 26 ed., Rio de Janeiro: Forense, 2009.

RITO, Fernanda Paes Leme. Função, funcionalização e função social do contrato de seguro. In: GOLDBERG, Ilan; JUNQUEIRA, Thiago (org.). *Temas atuais de direito dos seguros.* São Paulo: Ed. RT, 2020. t. II. p. 272-297.

PELUSO, Cezar. *Código Civil comentado:* doutrina e jurisprudência. São Paulo: Manole, 2022. *E-book.*

PEREIRA, Caio Mário da Silva. *Instituições de direito civil.* 17. ed. Rio de Janeiro: Forense, 2013. v. 3.

SCHREIBER, Anderson et al. *Código Civil comentado:* doutrina e jurisprudência. Rio de Janeiro: Forense, 2021. *E-book.*

TEPEDINO, Gustavo; BARBOZA, Heloisa Helena; BODIN DE MORAES, Maria Celina. *Código Civil interpretado conforme a Constituição da República*: teoria geral dos contratos, contratos em espécie, atos unilaterais títulos de crédito, responsabilidade civil e privilégios creditórios (arts. 421 a 965). Rio de Janeiro: Renovar, 2006. v. II.

48
COMENTÁRIOS AO ART. 795 DO CÓDIGO CIVIL

Fernanda Paes Leme P. Rito

Art. 795. É nula, no seguro de pessoa, qualquer transação para pagamento reduzido do capital segurado.

1. ORIGEM DA DISPOSIÇÃO E REGIME ANTERIOR

O artigo em comento não encontra correspondente na legislação civil anterior, seja no Código Civil de 1916, seja no Código Comercial de 1850, seja, ainda, nas diversas normas esparsas pelo sistema. A rigor, a legislação securitária era escassa antes do Código Comercial de 1850, o qual disciplinou apenas o seguro marítimo. Os seguros terrestres, entre eles os de pessoas, foram regulados no Código Civil de 1916, no qual o contrato de seguro foi sistematizado em cinco seções: (i) disposições gerais; (ii) das obrigações do segurado; (iii) das obrigações do segurador; (iv) do seguro mútuo; e (v) do seguro sobre a vida.

Como é de fácil observação, o legislador de 1916 não tratou das especificidades gerais daqueles hoje reconhecidos como grandes categorias de seguros: danos e pessoas. A opção do legislador foi dispor sobre aspectos gerais, obrigações das partes e disciplinar os seguros mais usuais ao tempo da própria lei e que não eram regulados pelo Código Comercial.

Verdade que a atividade securitária já se desenvolvia antes da promulgação do Código Civil de 1916, em conformidade com as regulações da Casa de Seguros de Lisboa em um primeiro momento e, em seguida, com o Código Comercial de 1850.

Ao que se tem notícia, a instalação das primeiras instituições de seguros no Brasil se deu após a chegada da família real[1] e com atividades voltadas para o seguro marítimo, o que pode ser compreendido como consequência da abertura dos portos e do incremento

---
[1] Em 1808, foram autorizadas a funcionar as Companhias de Seguros Boa Fé e Conceito Público. Em 1810, foi autorizada a funcionar a Companhia Idenidade.

da atividade comercial por essa via. Nessa perspectiva, não surpreende que o Código Comercial de 1850 tenha se dedicado a disciplinar apenas o seguro marítimo.

Não obstante, a promulgação do Código Comercial de 1850, lei genuinamente brasileira, ainda que com fortes influências da legislação portuguesa, colaborou para o incremento da atividade securitária de forma mais abrangente, de modo que novas seguradoras foram autorizadas a operar no Brasil, bem como surgiram as primeiras seguradoras operando contra incêndios e com seguro de vida.

Insta destacar que o Código Comercial de 1850 proibia a contratação de seguro de vida, dispondo, expressamente, que era proibido o seguro sobre a vida de alguma pessoa livre[2]. No entanto, a partir de um esforço hermenêutico, a vedação acabou sendo interpretada no sentido de que, apenas no âmbito do seguro marítimo, seria proibida a contratação de seguro sobre a vida de pessoa livre, o que significaria dizer que, no âmbito dos seguros terrestres, seria permitido.

Assim, nos anos seguintes, iniciou-se a operação de seguros de vida[3], o qual foi posteriormente regulado no Código Civil de 1916, em seis dispositivos específicos.

Como referido logo no início desta seção, não havia, no Código Civil de 1916, correspondente ao art. 795 em comento. No entanto, importa tecer breves considerações ao parágrafo único do art. 1.471 do CC/1916, com o propósito de esclarecer a distinção entre as temáticas disciplinadas por um e outro dispositivo.

O *caput* do art. 1.471 delimita o seguro de vida, destacando os elementos essenciais do tipo, quais sejam: garantia, prêmio e risco coberto. Já o parágrafo único indica que, durante a vigência do contrato, ou seja, antes da ocorrência do sinistro, as partes contratantes, segurado e seguradora, podem alterar a forma de pagamento da compensação ao beneficiário do seguro por morte.

Como se depreende, não se trata de transação acerca do pagamento da indenização ou da compensação, mas da simples possibilidade de alteração contratual, durante a sua vigência, não existindo relação com o dispositivo 795 em comento.

2. SENTIDO DA DISPOSIÇÃO E PRINCIPAIS CONTROVÉRSIAS NA SUA INTERPRETAÇÃO

O seguro de pessoas não tem caráter indenitário, mas, sim, compensatório. Isso significa dizer que a contratação de alguma das diversas modalidades de seguros de pessoas não está sujeita a um teto, exatamente porque o bem da vida não tem equivalente pecuniário.

Nesse sentido, o legislador de 1916 dispunha, no art. 1.441, que, "No caso de seguro sobre a vida, é livre às partes fixar o valor respectivo e fazer mais de um seguro, no mesmo ou em diversos valores, sem prejuízo dos antecedentes". De forma semelhante, a legislação

---

[2] Art. 686 da Lei 556, de 1850: "É proibido o seguro: 1 – sobre coisas, cujo comércio não seja lícito pelas leis do Império, e sobre os navios nacionais ou estrangeiros que nesse comércio se empregarem; 2 – sobre a vida de alguma pessoa livre; 3 – sobre soldadas a vencer de qualquer indivíduo da tripulação".

[3] A operação de seguros de vida atraiu, especialmente, as companhias estrangeiras, motivando a aprovação do Decreto 294, de 1895, que dispunha sobre as companhias estrangeiras de seguro de vida que funcionavam no território nacional.

48
COMENTÁRIOS AO ART. 795 DO CÓDIGO CIVIL

Fernanda Paes Leme P. Rito

Art. 795. É nula, no seguro de pessoa, qualquer transação para pagamento reduzido do capital segurado.

1. ORIGEM DA DISPOSIÇÃO E REGIME ANTERIOR

O artigo em comento não encontra correspondente na legislação civil anterior, seja no Código Civil de 1916, seja no Código Comercial de 1850, seja, ainda, nas diversas normas esparsas pelo sistema. A rigor, a legislação securitária era escassa antes do Código Comercial de 1850, o qual disciplinou apenas o seguro marítimo. Os seguros terrestres, entre eles os de pessoas, foram regulados no Código Civil de 1916, no qual o contrato de seguro foi sistematizado em cinco seções: (i) disposições gerais; (ii) das obrigações do segurado; (iii) das obrigações do segurador; (iv) do seguro mútuo; e (v) do seguro sobre a vida.

Como é de fácil observação, o legislador de 1916 não tratou das especificidades gerais daqueles hoje reconhecidos como grandes categorias de seguros: danos e pessoas. A opção do legislador foi dispor sobre aspectos gerais, obrigações das partes e disciplinar os seguros mais usuais ao tempo da própria lei e que não eram regulados pelo Código Comercial.

Verdade que a atividade securitária já se desenvolvia antes da promulgação do Código Civil de 1916, em conformidade com as regulações da Casa de Seguros de Lisboa em um primeiro momento e, em seguida, com o Código Comercial de 1850.

Ao que se tem notícia, a instalação das primeiras instituições de seguros no Brasil se deu após a chegada da família real[1] e com atividades voltadas para o seguro marítimo, o que pode ser compreendido como consequência da abertura dos portos e do incremento

---

[1] Em 1808, foram autorizadas a funcionar as Companhias de Seguros Boa Fé e Conceito Público. Em 1810, foi autorizada a funcionar a Companhia Idenidade.

da atividade comercial por essa via. Nessa perspectiva, não surpreende que o Código Comercial de 1850 tenha se dedicado a disciplinar apenas o seguro marítimo.

Não obstante, a promulgação do Código Comercial de 1850, lei genuinamente brasileira, ainda que com fortes influências da legislação portuguesa, colaborou para o incremento da atividade securitária de forma mais abrangente, de modo que novas seguradoras foram autorizadas a operar no Brasil, bem como surgiram as primeiras seguradoras operando contra incêndios e com seguro de vida.

Insta destacar que o Código Comercial de 1850 proibia a contratação de seguro de vida, dispondo, expressamente, que era proibido o seguro sobre a vida de alguma pessoa livre[2]. No entanto, a partir de um esforço hermenêutico, a vedação acabou sendo interpretada no sentido de que, apenas no âmbito do seguro marítimo, seria proibida a contratação de seguro sobre a vida de pessoa livre, o que significaria dizer que, no âmbito dos seguros terrestres, seria permitido.

Assim, nos anos seguintes, iniciou-se a operação de seguros de vida[3], o qual foi posteriormente regulado no Código Civil de 1916, em seis dispositivos específicos.

Como referido logo no início desta seção, não havia, no Código Civil de 1916, correspondente ao art. 795 em comento. No entanto, importa tecer breves considerações ao parágrafo único do art. 1.471 do CC/1916, com o propósito de esclarecer a distinção entre as temáticas disciplinadas por um e outro dispositivo.

O *caput* do art. 1.471 delimita o seguro de vida, destacando os elementos essenciais do tipo, quais sejam: garantia, prêmio e risco coberto. Já o parágrafo único indica que, durante a vigência do contrato, ou seja, antes da ocorrência do sinistro, as partes contratantes, segurado e seguradora, podem alterar a forma de pagamento da compensação ao beneficiário do seguro por morte.

Como se depreende, não se trata de transação acerca do pagamento da indenização ou da compensação, mas da simples possibilidade de alteração contratual, durante a sua vigência, não existindo relação com o dispositivo 795 em comento.

2. SENTIDO DA DISPOSIÇÃO E PRINCIPAIS CONTROVÉRSIAS NA SUA INTERPRETAÇÃO

O seguro de pessoas não tem caráter indenitário, mas, sim, compensatório. Isso significa dizer que a contratação de alguma das diversas modalidades de seguros de pessoas não está sujeita a um teto, exatamente porque o bem da vida não tem equivalente pecuniário.

Nesse sentido, o legislador de 1916 dispunha, no art. 1.441, que, "No caso de seguro sobre a vida, é livre às partes fixar o valor respectivo e fazer mais de um seguro, no mesmo ou em diversos valores, sem prejuízo dos antecedentes". De forma semelhante, a legislação

---

[2] Art. 686 da Lei 556, de 1850: "É proibido o seguro: 1 – sobre coisas, cujo comércio não seja lícito pelas leis do Império, e sobre os navios nacionais ou estrangeiros que nesse comércio se empregarem; 2 – sobre a vida de alguma pessoa livre; 3 – sobre soldadas a vencer de qualquer indivíduo da tripulação".

[3] A operação de seguros de vida atraiu, especialmente, as companhias estrangeiras, motivando a aprovação do Decreto 294, de 1895, que dispunha sobre as companhias estrangeiras de seguro de vida que funcionavam no território nacional.

Nesse ponto, resta perquirir qual seria a causa ou função negocial dos seguros de pessoas. Como já referido, o seguro de pessoas tem caráter compensatório, razão pela qual a quantia devida pelo segurador é fixada a *priori*, não estando sujeita a um teto ou à avaliação.

Segundo José Augusto Delgado, a contratação de um seguro de pessoas, em suas diferentes modalidades, não tem por fim minimizar eventuais prejuízos advindos da ocorrência de um sinistro, mas, sim, "garantir ao segurado ou ao beneficiário, dependendo do caso, o recebimento do capital efetuado".[14] Por isso, destaca-se que os seguros de pessoas, em suas diferentes modalidades, usualmente possuem um forte caráter previdenciário, sendo este, no entendimento da doutrina,[15] o motivo da vedação de qualquer transação para o pagamento reduzido do capital estipulado.

De fato, para que possa cumprir essa função previdenciária, o pagamento deve ser integral, tanto que o legislador assegura que o capital estipulado, a ser pago ao beneficiário ou ao próprio segurado, fica imune aos efeitos de qualquer outro negócio que eventualmente tenha sido celebrado pelas partes, ou pelo segurado ou beneficiário e por terceiros.

Feitas tais considerações, é possível verificar que eventual transação para pagamento reduzido do capital estipulado seria contrária à finalidade econômica do próprio contrato, não resistindo, assim, ao controle de abusividade ou disfuncionalidade nos moldes do art. 187 do CC/2002.

Em primeiro lugar, como já mencionado, potencialmente configuraria o enriquecimento sem causa da seguradora, visto que "a fixação do valor segurado se faz de forma apriorística, por estimativa das partes, com base na qual, frise-se, se calcula o prêmio a ser pago"[16]. Assim, o pagamento a menor, possivelmente, implicaria desequilíbrio contratual e enriquecimento da seguradora. Em segundo lugar, eventual transação seria contrária à natureza compensatória do seguro de pessoas, maculando ainda a sua função previdenciária. Em terceiro lugar, quanto ao seguro de vida para o caso de morte, eventual transação seria feita com o beneficiário, que nem parte no contrato é.

Em síntese, considerando a natureza e a finalidade dos seguros de pessoas, bem como a sua causa ou função econômico-individual, qualquer transação para pagamento reduzido do capital estipulado é ilegítima em razão da abusividade ou disfuncionalidade e, consequentemente, ilícita.

---

ciais do contrato e a determinação do conteúdo mínimo (função econômico-individual) (RITO, Fernanda Paes Leme. *Princípio do equilíbrio funcional dos contratos*. 2016. Tese (Doutorado em Direito Civil) – Faculdade de Direito, Universidade do Estado do Rio de Janeiro, Rio de Janeiro, 2016).

[14] DELGADO, José Augusto. *Comentários ao novo Código Civil*: das várias espécies de contrato. Do seguro (arts. 757 a 802). Rio de Janeiro: Forense, 2007. v. XI. t. I. p. 756.

[15] "Em primeiro lugar, é preciso não olvidar que, no seguro de pessoa, por qualquer de suas modalidades, sobressalta uma especial função previdenciária, mais que ou mesmo sem um caráter indenitário, como no seguro de dano (ver comentário ao art. 789). A particularidade dessa finalidade do seguro de pessoa determina a regra vedatória de qualquer transação que tenha por objeto diminuir o valor do seguro a ser pago" (PELUSO, Cezar. *Código Civil comentado*: doutrina e jurisprudência. São Paulo: Manole, 2022. *E-book*. p. 783).

[16] PELUSO, Cezar. *Código Civil comentado*: doutrina e jurisprudência. São Paulo: Manole, 2022. *E-book*. p. 783.

Por fim, cumpre destacar que o legislador fulmina com nulidade a transação para o pagamento reduzido do capital estipulado em seguros de pessoas. No entanto, mesmo diante da expressa opção legislativa, há quem sustente que a hipótese seria de ineficácia, e não de nulidade.[17]

Sem adentrar nessa discussão, verifica-se que, na prática, alguns julgados indicam ou, ao menos, oferecem solução para casos de pagamento a menor do valor devido, em conformidade com o entendimento pela ineficácia, consignando que "o recibo dado pelo beneficiário do seguro em relação à indenização paga a menor não o inibe de reivindicar, em juízo, a diferença em relação ao montante que lhe cabe"[18] e condenando a seguradora ao pagamento da diferença[19].

3. DISPOSIÇÕES RELACIONADAS

O art. 795 do CC tem íntima ligação com os dispositivos pertencentes à Seção III do Capítulo XV do Código Civil, visto que a referida Seção III disciplina o seguro de pessoas, notadamente os dispositivos 789, 794 e 800, todos do Código Civil de 2002. Relaciona-se também, ainda que *a contrario sensu*, com os arts. 778, 781e 782 do mesmo diploma.

Ademais, relaciona-se com o disposto no art. 789, o qual determina que, no seguro de pessoas, o capital é livremente estipulado, sendo possível a contratação de mais de um seguro para o mesmo fim, exatamente porque os seguros de pessoas possuem caráter compensatório, não estando sujeitos a qualquer tipo de teto ou limitação.

Verifica-se, portanto, a distinção com os seguros de danos, que possuem caráter indenitário e, sendo assim, sujeitam-se a um teto, que limita a cobertura ao valor da coisa segurada[20], bem como permitem ou até mesmo exigem que a indenização a ser paga seja liquidada *a posteriori*, visto que a indenização não pode ultrapassar o valor do interesse segurado no momento do sinistro.[21] A imposição desse teto no caso de seguros de danos justifica-se, pois, nesse cenário, o valor garantido visa compensar o dano patrimonial suportado pelo segurado em decorrência da perda da coisa. Tanto o é que, se o segurado contratar novo seguro sobre a coisa, tal limite é mantido, a fim de se evitar o enriquecimento sem causa.[22]

O diálogo de complementariedade com o art. 794 é de extrema importância, pois ambos, conjuntamente, perfazem uma salvaguarda da própria função previdenciária dos

---

[17] VENOSA, Sílvio de Salvo. *Direito civil*. 6. ed. São Paulo: Atlas, 2006. v. III. p. 365.
[18] STJ, 4ª T., Resp 296.675/SP, rel. Min. Aldir Passarinho Junior, j. 20.08.2002.
[19] Cf.: STJ, 4ª T., Resp 619.324/RJ, rel. Min. Aldir Passarinho Junior, j. 04.05.2010; STJ, 3ª T., Resp 723.729/RJ, rel. Min. Nancy Andrighi, j. 25.09.2006.
[20] Art. 778 do CC/2002: "Nos seguros de dano, a garantia prometida não pode ultrapassar o valor do interesse segurado no momento da conclusão do contrato, sob pena do disposto no art. 766, e sem prejuízo da ação penal que no caso couber".
[21] Art. 781 do CC/2002: "A indenização não pode ultrapassar o valor do interesse segurado no momento do sinistro, e, em hipótese alguma, o limite máximo da garantia fixado na apólice, salvo em caso de mora do segurador".
[22] Art. 782 do CC/2002: "O segurado que, na vigência do contrato, pretender obter novo seguro sobre o mesmo interesse, e contra o mesmo risco junto a outro segurador, deve previamente comunicar sua intenção por escrito ao primeiro, indicando a soma por que pretende segurar-se, a fim de se comprovar a obediência ao disposto no art. 778".

seguros de pessoas. Assim, determina o legislador que é nula a transação para pagamento reduzido do valor estipulado, e, no seguro de vida ou de acidentes pessoais para o caso de morte, o capital estipulado está imune às dívidas do segurado e não é considerado herança.

Além das disposições do Código Civil referentes ao contrato de seguro, como já mencionado anteriormente, o dispositivo em comento relaciona-se com o art. 187 do CC, o qual estabelece os parâmetros para o controle de abusividade dos atos de autonomia. Identifica-se também uma relação de complementariedade com o art. 166, VII, o qual determina que é nulo o negócio jurídico quando a lei taxativamente o declara nulo.

Por fim, o dispositivo em comento se relaciona com as normas protetivas do consumidor, bem como com a normativa infralegal, notadamente da Susep, e com as normas gerais dos contratos e dos negócios jurídicos.

REFERÊNCIAS BIBLIOGRÁFICAS

ALBERTI, Verena (coord.). *Entre a solidariedade e o risco*: história do seguro privado no Brasil. 2. ed. Rio de Janeiro: FGV, 2001.

ALVIM, Angélica A. *Comentários ao Código de Processo Civil*. Rio de Janeiro: Saraiva, 2017. E-book.

ALVIM, Pedro. *A política brasileira de seguros*. São Paulo: Manuais Técnicos de Seguros, 1980.

ALVIM, Pedro. *O contrato de seguro*. 3. ed. Rio de Janeiro: Forense, 2001.

ALVIM, Pedro. *O seguro e o novo Código Civil*. Rio de Janeiro: Forense, 2007.

CARLINI, Angélica. Reflexões preliminares para a construção de uma hermenêutica específica para os contratos de seguro. In: TZIRULNIK, Ernesto; CAVALCANTI, Flávio de Queiroz Bezerra (coord.). *Revista Brasileira de Direito do Seguro e da Responsabilidade Civil*, ano I, jan. 2009.

CARNEIRO, Athos Gusmão. *Seguros*: uma questão atual. São Paulo: Max Limonad, 2001.

DELGADO, José Augusto. *Comentários ao novo Código Civil*: das várias espécies de contrato. Do seguro (arts. 757 a 802). Rio de Janeiro: Forense, 2007. v. XI. t. I.

GAMA, Guilherme Calmon Nogueira da. *O seguro de pessoa no novo Código Civil*. São Paulo: Ed. RT, v. 93, n. 826, ago. 2004.

GOMES, Orlando. *Contratos*. 26 ed. Rio de Janeiro: Forense, 2009.

KONDER, Carlos Nelson de Paula. *A constitucionalização do processo de qualificação dos contratos no ordenamento jurídico brasileiro*. 2009. Tese (Doutorado em Direito Civil) – Faculdade de Direito, Universidade do Estado do Rio de Janeiro, Rio de Janeiro, 2009.

PELUSO, Cezar. *Código Civil comentado*: doutrina e jurisprudência. São Paulo: Manole, 2022. E-book.

RITO, Fernanda Paes Leme. *Princípio do equilíbrio funcional dos contratos*. 2016. Tese (Doutorado em Direito Civil) – Faculdade de Direito, Universidade do Estado do Rio de Janeiro, Rio de Janeiro, 2016.

RITO, Fernanda Paes Leme. Função, funcionalização e função social do contrato de seguro. In: GOLDBERG, Ilan; JUNQUEIRA, Thiago (org.). *Temas atuais de direito dos seguros*. São Paulo: Ed. RT, 2020. t. II. p. 272-297.

SCHREIBER, Anderson et al. *Código Civil comentado*: doutrina e jurisprudência. Rio de Janeiro: Forense, 2021. E-book.

SOUZA, Eduardo Nunes de. Função negocial e função social do contrato: subsídios para um estudo comparativo. *Revista de Direito Privado*, São Paulo, v. 54, p. 65-98, 2013.

VENOSA, Sílvio de Salvo. *Direito civil*. 6. ed. São Paulo: Atlas, 2006. v. III.

49
COMENTÁRIOS AO ART. 796 DO CÓDIGO CIVIL

Fernanda Paes Leme P. Rito

> **Art. 796.** O prêmio, no seguro de vida, será conveniado por prazo limitado, ou por toda a vida do segurado.
>
> Parágrafo único. Em qualquer hipótese, no seguro individual, o segurador não terá ação para cobrar prêmio vencido, cuja falta de pagamento, nos prazos previstos, acarretará, conforme se estipular, a resolução do contrato, com a restituição da reserva já formada, ou a redução do capital garantido proporcionalmente ao prêmio pago.

1. ORIGEM DA DISPOSIÇÃO E REGIME ANTERIOR

O artigo em comento trata de aspectos referentes aos efeitos produzidos pelo contrato de seguro de vida. Dispõe, no *caput*, sobre a forma de execução no tempo da obrigação principal do segurado, qual seja, a de pagar o prêmio, e, no parágrafo único, limita o direito eventual do segurador para a cobrança do prêmio vencido.

O *caput* art. 796 encontra certa correspondência com o parágrafo único do art. 1.471 do CC/1916, o qual dispunha:

> Art. 1.471. O seguro sobre a vida tem por objeto garantir, mediante o prêmio anual que se ajustar, o pagamento de certa soma a determinada ou determinadas pessoas, por morte do segurado, podendo estipula-se igualmente o pagamento dessa soma ao próprio segurado, ou terceiro, se aquele sobreviver ao prazo de seu contrato.
>
> Parágrafo único. Quando a liquidação só deva operar-se por morte, o prêmio se pode ajustar por prazo limitado ou por toda a vida do segurado, sendo lícito a partes contratantes, durante a vigência do contrato, substituírem, de comum acordo, um plano por outro, feita a indenização de prêmios que a substituição exigir.

Como se verifica, em que pese certa correspondência, há distinções importantes que, de início, importa destacar. A legislação revogada explicitava que o gênero seguro sobre a vida compreendia o seguro de vida para o caso de morte, hipótese em que o capital estipulado seria devido ao(s) beneficiário(s) indicado(s), bem como o seguro de vida para o caso de sobrevivência, situação na qual o próprio segurado seria o beneficiário do

vigente determina que "Nos seguros de pessoas, o capital segurado é livremente estipulado pelo proponente, que pode contratar mais de um seguro sobre o mesmo interesse, com o mesmo ou diversos seguradores" (art. 789 do CC/2002).

Assim, o segurado, de acordo com a sua disponibilidade financeira e com o seu planejamento patrimonial e/ou sucessório, contrata a compensação que entender necessária e compatível com os seus propósitos. Essa análise de contratação é feita, como não poderia deixar de ser, antes da ocorrência do sinistro, e o prêmio pago pelo segurado é correspondente ao risco coberto e ao capital segurado[4].

Nesse sentido, ainda que não houvesse vedação expressa, qualquer transação para o pagamento reduzido do capital segurado teria a potencialidade de configurar o enriquecimento sem causa da seguradora, bem como abarcar situações nas quais a declaração de vontade do segurado ou do beneficiário seria eivada de vício, além de caracterizar uma abusividade.

O ordenamento jurídico brasileiro não admite um acréscimo patrimonial às custas de outrem e sem um fato jurídico que o justifique, daí a vedação ao enriquecimento sem causa[5]. De forma coerente, não haveria de aceitar transação para pagamento reduzido do capital estipulado em seguro de pessoas.

Isso porque, nesse tipo de avença, a obrigação do segurador é pagar a soma constante do contrato, nem mais, nem menos, mas o valor contratualmente estipulado, visto que correspondente ao prêmio pago em conformidade com o risco coberto[6]. O pagamento a menor, representaria, pela diminuição do passivo, um acréscimo patrimonial injustificado para a seguradora, que estaria se locupletando ilicitamente, o que é rechaçado pelo ordenamento.

Ademais, é de se supor que, após a ocorrência do sinistro, o beneficiário se encontre em estado de maior fragilidade e, possivelmente, até mesmo em situação de vulnerabilidade financeira. Assim, eventual aceitação de um pagamento reduzido do capital estipulado seria, possivelmente, eivada de vício do consentimento e, sendo assim, passível de invalidação por estado de perigo ou lesão[7], se preenchidos todos os requisitos para tal.

Tanto no estado de perigo quanto na lesão, verifica-se a preocupação do legislador com o valor desarrazoado da obrigação assumida por uma das partes em razão de uma

---

[4] "Lembre-se que no seguro de pessoa a fixação do valor segurado se faz de forma apriorística, por estimativa das partes, com base na qual, frise-se, se calcula o prêmio a ser pago" (PELUSO, Cezar. *Código Civil comentado*: doutrina e jurisprudência. São Paulo: Manole, 2022. *E-book*. p. 783).

[5] O enriquecimento sem causa perfaz um instrumento de proteção do patrimônio e se projeta no âmbito jurídico como um *princípio* e como uma *fonte de obrigações*.

[6] "O seguro de vida estabelece uma obrigação para o segurador de pagar ao próprio segurado ou a terceiro, por ele indicado, no caso de morte, a soma constante do contrato. O valor dessa soma é indiferente para o segurador, uma vez que está intimamente relacionada com o prêmio cobrado que leva ainda em conta a idade do segurado ou sua probabilidade de vida, segundo tábuas de mortalidade e a taxa de juros" (ALVIM, Pedro. *O seguro e o novo Código Civil*. Rio de Janeiro: Forense, 2007. p. 151).

[7] O estado de perigo, tal como disciplinado no art. 156 do Código Civil de 2002, configura-se "quando alguém, premido da necessidade de salvar-se, ou a pessoa de sua família, de grave dano conhecido pela outra parte, assume obrigação excessivamente onerosa". Já a lesão, nos termos do art. 157 do mesmo diploma, ocorre "quando uma pessoa, sob premente necessidade, ou por inexperiência, se obriga a prestação manifestamente desproporcional ao valor da prestação oposta".

necessidade premente – em ambos os institutos –, ou de inexperiência, exclusivamente na hipótese da lesão. Justamente pelo requisito objetivo da desproporção manifesta é que tais institutos, talvez, não se mostrassem suficientes para a proteção do segurado ou do beneficiário, tendo em vista a margem para a discussão.

Soma-se ainda a previsão expressa do art. 849 do CC, que dispõe que "A transação só se anula por dolo, coação, ou erro essencial quanto à pessoa ou coisa controversa". Assim, se não houvesse a vedação expressa do art. 795 em comento, mesmo diante de uma transação em que, em tese, restasse configurada a lesão ou o estado de perigo, essa não seria passível de invalidação por esses vícios.

Por fim, eventual transação com o propósito de minimizar a obrigação da seguradora, seria abusiva e, consequentemente, ilícita.

Como já defendido em outra sede[8], os atos de autonomia, para além de lícitos, devem ser legítimos e merecedores de proteção jurídica, o que significa dizer que não podem ser abusivos ou disfuncionais. Assim, para além do critério tradicional da licitude, adota-se o critério da legitimidade para uma análise valorativa de tais atos. Os parâmetros para esse controle de legitimidade são aqueles estabelecidos pelo legislador no art. 187 do CC/2002[9], a saber: fim econômico ou social, boa-fé e bons costumes.

A adoção do critério da legitimidade se torna possível a partir da funcionalização dos institutos jurídicos, que, ao revelar a finalidade prático-social do ato, viabiliza o controle de abusividade ou disfuncionalidade. Ademais, "nos contratos, a abusividade será sempre identificada diante da contrariedade do exercício da posição contratual por uma das partes à causa ou função negocial".[10] Especificamente, sobre o artigo em comento, José Augusto Delgado afirma que a razão da proibição de qualquer transação para pagamento reduzido do capital segurado tem sua origem na causa determinante do contrato de seguro.[11]

Foge ao escopo da análise aqui pretendida apresentar, ainda que sumariamente, as diversas concepções sobre causa do contrato[12]. No entanto, insta consignar que se emprega função como sinônimo de causa objetiva, compreendida como a síntese dos efeitos essenciais do contrato (função econômico-individual).[13]

---

[8] RITO, Fernanda Paes Leme. Função, funcionalização e função social do contrato de seguro. In: GOLDBERG, Ilan; JUNQUEIRA, Thiago (org.). *Temas atuais de direito dos seguros*. São Paulo: Ed. RT, 2020. t. II. p. 272-297. p. 272-297.

[9] Art. 187 do CC/2002: "Também comete ato ilícito o titular de um direito que, ao exercê-lo, excede manifestamente os limites impostos pelo seu fim econômico ou social, pela boa-fé ou pelos bons costumes".

[10] SOUZA, Eduardo Nunes de. Função negocial e função social do contrato: subsídios para um estudo comparativo. *Revista de Direito Privado*, São Paulo, v. 54, 2013. p. 86.

[11] DELGADO, José Augusto. *Comentários ao novo Código Civil*: das várias espécies de contrato. Do seguro (arts. 757 a 802). Rio de Janeiro: Forense, 2007. v. XI. t. I. p. 754.

[12] Cfr. Konder, Carlos Nelson de Paula. *A constitucionalização do processo de qualificação dos contratos no ordenamento jurídico brasileiro*. 2009. Tese (Doutorado em Direito Civil) – Faculdade de Direito, Universidade do Estado do Rio de Janeiro, Rio de Janeiro, 2009.

[13] A rigor, uma vez estabelecida a sinonímia entre causa e função, foi necessário delimitar qual seria, então, a função do contrato, emergindo três principais conceituações: causa como a função econômico-social do contrato; causa como o resultado jurídico objetivo que os contratantes visam obter quando o estipulam (função jurídica do negócio); e causa como a síntese dos efeitos essen-

capital estipulado se a sua vida ultrapassasse o termo fixado no contrato. Já o legislador de 2002, no art. 796, não faz menção às duas modalidades de seguro de vida. Não obstante, a leitura conjunta da disciplina do seguro de pessoas no Código Civil de 2002 indica a subsistência de ambas as hipóteses em nosso ordenamento e nos permite concluir que o legislador optou por referir-se ao gênero (seguro de vida) no art. 796. Até porque, ao, expressamente, determinar que as disciplinas insculpidas nos arts. 794 e 797 só incidem nos seguros de vida para o caso de morte, evidencia que essa não é a única modalidade admitida pelo ordenamento.

Um segundo ponto a mencionar é que a legislação anterior determinava o pagamento anual do prêmio, ao passo que a vigente faculta às partes convencionarem o pagamento do prêmio por certo prazo ou pela vida toda do segurado. Ademais, no art. 1.471, foi, expressamente, prevista a possibilidade de alteração da periodicidade no pagamento do prêmio, com a devida alteração do plano contratado, sem previsão semelhante na legislação vigente. Novamente, a falta de previsão expressa não implica a impossibilidade de as partes novarem.

Por fim, o art. 796 exclui o direito do segurador de cobrar judicialmente o prêmio vencido, facultando ao credor a resolução do contrato ou a redução do capital garantido, previsão sem correspondente na legislação anterior, que apenas previa, entre as obrigações do segurado, a obrigação de pagar os juros legais do prêmio atrasado, independentemente de interpelação[1].

Da experiência estrangeira, identificam-se ambas as possibilidades. A saber, a legislação italiana permite a cobrança dos prêmios vencidos e não pagos, ao passo que a francesa, assim como a lei civil brasileira de 2002, veda isso.

O Código Civil italiano, no art. 1.924, estipula um prazo de seis meses para o segurador executar o contrato em razão da falta de pagamento do prêmio relativo ao primeiro ano do contrato e determina a resolução do contrato na hipótese de o inadimplemento se verificar no pagamento dos prêmios sucessivos.[2]

---

[1] Art. 1.450 do CC/1916. "O segurado presume-se obrigado a pagar os juros legais do prêmio atrasado, independentemente de interpelação do segurador, se a apólice ou os estatutos não estabelecerem maior taxa".

[2] "Art. 1.924. Mancato pagamento dei premi. Se il contraente non paga il premio relativo al primo anno, l'assicuratore può agire per l'esecuzione del contratto nel termine di sei mesi dal giorno in cui il premio è scaduto. La disposizione si applica anche se il premio è ripartito in più rate, fermo restando il disposto dei primi due commi dell'art. 1901; in tal caso il termine decorre dalla scadenza delle singole rate. Se il contraente non paga i premi successivi nel termine di tolleranza previsto dalla polizza o, in mancanza, nel termine di venti giorni dalla scadenza, il contratto è risoluto di diritto (1453 e seguenti), e i premi pagati restano acquisiti all'assicuratore, salvo che sussistano le condizioni per il riscatto dell'assicurazione o per la riduzione della somma assicurata."

Em tradução livre: "Art. 1.942. Falta de pagamento dos prêmios. Se o contratante não pagar o prêmio relativo ao primeiro ano, poderá o segurador agir para a execução do contrato no prazo de seis meses a contar do dia em que o prêmio se venceu. Esta disposição se aplica mesmo quando o prêmio estiver dividido em várias quotas, sendo observado o disposto nas duas primeiras alíneas do art. 1901; em tal caso o prazo corre a partir do vencimento de cada uma das quotas. Se o contratante não pagar os prêmios sucessivos no prazo de tolerância previsto na apólice ou, na falta, no prazo de vinte dias a contar do vencimento, ficará o contrato resolvido de pleno direito e os prêmios pagos serão adquiridos pelo segurador, a não ser que subsistam as condições para o resgate do seguro ou para redução da importância segurada".

Já a lei francesa de 1930, conforme noticiam José Augusto Delgado[3] e Pedro Alvim[4], igualmente determina que o segurador não tem ação para exigir o pagamento dos prêmios e o inadimplemento teria como efeitos possíveis a desistência do próprio seguro ou a redução dos seus efeitos.[5]

2. SENTIDO DA DISPOSIÇÃO E PRINCIPAIS CONTROVÉRSIAS NA SUA INTERPRETAÇÃO

O artigo em comento, como já referido, dispõe sobre a forma de execução do contrato de seguro de vida no que tange ao pagamento do prêmio (*caput*), bem como sobre a eficácia do contrato de seguro de vida em razão do inadimplemento do prêmio (parágrafo único).

Para uma melhor compreensão do dispositivo, imperioso traçar breves considerações sobre o prêmio, as modalidades de seguro de vida – se individual ou em grupo – e as consequências da mora do segurado.

O prêmio figura como um dos elementos essenciais do contrato de seguro, sendo a principal obrigação do segurado consistente em uma prestação pecuniária correspondente ao preço do risco coberto ou, como propõe Ernesto Tzirulnik[6], o "prêmio é o preço da garantia". No caso do seguro de pessoas, o valor do prêmio é calculado aprioristicamente e com base no risco e no capital estipulado para a compensação quando da ocorrência do sinistro.

Já se teve oportunidade de afirmar que o prêmio, em conjunto com o risco, orienta a técnica securitária, sendo o risco o parâmetro definidor da correspectividade entre o prêmio pago pelo segurado e a garantia assumida pelo segurador.[7] Nessa perspectiva, se o segurado deixa de adimplir o prêmio, o equilíbrio econômico-atuarial do contrato resta comprometido. Em casos tais, a resposta usual do ordenamento é a manutenção do contrato acrescido de perdas e danos, sendo cabível a ação de cobrança específica para satisfação do crédito ou a resolução do contrato por inadimplemento.

No entanto, essa não foi a opção do legislador para o caso de inadimplemento do prêmio no seguro individual de vida. Para tais casos, o legislador optou por excluir a opção de o segurador manejar ação de cobrança do prêmio vencido. Pedro Alvim explica que tal opção encontra justificativa no caráter eminentemente previdenciário do seguro de vida individual. "Quem não dispõe de meios para manter um contrato de previdência, não deve ser forçado a isso. Convém deixar a pessoa livre para julgar de seu próprio futuro ou das disposições para depois da sua morte."[8]

---

[3] DELGADO, José Augusto. *Comentários ao novo Código Civil*: das várias espécies de contrato. Do seguro (arts. 757 a 802). Rio de Janeiro: Forense, 2007. v. XI. t. I. p. 763-764.

[4] ALVIM, Pedro. *O seguro e o novo Código Civil*. Rio de Janeiro: Forense, 2007. p. 178.

[5] DELGADO, José Augusto. *Comentários ao novo Código Civil*: das várias espécies de contrato. Do seguro (arts. 757 a 802). Rio de Janeiro: Forense, 2007. v. XI. t. I. p. 763-764.

[6] TZIRULNIK, Ernesto; CAVALCANTI, Flávio de Queiroz B.; PIMENTEL, Ayrton. *O contrato de seguro*: de acordo com o novo Código Civil brasileiro. 2. ed. São Paulo: Ed. RT, 2003. p. 38.

[7] RITO, Fernanda Paes Leme. *Princípio do equilíbrio funcional dos contratos*. 2016. Tese (Doutorado em Direito Civil) – Faculdade de Direito, Universidade do Estado do Rio de Janeiro, Rio de Janeiro, 2016. p. 203.

[8] ALVIM, Pedro. *O seguro e o novo Código Civil*. Rio de Janeiro: Forense, 2007. p. 178.

capital estipulado se a sua vida ultrapassasse o termo fixado no contrato. Já o legislador de 2002, no art. 796, não faz menção às duas modalidades de seguro de vida. Não obstante, a leitura conjunta da disciplina do seguro de pessoas no Código Civil de 2002 indica a subsistência de ambas as hipóteses em nosso ordenamento e nos permite concluir que o legislador optou por referir-se ao gênero (seguro de vida) no art. 796. Até porque, ao, expressamente, determinar que as disciplinas insculpidas nos arts. 794 e 797 só incidem nos seguros de vida para o caso de morte, evidencia que essa não é a única modalidade admitida pelo ordenamento.

Um segundo ponto a mencionar é que a legislação anterior determinava o pagamento anual do prêmio, ao passo que a vigente faculta às partes convencionarem o pagamento do prêmio por certo prazo ou pela vida toda do segurado. Ademais, no art. 1.471, foi, expressamente, prevista a possibilidade de alteração da periodicidade no pagamento do prêmio, com a devida alteração do plano contratado, sem previsão semelhante na legislação vigente. Novamente, a falta de previsão expressa não implica a impossibilidade de as partes novarem.

Por fim, o art. 796 exclui o direito do segurador de cobrar judicialmente o prêmio vencido, facultando ao credor a resolução do contrato ou a redução do capital garantido, previsão sem correspondente na legislação anterior, que apenas previa, entre as obrigações do segurado, a obrigação de pagar os juros legais do prêmio atrasado, independentemente de interpelação[1].

Da experiência estrangeira, identificam-se ambas as possibilidades. A saber, a legislação italiana permite a cobrança dos prêmios vencidos e não pagos, ao passo que a francesa, assim como a lei civil brasileira de 2002, veda isso.

O Código Civil italiano, no art. 1.924, estipula um prazo de seis meses para o segurador executar o contrato em razão da falta de pagamento do prêmio relativo ao primeiro ano do contrato e determina a resolução do contrato na hipótese de o inadimplemento se verificar no pagamento dos prêmios sucessivos.[2]

---

[1] Art. 1.450 do CC/1916. "O segurado presume-se obrigado a pagar os juros legais do prêmio atrasado, independentemente de interpelação do segurador, se a apólice ou os estatutos não estabelecerem maior taxa".

[2] "Art. 1924. Mancato pagamento dei premi. Se il contraente non paga il premio relativo al primo anno, l'assicuratore può agire per l'esecuzione del contratto nel termine di sei mesi dal giorno in cui il premio è scaduto. La disposizione si applica anche se il premio è ripartito in più rate, fermo restando il disposto dei primi due commi dell'art. 1901; in tal caso il termine decorre dalla scadenza delle singole rate. Se il contraente non paga i premi successivi nel termine di tolleranza previsto dalla polizza o, in mancanza, nel termine di venti giorni dalla scadenza, il contratto è risoluto di diritto (1453 e seguenti), e i premi pagati restano acquisiti all'assicuratore, salvo che sussistano le condizioni per il riscatto dell'assicurazione o per la riduzione della somma assicurata."

Em tradução livre: "Art. 1942. Falta de pagamento dos prêmios. Se o contratante não pagar o prêmio relativo ao primeiro ano, poderá o segurador agir para a execução do contrato no prazo de seis meses a contar do dia em que o prêmio se venceu. Esta disposição se aplica mesmo quando o prêmio estiver dividido em várias quotas, sendo observado o disposto nas duas primeiras alíneas do art. 1901; em tal caso o prazo corre a partir do vencimento de cada uma das quotas. Se o contratante não pagar os prêmios sucessivos no prazo de tolerância previsto na apólice ou, na falta, no prazo de vinte dias a contar do vencimento, ficará o contrato resolvido de pleno direito e os prêmios pagos serão adquiridos pelo segurador, a não ser que subsistam as condições para o resgate do seguro ou para redução da importância segurada".

Já a lei francesa de 1930, conforme noticiam José Augusto Delgado[3] e Pedro Alvim[4], igualmente determina que o segurador não tem ação para exigir o pagamento dos prêmios e o inadimplemento teria como efeitos possíveis a desistência do próprio seguro ou a redução dos seus efeitos.[5]

2. SENTIDO DA DISPOSIÇÃO E PRINCIPAIS CONTROVÉRSIAS NA SUA INTERPRETAÇÃO

O artigo em comento, como já referido, dispõe sobre a forma de execução do contrato de seguro de vida no que tange ao pagamento do prêmio (*caput*), bem como sobre a eficácia do contrato de seguro de vida em razão do inadimplemento do prêmio (parágrafo único).

Para uma melhor compreensão do dispositivo, imperioso traçar breves considerações sobre o prêmio, as modalidades de seguro de vida – se individual ou em grupo – e as consequências da mora do segurado.

O prêmio figura como um dos elementos essenciais do contrato de seguro, sendo a principal obrigação do segurado consistente em uma prestação pecuniária correspondente ao preço do risco coberto ou, como propõe Ernesto Tzirulnik[6], o "prêmio é o preço da garantia". No caso do seguro de pessoas, o valor do prêmio é calculado aprioristicamente e com base no risco e no capital estipulado para a compensação quando da ocorrência do sinistro.

Já se teve oportunidade de afirmar que o prêmio, em conjunto com o risco, orienta a técnica securitária, sendo o risco o parâmetro definidor da correspectividade entre o prêmio pago pelo segurado e a garantia assumida pelo segurador.[7] Nessa perspectiva, se o segurado deixa de adimplir o prêmio, o equilíbrio econômico-atuarial do contrato resta comprometido. Em casos tais, a resposta usual do ordenamento é a manutenção do contrato acrescido de perdas e danos, sendo cabível a ação de cobrança específica para satisfação do crédito ou a resolução do contrato por inadimplemento.

No entanto, essa não foi a opção do legislador para o caso de inadimplemento do prêmio no seguro individual de vida. Para tais casos, o legislador optou por excluir a opção de o segurador manejar ação de cobrança do prêmio vencido. Pedro Alvim explica que tal opção encontra justificativa no caráter eminentemente previdenciário do seguro de vida individual. "Quem não dispõe de meios para manter um contrato de previdência, não deve ser forçado a isso. Convém deixar a pessoa livre para julgar de seu próprio futuro ou das disposições para depois da sua morte."[8]

---

[3] DELGADO, José Augusto. *Comentários ao novo Código Civil*: das várias espécies de contrato. Do seguro (arts. 757 a 802). Rio de Janeiro: Forense, 2007. v. XI. t. I. p. 763-764.

[4] ALVIM, Pedro. *O seguro e o novo Código Civil*. Rio de Janeiro: Forense, 2007. p. 178.

[5] DELGADO, José Augusto. *Comentários ao novo Código Civil*: das várias espécies de contrato. Do seguro (arts. 757 a 802). Rio de Janeiro: Forense, 2007. v. XI. t. I. p. 763-764.

[6] TZIRULNIK, Ernesto; CAVALCANTI, Flávio de Queiroz B.; PIMENTEL, Ayrton. *O contrato de seguro*: de acordo com o novo Código Civil brasileiro. 2. ed. São Paulo: Ed. RT, 2003. p. 38.

[7] RITO, Fernanda Paes Leme. *Princípio do equilíbrio funcional dos contratos*. 2016. Tese (Doutorado em Direito Civil) – Faculdade de Direito, Universidade do Estado do Rio de Janeiro, Rio de Janeiro, 2016. p. 203.

[8] ALVIM, Pedro. *O seguro e o novo Código Civil*. Rio de Janeiro: Forense, 2007. p. 178.

De início, há de se destacar que a previsão não incide sobre os seguros de vida em grupo, que são aqueles contratados pelo estipulante em favor de pessoas reunidas em grupos, por exemplo, a favor dos empregados de determinada empresa ou pertencentes a um fundo fechado de previdência, seja porque, nesses casos, eventual inadimplemento seria do estipulante, e não do segurado (na hipótese dos seguros não contributários), seja em razão da própria renovação periódica do conjunto de segurados[9].

No que diz respeito às consequências da mora no pagamento do prêmio para os seguros em geral, estabelece o art. 763 do CC que "Não terá direito a indenização o segurado que estiver em mora no pagamento do prêmio, se ocorrer o sinistro antes de sua purgação". Trata-se de previsão constante das disposições gerais e, portanto, aplicável a qualquer modalidade de seguro, exceto o de vida individual em virtude da regra específica insculpida no art. 796.

Assim, para as demais modalidades e espécies de seguro, pode o segurador mover a respectiva ação de cobrança dos prêmios não pagos. Contudo, ao contrário do que pode se extrair de uma interpretação literal do art. 763, a jurisprudência já firmou posicionamento no sentido de que não ocorre a perda imediata do direito à indenização e o próprio direito potestativo à resolução do contrato por inadimplemento restou mitigado em um controle de abusividade ou disfuncionalidade[10].

Nessa perspectiva, considerando a natureza do seguro de vida individual e a própria evolução do entendimento jurisprudencial acerca das consequências da mora no pagamento do prêmio dos seguros em geral, conclui-se que a previsão do parágrafo único do art. 796 guarda sintonia com a funcionalização dos contratos em geral e do contrato de seguro, especificamente, o qual, em razão da sua natureza comunitária, é lócus privilegiado para a concretização dos interesses gerais, para além dos interesses das próprias partes.[11]

Por fim, consigna-se que o fato de o segurador estar impedido de promover ação para cobrança dos prêmios vencidos e não pagos não significa que deverá absorver tal prejuízo, como, a bem da verdade, não poderia ser, pois impactaria negativamente a mutualidade, essencial para a existência do próprio seguro.

---

[9] Nesse sentido, a doutrina adverte: "A propósito é bom lembrar que os seguros de vida podem ser em grupo, ou seja, em que um estipulante age como mandatário dos segurados, instituindo cobertura do evento morte para pagamento do capital ou renda a um beneficiário indicado; em regra, é contratado de forma temporária, com renovações ao cabo de períodos previamente ajustados" (PELUSO, Cezar. *Código Civil comentado*: doutrina e jurisprudência. São Paulo: Manole, 2022. E-book. p. 784).

[10] Cfr.: Enunciado 361 do CJF/STJ ("O adimplemento substancial decorre dos princípios gerais contratuais, de modo a fazer preponderar a função social do contrato e o princípio da boa-fé objetiva, balizando a aplicação do art. 475"); Enunciado 371 do CJF/STJ ("A mora do segurado, sendo de escassa importância, não autoriza a resolução do contrato, por atentar ao princípio da boa-fé objetiva"); Enunciado 376 do CJF/STJ ("Para efeito do art. 763 do Código Civil, a resolução do contrato depende de prévia interpelação"); Súmula 616 do STJ ("a indenização securitária é devida quando ausente a comunicação prévia do segurado acerca do atraso no pagamento do prêmio, por constituir requisito essencial para a suspensão ou resolução do contrato de seguro").

[11] Sobre essa questão, Miguel Reale Júnior adverte que, "se o contrato deve atender ao interesse geral, não há contrato mais significativamente voltado ao interesse geral do que o contrato de seguro" (REALE JÚNIOR, Miguel. Função Social do contrato: integração das normas do Capítulo XV com os princípios e as cláusulas gerais. In: FÓRUM DE DIREITO DO SEGURO JOSÉ SOLLERO FILHO, 3., 2003, São Paulo. *Anais* (...). São Paulo: IBDS, 2003. p. 47).

A rigor, o legislador impede a ação de cobrança, mas faculta a resolução do contrato com a restituição da reserva já formada ou a redução do capital garantido proporcionalmente ao prêmio pago.

A resolução do contrato por inadimplemento, conforme já referido, é um direito potestativo do credor em face do inadimplemento absoluto. Tradicionalmente, o interesse do credor na manutenção ou não do vínculo era o parâmetro distintivo entre o inadimplemento absoluto e o relativo. Entende-se que ainda o é, porém o exercício de tal direito está condicionado ao controle de legitimidade do próprio ato, o qual é traduzido na teoria do adimplemento substancial para as hipóteses em comento.

Por fim, faculta o legislador a manutenção do vínculo com a redução do capital garantido proporcionalmente ao prêmio pago, o que se mostra como solução razoável, visto que, a um só tempo, privilegia o princípio da conservação dos negócios jurídicos, protege o vínculo contratual, o segurado e/ou os beneficiários e proporciona o reequilíbrio da relação contratual.

3. DISPOSIÇÕES RELACIONADAS

O artigo em comento relaciona-se com os dispositivos que regulamentam o contrato de seguro, notadamente com aqueles referentes ao seguro de pessoas, como era de se esperar.

Além das disposições do Código Civil referentes ao contrato de seguro, o dispositivo em comento, por certo, se relaciona com as normas protetivas do consumidor, bem como com a normativa infralegal, notadamente da Susep, e com as normas gerais dos contratos e dos negócios jurídicos.

No âmbito infralegal, destaca-se a Resolução CNSP 439, de julho de 2022, que dispõe sobre as características gerais para operação das coberturas de risco de seguros de pessoas, bem como a Circular Susep 667, também de julho de 2022, que versa sobre as regras complementares de funcionamento e os critérios para operação das coberturas de risco de seguros de pessoas.

Quanto à Resolução 439, esta estabelece, entre outras coisas, que as coberturas de risco de seguros de pessoas, contratadas de forma individual ou coletiva, serão estruturadas na modalidade de benefício definido. Tal modalidade mostra-se de mais fácil compreensão e avaliação pelo segurado, que sabe, de antemão, qual é o valor do capital estipulado e pode, a partir disso, ao longo do tempo, negociar o valor do prêmio a fim de ajustar o valor da cobertura a suas necessidades e possibilidades.

Em conformidade com a Lei 13.146/2015 e a normativa constitucional, notadamente com o princípio da igualdade e a cláusula geral de dignidade da pessoa humana, a referida resolução, expressamente, determina, em seu art. 7º, que "A recusa do risco pela razão única de o proponente ser pessoa com deficiência configurará discriminação e será, por consequência, passível de punição nos termos da regulamentação específica".

Já a Circular Susep 667, expressamente, determina conteúdos mínimos que devem constar das apólices, como o tipo de contratação, o objetivo do seguro, os riscos excluídos, o prazo de vigência etc. Dispõe ainda sobre o custeio dos planos, a forma e a periodicidade do pagamento do prêmio, o resgate e a portabilidade. Enfim, dispõe sobre os aspectos concernentes à operacionalização dos seguros de pessoas em si.

REFERÊNCIAS BIBLIOGRÁFICAS

ALVIM, Angélica A. *Comentários ao Código de Processo Civil*. Rio de Janeiro: Saraiva, 2017. *E-book*.

ALVIM, Pedro. *O contrato de seguro*, 3. ed. Rio de Janeiro: Forense, 2001.

ALVIM, Pedro. *O seguro e o novo Código Civil*. Rio de Janeiro: Forense, 2007.

CARLINI, Angélica. Reflexões preliminares para a construção de uma hermenêutica específica para os contratos de seguro. In: TZIRULNIK, Ernesto; CAVALCANTI, Flávio de Queiroz Bezerra (coord.). *Revista Brasileira de Direito do Seguro e da Responsabilidade Civil*, ano I, jan. 2009.

CARNEIRO, Athos Gusmão. *Seguros*: uma questão atual. São Paulo: Max Limonad, 2001.

DELGADO, José Augusto. *Comentários ao novo Código Civil*: das várias espécies de contrato. Do seguro (arts. 757 a 802). Rio de Janeiro: Forense, 2007. v. XI. t. I.

GAMA, Guilherme Calmon Nogueira da. O seguro de pessoa no novo Código Civil. São Paulo: *Revista dos Tribunais*, v. 93, n. 826, ago. 2004.

GOMES, Orlando. *Contratos*. 26. ed. Rio de Janeiro: Forense, 2009.

PELUSO, Cezar. *Código Civil comentado*: doutrina e jurisprudência. São Paulo: Manole, 2022. *E-book*.

REALE JÚNIOR, Miguel. Função Social do contrato: integração das normas do Capítulo XV com os princípios e as cláusulas gerais. In: FÓRUM DE DIREITO DO SEGURO JOSÉ SOLLERO FILHO, 3., 2003, São Paulo. *Anais* (...). São Paulo: IBDS, 2003.

RITO, Fernanda Paes Leme. *Princípio do equilíbrio funcional dos contratos*. 2016. Tese (Doutorado em Direito Civil) – Faculdade de Direito, Universidade do Estado do Rio de Janeiro, Rio de Janeiro, 2016.

RITO, Fernanda Paes Leme. Função, funcionalização e função social do contrato de seguro. In: GOLDBERG, Ilan; JUNQUEIRA, Thiago (org.). *Temas atuais de direito dos seguros*. São Paulo: Ed. RT, 2020. t. II. p. 272-297.

SCHREIBER, Anderson et al. *Código Civil Comentado*: doutrina e jurisprudência. Rio de Janeiro: Forense, 2021. *E-book*.

TZIRULNIK, Ernesto; CAVALCANTI, Flávio de Queiroz B.; PIMENTEL, Ayrton. *O contrato de seguro*: de acordo com o novo Código Civil brasileiro. 2. ed. São Paulo: Ed. RT, 2003.

VENOSA, Sílvio de Salvo. *Direito civil*. 6. ed. São Paulo: Atlas, 2006. v. III.

50
COMENTÁRIOS AO ART. 797 DO CÓDIGO CIVIL

Thiago Junqueira

> **Art. 797.** No seguro de vida para o caso de morte, é lícito estipular-se um prazo de carência, durante o qual o segurador não responde pela ocorrência do sinistro.
>
> Parágrafo único. No caso deste artigo o segurador é obrigado a devolver ao beneficiário o montante da reserva técnica já formada.

1. ORIGEM DA DISPOSIÇÃO E REGIME ANTERIOR

Conforme o art. 2º, XVI, da Resolução CNSP 439/2022 (que dispõe sobre as características gerais para operação das coberturas de risco de seguros de pessoas), o *prazo de carência* pode ser conceituado como o:

> (...) período, contado a partir da data de início de vigência do seguro ou do aumento do capital segurado ou da recondução, no caso de suspensão, durante o qual, na ocorrência do sinistro, o segurado ou os beneficiários não terão direito à percepção dos capitais segurados contratados.

A estipulação de um prazo de carência pelo segurador tem como objetivo reduzir o risco moral do (candidato a) segurado e proteger o equilíbrio entre as prestações contratuais, garantindo-se que o segurado contribua – ainda que minimamente – com o fundo mutual antes de ter direito a receber eventual contraprestação monetária (integral) pelo segurador.

Se de outra forma o fosse, possibilitar-se-iam incentivos perversos à contratação dos seguros de pessoas por indivíduos que já estão em situação de saúde debilitada e que teriam direito (ou os seus beneficiários teriam direito) a receber, de plano, a integralidade, ou mesmo uma parte, do capital segurado.[1] A mesma lógica se aplica, por exemplo, ao aumento

---

[1] Tal afirmativa leva em consideração as dificuldades de comprovação pela seguradora da omissão ou da prestação de informações falsas sobre doenças preexistentes no momento de preenchimento da declaração pessoal de saúde pelo candidato a segurado. Sobre a assimetria de informação e os fenômenos da seleção adversa do risco, em particular do risco moral nos seguros, seja consentido

do capital segurado de determinada cobertura, uma vez que, na ausência do referido prazo, poderia haver um encorajamento para que o segurado fizesse tal acréscimo ao tomar ciência de que estaria na iminência da ocorrência do sinistro.

O art. 797 do CC não encontra dispositivo equivalente no CC/1916, embora, nessa sede, constasse: "Quando a apólice limitar ou particularizar os riscos do seguro, não responderá por outros o segurador" (art. 1.460).[2] Ao comentar o art. 1.460, Carvalho Santos pontua tratar-se de "disposição absolutamente supérflua", uma vez que a "responsabilidade do segurador fica restrita ao risco assumido, isto é, ao risco previsto no contrato".[3]

A origem do art. 797 do CC/2002 remonta ao art. XXXVII do substitutivo ao capítulo referente ao contrato de seguro no anteprojeto de Código Civil, de autoria de Fábio Konder Comparato. Na explicação do autor:

> O substitutivo permite expressamente a estipulação de um prazo de carência, no seguro de vida para o caso de morte (art. XXXVII), tolhendo-se destarte qualquer escrúpulo jurisprudencial. Mas o segurador que se prevalece da carência contratual não pode reter a reserva técnica já formada, dado o caráter previdenciário do contrato.[4]

Conforme será demonstrado nos comentários ao art. 798 do CC, havia acesa controvérsia acerca da eficácia da *carência contratual* estipulada pelo segurador para o caso do suicídio do segurado. No trecho citado, Comparato não deixa de criticar a jurisprudência da época, que, por vezes, afastava a aplicação da carência estipulada pelas partes.

O art. 797 do CC colocou uma pá de cal na discussão sobre a validade de fixação de um prazo no qual o segurador não responderá – parcial ou integralmente – pelo sinistro sofrido pelo segurado. Na prática, a presença de um prazo de carência no contrato acaba por reduzir os valores dos prêmios a serem pagos pelos segurados, tornando os seguros mais acessíveis aos consumidores.

---

remeter a JUNQUEIRA, Thiago. O risco no domínio dos seguros. In: GOLDBERG, Ilan; JUNQUEIRA, Thiago. *Temas atuais de direito dos seguros*. São Paulo: Ed. RT, 2020. t. II. p. 57 e ss.

[2] Sobre o tema, consulte-se ALVIM, Pedro. *O contrato de seguro*. 3. ed. Rio de Janeiro: Forense, 2001. p. 253 e ss. Em outra sede, afirmou o mesmo autor: "Nenhum dispositivo a respeito continha o Código Civil, mas o vigente resolveu dar cunho legal a essa norma já praticada, há muito tempo, pelos seguradores. Estabeleceu o art. 797 que no seguro de vida para o caso de morte, é lícito estipular-se um prazo de carência, dentro do qual o segurador não responde pela ocorrência do sinistro, mas é obrigado a devolver ao beneficiário o montante da reserva técnica já formada" (ALVIM, Pedro. *O seguro e o novo Código Civil*. [Organização e compilação Elizabeth Alvim Bonfioli]. Rio de Janeiro: Forense, 2007. p. 183).

[3] SANTOS, J. M. de Carvalho. *Código Civil Brasileiro interpretado*. 10. ed. Rio de Janeiro: Livraria Editora Freitas Bastos, 1981. v. XIX. p. 370. O caráter supérfluo do artigo em tela já havia sido apontado anteriormente por ALVES, João Luiz. *Codigo Civil da Republica dos Estados Unidos do Brasil*. 3. tir. Rio de Janeiro: Editores-Livreiros, 1926. p. 1044. Nesse pano de fundo, Clóvis Beviláqua afirma: "Os riscos devem ser declarados na apolice de modo preciso, especificando-se a sua natureza e extensão, porque constituem elemento essencial do contracto" (BEVILÁQUA, Clóvis. *Codigo Civil dos Estados Unidos do Brasil commentado*. São Paulo: Livraria Francisco Alves, 1926. v. V. p. 196).

[4] COMPARATO, Fábio Konder. Substituto ao capítulo referente ao contrato de seguro no anteprojeto de Código Civil. *Revista de Direito Mercantil, Industrial, Econômico e Financeiro*. São Paulo, n. 5, ano XI (nova série), 1972. p. 150.

Após a entrada em vigor do Código Civil de 2002, houve a necessidade de atualização do arcabouço regulatório da Susep (Superintendência de Seguros Privados) e do CNSP (Conselho Nacional de Seguros Privados), tendo sido enfrentado o tema da permissividade e dos limites da carência contratual nos arts. 22 a 27 da Resolução CNSP 117/2004. Em julho de 2022, o tema passou a ser endereçado pelos arts. 11 a 15 da Resolução CNSP 439/2022 e pelos arts. 32 e 46 da Circular Susep 667/2022.

Mesmo durante o prazo de carência, seja no seguro individual, seja no seguro em grupo, o segurado/estipulante deverá adimplir o prêmio devido. Caso ocorra o sinistro (morte natural ou doença) durante esse prazo, salvo o inadimplemento do dever pré-contratual de informação do segurado (art. 766 do CC) ou o agravamento do respectivo risco (art. 768 do CC), o segurador, no seguro de vida individual, além de não pagar a "indenização", terá de devolver ao beneficiário o montante da reserva técnica já formada por meio do prêmio recebido do segurado. Em caso de morte acidental, em regra, não se aplica o período de carência no Brasil.

Na sequência, será visto que todo o regramento legal e regulatório da matéria não conseguiu dirimir algumas importantes controvérsias pertinentes a esse tema.

2. SENTIDO DA DISPOSIÇÃO E PRINCIPAIS CONTROVÉRSIAS NA SUA INTERPRETAÇÃO

De partida, não se deve confundir o início da *vigência do seguro* com o início do *período de cobertura* pelo segurador. Salvo estipulação negocial ou normativa em contrário, *os horários de início e término de vigência do seguro serão às vinte e quatro horas das datas para tais fins indicadas nos documentos contratuais*.[5] Por outro lado, o período de cobertura do risco pelo segurador poderá ser distinto, seja pela estipulação de um prazo de carência, objeto da presente análise, seja até mesmo pela fixação de um período retroativo de cobertura – que só terá eficácia para fatos desconhecidos pelo tomador/segurado.[6]

O prazo de carência, por vezes mencionado como "período de insegurança" ou "regra da indisputabilidade",[7] afasta a cobertura parcial ou total do sinistro dentro de determina-

---

[5] *Vide*, no que aqui interessa, os arts. 8º e 9º da Circular Susep 642, de 20.09.2021 (que dispõe sobre a aceitação e a vigência do seguro, a emissão e os elementos mínimos dos documentos contratuais): "Art. 8º. A proposta deverá indicar a data de início de vigência do seguro ou o critério para sua determinação, podendo coincidir com a data de aceitação da proposta"; "Art. 9º. As datas e os horários de início e término da vigência do seguro deverão estar indicados nos documentos contratuais. Parágrafo único. Na falta de indicação expressa de horário nos documentos de que trata o caput, o horário de início e término de vigência do seguro será às vinte e quatro horas das datas para tal fim neles indicadas".

[6] No contexto português, assevera Maria Inês de Oliveira Martins, com base no Decreto-lei 72/2008: "Na falta de estipulação em contrário, o contrato produz efeitos a partir das 0 horas do dia seguinte ao da sua celebração (39.º) e vale por períodos de um ano renováveis (arts. 40.º e 41.º). No que toca ao início da cobertura dos riscos, as partes podem, porém, prever períodos de carência ou cobertura retroactiva de riscos, não se cobrindo porém sinistros já ocorridos de que o segurado (ou o tomador de seguro) tenha conhecimento (art. 42.º)" (MARTINS, Maria Inês de Oliveira. Regime jurídico do contrato de seguro em Portugal. *Actualidad Jurídica Iberoamericana*, n. 5, 2016. p. 212).

[7] MARTINS-COSTA, Judith. Contrato de seguro: Suicídio do segurado: art. 798, Código Civil: interpretação: diretrizes e princípios do Código Civil: proteção ao consumidor. *Revista Brasileira de*

do lapso temporal. Conforme magistério de Pontes de Miranda, se o segurador "inseriu cláusula de período de carência, dentro dêle não está coberto o risco".[8]

Diante da permissão legal para a estipulação do prazo de carência contratual, não há que se cogitar que o segurador, ao assim proceder, deixaria de agasalhar interesses legítimos do segurado, tampouco que tal cláusula seria abusiva ou contrária à boa-fé e aos usos. A sua plena aplicabilidade, portanto, fica restrita apenas à adequada informação ao consumidor e ao respeito ao limite temporal disposto em sede infralegal.

Para ter aplicabilidade, o prazo de carência deve constar na *proposta* (de contratação e/ou de adesão) submetida ao candidato a segurado, bem como na *apólice* (ou *bilhete*) e, no caso dos seguros em grupo, no *certificado individual*. Além de, expressamente, mencionar isso, a regulação Susep vai além, ao obrigar que os *critérios* do referido prazo de carência sejam previstos nas condições contratuais do plano, a serem disponibilizadas por meio físico ou remoto, por ocasião da emissão da apólice, do bilhete ou do certificado individual do seguro.[9]

Em tese, pode haver a estipulação de um prazo de carência e/ou de uma franquia nos seguros que conjuguem coberturas de seguros de pessoas e de seguros de danos.[10] O que, geralmente, se nota no mercado, todavia, são abordagens distintas para cada um dos ramos, sendo comum a presença de franquias nos seguros de danos (pense-se no caso dos seguros de automóveis, por exemplo) e de prazos de carência nos seguros de pessoa (*v.g.*, nos seguros de vida).[11]

Direito Civil. Rio de Janeiro. jul.-set. 2014. v. I. p. 262.

[8] PONTES DE MIRANDA, Francisco Cavalcanti. *Tratado de direito privado*. Atual. Bruno Miragem. São Paulo: Ed. RT, 2012. (Direito das obrigações. Seguros, t. XLVI). p. 79. Na mesma sede, o civilista chega a criticar duas decisões judiciais que afastaram a aplicabilidade da cláusula de período de carência. Convém citar, ainda, os ensinamentos de Serpa Lopes: "Os riscos são limitados. Não compreendem senão os previstos no contrato de seguros" (LOPES, Miguel Maria de Serpa. *Curso de Direito Civil*. 3. ed. São Paulo. Livraria Freitas Bastos, 1962. v. IV. p. 368).

[9] Confira-se, nesse particular, o tratamento das "Franquias, participações obrigatórias do segurado e carências" previsto no art. 28 da Circular Susep 621, de 12.02.2021 (que dispõe sobre as regras de funcionamento e os critérios para operação das coberturas dos seguros de danos): "Quando forem aplicáveis, as franquias, participações obrigatórias do segurado e/ou carências deverão ter seus critérios previstos nas condições contratuais do plano, observada a regulamentação específica de cada ramo de seguro. § 1º As sociedades seguradoras poderão prever a aplicação de mais de um tipo de franquia em um mesmo sinistro, especificando nas condições contratuais a sua ordem de aplicação. § 2º Fica vedada a aplicação de mais de uma franquia do mesmo tipo para a mesma cobertura, na mesma sociedade seguradora. § 3º As informações de que trata este artigo deverão constar, se for o caso, em destaque nas condições contratuais, proposta, apólice, bilhete e certificado individual". Recorde-se que o art. 19 da norma permite, observadas as autorizações e regulações específicas de cada ramo e a regulação contábil vigente, a disponibilização pelas seguradoras de seguros com coberturas relativas a diferentes ramos de seguros.

[10] Conforme art. 32 c/c art. 12 da Circular Susep 667/2022. Confira-se, ainda, o disposto no art. 9º da Circular Susep 667/2022: "As condições contratuais do seguro deverão estar à disposição do proponente previamente à emissão do bilhete ou à assinatura da respectiva proposta de contratação, no caso de plano individual, ou da proposta de adesão, no caso de plano coletivo. Parágrafo único. No caso das propostas de que trata o caput, o proponente, seu representante ou corretor de seguros deve assinar declaração, que poderá constar da própria proposta, de que tomou ciência das condições contratuais".

[11] Sem embargo, cabe realçar que a estipulação de um prazo de carência é expressamente permitida na Resolução CNSP 407, de 29.03.2021, que trata dos contratos de seguros de danos para cobertura de

O prazo de carência obsta o recebimento integral ou parcial dos capitais segurados. Respeitado o prazo regulatório máximo de carência, nada impede que o segurador estipule, por exemplo, uma carência decrescente, com a cobertura parcial de 25% do capital segurado nos primeiros 90 dias da contratação, 50% do capital segurado nos 90 dias subsequentes e, a partir daí, disponibilizar a cobertura integral (100% do capital segurado), considerando-se um contrato de seguro de vida anual.

Para haver uma equivalência no tratamento dispensado a todos os segurados, independentemente do período do ano em que ocorra a contratação, em vez da fixação do prazo de carência em meses, é, usualmente, praticada pelas seguradoras a sua fixação em dias. No mercado brasileiro, diferem bastante os prazos aplicados (sendo 30, 60 e 180 dias os prazos mais comuns), a depender da *modalidade securitária, do tipo de cobertura, da forma de contratação e da companhia seguradora*.[12]

Conforme já mencionado, o referido prazo de carência tem início a partir da vigência do seguro ou, no caso de suspensão, da sua reabilitação. Se previsto nas condições contratuais e comunicado ao consumidor, o prazo de carência também pode ser aplicado às solicitações de aumento de capital segurado efetuadas após o início de vigência do contrato.[13]

São três, portanto, as principais hipóteses de incidência do prazo de carência: (i) *início de vigência do seguro*; (ii) *aumento do capital segurado*; e (iii) *recondução após a suspensão da cobertura securitária*. Por meio de uma interpretação sistemática, porém, deve-se reconhecer que a *contratação de coberturas adicionais* também permite a estipulação de carências específicas para elas, uma vez que haverá o aumento do capital segurado e o início de cobertura para riscos antes desguarnecidos. Todavia, essa informação deverá, igualmente, constar nas condições contratuais da seguradora e ser repassada ao segurado antes da contratação.

Conforme pronunciamentos recentes da terceira e da quarta turma do STJ, no seguro de vida, cabe ao *segurador* informar as condições contratuais (incluindo o prazo de carência) ao *estipulante*, que, por sua vez, será o responsável por repassar tal informação ao *segurado* assim que este aderir ao plano.[14] Já, nos seguros individuais, a seguradora será responsável por prover as informações adequadas diretamente ao segurado.

---

grandes riscos (art. 10, IX), e na Circular Susep 662, de 11.04.2022, que trata dos seguros-garantia (art. 14).

[12] Ressalte-se que, tanto no seguro de vida individual quanto no seguro de vida coletivo, a estipulação de um prazo de carência é uma faculdade das partes, bem como que, em um mesmo contrato, poderão ser dispostos prazos distintos de carências para diferentes coberturas. O preenchimento adequado da Declaração Pessoal de Saúde (DPS) pelo candidato a segurado de forma alguma relativiza o(s) prazo(s) de carência(s) contratado(s).

[13] Consulte-se, nesse particular, o art. 11 da Resolução CNSP 439/2022: "O prazo de carência corresponde ao período contado a partir da data de início de vigência da cobertura ou da sua reabilitação, no caso de suspensão, durante o qual, na ocorrência do sinistro, o segurado ou os beneficiários não terão direito à percepção dos capitais segurados contratados, no todo ou em parte, conforme dispuserem as condições contratuais. Parágrafo único. O prazo de carência poderá ser aplicado às solicitações de aumento de capital segurado efetuadas após o início de vigência, em relação à parte aumentada, desde que previsto nas condições contratuais".

[14] Confira-se: "(...) 2. O dever de informação, na fase pré-contratual, é satisfeito durante as tratativas entre seguradora e estipulante, culminando com a celebração da apólice coletiva que estabelece as condições gerais e especiais e cláusulas limitativas e excludentes de riscos. Na fase de execução do

Discute-se, em sede doutrinal, se a suspensão da cobertura oriunda do atraso no pagamento do prêmio pelo segurado de fato espoletaria o reinício da contagem do prazo de carência. Em algumas hipóteses, esse reinício de contagem poderá ser considerado abusivo, especialmente se o segurado já tiver adimplido substancialmente suas prestações. Há de ser feito, aqui, um exame caso a caso, inclusive considerando-se o art. 51, XVIII, do CDC.[15]

O regulador, atento à necessidade de proteção dos interesses dos consumidores, restringiu o espaço de liberalidade das partes na fixação do prazo de carência. Com efeito, excetuando as hipóteses de suicídio e de sua tentativa (que possuem um prazo de *carência legal* de dois anos), o prazo contratual de carência "não poderá exceder metade do prazo de vigência previsto pela apólice, no caso de contratação individual, ou pelo certificado individual, no caso de contratação coletiva" (art. 12 da Resolução CNSP 439/2022).

Imagine-se, nesse sentido, a contratação de um seguro com vigência anual. O prazo de carência poderá ser, no máximo, de 182 dias, com exceção da mencionada hipótese de suicídio ou da sua tentativa pelo segurado. Da renovação do contrato, não será iniciado um novo prazo de carência, salvo na contratação de coberturas adicionais ou na eventualidade de aumento do capital segurado, desde que previsto nas condições contratuais. É preciso deixar registrado que, nestes últimos dois casos, as coberturas e os capitais segurados previamente contratados não estarão sujeitos a esse novo prazo de carência.

Seguindo essa linha de raciocínio, acredita-se que o art. 13 da Resolução CNSP 439/2022 deve ser lido *cum grano salis*.[16] Isso, pois, embora se concorde que não deva ser iniciado novo prazo de carência em caso de renovação da apólice, uma interpretação sistemática leva a crer, repita-se, que, além da hipótese de aumento do capital segurado, será aplicado novo prazo de carência se, na renovação da apólice, o segurado adquirir uma cobertura adicional que não havia contratado inicialmente.

Pense-se, à guisa de ilustração, na contratação da cobertura adicional de "doenças graves" no momento da renovação da apólice de seguro de vida pelo segurado. Especificamente para essa cobertura adicional, que terá início de vigência justamente no período de renovação da apólice, deverá ser aplicado o prazo de carência. Por ser uma hipótese não muito usual, provavelmente a sua aplicação não esteve no radar do regulador.

---

contrato, o dever de informação, que deve ser prévio à adesão de cada empregado ou associado, cabe ao estipulante, único sujeito do contrato que tem vínculo anterior com os componentes do grupo segurável. A seguradora, na fase prévia à adesão individual, momento em que devem ser fornecidas as informações ao consumidor, sequer tem conhecimento da identidade dos interessados que irão aderir à apólice coletiva cujos termos já foram negociados entre ela e o estipulante" (STJ, 4ª T., REsp 1.850.961/SC, rel. Min. Maria Isabel Gallotti, j. 15.06.2021). Mais: "1. Incumbe à estipulante a obrigação de prestar informações sobre os termos, condições gerais e cláusulas limitativas de direito estabelecidos no contrato de seguro de vida em grupo ao qual aderiu o segurado (consumidor), constituindo-se esse dever em pressuposto lógico da aceitação da proposta de adesão pelo interessado" (STJ, 4ª T., AgInt no REsp 1.870.610/SC, rel. Min. Luis Felipe Salomão, j. 19.10.2021).

[15] Art. 51, XVIII, do CDC: "São nulas de pleno direito, entre outras, as cláusulas contratuais relativas ao fornecimento de produtos e serviços que: (...) XVIII – estabeleçam prazos de carência em caso de impontualidade das prestações mensais ou impeçam o restabelecimento integral dos direitos do consumidor e de seus meios de pagamento a partir da purgação da mora ou do acordo com os credores".

[16] Art. 13 da Resolução CNSP 439/2022: "Em caso de renovação de apólice, não será iniciado novo prazo de carência, exceto no caso previsto no parágrafo único do art. 11".

Em virtude de expressa disposição regulatória, não se aplica um novo prazo de carência para a hipótese de migração da apólice, em relação aos segurados pertencentes à apólice coletiva anterior, no que toca às coberturas e aos respectivos valores já contratados. Confira-se, nesse particular, o art. 29 da Resolução CNSP 439/2022:

> Considera-se migração a substituição de apólice coletiva por nova apólice emitida por outra sociedade seguradora em período não coincidente com o término da respectiva vigência. (...) § 2º No caso de que trata o *caput*, deverá haver emissão e envio e/ou disponibilização dos certificados individuais aos segurados, nos termos da regulamentação específica, e não será reiniciada a contagem de prazo de carência para segurados já incluídos no seguro pela apólice anterior, em relação às coberturas e respectivos valores já contratados.

É comum que haja a contratação de seguro de vida em conjunto com seguro de acidente pessoal. Poder-se-ia questionar, nesse particular, se, também para acidentes pessoais, incidiria o prazo de carência contratual eventualmente estabelecido pelo segurador. A resposta é negativa. Salvo nos casos de suicídio e sua tentativa, dispõe a regulação que para "sinistros decorrentes de acidentes pessoais não será aplicável prazo de carência".[17]

Além da proteção do segurado, a impossibilidade de estipulação de um prazo de carência para sinistros decorrentes de acidentes pessoais se conecta às características desses eventos. Nos termos do art. 2º, I, da Resolução CNSP 439/2022, acidente pessoal pode ser definido como um:

> (...) evento com data caracterizada, exclusivo e diretamente externo, súbito, involuntário, violento, causador de lesão física, que, por si só e independentemente de toda e qualquer outra causa, tenha como consequência direta a morte, a invalidez permanente total ou parcial, a incapacidade temporária ou que torne necessário tratamento médico, observando-se, que o suicídio, ou sua tentativa, será equiparado, para fins de pagamento de indenização, a acidente pessoal.[18]

Para que o segurado – que, por vezes, será o próprio beneficiário – e o terceiro beneficiário não sejam excessivamente prejudicados pelo prazo de carência, o legislador previu, no parágrafo único do art. 797 do CC, a necessidade de o segurador "devolver ao beneficiário o montante da reserva técnica já formada". A lógica do dispositivo é simples como uma fábula infantil: se o segurador não se responsabilizar pela cobertura do evento durante determinado prazo e o segurado sofrer um sinistro justamente nesse prazo, não fará sentido o segurador não cobri-lo e, ainda assim, manter todo o prêmio recebido pelo segurado.

---

[17] Art. 14 da Resolução CNSP 439/2022: "Para sinistros decorrentes de acidentes pessoais não será aplicável prazo de carência, exceto no caso de suicídio ou sua tentativa, quando o referido prazo corresponderá a dois anos ininterruptos". Note-se que o artigo, de forma distinta do art. 798 do CC, estatui um prazo de dois anos *ininterruptos* – afastando o reinício do prazo em caso recondução do contrato após a sua suspensão.

[18] Diante da ausência de pelo menos dois requisitos próprios para o acidente pessoal, quais sejam, a exterioridade e a involuntariedade, a equiparação entre o suicídio, ou sua tentativa, e a ocorrência de um acidente pessoal enseja críticas de parcela considerável da doutrina.

Aqui, é preciso fazer uma distinção entre o montante integral dos prêmios quitados pelo segurado e a denominada "reserva técnica", pois os conceitos não se confundem. Antes de distingui-los, vale diferenciar o *prêmio puro*, "prêmio estritamente suficiente para a cobertura do risco, sem expor a seguradora a desvios desfavoráveis de sinistralidade, na quase totalidade do tempo de exposição ao risco", do *prêmio comercial*, que é aquele:

> (...) prêmio efetivamente cobrado dos segurados, correspondendo ao prêmio puro, adicionado de carregamento para fazer face às despesas de aquisição (corretagem, angariação etc.), de gestão (despesas administrativas) e a remuneração do capital empregado pela seguradora.[19]

Não há dúvidas de que não será necessário a seguradora devolver o *prêmio comercial* – que inclui impostos e encargos atrelados à contratação. Entretanto, quando o legislador menciona a "reserva técnica", estaria ele se referindo ao prêmio puro ou a outro tipo de provisão?

Quisesse o legislador exigir a devolução do prêmio puro, assim o teria dito. Embora a "reserva técnica" ou "provisão técnica" seja gênero de uma miríade de reservas, o montante aqui examinado, tendo em vista a necessidade de sua acumulação individualizada pela seguradora, refere-se à designada "provisão matemática de benefícios a conceder" (PMBaC).[20] Tanto é assim que o art. 15 da Resolução CNSP 439/2022 estatui: "Em caso de morte do segurado durante o prazo de carência, a PMBaC, se houver, deverá ser revertida aos beneficiários".

Para melhor compreender o tema, mister transcrever o magistério de Ricardo Bechara:

> O fato de que o risco no seguro de vida se vai agravando com o tempo e a necessidade de se fixar um prêmio que conserve igual valor ao longo da duração do contrato, faz com que o segurador perceba nos primeiros tempos um prêmio tecnicamente maior em relação ao risco que corre. Sua acumulação e as rendas que produzam serão aplicadas para compensar o prêmio menor que tecnicamente se pagará nos últimos tempos do contrato. Este capital de acumulação e seus rendimentos se denominam "Reserva Matemática" e a lei determina, nos casos especificados, a sua devolução, não só na hipótese do artigo 796 em comento, como também nas dos artigos 797 e 798.[21]

A questão que se coloca, aqui, é: qual solução deve ser dada para as modalidades de seguros de vida que não são de *capitalização*, e sim de *repartição*? Haveria, nesse caso,

---

[19] ESCOLA NACIONAL DE SEGUROS. *Dicionário de seguros*: vocabulário conceituado de seguros. 3. ed. Rio de Janeiro: Funenseg, 2011. p. 165 e 167.

[20] A PMBaC pode ser conceituada da seguinte forma: "Provisão técnica não comprometida. É constituída, mensalmente, pelas entidades abertas de previdência complementar (EAPCs) e seguradoras, correspondendo aos compromissos da entidade para com os seus participantes dos respectivos planos, relativamente aos benefícios a conceder por rendas ou pecúlios, sob o regime financeiro de capitalização" (ESCOLA NACIONAL DE SEGUROS. *Dicionário de seguros*: vocabulário conceituado de seguros. 3. ed. Rio de Janeiro: Funenseg, 2011. p. 173).

[21] BECHARA, Ricardo. *Direito de seguro no novo Código Civil e legislação própria*. 2. ed. Rio de Janeiro: Forense, 2008. p. 415. Em sentido semelhante, defende Pedro Alvim: "A reserva técnica é uma parcela do prêmio que o segurado paga a mais, no início, para compensar o que irá pagar a menos, no fim do contrato" (ALVIM, Pedro. *O seguro e o novo Código Civil*. [Organização e compilação Elizabeth Alvim Bonfioli]. Rio de Janeiro: Forense, 2007. p. 183).

que se falar em devolução da reserva técnica? A resposta a esta última pergunta deve ser negativa:

> Quer nos parecer, repita-se, que o legislador, ao determinar a devolução da reserva já formada, tenha tido em mira o seguro contratado sob o regime de capitalização, porquanto é neste regime que se pode falar em reserva por acumulação individualizada, onde existe uma reserva tangível para esse fim, considerando que no regime de repartição o que pode existir, quando muito, é um resíduo do período anual de vigência do seguro, pois nesse regime o prêmio costuma acompanhar o risco passo a passo.[22]

Embora o legislador não tenha distinguido a aplicação do parágrafo único do art. 797 do CC entre os seguros de vida *individuais* e *coletivos*, a doutrina advoga pela sua aplicabilidade apenas naqueles. Explica-se: no âmbito do seguro de vida em grupo, o regime financeiro é de repartição simples (e não de capitalização), de modo que não há "reserva técnica já formada" para ser restituída ao beneficiário em caso de morte do segurado.[23]

Nada obstante a lógica impecável por trás da tese mencionada, o STJ tem entendido que:

> O artigo 797 do Código Civil impõe à seguradora, na hipótese de morte do segurado dentro do prazo de carência, a obrigação de restituir a reserva técnica ao beneficiário, sem apontar, contudo, qualquer ressalva quanto à espécie de seguro, se em grupo ou individual, não se conferindo ao intérprete proceder a uma interpretação restritiva.[24]

Tudo ponderado, acredita-se que a posição mais adequada é no sentido de que a devolução ao beneficiário do montante da reserva técnica já formada em caso de morte do segurado, durante o prazo de carência do seguro de vida, aplica-se apenas aos seguros estruturados no regime de capitalização, o que, geralmente, ocorre nos seguros de vida individuais.[25]

---

[22] BECHARA, Ricardo. *Direito de seguro no novo Código Civil e legislação própria*. 2. ed. Rio de Janeiro: Forense, 2008. p. 425. Convergentemente, ao tratar do art. 796 do CC, ALVIM, Pedro. *O seguro e o novo Código Civil*. [Organização e compilação Elizabeth Alvim Bonfioli]. Rio de Janeiro: Forense, 2007. p 180.

[23] Por exemplo: "Como no seguro em grupo não há formação de reserva matemática e de nenhuma outra individualizada, essa devolução será tecnicamente impossível, confirmando a não aplicação deste artigo a esta espécie de contrato" (TZIRULNIK, Ernesto; CAVALCANTI, Flávio de Queiroz; PIMENTEL, Ayrton. *O contrato de seguro de acordo com o Código Civil brasileiro*. 3. ed. São Paulo: Roncarati, 2016. p. 280).

[24] STJ, 3ª T., REsp 1.038.136/MG, rel. Min. Massami Uyeda, j. 23.06.2008. Mais recentemente, confira-se: "Os arts. 797, parágrafo único, e 798 do Código Civil de 2002 impõem à seguradora, na hipótese de morte do segurado por suicídio dentro do prazo de carência legal, a obrigação de restituir a reserva técnica ao beneficiário, sobretudo em razão do caráter previdenciário do contrato, sem fazer nenhuma ressalva quanto à espécie de seguro, se em grupo ou individual, não se conferindo ao intérprete proceder a uma interpretação restritiva na hipótese (art. 423 do CC/2002)" (STJ, 3ª T., AgInt no AREsp 1.065.074/SP, rel. Min. Ricardo Villas Bôas Cueva, j. 26.02.2018. No mesmo sentido: STJ, 4ª T., REsp 1.866.228/RS, rel. Min. Marco Buzzi, j. 23.05.2017.

[25] "Em verdade, a questão não é saber se o seguro é em grupo ou individual. Quando se fala em seguro em grupo ou seguro individual, está-se tratando da forma pela qual o seguro é celebrado, e não necessariamente de modalidades distintas de seguro. O importante é fixar que, quando o

Ademais, convém destacar que, segundo o STJ, ao "valor da reserva técnica já formada deve ser acrescido de correção monetária a partir da data de contratação do seguro e juros de mora a partir da citação".[26]

3. DISPOSIÇÕES RELACIONADAS

Desde logo, convém advertir que, salvo raríssimas exceções, não são aplicáveis ao tema sob análise os arts. 423 do CC e 51, § 1º, II, do CDC. Conforme lição de Bruno Miragem e Luiza Petersen, a *predeterminação do risco* pelo segurador "delimita o conteúdo do contrato, a extensão da garantia, ou seja, sob quais condições e circunstâncias há cobertura para os interesses do segurado". Desse modo, afirmam os autores, ela "conforma o próprio conteúdo da prestação dos contratantes, tanto do segurador, de garantia e pagamento em caso de sinistro, como do segurado, em relação ao prêmio, o qual será ajustado conforme o risco delimitado".[27]

A cobertura contra riscos predeterminados pelo segurador (art. 757 do CC) e dispostos na apólice ou no bilhete de seguro (art. 760 do CC) também se conecta ao artigo ora examinado. Diferentemente do disposto no art. 798 do CC (*carência legal* para a hipótese de suicídio do segurado), o art. 797 do CC endereça a possibilidade de fixação de uma *carência contratual*.

No que toca ao art. 799 do CC, convém destacar que, mesmo presente uma das hipóteses previstas nessa sede, a ocorrência do sinistro dentro do prazo de carência contratual subtrai o direito do beneficiário ao capital segurado. Passado o referido prazo e desde que o segurado tenha cumprido com o seu dever de informação, o segurador terá que adimplir sempre com a sua obrigação de pagamento do capital segurado quando "a morte ou a incapacidade do segurado provier da utilização de meio de transporte mais arriscado, da prestação de serviço militar, da prática de esporte, ou de atos de humanidade em auxílio de outrem".

Em sede infralegal, a operação das coberturas de risco oferecidas em plano de seguro de pessoas tem como principais atos normativos a (i) Resolução CNSP 439/2022 e a (ii) Circular Susep 667/2022 (que dispõe sobre regras complementares). Em ambos os atos normativos, constam importantes dispositivos acerca do tema em exame, conforme se demonstrou nos itens 1 e 2.

[ ] art. 797, assim como o art. 798, ambos do CC/2002, tratam da devolução da reserva, obviamente que se referem aos seguros baseados em regimes financeiros em que haja a constituição de reserva matemática. Se esta reserva não existe, obrigatório concluir que não se aplicam os dispositivos de lei mencionados quanto à sua devolução. Enfim, a existência ou não de reserva matemática – que os artigos denominam reserva técnica – não se relaciona com a forma de contratação – se em grupo ou individual –, mas ao regime financeiro no qual se assenta o contrato sob estudo. Evidentemente que o Código Civil não poderia descer às minúcias da operação de seguro para referir-se a esses regimes financeiros, daí que somente a consideração da operação de seguro em seus aspectos técnicos é que permitirá uma apropriada interpretação jurídica que se faça do contrato ou dos dispositivos legais que se lhe aplicam" (CAMPOY, José Adilson. *Contrato de seguro de vida*. São Paulo: Ed. RT, 2014. p. 25).

[26] STJ, 4ª T., AgRg no AgRg no Ag 1320229/MG, rel. Min. Maria Isabel Gallotti, j. 01.09.2015.

[27] MIRAGEM, Bruno; PETERSEN, Luiza. *Direito dos seguros*. Rio de Janeiro: Forense, 2022. p. 140.

Por fim, ressalte-se que, desde que sejam observados os limites dispostos pelo regulador, especialmente o fato de o prazo de carência não poder "exceder metade do prazo de vigência previsto pela apólice, no caso de contratação individual, ou pelo certificado individual, no caso de contratação coletiva" (art. 12 da Resolução CNSP 439/2022), não há que se cogitar em abusividade. Dito de outra forma, não será possível considerar a cláusula em questão nula em virtude de desvantagem exagerada ao consumidor, incompatibilidade com a boa-fé ou equidade, renúncia ou disposição de direitos, tampouco desacordo com o sistema de proteção do consumidor (art. 51, I, IV e XV, do CDC).

REFERÊNCIAS BIBLIOGRÁFICAS

ALVES, João Luiz. *Codigo Civil da Republica dos Estados Unidos do Brasil*. 3. tir. Rio de Janeiro: Editores-Livreiros, 1926.

ALVIM, Pedro. *O contrato de seguro*. 3. ed. Rio de Janeiro: Forense, 2001.

ALVIM, Pedro. *O seguro e o novo Código Civil*. [Organização e compilação Elizabeth Alvim Bonfioli]. Rio de Janeiro: Forense, 2007.

BECHARA, Ricardo. *Direito de seguro no novo Código Civil e legislação própria*. 2. ed. Rio de Janeiro: Forense, 2008.

BEVILÁQUA, Clóvis. *Codigo Civil dos Estados Unidos do Brasil commentado*. São Paulo: Livraria Francisco Alves, 1926. v. V.

CAMPOY, José Adilson. *Contrato de seguro de vida*. São Paulo: Ed. RT, 2014.

COMPARATO, Fábio Konder. Substituto ao capítulo referente ao contrato de seguro no anteprojeto de Código Civil. *Revista de Direito Mercantil, Industrial, Econômico e Financeiro*. São Paulo, n. 5, ano XI (nova série), 1972.

ESCOLA NACIONAL DE SEGUROS. *Dicionário de seguros*: vocabulário conceituado de seguros. 3. ed. Rio de Janeiro: Funenseg, 2011.

JUNQUEIRA, Thiago. O risco no domínio dos seguros. In: GOLDBERG, Ilan; JUNQUEIRA, Thiago. *Temas atuais de direito dos seguros*. São Paulo: Ed. RT, 2020. t. II.

LOPES, Miguel Maria de Serpa. *Curso de Direito Civil*. 3. ed. São Paulo. Livraria Freitas Bastos, 1962. v. IV.

MARTINS, Maria Inês de Oliveira. Regime jurídico do contrato de seguro em Portugal. *Actualidad Jurídica Iberoamericana*, n. 5, 2016.

MARTINS-COSTA, Judith. Contrato de seguro: Suicídio do segurado: art. 798, Código Civil: interpretação: diretrizes e princípios do Código Civil: proteção ao consumidor. *Revista Brasileira de Direito Civil*. Rio de Janeiro. jul.-set. 2014. v. I.

MIRAGEM, Bruno; PETERSEN, Luiza. *Direito dos seguros*. Rio de Janeiro: Forense, 2022.

PONTES DE MIRANDA, Francisco Cavalcanti. *Tratado de direito privado*. Atual. Bruno Miragem. São Paulo: Ed. RT, 2012. (Direito das obrigações. Seguros, t. XLVI).

SANTOS, J. M. de Carvalho. *Código Civil brasileiro interpretado*. Rio de Janeiro: Livraria Editora Freitas Bastos, 1937. v. XIX.

SANTOS, J. M. de Carvalho. *Código Civil Brasileiro interpretado*. 10. ed. Rio de Janeiro: Livraria Editora Freitas Bastos, 1981. v. XIX.

TZIRULNIK, Ernesto; CAVALCANTI, Flávio de Queiroz; PIMENTEL, Ayrton. *O contrato de seguro de acordo com o Código Civil brasileiro*. 3. ed. São Paulo: Roncarati, 2016.

51
COMENTÁRIOS AO ART. 798 DO CÓDIGO CIVIL

Thiago Junqueira

> **Art. 798.** O beneficiário não tem direito ao capital estipulado quando o segurado se suicida nos primeiros dois anos de vigência inicial do contrato, ou da sua recondução depois de suspenso, observado o disposto no parágrafo único do artigo antecedente.
>
> Parágrafo único. Ressalvada a hipótese prevista neste artigo, é nula a cláusula contratual que exclui o pagamento do capital por suicídio do segurado.

1. ORIGEM DA DISPOSIÇÃO E REGIME ANTERIOR

O artigo em comento aborda a *tutt'altro che pacifica*[1] matéria do suicídio do segurado no âmbito, especialmente, do seguro de vida. Conforme será visto na sequência, ao longo das duas décadas de vigência do Código Civil de 2002, houve algumas reviravoltas na jurisprudência – que, ora considerou aspectos subjetivos ligados ao suicídio para a perda do capital segurado pelo beneficiário, ora primou por uma análise objetiva do prazo de carência legal. Atualmente, a celeuma está razoavelmente assentada, tendo em vista a Súmula 610 do STJ.

Para se compreender o debate, convém recordar o desenvolvimento do tema na experiência brasileira e pôr em evidência algumas características essenciais sobre o suicídio.

Derivado do latim *sui* (próprio) e *caedere* (matar), o suicídio sempre esteve presente nos mais distantes tempos e sociedades. Curiosamente, o ato de ceifar a própria vida já foi considerado sob diferentes ópticas, de atitude egoística e condenável a medida corajosamente heroica, o que leva pessoas a ignorar o mais primitivo dos instintos – autopreservação –, todavia escapa, ainda hoje, à compreensão.[2]

---

[1] FORTUNATI, Maura. "La pietosa ingiustizia dei magistrati": Il dibattito sul suicidio dell'assicurato tra Ottocento e Novecento. *Historia et ius*: Rivista di Storia Giuridica dell'Età Medievale e Moderna, Bolonha, n. 10, dez. 2016. p. 5.

[2] "O suicida se mata por estar perturbado ou por ser demasiadamente lúcido?" (MARTINS-COSTA, Judith. Contrato de seguro: suicídio do segurado: art. 798, Código Civil: interpretação: diretrizes e princípios do Código Civil: proteção ao consumidor. *Revista Brasileira de Direito Civil*, Rio de Janeiro, v. I, jul.-set. 2014. p. 232-233).

O mesmo se diga em relação a um conceito preciso de suicídio. O tema não é isento de divergências, prevalecendo o entendimento de que se trata de um "ato deliberado executado pelo próprio indivíduo, cuja intenção seja a morte, de forma consciente e intencional, mesmo que ambivalente, usando um meio que ele acredita ser letal".[3] Se concretizado, o suicídio é considerado a *causa mortis*, e não uma doença, embora frequentemente esteja associado a transtornos mentais, como a depressão, e o alcoolismo.

No Brasil, o primeiro dispositivo legal que regulou o tema do suicídio do segurado foi o art. 1.440 do CC/1916. Em seu *caput*, foi permitida a cobertura da *morte involuntária* pelo seguro,[4] afastando-se, *a contrario sensu*, a cobertura da *morte voluntária*. No intuito de auxiliar o intérprete, o CC/1916 foi além: estipulou, no parágrafo único do referido artigo, que considera *morte voluntária* a "recebida em duelo, bem como o suicídio premeditado por pessoa em seu juízo".

Ao consagrar a exclusão da cobertura de morte causada por suicídio premeditado, já presente nos mais diversos diplomas estrangeiros do século XIX,[5] o legislador pátrio foi sensível a um imperativo de ordem pública. Tal medida, como de costume, basicamente mirava a prevenção da fraude e do próprio ato (suicídio) em si.[6]

A leitura do art. 1.440 do CC/1916 demonstra que não podia configurar como "objeto segurável" a morte causada pelo suicídio premeditado por pessoa em seu juízo.[7] O suicídio não meditado previamente, no entanto, poderia ser segurado, e o suicídio premeditado, mas – para se manter na expressão da lei – por pessoa fora de "seu juízo", também.

Restava, à época, todavia, a seguinte dúvida: poderia o segurador, mediante a estipulação de uma cláusula contratual, afastar a cobertura de qualquer modalidade de suicídio

---

[3] ASSOCIAÇÃO BRASILEIRA DE PSIQUIATRIA. *Suicídio*: informando para prevenir. Brasília: Conselho Federal de Medicina, 2014. p. 9.

[4] O seguro de vida carecia de inequívoca autorização legislativa; lembre-se que o Código Comercial de 1850, expressamente, proibia o seguro de vida de pessoa livre (art. 686, nº 2). Após intenso debate ocorrido na sequência da sua entrada em vigor, todavia, prevaleceu a ideia de que a vedação disposta era relacionada à hipótese fática de seguro de vida atrelado ao seguro marítimo. Por isso mesmo, foi criada, em 1855, a "Companhia de Seguros Tranqüilidade", a primeira a comercializar seguros de vida no país. Sobre o tema, veja-se: COSTA, Ricardo Cesar Rocha da. A atividade de seguros nas primeiras décadas da república. In: ALBERTI, Verena. *Entre a solidariedade e o risco*: história do seguro privado no Brasil. Rio de Janeiro: Fundação Getulio Vargas, 1998. p. 25-26. Confira-se, ainda, MIRAGEM, Bruno; PETERSEN, Luiza. *Direito dos seguros*. Rio de Janeiro: Forense, 2022. p. 20.

[5] Como nos arts. 423.2 do Código Comercial espanhol de 1885, 458 do Código Comercial português de 1888, 450 do Código Comercial italiano de 1882 e 41 da Lei belga de 1874 (TIRADO SUÁREZ, Francisco Javier. Anotación art. 93. In: SÁNCHEZ CALERO, Fernando (Dir.). *Ley de Contrato de Seguro*: Comentarios a la Ley 50/1980, de 8 de octubre, y a sus modificaciones. 4. ed. Navarra: Aranzadi, 2010. p. 2.462-2.463).

[6] Conforme pontua, no contexto do ordenamento jurídico português, OLIVEIRA, Arnaldo Costa. Anotação ao art. 191. In: MARTINEZ, Pedro Romano et al. *Lei do Contrato de Seguro*: anotada. Coimbra: Almedina, 2011. p. 552.

[7] Confira-se o inteiro teor do art. 1.440 do CC/1916: "A vida e as faculdades humanas também se podem estimar como objeto segurável, e segurar, no valor ajustado, contra os riscos possíveis, como o de morte involuntária, inabilitação para trabalhar, ou outros semelhantes. Parágrafo único. Considera-se morte voluntária a recebida em duelo, bem como o suicídio premeditado por pessoa em seu juízo".

(inclusive não premeditado) durante determinado período? Em outras palavras: desde que não premeditado, ou feito sem a devida consciência, o suicídio teria de, necessariamente, ser coberto pelo seguro de vida ou poderia ser contratualmente excluído de cobertura?

O Supremo Tribunal Federal, mais especificamente a sua 2ª Turma, deparou-se com tal questão, pela primeira vez, em 1945. O contrato que estava sob análise foi marcado pelo suicídio "não premeditado" do segurado em 1941. A disputa teve como cerne a discussão sobre a validade da cláusula contratual que excluía a cobertura do suicídio ocorrido nos dois primeiros anos de vigência da apólice. Embora o relator original da lide, Min. Waldemar Falcão, tenha se posicionado pela validade da cláusula e consequente perda do direito ao capital estipulado, prevaleceu o entendimento de sua invalidade.[8]

Apenas em 1952, o pleno do STF foi se pronunciar sobre a matéria. Em julgamento apertado, a maioria dos ministros (5 a 4) considerou válido o prazo de carência contratual de dois anos, afastando, desse modo, o prévio entendimento da 2ª Turma.[9] Em síntese precisa, Guilherme Rizzo Amaral aponta a *ratio decidendi* dos votos vencedores:

> (i) não há expressa vedação legal ao estabelecimento de prazos de carência nos quais se limitasse a responsabilidade da seguradora, aplicando-se a *regra* (princípio) *da liberdade das convenções*, (ii) a cláusula de exclusão é justificada pela dificuldade de se provar a intencionalidade do suicídio, (iii) se é inquestionável a legitimidade do período de carência para a morte natural, deve sê-lo para o caso de suicídio involuntário, que a lei equipara à morte natural, (iv) o fato de ser *de adesão* o contrato de seguro não retira a possibilidade de o segurado ter ciência de suas cláusulas, o que reforçaria a liberdade das partes em convencionar a exclusão de responsabilidade da seguradora.[10]

Foi reconhecida, com efeito, a validade da cláusula contratual de exclusão de responsabilidade do segurador em caso de suicídio "involuntário" no período de dois anos. Em apreciação ulterior, porém, o resultado foi revertido: primeiramente, na 2ª Turma (1954); depois, na 1ª Turma (1962).[11] Em sessão plenária, ocorrida em 13 de dezembro de 1963, o STF chancelou o novo posicionamento por meio de um enunciado sumular.

A partir daí, a jurisprudência brasileira manteve longa estabilidade na interpretação da matéria – conforme se depreende das súmulas, distantes por pouco menos de três décadas, do STF e do STJ. Enquanto a de número 105 do STF estipula que, "Salvo se tiver havido premeditação, o suicídio do segurado no período contratual da carência não exime o pagamento do seguro", a Súmula 61 do STJ (1992) estabelece que: "O seguro de vida cobre o suicídio não premeditado".[12]

---

[8] Consta, na ementa do julgado: "Suicídio involuntário – Não há admitir válida cláusula que destrói o próprio vínculo do contrato – Nula a cláusula que suspende arbitrariamente o seguro ao segurado que cumpriu todas as condições impostas" (STF, 2ª T., RE 8.226, rel. para o acórdão Min. Goulart de Oliveira, j. 03.04.1945.

[9] STF, Tribunal Pleno, EI no RE 16.414/MG, rel. Min. Edgard Costa, j. 18.07.1952.

[10] AMARAL, Guilherme Rizzo. Trabalhando com precedentes: o caso do suicídio involuntário e do contrato de seguro. *Revista de Processo*, São Paulo, v. 262, ano 41, dez. 2016. p. 361-362.

[11] Conforme: STF, 2ª T., RE 27.229-DF, rel. para o acórdão Min. Hahnemann Guimarães, j. 10.12.1954; e STF, 1ª T., RE 50.389/RJ, rel. Min. Gonçalves de Oliveira, j. 24.05.1962.

[12] Recorde-se que a criação do STJ e da sua competência para dar a última palavra na questão aqui versada, conflito relativo à interpretação de lei federal, é oriunda da Constituição da República de

A despeito da tênue diferença entre elas – relacionada à expressa menção da carência contratual restrita à súmula do STF –, no essencial, os referidos tribunais defendiam que apenas quando o segurado tivesse feito o contrato de seguro premeditando o seu suicídio, ou seja, visando – após a própria retirada da vida – ao recebimento do capital segurado pelo beneficiário, o segurador, provando tal fato, ficaria isento de sua obrigação. O lapso temporal entre a realização do seguro e o suicídio do segurado não importaria mais do que um eventual indício de premeditação.

Dessarte, havia clara diferenciação na solução da contenda caso houvesse suicídio "voluntário" (ou melhor, "premeditado",[13] que seria marcado pela presença da intenção por parte do segurado, já no momento da contratação) ou "suicídio involuntário" (que incorreria por uma força irresistível, caracterizada pela ausência de livre-arbítrio).

Entendia-se que cabia ao segurador a hercúlea tarefa de provar o *animus* premeditado, no momento da contratação, por parte do segurado. Posição de tudo questionável, sobremaneira pelo necessário respeito aos direitos da personalidade (*e.g.*, privacidade, intimidade e honra) do segurado – que, como se sabe, continuam, ainda que de forma mitigada, tutelados após a morte – e de seus familiares.

Desejando afastar a antiga discussão sobre as consequências do suicídio do segurado, o legislador brasileiro inovou no Código Civil de 2002 tanto ao estipular claramente a possibilidade do estabelecimento de um prazo de carência no seguro de vida para o caso de morte (art. 797 do CC) quanto, no que concerne, especificamente, ao suicídio, ao consagrar (art. 798): "O beneficiário não tem direito ao capital estipulado quando o segurado se suicida nos primeiros dois anos de vigência inicial do contrato, ou da sua recondução depois de suspenso".[14]

Da literalidade do dispositivo 798 do CC/2002, nota-se que não foi mantido o critério subjetivo reinante no art. 1.440 do CC/1916. A mudança não foi sem motivo; de fato, uma incursão nas leis mais modernas que tratam da questão demonstra a tendência de declínio da diferença conceitual (suicídio voluntário *versus* suicídio involuntário) e aumento do prestígio da estipulação de um prazo de carência, nem sempre imperativo ou alheio a análises fáticas, para que o beneficiário tenha direito efetivo à cobertura do sinistro.[15]

1988. Em algumas oportunidades, o próprio STF se recusou a reexaminar o tema, conforme: STF, AI 702, rel. Min. Cármen Lúcia, Decisão Monocrática, j. 02.08.2010; STF, 2ª T., Ag. Reg. no RE 923.144, rel. Min. Celso de Mello, j. 24.10.2015.

[13] Com usual precisão conceitual, explica Pontes de Miranda que, na verdade, a expressão "suicídio premeditado" é mais feliz do que "suicídio voluntário" (PONTES DE MIRANDA, Francisco Cavalcanti. *Tratado de direito privado*. Atual. Bruno Miragem. São Paulo: Ed. RT, 2012. (Direito das obrigações. Seguros, t. XLVI). p. 78-79).

[14] Art. 797 do CC: "No seguro de vida para o caso de morte, é lícito estipular-se um prazo de carência, durante o qual o segurador não responde pela ocorrência do sinistro". A parte final do *caput* do art. 798 aduz, ainda, que deve ser observado o disposto no parágrafo único do art. 797, significando dizer-se que o segurador, caso se alforrie do dever de prestar com o capital segurado em virtude do suicídio da pessoa segura, é, de toda forma, obrigado a restituir o montante da reserva técnica já formada ao beneficiário. O parágrafo único do art. 798 preceitua: "Ressalvada a hipótese prevista neste artigo, é nula a cláusula contratual que exclui o pagamento do capital por suicídio do segurado".

[15] À guisa de ilustração, em Portugal, Espanha e França, estabeleceu-se o prazo de um ano (designadamente, artigo 191 da Lei do Contrato de Seguro de 2008 portuguesa, artigo 93 da lei espanhola 50/1980 e artigo L. 132.7 do *Codes des assurances* francês); na Itália, de dois anos (artigo 1927 do

Nesse pano de fundo, de grande interesse histórico se revela o estudo de Fábio Konder Comparato, que sugeriu uma alteração – posteriormente acatada de forma substancial – no dispositivo do projeto de Código das Obrigações de 1965 referente ao tema. Após criticar a escolha do projeto em tela, que seguia orientação do Código Civil de 1916, ao estipular a premeditação como critério de análise do suicídio,[16] o autor propôs, inspirado no art. 1.927 do *Codice Civile* italiano, um critério objetivo: prazo de carência legal de dois anos, alheio à análise das condições ensejadoras do sinistro (quer dizer: indiferente aos meandros subjetivos ensejadores da morte por suicídio do segurado).

Em passagem que merece transcrição:

> Preferimos seguir neste passo o Código Civil Italiano (art. 1.927), excluindo em qualquer hipótese o direito ao capital estipulado se o segurado se suicida nos primeiros dois anos de vigência inicial do contrato ou da sua recondução depois de suspenso, e proibindo em contrapartida a estipulação de não pagamento para o caso de suicídio ocorrer após esse lapso de tempo. O único fato a ser levado em consideração é, pois, o tempo decorrido desde a contratação ou renovação do seguro, atendendo-se a que ninguém, em são juízo, contrata o seguro exclusivamente com o objetivo de se matar dois anos depois.[17]

Com a entrada em vigor do novo Código Civil, que, repita-se, seguiu de perto a proposta do *Substitutivo Comparato*, surgiram algumas teses a propor a escorreita interpretação ao art. 798, conforme será visto no tópico subsequente.

2. SENTIDO DA DISPOSIÇÃO E PRINCIPAIS CONTROVÉRSIAS NA SUA INTERPRETAÇÃO

Por meio do seguro de vida que cobre o risco de morte, o segurado visa fornecer suporte financeiro ao(s) beneficiário(s) em momento posterior à sua partida. O segurador, nessa linha de raciocínio, fica vinculado, nos moldes contratados, a pagar ao beneficiário a indenização (*rectius*: o capital segurado) após a ocorrência do óbito do segurado – fato esse ensejador do sinistro.

Se é certo que todas as pessoas são finitas, o momento do falecimento de cada uma delas é incerto. Aqui reside a álea contratual,[18] que, por meio da ciência atuarial, permite

---

Código Civil italiano); e, na Alemanha, um prazo de três anos (art. 161 da nova Lei de Seguros, que entrou em vigor em 2008). Ressalva-se que, no direito germânico, há um sistema misto conjugando os fatores voluntariedade e temporalidade, e, no hispânico, o suicídio é expressamente conceituado como "a morte causada consciente e voluntariamente pelo próprio segurado".

[16] "A orientação do Projeto de 1965, copiada do Código Civil, não parece a melhor. Ao falar em suicídio premeditado, o legislador abre ensejo a sutis distinções entre premeditação e simples voluntariedade do ato, tornando na prática sempre certo o direito ao capital segurado, pela impossibilidade material de prova do fato extintivo, o que não deixa de propiciar a fraude" (COMPARATO, Fábio Konder. Substituto ao capítulo referente ao contrato de seguro no anteprojeto de Código Civil. *Revista de Direito Mercantil, Industrial, Econômico e Financeiro*. São Paulo, n. 5, ano XI (nova série), 1972. p. 151).

[17] COMPARATO, Fábio Konder. Substituto ao capítulo referente ao contrato de seguro no anteprojeto de Código Civil. *Revista de Direito Mercantil, Industrial, Econômico e Financeiro*. São Paulo, n. 5, ano XI (nova série), 1972. p. 151.

[18] Abel Veiga Copo, ao lembrar que certos contratos – como o seguro de vida para o caso de morte – são protótipos dos casos de *certus an, incertus quando* do risco, enfatiza: "Sabemos que el suceso

ao segurador calcular os riscos e fixar o prêmio para cada segurado, de acordo com os traços que o constituem. Prêmio esse, é sempre bom sublinhar, consideravelmente menor do que o valor do capital geralmente estipulado no contrato, uma vez que, na maioria das modalidades, se parte da premissa de que a probabilidade de morte do segurado, levando-se em conta a vigência restrita do contrato, não é muito expressiva.

Toda essa construção lógico-sistemática é desafiada quando a aleatoriedade do sinistro é corrompida, desaparecendo a incerteza do risco. Exemplo de escola é o suicídio, objeto de análise do art. 798 do CC, que afasta, de forma definitiva, a incerteza relativa ao momento da morte do segurado.

Conforme mencionado no tópico anterior, procurando acabar com a antiga celeuma sobre a cobertura do suicídio, premeditado ou não, pelo segurador, e, com base no *Substitutivo Comparato*, o legislador brasileiro optou por fixar um prazo de carência legal de dois anos, seja da vigência inicial do contrato, seja da sua recondução depois de suspenso.

Sem embargo, com a entrada em vigor do Código Civil de 2002, surgiram, basicamente, três teses interpretativas para o art. 798: (i) manutenção da diferenciação entre suicídio premeditado e não premeditado, cabendo o ônus da prova ao segurador, de modo que a mudança teria sido restrita ao período após o prazo de dois anos; (ii) presunção relativa de premeditação do suicídio, quando ocorrido dentro do prazo de carência legal, podendo o beneficiário, no caso concreto, afastar tal presunção; e (iii) estipulação de um prazo objetivo, espancando a discussão sobre a premeditação ou não do suicídio e afastando o direto do beneficiário ao capital segurado quando cometido o suicídio pelo segurado dentro desse prazo.

Explicando mais e melhor cada uma das teses, a primeira defende que o artigo deveria ser lido conjuntamente com a súmula do STJ (61), que não está mais em vigor, e a do STF (105), além de sustentar que deveria ser presumida a boa-fé (subjetiva), e não a má-fé do segurado. Em termos práticos, manter-se-ia, assim, a necessidade de premeditação do suicídio pelo segurado, bem como a prova desse fato por parte do segurador para a perda do direito ao capital segurado pelo beneficiário. A inovação na matéria se restringiria ao parágrafo único do art. 798, que teria agasalhado uma presunção absoluta de cobertura após o prazo de dois anos disposto no *caput*.[19]

O primeiro julgamento da 2ª Seção do STJ sobre o tema, ocorrido em 2011, foi justamente nesse sentido:

> 2. A interpretação do art. 798, do Código Civil de 2002, deve ser feita de modo a compatibilizar o seu ditame ao disposto nos arts. 113 e 422 do mesmo diploma legal, que evidenciam a boa-fé como um dos princípios norteadores da redação da nova codificação civil.
>
> 3. Nessa linha, o fato de o suicídio ter ocorrido no período inicial de dois anos de vigência do contrato de seguro, por si só, não autoriza a companhia seguradora a eximir-se do dever de indenizar, sendo necessária a comprovação inequívoca da premeditação por

---

acaecerá, mas no sabemos cuándo. El quando es incierto, incertidumbre que tiñe la aleatoriedad" (VEIGA COPO, Abel. *Tratado del contrato de seguro*. Navarra: Thomson Reuters, 2009. p. 46-47).

[19] Por todos, CAVALIERI FILHO, Sergio. *Programa de responsabilidade civil*. 11. ed. São Paulo: Atlas, 2014. p. 524-527; e GAMA, Guilherme Calmon Nogueira da. O seguro de pessoa no novo Código Civil. *Revista dos Tribunais*, São Paulo, v. 93, n. 826, ago. 2004. p. 18.

parte do segurado, ônus que cabe à Seguradora, conforme as Súmulas 105/STF e 61/STJ expressam em relação ao suicídio ocorrido durante o período de carência.[20]

Prevalecesse esse entendimento, o segurado teria o melhor dos dois mundos: o término do prazo de carência serviria para afastar a possibilidade de perda do capital estipulado, mas não influenciaria em nada o resultado do suicídio ocorrido durante a sua vigência. Caso ocorresse nos primeiros dois anos, o segurador teria de provar a premeditação – na fase anterior à contratação – relativa ao suicídio do segurado para que não fosse obrigado a pagar o montante do capital segurado. Passados os dois anos, nem assim poderia o segurador agir: mesmo na posse de prova irrefutável de premeditação, teria de cumprir com a sua prestação.

Uma segunda posição se firmou no meio do caminho; de acordo com ela, o Código consagrou uma presunção relativa de premeditação do suicídio, quando ocorrido dentro do prazo de carência legal. Essa presunção poderia ser afastada se o beneficiário lograsse êxito em provar que o suicídio não foi premeditado, o que lhe conferiria o direito a receber o capital segurado.

Nesse particular, dispõe o Enunciado 187 da III Jornada de Direito Civil, promovida pelo CJF: "No contrato de seguro de vida, presume-se, de forma relativa, ser premeditado o suicídio cometido nos dois primeiros anos de vigência da cobertura, ressalvado ao beneficiário o ônus de demonstrar a ocorrência do chamado 'suicídio involuntário'". Apesar da aprovação do referido enunciado, não se encontram muitas vozes na doutrina e na jurisprudência a patrocinar tal posição,[21] especialmente em virtude da considerável dificuldade de compatibilizá-la com o ordenamento jurídico brasileiro tal qual posto atualmente.

A terceira corrente, por sua vez, defende que deve ser respeitado o prazo de carência legal, sendo de todo irrelevante a causa do suicídio do segurado. Ou seja, o legislador teria tomado uma posição clara ao optar por não fazer qualquer menção à voluntariedade do ato. O novel dispositivo teria sido motivado por várias razões de ordem e, em última instância, protegeria a própria coletividade.[22]

---

[20] STJ, 2ª Seção, AgRg no Ag 1.244.022/RS, rel. Min. Luis Felipe Salomão, j. 13.04.2011.

[21] Para a sua defesa, consulte-se: BEZERRA FILHO, Manoel. O suicídio do segurado ante o novo Código Civil. In: ALVIM, Arruda et al. *Aspectos controvertidos do Novo Código Civil*. São Paulo: Ed. RT, 2003. p. 465; e, mais recentemente, TZIRULNIK, Ernesto; CAVALCANTI, Flávio de Queiroz; PIMENTEL, Ayrton. *O contrato de seguro de acordo com o Código Civil brasileiro*. 3. ed. São Paulo: Roncarati, 2016. p. 285; e TARTUCE, Flávio. Comentários ao art. 798 do CC. In: SCHREIBER, Anderson et al. *Código Civil comentado*: doutrina e jurisprudência. 2. ed. Rio de Janeiro: Forense, 2020. p. 539.

[22] Cfr. o voto vencido do Ministro Sidnei Beneti no julgamento do STJ, 2ª Seção, AgRg no Ag 1.244.022/RS, rel. Min. Luis Felipe Salomão, j. 13.04.2011: "(...) embora possa parecer, a princípio, que a interpretação estrita do Código Civil, na redação atual, seja uma diretriz, insensível, nociva, do ponto de vista do sentimento social, porque deixaria uma indenização sem ser paga, pareceu-me, e está consignado no voto - que é exatamente o contrário. Tendo o contratante de seguro a certeza de que não vai haver indenização, no caso de suicídio em um ano, ante o caráter objetivo da aplicação do dispositivo legal, certamente não terá, ele, em momento de grande desespero emocional, estímulo indireto ao suicídio, reforçado pelo sentimento altruístico de deixar uma indenização para os seus entes queridos". Em sede doutrinária, cfr.: MARTINS-COSTA, Judith. Contrato de seguro: suicídio do segurado: art. 798, Código Civil: interpretação: diretrizes e princípios do Código Civil: proteção ao consumidor. *Revista Brasileira de Direito Civil*, Rio de Janeiro, v. I, jul.-set. 2014. p. 252 e ss.; CAM-

Traçado esse panorama, é de se ressaltar que a interpretação majoritária nos tribunais, até 2015, foi a da primeira corrente exposta, ou seja, o suicídio premeditado afastava o direito do beneficiário a receber o capital segurado caso o segurador provasse a intenção ardilosa da pessoa segura. A partir do REsp 1.334.005/GO, julgado pela 2ª Seção do STJ em 08.04.2015, a situação se inverteu por completo, tendo sido consagrado um rigoroso respeito ao prazo de carência previsto no art. 798 do CC.

Além de ressaltar que o Código Civil de 2002 não teria mantido a previsão do diploma anterior (art. 1.440 do CC/1916), evitando, assim, a "dificílima prova da premeditação e da sanidade mental e capacidade de autodeterminação no momento do suicídio", a Min. Isabel Gallotti, relatora para o indigitado acórdão, ponderou:

> Após a entrada em vigor do novo Código, portanto, quando se celebra um contrato de seguro de vida, não é risco coberto o suicídio nos primeiros dois anos de vigência. Durante os dois primeiros anos de vigência da apólice, há cobertura para outros tipos de óbito, mas não para o suicídio. Após esses dois anos, por outro lado, diante do suicídio, a seguradora terá de pagar o prêmio, mesmo diante da prova mais cabal de premeditação. Não penso que essa reforma tenha beneficiado nem a seguradora e nem ao segurado, em tese, mas conferido objetividade à disciplina legal do contrato de seguro de vida. Não sendo a hipótese de suicídio, nos dois primeiros anos de vigência do contrato, risco coberto, não haverá direito à cobertura, mas, por outro lado, o beneficiário terá direito ao ressarcimento do montante da reserva técnica já formada.[23]

Do referido voto, fica nítida a defesa de um critério totalmente objetivo, alheio a qualquer discussão de premeditação, tanto no interregno do prazo de carência legal de dois anos (que afastaria de forma absoluta o direito do beneficiário ao capital estipulado) quanto após o término desse prazo (que garantiria ao beneficiário o capital estipulado, independentemente de eventual prova por parte do segurador de que o segurado fez o seguro e cometeu o suicídio para que o beneficiário recebesse tal pecúnia). A própria lei, na visão do Min. João Otávio Noronha, teria, de tal maneira, estipulado um *sistema de contrapeso*.[24]

No que tange às súmulas então vigentes sobre o tema, foi esclarecido pela Min. Gallotti:

> Acrescento que a Súmula 105 do STF foi formada a partir de precedentes, nos quais se invalidava a cláusula de exclusão de cobertura, simplesmente porque não havia previsão legal, na época, para esta cláusula. Depois seguiu-se a Súmula 61 do STJ, também anterior ao novo Código Civil, numa época em que o pressuposto de todos esses precedentes da Súmula, seja do Supremo, seja do STJ, era a ausência de previsão contratual para estipulação de cláusula que eximisse a seguradora da cobertura, ao contrário do que

---

POY, Adilson José. *Contrato de seguro de vida*. São Paulo: Ed. RT, 2014. p. 137 e ss.; e SCHREIBER, Anderson. *Manual de direito civil contemporâneo*. São Paulo: Saraiva, 2018. p. 605.

[23] STJ, 2ª Seção, REsp 1.334.005/GO, rel. para o acórdão Min. Maria Isabel Gallotti, j. 08.04.2015. Cabe realçar-se que, por lapso, a Ministra mencionou que a seguradora teria de pagar o prêmio – e não o capital estipulado – após o prazo de dois anos. Para uma análise detalhada do julgado, seja consentido remeter a: JUNQUEIRA, Thiago. O debate em torno do suicídio do segurado na experiência brasileira. In: FÓRUM DE DIREITO DO SEGURO JOSÉ SOLLERO FILHO, 7., 2018, São Paulo. *Anais* (...). São Paulo: Roncarati, 2018.

[24] STJ, 2ª Seção, REsp 1.334.005/GO, rel. para o acórdão Min. Maria Isabel Gallotti, j. 08.04.2015.

sucede hoje, quando a lei expressamente estabelece que é um risco não coberto o de suicídio durante os primeiros dois anos de vigência da apólice, mas ao contrário, depois desses dois anos, mesmo que evidente a premeditação, esta circunstância não impedirá a cobertura pela seguradora.[25]

Destarte, o posicionamento previsto nas súmulas, fruto de diferentes dados normativos e contextos histórico-culturais, não deveria prevalecer, uma vez que o próprio art. 797 do atual diploma, que não possui equivalente no Código Civil de 1916, permitiria, expressamente, a estipulação de uma cláusula contratual com prazo de carência durante o qual o segurador não responde pela ocorrência do sinistro. Ora, se o segurador pode deixar de responder em virtude de qualquer motivo da morte durante um prazo de carência contratual, com mais razão não deverá responder em caso de suicídio do segurado dentro do prazo de carência legal.

Na sequência, a jurisprudência da Corte se consolidou de tal forma que, em 2018, foi aprovada a Súmula 610 do STJ: "O suicídio não é coberto nos dois primeiros anos de vigência do contrato de seguro de vida, ressalvado o direito do beneficiário à devolução do montante da reserva técnica formada". Ao que tudo indica, essa será a posição que, de maneira mais condizente com arcabouço legal brasileiro atual, prevalecerá daqui para frente.

Antes de concluir este tópico, uma última nota deve ser feita sobre a modulação dos efeitos do novo posicionamento do STJ para os litígios instaurados antes da alteração jurisprudencial. Isso porque, em dezembro de 2019, a 3ª turma do STJ, com base no art. 927, § 3º, do CPC/2015, acolheu o pleito da beneficiária que havia ingressado com ação em 2012, tendo tido sentença de primeira instância favorável em 2014, época na qual a jurisprudência exigia a prova da premeditação do suicídio do segurado para que não houvesse o pagamento do capital segurado pelo segurador. Eis os termos de parcela da ementa do julgado, que aplicou a teoria da superação prospectiva dos precedentes à controvérsia em tela:

> (...)
>
> 3. A teoria da superação prospectiva (*prospective overruling*), de origem norte-americana, é invocada nas hipóteses em que há alteração da jurisprudência consolidada dos Tribunais e afirma que, quando essa superação é motivada pela mudança social, seria recomendável

---

[25] STJ, 2ª Seção, REsp 1.334.005/GO, rel. para o acórdão Min. Maria Isabel Gallotti, j. 08.04.2015. A clareza do art. 798 foi ressaltada na maioria dos votos, chegando o Min. Noronha a repreender interpretações diversas: "Na verdade, a título de interpretar, o que se está fazendo é discordar da norma instituída pelo legislador, pois, como já consignado, foi claro seu posicionamento de pôr fim à discussão que existia na vigência do Código Civil de 1916. Considerando os contratos de seguro e situando a norma em questão no contexto de uma interpretação sistemática, não se pode descurar que o prazo de carência ora questionado visa proteger o caráter aleatório do contrato" (STJ, 2ª Seção, REsp 1.334.005/GO, rel. para o acórdão Min. Maria Isabel Gallotti, j. 08.04.2015). Um mês após esse *leading case*, a própria 2ª Seção do STJ voltou a afirmar: "De acordo com a redação do art. 798 do Código Civil de 2002, a seguradora não está obrigada a indenizar o suicídio ocorrido dentro dos dois primeiros anos do contrato", arrematando, na sequência, "O legislador estabeleceu critério objetivo para regular a matéria, tornando irrelevante a discussão a respeito da premeditação da morte, de modo a conferir maior segurança jurídica à relação havida entre os contratantes" (STJ, 2ª Seção, AgRg nos EDcl nos EREsp 1.076.942/PR, rel. Min. João Otávio de Noronha, j. 27.05.2015). Para uma decisão mais recente e no mesmo sentido: STJ, 4ª T., AgInt nos EDcl no AREsp 1.700.033/SP, rel. Min. Marco Buzzi, j. 24.05.2021.

que os efeitos sejam para o futuro apenas, isto é, prospectivos, a fim de resguardar expectativas legítimas daqueles que confiaram no direito então reconhecido como obsoleto.

4. A força vinculante do precedente, em sentido estrito, bem como da jurisprudência, em sentido substancial, decorre de sua capacidade de servir de diretriz para o julgamento posterior em casos análogos e de, assim, criar nos jurisdicionados a legítima expectativa de que serão seguidos pelo próprio órgão julgador e órgãos hierarquicamente inferiores e, como consequência, sugerir para o cidadão um padrão de conduta a ser seguido com estabilidade.

5. A modulação de efeitos do art. 927, § 3º, do CPC/15 deve ser utilizada com parcimônia, de forma excepcional e em hipóteses específicas, em que o entendimento superado tiver sido efetivamente capaz de gerar uma expectativa legítima de atuação nos jurisdicionados e, ainda, o exigir o interesse social envolvido.

6. Na hipótese, é inegável a ocorrência de traumática alteração de entendimento desta Corte Superior, o que não pode ocasionar prejuízos para a recorrente, cuja demanda já havia sido julgada procedente em 1º grau de jurisdição de acordo com a jurisprudência anterior do STJ.[26]

A doutrina diverge sobre o mérito desse julgado. Paulo Maximilian, por exemplo, com lastro no voto vencido do Min. Ricardo Villas Bôas Cueva, defende não existir *"direito adquirido à interpretação jurisprudencial*, ainda mais quando esta se verificou equivocada algum tempo depois".[27] A discussão perderá progressiva importância à medida que as lides que versem sobre o tema e que tenham sido ingressadas antes de 2015 venham a ser solucionadas pelo Poder Judiciário.

3. DISPOSIÇÕES RELACIONADAS

O art. 798 do CC tem íntima ligação com o art. 797 do mesmo diploma legal. Conforme já ressaltado, em caso de ausência de cobertura do capital segurado, no âmbito do seguro de vida individual, o segurador restará vinculado a devolver a reserva técnica ao beneficiário.

Embora, a princípio, se possa vislumbrar uma semelhança entre a não cobertura ao suicídio e o instituto do agravamento intencional do risco, ambos não se confundem. Enquanto neste há uma *perda de direito* em virtude do agravamento do risco (arts. 768 e 769 do CC), que leva ao desequilíbrio das prestações entre as partes, naquele há mesmo a concretização de um *risco excluído*, retirando por completo a álea negocial.

A cobertura contra riscos predeterminados pelo segurador (art. 757 do CC) e a não cobertura de atos dolosos dos segurados (art. 762 do CC) também se conectam ao artigo ora examinado. Indo além, dispõe o art. 799 do CC algumas hipóteses nas quais o segurador "não pode eximir-se ao pagamento do seguro, ainda que da apólice conste a restrição". Por entender que tais comportamentos do segurado, como a prestação de serviço militar, a prática de esportes ou de atos de humanidade em auxílio de outra pessoa, são socialmente

---

[26] STJ, 3ª T., REsp 1.721.716/PR, rel. Min. Nancy Andrighi, j. 10.12.2019.
[27] MAXIMILIAN, Paulo. A (ainda) não pacificada questão da cobertura do suicídio? In: GOLDBERG, Ilan; JUNQUEIRA, Thiago. *Temas atuais de direito dos seguros*. São Paulo: Ed. RT, 2020. t. II. p. 780-784. Em sentido contrário, BLANCO, Ana Maria. Modulação dos efeitos da Súmula 610/STJ sobre o suicídio no seguro de vida. *Conjur*, 15.06.2020. Disponível em <https://www.conjur.com.br/2020-jun-15/ana-maria-blanco-sumula-610stj-suicidio-seguro-vida>. Acesso em: 19.07.2022.

relevantes e envolvem interesses merecedores de tutela, o legislador, expressamente, proibiu a ausência de sua cobertura pelo segurador.

No caso do suicídio do segurado, todavia, a solução foi diametralmente oposta, ou seja, afastou-se a possibilidade de cobertura pelo segurador durante os dois primeiros anos da contratação ou de sua suspensão, a fim de *desincentivar a tomada de uma atitude* tão trágica pelo segurado em prejuízo de sua família e conhecidos, bem como em detrimento do fundo mútuo.

A contratação de vários seguros de vida com seguradores diversos, apesar de permitida pelo art. 789 do CC, em caso de morte suspeita do segurado, poderá servir de indício para a ocorrência de suicídio. Para tentar mitigar a chance de concretização desse tipo de fraude, é comum que o segurador questione, na fase pré-contratual, se o proponente já tem em vigor um ou mais seguros de vida com seguradora(s) diversa(s).

Em sede infralegal, destacam-se os seguintes atos normativos para a operação das coberturas de risco oferecidas em plano de seguro de pessoas: (i) Resolução CNSP 439/2022 e (ii) Circular Susep 667/2022 (que dispõe sobre regras complementares).[28] Com efeito, cabe enfrentar os principais dispositivos que se conectam ao tema sob exame.

Desde logo, salta aos olhos que se inclui dentro do conceito de acidente pessoal o suicídio, ou a sua tentativa, devendo ser respeitado, também nesse caso, o prazo de carência de dois anos – conforme o art. 2º, I, c/c o art. 14 da Resolução CNSP 439/2022, além dos comentários tecidos ao art. 797 do CC nesta obra. A exclusão de risco relacionada ao suicídio deverá ser redigida em destaque e em linguagem de fácil compreensão (art. 4º da Circular Susep 667/2022).

A Circular Susep 667/2022, ao contrário de sua anterior, a Circular Susep 302/2005, não dedica nenhum artigo ao tema do suicídio do segurado.[29] Há, porém, nesse novo normativo, um dispositivo que afirma: "É vedado constar no rol de riscos excluídos do seguro eventos decorrentes de atos praticados pelo segurado em estado de insanidade mental, de embriaguez ou sob efeito de substâncias tóxicas" (art. 26). A toda evidência, o referido artigo não será suficiente para reinstalar a discussão sobre a não relativização da exclusão de cobertura do suicídio do segurado, seja em virtude dos arts. 12 e 14 da Resolução CNSP 439/2022,[30] seja em razão do próprio art. 798, *caput*, do CC.[31]

---

[28] Até agosto de 2022, estavam em vigor, em especial: (i) a Resolução CNSP 117, de 2004; (ii) a Circular Susep 302, de 2005 (que dispunha sobre regras complementares); e (iii) a Circular Susep 317, de 2006 (que tratava das regras complementares, especificamente, no âmbito dos seguros coletivos de pessoas).

[29] O art. 60 da Circular Susep 302/2005 asseverava: "Não pode ser estipulada entre as partes cláusula que exclua o suicídio ou sua tentativa, após os primeiros dois anos de vigência inicial do contrato, ou da sua recondução depois de suspenso". Tal solução ia ao encontro da atual posição do STJ, no sentido de que, após o prazo de carência legal, o suicídio deve ser coberto, mesmo diante de prova inconteste de premeditação do segurado. Conquanto tal entendimento possa ser considerado, à primeira vista, contrário ao princípio da boa-fé objetiva, é o que está posto hoje no ordenamento jurídico pátrio (conforme o parágrafo único do art. 798 do CC).

[30] Eis os seus termos: art. 12 da Resolução CNSP 439/2022 ("O prazo de carência, exceto no caso de suicídio ou sua tentativa, não poderá exceder metade do prazo de vigência previsto pela apólice, no caso de contratação individual, ou pelo certificado individual, no caso de contratação coletiva") e art. 14 da Resolução CNSP 439/2022 ("Para sinistros decorrentes de acidentes pessoais não será aplicável prazo de carência, exceto no caso de suicídio ou sua tentativa, quando o referido prazo corresponderá a dois anos ininterruptos").

[31] O art. 26 da Circular Susep 667/2022 apenas replicou o disposto na agora revogada Carta Circular Susep/Detec/GAB 8/2007, que já estava em vigor quando da modificação no enfrentamento do tema do suicídio do segurado pelo STJ.

Por fim, cabe realçar que a solução que considera o prazo de carência legal do suicídio como objetivo parece estar mais em harmonia com os preceitos da Lei Geral de Proteção de Dados Pessoais, notadamente com o princípio da necessidade (art. 6º, II, da Lei 13.709/2018). Recorde-se que, antes da alteração de posicionamento pelo STJ, cabia ao segurador o ônus de prova de que o suicídio do segurado fora premeditado para a incidência da exclusão do risco e o não pagamento do capital estipulado. Tal medida afigurava-se, conforme lição da doutrina, uma "prova diabólica, cuja obtenção dependia, muitas vezes, da invasão, pelo segurador, do luto familiar, o que poderia acabar por desrespeitar direitos da personalidade do segurado, que sabidamente se projetam após a morte".[32]

REFERÊNCIAS BIBLIOGRÁFICAS

AMARAL, Guilherme Rizzo. Trabalhando com precedentes: o caso do suicídio involuntário e do contrato de seguro. *Revista de Processo*, São Paulo, v. 262, ano 41, dez. 2016.

ASSOCIAÇÃO BRASILEIRA DE PSIQUIATRIA. *Suicídio*: informando para prevenir. Brasília: Conselho Federal de Medicina, 2014.

BEZERRA FILHO, Manoel. O suicídio do segurado ante o novo Código Civil. In: ALVIM, Arruda et al. *Aspectos controvertidos do Novo Código Civil*. São Paulo: Ed. RT, 2003.

BLANCO, Ana Maria. Modulação dos efeitos da Súmula 610/STJ sobre o suicídio no seguro de vida. *Conjur*, 15.06.2020. Disponível em <https://www.conjur.com.br/2020-jun-15/ana-maria--blanco-sumula-610stj-suicidio-seguro-vida>. Acesso em: 19.07.2022.

CAMPOY, Adilson José. *Contrato de seguro de vida*. São Paulo: Ed. RT, 2014.

CAVALIERI FILHO, Sergio. *Programa de responsabilidade civil*. 11. ed. São Paulo: Atlas, 2014.

COMPARATO, Fábio Konder. Substituto ao capítulo referente ao contrato de seguro no anteprojeto de Código Civil. *Revista de Direito Mercantil, Industrial, Econômico e Financeiro*. São Paulo, n. 5, ano XI (nova série), 1972.

COSTA, Ricardo Cesar Rocha da. A atividade de seguros nas primeiras décadas da república. In: ALBERTI, Verena. *Entre a solidariedade e o risco*: história do seguro privado no Brasil. Rio de Janeiro: Fundação Getulio Vargas, 1998.

FORTUNATI, Maura. "La pietosa ingiustizia dei magistrati": Il dibattito sul suicidio dell'assicurato tra Ottocento e Novecento. *Historia et ius*: Rivista di Storia Giuridica dell'Età Medievale e Moderna, Bolonha, n. 10, dez. 2016.

GAMA, Guilherme Calmon Nogueira da. O seguro de pessoa no novo Código Civil. *Revista dos Tribunais*, São Paulo, v. 93, n. 826, ago. 2004.

JUNQUEIRA, Thiago. O debate em torno do suicídio do segurado na experiência brasileira. In: FÓRUM DE DIREITO DO SEGURO JOSÉ SOLLERO FILHO, 7., 2018, São Paulo. *Anais* (...). São Paulo: Roncarati, 2018.

MARTINS-COSTA, Judith. Contrato de seguro: suicídio do segurado: art. 798, Código Civil: interpretação: diretrizes e princípios do Código Civil: proteção ao consumidor. *Revista Brasileira de Direito Civil*, Rio de Janeiro, v. I, jul.-set. 2014.

---

[32] TEPEDINO, Gustavo; KONDER, Carlos Nelson; BANDEIRA, Paula Greco. *Fundamentos do direito civil*. Rio de Janeiro: Forense, 2020. (Contratos, v. 3). p. 493.

MAXIMILIAN, Paulo. A (ainda) não pacificada questão da cobertura do suicídio? In: GOLDBERG, Ilan; JUNQUEIRA, Thiago. *Temas atuais de direito dos seguros*. São Paulo: Ed. RT, 2020. t. II.

MIRAGEM, Bruno; PETERSEN, Luiza. *Direito dos seguros*. Rio de Janeiro: Forense, 2022.

OLIVEIRA, Arnaldo Costa. Anotação ao art. 191. In: MARTINEZ, Pedro Romano et al. *Lei do Contrato de Seguro*: anotada. Coimbra: Almedina, 2011.

PONTES DE MIRANDA, Francisco Cavalcanti. *Tratado de direito privado*. Atual. Bruno Miragem. São Paulo: Ed. RT, 2012. (Direito das obrigações. Seguros, t. XLVI).

SCHREIBER, Anderson. *Manual de direito civil contemporâneo*. São Paulo: Saraiva, 2018.

TARTUCE, Flávio. Comentários ao art. 798 do CC. In: SCHREIBER, Anderson et al. *Código Civil comentado*: doutrina e jurisprudência. 2. ed. Rio de Janeiro: Forense, 2020.

TEPEDINO, Gustavo; KONDER, Carlos Nelson; BANDEIRA, Paula Greco. *Fundamentos do direito civil*. Rio de Janeiro: Forense, 2020. (Contratos, v. 3).

TIRADO SUÁREZ, Francisco Javier. Anotación art. 93. In: SÁNCHEZ CALERO, Fernando (Dir.). *Ley de Contrato de Seguro*: Comentarios a la Ley 50/1980, de 8 de octubre, y a sus modificaciones. 4. ed. Navarra: Aranzadi, 2010.

TZIRULNIK, Ernesto; CAVALCANTI, Flávio de Queiroz; PIMENTEL, Ayrton. *O contrato de seguro de acordo com o Código Civil brasileiro*. 3. ed. São Paulo: Roncarati, 2016.

VEIGA COPO, Abel. *Tratado del contrato de seguro*. Navarra: Thomson Reuters, 2009.

COMENTÁRIOS AO ART. 799 DO CÓDIGO CIVIL

Janaina Andreazi
Gustavo Duarte

> **Art. 799.** O segurador não pode eximir-se ao pagamento do seguro, ainda que da apólice conste a restrição, se a morte ou a incapacidade do segurado provier da utilização de meio de transporte mais arriscado, da prestação de serviço militar, da prática de esporte, ou de atos de humanidade em auxílio de outrem.

1. ORIGEM DA DISPOSIÇÃO E REGIME ANTERIOR

O dispositivo em tela, sem correspondente no Código Civil de 1916,[1] aborda a proibição da exclusão de garantia securitária em relação a determinados riscos contratuais, servindo como mecanismo de restrição à liberdade de contratar do segurador.

É dizer, as cláusulas delimitadoras dos riscos cobertos, cuja legalidade é reconhecida pelo Superior Tribunal de Justiça[2], sofre rigorosa relativização pela impositiva letra da lei que apresentou novidades ao mercado segurador, uma vez que, com a vigência do vintenário Código Civil (10.01.2003), passou a não mais poder recusar, eventualmente, cobertura para os sinistros decorrentes das quatro hipóteses previstas no mencionado artigo, quais sejam: invalidez ou morte decorrente de utilização de meio de transporte mais arriscado, prestação de serviço militar, prática de esporte e atos de humanidade em auxílio de outra pessoa/outrem[3].

---

[1] Bem-vistas as coisas, o Código Civil de 1916 tinha o seguinte enunciado: "Art. 1.460. Quando a apólice limitar ou particularizar os riscos do seguro, não responderá por outros o segurador".

[2] Cumpre anotar que é assente na jurisprudência do c. STJ que "não se mostra recomendável eventual interpretação elasticida do risco assumido no qual se baseia o cálculo do prêmio, notadamente quando não vislumbrada quebra do dever de boa-fé contratual nem deficiência informacional na relação havida entre estipulante e seguradora" (STJ, 4ª T., AgInt no REsp 1.877.051/SC, rel. Min. Luis Felipe Salomão, j. 21.09.2021, *DJe* 27.09.2021).

[3] Note-se que se o ato for praticado em ato de salvamento de animais (cachorros, gatos, cavalos etc.) – em tese, não haverá cobertura. Significado de outrem: "*pron indef*, Outra pessoa: '(...) *esse homem abandonou-me por outra mulher (...) e foi entrelaçar o seu nome ao de uma moça que era noiva de*

Observando o histórico legislativo sobre a questão, o que se nota é a existência de uma predisposição a um olhar diferenciado para o seguro de pessoa, no que diz respeito, especificamente, ao agravamento do risco[4], conferindo interpretação que atribui maior relevância ao interesse jurídico tutelado nos contratos de seguro de vida, espraiado no equilíbrio contratual, porém sem desnaturar o exercício pleno da dignidade da pessoa humana.

A ideia do legislador estabeleceu a premissa de que o seguro, por sua natureza de produto social, deve chegar a mais pessoas, que antes da codificação civil de 2002, estariam à margem do manto securitário.

Com efeito, observa-se um alargamento das possibilidades nas quais o segurado ou seu beneficiário receberá o capital segurado[5], ainda que estivesse praticando uma ação, em tese, mais arriscada do que se poderia prever na vida cotidiana e que, antes da promulgação do Código Civil/2002, seria objeto de exclusão de risco, como se verá da leitura dos dispositivos da já superada Circular Susep 29/1991, vigente até 2005[6].

Nesse contexto, o estudo de Nelson Rosenvald e Felipe Braga Netto informa que o contrato de seguro não poderia restringir o modo de vida do segurado, inibindo a contratação por excludentes, o que desprestigiaria a leitura constitucional do direito privado:

> No espectro do seguro de vida, há de se diferenciar aquele que cobre a morte acidental da modalidade que rege a morte natural. (...). Porém, compreendendo ambas as modalidades de óbito, o seguro não pode atuar como fator inibidor de restrição ao *modus vivendi* do segurado, mesmo que para fixar o valor do prêmio o segurador considere diversas circunstâncias relacionadas ao segurado, como idade, estado de saúde, estilo de vida, prática de esportes radicais, atividade profissional. É possível mesmo o estabelecimento de algumas causas de exclusão da garantia, entretanto, o legislador as vedou em relação às situações indicadas no dispositivo em análise. (...) O legislador pretendeu acautelar a

---

outrem' (SEN). Etimologia *alt* do *lat alterum*" (cf. OUTREM. In: MICHAELIS: dicionário brasileiro da língua portuguesa. São Paulo: Melhoramentos, 2022. Disponível em: <https://michaelis.uol.com.br/moderno-portugues/busca/portugues-brasileiro/outrem/>. Acesso em: 04.08.2022).

[4] Código Civil: "Art. 768. O segurado perderá o direito à garantia se agravar intencionalmente o risco objeto do contrato". Sobre o tema, Adilson Campoy assinala que: "Quando há agravação de risco, o segurado perde o direito à garantia por um ato seu. O risco estava garantido, mas, por tê-lo agravado, sobrevém a perda do direito. Quanto ao risco excluído, não custa repetir, esse direito jamais existiu. (...) A agravação de risco tanto pode se apresentar num contrato de seguro de dano como num contrato de seguro de pessoa, sem que haja, ao nosso alcance, razão para tratamentos distintos entre um e outro seguro" (Confira-se: CAMPOY, Adilson José. *Contrato de seguro de vida*. São Paulo: Ed. RT, 2014. p. 45 e 46.

[5] Definição de capital segurado: "valor máximo para a cobertura contratada a ser pago pela sociedade seguradora na ocorrência do sinistro. No caso da cobertura por sobrevivência, pagamento a ser efetuado ao assistido ou beneficiário, sob a forma de pagamento único ou de renda" (disponível em: <http://www.susep.gov.br/menu/informacoes-ao-publico/planos-e-produtos/seguros/seguro--de-pessoas#01_-_gloss_rio>. Acesso em: 15.08.2022).

[6] Revogada pela Circular Susep 302, de 19.09.2005, que, recentemente, foi revogada pela Circular Susep 667, de 04.07.2022. Disponível em: <https://www2.susep.gov.br/safe/scripts/bnweb/bnmapi.exe?router=upload/5851>. Acesso em: 15.08.2022.

envergadura da cobertura do seguro pessoal, de modo que qualquer exclusão seja aferida restritivamente.[7]

Ao longo deste artigo, será mais profundamente abordada cada uma das hipóteses do dispositivo, sem a pretensão de pretender esgotar o assunto.

2. SENTIDO DA DISPOSIÇÃO E PRINCIPAIS CONTROVÉRSIAS NA SUA INTERPRETAÇÃO

Considerando-se a relevância do contrato de seguro de vida e acidentes pessoais, certo é que o segurado, ao contratar um seguro dessa ordem, além de vislumbrar a hipótese de se ver em situação na qual possa ter dificuldade de obter seus proventos, almeja que seu(s) beneficiário(s) fique(m) amparado(s) após sua partida, de modo que o legislador, ao que parece, pretendeu garantir a cobertura de alguns riscos ordinários da vida em sociedade.

Segundo Ilan Goldberg e Thiago Junqueira, "ao se examinar funcionalmente o artigo 799 do CC, fica claro que, em uma ponderação abstrata, o legislador concluiu, por serem socialmente positivas, que as hipóteses envolvendo serviço militar, prática de esportes, entre outras, deveriam ser cobertas pelas seguradoras".[8]

Com efeito, ainda que haja quem milite contra a eficácia desse dispositivo, por limitar a liberdade de contratar[9] pautada na autonomia privada da seguradora, e defenda que o custo será suportado por quem não corre semelhantes riscos[10], certo é que uma avaliação cuidadosa de cada um dos riscos mencionados revela não haver nada de exorbitante ou de muito mais arriscado do que a vida cotidiana é capaz de oferecer a qualquer cidadão. Por exemplo, no que se refere à utilização de meio de transporte mais arriscado: a bicicleta em relação ao automóvel, em algumas cidades, é um meio de transporte muito mais arriscado do que qualquer outro. Entrementes, parece-nos que não garantir um acidente ocorrido

---

[7] BRAGA NETTO, Felipe; ROSENVALD, Nelson. *Código Civil comentado*. 2. ed. Salvador: Editora Juspodivm, 2021. p. 850-851.

[8] GOLDBERG, Ilan; JUNQUEIRA, Thiago. Agravamento do risco no seguro de pessoa em virtude de direção alcoolizada. Conjur, 25.07.2022. Disponível em: <https://www.conjur.com.br/2022-jul-25/seguros-contemporaneos-agravamento-risco-seguro-vida-virtude-direcao-alcoolizada>. Acesso em: 20.08.2022. Ao examinar o tema do agravamento do risco em virtude da direção embriagada, concluem os autores: "A direção embriagada ou com o uso de outras substâncias tóxicas, porém, é a *antítese* do que o legislador quis proteger [no art. 799 do CC]".

[9] Constituição da República: "Art. 170. Constituição Federal. A ordem econômica, fundada na valorização do trabalho humano e na livre-iniciativa, tem por fim assegurar a todos existência digna, conforme os ditames da justiça social, observados os seguintes princípios: (...) IV – livre concorrência; (...)". No mesmo sentido, o Código Civil: "Art. 421-A. Os contratos civis e empresariais presumem-se paritários e simétricos até a presença de elementos concretos que justifiquem o afastamento dessa presunção, ressalvados os regimes jurídicos previstos em leis especiais, garantido também que: I – as partes negociantes poderão estabelecer parâmetros objetivos para a interpretação das cláusulas negociais e de seus pressupostos de revisão ou de resolução; II – a alocação de riscos definida pelas partes deve ser respeitada e observada; e III – a revisão contratual somente ocorrerá de maneira excepcional e limitada.".

[10] Veja-se, por todos, TZIRULNIK, Ernesto; CAVALCANTI, Flávio de Queiroz B.; PIMENTEL, Ayrton. *O contrato de seguro de acordo com o novo Código Civil brasileiro*. 2. ed. São Paulo: Ed. RT, 2003. p. 189.

durante o uso desse meio de transporte vai de encontro à liberdade do indivíduo e até mesmo ao clamor pelo uso de meios de transporte mais saudáveis e menos agressivos ao meio ambiente.

Note-se que, em tese, qualquer meio de transporte é arriscado quando se vive nas grandes metrópoles, em que, infelizmente, o número de mortes no trânsito costuma ser altíssimo[11]. Até mesmo o locomover-se a pé pode ser um alto risco diário, a depender da rotina e dos trajetos cumpridos pelo indivíduo.

Tais constatações colocam por terra qualquer argumento em face dessa parte do dispositivo, até porque se destina "o seguro a cobrir danos advindos de possíveis acidentes, geralmente oriundos de atos dos próprios segurados, nos seus normais e corriqueiros afazeres do dia a dia."[12].

No que toca à prestação de serviço militar, no Brasil ele é obrigatório para os homens, de modo que a exclusão de cobertura desse risco configuraria tirar de determinada parcela da população o direito de contratar um seguro de vida e acidentes pessoais.

O artigo poderia ter sido mais específico e fazer menção ao serviço militar obrigatório, porém a ideia integrativa aqui observada deve ser extensiva a qualquer tipo de serviço militar, compreendido pelas Forças Armadas a serviço do País.

Abrem-se parênteses para o fato de que os riscos do policial militar em exercício regular no desempenho de sua função precípua, logicamente, não poderão ser excluídos pelo texto da lei, devendo tal racional ser igualmente atribuído aos atos de quando, porventura, estiver em confronto com potenciais criminosos fora do horário de serviço.

Já há muito tempo é decidido assim pela jurisprudência pátria[13], prestigiando o fato de o militar estar de prontidão 24 horas, eis que o exercício da função não se encerra com o horário designado para o trabalho, ainda mais caso venha a ser exigido a atuar nesses momentos, como ocorre não raras vezes.

Nessa linha de raciocínio, faz-se uma indagação, considerando a taxatividade do rol do art. 799 defendida pela doutrina especializada – o que será melhor explorado linhas adiante – pensando no caráter exaustivo e na interpretação restritiva da norma, como o artigo apenas menciona o termo "serviço militar", os policiais civis e/ou vigilantes estariam inseridos no conceito tutelado pela norma?

A resposta parece, pensando no caráter funcional do dispositivo sob análise, ser no sentido de que ele visa garantir o risco no seguro de pessoa na sua maior expressão, que seja positiva[14],

---

[11] CROQUER, Gabriel. SP registra 13 mortes por dia em acidentes de trânsito em 2021. *R7*, 18.01.2022. Disponível em: <https://noticias.r7.com/sao-paulo/sp-registra-13-mortes-por-dia-em-acidentes-de-transito-em-2021-29062022>. Acesso em: 01.08.2022.

[12] GOLDBERG, Ilan; GOULART, Úrsula. O agravamento do risco no contrato de seguro. *Cadernos de Seguro*, v. 32, n. 172, maio-jun. 2012. p. 50.

[13] Confira-se: "Deve ser considerado como exercício da função e horário de trabalho, para fins de percepção da indenização do seguro de vida a morte de policial militar que se depara, no interior de banca de jornal, com ocorrência de assalto, sendo atingido com balas de revólver quando buscava prender os assaltantes. A expressão 'horário de trabalho' deve ser entendida como a qualquer momento que o policial for exigido para recompor a ordem pública ameaçada" (TJSP, Apelação Cível 1010637-0/9, rel. Des. Kioitsi Chicuta, . 08.03.2007).

[14] Ricardo Bechara Santos não comunga desse fundamento argumentativo. "Por conta da interpretação restritiva que deve presidir a aplicação das exceções dispostas no artigo em comento, infere-se,

pois a polícia civil, muito embora não conste na menção do Estatuto dos Militares[15], é uma profissão que exige exposição a risco similar ao dos militares.

Em relação à hipótese de prática de esporte, é certo que há pessoas que praticam esporte regular e profissionalmente. Também há os que os praticam amadoristicamente e os esportistas de finais de semana ou ainda aqueles que o fazem "turistando". Ora, a depender do ponto de vista, todos os casos podem ser considerados riscos agravados.

Com efeito, o esportista profissional faz isso como seu mister e está diariamente sujeito a alguma lesão. No entanto, é jovem, geralmente, assim como de praxe tem por trás um suporte que evita que acidentes aconteçam. De outro lado, o esportista amador não tem suporte técnico e físico constante e, portanto, está mais sujeito a lesões. Por fim, o esportista eventual, com uma única ação impensada, pode sofrer um grave acidente.

Se se considerasse a prática de esportes de agravamento do risco, todos os três casos não poderiam ser cobertos, o que reduziria sobremaneira a arrecadação de prêmio, visto que a comercialização desse produto ficaria bastante comprometida, não se pode negar.

Renata Cristina Othon Lacerda de Andrade[16] menciona que a inovação legal é louvável, uma vez que incluiu os danos oriundos da prática de esportes radicais no rol de riscos seguráveis, tendo em vista que as seguradoras excluíam, expressamente, essa cobertura.

Não é demais ponderar, ainda neste item, que há profissões que oferecem risco de acidentes iguais ou maiores do que os incorridos por um esportista, como ocorre com os recolhedores de lixo, pintores de fachadas de edifícios, trabalhadores de montadoras de automóveis e outros mais.

Negar a todos a possibilidade de contratação de seguro de vida e de acidentes pessoais, em razão da profissão que, muitas vezes, lhes é possível exercer – diante das escolhas que lhes foram permitidas –, se configuraria séria restrição de direitos, violando a Constituição da República[17].

Agora sob o olhar voltado à precificação do produto no ramo de pessoas, pensando na premissa de que, quanto mais o contratante se expuser a riscos, maior será o preço do seguro, formula-se a seguinte indagação: um esporte profissional de elevadíssimo risco,

---

por exemplo, não estarem ali albergados os riscos a que se submetem os policiais civis, podendo, portanto, sofrer as exclusões de regra já que o dispositivo em tela não faz referência a profissões, sejam públicas ou privadas, ainda que exerçam funções de igual ou maior risco que a dos militares, dos praticantes de esporte e dos usuários de meios de transporte arriscado" (SANTOS, Ricardo Bechara. *Direito do seguro no novo Código Civil e legislação própria*. 2. ed. Rio de Janeiro: Forense, 2008. p. 438).

[15] Lei 6.880, de 9 de dezembro de 1980 (dispõe sobre o Estatuto dos Militares): "Art. 2º As Forças Armadas, essenciais à execução da política de segurança nacional, são constituídas pela Marinha, pelo Exército e pela Aeronáutica, e destinam-se a defender a Pátria e a garantir os poderes constituídos, a lei e a ordem. São instituições nacionais, permanentes e regulares, organizadas com base na hierarquia e na disciplina, sob a autoridade suprema do Presidente da República e dentro dos limites da lei".

[16] ANDRADE, Renata Cristina Othon Lacerda de. A cláusula de não indenizar e a prática dos esportes de risco em face do princípio da dignidade da pessoa humana. *Revista Forense Eletrônica*, v. 389, p. 1-7, 2007.

[17] "Art. 5º Todos são iguais perante a lei, sem distinção de qualquer natureza, garantindo-se aos brasileiros e aos estrangeiros residentes no País a inviolabilidade do direito à vida, à liberdade, à igualdade, à segurança e à propriedade, nos termos seguintes: (...) XIII - é livre o exercício de qualquer trabalho, ofício ou profissão, atendidas as qualificações profissionais que a lei estabelecer; (...)."

como a montaria, por exemplo – ou, ainda, o esporte de peão boiadeiro –, ofereceria os mesmos riscos que qualquer outro esporte – vôlei, futebol, natação, corrida?

E se o segurado respondesse previamente a questões sobre os esportes que pratica com habitualidade, tanto de forma amadora quanto profissionalmente, e a informação fosse relevante para a precificação, valorando cada risco existente? Algo similar à cláusula "perfil" com questionários tão usuais nos seguros do ramo de automóveis.

Nesse mesmo prisma, seria abusiva a cláusula prevista nas condições gerais do contrato de seguro que excluísse a cobertura à prática de esportes equestres considerados como de alto risco? Ou para os esportistas que, em razão do risco das modalidades que praticam, acabariam por necessitar das mais sofisticadas coberturas?

Ainda que se comemore o acerto das restrições impostas às proibições lançadas no art. 799, o seguro para um surfista de ondas grandes, um praticante de *ski*, *snowboard* ou balonismo, um mergulhador ou, de forma resumida, um praticante de esporte de alto risco[18], não pode ser precificado exatamente como o de um esportista convencional porque, obviamente, os riscos são completamente diferentes.

Riscos mais elevados custam maiores somas às companhias de seguros porque apresentam sinistralidade significativamente mais elevada, é dizer, *grosso modo*, quanto maior o risco, maior o prêmio.

É uma questão de matemática pura, não de intuição ou de qualquer espécie de especulação, de modo que qualquer alteração nessa equação viola o mutualismo, base sólida sobre a qual é erguido o equilíbrio econômico-financeiro do contrato de seguro.

Por mais que o seguro seja na modalidade de pessoas (vida e acidentes pessoais), o que autorizaria a contratação de mais de um seguro para o mesmo interesse legítimo (*vide* art. 789 da Lei Civil[19]), a mais estrita boa-fé, prevista no art. 765 do CC[20], exige que as partes prestem informações amplas e transparentes, evitando quaisquer omissões que possam influenciar a taxação do risco e, consequentemente, a cotação do prêmio.

E mais, para a seguradora, torna-se relevantíssimo saber se o segurado está lidando com a prática do esporte de maneira responsável.

Ela poderá fazer perguntas sobre a qualidade dos equipamentos usados para a prática esportiva, bem como se os itens de segurança foram corretamente empregados e se a atividade é acompanhada por uma equipe qualificada, cabendo aqui externar que tal cenário, uma vez inobservado, pode desaguar na excludente de cobertura[21].

---

[18] Recentemente, o STJ não deu guarida à exclusão de cobertura contratual para esportes radicais e de alto risco, tendo em vista a ausência de provas de que houve prática de esporte radical no local do acidente. *Vide*: AREsp 1.795.512, Min. Humberto Martins, *DJe* 05.02.2021.

[19] "Art. 789. Nos seguros de pessoas, o capital segurado é livremente estipulado pelo proponente, que pode contratar mais de um seguro sobre o mesmo interesse, com o mesmo ou diversos seguradores."

[20] "Art. 765. O segurado e o segurador são obrigados a guardar na conclusão e na execução do contrato, a mais estrita boa-fé e veracidade, tanto a respeito do objeto como das circunstâncias e declarações a ele concernentes."

[21] Cabe a transcrição de trecho do clausulado oriundo de umas das líderes no ramo de pessoas no mercado interno: "(...) 5) Riscos Excluídos. (...) e) Acidentes ocorridos em consequência de eventos causados exclusivamente pela não utilização, por parte do Segurado, de equipamentos de segurança exigidos por lei; (...)" (MONGERAL AEGON SEGUROS E PREVIDÊNCIA S/A. *Seguro de pessoas em grupo (15414.003037/2012-47)*: condições gerais. p. 152. Disponível em:

Imaginemos um assíduo praticante de rapel que, deliberadamente, resolve se aventurar na escalada de pedra sem a corda de segurança ou atos semelhantes que agravem sobremaneira o risco a que está exposto, ou um praticante, ainda que amador, de esgrima que atua no "duelo" sem máscara e acaba por ser atingido na vista. Tais atos meramente ilustrativos não estão colocados dentro da expectativa do que seja razoável esperar em condições normais.

Outrossim, encerrando-se o cotejo das hipóteses de riscos a serem assumidos anteriormente evidenciadas, veja-se que, ainda na fase pré-contratual, é sabido que inexiste a figura do contratante e do contratado, mas há a do proponente, que pode ou não vir a ser um segurado, eis que, nesse momento de tratativas inaugurais, sequer fora dado o aceite da empresa seguradora.

É dizer, a análise de dados pela seguradora é condição fundamental para que haja a celebração do contrato, mas tal questão não implica obrigatoriedade de vinculação indiscriminada das partes, uma vez que a proposta de contratação caracteriza tão somente a intenção/vontade objetiva do proponente de pactuar de acordo com as condições oferecidas pela seguradora.

Com efeito, exsurge, nesse momento, a possibilidade da cia. seguradora efetuar análise do negócio a ser assumido e verificar se há algum vício que macule o contrato, ou seja, o art. 766[22] do diploma civilista segue convivendo com os clausulados excludentes e deve ser observado, quando da leitura conjunta aos riscos, que o art. 799 trata como mandatória a não exclusão, sendo certo que, ao ocorrer clara violação ao dever de informação, as declarações pré-contratuais atraem a perda do direito à garantia, pois, se realizadas com inverdades e de maneira incompleta, desaguarão na ausência de contrato, sendo igualmente certo que o segurador não quis ter esse risco garantido.

As declarações devem ser prestadas com a máxima boa-fé, tratando a questão com maior rigor, pelo que a perda de direitos pelo falsear do segurado segue intacta, sendo esta, exatamente, a sanção prevista no art. 766 do CC/2002.

A mesma opinião é compartilhada por Gustavo Tepedino[23], quando aduz que o segurado não está indene de prestar informações completas e verdadeiras sobre o objeto do seguro a ser contratado, restando claro que a lei veda tão somente que o segurador restrinja a cobertura.

Trazendo um potencial exemplo prático: o fato de um policial militar ter a negativa de proposta ou até mesmo pagamento (técnica e juridicamente sustentada) do capital segurado calcada em uma doença terminal preexistente à contratação. Tal negação estaria perfeitamente admitida no ordenamento, sem traduzir em discriminação ou afronta aos valores sociais, podendo ser excluída sem ofender os dizeres do art. 799 da Lei Civil.

<https://mag.com.br/file/pdf/insurance-conditions-vida-toda/Condicoes-Gerais-Invalidez--Morte.pdf>. Acesso em: 22/08/2022).

[22] Código Civil: "Art. 766. Se o segurado, por si ou por seu representante, fizer declarações inexatas ou omitir circunstâncias que possam influir na aceitação da proposta ou na taxa do prêmio, perderá o direito à garantia, além de ficar obrigado ao prêmio vencido".

[23] TEPEDINO, Gustavo; BARBOZA, Heloisa Helena; BODIN DE MORAES, Maria Celina. Código Civil interpretado conforme a Constituição da República. Rio de Janeiro: Renovar, 2006. v. II. p. 609.

Novamente, socorrendo ao exemplo do policial militar, se este contratar produto de pessoa objetivando tutelar sua vida, ou, ainda, resguardar-se de acidentes pessoais, mas, após a contratação, participa de inegável atividade criminosa, já temendo o pior de ter sua vida ceifada, infelizmente, os beneficiários desse contrato não serão contemplados com a soma do capital segurado, atraindo, assim, a aplicação do art. 768.

O mesmo racional da redação do artigo anterior se aplica aos famosos casos de surfista de trem e pingente, roleta-russa, envolvimento com agiotagem, "pegas" e "rachas" com automóveis, pois, para todas essas situações, a consequência é a mesma: perda do direito à garantia securitária[24], eis que a conduta ilegal do segurado, a qual remete a atos dolosos deste, impede o pagamento, pela seguradora, do capital segurado postulado.

Ainda, recorre-se à obra de Rubén S. Stiglitz[25], saudoso Professor Catedrático da *Facultad de Derecho de la Universidad* de Buenos Aires, cujas observações são plenamente aplicáveis ao teor do dispositivo afeto ao agravamento do risco:

> Agravación del riesgo. Concepto (...)
>
> En suma, conceptual y caracterológicamente hay agravación del riesgo cuando con posterioridad a la celebración del contrato sobreviene, e relación con las circunstancias declaradas al momento de su conclusión, un cambio (nueva circunstancia) que aumenta la probabilidad o la intensidad del riesgo asumido por el asegurador. Se reputan agravantes, en nuestro derecho, las circunstancias que, de haber existido al tiempo del contrato, a juicio de peritos, el asegurador no lo habría celebrado o lo habría hecho en condiciones distintas.[26]

Para além da leitura conjunta do mencionado art. 766 com a vedação às excludentes relativas a práticas de esporte de risco, transporte mais arriscado, prestação de serviço militar e/ou atos de humanidade em auxílio de outrem, todas do art. 799, deve-se ter em mente que, de igual maneira, os comandos que agasalham aqueles riscos não desconsi-

---

[24] O professor José Augusto Delgado, ao comentar o art. 768, ressalta o seguinte: "O segurado não pode agravar o risco por sua vontade própria. Isso ocorrendo, há modificação introduzida nas condições primitivamente pactuadas, aumentando o grau de responsabilidade do segurador pela possibilidade, em maior escala, do sinistro acontecer. (...) A Doutrina, ao comentar essa disposição, firmou entendimento de que caracteriza-se o agravamento do risco qualquer alteração ou mudança das circunstâncias reais a aumentar as probabilidades do sinistro ocorrer. A situação de risco existente no momento em que o ciclo do seguro iniciou-se deve ser mantida enquanto vigorar o contrato. Qualquer agravamento do risco, por ação voluntária do segurado, constitui-se em aspecto novo que não foi avaliado para o patamar do prêmio e das demais cláusulas do contrato" (DELGADO, José Augusto. *Comentários ao novo Código Civil*. Das várias espécies de contrato. Do seguro. Arts. 757 a 802. Rio de Janeiro: Forense, 2004. v. XI. t. I. p. 239-241).

[25] STIGLITZ, Rubén S. *Derecho de Seguros*. 4. ed. Buenos Aires: La Ley, 2004. p. 164-168.

[26] Em tradução livre dos autores: "Agravamento do risco. Conceito. Em suma, conceitualmente, há agravamento do risco quando posteriormente à celebração do contrato sobrevém, com relação às circunstâncias declaradas no momento de sua conclusão, uma mudança (nova circunstância) que aumenta a probabilidade ou a intensidade do risco assumido pelo segurador. Reputam-se agravantes, no nosso Direito, as circunstâncias que, caso existissem no momento da formação do contrato, ao juízo de peritos, teriam determinado a não formalização do contrato pelo segurador ou a formalização em condições distintas".

deram a determinação de perda de direito nas hipóteses de agravamento do risco decorrentes do que reza o art. 768 do CC/2002[27], alcançando os seguros de vida e acidentes pessoais.

Por fim, em relação à hipótese de "atos de humanidade em auxílio de outrem", a exclusão de cobertura convidaria o segurado a não auxiliar alguém precisando de ajuda, o que, por si só, se afigura não merecedor de tutela pelo ordenamento jurídico pátrio.

Feitas essas considerações sobre a leitura conjunta dos arts. 766, 768 e 799 do CC, é importante ressaltar que, como visto linhas anteriores, o dispositivo não contempla a prática de atos ilícitos pelo segurado, mas, se se praticar um ato ilícito que justifique ato em prol de outra vida, por exemplo, o art. 799 permite que seja o segurado garantido.

A título de exemplo: se o segurado, na posse de arma de fogo clandestina, fere-se gravemente, a ponto de perder a função da mão – com sua utilização para proteger a vida de outrem –, não haveria de ser protegido pelo art. 799?

A conduta seria perfeitamente tutelada, ante a força cogente da norma, ainda que o porte da arma não fosse legal, visto que dela fez uso, naquele ato, para proteger a vida de outra pessoa.

O que se deve observar, à luz do art. 799, é se persiste o interesse legítimo do segurado e, se ali está ele, a garantia igualmente deve persistir[28].

Veja-se, novamente no plano da exemplificação, situação em que, claramente, está o segurado sob risco significativamente maior do que se no seio de seu lar estivesse, porém a solução dada ao caso concreto se aproxima da norma estatuída no art. 799:

> Quanto ao cerne da controvérsia, busca a seguradora, pela invocação das normas legais acima elencadas, convencer que deve haver respeito às cláusulas do contrato, de modo que o comportamento do autor, ao subir, sem outra razão que não a de fruir de uma bela vista proporcionada do alto da torre, teria agido de modo a aumentar o risco coberto pela avença, expondo-se a perigo desnecessário, comportamento esse excludente da cobertura do seguro de vida. Com a máxima vênia, a argumentação não convence. De efeito, o critério eleito pela seguradora de elevação do risco é absolutamente subjetivo, e refoge à expectativa do que se possa considerar, verdadeiramente, uma incorrência em cláusula dessa natureza. Correr, saltar, subir em árvores, colinas, postes ou mesmo torres – essa tinha uma escada de acesso – chega até a ser mesmo comum. Comuníssimo, aliás, entre crianças e adolescentes, menos comum em adultos, mas fato absolutamente previsível. Descortinando-se uma bonita paisagem, quem não fez algo parecido ou não se aproximou de um penhasco, não escalou uma rocha para chegar a uma cachoeira, não se esgueirou por uma trilha difícil e íngreme? São comportamentos aventureiros normais, daí porque não geram aumento de risco para efeito de aplicação da norma do art. 1.454 do antigo Código Civil, art. 768 no atual Código. Não houve, por isso mesmo, má-fé do segurado, e nem o ato constituía procedimento do dia a dia, um pa-

---

[27] "Art. 768. O segurado perderá o direito à garantia se agravar intencionalmente o risco objeto do contrato."
[28] TZIRULNIK, Ernesto; CAVALCANTI, Flávio de Queiroz B.; PIMENTEL, Ayrton. *O contrato de seguro de acordo com o novo Código Civil brasileiro*. 2. ed. São Paulo: Ed. RT, 2003. p. 80.

drão, a justificar que comunicasse o agravamento do risco à seguradora, ou a exclusão da cobertura.[29]

O que, de fato, importa é pensar na liberdade das pessoas, "condutas não podem ser cerceadas em virtude da existência de um contrato de seguro".[30]

Vale a ressalva de que não se traz ao cerne da discussão os riscos tidos como fundamentais[31] ou extraordinários, não aceitos em grande parte dos clausulados comercializados no mercado segurador nacional, pois, ainda que haja a análise funcional acerca da flexibilização na impossibilidade de exclusão de algumas garantias, não se pode desnaturar e rasgar a particularização dos riscos assumidos[32].

Feitas essas considerações, o que mais se coloca? O referido rol é taxativo ou exemplificativo? Pela sua taxatividade, veja-se Frank Larrúbia Shih[33].

Semelhante tratamento restritivo encontra-se nos comentários de Ricardo Bechara Santos[34], assinalando que os riscos dispostos no artigo em comento, que não permitem cláusulas excludentes, estão taxativamente elencados, de modo que recomenda, ainda, a criação do uso de questionário de avaliação do risco que se pretende garantir, objetivando a correta taxação e precificação do contrato pactuado.

Há situações em que não se pode negar que a exclusão de cobertura configuraria verdadeira violação da boa-fé contratual[35].

Na mesma linha de raciocínio, Walter Polido[36] vai além da questão das limitações da autonomia privada pelo segurador, ao assinalar que, quando a exclusão de risco é chancelada pelo órgão regulamentador da atividade securitária, legitimando, eventualmente, a restrição, tal fato não impede a apreciação de sua invalidade:

> Importante destacar, neste ponto do texto, que apesar de as bases contratuais securitárias serem atualmente subordinadas ao Órgão Regulador estatal, de maneira exaustiva, nem por isso as seguradoras estão liberadas em razão dos direitos do consumidor-segurador,

---

[29] STJ, 4ª T., REsp 795.027/RS, rel. Min. Aldir Passarinho Junior, j. 18.03.2010.
[30] AGUIAR JÚNIOR, Ruy Rosado de. Agravamento de Risco: Conceitos e Limites. In: FÓRUM DE DIREITO DO SEGURO JOSÉ SOLLERO FILHO, 7., 2018, São Paulo. *Anais* (...). São Paulo: Roncarati, 2018. p. 139.
[31] Assim: "Riscos fundamentais são aqueles que, em regra, não são aceitos pelas seguradoras. Assim, por exemplo, aqueles decorrentes de catástrofes da natureza como inundações, terremotos, erupções vulcânicas ou que impliquem em calamidade pública, como as guerras, as revoluções ou causados pela radioatividade, igualmente chamados de riscos catastróficos" (FRANCO, Vera Helena de Mello. *Contratos*: direito civil e empresarial. São Paulo: Ed. RT, 2014. p. 317).
[32] *Vide* Enunciado 370 da IV Jornada de Direito Civil – Art. 757: "Nos contratos de seguro por adesão, os riscos predeterminados indicados no art. 757, parte final, devem ser interpretados de acordo com os arts. 421, 422, 424, 759 e 799 do Código Civil e 1º, inc. III, da Constituição Federal".
[33] SHIH, Frank Larrúbia. *Temas relevantes de direito securitário*. São Paulo: Lumen Juris, 2003. p. 89.
[34] SANTOS, Ricardo Bechara. *Direito do seguro no novo Código Civil e legislação própria*. 2. ed. Rio de Janeiro: Forense, 2008. p. 436.
[35] MARTINS-COSTA, Judith. *A boa-fé no direito privado*: critérios para a sua aplicação. São Paulo: Marcial Pons, 2015. p. 343-344.
[36] POLIDO, Walter Antônio. *Contrato de seguro*: novos paradigmas. São Paulo: Roncarati, 2010. p. 248-249.

no caso de divergências quanto ao conteúdo das cláusulas que formam o contrato de seguro. (...) É um acompanhar mais atento para o desenvolvimento da prestação, um valorizar da informação e da confiança despertada. (...) Está colocada a nova ordem jurídica, aquela se aplica aos contratos de seguros também, de forma irrefutável.

Retomando exemplo alhures utilizado, a prática de esporte radical, se for esporádica, estará acobertada pelo referido dispositivo; se for habitual, estará igualmente coberta, desde que comunicada e precificada após alguns questionamentos na fase pré-contratual, a uma porque o artigo não faz distinção, a duas porque o mínimo que se pode observar é que o praticante terá muito mais experiência do que o praticante esporádico, o que, ao final do dia, poderá implicar diminuição do risco.

Assim, tem-se que o rol do art. 799 há de ser relativizado de acordo com o caso concreto, a fim de se evitar a inutilidade do contrato de seguro de vida e acidentes pessoais, por preceitos até mesmo discriminatórios quando da particularização dos riscos assumidos.

3. DISPOSIÇÕES RELACIONADAS

Como visto, o dispositivo foi novidade quando da promulgação do Código Civil.

Muito ao contrário do Código, a Circular 29/1991 da Susep, ainda vigente quando da promulgação e do início de vigência do Código Civil/2002[37], e que aprovava normas para o seguro de acidentes pessoais, permitia, por meio do art. 2º, algumas exclusões de risco que poderiam incluir alguns itens previstos no art. 799:

> Art. 2º Estão excluídas da cobertura do seguro:
> I – os acidentes ocorridos em consequência:
> (...)
> c) de competições em veículos, inclusive treinos preparatórios.
> (...)
> f) de ato reconhecidamente perigoso que não seja motivado por necessidade justificada e a prática, por parte do segurado, de atos ilícitos ou contrários à lei.

Essa Circular, no entanto, foi revogada pela Circular 302/2005[38], também editada pela Susep, em 19.09.2005, que também revogou a Circular 17/1992, que regulava os seguros de vida em grupo e, em seu bojo, já contou com o novo dispositivo legal: "Art. 61. É vedada a exclusão de morte ou da incapacidade do segurado quando provier da utilização de meio de transporte mais arriscado, da prestação de serviço militar, da prática de esporte, ou de atos de humanidade em auxílio de outrem".

---

[37] Lei 10.406, de 10.01.2002 – início de sua vigência em 10.01.2003.
[38] Dispõe sobre as regras complementares de funcionamento e os critérios para operação das coberturas de risco oferecidas em plano de seguro de pessoas, e dá outras providências. Essa Circular, por sua vez, foi revogada pela Circular 667, de 04.07.2022, que, quanto a esse tema, manteve o texto da norma anterior.

O referido órgão administrativo, claramente com a finalidade de limitar o rol de riscos excluídos de cobertura, lançou a Circular 667, em 04.07.2022, estreitando o espaço para esse fim:

> Art. 5º Não poderão constar das condições contratuais cláusulas coercitivas, desleais, abusivas, incompatíveis com a boa-fé ou que estabeleçam obrigações iníquas, que coloquem o segurado, beneficiário ou assistido em desvantagem, ou que contrariem a regulação em vigor.
>
> Art. 24. Os riscos excluídos devem ser estabelecidos de forma precisa, sendo proibidas generalidades que não permitam a identificação de situações concretas.
>
> Art. 25. É vedado excluir da cobertura de acidentes pessoais qualquer evento específico relacionado ao estado de saúde ou à integridade física do segurado que tenha sido causado por acidente pessoal coberto.
>
> Art. 26. É vedado constar no rol de riscos excluídos do seguro eventos decorrentes de atos praticados pelo segurado em estado de insanidade mental, de embriaguez ou sob efeito de substâncias tóxicas.

Importa trazer à baila que o Código Brasileiro do Ar[39] já dispunha, desde 1966, em seus termos, que as apólices de seguros de vida e acidentes pessoais não podiam excluir de cobertura, em qualquer viagem aérea, os riscos resultantes de transportes em aeronaves:

> Art. 8º Considera-se aeronave, para os efeitos dêste Código, todo aparelho manobrável em vôo, apto a se sustentar, a circular no espaço aéreo mediante reações aerodinâmicas, e capaz de transportar pessoas ou coisas.
>
> (...)
>
> Art. 127. Nas apólices de seguro de vida ou de seguro de acidente, os interessados não poderão excluir os riscos resultantes do transporte em aeronaves.

Pois bem, a solução adotada pelo dispositivo da Lei Civil de 2002, como visto, trouxe certo conforto aos segurados, uma vez que obriga que haja cobertura para determinados eventos que antes poderiam ser objeto de exclusão no contrato de seguro simplesmente pelo fato de terem maior habitualidade, assim como por serem condutas positivas para o viés social.

Contudo, ainda sim, por conter um rol de exemplos, gera controvérsias sobre se se trata de um rol *numerus clausus* ou não.

Inobstante a discussão acerca da taxatividade ou do caráter extensivo do dispositivo em estudo, o espírito da norma é interpretado para que, no seguro de vida e acidentes pessoais, os riscos sejam garantidos em uma extensão adequada, buscando capilaridade de

---

[39] Decreto-lei 32, de 18 de novembro de 1966 (revogado pela Lei 7.565, de 19 de dezembro de 1986): "Art. 285. Sob pena de nulidade da cláusula, nas apólices de seguro de vida ou de seguro de acidente, não poderá haver exclusão de riscos resultantes do transporte aéreo".

toda a massa segurada, mantendo-se válidos os efeitos restritivos a determinados sinistros indesejáveis, desde que não colidam com a lei e a questão seja vista com temperamento, pontualmente.

REFERÊNCIAS BIBLIOGRÁFICAS

AGUIAR JÚNIOR, Ruy Rosado de. Agravamento de Risco: Conceitos e Limites. In: FÓRUM DE DIREITO DO SEGURO JOSÉ SOLLERO FILHO, 7., 2018, São Paulo. *Anais* (...). São Paulo: Roncarati, 2018.

ANDRADE, Renata Cristina Othon Lacerda de. A cláusula de não indenizar e a prática dos esportes de risco em face do princípio da dignidade da pessoa humana. *Revista Forense Eletrônica*, v. 389, p. 1-7, 2007.

BRAGA NETTO, Felipe; ROSENVALD, Nelson. *Código Civil comentado*. 2. ed. Salvador: Editora Juspodivm, 2021.

CAMPOY, Adilson José. *Contrato de seguro de vida*. São Paulo: Ed. RT, 2014.

CROQUER, Gabriel. SP registra 13 mortes por dia em acidentes de trânsito em 2021. *R7*, 18.01.2022. Disponível em: <https://noticias.r7.com/sao-paulo/sp-registra-13-mortes-por-dia-em--acidentes-de-transito-em-2021-29062022>. Acesso em: 01.08.2022.

DELGADO, José Augusto. *Comentários ao novo Código Civil*. Das várias espécies de contrato. Do seguro. Arts. 757 a 802. Rio de Janeiro: Forense, 2004. v. XI. t. I.

FRANCO, Vera Helena de Mello. *Contratos*: direito civil e empresarial. São Paulo: Ed. RT, 2014.

GOLDBERG, Ilan; GOULART, Úrsula. O agravamento do risco no contrato de seguro. *Cadernos de Seguro*, v. 32, n. 172, maio-jun. 2012.

GOLDBERG, Ilan; JUNQUEIRA, Thiago. Agravamento do risco no seguro de pessoa em virtude de direção alcoolizada. *Conjur*, 25.07.2022. Disponível em: <https://www.conjur.com.br/2022-jul-25/seguros-contemporaneos-agravamento-risco-seguro-vida-virtude-direcao--alcoolizada>. Acesso em: 20.08.2022.

MARENSI, Voltaire. *O contrato de seguro à luz do novo Código Civil*. 2. ed. Porto Alegre: Síntese. 2002.

MARTINS-COSTA, Judith. *A boa-fé no direito privado*: critérios para a sua aplicação. São Paulo: Marcial Pons, 2015.

MENEZES CORDEIRO, António. *Direito dos Seguros*. Almedina: Coimbra Editora, 2017.

MONGERAL AEGON SEGUROS E PREVIDÊNCIA S/A. *Seguro de pessoas em grupo (15414.003037/2012-47)*: condições gerais. Disponível em: <https://mag.com.br/file/pdf/insurance-conditions-vida-toda/Condicoes-Gerais-Invalidez-Morte.pdf>. Acesso em: 22/08/2022.

OUTREM. In: MICHAELIS: dicionário brasileiro da língua portuguesa. São Paulo: Melhoramentos, 2022. Disponível em: <https://michaelis.uol.com.br/moderno-portugues/busca/portugues--brasileiro/outrem/>. Acesso em: 04.08.2022.

PAREDES, José María Muñoz. *O contrato de seguro no novo Código Civil à luz da Lei Espanhola*. FÓRUM DE DIREITO DO SEGURO JOSÉ SOLLERO FILHO, 3., 2003, São Paulo. *Anais* (...). São Paulo: IBDS. 2003.

PETERSEN, Luiza Moreira. *O risco no contrato de seguro*. São Paulo: Roncarati, 2018.

POLIDO, Walter Antônio. *Contrato de seguro*: novos paradigmas. São Paulo: Roncarati, 2010.

SANTOS, Ricardo Bechara. *Direito do seguro no novo Código Civil e legislação própria*. 2. ed. Rio de Janeiro: Forense, 2008.

SHIH, Frank Larrúbia. *Temas relevantes de direito securitário*. São Paulo: Lumen Juris, 2003.

STIGLITZ, Rubén S. *Derecho de Seguros*. 4. ed. Buenos Aires: La Ley, 2004.

TEPEDINO, Gustavo; BARBOZA, Heloisa Helena; BODIN DE MORAES, Maria Celina. Código Civil interpretado conforme a Constituição da República. Rio de Janeiro: Renovar, 2006. v. II.

TZIRULNIK, Ernesto; CAVALCANTI, Flávio de Queiroz B.; PIMENTEL, Ayrton. *O contrato de seguro de acordo com o novo Código Civil brasileiro*. 2. ed. São Paulo: Ed. RT, 2003.

53
COMENTÁRIOS AO ART. 800 DO CÓDIGO CIVIL

Renato Chalfin

Art. 800. Nos seguros de pessoas, o segurador não pode sub-rogar-se nos direitos e ações do segurado, ou do beneficiário, contra o causador do sinistro.

1. ORIGEM DA DISPOSIÇÃO E REGIME ANTERIOR

Não se encontram dispositivos correspondentes nos regimes anteriores.

O Código Civil de 1916 nada enunciava sobre a sub-rogação na disciplina do direito dos seguros, de tal modo que a sua aplicação decorria do convencionado no negócio jurídico ou na norma geral prevista no Capítulo IV, em particular no art. 985, III, que cuidava da sub-rogação por terceiro interessado.[1]

O Código Comercial de 1850, por sua vez, cuidou do instituto da sub-rogação legal do segurador nos direitos e nas ações do segurado em dois artigos (728[2] e 795[3]), que se encontram em vigor até os dias atuais, todavia vertidos tão somente ao domínio do seguro marítimo. Vale notar, inclusive, que o diploma comercial, no art. 686, 2,[4] vedava expressamente a comercialização de seguro de vida, muito embora, é verdade, tal dispositivo posteriormente tenha recebido interpretação restritiva ao seguro marítimo.[5]

---

[1] Art. 985, III, do CC/1916: "A subrogação opera-se, de pleno direito, em favor: (...) III – Do terceiro interessado, que paga a dívida pela qual era ou podia ser obrigado, no todo ou em parte".

[2] Art. 728 do CCom/1859: "Pagando o segurador um dano acontecido à coisa segura, ficará subrogado em todos os direitos e ações que ao segurado competirem contra terceiro; e o segurado não pode praticar ato algum em prejuízo do direito adquirido dos seguradores".

[3] Art. 795 do CCom: "Se o segurador tiver pago uma perda total, e depois vier a provar-se que ela foi só parcial, o segurado não é obrigado a restituir o dinheiro recebido; mas neste caso o segurador fica sub rogado em todos os direitos e ações do segurado, e faz suas todas as vantagens que puderem resultar dos efeitos salvos".

[4] Art. 686, 2, do CCom: "É proibido o seguro: (...) 2 – sobre a vida de alguma pessoa livre".

[5] A corroborar essa escorreita interpretação, foi sancionado o Decreto nº 294, de 5 de setembro de 1895, que dispõe sobre as companhias estrangeiras de seguro de vida que funcionam no território brasileiro: "Art. 1º As companhias de seguros de vida autorizadas a funcionar no Brasil e cuja sede

A omissão legal a propósito da sub-rogação do segurador no contrato de seguro culminou na edição, em 1963, da Súmula 188 do STF[6], a qual, vale registrar, não tratava, especificamente, dos seguros de capital livremente estipulado. Nada obstante, se, por um lado, era possível encontrar decisões judiciais isoladas sobre o tema,[7] de outro, já se apercebiam vozes na doutrina, como a de Pontes de Miranda, no sentido de que "não há sub-rogabilidade em se tratando de seguro de vida, ou de qualquer infortúnio em que o quanto do seguro fique a acordo dos figurantes do contrato".[8]

Em contrapartida, o acervo legal se encontrava mais bem pavimentado na experiência estrangeira, em direitos descendentes da família romano-germânica, a qual, naturalmente, serviu de inspiração para a relativização ao direito de sub-rogação semeado pelo art. 800 do CC/2002, respeitando-se as diferenças acolhidas pelo nosso legislador. A título exemplificativo, na Espanha, a Lei de Contrato de Seguro (1980), em seu art. 82, já previa que, nos seguros de pessoas, o segurador, mesmo depois de satisfeita a indenização, não pode se sub-rogar nos direitos do segurado contra o terceiro responsável pelo sinistro, à exceção das despesas relacionadas à assistência sanitária.[9] Na França, o art. 131-2 do *Code des Assurances*, com a alteração introduzida pela Lei 92-665, de 16 de julho de 1992, passou a não

---

social está em país estrangeiro, deverão apresentar ao Governo e publicar pela imprensa, dentro de sessenta dias da promulgação desta lei, uma relação minuciosa de todos os seguros por elas garantidos e em vigor no território da República, indicando, com o número de cada apólice, o nome da pessoa segurada, bem como o capital assegurado, o prêmio ou prestação anual, e a quanto monta a reserva referente à dita apólice, no 1º de janeiro de 1894".

[6] Súmula 188 do STF: "O segurador tem ação regressiva contra o causador do dano, pelo que efetivamente pagou, até ao limite previsto no contrato de seguro". Vale registrar que os conceitos de sub-rogação e de direito de regresso não se confundem. O último consiste em um direito novo, que surge no contexto das obrigações solidárias, e não o resultado de uma transmissão, ainda que de fonte legal, de um direito de crédito primitivamente constituído noutra esfera jurídica. É imprópria a utilização da expressão para fazer referência aos casos de sub-rogação legal ou contratual do segurador nos direitos do segurado (REGO, Margarida Lima. *Contrato de seguro e terceiros*. Coimbra: Coimbra Editora, 2010. p. 115). Nesse sentido, as reflexões de Gustavo de Medeiros Melo: "A sub-rogação não extingue o crédito para constituir um novo, como se fosse uma novação. Como apontamos de início, existe uma grave confusão na raiz desse problema, que é misturar sub-rogação com direito de regresso. Neste, o pagamento constitui o direito novo para quem precisa se ressarcir junto ao corresponsável por aquilo que cumpriu além do que devia no âmbito de suas relações internas. Naquela, o pagamento transfere o direito velho com suas garantias e acessórios" (MELO, Gustavo de Medeiros. *Sub-rogação nos contratos de seguro*: o termo inicial do prazo de prescrição. São Paulo: Editora Contracorrente, 2021. p. 67).

[7] Cita-se, como exemplo, a seguinte ementa: "(...) Alegação de que, no seguro de pessoas, é vedada a sub-rogação do segurador nos direitos e ações do segurado contra o causador do sinistro. A relação jurídica decorrente do infortúnio se sujeita à legislação vigente à data do evento. Inaplicabilidade do Código Civil de 2002 às relações pretéritas. Inexistindo na legislação aplicável ao caso, norma que vede à seguradora buscar, pela via regressiva, ressarcir-se dos valores pagos ao segurado em face da sub-rogação dos direitos e ações daquele, não há que falar em impossibilidade jurídica do pedido. A ideia de impossibilidade jurídica do pedido vincula-se à existência de norma que vede o exercício de um determinado direito" (TJRS, 6ª Câmara Cível, Apelação Cível 70011068855, rel. Des. Ubirajara Mach de Oliveira, j. 20.07.2005).

[8] PONTES DE MIRANDA, Francisco Cavalcanti. *Tratado de direito privado*: parte especial. Atualizado por Bruno Miragem. São Paulo: Ed. RT, 2012. (Direito das obrigações, t. XLV). p. 506.

[9] No original: "Artículo 82. En los seguros de personas el asegurador, aun después de pagada la indemnización, no puede subrogarse en los derechos que en su caso correspondan al asegurado contra

admitir a sub-rogação no seguro de pessoas, ressalvando, no entanto, que, nos contratos que garantem a indenização por danos resultantes de lesões à pessoa, a seguradora poderá sub-rogar-se nos direitos do contratante ou dos beneficiários contra o terceiro responsável, para o reembolso das prestações de natureza indenizatória previstas no contrato.[10] Na Argentina, o art. 80 da Lei de Seguros (1967), expressamente, afasta a sub-rogação nos seguros de pessoas, sem tecer isenções.[11]

Note-se que, muito embora os diplomas estrangeiros divirjam quanto à extensão da admissão da sub-rogação, o que decorre da interpretação a propósito da natureza de certas modalidades de seguro de pessoas, a realidade é que, um tanto antes da entrada em vigor do CC/2002, já se destinava, no exterior, um tratamento diferenciado à disciplina da sub-rogação *vis-à-vis* o seguro de pessoas, por conta de seu caráter *não indenizatório*, que é próprio do seguro de danos.

2. SENTIDO DA DISPOSIÇÃO E PRINCIPAIS CONTROVÉRSIAS NA SUA INTERPRETAÇÃO

O pagamento com sub-rogação ocorre quando o pagamento é efetuado não pelo devedor, mas por outra pessoa que se substitui ao credor na relação obrigacional, ficando o sub-rogado investido contra o devedor dos mesmos direitos, garantias, privilégios e preferências de que gozava o credor original. Pode ela decorrer diretamente da lei (sub-rogação legal, art. 346 do CC), tal como a hipótese do art. 786, ou da convenção entre as partes (sub-rogação convencional, art. 347).[12]

Pois bem. Para o que interessa diretamente a estes comentários, a introdução da proibição, nos seguros de pessoas, de o segurador sub-rogar-se nos direitos e nas ações do segurado, ou do beneficiário, contra o causador do sinistro, decorre da renovada qualificação do contrato de seguro, promovida pelo CC/2002, designadamente em seu art. 757.

A redação do art. 1.432 do Código anterior se revelou inadequada e atécnica, visto que vinculava todo e qualquer contrato de seguro ao princípio indenitário, referindo-se à correspectividade entre o pagamento do prêmio pelo segurado e a *obrigação de indenizar* pelo segurador. Com o advento do CC/2002, art. 757, o legislador passou, acertadamente, a definir o contrato de seguro aludindo à correspectividade entre o pagamento do prêmio e a *obrigação de garantir interesse legítimo*, não mais de pagar indenização.

---

[10] un tercero como consecuencia del siniestro. Se exceptúa de lo dispuesto en el párrafo anterior lo relativo a los gastos de asistencia sanitaria".

[10] No original: "L. 131-2. Dans l'assurance de personnes, l'assureur, après paiement de la somme assurée, ne peut être subrogé aux droits du contractant ou du bénéficiaire contre des tiers à raison du sinistre. Toutefois, dans les contrats garantissant l'indemnisation des préjudices résultant d'une atteinte à la personne, l'assureur peut être subrogé dans les droits du contractant ou des ayants droit contre le tiers responsable, pour le remboursement des prestations à caractère indemnitaire prévues au contrat".

[11] No original: "Art. 80. Los derechos que correspondan al asegurado contra un tercero, en razón del siniestro, se transfieren al asegurador hasta el monto de la indemnización abonada. El asegurado es responsable de todo acto que perjudique este derecho del asegurador. (...) La subrogación es inaplicable en los seguros de personas".

[12] TEPEDINO, Gustavo; SCHREIBER, Anderson. *Fundamentos do direito civil*: obrigações. 3. ed., Rio de Janeiro: Forense, 2022. p. 256-257.

A vinculação do objeto do contrato de seguro ao pagamento de indenização se mostrava equivocada, principalmente porque a *obrigação de indenizar* do segurador não se concilia com acerto aos seguros de pessoas, em especial aos seguros de vida para morte ou sobrevivência.[13] O diploma anterior reconhecia o caráter indenizatório a todas as modalidades de seguros, inclusive de pessoas, de modo que a alteração promovida pelo legislador de 2002, para inserir o conceito de *obrigação de garantia*, foi aplaudida pela doutrina. É que, repita-se, a natureza indenitária não se amolda aos seguros de pessoas, ao contrário do que se aplica aos seguros de danos, em que a garantia e a indenização estão limitadas ao valor do interesse legítimo segurado (arts. 778 e 781), para servir o contrato de instrumento de compensação do segurado, e não de acréscimo patrimonial.

Com efeito, o princípio indenitário é somente característico dos seguros de danos, que encara o sobresseguro como um problema, enquanto, nos seguros de pessoas, inexiste indenização propriamente dita, mas há o pagamento de quantia predefinida livremente estipulada pelo proponente (art. 789), sem que haja necessidade de identificar uma correlação entre o capital segurado e o interesse legítimo segurado. Isso ocorre porque a vida tem um valor inestimável, economicamente encarada, ensejando a ausência de limites para o seu valor, com base no seguro, deixando a sua fixação ao arbítrio das partes. A indenização, em caso de morte, não representa o valor da vida humana, mas o valor apreciável da falta do segurado, como agente de trabalho e de produção, de amparo familiar à sua família etc.[14]

Tendo em conta, então, que a vida e a integridade são bens inestimáveis e é imensurável a danosidade consequente a um acidente ou a morte,[15] ou seja, interesses de impraticável quantificação, a quantia que pelo sinistro se paga não representa qualquer reposição do patrimônio desfalcado, e sim a entrega de soma aleatória, estimada pelas partes contratantes.[16] Quer dizer, ao contrário do que acontece em face dos seguros com relevo indenizatório, a prestação do segurador não visa aqui restituir o patrimônio do segurado ao *status quo ante*; visa, sim, dotá-lo de meios para este fazer frente às consequências negativas trazidas pela materialização do sinistro.[17]

---

[13] Conforme recorda J. B. Torres de Albuquerque, "os seguros de pessoas ou de vida, costumam ser subdivididos em: seguro de vida propriamente dito e seguro de sobrevivência. Neste o segurador se obriga a pagar certa quantia ao segurado, no caso dele chegar a determinada idade ou se for vivo a certo tempo; naquele o pagamento da prestação está condicionado a morte do próprio segurado ou do terceiro durante a vigência do contrato. A prestação pode ser um valor fixo ou ser na forma de renda a ser entregue ao beneficiário designado" (ALBUQUERQUE, J. B. Torres de. *Contrato de seguro no novo Código Civil*. São Paulo: Edijur, 2003. p. 63). Por sua vez, Pedro Romano Martinez descreve como "o contrato pelo qual o segurador garante, *bem o pagamento de um capital ao beneficiário do seguro pela morte da pessoa cuja vida se segura, ou a esta própria pessoa se ela estiver viva em determinada data*; bem o pagamento, à pessoa cuja vida se segura, ou a outra pessoa, de uma renda que pode ser imediata ou diferida, temporária ou vitalícia" (MARTINEZ, Pedro Romano. *Teoria e prática dos seguros*. Lisboa: Petrony, 1953. p. 271, grifo nosso).

[14] SANTOS, J. M. Carvalho. *Código Civil brasileiro interpretado*. 8. ed. Rio de Janeiro: Freitas Bastos, 1964. v. XIX. p. 18.

[15] BRAGA NETTO, Felipe; ROSENVALD, Nelson. *Código Civil comentado*. 2. ed. Salvador: Juspodivm, 2021. p. 851.

[16] GODOY, Claudio Luiz Bueno de. In: PELUSO, Cezar (coord.). *Código Civil comentado*: doutrina e jurisprudência. 4. ed. Barueri, SP: Manole, 2010. p. 819-820.

[17] MARTINS, Maria Inês de Oliveira. *O seguro de vida enquanto tipo contratual legal*. Coimbra: Coimbra Editora, 2010. p. 327.

É, portanto, a relação de valor entre o interesse seguro e o limite máximo de garantia, presente nos seguros de danos por obra do princípio indenizatório, que regula a contratação de mais de um seguro sobre o mesmo interesse e contra o mesmo risco (art. 782), a hipótese de redução proporcional da indenização no caso de sinistro parcial (art. 783) e a regra geral da sub-rogação (art. 786).

A contrario sensu, é justamente a derrogação ao princípio indenizatório nos seguros de pessoas, pelas razões já expostas, que permite o sobresseguro (art. 789), que desautoriza o pagamento reduzido do capital segurado (art. 795) e, para o que interessa às presentes notas, que veda o direito de sub-rogação ao segurador nos direitos e nas ações do segurado, ou do beneficiário, contra o causador do sinistro (art. 800).

Ao proibir a sub-rogação nos contratos de seguros de pessoas, diferentemente do que ocorre nos seguros de dano, o art. 800 corrobora a legitimidade do lesado para buscar judicialmente indenização moral ou material em face do causador do sinistro. Tal circunstância não representa um enriquecimento ilícito por parte do segurado, de seus herdeiros ou beneficiários, materializado pelo recebimento em dobro de uma indenização por ocasião do mesmo evento lesivo, uma vez que o capital segurado pago pelo segurador, como se viu, não se reveste de natureza reparatória.

Aliás, nesse aspecto, vale referir-se a outro argumento, que igualmente respalda a vedação prescrita pelo art. 800. No contrato de seguro de pessoas, a realidade mostra que nem sempre o beneficiário indicado no certificado ou na apólice será a pessoa legitimada a ingressar com uma ação judicial em face do terceiro lesante.[18]

Supõe-se, por exemplo, um seguro de vida em que o segurado nomeie como beneficiário do capital segurado um amigo de longa data, sem quaisquer laços sanguíneos. Em caso de morte do segurado, a legitimidade ativa para ajuizar ação judicial contra o terceiro causador do sinistro será dos herdeiros da vítima, e não do beneficiário eleito na apólice. Quer dizer, a sub-rogação da seguradora prejudicaria os verdadeiros legitimados, estranhos na relação securitária, sem falar que o beneficiário, amigo do segurado, não poderia "ceder" direitos e ações que não lhe pertencem. No seguro de dano, ao revés, geralmente tal eventualidade não ocorre, uma vez que o legitimado a ingressar com a ação costuma ser o próprio segurado.

Isso dito, a redação do dispositivo é simples, categórica e comporta interpretação restritiva, no sentido de afastar, a *todas* as modalidades de contrato de seguro de pessoas, a possibilidade de o segurador sub-rogar-se nos direitos e nas ações dos segurados ou beneficiários.[19] Sem prejuízo dessa inafastável conclusão, na visão de relevante doutrina,

---

[18] Veja, nessa direção, a advertência de Isaac Halperin: "El asegurador *no se subroga* en los derechos del beneficiario contra el tercero responsable (art. 80, § 3º): es una consecuencia de su naturaleza jurídica, de no ser un contrato indemnizatorio. *Además, el beneficiario puede no ser el titular del derecho contra el tercero*" (HALPERIN, Isaac. *Lecciones de seguros*. 8. reimpr. Buenos Aires: Depalma, 1997. p. 111, grifo nosso).

[19] Semelhante tratamento restritivo encontra-se, conforme mencionado anteriormente, na Lei de Seguros argentina, art. 80, segundo o qual "*La subrogación es inaplicable en los seguros de personas*". Sobre o dispositivo, a doutrina securitária entende que a intenção do legislador foi de afastar, *in totum*, o caráter indenizatório aos seguros de pessoas: "El art. 80 da L.S. transfiere al asegurador los derechos que correspondan al asegurado contra un tercero responsable a afecto de recuperar las sumas que haya pagano en cumplimiento de la obligación de indemnizar y hasta el monto efectivo de dicha indemnización. Esta hipótesis es sólo aplicable en los seguros de daños patrimoniales e

o legislador incorreu em exagero, pois poderia excepcionar os casos em que o seguro de pessoas possui típica função indenizatória, como no seguro de perda de renda decorrente de invalidez temporária por acidente causado por terceiro.[20-21] Ao voltarmos os olhares às legislações estrangeiras, em uma análise comparada do direito, não é de toda equivocada a conclusão de que essa regra absoluta e restritiva, por nós adotada, afigura-se um tanto desafinada.

Em Portugal, o art. 181.º do Regime Jurídico do Contrato de Seguro, inserido em capítulo destinado aos seguros de pessoas, antes da entrada em vigor da Lei 147/2015, estabelecia que "*[s]alvo convenção em contrário*, o segurador que realize prestações de valor predeterminado no contrato não fica, após a satisfação destas, sub-rogado nos direitos do tomador do seguro ou do beneficiário contra um terceiro que dê causa ao sinistro" (grifo nosso).

A norma, como se percebe, permitia a sub-rogação convencional em qualquer modalidade de seguros de pessoas. Se, para uns, ao permitir a convenção em contrário, pretendia-se obstar que o tomador do seguro ou beneficiário, depois de perceber a prestação do segurador, ajuizasse a ação contra o terceiro que deu causa ao sinistro, vindo a receber uma segunda indenização a ensejar enriquecimento sem causa do lesado;[22] para outros, a norma era alvo de fortes críticas, por admitir, sem grandes restrições, a sub-rogação nos seguros de pessoas, em especial nos seguros de vida, para os quais não se pode atribuir uma finalidade indenizatória – e, se assim restasse ajustado entre as partes, estar-se-ia demonstrada a má-fé e, consequentemente, a nulidade da respectiva cláusula contratual.[23]

---

inaplicable en los seguros de personas" (MEILIJ, Gustavo Raúl. *Manual de seguros*. 3. ed. Buenos Aires: Depalma, 1998. p. 103-104). "La subrogación no se aplica en los seguros de personas (art. 80, párr. 3, LS) y el asegurado puede ejercitar todas las acciones y percibir todas las sumas a que tuviere derecho como consecuencia del siniestro. Esta solución legal da apoyo a la teoría que niega el carácter indemnizatorio de los seguros de personas" (GARRONE, José Alberto; SAMMARTINO, Mario E. Castro. *Ley de seguros*: comentario y jurisprudencia. Buenos Aires: Abeledo-Perrot, 1998. p. 118).

[20] TZIRULNIK, Ernesto; CAVALCANTI, Flávio de Queiroz B.; PIMENTEL, Ayrton. *O contrato de seguro de acordo com o Código Civil brasileiro*. 3. ed. São Paulo: Ed. RT, 2016. p. 291. Semelhante observação foi idealizada por Ricardo Bechara: "Observa-se, *cum granum salis*, que se extrai do próprio dispositivo supra um elemento essencial para se caracterizar um seguro como de pessoa, qual seja *capital segurado livremente estipulado*. Sem ele, portanto, não se estará diante de um seguro de pessoa, ainda que a pessoa figure como espécie de protagonista no cenário desse ou daquele seguro. Mesmo que o seguro se relacione com a pessoa" (SANTOS, Ricardo Bechara. *Direito de seguro no novo Código Civil e legislação própria*. Rio de Janeiro: Forense, 2008. p. 636).

[21] Confira-se, nessa direção, o Enunciado 84 da III Jornada de Direito Comercial, que reconhece a hipótese de seguro de vida com finalidade patrimonial: "*O seguro contra risco de morte ou perda de integridade física de pessoas que vise garantir o direito patrimonial de terceiro ou que tenha finalidade indenizatória submete-se às regras do seguro de dano*, mas o valor remanescente, quando houver, será destinado ao segurado, ao beneficiário indicado ou aos sucessores" (grifo nosso).

[22] MARTINEZ, Pedro Romano. *Lei do Contrato de Seguro anotada*. 2. ed., Coimbra: Almedina, 2011. p. 536.

[23] ALMEIDA, J. C. Moitinho de. *Contrato de seguro*: estudos. Coimbra: Coimbra Editora, 2009. p. 31-32. Em sentido semelhante, as reflexões de Maria Inês de Oliveira Martins: "Igualmente nos parece que atraiçoa o sentido do contrato de seguro de vida – em caso de morte ou misto, pois só aí relevará a hipótese de sub-rogação – o acolhimento desta consideração estritamente indenizatória, que inibe ao sujeito a confiança no cumprimento de um escopo previdenciário pelo contrato – o cumprimento de tal escopo ficará, a final, à mercê da causa que, em concreto, produza o sinistro. A previsão desta

O dilema foi, à primeira vista, resolvido pela alteração promovida pela Lei 147/2015, que passou a dispor sobre o direito de sub-rogação nos seguros de pessoas nos seguintes termos:

> Artigo 181.º
>
> Sub-rogação
>
> 1 – A realização das prestações de seguro não sub-roga o segurador nos direitos da pessoa segura ou do beneficiário contra um terceiro que dê causa ao sinistro, salvo convenção em contrário relativamente a prestações indemnizatórias do segurador.
>
> 2 – Para efeito do previsto no número anterior:
>
> a) São indemnizatórias as prestações devidas pelo segurador por serem necessárias para a reparação do dano;
>
> b) Em caso de dúvida, o caráter indemnizatório da prestação do segurador depende de expressa e clara previsão contratual nesse sentido.
>
> 3 – A previsão contratual da convenção prevista no n.º 1 é escrita em carateres destacados e sujeita ao regime previsto nos n.ºs 1 e 2 do artigo 22.º

Dessa forma, o regime luso da sub-rogação vale, atualmente, apenas em relação a seguros de finalidade indenizatória, tendo, a partir de setembro de 2015, sido excluída a possibilidade de convencionar a sub-rogação no caso de seguro de capitais.[24] Por outro lado, enquanto, nos seguros de pessoas, o direito de sub-rogação do segurador só vale quando expressamente pactuado, nos demais seguros, vale a não ser que seja expressamente afastado.[25]

---

hipótese no contrato aproximaria, de resto, excessivamente o contrato de um seguro de acidentes pessoais, levando-o para fora do tipo do seguro de vida. Com o que não queremos excluir que, em certas manifestações, o contrato de seguro de vida comporte um certo relevo indemnizatório. É assim no caso de seguro de vida em caso de morte, contratado a favor de instituição de crédito de que seja devedora a pessoa segura e que tenha por capital seguro o montante do débito" (MARTINS, Maria Inês de Oliveira. *O seguro de vida enquanto tipo contratual legal*. Coimbra: Coimbra Editora, 2010. p. 328-329).

[24] Nesse contexto, as reflexões de Francisco Rodrigues Rocha: "(...) Reputamos, todavia, não serem admissíveis tais cláusulas: pode dar-se sub-rogação nos seguros de pessoas, desde que convencionada, salvo no caso do seguro de vida. Mas com uma ressalva: admitindo que possam convencionar-se seguros de vida como seguros de danos, *v.g.* nos casos em que o beneficiário for um credor da pessoa segura, um banco, ou quando a pessoa segura seja um trabalhador, parece-nos que aqui pode dar-se a subrogação ex art.136.º, sobretudo quando visem eliminar possíveis incentivos ao homicídio do segurado, impedindo a percepção pelo beneficiário duma prestação superior ao 'dano' sofrido. *Quanto à possibilidade de ser convencionado que haja sub-rogação no caso do seguro de vida (agora, como seguro de capitais, que é do que se trata), parece-nos, salvo melhor opinião, não ser admissível*" (ROCHA, Francisco Barros Ferreira Rodrigues. *Da sub-rogação no contrato de seguro*. 2011. Dissertação (Mestrado em Ciências Jurídicas, Direito dos Seguros) – Faculdade de Direito da Universidade de Lisboa, 2011. p. 127, grifo nosso).

[25] MARTINS, Maria Inês de Oliveira. Regime jurídico do contrato de seguro em Portugal. *Actualidad Jurídica Iberoamericana*, n. 5, 2016. p. 225. A título de contribuição, António Menezes Cordeiro comenta que, "de facto, a sub-rogação implicaria a transmissão, para o segurador, de elementos de ordem pessoal; quiçá: de personalidade. Cabe ao segurador, perante este estado de coisas, dosear, à luz da Ciência atuarial, o cálculo do prémio" (MENEZES CORDEIRO, António. *Direito dos seguros*. 2. ed. Coimbra: Almedina, 2016. p. 842).

Como já se teve a oportunidade de escrever quando da exposição da origem do art. 800 do CC/2002, exemplificativamente, na Espanha, o art. 82 da Lei de Contrato de Seguro relativiza a proibição à sub-rogação no que diz respeito às despesas relacionadas à assistência sanitária;[26] na Itália, o art. 1916 do Código Civil admite a sub-rogação nos seguros de acidentes pessoais; e, na França, por meio do art. 131-2 do Código de Seguro, garante-se o direito de sub-rogação ao segurador no que concerne às prestações de natureza indenizatória previstas no contrato de seguro de pessoas.[27]

---

[26] "En efecto, este artículo, que es válido para todos los seguros de personas es decir, para todos los contratos cuyos riesgos puedan afectar a la existencia, integridad corporal o salud del asegurado (cfr. art. 80 de la LCS) establece, como regla general, la exclusión de la subrogación del asegurador, al declarar que, pagada la indemnización, éste no puede subrogarse en los derechos que en su caso correspondan al asegurado contra un tercero como consecuencia del siniestro. Declaración que, en principio, puede sorprender si se tiene en cuenta que la subrogación del asegurador no se produce en toda clase de seguro, sino exclusivamente en los 'seguros contra daños', ya que la norma que establece esa subrogación se encuentra enunciada en el articulo 43 de la LCS, que sistemáticamente está encuadrada en la sección 1ª del Título II, esto es, en las 'disposiciones generales de los seguros contra daños'. (...) Esto, no obstante, la LCS ha querido tomar partido en este punto para, al tiempo de formular expresamente conclusión que el intérprete podría haber deducido con la interpretación sistemática antes dicha, hacer alguna matización importante, cual es la referente a los gastos de asistencia sanitaria. De esta forma, el legislador ha querido evitar las largas discusiones que la omisión de un precepto similar ha originado en otros ordenamientos, como sucede, por ejemplo, en la doctrina italiana. Pero si con carácter general la LCS excluye en los seguros de personas la subrogación del asegurador contra el causante del siniestro, no sucede lo mismo con los gastos de asistencia sanitaria, respecto a los cuales estos seguros operan como si fueran seguros de daños, en sentido estricto, o como seguros de indemnización efectiva (o concreta cobertura de necesidad). Lo que implica, al propio tiempo, una limitación por parte del articulo 82 a los gastos de asistencia sanitaria de las prestaciones del asegurador de personas que se consideran de carácter indemnizatorio" (SÁNCHEZ CALERO, Fernando. *Ley de contrato de seguro*. 4. ed. Navarra: Aranzadi, 2010. p. 2.084-2.085).

[27] Jean Bigot, destacando diferentes julgados atinentes ao tema, esclarece: "L'article L. 131-1, disposition commune à toutes les assurances de personnes, pose le principe du caractère forfaitaire et non indemnitaire des prestations, lesquelles sont donc fixées par le contrat et non pas en fonction du dommage subi par l'assuré. Ce principe n'est toutefois pas absolu, certaines prestations revêtant un caractère indemnitaire par nature ou par détermination de la loi. Sont indemnitaires par détermination de la les indemnités journalières de maladie et les prestations d'invalidité versées à la victime d'un dommage résultant des atteintes à sa personne par les groupements mutualistes régis par le code de la mutualité, les institutions de prévoyance régies par le code de la Sécurité sociale ou le code rural et par les sociétés d'assurances régies par le code des assurances (...). Sont indemnitaires par nature les prestations ouvrant droit à subrogation par application de l'article L. 131-2 du code des assurances. Pour être admises comme tells, les prestations doivent être calculées conformément aux règles de réparation du préjudice admises en droit commun de la responsabilité et el contrat droit contenir une clause prévoyant une subrogation dans les droits de l'assuré (...). Seules ouvrent droit à subrogation les prestations à caractère indemnitaire. Cette subrogation s'exerce de plein droit s'agissant des prestations indemnitaires para détermination de la loi (...). En revanche, s'agissant des prestations indemnitaires par nature, le recours doit avoir été expressément prévu par une clause du contrat (...). Mais la seule action dont dispose l'assureur qui a versé des prestations à caractère indemnitaire est une action subrogatoire contre le tiers responsable ou son assureur et non une action directe en remboursement contre son propre assuré, une action en enrichissement sans cause ne pouvant pas davantage être exercée à l'encontre de ce dernier dés lors que les prestations n'ont pas été versées sans cause, mais par application de stipulations contractuelles (...). Les prestations ayant un caractère forfaitaire n'ouvrent pas recours subrogatoire à l'assureur car il les a payées indépendamment du

Quanto ao domínio do direito norte-americano, há de igual modo quem defenda, por meio de estudo esmerado, que, nos casos em que exista seguro contra uma perda mensurável em termos econômicos, como acontece nos seguros de saúde e de acidentes pessoais, o direito legal à sub-rogação da seguradora deve prevalecer. Para tanto, argumenta-se que a negação da sub-rogação legal deve se fundamentar na falta de indenização calculada matematicamente ao segurado sob à luz do caso concreto, e nada mais, de tal modo que a distinção entre o seguro de danos e o de pessoas deve ser precedida de uma análise casuística, e não generalizada por classes.[28]

No nosso direito, considerando a firmeza do legislador, que não previu exceções à regra, há, por absoluta, a proibição da sub-rogação nos seguros de pessoas. Nesse particular, convém citar também o art. 19 da Resolução CNSP 439/2022 (que dispõe sobre as características gerais para operação das coberturas de risco de seguros de pessoas), que assevera: "Nos seguros de pessoas, a sociedade seguradora não pode sub-rogar-se nos direitos e ações do segurado, ou do beneficiário, contra o causador do sinistro".

Razoável hesitação que se pode suscitar diz respeito aos seguros que garantem o reembolso de despesas hospitalares ou de tratamento médico e o custeio das despesas de luto e de funeral do segurado. O embaraço decorre do fato de que o reembolso de despesas médico-hospitalares, por exemplo, embora abarcado no âmbito dos seguros de pessoas, detém qualificação própria dos seguros de danos, já que não seria nem coerente nem lícito reembolsar ou pagar quaisquer gastos por mais do que valham.[29]

Relevante doutrina converge no sentido de que, apesar de o seguro-saúde ser associado à integridade do segurado e/ou de seus dependentes, cuida-se de modalidade de seguro de danos, visto que não há livre estipulação de capital segurado, e sim garantia de reembolso ou adiantamento das despesas relacionadas à saúde (procedimentos médicos, hospitalares e ambulatoriais predefinidos no contrato), nos exatos limites incorridos, revestindo-se, ao contrário do que se observa nos seguros de pessoas, de função indenizatória.[30]

O CC/2002 não se absteve e, ao fechar a seção destinada aos seguros de pessoas, estabeleceu, no art. 802, que "Não se compreende nas disposições desta Seção a garantia do

---

responsable du dommage corporel (...). Ces prestations n'étant pas censées réparer un préjudice, la victime peut les cumuler avez les indemnités dues par le tiers responsable (...)" (BIGOT, Jean. *Code des assurances – commenté*. 3. ed. Paris: Éditions L'Argus de l'assurance, 2014. p. 283). Sobre os limites da aplicação da sub-rogação aos seguros de pessoas, em especial ao seguro de vida, Hubert Groutel e outros enfatizam: "Majoritairement, la doctrine se déclare favorable à ce qu'il soit cantonné aux assurances 'non-vie', arguant à cet effet de leur mode de gestion en capitalisation et des droits dont dispose le souscripteur sur la provision mathématique constituée" (GROUTEL, Hubert et al. *Traité du contrat d'assurance terrestre*. Paris: LexisNexis, 2008. p. 1.293).

[28] KIMBALL, Spencer K.; DAVIS, Don A. *The Extension of Insurance Subrogation*. Michigan Law Review, v. 60, 1962. p. 859-860.

[29] GOLDBERG, Ilan. Reflexões a respeito do contrato de seguro. In: CARVALHOSA, Modesto (coord.). *Tratado de direito empresarial*: contratos mercantis. 2. ed. São Paulo: Ed. RT, 2018. v. 4. p. 239-412. p. 283.

[30] "Esses valores, conforme aponta a doutrina, devem ser considerados como objeto de contrato de seguro de dano (...)" (TARTUCE, Flávio. In: SCHREIBER, Anderson et al. *Código Civil comentado*: doutrina e jurisprudência. Rio de Janeiro: Forense, 2019. p. 519). "Os seguros-saúde não se classificam entre os de pessoa, porque o risco coberto é patrimonial – incorrer em despesas médicas ou hospitalares. Por isso, as normas legais sobre os seguros de pessoas não se aplicam ao ramo saúde (CC, art. 802)" (COELHO, Fábio Ulhoa. *Curso de direito civil*: contratos. 2. ed. São Paulo: Ed. RT. v. 3. E-book. 2020).

reembolso de despesas hospitalares ou de tratamento médico, nem o custeio das despesas de luto e de funeral do segurado". Razoável, pois, a compreensão de que o seguro-saúde não se submete aos termos do art. 800, subsistindo o interesse e a legitimidade do segurador para mover medidas contra o terceiro causador da lesão suportada pelo segurado ou dependente.[31]

3. DISPOSIÇÕES RELACIONADAS

Conforme já mencionado, a Resolução CNSP 439/2022, que dispõe sobre as características gerais para operação das coberturas de risco de seguros de pessoas, corrobora, em seu art. 19, que: "Nos seguros de pessoas, a sociedade seguradora não pode sub-rogar-se nos direitos e ações do segurado, ou do beneficiário, contra o causador do sinistro".

Em comparação à norma anteriormente em vigor, houve uma considerável ampliação no escopo da impossibilidade de sub-rogação, uma vez que constava, na Circular Susep 302/2005, o seguinte: "Não poderá ser incluída cláusula de sub-rogação de direitos" (art. 89).

A norma atualmente em vigor, portanto, esclarece que a ausência de sub-rogação não se refere apenas aos direitos mas também às ações do segurado, ou do beneficiário, em face do causador do sinistro.

A disciplina do pagamento com sub-rogação está presente nos arts. 346 a 351 do CC.[32] Mais especificamente no âmbito dos seguros, ela é, outrossim, prevista no art. 786 do CC. Na esteira do que se deixou consignado, porém, a sub-rogação do segurador, após o pagamento da indenização, "nos direitos e ações que competirem ao segurado contra o autor do dano", não se aplica, em regra, aos seguros de pessoas.

REFERÊNCIAS BIBLIOGRÁFICAS

ALBUQUERQUE, J. B. Torres de. *Contrato de seguro no novo Código Civil*. São Paulo: Edijur, 2003.

ALMEIDA, J. C. Moitinho de. *Contrato de seguro*: estudos. Coimbra: Coimbra Editora, 2009.

BIGOT, Jean. *Code des assurances – commenté*. 3. ed. Paris: Éditions L'Argus de l'assurance, 2014.

---

[31] "Por isso, dúvida não deve haver quanto à índole indenizatória do seguro-saúde, que, afinal, visa a garantir o risco financeiro dos gastos com saúde, sendo os gastos médicos reembolsados no exato calibre das despesas financeiras comprovadas, repita-se à exaustão. Nem por isso, poderia tal seguro ser catalogado dentre os seguros de pessoa insuscetíveis de sub-rogação, como sói acontecer com o seguro de vida, este sim, pela ausência de caráter indenizatório, face o ajustamento de um capital segurado, impede a sub-rogação. Diferente é o seguro-saúde, onde inexiste um capital, mas a garantia, nos limites das exclusões, de uma reposição financeira, repita-se mais uma vez. E aí pode operar não só a sub-rogação legal, como a contratual (...). Nessas condições, se as despesas decorrerem, por exemplo, de um acidente de automóvel onde se possa identificar um causador, a seguradora que proceder a indenização ao segurado por conta do seguro-saúde poderá, no meu sentir, perfeitamente buscar o ressarcimento contra esse causador final até o limite do que pagou, ao segurado ou à rede referenciada, eis que, do contrário, das duas uma: se se permitir ao segurado buscar esse valor do causador, consagra-se o enriquecimento ilícito e sem causa, o *bis in idem* portanto; se não se admitir nem ao segurador fazê-lo, consagra-se a impunidade do causador do ato ilícito" (SANTOS, Ricardo Bechara. *Direito de seguro no novo Código Civil e legislação própria*. Rio de Janeiro: Forense, 2008. p. 638).

[32] Destaque-se, nesse particular, o art. 349 do CC: "A sub-rogação transfere ao novo credor todos os direitos, ações, privilégios e garantias do primitivo, em relação à dívida, contra o devedor principal e os fiadores".

BRAGA NETTO, Felipe; ROSENVALD, Nelson. *Código Civil comentado*. 2. ed. Salvador: Juspodivm, 2021.

COELHO, Fábio Ulhoa. *Curso de direito civil*: contratos. 2. ed. São Paulo: Ed. RT. v. 3. *E-book*.

GARRONE, José Alberto; SAMMARTINO, Mario E. Castro. *Ley de seguros*: comentario y jurisprudencia. Buenos Aires: Abeledo-Perrot, 1998.

GODOY, Claudio Luiz Bueno de. In: PELUSO, Cezar (coord.). *Código Civil comentado*: doutrina e jurisprudência. 4. ed. Barueri, SP: Manole, 2010.

GOLDBERG, Ilan. Reflexões a respeito do contrato de seguro. In: CARVALHOSA, Modesto (coord.). *Tratado de direito empresarial*: contratos mercantis. 2. ed. São Paulo: Ed. RT, 2018. v. 4. p. 239-412.

GROUTEL, Hubert et al. *Traité du contrat d'assurance terrestre*. Paris: LexisNexis, 2008.

HALPERIN, Isaac. *Lecciones de seguros*. 8. reimpr. Buenos Aires: Depalma, 1997.

KIMBALL, Spencer K.; DAVIS, Don A. *The Extension of Insurance Subrogation*. Michigan Law Review, v. 60, p. 841-872, 1962.

MARTINEZ, Pedro Romano. *Teoria e prática dos seguros*. Lisboa: Petrony, 1953.

MARTINEZ, Pedro Romano. *Lei do Contrato de Seguro anotada*. 2. ed., Coimbra: Almedina, 2011.

MARTINS, Maria Inês de Oliveira. *O seguro de vida enquanto tipo contratual legal*. Coimbra: Coimbra Editora, 2010.

MARTINS, Maria Inês de Oliveira. Regime jurídico do contrato de seguro em Portugal. *Actualidad Jurídica Iberoamericana*, n. 5, p. 199-231, 2016.

MEILIJ, Gustavo Raúl. *Manual de seguros*. 3. ed. Buenos Aires: Depalma, 1998.

MELO, Gustavo de Medeiros. *Sub-rogação nos contratos de seguro*: o termo inicial do prazo de prescrição. São Paulo: Editora Contracorrente, 2021.

MENEZES CORDEIRO, António. *Direito dos seguros*. 2. ed. Coimbra: Almedina, 2016.

PONTES DE MIRANDA, Francisco Cavalcanti. *Tratado de direito privado*: parte especial. Atualizado por Bruno Miragem. São Paulo: Ed. RT, 2012. (Direito das obrigações, t. XLV).

REGO, Margarida Lima. *Contrato de seguro e terceiros*. Coimbra: Coimbra Editora, 2010.

ROCHA, Francisco Barros Ferreira Rodrigues. *Da sub-rogação no contrato de seguro*. 2011. Dissertação (Mestrado em Ciências Jurídicas, Direito dos Seguros) – Faculdade de Direito da Universidade de Lisboa, 2011.

SÁNCHEZ CALERO, Fernando. *Ley de contrato de seguro*. 4. ed. Navarra: Aranzadi, 2010.

SANTOS, J. M. Carvalho. *Código Civil brasileiro interpretado*. 8. ed. Rio de Janeiro: Freitas Bastos, 1964. v. XIX.

SANTOS, Ricardo Bechara. *Direito de seguro no novo Código Civil e legislação própria*. Rio de Janeiro: Forense, 2008.

TARTUCE, Flávio. In: SCHREIBER, Anderson et al. *Código Civil comentado*: doutrina e jurisprudência. Rio de Janeiro: Forense, 2019.

TEPEDINO, Gustavo; SCHREIBER, Anderson. *Fundamentos do direito civil*: obrigações. 3. ed., Rio de Janeiro: Forense, 2022.

TZIRULNIK, Ernesto; CAVALCANTI, Flávio de Queiroz B.; PIMENTEL, Ayrton. *O contrato de seguro de acordo com o Código Civil brasileiro*. 3. ed. São Paulo: Ed. RT, 2016.

54
COMENTÁRIOS AO ART. 801 DO CÓDIGO CIVIL

Renato Chalfin

> **Art. 801.** O seguro de pessoas pode ser estipulado por pessoa natural ou jurídica em proveito de grupo que a ela, de qualquer modo, se vincule.
>
> § 1º O estipulante não representa o segurador perante o grupo segurado, e é o único responsável, para com o segurador, pelo cumprimento de todas as obrigações contratuais.
>
> § 2º A modificação da apólice em vigor dependerá da anuência expressa de segurados que representem três quartos do grupo.

1. ORIGEM DA DISPOSIÇÃO E REGIME ANTERIOR

Não há, no Código Civil anterior e no Código Comercial, disposição correlata.

2. SENTIDO DA DISPOSIÇÃO E PRINCIPAIS CONTROVÉRSIAS NA SUA INTERPRETAÇÃO

O seguro de pessoas pode ser contratado individualmente ou em grupo, devendo, no que diz respeito ao segundo, se atentar às regras constantes no art. 801 e parágrafos. O *caput* do dispositivo esclarece que o seguro em grupo pode ser estipulado por pessoa natural ou jurídica, em proveito do grupo que se vincule de algum modo, criando, portanto, a figura do estipulante na relação contratual, que se qualifica como mandatário dos segurados perante o segurador (art. 21, § 2º, do Decreto-lei 73/1966).[1] Há, assim, uma relação jurídica

---

[1] A autora portuguesa Paula Ribeiro Alves traz uma reflexão quanto ao momento da celebração do contrato *vis-à-vis* a constituição do grupo: "Interessante será a questão de se saber se, no momento da celebração do contrato entre a seguradora e o tomador de seguro o grupo já tem de estar constituído ou pode ser ainda um projecto. Parece-nos que será de admitir que, nesse momento, o grupo ainda não esteja constituído. A sua constituição será uma condição suspensiva do contrato. Parcialmente suspensiva, visto que os efeitos do contrato celebrado entre seguradora e tomador ficam dependentes da constituição do grupo, mas esse grupo deverá ser constituído nos termos estabelecidos no contrato que, nesse aspecto e, provavelmente, em outros, vincula desde logo as

triangular: *estipulante*, responsável pela contratação do contrato de seguro; *segurador*, que garante os interesses com a cobertura dos riscos especificados; e *grupo segurado*, usufrutuários dos benefícios, que assumem suas obrigações para com o estipulante.[2]

Consoante a Resolução CNSP 434/2021, o estipulante é a pessoa natural ou jurídica que contrata apólice coletiva de seguros, investida de poderes de representação dos segurados perante as sociedades seguradoras (art. 2º). A atuação nessa condição é, expressamente, vedada para: (i) corretoras de seguros, seus sócios, dirigentes, administradores, empregados, prepostos ou representantes legais; (ii) corretores de seguros; e (iii) sociedades seguradoras, seus dirigentes, administradores, empregados, prepostos ou representantes legais (art. 4º), salvo se encontrarem-se na qualidade de empregadores que estipulem seguro em favor de seus empregados (parágrafo único).

Os segurados que compõem o grupo devem, de alguma forma, estar vinculados ao estipulante. No entanto, o legislador não ofereceu requisitos específicos ou uma noção precisa do que seria o vínculo exigido entre o estipulante e o grupo, embora seja bastante comum cotejá-lo com relações de cunho empregatício, societário ou associativo. Em verdade, o art. 3º da supracitada Resolução chega a destacar que o vínculo *deverá estar, de forma clara e objetiva, definido no contrato coletivo*, porém, ao compará-lo com o previsto no art. 4º da Resolução CNSP 431/2021[3] (que disciplina as operações das sociedades seguradoras por meio de seus representantes de seguros), nota-se uma sútil (mas relevante) diferença de tratamento.

Ambos os normativos tenham sido elaborados praticamente de forma simultânea, o órgão regulador não replicou a necessidade de um vínculo "estreito, claro e inequívoco" entre o estipulante e o grupo segurado, exigindo tão somente que o vínculo seja *definido* de maneira "clara e objetiva" no contrato. Ainda nesse aspecto, chama atenção o previsto no art. 21 na Resolução CNSP 434/2021,[4] que não afasta o vínculo de natureza exclusivamente securitária – o chamado "falso estipulante" –, conduzindo o intérprete a concluir que o vínculo exigido entre o estipulante e o grupo segurado não se mostra tão estreito e rigoroso, como aquele requerido a um representante do segurador.

Seja como for, a adesão ao plano coletivo é facultativa, exceto nos casos de contratação obrigatória prevista em lei, e deverá estar disponível a todos os componentes do grupo que atendam às condições previstas para o ingresso, conforme estabelecido no contrato coletivo (art. 23 da Resolução CNSP 439/2022).

O seguro coletivo pode ser contributário ou não contributário. Se os prêmios nas apólices de seguro de vida e acidentes pessoais em grupo são pagos integralmente pelos

---

partes. Considere-se, por exemplo, uma nova empresa, que ainda não contratou trabalhadores, mas celebra com uma seguradora, como tomador um contrato de seguro de vida de grupo, criando antecipadamente a possibilidade de adesão para os trabalhadores que vier a ter" (ALVES, Paula Ribeiro. *Estudos de direito dos seguros*: intermediação de seguros e seguro de grupo. Coimbra: Almedina, 2007. p. 284).

[2] STJ, 4ª T., REsp 1.170.855/RS, rel. Min. Luis Felipe Salomão, j. 18.08.2015.

[3] "Art. 4º O representante de seguros poderá atuar na intermediação de contratação de apólice coletiva, observada a necessidade de existência de *vínculo estreito, claro e inequívoco* entre o estipulante da referida apólice e o grupo segurado, além do vínculo de natureza securitária."

[4] "Art. 21. Ainda que o vínculo entre o estipulante e o grupo segurado *seja de natureza exclusivamente securitária*, a sociedade seguradora e o estipulante deverão observar todas as disposições desta Resolução."

segurados, cuidam-se dos seguros contributários (a adesão é disponibilizada, sem custos diretos, aos membros do coletivo); por outro lado, se os prêmios são pagos pelo estipulante, trata-se de seguros não contributários. Há, ainda, casos em que parte do prêmio é paga pelo estipulante e parte pelos segurados – são os chamados seguros parcialmente contributários.

A identificação das modalidades mencionadas, no caso concreto, se revela especialmente relevante quando a apólice prevê cláusula de excedente técnico, que nada mais é que o lucro em excesso auferido com o contrato, noutras palavras, o saldo positivo observado pela seguradora na apuração do resultado operacional de uma apólice coletiva, em determinado período. A apuração é estabelecida por meio da diferença entre a receita (ex.: prêmios líquidos recolhidos no período de apuração da apólice; saldo da reserva do período anterior; recuperação de sinistros do ressegurador etc.) e as despesas (ex.: comissões de corretagem pagas durante o período de apuração; prêmios de resseguro; sinistros indenizados; saldo negativo de períodos anteriores, ainda não compensados; despesas de administração da seguradora acordadas com o estipulante, impostos etc.).

O excedente técnico, quando ajustado, deve ser pago (i) aos segurados, na hipótese de seguros contributários, (ii) ao estipulante, em caso de seguros não contributários, e (iii) aos segurados e ao estipulante, em caso de seguros parcialmente contributários, proporcionalmente ao que despenderam. Sem prejuízo, o contrato coletivo ou as condições contratuais do plano de seguro deverão conter os critérios, a periodicidade e a forma de reversão do excedente técnico.

Com relação aos seguros contributários, o art. 9º da Resolução CNSP 434/2021, expressamente, veda ao estipulante a cobrança dos segurados de quaisquer valores relativos ao seguro além dos especificados pela seguradora e, de forma geral, proíbe a publicidade e promoção do seguro, pelo estipulante, sem prévia anuência da seguradora e sem respeitar rigorosamente as condições contratuais do produto e a regulamentação de práticas de conduta no que se refere ao relacionamento com o cliente.

Comumente, as cláusulas contratuais são padronizadas e ajustadas entre segurador e estipulante. Este, nos termos do § 1º, é o *único responsável* pelo cumprimento de todas as obrigações contraídas, por exemplo: arrecadar e repassar (ou do próprio pagamento, se não contributário) do prêmio em favor do segurador; atualizar os dados cadastrais dos integrantes do grupo; comunicar as substituições e saídas efetivadas; fornecer ao segurado, sempre que solicitado, informações relativas ao seguro contratado; dar ciência aos segurados dos procedimentos e prazos estipulados para a liquidação de sinistros; fornecer à Susep quaisquer informações solicitadas, dentro do prazo por ela estabelecido etc. (*vide* art. 8º da Resolução CNSP 434/2021).

Nesse contexto, como decorrência do princípio da boa-fé contratual, é imposto ao segurador, antes e por ocasião da contratação da apólice coletiva de seguro, o dever legal de conceder todas as informações necessárias ao estipulante, que é quem efetivamente celebra o contrato,[5] não havendo que se falar em abusividade de determinada cláusula quando tal atribuição foi devidamente cumprida.[6] Somente em momento posterior à efetiva contratação

---

[5] "A seguradora deve sempre esclarecer previamente o consumidor e o estipulante (seguro em grupo) sobre os produtos que oferece e existem no mercado, prestando informações claras a respeito do tipo de cobertura contratada e as suas consequências, de modo a não induzi-los em erro" (STJ, 3ª T., AgInt no REsp 1.893.132/SC, rel. Min. Nancy Andrighi, j. 30.11.2020).

[6] STJ, 3ª T., AgInt no AREsp 1.308.674/SP, rel. Min. Marco Aurélio Bellizze, j. 11.09.2018.

do seguro de vida em grupo, o empregado ou o associado deverá avaliar a conveniência e as vantagens de aderir aos termos da apólice de seguro de vida em grupo já contratada, cabendo, nessa ocasião, exclusivamente ao estipulante, e não à seguradora, o dever de fornecer ao segurado ampla e prévia informação a respeito dos contornos contratuais, no que se inserem, em especial, as cláusulas restritivas.[7]

É, pois, particularidade do seguro de grupo a sua formação em dois turnos. No primeiro, o contrato é celebrado entre a seguradora e o estipulante, porém ainda não produz efeitos como seguro;[8] e, num segundo, as pessoas vinculadas ao estipulante formalizam as adesões ao grupo, tornando-se efetivamente seguradas. Por se tratar de adesão, os membros do grupo não negociarão as condições gerais e especiais da apólice, que dispõem sobre as coberturas e as exclusões, bem como a respeito dos direitos e das obrigações dos aderentes ao grupo. Todas as cláusulas são previamente alinhadas entre estipulante e seguradora no momento da celebração, e ao segurado é destinado documento que se denomina certificado individual, a ser emitido pela seguradora contendo informações como: prêmio, período de vigência, coberturas, capitais segurados, reversão de excedente técnico (se previsto), entre outras.

De outro lado, embora o estipulante atue como mandatário dos segurados, detendo poderes para praticar atos e administrar o contrato em nome deles, não representa o segurador perante o grupo, que possui por atribuição principal garantir os interesses dos segurados, sempre que implementados riscos previstos no contrato (inclusive, para a aceitação do risco e sua adequada precificação, ao segurador é admitida a exigência de exame médico prévio do proponente, embora, na prática, não seja muito comum no seguro coletivo). Com isso, a partir da ocorrência de um sinistro, cabe aos segurados exigir diretamente do segurador o pagamento do capital segurado,[9] sem perder de vista que "A ação de indenização do segurado em grupo contra a seguradora prescreve em um ano" (Súmula 101 do STJ).[10]

---

[7] STJ, 2ª Seção, AgInt nos EREsp 1.825.716/SC, rel. Min. Antonio Carlos Ferreira, j. 27.10.2021. No mesmo sentido, inúmeros julgados do STJ: 4ª T., EDcl no AgInt no REsp 1.835.436/SC, rel. Min. Marco Buzzi, j. 27.09.2021; 4ª T., AgInt no REsp 1.877.051/SC, rel. Min. Luis Felipe Salomão, j. 21.09.2021; 3ª T., AgInt no AgInt nos EDcl no REsp 1.859.672/SC, rel. Min. Marco Aurélio Bellizze, j. 20.09.2021; 4ª T., REsp 1.850.961/SC, rel. Min. Maria Isabel Gallotti, j. 15.06.2021.

[8] Diz-se "enquanto seguro" porque o instrumento poderá produzir efeitos com relação a eventuais obrigações assumidas entre a seguradora e o estipulante no que toca à relação jurídica definida entre eles.

[9] Subsiste, segundo já decidiu o Superior Tribunal de Justiça, a legitimidade do estipulante para compor polo passivo de ação cautelar em que se pleiteia a exibição da respectiva apólice de seguro em grupo. Confira-se: "(...) 4. Em seguros de vida em grupo, a estipulante é mera mandatária do segurado e, sendo assim, é parte ilegítima para figurar na ação em que o segurado pretende obter o pagamento da indenização securitária (art. 20, § 2º, do Decreto-lei 73/66). Precedentes. 5. Nessa qualidade, a mandatária não deveria, em tese, eximir-se da obrigação de apresentar as apólices celebradas sob a sua intermediação. Assim, apesar de, em regra, a estipulante não responder pelo pagamento de indenizações securitárias, na qualidade de intermediária ou mandatária do segurado, possui legitimidade para compor polo passivo de ação cautelar em que se pleiteia a exibição da respectiva apólice de seguro em grupo. 6. Na hipótese, por se tratar de simples ação cautelar, não incide na hipótese a prescrição ânua prevista no art. 206, § 1º, II, do CC/2002. 7. Recurso especial não provido" (STJ, 3ª T., REsp 1.741.679/SP, rel. Min. Nancy Andrighi, j. 02.08.2018).

[10] Igualmente ânuo o prazo prescricional da seguradora em face da estipulante para a cobrança de prêmios, conforme: "1 – Na relação securitária advinda de contrato de seguro facultativo em grupo,

Situação inversa ocorrerá quando poder ser atribuída ao estipulante a responsabilidade pelo mau cumprimento do mandato, que acarreta o não pagamento da indenização – por exemplo, a não transmissão do prêmio global que desague na resolução do contrato (art. 763 do CC/2002) –, podendo os segurados, especialmente aquele que estava em dia com a sua prestação, endereçar sua pretensão indenizatória contra o estipulante.[11]

Destaca-se, porque relevante, que, por se tratar de contrato de seguro de pessoas, com especial atenção para aqueles atinentes à vida, os efeitos dele decorrentes se situam sob o influxo do Código de Defesa do Consumidor, devido à assimetria da relação jurídica estabelecida entre segurado e segurador.

No que toca ao § 2º, por sua vez, com a finalidade de evitar potenciais prejuízos aos membros do grupo segurável, desautoriza o estipulante a promover alterações na apólice de seguro em grupo, sem que, para tanto, se colha a concordância expressa e inequívoca dos segurados que representem três quartos do coletivo. O dispositivo não dispõe sobre as hipóteses em que tal anuência se faz necessária, exigindo-a de forma genérica para qualquer que seja a modificação que se pretende na apólice.

Sem prejuízo, o Enunciado 375 do Conselho da Justiça Federal, aprovado na IV Jornada de Direito Civil, ofereceu balizas práticas para essa obrigatoriedade. Leia-se: "No seguro em grupo de pessoas, exige-se o quórum qualificado de 3/4 do grupo, previsto no § 2º do art. 801 do Código Civil, apenas quando as modificações impuserem novos ônus aos participantes ou restringirem seus direitos na apólice em vigor".

Extrai-se, dessa forma, que, sendo proposta uma alteração que não impacte em ônus ou restrição de direitos dos segurados, a exemplo de uma nova obrigação que recaia apenas sobre o estipulante, seria justificada a dispensa do quórum qualificado. Previsão semelhante se encontra na Resolução CNSP 434/2021, mais especificamente no parágrafo único do art. 17, segundo o qual: "Quando a alteração não implicar ônus, dever ou redução de direitos aos segurados, esta poderá ser realizada apenas com a anuência do estipulante".

3. DISPOSIÇÕES RELACIONADAS

O Decreto-lei 73, de 21.11.1966, que dispõe sobre o Sistema Nacional de Seguros Privados, regula as operações de seguros e resseguros e dá outras providências, prevê, em seu art. 21, §§ 1º e 2º, que o estipulante é a pessoa que contrata seguro por conta de terceiros, podendo acumular a condição de beneficiário, e é mero mandatário dos segurados, o que fundamenta o entendimento de que é parte ilegítima para figurar na ação em que o segurado pretende obter o pagamento da indenização securitária.

---

a empregadora-estipulante qualifica-se como mera mandatária dos segurados e não como terceira. 2 – A ação de cobrança, da seguradora em face da empregadora-estipulante, relativa a prêmios não pagos de seguro de vida em grupo, sujeita-se ao prazo prescricional de um ano. Incidência da súmula 101/STJ" (STJ, 3ª T., AgRg no REsp 947.078/RJ, rel. Min. Paulo de Tarso Sanseverino, j. 02.06.2011).

[11] Confira-se, nesse sentido, julgado do STJ sobre o tema: "(...) – A estipulante age como mera mandatária e, portanto, é parte ilegítima para figurar na ação em que o segurado pretende obter o pagamento da indenização securitária, exceto quando a ela possa ser atribuída a responsabilidade por mal cumprimento do mandato, que acarrete o não pagamento da indenização. – Hipótese em que o Tribunal de origem concluiu com base nas provas dos autos que a estipulante deu causa à justa recusa da seguradora ao pagamento da indenização securitária. Recurso especial não conhecido" (STJ, 3ª T., REsp 539.822/MG, rel. Min. Nancy Andrighi, j. 28.09.2004).

O § 3º, por sua vez, sublinha que compete ao Conselho Nacional de Seguros Privados (CNSP) estabelecer os direitos e as obrigações do estipulante na regulação de cada ramo ou modalidade de seguro. Nessa direção, a Resolução CNSP 434/2021, que revogou a Resolução CNSP 107/2004 (que, por sua vez, revogou a Resolução CNSP 41/2000), passou, a partir de 2 de março de 2022, a dispor sobre estipulação de seguros e responsabilidades e obrigações de estipulantes e seguradoras em contratações de seguros por meio de apólices coletivas.

Entre algumas introduções relevantes, destaca-se que a Resolução CNSP 434/2021 prevê, expressamente, que a atuação do estipulante como representante do grupo segurado deve estar pautada pela preservação prioritária dos interesses do grupo (art. 2º, § 1º) e, consequentemente, a relação contratual entre a seguradora e o estipulante não pode constituir conflito de interesse em relação à representação que este possui do grupo segurado (art. 2º, § 2º).

Outro aspecto relevante diz respeito à possibilidade de o estipulante manter vínculo indireto com o grupo segurado por intermédio desse subestipulante, para o qual se aplicam todas as disposições da resolução, respeitados os limites de atuação e de responsabilidades definidos no contrato coletivo.

Chama-se atenção, igualmente, ao disposto (ou melhor, ao não disposto) no art. 6º, parágrafo único, que dispensou previsão anterior que obrigava a inclusão de cláusula em proposta de adesão "na qual o proponente declara ter conhecimento prévio da íntegra das condições gerais". Atualmente, prescreve-se que a "adesão à apólice coletiva deverá ser realizada mediante preenchimento e assinatura de proposta de adesão pelo proponente, seu representante legal ou corretor de seguros". Isso não quer dizer, sublinhe-se, que fica dispensado o estipulante de prestar todas as informações necessárias aos segurados antes e durante a sua adesão ao contrato, inclusive a respeito das cláusulas restritivas presentes na apólice.

No mais, cumpre acentuar o art. 11, parágrafo único, que incluiu a obrigatoriedade de constar do certificado individual e da proposta de adesão o percentual ou valor da remuneração (que se considera parte do carregamento que compõe o prêmio comercial cobrado do segurado) devida ao estipulante ou subestipulante, devendo o segurado ser informado sempre que houver qualquer alteração. Com relação ao prêmio, o art. 12 dispõe que a seguradora deverá tratá-lo de forma individualizada, segurado a segurado, mesmo quando o prêmio for pago, total ou parcialmente, pelo estipulante, salvo quando a estruturação do seguro tornar inviável.

O art. 8º da Resolução CNSP 107/2004 estabelecia como obrigação da seguradora informar ao segurado a situação de adimplência do estipulante ou subestipulante, sempre que lhe solicitado. A nova Resolução manteve essa redação, com um acréscimo digno de nota: as seguradoras têm igualmente o dever de comunicar aos segurados os casos de não repasse à sociedade seguradora de prêmios recolhidos pelo estipulante nos prazos contratualmente estabelecidos, bem como as consequências do não repasse (art. 10, II). Se, por um lado, a norma ampliou os deveres das seguradoras no que diz respeito à transparência dos prêmios recolhidos, de outro, excluiu a até então obrigatoriedade de se incluírem no contrato de seguro todas as responsabilidades do estipulante.

Além do mais, sem previsão correspectiva no normativo revogado, o art. 20 regula as consequências advindas no caso de não renovação da apólice coletiva, discorrendo que: (i) na hipótese de, eventualmente, existirem certificados individuais cujo fim de vigência ultrapasse o fim de vigência da apólice não renovada, a apólice e o respectivo contrato coletivo deverão ter suas vigências estendidas, pelo estipulante e pela sociedade seguradora, até o final de vigência especificado nos certificados individuais já emitidos; e (ii) é expressamente vedada a emissão de novos certificados individuais durante o período de vigência estendida de que trata o inciso I.

Por fim, para o que interessa diretamente ao § 2º do art. 801 do CC/2022, necessário recordar que, de acordo com o art. 17 da Resolução CNSP 434/2021, se a alteração não implicar ônus, dever ou redução de direitos aos segurados, esta poderá ser realizada apenas com a anuência do estipulante, renunciando, pois, o quórum de três quartos do grupo, conforme orientação do Enunciado 375 do Conselho da Justiça Federal. A bem da verdade, essa relativização não representa grande novidade e já se encontrava disposta em atos normativos anteriores que dispõem sobre o funcionamento e os critérios para operação das coberturas de risco oferecidas em plano de seguro de pessoas, a exemplo da Circular Susep 317/2006[12] e da Resolução CNSP 117/2004.[13]

Ambos os normativos anteriores foram revogados, respectivamente, pela Circular Susep 667/2022 e pela Resolução CNSP 439/2022. Sobre a anuência em questão, o art. 64 da referida Circular depõe nesse mesmo sentido, ou seja, "qualquer modificação da apólice coletiva em vigor que implique ônus ou dever para os segurados ou redução de seus direitos dependerá da anuência expressa de segurados que representem, no mínimo, três quartos do grupo segurado". A propósito da resolução, atente-se aos §§ 3º e 4º do art. 29, que regulam a dispensa do recolhimento da anuência à migração de apólice coletiva em seguros não contributários estipulados por empregadores em favor dos seus empregados.

REFERÊNCIA BIBLIOGRÁFICA

ALVES, Paula Ribeiro. *Estudos de direito dos seguros*: intermediação de seguros e seguro de grupo. Coimbra: Almedina, 2007.

---

[12] "Art. 9º Qualquer alteração nas condições contratuais em vigor deverá ser realizada por aditivo à apólice, com a concordância expressa e escrita do segurado ou de seu representante, ratificada pelo correspondente endosso, observado o disposto no art. 8º, desta Circular.
Parágrafo único. Quando a alteração não implicar em ônus ou dever aos segurados ou a redução de seus direitos, esta poderá ser realizada apenas com a anuência do estipulante."

[13] "Art. 66. No contrato deverá ser claramente estabelecida a relação entre o estipulante e a sociedade seguradora, bem como constar informação de que qualquer alteração nas condições contratuais, que implicar em ônus ou dever para os segurados, dependerá da anuência expressa de segurados que representem, no mínimo, três quartos do grupo segurado."

55
COMENTÁRIOS AO ART. 802 DO CÓDIGO CIVIL

Janaina Andreazi
Gustavo Duarte

> **Art. 802.** Não se compreende nas disposições desta Seção a garantia do reembolso de despesas hospitalares ou de tratamento médico, nem o custeio das despesas de luto e de funeral do segurado.

1. ORIGEM DA DISPOSIÇÃO E REGIME ANTERIOR

Não há precedentes na legislação brasileira no que diz respeito a esse dispositivo, que não encontra correspondência no regime anterior, o revogado Código Civil de 1916, nem no Código Comercial de 1850.

Necessário, por curioso, observar que o dispositivo está inserto na Seção III do Capítulo XV do Código Civil, que cuida do seguro de pessoa, não obstante trate ele de questões relativas a seguro de dano,[1] como o próprio afirma: "Não se compreende nas disposições desta Seção".

Vale trazer à colação breve nota de refinada doutrina da professora Vera Helena de Mello Franco[2] do que se entende por seguro de dano:

> Nos seguros de danos, o pagamento da indenização destina-se à reparação do prejuízo patrimonial decorrente do sinistro, assimilando-se a expressão "dano" no sentido de uma diminuição do patrimônio do segurado. (...)
>
> O seguro tanto pode ter por objeto o interesse numa coisa, como numa pessoa ou em qualidades ou atributos dessa pessoa.

---

[1] "À categoria dos *seguros de danos* pertencem, segundo alguns, os que a própria pessoa, ou terceiro, pode sofrer em sua integridade física" (GOMES, Orlando. *Contratos*. 26. ed. Atualizadores: Antônio Junqueira de Azevedo e Francisco Paulo De Crescenzo Marino. Coordenador: Edvaldo Brito. Rio de Janeiro: Forense, 2008. p. 510).

[2] Assim: FRANCO, Vera Helena de Mello. *Contratos*: direito civil e empresarial. 5. ed. São Paulo: Ed. RT, 2014. p. 352 e 357.

Os seguros que têm por objeto ressarcir o segurado de uma perda material ou patrimonial, são chamados seguros de danos e a finalidade é cobrir as consequências patrimoniais de um evento danoso para o segurado. (...) O limite da indenização nesse ramo é dado pelo dano patrimonial efetivamente sofrido e o valor máximo do contrato é o do interesse submetido a risco. Daí a terminologia – seguro de danos.

A ideia encartada no artigo em comento é a de que, no seguro de pessoa,[3] a finalidade precípua é a de compensação, sem função indenizatória, é dizer, não se vislumbra a reparação de um dano ou prejuízo de cunho patrimonial; consequentemente, a prestação visada não se submete ao princípio indenitário,[4] segundo o qual o segurado, em hipótese alguma, pode lucrar em razão do sinistro ocorrido.

Em uma linha, ninguém pode contratar seguros de danos para lucrar. A propósito, destacam-se os ensinamentos de Pedro Alvim:[5]

> Nos seguros de dano a obrigação do segurado, em caso de sinistro, tem que ser liquidada através da comprovação dos prejuízos. A importância segurada, conforme já foi examinada, representa o limite máximo dessa obrigação. Nem sempre corresponde ao valor exato dos prejuízos, mesmo nos casos de destruição total dos bens segurados. O princípio dominante dos seguros de dano consta da regra segundo a qual não pode o segurado receber mais do que perdeu. O objetivo do seguro é recolocá-lo na mesma situação em que se achava antes do sinistro.

Feitos esses breves esclarecimentos necessários, com efeito, soa até mesmo redundante o artigo em comento, visto que cuida de reembolso e/ou custeio de despesas.

Na experiência estrangeira, o Código Civil italiano, datado de 1942, restringe o seguro de vida humana somente ao pagamento de um capital, que não cobre despesas:

> Art. 1882. (Nozione).
> L'assicurazione è il contratto col quale l'assicuratore, verso pagamento di un premio, si obbliga a rivalere l'assicurato, entro i limiti convenuti, del danno ad esso prodotto da un sinistro, ovvero a pagare un capitale o una rendita al verificarsi di un evento attinente alla vita umana.[6]

---

[3] "Art. 789. Nos seguros de pessoas, o capital segurado é livremente estipulado pelo proponente, que pode contratar mais de um seguro sobre o mesmo interesse, com o mesmo ou diversos seguradores."

[4] Trazendo novamente as precisas lições de Vera Helena de Mello Franco, quando destaca que "O pagamento da indenização reporta-sempre ao prejuízo efetivamente sofrido pelo segurado, até o limite do valor segurado, pois a finalidade é ressarcir os danos sofridos, e não atribuir qualquer lucro. Este é o princípio indenitário que impede possa o seguro ser fonte de lucro para o segurado. (...) Por tal razão o critério é objetivo. Somente são ressarcíveis os prejuízos efetivamente sofridos" (FRANCO, Vera Helena de Mello. *Contratos*: direito civil e empresarial. 5. ed. São Paulo: Ed. RT, 2014. p. 354).

[5] ALVIM, Pedro. *O contrato de seguro*. 3. ed. Rio de Janeiro: Forense, 1999. p. 408-409.

[6] Em tradução livre dos autores: "O seguro é o contrato pelo qual o segurador, contra o pagamento de um prêmio, se obriga a indenizar o segurado, dentro dos limites convencionais, do dano a ele causado por um sinistro, ou, então, a pagar um capital ou uma renda ao verificar-se um acontecimento relativo à vida humana".

O dispositivo brasileiro foi novidade no Código Civil de 2002 e deixa claro que de seguro de pessoa não se trata, deixando tal incumbência de ressarcimento de outras despesas provocadas quando da ocorrência do sinistro para outro tipo de seguro, *e.g.*, o seguro-saúde e os planos administrados por operadoras de saúde.

A doutrina especializada[7] assim se posicionava fazendo um paralelo entre despesas de seguro de dano, por estarem discriminadas em clausulados das apólices de seguros de pessoas, mais detidamente na modalidade de acidente pessoal[8]:

> Nada obstante, tanto a cobertura de reembolso de despesa médica quanto a de custeio das despesas de luto e funeral, embora pertencentes ao grupo de seguro de dano, costumam se inserir nas apólices de seguros de acidentes pessoais, que integram a categoria dos seguros de pessoa como vimos. Da mesma forma costuma suceder no inverso, ou seja, coberturas tipicamente de seguros de pessoa habitando apólices de seguro de dano, como seria o caso da garantia adicional de Acidentes Pessoais de Passageiros – APP constante das apólices de seguro de automóvel.

Pois bem, por definição,[9] o seguro-saúde é classificado como garantidor de risco financeiro da assistência médica e hospitalar, mediante reembolso, sendo regulado pela Lei 9.656/1998.

Cabe ainda tecer breve nota de que seguro-saúde e plano de saúde não se confundem, ainda que ambos os tipos de serviços contratuais apresentem grandes vantagens aos usuários/segurados, garantindo proteção quando mais precisam, sendo relevante trazer à baila os pontos nodais que os distinguem: o reembolso e a livre escolha de profissionais médicos ou hospitais, assim como a existência de franquia, características essas afetas ao seguro-saúde.

Na lição de Arnaldo Rizzardo,[10] no campo da saúde, o segurador garante riscos ligados à saúde e à hospitalização, salvaguardando riscos de enfermidade com o custeio de despesas deflagradas por doenças e acidentes, dando, assim, cobertura à assistência médico-hospitalar.

---

[7] SANTOS, Ricardo Bechara. *Direito do seguro no novo Código Civil e legislação própria*. 2. ed. Rio de Janeiro: Forense, 2008. p. 459.

[8] Circular Susep 029/1991: "Objeto: Art. 1º O seguro tem por objetivo garantir o pagamento de uma indenização ao segurado ou a seus beneficiários, caso aquele venha a sofrer um acidente pessoal, observadas as condições contratuais.
§ 1º Considera-se acidente pessoal o evento com data caracterizada, exclusiva e diretamente externo, súbito, involuntário e violento, causador de lesão física que, por si só, e independentemente de toda e qualquer outra causa, tenha como consequência direta a morte ou invalidez permanente total ou parcial do segurado ou torne necessário o tratamento médico. (...) § 3º Não se incluem no conceito de acidente pessoal: I – as doenças (incluídas as profissionais), quaisquer que sejam suas causas, ainda que provocadas, desencadeadas ou agravadas, direta ou indiretamente por acidente, ressalvadas as infecções, estados septicêmicos e embolias, resultantes de ferimento visível; (...)". Essa circular foi revogada pela Circular 302/2005 que, recentemente, foi revogada pela Circular 667/2022.

[9] DELGADO, José Augusto. *Comentários ao novo Código Civil. Das várias espécies de contrato. Do seguro*. Arts. 757 a 802. TEIXEIRA, Sálvio de Figueiredo (coord.). Rio de Janeiro: Forense, 2004. v. XI. t. I. p. 854-855.

[10] RIZZARDO, Arnaldo. *Contratos*. 19. ed. Rio de Janeiro: Forense, 2021. p. 835.

Prosseguindo em seus ensinamentos, Rizzardo categoriza desta forma o seguro-saúde e os planos de assistência:

> Genericamente, é a garantia de interesses pela cobertura dos riscos da doença. Através dele, o indivíduo ou segurado fica protegido dos riscos da enfermidade, pois contará com recursos parar custear as despesas acarretadas pelas doenças, e tendo direito à própria assistência médico-hospitalar.
>
> No entanto, tradicionalmente, duas as formas de cobertura: ou pelo reembolso de despesas com liberdade de escolha de quem presta serviços, caracterizando o seguro-saúde; ou pelo credenciamento e médicos e hospitais, para os quais se encaminha o segurado que receberá tratamento médico-hospitalar, tendo-se, aí, os planos de assistência.

Após os esclarecimentos necessários acerca da razão de ser do dispositivo em comento, passa-se a tecer os comentários das principais controvérsias envoltas na aplicabilidade do artigo.

2. SENTIDO DA DISPOSIÇÃO E PRINCIPAIS CONTROVÉRSIAS NA SUA INTERPRETAÇÃO

O legislador brasileiro não quis que houvesse confusão entre o seguro de pessoa,[11] sobre cuja garantia não se pode estabelecer um valor certo,[12] porque inestimável, e despesas havidas para socorro, eventuais tratamentos, cirurgias e funeral, que devem respeitar o princípio indenitário,[13] ínsito aos seguros de dano, para o fim de evitar o enriquecimento sem causa daquele que despendeu valores para tanto.

---

[11] Há relevante distinção entre seguro de vida e acidentes pessoais, conforme lição de Gustavo Tepedino e outros: "Segundo entendimento do Superior Tribunal de Justiça, o seguro de vida tem por objeto a cobertura de morte decorrente de causas naturais e acidentais; ao passo que o seguro de acidentes pessoais apenas abrange em sua cobertura infortúnios causados por acidente pessoal, a exemplo da morte acidental. Nessa direção, entendeu-se que não seria devida a cobertura em seguro de acidente pessoal em que a morte do segurado decorreu de doença, especificamente acidente vascular cerebral, por se tratar de morte natural, desencadeada por fatores internos à pessoa. (...) (STJ, 3ª T., REsp 1443115/SP Rel. Min. Cueva, julg. 21.10.2014, publ. DJ 28.10.2014)" (TEPEDINO, Gustavo; KONDER, Carlos Nelson; BANDEIRA, Paula Greco. *Fundamentos do direito civil*. Rio de Janeiro: Forense, 2020. (Contratos, v. III). p. 496).

[12] "Art. 789. Nos seguros de pessoas, o capital segurado é livremente estipulado pelo proponente, que pode contratar mais de um seguro sobre o mesmo interesse, com o mesmo ou diversos seguradores."

[13] Veja-se, por todos, acerca do princípio indenitário: SANTOS, Ricardo Bechara. *Direito do seguro no novo Código Civil e legislação própria*. 2. ed. Rio de Janeiro: Forense, 2008. p. 220 ("Pondere-se, de pronto, antecipando-nos aos comentários que iremos fazer aos artigos 781 e 782, no sentido de esclarecer que a possibilidade de mais de um seguro sobre o mesmo bem não é novidade, pois no recém-finado Código tal já era permitido, desde que, certamente, a soma dos seguros não ultrapasse o valor real do bem, *a fortiori* quando sob a égide do novo Código, que realça o caráter indenitário dos seguros de dano ou de coisas, com o qual não se coaduna qualquer possibilidade de alguém poder especular com o seguro, de *damnum vittando* e não de *lucro capiendo*, muito menos, e por conseguinte, especular com a possibilidade de se indenizar um bem sinistrado por valor maior do que o prejuízo experimentado e, *em qualquer hipótese*, por valor superior ao limite ajustado na apólice, consoante os arts. 778, ora em comento, e 781").

É dizer, pelo princípio indenitário, não pode o segurado lucrar com o sinistro, possuindo, diferentemente do seguro de pessoa – em que não se mede a extensão do dano –, caráter indenizatório.

Há duas questões, entretanto, que devem ser ponderadas no que toca à leitura desse artigo: (i) pode ser interpretado, no que diz respeito às despesas hospitalares ou de tratamento médico, tidas como despesas de salvamento?; (ii) deve-se entender esse dispositivo como remissão à Lei 9.656/1998?[14]

No primeiro caso, ocorrido o acidente, consideradas as disposições existentes na seção relativa ao seguro de danos, poderia o segurador invocar medidas do segurado para minimizar ou evitar a ocorrência do sinistro invalidez ou morte?[15]

Dadas as circunstâncias do acidente e se previsto, no contrato de seguro, reembolso ou pagamento de despesas médicas e/ou hospitalares, por que não admitir como necessária a imediata comunicação do acidente à seguradora para que possa contribuir para a minimização do risco?[16]

Soa absolutamente aceitável e praticável tal solução, em se tratando de seguro de acidentes pessoais.[17]

Cabe ainda, por absurdo que seja, trazer a lume controvérsia instaurada[18] a respeito da aplicabilidade da Lei 9.656/1998, que cuida de dispor sobre os planos e seguros privados de assistência à saúde.

A referida norma disciplina conteúdo e forma de contratação de planos de assistência à saúde e seguro-saúde e em nada obsta que uma apólice de seguros pessoais preveja cobertura para os eventos mencionados no art. 802 do CC.

---

[14] Lei 9.656, de 3 junho de 1998 (dispõe sobre os planos e seguros privados de assistência à saúde).

[15] *Vide* os arts. 771 e 779 do CC, respectivamente: "Sob pena de perder o direito à indenização, o segurado participará o sinistro ao segurador, logo que o saiba, e tomará as providências imediatas para minorar-lhe as consequências. Parágrafo único. Correm à conta do segurador, até o limite fixado no contrato, as despesas de salvamento consequente ao sinistro"; "O risco do seguro compreenderá todos os prejuízos resultantes ou consequentes, como sejam os estragos ocasionados para evitar o sinistro, minorar o dano, ou salvar a coisa".

[16] "Não dispondo de recursos próprios, os segurados poderão deixar de se socorrer adequadamente. (...) Em determinadas circunstâncias, (...) poderão funcionar como providência de salvamento" (TZIRULNIK, Ernesto; CAVALCANTI, Flávio de Queiroz B.; PIMENTEL, Ayrton. *O contrato de seguro de acordo com o novo Código Civil brasileiro*. 2. ed. São Paulo: Ed. RT, 2003. p. 212).

[17] "Ernesto Tzirulnik: Hoje pela manhã, o Professor Muñoz Paredes manifestou preocupação no seguinte sentido: nas regras que tratam das disposições gerais está previsto que correm por conta do segurador as despesas de salvamento, assim, estando essa norma inserida entre as disposições gerais, questiona-se sobre sua aplicação nos seguros pessoais e não apenas nos seguros de danos. Luc Mayaux: Lembro-me do que foi dito pelo Professor Paredes esta manhã. Creio ser necessário distinguir a prevenção de um lado e o salvamento do outro. Pode-se conceber, parece-me, uma prevenção no seguro de vida, mas salvamento? A partir do momento em que o risco se realiza, é certo que nada mais há para ser salvo" (MAYAUX, Luc. O direito do seguro no Brasil e na França: estudo comparativo em seguros de danos e de pessoas. In: FÓRUM DE DIREITO DO SEGURO JOSÉ SOLLERO FILHO, 3., 2003, São Paulo. *Anais* (...). São Paulo: IBDS, 2003. p. 335). Não nos parece inadequada a ideia de assumir o salvamento como possível no seguro de pessoa, se se tiver em mente o seguro de acidentes pessoais, pois, a depender das circunstâncias, uma ação rápida pode minimizar ou evitar efeitos maléficos decorrentes do acidente.

[18] Ver, por todos, SHIH, Frank Larrúbia. *Temas relevantes de direito securitário*. São Paulo: Lumen Juris, 2003. p. 92.

Aquela tem como fim regular outra espécie de contrato e este tão somente assevera que, se disposição houver no contrato a respeito de tais despesas, elas não guardarão relação com o seguro de pessoa, mas, sim, com seguro de dano.[19]

No entanto, é imperioso observar que, na cláusula de cobertura dos prejuízos que o segurado porventura suporte em razão do evento danoso materializado pelo sinistro, deve constar, expressamente, que tais verbas correspondem a seguro de dano, devendo se pautar no regramento estatuído por tal modalidade securitária com natureza patrimonial.

Nesse particular, é digno de realce o que reverbera a doutrina[20] acerca do tema:

> É possível que as partes expressamente convencionem acerca da exclusão do custeio ou reembolso de despesas médicas e hospitalares nos seguros de vida e acidentes pessoais. Os seguros de assistência hospitalar, médico e funeral enfrentam estas despesas e não se enquadram no conceito de seguro de pessoas, não se submetendo, portanto, às normas estabelecidas na seção encerrada pelo art. 802. Trata-se de espécies de seguro de dano que devem se atentar às normas da Seção I, II e à legislação especial. Importante ressaltar que o seguro hospitalar e médico se submetem ainda ao CDC e à lei 9.656/88.

Conforme se infere do até aqui explicitado, os valores e as garantias de custeio encartados no artigo em comento devem ser considerados como objetos de contratação de seguro de dano, jamais sendo regulados como seguro de vida e acidentes pessoais.

Outrossim, para fins reflexivos, imagine-se uma hipótese de exceção em que, para se salvar uma vida (tendo como exemplo um indivíduo picado por uma serpente peçonhenta em local sem condições sanitárias para aplicação do soro antiofídico), há necessidade de dispêndios pecuniários ao resgate de um segurado que se encontra em localidade fora de zona urbana e de dificílimo acesso e, lamentavelmente, piorando o cenário, vem a ter um mal súbito (um infarto) com a proliferação do veneno pelo corpo, sendo mandatório o uso de um helicóptero de propriedade hospitalar privada para que a sua vida não fosse ceifada, conduzindo o segurado para o hospital mais próximo ao local do sinistro.

Nessa hipótese excepcional, considerando o urgente ato de transportar como despesa de salvamento (art. 771 do CC), eis que seria uma providência prática destinada à proteção da vida no interesse do segurador, que se beneficiaria com a redução dos custos que teria com o pagamento do capital segurado em caso de morte (sem o soro, a consequência nefasta seria a de que o segurado fatalmente morreria), esse custeio com

---

[19] "O problema surge porque, como todos sabemos, existem seguros de pessoas aos quais se aplica o princípio indenizatório e que, portanto, são seguros de danos, como é o caso do seguro de gastos funerários, que paga, exclusivamente, os gastos de enterro e o de assistência funerária, abonando igualmente o custo desses serviços. A ambos se aplicam as normas sobre correspondências entre o valor do interesse e a soma segurada, assim como a proibição de segurar o mesmo interesse em várias companhias, entre outras normas próprias dos seguros de danos. A divisão correta é a empregada pelas Diretivas da União Europeia e muitas outras leis que distingue entre seguros de danos e seguros de vida ou, como dizem em outros países, seguros de danos e seguros de capitalização ou de somas" (PAREDES, José María Muñoz. O contrato de seguro no novo Código Civil à luz da lei espanhola. In: FÓRUM DE DIREITO DO SEGURO JOSÉ SOLLERO FILHO, 3., 2003, São Paulo. *Anais* (...). São Paulo: IBDS, 2003. p. 293).

[20] BRAGA NETTO, Felipe; ROSENVALD, Nelson. *Código Civil comentado*. 2. ed. Salvador: Juspodivm, 2021. p. 852.

o deslocamento por meio de um helicóptero poderia ser reembolsado nas rubricas/garantias do seguro de pessoa?

Trazendo luz à questão, são valiosos os escritos de Ernesto Tzirulnik,[21] nos quais se entende pela aplicabilidade do reembolso do custeio das medidas de salvamento no seguro de pessoa:

> (...) como a norma está contida na seção que cuida das disposições gerais aplicáveis ao contrato de seguro, não se pode negar sua incidência sobre os seguros pessoais, ainda que a norma se refira a "indenização" e não a "capital". (...) A rigor, embora nascida no campo dos seguros de dano, existe maior fundamento para sua aplicação na seara dos seguros pessoais, onde está em jogo o principal bem da vida.

O autor, ao comentar o artigo aqui estudado, confirma a possibilidade excepcional do custeio das despesas necessárias para se salvar uma vida:

> As garantias a que se refere o artigo comentado são reguladas como seguros de dano. (...) Em determinadas circunstâncias, porém, os procedimentos causadores das despesas poderão funcionar como providência de salvamento, sujeitando-se, nesses casos especiais, ao quanto expressamos nos comentários aos arts. 771 e 779.[22]

Entendendo-se como possível a questão trazida pela aplicabilidade do reembolso das despesas de salvamento que, topograficamente, estão contidas nas disposições gerais do capítulo destinado ao contrato de seguro pelo CC, deveria a seguradora fixar um limite financeiro para essas despesas[23] – com transporte, por exemplo –, ou tão somente se pautar na literalidade da lei pelo viés da expressa ausência de cobertura de despesas no seguro de pessoas?

Longe de se ter uma resposta assertiva para a reflexão trazida à baila, o propósito pretendido é o de fazer um contraponto acerca da questão apresentada pelo art. 802, objetivando o pensamento de que a seguradora desempenha função primordial quando da socialização do risco; nesse viés, não seria ilógico cobrir, especificamente, o traslado até o hospital ou local assemelhado – tal ato seria, definitivamente, um salvamento não da coisa ou propriedade ínsita ao princípio indenitário ou indenizatório,[24] mas, sim, da vida do segurado.

---

[21] TZIRULNIK, Ernesto; CAVALCANTI, Flávio de Queiroz B.; PIMENTEL, Ayrton. *O contrato de seguro de acordo com o novo Código Civil brasileiro*. 2. ed. São Paulo: Ed. RT, 2003. p. 88-89.

[22] TZIRULNIK, Ernesto; CAVALCANTI, Flávio de Queiroz B.; PIMENTEL, Ayrton. *O contrato de seguro de acordo com o novo Código Civil brasileiro*. 2. ed. São Paulo: Ed. RT, 2003. p. 213.

[23] Na esteira do disposto no art. 39 da Circular Susep 621, de 12 de fevereiro de 2021: "Deverá constar nas condições contratuais cláusula que estabeleça que correrão obrigatoriamente por conta da sociedade seguradora, até os limites máximos de indenização estabelecidos: I – as despesas de salvamento comprovadamente efetuadas pelo segurado durante e/ou após a ocorrência de um sinistro (...)".

[24] Sobre o ponto, Maurício Gravina assinala que: "O princípio indenizatório é o princípio da justa indenização. Veicula conhecida norma nos seguros de danos, segundo a qual a reparação dever ser proporcional e equitativa, nos limites do interesse segurado. É também chamado de 'princípio indenitário'. No seguro de danos a indenização não pode ser objeto de enriquecimento ou especulação. Conforme a definição da lei portuguesa, 'a prestação devida pelo segurador está limitada ao dano

Nesse prisma, despesas médico-hospitalares ocorridas para o restabelecimento da saúde, como no exemplo anterior, naturalmente não estariam cobertas pelo seguro pessoal, eis que já existente produto securitário específico para tanto.

Entretanto, o aspecto relativo à indenização pelo transporte aéreo (utilizado como ilustração no exemplo mencionado, mas poderia ser por qualquer outro modal – rodoviário, ferroviário, aquaviário etc.) consubstanciado pelo trajeto até o hospital ou, ainda, um posto de saúde padece de conclusão distinta, ponderando-se uma necessidade de urgência que demande um transporte especializado e desde que o então paciente segurado fosse salvo, haja vista que, se viesse a óbito, o capital seria pago em sua totalidade sem possibilidade de qualquer excedente para as verbas gastas com o transporte.

A situação narrada é fielmente retratada na obra literária de Marco Aurélio Bezerra de Melo[25], que, após definir o que se entende por despesa de salvamento, afirma, categoricamente, o exemplo do transporte por helicóptero para evitar a perda de uma vida:

> Consideram-se despesas de salvamento aquelas realizadas para evitar ou minorar os efeitos do dano. São desembolsadas primeiramente pelo segurado que posteriormente tem o direito de pedir o reembolso ao segurador. Como exemplo, podemos imaginar situações em que para evitar o incêndio integral do imóvel, o segurado teve que destruir muros ou paredes ou para evitar o seu desabamento após forte alabo sísmico teve que fazer estaqueamento. Até mesmo o gasto com transporte por helicóptero para evitar o enfarte fulminante em caso de seguro de vida pode ser compreendido como despesa de salvamento.

Por ser a questão eivada de dubiedade pela letra da lei em relação ao termo salvamento e deveras polêmica, vale trazer à tona os comentários de Ricardo Bechara, quando menciona a impossibilidade de entendimento teleológico sistemático do dispositivo 802:

> Correto quer nos parecer o legislador com tal exclusão porquanto se trata de garantias que se comportam dentre os seguros de dano – muito embora pudessem à primeira vista parecer como seguro de pessoa já que esta encontra-se no epicentro da relação – pois o interesse legítimo segurado aí circunscreve natureza patrimonial e financeira para custeio de despesas, de natureza portanto indenizatória (...). Nos comentários aos arts. 771 e 779, apontamos também que a exclusão dessas despesas no âmbito da garantia dos seguros de pessoa, que podem operar como decorrentes de providências de salvamento, é mais um fundamento de que estarão elas circunscritas aos seguros de dano, muito embora o art. 771 esteja localizado na Seção das Disposições Gerais.[26]

Adicionando mais uma pitada de opiniões antagônicas quanto à possibilidade de reembolso no seguro de pessoas, Adilson Campoy, por exemplo, assevera que há, no seguro

---

decorrente do sinistro até o montante do capital seguro'. Esta norma de reparação proporcional é encontrada em diferentes nações em vários campos do Direito, como na responsabilidade civil, no justo ressarcimento ou compensação equitativa, sem excessos ou reduções injustificadas" (GRAVINA, Maurício Salomoni. *Direito dos seguros*. 2. ed. São Paulo: Almedina. 2022. p. 117-118).

[25] MELO, Marco Aurélio Bezerra de. *Direito civil*: contratos. Rio de Janeiro: Forense, 2019. p. 796.

[26] SANTOS, Ricardo Bechara. *Direito do seguro no novo Código Civil e legislação própria*. 2. ed. Rio de Janeiro: Forense, 2008. p. 459.

de pessoa, traços de caráter indenizatório (*e.g.*, seguros prestamistas, perda de renda temporária, seguro sobre a vida de outrem etc.), de modo que, pensando *a contrario sensu*, por que não aplicar tal raciocínio às despesas de salvamento materializadas no transporte em caso de urgência do segurado que beira à morte, mas é salvo, e o risco não restou concretizado exatamente por essa conduta? E o dever de mitigar os riscos nos contratos de seguro?

Nessa direção, vale a transcrição das razões expendidas por Campoy[27] para enriquecimento dos atos de reflexão aqui propostos:

> A regra de que o seguro de pessoa não tem função indenizatória, todavia, comporta exceções. Noutras palavras, o seguro de pessoa não tem necessariamente, função indenizatória, mas poderá tê-la. Impossível negar a função indenizatória de seguro de pessoa celebrado para garantir obrigação que o segurado tenha para com o beneficiário, afirmativa que é respaldada pelo fato de que, na hipótese, o beneficiário jamais poderá receber valor superior ao da obrigação no momento do sinistro. (...) E é esse o ponto. Recusar-se a enxergar a função indenizatória em seguro de pessoa como os agora referidos é prender-se, de maneira obsessiva, à letra do art. 789 do CC/02, que afirma que o capital segurado, no seguro de pessoa, é livremente estabelecido pelo proponente.

Inobstante os contrapontos trazidos nestes escritos, verifica-se que as disposições de salvamento[28], previstas no art. 771 do CC, complementadas pelo seu parágrafo único, segundo grande parte da doutrina nacional, são tidas como uma obrigação de reembolso pela seguradora dos valores gastos pelo segurado no esforço de salvar ou de tentar salvar um bem segurado quando acontece um sinistro, jamais algo atrelado à sua própria vida.

Mesmo com a classificação binária das modalidades de seguro adotada pela Lei Civil, constantes dos arts. 778 a 802, que sustentam a base das mais variadas espécies de produtos securitários, ainda assim as garantias constantes do *caput* do art. 771 do mesmo diploma subordinam-se à regulamentação especial, no caso, a Lei 9.656/1998.

3. DISPOSIÇÕES RELACIONADAS

Como visto, o dispositivo foi novidade quando da promulgação do Código Civil ora em vigor. Antes nada havia que se assemelhasse.

Entrementes, a Circular 29/1991 da Susep, ainda vigente quando da promulgação e do início de vigência do Código Civil de 2002, e que aprovava normas para o seguro de

---

[27] CAMPOY, Adilson José. *Contrato de seguro de vida*. São Paulo: Ed. RT, 2014. p. 75-76.
[28] Em sede infralegal, confira-se a Circular Susep 621/2021, que dispõe sobre as regras de funcionamento e os critérios para operação das coberturas dos seguros de danos: "Art. 39. Deverá constar nas condições contratuais cláusula que estabeleça que correrão obrigatoriamente por conta da sociedade seguradora, até os limites máximos de indenização estabelecidos: I – as despesas de salvamento comprovadamente efetuadas pelo segurado durante e/ou após a ocorrência de um sinistro; e II – os valores referentes aos danos patrimoniais comprovadamente causados pelo segurado e/ou por terceiros na tentativa de evitar o sinistro, minorar o dano ou salvar a coisa. Parágrafo único. Poderá ser oferecida cobertura específica exclusivamente para cobrir as despesas de salvamento e os valores referentes aos danos patrimoniais de que trata o inciso II deste artigo".

acidentes pessoais, permitia, como garantia adicional no seguro de vida, despesas médico-hospitalares:

> Art. 3º As garantias do seguro dividem-se em básica e adicionais:
> § 1º São garantias básicas:
> II – morte;
> II – invalidez permanente, assim compreendida a perda, redução ou impotência funcional definitiva, total ou parcial, de membro ou órgão.
> § 2º São garantias adicionais:
> I – despesas médico-hospitalares, efetuadas pelo segurado para seu tratamento, sob orientação médica, iniciado nos trinta primeiros dias contados da data do acidente.

Essa circular, no entanto, foi revogada pela Circular 302/2005, também editada pela Susep, em 19.09.2005, que, em seu bojo, já contou com o novo dispositivo legal, com ligeira ampliação e com mais clareza quanto ao capital segurado:

> Art. 20. A cobertura de despesas médicas, hospitalares e odontológicas garante o reembolso, limitado ao capital segurado, de despesas médicas, hospitalares e odontológicas efetuadas pelo segurado para seu tratamento sob orientação médica iniciado nos 30 (trinta) primeiros dias contados da data do acidente pessoal coberto.

Na sequência, a autarquia reguladora do setor securitário editou a Circular 667/2022, concedendo um maior espaço para negociação dos termos do contrato, no que toca ao capital segurado: "Art. 72. É admitida a estruturação de cobertura que garanta o reembolso de despesas ou a prestação de serviços médicos, hospitalares e/ou odontológicos desde que decorrentes de acidente pessoal coberto".

Não se deixe de observar que o fato de o segurado ser coberto por seguro-saúde ou haver aderido a um contrato de plano de saúde não colide com o disposto no artigo sob comento nem com a indigitada circular.

Por fim, convém apenas ressaltar que o art. 77 da Circular 667/2022 conceitua o seguro funeral da seguinte forma:

> O seguro funeral tem por objetivo garantir aos beneficiários, uma indenização, limitada ao valor do capital segurado contratado, na forma de reembolso de despesas ou de prestação de serviços, desde que relacionados à realização de funeral, conforme descrição constante das condições contratuais.

REFERÊNCIAS BIBLIOGRÁFICAS

ALVIM, Pedro. *O contrato de seguro*. 3. ed. Rio de Janeiro: Forense, 1999.

BRAGA NETTO, Felipe; ROSENVALD, Nelson. *Código Civil comentado*. 2. ed. Salvador: Juspodivm, 2021.

CAMPOY, Adilson José. *Contrato de seguro de vida*. São Paulo: Ed. RT, 2014.

DELGADO, José Augusto. *Comentários ao novo Código Civil*. Das várias espécies de contrato. Do seguro. Arts. 757 a 802. TEIXEIRA, Sálvio de Figueiredo (coord.). Rio de Janeiro: Forense, 2004. v. XI. t. I.

FRANCO, Vera Helena de Mello. *Contratos*: direito civil e empresarial. 5. ed. São Paulo: Ed. RT, 2014.

GOMES, Orlando. *Contratos*. 26. ed. Atualizadores: Antônio Junqueira de Azevedo e Francisco Paulo De Crescenzo Marino. Coordenador: Edvaldo Brito. Rio de Janeiro: Forense, 2008.

GRAVINA, Maurício Salomoni. *Direito dos seguros*. 2. ed. São Paulo: Almedina. 2022.

MARENSI, Voltaire. *O contrato de seguro à luz do novo Código Civil*. 2. ed. Porto Alegre: Síntese, 2002.

MAYAUX, Luc. O direito do seguro no Brasil e na França: estudo comparativo em seguros de danos e de pessoas. In: FÓRUM DE DIREITO DO SEGURO JOSÉ SOLLERO FILHO, 3., 2003, São Paulo. *Anais* (...). São Paulo: IBDS, 2003.

MELO, Marco Aurélio Bezerra de. *Direito civil*: contratos. Rio de Janeiro: Forense, 2019.

PAREDES, José María Muñoz. O contrato de seguro no novo Código Civil à luz da lei espanhola. In: FÓRUM DE DIREITO DO SEGURO JOSÉ SOLLERO FILHO, 3., 2003, São Paulo. *Anais* (...). São Paulo: IBDS, 2003.

RIZZARDO, Arnaldo. *Contratos*. 19. ed. Rio de Janeiro: Forense, 2021.

SANTOS, Ricardo Bechara. *Direito do seguro no novo Código Civil e legislação própria*. 2. ed. Rio de Janeiro: Forense, 2008.

SCHREIBER, Anderson et al. *Código Civil comentado*: doutrina e jurisprudência. Rio de Janeiro: Forense, 2019.

SHIH, Frank Larrúbia. *Temas relevantes de direito securitário*. São Paulo: Lumen Juris, 2003.

TEPEDINO, Gustavo; KONDER, Carlos Nelson; BANDEIRA, Paula Greco. *Fundamentos do direito civil*. Rio de Janeiro: Forense, 2020. (Contratos, v. III).

TZIRULNIK, Ernesto; CAVALCANTI, Flávio de Queiroz B.; PIMENTEL, Ayrton. *O contrato de seguro de acordo com o novo Código Civil brasileiro*. 2. ed. São Paulo: Ed. RT, 2003.